동성애,
21세기 문화충돌

Homosexuality, the cultural clash of the 21st century

동성애, 21세기 문화충돌
Homosexuality, the cultural clash of the 21st century

초판 발행 2016년 6월 23일
2쇄 발행 2018년 4월 27일

지은이 김영한 외
발행인 윤상문
디자인 표소영, 박진경
발행처 킹덤북스
등록 제2009-29호(2009년 10월 19일)
주소 경기도 용인시 기흥구 동백동 622-2
문의 전화 031-275-0196 팩스 031-275-0296

ISBN 979-11-5886-058-5 (03230)

Copyright ⓒ 2016 김영한 외
이 책은 저작권법에 따라 보호받는 저작물이므로 무단전재와 복제를 금지하며,
이 책의 내용의 전부 또는 일부를 이용하려면 반드시 저작권자와 킹덤북스의
서면 동의를 받아야 합니다.

※ 잘못된 책은 구입하신 곳에서 교환하여 드립니다.
※ 책 가격은 표지 뒷면에 있습니다.

 킹덤북스(Kingdom Books)는 문서사역을 통해 하나님의 나라를 확장하고, 한국 교회와 세계 교회를 섬기고자 설립된 출판사입니다.

동성애,

김영한 외 지음

21세기 문화충돌

Homosexuality, the cultural clash of the 21st century

추천사

*

    동성애 문제는 성경을 하나님의 말씀으로 고백하는 그리스도인들에게 오늘 뜨거운 감자와 같은 이슈입니다. 동성애를 승인하는 것은 너무나 분명한 성경의 계시를 거스르는 것입니다. 그러나 동성애를 반대함으로 성소수자의 인권을 거부하는 편에 서야 한다는 곤혹스러움도 있습니다. 그러나 그럴수록 "세상이 우리를 반대한다면 우리가 세상을 반대하자"고 외친 성 크리소스톰 같은 목소리가 그리운 것이 사실입니다. 금번에 동성애 이슈에 대하여 학자, 의사, 변호사, 목회자들이 성경의 증언에 입각한 연합 전선을 펼치게 된 것은 정말이지 다행스러운 일입니다. 그러나 우리가 반대하는 것은 동성애자가 아니라 동성애를 호도하는 세상임을 분명하게 하는 기회이기를 기도합니다. 그런 의미에서 이 책은 한국 복음주의 교회가 기다려온 무더운 여름 냉수 같은 선물입니다. 이 땅의 모든 교회, 모든 지도자가 이 책을 읽고 시대와 함께 변할 수 없는 진리의 목소리를 세상에 들려주기를 기대합니다.

_ 이동원 목사(지구촌교회 원로목사)

　21세기 초두의 '문명충돌론'에 이어, 이 땅의 35명의 필자들은 동성애 문제를 둘러싼 21세기 '문화충돌론'을 설파한다. 동성애가 얼마나 생물학적, 심리적, 인륜적, 사회적, 영적 병리현상인지 명석한 논리와 예리한 필치로 전개해 가는 필자들은 이 문화전쟁의 최전선에 서 있는 영적 전사들이다. 이 전사들의 투쟁의 결과물인 본서는 동성애의 문제점에 대한 그 학문적 넓이와 사상적 깊이를 가늠하기 어려운 방대한 연구서요, 철없는 추종행위나 어설픈 관용주의의 논리를 통렬히 비판하고 있는 강력한 변증서이며, 갈길을 몰라 방황하는 세상의 모든 방랑자들에게 하나님의 진리를 담대히 선포한 영적 지침서이다.

_ **전광식 총장**(고신대학교)

*

　이 책은 반동성애 운동에 날개를 달아준 하나님의 선물이라 생각한다. 9가지 분야의 최고 전문가 35인이 다른 시기, 다른 상황에서 기록하고 발표한 글들이지만 한결같이 동성애는 죄이며, 질병이고, 국가와 사회, 가정과 개인 모두에게 위험한 행동임을 외치고 있다. 동시에 동성애자를 긍휼히 여기고 사랑함으로써 그들을 올바른 방향으로 인도해야 하는 사명을 던져주고 있다. 다양한 분야에서 동성애에 맞서 싸울 수 있는 이론적 무장을 할 수 있으리라는 기대감으로 본서를 적극 추천한다.

_ **나학수 목사**(광주겨자씨교회 담임목사)

　현재 한국 사회는 동성애 전쟁 상황이다. 동성결혼 합법화와 차별금지법 제정이 실현된다면 가장 큰 타격은 다음 세대와 한국교회가 받게 될 것이다. 그래서 한국교회는 이 상황을 교회와 대한민국의 사활이 걸린 문제로 간주하고 전 교회가 연합하여 투쟁하고 있다. 이 거룩한 전쟁에서 승리하기 위해서는 일차적으로 그리스도인들의 적극적인 동참이 있어야 하고, 그 다음 잠자고 있는 국민들을 깨워서 거룩한 대한민국을 세우는 일에 함께 나서도록 해야 한다. 이를 위해서는 무엇보다도 동성애의 실상을 제대로 파악하는 일이 급선무다. 이러한 시대적 상황에 부응하여 킹덤북스(Kingdom Books)가 『동성애, 21세기 문화충돌』이라는 이름으로 다양한 분야에 걸쳐 전문가들의 글을 모아 한 권의 책을 출판하게 된 것은 시의적절하고 환영할 일이다. 기독교 지도자들뿐만 아니라 교인들도 이 책을 통해 동성애의 모든 것을 제대로 알기를 바란다. 더 나아가 한국 사회의 지도자들과 지성인들, 그리고 공무원들과 교사들 등등 많은 국민들이 이 책을 읽고 동성애의 실상을 분명히 인식하여, 우리 시대의 과제인 동성애에 대해 올바르게 대응할 해법을 찾게 되기를 바라는 마음으로 이 책을 적극 추천한다.

_ 안용운 목사(바른성문화를위한국민연합 이사장, 부산성시화운동 본부장)

*

　본서는 절대적 진리가 도전받고 왜곡되는 상황에서 사회적 이슈가 되는 시의적절한 사안을 다양한 각도에서 입체적 조명을 통해 구체적 문제 진단과 적확한 대안이 돋보이는 나침반과 같은 책이다.

_ 신현호 교수(숙명여자대학교 겸임교수)

　인생은 만남입니다. 누구를 만나는가에 따라 인생행로가 달라지기 때문입니다. 그렇기 때문에 시편에서 "복 있는 사람"을 말할 때 가장 먼저 만나지 말아야 할 사람들을 나열합니다. 곧 그들이 바로 "악인", "죄인", "오만한 자들"이라고 합니다. 그들은 바로 우리시대의 동성애자들과 같음을 시사하고 있음이 분명합니다. 동성애 죄악상을 고발하고 성경적 대안을 제시하는 이 책은 하나님의 뜻대로, 그리고 복되게 살고픈 사람들에게 좋은 영적 지침서가 될 것입니다.

_ **방성일 목사**(하남교회 담임목사)

*

　지금 전 세계 21개 국가가 동성결혼을 합법화함으로써 하나님이 제정하신 남녀 결혼제도가 무너져 가고 있다. 우리나라도 동성애로 인한 에이즈 환자가 1만 명이 훨씬 넘어섰다. 일부 국회의원들은 하나님 나라를 무너뜨리는 동성애 합법화 추진을 꾀하고 있다. 이러한 영적 전쟁에서 그리스도인들은 엘리야 선지자가 이스라엘을 파멸로 이끄는 바알 종교를 퇴치하기 위해서 하나님께 기도할 뿐만 아니라 갈멜 산에서 거룩한 싸움을 한 것처럼 성도들은 국회가 가정과 인류를 파멸로 이끄는 동성애 악법을 통과시키지 못하도록 여론에 지대한 영향력을 미칠 각계각층의 지도자들을 세워 홍보, 교육, 시위함으로써 우리는 이런 악법과 싸워야 한다. 이러한 시기에 킹덤북스(Kingdom Books)가 35명의 필진을 세워 동성애 문제점과 대안을 제시하는 기념비적 책을 출간했다. 본서는 하나님 나라를 이 땅에 세우고자 하는 거룩한 영적 전사들에게 사탄의 숨은 전략을 파괴하는 큰 지혜를 제공해 줄 것이다.

_ **오준수 변호사**(법무법인 로고스 변호사/ 참소망교회 담임목사)

＊

　세상에는 난해한 질문들이 많다. 포스트모던 시대를 지나고 있는 우리에게 "동성애"는 가장 중요한 이슈 중에 하나이다. 혼탁한 세상 속에서 구별된 삶을 추구하는 크리스천이라면 동성애에 대한 바른 관점, 바른 지식을 가져야 한다. 왜냐하면 동성애가 우리의 문화 속에 어느새 깊숙이 들어와 자리 잡고 우리의 다음 세대를 강하게 위협하고 있기 때문이다. 세상 문화에 휩쓸리지 않고, 치우치지 않으며, 바른 시각을 가지고 진리의 말씀을 따라 바른 길을 걷고자 하는 자들이여! 다음 세대에게 성경적인 아름다운 문화를 들려주길 원하는 자들이여! 이 책을 길잡이로 삼고, 성경이 말하는 진리가 무엇인지를 바로 깨달아 혼란에 빠진 세상을 밝게 비추는 등대가 되길 바란다.

_ **진재혁 목사**(지구촌교회 담임목사)

＊

　이 시대에 사탄이 가장 심혈을 기울여 애용하고 있는 무기는 무엇일까? 바로 '동성애'다. 이 철퇴에 맞아 영국 교회가 아사 직전에 이르렀고, 미국 교회도 지금 점점 쇠퇴해가고 있다. 그런 와중에 사탄은 이 막강한 무기를 한국 교회를 향해 강력하게 휘두르고 있다. 이를 방관하거나 방치하다간 한국 교회도 처참한 몰락의 길로 접어들 수밖에 없을 것이다. 이런 때에 보석 같은 소중한 책이 출간됐다. 그 동안 동성애에 관한 신학적인 비판의 글들이 단편적으로는 조금씩 소개되어 왔었지만, 여러 전문가들에 의한 다양한 비판의 내용이 한 권의 책으로 나온 것은 처음이다. 가뭄 끝에 단비같이 출간된 본서가 사탄의 견고한 진을 파괴하는 강력한 무기가 될 줄 믿고 일독을 강추한다.

_ **신성욱 교수**(아세아연합신학대학교 설교학)

＊

동성애는 하나님의 창조질서를 위반하는 행위로서 성경 말씀에 정면 도전하는 것입니다. 하나님이 우리에게 허락하신 가정이 무너지지 않도록 우리는 더욱더 진리의 말씀에 붙들리어 성령 충만한 삶을 살면서 동성애자들을 구원해야 할 것입니다. 동성애의 실상을 다양한 각도로 조명하여 주고 있는 이 책은 어두운 세상에 빛을 비추는 등대의 역할을 능히 감당할 것입니다.

유기성 목사(선한목자교회 담임목사)

머리말

예수님은 마지막 때의 사회 윤리적 혼란에 관하여 다음과 같이 예언적 말씀을 하셨다: "불법 (anomia)이 성하므로 많은 사람의 사랑이 식어지리라"(마 24:12). 사도 유다의 서신도 오늘날 마지막 때의 성적 혼란의 시대상을 예언적으로 들려준다: "마지막 때에 자기의 경건하지 않은 정욕대로 행하며 조롱하는 자들이 있으리라 하였나니, 이 사람들은 분열을 일으키는 자며 육에 속한 자며 성령이 없는 자니라"(유 18-19).

오늘날 21세기는 포스트모더니즘의 좌파 페미니즘이 산출한 젠더 이데올로기(Gender Ideologie)로 인해 심각한 문화적 혼돈 속에 휘말려 들어가고 있다. 젠더 이데올로기는 우리의 신성한 결혼제도와 가정, 남성 여성 각각의 사명과 역할까지 혼란에 빠뜨리고 있다. 'Gender'라는 단어는 원래 영문법 단어였으나 이데올로기로 사용되면서 생물학적인 성별과는 전혀 상관없이 사회에 의해 교육되고 숙련된 사회적인 역할만을 묘사하고 있다.

젠더란 사회적으로 구성되는 남녀의 정체성, 즉 사회적, 문화적으로 길들여진 성이며 여성다움, 남성다움을 통칭한다. 대부분의 사회는 특정 성(sex)에 부합되는 젠더의 특질이 있다는 믿음을 가지고 있으며, 사회 구성원을 그 방향으로 사회화시킨다. 페미니즘에서는 이러한 사실을 비판하여 생물학적 성(sex)이 사회적 성인 젠더와 무관함을 강조하고 남성성과 여성성이 생물학적 차이에 의해 결정되는 것이 아니라 남성중심 사회에서 권력을 가진 남성들에 의해 여성들에게 부과된 것이라는 점을 부각시킨다.

미국의 존스 홉킨스(Johns Hopkins)대학교 의과대학의 뉴질랜드 출신 심리학자 존 머니(John Money, 1921-2008)가 1955년에 이 단어를 응용하기 시작했다. 당시 젠더의 의미는 '성별 구분이 매우 애매한 상태로 태어난 사람', 즉 출생 시 남녀의 판명이 어려운 상태의 사람이라는 뜻이었다. 그는 성별 역할을 특정 지우는 결정적인 것은 생물학적인 천성이 아니라, 양육과 교육이라고 주장하였다. 프랑스의 철학자인 시몬느 드 보봐르(Simone de Beauvoir, 1908-1986)도 "여자로서 이 세상에 태어나는 것이 아니라 여자로 만들어지는 것이다"고 주장하였다.

포스트모던 사상의 시대적 분위기에 힘입어 동성애 운동은 소수자 인권운동이란 양의 탈을 쓰고 교묘히 자리를 잡았다. 동성애 인권운동은 네오마르크시즘(neo-marxism)의 '성 정치'에서 연유한다. 유럽에서 사회주의 정당이 정권을 잡아도 사회구조를 마르크시즘적으로 변하게 만들지 못한 부분에 대해 고민하던 유럽 공산주의자들은 문화혁명을 통해서 기존의 사회체제를 전복해야 한다고 각성하게 되었다. 이것이 네오마르크시즘이다. 1930년대에 독일의 프랑크푸르트학파로 불린 호르크하이머(Max Horkheimer)를 중심으로 한 아도르노(Theodor Adorno), 프롬(Erich Fromm), 벤자민(Walter Benzamin), 마르쿠제(Herbert Marcuse) 등에 의해 계승된 마르크스와 프로이드의 이론적 접촉을 수행한 학파 등의 신좌익 사상을 네오마르크시즘이라고 한다.

성정치 이론에 있어서 중요한 인물은 오스트리아 출신의 반기독교적 유대인으로서 프로이드로부터 정신분석학을 배워 활동하다 미국으로 건너간 가장 급진적인 정신분석가 빌헬름 라이히 (Wilhelm Reich, 1897-1957)이다. 라이히는 1927년과 1930년 사이에 변증법적 유물론이라는 마르크시즘의 방법론을 이용하여 정신분석학에 대한 사회학적 비판을 정식화했다. 이러한 1930년대 그의 사유가 『성정치』(Die sexuelle Politik)라는 저서로 출판되었다. 라이히는 마르크시즘과 프로이드의 정신분석학을 연결하여 프로이드-마르크시즘(Freudian Marxism)을 정립하였다. 그는 성적 욕구를 억누르게 하는 문화는 잘못된 것이라는 관념을 갖고 있었고, 일부일처제 폐지, 성윤리 해체 등 무제한적인 성적 욕망의 추구를 정치이론화한 운동가로서 "오르가즘"(Orgasmus, orgasm)이란 용어도 만들어 내었다. 라이히는 마르크스의 혁명사상에 프로이드의 성적 욕망 개념을 넣어 성 관념이나 도덕 윤리를 억압하는 기존의 질서를 '해체'해야 한다고 주장했다. 이것이 개인의 성욕을 억누르는 사회적 제약을 해체하고, 성해방을 실천하는 성정치(Sexuelle Politik) 이론이다.

1968년 5월에 소로본느대학 학생들을 중심으로 억압으로부터의 자유, 불합리한 사회구조의 개선을 기치로 일어난 프랑스 68혁명은 문화혁명으로서 네오마르크시즘의 영향을 받아 구세대의 관습과 문화를 해체하고자 하였다. 68혁명의 저항정신은 프랑스뿐만 아니라 이탈리아, 독일, 미국, 일본 등 전 세계적인 혁명운동으로 연결되면서 사회문화적 변동을 초래하게 되었다. 이것이 후기구조주의(poststructuralism) 운동이다. 성윤리도 해체의 대상이 되었고, 동성애자였던 푸코(Michel Foucault)가 대표적인 사상가였기 때문에 네오마르크시즘을 추종하는 좌파는 동성애를 지지하게 되었다. 네오마르크시즘은 여성을 억압받는 대상으로 규정하여 기존의 가부장제를 해체

하는 마르크스 페미니즘(Marx-feminism)을 태동시켰고, 나아가 급진주의 페미니즘(radical feminism)도 나타났다. 이들 급진주의 페미니스트들은 남자와의 성관계를 거부하기 위해 레즈비언으로서 살라는 운동을 펼쳤다. 그래서 페미니즘과 동성애 운동은 같이 움직인다. 급진주의 페미니즘은 성소수자라는 감성에 호소하고, 남성 위주의 현 사회체제를 변혁시키기 위한 성정치를 지향하여, 모든 사람들의 성은 평등하기에 동성결혼을 허락하여, 성소수자를 옹호하며 '호주제 폐지, 대리모 출산의 정당화, 남근주의의 타파, 여성우월주의'를 내세우고 있다.

1990년 전후하여 미국 버클리대학의 교수요 여성 철학자요 레즈비언으로 알려진 쥬디트 버틀러(Judith Butler, 1956-)가 '퀴어 이론'(Queer theory)을 주장한다. 그녀에 의해 1990년대에는 젠더가 섹스를 결정한다는 '언설(言說) 결정론'이 등장하였다. 생물학적인 성(sex) 구분은 잘못된 것이며, 후천적 학습에 의해 성(gender)이 결정된다고 주장하여 지금 서구 사회를 혼란에 빠뜨리고 있는 중이다. 그 역시 네오마르크시즘을 추종한다. 그녀는 '젠더 이데올로기'의 선구자다. 1990년 출간된 저서 『젠더 트러블-패미니즘과 정체성의 도착』(Gender Trouble - Feminism and the Subversion of Identity)에서 '성의 불쾌감'(Das Unbehagen der Geschlechter)을 언급하면서 남성과 여성으로서의 정체성 전복과 파괴에 관해 다루고 있다. 그녀의 주장에 따르면 남자와 여자, 부부와 가족, 아버지와 어머니라는 본래 생물학적 성별에 따른 천성적인 의무가 없다고 한다. 나아가 그녀는 생물학적 성별에 기초한 모든 의무들은 남성 우월주의에 근거했다는 전제하에, 성에 기초한 모든 구별을 근절시키고자 했다. 그러한 주장의 불합리성과 무모함이 확인된 가운데서도, 그녀는 '중성적 언어'(gender-neutral language, 예들 들어, 남학생과 여학생 대신 학생, 남성과 여성 대신 사람)도입을 시도했다.

젠더 이데올로기에 기반한 성차별교육 철폐론(gender mainstreaming)은 초기에는 단순히 여성과 남성의 동등권을 요구했지만, 1990년 초 이래로 "제3의 물결"인 페미니즘에서는 그 차원을 넘어서서 사회적, 기능적인 모든 삶의 영역에서 여성들의 동등한 위치를 요구하였다. 그러나 21세기에 들어와서 젠더 이데올로기로서 각각의 성별에 상관없이 심지어 모든 사람의 동일성을 주장하게 되었다. 젠더 이데올로기는 유사 종교(eine Quasi-Religion)로서 우리 사회의 가정과 개인의 삶을 파괴하고 있다. 한 남자와 한 여자가 연합하는 일부일처제라는 결혼 제도에 대항하여, 게이적, 레즈비언적, 성전환적, 혼음적 형태가 "성적 다양성"이라는 표현과 명목을 가지고 동등한 가치를 가진 생활 공동체로 왜곡되게 자리를 잡아가고 있다.

한국을 방문한 독일 튀빙엔대 은퇴교수요 복음주의 선교학자인 페터 바이어하우스(Peter Beyerhaus)가 2016년 6월 10일 「기독교학술원」 제10회 해외석학 초청강연 "젠더 이데올로기에 대항하라"(Widersteht gegen Gender-Ideologie!)에서 비판적으로 소개했듯이 성차별교육 철폐론은 1789년 프랑스 혁명, 1917년 볼세비키 혁명과 더불어 21세기에 일어나고 있는 제3의 세계사적인 혁명으로 간주되고 있다. 프랑스 혁명이 봉건적 신분제에 대한 혁명이요, 볼세비키 혁명이 사회적 경제체제에 대한 혁명이라면, 성차별교육 철폐 운동은 인간 사회를 이루는 기본 단위인 남자와 여자라는 성의 질서, 결혼, 가정이라는 기본 질서를 부정하는 문화인류학적 혁명이라는 데 그 특징이 있다. 이는 인간에게 창조질서로서 주신 하나님의 창조의 명령을 부정하는 반신론적이며 무신론적인 이데올로기로서 하나님의 주권에 정면 도전하고 있다. 이러한 젠더주의(Genderismus, genderism)는 남성과 여성이라는 생물학적 성의 구별을 주신 하나님의 창조질서를 부정하는 사탄적인 원천을 지니고 있다.

젠더 이데올로기는 지금까지의 유럽 문화 고유의 중심개념들을 무가치하게 만들고 있다. 예를 들어, 진리와 책임의 기능을 동시에 가진 "자유"의 개념을 "당신이 하고 싶은 대로 하라!"는 개념으로 책임과 의무를 파기하거나, 역기능화시키고 있다. 이로 인해서 동성애주의에 대한 가치 평가와 양성주의(Heterosexualität, bisexuality)와의 일체감을 거부하는 사람들은 심지어 사회나 언론으로부터 동성애에 대한 두려움이나 미움 때문에 차별한다는 "호모포비아"(homophobia, 동성애 혐오자)로 지탄받거나, 정신 이상자로 취급 받는 상황이 된 것이다.

해마다 6월이면 서울광장에서 열리는 동성애자와 양성애자, 트렌스젠더 등 성소수자들의 축제로 열리는 퀴어 축제(Queer Festival)는 이러한 세기말적인 유사종교 현상이 우리 사회에까지 퍼져 들어 온 것을 알리는 표징이다. 2015년 서울대학교 총학생회장 선거에서 자신이 동성연애자임을 밝힌(커밍아웃, coming out) 여학생이 주목을 받으며 당선되었다. 과거에는 역사와 이념투쟁의 장이었던 대학 총학생회가 이제는 포스트모던 시대의 대표적인 사회 아젠다인 동성애의 표출장이 되었다. 한국교회 차원에서는 이러한 동성애 물결을 차단하기 위하여 한국교회동성애대책 위원회(본부장: 소강석 목사), 탈동성애인권포럼(의장: 이요나 목사)가 발족되어 대처하고 있다. 이에 이론적인 도움이 되기 위하여 샬롬나비(샬롬을 꿈꾸는 나비행동) 운동에 직접 간접으로 참여하고 있는 복음주의 개혁주의 신학자들, 일반학자들, 목회자들을 중심으로 동성애 운동에 반대하는 인사들의 무게 있는 귀한 글들이 모여서 이번 편집서가 이루어진 것이다.

본 편집서는 동성애 대책에 관하여 국내에서 나온 책들 가운데 가장 종합적이고 포괄적인 책이라고 말할 수 있다. 성경신학적 분석, 교회사적 분석, 신학적 분석, 현상학적, 사회과학적, 선교학적 분석, 윤리적 분석, 생리학(의학)적 분석, 상담학, 정신분석학적 분석, 법적 분석, 목회적 분석 등 9가지 분야에서 최고의 전문가 35인사들이 쓴 글을 편집한 것이다. 이렇게 다양한 분야에서 동성애에 관하여 자기의 관점에서 다양한 접근법을 하지만 "동성애는 하나님이 주신 창조의 성 질서를 왜곡하는 죄"라는 하나의 공동의 목소리와 동성애를 극복하는 길은 하나님과의 바른 관계를 갖는 것이라는 탈동성애 처방을 한결같이 제시하고 있다.

제1부 성경신학적 분석에 의하면 동성애는 신구약 성경이 증언하는 하나님이 제정하신 창조의 질서를 거슬리는 죄로서 이미 고대에서부터 나타났으나 오늘날 21세기라는 문화시대에서 소수자의 목소리가 높아진 데서 사회운동(퀴어 축제)으로 나타난 병적 현상이라고 말할 수 있다.

배정훈 교수(장로회신학대학교 구약학)는 "구약성경에 나타난 동성애"라는 제목의 글에서 구약성경이 이성애를 바람직한 것으로 받아들이면서 동성애를 긍정하지 않는다는 것을 밝히고, 나아가 구약성경이 타고난 동성애자와 왜곡된 동성애자로 혼재된 동성애자들을 향한 대책을 제시할 수 있는지를 살폈다. 창세기 19장과 사사기 19장 주석을 통하여 타락한 공동체가 낯선 동성을 향하여 동성애라는 비정상적인 욕구를 표현하는 경우를 드러내었다. 구약성경에서 동성애(남색)는 가나안 제의에서 공적인 역할을 맡은 남창의 영향으로 시작되었을 뿐 아니라 일상생활에서 끊임없이 존재해왔다. 구약성경은 동성애를 생명을 대가로 치러야 하는 가증한 죄로 규정하고, 분명하게 동성애를 부정하였다. 오늘날 교회가 할 일은 동성애를 인정하지는 않지만 동성애자를 향한 따뜻한 사랑을 통하여 그들이 이성애로 돌아오기를 요청하는 것이라고 그는 제안하고 있다.

신득일 교수(고신대학교 구약학)는 "레위기의 동성애 법"이라는 제목의 글에서 구약의 동성애 금지법은 레위기의 '성결법'에 나타난다고 말한다. 그에 의하면 이 법은 제의적 정결법과도 관련이 있지만 도덕적인 부정으로 간주된다. 하나님은 이스라엘이 거룩한 언약 공동체로서 자신과의 관계를 유지하기 원하셨기 때문에 동성애 금지를 명하셨다. 동성애는 근본적으로 잘못된 성행위이기 때문이다. 이 법을 어기는 것은 언약 공동체에서 쫓겨나든지 사형에 해당한다. 이것은 동성애가 심각한 죄라는 것을 의미한다. 고대 이스라엘에 주어진 이 법은 오늘도 여전히 유효하다. 왜냐하면 신약성경이 이 법의 연장선에서 동성애를 금하고 있기 때문이다.

신현우 교수(총신대학교 신학대학원 신약학)는 "동성애의 원인과 해결: 성경과 과학의 진단과 처방"이라는 제목의 글에서 과학적 진단으로 동성애자가 타고난 것이 아니라는 것은 동성애자가 이성애자로 바뀌는 경우가 상당히 많다는 사례가 말해준다고 본다. 신학적 진단으로 구약은 동성 간의 성행위를 금지하며, 동성 간 성행위를 하는 것이 사형에 해당하는 심각한 죄임을 알려준다. 신약도 동성 간의 성행위를 죄로 간주하며, 사람들이 마음의 욕심대로 행한 결과 중에 하나로 본다. 구원을 받지 못하게 하는 죄의 목록 중에 동성 간의 성행위가 언급된다. 그는 성경적 처방으로 오직 하나님의 성령이 동성애자를 변화시킬 수 있다고 본다.

이재현 교수(한동대학교 교목)는 "바울이 말하는 동성애와 하나님의 진노: 로마서 1:24-27을 중심으로"라는 제목의 글에서 성경은 동성애를 창조주 하나님이 기뻐하지 않는 것으로 보고 있음을 분명히 제시한다. 동성애가 죄인 것은 맞지만, 하나님의 진노의 궁극적 원인은 아니라는 것도 인식해야 한다. 하나님을 창조주로 인정하지 않는 근원적인 죄(The Sin)와 그로 인해 파생된 죄들(sins)을 구분해야 한다. 창조주를 인정하지 않고 자신을 주인으로 살아가려는 근원적 죄를 지속적으로 다루지 않는다면 피상적인 기독교가 될 가능성이 얼마든지 있다. 동성애 문제는 비단 어제 오늘의 일이 아니다. 아담 이후 계속 있어 온 죄악의 한 모습이며, 모든 인간이 하나님의 진노 아래 있다는 증거 중의 하나이다. 교회와 신자가 세상 속에서 빛과 소금의 모습으로 하나님의 자녀로서의 삶을 꿋꿋하게 살아가는 것이 모든 시대 모든 문제의 유일한 대안이라고 그는 제안한다.

채영삼 교수(백석대학교 신학대학원 신약학)는 "동성애, 혼돈 속의 사랑"이라는 제목의 글에서 동성애는 살인처럼 흉악하지는 않더라도 신학적으로, 그리고 현실적으로 무시할 수 없는 혼돈의 증거라고 본다. 죄는 혼돈이다. 동성애는 생명(生命) 없는 사랑, 뒤집어진 사랑, 혼돈(confusion) 속의 사랑이다. 동성애자를 이성애자로 '고치고 바꾸려는' 노력보다는 그들이 먼저 하나님의 사랑을 찾고 알도록 인도하는 것이 바른 순서일 것이다. 그들을 교회 교제의 따뜻한 품 안으로 초대하고, 그곳에 머물며 하나님의 사랑과 진리, 은혜와 거룩 안에 거하도록 도와야 한다고 그는 천명한다.

최승락 교수(고려신학대학원 신약학)는 "바울의 순리와 역리 개념과 동성애 문제"라는 제목의 글에서 사도 바울의 본문에 국한하여 동성애 현상이 하나님의 창조의 의도와 질서를 역행한다는 가르침을 좀 더 세밀하게 살펴본다. 동성애와 관련하여 바울이 가르치는 순리와 역리의 관점은 그 어떤 사회든지 한 사회를 가장 건강하고 바르게 세워

가는 핵심적인 원리다. 그는 교회와 사회가 이 문제와 관련하여 좀 더 폭넓은 공감대를 형성하기를 바란다.

제2부 교회사적 분석에서 이상규 교수(고신대학교, 역사신학)는 "동성애 문제의 교회사적 고찰"이라는 제목의 글에서 초기 기독교는 성경의 가르침을 따라 동성애나 동성혼을 강력하게 반대했고, 이런 인식은 교회사 전 시기에서 동일하게 주창되어 왔다고 피력한다. 동성애는 교부시대에도 기독교 도덕에 반하며, 교회에 대한 위협으로 간주되었다. 따라서 동성애자들에게는 세례를 주지 않았고, 이런 행위를 완전히 포기할 때 기독교 교훈을 가르치기를 시작했다. 칼빈은 성적 도착이나 동성애와 같은 성의 역리현상은 모든 시대에 존재했던 악이라는 사실을 강조하면서, 이런 악은 하나님을 욕되게 하는 정욕이라고 지적했다. 필자는 기독교 전통에서 동성애가 엄격하게 금지되어 왔고, 동성애 금기사항은 교회 지도자들의 가르침과 교회 규정에서 제시되어 왔음을 제시해주고 있다.

제3부 영성신학적 분석에서 김영한 교수(숭실대학교 명예교수, 조직신학)는 "동성애 행위에 대한 영성신학적 해석: 동성애는 창조 본연의 가정 질서를 거슬리는 죄악"이라는 제목의 글에서 동성애가 하나님의 형상으로 지음을 받은 인간의 창조된 품성과 인격을 모독하는 악이기 때문에 동성애 지지 신학자들이 내거는 용납과 복음이라는 논거는 동성애자에게 적용될 수 없다고 천명한다.

권문상 교수(웨스트민스터신학대학원대학교, 조직신학)는 "하나님의 형상과 동성애 신학의 한계"라는 제목의 글에서 다음과 같이 제시한다: 동성애자들의 신학의 출발은 성경에 대한 자유주의적 해석이며,

그 구조상 근본적으로 기독론적 형식을 취하고 있고, 일종의 해방신학적 기질을 지니고 있다. 포스트모더니즘의 상대주의적 입장 역시 큰 영향을 주고 있다, 성경을 부정하고, 예수를 사회적 편견에서 억압의 해방자로 본다. 오늘날 동성애 신학은 '하나님의 형상'에 대한 관계론적 유비 '인간론' 없는 '인간화'를 지향한다고 필자는 비판한다.

제4부 현상학적, 사회과학적, 선교학적 분석에서 이용희 교수(가천대학교, 무역학)는 "세계 속의 동성애 추세와 한국교회 대응 방안"이라는 제목의 글에서 거룩한 대한민국을 만들기 위한 6가지 방안 - ① 성과학 연구소 설립 ② 국민 교육, 계몽, 홍보 ③ 법률단 조직 ④ 언론, 미디어, SNS ⑤ 동성애자 치유 프로그램 개발 ⑥ 동성애 비합법화를 위한 국제적 연대 조직-을 제시한다.

김영종 교수(숭실대학교 명예교수, 선교학)는 "동성애 문제의 진단과 건강사회 처방: 선교신학적 및 사회과학적 접근"이라는 제목의 글에서 동성애는 병든 사회의 상징적 특징의 하나라고 본다. 그에 의하면 인간의 일탈행위의 전형적인 사례가 동성애이다. 동성애 문제는 건강사회를 위하여서는 반드시 치유해야 할 사회병리(social pathology)적 현상이다. 건강사회를 위하여서는 이러한 비정상적인 일탈행위가 치유되어야 하며 사회통제(social control) 장치인 학교교육과 사회교육, 혼인 순결과 건전한 가정의 중요성이 강조되어야 한다고 주장한다.

김규호 목사(선민네트워크 대표)는 "동성애 조장 반대운동 활성화를 위한 기독교 시민단체의 역할"이라는 제목의 글에서 기독교 시민단체들이 감당해야 할 5가지의 역할을 제시한다 첫째, 국회가 동성애자들을 일방적으로 옹호하는 법안들이 나오지 않도록 연대, 감시하고. 둘째, 정부가 동성애를 비롯한 성중독에 대한 심도 있는 연구를 시행하고 잘못된 성문화가 확산되지 않도록 정책을 제안하고. 셋째, 기독교 시민단체들이 동성애 중독 관련 민간운동이 활성화하는 데에 국회와 정부가 지원을 확대하도록 촉구하고, 넷째, 기독교 시민단체들도 전문성을 확보하고 각 지역의 일반시민 사회단체 및 타종교단체와 전국적인 연대를 확대하고. 다섯째, 동성애 조장을 반대하는 국제적인 기독교 시민네트 워크를 결성해 상호 연대를 강화해야 한다고 주장한다.

제5부 윤리적 분석에서 김재성 교수(국제신학대학원대학교, 조직신학)는 "하나님의 창조질서를 거스르는 동성애"라는 제목의 글에서 개혁신학의 관점에서 동성애를 거부하는 일관된 성경의 가르침, 동성애자들의 혼돈스러운 자아 정체성, 한 남자와 한 여자의 창조원리, 동성애에 대한 금지명령과 처벌, 동성애자들이 거역하는 창조질서, 동성애자들에게 하나님 지식이 지워지고 있는 상실한 마음의 상태 등을 명료하게 제시한다. 그리고 동성애자들의 내면적 문제점이 무엇인가를 두 가지 관점에서 지적한다. 첫째, 동성애자들은 성경의 권위를 거부한다. 둘째 동성애자들은 하나님의 심판을 피할 수 없다.

이승구 교수(합동신학대학원대학교 조직신학)는 "동성애자들에 대한 전도와 목회적 돌봄"이라는 제목의 글에서 동성애자들이 동성애의 죄악 된 길에서 벗어나와 바른 길로 돌아올 수 있도록 힘써야 한다고 역설한다: "주께로 돌아오라." 동성애자들을 무작정 혐오하고 멀리할 대상으로만 생각할 것이 아니라, 예수 그리스도의 심장과 마음을 품고 그들을 교회 안으로 받아들이고 예수 그리스도의 은혜의 단비로 변화시키는 일에 한 뜻을 모아야 한다. 동성애자들에 대한 목회적 돌봄, 탈동성애자들에 대한 목회적 돌봄, 동성애를 억제하는 사람들에 대한 목회적 돌봄, 여전히 동성애 속에 있는 사람들에 대한 목회적 돌봄, 불신 동성애자에 대한 돌봄이 필요하다.

유경동 교수(감리교신학대학교, 기독교 윤리학)는 "기독교 사회원리를 통하여 본 동성애 결혼"이라는 제목의 글에서 다양한 입장의 가능성을 존중하면서도, 동성애의 문제는 기독교 공동체의 윤리적 범위 안에서는 정당화되거나 수용될 수 없다고 주장한다. 왜냐하면 동성결혼이나 동성 간 성관계는 하나님의 창조질서와 상반되기 때문이다. 성적 소수자로서 동성애자들의 인권에 대하여는 옹호할 수 있으나, 동성애 자체는 신학적으로 창조질서에 위배되기 때문에, 이를 교회적으로 또는 윤리적으로 용인할 수 없는 또 다른 문제라고 본다.

한수환 교수(광신대학교, 기독교 윤리학)는 "동성애자, 교회가 버려야 할 죄인인가?"라는 제목의 글에서 성(性)과 동성애의 문제를 신학적 인격주의의 입장에서 조명하고 제언을 하고자 한다. 부부와 결혼, 그리고 가정은 특정 사회의 제도나 관습에 의해 설정된 공동체가 아니라, 인간의 마음 혹은 양심에서 주어진 선험적인 요구, 혹은 책임의 형식으로 생겨난 창조질서의 공동체이다. 동성애는 생리적이고 심리적이며 사회적인 질병과 같은 것으로 성 곡해와 혼란, 그리고 파손의 현상이다. 이럴 때 의학적 도움, 목회적 도움, 동성애 충동을 건전한 문화적 방향으로 승화시키도록 도움을 주어야 한다고 본다.

제6부 생리학(의학)적 분석에서 길원평 교수(부산대학교, 물리학)는 "동성애의 유발요인과 보건적 문제점"이라는 제목의 글에서 동성애는 선천적으로 타고나는 것이 아니라고 강조한다. 동성애가 유전은 아니지만, 선천적으로 동성애를 하도록 신체구조가 형성되었다는 주장이 있다. 이에 대해 그는 동성애가 선천적이지 않음을 나타내는 강력한 증거로는 일란성 쌍둥이의 동성애 일치비율을 든다. 동성애가 유전자와

선천적인 영향에 의해 결정된다면, 일란성 쌍둥이는 높은 동성애 일치 비율을 가져야 한다는 것이다. 즉 일란성 쌍둥이 중의 한 명이 동성애자이라면 일란성 쌍둥이의 다른 형제도 동성애자일 확률이 높아야 한다는 것이다. 그러나 현실은 그렇지 않다. 그는 동성애를 일으키는 요인으로 다양한 것들을 제시하고 있다. 예를 들어, 부모의 잘못된 성역할 모델의 영향일 수 있다. 동성애는 자신의 의지와 상관없이 형성되는 것이 아니다. 동성 간의 성관계는 인체구조에 어긋난 비정상적인 성행위이다. 동성애는 에이즈와 밀접한 관계를 가지고 있다고 한다.

염안섭 원장(수동연세요양병원 원장)은 "동성애 에이즈 감염 실태"라는 제목의 글에서 전문의사로서 동성애자들이 겪는 극한 고통과 처참한 삶(항문파열 질병)을 실제로 보면서 "동성애 에이즈 감염 실태의 심각성을 피부로 느낀다고 피력하고 있다. 그는 우리의 관심에서 벗어난 어두움의 사각지대에서는 알게 모르게 많은 젊은이들이 동성애의 노예가 되어 에이즈라는 불치병을 얻는다고 임상경험에서 그 실태를 고발하고 있다.

민성길 교수(연세대학교, 의과대학 신경전문의)는 "정신의학에서 보는 동성애"라는 제목의 글에서 다음과 같이 피력한다: 수만 년의 인류 역사에서 최근까지 인류 사회가 경험한 바에 의하면, 성적 지남(指南) 문제에서 선택한 것은 동성행위는 죄악 된 행동이며, 병적이고 위험행동이라는 개념이었다. 그러나 오늘날에 이르러서는 이런 전통이 훼손되고 있다. 현재 세계는 이러한 동성애가 들불처럼 일어나 번지고 있다. 이뿐만 아니라 인간성의 해방이라는 미명하에 총제적인 성윤리의 타락 현상이 두드러지는 모습을 볼 수 있다. 이러한 성윤리의 타락은 전통적, 또는 기독교적 관점에서 보면 매우 심각한 우려를 낳는 대목이다. 왜냐하면 이러한 인간성의 해방이라는 논리가 우리 인간에게 어떤 부정적 결과를 가져왔는지, 우리는 인류 역사를 통해 잘 알고 있기 때문이다. 그는 동성애 대응 활동을 뒷받침하는 기독교 성과학(性科學) 연구소 설립을 제안한다.

김지연 박사(한국마약퇴치운동본부 이사, 약사)는 "남성 동성애자 간 성관계의 보건적 고찰"이라는 제목의 글에서 동성애 유전자(gene)가 있다고 밝혀진 바가 없다고 주장한다. 동성애자들은 대변 실금, 대변-구강 감염, 에이즈에 노출되어 있다고 경고하고 있다.

제7부 상담학, 정신분석학적 분석에서 박종서 박사(양지평안교회 담임)는 "동성애에 관한 정신분석학적 견해"라는 제목의 글에서 프로이드의 동성애 견해를 비판적으로 소개한다. 동성애자들이 성적인 것에서만 일탈이 있는 것이지, 다른 모든 것에서는 정상인보다 더 정상적인 생활을 한다는 프로이드의 주장은 성적 향유를 위한 자신의 욕망을 감추고, '부분'을 '전체화'시키는 것이다. 사실 많은 동성애자들이 성적인 것에서만 '일탈'이 있는 것은 아니다. 불행한 인생을 사는 동성애자가 더 많다는 사실도 기억해야 한다. 기독교는 동성애를 돕기 위해 정신과학적 태도를 일부 수용할 수는 있지만, 동성애에 대한 정신분석의 입장이 전적으로 수용될 수 있는 것은 아니라고 본다.

정동섭 교수(전 침례신학대학교, 상담학)는 "상담심리학자가 본 동성매력 장애: 동성애는 죄인가, 병인가, 대안적 생활스타일인가?"라는 제목의 글에서 다음과 같이 밝힌다: 동성애는 동성매력장애(SSA)로서 동성애 경향성과 동성행위의 두 가지 형태로 나타난다. 모든 동성매력 장애는 (1) 치유되지 않은 어린 시절의 상처와 (2) 사랑과 용납에 대한 충족되지 못한 필요에 기반을 두고 있다. 경향성과 동성행위를 동일시해서는 안 된다. 동성매력장애에 대한 우리의 해결책은 사랑과 이해이다. 동성애적 성향을 가졌다는 것이 그것을 즐겨도 된다는 말은 아니다. 동성애적 충동을 억제하고 삼가야 한다. 동성애와 동성혼은 분명 죄이다. 이성 간 결혼에 대한 대안은 동성혼이 아니라 독신과 성적 절제이다. 교회는 동성애(동성애착장애)자들에게 (1) 수용의 분위기와 (2) 지원의 분위기를 제공하여야 한다.

전형준 교수(백석대학교, 상담학)는 "동성애에 대한 목회상담학적 대책"이라는 제목의 글에서 다음과 같이 피력한다: 성경은 동성애를 명확히 죄로 규정하고 거부한다. 목회상담에 있어서 이러한 성경적 해석을 명확히 하는 것이 매우 중요하다. 이러한 원리를 바탕으로 동성애에 대한 바른 목회상담을 할 수 있으며, 상담을 통하여 동성애자들을 성경적 원리대로 바르게 살아갈 수 있도록 도울 수 있다. 동성애에 대한 목회상담학적 대책으로 1) 긍휼의 마음으로 동성애자를 만나기 2) 건강한 가정을 세우는 사역 3) 교회공동체가 사랑으로 수용하는 자세 4) 성령께서 주시는 변화를 신뢰하기를 제시한다.

제8부 법적 분석에서 김영훈 박사(한국교회법 연구원 원장)는 "동성애를 옹호하는 차별금지법안의 헌법상 문제점"이라는 제목의 글에서 다음과 같이 피력한다: 성경에서 하나님은 동성애를 하나님의 창조질서를 거슬리는 가증한 일로 여겨 이런 자들을 정죄한다(레 18:22; 20:13, 롬 1:26-27; 고전 6:9-10). 과거 국회에 제안된 차별금지법안은 헌법에 위배되는 위헌적 요소가 있다. 차별금지법안은 제안 이유와 기본이념(법안 제2조)에서 '인간으로서의 존엄과 가치 및 평등이념을 실현하기 위하여'라고 규정하고 있으나, 실제 규정 내용을 구체적으로 살펴보면 동성애 · 동성결혼 등 윤리 · 병리적인 문제만이 아니라, 우리나라 헌법의 기본원리인 자유민주주의와 법치국가의 원리에 위배

되며, 자유권적 기본권 중 신체의 자유, 종교의 자유 등의 침해, 사회적 기본권 중 교육의 자주성, 건강권 등의 침해, 헌법의 제도적 보장 중 혼인과 가족 제도의 헌법적 보장에 대한 침해, 그리고 사법권 독립에 대한 저해 등 중대한 위헌적 사항을 내포하고 있음을 지적할 수 있다. 최근 법원은 동성결혼은 법률적 혼인으로 볼 수 없다는 결정을 하였다. 지난 5월 25일 서울서부지방법원은 영화감독 김조광수(50) 씨와 김승환(31) 씨 커플이 동성결혼 신고서를 받아들이지 않는 구청을 상대로 한 처분의 불복신청에 대하여 각하 결정을 하였다. 이 결정은 헌법에 적합한 훌륭한 결정이라고 할 수 있다. 판결에서 현행법 체계에서 동성결혼은 법률적 혼인으로 볼 수 없다고 판단했다. 시대·사회·국제적으로 혼인 제도를 둘러싼 여러 사정에 변화가 있어도 동성 간 결합을 혼인으로 허용된다고 볼 수 없다고 했다. 그러므로 모든 국민은 냉정한 입장에서 자유민주국가의 헌법수호정신과 애국심을 바탕으로 하여 하나님의 법(성경)과 국가의 헌법에 위배되는 내용을 포함하고 있는 동성애를 옹호하는 동 법안에 대하여 분명한 반대의사를 표명해야 할 것이다. 동 법안이 제정되어 시행되는 경우에 가족과 인류사회의 건전한 존속·발전을 위한 필수적 조건인 혼인의 존엄성이 훼손되고, 윤리·도덕의 붕괴와 인성의 파괴, 질병의 만연으로 인한 가정의 붕괴와 인류 존속의 단절을 야기할 수 있기 때문이다. 동성애는 절대적으로 용인이 되어서는 안 될 사회악임을 분명히 하는 바이다.

이태희 변호사(미국 변호사)는 "동성애, 과연 인권의 문제인가?"라는 제목의 글에서 다음과 같이 피력한다: 국가인권위원회는 동성애와 에이즈의 관련성을 보도하거나 동성애의 여러 문제점을 지적하는 기사에 대해 '반인권적 기사'라는 낙인을 찍고 언론을 통해 보도되지 못하도록 막고 있다. 이는 반드시 시정되어야 한다. 인권이라 함은 우리의 헌법과 국가인권위원회법이 천명하고 있는 것처럼 국가 안전보장이나 질서 유지 또는 공공복리와 같은 '민주적 기본질서' 확립에 이바지하는 범위 내에서 누릴 수 있는 제한된 권리이기 때문이다. 남성이든 여성이든, 동성애자이든 일반인이든 상관없이 그들의 자유와 권리가 국가안전보장, 질서유지 또는 공공복리에 위협을 가할 경우에는 법률로서 제한을 가하는 것이 마땅하며, 그와 같은 제한은 '차별'도 아니고 '인권침해'도 아니다. 법안이 통과되면 동성애나 특정 종교를 비판하는 일이 어려워질 뿐 아니라, 전도 행위 역시 차별금지라는 명목으로 제한받을 수 있다. 차별금지법안은 헌법이 보장하고 있는 개인의 사상과 표현의 자유를 침해할 소지가 매우 크다. 동성결혼 합법화는 '건전한 성윤리'를 붕괴시킨다. '건강한 가정과 사회'를 약화시킨다. '종교의 자유'를 침해한다. 그러므로 그것은 용인될 수 없다.

제9부 목회적 분석에서 최홍준 목사(국제목양사역원 원장)는 "동성애 문제에 대한 목회학적 관점과 교회의 대응"이라는 제목의 글에서 다음과 같이 표명한다: 영국에서 신앙의 자유를 지키기 위해 고군분투하고 있는 리엄스(A. Williams) 변호사는 "영국에서 차별금지법 통과로 영국교회는 절망적인 상황"이라며 "만약 한국교회가 무관심하면 동성애 합법화는 불 보듯 뻔한 것"이며 "한국교회가 동성애 합법화를 막지 못하면 영국교회처럼 반드시 무너진다"고 역설했다. 그의 증언에 따르면 1967년 이후 영국에서는 동성애가 더 이상 죄가 아니다. 그러나 더 심각한 것은 2000년도에 군대 내 동성애 금지조항이 사라졌고, 2004년에는 대중 앞에서 남자끼리 동성애하는 것도 가능해졌으며, 2012년에는 동성애 가정이 아이를 입양할 수 있게 되었다고 증언하였다. 이러한 상황이 우리나라에도 올 수 있다는 것을 경고한다. 이태희 변호사는

오늘날 말하는 모든 인권은 유엔인권헌장과 세계인권선언문에 기초하고 있다고 전제하고, 인권은 창조주가 부여했기에 누구도 함부로 침해할 수 없는 것으로서 인권의 절대성은 그 권리를 부여한 절대자의 절대성에 뿌리를 두고 있다고 설명했다. 필자는 계속해서 인권은 절대자가 부여한 권리이기에 창조주는 인간에게 동성애를 허용한 적이 없으며, 동성애가 인권에 포함될 수 없는 이유가 여기에 있다고 강조했다. 그는 날로 범람하는 죄악 된 행위들로 죄의 사슬에 묶여있는 알코올 중독자나 마약 중독자, 모든 성중독자들을 긍휼히 여기고 진리의 말씀 안에 역사하는 성령의 능력으로 그들을 회복시킬 수 있는 통로를 만들어 그들이 예수 그리스도의 품으로 나아올 수 있도록, 사랑으로 품고 도와줌으로써 온전한 성도의 삶을 살 수 있게 해주어야 한다고 피력한다.

소강석 목사(새에덴교회 담임)는 "동성애와 인권"이라는 제목의 글에서 다음과 같이 천명한다: 네오마르크시즘은 자본주의가 해결하지 못한 인간소외, 탈인격화, 개인화 등의 문제에 대한 휴머니즘적인 요소를 강조한다. 자신들의 공격적이고 파괴적인 의도를 은닉하고, 표면적으로는 섬김이나 봉사, 약자 보호, 사람과 사람의 관계성, 아름다운 공동체를 표방하며 선동한다. 그들의 영향력이 점차 확대되어 성적인 영역에 이르게 되었고, 동성애를 주장하고, 성정치를 주장하면서 가정, 학교, 종교로부터 억압받고 있는 성적 욕망을 해방하고자 한다. 네오마르크시즘은 자신의 추악한 정체를 숨기고 교묘하게 인권이라는 탈을 쓰고 젊은이들에게 다가가 동성애를 적극 지지하고 환호한다. 특별히 동성애를 앞세워서 가정의 고정관념부터 깨는 운동을 한다. 한국교회는 죄인과 죄악 된 행위에 대한 경계에 구분을 명확히 해야 한다. 사람은 사랑으로 돌보며 섬기되, 동성애 행위 그 자체는 하나님이 금하신 죄악 된 행위로서 반대의 입장을 분명히 해야 한다. 특별히 동성애를 옹호하는 독소조항이 담겨 있는 소수자 차별금지법은 반드시 막아야 한다. 인권은 아름답고 존귀한 것이다. 그러나 인권이 결코 우상이 되어서는 안 된다. 하나님의 창조섭리, 즉 천부적 순리를 넘어서려고 해서는 안 된다. 그의 설교는 오늘날 동성애 운동의 이념적 배경을 밝히는 데 크게 공헌하고 있다.

이재훈 목사(온누리교회 담임)는 "뜻밖의 회심(롬 1:24-27; 3:21-24)"이라는 제목의 글에서 다음과 같이 천명한다: 성경 말씀은 동성애가 현대인의 성향이 아닌 고대로부터 이어진 대표적인 하나님을 대항하는 인간의 죄임을 분명히 지적한다. 동성애는 하나님의 창조와 자연질서를 거역하는 죄로서 보다 중한 죄이기 때문이다. 즉, 하나님께서 창조하신 가족이라는 제도를 무너뜨리는 무서운 죄이기 때문이다. 필자는 동성애자를 대하는 신자들의 열린 태도를 환기시킨다: 뉴욕 시라큐즈 대학에서 영문학과 여성학교수요 레즈비언인 로사리아 버터필드(R. Butterfield)는 시라큐즈 개혁장로교회를 담임하는 스미스(K. Smith) 목사의 초청을 받아 그의 열린 태도와 환대에 닫힌 마음이 열려서 성경을 읽게 되고 회심을 체험하여 동성애에서 벗어나 개혁장로교회의 교인이 되었고 사모와 엄마로서 지역교회를 섬기고 있다. 필자는 교회의 열린 태도로 "뜻밖의 회심"이 여기저기서 일어나는 회심운동을 보면서 교회가 그들을 긍휼히 여겨 도시마다 회복 센터를 세워 동성애 치유와 구원 운동을 제안한다.

이요나 목사(갈보리 채플 담임)는 "동성애, 신학적 조명과 복음적 해법"이라는 제목의 글에서 다음과 같이 밝힌다: 퀴어 신학자들과 호모필리아(homophilia, 동성애 옹호자)들은 로마 가톨릭 신부이며, 철학자이자 심리학자인 다니엘 헬미니악(D. A. Helminiak)의 성경 해석 교리를 롤 모델로 삼는다. 헬미니악은 보스웰(J. Boswell)과 컨트리먼(L. W.

Countryman)과 같은 신학자들의 학술을 인용하여 로마서 1장에서 바울은 동성 간의 성행위를 단죄한 것이 아니라, 윤리적 중립을 가르치고 있다. 필자는 퀴어신학자들의 성경 해석이 정통적 해석에서 벗어난 자의적 성경 해석에 근거한다고 일목요연하게 비판한다. 그리고 창세기 18장과 19장에서 소돔 성의 동성애 사건은 소돔 성 타락의 극한 상태를 조명한 것이라고 해석한다. 모세시대에 있었던 동성애 사형제도(레 18:22; 20:13)는 동성애가 가증한 일이라는 것을 알려준다고 해석한다. 구약 왕국시대에는 동성애 추방제도(왕상 14:24; 15:12; 22:46)가 시행되었다. 은혜의 시대인 신약시대에도 구약시대와 똑같이 동성애자들은 다른 불법자들(살인, 간음, 도둑질 등)과 마찬가지로 천국에 들어가지 못하리라(고전 6:9-10)고 지적하고 있다. 탈동성애 목회자인 필자는 동성애는 오직 성경의 진리와 성령으로 해결될 수 있는 죄의 문제라고 본다. 교회는 동성애자들을 무조건 적대적인 대상으로 삼아 비난만 할 것이 아니라, 저들을 품고 저들에게 살아계시고 지금도 역사하시는 하나님의 복음의 말씀을 전하여 저들도 하나님의 구원에 은총에 참예할 수 있도록 하는 데 힘을 모아야 한다고 역설한다.

이영훈 목사(여의도순복음교회 담임)는 "동성애의 문제점과 목회적 대안"이라는 제목의 글에서 다음과 같이 표명한다: 하나님이 인간에게 주신 축복의 선물인 성은 아름답고 선한 것이었다. 그러나 인간이 타락한 이후 성은 왜곡되기 시작했다. 현대에 이르러 성의 왜곡은 극대화 되었고, 그 일환으로 등장한 것이 동성애이다. 동성애는 하나님의 아름다운 선물인 성을 변질시키는 것이며, 성 도덕을 타락시키는 일이다. 목회적 대책은 1) 동성애로부터의 회복은 죄의 문제를 해결할 때에 가능하다. 2) 교회는 동성애자를 긍휼과 사랑으로 대해야 한다. 3) 동성애자들의 가치관과 성향이 변하도록 도와주어야 한다. 4) 현실적으로 가능한 목회적 돌봄의 방법들을 제공해야 한다. 4가지 돌봄 방법은 (1) 동성애자들에 대한 성령의 치유 사역 (2) 상담 및 인터넷을 통한 동성애 교육과 상담 (3) 동성애자들을 위한 관계망 구축 (4) 가정회복을 위한 노력이다.

양병희 목사(영안장로교회 담임)는 "창조질서를 거역하지 말라"(롬 1:26-27)는 제목의 글에서 다음과 같이 천명한다: 동성애 문제가 미국을 비롯한 전 세계적인 문제로, 현재 우리나라를 강타하고 있다. 이럴 때일수록 하나님의 말씀으로 돌아가 하나님이 무엇이라 말씀하셨는지 살피며 성경에 귀를 기울여야 한다. 성경은 분명히 동성애는 하나님이 가증히 여기시는 죽음의 형벌이 임하는 죄악이며, 하나님의 창조질서를 파괴하는 큰 악행임을 우리에게 말해주고 있다. 소수자 차별금지법은 소수자의 인권을 보호한다는 차원에서 추진되고 있는 것 같지만, 실상을 들여다보면 심각한 역차별적인 요소가 다분하다. 지금 우리나라에서 추진하려고 하는 동성애법의 독소조항은 동성애자들의 행위를 잘못이라고 지적하는 자가 처벌을 받는 법이다. 예를 들어, 동성애법이 통과되면 목사가 강단에서 동성애가 하나님의 뜻이 아니라고 설교하거나 비판을 해도 당장 고소를 당하고, 1,000만 원 이하의 벌금이나 2년 이하의 징역을 살게 된다. 그러므로 소수차별금지법은 반드시 막아야 한다.

장창수 목사(대구대명교회 담임)는 "목회적 관점에서 바라본 동성애"라는 제목의 글에서 다음과 같이 표명한다: 동성애를 병으로 보지 말고, 하나님께서 가증히 여기시는 죄악으로 봐야 한다. 동성애는 분명히 회복될 수 있다. 동성애는 죄악이기 때문에 인류 역사 속에서 지속적으로 나타난 것이다. 죄로 인해 타락하고 전적으로 부패한 인간의 본성을 지닌 인간에게 동성애는 이제까지 시대를 초월하여 나타날 수밖에 없었다. 그렇지만 동성애자들도 하나님의 사랑의 대상이며 구원받아야 할 사람들이다. 따라서 교회는 이들의 연약함을 돌봐주고, 죄로부터 해방되도록 도움을 주어야 한다. 교회는 이를 위해서 올바른 성정체성 회복과 성의 온전성을 교육해야 한다.

주승중 목사(주안장로교회 담임)는 "동성애는 최악의 무질서"라는 제목의 글에서 다음과 같이 선포한다: 하나님의 창조질서와 올바른 가치 체계가 도전받고 무너지고 있는 이런 무질서의 현장 그 중심에, 바로 동성애의 문제가 놓여 있다. 그리고 이 동성애의 문제는 미국과 같은 서구에서만의 문제가 아니라, 바로 우리가 살고 있는 대한민국에서도 얼마 전부터 뜨거운 감자로서 급부상한 문제이다. 하나님의 심판인 '내버려 두사'의 최악의 결과가 바로 동성애이다. 성적 타락은 가정과 교회와 국가를 무너뜨리는 사탄의 전략이다. 동성애는 아름다운 미래사회를 이루어갈 수 없다. 그러나 동성애자들도 하나님의 사랑과 관심의 대상임을 잊지 말아야 한다.

최윤 목사(검단교회 담임)는 "동성애와 맘모니즘"이라는 제목의 글에서 다음과 같이 표명한다: 동성애는 결국 자신의 의지와 선택에 의해서 이루어진 성적 행동양식이다. 포스트모던 시대조류에 편승하여 동성애자(homosexuals)들의 커밍아웃(comming out)을 통해 새로운 성문화 인식이 태동하고 있는 추세이다. 언뜻 차별받고 억압받아 궁핍하게 살 것 같지만, 사회학계와 경제학계 연구에 따르면 동성애자가 이성애자보다 교육을 더 많이 받았고, 평균 가구소득이 더 높으며, 심지어 아이큐(IQ)도 더 높다. 맘모니즘(mammonism, 물질만능주의)과 동성애는 같은 뿌리를 가지고 있다. 고대 근동의 우상제의에서 기복(祈福)과 동성애, 그리고 혼음(混淫)이 함께 행해졌기 때문이다. 그러므로 동성애의 확산은 교회의 책임도 있다. 이제부터라도 교회는 물질가치, 금전가치보다 영적 가치, 정신적 가치, 도덕적 가치가 더 값지고 귀하다는 것을 분명히 깨닫고, 이를 실천하며 이것을 사회에 전달하고 그 분위기를 확산시켜 가야 한다.

배정도 목사(창성교회 담임)는 "동성애에 대한 교회와 목회자의 책임과 사명"이라는 제목의 글에서 다음과 같이 표명한다: 누구나 자기 소견에 옳은 대로 행한다면 도덕·윤리적인 극한 혼란 상황을 맞이하게 될 것이다. 성경은 동성애뿐만 아니라, 혼인 관계 외에 행해지는 모든 성적인 관계를 금하고 있다. 죄로 말미암아 타락한 인간의 감정과 의지는 판단의 기준이나 근거가 될 수 없음은 자명한 일이다. 즉, 성경 말씀이 인간의 행동양식의 근거와 기준이 되어야 한다. 교회공동체는 예수님이 그러하였듯, 죄인을 용납하고 긍휼의 마음으로 품되, 죄에 대해서는 단호하게 지적하고 성령의 검인 말씀으로 변화 받아 하나님 앞에 온전한 모습으로 설 수 있도록 도움의 손길을 베풀어야 한다. 동성애에 대한 목회자의 책무와 사명을 다음과 같이 제시한다: 1) 진리의 파수군의 사명: 동성애에 대하여 진리를 말할 수 있어야 한다. 2) 세속 문화에 대한 순교적 영성의 요청: 문화 변혁의 책무 3) 말씀과 성령을 통한 갱신의 확신: 말씀이 일하는 것을 믿어야 한다.

이와 같이 35명의 다양한 기고자들은 그들의 전문성을 발휘하여 한결같이 동성애가 창조주 하나님께서 인간에게 내리신 축복인 성의 왜곡이며 사회적 혼란을 초래하는 악임을 천명해 주고 있다. 이 편집서 출판을 위하여 소명감을 가지고 옥고를 제출해준 학자들과 전문의들, 법전문가, 목회자들에게 감사를 드린다. 여기에 수록된 글들은 문장 하나하나 빠뜨릴 수 없는 귀한 통찰, 올바른 지식과 식견을 보여준다. 그리고 무엇보다도 혼란케 하는 왜곡된 지식들이 범람하여 사람들을 혼란에 빠뜨리는 이 시대에 필자들은 예언자와 같이 참다운 길과 지식의 길과 신앙의 길을 제시해주고 있다. 편집자는 이분들의 글을 읽으면서 많은 감명과 통찰과 은혜를 받았다. 깊은 감사와 경의를 표하고 싶다.

마지막으로 이 방대한 편집서를 꼼꼼히 편집하여 히브리어와 희랍어, 그리고 전문 학술 용어들을 정확하게 전달해준 킹덤북스(Kingdom Books) 대표 윤상문 목사와 그의 출판사 실무자들의 노고를 치하드리고 싶다. 윤상문 대표는 이 땅 위에 하나님의 나라와 그의 의를 실현하기 위하여 시대를 성찰하고 방향을 제시하는 바른 신학의 양서만을 출판하고자 한다. 그는 이러한 높은 뜻을 지닌 개혁주의 지도자적 기품을 가지고 그의 출판사를 "하나님 나라(왕국) 책들"(Kingdom Books)이라는 이름대로 훌륭하게 운영하고 있다. 그는 이 책에 나오는 필자들이 한결같이 외치는 바대로 하나님의 나라와 그의 뜻이 이 땅에 실현되도록 이런 시대적 동성애의 물결에 대비하여 방대한 편집서 출판을 제안했다. 이 책에는 1년 이상의 노력이 결실을 맺어 동성애 물결에 능히 대응할 수 있는 9개 분야의 튼실한 대응의 전략이 제시되어 있다. 이 편집서를 통하여 이 시대를 향한 하나님의 뜻이 온전히 이루어지길 바란다. 동성애에 대한 바른 지식을 추구하는 사람들이 이 책을 통해 통찰과 지식을 얻기를 바라며, 동성애에 집착하거나 경향성으로 인해 방황하고 있는 수많은 사람들이 이 책을 읽고 새로운 삶(탈동성애 삶)을 살게 되기를 간절히 바란다.

2016년 5월 25일

김영한(샬롬나비상임대표/기독교학술원장/숭실대 명예교수)

차례

추천사   5
머리말   11

제1부 성경신학적 분석

제1장 구약성경에 나타난 동성애 | 배정훈   43
제2장 레위기의 동성애 법 | 신득일   74
제3장 동성애의 원인과 해결: 성경과 과학의 진단과 처방 | 신현우   99
제4장 바울이 말하는 동성애와 하나님의 진노 | 이재현   142
제5장 동성애, 혼돈 속의 사랑 | 채영삼   184
제6장 바울의 순리와 역리 개념과 동성애 문제 | 최승락   211

제2부 교회사적 분석

제1장 동성애 문제의 교회사적 고찰 | 이상규   237

제3부 신학적 분석

제1장 동성애 행위에 대한 영성신학적 해석 | 김영한   267
제2장 하나님의 형상과 동성애 신학의 한계 | 권문상   301

Homosexuality, the cultural clash of the 21st century

제4부 현상학적 | 사회과학적 | 선교학적 분석
제1장 세계 속의 동성애 추세와 한국교회 대응 방안 | 이용희　323
제2장 동성애 문제의 진단과 건강사회 처방 | 김영종　351
제3장 동성애 조장 반대운동 활성화를 위한 기독교 시민단체의 역할　376
　　　| 김규호

제5부 윤리적 분석
제1장 하나님의 창조질서를 거스르는 동성애 | 김재성　389
제2장 동성애자들에 대한 전도와 목회적 돌봄 | 이승구　414
제3장 기독교 사회원리를 통하여 본 동성애 결혼 | 유경동　441
제4장 동성애자, 교회가 버려야 할 죄인인가? | 한수환　462

제6부 생리학(의학)적 분석

제1장 동성애의 유발요인과 보건적 문제점 | 길원평   503
제2장 동성애 에이즈 감염 실태 | 염안섭   536
제3장 정신의학에서 보는 동성애 | 민성길   577
제4장 남성 동성애자 간 성관계의 보건적 고찰 | 김지연   637

제7부 상담학, 정신분석학적 분석

제1장 동성애에 관한 정신분석학적 견해 | 박종서   677
제2장 상담심리학자가 본 동성매력 장애 | 정동섭   710
제3장 동성애에 대한 목회상담학적 대책 | 전형준   767

제8부 법적 분석

제1장 동성애를 옹호하는 차별금지법안의 헌법상 문제점 | 김영훈   789
제2장 동성애, 과연 인권의 문제인가? | 이태희   800

Homosexuality, the cultural clash of the 21st century

제9부 목회적 분석

제1장 동성애 문제에 대한 목회학적 관점과 교회의 대응	최홍준	831
제2장 동성애와 인권	소강석	855
제3장 뜻밖의 회심(롬 1:24-27; 3:21-24)	이재훈	869
제4장 동성애, 신학적 조명과 복음적 해법	이요나	876
제5장 동성애의 문제점과 목회적 대안	이영훈	912
제6장 창조질서를 거역하지 말라(롬 1:26-27)	양병희	934
제7장 목회적 관점에서 바라본 동성애	장창수	944
제8장 동성애는 최악의 무질서	주승중	968
제9장 동성애와 맘모니즘	최윤	990
제10장 동성애에 대한 교회와 목회자의 책임과 사명	배정도	1019

제 1 부
성경신학적 분석

Homosexuality, the cultural clash of the 21st century

제 1 장

구약성경에 나타난 동성애

배정훈 교수(장로회신학대학교 구약학)

Ⅰ. 문제의 본질과 연구방향

성애(性愛)의 대상으로 동성(同性)을 택하는 동성애의 문제가 다시금 이 사회를 강타하였다. 미국에서 이미 수도 워싱턴을 비롯한 36개 주에서 동성결혼이 가능했지만, 2015년 6월 26일 미국 연방대법원이 동성결혼을 합법화하면서, 앞으로 한국 사회에서 심각하게 도래할 동성애 문제가 다시금 제기되었다. 동성애가 사회적으로 합의를 얻는 것은 아니지만, 고대부터 존재해왔다.[1] 동성애를 부정적으로 보는 관

---

1 사회적으로 인정된 것은 아니지만 고대 사회부터 동성애가 존재했다는 증거는 많다. 선사 시대, 고대의 그림문자, 앗시리아, 이집트, 그리스와 로마 시대에 동성애에 대한 적대감이 존재해왔다. J. J. Davis, *Evangelical Ethics: Issues Facing the Church Today* (Phillipsburg, New Jersey: P and R, 1993), 95-96.

점들이 19세기에 이르러 범죄의 표현보다는 정신병으로 규정되었다.[2] 그 이후로 전 세계적으로 동성애가 범죄로 여겨지지 않았고, 점차적으로 동성애의 허락, 동성결혼의 합법화 등이 발전되어 오늘에 이른 것이다. 그러나 교회는 2세기부터 19세기까지 동성애를 죄로 선언하고 처벌하였다.[3] 19세기 이후로 점차적으로 동성애에 대한 입장이 완화되기 시작하였다. 게이를 위한 교회, 그리고 동성애자의 성직 안수가 이어지고, 이는 기독교 공동체에 교회 분열이라는 상처를 주기에 이르렀다.

이와 같이 동성애 문제는 시대가 바뀌면서 점차 사라지는 것이 아니라, 찬성과 반대의 갈등이 강화되는 양상으로 발전하였다. 사회적으로 옹호하는 자들이 늘어나고, 기독교 내에서도 이에 대한 입장들이 다양화되었다.[4] 동성애를 옹호하는 입장에서는 유전학적인 근거, 철학적 논거, 인권적 근거, 그리고 성경적 근거를 제시한다. 보수적인 기독교에서는 동성애 문제의 찬성과 반대를 넘어서서 동성애가 소수차별금지법으로 인정되었을 때 몰고 올 결과에 대하여 촉각을 세우고 있다.

필자는 동성애에 대한 입장을 구약학의 입장에서 전개하고자 한다. 전에 동성애에 대한 입장을 밝혔지만,[5] 이번에는 동성애 옹호론자들의 주장을 염두에 두고 필요한 구약성서의 입장을 개진하고자 한다. 인권

---

2 위의 책, 96-97.

3 M. L. Soards, *Scripture and Homosexuality: Biblical Authority and the Church Today* (Louisville, Kentucky: Westminster John Knox Press, 1995), 33-43.

4 정원범, "동성애에 대한 기독교윤리학적 반성," 기윤실 부설 기독교윤리 연구소, 『동성애에 대한 기독교적 답변』 (서울: 예영, 2011), 128-136.

5 배정훈, "구약성서에서 바라본 동성애," 『동성애에 대한 기독교적 답변』, 75-91.

문제가 제기되기 이전 시대에는 목소리가 작았던 동성애자들이 인권을 무기로 점차 강한 목소리를 내고 있다. 동성애 논쟁의 어려움은 성서적인 것보다는 타고난 동성애의 인권의 문제에 있다. 실제로 동성애자들 중에는 타고난 동성애자만이 아니라 환경이나 왜곡을 통하여 동성애자가 되는 경우도 있다. 동성애자의 인권도 중요하지만, 동성애자들을 통하여 이성애자가 왜곡됨으로 이성애에 근거한 사회 제도의 위험성이라는 문제점이 우려된다. 동성애 옹호론자들은 동성애의 합법성을 인권의 차원에서 제기할 뿐 아니라 성서 자체의 해석에 도전하여 성서가 동성애를 문제시하지 않는다는 주장에까지 나아간다. 동성애를 긍정하지는 않지만, 동성애자를 따뜻하게 맞이하되 타고난 동성애자의 건전한 삶을 진작할 뿐 아니라, 이성애자가 동성애를 통하여 불행한 상황을 맞이하지 않고 건강한 사회를 지향할 수 있는 방향이 필요하다.

이 글은 구약성서가 이성애를 바람직한 것으로 받아들이면서 동성애를 긍정하지 않는다는 것을 밝히고, 나아가 구약성서가 타고난 동성애자와 왜곡된 동성애자로 혼재된 동성애자들을 향한 대책을 제시할 수 있는지를 살펴보고자 한다.

Ⅱ. 동성애에 대한 구약성서의 이해

이 글은 동성애를 옹호하는 입장에 대항하여 구약성서의 구절들이 동성애를 인정하지 않는 것이 보편적임을 보여주려고 한다. 관련 구절들에 대한 동성애 옹호론자들의 입장을 서술하고, 실제로 그러한지 구약성서를 자세히 살펴보려고 한다.

1. 창세기 1-2장 (창조의 원리)

창세기 1-2장에서 동성애 옹호론자들은 다음을 강조한다:[6] 1) 사람이 남자와 여자로 창조되었다는 성서의 진술은 가부장적인 전제일 뿐이며, 반드시 인간에게 이성애적인 행위가 요구되는 것은 아니다. 남자와 여자의 구분은 인류의 특징이기는 하지만 정신질환자, 독신자, 동성애자를 포함하지 못하는 진술이다.[7] 2) 남성과 여성의 성 분화 (differentiation)가 하나님의 형상을 닮은 것은 아니다. 왜냐하면 남녀의 구분은 인간만이 아니라 동물도 있으며, 하나님에게 남녀의 분화가 있다고 보기는 어렵기 때문이다.[8] 3) 남자가 부모를 떠나 한 몸을 이루어야 한다는 말씀(창 2:24-25)은 도덕적 명령이라기보다는 사회학적인 서술로 받아야 한다. 동성애는 인간의 잘못으로 이루어진 것이 아니라 주어진 것이기 때문이다. 인간에게 선천적으로 주어진 동성애 성향을 인위적으로 바꿀 수는 없다. 본성적으로 동성애자로 태어난 사람들이 동성애를 실천하는 것이 마땅하기 때문이다.[9]

---

6   P. A. Bird, "'Male and Female He Created Them': Genesis 1:27b in the Context of the Priestly Account of Creation," *HTR* 74 (1981), 123-54; "Genesis 1-3 as a Source for a Contemporary Theology of Sexuality," *ExAud* 3 (1987), 155-73; "The Bible in Christian Ethical Deliberation Concerning Homosexuality: Old Testament Contributions," D. L. Balch eds. *Homosexuality, Science, and the Plain Sense of Scripture* (Eerdmans: Grand Rapids, 2000), 166-168; "Sexual Differentiation and Divine Image in the Genesis Creation Texts," in *Image of God and Gender Models in Judaeo-Christian Tradition*, ed. K. E. Boerresen (Oslo: Solum, 1991), 11-34.

7   V. P. Furnish, "The Bible and Homosexuality: Reading the Texts in Context", in J. S. Siker (ed.) *Homosexuality in the Church: Both Sides of the Debate* (Louisville, Kenturky: Westminster/J. Knox Press, c1994), 23.

8   위의 글, 21.

9   J. C. McNeill, "Homosexuality: Challenging the Church to Grow," in Walter

이러한 질문들을 염두에 두고 창세기 1-2장에서 인간에게 주는 교훈을 찾아보기로 하자. 창세기 1-2장에서 우리는 인간의 본성에 대한 통찰을 얻게 된다. 첫째로, 남성과 여성은 서로 구별되게 창조되어 땅에서 차고 번성하는 사명을 부여받았다. 창세기 1:1-2:4a에서는 창조 이야기가 전개된다. 마지막 창조의 절정은 하나님의 안식이지만, 그 직전에 인간은 하나님이 만드신 세상을 다스리기 위하여 만들어진다. 세상을 다스리는 사명을 맡은 인간이 남자와 여자로 창조된 이유는 세상에 차고 번성하는 사명을 이루기 위해서이다.[10]

하나님이 이르시되 우리의 형상을 따라 우리의 모양대로 우리가 사람을 만들고 그들로 바다의 물고기와 하늘의 새와 가축과 온 땅과 땅에 기는 모든 것을 다스리게 하자 하시고 하나님이 자기 형상 곧 하나님의 형상대로 사람을 창조하시되 남자와 여자를 창조하시고 하나님이 그들에게 복을 주시며 하나님이 그들에게 이르시되 생육하고 번성하여 땅에 충만하라, 땅을 정복하라, 바다의 물고기와 하늘의 새와 땅에 움직이는 모든 생물을 다스리라 하시니라(창 1:26-28).

> 하나님은 인간을 남자와 여자로 창조하셨다. 그리고 인간에게 맡겨진 사명은 생육하고 번성하여 땅에 충만하고 땅을 정복하고 다스리는 것이다. 인간을 중성으로 만들지 않고, 남성과 여성을 구분하여 각각의 정체성을 갖게 하신 것이다. 또한 그들에게 주어진 사명은 "땅에서 번성하는 것"이다. 동성애는 남성과 여성의 성정체

Wink (ed.) *Homosexuality and Christian Faith: Questions of Conscience for the Churches* (Minneapolis: Fortress Press, 1999), 50.

10 R. A. J. Gagnon, *The Bible and Homosexual Practice: Texts and Hermeneutics* (Nashville: Abingdon Press, 2001), 58.

성의 구별을 상실하게 만들고, 번성 자체가 불가능하기에 인간의 본성에 어긋나는 일인 것이다.

둘째, 인간은 이성간의 결혼을 통하여 서로에게 돕는 배필로 존재한다.[11] 창세기 2:4b-25은 남자와 여자로 창조된 인간의 성적인 관계를 더 자세히 서술하고 있다. 2장의 마지막 부분인 창세기 2:18-25에서는 남자와 여자의 성(sexuality)에 대한 원리가 나타난다.

> 여호와 하나님이 이르시되 사람이 혼자 사는 것이 좋지 아니하니 내가 그를 위하여 돕는 배필을 지으리라 하시니라(창 2:18).

> 아담이 모든 가축과 공중의 새와 들의 모든 짐승에게 이름을 주니라 아담이 돕는 배필이 없으므로(창 2:20).

> 아담이 이르되 이는 내 뼈 중의 뼈요 살 중의 살이라 이것을 남자에게서 취하였은즉 여자라 부르리라 하니라. 이러므로 남자가 부모를 떠나 그의 아내와 합하여 둘이 한 몸을 이룰지로다(창 2:24).

배우자가 필요한 이유는 "혼자 사는 것이 좋지 않다"는 하나님의 판단 때문이다. 하나님은 일차적으로 동물들 가운데 아담을 위해 돕는 배필을 찾으려고 하였지만(창 2:18), 동물들은 아담의 배필이 아니라

---

11 C. Westermann, *Geneses 1-11*, J. J. Scullion S. J. 옮김 (Minneapolis: Augsburg Publishing House, 1985), 234.

아담의 다스림을 받는 존재임이 판명되었다(창 2:19).[12] 아담은 마침내 찾은 자신의 배우자인 하와를 처음 만날 때 사랑의 고백을 한다. 여성은 스스로 완전한 존재가 아니라 남성으로부터 와서 남성과의 결합을 통하여 온전함을 이루는 돕는 배필로 규정된다. 하나님이 만드신 남자와 여자는 부부로서 하나가 서로를 필요로 하는 둘이 되고 이 둘은 다시 하나를 지향하는 존재가 된다. 그러므로 태초의 창조의 원리에 따라, 동성(同性)을 취하는 것은 인간의 본성에 반하는 것이며 이성(異性)을 취하는 것이 인간의 본성을 따르는 것이다.

그렇다면 인간이 살아가는 많은 형태는 본성적인 원리에 어떤 영향을 주고 있는가? 정신적인 이유로 결혼생활을 할 수 없는 경우, 여러 가지 사정으로 인하여 독신으로 살아가는 사람, 남녀가 더 이상 남자와 여자가 이루는 가정을 이루지 못하는 사람들도 있다. 즉, 이성(異性)으로 이루어진 가정을 이상적으로 여기기는 하지만, 그렇다고 가정을 이루지 못하는 사람들을 범죄자 취급하지는 않는다. 가정을 이루지 못하는 사람들에게도 자신들의 조건과 상관없이 인간으로 살아갈 권리가 있는 것은 분명하다. 그러나 구약성서에 의하면 이성애로 이루어져 자녀들을 생산하고 살아가는 것을 모범적으로 여긴다. 동성애가 모든 사람이 본받을만한 모범적인 모델은 아니다. 그렇다면 동성애자들에게서 독신, 흑인, 여성 등과 같은 소수자로서의 권리를 인정해야 할 것인가 하는 질문을 할 수 있다.

---

12 여성의 창조는 독립적인 것이 아니라 남자로부터 나와서 남자와 보완되는 존재라는 것이다. Gagnon, 60.

2. 창 9:20-27 (함의 행위와 노아의 저주)

노아가 농사를 시작하여 포도나무를 심었더니 포도주를 마시고 취하여 그 장막 안에서 벌거벗은지라 가나안의 아버지 함이 그의 아버지의 하체를 보고 밖으로 나가서 그의 두 형제에게 알리매 셈과 야벳이 옷을 가져다가 자기들의 어깨에 메고 뒷걸음쳐 들어가서 그들의 아버지의 하체를 덮었으며 그들이 얼굴을 돌이키고 그들의 아버지의 하체를 보지 아니하였더라 노아가 술이 깨어 그의 작은 아들이 자기에게 행한 일을 알고(창 9:20-24).

창세기 9장에서 노아의 아들 함과 노아의 이야기를 동성애의 관계로 해석하려는 시도들이 있다.[13] 가그논(R. A. J. Gagnon)은 이 본문을 동성애로 읽는 것이 타당한 이유를 다음과 같이 제시한다.[14] 이 본문이 아버지 노아에 대한 함의 동성애로서의 성폭력 행위로 이해하려는 학자들은 다음과 같은 증거를 제시한다. 첫째, 어떻게 노아의 옷이 장막 바깥에 있었을까? 아마도 함이 바깥에 나갈 때 옷을 가지고 갔을 것이다. 왜 함은 아버지의 옷을 가지고 나갔을까? 아마도 함은 아버지에게 행했다는 증거로 옷이 필요했을 것이다. 둘째, 노아는 술이 깨어 작은

---

13 M. Nissines, *Homoeroticism in the Biblical World: A Historical Perspective*, tr. by K. Stjerna (Minneapolis: Fortress, 1998), 52-53. G. von Rad, *Genesis: A Commentary* (rev. ed.: OTL; Philadelphia: Westminster, 1972), 137. A. Philips,"Uncovering the Father's Skirt,"*VT* 30 (1980), 41; N. M. Sarna, *Genesis* (JPSTC; Philadelphia: Jewish Publication Society, 1989), 66. A. Brenner, *The Intercourse of Knowledge: On Gendering Desire and 'Sexuality'in the Hebrew Bible* (BIS 26; Leiden: Brill, 1997), 107-109. O. P. Rebertson,"Current Critical Questions Concerning the 'Curse of Ham'(Gen 9:20-27),"*JETS* 41 (1998), 177-88.

14 Gagnon, *The Bible and Homosexual Practice*, 65-71.

아들이 자기에게 행한 일을 알게 된다. 과연 자기에게 행한 것은 무엇일까? 아마도 말할 수 없는 행위였을 것이다. 셋째, '하체를 본다'는 용어는 구약의 다른 본문에서 성관계를 갖는 것을 의미한다. 레위기에서 이 용어는 근친상간 등의 부적절한 음란 행위를 할 때 사용된 용어이다(레 18:6-18; 20:11, 17-21). 넷째, 함이 아버지에게 동성애 성폭력을 행했다는 증거는 근동지방의 관습에서 찾을 수 있다. 아버지를 강간함으로써, 함은 아버지와 형들의 권위를 빼앗고, 족장으로서 아버지의 뒤를 이으려는 시도를 한 것이다. 다섯째, 아버지의 하체를 덮어주면서 형들이 아버지의 하체를 보지 않으려는 시도는 다른 사람의 하체를 본다는 말을 성적인 관계를 갖는 것으로 해석하는 것과 양립한다. 만약 함의 행위가 매우 악한 것이라면, 형들의 행동은 매우 경건한 행위이다. 여섯째, 만약 함의 행위를 노아를 향한 동성애적인 성폭력으로 이해한다면, 노아가 함의 아들인 가나안을 향하여 왜 저주하였는지가 이해된다.

그러나 이 본문이 전적으로 동성애를 드러내는 본문으로 해석할 수 있는 것은 아니다. 노아가 벌거벗은 것은 함이 아버지의 하체를 보기 이전이다(창 9:20). 노아는 함의 폭력에 의하여 옷을 벗긴 것이 아니라, 술의 힘으로 자기가 옷을 벗은 것이다. 셈과 함이 가져온 옷은 함이 벗긴 아버지의 옷이 아니라, 그저 아버지의 벌거벗음을 가리기 위하여 가져온 옷이다. 이 본문이 동성애로서의 성폭력을 보여주는지 결정할 때 가장 중요한 것은 '아버지의 하체를 본다'는 표현과 노아가 깨어나 말한 '작은 아들이 자기에게 행한 일'이라는 표현이 무엇인가 하는 것이다. 이것을 상징적으로 아버지의 권위를 찾기 위하여 함이 의도적으로 아버지를 동성애로서의 성폭행을 했다고 볼 수 있을까? 일반적으로 레위기에서 근친상간이나 부적절한 음란을 표현할 때는 주로 '하체를 범하다(드러낸다)'라는 단어를 사용한다(레 18:6-18; 20:11, 17-21; 18:19). 이와 같이 '하체를 범하다.'에서 '범하다'라는 단어는 히브리어 갈라(גלה)이다. 이 단어가 사용될 때 글자 그대로 '하체를 드러내다.' 로서 성관계를 하는 것으로 이해할 수 있다. 창세기 9:20-24에서 나타나는 '하체를 보다'라는 표현이 성적인 행위로 이해되는 유일한 경우는 레위기 20:17이다.

> 누구든지 그의 자매 곧 그의 아버지의 딸이나 그의 어머니의 딸을 데려다가 그 여자의 하체를 보고(ראה, 라아) 여자는 그 남자의 하체를 보면(תראה, 티르에)부끄러운 일이라 그들의 민족 앞에서 그들이 끊어질지니 그가 자기의 자매의 하체를 범하였은즉(גלה, 길라) 그가 그의 죄를 담당하리라(레 20:17).

이 본문에서 보는 것 같이 하체를 보는 것이 성관계를 의미할 수도 있지만 이 본문에서는 '하체를 보다'라는 표현을 '하체를 범하다'라는 표현을 통하여 다시 설명하고 있다. 즉, '하체를 보다'라는 표현만으로 '성관계를 갖다'라는 뜻으로 사용되는 데는 어려움이 있다는 것이다. 즉, '하체를 보다'라는 표현과 '하체를 범하다'는 표현은 성관계를 의미하는 동의어로 사용되지 않는다는 것이다. 함이 '아버지의 하체를 보았다'는 표현은 '아버지의 하체를 범했다'라는 표현과 달리 글자 그대로 하체를 본 행위로 볼 여지가 있는 표현이라는 것이다. 또한 '아버지의 하체를 드러낸다'는 표현은 구약성서에서 아버지와 성관계를 한다기보다는 아버지의 부인과 성관계를 하는 것을 의미하기도 한다(레 18:7-8; 20:11; 겔 22:10).

본문에서 함은 '아버지의 하체를 보았고', 셈과 야벳은 '아버지의 하체를 보지 않았다'고 했는데 그렇다면 셈과 야벳은 아버지와 성관계를 하지 않았다는 표현도 가능한가? 본문에서는 분명히 23절에 "그들이 얼굴을 돌이키고, 그들의 아버지의 하체를 보지 아니하였더라"라고 표현한다. 즉, 얼굴을 돌이켰기 때문에, 하체를 보지 않았다는 것은 글자 그대로 보지 않은 행동을 말한다.

결론적으로 '하체를 보다'라는 표현은 창세기 9:23-24과 레위기 20:17에만 나타나기 때문에 '하체를 보다'라는 표현을 "성관계하다"라고 보기에는 어려움이 있다. 만약 창세기 9장에서 '하체를 드러내다(גלה, 갈라)'라고 했다면 그것은 명백히 성관계를 하다라고 할 수 있지만, '하체를 보다'라는 표현을 통하여 글자 그대로 보는 행위를 말할 수 있기 때문이다. 이와 같이 창세기 9장에서 함이 '아버지의 하체를 보다'라는 표현을 "함이 아버지에게 동성애적인 성폭력을 행하다"라는 뜻으로 해석하기에는 어려움이 있다. 함이 행한 것은 아버지의 벌거벗음을 보고 형제들에게 알렸고, 형제들은 벌거벗음을 보지 않고 아버지에게 옷을 가져다가 하체를 덮은 것이다. 물론 왜 함의 아들 가나안이 저주받았는지에 대한 명쾌한 답을 얻기 어렵다는 것이 이 본문을 동성애로 해석하도록 유도하지만 증거들이 부족하다고 볼 수 있다. 아버지의 벌거벗음에 대한 함의 행동과 아버지의 벌거벗음을 옷으로 가려주려 했던 셈과 야벳의 대조적인 행동을 보면 아버지가 '벌거벗음'으로 그대로 두는 것이 문제임을 알 수 있다. 비록 노아가 술에 취한 행동이기는 하지만 가장의 권위를 가진 노아를 벌거벗은 채로 두는 것은 아들로서 적절치 못하며, 아버지의 권위에 대한 침해로 여겨졌다는 것을 알 수 있다.

3. 성폭력의 형태로서의 동성애 (창세기 19장과 사사기 19장)

창세기 19장은 동성애로 표현된 성 폭력이다. 동성애 옹호자들은 이 본문에서 동성애가 전혀 언급되지 않고, 폭력을 강조하는 본문으로 규정하려고 한다. 그리하여 이들의 주장은 다음과 같이 요약된다. 1) 소돔 사람들의 행동을 동성애라고 정죄해서는 안 된다. 소돔 사람들의 죄는 단지 불친절의 죄이다.[15] 즉, 소돔 사람들은 롯의 두 손님에게 폭력을 가하려고 했다. 소돔 사람들은 손님들에게 동성애를 하려고 한 것은 아니다. 그들은 자신들이 나그네를 향한 힘과 우월성이 있다는 것을 보여주려는 것이었다. 그러자 롯의 입장이 난처해졌다. 만일 손님들의 요구대로 손님들을 내어준다면 손님들에 대한 환대의 의무를 다하지 못하는 것이다. 이와 같이 소돔 사람들은 롯으로 하여금 환대의 의무를 다하지 못하게 함으로써 죄를 저질렀다.

2) 이러한 해석의 근거로 가장 중요한 것은 히브리어 야다(ידע)에 대한 해석이다. 이 단어는 성적인 의미대신 '친숙해지다'로 해석해야 한다는 것이다.[16] 동사 야다는 구약에서 948번 나오지만, 그중에서 '성

---

15 "소돔 이야기에 대한 현대의 해석자들은 소돔 사람들의 동성애적인 동기가 있다고 잘못 해석하였다. 롯의 손님들이 소돔 사람들이 느꼈을법한 사랑의 감정을 느꼈다고 생각할 필요는 없다. 소돔 사람들은 성적인 욕구를 만족하려고 한 것이 아니라, 손님들을 향한 우월성과 힘이 있음을 보여주려는 의도를 가졌다. 그렇기에 롯의 딸들을 이러한 욕구의 대체자가 될 수 없었다. 이야기의 초점은 손님들을 부끄럽게 하는 것이지, 동성애를 행하려는 것이 아니었다." Nissinen, 49.P. Pronk, *Against Nature? Types of Moral Argumentation Regarding Homosexuality*, trans. by J. Vriend (Grand Rapids: Michigan, 1993); P. A. Bird, "The Bible in Christian Ethical Deliberation Concerning Homosexuality: Old Testament Contributions," 147.

16 J. Boswell, *Christianity, Social Tolerance, and Homosexuality* (Chicago: University of Chicago Press, 1980), 93-94. D. S. Bailey, *Homosexuality and the Western Christian Tradition* (Hamden, Conn.: Archon, 1975), 3-4; J. J. McNeill, *The Church and the Homosexuality* (Kansas City: Sheed, Andrews and McMeel, 1976), 54-55.

교하다'라는 뜻으로 사용된 경우는 많지 않다는 것이다.[17] 즉, 소돔 사람들은 동성을 향한 성적 욕구를 드러낸 것이 아니다. 3) 소돔의 죄가 동성애가 아니라는 증거는 창세기 이외의 부분에서 드러난다. 소돔의 죄는 자신들이 풍요로움을 누리면서도 가난하고 궁핍한 사람들을 돕지 않은 것이었다. 소돔이 멸망한 원인이 심각한 불의라는 것은 창세기 18:20과 에스겔 16:49-50, 이사야서 1:10 등을 통하여 알 수 있다. 창세기 18:20에서는 다른 사람들이 소돔의 불의로 인하여 탄식하는 소리를 하나님이 들으셨다는 것이며, 에스겔 16:49-50에서는 소돔의 불의를 서술한다. 이사야서에서는 소돔의 불의를 전제하고 불의한 관원들을 소돔의 관원이라고 표현한다. 구약학자인 브루거만(W. Brueggemann)조차도 이러한 해석에 기여한다.[18]

> 본문은 죄의 내용을 결정하는데 큰 도움을 주지 못한다… 성경은 소돔의 죄가 특별히 성적인 것이 아니라 하나님께 저항하는 사회의 일반적인 무질서임을 증거한다… 성경상의 증거는 그 죄를 동성애로 여기는 데는 동의하고 있지 않고 있음을 보여준다… 성적인 무질서는 일반적인 무질서의 한 모습일 수 있다. 그러나 동성애를 지지하는 오늘날의 해석은 진정한 관심사를 제대로 드러내주지 못하고 있다.

특히 베일리는 야다가 성적인 의미를 가지려면 샤카브라는 동사와 함께 사용되어야 하는데 본문에서는 야다가 홀로 사용되기 때문에 친하게 지내자는 뜻으로 볼 수밖에 없다는 것이다.

17 야다가 성행위를 의미하는 용례는 다음과 같다: 창 4:1, 17, 25; 19:8; 24:16; 38:26; 민 31:17, 18, 35; 삿 11:39; 19:22, 25; 21:11; 삼상 1:19; 왕상 1:4. 동성애적인 표현은 창 19:5과 사사기 19:22을 더할 수 있을 것이다. TDOT, 464.

18 W. Brueggemann, 258.

물론 이 본문은 동성애 자체를 직접 묘사하지 않고, 간접적으로 묘사하고 있다. 이 본문에서 보여주는 것은 순수한 동성애나 단순한 불의가 아니고 동성애를 전제한 폭력이다. 성폭력을 강조하면서 동성애가 없다고 말할 수 없다. 이 본문은 당사자 상호 간에 합의하에 이루어지는 동성애가 아니라 한쪽의 일방적인 폭력에 의하여 이루어지는 동성애이다. 창세기 19:1-11에 등장하는 자들은 롯, 두 천사, 소돔 사람들, 롯의 딸들이다. 롯이 나그네로 분한 두 천사들을 맞이하여 환대하고 그들이 눕기 전에 소돔 백성들이 롯을 찾아왔다. 소돔 사람들은 "노소를 막론하고 원근에서 다 모여 롯의 집을 에워쌌다"(창 19:4). 롯의 집에 나그네로 찾아온 이 사람들을 끌어내어서 그들을 상관하겠다는 것이다(창 19:5). 여기에서 상관한다는 말을 단순히 친해지는 것이라고 한다면, 롯이 그들을 향하여 "이런 악을 행하지 말라"라고 한 것을 이해하기 어렵다. 그들의 행위는 단순히 알고 지내는 것을 넘어서서 악한 일을 자행하려는 시도이다. 그리고 손님들에게는 "아무 일도 저지르지 말라"고 하면서 대신 자신의 두 딸을 내어주겠다고 타협한다.[19] 단순한 친교를 제안했다면 롯이 이렇게 반응하지 않았을 것이다. 백성들이 의도하는 것이 악임을 알고, 그것을 막기 위하여 딸들을 내어주기를 불사하지 않았다. 백성들의 동성애적인 폭력을 완화시키기 위하여 이성애적인 대안을 제시하는 것이다. 물론 모든 소돔 사람들이 나타났을 때는 남녀를 포함하겠지만 남성 주도의 시대를 감안한다면 이

---

19 롯이 딸을 제안한 일은 소돔 사람들의 위치에 대한 모욕이라고 볼 수도 있다. 낮은 신분의 거류민인 주제에 롯은 소돔 사람들에게 요청할 권한이 없다. 나그네를 소돔 사람의 허락도 없이 데려온 것이 바로 소돔 사람의 권리를 침해했다는 것이다. Gagnon, 77. V. H. Matthews, "Hospitality and Hospitality in Genesis 19 and Judge 19," *BTB* 22 (1992), 3-11.

말이 남성이 본인의 의사와는 상관없이 일방적으로 여성을 대하듯이 남성과 교합하려는 의도로서 전형적인 동성애를 시도하려는 표현이며, 본문은 상호 사랑하는 동성애를 넘어서서 상대방의 의사와는 상관없이 일방적인 성폭행을 통하여 죽음에까지 이르게 하는 행위를 보여준다.[20]

이 본문을 통하여 동성애에 관하여 깨닫게 하는 것은 롯의 시대에 소돔 지역에서도 동성애는 하나님이 정한 인간의 본성에 어긋나는 행위로 이해되고, 하나님이 심판을 선포할 만큼 불의에 속한 것이라는 것이다. 이 본문에서 나타나는 악은 동성 상호 간에 협의에 의한 동성애가 아니라 한쪽에서 일방적으로 폭력적으로 행하는 동성애이다. 소돔 사람들이 행하는 다른 불의는 보여주지 않는다. 일부 학자들은 소돔 백성들이 죄가 동성애가 아니라 불의임을 강조한다.

> 네 아우 소돔의 죄악은 이러하니 그와 그의 딸들에게 교만함과 음식물의 풍족함과 태평함이 있음이며 또 그가 가난하고 궁핍한 자를 도와주지 아니하며 거만하여 가증한 일을 내 앞에서 행하였음이라 그러므로 내가 보고 곧 그들을 없이 하였느니라(겔 16:49-50).

이 본문이 동성애에 대한 언급보다는 불의에 대한 언급을 한 것에 근거하여, 학자들은 소돔에서 백성들이 행한 죄는 동성애가 아니라 환대의 관습을 어긴 폭력이며 성적인 죄와는 무관하다고 강조한다. 동성

---

20 Gagnon, 73. D. J. Wold, *Out of Order: Homosexuality in the Bible and the Ancient East* (Grand Rapids: Baker Books, 1998), 89.

애는 불의의 일부인 것이다. 창세기에서도 소돔의 죄는 불의와 성적인 폭력이 모두 나타난다. 아브라함이 하나님께 소돔을 위하여 중보할 때 하나님은 이렇게 말씀하신다.

> 여호와께서 또 이르시되 소돔과 고모라에 대한 부르짖음이 크고 그 죄악이 심히 무거우니 내가 이제 내려가서 그 모든 행한 것이 과연 내게 들린 부르짖음과 같은지 그렇지 않은지 내가 보고 알려 하노라(창 18:20-21).

두 천사가 소돔의 현장에서 발견한 것은 동성애였지만, 소돔을 방문한 이유는 동성애 때문이라고 말하지 않는다. 단지 "소돔과 고모라에 대한 부르짖음이 크고, 그 죄악이 심히 무겁다"고만 말한다. 소돔과 고모라의 불의로 인한 피해자들이 부르짖는 소리를 하나님이 들으시고 정말 소돔과 고모라가 불의를 행하는지를 알기 위하여 친히 소돔과 고모라를 방문하시는 것이다. 천사들이 소돔을 방문하여 경험한 것은 단지 두 천사에게 행하려는 동성애의 성폭행 시도뿐이다. 천사들은 '자기들을 향한 동성애적인 성폭력'을 보고 소돔 사람들이 그동안 불의를 행하였다는 것을 확증하게 된다. 천사들은 소돔 백성들이 행한 성폭력을 불의에 대한 증거로 채택한다.[21]

소돔 사람들의 죄는 불의의 형태로 나타나는 성폭력만은 아니다. 창세기 19장에서 경험하는 동성애는 '가증한 것'으로 평가되었다. 소돔 사람들이 범하는 죄악 중에서 가증한 것에 대한 표현이 많이 있었다.

---

21 W. W. Fields, *Sodom and Gomorrah: History and Motiff in Biblical Narrative* (JSOTSup 231; Sheffield: Sheffield Academic Press, 1997), 54-67.

> 네 아우 소돔의 죄악은 이러하니… 거만하여 가증한 일을 내 앞에서 행하였음이라 (겔 16:49)

> 내가 예루살렘 선지자들 가운데도 가증한 일을 보았나니 그들은 간음을 행하며… 그들은 다 내 앞에서 소돔과 다름이 없고 그 주민은 고모라와 다름이 없느니라 (렘 23:14)

이 본문들을 보면 소돔 사람들이 행한 일은 이웃을 향한 불의와 음란한 성행위를 일컫는 가증한 일 등이다. 동성애가 유일한 죄는 아니지만 소돔 사람들이 행한 중요한 죄악중의 하나이다.

창세기 19장에서와 같이 사사기 19장도 동성애와 집단 성폭행이 함께 이루어짐을 보여 주고 있다. 사사기의 저자는 이 사건의 시대를 사사기로 설정하고 "그 때에 이스라엘에 왕이 없으므로 사람이 각각 그 소견에 옳은 대로 행하였더라"(삿 17:6; 18:1; 19;1; 21:25)라는 구절을 곳곳에 나열함을 통하여 왕을 통한 하나님의 법이 바로 실현되어야 함에도 불구하고 그렇지 못한 타락한 사회의 모습을 드러내고 있다.

레위 사람이 아내를 데리고 노인의 집에서 유숙할 때에 그 성읍의 불량배들이 그 집을 에워싸고 주인에게 말한다: "네 집에 들어온 사람을 끌어내라. 우리가 그와 관계하리라(ידע, 야다)"(삿 19:22). 여기에서 불량배들이 원하는 대상은 레위인 남자의 아내가 아니라 레위인 남자 자신이다. 야다(ידע)라는 단어가 창세기 19장에서와 같이 성적인 의미를 담고 있다. 이들은 남자를 여자처럼 대하고 이성이 아닌 동성에 대하여 성행위를 하되, 상대방의 의사와 상관없이 일방적인 성폭행을 행하겠다는 것이다.

창세기 19장에서와 같이 노인은 말한다: "이 같은 악행을 저지르지 말라. 이 사람이 내 집에 들어왔으니 이런 망령된 일을 행하지 말라"(삿 19:23). 자신의 집을 방문한 나그네를 향하여 이웃들이 어떠한 일을 행할지 알기에 그 행위를 '악행'이라고 평가한다. 불량배들이 말을 듣지 않자 이 노인은 타협을 한다: "보라 여기 내 처녀 딸과 이 사람의 첩이 있은즉 내가 그들을 끌어내리니 너희가 그들을 욕보이든지 너희 눈에 좋은 대로 행하되 오직 이 사람에게는 이런 망령된 일을 행하지 말라 하나"(삿 19:24). 노인은 남자대신 여자를 내어주어 불량배들이 이 여자들을 끌어내어 '욕보든지 너희 눈에 좋은 대로 행하도록' 허락한다. 무리들이 듣지 않으니 레위 남자가 자신의 첩을 바깥으로 내어주었고, 그들은 레위 남자의 첩을 밤새도록 성폭행하여 죽게 만든다. 불량배들의 행위에 대한 사람들의 재진술을 통하여 사람들은 이 사건을 어떻게 평가하는지 알 수 있다. 이스라엘 자손들은 이 일을 '이 악한 일'(삿 20:3)이라고 말한다. 레위 사람은 '불량배'들의 행위는 동성애적인 욕구로 표현되고, 그 대신 그의 '첩을 욕보여 그녀를 죽게 하였다.' 이 행위는 '음행과 망령된 행위'(삿 20:6, 10)이다. 사건을 들은 이스라엘 사람들의 반응은 이 악은 반드시 제거해야 한다고 말한다(삿 20:12-13).

결론적으로 기브아의 불량배들이 행한 것은 이성인 여자를 성폭행하여 죽음에 이르게 한 것이지만, 실제로 그들이 의도한 것은 동성인 남성을 성폭행하는 것이다. 이들은 이성이 아닌 동성을 향한 욕구를 집단적이고 비이성적으로, 쌍방적으로가 아닌 일방적으로 분출하고, 성(性)을 폭력화하여 한 인간을 죽게 만들면서 쾌락을 느끼고 욕구를 해소하고 있는 것이다. 불량배들이 원했던 것은 상대방을 죽음에 이를지라도 개의치 않는 동성애의 성폭력이었지만, 차선책으로 남자의 첩을 데려다가 그녀를 죽게 만듦으로써 폭력을 동반한 쾌락을 추구한 것이었다.

창세기 19장과 사사기 19장을 통하여 우리는 타락한 공동체가 낯선 동성을 향하여 동성애라는 비정상적인 욕구를 표현하는 경우가 있었다는 것을 알 수 있다. 때로는 천사의 보호로 행동이 제지되고, 아니면 여자를 통하여 이 욕구가 분출되었다. 즉, 이 본문들은 단지 이성애나 동성애를 묻지 않는 성폭행만이 아니라, 사회가 방임적이고 극단적으로 타락하였을 때 불의와 더불어 폭력을 동반한 동성애가 살인에까지 이르게 함을 보여준다. 이러한 가증한 동성애를 수반하는 행동에 대해서는 하나님의 심판이나 공동체의 심판이 이어졌다. 이스라엘 공동체는 이러한 동성적인 성폭력이 이스라엘에서 제거해 버려야 할 범죄로 인식하고 있다.

4. 동성애는 가능한가? (레위기 18:22 & 20:13)

레위기에서 동성애를 금지하는 구절은 다음과 같다.

> 너는 여자와 동침함 같이 남자와 동침하지 말라 이는 가증한 일(תועבה, 토에바)이니라(레 18:22).

> 누구든지 여인과 동침하듯 남자와 동침하면 둘 다 가증한 일(תועבה, 토에바)을 행함인즉 반드시 죽일지니 자기의 피가 자기에게로 돌아가리라(레 20:13).

둘 다 동성애에 관한 규정이지만 약간 차이가 있다. 18:22에서 동성애를 금하는 규정은 남성에게 주어지는 2인칭 명령형이다. 여자와 교합하는 것처럼 남자와 교합해서는(שכב, 샤카브) 안 된다. 이 행위를 금하는 이유는 그것이 가증한 것(תועבה, 토에바)이기 때문이다. 18장의 동성애에 관한 규정은 정언법인 반면에 20:13의 경우 동성애에 관한 규정은 판례법으로서 '- 하면 - 할지니'라는 형식을 취하고 있다. 그래서 20장의 동성애 법은 마치 18장의 규정을 적용하는 것처럼 보인다. 18장의 규정에 따라 20장에서 동성애를 금하는 규정을 어긴 사람을 처벌하는 형식을 취한다. 동성애를 행하면 가증한 것이기에 죽여야 한다는 것이다.[22] 그리고 이들을 죽이는 자는 이 죽음에 대한 책임이 없다. 동성애를 행하는 사람 자신이 자신의 피에 대하여 책임을 져야 한다.

동성애를 옹호하는 방식으로 이 본문들을 이해하는 학자들은 다음과 같이 주장한다.

1) 동성애를 금지하는 성결법전의 1차 관심은 우상 숭배와 관련된 행위를 금지하는 것이다.[23] 상호 합의하에 이루어지는 동성애를 금하는 것이 성결법전의 목표는 아니다; 2) 레위기 18장과 20장에서 동성애의 금지는 오직 근친상간을 전제하는 것이기에 근친상간이 아닌 대상을 향한 동성애를 금하는 것은 아니다; 3) 동성애는 이 본문을 당대의 문화에만 적용되는 명령으로 본다. '여자와 동침함 같이'(레 18:22)와 '여인과 동침하듯'(레 20:13)의 표현에서 동성애가 금지된 이유는

22　레위기 18장과 레위기 20장의 결정적인 차이는 레위기 20장의 법 조항들이 범죄에 대한 결과로서 사형판결을 포함하고 있다는 것이다. 이은애, "레 18장의 성관계 금지조항," 「구약논단」19집 (2005), 63.

23　G. R. Edwards, *Gay/Lesbian Liberation* (New York: Pilgrim Press, 1984), 64-69; S. Grenz, *Welcoming But Not Affirming: An Evangelical Response to Homosexuality* (KY: Westminster John Press, 1998), 35.

동성애에서 여성 역할을 맡은 이가 성행위를 통하여 남성다움이 훼손되고 명예를 잃고 수치를 당하게 되기 때문이다.[24] 그러나 오늘날 연구에 따르면 남성성의 특징이 여성에게 나타나기도 하고, 여성성의 특징이 남성에게 나타나기도 한다. 그러므로 레위기에서 동성애 금지는 남성과 여성의 성 역할을 엄격히 금했던 시절의 명령이기에 이 명령은 더 이상 오늘날의 문화에는 적용되지 않는 문화라는 것이다;[25] 4) 동성애 옹호자들은 '가증하다'라는 단어를 새롭게 이해한다. 히브리인들은 남자의 정자를 출산 이외의 목적으로 사정하는 것을 살인으로 여겼다. 그러나 오늘날 생명을 만드는 일은 남성의 정자만이 아니라 여성의 난자가 같이 일을 하므로 동성애가 더 이상 가증한 행위가 아니라는 것이다.[26] 동성애 옹호자들은 문화적 상대성을 강조한다. 구약성경은 생리기간에 여성과 성관계를 맺지 않는다거나(레 18:19; 15:19-24), 처녀가 아닌 것으로 드러나면 돌에 맞아 죽어야 하며(신 22:13-21), 정자와 생리 중에 피를 만지는 자는 불결하다고 말한다(레 15:16-24). 그러나 오늘날 정자와 생리 중 흘리는 피는 의학적 차원에서 이해하며, 제사 차원에서 이해하지 않는다. 동성애 금지도 이러한 법들처럼 효력이 없는 규범이다.

이제 레위기 연구는 이러한 질문들을 염두에 두고 전개하기로 한다. 주어진 본문은 성결법전에 해당하는 레위기 17-26장에 속한 본문이다. 18장은 전체적으로 가증한 죄의 목록(레 18:6-23) 앞뒤에는 교

---

24 Bird, "The Bible in Christian Ethical Deliberation," 151.

25 W. Wink, "Homosexuality and the Bible," in Homosexuality and Christian Faith: Questions of Conscience for the Churches, ed. Walter Wink (Minneapolis: Fortress Press, 1999), 37-42.

26 Wink, "Homosexuality and the Bible," 34-35.

훈 1(레 18:1-5)과 교훈 2(레 18:24-30)가 있다. 20장은 몰렉 예배 금지(2-8절)와 다른 부적절한 음란한 죄들(9-21절)이 교훈 1(22-27절) 앞에 배치된다. 두 장에서 다음과 같은 특징들을 살필 수 있다. 첫째로, 본문에서 금하는 것들은 바로 애굽 땅과 가나안 땅에서 행해지는 관습들이다.

> 너희는 너희가 거주하던 애굽 땅의 풍속을 따르지 말며 내가 너희를 인도할 가나안 땅의 풍속과 규례도 행하지 말고 너희는 내 법도를 따르며 내 규례를 지켜 그대로 행하라 나는 너희의 하나님 여호와이니라(레 18:3-4).

> 너희는 내가 너희 앞에서 쫓아내는 족속의 풍속을 따르지 말라 그들이 이 모든 일을 행하므로 내가 그들을 가증히 여기노라(레 20:23).

레위기가 금하고 있는 관습들은 애굽, 가나안을 비롯하여 근동국가들에서 행해지고 있던 관습이다. 특별히 이 관습들을 가나안 땅의 풍속과 규례라고 말함으로써 이 관습들이 단순히 다른 신들을 향한 우상 숭배만이 아니라 일상적으로 행하던 관습을 포함하고 있음을 알 수 있다. 하나님은 이스라엘 백성들에게 그들보다 더 높은 수준의 윤리를 요구하고 있다. 즉, 백성들은 가나안 땅에 들어가서 그 땅의 백성들과 구별하여 거룩하게 살기 위하여 이 계명들을 지켜야 한다.

둘째, 이 계명은 가나안 땅에 살던 백성들이나 이제 그곳에 거하게 될 백성들이 모두 지켜야 할 계명이다.

> 내가 너희 앞에서 쫓아내는 족속들이 이 모든 일로 말미암아 더러워졌고 그 땅도 더러워졌으므로 내가 그 악으로 말미암아 벌하고 그 땅도 스스로 그 주민을 토하여 내느니라(레 18:24b-25).

> 너희 전에 있던 그 땅 주민이 이 모든 가증한 일을 행하였고 그 땅도 더러워졌느니라(레 18:27).

이스라엘 백성들이 거하기 전에 그 땅에 살던 백성들은 이 계명의 기준에 따라 그 땅에서 멸망되었고, 장차 이스라엘 백성들이 이 계명에 따라 심판받을 것이다. 이 계명들은 이스라엘 백성이나 이방 백성이나 모두에게 적용되는 계명이며, 이스라엘 백성들의 거룩을 목적으로 하는 계명이다.

> 너희는 나에게 거룩할지어다 이는 나 여호와가 거룩하고 내가 또 너희를 나의 소유로 삼으려고 너희를 만민 중에서 구별하였음이니라(레 20:26).

셋째, 가증한 죄를 다루는 부분에 대해서는 18장에서는 근친상간의 죄(레 18:6-18)와 다른 음란한 성적인 죄(레 18:19-23)를 다루고 있는데[27] 이중에서 동성애 관련 규정은 후자의 부류 안에 있다. 근친상간을 다루는 규정들의 특징은 '-의 하체를 범하지 말라'는 표현을 사용한다. 근친상간 이외의 음란한 죄들 중에서 몰렉 제사, 동성애, 그리고

---

[27] 18장의 금지문들은 대가족의 공동체적인 삶을 전제로 하는 오래된 금지문으로 여겨진다. 특히 4세대가 함께 사는 대가족을 성적인 혼란으로부터 보호하기 위한 것이다. 이은애, 54-58.

수간(獸姦)이 병렬하여 제시된다. 동성애 관련 구절은 근친상간을 다루는 부분(레 18:6-18)에서 떨어져 있으며, '-의 하체를 범하지 말라'는 용어를 담고 있지 않음으로 근친상간의 범주에 포함할 수 없다.[28] 20장의 경우에는 계명의 배열이 달라진다. 계명이 크게 몰렉 예배 금지(2-8절)와 다른 부적절한 음란한 죄들(9-2절)의 금지로 나타난다. 이번에는 18장과는 달리 근친상간의 죄와 다른 가증한 죄들이 무작위로 배치된다. 동성애는 부적절한 음란한 죄의 배열 가운데 있다. 18장과 20장을 종합하면 동성애를 근친상간에만 관련된다고 결론 내릴 수 없다.

넷째, 본문에서 금하는 죄를 '가증하다(תועבה, 토에바)'라고 표현한다. 이 죄들은 결론 부분에서 열거한 성적인 죄들이 가증하다고 해석하는데(레 18:26-27, 29-30), 주목할 것은 금지사항 가운데 동성애에 대해서만 특별히 가증하다는 말을 사용한다는 것이다(18:20; 20:13). 동성애 옹호자들은 이 죄를 제의적인 죄로서 현대에는 효력을 상실한 것이라고 보고 있다. 보스웰(J. Boswell)은 가증이라는 단어가 강간이나 도둑질 같은 본래적으로 악한 것이 아니라 돼지고기를 먹거나, 여자가하는 월경과 같이 제의적으로 부정하다고 본다.[29] 버드도 이것은 윤리적인 용어가 아니라 제의적인 용어라고 주장한다.[30] 그러나 이

28　밀그롬(J. Milgrom)은 David Steward를 인용하면서 "여자와 동침함같이"라는 관용구는 특정한 공동체 안에서 이루어진 불법인인 이성의 성적인 관계를 나타낸다고 주장한다. 즉, 본문에서의 동성애란 조카-삼촌, 할아버지-손자, 양아버지-양아들의 관계를 말한다는 것이다. J. Milgrom, *Leviticus: A Book of Ritual and Ethics* (Fortress: Minneapolis, 2004), 196-197. 그러나 본문의 동성애를 근친상간의 관점에서 보려 했다면 레위기 18:6-18에 배치했을 것이다.

29　J. Boswell, *Christianity, Social Tolerance, and Homosexuality*, 100-102.

30　Bird, "The Bible in Christian Ethical Deliberation," 151-157.

러한 견해는 성결법전에서 나오는 제의적인 부정과 인간이 책임을 져야 하는 윤리적인 부정을 혼동해서 나타난 견해이다. 레위기에서는 제사법전에 해당하는 1-16장과 성결법전에 해당하는 17-26장에서 부정을 다르게 설명한다. 레위기 1-16장에서 언급되는 부정은 제의적인 부정이다. 즉, 부정한 짐승을 먹어서 부정하거나, 산모가 아이를 낳은 후에 부정하게 되는 것, 그리고 원하지 않는 유출병으로 인하여 부정하게 되는 일들은 모두 제의적인 부정이다. 이는 인간이 책임을 져야 하는 부정이 아니라, 목욕이나 제사를 통하여 회복되는 제의적인 부정이다. 그러나 레위기 18장과 20장에서 가증하다고 말하는 윤리적인 부정에 해당하는 죄는 인간의 주체적인 행동에 의하여 피를 흘리게 만듦으로 인간이 피를 흘림으로 자신의 생명으로 책임을 져야 하는 죄인 것이다.[31] 18장과 20장에 나오는 죄는 제의적인 부정이 아니라 '죽일지니라'라고 표현하면서 생명을 대가로 바쳐야 하는 죄로 인식된다. 즉, 동성애는 백성들이 더럽혀지고, 그로 인하여 땅이 더러워지고, 나아가 땅이 거민을 토해 내는 형벌로 이어진다(레 18:24-30; 20:22-27). 이와 같이 동성애는 마땅한 대상인 이성을 사랑하지 않고 동성을 사랑하는 것으로 가증하다는 평가를 내리고, 죽음으로 대가를 치루며, 땅이 행악자를 토해내는 형벌을 치러야 하는 죄악이다.

다섯째, 레위기를 살펴보면서 우리는 왜 레위기에 담긴 제사장 신학이 동성애를 금하는지를 더 생각해 보기로 하자. 동성애는 살인을 행하는 것과 같이 가증한 것으로 땅을 더럽히며 생명을 대가로 바쳐야 하는 죄악이다. 제사장 신학에서 거룩은 생명을 뜻하며 부정은 바

---

31 D. F. Greenburg, The *Construction of Homosexuality* (Chicago: University of Chicago Press, 1988). 195-196.

로 죽음과 연결된다.32 성전은 거룩하며 항상 속화될 위험이 존재하고, 땅은 정결하며 부정하게 될 위험이 존재하는 것이다. 땅의 더럽힘은 곧 성전의 오염으로 이끌리며, 이로 인하여 거룩을 위협하는 인간이 죽음의 대가를 치루거나 하나님이 더 이상 땅과 성전에 존재하지 않게 된다. 이와 같이 이 땅이 정결함을 상실하고, 더럽힘을 받는 것을 제사장 문헌은 부정이라고 이해한다. 부정의 핵심에는 생명을 죽이는 것이 포함되어 있다. 부정에 대한 개념의 확장은 곧 생명의 근원인 남성의 정자에 대한 규정에서 나타난다. 즉, 남성의 정자는 생명의 근원으로 하나님이 허락하시는 적절한 관계 이외에 사용될 경우 가증한 것으로 이해된다. 제사장 법전에서 부정은 제의적인 부정을 언급하는데 반하여, 성결법전에서는 부정의 의미가 확장된다.33 성결법전에서 부정의 원래 의미대로 피를 흘리는 행위를 가증하게 여길 뿐 아니라 이러한 부정의 의미를 확대하여 이 모든 행위는 땅을 더럽히는 가증한 행위로 이해된다(레 18장, 20장). 즉, 성행위를 행할 수 있는 합법적인 부부의 범위를 넘어선 간음인 근친상간, 동성애, 그리고 수간, 간음에 준하는 다른 신을 섬기는 우상 숭배, 나아가서 다른 사람의 피를 흘리

---

32 J. Milgrom, "Priestly Source," in *ABD* 5: 455.

33 야웨 자료는 J, 엘로힘 자료는 E, 제사법전은 P, 성결법전은 H로 표기한다. 제사법전과 성결법전을 함께 표현할 때는 제사장 문헌이라는 말을 사용한다. 성결법전이라는 용어는 제사자료와 짝을 이루는 법전을 발견한 A. Klostermann에 의하여 만들어졌다. 벨하우젠은 성결 법전이 대중적인 제의 예배의 정신을 가지면서도, P가 만들어 질 때 최고에 이른 제사장적인 영향을 받았다고 말한다. 와인펠드는 성결법전이 제사학파의 문헌 안에 포함된다고 보고 있다. M. Weinfeld, *Deuteronomy and the Deuteronomistic School* (Winona Lake, Ind. : Eisenbrauns, 1992), 179-243. 전통적으로 H가 D와 P 사이에 존재하는 것으로 여겼지만, 최근의 연구는 H가 P보다 후기에 나타나며 H는 P의 제의를 D의 정신에 따라 개혁한 것으로 이해한다. *The Sanctuary of Silence*, 13-14. 콜레빈스키는 나아가서 H가 P의 용어를 빌려서 P의 신학을 수정했다고 말한다. A. Cholewinski, *Heiligkeitgezetz und Deuteronomium: Eine vergleichende Studie* (Analecta Biblica 66; Rome: Biblical Institute Press, 1976), 334-338.

는 불의 등을 모두 부정으로 이해하고 있다. 제사법전에서 부정은 윤리적인 죄가 아니라 단순히 회복이 필요한 제의적인 부정이다. 그러나 성결법전에서 부정은 정죄를 받아야 할 가증한 죄이다. 동성애가 문제되는 이유는 동성애가 성행위를 할 수 있는 합법적인 관계를 벗어나고, 동성을 사랑하는 행위 자체가 인간의 본성에 어긋난 행위일 뿐 아니라, 생명을 죽임으로 땅을 더럽히는 행위이기 때문이다.[34]

5. 구약성서에 나타나는 동성애 성창 제도

구약성서에서는 위의 본문들 이외에도 남창이 존재하였다는 것을 보여주는 여러 본문들이 있다.

> 이스라엘 여자 중에 창기(קְדֵשָׁה, 크데샤)가 있지 못할 것이요 이스라엘 남자 중에 남창(קָדֵשׁ, 카데쉬)이 있지 못할지니 창기가 번 돈과 개 같은 자의 소득은 어떤 서원하는 일로든지 네 하나님 여호와의 전에 가져오지 말라 이 둘은 다 네 하나님 여호와께 가증한 것임이니라(신 23:17-18).

> 그 땅에 또 남색 하는 자(קָדֵשׁ, 카데쉬)가 있었고 여호와께서 이스라엘 자손 앞에서 쫓아내신 국민의 모든 가증한 일을 무리가 본받

---

[34] 동성애가 금지되는 이유에 대하여 세 가지 이유가 제시된다. 첫째, 동성애는 우상 숭배와 관련된다. J. Boswell, *Christianity, Social Tolerance, and Homosexuality*, 99-101. 둘째, 동성애는 생식력을 종식시키기 때문에 금지된다. J. Milgrom, "Does the Bible Prohibit Homosexuality?", Biblical Review 9(1993): 11. 셋째, 정액이 배출물과 결합한다. 넷째, 성에 관한 창조질서에 어긋난다. M. Douglas, *Purity and Danger* (London: Routledge & Kegan Paul, 1966), 53. Gagnon, 128-136.

아 행하였더라(왕상 14:24).

남색 하는 자(הקדשׁים, 하크데쉼)를 그 땅에서 쫓아내고 그의 조상들이 지은 모든 우상을 없애고(왕상 15:12).

그가 그의 아버지 아사의 시대에 남아있던 남색하는 자들(הקדשׁ, 하카데쉬)을 그 땅에서 쫓아내었더라(왕상 22:47).

또 여호와의 성전 가운데 남창(הקדשׁים, 하크데쉼)의 집을 헐었으니 그 곳은 여인이 아세라를 위하여 휘장을 짜는 처소였더라(왕하 23:7).

그들의 몸은 젊어서 죽으며 그들의 생명은 남창과 (הקדשׁים, 하크데쉼) 함께 있도다(욥 36:14).

위 본문들은 통하여 남창의 특성과 역사에 대하여 우리에게 보여준다. 첫째로, 남창의 기원은 가나안 신전에서 제의를 수행하기 위하여 음행을 하는 남자인 것을 알 수 있다. 즉, 남창은 이스라엘 민족이 가나안 땅에 정착하기 이전부터 가나안 땅에서 존재했던 종교의식 담당자였던 것이다.

둘째로, 남창은 역사적으로 르호보암 시대에 존재하였고(왕상 14:24), 아사 시대에 개혁을 통해 일부가 제거되었지만(왕상 15:12), 여호사밧 때는 아사가 뿌리 뽑지 못한 남창이 제거되었다(왕상 22:46). 그런데 요시야 시대 때 다시 남창을 제거하는 것이 개혁의 과제중 하나인 것을 보면 이스라엘 역사에서 남창은 완전히 제거되지 않고 남아있었다는 것을 알 수 있다.

셋째로, 남창의 직업을 가지고 있으면서 번 돈을 여호와 신전에 바치는 사람이 존재했다는 것(신 23:17-18)은 이들이 여호와 신앙을 가지고 있지만 율법에 금지된 직업으로 남창을 택한 자들로 볼 수 있다. 하나님은 금하시지만 백성들이 가나안 제의의 잔재인 남창을 이용하는 관습이 남아있다는 것을 알 수 있다.

넷째로, 이스라엘 역사에서 개인적인 동성애의 존재를 확인하기 어렵지만 동성애적인 요구는 남창을 통하여 분출하였다고 볼 수 있다. 즉, 가나안 종교의 사제 기능을 담당했던 남창의 흔적이 뿌리 깊게 이스라엘 역사에 남아 일상생활에서 동성애를 가능하게 하는 것이었다고 볼 수 있다.

다섯째, 욥기의 진술은 남창의 수명이 짧다고 진술함으로 많은 사람들이 일상의 경험을 통하여 남창에 대한 선이해가 가능하였다고 볼 수 있다.

여섯째, 우리는 이 본문들을 통하여 이스라엘 역사에 뿌리 깊은 남창의 존재를 재확인할 수 있다. 레위기 18장과 20장에서 음란한 죄를 가증하다고 말하면서도 특별히 동성애를 가증하다고 평가한 것처럼, 르호보암부터 요시야에 이르는 종교개혁의 시기에 어김없이 동성애 제거가 나타난다. 이때 종교개혁을 진행할 때, 다른 가나안 우상 숭배를 열거하면서, 반드시 아직도 존재하는 남색 제거의 과제를 나열한 것을 보면, 이스라엘 역사에서 남색은 뿌리 깊은 것이면서 해결되지 않은 숙제였음을 알 수 있다.

Ⅲ. 결론

위에서 본 대로 구약성서에서 동성애는 하나님이 정하신 질서에 어긋나는 성 취향으로 거부된 것을 볼 수 있다.

1. 하나님은 남자와 여자를 구별되게 창조하여, 이성애에 바탕을 둔 가정을 이루고 자녀를 생산함을 통해 이 땅에 차고 번성하는 것을 인간의 본성으로 만드셨다. 동성애는 이러한 하나님의 창조질서에 어긋나는 행위이다.

2. 하나님의 성관계 원칙은 합법적인 관계에서의 성관계를 격려하고, 합법적이지 않은 관계의 성관계를 윤리적인 부정의 범주에 두고 가증하다고 말씀하신다. 구약성서에서 동성애는 여성, 흑인, 독신과 같은 보호받아야 할 소수로 여겨진 것이 아니라, 근친상간, 수간, 우상숭배와 같이 마땅히 없애야 할 가증한 것으로 인식되었다. 또한 동성애는 역사적으로 동성에 대한 사랑만이 아니라 성폭력으로 발전하여 동성애적인 폭력이 불의에 포함되었다.

3. 구약성서에서 동성애(남색)는 가나안 제의에서 공적인 역할을 맡은 남창의 영향으로 시작되었을 뿐 아니라 일상생활에서 끊임없이 존재해왔다. 종교개혁을 실시할 때마다 동성애는 개혁의 대상이었다. 구약에서 동성 취향을 가진 것을 문제시 한 적은 없지만, 동성애적인 행동은 단순한 당사자들의 합의에 의한 사랑이나 폭력으로 발전된 것이나 모두 가증한 것으로 여겨졌다. 성경 여러 곳에서 동성애를 가증하다고 말한 것을 보면 동성애가 공동체가 긴장할 정도로 끊임없이 존재해오고 문제를 초래하였음을 알 수 있다. 구약성서는 동성애적인 행동에 대하여 조금도 타협하지 않고 거부하였다. 동성애의 뿌리가 깊은 것을 보면 동성애가 남창의 존재만이 아니라 인간 본래적인 성향

일 수도 있었겠지만, 구약성서는 선천적인 성적 취향에 대해서 비난하지 않고, 오직 동성애적인 행동을 문제 삼았다.

 4. 성서가 동성애를 근본적으로 부정하고 있기에 동성애의 성서적인 근거는 존재하지 않지만, 그럼에도 불구하고 동성애의 유일한 논리는 인권의 문제이다. 동성애의 가장 큰 문제는 태생적인 동성애의 존재이다. 성서의 진술은 동성애를 이성애의 타락으로 이해하고 있지만, 오늘날 동성애자들 가운데 태생적 동성애자의 존재가 있음이 통계적으로 밝혀지고 있는 현실이다. 동성애자들 가운데 타락한 동성애자들을 이성애로 돌아오게 해야 할 책임이 있지만, 외적으로 태생적인 동성애자와 타락한 동성애자를 구별하기는 어렵다. 그들 중 일부만이 태생적인 동성애자들임에도 불구하고 이를 동성애자의 합법화에 적극적으로 이용한다. 동성애자들은 인권에 근거한 존재 자체에 머물지 않고 동성애를 부정하는 성서구절을 모호하거나 동성애와 관계없는 것으로 서술함으로 자신들을 무고한 핍박을 받는 소수자로 주장하며 인권을 무기로 권리획득을 시도하고 있다. 그러나 위에서 성서를 살펴본 결과 구약성서는 동성애를 생명을 대가로 치러야 하는 가증한 죄로 규정하고 분명하게 동성애를 부정하고 있다. 역사적으로는 동성적인 취향을 묻지 않고 겉으로 드러난 동성애적인 행동을 죄악시하였다. 오늘날 교회가 할 일은 동성애를 인정하지는 않지만 동성애자를 향한 따뜻한 사랑을 통하여 그들이 이성애로 돌아오기를 요청하는 것이다. 인권의 차원에서 동성애자들이 자신들의 성적인 취향을 누릴 수는 있을지 모르지만, 그러한 인권의 주장이 이성애 중심의 이상적인 사회를 혼란시키는데 이르지 않도록 노력해야 할 것이다.

제 2 장

레위기의 동성애 법[1]

신득일 교수 (고신대학교 구약학)

1. 시작하는 말

최근 한국 사회에 논란이 되고 있는 동성애 차별금지법에 대한 문제는 서구 사회에서는 이미 정리된 사안이다. 지난 6월 미국 연방대법원이 동성결혼을 합법화하면서 현재 21개국에서 동성결혼이 합법화된 상태다. 이제 동성애는 서구 사회에서 개인의 취향 정도로 여겨지고 있다. 이런 상황에서 한국 사회가 약자를 보호하는 차원에서 동성 간의 결혼을 인정하고 일반 가정과 같이 그들도 똑같은 사회적 지원을 받는 것이 성숙한 사회의 모습이라는 것이다. 이 글의 목적은 그리

---

[1] 이 글은 필자가 『신앙과 학문』 (14-2, 2009)에 기고한 "구약의 동성애 법"을 약간 수정한 것이다.

스도인이 동성애자를 어떻게 대우할 것인가를 생각하기 전에 성경이 동성애에 대해서 뭐라고 말하는 가를 밝히기 위함이다.

특별히 본고는 구약의 동성애 법에 관한 연구이다. 구약의 동성애에 관한 법률은 레위기 18:22과 20:13 두 곳 뿐이다. 그런데 기독교 신학자라고 해서 이 본문에 대한 이해가 같은 것은 아니다. 여기서도 진보와 보수 양 진영의 견해가 팽팽히 맞서 있다. 여기서는 둘 중에 하나를 선택하기보다는 동성애에 관한 본문의 본래 의미(what it was meant)와 이 법의 현재 의미(what it means)를 설명하려고 한다.

2. 본문의 논쟁점

레위기 18장과 20장에 나타난 동성애 금지법에 대한 견해는 뚜렷한 대립양상을 보이고 있다. 즉 이 율법을 동성애에 관한 규정으로 보는 견해와 볼 수 없다는 견해이다. 특별히 동성애를 지지하는 신학자들이 이 본문에 대한 해석을 달리하고 있는데 그 이유로 주로 세 가지가 논의된다. 또 다른 부류는 본문에 대한 해석은 동성애 금지법으로 이해하지만 적용을 달리한다. 이들은 레위기의 법은 고대 이스라엘의 시민법으로서 현대 사회에 더 이상 적용되지 않는다고 한다.

2.1. 해석의 차이점

a. 제의적 부정

보스웰(J. Boswell)은 레위기 18:22과 20:13에서 동성관계가 '가증하다'고 표현을 다르게 적용한다. 그는 히브리어 단어 '가증스런'(חועבה, 토에바)이 제의적인 관행에 한정된 것이지 본질적으로 악한 것을 의미하지 않는다고 한다. 이것은 제의적인 부정과 관련될 뿐이라는 것이다.[2] 다시 말해서 이 법이 도덕적 규범이 아니라 제의적 규범이기 때문에 윤리적인 동성애 금지법과는 무관하다는 것이다.

b. 씨 손실 방지법

멜처(S. J. Melcher)는 좀 더 넓은 관점에서 다른 성적인 부정도 같은 범주에 넣어서 그런 금지 관행은 자녀를 생산하는데 도움이 되지 않기 때문이라는 것이다. 즉 월경 중에 성관계를 하는 것이나 동물과 교합하는 것, 남자끼리 성관계를 가지는 것은 임신 가능성이 없고, 몰렉에게 자녀를 바치는 것도 자손을 잇는 제도를 심각하게 침해하는 행위라는 것이다.[3] 이 이론에 대한 논지로서 밀그롬(J. Milgrom)은 여성 동성애가 없다는 점을 강조했다. 그는 고대 근동에 많은 레즈비언이 있었다는 것을 언급하면서 성경에서 이것을 금하지 않은 것은 남성 간의 성관계의 의도가 다르기 때문이라고 한다. 그것은 남자 간의 성관계가 생명을 상징적으로 유실하지만 여자의 경우는 씨를 쏟지 않기 때문에 금하지 않았다고 주장한다. 그래서 성경은 동성애를 칭찬하지도 않고 금하지도 않는다고 한다.[4]

---

2   J. Boswell, *Christianity, Social Tolerance, and Homosexuality*, Chicago: University of Chicago Press, 1980, 101.

3   S. J. Melcher, The Holiness Code and Human Sexuality, in: R. L. Brawley (ed.), *Biblical Ethics & Homosexuality*: Listening to Scripture, Louisville, Kentucky: Westminster John Knox Press, 1996, 99.

4   J. Milgrom, *Leviticus*: A Book of Ritual and Ethics, A Continental Commentary, Minneapolis: Fortress Press, 2004, 197.

c. 남성의 역할 법

세일러(G. B. Sayler)는 다른 관점에서 레위기 18:22을 설명한다. 그는 '여자의 눕는 것'(미슈크베 이샤, משכבי אשה의 문자적 번역)은 성행위에서 수동적인 자세를 가리킨다고 한다. 그래서 이 본문은 남자가 여자의 위치에 누워서 성관계를 가져서는 안 된다는 뜻으로 해석한다. 그는 이 본문이 성의 역할 차이를 언급할 뿐이지 현대 사회 문제가 되는 동성애 문제를 의미하지 않는다고 한다.[5] 이 이론을 좀 더 정교하게 표현한 월쉬(J. T. Walsh)는 "두 법의 중심문제는 일반적인 성 혼동이 아니라 정확하게 자유민인 남성이 '여성'의 역할을 맡는데서 일어나는 성 혼동이다"라고 했다.[6] 자유민으로서 이스라엘 남성은 당시 사회적 가치와 명예를 지니고 있는데 성관계에서 수동적인 태도를 취하는 것은 수치스런 일이라는 것이다.

2.2. 적용의 차이점

a. 이스라엘에게 한정된 법

밀그롬은 이 금지법이 대단히 한정된 법이라는 점을 지적한다. 첫째, 이 법은 이스라엘에게 주어진 것이다. 둘째, 이 명령에 대한 순종은

---

[5] G. B. Sayler, Beyond Biblical Impasse: Homosexuality Through the Lens of Theological Anthropology, *Dialog* 44, no 1 Spr 2005, 81-89. 그는 남자(זכר, 자카르)라는 단어를 동사 '기억하다'(זכר, 자카르)와 연관시키면서 남자는 추억을 만드는 능동적인 행위자라고 한다. 반면에 여자는 히브리어 단어(느케바, נקבה) 어원에 근거해서 '구멍을 가진 자'로 수동적이고 수용적인 태도를 취한다고 한다. 그래서 여자는 추억을 만드는 남자에게 수동적 수납자이자 종속되어야 한다고 한다.

[6] J. T. Walsh, Leviticus 18:22 and 20:13: Who is doing What to Whom?, *JBL* 120/2, 2001, 201-209.

약속의 땅(the Holy Land)에 거한다는 조건이 있다. 셋째, 이것이 남자에게만 주어진 것이기 때문에 보편적인 법이 될 수 없다고 한다.[7] 이것은 이스라엘 사람이 아닌 자, 약속의 땅에 살지 않는 자에게는 적용되지 않는다는 것이다.

b. 이스라엘의 구분

버드(P. A. Bird)는 이 본문을 동성애 금지법으로 인정하지만 동성애는 이스라엘을 이방 나라와 구분하기 위해서 주어진 것으로 본다. 즉 동성애는 이스라엘이 다른 나라와 구분짓는 차이를 없애는 것이기 때문에 현대 사회에서 문제가 되는 동성애를 반대하는 것과는 차원이 다른 것이다.[8]

c. 이스라엘의 정결법

비아(D. O. Via)도 본문이 동성애와 관련된 것으로 보지만 그것은 도덕적 죄가 아니라 부정한 것이라고 한다.[9] 이스라엘에서 부정이란 의도적인 죄와는 무관하고 신체적 프로세스와 관련된다는 말이다. 이것은 이스라엘 사람들이 음식을 먹을 때 정한 동물, 부정한 동물을 가려서 먹는 것과 같은 차원에 다룰 수 있는 것으로 본다. 정결법은 거룩함이

---

7   Migrom, *Leviticus*, 196.

8   P. A. Bird, The Bible in Christian Ethical Deliberation concerning Homosexuality: Old Testament Contributions, in: D. L. Balch (ed.), *Homosexuality, Science, and the "Plain Sense" of Scripture*, Grand Rapids, Michigan: Eerdmans, 2000, 151-152, 155: 소돔의 죄도 동성애로 인정하지만 우리 시대에 적용되는 문제가 아니라고 한다.

9   D. O. Via & R. A. J. Gagnon, *Homosexuality and the Bible*: Two Views, Minneapolis: Fortress Press, 2003, 8-9.

라는 완전을 이루어가는 과정에서 요구되는 것으로서 무질서, 혼동, 섞지 말아야 할 것을 섞는 것[10]을 금지하는 규정이라는 것이다. 그래서 더 이상 우리 시대의 동성애를 금지하는 것과 상관이 없다고 본다.

여기서 다룬 다양한 해석과 적용은 그 근거와 배경에 있어서 상관관계가 있다. 이 문제에 대해서 다음 단락에서 자세히 살펴볼 것이다.

3. 본문연구

3.1. 본문의 성격: '성결법'

학자들은 구약의 동성애 법이 속해 있는 레위기 17-26장 부분을 '성결법'(Holiness Code)으로 분류한다.[11] 이들에 의하면 성결법은 하나의 독자적인 문학적 단위로서 도덕적 행위와 제의적 순결이 그 특징을 이룬다는 것이다. 특별히 일인칭으로 사용된 하나님의 이름으로 명령하는 문장이 반복된다: "너희는 거룩하라, 이는 나 여호와 너의 하나님이 거룩하기 때문이다"(19:2; 20:26). 그렇지만 이 명칭은 단순히 형태상의 특징을 말하는 것이 아니라 본문이 포함된 문서의 출처와도 관련된다. 즉 레위기 1-16장은 제사문서(P)이고 17-26장은 원래 따로 존재하는 성결법(H)이었는데 나중에 제사문서에 통합되었다는

---

10 예를 들어, 음식을 구분하는 것이나 밭에 씨를 뿌릴 때 종자를 섞어서 뿌려서는 안 된다는 것과 옷감을 짤 때 다른 재료를 섞어서 짜는 것 등을 말한다.

11 Cf. R. K. Harrison, *Introduction to Old Testament*, Grand Rapids, Michigan: Eerdmans, 1985, 597.

것이다.¹² 그래서 '성결법'이란 명칭을 최초로 사용한 클로스터만(E. Klostermann)은 이 법전이 에스겔과 관련이 있다고 한다. 물론 이 관련성은 그 전에 그라프(K. H. Graf)를 통하여 제시되었다. 그는 에스겔이 성결법의 대부분(레 18-23; 25, 26)의 저자라고 한다.¹³ 그 이후 수많은 학자들이 성결법과 에스겔 선지자와의 관계를 연구했지만 일치된 의견은 없다.¹⁴ 그러나 대체로 이 본문은 포로 이후에 제사장 그룹에서 형성된 것으로 본다. 이 경우에는 율법을 쓴 의도와 적용 대상도 달라진다. 이 금지법이 포로 이후에 즉 페르시아의 후원을 받은 제사장 그룹에서 그들이 다른 유대인 그룹에 대한 특권과 우월성을 부각시키기 위해서 기록되었기 때문에 이 시대에 적용되지 않는 법이라는 주장도 성립될 수 있을 것이다.¹⁵

그렇지만 특이하게 월드(D. J. Wold)는 레위기 18장과 히타이트 제국의 종주권 언약 간의 유사성이 있다고 주장했다. 그는 18장을 종주권 언약의 구조를 따라서 분석했다.¹⁶ 즉 전문(1-2절, 나는 여호와라), 역사적인 서언(3-5절, 출애굽과 땅 점령에 대한 상기), 세부 규정(6-23절, 근친상간, 중혼, 월경 시 성관계, 간음, 몰렉숭배, 동성애, 수음), 합의 근거(24-28절, 땅을 더럽히고 가증스런 일), 증인(30절, 나는 여호와라), 저주(29절, 백성에게서 끊쳐짐)로 나누었다. 물론 이것은 완전히 일치하는

12　Melcher, The Holiness Code and Human Sexuality, 90.

13　K. H. Graf, *Die Geschichtlichen Bücher des Alten Testaments*, Leipzig, 1866, 81.

14　Cf. W. Zimmerli, *Ezekiel 1*, Philadelphia: Fortress Press, 1979, 46-48.

15　M. McClain-Taylor, But Isn't "It" a Sin?, in: C. L. Seow (ed.), *Homosexuality and Christian Community*, Louisville, Kentucky: Westminster John Konx Press, 1996, 77.

16　D. J. Wold, *Out of Order*: Homosexuality in the Bible & the Ancient Near East, Grand Rapids, Michigan: Baker Books, 1998, 97.

양식은 아니라 할지라도 언약의 형식을 따르고 있다는 것이다. 이 사실은 레위기 18장의 본문이 독립된 자료라고 말할 수 없어도 적어도 독자적 문학양식을 취하고 있다는 것이다. 또 본문이 특별히 늦은 시대로 간주할 이유가 없다는 것이다. 히타이트 제국은 이스라엘이 생기기 전에 존재했기 때문에 이 양식을 따른 본문도 이른 시기에 존재했을 가능성을 보여 준다.

내용에 있어서는 레위기의 다른 부분과는 달리 18장과 20장은 성적인 순결을 강조하는 점에서 유사성이 있다. 단지 20장에서는 규정을 위반하는 자에 대한 심판이 명확하게 제시되었다는 것이다. 그래서 20장은 18장의 내용을 보완하는 의미가 있다.

성경의 보도에 의하면 레위기는 시내 산에서 한 달 만에 주어진 하나님의 계시이다. 이것은 성막을 세운 후 민수기가 시작하기 전에 주어진 것이다(출 40:2; 민 1:1). 본문을 연구할 때 문헌의 역사와 사회적 정황을 아는 것이 중요하지만 이 문헌의 역사적 배경과 그 편집과정에 대해서 아무 것도 알 수 없다. 그래서 본문이 우리에게 주어진 그대로 정경의 상태와 순서에 근거해서 연구할 수밖에 없다. 그렇게 하면 동성애 법이 속한 '성결법'도 이스라엘이 하나님과 교제하기 위해 거룩함을 유지하며 살아가도록 주신 전체 레위기 계시에 포함된 것으로 볼 수 있다. 이 말은 레위기에 있는 동성애 법이 단순한 사회문화적인 규율이 아니라 다른 레위기의 법과 마찬가지로 장차 약속의 땅에서 하나님과의 관계를 유지하기 위한 방편으로 주어졌다는 것이다.

3.2. 본문 번역과 형태

레위기에서 동성애를 금하는 법은 두 가지다(18:22; 20:13). 이 둘은 같은 내용이지만 형태상 차이가 있다. 이 두 금지법을 비교하면 다음과 같다.

    a. 18:22, 브에트 자카르 로 티슈카브 미슈크베 이샤 토에바 히
    (ואת־זכר לא תשכב משכבי אשה תועבה הוא)
    여자와 눕듯이 남자와 눕지 말라. 이것은 가증스럽다.

    b. 20:13, 브이쉬 아쉐르 이쉬카브 에트 자카르 미슈크베 이샤 토에바 아수 쉬네헴 모트 유마투 드메헴 밤(מות יומתו דמיהם בם
    ואיש אשר ישכב את־זכר משכבי אשה תועבה עשו שניהם)
    남자가 여인과 눕듯이 남자와 눕는 경우는 그 둘은 가증한 일을 행했으니 그들이 반드시 죽게 하라. 그들의 피가 자신에게 있을 것이다.

첫 번째는 율법의 형태상 당위법(apodictic law)에 해당된다. 이것은 어떤 조건이 없이 일방적으로 주어지는 것이다.[17] 그리고 이 법은 그 중에서도 금지법에 해당되는데 금지법의 종류를 문법적으로 말한다면 이 명령은 일시적이거나 경고적 의미가 있는 금지가 아니라 신적인 금지(divine prohibition) 혹은 절대금지를 나타낸다. 이것은 문장의 구조가 부정어 '로'(לא)와 미완료 이인칭이 결합됐기 때문이다

---

17 율법을 당위법과 조건법으로 나눈 Alt는 이 당위법이 전형적인 이스라엘의 법이라고 하면서 이것은 제의에서 나온 것이라고 한다. 그러나 이것은 근거가 없는 말이다. 왜냐하면 이스라엘 주변에도 이런 법이 있기 때문이다. A. Alt, *Kleine Schriften zur Geschichte des Volkes Israel* I, München: C. H. Beck'sche Verlagsbuchhandlung, 1959, 302-308: "Auf Kanaan ische Herkunft Deutet Ja Auch Nicht das Mindeste in den Apodiktischen Satzreihen Hin, Weder die Anschauungen, die aus Ihn Sprechen, Noch Auch nur die Allgemeinen Kulturverh ltnisse, die Sie Voraussetzen."

(לא תשכב, 로 티쉬카브).[18] 이 문장의 동사 '샤카브'(שכב)는 기본적으로 '눕다'란 말이지만 여기서는 성관계를 완곡하게 표현한 것이다. 그래서 한글 개역성경은 "교합하다"라고 좀 더 노골적으로 번역을 했고, 개역개정판에는 "동침하다"고 했다. 영어번역 가운데는 '새생명번역'(NLT)과 '새세기역'(NCV)은 아예 성적인 관계로 의역을 했다.[19] 이 법을 위반하는 것은 가증스럽다고 한다. 이 법률에 한정된 심판은 나와 있지 않고 다른 금지법을 포함해서 이 중에 하나라도 범하면 백성 '백성 중에서 끊쳐지는 것'이다(18:29).

반면에 두 번째 법은 금지문이 아니라 그런 행위를 하는 사람 즉 그런 경우라고 하는 조건적 의미를 지녔다. 이것은 알트(A. Alt)가 말하는 조건법(casuistic law)에 해당한다. 이 법에는 강한 심판이 두드러진다. 그 내용은 사형이다. 이것은 부정사 독립형 유음중첩법적 용법을 써서 강조하고 있다. 문자적으로 번역하면 "그들이 반드시 죽임을 당하게 하라"는 말이다. 또 하나 첨가된 것은 "그들의 피가 자신에게 있을 것이다"라는 말이다.[20] 이것은 죽임당하는 자에게 책임이 있다는 것이다.

동성애 금지를 다루는 본문의 언어는 아주 명확하다. 여기에 대한 다른 해석의 여지를 주지 않는 것 같다. 그리고 이 두 문장의 법조항의 형태가 당위법과 조건법으로서 상호 배타적인 것이 아니라 보완적이라고 볼 수 있다. 하나님의 신적 금지가 앞에 나오고 또 거기에 대한

---

18 일시적인 금지나 경고적 의미의 금지를 나타낼 경우에는 부정어 'al 과 간접명령형을 쓴다. Cf. GK 107 o.

19 NLT: Do not practice homosexuality, having sex with another man as with a woman. It is a detestable sin. NCV: You must not have sexual relations with a man as you would a woman. That is a hateful sin.

20 NIV: their blood will be on their own heads.

심판을 첨가한 형태가 경고성이 있어 보인다.

3.3. 본문주석

3.3.1 금지조항

당위법 형식으로 제시된 레위기 18:22은 금지 명령으로 이루어져 있다. 이 문장은 특별히 "남자와 더불어"를 앞에 배치시켜서 이것을 강조하고 있다. 왜냐하면 히브리어 일반 동사구문은 동사, 주어, 목적어 순이기 때문이다. 여기서 남자에 해당하는 단어 '자카르'(זכר)는 일반적으로 남자와 사람 그리고 남편을 동시에 가리킬 수 있는 '이쉬'(איש)와 다르다. 또 사람을 가리키는 '아담'(אדם)과도 다르다. 이것은 여성과는 정확하게 대조되는 남성을 의미한다.[21] 이 문장에서 강조된 남자는 하나님의 형상으로 함께 지음받은 여성의 파트너이다(창 1:27). 그래서 이 '자카르'(זכר)란 단어로써 이 법이 의도하는 것은 그 대상이 어떤 상태이든지 남자라면 그와 가지는 성행위는 허용하지 않는다는 것이다. 그래서 특정한 남자의 범주를 따로 제시하거나 나열할 필요가 없다.[22] 이렇게 모든 종류의 동성애 관행에 대한 구약의 정죄는 고대 근동에서 유일한 것이다.[23]

남성이라는 단어와 관련하여 레위기 20장의 조건법에서는 '이쉬'(איש)라는 단어를 사용하여 '이쉬'와 '자카르'의 관계를 언급하고

---

21 KJV와 NASB는 mankind라고 번역했다. 이것은 현대인에게 영어로 남성을 나타내는데 부족한 표현이다.

22 가령 소년 간의 동성애, 혹은 소년과 성인, 노년과 성인, 성인간의 동성애, 등. Cf. Wold, *Out of Order*, 104.

23 J. D. Currid, *Leviticus*, Faverdale North, Darlington: Evangelical Press, 2004, 244.

있다. 이것은 성인 남자는 어떤 연령의 남자와도 성관계를 해서는 안 된다는 뜻으로 사용되었다. 이 '이쉬'는 그냥 부정대명사로 '-하는 자마다'로 번역해도 무방하다.[24]

이 문장의 본동사는 부정어와 함께 미완료로 쓰였다(תשכב, 티쉬카브). 이것은 부정어와 함께 절대금지법으로 쓰인 것이다. 이것은 결코 일어나서는 안 된다는 것을 기대하고 쓰는 말이다. 동사 '샤카브'(שכב)는 기본적으로 '눕다'를 의미한다. 그러나 여기서는 전치사 '에트'(את)와 함께 '성관계를 갖다'란 의미로 쓰인다. 이 단어는 디나가 하몰의 아들 세겜에게(창 34:2), 그리고 다말이 암논에게 강간을 당할 때(삼하 13:14) 쓰였다. 그래서 성관계와 관련해서 사용되는 '야다'(ידע, 알다)와 동의어로 쓰이는 말이다(창 19:5, 8). 우리말로 '동침하다'로 번역할 수 있다. 그런데 이 동사가 '자카르'와 함께 쓰이면 좀 더 구체적으로 '남자와 (항문) 성교를 하다'로 번역된다.[25] 이 금지 명령이 단수로 쓰인 것은 수신자인 이스라엘 모든 남자를 하나의 공동체로 간주한 것이다. 이스라엘은 하나님의 백성으로서 언약을 준수하면서 거룩한 백성으로 살아야 했다.

다음으로 종속문처럼 이어서 나오는 '미슈크베 이샤'(משכבי אשה)란 표현은 좀 애매하다. 문자적으로는 앞에서 언급했듯이 '여자의 눕는 곳'을 의미한다. 이 문자적 의미는 전통적으로 유대인들에게 널리 받아들여진 견해다. 그래서 이것은 부부관계에서 남성의 위치가 여성의 자세와 같이 수용적인 태도가 되어서는 안 된다는 규율로 여겼다.[26]

---

24 Cf. W. Baumgartner (ed.), *HALOT*, 44.
25 Cf. Walsh, Leviticus 18:22 and 20:1, 202.
26 Cf. Sayler, Beyond Biblical Impasse, 81-89.

그러나 '미슈크베'가 명사로서 단순히 침상을 의미하지만 원래 동사 '샤카브'(שכב)의 의미를 상실한 것은 아니다. 이것은 단순한 명사의 속격관계가 아니라 '-와 동침하다'는 관용어로 쓰인다.[27] 예를 들어, '남자와 성관계를 갖다'는 '미슈카브 자카르'(משכב זכר)라고 표현했다 (민 31:17, 35; 삿 21:11). 이 구문을 그대로 '미슈카브 이샤'(משכב אשה)의 번역에 적용하면 이 표현은 여자와 동침하는 것이 된다. 그래서 '여자와 성관계를 갖는 것을 남자와 갖지 말라'고 번역할 수 있다. 이 명령은 동성 간의 성관계에서 어떤 태도를 말하는 것이 아니라 동성 간의 성행위 자체를 금지하는 것이다.

3.3.2. 금지이유

동성간의 성관계를 금할 것을 명령한 즉시 그 이유가 뒤따른다. 그 이유는 '그 행위가 가증하다'(토에바 히, תועבה הוא)는 것이다. 히브리어 '토에바'(תועבה)는 기본적으로 '아주 싫다'는 의미를 지닌 '혐오'를 뜻한다(detestable, abhorrence, abomination, loathness).[28] 동성애는 하나님께 가증스럽다. 이 '토에바'라는 단어를 잘 이해하는 것이 동성애 논쟁에 매우 중요하다. 친동성애자들은 이 용어가 주로 정결법과 관련되기 때문에 도덕적 규범과는 상관이 없다고 한다. 베일리(D. S. Bailey)는 '토에바'란 표현을 우상 숭배와 관련된 것으로 보았다. 레위기 문맥에서는 자연성을 바꾼 것이라고 했다.[29] 그의 추종자 보스웰도 '가증

---

27 W. Baumgartner (ed.), *HALOT*, 646.

28 구약에서 117번 쓰인 תועבה의 어원은 잘 알려져 있지 않고, 아카드어와 우가릿어에서 동일어근을 찾을 수 없다. 동종언어인 아랍어 동사 āba(a(더럽히다)의 이형으로써 עבה와 관계가 있는 것 같다. *HALOT*, 1702.

29 D. S. Bailey, *Homosexuality and the Western Christian Tradition*, London: Longmans, Green, 1955, 10, 43, 59-60: "The Dominant Note in the Concept of

하다'는 말이 강간이나 도적질과 같은 본래의 악한 것을 의미하는 것이 아니라 유대인을 위한 의식적 정결과 관련된 것을 의미한다는 것이다.[30] 그래서 그는 이 명령이 현대의 동성애와 무관하다고 본다.

그러나 이 단어는 폭넓게 쓰였다. 성경은 이 용어를 제의적 정결뿐만 아니라 관습에도 적용한다. 애굽 사람들은 목자들도 싫어하고(창 46:34) 이스라엘 사람과 식사하는 것(창 43:32)도 가증스럽게 여겼다. 또한 비아가 언급했듯이 '토에바'가 무질서와 혼동과 섞이는 것이 부정한 것으로 보고 이것을 바로 잡는 것이 금지법이라고 볼 수도 있다.[31] 즉 부정한 동물을 먹는 것(레 11), 문둥병(레 13), 설정(레 15), 근친상간(레 18:6-18), 월경 중 성관계(레 18:19), 몰렉에게 자녀를 바치는 것(레 18:20), 다른 종류의 가축을 교배시키는 것, 씨를 섞어 뿌리고, 옷감을 짤 때 실을 섞어 짜는 것(레 19:19) 등 모두 부정한 것으로 간주된다. 그중에는 신명기에도 우상의 형상(7:25), 창기의 돈을 하나님의 전에 바치는 것(23:19), 흠이 있는 동물을 바치는 것(17:1), 부정한 음식(14:3) 등이 가증한 것으로 여겨졌다.

그러나 부정하다고 해서 죄의 내용이나 경중이 다 같은 것은 아니다. 즉 일상생활의 부정보다 음행과 근친상간과 같은 도덕적인 부정이 더 심각하고, 우상 숭배의 부정은 가장 심각한 것이다. 그런데 레위기에서는 이런 조항에 대해서 한 번도 '토에바'란 용어를 직접 적용시킨 적이 없다. 오히려 다른 곳에는 '토에바'가 도덕적 악행에 적용되

'abomination' is always that of idolatry." 물론 우상 숭배와 관련된 것은 가장 빈번하지만 이 단어가 적용되는 용례는 아주 다양하다. Cf. Gagnon, *The Bible and Homosexual Practice*, 118-119.

30 Boswell, *Christianity, Social Tolerance, and Homosexuality*, 100.
31 Via & Gagnon, *Homosexuality and the Bible*, 7.

는 경우도 많다. 특별히 잠언에 20번[32] 쓰인 '토에바'는 모두 '가증하다' 혹은 '미워하다'로 번역되어 윤리적, 도덕적 죄나 그 동기와 관련되어 있다: 사악한 자(3:32; 15:8; 15:9, 26; 21:27), 부정직성(6:16-19; 8:7; 12:22; 17:15; 26:25-28; 29:27), 사기(11:1 20:10, 23), 사악한 마음(11:20), 악행(13:19; 16:12), 교만(16:5), 비웃음(24:9), 불법(28:9).[33] 또한 선지서에도 많은 경우 '토에바'가 우상 숭배와 관련되었지만 윤리적인 것과도 연관되어 사용되었다. 예레미야는 악과 죄의 대가의 원인 중에 가증한 것을 들고 있다: "내가 위선 그들의 악과 죄를 배나 갚을 것은 그들이 그 미운 물건의 시체로 내 땅을 더럽히며 그들의 가증한 것으로 내 산업에 가득하게 하였음이니라"(렘 16:18). 에스겔도[34] 이 단어로써 윤리적인 죄를 지적했다: "혹은 그 이웃의 아내와 가증한 일을 행하였으며 혹은 그 며느리를 더럽혀 음행하였으며 네 가운데 혹은 그 자매 곧 아비의 딸과 구합하였으며…"(겔 22:11). 흥미로운 것은 에스겔이 '토에바'와 '지마'(זמה, 음란, 악행)를 나란히 쓴 것이다: "네 음란과 네 가증한 일을 네가 담당하였느니라"(16:58). 여기서는 음란한 행위와 가증한 행위를 동의어로 쓰였다. 이것은 근친상간에 대한 레위기의 금지법에도 잘 어울리는 표현이다: "너는 여인과 그 여인의 딸의 하체를 아울러 범치 말며 또 그 여인의 손녀나 외손녀를 아울러 취하여 그 하체를 범치 말라 그들은 그의 골육지친이니 이는 악행(זמה, 지

32　תועבה in *Logos Bible Software*.

33　*BDB* 사전은 1073쪽에서 이 중에 여섯 개를 윤리적 의미를 지는 것으로 제시했다: 8:7; 16:12; 29:27; 13:19; 29:27; 24:9.

34　에스겔은 이 단어를 43번 사용했는데 주로 '성결법'에 근거한 규례와 밀접한 관계를 갖고 있다. 간음(18:6, 11, 15; 22:11), 근친상간(22:10-11), 월경 중 성교(18:6; 22:10), 등. Cf. Robert A. J. Gagnon, *The Bible and Homosexual Practice*: Texts and Hermeneutics, Nashville: Abingdon Press, 2001, 118-119.

마)이니라"(레 18:17). 이것은 동성애에 대한 평가와 같은 것으로 봐야 할 것이다. 이 동의어 관계는 '가증하다'란 말이 레위기에서 윤리적으로 쓰인다는 것을 근거가 될 수 있다.

'토에바'가 도덕적 죄와 관계가 있다는 것이 구약의 헬라어 번역인 칠십인 역(LXX)에도 나타난다. 칠십인 역 번역가들은 하나의 히브리어 단어를 문맥과 내용에 따라서 모두 네 가지로 번역했다: akathartos(아카타르토스, 부정), asebeia(아세베이아, 불경건), bdelygma(브델리그마, 가증한 것), anomia(아노미아, 불법). 그 중에 가장 빈도수 높은 것이 '브델리그마'(68번)이고, 다음으로 '아노미아'(28번)이다.35 그렇지만 이 둘은 서로 대조적인 것이 아니다. 제의적인 것에도 '아노미아'로 번역했기 때문이다(겔 8:6).36 다시 말해서 칠십인 역이 레위기의 동성애 금지법의 이유로 제시된 '토에바'를 '아노미아'로 번역하지 않고 '브델리그마'로 번역했다고 해서 그것을 도덕적으로 불법이 아닌 것으로 보아서는 안 된다는 것이다.

이 모든 것을 고려할 때 '토에바'는 원래 그 공동체의 기준에 근거해서 위험스러워 보이고 또 혐오감을 불러일으키는 것을 가리켰다. 이 개념은 먼저 제의에 적용되고 다음으로 법률적이고 윤리적인 것에도 적용되었다.37 종교적인 것은 윤리의 근거와 동기가 된다. 그렇지만 많은 경우에 이 두 영역이 동시에 포함된다. 레위기는 이 둘을 크게 구분

---

35 Cf. Wold, *Out of Order*, 110.

36 "그가 또 내게 이르시되 인자야 이스라엘 족속의 행하는 일을 보느냐 그들이 여기서 크게 가증한 일을 행하여 나로 내 성소를 멀리 떠나게 하느니라 너는 다시 다른 큰 가증한 일(ἀνομίας 아노미아스)을 보리라 하시더라"

37 E. Gerstenberger, תּוֹעֵבָה in: Jenni, Ernst & Westermann, Claus (ed.), *Theologische Handw rterbuch zum Alten Testament (THAT)*II. München: Chr. Kaiser, 1976, 1051-55.

하지 않는다. 도덕적인 죄는 곧 종교적 죄가 되기 때문이다. 레위기 18장에 언급된 내용은 '더럽히는 것'과 '악'(עון, 아본)[38]과 '가증한 것'을 같은 차원에서 보아야 할 것이다(18:25-26). 그리고 여기서 기억해야 할 것은 '토에바'라는 단어는 레위기에서는 오직 동성애를 금지하는 조항에만 쓰였고(레 18:22; 20:13) 또 그 문맥에서 비정상적인 성관계(레 18:26, 27, 29, 30)에 적용되었다는 것이다. 후자는 전체를 요약하는 성격이 있다. 그래서 보스웰과 같이 이 본문은 동성애 윤리와는 상관없는 정결법이라고 주장하는 것은 근거가 없다. 또한 멜처와 밀그롬이 이것은 동성애가 아니라 씨의 손실을 금지하는 것이라는 것도 근거가 약하다. 왜냐하면 앞에서 언급한 근친상간은 자녀 생산이 가능하기 때문이다. 본문은 한 마디로 그것이 가증하다고 한다.

"내가 거룩한 것 같이 너희도 거룩하라"는 레위기의 법이 언약 공동체의 유지를 위해서 가족관계와 관련해서 주어졌다는 것은 십계명의 연장선에서 이해해야 할 것이다.[39] 하나님은 동성애가 그 백성과의 언약관계를 침해하는 요소로 규정하고 금하셨다. 이스라엘은 하나님이 거룩하신 것 같이 거룩한 삶을 살아야 했다. 이것은 버드와 같은 학자들의 생각과 같이 단순히 이교도와 구분짓는 기준으로 사용된 것이 아니다. 거룩함이란 말은 구분이나 격리를 의미하지 않고 하나님께 영광을 돌리는 속성과 관련된 것이다. 동성애는 가증스런 것이기 때문이 이스라엘은 이 규정을 지켜야 했다.

---

[38] עון은 죄, 불법, 악, 허물, 등을 나타내는 말로서 와 상호 교호적으로 쓰이는 경우도 있다: R. Knierim, עון, in: *THAT* II, 234-49.

[39] R. Tate, 'Homosexuality: Not a Sin - Not a Sickness': Towards an Evaluation of Por-Gay Theological Perspective, *Evangel* 21, no 3 Aut. 2003, 91.

3.3.3. 심판 규정

동성애법을 위반하는 자에게 심판이 뒤따른다. 레위기 18:22에는 그 조항에 대해 한정된 심판은 없고, 그와 관련된 죄에 대해서 같은 심판이 주어졌다. 그것은 '백성에게서 끊쳐지는 것'이다: "무릇 이 가증한 일을 하나라도 행하는 자는 그 백성 중에서 끊쳐지리라"(18:29). '이 가증한 일'이란 앞에서 나열한 금지법을 종합적으로 언급한 것이다. 그 항목 중에 월경 시 성관계를 갖는 것(18:19)을 제외하고는 다 도덕적 죄와 관련된다. 이 금지법 가운데 어떤 것도 행해서는 안 된다는 것을 경고로 주어졌다.

'백성에게서 끊어지는 것(כרת, 카레트)'은 7:20에 처음 나타나는데 이스라엘에게는 특별한 의미가 있다. 이 법은 고대 사회에서는 범법자와 그 자손을 그 나라에서 제거함으로써 소멸을 위한 신의 조건적 저주로 사용되었다.[40] 멜처는 "카레트(끊어짐)는 조기 사망과 범법자의 대가 끊기는 것을 의미한다"고 한다.[41] 물론 백성에게서 끊어져서 추방당한 사람의 생활이란 살아있는 것이라고 보기 어려울 것이다. 또한 그는 가족관계를 형성할 수 없기 때문에 대가 끊기는 것도 맞는 말이다. 그러나 백성 중에서 끊어지는 것은 이런 자연적인 이유보다 훨씬 더 엄중한 데가 있다. 그것은 하나님의 언약 공동체에서 끊어지는 것이다. 범법자는 하나님과의 언약이 파기됨으로써 구원이 위태롭게 된다. 이것은 결코 작은 벌이 아니다. 아마도 죄인들은 대속죄일에 용서받을 기회를 얻을 것이다.

이것을 어떻게 시행하는 지에 대해서는 언급이 없다. 여기에 대해

---

40 J. B. De Young, *Homosexuality,* Grand Rapids, Michigan: Kregel Publications, 56.
41 Melcher, The Holiness Code and Human Sexuality, 97.

서 밀그롬은 랍비들의 전통을 따라서 개인적으로 이 율법을 범할 경우에는 하나님께서 시행하신다고 한다.[42] 이것은 인간에게 달린 심판이 아니라 하나님께 속한 영역으로 취급되었다는 것이다. 그리고 집단적으로 그 죄를 범할 때는 이것이 땅을 더럽힌 행위이기 때문에 "땅이 그들을 토해낸다"(18:28)고 표현한다. 이것은 가나안인의 축출(민 33장)과 나중에 이스라엘이 쫓겨나는 것(레 26장)을 연상케 한다. 가나안 인들의 경우는 이 모든 가증한 죄를 범한 전과가 있다는 것을 경고로서 알려준다(18:27). 이 가운데 동성애와 관련해서 생각하도록 하는 것은 소돔의 죄가 될 것이다.[43] 그들이 그 죄로 말미암아 어떤 최후를 맞았는지를 기억해야 했다.

레위기 18장의 부적절한 성관계가 애굽과 가나안 땅의 풍속과 관련되었다고 할 때 실제로 이런 풍속이 있었는지 궁금해 질 것이다. 가나안의 경우는 소돔이 그 실례가 될 것이다. 애굽의 경우는 신왕국 시대의 18왕조 때의 것으로 추정되는 '사자의 서'(the Book of the Dead) 가운데 자신의 결백을 42 신에게 선언하는 내용(주문 125) 중에 동성애에 해당하는 내용이 나온다: "무덤에서 나와 얼굴을 뒤로 향한 (신)이여, 나는 소년과 성관계를 가진 적이 없습니다"(P. Barguet).[44] 이 번역을 따른다면 이 기도문은 단순한 동성애가 아니라 어린 동성

---

42 Milgrom, *Leviticus*, 209.

43 신득일, 소돔의 죄: 동성애인가? 약자에 대한 냉대인가?, 『성경과 신학』 제48호 (2008), 7-36.

44 M. Lichtheim, *Ancient Egyptian Literature:* A Book of Readings II, Berkeley Los Angeles: University of California Press, 1976, 127; P. Barguet의 번역과는 달리 R. K. Ritner의 번역에는 "나는 자위를 하지 않았습니다"가 첨가되었다. 이 경우라면 동성애가 부정한 차원에서 다루어진 것으로 보아야 할 것이다. cf. William W. Hallo (ed.), *The Context of Scripture* II: Monumental Inscriptions from the Biblical World, Leiden: Brill, 2000, 61. 원본을 알 수 없어서 본고는 전체 구조를 따라서 짧은 것을 택했다.

을 상대로 성폭력을 하지 않았다는 것이다. 마치 42줄의 기도를 낭송하는 것처럼 보이는 이 망자의 선언은 오시리스 앞에서 영생의 판정을 받기 위해서는 사회적으로 행해 질 수 있던 악행으로부터 도덕적 순결을 지키는 것이 필수적이라고 생각한 것이다. 이것은 당시 애굽 사회의 종교와 도덕적 의식의 일부를 보여준다.

한편 동성애에 대한 심판으로 레위기의 다른 본문은 사형을 명하고 있다(레 20:13). 이것은 동성애의 죄가 얼마나 심각한지를 일깨워 준다. 사형방법은 아마도 돌로 쳐 죽이는 방식일 것이다(레 20:27). 레위기의 법은 고대 근동의 다른 법보다 더 엄격하다. 이름이 알려지지 않은 주전 이천년 기 말의 중기 아시리아 시대의 법전에는 동성애자의 처벌이 기록되었다.[45] "만일 남자가 자기 동료와 성관계를 가지고 사람들이 그의 죄를 증명하여 그가 유죄임을 밝힌다면 그들이 그 사람과 성관계를 가지고 그는 거세를 당할 것이다"(A §20). 여기서 '그의 동료'(탑파슈, tappâšu)는 친구나 신분이 동등한 사람을 의미하겠지만 이 상황은 상호 간 수용적인 성적관계가 아니라 강제로 성관계를 행하는 것으로 보인다. 왜냐하면 한 사람에게만 벌이 적용되기 때문이다. 아시리아의 법은 야만적인 면이 있지만 그 엄격성에 있어서 이스라엘 법이 더 강하다고 하겠다. 이것은 영적, 육적 생명이 다 달려있기 때문이다.

밀그롬은 이 20:13절을 해석하면서 동성애자에 대한 처벌로 간주할 수 없다는 것을 미체너(J. Michener)가 반박하는 뉴욕 타임즈 기사를 인용하고 있다: "당신이 이 법이 우리 시대에 적용된다면 일어나게 될 홀로코스트를 상상할 수 있겠는가? 우리는 부모를 거역하고 음행

---

45 Hallo, *The Context of Scripture* II, 355.

을 하는 젊은 자들을 죽이지 않는다."⁴⁶ 그는 이 법이 이스라엘에 한정되는 것으로 본다. 여기서 유대인 학자들이 동성애 금지법을 보편적으로 인정하지 않으려는 이유를 발견하게 된다. 그것은 계시발전에 근거한 성경 해석이 불가능하기 때문이다. 정말 문자적으로 그 법을 집행한다면 곤란한 문제가 생길 것이다.

이 심판규정에 대한 해석은 다음 단원에서 다룰 것이다. 어쨌든 구약은 동성애를 그 시대에도 심각한 죄로 여겼고, 지금도 중대한 죄로 정죄하고 있다.⁴⁷

4. 적용문제

4.1. 레위기 법의 권위

앞 단원에서 언급했듯이 레위기 18:22과 20:13이 확실하게 동성애 금지법이라고 인정해도 그 법이 현대인에게 적용되지 않는다는 것은 레위기가 정경으로서 어떤 권위가 있는가를 질문하게 된다.

비아와 같은 학자들이 레위기의 법이 정결법이기 때문에 적실성이 없다고 말하는 것은 부분적으로 맞는 말이다. 현대 그리스도인들은 더 이상 의식적인 정결법을 따르지 않는다. 그것은 그리스도의 구속으로

---

46 Milgrom, *Leviticus*, 256.
47 D. Young, *Homosexuality*, 55-56. 범법자가 용서받을 수 있는 길이 있다. 그는 고의적으로 범죄했기 때문에 개인적인 속죄제를 드릴 수가 없고 진정으로 회개한다면 다만 대속죄일에 대제사장의 속죄제사를 통해서 정결하게 될 수 있을 것이라는 De Young의 말은 좀 더 논의할 여지가 있다.

말미암아 성취되었기 때문이다. 그러나 정결법이 도덕이나 언약과 관련될 때는 그 법이 아직도 실효성이 있는 것으로 본다. 그래서 근친상간과 동성애 같은 윤리적인 법은 아직도 유효하다.

보스웰[48]이나 버드가 동성애는 이스라엘을 이방 나라와 구분하기 위해서 주어진 것이기 때문에 동성애가 죄와 상관없다는 것은 대부분의 친동성애 학자들이 주장하는 말이다. 그것이 애굽이나 가나안의 우상 숭배와 관련이 있기 때문에 금지되었다는 것이다. 확실히 가나안 종교의식 중에 음행이 있었고, 그 가운데 동성애도 있었다(왕상 14:24).[49] 이스라엘 백성은 이런 종교의식에 참여해서도 안 되고 그 관행을 따라서도 안 된다. 이는 이스라엘은 이방 민족과 다르기 때문이다. 그러나 레위기가 동성애를 금하는 것은 그것이 애굽이나 가나안 종교의 우상 숭배의 관행이기 때문이라기보다는 동성애는 본질적으로 잘못되었기 때문에 정죄한 것으로 볼 수 있다. 이것은 근친상간, 인간제물, 수음도 같은 차원에서 금지된 것으로 볼 수 있을 것이다.[50]

그 다음 문제는 밀그롬이 주장하듯이 동성애 금지법은 이스라엘과 약속의 땅에 사는 거민들에게 한정된 것이기 때문에 현대인에게 적용되지 않는다고 보는 것이다. 이 견해는 레위기를 포함한 구약의 율법을 시대적, 문화적 산물로 보는 것이다. 이런 견해를 가진 자에게는 구약은 더 이상 권위 있는 하나님의 말씀이 아니다. 왜냐하면 지금은 육적인 이스라엘은 의미가 없고(갈 3:29), 또 약속의 땅도 없기 때문이다(갈 4:25). 레위기의 법은 인간의 사색이나 문화적 산물이 아니라 하나

---

48 Boswell, *Christianity, Social Tolerance, and Homosexuality*, 100-102.
49 Cf. S. J. De Vries, *1 Kings*, WBC, Nashville: Thomas Nelson Publishers, 2003, 184.
50 Cf. J. S. Feinberg & P. D. Feinberg, *Ethics for a Brave New World*, Wheaton, Illinois: Crossway Books, 1993, 194.

님의 계시로서 영감된, 신적 권위를 가진 말씀이다. 이 법을 주신 동일한 하나님을 믿는 자는 이 법을 선택 사항으로 여겨서는 안 될 것이다.

4.2. 레위기 법의 신학적 해석

레위기의 법은 기본적으로 하나님의 백성의 거룩한 삶을 위해서 주어진 것이다. 그것은 개인적인 성결과 언약 공동체의 거룩성을 위한 것이다. 이 법을 지킴으로써 이스라엘은 하나님과 은혜의 관계를 유지할 수 있었다. 그런데 레위기에 언급된 의식법, 정결법, 도덕법, 언약법, 시민법 등을 이 시대의 그리스도인들이 어떻게 이해해야 하는가가 중요하다. 기본적으로 구약의 법전과 현대인의 삶 사이에는 연속성과 불연속성이 존재한다. 연속적인 것은 이 시대에도 계속 적용되는 것이고, 불연속성은 그리스도의 구속사역의 성취로 인하여 더 이상 적용되지 않는 것이다. 여기서 의식법과 시민법은 폐기되었다. 그래서 의식법이나 정한 음식, 부정한 음식 구분, 안식년, 희년 규정, 이자 규정 등과 같은 것은 지금은 유효하지 않다. 그러나 도덕법과 언약법은 계속 유효하다. 살인, 도적질, 거짓말, 간음, 동성애, 우상 숭배와 같은 규정은 현대 그리스도인에게도 여전히 적실성이 있다.

그렇다고 해서 제의적 정결법과 시민법이 현대 그리스도인에게 아무런 의미가 없는 것은 아니다. 그 규정의 영적인 의미, 그 정신은 그대로 유지된다. 정한 음식과 부정한 음식에 대한 규정은 그리스도인이 거룩한 삶을 추구해야 한다는 것을 가르쳐 준다. 그러나 다른 방식으로, 즉 성령의 인도를 따라 살아야 할 것을 말한다. 희년의 경우도 마찬가지다. 우리는 희년을 지킬 필요가 없다. 그러나 희년의 정신, 즉 이웃 사랑, 평등, 자유의 정신을 실천하며 살아야 할 것을 가르친다. 현대인은 이자를 받아도 상관이 없지만 그 기본 정신은 이웃 사랑이다. 이 해석의 중요한 원리는 계시역사의 전진이라는 개념이다.

이 관점에서 보면 이 명령을 처음 받은 이스라엘과 같이 이제 영적인 이스라엘이 이 명령에 순종하면서 하나님과의 관계를 유지해야 한다는 말이다. 왜냐하면 그리스도에 속한 자는 모두 아브라함의 자녀이기 때문이다(갈 3:29). 그리고 이 명령을 거역하는 자는 심판을 받게 된다. 그런데 '백성 중에서 끊쳐지리라'와 '죽일지니라'는 문자적으로 이해하지 않는다. 역시 계시의 점진의 관점에서 이해한다. 그래서 이것은 교회의 권징으로 주어진 것이다. '백성 중에서 끊쳐지는 것'은 언약의 공동체의 교제에서 배제되는 것이기 때문에 수찬정지 혹은 그 이상으로 적용할 수 있을 것이고, '죽일지니라'는 출교로 이해할 수 있을 것이다. 신접한 자를 죽이라는 것도 현대적 의미로는 출교를 의미하는 것이다.

이런 해석 원리를 적용한다면 동성애 금지법은 성격상 제의와 관련된 정결법이든지 아니든지 상관없이 여전히 유효한 것이다.

5. 마치는 말

구약의 동성애 금지법은 레위기의 '성결법'에 나타난다. 이 법은 제의적 정결법과도 관련이 있지만 도덕적인 부정으로 간주된다. 하나님은 이스라엘이 거룩한 언약 공동체로서 자신과의 관계를 유지하기 원하셨기 때문에 동성애 금지를 명하셨다. 동성애는 근본적으로 잘못된 성행위이기 때문이다. 이 법을 어기는 것은 언약 공동체에서 쫓겨나든지 사형에 해당한다. 이것은 동성애가 심각한 죄라는 것을 의미한다.

고대 이스라엘에 주어진 이 법은 오늘도 여전히 유효하다. 왜냐하면 신약성경이 이 법의 연장선에서 동성애를 금하고 있기 때문이다(롬 1:26, 27, 31).

제 3 장

동성애의 원인과 해결:
성경과 과학의 진단과 처방

신현우 교수(총신대학교 신학대학원 신약학)

    동성애는 포스트모던 사회가 맞이한 핵심 문제이다. 절대적 진리의 존재를 부정하고 진리가 여러 개일 수 있다고 믿는 포스트모더니즘 사회는 동성애도 성애의 일종으로 동등하게 인정받기 쉬운 환경이다. 이러한 환경 속에서 동성애를 지지하는 사상적 흐름은 포스트모더니즘을 대변한다. 그러므로 동성애는 사회 변두리의 소수 사람들과 관련된 사소한 주제가 아니라, 문명의 패러다임과 관련된 핵심적 주제이다.

    이 글의 목적은 동성애의 원인, 동성애자들이 겪는 문제, 그리고 이러한 문제를 해결하는 방향을 성경과 과학을 통하여 찾는 것이다. 그리하여 그리스도인들이 성경적인 규범에 일치하면서 과학적인 정보에 적합한 동성애에 관한 관점을 가지도록 돕는 것이다.

1. 동성애에 관한 진단

가. 과학적 진단

과학은 동성애에 관하여 어떻게 보고 있는가? 이 주제를 다루기 전에 우선 사회 속에 동성애자가 얼마나 있는가 살펴보도록 하자. 1940년와 1950년대에 행한 킨제이의 보고서에 토대하여 성인인구의 10%가 동성애자라는 수치가 회자되었고 이것은 동성애 지지의 근거로 사용되기도 하였다.[1] 그러나 킨제이의 보고서는 성인인구의 10%가 동성애자라고 주장한 적이 없고, '백인남성의 10%가 16-55세 사이에 최소 3년간 동성애자'라는 통계를 제시한 것인데, 여기서 백인남성이란 '강간, 유아성폭행, 동성애 관련범죄로 투옥된 성범죄자들'을 가리킨다(이상원, 505). 이러한 성범죄자들 중에 10%가 동성애자라는 것은 성인인구의 10%가 동성애자라고 일반화될 수 없다(이상원, 505). 1993년에 페인튼(P. Painton)이 미국 전역에서 뽑은 3,321명을 통하여 조사한 결과는 동성애자가 1%에 불과함을 보고한다(이상원, 506). 1994년에 라우만(E. Laumann)이 미국 전역에서 무작위로 5,000명을 대상으로 실시한 조사에서는 게이는 2%, 레즈비안은 0.9%로 집계되었다(이상원, 506). 이러한 통계는 동성애자가 소수지만 존재함을 보여준다.[2]

---

1   이상원, 『기독교 윤리학』(서울: 총신대학교출판부, 2013) 504-5. 이 책은 동성애에 관한 중요한 윤리학 저서로서 이 논문에서 자주 인용되므로 이후부터는 본문 주로도 처리함. 본문 주에서는 편의상 책 이름은 생략하고 저자 이름만 적음.

2   한국에서는 1995년에 17-60세 성인 636명을 대상으로 조사한 결과 남성 4.5% 여성 2.6%가 지난 6개월간 동성과의 신체적 접촉을 5회 이상 경험했다고 답하였다는 연구보고가 있다(여기동, 이미영, "한국 남성의 동성애 정체성 발달과정과 정신 건강," 『정신간호

동성애가 정상적이라는 주장을 하기 위해서 흔히 언급되는 근거는 1973년에 동성애를 정신질환 목록(DSM)에서 빼기로 한 미국 정신의학협회(APA)의 결정이다. 이것은 'APA 총회를 뒤집어엎어 버리겠다는 동성애운동가들의 위협이 계속되는 가운데 과반수가 출석하지 않은 비정상적인 회의에서' 투표를 통해 결정된 것이다(이상원, 515). 그러나 이 "투표가 이루어진 지 4년 후에 실시한 여론조사에서 정신과 의사들 중 69%가 동성애를 '병리적인 적응'으로 간주했다"(이상원, 515).

동성애가 정상적이라는 인식이 퍼진 데에는 후커(E. Hooker)의 심리테스트도 기여를 하였다(이상원, 516). 그러나 그의 연구는 '정신과적인 치료나 심리치료를 받지 않은' 동성애자들만을 모아 조사한 것이므로, "표본수집의 편향성 때문에 일반화될 수 없는 연구였다"(이상원, 516).

동성애의 발생 원인은 무엇일까? 동성애는 성호르몬의 수치가 달라서 발생한다는 생각이 19세기에 등장했으나, "현대의학은 동성애자들과 이성애자들 사이에 주목할 만한 호르몬 수치상의 차이는 없다는 사실에 대하여 이견을 보이지 않는다"(이상원, 506-7).

출산 전 호르몬 수치가 높으면 동성애자가 태어난다는 가설도 있었다. 이것은 쥐에게 비정상적으로 높은 수치의 성호르몬의 투여하는 실험을 통하여 제기된 것이다(이상원, 507). 그러나 인간에게 임신하는 과정에서 이렇게 높은 성호르몬 수치가 나타나는 것은 불가능하므로 이 가설은 동성애자 발생 원인을 설명할 수 없다(이상원, 507).

"임신 중에 복용한 약물의 작용으로 비정상적인 호르몬 환경이 조

학회지』 15/3, 2006, p.289에서 재인용). 이 보고는 표본이 너무 작기에 일반화시킬 수는 없을 것이다.

성될 수 있다."는 주장이 제기되기도 했다(이상원, 508). 이것은 '임신 중 약물복용으로 인한 비정상적인 호르몬 환경 때문에 실제로 뇌기능이 손상된 아이들을 관찰하는 실험'의 결과를 통하여 주장된 것인데, 이 실험의 대상 가운데 동성애 정체성을 보인 아이들은 거의 없었고, 오히려 "동성애의 특징들을 위축시키는 다양한 문제들을 야기시켰다"(이상원, 508-9). 따라서 임신 중에 복용한 약물의 작용으로 동성애자의 발생을 설명할 수도 없다.

스왑과 홉만(Swab & Hobman)은 이성애자의 시상하부의 SCN 영역이 동성애자의 것보다 더 크다고 보고했고, 알렌과 고르스키(Allen & Gorski)는 우뇌와 좌뇌를 연결시키는 구조가 남성동성애자들의 경우 남성이성애자보다 크다고 보고했으며, 리베이(S. LeVay)는 INAH3이 동성애자들의 경우에 남성이성애자들보다 작다고 보고했다(이상원, 509). 그러나 이러한 연구결과는 다른 실험실에서 재현됨을 통해 입증되지 않았고, 이러한 뇌의 차이와 동성애와의 인과관계도 입증되지 않았다(이상원, 510). 리베이의 연구의 경우 표본 숫자도 35명으로서 너무 적었고, 더구나 동성애자들로 분류된 19명의 경우는 AIDS로 죽은 사체였다(이상원, 510). 따라서 AIDS 자체나 이를 치료하고자 복용한 약물이 두뇌의 INAH3 크기에 영향을 미쳤을 가능성도 배제할 수 없다(이상원, 510).

1952년에 일란성 쌍둥이의 경우 한쪽이 동성애자이면 다른 한쪽도 100% 그렇다는 보고가 있었으나, 이 연구결과는 통계적 조작임이 판명되었다(이상원, 510-11). 베일리(J. M. Bailey)와 필라드(R. Pillard)의 1991년 연구에서는 한쪽이 동성애자일 때 다른 쪽도 동성애자일 확률이 일란성 쌍둥이의 52%, 이란성 쌍둥이의 22%, 형제들의 9.2%, 입양된 형제들의 11%임을 보고했다(이상원, 511). 그러나 만일 동성애를 일으키는 유전자가 있다면 일란성 쌍둥이의 경우에는 52%가 아니라 100% 일치를 보여야 하므로, 이러한 통계는 오히려 동성애를 일으키는 유전자가 없다는 것을 입증하는 연구이다. 더구나 이 연구는 표본선택을 무작위로 하지 않고 친동성애를 표방하는 잡지와 신문을 통하여 쌍둥이나 동일성별의 형제자매를 가진 동성애자들을 찾는다는 광고를 통해 모집한 것이다(이상원, 511). 다른 연구결과는 베일리와 필라드의 연구결과를 재현하지 않고(이상원, 512) 부정하는 결과를 보고한다. 예를 들어, 1992년에 킹(M. King)과 맥도날드(E. McDonald)의 연구는 일란성 쌍둥이의 경우에도 둘 다 동성애자가 되는 일치률이 10% 정도밖에 안됨을 보고했다(이상원, 512). 2000년에 베일리와 필라드가 호주의 쌍둥이 등록처에 등록된 쌍둥이들을 대상으로 재조사를 한 결과에서도 27쌍 중에서 3쌍의 쌍둥이가 함께 동성애자임이 파악되었는데, 이것은 단지 11%의 일치률에 불과하다(이상원, 513).[3] 유전자 연구의 선두주자 중에 한 명인 콜린스(F. S. Collins)도 일란성 쌍둥이가 한쪽이 게이일 때 다른 쪽이 게이일 확률이 20% 정도에 그친다는 통계 자료에 토대하여 동성애적 성적 지향은 유전자에 의해 고정되는 것은 아니라고 주장하였다.[4]

일란성 쌍둥이의 유전자는 동일하므로 만일 유전자 때문에 동성애

---

[3] 화이트헤드 부부(N. Whitehead & B. Whitehead)도 그 동안의 연구를 살핀 조사결과, 한 쪽이 동성애자인 경우, 단지 11-14%만이 다른 쪽도 동성애자라고 정리한다(N. Whitehead & B. Whitehead, *My Genes Made Me Do It! - Homosexuality and the Scientific Evidence*, 2013(http://www.mygenes.co.nz), p.267). 쌍둥이를 통한 연구는 표본의 크기가 커지고 방법론이 발전함에 따라 점점 더 낮은 쌍둥이 동성애자들의 비율을 보고하고 있다(Whitehead & Whitehead, *My Genes*, 267).

[4] A. D. Byrd, "'Homosexuality Is Not Hardwired,' Concludes Head of The Human Genome Project," LifeSiteNews.com (2007년 3월 20일).

자가 된다면 유전자가 서로 동일한 일란성 쌍둥이의 경우, 한쪽이 동성애자이면 다른 쪽도 반드시 동성애자여야 하므로, 이러한 일치의 비율은 100%여야 한다. 그러므로 이러한 10-20%에 불과한 통계 수치는 동성애가 유전자의 영향으로 발생하는 것이 아님을 입증한다. 일란성 쌍둥이 중에 한 쪽이 동성애자일 때 다른 쪽도 동성애자인 비율이 너무 낮다는 것은 동성애가 유전자의 지배를 받은 것이 아니라는 결정적인 증거이다. 일란성 쌍둥이 연구결과는 동성애 유전자가 발견되지 않으리라 예측하게 한다. 실제로 동성애 유전자는 아직 발견되지 않았다.[5] 동성애에 유전적 요인이 있다고 주장하는 학자들의 연구 논문마저도 아직 동성애 유전자를 발견하지 못하였음을 시인하고 전제한다.[6]

그럼에도 불구하고 동성애가 유전적 요인으로 발생한다는 생각이 널리 퍼진 것은 해머(D. H. Hamer)의 1993년 연구 발표와 관련이 있다. 해머의 연구팀은 Xq28을 40쌍 중 33쌍의 동성애자 형제들에게서 발견하고, 이것이 동성애를 일으키는 유전자라고 주장하였다.[7] 이 연구는 7쌍의 동성애자 형제들이 Xq28을 가지고 있지 않았음을 설명하지 못할 뿐 아니라, 이 연구의 재현이 실패하여 연구결과를 신뢰할 수도 없다.[8] 더구나 1999년에 캐나다 연구팀이 52쌍의 동성애자 형제들에 대하여 진행한 다른 연구에서는 Xq28과 동성애의 관계를 확인할

---

5   Whitehead & Whitehead, *My Genes*, 268.

6   S. V Ramagopalan, D. A. Dyment, L. Handunnetthi, G. P Rice and G. C Ebers, "A Genomewide Scan of Male Sexual Orientation," *Journal of Human Genetics* 55 (2010) 13132.

7   이상원, 『기독교 윤리학』, 514.

8   이상원, 『기독교 윤리학』, 513-14.

수 없었다.[9]

　화이트헤드 부부에 의하면 청소년들의 경우, 동성애자들의 98%가 탈동성애를 하게 된다.[10] 16세 때 자신이 동성애자 또는 양성애자라 여기던 청소년들 중에 17세 때 자신이 이성애자라고 여기게 되는 경우가 계속하여 양성애자 또는 동성애자라 여기는 경우보다 약 25배나 많다.[11] 이것은 동성애자의 대부분이 17세 때 탈동성애를 하게 되는 것을 보여주는 통계이다. 이러한 통계는 청소년들에게 동성애가 정상적이라고 가르치게 될 때 동성애자들이 그대로 동성애에 머무르는 데 영향을 미치게 될 가능성을 추측하게 한다. 만일 그렇다면, 청소년들에게 동성애에 관하여 가르치도록 입법하는 것은 이성애자가 될 수 있는 청소년들에게 교육적 영향을 통해 동성애자로 남도록 하는 결과를 낳을 것이다. 그들이 동성애자들이 되어 더 행복하고 사회에 더 유익하다면 몰라도, 그렇지 않을 경우에는 이러한 교육은 정당화될 수 없다.

　2002년에 발표한 캐머런(P. Cameron)과 캐머런(K. Cameron)의 논문은 이성애자 전체에서 1-2%는 동성애로부터 이탈한 경우임을 지적한다.[12] 이처럼 사람들이 동성애로부터 탈출하는 현상은[13] 최소한

9　이상원, 『기독교 윤리학』, 514.

10　*My Genes*, 267.

11　*My Genes*, 267.

12　"What Proportion of Heterosexuals is Ex-homosexual?," *Psychological Reports* 91/3 (2002) 1087-97.

13　화이트헤드 부부는 그들의 책에서 동성애가 유전자에 의해 결정되는 것이 아님의 근거로 성적 지향이 바뀌는 현상을 지적한다(Whitehead & Whitehead, *My Genes*, 266). 그리하여 청소년들의 경우뿐만 아니라 어른들의 경우에도 탈동성애자/탈양성애자가 동성애자/양성애자의 수를 합친 것보다 더 많다(Whitehead & Whitehead, *My Genes*, 266-67).

이렇게 탈출하는 사람들의 경우에는 동성애가 유전적인 영향에 의해 지배되는 것이 아님을 보여준다.

동성애의 원인이 유전자가 아니라면 무엇일까? 프로이드(S. Freud)는 약한 아버지와 강한 어머니 사이에서 양육된 자녀가 동성애 성향을 가지게 된다고 보았다.[14] 모벌리(E. R. Moberly)는 동성 부모와의 관계 결함에 대한 보상 심리로 동성애 성향을 가지게 된다는 이론을 제안했다.[15] 윌슨은 임상 경험을 통하여 모벌리의 이론의 적합성을 확인하였다.[16] 그는 사회적 학습이 동성애의 원인일 수도 있음을 지적한다.[17] 로식(C. H. Rosik)은 동성애가 어릴 때의 성적 학대에 대한 조건 반사라고 주장한다.[18] 동성애가 성적 학대로 인한 조건 반사라면 동성애는 성적 학대라는 상처를 극복하기 위한 반응이다. 따라서 동성애를 정상적인 상태로 볼 수 없다. 이러한 진단은 이 상처를 극복하는 상담을 통하여 동성애가 치유될 가능성을 내포한다.

나. 신학적 진단

구약성경은 동성 간의 성행위가 망측한 것이라고 명시하며 사형에 처하도록 한다(레 20:13). 이것은 동성애를 질병으로 간주한 것이 아니라 죄로 간주한 것이다. 사형에 처할 정도로 심한 죄의 목록이 레위

---

14 윌리암 윌슨, "동성애의 원인," 『상담과 선교』 8/1 (2000) 8.
15 윌슨, "동성애의 원인," 10.
16 윌슨, "동성애의 원인," 13.
17 윌슨, "동성애의 원인," 14-23.
18 C. H. Rosik, "Sexual Orientation as a Conditioned Response to Childhood Sexual Abuse: A Rarely Discussed Factor in the Scientific Literatur(http://www.narth.com/docs/isminor.html).

기 20장에 동성애 성행위와 함께 나열되어 있는데, 그것은 자식을 몰렉에게 제물로 주는 죄(2절), 부모를 저주하는 죄(9절), 간음죄(10절), 아버지의 아내를 범하는 성행위(11절), 시아버지와 며느리 사이의 성행위(12절), 장모를 범하는 성행위(14절), 짐승과 교접하는 행위(15-16절)이다. 여기서 동성애 성행위는 간음, 근친상간, 수간과 같은 성범죄의 일종으로 간주된다.

레위기 18:22은 동성 간의 성행위를 금지한다. "너는 여자와 교합하듯 남자와 교합하면 안 된다"(표준새번역).[19] 레위기 18:24은 가나안 땅에 살던 족속들이 이러한 죄를 범하다가 벌을 받았음을 언급한다. "내가 너희 앞에서 쫓아낼 민족들이, 바로 그런 짓들을 하다가 스스로 자신을 더럽혔다"(표준새번역). 여기서 언급 된 '그런 짓들'은 레위기 18:6-23에서 나열한 근친상간, 월경하는 여인과의 성관계, 간통, 동성 간의 성행위, 짐승과의 교접이다. 이런 일을 행하면 땅이 더럽혀지고 마침내 그 땅에서 쫓겨남을 당하는 벌을 받는다는 것을 레위기 18:27-28이 언급한다. 레위기 18:29은 이러한 일을 행하는 사람을 어떻게 대해야 하는지 알려준다. "누구든지 위에서 말한 역겨운 짓 가운데 어느 하나라도 범하면, 백성은 그런 짓을 한 그 사람과는 관계를 끊어야 한다"(표준새번역). 이것은 이스라엘 땅에 사는 유대인과 거주민 사회에 해당하는 적용임이 레위기 18:26에서 분명하다. 이 하나님의 백성 공동체를 신약 시대에는 교회가 이어 받으므로, 레위기 18:29이 명하는 관계 단절은 교회에 소속된 교인들에게 적용되는 것이다. 교회에 소속하고도 근친상간, 간통, 동성 간의 성행위, 짐승과의 교접

---

19 이 글에서 한글성경은 표준새번역과 개역개정판을 사용하였다. 표준새번역인 경우는 출처를 다시 표기하였으나, 짧은 부분은 편의상 표기하지 않았다.

등을 지속하는 사람과는 교제를 끊어야 한다.

동성애 행위가 하나님께 벌 받을 죄임은 소돔의 경우에서도 드러난다. 창세기 19:5은 소돔 사람들이 "우리가 그 남자들을 알아야 하겠소."라고 하는데, 7절에서 롯은 "이건 악한 짓일세"라고 하며 8절에서 대신 자신의 딸들을 내어주겠다고 한다. 여기서 롯이 자신의 딸들이 아직 남자들을 알지 못한다고 하는데, 사용된 '알다'라는 단어도 성관계를 가리킨다. 이러한 문맥은 5절이 말하는 '알다'(히브리어, '야다', ידע)가 성관계와 관련됨을 알려준다. 히브리어 '야다'는 창세기에서 12번 사용된 중에 10번이 '성교하다'라는 뜻으로 사용된 용례도 이러한 해석을 지지한다.[20] 창세기 18:20은 소돔과 고모라 사람들이 '엄청난 죄를 짓고 있다'고 하는데, 이러한 죄로 인해 멸망할 것임이 이어지는 문맥에서 분명해 진다. 그러므로 동성애 행위가 소돔과 고모라가 멸망한 원인이 되는 죄 중에 하나라고 볼 수 있다.

동성애를 찬성하는 사람들은 동성애 행위를 금하는 구절이 이방신 숭배와 관련된다고 주장하지만, 레위기 18:22의 경우처럼 이방신 숭배와 무관하게 동성애 행위를 금지하는 구절이 있다.[21]

신약성경도 동성 간의 성행위를 죄로 간주한다. 로마서 1:24-27은 동성애의 원인을 '하나님이 사람들이 마음의 욕정대로 하도록' 내버려 두셔서 생긴 것으로 본다. 그 결과 사람들이 '정욕'에 따라 동성 간의 성행위를 하게 되었다는 것이다. 이렇게 내버려 두신 이유는 사람들이 하나님의 영광을 사람이나 동물의 형상으로 바꾸는 우상 숭배에 빠졌기 때문이라고 지적한다(1:23). 하나님과의 관계가 틀어진 사람

---

20 이상원, 『기독교 윤리학』, 520.
21 이상원, 『기독교 윤리학』, 523.

들을 하나님께서 간섭하지 않으시고 내버려두신 결과 사람들은 마음의 욕정대로 행하게 되었고 그 대표적인 행위가 동성 간의 성행위라는 진단이다. 로마서 1:29-31은 이러한 죄의 목록을 제시한다. 그것은 불의, 악행, 탐욕, 악의, 시기, 살인, 분쟁, 사기, 적의, 중상모략, 하나님을 미워함, 오만불손, 무자비함 등이다. 로마서 1:32은 이러한 죄들도 죽어야 마땅한 죄로 본다. 이런 관점에서 볼 때 동성애 성행위는 모든 인간들이 범하는 다양한 죄들 중에 하나이다.

고린도전서 6:9-10은 구원받지 못하게 하는 죄의 목록을 제시한다. 그것은 음행(매춘 등의 부당한 성행위), 우상 숭배, 간음, 동성애 성행위, 도둑질, 탐욕부리기, 중상모략, 약탈이다. 여기서 동성애자들은 여성 역할을 하는 남자들(μαλακοὶ, '말라코이')과 남성을 취하는 남자들(ἀρσενοκοῖται, '아르쎄노코이타이')로 구분하여 제시하고 있다. '말라코스'(μαλακός)는 죄를 언급하는 문맥상 '부드러운'이라는 뜻으로 해석할 수 없으므로, 이 단어의 다른 뜻인 '여성적인'이란 뜻으로 이해해야 한다.[22] 이 단어의 남성 복수형인 '말라코이'(μαλακοὶ)는 그래서 "여성적인 남자"라는 의미를 가진다. 이것이 죄로 간주되는 문맥은 이 표현이 여성 역할을 하는 동성애 남자를 가리키는 것으로 해석되게 한다. '아르세노코이타이'(ἀρσενοκοῖται)는 동성애 행위를 금하는 70인역 레위기 18:22; 20:13에서 사용된 '아르센'(ἄρσην, 남자)과 '코이테'(κοίτη, 침대)를 결합한 단어로서 동성애자를 가리킨다고 볼 수 있다. 이러한 용례에 따라 '아르세노코이타이'(ἀρσενοκοῖται)는 동성애자를 가리킨다고 볼 수 있다.[23] 바울은 이러한 행위를 하

---

22 이상원, 『기독교 윤리학』, 528.

23 좀 더 자세한 논증을 위해서는 다음 논문 참조. D. F. Wright, "Homosexuals or

는 자는 '하나님 나라를 상속받지 못한다'고 한다. 이 표현은 구원받지 못한다는 뜻이다.[24] 그런데, 나열된 죄 목록을 보면, 도둑질, 탐욕 부림, 약탈 등이 포함되어 있음을 볼 수 있다. 동성애 성행위는 특별히 더 악한 죄가 아니라 혼자 많은 것을 취하는 탐욕이나 남의 것을 빼앗는 약탈, 몰래 훔치는 도둑질과 같은 수준의 죄이다. 바울은 이러한 모든 죄를 상습적으로 범하는 사람들이 구원받지 못한다고 주장한다. 이러한 죄 문제를 해결한 사람이 그리스도인이다. 고린도전서 6:11은 이것을 분명히 한다. "여러분 가운데 이런 사람들이 있었습니다. 그러나 여러분은 주 예수 그리스도의 이름과 우리 하나님의 성령으로 씻겨지고, 거룩하게 되고, 의롭게 되었습니다"(표준새번역). 이것은 동성애 행위를 비롯한 죄의 문제를 해결하는 길을 알려준다. 그것은 하나님의 성령으로 씻기는 길이다.[25]

2. 동성애자들이 겪는 문제

동성애자들은 어떤 문제를 겪고 있는가? 최근(2015)에 코크란(S.

Prostitutes: The Meaning of Arsenokoitai (1 Cor 6:9; 1 Tim 1:10)," *Vigiliae Christianae* 38/2 (1984) 125-153.

24 하나님 나라를 소유한다는 표현은 하나님 나라에 들어간다는 표현과 동의어이다(눅 18:16-17). 그런데 하나님 나라에 들어간다는 표현은 구원받는다는 표현과 동일한 뜻을 가진다(눅 18:25-26). 따라서 하나님 나라를 상속 받아 소유하는 것은 구원받는다는 뜻이다. 이러한 누가복음의 용례는 바울서신과 동시대 작품의 용례로서 '하나님 나라를 상속받다'가 '구원받다'와 동의어임을 알려준다.

25 동성애가 설령 타고난 것이라고 백번 양보해도, 신학적으로 볼 때에는 동성애 행위를 정당화할 수 없다. 마치 원죄가 타고난 죄이지만, 역시 죄인 것과 같다(양승훈, "소위 동성애 유전자는 면죄부인가,"『통합연구』16/1, 2003, pp.189-195).

D. Cochran)은 동성애자들은 더 높은 자살 위험을 겪는다는 것을 지적하는 논문을 발표하였다.[26] 로몬드와 소럴-퀴비졸즈(B. Lhomond & M. J. Saurel-Cubizolles)는 1997-2007년에 영어나 불어로 출판된 22개의 논문들을 리뷰하여 동성애자들이 이성애자들에 비해 정신 건강 상태가 좋지 않고 양성애자들의 경우는 더욱 심각하다는 결론에 도달하였다.[27]

킹 등은 1966년에서 2005년 사이에 발표된 25개의 논문들을 검토하여 동성애자와 양성애자는 이성애자보다 2배 높은 자살시도, 1.5배 높은 우울증, 1.5배 높은 알콜 의존 등을 보임을 통계적으로 지적한다.[28] 이 논문은 통계를 제시한 후 끝 부분에서 해석적 의견을 제시하며, 이러한 심리적 병적 상태가 성소수자들(LGB)에게 더 높은 비율로 나타나는 '원인의 일부'는 '아마도' 사회적 혐오, 차별이라고는 주장한다. 동성애자들의 정신 문제의 원인은 부분적으로 사회적 차별일 수도 있겠지만, 동성애 성향 자체와 연관되어 있을 가능성을 배제할 수 없다. 동성애를 일으키는 원인은 내적으로 타고난 것으로 보면서, 동성애자들의 정신 문제는 외적인 환경 때문이라고 주장하는 동성애 지지자들의 해석은 일관성이 없다.

캐머런(P. Cameron) 등은 1998년에 발표한 그들의 논문에서 동성

---

26 S. D. Cochran, "Mortality Risks Among Persons Reporting Same-Sex Sexual Partners: Evidence From the 2008 General Social Survey National Death Index Data," *American Journal of Public Health* 105/2 (2015), 358-64.

27 B. Lhomond & M. J. Saurel-Cubizolles, "Sexual Orientation and Mental Health: A Review," *Rev Epidemiol Sante Publique* 57/6 (2009) 437-50.

28 M. King, J. Semlyen, S. S. Tai, H. Killaspy, D. Osborn, D. Popelyuk, I. Nazareth, "A Systematic Review of Mental Disorder, Suicide, and Deliberate Self Harm in Lesbian, Gay and Bisexual People," *BMC Psychiatry* (2008, Aug 18; 8:70).

애자들이 겪고 있는 문제를 통계적으로 제시하였다.[29] 이 논문에 의하면 동성애 행위는 수명을 20-30년 단축시키고, 동성애자 동반자들 사이에 폭력이 더 많이 발생한다. 1993년-1999년의 조사를 소개하는 캐머런(P. Cameron)의 2003년 논문에 의하면, 매년 남자 동성애자 커플들의 경우 4.6%, 여자 동성애자들의 경우 5.8%가 폭력을 당하는 반면, 이성애자들의 경우는 남자가 0.035%, 여자가 0.24% 폭력을 당하는 것으로 나타났다.[30] 이것은 남자 동성애자 커플의 경우 이성커플의 경우보다 약 131배, 여자 동성애자들의 경우는 약 24배 많은 폭력을 당하는 것이다. 데일리(T. J. Dailey)도 동성 커플은 이성 커플에 비해 가정 폭력도 훨씬 더 많이 발생함을 통계적 수치로 제시한다. 그는 동성 커플이 결혼을 유지하는 지속성이 훨씬 낮으며, 이혼률이 훨씬 높고, 외도률도 훨씬 높다는 통계도 제시한다.[31] 캐머런(P. Cameron) 등의 2005년도 논문도 통계에 입각하여 동성 행위는 약물 중독, 매춘, 흡연처럼 위험하다고 주장한다.[32] 이 논문은 1996년의 통계(National Household Survey)에 토대하여, 동성애자들이 불법 약물 사용자, 매춘, 흡연자들의 경우처럼 더욱 파괴적이고, 덜 생산적이고, 더 소비적임을 입증한다. 또한 성에 관련된 다른 주요 조사들도 동일한 결과가 보고되었음을 지적한다.

---

29 P. Cameron, K. Cameron, W. L. Playfair, "Does Homosexual Activity Shorten Life?," *Psychological Reports* 83/3 (1998) 847-66.

30 P. Cameron, "Domestic Violence among Homosexual Parents," *Psychological Reports* 93/2 (2003) 410-416.

31 T. J. Dailey, "Comparing the Lifestyles of Homosexual Couples to Married Couples"(http://www.frc.org/get.cfm?i=IS04C02).

32 P. Cameron, T. Landess, K. Cameron, "Homosexual Sex as Harmful as Drug Abuse, Prostitution or Smoking," *Psychological Reports* 95 (2005) 915-61.

동성애자들은 일종의 성중독을 겪기도 한다. 펠란(J. E. Phelan)은 그의 논문에서 성중독이 왜 동성애에 적용될 수 있는지 논증하였다.³³ 이 외에도 임상적인 경험에 토대하여 동성애를 중독으로 간주하여야 한다는 주장이 제기되고 있다. 하비(J. F. Harvey)는 어떤 종류의 동성애는 중독임을 경험적 근거에 토대하여 주장하였다.³⁴ 앤더슨과 앤더슨(S. Andersen & K. Andersen)은 알코올 중독, 약물 중독 등과 관련된 도착 및 충동이 동성애의 문제의 경우와 유사하다고 지적하며, 동성애를 중독으로 간주하여 치료할 때 동성애로부터 벗어날 수 있음을 주장한다.³⁵

이러한 연구는 동성애자 자신의 고백과 일치한다. 동성애자인 제이(S. Jay)는 오래 숙고한 끝에 동성애는 중독이라는 결론을 내리며 자신이 빠진 동성애 중독으로부터 탈출하여 행복한 삶을 살고 싶다는 글을 2010년 9월 24일에 올렸다. 그가 동성애가 중독이라는 결론에 도달한 근거는 동성애자들이 제시한 근거는 인격적 책임성, 정신적 안정성, 사회적응성 등이었으며, 그는 동성애자들이 책임감이 없고, 미성숙하고, 성적으로 난잡하며, 약물에 빠지며, 지속적 관계를 유지하지 못함을 관찰하고 이러한 결론에 도달했다.³⁶ 이것은 최소한 어떤 동성애자는 동성애를 중독으로 여기고 있다는 사실은 분명히 보여 준다. 동성애자들이 성적으로 난잡하다는 제이의 관찰은 통계적으로 입증

---

33 J. E. Phelan, "Addiction and Recovery in Homosexuality," *Journal of Ministry in Addiction & Recovery* 5/1 (1998).

34 J. K. Harvey, *The Truth about Homosexuality* (San Francisco: Ignatius, 1996) 144.

35 S. Andersen & K. Andersen, *Homosexuality9-Symptoms and Free Agency* (Bonneville Books, 1998) 50.

36 S. Jay, "Homosexuality Is an Addiction," (http://hogblog2010.blogspot.kr/2010/09/homosexuality-is-addiction.html).

된다. "샌프란시스코 만(San Francisco Bay) 지역에서 인터뷰한 575명의 동성애자들에 관한 연구에서 응답자들의 43%가 평생 동안 최소한도 500명의 서로 다른 상대와 성교를 가졌다고 응답했다."[37]

3. 동성애의 사회적 영향

동성애자들은 결과적으로 사회에 해로운 영향을 미친다. 남성 동성애자들의 경우 동성애 행위는 그들 자신만이 아니라 사회에 유해하다. 호주에서 동성애자의 HIV 감염이 늘고 있는데, 그들이 이성애자들과 관계함으로 인해 HIV 전염이 증가하고 있음이 완드(H. Wand) 등의 연구로 발표되었다.[38] 1996년에 에이브럼(J. Avram)은 캐나다의 경우 동성애자 중에 HIV나 AIDS 감염자가 약 16.1%임을 지적하는 논문을 발표하였다.[39] 이것은 동성애자들이 인구 중에 차지하는 비율에 비해 높은 수치이다. 미국의 경우 2014년 미국 질병관리센터 통계는 남성끼리 성관계를 맺는 13-24세 동성애자가 새로 HIV나 AIDS에 감염되는 사람들의 72%임을 보여준다.[40] 2013년 미 질병관리센터 통계에 의하면 매독이 주로 발생하는 집단도 남성 동성애자이다.[41] 이러한 감

---

37 이상원, 『기독교 윤리학』, 532.

38 H. Wand, P. Yan, D. Wilson, A. McDonald, M. Middleton, J. Kaldor, M. Law, "Increasing HIV Transmission through Male Homosexual and Heterosexual Contact in Australia: Results from an Extended Back-Projection Approach," *HIV Medicine* 11/6 (2010) 395-403.

39 "The Most Deadly Lifestyle," *Alberta Report* 23/50 (1996).

40 http://tvnext.org/2014/08/2067

41 http://www.cdc.gov/std/stats13/figures/41.htm

염은 동성애자들에게만 그치지 않고 양성애자들을 통하여 사회에 감염될 수 있기에 위험하다.

이러한 감염자 증가는 치료를 위한 사회적 비용의 증가를 가져온다. 한국의 경우, 이러한 비용은 국가가 부담하므로 고스란히 국민들이 세금으로 감당해야 한다. '에이즈 환자의 치료비가 매달 300만원에서 많게는 500만원이 사용된다는 점을 감안한다면, 매년 국민의 세금이 최소 3천 6백억 원에서 최대 6천억 원이 사용되고 있는 것'이다.[42]

결혼을 남녀의 결합으로 보는 관점을 부정하고 동성애자들 간의 결혼이 합법화되는 경우, 부모 자식 간의 결혼, 동물과의 결혼, 다중 결혼 등을 금지할 근거도 함께 무너져 결국 다 허용될 우려가 크다. 이렇게 되는 경우 사회의 통합이 크게 무너져 내려서 극소수 동성애자들의 문제를 해결하려다가 더 큰 사회적 문제를 발생시키게 될 것이다.

4. 동성애 문제의 해결 방안

가. 법적 처방의 한계

동성애자들이 겪는 문제를 해결하고자 하는 방법 중에 법을 제정하여 해결하려는 처방이 있다. 이것은 동성애 차별을 금지하는 법령을 만드는 방식이다. 이 방식은 유럽과 북미에서 실행되었고, 한국에서도 입법이 시도되었다. 2007년 10월에 법무부가 입법 예고했던 차

---

42 유현석, "동성애 확산, 국민 세금 증가 동성애 확산에 따른 국민 의료 비용 증가 우려," 『CTS 뉴스』[http://www.cts.tv/news/news_view.asp?PID=P368&DPID=187570] (2015년 7월 8일).

별금지법은 애초에 '성적 지향'을 차별금지 항목의 하나로 포함해서[43] 이것이 통과되었다면 한국도 법적 처방의 길을 일찍이 선택할 뻔하였다. 이러한 처방의 문제는 '동성애를 왜곡된 성행위로 말하는 것을 원천적으로 금지'하고(제1장 제3조, 3항; 제3장 제3절 제22조), 이를 위반할 경우 '법정 소송을 할 수 있도록' 한 데 있다(제4장 제29조 1항; 제30조, 1,2항).[44] 이처럼 동성애에 관한 자신의 사상을 말로 표현하는 것도 금하여 법정 소송을 할 수 있게 하는 것은 표현과 언론의 자유를 침해하는 것이며, 역차별을 행하는 독소조항이었다고 볼 수 있다.

법을 입법할 때 중요한 것은 그 법이 사회에 어떤 유익을 가져올 수 있는가, 어떤 부작용을 막을 수 있는가에 대한 고려이다. 법은 사회에 유익할 뿐 아니라 모두에게 공정해야 한다. 동성애자들의 권리를 보호한다는 명분으로 동성애를 비판하는 사람을 처벌하는 법은 그 자체로 모순이다.

법의 집행은 무고한 희생자를 없게 하는 정신으로 이루어져야 한다. 따라서 증명의 짐을 처벌하려고 하는 쪽에 지워야 한다. 고소된 사람이 자신의 무죄를 입증해야 처벌을 면하게 되어서는 안 된다. 우리 사회가 법으로 동성애자를 처벌하려면 동성애 자체가 죄임을 입증해야 한다. 법으로 동성애를 비판하는 자를 처벌하려면 그러한 비판이 죄임을 입증해야 한다. 이러한 입증이 없으면 누구도 법으로 처벌할 수 없다.

차별금지법에 '성적 지향'(sexual orientation) 항목을 포함시킨다는 것은 동성애를 차별하는 것 자체를 죄로 규정하는 전제를 가진다.

---

43 이상원, 『기독교 윤리학』, 502.

44 이상원, 『기독교 윤리학』, 502.

그러므로 그러한 차별금지법 속에 성적 지향을 포함시키려면 동성애 비판이 죄임을 입증해야 한다. 이것은 과학의 문제가 아니라 법의 문제이며, 인권의 문제이다. 입증의 책임은 처벌하려는 쪽에 있다. 무고한 자들이 억울하게 처벌당하게 하는 법이야말로 인권을 탄압하는 법이다. 차별금지법의 금지 항목에 성적 지향(sexual orientation)이 포함되는 것에 대해 우리는 매우 신중한 판단을 해야만 한다.

그리스도인들이 동성애차별금지법에 반대하는 이유는 동성애자들을 차별하기 위한 것이 아니다. 오히려 그들을 해방하는 것을 법으로 막지 않도록 하기 위한 것이다. 또한 신앙 양심에 따라 동성애를 비판하는 사람들을 보호하기 위한 것이다.

동성애자 차별을 금지하고 동성애자들의 결혼을 합법화하면 동성애자들의 문제가 해결될까? 최초로(2001년) 동성애자 사이의 결혼을 합법화한 네덜란드의 경우를 통해서 보면 동성애자들의 정신적 문제가 동성 사이의 결혼을 합법화해도 여전히 발생함을 알 수 있다. 동성결혼이 합법화된 해인 2001년에 발표된 산드포르트(T. G. Sandfort) 등의 연구는 네덜란드의 경우에, 동성애자들에게 정신 질환이 더 높은 비율로 나타남을 통계적으로 보여준다.[45] 동성결혼이 네덜란드에서 합법화된 후인 2003년에 발표된 산드포르트 등의 논문은 네덜란드에서 남성 동성애자들의 경우 삶의 질이 낮다는 것을 지적한다.[46] 2006년에 발표된 드 그라프(R. de Graaf) 등의 논문은 네덜란드에서 여전

---

45 T. G. M. Sandfort, R. de Graaf, R. V. Bijl, P. Schnabel, "Same-Sex Sexual Behavior and Psychiatric Disorders: Findings from the Netherlands Mental Health Survey and Incidence Study (NEMESIS)," *Gen Psychiatry*, 58/1 (2001) 85-91.

46 T. G. Sandfort, R. de Graaf, R. V. Bijl, "Same-Sex Sexuality and Quality of Life: Findings from the Netherlands Mental Health Survey and Incidence Study," *Arch Sex Behav.* 32/1 (2003) 15-22.

히 남성 동성애자들의 자살률이 이성애 남자들의 경우보다 높음을 지적한다.[47] 2014년에 발표된 아가왈(G. R. Aggarwal)의 논문은 네덜란드에서 여전히 동성애 행위를 하는 남자들이 그렇지 않은 남자들보다 더 높은 정신적 장애를 일으키고, 자살률도 더 높으며, 동성애자들에게 사회 경제적, 정치적, 법적 평등이 해결 못해주는 내적 문제가 있음을 지적한다.[48] 이러한 연구들은 동성결혼 합법화가 동성애자들의 정신적 문제를 해결하지 못함을 보여준다. 그러므로 법적 처방으로 동성애 문제를 해결하고자 시도하기 전에 법을 통하여 해결되는 것이 별로 없다는 점을 고려해야 한다.[49]

법적 처방으로 동성애 문제를 해결하고자 하기 전에 고려해야 할 점이 또 하나 있다. 특히 차별금지법의 방식이 과연 적극적인 처방인

---

47 R. de Graaf, T. G. Sandfort, M. T. Have, "Suicidality and Sexual Orientation: Differences between Men and Women in a General Population-Based Sample from the Netherlands," *Arch Sex Behav* 35/3 (2006) 253-62.

48 G. R. Aggarwal, "Exploring a Dutch Paradox: an Ethnographic Investigation of Gay Men's Mental Health," *Cult Health Sex* 16/2 (2014) 105-19.

49 동성애자들을 위해 사회를 바꾼다고 해서 다 해결되지 않는 것은 마치 노동자들을 위한다는 명목을 가진 사회주의 이데올로기가 구 소련이나 북한에서 사회 체제를 바꿈으로써 노동자들을 행복하게 만들지 못한 것과 유사하다. 노동자를 위한다는 명목은 어떤 사람들에게는 그저 정권을 잡기 위하여 노동자들을 동원하는 방법이었을 것이다. 동성애의 경우도 약자들을 위한다는 명목으로 그렇게 정치적으로 이용당할 수 있고 결국 사회를 망칠 수 있다. 동성애자들에게 참으로 도움이 되는 길을 찾으려면, 동성애를 발생시키는 다양한 원인, 동성애자들의 정신 문제를 발생시키는 다양한 원인에 대한 열린 고려가 필요하다. 선천적 원인으로 동성애가 발생하고 환경적 원인으로 동성애자들이 정신적 문제를 겪기에 동성애자들은 바꿀 수 없고 오직 사회를 바꾸어야 한다는 획일적 방향성은 과학적 판단이 아니라 검증되지 않은 이데올로기의 하나일 뿐이다. 동성애의 정확한 원인 분석은 해결책을 위한 출발이다. 그리고 이 모든 것은 모두가 인정하는 통계적 사실에서 출발해야 한다. 통계적 사실은 동성애자들이 잘 지내고 있다는 사회적 인식이 정확하지 않음을 보여준다. 동성애자들은 잘 지내고 있지 않다. 통계 자료는 최소한 그들 중에 상당수는 아픈 사람들임을 인정하게 한다. 이러한 문제는 차별금지법으로도 해결되지 않고, 동성결혼 합법화로도 해결되지 않는다.

지 고려해야 한다. 노예를 위한 운동에는 두 가지가 가능하다. 하나는 노예 해방 운동이고 하나는 노예 차별금지법을 만드는 것이다. 이 둘 중에서 더욱 적극적인 것은 노예 해방 운동이다. 동성애자들을 위한 운동의 경우에도 그렇다. 동성애자들을 동성애로부터 해방하는 운동과 그들을 차별하는 자들을 처벌하는 법을 만드는 운동 중에 더 적극적인 것은 동성애자들을 동성애로부터 해방하는 운동이다. 이것은 동성애로부터 이탈한 사람들의 주장이기도 하다. 그들은 '동성애자들을 위한 진정한 인권은 평생 동성애자로 살게 하는 것이 아닌 동성애로부터 탈출하도록 돕는 것'이라고 주장한다.[50] 물론 이러한 운동에 반대하는 사람들은 동성애자들이 동성애를 타고 났기 때문에 동성애로부터 해방시킬 수 없다고 말할 것이다. 그러나 동성애의 원인에 관한 과학적 연구결과는 그들의 주장을 지지하지 않는다(위의 동성애의 원인 항목 참조).

    동성애자들은 노예들과는 달리 자신들이 원하여 동성애 상태에 있다고 주장하는 사람도 있을 것이다. 그렇지만 자발적으로 노예 상태를 원하는 사람들은 언제나 있었다. 이런 자발성이 노예 해방을 반대하는 논리의 근거로 사용될 수는 없을 것이다. 마찬가지로 동성애자들이 동성애 상태를 원한다는 것이 동성애자들이 동성애로부터 해방되어야 할 필요성을 부정하게 하지 못한다.

    어떤 사람들은 동성애자들이 동성애자가 될 수밖에 없는 원인들이 있기 때문에 그들을 동성애로부터 해방하면 안 된다고 주장할 것이다. 그러나 노예 상태의 삶을 살고 있는 사회 경제적 약자들의 경우에

---

50 김남균, "동성애 탈출을 돕는게 진정한 인권,"『데일리 대한민국』(2015년 6월 9일) [http://www.dailykorea.kr/sub_read.html?uid=7953]

도 그들이 발생되는 사회 경제적인 원인이 있다. 그렇다고 해서 그들이 노예 상태에서 해방되어야 할 필요성은 부정될 수 없다. 현대 사회 속에 성노예들이 존재한다. 그들이 발생하는 유전적, 사회적, 경제적, 심리적 메카니즘이 있다. 그러나 이러한 발생원인이 성노예들을 해방시키지 말아야 하는 이유가 될 수 없다. 만일, 성노예의 존재를 인정해야 하는 법을 만들고 성노예를 차별하는 자를 처벌하는 법을 만드는 것이 그들을 위한 인권 운동이라고 한다면, 그것은 참으로 그들을 위한 것이 아니다. 이처럼 동성애자들이 발생하는 원인들에 호소하며 동성애자를 동성애로부터 해방하는 것을 거부하면서, 오로지 그들을 차별하는 자를 처벌하는 법을 만들자고 하는 것은 참으로 동성애자들을 위한 운동이 아니다.

동성애자 차별을 금지하는 법이 동성애자들에게 약간의 도움이 될 수도 있다. 마치 노예를 차별하는 자들을 처벌하는 법은 약간의 도움은 되는 것과 같다. 그러나 이것은 노예들에게 참으로 도움이 되는 것이 아니며, 노예 상태를 정당화하는 악법이 될 수 있다. 노예를 차별하는 사람들을 처벌하는 법을 만든다고 해 보자. 그 취지는 좋은 것이므로 대부분 찬성할 것이다. 그런데 실제로 입법된 법을 실행해보니 노예제를 비판하는 사람들이 처벌당하게 된다면 어찌할 것인가? 그러한 법은 실제로 노예제를 유지하는 쪽으로 작용하게 되고, 노예들을 노예로 남아있게 만드는 악법이 될 것이고, 노예제를 비판하는 사람들을 탄압하는 도구로 사용될 것이다. 마찬가지로 동성애자 차별을 금지하는 법은 동성애 상태를 정당화하여 동성애자들을 동성애로부터 해방시키는 노력을 방해하고, 그들을 해방시키는 사람들을 탄압하여 오히려 동성애자들에게 도움이 되지 않는 법이 될 수 있다.

실제로 우리에게 필요한 것은 차별을 금지하는 법이 아니라 차별이 발생하지 않는 사회를 만드는 것이다. 각종 차별이 존재하는 원인은 제거하지 않고 차별하는 사람만을 처벌하는 것은 궁극적 인권 운동의 방향이 아닐 것이다. 지금 우리에게 필요한 것은 차별금지법이 아니라, 차별이 발생하는 원인이 사라진 건강한 사회이다. 동성애자를 차별하는 사람을 처벌하는 법은 동성애 문제를 궁극적으로 해결하지 못한다. 동성애자가 발생하는 원인이 사라지는 사회를 만드는 것이 궁극적 해결책이다.

나. 동성애 치료의 가능성

동성애자들의 성적 지향성을 치료할 수 있다는 통계적인 연구는 2003년의 스핏저(R. L. Spitzer)의 논문에서 시작된다.[51] 그는 동성애에서 이탈한 후 5년 이상 지속한 경우에 해당하는 200명을 전화로 인터뷰하여 어떤 동성애자들의 경우에는 치료를 통해 성적 지향의 변화가 발생한다는 결론을 내렸다.[52] 그는 인터뷰한 사람들 중에 거짓말을 한 사람도 있지만, 대개의 경우 신뢰 가능하다고 보았다.

그런데 스핏저는 2012년에 그의 연구를 재평가하는 글을 게재하였다.[53] 이것은 한 페이지짜리 사과 편지인데, 그는 여기서 자신의 2003년 논문의 문제점을 간단하게 지적하였다. 그의 2003년 논문에

51　R. L. Spitzer, "Can Some Gay Men and Lesbians Change Their Sexual Orientation? 200 Participants Reporting a Change from Homosexual to Heterosexual Orientation," *Archives of Sexual Behavior* 32 (2003) 403-417.

52　"[T]here is evidence that change in sexual orientation following some form of reparative therapy does occur in some gay men and lesbians."

53　R. L. Spitzer, "Spitzer Reassesses His 2003 Study of Reparative Therapy of Homosexuality," *Arch Sex Behav* 41 (2012) p.757.

서 그는 인터뷰한 대상이 거짓말을 하거나 자기기만에 빠져있지 않다는 근거를 제시하였는데, 2012년의 사과 편지에서는 인터뷰 대상들의 말이 타당하고 확증할 방법이 없다고 지적하였다.[54]

그렇지만, 이러한 방법론적 한계는 2003년의 연구의 결론(어떤 동성애자의 경우에는 성적 지향성의 변화가 가능하다는 겸손한 주장)을 뒤엎는 근거는 되지 못한다. 만일 그렇게 하려면 모든 인터뷰 대상이 다 거짓말하였다는 것을 증명하여야 하는데, 이것도 역시 확증할 방법이 없기 때문이다.

제리, 엘튼, 앤, 제임스(A. Jerry, M. Elton, P. Anne, P. James)가 함께 쓴 논문은 스핏저가 2012년에 자신의 연구를 재평가한 것이 방법론적으로 부당함을 잘 지적한다.[55] 그들은 모든 심리학 연구가 인터뷰 대상이 스스로 보고하는 것을 사용하는 한계를 지니지만 연구자들이 그러한 연구를 통해 발견한 것에 대해 사과하지 않는다고 지적한다.[56] 학자들이 모두 스핏저의 2012년의 사과문처럼 해야 한다면, 인터뷰를 사용하여 통계를 낸 모든 논문 저자들이 사과해야 한다. 그러나 2003년 논문에서 스핏저가 사용한 방법은 9가지의 다른 지표를 사용하여

---

54 "I offered several (unconvincing) reasons why it was reasonable to assume that the participants' reports of change were credible and not self-deception or outright lying. But the simple fact is that there was no way to determine if the participants' accounts of change were valid."

55 A. Jerry, M. Elton, P. Anne, P. James, "A Response to Spitzer's (2012) Reassessment of His 2003 Study of Reparative Therapy of Homosexuality," *Archives of Sexual Behavior* 41 (2012) 1335-36.

56 "However, every other psychology study using self report measures has the same limitation, yet their authors do not apologize for their finding."(Jerry *et al.*, "A Response to Spitzer's (2012) Reassessment," 1335).

판단의 근거로 삼은 것으로서 우수한 것으로 볼 수 있다.[57]

스핏저의 2012년 사과 편지는 새로운 과학적 발견을 통해서 이루어진 것이 아니어서 2003년에 제출한 스핏저의 논증의 유효성을 철회하지 못함을 로식은 지적하였다.[58] 스핏저의 사과문은 그저 그의 2003년 연구가 모든 동성애자들의 치료가 가능하다는 근거를 제시한 것으로 과잉 해석하지 않도록 주의를 줄 수 있을 뿐이다.

2003년의 스핏저의 연구 후에 이루어진 2011년의 존스와 야하우스(S. L. Jones & M. A. Yarhouse)의 연구는 성적 지향성 변화를 위한 과정(Sexual Orientation Change Efforts)을 마친 동성애자 중에 23%가 성적 지향성의 변화를 보였음을 보고하였다.[59] 그들은 남자 동성애자 72명 여자 동성애자 26명 대상으로 하여 연구 조사를 하여 이러한 보고를 하였다.[60] 이것은 최소한 '어떤' 동성애자의 경우에는 성적 지향성이 바뀔 수 있음을 보여준다.

어떤 동성애자들의 경우에는 성적 지향성의 변화가 가능하다는 스핏저의 연구결과는 반증되지 않았으며, 오히려 확증되어 가고 있다. 문제는 더욱 효과적인 성적 지향성 변화 방법의 개발에 있다. 효과적이지 않은 전기 치료 방법으로 인해 고통 받은 동성애자들이 있다는 것 자체는 동성애를 어떤 다른 방법으로도 치료를 하면 안 된다는 근거가 될 수 없으며, 앞으로도 효과적인 동성애 치료 방법이 개발될 수

---

57 Jerry et al., "A Response to Spitzer's (2012) Reassessment," 1335.

58 C. H. Rosik, "Spitzer's "Retraction": What Does It Really Mean?," *Narth Bulletin*, May 31 (2012) 150-156.

59 Jerry et al., "A Response to Spitzer's (2012) Reassessment," 1335.

60 S. L. Jones & M. A. Yarhouse, "A Longitudinal Study of Attempted Religiously Mediated Sexual Orientation Change," *Journal of Sex & Marital Therapy* 37/5 (2011) 404-427.

없다는 근거가 되지 못하며, 치료 방법을 연구하지 말아야 한다는 근거도 되지 못한다. 방사선으로 항암치료를 해도 소용이 없는 암환자는 너무도 많지만 과학자들은 지금도 더욱 효과적인 항암치료 방법을 찾고 있지 않은가? 동성애 치료율이 너무 낮다는 것도 치료 방법 연구를 위한 필요성이 될 수는 있어도, 치료를 하면 안 된다는 근거가 될 수 없다. 어떤 질병이든지 초기에는 치료율이 낮지만 많은 임상과 연구를 통해 치료율이 높아질 수 있다. 동성애로부터 벗어난 사람들이 상당수 기독교인들이라는 것도 치료되었다는 사실을 무효화시키지는 않는다. 그들의 치료에 신앙적 요인이 별도의 변수로 작용할 수 있다는 점을 고려하게 할 뿐이다.

동성애는 치료할 수 없다는 주장은 과학적 태도가 아니라 독단적 확신이다. 과학이 동성애적 성적 지향성에 대해 미래에도 아무 것도 할 수 없다고 단정하는 것은 동성애로부터 이탈하여 성적 지향성을 바꾸기도 한다는 경험적 사례들을 무시하는 것일 뿐 아니라, 계속하여 변화 발전하는 과학의 속성을 무시하는 독단적 신념이다.

앞으로는 상담학적 방법을 통한 동성애 치료 방법이 개발될 필요가 있다. 채규만(성신여대 심리학과 교수)은 상담학적 방법으로 동성애를 치료할 것을 제안한 바 있다.[61] 서울 중독 심리연구소는 무의식 속에 자리 잡은 과거의 고통스런 경험이 의식 세계에 왜곡적으로 영향을 미쳐서 현실에 적응하지 못하게 하는 현상을 치료하는 방법을 중독 치유에 적용한다.[62] 이 방법은 동성애 치유에 적용할 수 있을 것이다. 스트롱(S.

---

61 채규만, "동성애 이해와 기독상담," 『건강과 생명』 2001년 6월호 [http://www.healthlife.co.kr/month02_section01_view.html?no=684]

62 http://ynissi.org/bbs/board.php?bo_table=person

R. Strong)은 상담을 인간이 구속을 필요로 하는 죄의 현상으로 보면서 이 문제에 기독교적 상담으로 접근하여 하나님의 사랑을 받아들이고 변화하도록 하는 방법을 제시한다.[63] 앞에서 언급한 프로이드와 모벌리의 부모 관련 이론, 로식의 아동 시절에 당한 성폭력에 대한 조건 반사 이론, 펠란과 앤더슨(S. Andersen & K. Andersen)의 중독 이론 등도 치료에 활용될 수 있을 것이다.

다. 성경적 처방

(1) 세상 차별 않기와 교회 거룩하게 만들기

동성애와 관련된 구약성경은 레위기 20:13이다. "누구든지 여인과 동침하듯 남자와 동침하면 둘 다 가증한 일을 행함인즉 반드시 죽일지니 자기의 피가 자기에게로 돌아가리라." 이 구절을 해석하려면 문맥을 보아야 한다. 앞에 있는 레위기 20:7-8은 이렇게 시작한다. "너희는 스스로 깨끗하게 하여 거룩할지어다. 나는 너희의 하나님 여호와이니라. 너희는 내 규례를 지켜 행하라 나는 너희를 거룩하게 하는 여호와이니라." 레위기 20:13의 '누구든지'에 해당하는 사람들은 '너희'이다. 이들은 하나님으로부터 거룩하라는 요구를 받는 사람들이므로 이방인들이 아니라 이스라엘 사람들이다. 이 말씀은 주신 목적은 이스라엘 사람들이 이방인들과 다른 구별된 백성이 되게 하는 것이었다. 이 말씀을 엄밀하게 적용하면 할례를 통하여 유대인이 된 사람들은 동성 간의 성교 행위에 빠지면 안 되고, 그런 사람이 발견되면 유대교

---

63 S. R. Strong, "Christian Counseling with Homosexuals," *Journal Of Psychology & Theology* 8/4 (1980) 279-87.

로부터 출교해야 한다는 것이다.

　이 말씀은 유대인들에게만 유관하고 그리스도인들에게는 무관한가? 그렇지는 않다. 율법 그 자체는 예수를 통해 폐지되지 않고 완성되었기 때문이다. 예수께서 말씀하셨다. "내가 율법이나 선지자를 폐지하러 온 줄로 생각하지 말라. 폐지하러 온 것이 아니라 완성하려 함이라"(마 5:17). "율법의 한 획이 떨어짐보다 천지가 없어짐이 쉬우리라"(눅 16:17). 이처럼 율법은 예수의 가르침 속에서 원칙적으로 긍정되고 있다. 다만 사랑의 원리에 따라 해석되어 적용되는 데 바울은 이것을 그리스도의 법이라 부른다(갈 6:2). 그러한 적용의 예를 들면 다음과 같다. "간음하지 말라 하였다는 것을 너희가 들었으나 나는 너희에게 이르노니 음욕을 품고 여자를 보는 자마다 마음에 이미 간음하였느니라"(마 5:27-28). 이러한 예수의 가르침은 모두 다 지키도록 그리스도인들에게 명령된다. "내가 너희에게 분부한 모든 것을 가르쳐 지키게 하라"(마 28:20). 그러므로 동성 간의 성행위를 금지한 구약성경 말씀은 그리스도인들에게도 원칙적으로 규범성을 가진다.

　동성애를 금한 구약성경의 말씀을 어떻게 해석하여 적용할 것인가? 예수께서 산상설교를 통해 보여주신 방식으로 적용해야 한다. 동성 사이의 성교만 없으면 나는 죄인이 아니라는 생각을 버리게 하는 방식으로 적용해야 한다. 즉 그리스도인의 경우에는 동성과 성교를 할 의도를 가지고 동성을 바라만보아도 이미 간음을 한 것이나 다름없다는 방식으로 자기 자신에게 적용해야 한다(마 5:28 참조). 또한 레위기 28:29에 따라 동성애 성행위에 빠진 교인과는 교제를 끊어야 한다. 이것은 남에게 적용하는 정죄의 방식이 아니라 자신에게 적용하는 실천의 방식이고, 교회 내에 적용하는 방식이다.

　구약을 적용할 때 새 언약의 백성인 그리스도인들에게는 더욱 엄격하게 적용하는 것이 예수의 방식이다. (영생을 얻는 새 하나님의 백성 가운데로 들어올 때의 조건은 언약의 요구인 그리스도의 법을 받아들이는 것이다.) 그러나 세상 사람들에게는 구약의 율법이나 신약의 그리스도의 법이 적용되지 않는다. 그들은 언약 밖에 있는 자들이기 때문에 성경의 요구가 적용되지 않는다.[64]

동성 간의 성행위를 행하는 자들을 죽이도록 명한 구약성경을 세상 사람들에게 적용할 수 있는가? 적용할 수 없다. 그들은 언약의 백성들이 아니기 때문이다. 우리는 그들을 세상 사람의 일부로 인정해 주어야 한다. 이것이 사도 바울이 제시한 원리이다.

> 내가 너희에게 쓴 편지에 음행하는 자들을 사귀지 말라 하였거니와 이 말은 이 세상의 음행하는 자들이나 탐하는 자들이나 속여 빼앗는 자들이나 우상 숭배하는 자들을 도무지 사귀지 말라 하는 것이 아니니 만일 그리하려면 너희가 세상 밖으로 나가야 할 것이라. 이제 내가 너희에게 쓴 것은 만일 어떤 형제라 일컫는 자가 음행하거나 탐욕을 부리거나 우상 숭배를 하거나 모욕하거나 술 취하거나 속여 빼앗거든 사귀지 말고 그런 자와는 함께 먹지도 말라 함이라(고전 5:9-10).

세상에 있는 동성애자들은 세상 사람들의 일부일 뿐이다. 우리는 그들을 돌로 칠 수 없다. 세상 사람들은 하나님께서 판단하실 것이다. 그러나 교회 안에 있는 사람은 우리가 성경으로 판단해야 한다(고전

---

[64] 이것은 마치 학교에 입학하지 않는 사람들에게 교칙이 적용되지 않음과 같다. 다만 학교에 입학하지 않는 사람들에게는 학교의 유익함을 누릴 길이 없을 뿐이다.

5:11). 사도 바울은 그런 방식의 적용을 보여준다.

> 밖에 있는 사람들을 판단하는 것이야 내게 무슨 상관이 있으리요마는 교회 안에 있는 사람들이야 너희가 판단하지 아니하랴 밖에 있는 사람들은 하나님이 심판하시려니와 이 악한 사람은 너희 중에서 내쫓으라(고전 5:12-13).

그런데 교회가 교회 안에 있는 음행한 자들을 오히려 감싸고 오히려 세상에 있는 사람들을 정죄한다면 이것은 성경을 역으로 적용하는 것이다. 이것은 성경을 따르는 것이 아니라 성경에 반역하는 것이다. 교회 밖에 있는 동성애자들은 하나님께 맡기고 판단하지 말아야 한다. 그러나 교회 안에서 그리스도인이라는 이름을 가지고도 음행하는 있는 자들은 권면하고 치유하여야 하며, 회개를 거부하고 자신의 행위를 정당하다고 주장하며 반복적이고 고의적으로 음행하는 경우에는 교회 밖으로 출교해야 한다.

(2) 동성애자를 동성애로부터 해방하기

동성애 문제는 성경의 노예 해방 정신을 적용하여 처방할 수 있다. 구약성경은 분명히 노예제에 부정적이다. 자유인이 노예화 되는 것을 방지하기 위한 빚 탕감 장치가 있었고(신 15:1-11), 노예로 전락한 사람들을 7년째에 풀어주는 노예해방법이 있었다(신 15:12-18). 가난의 대물림을 방지하여 노예제를 궁극적으로 방지하는 토지법이 있었다(레 25:28). 이 토지법에 따르면 50년마다 토지개혁이 발생하여 토지를 갖지 못하는 사람이 없어진다. 이때에는 이방인에게 노예로 팔린 사람도 해방될 수 있었다. 그러나 이렇게 긴 시간 기다리는 것을 막기 위해 가까운 혈족이 돈을 지불하고 노예를 해방시키거나 토지를 되찾아주는 고엘 제도가 있었다(레 25:25, 48). 신약성경은 노예제도에 부정적인 구약성경을 전제하고 있다. 구약성경은 그리스도교 초기부터 성경으로 받아들여지고 신앙생활의 기준이었기에 신약성경은 구약성경을 전부 받아들이고 출발하는 책이다. 그러므로 신약성경이 노예 해방에 관하여 잘 언급하지 않는 이유는 그것은 말할 필요도 없는 전제이기 때문이다.

사도 바울이 노예제를 인정했다는 오해가 있다. 고린도전서 7:21 때문이다. 그러나 문맥을 살펴보면 그렇지 않다. "네가 종으로 있을 때에 부르심을 받았느냐 염려하지 말라. 그러나 네가 자유롭게 될 수 있거든 그것을 이용하라." 바울은 노예 상태에 있는 사람들에게 "걱정하지 말라"고 한다. 이것은 노예 상태에 있는 사람들을 차별하지 않는 논리이다. 그 상태가 교회 안에서 아무런 차별의 이유가 되지 않고 구원을 받는데 아무런 방해가 되지 않는다. 바울은 이어서 "그러나 네가 자유롭게 될 수 있거든 그것을 이용하라"고 한다. 노예에서 해방될 수 있다면 그 기회를 놓치지 말라는 것이다. 바울의 의도는 이어지는 문맥에서 분명하다. "너희는 값으로 사신 것이니 사람들의 종이 되지 말라." 노예가 되지 말라는 것이 바울의 최종 권면이다. 그 이유는 예수께서 영적 노예 상태에 있는 그들의 죄 값을 지불하고 사서 그들을 해방시키셨기 때문이다. 영적으로 해방된 사람은 죄로부터 해방되었으니 사람들의 노예가 되어서도 안 된다. 그러므로 그들에게 자연스러운 신분은 노예가 아니라 자유인이다. 사도 바울은 노예제를 반대하는 구약성경을 전제하고 있으며 노예제를 반대하는 입장을 그의 서신에서 분명히 밝혔다.

사도 바울이 제시한 원리를 따르면 동성애자들을 어떻게 대해야 하는가? 동성애자의 상태에서 신앙의 길로 부름을 받은 사람에게 "염려하지 말라"고 해야 한다. 그리고 "그러나 네가 자유롭게 될 수 있거든 그것을 이용하라"고 해야 한다. 그리고 "너희는 값으로 사신 것이니 사람들의 종이 되지 말라"고 권면해야 한다. 동성욕의 노예 상태에서 벗어날 수 있는 길을 추구하도록 해야 한다. 그리스도께서 모든 값을 치루고 우리를 해방하신 그 사랑은 우리를 다시는 노예처럼 살지 않도록 하기 위한 것이기 때문이다. 그리스도께서 우리를 영적으로 자유롭게 하셨으니 육체적으로 심리적으로 사회적으로 자유롭게 해방되는 것이 우리가 지향할 길이기 때문이다. 동성애자가 예수를 믿고 변화할 수는 있지만, 계속 동성 간의 성행위에 빠져서 죄의 노예로 살아서는 안 된다. 동성애는 사회적 노예 상태와 달리 영적인 노예 상태로서 죄의 상태이다. 따라서 그리스도인이 되고도 계속 동성 간의 성행위에 빠져서는 안 된다. 특히 이러한 행위를 정당하다고 주장하는 태도는 더더구나 안 된다. 동성 간의 성행위와 신앙 중의 선택은 결국 양자택일이다.

(3) 죄로부터의 해방

동성애 성행위는 위에서 신학적으로 진단한 바와 같이 죄의 일종이다. 그러므로 동성애로부터 어떻게 해방될 수 있는가 하는 문제는 죄로부터 어떻게 해방될 수 있는가 하는 문제와 동일하다. 성경은 죄로부터 해방되는 길을 알려준다. 성경은 동성애 행위를 하는 자들만이 아니라 모든 사람을 죄인이라고 선언한다. "율법의 행위로는 하나님 앞에서 의롭다고 인정받을 사람이 아무도 없습니다"(롬 3:20, 표준새번역). "모든 사람이 죄를 범하였습니다"(롬 3:23, 표준새번역). 동성애자가 아니라고 해도 사람들은 율법이 금한 다른 죄를 짓는다. 이러한 죄의 문제는 예수 그리스도를 믿는 믿음을 통하여 오는 하나님의 의롭게 교정하심으로 해결된다(롬 3:22). 로마서 5:9은 "우리(= 예수 믿는 사람들)가 그리스도의 피로 말미암아 의롭게 되었다"고 한다. 예수께서 십자가에 못 박혀 죽으심은 우리의 죄를 대신하여 받은 사형이라는 것이다. 그리하여 우리에게 무죄 선언이 내려졌다는 것이다(롬 5:16). 이 논리를 적용하면 동성애 성행위를 하던 사람이 예수를 믿으면 하나님으로부터 무죄 선언을 받는다고 보게 된다.

그렇다면 예수를 믿고 계속 동성애 성행위를 해도 되는가? 사도 바울은 아니라고 답한다. "우리는 죄에는 죽은 사람인데, 어떻게 죄 가운데서 그대로 살 수 있겠습니까?"(롬 6:2, 표준새번역). 바울은 "우리의 옛 사람이 그리스도와 함께 십자가에 달려 죽은 것은 죄의 몸을 멸하여서 우리가 다시는 죄의 노예가 되지 않게 하려는 것임을 우리는 압니다"(롬 6:6, 표준새번역)라고 하며 우리는 죄의 세력에서 해방되었다고 선언한다(롬 6:7). 바울은 여기서 예수를 믿는다는 것이 무엇인지 알려준다. 그것은 과거의 내가 예수와 함께 십자가에 달려 죽고 예수와 함께 다시 살아나(롬 6:5, 8) 죄로부터 해방된 삶을 사는 것이다. 죄를 지어도 되는가에 대한 사도 바울의 입장은 분명하다. "여러분은 죄가 여러분의 죽을 몸을 지배하지 못하게 해서, 여러분이 몸의 정욕에 굴복하는 일이 없도록 하십시오"(롬 6:12, 표준새번역). 동성애자들에게 동성애라는 정욕이 있듯이 모든 사람들에게 죄를 짓고 싶은 정욕이 있다. 그러나 이 정욕에 굴복해서는 안 된다.

그런데 사람이 과연 스스로 죄의 정욕을 극복할 수 있을까? 불가능하다. 그럼에도 불구하고, 사도 바울은 그리스도인의 실존을 '죄에서 해방을 받아서 의의 종이 된' 자로 묘사한다(롬 6:18). "이제 여러분은 죄에서 해방을 받고, 하나님의 종이 되어서, 거룩함에 이르는 삶의 열매를 맺고 있습니다"(롬 6:22, 표준새번역). 무엇이 이러한 변화를 일으키는가? 하나님의 영이다. "하나님의 영이 여러분 안에 살아 계시면, 여러분은 육신 안에 있지 않고, 성령 안에 있습니다"(롬 8:9, 표준새번역). 하나님의 영은 율법이 요구하는 바를 실행할 수 있게 하신다. "성령을 따라 사는 우리가, 율법이 요구하는 바를 이루게 하시려는 것입니다"(롬 8:4, 표준새번역).

하나님의 영인 성령은 죄의 문제를 해결하기 위한 열쇠이다. 성령은 어떻게 받는가? 예수 그리스도를 믿을 때 받는다(갈 3:2-6, 14). 성령은 우리가 하나님의 뜻대로 살도록 하는데 그 대표적인 열매는 사랑의 실천이다(갈 5:22). 그래서 바울은 이러한 열매를 맺게 하는 성령을 받게 하는 믿음을 '사랑으로 행하는 믿음'이라고 부른다(갈 5:6). 우리를 죄로부터 해방시키고 의롭게 교정하시는 하나님의 능력이 십자가에 달리신 예수의 죽음과 부활에서 나타났다. 이 하나님의 능력을 받아들이는 것이 믿음이며 이 믿음은 십자가에 못 박힌 예수께서 자신의 죄를 대신 지고 죽으시고 부활하셨음을 믿는 것이며, 이 예수께서 자신을 대표하신 것을 믿고 예수와 함께 죄에 대하여 죽고 의를 행할 수 있는 존재로 다시 살아나는 것이다. 이 믿음을 통하여 하나님은 죄의 문제를 해결해 주시며, 하나님의 성령을 보내셔서 우리에게 선을 행하고자 하는 마음을 주시는 방법을 사용하신다. 동성애 행위 문제도 궁극적으로는 믿음과 성령을 통하여 우리를 새롭게 교정하시는 하나님의 능력만이 해결책이다.

이렇게 하나님의 능력으로 동성애로부터 해방되는 일은 계속 발생하고 있다. 이것은 유투브(Youtube)에 올라와 있는 많은 간증 영상들을 통해서 확인할 수 있다.[65] 출애굽국제연맹(Exodus Global Alliance)도 동성애를 극복한 여러 간증들을 소개하고 있다.[66]

5. 요약 및 결론

가. 과학적 진단

동성애자는 한 때 1940년대와 1950년의 킨제이 보고서를 잘못 해석하여 사회 속에 10% 정도 있다고 회자되기도 했으나, 실제로는 극소수(미국의 경우, 1-3%)가 존재한다. 그러나 이 소수를 둘러싼 논쟁은 매우 치열하여 동성애 문제는 오늘날 변두리 문제가 아니다.

그 동안 동성애는 정신질환으로 간주되어 왔으나, 미국 정신의학협회(APA)가 동성애를 정신질환목록(DSM)에서 빼기로 1973년에 결정한 이후 정신질환으로 보지 않는 분위기가 확산되었다. 그러나 이 결정은 동성애운동가들의 위협 속에서 이루어진 것이므로 다분히 정치적인 측면이 있다. 이것은 4년 후에 실시한 여론조사에서 정신과 의사들의 69%가 동성애를 정신질환으로 간주한 것에서도 확인할 수 있다. 한편, 후커(E. Hooker)의 심리검사도 동성애가 정상적이라는 인식을 확산시켰다. 그러나 이 검사는 정신과 치료를 받은 적이 없는 정상적인 동성애자들을 표본으로 한 것이므로 일반화될 수 없다.

동성애의 발생 원인은 여러 가지로 설명되어 왔다. 동성애를 찬성

---

65 예를 들어, Melissa Fryrear의 간증, https://youtu.be/J_cff7paPs8
66 http://www.exodusglobalalliance.org/firstpersonc7.php

하는 사람들은 동성애가 동성애자들의 선택이 아니라 선택의 여지없이 타고난 것이라 주장한다. 그러나 이러한 주장은 입증되지 못하였다. (1) 그러한 주장 중에 하나가 임신 중의 높은 성호르몬 수치가 동성애를 발생시킨다는 것이다. 그러나 그러한 높은 성호르몬 수치는 임신 중에 발생하지 않는다. (2) 다른 하나의 주장은 임신 중에 복용한 약물로 인한 비정상적 호르몬 환경이 동성애자를 만든다는 것이다. 그러나 실험 결과는 역으로 나타났다. (3) 뇌의 시상하부 SCN 영역, 또는 우뇌와 좌뇌를 연결시키는 구조가 상대적으로 크거나, INAH3이 상대적으로 작은 것이 원인이라는 연구결과들이 있었으나, 이러한 실험은 재현을 통해 입증되지 않았다.

오히려 동성애가 유전자로 인해 발생하는 것이 아니라는 것이 연구를 통해 입증되었다. 만일 동성애가 유전자에 의해 발생하는 것이라면, 유전자가 서로 동일한 일란성 쌍둥이 중에 한 명이 동성애자이면 다른 한 명도 100% 동성애자일 것이다. 그러나 연구결과 그렇지 않음이 밝혀졌다. (1) 일란성 쌍둥이 중에 한쪽이 동성애자일 경우 다른 쪽도 그러한 경우가 100%라는 1952년의 연구결과는 통계 조작임이 밝혀졌다. (2) 베일리와 필라드가 1991년에 발표한 연구결과는 그러한 경우가 52%라고 주장했는데, 이것은 오히려 동성애자가 유전자로 인해 발생하는 것이 아님을 입증한 것이다. 게다가 이 통계의 수치마저도 표본선택을 무작위로 하지 않았기에 일반화될 수 없다. (3) 1992년의 킹과 맥도날드의 연구는 그러한 경우가 10% 정도임을 보고했으며, 2000년에 베일리와 필라드가 재조사를 한 결과도 11%의 수치를 보고했다. (4) 화이트헤드 부부(N. Whitehead & B. Whitehead)는 연구결과들을 살핀 결과 11-14%의 수치를 보이는 것을 관찰했다. (5) 콜린스는 그 수치가 20% 정도라는 통계에 입각하여 동성애는 유전자에 의해 결정되는 것이 아니라고 주장하였다.

이러한 연구는 동성애 유전자가 없음을 입증하였으며, 실제로 동성애 유전자는 아직 발견되지 않았다. 그럼에도 불구하고 동성애자 유전과 관계된 것이라는 생각은 1993년에 해머가 Xq28를 동성애 유전자로 지목하면서부터 퍼졌다. 그러나 그의 연구는 Xq28을 가지고 있지 않은 동성애자들의 경우를 설명하지 못하였다. 또한 1999년에 진행된 캐나다 연구팀의 연구는 Xq28과 동성애의 관계를 확인할 수 없었다.

아울러, 동성애자 타고난 것이 아니라는 것은 동성애자가 이성애자로 바뀌는 경우가 상당히 많다(이성애자 전체의 1-2%)는 통계를 통하여서도 입증된다. 동성애의 원인은 다양하게 설명되어 왔다. 약한 아버지와 강한 어머니로 이루어진 가정환경(S. Freud), 동성 부모와의 관계 결함에 대한 보상 심리(E. R. Moberly), 사회적 학습, 어릴 때의 성적 학대에 대한 조건 반사(C. H. Rosik) 등 여러 가지로 원인이 있을 수 있다.

나. 신학적 진단

레위기 18:22은 동성 간의 성행위를 금지하며 레위기 20:13은 그러한 행위를 하는 것이 사형에 해당하는 심각한 죄임을 알려준다. 레위기 18:24은 동성 간의 성행위가 가나안 족속들이 행하던 죄임을 지적한다. 레위기 18:27-28은 이러한 행위를 하면 이스라엘 백성들도 그 땅에서 쫓겨나는 벌을 받음을 지적한다. 레위기 18:29은 이스라엘 백성들은 자기들 중에서나 거류민 가운데 이러한 행위를 하는 사람과는 관계를 끊어야 한다고 명한다(이것은 교회가 동성 간의 성행위에 빠진 교인들에게 어떻게 해야 하는 지 알려준다.). 금지된 동성 간의 성행위가 이방신 숭배와 관련된 경우에만 금해진 것이 아님은 창세기 18:22에서 분명하다.

창세기 18:20은 소돔과 고모라 사람들이 멸망 받을 사유로서 '엄청난 죄'를 언급한다. 소돔의 경우에 그러한 죄가 동성 간의 성행위임이 창세기 19:5-8에서 드러난다.

로마서 1:24-27도 동성 간의 성행위를 죄로 간주하며, 사람들의 마음의 욕심대로 행한 결과 중에 하나로 본다. 로마서 1:29-31은 이러한 죄의 목록으로 불의, 악행, 탐욕, 악의, 시기, 살인, 분쟁, 사기, 적의, 중상모략, 하나님을 미워함, 오만불손, 무자비함 등이다. 이런 점에서 동성애 성행위는 특별히 더 악한 것이라기보다 인간이 범하는 다양한 죄 중에 하나이다.

고린도전서 6:9-10은 구원을 받지 못하게 하는 죄의 목록 중에 동성 간의 성행위를 언급한다. 함께 언급된 죄들은 음행, 우상 숭배, 간음, 도둑질, 탐욕부리기, 중상모략, 약탈이다. 고린도전서 6:11은 고린도교회 사람들이 본래 이러한 죄를 짓다가 예수를 믿고 변화되었다고 한다.

다. 동성애자들이 겪는 문제

코크란의 2015년 논문에 의하면 동성애자들은 높은 자살 위험을 겪으며, 로몬드와 소럴-퀴비졸즈의 2009년 논문에 의하면 동성애자들은 정신 건강 상태가 좋지 않다. 2008년에 킹 등이 발표한 논문에 의하면 동성애자들은 2배 높은 자살시도, 1.5배 높은 우울증, 1.5배 높은 알콜 의존 등을 보인다. 캐머런(P. Cameron)이 2003년에 발표한 논문에 의하면, 동성애자들의 커플 사이에는 24-131배 높은 폭력이 발생한다. 데일리(T. J. Dailey)도 동성 커플 사이에 가정 폭력이 더 많고, 이혼율, 외도율이 또한 그는 높다는 것을 지적했다. 동성애자들이 성적으로 난잡하여 그 중 상당수(43%)가 평생 수백 명(500명 이상)과 성관계를 한다는 통계도 있다.

1998년에 펠란은 동성애가 일종의 성중독임을 논증하였고, 같은 해에 하비는 임상적 근거에 토대하여 어떤 종류의 동성애는 중독임을 주장하였다. 같은 해에 앤더슨과 앤더슨(S. Andersen & K. Andersen)은 동성애가 알코올 중독, 약물 중독 등과 관련된 도착 및 중독과 유사한 측면이 있다고 지적하며, 중독이라고 간주하고 치료할 때 치료가 가능함을 지적하였다. 이러한 주장들은 2010년에 동성애는 중독이라고 고백한 동성애자(S. Jay)의 고백과도 일치한다.

라. 동성애의 사회적 영향

동성애는 사회에 부정적인 영향을 미친다. 2010년도 완드 등이 발표한 논문에 의하면, 호주에서 증가하는 HIV 감염은 주로 동성애자들에 의한 것이다. 에이브럼은 캐나다의 경우, HIV나 AIDS 감염자의 16.1% 정도가 동성애자임을 1996년에 발표하였다. 동성애자가 인구의 3% 정도라는 것을 고려할 때 매우 높은 수치이다. 미국의 경우 2014년 새로 HIV나 AIDS에 감염되는 사람들의 72%가 13-24세의 동성애자들이다. 이러한 질병은 양성애자들을 통해 사회에 전염된다.

한국의 경우 이러한 질병의 치료 비용은 국가가 감당하므로, 결국 국민들이 부담을 하게 된다. 한국의 경우 AIDS 치료 비용은 일인당 매달 300만원 내지 500만원이므로 매년 약 3천 6백억 원에서 최대 6천억 원이 사용되고 있다.

동성애자 간의 결혼이 합법화되는 경우, 결혼의 범위가 계속 넓혀져서 부모 자식 간 결혼, 동물과의 결혼, 일부다처, 일처다부, 다처다부 등을 금할 근거도 사라지면서 사회적 문제가 발생하게 된다. 작은 문제를 해결하려다가 더 큰 문제를 일으키게 된다.

마. 법적 처방의 한계

동성애 찬성자들은 동성애를 차별하는 것을 금지하는 법을 만들고 동성애자들 사이의 결혼을 합법화하는 방식으로 동성애 문제를 해결하고자 한다. 그러나 이러한 차별금지법은 이미 그것이 실행된 나라들에서 동성애를 비판하는 것을 금하고 그러한 자들을 처벌함으로써 표현의 자유를 침해하며 역차별을 행하는 문제점을 드러내고 있다.

동성애자들 간의 결혼이 합법화되어도 문제는 해결되지 않음을 2001년에 이미 그러한 결혼이 합법화된 네덜란드의 경우에서 볼 수 있다. 2001년에 발표된 산드포르트 등의 연구는 네덜란드에 동성애자들에게 정신질환이 더 높은 비율로 나타남을 보여주는데, 2003년에 그의 팀이 발표한 논문은 네덜란드 남성 동성애자들의 삶의 질이 낮음을 지적한다. 2006년에 드 그라프 등의 논문은 네덜란드에서 남성 동성애자들의 자살률이 상대적으로 높음을 지적하며, 2014년에 발표된 아가왈의 논문은 네덜란드에서 동성애자들이 더 높은 자살률, 정신적 장애 등을 겪음을 보여준다. 이러한 연구결과는 동성애 문제가 법적 처방으로 전부 해결되지 않음을 보여준다. 무리하게 동성애 비판을 금지하는 차별법과 동성애자 간의 결혼을 합법화하면서 사회에 각종 부작용을 가져오는 것에 비해 해결되는 것이 너무 없다.

바. 동성애 치료의 가능성

2003년의 스핏저의 논문은 동성애에서 이탈한 사람들을 인터뷰하여 성적 지향의 변화가 발생하기도 한다는 결론을 내렸다. 2012년에 그는 이 연구를 재평가했지만, 그 사유는 인터뷰 대상자들의 말의 타당성을 확증할 방법이 없다는 것이었다. 그러나 인터뷰 대상자들의 말이 모두 거짓말을 확증할 방법도 없기에 이러한 재평가는 부당하다. 스핏처의 재평가는 그의 2003년 연구가 모든 동성애자들이 치료 가능하다는 성급한 확대해석을 막는 정도의 의미가 있을 뿐이다. 2011년의 존스와 야하우스(S. L. Jones & M. A. Yarhouse)의 연구는 성적 지향성 변화 과정(SOCE)을 통해 23%가 성적 지향성 변화를 보였음을 보고하였는데, 이 연구는 동성애자 중에 치료되는 사람이 있음을 다시 한 번 입증한다.

앞으로는 상담학적 치유를 비롯한 다양한 치료 방법이 개발될 필요가 있다. 동성애가 발생하는 다양한 원인에 적합한 치유 방법이 필요하다. 약부강모의 가정환경(S. Freud), 동성 부모와의 관계 결함(E. Moberly), 사회적 학습, 성적 학대에 대한 조건 반사(C. H. Rosik) 등 해당 원인에 따라 치료가 달라질 수 있다. 펠란, 하비, 앤더슨과 앤더슨의 중독 이론도 치료에 도움이 될 것이다.

사. 성경적 처방

동성애를 금하고 동성 간의 성행위를 하는 자들을 구약성경 말씀은 교회에 적용되어야 한다. 예수께서 율법을 폐지하지 않고 완성하셨을 뿐만 아니라(마 5:17) 부활 후에 자신의 가르침을 이방인들에게도 가르쳐 지키게 하라고 명하셨기 때문이다(마 28:20). 또한 로마서 등 신약성경이 동성 간의 성행위를 죄로 간주하기 때문이다. 산상설교의 방식으로 적용하면 동성과 성교를 할 의도를 가지는 것도 간음에 해당한다고 보아야 한다(마 5:28 참조). 이러한 방식으로 레위기 18:29을 적용하면 동성애에 빠진 교인들과는 사귀지도 말아야 한다. 그러나 이러한 방식을 세상 사람들에게 적용할 수는 없다. 이것은 고린도전서 5:9-10이 지적하는 바와 같다. 이러한 방식은 고린도전서 5:12-13이 지적하듯이 교회 내에 적용해야 한다.

노예 상태에서 신앙의 길로 부름 받는 것이 문제가 되지 않듯이(고전 7:21) 동성애자 상태에서 신앙의 길로 부름을 받는 것이 문제가 되지 않는다. 그러나 성경이 죄로 명시하는 동성애 성행위를 벗어나도록 권해야 한다. 동성애 간의 성행위를 계속 지속하는 것은 사람의 노예 상태와 달리 죄의 노예가 된 상태이므로, 신앙공동체에 소속하여 세례를 받고도 계속 동성 간의 성행위에 빠져서는 안 된다. 특히 이러한 행위를 정당하다고 주장하는 태도는 더더구나 안 된다. 동성 간의 성행위와 교회공동체 중의 선택은 마침내 양자택일이어야만 한다.

동성애는 죄의 일종이므로, 이 문제의 해결책은 죄의 해결책과 동일하다. 죄의 문제는 예수를 믿는 믿음을 통하여 오는 하나님의 칭의(의롭게 교정하심)를 통하여 온다(롬 3:22). 동성애의 해결책도 이러한 칭의(교정)이다. 이렇게 교정된 사람들은 계속 동성애에 빠져서는 안 되고 동성애로부터 해방되어야 한다. 이것은 마치 칭의된 사람이 죄의 노예가 되어서는 안 되는 것과 같다(롬 6:2). 죄의 종이 의의 종으로 변화하도록 하시는 분은 성령이다(롬 8:9). 동성애 문제도 그렇다. 오직 하나님의 성령이 동성애자를 변화시킬 수 있다. 성령은 누가 받는가? 우리의 죄를 대신 지고 십자가에 못 박혀 죽으시고 부활하신 예수 그리스도를 믿을 때 받는다(갈 3:2-6, 14). 이 믿음은 성령을 받아 사랑의 열매를 맺는 사랑으로 행하는 생명력 있는 믿음이다(갈 5:6). 이 믿음은 죄 문제의 해결책이며, 동성애 문제의 경우에도 예외는 아니다.

제 4 장

바울이 말하는 동성애와 하나님의 진노: 로마서 1:24-27을 중심으로

이재현 교수(한동대학교 교목)

Ⅰ. 들어가면서

2015년 6월 26일 미국 대법원에서 동성결혼을 합헌으로 인정하였다. 2001년 4월 1일 네덜란드가 최초로 인정한 이래 열일곱 번째 나라가 되었다. 이 결정은 다른 나라의 경우보다 훨씬 더 그 파장이 클 것이다. 특별히 여러 가지 면에서 미국의 상황과 긴밀히 연결되어 있는 한국은 그 영향력이 훨씬 더 클 것으로 예상된다. 두 가지 이유 때문이다. 한 가지는 미국이 기독교 국가라는 미국의 이미지이다. 전통적으로 한국은 미국을 기독교 국가로 인식해 왔다. 그렇기 때문에 기독교 국가가 동성애를 합헌으로 인정했다는 것은 더 이상 기독교라는 것으로 동성애를 반대할 명분이 줄어들었음을 의미하는 것이기도 하다. 두 번째 이유는 한국 기독교는 미국 기독교의 흐름을 따라가는 경향을 보여 온 점이다. 긍정적인 것이든 부정적인 것이든 한국교회의 신학과 신앙의 모습은 미국 기독교의 영향을 많이 받아 왔다. 그렇기에 동성애와 관련한 미국의 기독교 역사는 조만간 한국 기독교의 역사 속에서 비슷한 모습으로 나타날 가능성이 많다. 실제로 현재 한국 기독교권 내에서도 동성애에 대한 관심이 점점 높아지고 있다. 그 결정적 도화선 중의 하나는 지난 2015년 6월에 있었던 퀴어 축제였다. 기독교계는 물론이고 한국 사회의 이슈가 된 사건이었다. 특별한 상황이 아닌 한, 이후로도 동성애에 대한 관심은 점차 더 높아질 것이고, 당연히 한국 기독교의 중요 의제가 될 것이다.

동성애는 같은 성을 가진 자들의 성적 결합이라고 단순하게 말할 수 있지만, 그 현상을 해석하는 것은 그리 간단하지 않다. 일반적으로 사람들의 삶을 한 가지 관점으로 설명하기 어렵듯이 동성애를 접근하는 것 역시 사회학, 인류학, 심리학, 의학, 종교 등의 다차원적 측면이 있기 때문이다.[1] 특별히 경험과 과학 지식의 증가로 인해 통일된 하나의 관점을 유지하기가 더욱 어려워졌고, 그에 대한 논의와 논쟁이 계속 진행 중이다. 이런 현상은 비단 사회-문화적 접근과 과학적 접근에서만 있는 것이 아니다. 종교적 접근, 특히 기독교적 접근에서도 하나의 통일된 목소리를 찾기 어려울 정도로 여러 의견들이 있다. 그 핵심은 성경의 증거를 어떻게 이해할 것인가이다.[2]

---

1 러스 테이트(R. Tate)는 이런 여러 접근을 과학과 동성애, 성경과 동성애, 경험적 지식과 동성애라는 세 가지 영역으로 정리한다(R. Tate, "Homosexuality: Not a Sin - Not a Sickness': Towards an Evaluation of Pro-Gay Theological Perspective," *Evangel* 21 [2003] 77-89).

2 사실 성경의 증거는 그것을 권위로 인정하는 사람들에게만 중요시된다. 동성애를 지지하는 많은 사람들은 성경의 권위를 인정하지 않기에 그들에게 성경의 증거를 찾아 제시하는 것은 무의미한 일일 수 있다. 따라서 성경으로 동성애를 접근하는 작업에 앞서 성경의 권

성경에는 동성애에 대한 여러 증거들이 있다. 구약에서는 창세기 19:4-11과 사사기 19:22-25, 레위기 18:22와 20:13이 직접적으로 동성애를 언급한다. 앞의 두 경우는 소돔과 기브아 족속의 경우를 이야기 형식으로 서술한 것이고, 레위기는 동성애를 금지하는 율법 조항이다.[3] 신약은 로마서 1:24-27과 고린도전서 6:9, 디모데전서 1:10이 동성애를 구체적으로 언급한다.[4]

이 증거들 중 가장 중요한 본문은 로마서 1:24-27이다. 몇 가지 이유가 있다. 첫째, 이 본문이 신약성경 속에 있기 때문이다. 구약도 동성애를 금지하는 내용이 있지만, 동성애를 지지하는 사람들은[5] 구약의 약속이 예수님을 통해 이미 성취되었기에 구약의 경우를 다르게 해석할 수도 있다고 주장하는 경우가 있다.[6] 하지만, 로마서는 신약에 있다.

위에 대한 설명이 선행되어야 한다. 하지만, 그것은 본 논문의 범위를 넘어서는 것이다. 본 논문은 성경을 기독교인들의 구원과 삶의 최고이자 최종 권위로 인정하고 시작할 것이다.

[3] 이 외에도 논의의 대상이 되는 것은 노아의 아들 함의 범죄가 언급된 창세기 9:20-27과 소돔의 죄가 언급된 에스겔 16:49-50, 성전 제의와 관련된 동성애를 다루는 여러 본문들(신 23:17-18; 왕상 14:21-24; 15:12-14; 22:46; 왕하 23:7; 참고, 욥 36:13-14) 등이 있다. 한편, 동성애 지지자들은 다윗과 요나단의 관계 역시 동성애와 관련 있다고 주장하기도 한다(T. Horner, *Jonathan Loved David: Homosexuality in Biblical Times* [Philadelphia: Westminster, 1978], 26-39). 이에 대한 반론은 R. A. J. Gagnon, *The Bible and the Homosexual Practice* (Nashville: Abingdon, 2003), 146-54를 보라.

[4] 유다서 7과 베드로후서 2:6-10에 언급된 소돔의 상태 역시 동성애에 대한 간접 본문으로 다루어진다. 동성애 지지자들은 마태복음 8:5-13과 누가복음 7:1-10에 나온 백부장과 하인의 관계도 연관 본문으로 제시한다. 이에 대한 반론은 R. A. J. Gagnon, "Notes to Gagnons Essay in the Gagnon-Via *Two Views* Book," 15 n. 59(http://www.robgagnon.net/2Views/HomoViaRespNotesRev.pdf, 2015년 7월 20일 열람)를 참조하라.

[5] 본 논문에서는 '동성애 지지자들'을 넓은 의미로 사용하려 한다. 의도와 행위를 포함한 동성애를 적극적으로 지지하는 사람들뿐 아니라, 전통적 성경 이해와 다른 해석을 통해 간접적 혹은 소극적으로 동성애를 수용하는 사람들을 의미하는 것으로 한다.

[6] 예, D. O. Via, "The Bible, the Church, and Homosexuality," in D. O. Via and R. A. J. Gagnon (eds.) *Homosexuality and the Bible: Two Views* (Minneapolis: Fortress,

특별히 구약의 율법과 복음을 날카롭게 대조하고 있다고 여겨지는 사도 바울이 쓴 편지이다. 둘째, 성경의 모든 부분 중에서 동성애 상황을 가장 구체적으로 소개하고 있기 때문이다. 몇몇 학자들은 이 부분의 상황을 남녀 간의 성적 연합 과정에서 나타나는 구강성교나 항문성교를 의미한다고 주장하기도 한다.7 하지만 동성애에 대한 입장과 상관없이 대부분의 학자들은 이 부분을 동성애를 다루는 것으로 인정한다. 더 나아가 로마서 1:24-27은 남자들의 경우뿐 아니라, 고대 문헌에서는 자주 언급되지 않는 여자들의 동성애도 다루고 있다. 셋째, 성경의 여타 본문보다 더 분명하게 동성애를 하나님의 진노와 연결시키고 있기 때문이다. 이런 이유들 때문에 로마서 1:24-27은 성경 전체를 통틀어 동성애에 대한 핵심 가르침을 제공하는 것으로 이해해도 무방하다. 실제로 동성애를 지지하는 그룹이든 그렇지 않은 그룹이든 이 부분에 대한 해석과 그에 따른 원리 적용을 자신들의 논증의 핵심으로 제공하고 있기도 하다.

그렇다면 로마서 본문은 동성애에 대해 어떤 가르침을 제공하고 있을까? 그 원리들은 오늘날 상황에서는 어떻게 연결될 수 있을까? 이 두 가지는 동성애와 관련한 본 논문의 핵심 질문들이 될 것이다. 이 질문들에 답하기 위해서 먼저 동성애 지지자들이 주장하는 견해들을 살펴보고 그것들과 대화하면서 로마서 1:24-27의 내용을 살펴볼 것이다. 그런 다음, 로마서 1:24-27의 내용을 여러 다른 본문과 연계시켜

2003), 4-9.

7 J. E. Miller, "The Practices of Romans 1:26: Homosexual or Heterosexual?," *NovT* 37 (1995) 1-11; D. E. Fredrickson, "Natural and Unnatural Use in Romans 1:24-27: Paul and the Philosophic Critique of Eros," in D. L. Balch (ed.) *Homosexuality, Science, and the Plain Sense of Scripture* (Grand Rapids: Eerdmans, 2000), 201 n. 15.

오늘의 상황과 연결시키고자 한다.

II. 로마서 1:24-27에 대한 동성애 지지자들의 관점들

성경을 통해 현재의 상황을 이해하기 위해서는 두 단계가 필요하다. 하나는 본문 자체를 이해하는 과정이고, 다른 하나는 이해한 그 결과를 통해 도출된 원리들을 오늘의 상황에 연결시키는 것이다. 이 두 과정은 동성애에 대한 입장과 상관없이 동일하게 행해야 하는 것이다. 이 두 단계를 염두에 두고 동성애를 지지하는 사람들이 제시하는 본문에 대한 이해와 그에 대한 적용으로 구분해서 살펴보기로 하자.

1. 로마서 1:24-27에 대한 동성애 지지자들의 해석과 이해

로마서 1:24-27에 대한 동성애 지지자들의 해석은 몇 가지 영역으로 나누어 정리할 수 있다. 첫 번째는 본문 배경에 대한 논의이다. 가장 중요한 질문은 로마서 1:24-27과 창세기와의 연관성이다. 동성애를 지지하는 많은 사람들은 이 연결성이 아예 없다고 여기거나 상대적으로 느슨하다고 본다.[8] 로마에 있는 독자들은 주로 이방인이었기에 그레코-로만 사회의 관습이나 이방인들을 향한 바울 당시 유대교 태

---

[8] 동성애 지지자들 중에 레즈비언 학자인 버나뎃 브루텐(B. Brooten)과 같이 로마서 본문을 구약 창세기와 연결시키는 사람도 여럿 있기도 하다. 그녀는 로마서 1:24-27을 창세기와 구약 레위기 18:22과 20:13과 관련이 있다고 본다(B. J. Brooten, *Love between Women: Early Christian Responses to Female Homoeroticism* [Chicago: University of Chicago Press, 1996], 272-94). 하지만, 바울 당시의 사회의 관습이나 문화 배경을 중시하는 것을 완전히 배제하지 않는다.

도들을 배경으로 로마서를 접근해야 한다는 것이다. 예를 들어, 니시넨(M. Nissinen)은 로마서 1:24-27의 배경은 구약 창세기 1-2장이 아니라 헬라적 유대교가 이해하는 자연에 대한 법칙과 관련 있다고 주장한다.[9] 스크록스(R. Scroggs)는 동성애가 언급된 고린도전서 6:9-11이 당시의 이방인들의 성전 남창과 창녀 또는 소년을 상대로 남색하는 자들을 배경으로 하기에 로마서의 동성애 표현도 당시에 있었던 이방인 관습을 토대로 이해해야 한다고 말한다.[10] 이런 관점에 의하면 로마서 1:24-27은 그 배경이 구약 창세기 1-2장이 아니기 때문에, 바울이 지적한 "순리대로 쓸 것을 바꾸는 것"(롬 1:26, 27: 개역개정)은 하나님의 창조가 아니라 당시 인식되었던 성 문화와 관련된 것으로 보아야 한다는 것이다. 로마서와 관련한 이런 배경 이해는 동성애를 지지하는 많은 사람들이 취하고 있는 전제이기도 하다.[11]

---

9   M. Nissinen, *Homoeroticism in the Biblical World: A Historical Perspective* (Minneapolis: Fortress, 1998), 107; W. Phipps, "Paul on 'Unnatural Sex'," *CurTM* 29 (2002) 128-31; L. Scanzoni and V. R. Mollenkott, *Is the Homosexual My Neighbor?* (San Francisco: Harper & Row, 1978), 64; A. J. Hultgren, *Paul's Letter to the Romans: A Commentary* (Grand Rapids: Eerdmans, 2011), 97. 데일 마틴(D. Martin)은 동성애에 대한 바울의 지적을 구약의 창조와 타락이 아닌 이방인들의 다신교와 우상 숭배와 연관된 것으로 주장한다(D. B. Martin, "Heterosexism and the Interpretation of Romans 1:18-32," *BibInt* 3 [1995] 332-55).

10 R. Scroggs, *The New Testament and Homosexuality* (Philadelphia: Fortress, 1983), 106-9, 116, 122.

11 예를 들어, 돈 이스트만(D. Eastman)은 "동성애, 죄도 아니도 병도 아니다"라는 제목의 메트로폴리탄 커뮤니티 교회의 전단지에서 동성애 신학을 소개할 때 로마서에 대한 이런 이해를 천명한다(http://mccchurch.org/download/theology/homosexuality/NotSinNotSick.pdf, 2015년 7월 20일 열람). 멜 와이트(M. White) 역시 동일한 이해를 보인다(M. White, "What the Bible Says-and Doesn't Say-about Homosexuality,"14-15[http://pflagflint.com/whatthebiblesays.pdf, 2015년 7월 20일 열람). 와이트에 대한 복음주의 반론은 S. Jones, "A Study Guide and Response to Mel White's What the Bible Says and Doesn't Say about Homosexuality"(http://www.wheaton.edu/-/media/Files/Centers-and-

로마서 1:24-27 해석과 관련된 두 번째 영역은 등장인물 이해이다. 그들에 의하면 바울이 지적하고 있는 대상은 이방인이다. 이것은 모든 동성애 지지자들이 동의하는 것이다. 하지만, 그 구체적 대상은 차이가 있다. 예를 들어, 어떤 사람들은 성전과 관련된 창녀와 남창, 혹은 스크록스가 주장하는 것처럼 남색하는 사람들을 의미하는 것으로 이해한다. 어떤 이들은 동성애자가 아닌 이성애자들로 보아야 한다고 주장한다. 이성애자들이 행하는 동성애나[12] 혹은 이성애자들이 구강성교나 항문성교를 하는 경우라는 것이다.[13] 또 다른 사람들은 우상 숭배 하는 동성애자이거나 난잡하게 성생활을 하는 동성애자들이라고 보기도 한다.[14] 이런 견해들은 본문 해석과 관련한 세 번째 영역과 연결되어 있다.

로마서 1:24-27 이해와 관련된 세 번째 영역은 특정 단어와 표현이다. 특별히 논란이 되는 것은 '순리(개역개정)'에 대한 이해이다. 헬라어 원어는 '퓌시스'(φύσις)인데 일반적으로 '본성(nature)'으로 번역된다. 문제는 이 본성이 무엇을 의미하는가이다. 동성애 지지자들은 앞서 언급한 로마서 1:24-27 해석과 관련한 두 영역을 연결시켜 여러 의견들을 제시한다. 어떤 이들은 각 사람들의 타고난 본성으로 생각한다. 하지만, 구약의 창조와 연결시키지 않기 때문에 바울 당시 사람들

Institutes/CACE/booklets/StanJonesResponsetoMelWhite.pdf, 2015년 7월 20일 열람)를 보라.

12 J, Boswell, *Christianity, Social Tolerance, and Homosexuality* (Chicago: University of Chicago Press, 1980), 109.

13 Miller, "The Practices of Romans 1:26," 1-11.

14 D. L. Balch, "Romans 1:24-27, Science, and Homosexuality," *CurTM* 25 (1998) 437-8; W. Wink, "Homosexuality and the Bible", 3(http://disciples.org/Portals/0/PDF/resources/Homosexuality and the Bible-W. Wink. pdf, 2015년 7월 20일 열람); White, "What the Bible Says-and Doesn't Say-about Homosexuality,"14-5.

이 인식했거나 표현했던 '본성' 차원에서 생각해야 한다고 본다. 그래서 당시 그레코-로만 사회가 인식했던 이성애의 본성, 혹은 헬라적 유대교가 보여준 이성애를 본성으로 생각하고 그것에 반하는 이성애자들의 동성애를 바울이 문제 삼는 것으로 여긴다. 또 어떤 이는 이 본성을 '관습'과 동일시해서 남자와 여자가 갖고 있는 성 역할을 의미한다고 주장하기도 한다. 즉, 성교를 할 때 일반적으로 갖고 있는 남자의 주도적 역할과 여자의 수동적 역할이 본성(관습)인데, 여자와 여자 또는 남자와 남자가 관계할 때 그 관습이 깨지는 것을 바울이 지적했다는 것이다.[15] 여기에 더해서, 성교시 남자의 주도권은 당시 사회가 갖고 있는 남녀의 상하관계 혹은 힘의 서열구조가 담겨 있다고 이해하기도 한다.[16] 어떤 이들은 로마서 1:26에 언급된 '역리로'(개역개정)라는 헬라어 표현(παρὰ φύσιν; 파라 퓌신)을 '거스르는'이라는 의미가 아니라 '과도한, 지나친'이라는 의미로 해석해야 한다고 주장한다. 이것에 의하면 본성과 관련해 바울이 비평한 것은 분수에 지나친 성관계 혹은 난잡한 성관계라는 것이다.[17] 본성과 관련한 이런 다양한 견해에도 불구하고 바울이 그 당시 특정한 사람들이 벌이는 개인적 성적 일탈을 문제 삼고 있다는 것은 동성애 지지자들의 공통된 견해이다.[18]

한편, 본성과 관련된 또 다른 이슈는 본성의 범위이다. 당시의 그레코-로만 환경을 우선시하는 접근에 의하면 이 본성의 범위는 바울이

---

15 Nissinen, "Homosroticism," 105.

16 B. J. Brooten, *Love between Women: Early Christian Responses to Female Homoeroticism* (Chicago: University of Chicago Press, 1996), 50.

17 Martin, "Heterosexism and the Interpretation of Romans 1," 336 n. 11; Balch, "Romans 1:24-27," 437.

18 예, Scanzoni, *Is the Homosexual My Neighbor?*, 66.

살고 있는, 혹은 알고 있는 세상 사람들의 인식이다. 이것은 또한 본성을 이해하는 기준이기도 하다. 고대 문헌 자료들에 의하면 동성애는 그레코-로만 사회에서 낯선 것이 아니었다.[19] 여자들의 동성애에 대해서는 일반적으로 부정적이었다. 상대적으로 문헌적 증거도 적다. 하지만, 남자들의 동성애는 다르다. 그리스의 제우스 신의 동성애나 네로 황제가 두 명의 남자 성적 대상자를 가지고 있었다는 증거를 포함해 훨씬 많은 자료들이 있기 때문이다. 여자들의 동성애에 비해 남자들의 경우는 부정적 반응만 있었던 것 같지는 않다. 그럼에도 불구하고 철학자들을 비롯한 일반 사람들의 보편적 반응은 이성애를 정상으로 여겼다. 한편, 유대 문헌들은 일관되게 동성애를 부정으로 표현했다. 이렇게 보면, 바울 당시 사람들은 유대인과 비유대인 모두 이성애를 본성에 합한 것으로 생각한 것으로 볼 수 있다. 따라서 동성애 지지자들이 제시하는 것처럼 당시의 사회-문화적 현상과 입장일 뿐이라는 주장이 가능하다. 이것은 본문의 적용과 관련된 문제이기에 앞으로 다루어질 부분에서 다시 언급하기로 하겠다.

    로마서 1:24-27 해석과 관련한 또 다른 영역은 이 부분을 담고 있는 문맥의 논리 구조이다. 동성애 지지자들 중 일부는 로마서 1:24-27보다 로마서 2:1 이후에 전개될 내용을 더 중요하게 본다. 비록 바울이 로마서 1:24-27에서 동성애를 비판했다고는 하지만, 그 의도는 동성애 자체를 죄로 정죄하려는 것이 아니며, 곧이어 로마서 2:1에서 전개될 유대인의 죄를 지적하려는 일종의 '수사학적 덫'이라는 것이

---

19 고대 문헌에 나타난 동성애 자료에 대한 개략적 설명에 대해서는 C. S. Keener, "Adultery, Divorce," in S. E. Porter and C. A. Evans (eds.) *Dictionary of New Testament Background* (Downers Grove: InterVarsity, 2000), 14-5를 보고 유대 자료에 대해서는 Gagnon, *The Bible and the Homosexual Practice*, 159-83을 보라.

다.[20] 다시 말해, 바울이 주목하고 있는 유대인의 죄의 핵심은 이방인을 비판하는 것이며(롬 2:1, 3-5), 그 유대인들의 자만 혹은 자기 확신을 깨기 위해 바울이 1:24-32에서 이방인의 상황을 묘사했다는 것이다.[21] 더 나아가 행위가 아닌 은혜로 구원 얻는 내용을 다루는 로마서 3:21-8:39가 상대적으로 로마서 1장보다 중요하기에 동성애를 다루는 로마서 1:24-27에 큰 무게를 두는 것이 타당하지 않다고 말하기도 한다. 이런 이해에 의하면 로마서 1:24-27에서 언급한 동성애는 바울의 논증에서 차지하는 비중이 상대적으로 작다. 유대인 비판을 위해, 그리고 은혜로 구원받는 것을 설명하기 위해 잠시 지나가는 예나 혹은 경로로서의 역할이기 때문이다. 또 이런 접근 방식을 따르면 바울이 로마서 1:24-27에서 동성애에 대해 어떻게 말했든지 그 자체가 중요하지 않다. 이러한 이해는 다음에 설명할 본문 적용과 밀접한 관련이 있다.

결론적으로 말하자면, 로마서 1:24-27에 대한 동성애 지지자들의 해석은 다양하다. 그들 안에도 통일된 의견이 없는 듯하다. 그러한 가운데서도 로마서 본문의 배경에 대해 상대적으로 구약 창세기 내용보다 당시의 사회-문화적 상황을 일차적인 변수로 취해야 한다는 것에는 별 이견이 없는 듯하다. 등장인물에 대해서는 공통적으로 이방인의 상황으로 이해한다. 하지만 어떤 종류의 이방인인지는 합일된 견해가

---

20 Nissinen, *Homoeroticism in the Biblical World*, 111-2.

21 V. P. Furnish, *The Moral Teaching of Paul: Selected Issues* (2nd ed.; Nashville: Abingdon, 1985), 78-80; idem, "The Bible and Homosexuality: Reading the Texts in Context," in J. Siker (ed.) *Homosexuality in the Church: Both Sides of the Debate* (Louisville: Westminster John Knox, 1994), 29; G. R. Edwards, *Gay/Lesbian Liberation: A Biblical Perspective* (New York: Pilgrim, 1984), 98-9; Martin, "Heterosexism," 337.

없다. 이성애자들로 보기도 하고 동성애자들로 보기도 한다. 특정 단어, 특히 본성에 대한 이해와 그것을 둘러싼 표현에 대해서도 의견이 다양하다. 설사 그것이 동성애를 의미하는 것으로 보아도 그 구체적인 상황 이해는 다르다. 마지막으로 로마서의 논리 구조에 대한 나름의 이해를 따라 동성애에 대한 바울의 언급을 상대적으로 적은 비중의 것으로 취급하려는 경향이 있다. 이런 관찰들에 의하면, 동성애 지지자들은 로마서 1:24-27에 나타난 바울의 설명을 당시 사회-문화적 상황을 염두에 두고 소수의 이방인들 사이에서 벌어진 개인적 성적 일탈의 경우를 유대인 관점에서 지적한 것으로 이해하고 있는 듯하다.

2. 로마서 1:24-27 내용에 대한 동성애 지지자들의 현대적 적용

로마서 1:24-27의 내용을 현대 상황과 연결시킬 때 동성애 지지자들은 크게 두 가지 전제를 가지고 있다. 모두 앞서 언급한 로마서 본문 해석 과정과 맞닿아 있다.

첫 번째 전제는 바울의 로마서 1:24-27은 그 당시의 문화적 한계를 갖고 있다는 점이다. 바울 설명의 배경을 구약 창세기가 아니라, 당시의 그레코-로만 사회의 문화와 관습을 중심으로 접근한 결과이다. 그들은 본성과 관련한 바울의 동성애 논의가 당시의 인식 범위 안에서 행해졌기 때문에, 그 논의를 21세기 현대 상황과 바로 연결할 필요가 없다고 주장한다. 더 나아가 바울 당시에는 동성애에 대한 유전적 혹은 심리학적 지식수준이 오늘날과 현저히 다르기 때문에, 바울이 제한된 정보를 가지고 평가한 것이라고 보기도 한다. 따라서 비과학 정보를 가진 바울의 평가를 과학 문명이 발달된 현대 사회가 따를 필요

가 없다는 것이다.[22]

특별히 문제가 되는 것이 동성애 성향이다. 동성애 지지자들은 현대 사회에서 경험되고 확인된 동성애 성향이 로마서 1:24-27의 내용을 현대에 적용할 때 중요한 변수로 작용한다고 주장한다. 바울은 동성애 성향에 대한 지식이 없었기에 본성에 대한 제한적 인식을 가지고 논의를 했다는 것이다. 비아(D. O. Via)는 만일 바울이 현대 과학이 말하는 것처럼 동성애 성향이 인간 본성의 일부라는 것을 알았다면 로마서 1:24-27처럼 말하지 않았을 것이라고 주장하기도 한다.[23] 더 나아가 윙크(W. Wink)는 동성애 성향이 인간 본성 중에 하나이기에, 오히려 그것을 거스르고 이성애를 하는 것이 바울이 비판한 것에 대한 현대적 적용이라고 말하기도 한다.[24]

로마서 1:24-27의 해석을 현대에 적용할 때 사용되는 두 번째 전제는 로마서가 말하는 동성애는 보편적 문제가 아니라는 것이다. 바울이 지적한 것은 소수 특정한 사람들의 개인적 성적 일탈이기 때문에 소수의 경우를 침소봉대하여 모든 동성애의 경우로 확장시키면 안 된다는 것이다. 또한 본성을 거스른다는 표현을 본성의 범위를 넘는 과도한, 혹은 지나친 것으로 이해한다면 로마서 1:26-27의 사람들은 과도한 성적 집착과 난잡한 성행위를 하는 사람이다. 따라서 한 사람을 상대로 서로 동의하에 헌신된 사랑의 관계를 맺고 있는 건전한 동성

---

22 V. P. Furnish, "What Does the Bible Say about Homosexuality," in S. B. Geis and D. E. Messer (eds.) *Caught in the Crossfire: Helping Christians Debate Homosexuality* (Nashville: Abingdon, 1994), 57-66; Scanzoni, *Is the Homosexual My Neighbor?*, 64.

23 Via, "The Bible, the Church, and Homosexuality," 16.

24 W. Wink, "Homosexuality and the Bible," in *Homosexuality and the Christian Faith* (Minneapolis: Fortress, 1999), 33-49.

애자들에게는 바울의 지적이 해당되지 않는다고 주장한다.[25] 뿐만 아니라, 로마서 1:24-27은 우상 숭배자와 동성애자를 연결시켰기 때문에, 소위 하나님을 믿는 동성애자들과는 상관없다고 주장한다.[26]

한편, 이런 전제들은 적용과 관련해 두 가지 파생 질문들을 낳았다. 그 하나는 성경의 권위와 가치를 어떻게 평가할 것인가이다. 성경이 시대의 한계를 갖고 있는 것으로 보기에 과거의 사회-문화를 다룬 것을 현대에 바로 적용해야 하는가에 많은 회의를 가지고 있다. 또한 과학이나 사회-인류학적 지식의 증가로 성경에 대한 접근이나 해석, 그리고 적용의 범위가 넓어질 수 있기에 과거 바울이 했던 그 해석을 공유해야 하는지도 의문을 갖고 있다. 그래서 혹자는 바울의 증거를 비과학적 세계관을 가진 가부장적 태도라고 폄하하기도 하기도 하며, 심지어 과거 바울의 논의를 문자적으로 이해해서 현대의 동성애 문제에 적용할 필요가 없다고 생각한다. 오히려 현대의 발견과 지식에 성경이 따라가야 한다고 주장하기도 한다. 결국 동성애 지지자들은 공개적이든 그렇지 않든 시대에 따른 사회 현상과 인간의 지식 증가를 성경의 권위와 가치보다 우위에 두는 입장을 취하고 있는 것으로 평가할 수 있다. 동성애 문제는 성경이 인간 사회를 평가할 것인가, 아니면 인간이 성경을 평가할 것인가의 문제가 되어 버렸다

또 다른 파생 질문은 죄를 어떻게 정의할 것인가이다. 동성애 지지자들은 동성애 자체를 보편적 죄와 연결시키지 않는다. 당시 사회에 서 있을 수 있는 소수 특정한 사람들의 개인적 성적 일탈이기에 동성

---

25 Via, "The Bible, the Church, and Homosexuality," 25; White, "What the Bible Says-and Doesn't Say-about Homosexuality,"15.

26 Eastman, "Homosexuality: Not A Sin, Not A Sickness"

애 자체는 죄가 아니라는 것이다. 이성애 성향의 사람들도 이런 일탈을 흔히 보여주기 때문이다. 특별히 문제가 되는 것은 본성과 죄와의 연결이다. 동성애 지지자들은 바울이 동성애를 죄악으로 취급한 것은 현대에서 말하는 동성애 성향이 인간의 본성이라는 사실을 몰랐기 때문이라고 말한다. 만일 알았다면 동성애를 죄로 여기지 않았을 것이라고 주장한다. 죄에 대한 정의가 시간에 따라, 그리고 인간의 지식과 경험에 따라서 재정의 된 것이다. 첫 번째 파생 질문과 마찬가지로 동성애 문제는 성경이 죄를 규정하는가, 아니면 인간의 경험과 지식이 죄를 규정하는 성경을 평가하는 가의 문제가 되어 버렸다.

이런 전제들과 파생 질문들을 담고 있는 동성애 지지자들이 주장하는 로마서 본문의 현대적 적용 원리는 다음과 같다.

1) 성경은 과학 시대 이전의 글이기 때문에 발전된 현대 사회에서 최종 권위로 사용하는 것은 무리가 있다.
2) 성경의 내용은 그 당시 문화의 산물이다. 따라서 시간에 따라서 그 내용 해석과 적용이 달라질 수 있다.
3) 동성애 성향은 하나님이 창조하신 본성 중의 일부이다. 비록 성경이 명시하고 있지 않지만 현대 과학과 임상적 지식이 보증한다.
4) 동성애는 죄가 아니다. 또한 치유해야 할 중독성 있는 병도 아니다.

III. 바울의 의도를 찾아서: 로마서 1:24-27의 분석과 이해

동성애 지지자들이 주장하는 로마서 1:24-27에 대한 해석과 적용 원리가 설득력이 있는 것일까? 이제, 로마서 본문의 내용 자체에 집중함으로써 그들의 본문 읽기와 적용 원리를 평가해 보자. 이를 위해 로마서 1:24-27을 담고 있는 문맥을 먼저 고찰할 것이다. 바울이 자신의 생각을 흩뿌리듯 제시한 것이 아니기 때문에, 이 부분을 포함한 인접 문맥과 전체 문맥을 함께 고찰하는 것이 필요하다. 그런 이후, 로마서 1:24-27에 집중해서 본문의 구조를 확인하고 동성애 지지자들이 본문을 접근하는 네 영역을 따라서 살펴볼 것이다.

1. 로마서 1:24-27의 문맥 이해

1) 큰 구조에서 작은 구조로

로마서 1:24-27의 위치와 기능을 이해하려면 로마서 전체에서의 위치와 그에 따른 논지 전개 역할을 살펴야 한다.[27] 로마서 전체는 크

---

[27] 이런 형태를 언어학적으로 '위에서 아래로'(Top-down)의 접근이라고 부른다. 거시 구조(macro structure)를 만드는 방법이다. 이에 대해서는 T. A. van Dijk, *Macrostructures: An interdisciplinary Study of Global Structure in Discourse, Interaction, and Cognition* (Hillsdale: Lawrence Erlabaum, 1980)을 보고, 로마서에 대한 적용한 것은 H. Boers, "The Problem of Jews and Gentiles in the Macro-Structure of Romans," *SE* 47 (1982) 184-96; D. Helholm, "Amplication in the Macro-Structure of Romans," in S. E. Porter (ed.) *Rhetoric and the New Testament: Essays from 1992 Heidelberg Conference* (JSNTSup, 90; Sheffield: Sheffield Academic Press, 1993), 123-51 등이 있다.

게 다섯 부분으로 구성되어 있다.[28] 발신자와 수신자, 인사말이 담긴 서론(롬 1:1-7)과 독자를 인해 하나님께 드리는 감사와 기도(롬 1:8-17), 독자에게 전하고 싶은 주요 내용인 몸말(롬 1:18-11:36), 그리스도인의 삶을 위한 권면들(롬 12-15장), 그리고 결어(롬 16장)가 그것이다. 편지의 몸말은 복음에 대한 전체 묘사를 제공하는 1:18-8:39과 그 복음과 유대인과의 관계를 현재와 미래의 관점에서 소개하는 9-11장으로 구분할 수 있다. 로마서 1:24-27은 복음에 대한 전체 설명 부분에 속해 있다.

복음에 대한 전체 설명 부분(롬 1:18-8:39)은 구원을 설명하는 방식에 따라서 1:18-5:11과 5:12-8:39의 두 부분으로 나눌 수 있다.[29] 1:18-5:11에서는 상호작용 설명 틀로서 구원을 제시한다. 상호작용 설명 틀이란 하나님과 인간 사이에 주고받는 과정으로 구원을 설명하는 것을 말한다. 주로 등장인물과 서로를 향한 행위와 태도를 보여주는 동사를 사용하여 표현한다. 이 관계는 하나님의 선행(先行) 활동 → 인간의 반응 → 인간의 반응에 대한 하나님의 응답의 구조로 되어 있다. 한편, 5:12-8:39은 하나님의 통치 영역과 그에 대한 반역의 통치 영역이라는 두 영역의 대조로써 구원을 설명한다. 유대 묵시사상의 종말 개념을 토대로 한 것으로서 아담에서 시작한 반역의 통치를 그리

---

28 당시의 보편적 서신 구조는 서론, 본론, 결론의 세 부분이다. 바울 서신은 독특하게 독자를 향한 감사와 기도 부분과 윤리적 권면 부분을 추가한 것이 많다. 추가된 두 부분을 어떻게 이해하는 가에 따라 세 부분(추가 부분 없음) 혹은 다섯 부분(두 부분을 추가함) 구조로 이해한다. 본 논문은 다섯 부분으로 본다(참고, S. E. Porter and L. M. McDonald, *Early Christianity and Its Sacred Literature* [Peabody: Hendrickson, 2000], 380-6)

29 이런 구분은 로마서 연구자들 중 상대적으로 소수 의견에 속한다. 이런 구분과 내용에 대한 자세한 설명은 Jae Hyun Lee, *Paul's Gospel in Romans: A Discourse Analysis of Rom 1:16-8:39* (LBS, 3; Leiden: Brill, 2010), 99-443; idem, "로마서에 나오는 바울 복음의 중심을 향하여," *Canon & Culture* 8 (2010) 183-215를 보라.

스도가 회복하는 그림을 담고 있다. 앞의 상호작용 설명 틀과는 다른 형태의 동사와 용어, 상징들이 사용된다. 예를 들어, 두 영역의 대조를 설명할 때는 한 영역에서 다른 영역으로 옮겨지는 이동과 머무름, 존재나 상태에 대한 동사들이 사용되고, 통치권과 관련한 노예제도, 결혼, 다스림 등의 표현들이 사용된다. 모두 상호작용 설명 틀에서는 사용되지 않은 것들이다. 한마디로, 하나님을 반역한 어둠의 영역에 인간이 노예처럼 속해 있었지만, 그리스도로 인한 하나님의 구원 과정을 믿음으로 반응하여(상호작용 설명) 성령과 은혜가 지배하는 하나님의 통치 영역으로 옮겨진 구원을 받았다는 것이다. 로마서 1:24-27은 상호작용으로 구원을 설명하는 부분에 속해 있다.

조금 더 좁히면, 상호작용으로 구원을 설명하는 1:18-5:11은 상호작용 형태에 따라 1:18-3:20과 3:21-5:11로 나눌 수 있다. 이 두 부분은 기본적으로 하나님의 시작, 인간의 반응, 인간 반응에 대한 하나님의 응답의 기본형태를 공유하고 있지만, 그 내용이 다르다. 먼저 1:18-3:20은 하나님의 시작에 인간이 부정적으로 반응한다. 거절하거나 믿지 않는 것이다. 그 결과 하나님이 진노와 심판이라는 부정적 응답을 인간에게 나타내신다. 이에 반해, 3:21-5:11은 다른 반응이 나타난다. 예수님을 통한 하나님의 시작에 인간이 믿음으로 긍정적 반응을 보이고, 그에 대해 하나님도 구원의 긍정적 응답을 하신다. 앞부분과 반대 상황이 연출된다. 따라서 로마서 1:24-27은 하나님과 인간 사이의 부정적 상호작용을 설명하는 부분에 속해 있다. 그러므로 그 내용은 그리 밝지 않다.

부정적 상호작용을 언급하고 있는 1:18-3:20은 대상 등장인물에 따라 크게 1:18-2:11과 2:12-3:20로 구분할 수 있다.[30] 1:18-2:11은 유대인과 이방인을 포함한 모든 사람들을 대상으로 한다.[31] 하지만 2:12-3:20은 그 주된 대상이 유대인으로 옮겨간다. 2:12에서 처음으로 율법을 언급하고 2:17에서 유대인이라는 표현을 사용하기 때문이다. 따라서 로마서 1:24-27은 하나님과 인간 사이에 벌어지는 부정적 상호작용을 묘사하는 시작 부분에 속해 있으며, 모든 인간의 죄와 그에 대한 하나님의 진노를 설명하는 일부분이다.

1:18-2:11의 구조는 인칭에 대한 정보에 따라 1:18-32, 2:1-5, 2:6-11로 구분할 수 있다. 1:18-32은 하나님께 부정적으로 응답하는 인간에 대한 하나님의 진노를 삼인칭으로 설명한다. 2:1-5은 이인칭을 사용하여 1:18-32에 언급한 사람들을 비평하면서도 동일한 행동을 하는 자들을 언급한다. 2:6-11은 왜 1:18-32과 2:1-5의 사람들이 하나님의 진노를 피할 수 없는 가에 대한 이유를 삼인칭으로 설명한다. 사람들이 하나님의 진리에 반응하여 행한 대로 갚으시는 하나님의 공정한 평가 때문이다. 로마서 1:24-27은 하나님을 향한 모든 사람들의 부정적 반응과 그에 대한 하나님의 진노를 설명하는 부분에 속해 있다. 이상의 전체 구조를 도식화 하면 아래와 같다.

마지막으로 로마서 1:24-27을 담고 있는 1:18-32의 구조를 살펴보자. 이 부분의 논리 전개는 상호작용 설명 틀에서 등장하는 인물들의 역할에 따라 진행된다. 그 토대는 1:18이다: "하나님의 진노가 불

---

30 이런 구분도 로마서 연구자들 사이에서는 주류 견해가 아니다. 보통 로마서 2:1부터 유대인을 대상으로 논증하는 것으로 이해한다. 하지만 로마서 2:12부터 유대인을 다루는 것으로 이해할 몇 가지 증거가 있다. 이에 대해서는 이후 로마서 1:24-27과 관련된 논리 구조 설명에서 다룰 것이다.

31 이 역시 주류 견해는 아니다. 이에 대한 설명은 아래 등장인물을 다룰 때 제시할 것이다.

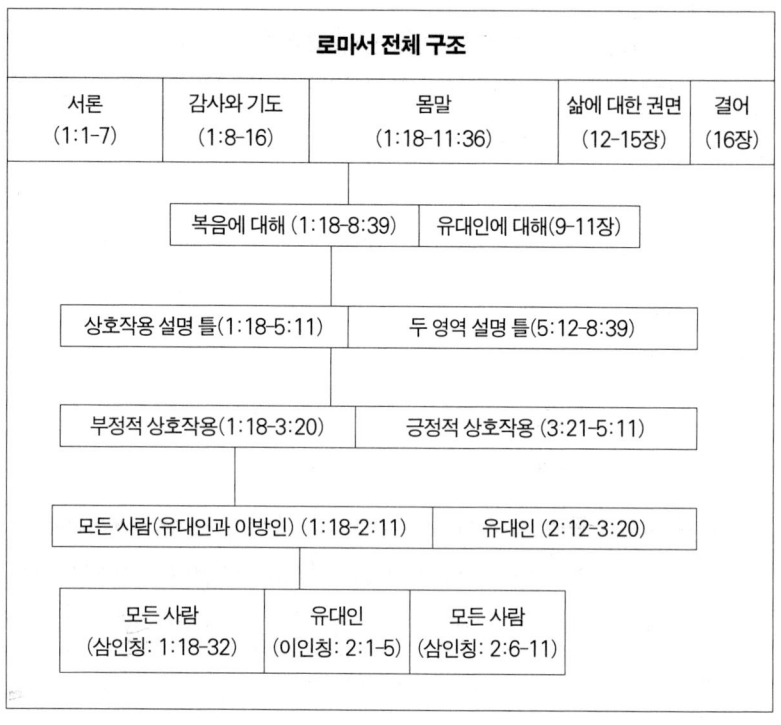

의로 진리를 막는 사람들의 모든 경건하지 않음과 불의에 대하여 하늘로부터 나타나나니(개역개정)." 서론과 연결해서 편지 몸말을 시작하는 부분이다. 서론 마지막 부분(롬 1:16-17)은 복음을 모든 믿는 자들에게 구원을 주시는 하나님의 능력으로 설명하고, 그 안에 있는 구원을 예수님을 믿어 하나님께 긍정적 응답을 받는 상호작용 과정으로 설명했다. 하지만 1:18은 그것과 반대되는 부정적 상호작용을 소개하는 것으로 시작한다. 이는 구원과 반대 상황을 설명하는 기능을 하며 부정적 상호작용의 전체 그림을 제공한다.

1:18은 부정적 상호작용에 대한 몇 가지 요소를 담고 있다. 첫 번째는 등장인물이다. 하나님과 사람이 상호작용 과정에 참여한다. 구원의 전체 과정이 이 둘 사이에서 벌어지는 어떤 것임을 의미한다. 두 번째

는 사람들의 모습에 대한 설명이다. 그들은 불의로 진리를 막는 사람들이며, 경건하지 않고 불의하다. 이 사람들은 이방인과 유대인을 포함한 모든 사람으로 보아야 한다. 이방인이란 표현 대신 '사람들'이라고 언급하고 있기 때문이다. 또한 모든 사람을 구원의 대상으로 규정한 1:16-17의 반대 상황을 다루는 부분이기에 1:18의 대상 역시 모든 사람으로 생각하는 것이 더 타당하다. 세 번째 요소는 하나님의 응답이다. 하나님은 불의로 진리를 막는 사람들에게 진노로 응답하신다. 마지막 네 번째 요소는 하나님의 진리이다. 사람들이 반응해야 하는 대상이며, 이것에 대한 반응에 따라 하나님의 응답이 달라진다. 이 네 요소를 시간의 순서대로 재구성하면 부정적 상호작용은 하나님께서 인간에게 진리를 계시하신 것으로 시작한다. 인간은 불의로 그 진리를 거절했고, 그 결과 하나님은 인간의 거절에 진노로 응답하신다.

이후 진행되는 1:19-32은 1:18의 요소들에 대한 구체적 설명이다. 상호작용 과정의 시작인 하나님의 진리 계시는 1:19-20에서 설명된다. 하나님의 진리는 피조물을 통해 계시된 창조주 하나님의 속성으로서 창조 이후 유대인과 이방인을 포함한 모든 사람에게 계시된 것이다.

상호작용의 두 번째 과정인 진리에 대한 인간의 거절은 1:21-23에서 서술된다. 기본적으로 그들은 계시하시는 창조주 하나님을 하나님으로 인정하지 않는다. 이런 반응은 두 가지 방법으로 묘사된다. 하나는 인간들이 창조주 대신 피조물들을 경배하는 모습이다(롬 1:21a, 23). 행위와 태도 등의 외적 차원에 집중해 설명한 것이다. 다른 하나는 인간들이 창조주를 알지만 자신들의 인지와 생각의 영역에서 창조주를 인정하지 않고 자신을 의지하는 어리석은 모습이다(롬 1:21b-22). 내적 차원의 모습이다. 이런 내외적 차원이 어우러진 창조주에 대한 인간의 부정적 반응은 하나님의 진노의 원인이 된다.

상호작용의 마지막 과정인 하나님의 응답은 1:24-32에서 설명된다. 인간의 거절을 언급한 1:21-23과 달리 하나님을 행위의 주된 주체로 표현한다. 특별히 '파라디도미'(παραδίδωμι: 롬 2:24, 26, 28)라는 표현을 통해 하나님의 적극적인 심판 의지와 행위를 보여준다. 개역개정 성경은 '내버려 두다'라고 번역했지만, 원래는 더 적극적인 의미를 담고 있다. 이 말은 한 영역에서 다른 영역으로 '넘겨주다'는 의지적 결단과 행위를 담고 있는 표현이다. 가룟 유다가 예수님을 배반하고 판 것을 묘사할 때 이 단어가 사용된 것에서 확인할 수 있다(막 3:19). 하나님의 심판은 적극적이다. 주목할 것은 1:24-32에서 설명되는 하나님의 심판이 1:21-23에서 설명한 인간의 부정적 반응의 외적 차원과 내적 차원에 맞추어 진행된다는 점이다.

먼저 로마서 1:24-27은 행위와 태도의 외적 차원과 연결해서 하나님의 진노를 설명한다. 사람들이 하나님에서 피조물로 경배의 대상을 '바꾼 것'(롬 1:23, 25)에 응답하시는 하나님의 진노를 성적인 영역에서 바꿈의 행위(롬 1:26, 27)를 하는 동성애를 예를 들어 설명한다. 내적인 차원이 없는 것이 아니나, 주로 외적 행위와 태도에 주목해서 연결한 것으로 보인다. 이러한 연결은 인간의 부정적 반응을 내외적 차원으로 구분해서 각 차원의 부정적 반응에 대해 하나님이 응답하신다는 것을 강조하기 위한 것으로 보인다.

인간의 부정적 반응의 내적 차원에 대한 하나님의 진노는 1:28-32에서 설명된다. 사람들이 자신들의 지식체계(개역개정은 '마음'으로 번역했음) 속에서 하나님을 거절한 것을 하나님 진노의 궁극적 원인으로 설명한다.[32] 하나님은 인간들을 창조주를 배제한 그들의 망가진 사고 체계(개역개정은 '마음'으로 번역했음)[33] 속으로 던져 넣으셨다('파라디도미'). 그 결과 인간들은 온갖 못된 것을 행한다. 내적으로 망가진 인간의 상태를 외적으로 표현하게 하는 것이 하나님의 진노의 모습이다. 하나님을 향한 인간의 부정적 반응이 전인격적이고 총체적인 것처럼, 그에 대한 하나님의 응답 역시 외적인 차원과 내적인 차원을 아우르는 총체적 반응이다. 이런 구조 속에 로마서 1:24-27은 창조주 하나님에 대한 부정적 인간의 반응에 응답하시는 하나님의 진노를 행위와 태도의 외적 차원에 초점을 맞추어 묘사한 부분이다. 1:18-32의 구조는 아래처럼 정리할 수 있다.

2) 문맥 분석을 통한 관찰들

로마서 1:24-27을 서신 전체의 큰 문맥에서 시작해서 인접 문맥으로 좁히면서 살펴본 바에 의하면 다음과 같은 의미 있는 관찰과 추론이 가능하다.

첫째, 로마서 1:24-27은 바울 당시의 사회-문화 속에 있는 개개인의 상황만을 다루는 것으로 볼 수 없다. 로마서 전체 내용은 바울 자신이 전한 복음의 내용과 관련 있다. 그는 서론에서 하나님의 복음과 연관 지어 자신을 소개하고 그 복음의 내용이 예수 그리스도에 대한 것임을 밝힌다. 또한 그 복음을 자신과 같은 유대인뿐 아니라, 모든 이방인들에게 전해져야 할 것으로 소개한다(롬 1:1-5). 이 복음은 예루

---

32 개역개정의 번역은 올바르지 않다. 헬라어 원어는 '에피그노시스'(ἐπίγνωσις)인데 '지식'이라고 번역해야 하며 지식체계 혹은 가치체계로 이해해야 한다.

33 이 역시 바른 번역이 아니다. 헬라어로는 사고체계를 의미하는 단어(νοῦς, '누스')이기 때문이다.

부정적 상호작용 (롬 1:18)	하나님의 진노가 불의로 진리를 막는 모든 사람들에게 (하나님의 진리 계시 → 진리를 거절한 인간의 부정적 반응 → 하나님의 진노)
각 요소 설명 (롬 1:19-32)	1) 하나님의 진리를 설명(롬 1:19-20) - 피조물을 통해 계시된 하나님의 속성 2) 인간의 부정적 반응을 설명(롬 1:21-23) (1) 행위와 태도 등의 외적 차원(롬 1:21a, 23) - 창조주 하나님을 경배하지 않고 피조물로 바꾸어 경배함 (2) 인지/생각 등의 내적 차원(롬 1:21b-22) - 생각이 허망해지고 어리석게 됨 3) 하나님의 진노의 응답을 설명(롬 1:24-32) (1) 행위와 태도 등의 외적 차원에 대한 응답(롬 1:24-27) - 성적 영역에서 바꿈의 욕망 속으로 던져 넣어 바꿈의 행위를 하게 함 (2) 인지/생각 등의 내적 차원에 대한 응답(롬 1:28-32) - 하나님을 거절한 망가진 지식체계 속으로 던져 넣어 악한 일을 행하게 함

살렘의 유대인으로 시작해서 모든 이방인들에게 전했던 것이고(롬 15:18-19), 이후 스페인에 가서 전하고 싶은 내용이다(롬 15:23-24). 이런 언급들은 바울이 제시한 복음은 당시 유대인과 이방인 모두에게 적용되는 보편적인 것임을 말해준다. 또한 유대인의 미래 상황을 다루는 9-11장에서도 이 복음의 내용을 핵심으로 제시한다. 이는 편지 몸말 전반부(롬 1:18-8:39)에서 설명한 복음의 내용이 단순히 바울 시대의 상황을 다루거나 혹은 그것에만 국한된 것으로 볼 수 없게 한다. 물론 복음을 설명하는 과정에서 당시의 사회-문화 현상을 염두하고 서술한 것은 사실이다. 또한 부분적 내용들이 로마교회의 구체적 상황

을 반영하는 것도 사실이다. 하지만, 복음의 내용을 상세히 설명하는 1:18-8:39은 인간과 세상의 상태에 대한 보편적 진단과 그에 대한 하나님의 구원을 설명하는 것으로 보는 것이 더 타당하다.

이런 관찰은 바울이 복음을 제시하는 두 가지 설명 틀을 사용하는 것에서도 엿볼 수 있다. 앞서 언급했듯이, 1:18에서 본격적으로 복음을 설명하기 시작할 때 바울은 어떤 특정 집단이나 개인의 상황으로만 설명하지 않고, 하나님과 인간 사이에 벌어지는 상호작용의 커다란 틀 속에서 설명한다. 이 설명 틀 속에서 하나님의 진리를 거스르는 자들은 특정 시대에만 국한된 사람들이 아니라, 창조주께 반응해야 하는 보편적인 사람들인 것이다. 한편, 5:12-8:39에서 사용된 두 영역 설명 틀도 마찬가지이다. 비록 아담이라는 구체적 한 인물이 명시되었지만, 그로 인해 시작된 하나님께 반역하는 어둠의 영역은 모든 세대 모든 인류에게 적용된다(롬 5:12-14). 마찬가지로 두 번째 아담인 예수 그리스도를 통해 시작된 하나님의 구원의 통치 영역도 그 적용 범위를 시대를 불문한 모든 사람들로 한다(롬 5:15-21). 따라서 비록 로마서 1:24-27이 당시의 동성애라는 사회-문화적 관점을 유지하고 있다고 해도 바울이 염두에 두고 있는 것은 당시의 현상을 뛰어넘는 하나님과 인간 사이의 보편적 관계에 대한 것으로 보아야 한다.[34]

둘째, 로마서 1:24-27은 창조주와의 관련성을 전제로 한다. 이것은 이 부분을 담고 있는 1:18-32의 논리 진행 과정에서 확인할 수 있다. 하나님과 사람 사이에 벌어지는 부정적 상호작용 과정으로 사람들의 상태를 설명할 때, 바울은 창조주 하나님을 상호작용의 시작자

---

34 R. B. Hays, "Relations Natural and Unnatural: A Response to John Boswell's Exegesis of Romans 1," *JRE* 14 (1986) 184-215; R. Jewett, *Romans* (Hermeneia; Minneapolis: Fortress, 2007), 177.

이자 인간이 반응해야 할 대상으로 소개한다(롬 1:19-20). 그분은 모든 만물을 창조하신 분이며, 창조 이후 지금까지 피조물을 통해 자신을 계시하시는 분이다. 그럼에도 불구하고 인간들은 그분을 거절한다(롬 1:21-23). 이 거절은 단순히 초월적 존재에 대한 거절이 아니라, 자신과 우주를 만드신 창조주를 거절하는 것이다. 따라서 로마서 1:24-27도 창조주에 대해 인간이 반응하는 관점에서 이해해야 한다. 그 내용을 인간 사이에서 벌어지는 어떤 것을 다루는 것으로만 이해하는 것은 바울의 의도와 다르다. 그리고 단순히 인간 사이에서 벌이는 난잡한 성적 일탈이나 이성애주의자들이 동성애를 보는 시각 등으로 해석하는 것 또한 잘못이다. 바울이 제시하는 문제의 핵심은 창조주와의 관계성이고, 그분과의 관계를 거절하는 것이다. 그렇기에 로마서 1:24-27은 하나님의 창조를 언급한 구약 창세기를 배경으로 하고 있다고 보는 것이 옳다.[35]

셋째, 죄는 단순히 행위와 태도의 문제가 아니라, 창조주 하나님을 전인격적으로 거절하는 것이다. 1:21-23은 하나님을 거절하는 인간의 모습을 내적 차원과 외적 차원으로 구분해서 설명한다. 이 둘이 완전히 분리되지는 않지만, 바울은 두루뭉술하게 인간의 모습을 표현하지 않는데, 그 의도는 인간의 전인격적 거절의 모습을 보여주기 위한 것이다. 이런 부정적 반응의 모습은 1:28에서 구체적으로 묘사된다. 사람들이 자신의 지식체계 속에 하나님을 두는 것을 의도적으로

---

[35] Witherington은 로마서 1:18-32가 창세기 2-3장이라기보다는 솔로몬의 지혜서 10-14장과 더 유사하다고 지적한다(B. Witherington, *Paul's Letter to the Romans: A Socio-Rhetorical Commentary* [Grand Rapids: Eerdmans, 2004], 68). 하지만, 지혜서의 그 부분도 창세기의 아담의 범죄로부터 시작한다(지혜서 10:1). 이것은 지혜서 역시 구약의 창세기를 배경의 일부로 생각하고 있음을 의미한다.

거절한 것이 본질적 상태이고, 그 망가진 상태로 인해 온갖 악한 일이 발생된다. 전자를 근원적인 죄(The Sin)이라고 부른다면, 후자는 파생된 죄들(sins)로 부를 수 있다. 따라서 1:18-32에서 인간이 창조주를 거절하는 것이 죄라면, 그 죄는 근원적 죄에서 시작하여 인간의 모든 영역에서 죄들로 표현되는 반역의 모습을 가지고 있는데, 이는 로마서 1:24-27도 마찬가지이다. 여기에 언급된 인간들의 상황은 하나님의 진노와 관련 있는 죄로 이해하는 것이 옳다. 부정적 상호작용의 결과를 설명하는 부분이기 때문이다. 하지만 근원적 죄는 아니다. 1:21-23에서 설명한 행위와 태도와 관련한 외적 차원과 연결해서 제시하기 때문에, 근원적 죄에서 파생한 죄들의 하나로 보는 것이 타당하다.

넷째, 하나님의 진노와 심판은 보편적인 원리이다. 만일 로마서에서 말하는 긍정적 상호작용으로서의 구원, 즉 예수님을 통해 시작된 하나님의 구원 과정에 인간들이 믿음으로 응답해서 구원을 얻게 되는 것이 모든 시대 모든 사람에게 통용되는 원리라면, 그것과 반대되는 인간의 거절로 인한 하나님의 진노 역시 보편적이다. 이 원리는 사람들이 행한 대로 차별 없이 판단하시는 하나님의 공평한 심판을 설명한 2:6-11에서 확인할 수 있다. 그분의 심판 원리는 변하지 않는다. 비록 은혜와 사랑이 나타난 긍정적 상호작용 과정이 있다고 해도 창조주를 거절한다면, 그에 대해서는 부정적 상호작용 과정이 적용될 수밖에 없다. 그렇기에 동성애 지지자들이 주장하는 것처럼 은혜와 사랑의 하나님이기 때문에, 동성애 역시 사랑으로 용납해야 한다는 것은 동성애를 어떻게 이해하느냐에 따라 다르다. 만일 그것이 죄가 아니라면, 하나님의 진노와 관계없다. 그러나 위의 세 번째 원리에서 보는 것처럼 동성애는 하나님의 진노와 관련 있는 반역의 모습이기 때문에, 예수님을 통한 사랑의 원리가 있어도 그것에 계속 머무르는 것은 잘못이다.

2. 로마서 1:24-27의 구조 이해

　로마서 1:24-27의 구조는 '하나님이 넘겨주다(παραδίδωμι, 파라디도미)'라는 진노의 모습을 중심으로 그 원인과 구체적 예를 설명하는 것으로 되어 있다. 시작은 1:24이다. 인과접속사 '그러므로'를 통해 사람들의 행위적 차원의 거절, 즉 하나님에서 다른 피조물로 경배의 대상을 바꾼 1:23의 서술과 연결해서 하나님의 진노의 모습을 소개한다. 하나님은 그들을 그들 마음에 있는 정욕 안으로 넘겨주어 그들의 몸을 서로 수치스럽게 만드셨다. 하나님 진노의 예는 로마서 1:26b에서 27에 제시된다. 여자들의 동성애를 먼저 설명하고 남자들의 경우를 묘사한다. 그런데 바울은 이런 논리 전개 중간에 두 가지를 첨가한다. 하나는 하나님의 진노의 이유에 대한 부연 설명(롬 1:25)이고, 다른 하나는 1:24에서 묘사한 하나님의 진노의 모습을 재진술한 것(롬 1:26a)이다. 특별히 1:25은 주목할 만하다. 창조주를 거절하는 인간의 모습을 지적할 뿐만 아니라, 그런 모습과 상관없이 높임 받기에 합당하신 주님을 찬양하기 때문이다. 아주 독특한 첨가이다. 하나님의 진노의 원인을 강조하려는 의도로 보인다. 로마서 1:24-27에서 보이는 이러한 이런 구조를 통해 바울이 전달하려는 초점은 두 가지이다. 하나님의 진노가 실재한다는 것과 그에 대한 원인은 창조주를 거절한 인간에게 있다는 것이다.

　그런데 동성애와 관련해 주목할 것은 동성애를 하나님의 진노의 결과로 표현한 점이다. 1:24과 26a은 하나님의 진노를 일련의 과정으로 묘사한다. 그 시작은 사람들 마음에 있는 정욕이다(롬 1:24). 이 정욕은 더러움(롬 1:24)과 부끄러운 욕심(롬 1:26)이라고 표현되는데, 그것은 섬김의 대상을 창조주에서 자신을 비롯한 피조물로 바꾼 것에서 나온다(롬 1:25). 두 번째 과정은 하나님이 사람들의 마음 안에 있는 정욕 안으로 그들을 던져 넣은 것이다(롬 1:25). 세 번째는 그 결과를 사람들 스스로가 받게 된 것이다. 그들의 몸을 서로 욕되게 하는 것(롬 1:24)과 그릇됨에 대한 상당한 보응을 그들 자신에게 받은 것(롬 1:27)으로 표현한다. 눈여겨 볼 것은 1:26-27에 언급된 여자들과 남자들의 동성애가 두 번째 과정에 대한 예로서 제시된 점이다. 동성애가 하나님의 진노의 원인이 아니라, 진노의 모습, 혹은 결과라는 것이다. 다시 말해, 동성애 때문에 하나님이 진노하시는 것이 아니라, 동성애라는 것 자체가 하나님의 진노의 표현이다.[36] 이런 관찰은 몇 가지 중요한 추론을 가능케 한다.

첫째, 동성애 자체가 하나님 진노의 결과라면 동성애는 하나님이 기대하시는 바람직한 현상은 아니다. 비슷한 경우가 1:28-31에 있다. 앞서 살펴본 것처럼, 1:28은 창조주를 자신들의 가치체계/지식체계 속에서 거절하고 배제한 근원적 죄(The Sin)를 가진 사람들을 그들의 망가진 사고/생각의 영역 안으로 던져 넣으시는 것을 하나님 진노의 모습으로 묘사한다. 그 결과 하나님은 사람들로 하여금 모든 합당하지 않은 것들(sins)을[37] 하게 한다고 설명한다. 이 또한 진노의 결과이다. 그렇다면 1:29-31에 제시된 악한 일들과 로마서 1:26-27에서 서술

---

36 E. Käsemann, *Commentary on Romans* (Grand Rapids: Eerdmans, 1980), 47; R. B. Hays, "Awaiting the Redemption of Our Bodies: The Witness of Scripture Concerning Homosexuality," in J. S. Siker (ed.) *Homosexuality in the Church: Both Sides of the Debate* (Louisville: Westminster/John Knox, 1994), 8-9.

37 "모든 불의, 추악, 탐욕, 악의가 가득한 자요 시기, 살인, 분쟁, 사기, 악독이 가득한 자요 수군수군하는 자요 비방하는 자요 하나님께서 미워하시는 자요 능욕하는 자요 교만한 자요 자랑하는 자요 악을 도모하는 자요 부모를 거역하는 자요 우매한 자요 배약하는 자요 무정한 자요 무자비한 자라"(개역개정).

한 동성애는 인간의 죄에 대한 하나님의 진노 과정에서 동일 위치에 있는 것으로 볼 수 있다. 1:29-31에 언급된 항목들이 하나님 앞에 합당한 것들이 아닌 것처럼 동성애도 마찬가지이다. 또한 1:29-31에서 언급된 악한 것들이 사형에 해당하는 하나님의 정하심과 관련된 것이라면(롬 1:32), 동일 과정 속에 위치한 동성애도 하나님 앞에서 심판받을 일들이다.

둘째, 동성애가 하나님 진노의 결과라면 그것은 하나님이 선하게 창조하신 온전한 모델이 아니라는 의미가 된다. 1:29-31에 언급된 항목들은 하나님께서 창조를 통해 기대하시는 것이 아니다. 아담이 근원적인 죄를 범한 이후(롬 5:12; 참고, 창 3:1-6) 하나님께 반역하는 통치 영역 안에서 나타나는 비정상적인 것들이다. 따라서 진노의 과정에서 동일한 위치에 있는 동성애 역시 창조의 한 부분이 아니라, 창조주를 거절하는 근원적 죄로 인해 생긴 인간의 죄들 중에 하나로 보아야 한다. 따라서 동성애 성향을 창조의 자연스러운 일부분으로 보려는 동성애 지지자들의 주장은[38] 로마서 1:24-27의 내용과 정반대이다.

셋째, 동성애가 하나님 진노의 결과라면, 동성애의 존재는 현 세대 역시 하나님의 진노 아래 있음을 말해주는 표지로 볼 수 있다. 이것은 두 가지의 의미를 내포하고 있는데, 하나는 여전히 하나님의 진노가 실재하고 있다는 것과, 또 다른 하나는 그러므로 하나님께 회개하고 돌아갈 필요가 있는 세대라는 것이다.

---

38 예, Via, "The Bible, the Church, and Homosexuality," 25, 33.

3. 로마서 1:24-27의 내용 이해

로마서 1:24-27에 대해 살펴볼 마지막 항목은 내용에 대한 여러 질문들이다. 동성애 지지자들의 본문 이해를 다룰 때 제시했던 질문들을 중심으로 살펴볼 것이다. 맨 처음 질문은 로마서 1:24-27의 배경이다. 동성애 지지자들은 이 부분을 구약 창세기가 아닌 당시 사회-문화적인 현상에 대한 이해나 평가를 반영한다고 생각한다. 하지만 지금까지 살펴본 바에 의하면 로마서 1:24-27은 창세기를 염두에 둔 것으로 보아야 한다. 문맥 증거뿐 아니라 본문 안에서도 그 증거들이 있다. 그 하나는 1:25의 표현이다. 하나님을 거절하는 인간의 모습을 '하나님의 진리'를 바꾼 것으로 묘사한다(참고, 롬 1:18). 이 진리는 피조물을 통해 드러낸 창조주의 속성(롬 1:19-20)을 의미하기에 1:25은 창조를 중심으로 설명한 것으로 보아야 한다. 또 있다. 인간들이 경배 대상을 바꾸었다고 묘사할 때, 신을 다른 것으로 바꾸었다는 1:23의 표현 대신 '창조주'와 '피조물'의 관계를 바꾸었다고 표현한다. 창조를 중심으로 설명하겠다는 것이다. 또 다른 증거는 1:26-27에 있다. 우리말 성경은 동성애 주체들을 지칭할 때 남자와 여자로 표현하지만, 성경 원문은 다르다. 남자(ἀνήρ: 아네르, 혹은 ἄνθρωπος: 안쓰로포스)와 여자(γυνή: 귀네)라는 사회적 구분 대신 수컷(ἄρσην: 아르센)과 암컷(θῆλυς: 쎌뤼스)이라는 생물학적 구분을 사용한다. 이 표현은 헬라어 구약성경(LXX)의 창조 이야기(창 1:27)를 반영한 것으로[39] 신약에서는 결혼에 대한 예수님의 가르침(마 19:4; 막 10:6)과 그리스도 안에 있는 자들의 특징을 설명하는 갈라디아서 3:28에만 나타난다. 특별히 중요한

---

39 Jewett, *Romans*, 174.

것은 예수님의 가르침이다. 수컷과 암컷의 결합이 창조 때부터 계속 이어온 결혼의 원리라고 가르치기 때문이다.[40] 이런 증거들에 의하면 1:26-27의 표현들은 창세기의 결혼 제도를 염두에 두고 있으며, 수컷과 암컷이라는 단어를 통해 동성애는 창세기에서 언급한 것이 변질되었음을 전달하려는 것으로 이해해야 한다.[41]

로마서 본문 이해에 대한 두 번째 접근은 등장인물에 대한 것이다. 동성애 지지자들은 공통적으로 이방인을 다루는 것으로 이해한다. 거의 모든 학자들이 이런 견해를 취한다. 필자도 동의한다. 하지만 여기서 한 가지를 짚고 가야 한다. 이런 상황이 꼭 이방인에게만 해당되는 것으로 보아야 하는가이다. 사사기 19:22-25에 나타난 사건은 이스라엘 베냐민 지파에 속한 기브아 사람들이 행한 것이다. 흥미로운 것은 사사기 기자는 당시 이스라엘 사람들의 죄악의 원인을 그들 가운데 왕이 없기에 자기 보기에 좋은 대로 행했기 때문이라고 말한다(삿 17:6; 21:25). 그러나 왕을 요구하는 이스라엘의 행위 안에 담긴 메시지는 왕이 없어서라기보다 하나님을 왕으로 인정하고 섬기기를 거절한 것으로 귀결된다. 1:18-32에서 말하는 것과 닮아 있다. 두 경우 모두 창조주를 인정하지 않는 근원적인 죄에서 시작된 죄들의 모습을 이야기 한다. 바울이 유대인들의 동성애에도 염두를 두었는지는 분명치 않다. 하지만, 창조에서 시작된 모든 세대의 문제를 지적하려는 의도를 고려한다면, 이 동성애 현상을 꼭 이방인에게만 국한시키지는 않

---

40 예수님의 가르침은 창세기 1:27에 언급된 수컷과 암컷이란 표현으로 창세기 2:24에서 말한 아내와 남편의 연합을 설명한 것으로 보인다(R. T. France, *The Gospel of Mark* [NIGTC; Grand Rapids: Eerdmans, 2002], 392).

41 D. E. Malick, "The Condemnation of Homosexuality in Romans 1:26-27," *BSac* 150 (1993) 333-5. 보다 자세한 논의는 Gagnon, *The Bible and the Homosexual Practice*, 289-97을 보라.

았을지도 모른다. 구약의 경우가 실제로 있었기 때문이다. 결국 동성애는 아담 이후 창조주를 거절하는 반역의 통치 안에서 언제나 그리고 민족을 불문하고 나타날 수 있는 현상으로 보는 것이 타당하다.

로마서 1:24-27의 이해를 위한 세 번째 접근은 단어와 표현이다. 가장 논란이 되는 '순리(본성)'에 대해 동성애 지지자들은 여러 견해들을 제시해 왔다. 하지만 이 부분이 창세기를 배경으로 하고 있다는 점과 특별히 수컷과 암컷이라는 표현을 통해 창세기에서 제시한 결혼 이해와 연결시키고 싶은 의도가 있다는 것을 고려한다면, 이 '본성'이라는 것 역시 창세기 1-2장을 중심으로 생각해 보아야 한다. 이 본성이 정확히 무엇을 의미하는지는 논의의 여지가 있다. 어떤 이는 생육하고 번성하라는 창세기 1:28 표현에 집중해서 이 본성을 자녀 생산과 연결시키고 동성애를 그것과 상관없는 것이기에 반대했다고 보기도 한다.[42] 하지만 결혼의 목적이 꼭 자녀를 낳기 위해서만은 아니다. 바울은 고린도전서 7:2-5에서 성적 욕망을 참을 수 없으면 결혼하라고 권면하기 때문이다.[43] 개그넌(R. A. J. Gagnon)은 결혼에 대해 처음 언급한 창세기 2:24을 주목한다. 나누어진 아담의 몸이 하와와의 결합을 통해 한 몸이 되는 것을 하나님께서 의미하신 결혼과 남녀의 성교의 '본성'이라고 주장한다.[44] 설득력 있는 통찰이다. 창세기의 내용뿐 아니라, 앞서 언급한 것처럼 예수님 역시 동일한 원리를 제시하기

---

42 M. Davies, "New Testament Ethics and Ours: Homosexuality and Sexuality in Romans 1:26-27," *BibInt* 3 (1995) 315-31; R. B. Ward, "Why Unnatural? The Tradition behind Romans 1:26-27," *HTR* 90 (1997) 263-84.

43 Gagnon, *The Bible and the Homosexual Practice*, 272.

44 R. A. J. Gagnon, "The Bible and Homosexual Practice: Key Issues," in D. O. Via and R. A. J. Gagnon (eds.) *Homosexuality and the Bible: Two Views* (Minneapolis: Fortress, 2003), 61, 89.

때문이다. 그러므로 로마서 1:24-27이 말하는 본성은 남자와 여자의 결합에 대한 창조주의 원리와 관련이 있다. 그 안에 동성끼리의 연합은 없다.[45] 따라서 본성을 거스른다는 표현은 개인적 성향이나 문화적 관습의 문제가 아니라, 창세기에서 제시된 창조주 하나님이 보편적 의도나 뜻, 특별히 남녀의 결혼 원리를 거스르는 것으로 보아야 한다.

본성과 관련한 또 다른 논의는 바울이 현대 사회가 말하는 동성애 성향을 알았겠는가 하는 것이다. 아마도 현대 동성애자들이 말하는 그런 지식은 없었을 것이다. 하지만 그 이유 때문에 바울의 논의를 평가절하 하는 것은 현대의 관찰을 통해 과거 본문을 해석하는 시대착오라고 비판받을 만하다.[46] 뿐만 아니라, 바울이 동성애와 관련된 성향을 전혀 몰랐겠는가 하는 것도 의문의 여지가 있다. 동성애와 관련된 과정을 소개할 때 사람들을 그들 마음에 있는 정욕(롬 1:23)과 부끄러운 욕심(롬 1:26)에 던져 넣었다고 표현하고 있기 때문이다. 또한 남자들의 동성애를 묘사할 때, 그들이 남자 서로를 향한 욕망에 불타올랐다고 말한다. 이미 내적으로 강하게 끌리는 어떤 것이 있음을 묘사한 것이다(롬 1:27). 뿐만 아니라, 비록 현대적 표현은 아니더라도 바울은 죄의 영향력이 강하다는 것을 분명히 인식하고 있었다. 그 힘은 인간의 의지와 정서, 판단을 휘어지게 하고 때로는 인간적 본성이라고 여기는 것마저 망가지게 한다. 7:13-25에 묘사된 죄와 '나'와의 투쟁이 그 좋은 예이다. 그는 또한 강렬한 성적 열망에 대해서도 알고 있었다. 고린도전서 7:9에서는 정욕을 절제할 수 없으면 결혼하라고 권면하기 때

---

45 동성애 지지자들은 창조 이야기에서나 예수님이 동성애에 대해 침묵하신 것, 그리고 동성애를 금하는 것은 성경 전체에 비해 아주 극소수라고 말하며 자신들의 정당성을 주장한다. 하지만 성경은 동성애를 찬성하는 내용이 전혀 없다.

46 Hays, "Relations Natural and Unnatural," 200; Jewett, *Romans*, 177.

문이다.47 따라서 비록 바울이 동성애 성향에 대한 현대 논쟁은 몰랐다고 해도 하나님의 진노를 일으키는 인간의 근원적 죄와 그로 인해 파생된 죄들의 강력한 힘과 영향력을 분명히 인식하고 있었기 때문에, 동성애와 관련해서도 그 안에 강렬한 힘이 있다는 것을 어느 정도 인식하고 있었다고 추론하는 것이 타당하다.48

로마서 1:24-27 이해를 위한 네 번째 접근은 본문을 담고 있는 부분의 논리 구조이다. 동성애 지지자들은 2:1-5의 내용을 유대인에 대한 것으로 보고 1:18-32을 유대인을 공격하기 위한 예시 단계쯤으로 이해하기도 한다. 그래서 바울이 동성애 자체를 문제 삼고 있는 것이 아니라고 한다.49 하지만 2:1-5의 등장인물을 유대인만으로 한정해야 하는지는 의문이 있다. 몇 가지 이유가 있지만, 가장 중요한 것은 2:1의 인과접속사 '그러므로'(διό: 디오)이다. 만일 1:18-32과 2:1-5이

---

47 Gagnon, "The Bible and Homosexual Practice," 102.

48 동성애 지지자들의 '불가항력적 본성적 성향' 주장에 대한 최근 반론은 S. L. Jones, "Sexual Orientation and Reason: On the Implications of False Beliefs about Homosexuality," digitally published at www.christianethics.org (http://www.wheaton.edu/-/media/Files/Centers-and-Institutes/CACE/articles/Sexual%20Orientation%20and%20Reason%20%201-9-20122.pdf; 2015년 7월 20일 열람)을 참조하라. 이와 함께 Gagnon, *The Bible and the Homosexual Practice*, 395-431; S. L. Jones and M. A. Yarhouse, *Homosexuality: The Use of Scientific Research in the Church's Moral Debate* (Downers Grove: InterVarsity Press, 2000); S. L. Jones and A. W. Kwee, "Scientific Research, Homosexuality, and the Church's Moral Debate: An Update," *JPC* 24 (2005) 304-316도 참조하라.

49 최근에 켐벨(D. A. Campbell)은 로마서 1:18-32은 바울의 견해가 아니라, 대적자의 주장을 정리한 것이며, 로마서 2:1에 가서야 바울의 진짜 목소리가 나온다는 주장을 한다. 이것의 의하면, 동성애를 언급한 로마서 1:24-27은 바울 대적자의 논리가 된다. 하지만, 그의 주장은 설득력이 없다. 이에 대한 자세한 반박은 R. B. Matlock, "Zeal for Paul but Not According to Knowledge: Douglas Campbell's War on Justification Theory," *JSNT* 34 (2011) 115-49; Jae Hyun Lee, "We Need the Gospel: A Response to D. A. Campbell with regard to Paul's Diagnosis of the Human Predicament" (MNTS; forthcoming)을 보라.

다른 그룹이라면 '그러므로'의 연결은 부자연스럽다. 이방인의 죄와 그로 인한 심판의 결과로 유대인에게 심판이 있다고 말하는 것이 되기 때문이다. 보다 자연스러운 것은 '마찬가지로'(ώς: 호스 나 ὥσπερ: 호스페르)라는 접속사 연결이다. 하지만 그렇게 표현한 사본은 없다. 본문 그대로 '그러므로'를 중심으로 생각하면 1:18-32과 2:1-5을 같은 그룹으로 보고 삼인칭에서 이인칭 '너'라고 좁혀서 그 상황 속에 독자들의 참여를 유도하는 것으로 이해하는 것이 더 적절하다.50 실제로 1:29-32에서 말한 죄악의 상황이 이방인에게만 해당된다고 말하는 것은 심히 부적절하다. 이뿐 아니라, 바울이 문제 삼고 있는 2:1-5의 문제는 다른 이들을 비판하는 것이 아닌, 비판한 그 일을 동일하게 행하는 것이다.51

이런 이해를 토대로 하면, 바울의 의도는 인간의 죄와 그로 인한 보편적 상황을 1:18-32에서 삼인칭으로 제시하고 2:1-5에서 이인칭을 통해 독자를 비롯한 소위 윤리적 사람들도 그 범주에서 벗어날 수 없음을 강조한 것으로 볼 수 있다. 이런 논리 전개 이해에 의하면, 1:18-32은 꼭 필요한 부분이고, 그 안에 포함되어 있는 로마서 1:24-27도 마찬가지이다. 로마서 1:24-27의 역할이 1:18에서 언급한 부정적 인간 반응의 외적 차원에 대한 하나님의 진노를 설명하는 것이기에 단순히 지나칠 수 있는 부분으로 여길 수는 없다. 더 나아가 3:21부터 은혜의 구원이 설명되기 때문에 1:18-32을 중요하게 여기지 않는 것은 부정

---

50 이와 관련한 자세한 설명은 Jae Hyun Lee, *Paul's Gospel in Romans*, 130-3; idem, "로마서에 나오는 바울 복음의 중심을 향하여," *Canon and Culture* 8 (2010, 가을) 188 n.12를 참조하라.

51 T. R. Schreiner, *Romans* (BECNT; Grand Rapids: Baker, 1998), 107; Lee, *Paul's Gospel in Romans*, 134-5.

적 상호작용과 긍정적 상호작용으로 구원을 설명한 바울의 의도를 무시하는 것이다. 바울은 여타 모든 구원 설명에서 이 순서를 유지한다. 심지어 예수님의 첫 선포도 구원이 아니라, 회개였다(막 1:15). 따라서 만일 인간의 죄와 하나님의 진노를 인식하고 그것에 대한 회개가 없다면, 은혜의 구원은 사상누각이며 스스로를 속이는 것이 된다.

결론적으로, 로마서 1:24-27 본문 내용 자체를 살펴보아도 동성애 지지자들의 주장은 근거가 약하다. 배경적으로도 바울의 논리 전개의 기본적 전제는 창세기의 창조로 보는 것이 더 타당하다. 등장인물도 이방인의 모습을 묘사하는 것이기는 하지만, 그들의 모습만을 염두하고 있다고 생각하기는 어렵다. 유대인을 포함한 보편적 인간들이 하나님을 향해 표현하는 부정적 반응을 염두에 두고 있다고 보아야 한다. 단어와 표현 역시 마찬가지이다. 인접 문맥과 보다 큰 문맥, 그리고 그 안에 흐르는 논리 구조에 의하면 동성애 지지자들이 제시하는 현대적 본성 개념은 바울이 제시하는 것과 다르다. 또한 그 본성의 범위도 단순히 그 당시 문화적 범위를 넘어 창조주와 관계된 것으로 이해하는 것이 옳다. 마지막으로 논리적인 차원에서도 동성애 지지자들의 주장도 설득력이 없다. 로마서 1:24-27은 하나님의 진노를 설명하기 위해 반드시 필요한 부분이기 때문이다. 뿐만 아니라, 하나님의 이런 진노를 바르게 진단해야 구원의 긍정적 상호작용이 의미가 있기 때문이다.

4. 로마서 1:24-27 해석에 대한 현대적 적용 원리

위에서 얻어진 로마서 1:24-27의 분석을 현대의 상황과 연결하기 위해서는 동성애 지지자들이 제시한 것과 다른 전제들이 필요하다. 크게 두 가지인데, 이 역시 본문 고찰을 통해 얻은 것이다. 첫째, 로마서 1:24-27은 단순히 인간의 문화와 사회 현상을 기술한 것이 아니다. 창세기를 기초로 창조주와 인간 사이의 부정적 상호작용의 모습과 그 관계를 언급한 것이다. 따라서 그 내용의 원리를 오늘 우리 시대에도 동일하게 적용할 수 있다. 우리 시대 역시 창조주와 인간과의 부정적 관계가 동일하게 존재하고 있기 때문이다. 둘째, 로마서 1:24-27이 말하는 동성애는 당시 소수의 사람들에게 나타나는 개인적 일탈이 아니다. 물론 동성애를 행하는 사람이나 지지하는 사람들은 당시나 지금이나 상대적으로 소수이다. 마치 성적인 범죄를 저지르는 자가 당시나 지금이나 상대적으로 소수인 것과 마찬가지이다. 하지만, 동성애가 하나님의 진노의 결과로서 표현되었다는 것은 동성애 그 자체가 창조주가 기대하는 모습이 아니라는 것이다. 또한 동성애의 존재 자체가 하나님과 인간 사이의 부정적 상호작용이 여전히 존재하고 있다는 증거이며, 하나님의 진노에서 벗어나야 할 필요가 있다는 증거이기도 하다. 이 역시 바울 당시나 지금이나 동일하다.

　이러한 두 가지 전제를 토대로 바울이 로마서 1:24-27에서 제시하는 동성애에 대한 원리는 아래처럼 정리할 수 있다.

　1) 비록 성경의 모든 내용이 모든 세대에 다 문자적으로 적용되는 것은 아니지만, 성경은 분명히 창조주의 뜻을 드러내는 최고의 통로이다.

　2) 인간의 지식이 많아지면서 성경의 이해의 폭이 확장될 수 있지만, 성경 저자가 제시하는 것을 충실하게 따라가는 것이 기본이다. 여기에는 저자가 제시하는 논리 구조와 본문 전달의 여러 요소를 함께 고려하는 것이 요구된다.

　3) 동성애는 단순한 인간 사회에서 벌어지는 문제가 아니라 창조주 하나님과의 관계 차원에서 나타나는 일이다.

4) 결혼과 관련한 창조주의 뜻은 남자와 여자의 결합이다. 창세기와 예수님, 바울이 공통적으로 인정하고 가르치는 내용이다.
5) 동성애는 창조주 하나님이 기대하는 바람직한 모습이 아니며, 창조주를 거절한 인간의 근원적 죄에서 파생된 죄들 중 하나이다.
6) 동성애 성향은 하나님이 창조하신 선한 본성의 일부가 아니다. 동성애는 하나님을 향한 죄들 중 하나이고, 하나님의 진노의 결과 중 하나이기 때문이다.
7) 동성애의 존재는 인간이 창조주와 부정적 관계에 있다는 증거이며, 예수님으로 인한 구속이 필요하다는 증거이기도 하다.

IV. 나가면서: 그러면 어떻게 할 것인가?

지금까지 본 논문은 동성애에 대해 가장 분명하게 제시하고 있는 성경 본문인 로마서 1:24-27을 살펴보았다. 비록 동성애 지지자들이 동일 본문을 가지고 자신들의 정당성을 주장하고 있지만, 바울의 논리 전개에 충실하게 따라가 본 결과, 그들의 주장들은 바울이 전달하려는 것과는 거리가 먼 것들임을 확인했다. 이제, 남은 질문은 이것이다. 성경 본문을 따라 위와 같은 원리들이 얻어졌다면 어떻게 그것을 적용할 것인가? 이에 대한 대답, 그 실제적 적용은 진리와 사랑을 조화시키는 원리일 것이다. 진리를 진리대로 가감하지 않고 전하지만, 사랑의 원리를 함께 유지하는 것이다. 많은 문제들은 이 둘 중 어느 하나만을 고집하는 것에서 벌어진다. 진리만을 강조하다보면 많은 사람들을 찌르는 정죄의 칼을 마구 휘두르는 모습이 될 수 있으며, 동시에 사랑만을 강조하게 되면 사람을 하나님보다 높게 두고 진리를 무시할 가능성이 있다. 예수님도 이 둘을 함께 가지고 계셨다. 요한복음 8:1-11에 나온 간음한 여인을 다루시는 모습은 좋은 예이다. 예수님은 간음하다 현장에서 붙잡힌 여인을 정죄하지 않으시고 용서하신다. 하지만 그 여인에게 죄가 없다고 말한 적이 없으며, 또한 그 여인으로 하여금 계속 그 죄를 짓고 살라고 명한 적도 없다. 비록 죄가 있었던 여인이었지만, 회개하고 돌아올 기회를 주신 것이다. 그리고 용서를 경험했으면 그 죄 가운에 살지 않기를 기대하신 것이다. 이러한 진리와 사랑의 원리를 가지고 동성애 문제에 대해 기독교 공동체의 내적 차원과 외적 차원으로 구분지어 몇 가지를 제시하려 한다.

기독교 공동체의 내적 차원과 관련해서 첫 번째로 제시하고 싶은 것은 성경은 동성애를 창조주 하나님이 기뻐하지 않는 것으로 보고 있음을 분명히 제시해야 한다는 것이다. 현대적 관찰과 경험을 넘어 창조주의 뜻이 계시된 성경이 일관되게 제시한 원리임을 가르쳐야 한다. 물론 기독교인들이 아닌 사람들은 이런 가르침을 중요시 여기지 않을 것이고, 심지어 싫어할 것이다. 하지만 적어도 예수님을 통해 창조주 하나님과 관계를 맺고 있는 그리스도인들에게는 성경을 통해 계시된 뜻을 바르게 가르쳐야 한다. 이때, 그 가르침은 단순히 어떤 교리를 주입하는 형식이 아닌, 성경의 이야기를 풀어 본문이 말하는 것을 그리스도인들도 따라가면서 확인할 수 있는 방식이 되어야 할 것이다. 그래야 성경 자체의 내용을 보다 확실하게 이해하고 간직할 수 있기 때문이다.

두 번째로 비록 동성애가 죄인 것은 맞지만, 하나님의 진노의 궁극적 원인은 아니라는 것도 인식하게 해야 한다. 하나님을 창조주로 인정하지 않는 근원적인 죄(The Sin)와 그로 인해 파생된 죄들(sins)을 구분하지 않으면 몇 가지 문제들이 생길 수 있다. 가장 흔한 문제는 파생적 죄들을 해결하는 것을 구원으로 오해하는 경우이다. 물론 파생적 죄들이 윤리와 관련 있기 때문에 구원을 얻기 위해서는 이런 것들에 대한 회개의 과정이 필요하다. 하지만 그런 문제들이 생겨나게 되는 근본적인 죄의 문제를 인식하고 그것을 해결하지 않으면 참다운 구원은 없다. 동성애 문제도 마찬가지이다. 동성애는 죄다. 하지만 파생적인 죄들 중 하나이기에 동성애를 하지 않는다고 해서 구원을 얻는 것은 아니다. 마치 주일학교에서 착한 사람이 되도록 가르치는 것으로는 구원을 얻을 수 없는 것과 마찬가지이다. 근원적인 죄와 파생적 죄를 구분하지 않아 생기는 또 다른 문제는 이슈로 부각된 파생적 죄들의 하나를 절대화할 수 있다는 것이다. 역시 동성애가 좋은 예이다. 이슈로 부상되었기에 마치 그것이 가장 끔찍한 것이고 그것만 해결되면 모든 것이 괜찮아질 것처럼 여기는 분위기가 만들어질 수 있다. 그러나 이것은 착각이다. 동성애는 파생적 죄들의 하나이기 때문이다. 동성애 이외에도 수많은 파생적인 죄들이 교회공동체 안에 실재한다. 따라서 사람들의 가치체계/지식체계 속에서 창조주를 인정하지 않고 자신을 주인으로 살아가려는 근원적 죄를 지속적으로 다루지 않는다면 피상적인 기독교가 될 가능성이 얼마든지 있다. 결국, 기독교 공동체에게 죄가 무엇인가에 대한 보다 분명한 가르침을 제공해야 하고, 그 가르침을 따라 근원적 죄와 파생적 죄들 사이의 관계성을 분별하며 대하는 것을 권면해야 한다.

   세 번째로 동성애자들이 교회공동체에서 하나님의 사랑과 진리를 경험할 수 있는 기회를 얻을 수 있도록 열어두어야 한다. 기독교 공동체는 차별 없이 그들을 받아주고 진리를 가르침으로 죄를 인식하게 하며, 하나님과의 바른 관계를 회복할 수 있도록 도울 준비를 해야 한다. 여기에는 교회공동체가 먼저 바른 진리로 튼실하게 서고 사랑의 관계를 잘 만들어가는 훈련이 필요하다. 특별히 교회공동체는 죄의 영향력이 강하고 질기다는 것을 분명히 인식하고 있어야 한다. 동성애 성향은 강하다. 하지만 그것만이 제일 강한 것은 아니다. 모든 죄는 끈질기고 사악하다. 그러므로 공동체는 동성애 성향을 절대 가볍게 취급해서도 안 되지만, 그렇다고 바뀔 수 없는 것으로 인식해서도 안 된다. 성화의 과정이 성령의 도우심으로 지속적으로 죄와 갈등하고 싸우는 것임을 인식하고 서로 지지해주며 함께 도우려는 자세가 필요하다.

기독교 공동체 바깥에 대해서는 우선적으로 동성애에 대한 진리를 가르쳐야 한다. 세상이 듣고 따를지는 미지수이다. 하지만 진리를 분명하게 증거하는 작업은 필요하다.

두 번째로 진리를 증거하는 일의 최종 목적은 그들을 정죄하려는 것이 아니라, 그들이 복음을 통해 참다운 하나님의 자녀가 되게 하는 것임을 잊지 말아야 한다. 사랑과 지혜로 최선을 다해 그들에게 바른 복음을 소개해야 한다. 그들은 파생적인 죄들을 행하는 사람이며, 동시에 그 내면에는 근원적인 죄를 가지고 있는 사람들이다. 그러나 그렇다고 할지라도 그들이 하나님의 구원을 받을 수 없는 사람들은 아니다. 어떠한 죄인이라도 하나님 앞에 구원을 받을 수 없는 죄인은 없기 때문이다. 동성애자뿐 아니라, 세상의 모든 불신자들이 근원적인 죄와 그로 인해 파생된 죄들을 가지고 있는 하나님의 원수들이다. 사람들을 사랑하신 그리스도 예수의 구속에는 차별이 없다. 그들도 여느 그리스도인처럼 회개하고 예수님을 믿는 은혜로 인해 창조주 하나님과 자녀 관계를 맺게 되는 구원을 얻을 수 있다. 적개감이나 혐오감을 가진 태도와 행동으로 그들에게 하나님의 진리와 사랑이 흘러가는 통로를 막는 것은 잘못이다. 교회공동체는 그들에게 교회의 문을 활짝 열어 하나님의 사랑과 진리를 알 수 있는 기회를 제공해야 한다.

세 번째로, 교회공동체가 세상 가운데서 빛과 소금의 모습을 더 잘 보여주는 것이 필요하다. 그동안 교회가 이 부분에서 많이 실패했기 때문에 교회의 증거가 힘이 없는지 모른다. 물론 교회가 윤리적으로 완전하다고 해도 세상이 교회의 증거에 귀를 기울이지 않을 수 있다. 그럼에도 불구하고 교회는 세상과 다른 하나님의 통치가 있음을 드러내는 통로이어야 한다. 특별히 가정과 성적인 영역에서 창조주가 의도하신 것을 잘 드러내는 좋은 모범이 되도록 힘써야 한다.

동성애 문제는 비단 어제 오늘의 일이 아니다. 아담 이후 계속 있어온 죄악의 한 모습이며, 모든 인간이 하나님의 진노 아래 있다는 증거 중의 하나이다. 세상의 죄악들이 완전히 사라지기까지는 동성애는 없어지지 않을 것이다. 미국의 교회들이 동성애와 열심히 싸우고 있음에도 불구하고 동성애를 지지하는 목소리가 점점 힘을 얻어가는 것이 그 한 예일 것이다. 한국의 상황도 점점 기독교에게 불리하게 될지도 모른다. 하지만 그런 상황 자체에 압도될 필요는 없다. 하나님께 반역하는 어둠의 영역은 늘 있어왔기 때문이다. 그렇기에 어둠의 영역에 오셔서 어둠에 사로잡힌 자들을 사랑하신 예수님의 마음과 삶을 더욱 본받는 것이 우리에게 필요하다. 성경을 통해 계시된 창조주 하나님의 뜻과 진리를 더욱 잘 알고 세상의 소리를 분별해야 한다. 세상에 속하지 않았지만, 세상 속에서 하나님이 소중히 여기는 사람들을 진리로 사랑하는 것 역시 더더욱 요구된다. 결국, 언제나 그랬던 것처럼 교회와 신자가 세상 속에서 빛과 소금의 모습으로 하나님의 자녀로서의 삶을 꿋꿋하게 살아가는 것이 모든 시대 모든 문제의 유일한 대안이다.

제 5 장

동성애, 혼돈 속의 사랑

채영삼 교수(백석대학교 신학대학원 신약학)

동성애는 같은 성(性) 간의 사랑이다. 사랑은 맞다. 필자는 동성애가 한 종류의 사랑이라는 사실을 부인하고 싶지 않다. 어떤 동성 커플은 다른 이성 커플에 비해 훨씬 더 신실하고 뜨겁게 사랑할 수 있다. 사실, 서로 '사랑한다'는 감정적 진정성(眞正性)은 그것을 가진 사람을 얼마든지 진실하고 또 용감하게 만들 수도 있다. 사랑은 불과 같아서 그 앞을 가로막는 모든 것을 태울 만큼 강하다. 그것이 사회적 편견이든, 반대하는 가족들이든, 혹은 성경 말씀이든, 아니면 하나님이라도, 사랑의 불길은 그 앞에 선 모든 것을 불태울 만큼 강할 수 있다.

필자는 동성애가 분명히 하나의 사랑이라고 생각한다. 동성애자들 역시 끊임없이 사랑을 외친다. 종종 동성애 퍼레이드에서 볼 수 있는 "사랑이 이긴다!"(Love wins!)라든지 "예수님은 [당신 같은] 동성애 혐오자도 사랑하십니다!"(Jesus loves even homophobes!)라는 구호들도 모두 '사랑'에 호소한다. 그렇다 동성애도, 아니 동성애는 사랑이다. 하지만 '어떤' 사랑인가?

1. 생명(生命) 없는 사랑 (창 1:27-28)

우리가 '사랑한다'고 느끼며 행동하는 것이, 언제나 다 옳거나 유익하거나 하나님과 사람들 앞에서 인정될 수 있는 것은 아니다. 이미 결혼한 상대를 사랑하는 사람이 하는 성적(性的)인 사랑도 당사자들에게는 나름 진정성이 넘치는 사랑이다. 혹은 미성년자나 소아(小兒)를 성적(性的)으로 사랑하는 사랑도 있다. 하지만 왜 이런 사랑은 인정받지 못할까? 그저 사회적 편견 때문일까? 어떤 사랑이든 '내가 사랑한다'고 느끼면 그것은 그대로 나의 인간으로서의 '권리'로 인정받아야 하는 사랑인가? 그런 권리를 규정하는 것은 다만 시대나 사회나 문화적 환경에 따라 달라지는 상대적 기준일 뿐인가? 동성애를 옹호하는 어떤 사람들은 과연 "무엇이 정상이며 무엇이 비정상인지 그것을 구분할 기준은 무엇인가?"라고 묻기도 한다. 그런 기준은 인간들이 만들어 낸 것이며, 시대나 환경에 따라 바뀐다는 것이다.

하지만 그런 극단적인 가치 상대주의는 우리들의 머릿속에만 들어 있다. 실생활은 그렇지 않음을 보여준다. 우리는 누구나 남의 것을 훔치는 것이 피해를 주는 일이며 나쁜 일임을 본능적으로 알고 있다. 이유 없이 남을 해치거나, 거짓말을 하거나, 사람의 생명을 죽이거나 하는 짓은 시대와 장소를 불문하고 보편적으로 죄악으로 느낀다. 아무리 가치가 상대적이라고 주장하는 사람이라도 그렇게 잔인하고 불신(不信)이 가득하고 무법(無法)한 혼돈의 사회 속에서 살고 싶어 하지는 않을 것이다. 반면에 서로 존중하고 돕고 불쌍히 여기며 정직하고 성실한 태도는 장소나 시대를 불문하고 모두가 느끼는 덕스러운 행동이다. 양심 같은 것도 마찬가지이다. 도둑들이 물건을 훔치고 나서 서로 나누는데, 그 훔쳐온 물건 중 하나가 없어지면, "우리 중에 어떤 양심 없는 놈이 이런 짓을 했는가!"라는 농담이 있듯이, 양심은 누구에게나 보편적으로 있는 가치판단의 근거이다.

그러나 당신이 만일 이렇듯 현실적으로 작동하고 있는 보편적인 양심이나 가치기준 자체가 상대적인 것이라고 주장한다면, 동성애가 잘못된 것이 아니라는 당신의 그러한 생각을 변화시킬 방법이 거의 없어지게 되는 것이다. 무엇이 정상인지 또는 비정상인지에 대한 비교적 보편적인 사실마저도 상대적이라고 믿기 때문이다. 이런 상대주의에 빠진다면 과연 무엇이 나쁘고 좋은 것인지를 결정할 근거가 사라지고 만다. 동성애만 괜찮은 것이 아니다. 정상과 비정상을 구분하는 기준이 그렇게도 '상대적인' 것이라면, 소아성애(小兒性愛)나 심지어 수간(獸姦) 같은 것도 나쁜 것이라고 정할 기준이 어디에 있는가?

더 나아가 동성대신, 도박을 너무나 사랑하고 혹은 술이나 마약을 너무 사랑하는 것도 개인의 권리가 아닌가? 누가 그런 '사랑'을 좋다 나쁘다 정했는가? 사회가 아닌가? 그러니 사회를 바꾸면 되지 않는가? 그렇지 않다. 이런 사랑은 사회가 인정하더라도 '파괴적'이라는 본질을 피할 수 없기 때문이다. 아이를 성적(sexual)으로 사랑하는 것도 사랑이라고 주장할 수 있을 것이다. 그러나 그것은 파괴적이다. 아이는 성적으로 준비되어 있지 않기 때문이다. 동물을 성적으로 사랑하는 것도 어째든 사랑 아닌가? 무엇이 잘못되었는가? 그렇게 주장할 수도 있다. 하지만 거기서 어떤 생명이 나오겠는가?

마찬가지로, 도박이나 술이나 마약을 사랑하는 것도 사랑이 아닌가? 하지만 그런 사랑은 얼마나 파괴적인가? 파괴적이라는 말은 생명을 낳지 못하고, 낳지 못할 뿐 아니라, 죽고 멸망하는 길로 내달린다는 뜻이다. 사랑이라고 다 사랑이 아니다. 생명을 낳고 풍성하게 하는 사랑이 있고, 죽이고 멸망시키는 사랑도 있다. 그래서 우리는 동성'애'(愛)가 '사랑'이기는 하지만, '어떤' 사랑인지를 물어야 하는 것이다. 단지 그것도 '사랑'이기 때문에 속아서는 안 된다.

동성애는 '어떤' 사랑인가? 동성애가 이성애(異性愛)와 다를 것이 없다고 말할 수 없다. 둘 다 성적 사랑이라는 점에서는 같다. 하지만 동성애는 본질적으로 '생명'과 연결되어 있지 않다. 동성애 역시 성적 사랑이지만, 그것은 '생명 없는' 사랑이다. 결혼을 했는데 아이를 낳지 못하는 상황은 부자연스러운 것이다. 그리고 이런 부자연스러움은 누구에게나 어디에서나 보편적인 감정으로 알아진다. 동성애 커플들도 결혼해서 자녀가 없다면 슬플 것이다. 가정이란 자녀 없이 완성되지 않기 때문이다. 그런데 동성애 커플은 처음부터 생명을 산출할 조건 '없이' 탄생(?)한다. 생각해 보라. 동성결혼의 경우에는 이런 부자연스런 상황이 처음부터 주어진 조건(條件)이다. 처음부터 생명의 출산(出産)이라는, 결혼에 있어서 가장 자연스런 '생육하고 번성하는' 현상이 원리적으로 거부되는 관계인 것이다(참조. 창 1:27-28). 즉, 동성결혼 스스로는 생명을 창조해 낼 수 없는 불임(不妊)의 관계이다. 그것은 원칙적으로 생명의 씨앗이 뿌리를 내리고 자랄 수 없는 황무한 땅을 보는 것과 같이 허무하고 황폐한 느낌을 준다.

혹시 동성결혼 관계라도 정자(精子)를 빌리거나 시험관 아기, 혹은 대리모 등을 사용해서 생명을 낳고 자녀를 기를 수 있다고 주장할 수 있다. 하지만 바로 그런 경우가 '비정상'이다. 왜 동성결혼 자체 안에서 생명을 산출하지 못하고, 다른 곳에서 생명의 씨앗이나 그 생명의

터를 빌려와야 하는가? 종종 이성 간의 결혼에서도 그런 경우가 있듯이, 동성결혼도 그런 도움을 받는 것이 무엇이 잘못되었느냐고 물을지 모른다. 하지만 문제는 예외나 발전된 과학기술이 아니다. 동성애가 스스로 '정상'이라고 주장하려면, 구차하게 이성 간의 결혼 관계에서나 가능한 생명의 산출을 흉내지도, 혹은 그런 도움을 받지도 말아야 한다. 차라리 자녀를 낳을 수 없는 결혼 관계가 정상이라고 주장하는 것이 떳떳하고 논리적으로 일관성이 있지 않은가!

동성애가 이렇듯 무엇인가 '부자연스럽다'는 지울 수 없는 느낌은 그래서 동성 간의 포옹이나 키스가 낯설다거나 단지 익숙하지 않다는 첫인상에 그치지 않는다. 그것은 단지 '편견'이나 '사회적 차별'의 수준이 아니다. 그것은 원리적으로 부자연스런 사실에 대한 보편적인 느낌이다. 자녀 없는 결혼이 자연스러운가? 그것은 동성결혼을 한 동성 커플에게도 부자연스럽게 느껴지는 무엇이다. 만일 그것이 자연스럽다면 억지이다. 거의 모든 생명들이 또 다른 생명을 낳기 때문이다. 우리가 사는 세계는 생명이 생명을 산출하는 세계이다. 그렇지 않은가? 우리 주변에 풀이나 나무, 동물들 중 어느 것이 생명을 산출하지 않는가? 그러나 동성결혼은 그 자체로서 생명을 산출할 수 없는 불임(不姙)의 관계이다.

그러므로 동성애자들이 동성애의 정당성이나 혹은 '정상성'(正常性)까지 주장하며 동성애는 '틀림'이 아니라 '다름'으로써 동성결혼의 합법성까지 얻어내려는 노력은, 사실 인간이 보편적으로 갖는 정상이나 자연스런 것에 대한 본성적 판단까지 억지스럽게 만들지 않고는 이루어질 수 없는 일이다. 다시 말하면, 동성애가 정상(正常)이 되고 다수(多數)가 된다면 장차 어떤 사회가 올지 상상해 보라. 그것은 생명이 창조되지 못하는 불임의 황무지일 것이다. 그러므로 동성애는 설사 다양성의 한 부분으로 인정받을지라도, 언제나 사회에서 소수로 남을 수밖에 없다. 다수가 되는 순간 그 사회는 더 이상 존속하지 못하고 몰락할 것이기 때문이다. 그래서 동성애는 '정상'이 될 수 없다.

2. 뒤집어진 사랑 (로마서 1:26-27)

바로 동성애와 관련된 말씀인 로마서 1:26-27의 본문은 이런 문맥에서 제대로 이해될 수 있다. 그것은 단지 '기독교적의 경전인 성경 말씀' 정도가 아니다. 우리가 살고 있는 이 세상의 현실적인 근본 구조, 그리고 그렇게 피조 된 세계의 일부인 '인간'으로서 우리 자신이 만들어진 근본 구조에 관련된 말씀이기 때문이다. 성(性)과 생명은 창조에 관련된 문제이다. 하나님께서 세상을 창조하시고 남자와 여자를 만드셨다. 그들을 결혼 관계 안에서 살게 하시고 자녀를 낳고 생육하고 번성하도록 하셨다. 하지만 인간이 하나님의 말씀을 버리고 하나님을 떠남으로, 모든 질서가 깨어졌다(창 1-3장). 그러나 하나님은 그 아들을 보내셔서, 이 깨어진 세상을 회복하고자 하신다. 그것이 복음이다.

깨어진 세상의 회복을 다루는 이 본문은 로마서 1:16-17에서 선포한 '복음'으로부터 시작한다. '기쁜 소식'이다. 복음에 나타난 '의'(義), 복음을 '믿음'으로써 주어지는 '의'에 관한 기쁜 소식이다. '의'라는 것은 성경에서 우선적으로 '바른 관계'이다. 사람이 하나님과 맺는 바른 관계, 사람이 사람과 맺는 바른 관계, 그리고 사람이 세상과 맺는 바른 관계이다. 그런 마땅한 관계가 선물로 주어진다. 그렇게 원래부터 있는 '의로운 관계'를 선물로 '받는' 것이 믿음이고, 그 선물로 받은 '의로운 관계' 속에서 살아가는 것이 또한 '믿음'이다. 그래서 믿음으로 의인이 되고 의로운 관계 속에서 믿음으로 사는 것이, 오직 믿음으로 사는 것이다. 믿음에서 믿음에 이르는 삶이다.

그러므로 우리는 로마서 1:18 이하부터 로마서 1:26-27의 동성애에 관련된 본문에 이르기까지, 성경이 가르치는 동성애에 관련된 말씀이 우선적으로 '복음', 즉 '의로운 관계'의 회복이라는 '기쁜 소식'을 배경으로 하고 있다는 사실을 잊지 말아야 한다. 이것이 로마서 1:18 이하 '하나님의 진노' 아래 놓여 있는 '불의한', 곧 '뒤틀어진 관계 속에' 놓여 있는 세상을 대하는 성경의 근본적인 접근방식이다. 기쁜 소식, 즉 하나님과 사람, 그리고 이 세상에 대하여 '바른 관계'에서 살 수 있는 능력과 기회가 은혜로, 선물로 주어진 것이다. 세상은 이런 은혜의 복음이 필요하다. 왜냐하면 하나님을 떠난 세상의 가장 큰 특징이 바로 그런 '바른 관계, 원래의 관계'에서 벗어나고 깨어지고 뒤틀려 있는 상태에서 살아가는 것이기 때문이다.

따라서 로마서 1:19-23까지는 이렇게 '깨어진 관계', 혹은 '불의한'(18절) 관계의 근본적인 행태를 폭로하고 적나라하게 묘사한다. 그것은 1:21-23에서 절정에 이르는데, 하나님을 떠난 사람들이 '그 만드신 만물'에 나타나 있는 하나님의 영원하신 능력과 신성(神性), 즉 '바른 관계와 조화, 질서' 속에 나타나 있는 하나님의 통치의 아름다움과 그 생명의 충만한 것을 알고 누리면서도, (i) 하나님을 영화롭게 하지도 않고, (ii) 마음이 어두워져 스스로 지혜 있다 하며, (iii) 썩지 않는 하나님의 영광을 썩어질 피조물의 형상의 우상으로 '바꾸었다'는 것이다. 하나님의 권위를 무시하고, 전혀 다른 스스로의 기준을 세우며, 결국은 우상 숭배로 빠지는 것이다.

여기서 결론적으로 1:23에 기록된 '바꾸었다'($\mathring{\eta}\lambda\lambda\alpha\xi\alpha\nu$, 엘락산)는 표현은 하나님을 떠나 깨어진 관계 속에 있는 창조세계의 부패한 특징을 정확하게 집어내는 용어이다. 풀어 설명하면 '(종류가) 다른 것으로 대치하여 변질시켰다'는 뜻이다.[1] 하나님은 사람이 아니시다. 사람은 하나님이 아니다. 사람은 돌이나 개도 아니고 돈이나 쾌락도 아니다. 사람은 하나님의 형상으로 지음 받은 존재이기 때문이다. 더구나 하나님이 메뚜기나 개구리나 돼지나 혹은 나무나 달이나 돌이 아니시다. 하나님은 피조물이 아니시기 때문이다. 이런 창조와 더불어 존재하는 근본적이고 본질적인 '구분'(區分)을 무너뜨리고 서로 뒤섞고 뒤바꾸고 한 종류를 다른 종류로 대치시켜서 그 본질을 변해버리도록 뒤섞는 '혼돈'(混沌, chaos) 그것이, 하나님을 떠나 불의로 진리를 막는 사람들의 모든 경건치 않음과 불의의 특징이고 결과이다.

생각해 보라. 하나님이 세상을 창조하셨다. 그리고 그 세상을 다스리라고 자신의 형상을 따라 사람을 만드셨다. 그래서 하나님과 사람 사이는 창조주와 피조물이라는 간격이 있다. 또한 하나님의 형상에 따라 지음 받은 사람과 다른 피조물들 사이에도 넘을 수 없는 간격이 있다. 우상 숭배란 이런 간격을 모두 파괴하고, 이런 질서를 모두 뒤집는 것이다. 영광을 받으셔야 하는 하나님을 다른 피조물보다 못하게 바닥으로 내던지고, 맨 아래에서 다스림을 받아야 하는 피조물의 형상을 사람보다, 그리고 하나님보다 위에 놓고 숭배하며 사랑하며 순종하는 것이다. 이것이 '뒤집어진 사랑' 곧 우상 숭배의 모습이다. 이것이 불의한 관계이다. 여기에 하나님의 통치가 임할 수가 없다. 그것은 '뒤집

---

1 Liddell & Scott, *A Greek-English Lexicon* (London: Clarendon Press, 1996, with a revised supplement), 68, 주로 A를 B로 대치했다든지, 변질시켰다는 의미로 쓰였다; Louw & Nida, *Greek-English Lexicon of the New Testament based on Semantic Domains* (New York: United Bible Society, 1988, 1989), vol. 1, 58.43(591쪽), 어떤 것의 성격이나 본질을 변질시킴(행 6:14); 57.142(574쪽), 또는 교환하거나 대치하듯이 바꾸는 것을 가리킨다(롬 1:23, 25).

어진 하나님 나라'의 모습이기 때문이다.

문제는 바로 이런 무너지고 파괴된 질서, 곧 하나님의 창조세계의 질서와 그 통치가 무너지고 파괴된 극단적인 표현인 우상 숭배가 언급된 1:23 다음에 곧 24-28절에서 그 우상 숭배, 곧 파되 된 질서의 전형적인 증상(symptom), 혹은 결과로서 '동성애'가 언급된다는 점이다. 동성애가 세상을 파괴하는 것이 아니라, 오히려 파괴된 창조질서와 우상 숭배의 증상이요 결과로 지적된다는 점은 시사하는 바가 많다. 그러므로 성경적으로 보면 동성애는 단지 '차별'이나 '인권' 차원의 문제가 아니다. 동성애가 성경적으로 중요한 문제인 것은, 이것이 우상 숭배, 즉 인간이 하나님의 영광을 '사람과 짐승과 버러지의 형상'과 맞바꾸는 창조질서의 파괴의 전형적인 증상으로 표현되기 때문이다.

사실 동성애가 죄라면, 그것은 살인보다는 현실적으로 가벼운 죄일 것이다. 또한 그것은 남의 것을 훔치는 것과 관련되어 있는 간통보다도 가벼운 죄일 수 있다. 하지만 동성애가 이러한 더 무거운 죄들과 비교해 특별한 점이 있다면, 1:23에서 언급한 '바꾸었느니라'(ἤλλαξαν, 엘락산)라고 하는 하나님 나라 질서 파괴와 혼돈, 그리고 우상 숭배라는 전복(顚覆, reversal)을 표현하는 행태를 '상징적으로' 가장 잘 드러내는 죄이기 때문일 것이다. 필자는 동성애가 타인에게 '직접적인 피해를 주는' 간통이나 살인과 같은 차원에서는 무거운 죄라고 생각지 않는다. 하지만 동성애는 '상징적으로' 자연 질서를 통해 나타나는 하나님의 다스림, 통치를 완전히 전복하는 우상 숭배의 한 특징적이고 전형적인 증상이라는 점에서, 매우 중요한 문제라고 보는 것이다.

혹자는 로마서 1:24-27이 동성애에 대해서는 구체적으로 언급하는 바가 없다고 주장하기도 한다. 하지만 24절에서 '그들의 몸들을'(τὰ σώματα αυτων, 타 소마타 아우톤)이라 하여 육체를 구체적으로 언급한 것이나, 여자와 남자, 그리고 이런 맥락에서 사용된 '욕정'(ἐπιθυμια, 에피쒸미아) 등의 표현, 또한 '순리대로 쓴다'든지 '역리로 쓴다'든지 하는 '명확한' 도착(倒錯)적인 성적 표현들을 무시한다면, 본문을 두고 성경 해석을 하는 의미가 전혀 없는 것이다. 뒤에서 별도로 논증하겠지만, 그렇게 하려면 그저 자신들이 원하는 내용만을 부풀려서 확대 해석하든지, 아니면 차라리 스스로 새롭게 자신들을 위한 성경을 쓰는 것이 더 정직하고 일관된 태도일 것이다.

또 다른 이들은 특히 1:26-27의 본문은 '동성애자들 간의 동성애가 아니라, 이성애자들이 동성애를 행하는 것'을 두고 지적한 것이라는 궤변을 펼치기도 한다. 상식적으로 맞지 않은 논리이다. 그것은 마치 술 취한 사람이 계속 술을 마시며 운전하는 것은 괜찮지만, 안 먹고 차를 탔다가 다시 맘을 바꾸어 술을 마시고 운전한 사람만 죄가 있다는 것과 같다. 마찬가지로 도적질과 살인을 해오던 사람이 계속하는 것은 문제 삼지 않지만, 도적질도 살인도 하지 않다가 갑자기 바뀌어져서 훔치고 살인하는 사람만 처벌하자는 우스꽝스런 논리가 되어 버린다.

이런 경우는 본문이 동성애를 언급하는 것을 인정할 수밖에 없지만, 그 행위가 적용되는 범위를 좁혀보려 한 것이다. 하지만 1:27에서 '순리대로 쓸 것'(퓌시켄 크레신, φυσικὴν χρησιν)이라든지 '역리로'(παρὰ φύσιν, 파라 퓌신)라 할 때, '퓌시스'(φύσις)는 '창세로부터'라든지 '그 만드신 만물'(20절)을 언급하는 1:18-23의 배경이 되는 하나님의 창조에 깊이 연관된 표현으로서, 하나님이 사람을 남자와 여자로 만든 피조 된 본성을 가리키는 것이다. 사람이 쥐가 아니듯이, 남자는 여자가 아니며 여자는 남자로 창조되지 않았다는 의미이다. 각자 식물과 동물, 그리고 사람이 '종'(種)이 다르듯이, 창조세계에 있어서 남자와 여자도 그런 다른 성적인 본성을 가지고 지음 받은 사실을 가리키는 표현인 것이다.

이렇게 보면, 단순히 이성애자가 동성애를 행하는 특정한 '뒤바꿈'만을 가리키는 것이 아니라, 애초부터 남자가 여자를 성적 대상으로 하지 않거나, 여자가 남자를 그렇게 하지 않고, 이를 뒤바꾼 동성애 자체를 '순리를 거스른 역리'로 보는 것이다. 쉽게 말해서, 창조질서 곧 하나님의 의로운 통치를 깨뜨리고 거스르는 행동으로 보는 것이다. 사실 하나님의 창조질서를 깨뜨리고 거스르는 행동들은 무수히 많다. 동성애도 그중 하나일 뿐이며 그것도 그렇게 무거운 죄는 아니라고 할 수도 있다. 하지만 1:17-32의 문맥은, 하나님이 영광을 받으셔야 하는 정점에 계시지 않고 도리어 피조물이 그 정점에서 숭배와 사랑을 받으시며, 하나님은 무시되고 그의 영광은 짓밟히는 우상 숭배의 한 전형적인 현상으로서 동성애가 지목된다는 것 때문에, 동성애는 상징적으로 매우 주목할 만한 현상이라는 것이다.

그리고 본문에서 동성애는 하나님을 마음에 두기 싫어하는 상태의 주된 특징이고, 또 그런 부패를 더욱 조장하는 문제의 원인처럼 기록된다. 이렇게 '뒤바꾼' 혼돈의 성적 생활을 따라 다른 불의, 추악, 탐욕, 악의, 시기, 살인, 분쟁, 사기, 악독, 수군수군하는 것, 비방하는 것, 하나님을 미워하며 능욕하고 교만한 것, 헛된 자랑과 악을 도모하는 등의 죄들(롬 1:28-32)이 따라 열거되는 것은 동성애가 하나님의 나라에 포함되는 창조질서를 뒤트는 근본적인 죄악에 있어서 결코 가볍지 않은 위치에 있다는 사실을 보여준다.

그것은 동성애가 직접적으로 '사랑'에 관련되어 있고, 육체적 연합에 관련되어 있는 문제이기 때문이다. 사랑은 무엇보다 큰 것이다. "하나님은 사랑이시다"(요일 4:8). 단순히 도적질하는 문제보다 사랑의 문제는 하나님과 그의 세계를 드러내는 일에 있어서 치명적으로, 그리고 상징적으로 매우 중요하다. 사람이 어떤 대상을 어떻게 사랑하느냐는 근본적으로 가장 신학적이고 영적이며 또한 실제적인 문제이다. 우상 숭배란 그래서 '뒤집어진 사랑'이다. 우상 숭배는 탐욕(lust)이고 탐욕이 우상 숭배의 특징이라는 사실이 이를 증명한다(골 3:5). 우상 숭배도 사랑이다. 하지만 그것은 하나님의 통치 질서에서 완전히 뒤집어진 사랑의 극단적 표현인 셈이다. 그리고 그 뒤집어진 사랑의 혁혁한 증거로서, 동성애가 먼저 나온다는 것이다. 이것이 로마서 1:17-32의 논조라는 사실을 뒤집기는 어렵다.

모든 죄가 수치스럽고 부끄럽지만, 그러한 죄들 가운데서도 특히나 동성애는 창조의 영광을 뒤집어버린 수치스러움, 부끄러움을 가장 극명하게 보여주는 변질된 행동으로서 그 죄악의 심각성이 크다고 할 수 있다. 로마서의 문맥에서 보면, 동성애는 살인도 아니고 도적질도 아니지만, '뒤집어진 사랑'을 표방함으로써 신학적으로, 또 상징적으로 하나님 나라를 거스르는 표지로서 중요한 의미가 있다는 것이다.

3. 혼돈(confusion) 속의 사랑

신약에서 동성애를 언급하는 다른 본문들도, 로마서의 해당 본문에서 보이는 이런 맥락에서 크게 벗어나지 않는다. 예를 들어, 고린도전서 6:9에서 '남색하는 자들'(아르세노코이타이, ἀρσενοκοιται)이 하나님 나라를 유업으로 받지 못한다는 것도 일관된 맥락이다. 혹자는 여기서 '남색하는 자들'이 이방신전에서 매음(賣淫)하던 남창(男娼)들의 '남색'(男色, male sexual pervert)에만 국한된다고 말할지 모른다. 하지만 우상 숭배에 직접 관련되어 있지 않더라도, 동성애가 상징적으로 하나님 나라, 그의 통치를 거스르는 측면은 그 창조된 성(性)을 '뒤바꾸어' 쓰는 역리(逆理)적 행동이 있다는 로마서의 논지를 기억해야 한다. 특히 '사랑'에 관련하여, 또는 창조와 생명에 관련된 성적 행동에 관련하여, 이러한 역리적 행태는 창조세계 뿐 아니라, 장차 오는 하나님의 통치의 나라에서도 용납되지 못한다. 그것은 하나님의 '나라'가 질서와 의로운 조화의 세계이며, 장차 오는 그의 나라는 창조질서의 폐기가 아니라, 도리어 성취이고 충만이며 완성이기 때문이다. 창조질서에서도 파괴적이고 거스르는 행태가 그 창조질서의 회복과 완성을 의미하는 하나님의 나라에서 보존될 리가 없는 것이다.

또한 율법이나 반대로 거짓 가르침과 관련하여, 디모데전서 1:10에도, 율법은 다른 죄들을 범하는 자들과 마찬가지로 '남색하는 자들을 위하여'(아르세노코이타이스, ἀρσενοκοιταις) 있는 것이라는 내용이 언급된다. 율법은 하나님이 지으신 세계 안에서 모든 '바른 관계', 곧 '의'에 대한 하나님의 법이요 규정이다. 즉, 법으로 표현된 하나님의 통치, 나라의 시현인 것이다. 남색하는 자들은 율법에 의해서 그것이 죄, 곧 의를 깨뜨리는 죄임을 깨닫게 된다는 것이다. 죄를 죄로 드러내는 것이 율법의 기능이다.

유다서 1:7도 '다른 색을 따라 가다가' 혹은 풀어 말하면 '다른 성, 혹은 다른 종류의 육체를 가지려고 좇다가'(아펠쑤사이 오피소 사르코스 헤테라스, ἀπελθουσαι ὀπισω σαρκος ἑτερας)라는 표현이 나온다. 남자가 여자의 육체가 아니라, 남자나 혹 짐승의 몸을 성적 대상으로 삼는 것이다.[2] 여자의 경우도 마찬가지이다. 이처럼 동성애는 사랑이기

---

2 한편 R. J. Bauckham, *Jude, 2 Peter* (WBC 50; Waco, Texas: Word Book, 1983),

는 하지만, 혼돈 속에 있는 사랑이다. 그 성적 사랑의 대상에 대한 혼돈인데, 그것은 단순히 '다양한 선택' 중에 하나라는 의미가 아니다. 그것은 파괴를 가져오는 혼돈이다. 왜냐하면 이러한 행위는 창조질서를 통한 하나님 나라의 조화롭고 자유로우며, 그 안에서 생명이 풍성하게 넘치는 질서를 혼돈케 하는 것이기 때문이다. 사랑은 사랑이지만, 우상 숭배의 경우처럼 잘못된 대상을 향한 혼돈 속의 사랑이다.

특별히 유다서 1:7의 본문은 동성애 행태를 하나님의 심판을 피하지 못했던 소돔과 고모라의 죄악과 직접 연관시킨다. 사실, '남색'(ἀρσενοκοιται, 아르세노코이타이)이라는 표현도 '소돔 사람과 같은'(sodomy)라 해서 그 어원부터 소돔과 관련되어 있다. 혹자는 소돔과 고모라가 심판을 받게 된 죄악은 불의, 특별히 그 도시들 안에서 가난한 자들을 학대하고 공의가 바로 서지 못한 때문이며, 남색과 같은 죄는 핵심이 아니라고 말하기도 한다.

물론 사회-역사적 배경을 많이 들추어내서 확대하면 본문이 그렇게 보일 수도 있다. 하지만 성경 본문에서 무엇보다 명확한 내용을 제쳐두고 배경에 있는 어떤 역사적 추정 내용을 확대 해석하는 것은 본문의 명확한 의도를 무시하는 해석이 될 수 있다. 이렇듯이, 동성애와 관련된 성경 본문의 문제는 종종 해석의 방식과 관련된다. 필자는 성경 해석의 일관성과 명료성을 존중하는 해석이 훨씬 공정하다고 확신한다. 성경 한 귀퉁이의 배경에서 꺼낸 어떤 내용이 아니라, 성경이 일관되고 명확하게 가르치는 내용이 동성애에 관한 성경의 입장이라고 보아야 한다는 것이다.

---

53. 여기서 '다른 육체'는 '동성'의 육체가 아니라, 천사들이라고 본다(참고. 창 6). 하지만 Bauckham 역시 전체 문맥이 성적 타락을 포함한 하나님에 의해 주어진 창조질서의 파괴라고 보는 점에서는 이견이 없다.

4. 관련된 성경 본문들의 정당한 해석

또 다른 사람들은 구약에서 죄로 지정되었던 동성애(레 20:13)가 신약에 와서 율법이 폐하여졌으므로 지킬 필요가 없어졌다는 궤변을 주장하기도 한다. 신약에 와서 예수님이 은혜로 이 모든 것을 폐하셨다는 것이다. 하지만 사실은 오히려 반대이다. 구약에서 죄로 지정되었던 죄의 목록들은 신약에 와서 더욱 강화되었다. 이러한 사실에도 불구하고 성경을 통하여 동성애를 옹호하려는 주장이 이는 이유는 성경 본문을 일관되고 체계적으로 읽지 않고, 부분적으로 자신들이 원하는 내용만을 취합하려 들기 때문에 생기는 현상이다. 하나님의 일관되고 온전하신 뜻을 치우치지 않고 냉정하게 분별한다면, 구약에서 요구되었던 거룩한 명령이 신약 성도들에게는 폐기되어 적용되지 않는다는 식의 주장은 하지 못할 것이다.

예수님은 "내가 율법이나 선지자나 폐하러 온 줄로 생각지 말라. 폐하러 온 것이 아니요, 완전케 하려 함이로라"(마 5:17)고 선포하셨고 그대로 이루셨다. "옛 사람에게 말한바 살인하지 말라"고 하신 구약 율법의 명령은 예수님에 의해서 더욱 강화되었다.[3] "나는 너희에게 이르노니 형제에게 노하는 자마다 심판을 받게 되고"(마 5:21-22)라고도 말씀하셨다. 율법에 "간음하지 말라"는 명령도 폐기되었는가? 전혀 그렇지 않다. 도리어 강화되었다. 예수님께서는 '여자를 보고 음욕을 품는 자마다 마음에 이미 간음한 것'이라고 단언하기까지 하셨다(마 5:27-28). 간음의 경우가 이렇듯 강화되었다면, 하물며 동성애는 어떻

---

3 채영삼, "마태의 산상수훈(마 5-7장)에 대한 구원론적 해석과 마태의 기독론," 「기독신학저널」(2007): 5-37 참조.

겠는가?

주목하여 보면, 예수님께서는 이 경우에 '(남자가) 여자를 보고 음욕을 품는' 경우를 예로 들어 말씀하신다. 그렇다면, 남자가 남자를 보고 음욕을 품는 경우를 생각해 보라! 이것은 두말할 나위도 없이 명백한 것이다. 어떤 이들은 동성애가 신약에서 다른 죄들에 비해 많이 언급되지 않음으로, 그렇게 중대한 죄가 아니라고 주장한다. 하지만 이러한 주장은 사실을 왜곡하는 것이다. 많이 언급되지 않는 이유가 중요하지 않기 때문이 아니라, 동성애에 대한 죄의 성격이 많은 말이 필요 없을 정도로 너무나 명약관화하기 때문에 언급하는 횟수가 적은 것임을 알아야 한다. 예를 들어, 신약성경에 소아 성애의 부당함을 언급한 부분이 거의 없다. 그렇다면 신약이 이런 죄를 가볍게 취급한 것인가? 혹은 동물과의 성교(性交)를 정죄하는 본문도 찾아보기 어렵다. 그렇다면 수간(獸姦)도 그리 중요하지 않은 죄이기 때문인가? 흔히 "어이가 없어서 말이 안 나온다"고 할 때가 있다. 말하지 않는 이유가 중요하지 않기 때문만은 아닌 것이다.

그러므로 동성애와 관련된 성경 본문을 어떻게 해석할 것인가 하는 문제는 그런 본문의 존재만큼이나 중요하다. 해당 본문을 특별히 '문맥에 따라', 그리고 성경 전체에 나타난 하나님의 일관된 의지와 판단, 즉 그분의 뜻과 목적을 분별하고자 하는 진실하고 공정한 마음으로 해석하고자 해야 한다. 그렇지 않고 빠져나갈 구실만 찾는 것처럼, 한두 단어에 집착하여 본문의 명백성과 성경의 일관된 주장을 도외시하는 것은 비양심적인 일이다.

필자는 마태복음 8장에 나오는 왕의 신하의 '종'이 고침 받은 사건을 두고, 소위 '퀴어 비평'이라는 해석 방식을 통해 본문을 동성애를 지지하는 것으로 해석한 어느 글에 대해 논리적으로 반박한 글을 쓴

적이 있다. 그 글을 이 지면을 통해 다시금 소개하고자 한다. 이유는 동성애와 관련된 본문을 정당하게 해석하는 일이 매우 중요함을 예로서 보여주기 위함이다.

마태복음 8장과 동성애, 예수, 그리고 성경 해석[4]

마태복음 8:5-13을 동성애 옹호적 관점에서 해석한 내용이 논란이 되고 있다('퀴어 비평' 재해석, 뉴스앤조이 6월 13일자 참조). 내 관심은 '동성애'라는 주제보다는 성경 해석에 관한 것이다. 성경 본문을 어떻게 해석해야 공정한 것인지에 대해 말할 필요를 느낀다. 그들의 논거는 이렇다.

첫째, 마태복음과 누가복음의 기자가 각각 백부장의 아픈 하인을 의도적으로 παῖς(파이스)와 ἔντιμος δοῦλος(엔티모스 둘로스)란 표현을 사용한 점. 즉, 이 구별된 어휘들이 당시에 가지고 있던 '문화적' 맥락의 중요성. 둘째, 백부장과 예수의 계급과 관련한 사회학적 분석은 백부장이 그의 아픈 하인과 연인 관계라고 하는 결론을 뒷받침하는 전거들이다. 셋째, 결론은 이렇다. 예수의 한마디 "내가 가서 고쳐 주겠다." 넷째, 그리고 예수는 "동성 연인을 사랑한 이 백부장이 하나님 나라에서 인정받게 될 것이라고 칭찬한다."

하나씩 살펴보자. (1) 마태복음에서 사용된 단어들을 해석할 때, '문화적' 맥락보다 중요한 것은 '본문의 문맥'이다. 그것은 단어의 의미를 결정하는 것에 관한 해석학적 논의에서 이미 합의가 된 결론이다. 문제가 되는 본문의 1차적 배경은 유대교나, 유대적 문화이다. 그레코-

---

4 www.newsnjoy.or.kr, 2015, 6월 15일.

로만 문화적 배경은 2차적이다. 청중이 1차적으로, 유대적 그리스도인이기 때문이다. 그래서 '파이스'를 당시 그레코-로만 문화적 배경에서 어떻게 사용했는지로 읽는 것은 부차적이다. '파이스'가 문화적으로도 '종, 아이'로 읽히는 것이 압도적이라는 사실을 차치하고서라도, 그 단어가 마태복음 안에서 어떻게 쓰였는지가 해석의 중대한 배경이 된다는 것이다.

그것은 예를 들어, 예수를 당시 '문화적'으로 소크라테스와 비교할 것이 아니라, 구약에서 약속된 메시아와 비교하는 것이 더 본문의 문맥에 적합한 것과 같다. 그런 '병행'을 발견하면 흥미롭고 상당히 그럴 듯하게 느끼게 되지만, 그런 병행을 바로 본문 안에 쉽게 대입해서는 안 된다. 예를 들어, 'she is hot'은 무슨 뜻인가? 그녀가 매력 있다는 뜻인가, 아니면 그녀가 덥다는 뜻인가? 그것은 그 단어가 사용된 본문의 문맥을 알지 않고는 단정할 수 없다. 본문 해석에 있어서는, 어떤 외적인 '병행'보다 '본문 내적인 문맥'이 훨씬 더 결정적임을 기억해야 한다.

(2) 유사하게, 누가복음의 ἔντιμος δοῦλος(엔티모스 둘로스)에서 그 '특별히 여김'을 받았다는 것은 그럴 수 있는 수많은 이유들 가운데 어떤 것인지를 확정할 근거가 본문에 전혀 없다. '엔티모스'에서 '티메'란 원래 존경받을 만한, 존귀한이라는 뜻이다. 명예로운 무엇일 가능성이 더 일반적이다. 그래서 종('둘로스')이라면 마땅히 일을 잘 해서 그런 것이라고 보는 견해가 훨씬 더 타당하고 일반적이며, 가장 안전한 해석이다. 그 이유가 '동성애'라고 보는 것은, 해변의 모래알들 중에 한 움큼을 쥐고, 이것이 이 바다 모래알들 가운데 가장 때깔이 좋은 모래알이라고 주장하는 것과 다르지 않다.

(3) 사회학적 분석에 대한 그들의 주장을 보자. "그런데 이 이야기에는 한 가지 이상한 점이 있다. 로마의 백부장은 당시 정복자였고 억

압자였다. 예수에 비해 사회적 신분이 높은 사람이었다. 반면 예수는 유대 랍비로 피지배계급이었고, 억압받는 사회적 위치에 있었다. 그런 백부장이 예수에게 자신을 낮추고 간청하는 모습은 비범한 일이었다. 이 부분에 대해 마크(Mark) 목사와 제프(Jeff) 목사는 백부장이 병을 고쳐 달라고 간청한 그 하인이 사랑하는 연인이었다면, 이는 심적으로 충분히 납득할 만한 일이라 주장한다"(뉴스앤조이 기사 인용).

본문의 해석에 있어서는 본문이 처한 인접 문맥이 우선이다. 이 본문의 핵심은 '종과 주인'의 '관계'이다. 그 종이 어떤 종이었는지는 본문의 관심이 아니다. 저들의 주장대로라면, 백부장에게서 놀라운 점은 '예수께 대한 믿음'이 아니라, '그 동성애자에 대한 사랑과 애착의 뜨거움'이다. 동성애적 뜨거운 사랑이 그의 눈을 멀게 한 것이지, 예수 자신의 권세에 대한 믿음에 눈이 멀어 자기 신분도 잊은 것이 아니다. 그는 어떤 사랑에 눈이 멀었는가? 그러한 권세와 긍휼을 가지신 예수에게 눈이 먼 것이 아니라, 동성애에 눈이 먼 것이 된다.

그렇다면, 그리도 절박한 그에게 있어서 병을 고쳐주는 대상이 굳이 예수였을 필요가 있었을까? 당시 헬라의 그 많은 우상들이었으면 상관있었을까? 예수께서 과연 이렇게 '절박한' 믿음을 칭찬한 것이었을까? 마태복음의 본문은 이스라엘에 오신 '메시아'를 알아보지 못하는 유대인들에 대한 질타를 포함한다. 이방인들도 알아보는 메시아를 왜 유대인들을 알아보지 못하는가에 관한 질타이다: "이스라엘 중에서도 아무도 이만한 믿음을 만나보지 못하였노라!"(10절). 예수는 이스라엘 중에 아무도 그 백부장처럼 동성애인인 하인을 뜨겁게 사랑한 경우를 보지 못해서 그를 칭찬한 것인가?

(4) 예수께서 '내가 가서 고쳐주겠다'라고 하셨다. 그들의 해석대로라면, 그것은 동성애자를 그대로 인정한 것인가? 혹시 그의 병은 무엇

이었을까? 만일, '파이스'에 대한 그 많은 의미들 가운데 '동성애자'가 맞을 확률이 있다면, 이 하인의 병이 지금 우리가 '에이즈'(AIDS)라고 알고 있는 그 병일 확률은 얼마나 더 높은 것인가? 만일 그렇다면 혹시, 그 동성애로 생긴 병을 고쳐주시는 분께서 그 병이 계속 일어날 수 있는 동성애를 계속 하라고 가르쳤을까?[5] 간음한 여인에게 "나도 너를 정죄하지 않지만, 가서 다시는 죄를 짓지 말라"고 하신 그분이 여기서도 일관되게, "내가 그 병을 고쳐 줄 터이니, 다시는 그러한 병을 유발하는 그런 죄를-고대에서는 죄와 병이 밀접한 관계가 있다는 것이 상식이었다-다시는 짓지 말라 하셨을 확률이 높지 않은가?" '파이스'를 동성애적으로 해석하는 정도라면, 이런 해석이 어떻게 무리하다고 반증할 것인가?

(5) 그들의 결론을 인용해 보자. 예수님께서 "동성 연인을 사랑한 이 백부장이 하나님 나라에서 인정받게 될 거라 칭찬한다." 이것은 성경에 대한 잘못된 해석의 극단적인 면을 보여준다. 예수님이 칭찬한 것은 예수의 권세를 알아본 이방인의 예수께 대한 '믿음'이다. 그것이 그 크신 권세와 긍휼로 그 자신들에게 오신 이스라엘에게는 없었던 것이 기이한 점이라는 것이 마태복음 8-9장의 문맥이다. 설혹, 그들의 주장대로 예수님이 '동성애자인 백부장'을 사랑했다고 하자. 그렇다고 그것이 예수께서 그 '동성애 자체'를 인정한 것인가? 역시, 본문이 처한 마태복음 전체, 혹은 복음서 전체에 나타난 예수의 일관된 태도를 확인해 보아야 한다.

---

5   필자는 현대에 발견된 에이즈를 언급하는 것이 아니다. 에이즈 자체로서는 동성애와 어느 정도 상관성이 있다 하더라도, 에이즈 자체가 동성애에 대한 하나님의 진노라고 말할 수는 없다. Moo, *Romans* (NICNT, Grand Rapids: Eerdmans, 1996), 116, 각주 133)을 참조하라.

예수께서 죄인을 사랑하신 것은 따로 증명할 필요가 없는 사실이다. 그렇다고 죄도 사랑하시는가? 혹은 결혼에 대한, 이혼에 대한, 그리고 간음에 대한 예수의 일관된 입장을 보라. '여자를 보고 음욕을 품는 자마다, 마음이 이미 간음한 것'이라 하셨다(동일한 마태복음의 문맥, 5:28). 그런 자는 '오른 눈을 빼버리는 것이 온 몸이 지옥에 던져지는 것보다 낫다'고 하셨다(29절). 미안하지만, 예수께서는 '남자가 남자를 보고 음욕을 품는 자마다'라는 가정은 아예 전제하지도 않으셨다. 바늘 도둑이 죽을 죄라면, 소 도둑은 아예 거론할 이유가 없는 것과 같은 이유이다. 생각을 해보라. 그리고 성경을 케익의 맨 위에 놓인 체리 빼먹듯, 전체와 분리시켜 읽는 버릇을 버리라. 당신은 친구의 말을 들을 때, 한 단어만 빼서 읽고 이것이 그의 뜻이라고 우기며 싸우는가? 그런 친구를 계속 사귀는 어리석은 사람이 어디에 있는가?

적어도, 마태복음에서는 예수께서 동성애 자체가 정상이라고 인정한 흔적이 없으며, 오히려 그 반대되는 내용을 담고 있을 뿐이다. 오늘날 우리가 갖고 있는 결혼, 이혼관보다 예수 자신은 더 엄격한 결혼관을 보여주신다. 이혼에 대해서도 마찬가지이다. 이 문제에 대하여 창세기를 인용하실 정도이다. "예수께서 대답하여 가라사대, 사람을 지으신 이가 본래 저희를 남자와 여자로 만드시고, 말씀하시기를 이러므로 사람이 그 부모를 떠나서 아내에게 합하여 그 둘이 한 몸이 될찌니라 하신 것을 읽지 못하였느냐. 이러한즉 이제 둘이 아니요 한 몸이니 그러므로 하나님이 짝지어 주신 것을 사람이 나누지 못할찌니라 하시니"(역시, 마 19:4-6). 잘 보라. "사람을 지으신 이가 본래 저희를 남자와 여자로 만드시고." 성에 대한 명확한 구분을 볼 수 있다. 한 몸이 되는 것의 전제이다. 남자와 여자가 한 몸이 되는 것이 창조 때 의도된 성적 결합에 대한 하나님의 의도임을 천명하신다. 같은 성의 결합은 아예,

출발부터 전제에서 제외된 것이다. 즉, 말로 형설할 일고의 가치를 못 느끼는 것이다. 그것은 명백히 창조의 뜻이 아니기 때문이다.

이것은 마태복음 8장에 혹시 나타나 있을지도 모르는 '동성애'에 대한 예수님의 태도보다 훨씬 더 명확하고 더 원리적이고 분명한 표현이다. 생각해 보라. 법에서도 '조례나 시행규칙의 한 예들'에서 원리를 꺼내지 않고, 더 상위에 있는 민법, 형법, 그 위에 헌법에서 원칙을 확인하는 것이 상식이다. 성경에서 덜 명확한 것의 의미를 확정하는 방법은, 그에 관해 더 명확한 본문을 확인하는 것이다. 헌법이 조례보다 상위법인 것과 같은 이치이다. 마태복음은 8장의 '파이스'라는 희미한 용어보다, 더 명확한 본문에서 성정체성의 문제, 성적 결합의 문제에서 확연히 말한다.

만일, 내가 "마태복음 8장을 동성애 옹호적으로 해석한 그들의 다른 해석들도 볼 것이 없이, 해석학적으로 그렇게 서두르고 일방적인 엉망진창이라고" 단정한다면 그들은 분개할 것이다. 오로지 마태복음 8장 해석만을 보고 어떻게 다른 해석들도 동일하게 단정할 수 있느냐고 하며 불쾌해 할지 모른다. 마찬가지로 마태복음에 나타난 동성애에 대한 예수님의 태도에 대한 그들의 단정도 경솔한 해석에서 기인한 것이다.

하나님의 말씀을 어떻게 해석할 것인가? 더 슬픈 일은 본문을 그 원래의 문맥에서 떼어내, 자기 자신의 뜻대로 해석하는 '자의적 해석'이 그들만의 전유물이 아니라는 데에 있다. 굳이 논증할 것도 없는 이런 해석에 대해 이렇게 길게 쓴 이유는 이것보다 더 슬픈 마구잡이 성경 해석으로 교회를 혼탁하게 하고, 그리스도의 몸 된 교회를 치명적인 세속적 바이러스에 감염시켜 중병으로 끌고 가는 '거짓 교사들'의 거짓 가르침이 이미 우리 안에도 얼마나 많은지, 반드시 돌아보아야 하기 때문이다.

5. 동성애, 예수님, 그리고 교회

마지막으로, 그렇다면 '예수님은 동성애자를 어떤 태도로 바라보셨는지'를 생각해 보고, 한국교회도 그 길을 따라가야 하는 문제가 남는다. 원리는 명확하다. 예수님은 '죄인들의 죄 없으신 친구'이시다(마 9:9-13).[6] 동성애를 죄로 규정하는 것은 동성애자들의 친구가 되는 일에 결정적으로 중요하다. 동성애자들의 친구로 자처하면서 동성애를 죄로 보지 못한다면, 사랑하는 친구에게 도움이 될 일이 없는 무익한 친구가 될 것이다. 반대로, 동성애를 죄로 규정하면서도 죄인들의 친구이셨던 주님처럼 그들의 친구가 되고 그들을 교회의 품으로 품지 못한다면, 교회는 예수님 당시 바리새인과 서기관들처럼 율법과 정죄를 일삼으며 죄인들을 파멸시키는 자신들만 위하는 종교집단으로 전락할 것이다. 예수님은 스스로 "나는 죄인들을 부르러 왔다"고 말씀하셨다. 간음한 죄인에게 "나도 너를 정죄하지 않는다"고 하셨다. 하지만 동시에 "가서 다시는 죄를 짓지 말라"고도 하셨다. 교회는 이 거룩한 균형, 즉 죄는 구분하되, 죄인에 대한 정죄가 아니라, 죄인을 살려내는 생명적 경건을 갖추고 또한 실행해야 한다.

이어서 실리는 다음의 글은 작년 6월경 서울 신촌에서 '퀴어 축제'가 열리는 것을 계기로 해서 페이스북을 통해 함께 나눈 글이다.

---

6 채영삼, 『긍휼의 목자 예수』 (이레서원, 2011), 182-194.

동성애자 퍼레이드와 교회, 그리고 예수님[7]

신촌 거리에서 동성애자들이 퍼레이드를 했다. 그분들을 반대하는 보수기독교인들에 맞서 그분들이 내건 구호를 보았다. "예수님은 동성애자를 미워하는 자들마저 사랑하신다"(Jesus loves everyone, even homophobes). "사랑은 미움을 정복한다"(love conquers hate). 정말, 예수님은 동성애자들도 사랑하시는가? 물론이다. 예수님은 동성애자들도 사랑하신다. 살인자였던 바울도 사랑하셨고, 거짓말쟁이였던 베드로도 사랑하셨고, 남편이 다섯이나 있었던 여인도, 그리고 나 같은 썩은 죄인도 사랑하신다. 그러므로 동성애자인 당신도 물론 사랑하신다.

그렇다. 주님은 동성애자들을 사랑하신다. 의심하지 말고 믿으라. 하지만 그것을 세계만방에 알리기 위해 거리로 나올 필요는 없다. 그래서도 안 된다. 예수님이 살인자를 사랑하시기 때문에 살인 축제를 하는 경우를 보았는가? 거짓말 하는 자나 간음한 자도 사랑하시기 때문에, 그래서 거짓말 잘하기 대회나 간음 축제를 벌이는 경우를 보았는가? 그것은 괴악한 일이다. 사랑은 미움을 정복한다. 그래서 그 어떤 사랑도, 그 어떤 미움도 정복하는가? 그렇지 않다. 동성애자이든, 동성애자가 아니든, 똑 같이 깨달아야 한다. 무엇에 대한 사랑인지, 무엇에 대한 미움인지를 알아야 한다.

사랑해서는 안 될 것이 있고, 또 반드시 미워해야만 하는 것이 있다. 폐암에 걸린 사람이 술 담배를 사랑하고, 그런 사랑이 암을 미워하는 그의 미움을 정복한다면, 그것은 곧 그에게 죽음을 의미한다. 그러므로 무조건 "어떤 사랑이든, 어떤 미움도 정복한다"는 식으로 말하는 것

---

7   필자의 facebook에서(2014년 6월 8일)

은 자신과 남을 속이는 말이 된다.

내가 암을 고칠 수 없다고 해서, 암이 정상이라고 말할 필요는 없다. 받아들이기 어려울 수도 있지만, 하나님의 말씀은 동성애를 왜곡된 사랑, 뒤바뀐 사랑으로 정의한다. 그것은 정죄하기 위함이 아니라, 당신이 의사이신 하나님을 앎으로, 그분에게 고침받기를 그분이 간절히 원하시기 때문이다.

그렇다. 다시 한 번 강조하지만 주님은 동성애자들을 사랑하신다. 그래서 주님은 동성애를 치유하시기 원하신다. 그렇다. 그분의 사랑은 옳은 것을 싫어하는 당신의 미움을 정복한다. 그러므로 그분의 사랑을 받아 치유되기를, 의를 사랑하고 죄를 미워하게 되기를 진심으로 기도한다. 교회는 이제 이들을 적극적으로 도와야 할 때이다. 교회는 과연 주님처럼 동성애자들을 사랑하고, 동성애를 치유하도록 도울 수 있을까? '주님의 사랑'으로 '잘못된 미움'을 정복할 수 있을까?

죄 없으시나 죄인들의 친구로서 오신 예수님. 이제 이 땅의 교회는 이런 예수님을 얼마나 닮을 수 있을지 커다란 도전에 직면해 있다.

6. 나가는 말

필자는 동성애가 '사랑'의 한 형태라는 말로 이 글을 시작했다. 실로 동성애도 하나의 '사랑'이다. 그리고 모든 사랑은 '사랑이신 하나님'을 향한 목마름이다. 체스터튼(G. K. Chesterton)이 창녀의 집의 문을 두드리는 사람은 사실 하나님을 찾고 있는 것이라고 한 말은 실로 의미심장하다. 우리는 모두 사랑을 찾아 헤맨다. "세상 모두 사랑 없어 냉랭함을 아느냐"라는 찬송가의 구절처럼 세상은 하나님의 사랑을 잃어

버린 곳이다. 이 버려지고 죽어가는 혼돈의 땅 위에서, 우리는 어떤 형태의 사랑이라도 해서 잃어버린 하나님의 사랑에 대한 목마름을 표현한다. 그러므로 동성애가 여전히 사랑이라는 점에서, 교회는 그들의 여정(journey)을 도와야 한다. 그래서 동성애자를 이성애자로 '고치고 바꾸려는' 노력보다는 그들이 먼저 하나님의 사랑을 찾고 알도록 인도하는 것이 바른 순서일 것이다. 그들을 교회의 교제의 따뜻한 품 안으로 초대하고, 그곳에 머물며 하나님의 사랑과 진리, 은혜와 거룩 안에 거하도록 도와야 할 것이다.

우상 숭배는 그 향하는 대상과 방향이 완전히 뒤집어진 사랑이다. 하나님을 사랑하라고 창조된 인간의 영혼이 짐승이나 버러지의 형상, 혹은 사람이나 돈이나 쾌락이나 헛된 영광을 하나님 사랑하듯 한다면 그것은 엄연한 죄악이다. 로마서 1장의 말씀은 그런 도착된, 즉 뒤집어진 사랑의 완연한 상징으로서 동성애를 언급한다. 그래서 동성애는 살인처럼 흉악하지는 않더라도 신학적으로, 그리고 현실적으로 무시할 수 없는 혼돈의 증거이다. 죄는 혼돈이다. 하지만 로마서 1장이 동성애를 하나님의 통치를 거부하며 혼돈 속에 있는 우리 죄인들의 특징으로 묘사하는 커다란 문맥은, '복음', 곧 '기쁜 소식'이라는 점을 기억해야 한다(16-17절). 하나님과의 바른 관계, 사람과의 바른 관계, 그리고 세상과의 바른 관계는 먼저 예수 그리스도와의 바른 관계를 통해 선물로 주어질 수 있다. 거기서부터 시작해야 한다.

그러므로 지식 없는 사랑은 사랑이 되지 못함을 기억하자. 그렇지만 지식만으로 사람을 살릴 수도 없다. 사랑만으로도 불가능하다. 지식 있는 사랑이어야 한다. 동성애는 사랑이지만, 혼돈 속에 있는 사랑이다. 하나님 아버지의 사랑 안에서, 그리고 그 참된 사랑 안에서 아름다움을 드러내는 질서 있는 사랑 안에서 동성애자들의 사랑이 온전하게 제 자리로 돌아갈 길과 기회를 제공하는 것, 그것이 교회가 가야 할 길이다. 동성애 문제에 있어서도, '죄인들의 친구이셨던 죄 없으신 예수님'을 신실하게 따라가는 교회가 되기를 간절히 기도한다.

제 6 장

바울의 순리와 역리 개념과 동성애 문제

최승락 교수(고려신학대학원 신약학)

1. 들어가는 말

바울은 로마서 1:26-27에서 동성애 문제를 순리와 역리 개념의 범주 속에서 다루고 있다. 그 본문은 이와 같다. "이 때문에 하나님께서 그들을 부끄러운 욕심에 내버려 두셨으니 곧 그들의 여자들도 순리대로 쓸 것을 바꾸어 역리로 쓰며, 그와 같이 남자들도 순리대로 여자 쓰기를 버리고 서로를 향하여 음욕이 불일 듯 하매 남자가 남자와 더불어 부끄러운 일을 행하여 그들의 그릇됨에 상당한 보응을 그들 자신이 받았느니라." 여기서 순리와 역리라는 말은 다같이 하나의 헬라어 단어 퓌시스(φύσις)에 기반을 두고 있다. 흔히 자연(nature)이라는 말로 번역되는 이 단어는 하나의 단일 의미로 규정되기에는 어려움이 있는 단어이다. 그 의미에 대해서는 잠시 후에 좀 더 자세히 살펴보도록 하겠지만, 이 퓌시스에 부합되는 방향으로 나아가는 것을 '순리대로'(κατά φύσιν, 카타 퓌신)라 하고, 그것을 거슬러 가는 것을 '역리로'(παρὰ φύσιν, 파라 퓌신)라 표현한다.

우리는 사도 바울이 어떤 의미에서 이런 표현들을 사용하고 있는지를 살펴보고, 그것이 동성애 문제와 어떻게 연관되는지를 중점적으로 생각해보고자 한다. 물론 우리의 주된 관심은 '자연'에 관한 바울 자신의 복잡한 신학 사상이 무엇인지를 살피는 데 있는 것은 아니다. 당장 우리 앞에 펼쳐지고 있는 이 시대의 동성애 관련 문제들을 어떻게 볼 것인지가 더 시급한 우리의 관심이다. 그러나 우리가 그 문제의 가닥들을 풀어나감에 있어서는 성경의 기준점이 가장 중요한 출발점이 되기 때문에, 이 개념의 배경을 살피는 데서부터 우리의 논의를 시작하지 않을 수 없다. 말할 것도 없이 이 순리와 역리의 개념은 오늘날의 동성애 문제를 이해하는 가장 기본적인 원리 중에 하나이다.

2. 순리와 역리 개념의 통상적 의미

바울은 하나님을 창조주로 바르게 예배하는 것(하나님 대 인간의 관계)과 그에 따른 윤리적 삶(인간 대 인간의 관계)은 서로 분리될 수 없는 연결점을 가지는 것으로 이해하고 있다. 그러므로 하나님을 우상으로 뒤바꾸는 전도(顚倒)된 예배는 윤리적 차원에서도 전도된 관계를 낳게 된다. 바울은 로마서 1:26-27에서 이런 전도된 관계의 예를 구체적으로 보여주고 있다.

바울은 이방인들 가운데 나타나는 전도된 성관계의 예를 들고 있는데, 여성의 경우를 먼저 언급하고 있다. 여성들이 "순리대로 쓸 것을 바꾸어 역리로 쓴다"는 것이다. 바울의 말을 좀 더 문자적으로 옮기면 "그들의 여성들이 순리적 사용을 역리대로의 것으로 바꾸었다"가 된다. 여기서 바울이 쓰고 있는 사용(χρησις, 크레시스)이라는 단어는 보통 성적 관계를 나타내는 말로 통용되는 단어이다. '순리적'이라고 할 때 바울은 퓌시스의 형용사형인 퓌시코스(φυσικός)를 사용하는데, 그 의미는 '순리대로'와 차이가 없으며, 그 반대가 '역리로'이다.

'순리대로'와 '역리로'라는 표현은 로마서 11:24에도 나타난다. "네가 원(κατά φύσιν, 카타 퓌신 = 본성대로) 돌감람나무에서 찍힘을 받고 본성을 거슬러(παρά φύσιν, 파라 퓌신) 좋은 감람나무에 접붙임을 받았으니 원(κατά φύσιν, 카타 퓌신) 가지인 이 사람들이야 얼마나 더 자기 감람나무에 접붙이심을 받으랴." 바울은 이방인들이 하나님의 언약 백성의 대열에 참여하게 된 것을 이처럼 카타 퓌신과 파라 퓌신이라는 용어로 표현하고 있다. 이 경우 카타 퓌신은 인간의 간섭 없이 타고난 그대로의 상태를 가리키며 파라 퓌신은 인간의 간섭에 따라 그 타고난 상태가 바뀐 것을 나타낸다(Fitzmyer, 286). 바울은 농부들의 일상적인 접붙임의 과정을 유비의 도구로 삼아 이방인의 구원이 그 본래 타고난 상태와는 달리 인위적(이 경우는 하나님에 의한) 변경이 일어난 상태임을 말하고 있다.

고대 그리스 세계에 있어서 퓌시스는 일반적으로 자연적인 본성이나 성향을 가리키는 용어로 사용되었다. 어떤 사물의 타고난 본질이나, 인간이 인간 아닌 다른 것들과 구분되는 인간됨의 본질, 또는 사람의 타고난 자질 등을 가리킬 때도 이 용어가 사용되었다. 그래서 에피카르무스(Epicharmus)에게 돌려지는 한 오래된 격언에서는 '좋은 자질(φύσις, 퓌시스)을 가지는 것이 최고이며, 그 다음으로 최고의 것은 무언가를 배우는 일'(Koester, 261)이라 말함으로써 퓌시스를 문화적 교육과 구분되는 타고난 자질을 가리키는 말로 사용하고 있다.

스토아 철학에 와서 자연(φύσις, 퓌시스)에 순응하여 사는 것이 하나의 도덕적 자질로 부각되기 시작했다. 스토아 철학자들은 '순리대로'(κατά φύσιν, 카타 퓌신)의 삶을 '잘 사는 삶'이라 이해했으며, 따라서 이것이 그들에게 곧 선이요 덕이 되었다. 무엇이 카타 퓌신의 삶이냐 하는 문제와 관련해서는 건전한 상식이나 현재의 질서가 때로 그 기준의 역할을 하기도 하였다. 따라서 제논에게 있어서 다른 사람과 법적으로 이미 결혼한 여인과 함께 사는 것은 이런 기준에 비추어 볼 때 '순리대로'가 아니라 '역리로'(παρά φύσιν, 파라 퓌신) 사는 것이 된다(Koester, 265).

그러나 바울의 기준은 이런 스토아 철학자들의 기준과는 다르다. 바울에게 있어서 어떤 것이 순리인지 아니면 역리인지를 구분하는 기준은 하나님의 행위나 말씀이며, 또한 그의 창조의 질서이다. 그러므로 바울이 퓌시스 개념의 사용에 있어서 스토아 철학자들의 기준을 따라가지 않는 것은 분명한 사실이다. 하지만 순리와 역리를 구분하는 이러한 근본적 기준의 차이를 제외한다면 '순리대로'와 '역리로'라는 표현의 언어적 의미는 당대의 통용되던 의미와 서로 다를 것이 없다.

3. 수정주의자들의 항변과 그에 대한 답변

바울은 이방인들 가운데 나타나는 한 가지 도착현상의 예로 "그들의 여성들이 순리적 사용을 역리대로의 것으로 바꾸었다"고 지적한다. 이 표현이 동성애 행위와 관계된다는 것은 이어서 이방인 남자들과 관련하여 "이와 같이 남성들 또한 순리적 여성 사용을 버리고 남성들이 남성들에 대하여 부끄러운 일을 행하여 서로를 향해 자신들의 욕망에 불탔다"(사역)고 말하는 데서 잘 드러난다. 남자나 여자의 경우 모두에 있어서 '순리적 사용'은 이성 간의 관계를 말하는데, 이를 거슬러 동성 간의 성적 관계에 탐닉하는 것은 남자의 경우처럼 여자의 경우에 있어서도 동일하게 일어나는 현상이라는 것이다.

근래에 와서 일부 학자들은 이 구절이 우리가 현재 생각하거나 알고 있는 동성애 관계와는 좀 다른 것을 말한다는 방식으로 전통적인 견해에 대한 수정주의적 입장을 제시하기도 한다. 보스웰(J. Boswell)의 경우는 바울이 여기서 다루는 문제가 본래 동성애자들인 사람들의 동성애 행위가 아니라, 본래 이성애자들인 사람들이 그들의 자연적 성향을 거슬러서 행하는 동성애 행위라고 그 초점을 옮겨 놓으면서, 본래 자연적 성향이 동성애자인 사람은 바울의 지적에 포함되지 않는다고 말한다. 다시 말해서, 바울이 다루고 있는 것은 이성애자들에 의한 '동성애 행위'(homosexual acts)이지 '게이 사람 자체'(gay persons)는 아니라는 것이다(Boswell, 109). 그러면서도 보스웰은 바울이 과연 이런 세밀한 구분을 했을 것인가에 대해서는 의문의 여지를 다소 남겨놓고 있다. 만일 그의 논리대로 실제 바울이 본래 그 본성이 동성애자인 사람을 따로 구분해 놓고 있었다면, 그런 사람들의 행위까지 "도덕적으로 비난받을 만한" 일로 다룰 수는 없지 않겠느냐는 것이다(Boswell, 112).

스크록스(R. Scroggs)의 경우는 바울이 지적하는 문제는 오늘날의 부정적 의미에서의 동성애가 아니라 오히려 고대 세계에 광범위하게 퍼져 있었던 미동사랑(pederasty)을 말하는 것이라고 주장한다(Scroggs, 116-128). 나이든 남자가 보다 젊고 아름다운 소년들을 취하는 이런 미동사랑의 관례는 반드시 성적인 관계를 전제하는 것은 아니며, 오히려 미에 대한 이상적 추구의 한 방편이었고 사회적으로는 교육적 기능을 지니기도 하였다(Furnish, 59). 여성들의 경우에도 기원전 6세기의 여성시인 사포(Sappho)는 아리따운 젊은 소녀들을 데리고 레즈보스(Lesbos) 섬에서 하나의 심미적 공동체를 만들기도 하였는데, 여기에서 오늘날 우리가 사용하는 레즈비언(lesbian)이라는 말이 유래되기도 하였다. 이런 미동사랑은 플라톤의 이상적 사랑관인 소위 플라토닉 사랑의 한 유형으로서 고대 세계의 관점에서는 꼭 부정적인 의미만을 가지지는 않았는데, 만일 스크록스처럼 바울이 로마서 1:26-27에서 바로 이런 형태의 동성관계를 말하고 있는 것이라면, 이것은 그다지 부정적인 뉘앙스를 가지는 것은 아니라고 보는 것이다.

하지만 이런 견해는 신뢰할 만한 많은 성경학자들에 의해 이미 잘 반박되었다. 퍼니쉬(V. P. Furnish)는 큰 틀에서는 스크록스와 유사한 관점을 취하지만, 1세기 바울이 살던 시대에 있어서는 미동사랑이 플라토닉 사랑의 이상과는 거리가 아주 멀어져 있었고, 오히려 보다 퇴보되고 착취적인 형태의 동성관계가 일반적이었다고 지적한다(Furnish, 78). 프란스(R. T. France)는 바울이 개개인의 성적 지향이 무엇인지를 말하기 위해 본성 내지는 자연(φύσις, 퓌시스) 개념을 사용하는 것이 아니라, 오히려 그 용어로 '하나님의 창조의 질서'를 말하고 있으며, 그런 점에서 동성애는 개개인의 성적 지향에 상관없이 '하나님께서 설계해 놓으신 것에 역행하는 행위'라고 올바르게 지적한다(France, 249). 무(D. Moo) 또한 바울의 순리 개념이 단지 문화적 상황 속에서의 정상, 비정상 차원을 넘어 '하나님의 창조 의도' 및 '창조질서'와 관계된 것임을 강조한다(Moo, 115). 이는 오스본(G. R. Osborne)도 마찬가지이다. 바울의 '순리' 개념은 "문화 속에서의 자연적이라는 의미가 아니라, 하나님의 창조질서 속에서의 자연적이라는 의미"라는 것이다(Osborne, 53). 헤이스(R. B. Hays)는 보스웰이 본문의 '단순한 의미'를 무시하고 있다고 지적하면서, 본문의 구조상 로마서 1:26-27은 이어서 나타나는 1:29-31의 죄의 항목들과 평행관계에 놓여 있으며, 따라서 1:26-27절 역시 구체적인 죄의 한 항목을 적시하고 있다는 점을 잘 보여준다고 한다(Hays, 185).

보스웰이나 스크록스의 수정주의적 관점은 우리 본문에만 국한되는 것은 아니다. 바울이 동성애 관계를 언급하고 있는 또 다른 본문인 고린도전서 6:9의 '탐색하는 자'(μαλακοί, 말라코이)나 '남색하는 자'(ἀρσενοκοῖται, 아르세노코이타이, 딤전 1:10 참조)와 관련해서도 보스웰이나 스크록스는 이것이 동성애 관계 전체를 가리키기보다는 좀 더 구체적이고 특수한 형태, 곧 동성 남창 행위에 국한되는 것이라고 말한다(Boswell, 107; Scroggs, 106). 그들이 말하고자 하는 것은 바울이 하나님 나라를 상속하지 못할 자들로 규정하는 사람들은 동성애에 관련된 모든 사람들이 아니라, 일방적이고 착취적인 형태의 동성 성매매 행위에 관여하는 자들에 제한될 뿐이라는 것이다.

하지만 바울이 사용하는 해당 단어들 자체가 이런 세밀한 구분을 허용하지는 않는다. '탐색하는 자'로 번역된 말라코스라는 단어는 문자적으로 '부드러운 이(남자)'를 가리키는데, 일반적으로 동성애 관계에서의 여성역을 지칭하는 단어이다. 할리카르나수스의 디오니시우스(Dionysius of Halicarnassus)의 글에는 이 단어와 관련하여 이런 표현이 나타난다. "그는 말라코스라 불렸는데… 왜냐하면 소년이었을 때 그는 여성화되었고, 자신을 여성처럼 취급하도록 붙여졌기 때문이다"(BDAG, 488). 바울 역시 이런 일반적 의미에서 이 단어를 사용하고 있으며, 그 관계가 이용관계냐 아니면 사랑관계냐 하는 것을 세밀하게 구분하지는 않는다. 그것은 어근상 '남자와 잠자리를 하는 자'를 가리키는 아르세노코이토스('남색하는 자'로 번역)의 경우에 있어서도 마찬가지이다. 스크록스는 이것이 꼭 남자와 남자의 성관계를 말하는 것으로 한정할 필요는 없고 남자와 성관계를 맺는 여자를 말하는 것일 수도 있다는 가능성을 제시한다(Scroggs, 107). 하지만 피츠마이어(J. A. Fitzmyer)는 이 단어가 동성애를 명백히 지적하는 레위기 18:22과 관련된 랍비 용어로서 '남자와 잠자리를 같이 함'을 뜻하는 미슈카브 자쿠르(משכב זכור)로부터 유래한 것임을 잘 보여주고 있다(Fitzmyer, 288). 티슬턴(A. C. Thiselton) 역시 말라코스와 아르세노코이토스는 하나의 짝으로 의도된 것임을 강조하면서 이 두 단어가 동성애 관계에 있어서 보다 수동(여성)적 위치의 남자와 보다 능동(남성)적 위치의 남자를 각각 구분하는 것이라고 보고 있다(Thiselton, 448, 449).

이상에서 우리는 일부 수정주의자들이 동성애와 관련하여 (이성애자들의) 동성애 행위와 본성적 동성애자들, 또는 이용관계와 사랑관계를 세밀하게 구분하려는 시도들을 하지만, 그것이 본문의 지지를 받지는 못한다는 것을 본다. 바울은 동성애를 행하는 사람들을 세밀하게 구분하여 일부에게는 관대하고 일부에게는 가혹한 이중적인 잣대를 적용하지 않는다. 모든 동성애 행위가 포괄적으로 하나님의 창조 의도와 질서를 거슬러서 '역리로' 나아가는 행위임을 분명히 하고 있다.

4. 순리와 역리 개념의 틀에서 본 동성애 문제

동성애 문제를 순리와 역리의 개념 틀 속에서 이해한 것은 헬라 세계 속에서 오랜 역사를 가지고 있다. 동성애 자체가 고대 그레코-로만 세계에서 결코 낯설지 않은 현상으로 널리 퍼져 있었지만, 그렇다고 해서 그 세계가 그것을 정상적인 일로 받아들인 것은 아니다. 플라톤(Plato)은 남자 대 남자, 여자 대 여자 사이의 성관계를 '역리적'이라고 말한다(Leg. 636 b,c). 오비디우스(P. N. Ovidius)는 동성애에 연루된 한 소녀가 비록 자신이 그 일에 연루되긴 하였지만, "자연이 이런 일을 원하지 않는다"는 것을 자각하고 있었다고 말한다(Metamorphoses 9.758, Talbert, 66에서 재인용). 시쿨루스(D. Siculus)는 어떤 사람이 상대를 여자로 알고 결혼했는데, 알고 보니 남자였던 경우를 두고 '역리의 결혼'이라 표현하며, 또한 이성 사이의 정상적인 성관계를 가리켜 '순리대로의 성관계'라 표현하고 있다(Koester, 263).

바울과 보다 근접한 시대의 사람들의 글을 볼 때도 우리는 동성애를 순리와 역리 개념의 틀 속에서 이해하는 것이 그 시대의 하나의 공유된 인식 구조였음을 발견할 수 있다. 쾨스터(H. Koester)가 잘 정리해주고 있는 것처럼, 알렉산드리아의 유대인 철학자 필로(Philon)는 매우 빈번히 '자연' 용어를 사용하는데, 낮과 밤이 교차하는 것이나 곡식이 철을 따라 결실을 맺는 것 등이 다 자연을 따라 일어나는 일이라 보고 있다. 사람의 경우, 사람을 사람 되게 하는 것이 퓌시스인데, 이것이 있기 때문에 사람은 사회 속에서 개화된 삶을 살면서 조화와 일치를 유지해 갈 수 있는 것으로 보았다. 그는 인간에게 일곱 가지의 자연에 따른(κατὰ φύσιν, 카타 퓌신) 기능들이 주어진 것으로 보았는데, 그것은 성적 능력, 언어, 그리고 다섯 가지의 감각들이다. 특히 유대교 신앙을 가지고 있었던 필로에게 있어서 자연을 따라, 곧 순리(κατὰ φύσιν, 카타 퓌신)의 삶을 산다는 것은 율법을 따라 살아가는 것을 의미하였다. 반면 인간의 모든 악의 근원을 그는 욕망(pathos, 파토스)에서 찾는데, 이 욕망은 다름 아닌 영혼의 역리 방향으로의 움직임을 말한다(Koester, 269).

필로는 이런 인식의 틀 속에서 동성애 현상을 자연의 법칙들을 어기는 일 중의 하나로 소개하고 있다. 곧 남자들이 다른 남자들을 욕망하고 합당치 못한 일을 행한다는 것이다. "그리하여 점차로 남자들이 여자로 취급받는 것에 익숙해졌으며, 또한 이런 방식으로 그들 속에 여성들의 질병을 가지게 되었다"(Abraham 135-136). 필로는 사람의 혀와 배가 타락하여 그 자체의 탐욕에 사로잡히는 것과 더불어 성적 타락에 빠지는 것에 대해서도 이렇게 지적하고 있다. "그의 나머지 지체들을 사용하여 불법적 욕망과 적법하지 못한 관계에 빠지는데, 다른 사람의 결혼 침상을 범하는 것뿐만 아니라, 자연적인 남자의 형상에서 남성성을 제거하고 그것을 여성의 모습으로 바꾸어서 자신의 더럽고 저주받은 욕망을 만족시키려 한다"(Special Laws 2.8.50). 필로는 많은 이방의 도시들 가운데 퍼져 있는 미동사랑 행위(paiderastein, 파이데라스테인)에 대해서도 언급하는데, 전에는 그것이 입에 담는 것조차 수치스러운 일이었지만, 지금은 그것을 즐기는 사람이나 그 일을 당하는 사람 할 것 없이 다 그 일을 자랑하고 있다고 한탄한다. 필로는 상당히 상세히 미동들의 단장에 대해서도 언급하고 있다. "그들의 머리를 눈에 띄게 컬을 주어 장식하며, 그들의 얼굴을 밝은 색조로 화장을 하고, 눈 밑을 연필로 칠하며, 그 피부에는 향기로운 향료를 바르며… 자신의 남성상을 여성의 그것으로 바꾸는 일을 끊임없이 궁리하고 연구하면서도 이를 조금도 부끄러워할 줄 모른다"(Special Laws 3.7.37). 그러면서 필로는 이런 종류의 동성애 현상이 "자연을 어기는"(παρὰ φύσιν, 파라 퓌신)일이라고 지적한다(Special Laws 3.7.39).

유대인 역사가 요세푸스(F. Josephus) 또한 자연의 질서와 운행에 부합하여 이루어지는 모든 것을 '순리대로' 일어나는 일이라 불렀다. 예를 들어, 여인이 월경을 하는 것, 남녀가 결혼 후 성적 관계를 가지는 것, 그 결과로 자녀를 출산하는 것 등이 모두 순리대로 일어나는 일이다. 반면 성적 일탈 행위를 하는 것을 그는 역리라 불렀다. 요세푸스는 유대인들의 결혼법에 대해 언급하는 자리에서 "(모세의) 율법은 아내와의 순리적인 것 이외에는 다른 성적 관계를 알지 못한다"(Against Apion 2.199)고 말함으로써 동성애 관계를 그 반대의 역리적인 것으로 이해하고 있다.

비록 바울과 반대의 이유는 달랐지만, 바울과 동시대 철학가들 중에도 동성애에 반대하는 사람들이 많았다. 그 중에 대표적으로 네로의 스승이요 정치 고문이었던 세네카를 들 수 있다. 그가 정치 일선에서 물러나던 무렵에 저술한 『도덕적 서신들 Moral Epistles』에는 당대 로마 사회의 도덕적 타락을 꼬집는 글들이 많은데, 그 중에 한 예로 주연이 벌어지는 자리에서 포도주를 따르던 한 노예를 묘사한 글이 있다. "그는 여자처럼 옷을 입어야 했고… 털을 밀든지 아니면 뿌리로부터 뽑아버림으로써 털 없는 상태를 유지해야 했다. 그는 또한 밤새 깨어 있어야 했는데, 그의 주인의 술시중을 위한 시간과 그의 쾌락을 위한 시간을 잘 분배해야 했다"(Moral Epistles 47.7; Furnish, 60에서 재인용).

세네카가 묘사하고 있는 이런 상황은 바울의 로마서가 기록된 시기와 단지 몇 년의 시간차를 둘 뿐이다. 이러한 글들은 당시 로마 사회에서 동성애가 얼마나 일상화되어 있었는지를 단적으로 보여준다. 그러나 이러한 행위가 당대의 지성인이요 도덕가인 세네카의 비난의 화살을 비켜갈 수는 없었다.

우리는 또 다른 한 사람의 철학자로 '황금의 입'이란 별명을 얻었던 크리소스톰(D. Chrysostom)의 예를 들 수 있다. 그는 시대적으로 바울보다 약간 후대의 사람이지만, 그 간격은 그렇게 멀지 않다. 그는 디오게네스(Diogenes)와 같은 견유철학자를 흠모하였고 그 자신이 당대의 도덕가의 삶을 살고자 힘썼던 사람이다. 그의 글 〈강론 Discourse〉에는 당대에 성행하던 동성애 풍속을 질책하는 글이 많이 나온다. "많은 남성들은 여성들이 수없이 많이 있음에도 불구하고, 방종과 무도함으로 말미암아 남성 중 여성화된 사람들을 원하고 있다. 그래서 그들은 소년들을 취하여 그들을 거세시킨다. 그 결과 보다 나쁜, 그리고 보다 불행한 족속이 만들어진다. 이들은 여성보다 더 약하고 더 여성화된 사람들이다"(Discourse 78.36; Furnish, 62에서 재인용).

크리소스톰은 사람들의 성적 취향이 사창가 등에서 쉽게 구할 수 있는 여성들로 더 이상 만족되지 못할 때 마치 술에 도취된 사람들이 단순한 것에 대한 취향을 잃어버리면, 인위적으로 땀을 흘리거나 강한 향신료나 짠 음식을 먹음으로써 더 강한 갈증을 만들어 더 많은 술을 마시려 하는 것처럼, 성관계의 대상을 남성들로 바꾸어 더 손에 넣기 어려운 것에서 만족을 얻으려 한다고 지적한다(Discourse 7.151; Furnish, 63).

로마 사회에서 일반화되어 있었던 이런 동성애 관계는 황제들이라고 예외는 아니었는데, 크리소스톰은 그 대표적인 예로 네로 황제를 들고 있다. 네로는 그의 두 번째 아내 사비나(P. Sabina)가 죽은 후 스포루스(Sporus)라는 소년을 취하여 거세시키고 그를 사비나라는 이름으로 부르면서 공식적으로 그 소년과 결혼을 하기까지 하였다. 이처럼 철학자요 도덕가인 크리소스톰의 눈에도 동성애는 자연 질서를 거스르는 욕망의 결과로 일어나는 현상이라는 사실이 잘 포착되고 있었다.

다시 바울에게로 돌아와 보자. 그가 이방인들 속에 나타나고 있는 동성애 현상을 순리와 역리의 관점 속에서 이해하고 있는 것은 그 자신만의 독특한 시각이 아니라, 당대의 많은 지성인들과의 공유된 관점이라는 것을 알 수 있다. 그렇다고 해서 우리가 그의 동성애 관련 용어들을 보스웰이나 스크록스, 또는 부분적으로 퍼니쉬가 하는 것처럼 과거 그레코-로만 사회의 특수 맥락 속에 한정하여 이해해야 한다는 것은 아니다. 바울이 지적하는 것은 단지 미동사랑이나 남성의 여성화 취향, 또는 남창과 같은 특수한 현상에 국한되지 않고 순리를 거슬러 역리로 나아가는 모든 형태의 동성애 행위와 관련된다.

바울이 당대의 철학자들(특히 스토아 철학자들)이 즐겨 쓰던 자연이나 순리, 역리 등의 용어를 사용한다고 해서 그가 그들과 같은 세계관 속에 서 있다고 보아서는 안 된다. 앞에서도 보았던 것처럼 바울이 '순리대로'(φυσικός, 퓌시코스 또는 κατά φύσιν, 카타 퓌신)라고 할 때는 그 출발점이 창조자요 계시자인 하나님이다. 이 하나님의 창조 설계와 질서에 준하여 행하는 모든 것이 '순리대로' 행하는 것이며, 이를 어기는 모든 것이 '역리로' 행하는 것이다. 이것은 앞서 보았던 프란스, 무, 피츠마이어, 티슬턴 등의 학자들이 다 한 목소리로 강조하는 내용이다.

말할 것도 없이 '역리로' 행하는 일들은 수도 없이 많으며, 동성애뿐 아니라, 넓은 의미에서 바울이 로마서 1:28-31에서 지적하는 모든 악행이나 고린도전서 6:9-10에서 거론하는 모든 죄들이 다 여기에 포함된다. 바울은 그런 다양한 죄들의 맥락 속에서, 특히 이방인들 속에 빈번히 나타나고 있는 실제적인 동성애 행위들을 언급하고 있는 것이다. 이는 동성애가 다른 죄들보다 더 무겁거나 특별한 것이어서가 아니다. 모든 죄들이 다같이 '역리'에 해당하는 것이겠지만, 그 중에서도 그 역리 현상이 하나님의 창조의 자연 질서에 비추어 더 두드러지는 예를 바울은 먼저 지적하는 것일 뿐이다. 왜냐하면 이런 현상은 하나님을 출발점과 기준으로 삼는 믿음의 사람들에게 뿐만 아니라 믿지 않는 사람이라 할지라도 자연의 법(롬 2:14의 '본성'[φύσις, 퓌시스])에 의거하여 생각하고 판단하는 사람들 속에 광범위한 공유점을 형성할 수 있기 때문이다. 오늘날 우리에게도 이런 공유점은 대단히 중요하다.

바울은 이런 '역리'가 가지고 오는 결과를 로마서 1:27b에서 "그들의 그릇됨에 상당한 보응을 그들 자신이 받았느니라"는 말로 표현하고 있다. 좀 더 문자적인 방식으로 옮기면 "그들의 잘못에 대한 응당 있어야 할 대가를 자기 자신들 속에 받으면서… 남자들이 서로를 향하여 자기들의 욕망에 불탔다"고 바울은 말한다. 한글성경의 '받았느니라'는 번역은 27절 전체의 문장 구조를 잘 살리지 못한다. 왜냐하면 이것이 주동사가 아니고 오히려 주동사인 '불탔다'의 정황을 묘사하는 보조동사이기 때문이다. 이런 문장 구조를 잘 살려서 읽으면, 바울이 여기서 말하고자 하는 것은 남자들이 남자들을 향하여 동성애의 욕망에 불타는 현실 그 자체가 그들이 받고 있는 보응이라는 사실이다(Cranfield, 126; 제임스 던, 슈라이너, 오스본 등도 다 이런 관점을 취한다). 좀 더 구체화시켜서 마운스(R. H. Mounce)는 동성애가 "남녀 사이의 하나님의 의도된 관계를 뒤집는 행위로서 그 속에 그 자체의 파괴적 결과를 안고 있다"는 의미로 이를 읽고 있다(Mounce, 84).

따라서 우리가 이 구절을 이런 방식으로 읽는다면 일부에서 말하는 것처럼 "에이즈가 동성애의 형벌이다"라는 식으로 말하는 것은 사실은 이 구절과 상관이 없음을 알 수 있다. 바울은 여기서 동성애가 어떤 형벌을 그 결과로 가지고 오는가를 말하는 것이 아니라, 동성애 자체가 그것을 행하는 사람들에게 형벌이라고 말하고 있다. 이는 곧 하나님께서 그들을 버려두신 상태와 같은 것을 말한다. 하나님의 창조질서를 벗어나 스스로의 역리적 욕망 속에 갇힌 채 그것을 벗어나지 못하고 계속 맴돌고 있는 것이다.

하지만 이것이 최종적 선언일까? 그렇다고 보지는 않는다. 바울은 고린도전서 6:11에서 동성애를 포함하여 바로 앞에서 언급한 모든 죄의 목록들 끝에 "너희 중에 이와 같은 자들이 있더니 주 예수 그리스도의 이름과 우리 하나님의 성령 안에서 씻음과 거룩함과 의롭다 하심을 받았느니라"는 말씀을 덧붙이고 있다. 중요한 것은 우리의 죄의 현실이 아니라, 그것을 새 창조의 현실로 바꾸시는 하나님의 능력이다. 이 능력이 역사할 때 우리의 다른 모든 죄들과 마찬가지로 동성애의 현실도 바뀔 수 있다.

5. 바울의 순리와 역리 관점에서 본 이 시대의 동성애 문제

다시 한 번 정리하자면, 바울은 동성애 문제를 하나님의 창조 의도와 질서의 기준에서 바라보고 있다. 남자와 여자를 각각 지으시고 그 '둘이 한 몸'(창 2:24)을 이루도록 하신 것이 하나님의 뜻이다. 바울은 이런 하나님의 의도에 부합하는 행위를 순리적(또는 자연적, φυσικός, 퓌시코스)인 것이라 보았고, 이를 역행하는 것을 역리적(또는 비자연적, παρὰ φύσιν, 파라 퓌신)이라 보았다.

문제는 바울이 제시하는 이런 원리를 오늘 이 시대의 동성애 문제에 어떻게 적용할 것인가 하는 점이다. 오늘날의 동성애 문제는 대단히 복잡하지만, 이 문제에 대해 바울이 이야기하고 있는 것은 상대적으로 너무 적지 않느냐? 좀 더 구체화된 차원으로 들어가서 동성애 안에서도 여러 가지 경향들을 구분해서 접근해야 하는 것이 아닌가? 이런 질문들이 일어날 수 있다. 하지만 우리는 바울의 원리 속에 모든 구체적 경우들이 다 포함된다고 본다. 바울이 자신의 당대에 일어나는 동성애 현상의 여러 가지 구체적 경우들을 몰랐을 것이라고 보지는 않는다. 그러면서도 그에게 원리만으로 충분했다고 한다면, 오늘 우리에게도 이 원리는 모든 구체적 경우들에 다 그대로 적용되어야 한다고 본다.

그렌즈(S. J. Grenz)도 잘 지적하는 것처럼 동성애를 옹호하는 사람들은 바울이 단죄하는 동성애 현상이 그 당대 그레코-로만 세계의 특수한 상황(그것도 남용과 착취의 권력 구조 속에서)에 국한될 뿐, 동성애와 관련된 모든 것에 다 적용되지는 않는다는 입장을 하나의 전략처럼 사용한다(그렌즈, 395). 뿐만 아니라, 일부 사람에게 동성애 성향이 자연스러운 것이라면 그 자연스러운 것을 받아들이는 것이 바울이 말하는 자연의 기준에 더 부합한 것이 아니냐는 항변을 하기도 한다.

하지만 우리가 '자연스럽다'는 말을 이런 방식으로 연결시키는 순간 범주의 혼동이 일어난다는 점을 잘 보아야 한다. 바울은 모든 존재하는 것을 자연적이라 말하는 것이 아니라, 하나님의 창조 의도에 부합하는 것을 자연적(순리적 = κατά φύσιν, 카타 퓌신)이라 말한다. 악이 존재한다고 해서 그것을 바울의 어법에 기대어 악이 '자연스럽다'고 말할 수는 없는 것이다. 나아가서, 그 악을 그대로 받아들이는 것을 자연적이라고 말할 수도 없다. 동성애 성향이 존재한다는 것을 어떤 사람들은 '자연스럽다'고 말할지 모르지만, 바울의 어법에 따르면 그것은 자연적(순리적)이 아니라 오히려 비자연적(역리적)이다.

동성애자들을 위한 상담 사역에 오랫동안 관여해 온 모벌리(E. R. Moberly)는 동성애자들 속에 흔히 나타나는 정체성 형성상의 부족 부분에 대해 언급한다. 역설적이게도 '동성애자의 일차적이고 중심적인 방어벽, 그리고 관계 맺기의 어려움은 상대 성에 대한 것이기보다는 같은 성에 대한 것'이라고 말한다(Moberly, 8). 다시 말해서 스스로의 성정체성의 부족분을 보완하기 위한 강한 갈망이 동성에 대한 집착으로 표출된다고 보는 것이다. 동성애의 원인에 대한 탐구는 그 자체가 복잡하고 또 여기서 다룰 문제도 아니지만, 모벌리의 정신분석학적 접근은 적어도 동성에 대한 갈망이 인격의 성장 과정에서의 하나의 결핍에 근거한다는 점을 잘 보여주고 있다. 이는 동성애 문제가 바울의 관점에서 볼 때 하나의 명백한 역리의 현상이지만, 또한 동시에 여기에는 변화 내지는 보완의 해결점이 있다는 것을 보여주는 중요한 인식이기도 하다. 그렌즈는 실제로 모벌리의 인식을 바탕으로 아웃포스트(Outpost) 같은 선교단체에서는 먼저 건강한 동성관계의 확립을 일차적 과제로 삼아 점차 이성관계로 나아가게 하는 변화의 프로그램을 실행하고 있다고 소개한다(그렌즈, 405). 교회는 이런 사례들을 바탕으로 적절한 변화의 프로그램들을 통해 현재 상태의 동성애자들을 품고 돕는 활동을 적극적으로 펼쳐가야 할 것이다.

성경이 동성애를 정죄한다고 해서 교회가 정죄 일변도로만 나아가는 것은, 성경이 모든 사람을 죄인으로 정죄한다고 해서 죄인들이 교회에 들어오는 것을 막는 것과 같은 일이다. 교회는 처음부터 거룩한 사람들의 모임이 아니라, 변화되어 거룩하게 된 사람들의 모임이다. 전에는 우리가 다 '음행하는 자나 우상 숭배하는 자나 간음하는 자나 탐색하는 자나 남색하는 자나 도적이나 탐욕을 부리는 자나 술 취하는 자나 모욕하는 자나 속여 빼앗는 자들'(고전 6:9-10)의 범주에 속해 있었던 사람들이다. 탐색이나 남색만 죄악인 것이 아니라, 이성 간의 음행도 꼭 같은 비중의 죄악이며, 동성 이성 가릴 것 없이 타인에게 악한 짓 하는 모든 행위들이 다 죄악이다. 다만 우리가 '주 예수 그리스도의 이름과 우리 하나님의 성령 안에서'(고전 6:11) 씻음을 받고 새로워졌다는 사실이 중요하다. 그러므로 우리가 동성애자들을 정죄하기만 하고 그들을 돕지 않는다면, 그것은 자신의 근본을 돌아보지 못하는 가장 어리석은 행위에 지나지 않는다.

하지만 이 대목에서 우리가 분명히 해야 할 것이 한 가지 있다. 우리의 목표는 변화이지 단순한 동성애 포용이 아니라는 사실이다. 포용은 변화 없이 있는 그대로를 수용하는 것을 말할 텐데, 문제는 이것이 성경이 가르치는 것과 조화되지 않는다는 점이다. 앞서 우리가 살펴본 바울의 본문만 보더라도 동성애는 하나님의 창조 의도 및 질서와 양립될 수 없다. 이 양립될 수 없는 것들을 무리하게 양립시키고자 할 때, 많은 갈등과 부조화가 일어날 수밖에 없다. 사실은 이 갈등이 지금 우리가 처해 있는 현실이기도 하다.

급진적인 동성애 운동가들은 더 이상 동성애를 비정상으로 생각하는 인식을 용납하지 않는다. 동성애를 질병이라거나 죄라고 보는 모든 관점을 철폐하고 동성애 및 동성애자들의 사회적 권리가 단 하나라도 제한 또는 차별받는 영역을 타파하기 위해 맹렬히 활동하고 있다. 루처(E. W. Lutzer)는 이런 동성애 운동가들이 사용하는 기본적 전략 몇 가지를 잘 요약해 주고 있다. 첫째, 대중 매체들을 통해 동성애 관련물을 자주 접하게 함으로써 그것을 자연스럽고 정상적인 것으로 받아들이게 만든다. 둘째, 동성애자들을 사회에 대한 도전자들이 아닌 오히려 약자요 희생자들로 이미지화 한다. 셋째, 동성애자들을 착한 사람으로 인식하게 하는 반면, 이를 반대하는 사람들을 증오심에 사로잡힌 나쁜 사람들로 보이도록 부각시킨다. 넷째, 동성애를 옹호하고 그 권익을 높이는 일에 각종 기금과 후원금을 적극 유치하라고 한다(루처, 26-31).

지금까지 이러한 전략들은 착실히 실행되어 왔고, 또 그들의 관점에서 볼 때 매우 성공적이었다. 필자가 영국에 유학하던 20여 년 전에 영국에서는 각급 학교 안에서의 동성애 권장(promotion)을 금하는 지방정부법 28조 폐지를 위한 운동이 LGBT(레스비안, 게이, 양성애자, 성전환자) 권익을 위한 NGO 단체인 스톤월(Stonewall) 등에 의해 한창 진행되고 있는 것을 보았는데, 이런 운동은 2003년에 이르러서 영국 정부가 이 28조를 전면 폐지함으로써 마침내 그 결실을 거두었다. 그 동안에 이루어진 일은 단지 이것만이 아니다. 동성 섹스를 위한 합의 연령의 차별도 폐지되었고, 동성 결합 또는 결혼의 차별도 폐지되었다. 동성애자들의 입양과 인공수정에 있어서 동등 권리가 확보되었고, 성전환도 법적으로 허용되었으며, 기혼자의 경우 성전환을 하더라도 결혼을 계속 유지할 권리도 보장되었다. 동성애자의 군대 입대나 활동의 차별도 금지되었고, LGBT의 이민 차별도 금지되었다. 동성애에 관한 증오 발언도 법적으로 금지되었으며, 학교에서의 성교육에 동성애도 차별받지 않게 되었다(참고, Wikipedia, 'Section 28,' 'Stonewall,' 'LGBT Rights in the United Kingdom'). 그러나 이러한 많은 업적(?)에도 불구하고 동성애 운동가들은 그 이상의 자유를 위해 활동을 멈추지 않는다.

만일 동성애 운동가들의 비전이 그대로 다 이루어진다면, 우리 사회의 근간을 형성하는 기본 도덕 체계가 상당 부분 허물어지든지, 아니면 급진적인 재조정이 불가피할 것이다. 더 이상 결혼이 한 남자와 한 여자의 하나 됨으로 정의되지 못하는 것은 기본적이다. 결혼 자체가 구시대의 유물이 되어 버리고, 반면 성을 초월하여 상호 합의에 의거한 잠정적 동거의 방식으로 맺어진 시민결합(civil union 또는 civil partnership)이 그 자리를 대신하게 될 것이다. 결혼의 언약으로 사람들이 맺어지지 않는 한, 갈수록 커플들 사이의 신실성은 거의 무의미한 것이 될 것이고, 나아가 이런 결합의 지속성을 기대하기도 어렵게 될 것이다.

　여기에서 가장 큰 피해를 받는 계층은 어린아이들이 될 것이다. 특히 동성애 커플의 증가로 어린아이들의 입양이 늘고, 지금보다 더 많은 아이들이 손쉽게 헤어지는 어른들로 인해 스스로의 선택권을 가지지도 못한 채, 이리저리 떠넘겨지는 일을 당할 수도 있다. 이것이 다 동성애 때문이라고 말할 수는 없지만, 일부 동성애 운동가들이 목표로 삼는 것처럼 가족 개념 자체의 붕괴가 이루어질 때, 이런 현상은 급격하게 증가하지 않을 수 없다.

　한 걸음 더 나아가, 사회 역리현상의 증가는 감당할 수 없는 도덕적 허무주의를 몰고 올 수도 있다. 루처가 묻고 있는 것처럼 "결혼이 한 남자와 한 여자의 결합이 아니라 같이 살고 싶어 하는 사람끼리의 결합이라면, 그것을 두 사람의 결합으로 한정시켜야 한다고 누가 말할 수 있겠는가? 남자나 여자 3인조의 결합이 안 될 이유는 무엇인가? 한 남자와 두 아내, 혹은 열 명의 아내가 안 될 이유는 무엇인가?"(루처, 39-40). 미국 시민자유연합이 표방하는 정책 가이드는 실제로 다양한 형태의 결합을 위한 시민의 자유를 부르짖고 있다. "시민자유연합은 다양한 결혼 방식(일부다처, 일처다부, 집단혼)을 금지하거나 처벌하는 형사법이 표현과 결사의 자유, 종교의 자유, 서로 동의하는 성인 간의 관계를 보호하는 헌법을 위반하고 있다고 믿는다"(루처, 42에서 재인용). 이러한 논조가 사회적으로 지지를 얻게 되는 방향으로 확산된다면, 성소수자의 권리추구는 좀 더 급진적으로 개개인의 성적 취향에 따라 개개인이 무슨 형태로든지 그것을 추구할 권리를 가져야 한다는 방향으로 진행되는 것을 막을 명분도 사라지고 마는 것이다. 이렇게 개개인의 욕구나 권리만이 이 문제에 대한 유일한 답변이라면, 우리 사회는 감당하기 어려운 도덕적 아나키(anarchy)에 빠져들 수밖에 없다.

하나님의 창조원리와 질서는 이런 도덕적 혼동과 무질서에 대한 견고한 안전판이다. 하나님은 남자와 여자를 각각 창조하시고 둘이 한 몸을 이루는 것이 그의 뜻임을 보여주셨다. 또한 남자와 여자가 단순히 상호 간의 합의나 협약에 의해서만이 아니라, 하나님 앞에서의 언약에 의거하여 결혼의 관계에 들어가기를 요구하셨다. 이것은 두 사람의 결혼을 위한 든든한 보호막으로 작용한다. 때로 서로에게서 결핍과 결함과 불만족을 발견한다 해도 한 순간의 판단과 이기적 욕망에 따라 그 관계를 끊지 않고 오래 참으며 서로 성숙을 향해 나아갈 수 있도록 만들어주는 것이 언약의 결속이다. 하나님의 창조의 원리를 따르고 한 남자와 한 여자로 맺어지는 결혼의 제도를 잘 지켜나갈 때, 그 사회 속에 순리의 축복이 더욱 넘쳐나게 된다. 그러나 역리가 번성하고 오히려 이것이 순리의 기틀을 갉아먹을 때, 그 사회는 갈수록 토대 빠진 집처럼 위태롭게 되고 말 것이다.

6. 나가는 말

우리는 위에서 바울의 순리와 역리 개념을 중심으로 바울이 동성애 문제를 어떻게 보고 있는지 살펴보았다. 이런 접근은 동성애 문제와 관련하여 가장 중요한 원리 중에 하나이지만, 그렇다고 이것이 모든 문제에 다 쉽게 적용될 수 있다고 생각하지는 않는다. 오늘날의 동성애 문제는 매우 복잡하고 다면적인 성격을 가지고 있다. 그러므로 이런 문제들에 대하여 다방면의 전문가들이 서로 머리를 맞대고 생각들을 나눌 필요가 있을 것이다.

여기서 다룬 것은 성경의 많은 관련 부분들 가운데서도 사도 바울의 본문에 국한하여 동성애 현상이 하나님의 창조의 의도와 질서를 역행한다는 가르침을 좀 더 세밀하게 살펴보는 작업이었다. 바울은 하나님의 창조주 되심을 자신의 분명한 출발점으로 가지면서 이를 바탕으로 순리와 역리의 판단 기준을 취하는데, 이와 같은 그의 판단은 당대의 많은 사상가나 지식인들의 판단과도 궤적을 같이 하고 있음을 본다. 여기에서 우리는 종교와 도덕 관계의 한 건강한 단면을 발견할 수 있다.

종교가 한 사회의 도덕을 관장할 수는 없으며, 또 그렇게 하는 것이 결코 바람직하지도 않겠지만, 그렇다고 종교가 도덕과 무관한 것은 결코 아니다. 도덕이 추구하는 것과 종교가 지향하는 것은 많은 면에서 중첩된다. 종교는 도덕의 형식이 가지는 것의 정신에 해당한다. 한 사회가 추구하는 도덕적 가치와 덕목이 더 깊은 차원에서 어떤 뿌리를 가지는지를 종교가 보여주기 때문이다. 우리가 도덕적 책임이나 신실함이라고 말할 때 그것의 가장 깊은 차원은 하나님의 부름 앞에서의 책임 있는 응답이며, 또한 그와의 언약관계에서의 신실함이다.

오늘날 사회적 윤리와 도덕이 이런 연결점을 외면하고 자기만의 길로 가려할 때 여기에는 엄청난 빈약과 혼란이 따를 수 있다. 바울이 종교(하나님께 대한 예배)와 윤리(타인을 향한 삶의 자세와 관계)를 연결시켜서 이해했던 관점을 우리는 이 시대에도 중요한 원리의 하나로 배우고 간직했으면 한다. 동성애와 관련하여 바울이 가지는 순리와 역리의 관점은 그 어떤 사회든지 한 사회를 가장 건강하고 바르게 세워가는 핵심적인 원리인데, 교회와 사회가 이 문제와 관련하여 좀 더 폭넓은 공감대를 형성했으면 하는 바람이다.

참고문헌

Boswell, J. *Christianity, Social Tolerance and Homosexuality*, Chicago: University of Chicago Press, 1980.

Cranfield, C. E. B. *The Epistle to the Romans 1-8* (ICC), London and New York: T&T Clark, 1975.

Fitzmyer, J. A. *Romans* (AB), New York: Doubleday, 1993.

France, R. T. "From Romans to the Real World: Biblical Principles and Cultural Change in Relation to Homosexuality and the Ministry of Women," in S. K. Soderlund and N. T. Wright eds, *Romans and the People of God*, Grand Rapids: Eerdmans, 1999, 234-253.

Grenz, S. 『성윤리학』, 남정우 역, 서울: 살림, 2003.

Hays, R. B. "Relations Natural and Unnatural: A Response to John Boswell's Exegesis of Romans 1," *Journal of Religious Ethics* 14 (1986), 184-215.

Koester, H. "Physis," in G. Friedrich ed., *Theological Dictionary of the New Testament*, Grand Rapids: Eerdmans, 1974, vol. 9, 251-277.

Lutzer, E. W. 『동성애에 대해 교회가 입을 열다』, 홍종락 역, 서울: 두란노, 2011.

Moberly, E. R. *Homosexuality: A New Christian Ethic*, Cambridge: James Clarke & Co, 1983.

Moo, Douglas *The Epistle to the Romans* (NICNT), Grand Rapids: Eerdmans, 1996.

Mounce, Robert H. *Romans*, Broadman & Holman Publishers, 1995.

Osborne, Grant R. *Romans*, Downers Grove and Leicester: IVP, 2004.

Philo, *The Works of Philo*, tr. C. D. Yonge, Hendrickson, 1993.

Scroggs, R. *The New Testament and Homosexuality*, Philadelphia: Fortress, 1983.

Talbert, C. H. *Romans*, Macon: Smyth & Helwys Publishing, 2002.

Thiselton, A. C. *The First Epistle to the Corinthians* (NIGTC), Grand Rapids: Eerdmans, 2000.

제 2 부
교회사적 분석

Homosexuality, the cultural clash of the 21st century

제 1 장

동성애 문제의 교회사적 고찰

이상규 교수(고신대학교 역사신학)

시작하면서

동성애(同性愛) 문제가 한국 사회의 심각한 현안이 되고 있다. 최근 한국 사회에서도 동성애를 개인적인 성적 지향(orientation) 혹은 성적 전도(inversion)로 보거나 개인의 선택적 삶의 방식(life style)으로 수용하는 관용적 인식이 확산되고 있다. 특히 성 소수자 인권이라는 이름으로 동성애와 동성결혼 합법화를 위한 여러 노력이 시도되고 있다. 이런 현상은 동성결혼을 합법화하기 위한 외국의 사례로부터 영향을 받고 있다.

미국의 경우 2013년 6월 도마법(DOMA: Defence of Marriage Act), 곧 동성결혼을 금하는 미국연방법을 위헌이라고 판시한 이후 동성애와 동성혼에 대한 관용적 입장이 급속도로 전파되고 있다. 미국에서는 1996년 도마법을 통해 결혼은 한 남성과 한 여성의 이성 간 결합이라고 규정하고, 동성결혼 커플에게 연방정부의 각종 혜택을 제공하지 못하도록 규정한바 있는데, 이 법이 평등권을 침해했다는 이유로 위헌결정을 내린 것이다. 이미 상당수의 주 정부가 동성결혼을 법적으로 허용하는 상황에서 이들의 권리를 제도적으로 보장해야 한다는 판단에서 나온 결정이었다.

미국 연방대법원은 2014년 10월 6일에는 동성결혼을 금지해 달라는 인디애나, 오클라호마, 유타, 버지니아, 그리고 위스칸신 등 5개 주의 상고를 각하하고, 이들 지역에서의 동성결혼을 허용하도록 한 것이다. 말하자면 위의 5개 주는 동성결혼을 허용하라는 항소법원 판결에 불복하여 낸 상고를 심리하지 않겠다고 밝힌 것이다.[1] 이런 결정을 내림으로써 동성결혼이 위헌이라는 항소법원 판결이 나온 콜로라도, 와이오밍, 캔자스, 웨스트버지니아, 노스캐롤라이나, 사우스 캐롤라이나 주에도 그대로 적용된다. 이에 따라 미국 내 30개 주와 와싱턴 DC에서 동성결혼이 합법화된 셈이다. 이와 더불어 동성결혼을 금하는 다른 지역에서도 동성커플에 의한 소송이 진행되면 2014년 10월의 대법원 결정을 원용해야 함으로 미국은 사실상 동성결혼을 사실상 완전 허용한 셈이다.

동성결혼을 처음으로 허용한 나라는 네델란드(2001)였고 벨기에(2003)가 두 번째 나라였다. 뒤이어 스페인, 캐나다(2005) 등이 합법화하였고, 미국이 동성결혼을 합법화함으로써 동성결혼을 허용한 21번째 나라가 되었다.

이러한 국제적인 추세에 따라 한국에서도 동성결혼 합법화를 위한

---

1   *The Korean New York Daily*, 2014. 10. 7.

입법이 추진되고 있다. 2015년 6월 서울광장에서 개최된 바 있는 퀴어(Queer)[2] 축제는 우리 시대 동성애와 동성혼의 심각성을 환기시켜 주는 사건이었다. 이 축제는 이미 2000년부터 시행되어 왔으나 큰 관심을 끌지 못했다. 그러나 최근에 와서 소수자 인권이라는 이름으로 지지가 확산되고 있다.

문제는 이런 동성혼에 대해 기독교권의 의견이 갈리고 있다는 점이다. 심지어는 동성애와 동성혼을 수용하는 교회가 늘어가고 있다. 예를 들어, 미국장로교(PCUSA) 총회는 2015년 3월 "목사들의 동성결혼 주례를 허용하고, 결혼의 주체는 '남'과 '여'가 아닌 '사람'과 '사람'이라는 내용으로 총회법을 변경하여 레즈비언, 게이, 양성애자, 트랜스젠더(LGBT)의 결혼을 허용했다. 이로부터 5일 후 두 레즈비언 부부가 목사 안수를 받았다.[3] 미국 장로교 역사상 최초의 일이다. 그런가 하면 가톨릭 주교회의는 2014년 10월 14일 그 동안 죄악시해왔던 동성애를 종교적으로 인정하겠다는 취지의 시노드 중간보고서를 발표한 바 있다.[4] 이런 입장은 로마 가톨릭 교회가 지향해 왔던 전통적인 입장

---

[2] 동성애를 지칭하는 영어 표현으로 게이(gay) 레즈비언(lesbian)이 사용되어 왔으나 최근에는 '퀴어'라는 용어가 사용되고 있다. 이런 용어들은 1960-70년대 성 소수자의 정체성 문제가 대두되는 가운데 사용된 용어인데, '게이'라는 용어는 비교적 긍정적인 의미를 내포하지만 '퀴어'는 전반적으로 부정적인 의미가 있다. 그럼에도 불구하고 동성애론자들이 '게이'나 '레즈비언'이라는 용어 대신 '퀴어'라는 용어를 선호하는 것은 사회화 주체화 과정에서 당연시되던 이념들을 의식적으로 와해시키려는 의도 때문이라고 해석한다. 이희원 외, 『페미니즘, 차이와 사이』 (서울: 문학동네, 2012), 21.

[3] 김응신, "동성애, 그것이 알고 싶다" 「만남」, 499(2015. 8), 12.

[4] 가톨릭 주교회의의 중간보고서에는 "동성애자들도 기독교 공동체에 헌신할 자격과 은사가 있다"고 하여 동성애를 인정했으나, 2014년 10월 18일 발표된 최종보고서에서는 결혼과 피임에 대해서는 전향적 입장을 보여주었으나 동성애에 대해서는 중간보고서의 해당부분을 삭제했다. 동성애에 대해서도 전향적 입장을 보여주고 있지만 보수파의 반대를 고려하여 잠정적으로 유보한 것으로 보인다. 출처, http://news.naver.com/main/read.nhn?mode=LSD&mid=sec&sid1=103&oid=001&aid=0007194013.

에서 선회한 전향적인 입장을 보여준다. 이런 현상은 소수자 인권이란 이름의 동성애자 혹은 동성혼 인정이라는 세계적 추세에 대한 타협이라고 할 수 있다.

이런 현실의 흐름 속에서 동성애 혹은 동성혼에 대해 기독교 전통에서는 어떻게 이해해 왔는가 하는 점은 중요한 관심사가 아닐 수 없다. 따라서 이 글에서는 초기 기독교에서 16세기 칼빈(J. Calvin)에 이르기까지 기독교 전통에서 동성애가 어떻게 인식되어 왔는가를 역사적으로 고찰하고, 동성애 문제에 대해 신학적으로 검토하고자 한다.[5] 특히 동성애 혹은 동성혼에 대해 관용적인 입장을 견지하는 신학자들, 곧 베일리(D. S. Bailey), 콜만(P. Coleman), 보스웰(J. Boswell), 베이시(M. Vasey)의 주장,[6] 곧 기독교 전통에서 동성애는 크게 문제시되지 않았다는 주장에 대해 이의를 제기하고자 한다. 이들의 주장과는 달리 기독교 전통에서 동성애가 엄격하게 금지되어 왔고, 이 점이 교회 지도자들의 가르침과 교회 규정에서 제시되어 왔음을 지적하고자 한다.

---

5   기독교회와 동성애 관련 연구로는(발간 연도순), D. S. Bailey, *Homosexuality and the Western Christian tradition* (Longmans, 1955); R. F. Lovelace, *Homosexuality and the Church* (Revell, 1978); D. J. Atkinson, *Homosexuals in the Christian Fellowship* (Latin House, 1979); John Boswell, *Christianity, Social Tolerance and Homosexuality* (Chicago, 1980); E. R. Moberly, *Homosexuality: A New Christian Ethics* (James Clarke, 1983); Albert Mohler, *Homosexuality and the Bible* (2010) 등이 있다.

6   데릭 베일리[D. S. Bailey, *Homosexuality and the Western Christian Tradition* (Longmans, 1955)], 피터 콜만[P. Coleman, Christian Attitude to Homosexuality (SPCK, 1980)], 존 보스웰[J. Boswell, *Christianity, Social Tolerance and Homosexuality* (Chicago, 1980)], 마이클 베이시[M. Vasey, *Strangers and Friends* (Hodder and Stoughton, 1996)] 등은 동성애는 기독교 전통에서 크게 문제시되지 않았다고 주장하면서 기독교가 관용적 태도를 지녀야 한다고 주장한바 있다. 특히 베일리는 성경에 금지하는 동성애 행위에 대한 전통적인 이해를 재평가한 첫 인물로 알려져 있는데, 소돔의 죄를 동성애의 문제로 볼 수 없다는 그의 주장은 동성애에 대해 호의적인 학자들에 의해 거듭 강조되어 왔다.

동성애 문제의 과학적 측면, 즉 생물학적이나 의학적 문제, 그리고 사회적 문제나 그 폐해에 대해서는 이미 많은 연구와 보고가 있음으로 이 글에서는 논외로 한다.[7] 특히 이글에서는 개혁신학 혹은 복음주의적 관점에서 동성애 문제에 대해 평가하고자 한다. 현재까지 한국에서 동성애 문제를 역사적으로 논구한 사실이 없으므로 이 연구는 동성애 혹은 동성혼의 폐해에 대한 의학적, 사회적 문제만이 아니라, 기독교 전통이라는 역사적 안목에서 동성애 문제를 인식하는데 기여할 것으로 판단한다.

1. 초기 기독교와 교부들

초기 기독교

초기 기독교는 성경의 가르침을 따라 동성애나 동성혼을 강력하게 반대했고, 이런 인식은 교회사 전 시기에서 동일하게 주창되어 왔다. 성경에서 동성애에 대해 직접적으로 언급하는 본문으로는 창세기 19:4-5의 소돔 성에서의 일,[8] 사사기 19장의 기브아, 레위기의 성결법

---

[7] 이와 관련한 문제에 대해서는, 바른 성문화를 위한국민연합 편, 『동성애에 대한 불편한 진실』 (서울: 밝은 세상, 2014), 동성애문제 대책위원회, 『동성애와 차별금지법의 피해와 문제점』 (서울: 동성애문제 대책위원회, 2015), *Jesus Army*, 59호(2015.6) 등이 있다.

[8] 소돔 성 남자들이 롯의 손님에게 요구한 '상관하리라'는 의미의 히브리어 '야다, ידע'는 구약에 943회 등장하는데, 성관계를 의미하는 용례로 사용된 경우는 15회에 불과하다[R. Tanahill, *Sex in History* (London: Book Club Associates, 1980), 154]는 이유로 성관계를 의미하는 것이 아니라 상호인식(became acquainted with)을 의미한다고 주장하기도 하지만[F. Brown, S. R. Driver, and C. A. Briggs, *A Hebrew and English Lexicon of the Old Testament* (Oxford, 1952)], 본문의 정황, 곧 남자를 '내어 놓으라'는 요구에

전(18:22, 20:13), 부정한 이방사회에 대한 바울의 묘사(롬 1:26-27),[9] 그리고 두 개의 범죄목록(고전 6:9-10,[10] 딤전 1:10) 등인데, 초기 기독교는 이런 성경의 가르침을 중시했다. 초기 기독교가 처한 헬라 로마적 상황에서는 양성애와 동성애가 공존했고, 그 결과로 동성 혹은 이성 간에도 항문성교가 유행했다. 이런 점을 보여주는 상징적인 사례가 이른바 와렌컵(Warren cup)이라고 불리는 은제 잔에 새겨진 두 남성 동성애자의 항문삽입 모습이다.[11] 이 은제 잔은 1999년 대영박물관이 180만 파운드에 매입했는데, 1세기 당시 로마제국에서의 동성애와 성적 방종을 보여준다.[12] 헬라 로마 사회에서 때로 동성애는 이성애 보다 더 고상한 것으로 인식되기도 했다. 헬라인들은 동성애를 인간관계의 의미 있는 형태로 인식했고, 그것은 일상에서 용인된 삶의 일부이기도 했다.[13] 심지어 소포클레스(Sophokles, 주전 497-406)나 소크라테스(Socrates, 주전 470-399), 그리고 헬라의 많은 지식인들이 나이

롯이 그의 처녀 딸을 '내어주고' 있다는 점과, 창세기 18:20의 빛으로 볼 때 성관계를 요구한 것으로 볼 수 있다.

9   로마서 1:27의, "남자들도 순리대로 여인 쓰기를 버리고 음욕이 불 일듯 하매 남자가 남자로 더불어 부끄러운 일을 행하여 저희의 그릇됨에 상당한 보응을 그 자신에 받았느니라"(롬 1:27)는 "강간이나 매춘, 남색이 아니라 상호 합의에 의한 동성 간 성관계를 말하는 것"이라고 켈러(T. Keller)는 지적한다.

10 보스웰은 고린도전서 6:9의 '탐색하는 자'(μαλακοὶ)는 일반적인 도덕적 연약성을, '남색하는 자'(ἀρσενοκοῖται)는 남성 창부를 가리키는 것이지 동성애자를 뜻하는 것이 아니라고 주장한다. 그러나 다수의 신약학자들은 전자는 남성 동성애자를, 후자는 동성애자를 칭하는 것으로 보고 있다. 『바른성경』(한국성경공회, 2008)은 전자를 '남성 동성애자'로 후자를 '동성연애 하는 자'로 번역하고 있다.

11 레이 로렌스, 『로마제국 쾌락의 역사』(서울: 미래의 창, 2011), 179.

12 로마인들의 성적 무질서를 보여주는 한 가지 사례가 성행위 방식에 따른 용어의 다양성이다. 로마인들은 질삽입 행위와 행위자를 futuere, fututor로, 항문삽입을 pedicare, pedicator로, 구강삽입을 irruamare, irrumator로 각기 달리 표기했다. 레이 로렌스, 182.

13 앨버트 벨, 『신약시대의 사회와 문화』(서울: 생명의 말씀사, 2001), 425.

가 많은 황혼기에도 남자 애인을 두고 있었을 정도였다.[14] 로마인들에게도 동성애는 널리 확산되어 있었다.[15] 고대 로마의 풍자시인 유베날리스(Decimus Iunius Iuvenalis, 55-140)의 두 번째 풍자시에서 남성들 간의 동성애를 통렬하게 비난하는 내용이 포함되어 있다는 사실은 이 점을 반영한다. 이러한 상황에서 기독교회는 성과 결혼에 대해 분명하게 가르쳐야 할 의무가 있었다. 이에 사도 바울은 로마서 1장, 고린도전서 6장, 디모데전서 1장 등에서 당시의 난잡한 성의 오남용에 대해 비판하고, 순리에 따른 성, 곧 성의 정당한 사용에 대해 언급함과 동시에 건실한 가정생활과 성적 윤리를 강조하고 있다.

초기 기독교와 그 이후 기독교 전통에서 "너는 여자와 동침함 같이 남자와 동침하지 말라. 이는 가증한 일이니라"(레 18:22)는 경고와 "누구든지 여인과 동침하듯 남자와 동침하면 둘 다 가증한 일을 행함인즉 반드시 죽일지니 자기의 피가 자기에게로 돌아가리라"(레 20:13)는 가르침은 동성애에 대한 엄격한 금지로 인식했다. 로마서 1:26의 "순리대로 쓸 것을 역리로 쓴 것이다"에서 '순리대로 쓸 것'은 '자연적 사용'을 의미하는데, 창조질서에 따른 이성 간의 성 관계를 의미한다. 또 '역리'(καὶ παρὰ φύσιν)란 '자연을 거스르는 사용'을 의미하는데(롬 1:27), 동성애를 의미했다.

그래서 초기 기독교회는, 동성애는 하나님의 창조질서에 어긋나는 것일 뿐 아니라 "생육하고 번성하라"는 하나님의 문화명령에 반하는 것으로 인식한 것이다. 기독교는 처음부터 성(性)은 근본적으로 쾌락

---

14 T. W. Africa, "Homosexuals in Greek History," *Journal of Psychohistory* 9(1982), 401-420.

15 R. Tanahill, *Sex in History*, 155.

을 위해서가 아니라 출산, 곧 종족의 재생산을 위한 것으로 이해했다. 이 점에 있어서는 알렉산드리아의 클레멘트(Clement of Alexandria, 150-215)나 라틴학파의 제롬(Jerome, Hieronymus, 340-c. 420) 등 헬라교부나 라틴교부가 다르지 않았다. 따라서 이성 간의 출산을 위한 성 이외의 성행위는 자연의 질서에 반하는 행위라는 인식은 초기 기독교와 교부들의 가르침에 동일하게 나타난다. 이런 인식에서 볼 때 쾌락을 위한 성행위에 대해서도 부정적이었지만, 동성애는 순리 혹은 자연에 반하는 심각한 범죄로 간주했다.[16]

교부들

초기 교부들 또한 동성애를 '순리대로 쓰지 않는' 행위, 곧 자연에 반하는 범죄로 간주했는데, 이런 인식은 기독교회의 오랜 전통이 되었다. 그러나 동성애가 교회가 직면한, 교회 내부의 문제가 아니었으므로 교부들이 이 점에 대해서까지 주의를 기울일 여력이 없었다. 초기 교부들에게는 교회건설, 예전, 신학적 정초작업이 보다 시급한 과제였기 때문이다. 따라서 초기 교부들이 동성애 문제에 대해 직접적으로 언급한 것은 그리 많지 않다. 또 동성애 문제를 언급할 경우라도 남성끼리의 동성애에 대해 주로 언급하였고, 여성들 간의 동성애(Lesbianism)에 대해서는 거의 언급하지 않았다.[17] 이것은 여성보다는

---

16 베이시나 보스웰은 13세기까지 동성애 욕망과 태도에 대해 그리스도인들은 대체로 수용적이었다고 주장하지만[존 스토트, 『존 스토트 동성애 논쟁』 (서울: 홍성사, 2006), 37], 라이트(D. Wright)는 그 점을 확인시켜 주는 증거를 단 하나도 제시하지 못하고 있다고 지적했다. 존 스토트, 37.

17 R. Tanahill, *Sex in History*, 153.

남성 간의 동성애 행위가 보다 보편화되었기 때문일 것이다.

결국 분명한 것은 동성애는 교부시대에도 기독교 도덕에 반하는 교회의 위협으로 간주되었다는 것이다. 따라서 동성애자들에게는 세례를 주지 않았고, 이런 행위를 완전히 포기할 때 기독교 교훈을 시작했다. 이레니우스의 제자인 히폴리투스(Hippolytus, 170-236)는 215년 『사도적 전통』(Apostolical Tradition of Hippolytus)이라는 책을 저술했는데, 여기서 그는 비록 동성애라는 용어는 사용하지 않았으나 수세예정자의 성결한 삶을 매우 중시하면서 생활 전반에 대한 엄격한 심사 후에 세례를 베풀어야 한다고 주장했다.[18] 4세기 크리소스톰(John Chrysostom, c. 349-407)은 동성애의 부당함에 대해 분명하게 가르친 대표적인 교부였다. 그는 동성애 문제 자체를 논한 최초의, 그리고 유일한 교부로 알려져 있는데,[19] 그 또한 출산을 위한 성행위가 아닌 쾌락을 위한 성생활을 비판했다. 특히 그는 성의 바른 사용을 중시하고 동성애는 하나님의 창조원리에 반하는 행위라고 비판했다.

그는 고린도전서 6장 주석에서 9절과 관련하여 주석하면서 "불의한 자가 하나님의 나라를 상속할 수 없다"는 점을 상기시키면서 그 불의한 행위로 간음자, 음행하는 자, 남자가 남자들과 음행하는 동성애 행위를 지적하고 있다.[20] 특히 그는 로마서 1:26-27에 대한 긴 주석에서 성의 부당한 사용, 곧 역리행위를 창조질서를 범하는 엄중한 범죄로 규정하고 강력하게 경고하고 있다. 성의 도착은 용납할 수 없는 비

---

18 *Apostolical Tradition of Hippolytus*, II, 16, 20;*The Apostolical Tradition of Hippolytus* (Cambridge: Archon Books, 1962), 44.

19 장 베르동, 『중세의 쾌락』 (서울: 이학사, 2000), 65, 66.

20 P. Schaff ed., *Nicene and Post-Nicene Fathers*, 1st Series Vol. XII (Grand Rapids: Eerdmans, 1989), 93.

열한 행위(vile)로서 남자끼리의 미친 욕망이며, 영혼이 죄 가운데서 고통당하고 무질서한 병든 육체의 소욕이라고 말한다.[21] 크리소스톰은 정상적인 성의 즐거움을 거부하는 것은 아니다. 그러면서 그는 진정한 즐거움은 순리를 따름에 있다고 말하고, 반대로 육체의 역리적 남용, 곧 동성애 행위는 사탄적 범죄이며, 육체의 파멸이라고 말한다. 따라서 이에 대한 바울의 경고는 당연하고도 존중되어야 할 훈계라고 말한다.[22] 크리소스톰은 동성애와 같은 불의한 자를 말하면서 "얼마나 많은 지옥이 있어야 충분할까"라고 묻고 유다서 7절을 인용하면서, 그리고 소돔에 내려진 불(burning of Sodom)을 상기하면서 그것이 얼마나 큰 범죄인가를 말하고 있다.[23]

이와 같은 초기 기독교와 교부들의 가르침은 기독교가 로마제국의 공인을 받고(313) 국교(380)가 되면서 로마제국의 법에 분명하게 반영되었다. 그러나 로마제국은 로마제국 내에서 여전히 행해지고 있던 동성애에 대해 실제로 3세기까지는 법률적으로 규제하지 못했다. 이제 기독교가 로마제국의 국교가 된 이 시점에 황제는 심각한 고민에 빠지게 된다. 왜냐하면 로마군의 다수가 미트라스교(Mithraism)라는 동방 종교를 신봉하고 있었는데, 이 종교는 동성애를 용인하고 있었으므로[24] 동성애를 금지하는 법령을 제정한다는 것은 제국을 수호하는 이들과의 대립을 초래하는 일이었기 때문이다. 이처럼 기독교 공인 이후에도 로마가 법적으로 동성애를 제재하기까지는 현실적인 어려

---

21 P. Schaff ed., *Nicene and Post-Nicene Fathers*, 355.

22 P. Schaff ed., *Nicene and Post-Nicene Fathers*, 357.

23 P. Schaff ed., *Nicene and Post-Nicene Fathers*, 358.

24 R. Tanahill, *Sex in History*, 155.

움을 극복해야 할 상황이었다.

이러한 상황 가운데서 마침내 콘스탄티우스 2세(ConstantiusⅡ, 337-361) 치하인 342년에 이르러서야 동성애자 처벌법이 처음으로 제정된 이후, 기독교를 국교로 인정한 데오도시우스(Flavius Theodosius, 347-395)는 여전히 남아 있던 이교를 금압하고, 이단들의 발호를 막고, 주일성수를 명하는 법률을 제정했는데, 이때 동성애 행위도 엄격하게 금지했다. 보다 구체적으로 이를 금지한 것은 유스티니안(Justinian I, 527-565) 황제였다. 유스티니안 황제는 로마법과 기독교 도덕을 융합하여 신성모독과 동성애를 동일하게 불경건한 행위로 간주하여 이를 엄격하게 금지하는 법령을 제정했다. 흔히 로마법의 완성자라고 불리는 유스티니안은 지상에서의 하나님의 대리자로 자처하면서 이전보다 더욱 엄격한 반동성애 법을 제정했다.[25] 그는 538년 그에 의해 제정된 법률(Justinian Novella)에서 동성애를 '자연에 반하는 행위'로 규정하고, 이를 사형에 준하는 범죄행위로 간주해 거세(去勢)도 처벌 방법의 한 가지로 명시하고 있다. 범법자의 거세 모습은 대중 앞에 공개하게 했다. 그가 동성애를 이처럼 법으로 엄격하게 처벌했던 것은 그의 내면에 동성애가 자연 혹은 순리를 거역하는 행위라는 확신이 있었고, 그것이 천재지변과 자연의 보복을 초래한다고 보

---

25 유스티니안은 528년 10명으로 구성된 법률편찬위원회를 두고 로마법을 집대성하게 했다. 이렇게 해서 탄생된 법전이 바로 『로마법 대전』인데, 총 4부로 구성되어 있다. 제1부 '학설집'(學說集)은 종래 고전법학자들의 학설을 모아 수정한 것으로 전 50권으로 구성되어 있고, 제2부 법학제요(法學提要)는 법학도들의 교과서로 편찬된 전 4권으로 구성된 법문이다. 제3부 칙법집(勅法集)은 하드리아누스 황제 이래 역대 황제의 법을 집대성한 것으로 전 21권으로 구성되어 있고, 제4부 신칙법(新勅法)은 514년 이후 황제의 죽음에 이르기까지 발표된 158개 법칙을 수합한 것이다. 538년에 제정된 동성애 금지법안은 이 신칙법에 포함되어 있다. 참고, 에드워드 기번, 『로마제국 쇠망사』(서울: 북프랜즈, 2005), 272.

왔기 때문이다. 곧 기근이나 지진, 혹은 전염병 등은 이런 범죄행위의 결과, 곧 자연의 순리를 역리로 쓴 것에 대한 자연의 역습이라고 인식한 것이다.[26]

실제로 이러한 반동성애법이 널리 알려지기 전인 541년에 콘스탄티노플에 대역병이 유행하여 그 도시 거주민 3분의 1이 사망하는 큰 재난을 겪기도 했다. 이런 재난은 당시 교회나 황제가 행하는 동성애자에 대한 처벌이 정당하다는 점을 확인시켜주는 계기가 되었다. 이 역병이 물러간 후 유스티니안 황제는 동성애를 금하는 새로운 법령(Novella)를 선포했다. 이 법령은 동성애자들에 대한 처벌이 한층 강화되어, 심각한 동성애자의 경우에는 극형에 처하도록 했다.

아우구스티누스

동성애에 대한 부정적 입장을 보여준 대표적인 인물이 초대교회 최대의 교부인 아우구스티누스(Aurelius Augustinus, 354-430)였다. 기독교 역사상 윤리적 문제에 대해 언급한 교부들이 항상 있어 왔지만 아우구스티누스만큼 구체적인 저술을 발표한 인물도 없었다. 그는 인간의 삶의 현장에서 제기될 수 있는 거의 모든 문제에 대한 의견을 피력했는데, 성과 성생활, 가정 윤리와 출산 등에 대해서도 의견을 피력했다. 심지어는 우리가 사소하게 여기는 거짓말에 대하여도 진지하게 숙고하고 『거짓말에 관하여』(De Mendacio)라는 책을 통해 학문적 접근을 시도했다. 특히 거룩한 혼인(holy matrimony)이라는 가정윤리의 신성함을 고양하고자 했던 아우구스티누스는 성은 오직 출산을 위한

---

26 제프리 리처즈, 270, R. Tanahill, *Sex in History*, 156.

하나님의 선물이라고 보아 쾌락을 위한 성을 죄악시 했을 정도로 엄격했다. 그는 동성애는 하나님이 정하신 창조질서를 거스르는 범죄일 뿐 아니라 부당하고(unjust) 불익한(unutile) 행위로 간주했다. 아우구스티누스는 그의 『고백록』 3권 8장 15항에서 다음과 같이 말한다.

> 그러므로 본성에 위배되는 행위는 언제 어디서나 미움을 받을 것이며 처벌받아 마땅하다. 가령 소돔 사람들의 범죄가 바로 그런 것이다. 그리고 모든 나라들이 그런 죄를 범한다 해도 이러한 행위를 범하는 자들은 하나님의 법에 따라 모두 똑같은 심판을 받아야 하오니 하나님의 법은 사람들이 저런 식으로 서로 속이도록 지음 받지 않았다. 이는 하나님께서 창조하신 본성이 정욕의 도착으로 말미암아 오염될 때마다 하나님과 우리 사이에 있어야 할 교제가 훼방을 당하기 때문이다.[27]

그가 말하는 본성에 위배되는 죄란 순리에 역행하는 죄(those offences which be contrary to nature)로서 소돔 사람들의 범죄, 곧 동성애를 지칭한다. 이를 '정욕의 도착'이라고 말한다. 아우구스티누스는 동성애 행위는 상호 합의에 의하고, 행위 당사자 이외에 다른 이에

---

27 영문역은 다음과 같다. "Therefore those offences which be contrary to nature are every where and at all times to be held in detestation and punished; such were those of the Sodomites, which should all nations commit, they should all be held guilty of the same crime by the divine law, which hath not so made men that they should in that way abuse one another. For even that fellowship which should be between God and us is violated, when that same nature of which He is author is polluted by the perversity of lust." P. Schaff ed., *A Select Library of the Nicene and Post-nicene Fathers of the Christian Church*, vol.1 *The Confessions and Letters of St. Augustine* (Edinburgh: Eerdmans, 1994), 65.

게 해를 끼치지 않는다고 할지라도 이런 행위는 하나님을 모독하는 행위로 간주했다. 동성애에 대한 아우구스티누스의 가르침은 그 이후 기독교 전통에서 거듭 인용 혹은 원용되었다. 기독교회 전통에서 동성애는 일관되게 하나님의 창조질서에 역행하는 범죄행위로 인식했음을 알 수 있다.

2. 중세 기독교

이러한 반동성애 교훈은 중세시대에서도 동일하게 강조되고 있다. 보스웰은 중세 기독교가 동성애에 대해 관대했다고 말하고 있고,[28] 마이클 베이시 역시 서구 기독교에서 13세기까지 동성애에 대한 기독교의 입장이 관용적이고 수용적이었다고 주장하지만[29] 이는 사실이 아니다. 베이시는 보스웰의 주장을 반복하고 있을 따름이고 기독교회가 동성애 행위를 묵인했다고 하는 확고한 증거를 하나도 제시하지 못했다. 이 항에서는 중세 기독교가 동성애에 대해 어떤 입장을 취했는지에 대해 살펴보고자 한다.

---

[28] 보스웰은 자신의 *Christianity, Social Tolerance and Homosexuality* (Chicago, 1980)에서 두 가지 점, 곧 기독교가 근본적으로 동성애에 대해 적대적이지 않았다는 점과, 동성애에 대한 중세 초기의 관용적 입장이 후기에 불관용적인 입장으로 선회했다는 점을 주장하려고 했다. 그러나 그는 동성애의 실상을 과장했고, 기독교의 입장을 곡해했다는 비판을 받아왔다.

[29] M. Vasey, *Strangers and Friends* (London: Hodder and Stoughton, 1996), 46, 82-83. 존 스토트, 『존 스토트의 동성애 논쟁』, 37.

중세교회, 교회편람

중세교회 또한 동성애를 자연에 반하는 행위이자 하나님의 뜻에 반하는 죄로 분명하게 인식했다. 이 시기의 동성애 인식이 어떠했는가를 알 수 있는 여러 문헌들이 있는데, 한 가지 사례가 567년 제2차 투르 회의(Council of Tours)에서 베네딕트 수도회 규정을 승인한 사실에 나타난다. 이때 승인된 베네딕트 수도회 규정에 의하면 수도승은 두 사람이 한 침대에서 잘 수 없다는 규정이었다. 몇 세기 후에는 동일한 규정이 수녀들에게도 적용되었다.[30] 또 이때 수도원 숙소의 등불은 밤새도록 켜두어야 한다고 규정했다. 실제로 베네딕트가 저술한 '수도규칙서'(Regula monachorum) 22장에서는 "수도승들은 어떻게 잠자야 하는가"(quomodo dormiant monachi)를 규정하고 있는데, "각 사람은 각각의 침대에서 잘 것이다. 침구는 수도생활의 방식에 맞게 자기 아빠스가 분배하는 대로 받을 것이다… 등불은 아침까지 계속해서 침실에 밝혀 둘 것이다"라고 규정하고 있다. 수도사들로 하여금 자기 침대에서 자게하고 밤새도록 불을 끄지 않게 했던 것은 수도사들의 동성애를 방지하기 위한 조처였다.[31]

693년에 모인 톨레도 회의(Council of Toledo)에서는 스페인에서 소도미가 일상화되어 있다는 점을 지적하고, 자연에 반하는 이런 행위를 하는 자가 있다면 감독(bishop), 사제(priest), 그리고 부제(deacon)의 교직 등급에 따른 차등 처벌을 부과해야 한다는 결정을

---

30 R. Tanahill, *Sex in History*, 156.
31 Rule of St. Benedict, 22; Council of Tours(567), 14; R. Tanahill, *Sex in History*, 157 에서 중인.

내렸다. 처벌 방식은 100대의 매질, 수염 제거, 교직에서의 영구 추방 등이 있었고, 이렇게 교회가 시행하는 처벌에 더하여 세속 권력은 거세를 명했다고 한다.[32]

위의 내용을 통해서 볼 때, 동성애 행위에 대하여 중세교회가 무관하지 않았음을 알 수 있다. 이런 반동성애 규정은 8세기 이후 시기에서도 동일하게 강조되었다. 그 일례가 성 베다(St. Beda, 673-735)의 언급이다. 영국 가톨릭 인물로서 유일하게 교회의 박사(doctor ecclesiae)로 규정된 베다는 '존자'(venerable)라는 칭호를 얻은 학자이자 수도사였고 영문학사에도 큰 자취를 남긴 인물이었다. 그는 '영국 역사의 아버지'로 불리기도 하는데, 교황 레오 13세(Leo XIII, 1878-1903)는 1899년 그를 교회학자로 선언한 바 있다.

경건한 수도사였던 베다는 남성 간의 성행위자(비역)에 대해서는 4년간 단식을, 여성 간의 성행위(레즈비언)에 대해서는 3년간 속죄고행을 명했고, 수녀가 동성애를 한 경우에는 7년간 고행하도록 요구했다.[33] 동성애 행위 당사자의 신분, 연령, 행위의 경중에 따라 다른 처벌이 요구되었다.

비슷한 지침이 8세기 문헌에도 나타난다. 교황 그레고리우스 3세(Gregorius III, 731-741) 치하에서 제정된 '속죄규정'이 그것이다. 이 규정에 보면 여성 동성애 행위에 대해서는 160일간 벌을 가하고, 남성 동성애 행위는 1년 미만의 기간 동안 속죄고행을 하게 했다.[34]

중세시대 교회가 동성애에 대해 어떤 입장을 취했는가를 알 수 있는

---

32 Council of Toledo(693), 3. Lex Visigoth, III. 5. 7. R. Tanahill, *Sex in History*, 157에서 중인.

33 장 베르농, 『중세의 쾌락』, 66.

34 장 베르동, 『중세의 쾌락』, 65.

중요한 문서가 고해편람(Liber Poenitentialis)인데, 페이어(P. Payer)는 모든 고해 규정서에서 동성애를 범죄시하는 조항이 일관되게 포함되어 있고, 동성애자들에게 무거운 고행을 부과했다는 점을 지적하고 있다.[35]

중세시대에 있어서 성과 관련된 범죄 행위에 대해 적극적으로 지적한 인물은 성 다미아니(St. Peter Damiani, 1007-1071)였다. 이탈리아 출신으로 베네딕트 수도회의 수도사이자 후일 추기경의 위치에까지 올랐으며, 그는 철학, 역사학, 성경학, 교부학을 통달하여 교회학자로 명성을 얻었다. 다미아니는 11세기 당시의 성적 부패와 타락을 통렬하게 비판했던 대표적인 인물이다. 당시 교회는 규율이 문란해져, 신자들 간에는 말할 것도 없고 수도자, 성직자 계급에서도 성적 문란이 심각했으며, 사제들도 동정을 지키지 않는 사례가 빈번했다. 그는 이탈리아, 프랑스, 독일 제국을 순회하며 성적 타락과 오용을 개탄하며 이의 시정을 촉구했다. 그의 지적은 부패 척결과 교회 쇄신운동의 일환이었다. 이런 이유에서 독신제를 강하게 옹호하며 이의 철저한 시행을 주장하기도 했다. 그는 특히 1048년에서 1054년 어간에 저술한 『고모라서(書)』(Liber Gomorrhianus)에서 성적 문란과 이의 대표적인 오용 형태인 동성애를 비판하고, 동성애자, 동성애 성직자를 교회에서 추방할 것을 당시 교황 레오 9세(Leo VIIII, 1049-1054)에게 요청하였다.[36] 이는 당시 동성애가 성직자들에게까지 퍼져 있었음을 알 수 있는

---

35 P. Payer, *Sex and the Penitentials* (Toronto, 1984). 제프리 리처즈, 271.
36 장 베르농, 『중세의 패락』, 66.

대목이다.[37] 그는 동성애에 대해 이렇게 썼다.[38]

> 이 악(동성애)은 모든 악의 크기를 능가한다는 점에서 다른 어떤 악과도 비교되지 않는다. 이 악은 육체를 죽음으로 이끌고 영혼을 파멸시킨다. 그것은 육체를 오염시키고 정신의 빛을 소멸한다. 그것은 사람의 마음의 전(殿)에서 성령을 내어 쫓고 육체의 욕망을 부추기는 마왕을 끌어들인다… 그것은 지옥의 문을 열고 천국의 문을 닫아버린다.

당시 동성애는 심각한 현실이었다. 다미아니는 은밀한 동성애자가 성직자가 되는 것을 막아야 한다고 보았을 뿐만 아니라, 동성애자라는 사실이 밝혀지는 경우 성직에서 영구히 추방해야 한다고 믿었다. 동성애는 중세시대에 일관되게 죄악시되었고, 자위, 수음, 구강성교, 항문성교 등도 동성애의 변형으로 간주하여 죄악시되었다. 이런 것들을 자연의 순리에 반하는 것으로 간주한 것이다. 이런 점을 고려해 볼 때 동성애는 중세시대에서도 동일하게 자연의 순리를 위배하는 불의한 행위로 파악되었음을 알 수 있다.

---

37 심지어는 동성애 행위는 수도원에서도 빈번했다. 시토 수도원의 원장 엘레드(St. Aelred)도 그 중 한 사람이었다. 이 점을 간파하고 있던 투르(Tours)의 대주교 드 라바르뎅은 저명한 인사들을 포함하여 상당수 사람들이 동성애에 물들어 있다고 단언했을 정도였다. 장 베르농, 『중세의 패락』, 67.

38 제프리 리처즈, 『중세의 소외집단』 (느티나무, 2003), 276-7.

라테란공의회

이러한 상황 가운데서 중세교회는 공식적으로 동성애 행위를 정죄하고 동성애자에 대한 처벌을 규정했다. 1179년 교황 알렉산더 3세(Alexander III, 1159-1181)에 의해 소집된 제3차 라테란공의회(Lateran Council)는 교황 선출은 추기경단 3분의 2 이상의 찬성으로 규정하고, 이단으로 지목된 카타리파(혹은 알비파)를 단죄한 회의이기도 하다. 이 공의회는 동성애자에 대해 다음과 같은 선언을 발표했다.

> 자연에 어긋나는 이러한 방탕 행위로 유죄가 인정된 자가 성직자일 경우 환속시키거나 수도원에 가두어 속죄고행을 하게 해야 한다. 만약 그 사람이 비성직자라면 파문하고 신자 세계에서 추방해야 한다.[39]

파리공의회(1212)와 루앙(Rouen)공의회(1214)는 이의 철저한 시행을 결의했다. 1215년 개최된 제4차 라테란공의회는 동성애자에 대한 처벌을 강화함으로써, 품행이 올바르지 못한 모든 성직자들, 특히 동성애자들에게는 교회법에 의한 처벌의 엄수를 명했고, 범죄로 파면된 이후에 감히 성무를 수행하고자 하는 전직 성직자들에게는 종신파문토록 했다. 이런 조치는 동성애 행위가 기독교 신앙과 교회 생활에 위배된다는 분명한 정리였다.

---

39 장 베르농, 『중세의 쾌락』, 68; 제프리 리쳐즈, 『중세의 소외집단』, 27.

알베르투스 마구누스와 토마스 아퀴나스

동성애에 대한 거부는 교회의 학자들에 의해서도 분명하게 천명되었다. 도미닉 수도회 출신의 중세의 위대한 신학자로 '보편적 박사'(Doctor universalis)로 불리던 마구누스(St. A. Magnus, c. 1200-1280)는 『피조물대전』(Summa de creaturis)을 저술했는데, '소도미'(sodomy)라는 말을 동성 간의 성행위라는 제한된 의미로 사용했다. 몸과 영혼을 이분법적으로 파악하던 헬라 전통을 어느 정도 극복한 마구누스에게 있어서 육체도 소중한 가치를 지닌다.[40] 그러므로 그는 헬라 전통과는 달리 몸, 곧 육체의 중요성을 피력했다. 따라서 성의 문제에도 무심하지 않았다.

단적으로 말하면, 마구누스는 동성애는 자연에 반하는 가장 사악한 죄로 간주했다. 그는 다음의 4가지 이유에서 특별한 처벌을 요구했다.[41] 첫째, 동성애 행위는 자연의 질서를 파괴하는 심각한 광란이라는 점. 둘째, 혐오스럽고 불결한 행위라는 점. 셋째, 동성애 행위는 사악하여 습관적이므로 벗어날 길이 없다는 점. 넷째, 이 행위는 전염병처럼 전염된다는 점이 그것이다. 즉, 마구누스는 동성애를 쾌락을 추구하는 인간의 육체적 타락인 동시에 영혼의 타락에서 기인한 것으로 인식했던 것이다.

마구누스의 제자인 아퀴나스(T. Aquinas, 1224/25-1274)는 동성애에 대해 더욱 강력하게 비판했다. 그는 『신학대전』(Summa Theologiae,

---

40 김광연, "기독교 전통에 나타난 몸 신학과 현대적 몸의 재해석," 「한국개혁신학」 45(2015), 49.

41 제프리 리처스, 『중세의 소외집단』, 281.

1266-1273)에서 '자연에 어긋나는 죄악'으로 동성애(sodomy)뿐만 아니라 자위, 수간, 그리고 자연적이지 않는 성행위를 들었다. 그가 말하는 자연적이지 않은 성행위란 체외사정이나 비정상적인 체위를 의미하는 것으로 보인다.[42] 아퀴나스 또한 동성애를 자연에 반하는 사악한 죄악으로 간주한 것이다. 설사 동성애가 상호 동의에 근거하여 타인에게 해를 끼치지 않는 행위라 할지라도, 그것은 하나님을 모독하는 것이라는 아우구스티누스의 견해를 그대로 수용했다. 그것은 하나님이 정하신 자연 질서를 거역하는 것이기 때문이다. 이런 점에서 단테(A. Dante)는 그의 『신곡』에서 지옥을 9개의 옥 혹은 층(層)으로 나누었는데, 동성애자들을 자살한 자, 신성모독자, 고리대금업자와 함께 제7옥(第七獄)에 배치했다.

유럽의 국가들

중세 하에서 유럽의 국가들은 동성애자들을 극형으로 다스렸다. 잉글랜드의 에드워드 1세(Edward I, 1239-1307)는 헨리 3세(Henry Ⅲ, 1216-1272)의 아들로서 '다리 긴 왕'(Longshanks)으로 불리기도 하는데, 영국 최초의 국민적인 왕으로 불렸다. 그는 법과 제도를 정비하고 토지 등 부동산의 양도 및 상속에 관한 중요한 법률을 만들어 '영국의 유스티니아누스'라 불리기도 하는데, 동성애자들을 국가적 형벌로 다스려 화형에 처하게 했다.

이 점에 있어서는 프랑스의 국왕 루이 9세(Louis IX, 1214-1270) 역시 이와 동일했다. 그는 프랑스의 군주 중에서 유일하게 시성(諡聖)된

---

42 장 베르동, 『중세의 패락』, 49.

왕으로서 성왕(聖王), 루이(Saint Louis)라고도 불리지만,⁴³ 동성애자에 대해서는 엄격하게 다스려 화형에 처하게 했다. 이런 형벌은 다른 여러 나라에서 시행되었다. 영국에서 헨리 8세(Henry Ⅷ, 1491-1547) 치하인 1533년 동성애자들을 교수형에 처하는 소도미법을 공포하였고, 이 법에 따라 헝거포드(W. Hungerford) 남작은 1540년 7월 최초로 교수형에 처해졌다.⁴⁴ 이 법은 1861년까지 유지되었다.

3. 16세기 개혁과 칼빈

16세기 개혁자들의 우선적인 과제는 이름 그대로 교회개혁이었기 때문에 직접적으로 당시의 동성애에 대한 저작을 남기지는 않았다. 그러나 개혁자들의 저술에서도 도덕적 순결과 결혼과 가정 윤리를 중시했음을 알 수 있다. 개혁자들이 동성애를 구체적으로 적시하지는 않았으나 이를 비판하고 금지했다는 것은 그들의 저서에서 간접적으로 발견된다. 칼빈의 경우 비록 '동성애'라는 용어를 사용하지는 않으나, 바울의 가르침에 대해 해설하면서 당시의 성적 타락을 지적하고 짐승들조차도 혐오할 그러한 더러운 짓들이 횡행하는 일에 대하여 개탄하고 있다. 로마서 1:26 주석에서 칼빈은 다음과 같이 말한다.

> 하나님의 보응에 관한 주제로 되돌아가면서 먼저 도착된 성적 욕

---

43 미국의 세인트루이스 시, 프랑스 파리의 생루이 섬, 브라질의 상루이스 시 등의 이름이 프랑스의 루이 9세의 이름에서 유래하였다.

44 최낙중, "대한민국 반동성애법 제정해야 한다," 「기독교연합신문」 1308호(2015.8.30), 13.

구라는 끔찍한 죄악을 첫 번째 예로 든다. 이것으로부터 분명한 것은 그들은 자연의 질서 전체를 뒤집어 버렸기 때문에 그들 자신을 짐승 같은 정욕에(in beluinas cupiditates) 내맡겼을 뿐만 아니라, 짐승보다 더 못한(infra bestias) 존재가 되어 버렸다. 다음으로 바울은 모든 시대에 존재하였고, 특히 당시에 도처에서 아무런 제약도 없이 횡행하고 있던 온갖 악들에 관한 긴 목록을 열거한다… 인류의 전반적인 타락상을 보여주는 이 목록은… 짐승들조차 혐오할 그러한 더러운 짓들이 당시에 이렇게 횡행하였을 뿐만 아니라, 심지어 그것들 중 어떤 악들은 일상적으로 행해졌다는 사실은 정말 놀랍다. 그러므로 바울은 여기에서 온 인류가 다 연루되어 있던 악들의 목록을 제시하고 있는 것이다… 바울은 사람들 보기에도 부끄러울 뿐만 아니라 하나님을 욕되게 하는 그러한 악들을 '부끄러운 욕심들'이라고 부른다.[45]

칼빈은 성적 도착이나 역리 동성애와 같은 성의 역리현상은 모든 시대에 존재했던 악이라는 사실을 강조하면서, 이런 악은 하나님을 욕되게 하는 정욕이라고 지적한다. 또 로마서 1:28의 '합당하지 못한 일'에 대한 주석에서 다음과 같이 말한다.

바울이 무엇보다도 먼저 그들이 하는 일들을 '합당하지 못한' 일들이라고 말한 것은 그 일들이 다 순리(順理)에 어긋나고 인간의 도리에 맞지 않는 일들이라고 말한 것이다. 그는 사람들이 순리에 비추어서 마땅히 거부되어야 할 그런 악들을 아무런 스스럼없이 일

---

[45] 칼빈, 『칼빈주석 로마서』 (크리스챤다이제스트, 2013), 53.

상적으로 저지르는 것을 뒤틀린 마음(상실한 마음)의 증표로 제시한다.[46]

동성애와 같은 비정상적인 색욕에 대한 칼빈의 입장을 알 수 있는 문헌은 동성애 문제와 관련된 본문에 대한 칼빈의 주석인데, 특히 창세기 19:4에 대한 주석이 대표적인 경우이다. 이 본문 주석에서도 칼빈은 '동성애'라는 직접적인 표현은 사용하고 있지 않으나, '가장 혼돈된 무질서'(plus quam deforme chaos)라는 표현으로 동성행위를 비판하며, 이 행위야말로 창조질서에 대한 위반임을 지적하고 있다. 그는 다음과 같이 말한다.

> 여기 한 가지 범죄 가운데서 모세는 소돔에 대한 생생한 묘사를 우리 앞에 제시하고 있다. 그것은 이 묘사에서 사람들이 가장 가증스런 범죄를 그토록 쉽사리 서슴지 않고 지으려고 공모했으므로 그들이 모든 악한 일들에 얼마나 악마적으로 혼연일체가 되어 행동하고 있는가를 볼 수가 있기 때문이다. 그들의 죄악과 방탕이 막대하다는 사실은 하나의 군대처럼 집합이 되어 적군들처럼 몰려와서 롯의 집을 포위하고 에워쌌다는 사실에서 분명하게 나타나고 있다. 그들의 정욕이 얼마나 맹목적이며 격렬한가? 전혀 수치도 모르고 마치 짐승 떼처럼 몰려오고 있지 않은가! 또한 그 뿐인가. 그 거룩한 사람을 책망하듯이 위협하면서 모든 극단적인 방법으로 악한 짓들을 하고 있으니 이 얼마나 광포하며 잔인한 자들인가! 이 사실에서 우리는 또한 그들이 단지 한 가지 악으로 감염된

---

46 칼빈, 『칼빈주석 로마서』, 54.

것이 아니고 모든 범죄의 격렬한 상태에 완전히 빠져있어서 그들에게는 수치감이라는 그림자도 찾아 볼 수가 없다는 사실을 보게 된다… 또한 바울이 말하는 것도 똑같은 점을 지적하고 있다. 그는 말하기를 하나님은 사람들이 죄악을 행하면 그들을 소경의 상태에 던져버리시고 그들이 그런 상태에서 자기들의 가증스런 정욕의 노예가 되게 하며 그들의 몸을 치욕스럽게 하심으로 불경건함을 벌하신다고 한다(롬 1:18). 그러나 수치감이 정복되면 그 다음에는 정욕에 끌려 다니는 신세가 되고 만다. 그리고 그 다음에는 사악성과 횡포를 부리는 야수성들이 반드시 수반된다. 그리고 또한 모든 종류의 죄들이 함께 뒤범벅이 되어 결국은 가장 혼동된 무질서가 야기되는 것이다.[47]

맺는 말

이상에서 살펴본 바처럼 성경과 정통 교회사에서는 동성애가 명백하게 창조질서에 어긋나는 것으로서 순리가 아니라 역리이므로 동성애를 반대하고 금지해왔음을 알 수 있다. 이렇게 볼 때 데릭 베일리, 피터 콜만, 존 보스웰, 마이클 베이시 등의 주장은 정당하지 않다. 이들은 동성애 행위에 대한 호의적인 전제, 곧 구약성경 어디에도 소돔이 벌을 받아야 했던 죄의 성질이 동성애와 관련된 것이었다는 암시가 없다는 해석에서 출발하여, 교회사 전통을 자의적으로 해석하고 있

---

47 Calvin, *Commentaries on the First Book of Moses Called Genesis* (Eerdmans, 1948), 496-7. 존 칼빈, 구약성경주석 1(서울: 신교출판사, 1978), 504-5.

다. 이들의 주장을 따르게 되면 성과 결혼, 가정생활과 개인 윤리의 소중한 가르침은 희석되고 동성애 문제에 대한 우리들의 관점은 왜곡될 수밖에 없다.[48]

사도 바울은 로마서 1:26 이하에서, 동성 간의 부끄러운 일에 대하여 "상당한 보응을 이미 받았다"고 말하고 있다. 여기서 말하는 보응에 대한 과거형은 동성애의 결과로 나타난 여러 육체적 의학적 혹은 사회적 폐해를 의미하는 것으로 볼 수 있다. 하나님께서는 사람을 지으시되 남자와 여자로 지으시고, 이 둘이 한 몸을 이루는 이성 간의 혼인 제도를 주셨다. 남자와 여자의 결합으로 이루어지는 일부일처제 가정 제도가 창조원리이자 기독교가 가르치는 결혼 가정관이다. 다시 말해, 기독교는 이성 간의 결혼과 순결한 독신만을 정상적인 것으로 인정해 왔다.

따라서 동성애나 동성혼은 기독교적 가치에 부합할 수 없는, 즉 기독교가 용인하고 수용할 수 없는 역리라고 할 수 있다. 이 기본적 가치가 훼손되거나 파괴될 때, 우리 사회는 무질서를 경험하게 되고 혼란의 상태에 빠질 것이다. 이런 점에서 성경은 동성애를 명백하게 거부하고 있다는 점을 지적하면서, 동성애를 이성애와 동일하게 인정하는 교회는 더 이상 하나의 거룩한 보편적 사도적인 교회라고 볼 수 없다는 판넨베르크(W. Pannenberg)의 주장은 정당하다.[49] 성소수자 인권과 동성애 혹은 동성혼을 허용하는 문제는 별개의 문제이다.

---

48 존 스토트, 『동성애 논쟁』, 30.
49 *Christianity Today*, 11, Nov., 1996. 존 스토트, 『동성애 논쟁』, 48.

참고문헌

김광연. "기독교전통에 나타난 몸 신학과 현대적 몸의 재해석," 「한국개혁신학」 45(2015): 44-65.

김응신. "동성애, 그것이 알고 싶다" 「만남」 499 (2015. 8): 11-13.

동성애문제 대책위원회. 『동성애와 차별금지법의 피해와 문제점』. 서울: 동성애문제 대책위원회, 2015.

바른성문화를 위한국민연합 편. 『동성애에 대한 불편한 진실』. 서울: 밝은 세상, 2014.

베네딕도. 『수도규칙』. 왜관: 수도규칙, 1991.

이석우. 『아우구스티누스』. 서울: 민음사, 1995.

이희원 외. 『페미니즘, 차이와 사이』. 서울: 문학동네, 2012.

Albert, B. 『신약시대의 사회와 문화』. 오광만 역. 서울: 생명의말씀사, 2001.

Calvin. 『칼빈주석 로마서』. 서울: 크리스찬다이제스트, 2013.

Gibbon, E. 『로마제국 쇠망사』. 한은미 역. 서울: 북프랜즈, 2005.

Laurence, R. 『로마제국 쾌락의 역사』. 최기철 역. 서울: 미래의 창, 2011.

Richards, J. 『중세의 소외집단』. 유희수 역. 서울: 느티나무, 2003.

Stott, J. 『존 스토트 동성애 논쟁』. 양혜원 역. 서울: 홍성사, 2006.

Verdon, J. 『중세의 쾌락』. 이병욱 역. 서울: 이학사, 2000.

Africa, T. W. "Homosexuals in Greek History," *Journal of Psychohistory* 9(1982): 401-420.

Atkinson, D. J. *Homosexuals in the Christian Fellowship*. Latin House, 1979.

Bailey, D. S. *Homosexuality and the Western Christian tradition*. Longmans, 1955.

Boswell, J. Christianity, *Social Tolerance and Homosexuality*. Chicago, 1980.

Brown, Driver, Briggs. *A Hebrew and English Lexicon of the Old Testament*. Oxford, 1952.

Calvin. *Commentaries on the First Book of Moses Called Genesis*. Eerdmans, 1948.

Hippolytus. *The Apostolical Tradition of Hippolytus*. Cambridge: Archon Books, 1962.

Lovelace, R. F. *Homosexuality and the Church*. Revell, 1978.

Moberly, E. R. *Homosexuality: A New Christian Ethics*. James Clarke, 1983.

Payer, P. *Sex and the Penitentials*. Toronto, 1984.

Schaff P. ed. *Nicene and Post-Nicene Fathers*, Vol.XI. Grand Rapids: Eerdmans, 1989.

Schaff P. ed. *Nicene and Post-Nicene Fathers*, Vol.XII. Grand Rapids: Eerdmans, 1989.

Schaff P. ed. *A Select Library of the Nicene and Post-nicene Fathers of the Christian Church*, vol.1 The Confessions and Letters of St. AugustineEdinburgh: Eerdmans, 1994.

Tanahill, R. *Sex in History*. London: Book Club Associates, 1980.

Vasey, M. *Strangers and Friends*.London: Hodder and Stoughton, 1996.

제 3 부
신학적 분석

Homosexuality, the cultural clash of the 21st century

제 1 장

동성애 행위에 대한 영성신학적 해석
: 동성애는 창조 본연의 가정 질서를 거슬리는 죄악

김영한 교수(기독교학술원장, 샬롬나비 상임대표, 숭실대학교 기독교학대학원 설립원장)

머리말

최근에 동성애(同性愛, homosexuality) 지지 물결이 한국 사회를 병들게 하고 있다. 동방예의지국인 한국 사회에서도 서울광장에서 퀴어축제가 벌어지고, 동성애 차별이 헌법에 보장된 인권조항에 위배된다는 차별금지법 제정운동이 일어나고 있다. 청교도 정신으로 시작한 미국도 2015년 6월 26일 미연방대법원이 동성애 금지가 미국 헌법에 불합치 되는 것으로 판결하여 오바마 대통령의 동성애 지지 정책에 손을 들어주어 동성애를 합헌적으로 선언함으로써 청교도적 건국 정신에서 결별하고 있다.[1] 유럽 국가 가운데 과거에는 칼빈주의 윤리로

---

[1] 샬롬나비, 미연방대법원 동성애 합법화 판결에 대한 성명서, "미국의 동성애 합법화 선언

17세기 청교도적 국가를 이루었던 네덜란드는 오늘날 동성애를 최초로 허용한 나라가 되었고, 잇따라 영국, 프랑스, 스페인, 덴마크, 스웨덴, 노르웨이 등 주요 서유럽 국가들이 합법이라고 선언한 동성애 허용의 세속주의 물결은 앞으로 더욱더 강력하게 한국 사회를 위협하게 될 것이다.

인류가 보유한 위대한 고전이요 경전인 구약성경은 동성애에 대하여 가증한 일이라고 경고하고 있다: "여자는 남자의 의복을 입지 말 것이요 남자는 여자의 의복을 입지 말 것이라 이같이 하는 자는 네 하나님 여호와께 가증한 자이니라"(신 22:5). 하나님께서 사람을 남자와 여자로 창조하시고 두 가지 다른 성을 가진 남자와 여자가 가정을 이루도록 하셨다. 이것이 가정의 창조 본연의 모습이다. 그런데 남자가 자신이 여자라고 하고, 남자와 남자가 짝짓고, 여자가 자신을 남자라고 하고 여자와 짝을 짓는 것은 창조 본연 질서의 파괴이다. 이것은 그만큼 사회적으로 인간이 병들었다는 반증이다. 사회가 썩어 들어가는 것 아닌가? 이런 풍조가 만연(蔓延)하게 하면 어떻게 되겠나? 동성애자들이 대부분 젊은 사람들인데, 동성애로 젊은이들 정신이 피폐되면 결국 사회가 망하고 만다.

성적으로 타락하면 인간은 하나님의 형상이란 고귀성에서 변질되어 육신으로 전락해 버린다. 창세기에 보면 성적으로 타락한 하나님 아들들을 하나님이 보시면서 이들을 천부적 영성을 상실하고 육체가 된 것을 인해 심판하신다: "하나님의 아들들이 사람의 딸들의 아름다움을 보고 자기들이 좋아하는 모든 여자를 아내로 삼는지라. 여호와께

은 미국 건국의 청교도 정신과의 결별선언이다" 2015년 7월 1일; [샬롬나비 성명] 동성애 합법화 선언은 미국 정신의 타락 표징, [기독일보] 편집부 기자 press@cdaily.co.kr, 입력 2015.07.02 05:59 | 수정 2015.07.02. 05:59.

서 이르시되 나의 영이 영원히 사람과 함께 하지 아니하리니 이는 그들이 육신이 됨이라"(창 6:2-3). 성적으로 타락한 인간은 하나님이 주신 존엄성인 영성을 상실하게 된다. 영적 신학적으로 인간의 인격 안에서 몸과 영은 떼어 낼 수 없이 불가분적이며, 하나이다. 몸이 타락하면 영도 거기에 종속되어 비정상적이 되며, 영이 병들면 육도 거기에 종속되어 비정상적이 된다.[2]

필자는 이 논문에서 영성신학적 측면에서 동성애가 하나님의 형상으로 지음을 받은 인간의 창조된 품성과 인격을 모독하는 악이라는 것을 제시하고자 한다.

I. 하나님 형상 상실로 가는 세계의 동성애 추세

1. 영성을 상실한 미국 자유주의 개신교: 동성애와 동성애 목회자 허용

2014년 6월 21일 미국장로교회(PCUSA) 221차 총회의 「공민적 결합과 결혼 문제에 관한 위원회」에서 결혼에 관한 정의를 수정하는 안을 전체회의에 상정하기로 합의했다는 소식이 보도되었다. 결혼의 정의를 '한 여자와 남자 사이'에서 '두 사람 사이'로 변경하는 안을 상정하기로 한 것이다. 간단히 말해서 동성애를 받아들이는 안을 전체회의에 내기로 한 것이다. 이미 미국 장로교 내 허드슨 리버, 뉴욕시, 이스

---

2 김영한, "몸, 죽음, 생명", 「한국개혁신학」, 한국개혁신학회논문집, 제11권, 불과 구름, 2002년 8월, 9-24.

트 아이오와, 레드우즈 등 네 곳의 노회가 결혼에 대한 미국장로교회의 정의를 바꾸자는 헌의를 제출했다. 이른바 '게이 커플(gay couple)이 함께 하지 못하게 하는 것이 하나님의 뜻에 어긋나는 일'이라고 말한 사람도 있다 하니 교회가 어쩌다가 이 지경이 되었는지 한탄이 나온다.

동성애 이슈에 관하여 전혀 다르게 접근하여 허용하자는 사람들이 있다. 예수님은 죄인들을 따뜻하게 대하셨는데, 교회는 왜 정죄하느냐고 따지는 것이다. 그러나 기억할 것은 예수님이 죄인들을 사랑으로 대하셨다고 죄까지 용인하신 것은 아니라는 점이다. 예수님은 간음해서 현장에서 붙잡힌 여인을 용서하시면서 "가서 다시는 죄를 짓지 말라고 하셨다." 필자도 교회가 동성애자들을 품어야 한다는 것에는 동의한다. 동성애자들이 치유되고 회복되도록 도와야 한다. 그러나 동성애 자체를 옳다고 인정해서는 안 되는 것 아닌가?

또 어떤 사람들은 교회가 교회에서 발생하는 다른 죄들에 대해서는 관대한 반면, 유독 동성애에 대한 죄를 너무 확대해 크게 보는 것이 아니냐며, 때로 교회 속에서 비리와 죄악이 저질러지는 것을 바라보며 안타까워하기도 한다. 그런데 이 부분에서 분명하게 해야 할 것이 있다. 횡령이든 간음이든 그러한 죄악을 윤리적으로 옳다고 말하는 사람은 없다는 것이다. 그러나 동성애의 경우는 찬성하는 자들이 "동성애 행위는 죄가 아니다"라는 식의 윤리적 접근이 이루어지고 있는 것이 사실이다. 그러므로 다른 분야의 죄들과 달리 더욱 민감하게 반응할 수밖에 없다.

2. 진보측 가톨릭 교회도 2014년 10월 동성애 허용 예비보고서 발표 논란

2014년 8월 한국을 방문해 큰 환영을 받았던 프란치스코(P. Francis) 교황은 전임 교황과는 달리 개혁적 행보를 거듭하여 큰 찬사를 얻었다. 그런데 그는 급기야 지난 2014년 10월 5일부터 전 세계 주교 200여 명이 참석해 개최된 세계주교대의원회(synod)에서 지난 2000년간 죄악시해 온 동성애를 허용하는 혁명적인 예비보고서를 발표해 논란을 불러 일으켰다. 교황은 자신의 개혁적 의지를 반영하기 위해 교회회의 지도부에 6명의 진보파를 긴급 투입하기도 했다. 그런데 동성애 허용 보고서가 낭독되자마자 41명의 보수적 주교가 '신앙의 진리에서 벗어났다'며 공식 반대의사를 밝혔다.[3] 결국 가톨릭 교회는 보수파의 반발에 부딪혀 동성애 허용은 무산되었다.

가톨릭 교세가 강한 유럽과 남미에서도 동성애의 지위는 천차만별이다. 프랑스에서는 동성결혼이 합법이지만, 같은 구교(舊敎)인 이탈리아는 인정하지 않는다. 이탈리아에선 2007년 좌파 정부가 동성결혼 합법화를 추진하다, 보수 정치권의 반대로 포기했다. 남미 가톨릭 국가는 동성결혼에 관대한 분위기이다. 브라질 아르헨티나는 이미 합법화를 이루었다. '바티칸에서 해석을 바꿨다'는 것은 우선 이런 나라들에 심리 제도적으로 큰 영향을 끼칠 수 있다. 개신교인 미국 유럽에서도 정치 종교적 보수주의자들의 동성애 반대 논거가 약해질 수 있다. CNN은 동성애를 엄벌했던 아프리카의 가톨릭 개신교 국가들 역

---

3 "'同性愛 빗장' 풀리는 추세지만… 70여 개국에서는 여전히 不法", 「조선일보」(2014.10.16 A18면). 출처: http://news.chosun.com/site/data/html_dir/2014/10/16/2014101600365.html

시 바티칸 움직임에 영향을 받을 것이라고 분석했다. 가톨릭의 이전 교황들만 해도 동성결혼 반대 캠페인을 펼칠 정도로 동성애에 대한 부정적 태도를 견지했으나 지금의 상황은 완전히 정반대의 상황으로 가고 있는 추세인 것이다. 그의 전임 교황 베네딕토 16세는 2007년 "동성결혼은 인간 본성에 어긋나는 일이며, 이를 법적으로 인정할 수 없다"는 메시지를 발표하기도 했다. 그러나 이제 재임 교황까지 동성애 허용을 들고 나오는 이러한 인간의 악에 대하여 창조주 하나님은 한탄하시고 계신다. "여호와께서 사람의 죄악이 세상에 가득함과 그의 마음으로 생각하는 모든 계획이 항상 악할 뿐임을 보시고, 땅 위에 사람 지으셨음을 한탄하사 마음에 근심하시고"(창 6:5-6).

3. 동성애 금지 빗장 풀리는 오늘날 유럽과 세계 추세

최초로 동성결혼을 합법화한 나라는 네덜란드이다. 2001년 네덜란드는 "성별이 같다는 이유만으로 결혼에 법적 차별을 받아서는 안 된다"는 이유를 들어 동성결혼을 허용했다. 이후 유럽에서는 벨기에(2003), 스페인(2005), 노르웨이(2008), 스웨덴(2009), 덴마크(2012), 프랑스(2013), 영국(2013), 룩셈부르크(2014)가 잇따라 이를 따랐다. 2014년 10월 9일에는 구소련연방국 중 처음으로 에스토니아가 동성결혼을 합법화했다.[4] 하지만 동성 커플의 사회적 지위는 조금씩 다르다. 독일, 오스트리아, 스위스 등에서는 복지 세제 등에서 이성 커플과 동등한 혜택을 받지만, 법적 결혼으로 인정받지 못해

---

[4] "同性愛 빗장' 풀리는 추세지만… 70여 개국에서는 여전히 不法", 워싱턴=윤정호 특파원 파리=이성훈 특파원 정지섭 기자 이순흥 기자 입력: 2014.10.16 03:01 조선일보 2014.10.16. A18

자녀 입양이 제한된다.

미국 역시 동성애를 사회적으로 용인하고 있다. 2006년 매사추세츠 주(州)를 시작으로 8년 만에 전 주의 절반이 넘는 30개 주와 워싱턴 DC에서 동성결혼이 합법화됐다. 버락 오바마 미국 대통령 등 민주당 정치인들 대부분은 동성결혼을 공개 지지하고 있다. 오바마 정부는 최근 동성애자에 이어 성전환자의 군 입대도 추진키로 했고, 최근 도미니카 베트남 대사에 각각 게이(남성 동성애자)를 지명할 정도로 전향적 정책을 펼치고 있다. 다만 보수 기독교 색채가 강한 남부지역에서는 거부 분위기가 강하다. 그런데 2015년 6월 오바마의 지원에 힘입어 미연방대법원이 동성애가 미국 헌법에 합치한다는 선언을 하면서 미국은 동성애 허용 국가가 되었고 이는 앞으로 지구촌 여러 나라에 파급될 우려를 낳고 있다.

아직도 세계 70여 개국은 동성애를 불법으로 규정하고 있다. 우선 이슬람교 영향력이 막강한 중동·아프리카 국가가 그러하다. 이슬람은 동성애뿐 아니라 자손 번성에 부합하지 않는 어떤 형태의 성행위도 엄격히 금지한다. 이 때문에 사우디아라비아, 이란 등에서는 동성애자들이 종종 사형 등 극형에 처해진다. 아프리카의 나이지리아와 우간다도 올해 동성 간 교제와 결혼을 금지하는 법안을 통과시켰다.[5] 비(非)이슬람권에서 대표적인 '동성애 탄압국'으로 꼽히는 곳은 러시아이다. 러시아는 지난해 동성애 옹호 집회를 벌이거나 관련 정보를 미성년자에게 제공할 경우 최대 100만루블(약 2,600만원)의 벌금을 물릴 수 있는 반(反)동성애법을 제정해 일부 서방국가에서 소치 올림픽

---

5 "同性愛 빗장' 풀리는 추세지만… 70여 개국에서는 여전히 不法", 조선일보 2014.10.16. A18

보이콧 움직임이 일기도 했다.

4. 동방예의지국의 영성을 위협하는 차별금지법 제정 운동과 2015년 서울광장 퀴어 축제

성경에서는 동성애를 죄악의 결과로 상징하며 엄격하게 다루고 있지만, 다원주의적 가치관이 혼재하는 현대 사회에서는 소수 동성애자들이 인간 중심적 가치관을 앞세워 '동성애'의 허용을 주장하고 있다. 이러한 움직임은 단순한 감정적 호소를 넘어 법적인 제도화로 그 기틀을 다져가고 있다. 국내에서 '차별금지법'은 2007년 입법 예고됐다가 시민들의 반대에 부딪혀 2008년 5월경 국회의 임기종료와 함께 폐기됐다. 2010년에도 법무부에서 제정 움직임을 보였으나, 강력한 논란으로 좌절됐다. 차별금지법의 표면적인 취지는 그럴 듯해 보이지만, '성적 지향'을 포함한 포괄적 차별금지법이 제정될 경우 동성애를 죄나 비윤리적이라고 말할 경우 법적 처벌을 받을 수 있어 주의가 요구된다. 특히 공직자나 성직자의 경우 표적(標的)이 될 가능성이 높다.[6] 이렇게 되면, 학교 현장에서도 동성애를 이성애(異性愛)와 같은 정상적인 사랑으로 교육해야 한다. 이들의 주장은 과도한 '권리' 요구라는 지적이 나온다. 그러나 본래 차별금지법은 20세기 말 동성애를 범죄로 간주하고 엄청난 인권적 탄압이 있었던 국가를 중심으로 제정되었기 때문에, 국내에서는 그 당위성을 찾기 어려우며, 오히려 이성애자의 인권을 차별할 수 있는 역차별적인 요소로 작용할 수도 있다.

---

6 "'인권' 표방한 동성애 차별금지법, 합리적 '반대' 해야" 한국 사회 파고드는 동성애, 교회는 어떻게 대응할까. 정하라 기자 ㅣ승인 2015.6.2 ㅣ수정2015.06.02 22:49ㅣ 1297호 아이굿뉴스

실제로 다수의 유럽 국가는 '차별금지법'의 제정 이후 동성결혼을 법적으로 허용하는 전철을 밟았다. 2001년 가장 이른 시기 네덜란드로부터 시작되어 프랑스, 영국, 노르웨이, 스웨덴, 아이슬란드와 캐나다 등 17개국에서 동성결혼이 합법화되었다. 기독교 인구가 가장 많은 미국은 37개 주에서 동성결혼을 허용했다. 지난달 23일에는 서유럽 중 가장 보수적 국가라 불리는 아일랜드가 동성결혼을 법적으로 허용하면서 세계적인 반향을 일으켰다.[7] 그렇다면 현재 우리나라의 상황은 어떠한가? 2015년 6월 9일에서 28일 서울광장에서 제16회 퀴어 문화축제가 기독교계와 동성애 반대자들의 강력한 반대와 논란 가운데 열렸다. 이들의 행사의 목적은 결국 성소수자 인권 보호를 표방하는 동시에, 동성결혼의 허용을 비롯한 동성애의 합법적 인정을 촉구하는 것이었다. 이요나 대표(홀리라이프)가 지적하는 바와 같이 동성애자들은 퀴어 문화축제라는 문화코드를 동성애 전략의 거대한 컨트롤타워로 삼고, 동성결혼 합법화를 위한 정책과 정치적 전략을 용이하게 활용하고 있다. 이 대표는 다음같이 설명한다: "전 세계 LGBT(동성애자, 양성애자, 트랜스젠더)가 퀴어 문화축제를 통해서 소통하고 있다. 1년에 한 번 개최하지만 전 세계 게이들이 이 날을 향해 돌진하고 있다. 올해 퀴어 축제 개막식은 한국교회의 거센 반대에도 불구하고 전 세계 16개국 대사관의 참여 가운데 대규모로 개최됐다."[8] 이어 그는 사태의 심각성을 다음과 같이 알리고 있다: "유엔과 서방국가의 동성애 단체와 네트워크를 통해 막강한 인권정책을 구축한 이들은 국가

---

7 "'인권' 표방한 동성애 차별금지법, 합리적 '반대' 해야"… 아이굿뉴스.
8 "퀴어 축제는 거대한 동성애 전략… '소수 약자' 아니다" 윤화미(hwamie@naver.com) l 등록일:2015.6.26. 15:57:09l 수정일: 2015.6.30. 11:21:39.

인권위를 장악하기 시작했고 '언론보도준칙'이란 장치를 통해 언론에 재갈을 물렸다. 지자체 시민인권헌장과 초중고 교과서에 친(親)동성애 코드를 삽입하고 질병관리본부에서 에이즈 확산 관련 통계도 발표하지 못하게 만들 정도로 방대한 정치력을 발휘하고 있다. 이들은 이미 소수의 사회적 약자가 아니다."[9] 일반적으로 동성애자들을 성소수자라고도 부른다. 사회적으로 약자이고, 정치적으로 소외되고, 중심이 아니라 변방에 놓일 수밖에 없는 사람들이라는 고정관념을 통해 동정심을 얻고 있다. 그러나 그가 현장에 나와서 직접 몸으로 체험해 보니 그들은 더 이상 사회적으로 정치적으로 약자가 아니다. 그들은 오히려 공권력의 보호를 받으며 광장 안을 점령했고, 절대 다수인 동성애 반대자들은 정치적 사회적 분위기와 서울시의 공권력에 의해서 광장 밖으로 밀려났다. 광장 바깥쪽은 어느 누구나 다 접근할 수 있는 열린 공간이었다. 그러나 퀴어 축제 개막식이 열리는 광장 안쪽은 서방 출신으로 보이는 듯한 외교관들, 고가의 전문가용 카메라로 무장한 기자들, 그리고 동성애 옹호자들만 들어갈 수 있는 닫힌 공간이었다.[10] 이 대표는 친동성애 단체들의 목적을 들추어내고 있다: "기독교가 전도와 부흥에 몰두하고 있을 때 친동성애 단체들이 정부산하 단체와 언론기관, 교육기관 산하에 이르기까지 조직적으로 침투하여 기독교가 사람을 혐오하고 인권을 무시하며 소수자를 차별하는 곳으로 인식시키는 작업을 진행해 왔다. 그들의 궁극적 목적은 기독교의 명예를 실

---

9 "퀴어 축제는 거대한 동성애 전략…'소수 약자' 아니다" 윤화미(hwamie@naver.com) l 등록일:2015.6.26. 15:57:09l 수정일: 2015.6.30. 11:21:39.

10 보호받는 퀴어 축제, 천대받는 반대집회 코닷|webmaster@kscoramdeo.com승인 2015.06.10 14:15:37.

추시키는 것이다."[11] 기독교와 양심적인 도덕 단체들이 무관심한 가운데 동성애자들은 이미 사회적 세력으로 등장하고 주요 기관들을 접수하고 기독교 등 양심적인 윤리단체들에 압력을 가하고 있는 것이다.

5. 미연방대법원의 동성애 합헌 선언으로 미국 건국정신 상실

2015년 6월 26일(현지시간) 미국 연방대법원에서 동성 커플은 미국 어느 곳에서나 결혼할 권리를 갖는다는 동성애 합법화를 결정했다. 연방대법원이 대법관 9명 가운데 찬성 5명, 반대 4명으로 동성결혼이 합헌이라는 역사적인 판결을 내린 것이다. 판결에 따라 현재까지 36개 주에서만 허용됐던 동성결혼이 모든 주에서 허용된다. 그 동안 동성결혼을 법으로 금지했던 조지아, 앨라배마 등 14개 주에서도 동성결혼이 합법화됐다. 오바마 대통령은 "평등을 향한 진전"이고, '미국의 승리'라며, 동성결혼 합법화에 지지를 표명하였다. 이에 대하여 샬롬나비는 2015년 7월 1일 발표한 성명서를 통해서 "미국 동성애 합법화 선언은 미국 건국 청교도 정신과의 결별선언"이며 "동성애 합법화 선언은 미국 정신의 타락의 표징"이라고 강력 반발하며, 이에 대하여 준엄한 비판[12]으로 탈동성애 운동에 참여하고 있다.

1) 오늘의 미국은 선조들의 위대한 건국정신에서 이탈하고 있다.

미국의 동성결혼 합법화는 매우 유감스럽게도 청교도적인 미국 정

---

11 "퀴어 축제는 거대한 동성애 전략… '소수 약자' 아니다" 윤화미(hwamie@naver.com) l 등록일: 2015-06-26 15:57:09l 수정일: 2015.6.30. 11:21:39.

12 샬롬나비. 미연방대법원 동성애 합법화에 대한 성명서. 2015.7.1.

신과의 결별선언이나 마찬가지인 행태이다. 1620년 9월 16일 청교도인 순례자 조상들(Pilgrim Fathers)은 종교의 자유를 찾아 신대륙으로 이주했다. 102명의 청교도들은 잉글랜드 폴리머스를 출발하여 메이플라워호(Mayflower)를 타고 영국을 떠나 매사추세츠의 폴리머스에 도착한다. 이들 청교도들은 영국의 국교(성공회)에 반대하는 신교도로서 영국 정부가 이들을 탄압하자, 신앙의 자유를 찾아 신대륙에 상륙하여 성경이 근거한 청교도 신앙으로 나라를 세웠다. 이들은 '오직 하나님의 영광을 위하여'(Soli Deo Gloria) 교회를 성경의 권위 아래 두고 성경의 진리를 드러내는 설교의 권위를 되찾는 자들로서 신앙뿐만 아니라, 삶의 의무를 충실히 이행하는 것을 강조하였다. 이처럼 청교도 순례자들이 가진 신앙을 이어받아 그들의 후예들이 세계 최고의 국가인 미합중국을 탄생시켰다. 그러므로 오늘날 후예들이 동성애를 합헌적이라고 선언한 것은 선조들의 위대한 신앙의 유산을 부정하는 것이며, 미국 건국정신과의 결별을 의미하는 것으로서, 이는 이제 미국 정신의 타락의 표징이 되었다.[13]

2) 동성애는 미국 건국 대통령들이 취임시 선서(宣誓)한 성경이 정해준 창조질서에 역행

동성결혼은 미국의 청교도 전통을 이어받은 미국 역대 대통령이 취임 선서한 성경이 정하는 가정이라는 창조질서에 역행한다. 성경 창세기에서 보듯이 동성애가 관행이었던 소돔과 고모라 사람들의 죄는 하나님이 원하지 않는 악한 행위였기에 하나님의 심판을 초래했다(창 19장). 사도 바울은 당시 로마에서 퍼졌던 동성애 행위가 하나님의 창

---

13   샬롬나비. 미연방대법원 동성애 합법화에 대한 성명서. 2015.7.1.

조질서에 역행하는 처사라고 언급한다(롬 1:26-28). 남자와 여자가 그 부모를 떠나 한 몸을 이루어 자녀를 낳아 기르는 것은 창조질서이다. 동성결혼은 남자와 여자가 하나가 되어 가정을 이루는 창조질서에서 벗어날 뿐만 아니라, 사회 구성원을 이루는 가장 기본적인 단위인 가정을 파괴할 수 있다는 점에서 비윤리적이다.

동성결혼이 합법화 될 경우, 창조질서에 역행하여 남자와 남자가 결혼하거나 여자와 여자가 결혼하여 가정을 이루는 비자연적인 사회 구성을 이루게 된다. 가정은 생식(生殖)의 기초를 이루는 단위인데 동성애자들이 가정을 이루었을 때, 다음 세대를 이어가는 종족번식은 단절된다. 동성결혼 합법화는 이성(異性) 아버지와 어머니의 전통적인 가정의 질서를 파괴한다. 두 명의 남자(여자)만 존재하는 가정에서 아이를 입양하거나 맞춤형 아기를 키운다고 해도 그 가정이 온전히 지탱될 수 있겠는가? 분명 남자와 여자의 생물학적 구조와 역할은 다르다. 모성애를 지닌 어머니가 자녀를 양육하고 젖을 먹이는 과정에서 반드시 여성의 역할이 필요하고, 아버지로서의 역할 또한 아내와 자녀를 보호해야 할 존재로서 필요하다. 남자와 여자의 육체적인 한 몸이란 단순한 성적인 결합을 넘어 건전한 가정을 이루는 토대가 되는 것은 바로 이러한 이유 때문이다.

3) 하나님의 법을 떠난 자유 민주주의는 결국 간통과 동성애의 합법화로 나아간다

오늘날 세계 자유 민주주의의 모델이라는 미연방대법원이 어떻게 동성애를 합헌적이라고 선언하는 지경에까지 이르렀는가? 그것은 하나님의 법을 떠나 인간 권리의 평등성을 주장하는 세속적 인본주의의 영향 때문이다. 하나님의 법이라는 인간 법을 넘어서는 신적 질서

(the divine order)로서의 초월법(the transcendent law)이 작동하지 않을 때, 인간 이성은 마비되고 짐승과 같이 되어 버리고 만다. 다수결 원칙으로 하는 민주주의가 항상 옳은 것일 수 없다. 인간은 포퓰리즘(populism)에 따라서 자신의 부패한 경향성을 다수결로 정당화하고자 하기 때문이다.

스칼리아 미연방대법관은 '동성결혼 판결은 포퓰리즘'이라고 반대의견을 분명히 하였다: "이번 판결로 3억 2천만 명의 미국인의 통치자는 대법원 9명의 판사 중 다수를 차지하는 사람들(5인)이 되었다. 선거에 의해 선출되지 않은 9명의 판사들이-민주주의를 구현하기에 걸맞지 않은 사람들로 구성된-대법원 조직에 국민들이 종속되게 만들었다. 이 판사들은 국민들을 대표하기에는 매우 부적합한 사람들이다. 9명의 판사는 모두 하버드나 예일에서 법학을 공부했고, 그 중 4명은 뉴욕 태생이며, 8명은 동부에서 성장했고, 1명만이 중간지대 출신이다. 남서부 출신이나 서부 출신은 한 명도 없다. 이번 판결은 사법부의 쿠데타이며, 흔히 자멸로 이어지는 오만의 결과이다."[14]

로버츠 미연방대법원장도 이번 연방대법원의 동성애 합법화 판결에 대하여 "동성결혼은 미국 헌법과 상관없다"고 명료한 반대의견을 표명하였다. 그는 동성결혼을 모든 주에 강제하는 법 제정화에 반대하였다. 결혼에 대한 사무는 연방의 행정이 아닌 주의 행정이기에, 연방대법원이 심리할 사항이 아니라고 보기 때문이다. 그와 같은 이유로 연방법인 '결혼보호법'이 위헌이라고 결정하였다. 그리하여 그는 "이번 동성결혼 판결은 헌법과 관계가 없다"고 냉소하였던 것이다.[15] 그는

---

14 월스트리트 저널, 2015.7.2, K 어메리칸 번역.

15 The Washington Post, John Robert's Full-Throated Gay Marriage Dissent:

미국 51개 주 중 주민들이 동성결혼 법제화를 선택한 주는 11주 밖에 없음을 지적하였다. 비록 동성결혼의 합법화가 5:4로 합헌이 인정되었음에도 불구하고 자유 민주주의 사회에서 연방대법원이 이 합법화 과정을 각 주 정부에 일임한 것은 미국 연방대법원이 선택한 최선의 선책이라고 볼 수 있다.

동성결혼 합법화를 사실상 주도한 대통령 오바마(B. H. Obama)가 존경하는 텍사스 주 댈러스에 있는 대형교회 '포터스하우스'(The Potter's House)의 설립이자이자 담임인 제이크스(T. D. Jakes) 목사가 동성애 합헌판결 이후 피력한 다음의 내용은 영적 지도자로서의 바른 메시지를 우리에게 전달해 주고 있다: "세상은 이렇게 점점 더 세상이 되어가고, 교회는 점점 더 교회가 되어가는 것"이다. "연방대법원은 성경에 대해 토론하는 곳이 아니라, 모든 미국인들에게 맞는 법률과 헌법적 권리에 기초해 법률적인 결정을 하는 세속적 기관"이다.[16] "기독교가 앞으로 미국에서 지배적인 종교가 될 것이라고 말할 수 없다." "연방대법원은 헌법에 기초해 판결을 내리고, 특정 이슈에 대해 헌법적으로 토론한다." "하지만 여러분에게 엄중하게 경고하고 싶은데, 하나님은 여러분을 헌법이 아닌 당신의 말씀(성경)으로 심판하신다. 따라서 연방대법원이 열심히 헌법을 들여다보는 동안, 여러분은 열심히 성경을 보아야 한다." 제이크스는 이어 손으로 성경을 들어 올리면서 증언하였다: "하나님의 말씀은 오래됐지만, 이 복된 말씀은 여전히 좋고 옳다."[17]

Constitution Had Nothing to Do with It. 2015.6.26.

16 오바마가 존경하는 목사 "하나님은 헌법 아닌 성경으로…" 국제부 기자la@christianitydaily.com 입력: 2015.7.1. 22:11.

17 오바마가 존경하는 목사 "하나님은 헌법 아닌 성경으로…" 국제부 기자la@

6. 최근에 있었던 동성애 집회인 퀴어 집회도 한국 사회의 미래를 어둡게 한다

2015년 6월 28일 한국 서울광장에서 성소수자들을 위한 퀴어 집회가 열렸을 때 사용된 레인보우 깃발은 이미 동성애 합법화를 추진한 미국 백악관의 조명에서 보였다. 이 깃발의 색깔은 1978년 샌프란시스코에서 화가인 베이커에 의해 처음 디자인 되어, 당시 그 지역 동성애 인권 운동가의 게이 사회를 나타낼 수 있는 상징을 만들어 달라는 요청에 의해 만들어진 것이다. 이는 사회의 다양성을 표현하고자 했던 길버트 베이커(G. Baker)는 올림픽 깃발의 색깔을 사용하는 것에서 힌트를 얻어 무지개 색 깃발을 제작하였다. 그 깃발의 색은 섹슈얼리티, 삶, 치유, 태양, 자연, 예술, 조화, 그리고 영혼을 상징했다. 하지만 이 색깔이 지닌 본래적 의도로서 다양성을 인정하자는 취지와는 사뭇 다르게 동성애 합법화의 상징으로 표현되는 데 우려를 낳지 않을 수 없다.

성경적으로 무지개는 하나님께서 노아를 통해 세상의 죄악을 심판하고 다시는 물로서 세상을 심판하지 않겠다는 상징성을 내포하고 있다. 무지개는 하나님께서 인간에게 다시는 심판하지 않겠다는 징표이다. 하지만 퀴어 축제에서 동성애 합법화의 상징으로 변질된 무지개 색은 하나님이 인간에게 제시한 무지개의 상징성을 왜곡하고 있다. 퀴어 축제가 성경이 말하는 언약의 상징인 무지개를 동성애 허용의 상징으로 사용하는 것은 신성모독인 것이다. 한국 사회가 이러한 퀴어 축제에 의하여 지속적으로 주도될 때 우리 사회의 미래는 어두움을 향해서 달려갈 수밖에 없음을 인지해야 한다.

christianitydaily.com 입력: 2015.7.1. 22:11.

7. 다원적 가치인정과 동성애 허용은 다르다

　서로 다른 가치관과 다양성을 인정하는 일은 반드시 필요하다. 내가 너와 '다름'을 인정할 때 비로소 사회가 배타적이거나 왜곡된 가치관에서 벗어나게 되고, 다름의 수용성이 생기게 되며, 동시에 사회는 성숙하게 된다. 하지만 동성애 합법화는 '다름'의 방식과는 사뭇 차이가 있다. 성숙한 사회는 다름을 인정하지만 그 다름을 인정하는 기준은 반드시 윤리적인 가치가 수반되어야 한다. 동성애 합법화는 다름을 인정하기 이전, 비윤리적인 문제를 가지고 있다. 동성애 합법화는 아직 성적으로 성숙하지 않은 미성년자들에게 개방되었을 때, 성적 자기결정에 혼선을 가할 수 있을 뿐만 아니라, 동성애 부부는 자녀를 낳을 수 없기 때문에 자녀를 가지는 방법 또한 새로운 사회적 합의를 필요로 하게 된다. 그리고 그 사회적 합의에서 나타날 진통과 차별, 윤리적 문제 또한 동성애 합법화로 인해 파생될 수 있다.

8. 세계적 탈동성애 정황 추세

　서구 유럽을 중심으로 '동성결혼 합법화'가 진행된 지 15년이 흐른 지금, 이에 대한 평가는 그리 좋지 않은 실정이다. 지난해 8월 유럽 최고연방법원에서는 더 이상 헌법으로 동성결혼을 허용하지 않기로 결정했으며, 동성결혼을 합법화했던 국가들에서 매우 심각한 성적 문제들과 성범죄 및 가정 문제들로 인해 많은 문제점들이 노출되고 있음을 보고했다. 또한 유럽 인권재판소는 동성결혼을 더 이상 인권으로 수용하라고 권고하지 않겠다는 판결을 내렸다.

　(1) 2012년 프랑스의 동성 커플은 차별금지법 아래서 결혼의 권리

를 성립시키기 위해서 소송을 제기했으나, 유럽 인권법원 판사들은 차별이 아니며, "동성결혼은 인권이 아니다"(Gay marriage is not a human right)라고 판결하였다.[18]

(2) 2014년 유럽연방 인권법원은 핀란드의 동성 커플의 동성결혼 소송에 대해서 "동성결혼은 인권이 아니며, '남자와 여자의 결합'이라는 결혼의 정의를 바꿀 수 없다"고 판결하였다.[19] EU 인권법원은 47개 회원국 중 10개 회원국만이 동성결혼을 인정하고 있을 뿐, 다수의 국가들은 '결혼은 한 남자와 여자의 결합'이라고 인식하고 있다. 따라서 동성결혼이 유럽연방에서 광범위한 지지를 받고 있다고 주장할 수 없다.

(3) 호주 대법원은 주가 제정한 동성결혼법을 무효화했다. 호주의 헌법은 '결혼은 한 남자와 한 여자의 결합'으로 명시되어 있어 2010년 국회에서 동성결혼 법제화가 거부되었다. 이에 주에서 동성결혼법을 제정, 기정사실화를 시도하여 2013년 12월 7일 법이 발효됨으로, 이로써 거의 30쌍의 동성부부가 탄생했다. 이에 대하여 보수적인 연방대법원은 동성부부 탄생 5일 만에 동성결혼 위헌판결을 내려 결혼의 질서를 바로 잡는 일이 있었다.[20]

---

18 The Telegraph 2012.3.21. "Gay marriage is not a human right, according to European ruling. Judges in Europe has ruled member states do not have to grant same sex couples access to marriage, it was reported."

19 EU HUMAN RIGHTS COURT: SAME SEX 'MARRIAGE' NOT A HUMAN RIGHT. 2015.7.18.PRECEDENT SETTING RULING; SAME SEX SO-CALLED 'MARRIAGE' IS NOT A HUMAN RIGHT. Human Rights Court: Europe cannot be forced to redefine Marriage.

20 Voice of America. 미국의 소리, 2013.12.12. 호주 대법원, 동성결혼법은 위헌.

9. 한국교회는 앞으로 국내 동성애 허용법과 차별금지법에 대처해야 한다

오늘날 미연방대법원이 찬성 5, 반대 4로 동성애를 합헌적으로 선언하여 죄를 제도화한 것은 다수결 원칙으로 상징되는 자유민주주의 한계를 드러낸 것이다. 윤리와 죄는 수로 결정할 성질의 것이 아니라, 오로지 양심과 하나님의 명령에 기반 되어야 하는데, 반대에 대하여 1표 많은 다수결이 악에서 선으로 선언된 것이다. 이미 한국도 지난 2월에 헌법재판소 판결로 간통을 합법화하였다. 다음 차례가 동성애 허용법, 그리고 차별금지법이다. 죄의 제도화는 자유민주주의라는 제도를 통하여 들어오게 되는 것이다. 한국교회는 각성하여 이 시대의 정신을 지키며, 하나님의 말씀에 충성하는 이 시대의 파수꾼이 되어야 할 것이다.

동성애 및 동성결혼은 기독교의 신앙적인 문제뿐만 아니라, 한국의 전통적인 사상에도 어긋나며, 더불어서 윤리, 도덕적으로도 부합되지 않는 일이므로 이에 대해서 강력하게 이의를 제기하는 것이다. 서구에는 동성애를 인정하는 국가가 있지만, 아시아에는 단 한 국가에서도 동성애를 인정하고 있지 않다. "동성애는 단순한 '경향'의 문제가 아니며, 성경의 가르침에 명백히 위배되는 분명한 '죄'로서 그 실체에 접근해야 한다."[21]

---

[21] 기사입력: 2015.7.27.16:59 최종편집 한기총, "동성애는 성향 아닌 죄" 서울서부지법에 동성결혼 합법요구 반대 탄원 서명 제출… 21,404명 서명 참여.

10. 국내 탈동성애 인권운동 실태

탈동성애자들을 혐오집단으로 매도하여 소수자 인권유린을 자행한 국내 동성애 운동단체는 '민주사회를 위한 변호사모임'(민변), '성소수자 차별반대 무지개 행동'(무지개 행동), '국가인권위원회'이다. 이에 반하여 국내 탈동성애 인권 시민단체는 '홀리라이프'[22]와 '건강한 사회를 위한 국민연대'(건사연), 선민네트워크 등이 있다. 이 세 단체는 '탈동성애자들의 인권'을 주장하고 있다.

이 세 단체는 2015년 3월 24일 기자회견에서 "소수자의 인권을 위한다며 동성애자들보다 더 소수자인 탈동성애자들의 인권을 짓밟는 친동성애단체들의 비인권적 혐오행위를 강력 규탄한다"라는 제목의 성명서를 발표했다.[23] 이들 탈동성애 시민단체들은 이 성명서를 통해 ① '민변 소수자위원회'를 비롯한 친동성애단체들은 탈동성애자를 사기꾼으로 매도하고 탈동성애자들과 그 가족들의 인권을 유린한 혐오행위에 대해 즉각 사죄할 것. ② 동성애자들보다 더 소수자인 탈동성애자들의 인권을 고의적으로 폄하 보도한 일부 진보언론들은 반성할 것. ③ 국가인권위원회를 비롯한 국가기관들은 탈동성애 인권단체들의 의견을 적극 수용하고 탈동성애자의 인권 개선을 위한 정책을 적극

---

22 〈홀리라이프〉대표 이요나 목사를 중심으로 탈동성애자들이 정기적인 모임을 갖고 탈동성애의 경험을 증언하며 동성애로부터 탈출하는 길을 안내해주고 있다. 우리가 결코 부정할 수 없는 명백한 사실은 우리 안에 실제로 종교적 치유를 통해 동성애에서 탈출한 이들이 존재하고 있다는 점이다.

23 "탈동성애자들과 가족들 인권 유린, 사과하라" [기독일보] 윤근일 기자 yviewer@cdaily.co.kr입력 2015.3.24 18:03| 수정 2015.3.25. 09:24 홀리라이프, 건사연, 선민네트워크 등 24일 오후 민변 앞에서 탈동성애자들 인권 주장 기자회견.

실시할 것 등을 촉구했다.[24]

이 날 성명서에서 밝혀지는 바와 같이 현재 대다수의 동성애자들은 동성애로 말미암아 각종 질병에 시달리다가 평균 15-20년 수명이 단축되고 가족들과 심지어는 동성애자들에게조차 버림받아 비참한 최후를 맞이하는 일들을 당하고 있다. 동성애자들 가운데 탈동성애를 원하는 '탈동성애 지향자'들의 인권이 무엇보다 소중하다. 동성애자들에 대한 진정한 인권은 동성애로부터 회복이며 탈출이다.

오늘날 동성애자들은 과거 1950-70년대 친동성애 학자들이 연구한 편향된 논문들을 근거로 동성애를 선천적이라고 주장하며 친동성애자들의 강력한 로비에 의해 장악된 미국 학계의 잘못된 조치들을 일방적으로 전파하며 진실을 왜곡하고 있다.[25] 최근 동성애 관련 논문에서는 동성애가 결코 선천적이 아니라는 것이 속속 밝혀지고 있으며, 탈동성애자들이 주장하는 바 '성중독'의 일종이라는 주장이 학계에 널리 주목받고 있다.[26]

II. 개혁신학에 근거한 성경적 영성신학적 입장에서 동성애를 반대하는 다음 10가지 논거

개혁신학에 근거한 성경적 영성신학적 입장에서 필자는 동성애를 반대하는 다음 10가지 근거를 제시하고자 한다.

---

24 2015.3.24. 성명서, 홀리라이프, 건강한 사회를 위한 국민연대, 선민네트워크.
25 성과학연구협회, 동성애는 선천적이라는 주장의 허구를 밝힌다! 2014.11.21 범영수 기자 기사입력: 2014.11.21. 23:35. 최종편집: ⓒ newspower.
26 "탈동성애자들과 가족들 인권 유린, 사과하라" [기독일보] 수정 2015.3.25. 09:24.

1. 동성애는 남자와 여자 사이 이성애로 이루어지는 가정이라는 창조질서에 어긋난다

결혼 제도는 인간이 만든 문화가 아니라, 창조주 하나님이 제정하신 창조의 질서이다. 문화는 시대에 따라 변하나 창조질서는 보편적이며 영구적이다. 하나님은 창조질서로서 남자와 여자 둘이 한 몸이 되어 한 가정을 이루고 행복하게 살도록 하셨다(창 1:27-28; 2:18-24; 롬 1:26). "하나님이 자기 형상 곧 하나님의 형상대로 사람을 창조하시되 남자와 여자를 창조하시고, 하나님이 그들에게 복을 주시며 그들에게 이르시되 생육하고 번성하여 땅에 충만하라"(창 1:27-28). 하나님은 인간을 남자와 여자로 창조하셨고 가정을 통해서 인간이 번성하는 복을 주셨다. 따라서 가정이란 남자와 여자의 결혼으로 성립된다. "이러므로 남자가 부모를 떠나 그 아내와 연합하여 둘이 한 몸을 이룰지로다"(창 2:24).

동성애 지지자들은 동성애 논의에서 이러한 창세기 1장과 2장의 하나님 말씀을 생략해 버리고, 창조의 원리에 역행하는 방향으로 나아가고 있다. 그러므로 동성애는 창조질서에 대한 위반이므로 허용될 수 없는 것이다. 가정이란 인간이 세운 문화질서가 아니라 창조질서이다. 물론 가정과 결혼이라는 기본 질서가 각 민족이나 종족에 따라 다양한 양식으로 실행되는 것은 문화이다. 그러므로 결혼과 가정의 풍습은 각 나라와 민족에 따라서 다르게 나타난다. 그러나 그 기본 질서 안에는 남자와 여자의 결합이라는 움직일 수 없는 창조질서가 확고한 하나님의 법으로 서 있는 것이다. 그것은 창조주 하나님이 인간을 위하여 제정하신 것이다. 이것을 위반하게 되면 인간 사회는 더 이상 지탱될 수 없는 아노미(Anomie) 상태가 되고 말 것이다.

2. 성경 창세기의 소돔과 고모라 멸망 이야기는 동성애에 대한 하나님 심판의 본보기이다

성경 창세기는 소돔과 고모라(Sodom and Gomorrah) 및 그들과 함께 멸망당한 도시들인 아드마와 스보임(신 29:23)은 간음과 남색에 대한 하나님의 진노와 분한의 징벌심판(창 19:1-26)의 본보기라고 이야기해 준다. 창세기 19:1-8은 동성애에 대하여 직접적으로 언급하고 있는 최초의 기록으로서, 소돔과 고모라의 성적 타락의 전형인 동성애 행위는 하나님께서 금기하시는 행위임을 분명하게 드러내고 있다. 소돔의 죄란 극도의 이기주의와 동성애를 포함한 도덕적인 방종으로 대표되는 총체적인 타락이었다. 그 가운데서도 동성애는 소나기처럼 부어지는 유황과 불로 인한 소돔 멸망의 원인이 되었다. 즉, 소돔과 고모라는 동성애로 인한 하나님의 심판으로 멸망당한 것이다.

이에 결국, 이스라엘의 사해(Dead Sea) 남서쪽에 위치한 인근 고대 도시들이었던 소돔과 고모라는 패역하고 음란한 죄로 인해 하나님의 불과 유황의 심판으로 멸망 받아 역사 속으로 사라지고 말았다. 이 일을 통하여 우리는 후세에 경건치 아니한 자들에게 임할 하나님의 경고의 메지지를 발견할 수 있다.

사도 베드로도 소돔과 고모라 심판을 언급하고 있다: "소돔과 고모라 성을 멸망하기로 정하여 재가 되게 하사 후세에 경건하지 아니할 자들에게 본을 삼으셨으며"(벧후 2:6). 사도 유다도 소돔과 고모라 주민의 가증한 행위에 대하여 다음같이 해석한다: "소돔과 고모라와 그 이웃 도시들도 그들과 같은 행동으로 음란하며 다른 육체를 따라 가다가 영원한 불의 형벌을 받음으로 거울이 되었느니라"(유 7). 소도마이트(Sodomites)는 동성애자들을 가리키는 말이다. 지금까지도 영어권 세계에서는 동성애자들을 이렇게 부른다. 로마제국의 멸망 원인들 중 하나도 동성애자들(homo sexuals) 때문이었다. 한 개인과 가정과 사회와 국가에 동성애가 들어와서 장악하게 되면 그 개인, 가정, 사회, 국가는 필연적으로 멸망의 길을 갈 수밖에 없다는 것을 우리는 성경과 역사의 교훈을 통해서 배워야 할 것이다.

3. 동성애 행위란 신성한 가정과 인간 영성의 파괴이다

모세의 율법은 동성끼리의 성행위를 가증하다고 금하고 있다. 레위기의 두 구절은 동성애에 대한 분명한 금령이다: "너는 여자와 교합함 같이 남자와 교합하지 말라 이는 가증한 일이니라"(레 18:22). "누구든지 여자와 교합하듯 남자와 교합하면 둘 다 가증한 일을 행함인즉 반드시 죽을지니 그 피가 자기에게로 돌아가리라"(레 20:13). 레위기의 기록은 도덕적 거룩함과 관련된 것으로 오늘날 우리에게도 그 원리가 그대로 적용된다.

신약성경 로마서 1:26-27에서는 바울이 "이를 인하여 하나님께서 저희를 부끄러운 욕심에 내어버려 두셨으니 곧 저희 여인들도 순리대로 쓸 것을 바꾸어 역리로 쓰며, 이와 같이 남자들도 순리대로 여인 쓰기를 버리고 서로 향하여 음욕을 불 일듯 하매 남자가 남자로 더불어 부끄러운 일을 행하여 저희의 그릇됨에 상당한 보응을 그 자신에 받았느니라"고 말씀하고 있다. 이 구절은 '창조질서의 왜곡'이라는 관점에서 해석되어야 한다. 바울은 동성애를 창조질서의 타락이며 왜곡이라고 규정하였다. 동성애 행위란 하나님 금지명령에 대한 인간의 반역이라고 보고 정죄한 말씀이다. 그러므로 하나님의 창조질서의 타락이며 왜곡인 동성애를 방조해서는 결코 안 되는 것이다. 그것은 하나님의 금지에 대한 인간의 반역행위이기 때문이다.

　인간의 존엄성은 하나님의 형상으로서 인간에게만 부여하신 영성(靈性, spirituality)에 있다. 인간에 있어서 영과 몸은 분리되지 않고 하나요, 하나님이 진흙으로 인간을 만드시고 인간에게 생기(하나님의 호흡)를 불어 넣으셔서 인간이 산 존재(a living being)가 되었다. 이 영성은 성적 신성함으로도 표현된다. 성적 신성함이란 독신으로든지, 아니면 이성인 반려자와의 한 몸을 이루는 가정을 통하여 표출된다. 그러나 이와 반대로 동성과 한 몸이 된다는 것은 가정의 신성함이 무너지는 것이요 창조질서를 파괴하는 행위가 된다. 이는 하나님이 가증스럽게 여기시는 것이다. 신약성경 고린도전서 6:9의 교훈은 하나님 나라를 유업으로 받지 못할 자 가운데 '동성애자'가 있음을 보여주고 있다. 또한, 디모데전서 1:9-10은 율법의 정죄 대상이 되는 불의한 사람들 중 한가지로 동성애를 언급하고 있다.

4. 사도 바울은 동성애 행위를 하나님의 창조질서에 어긋난다(역리, 逆理)고 정죄했다

　사도 바울은 로마시대에 있었던 동성애에 관하여 창조질서에 어긋나는 행위라고 정죄하고 있다: "이를 인하여 하나님께서 저희를 부끄러운 욕심에 내어 버려두셨으니 곧 저희 여인들도 순리대로 쓸 것을 바꾸어 역리로 쓰며, 이와 같이 남자들도 순리대로 여인 쓰기를 버리고 서로 향하여 음욕이 불 일듯 하매 남자가 남자로 더불어 부끄러운 일을 행하여 저희의 그릇됨에 상당한 보응을 그 자신에 받았느니라"(롬 1:26-27). 바울이 이 구절에서 성 질서에 관하여 언급하는데 순리(順理)란 이성 간의 관계를 말하며 역리란 동성 간의 성관계를 말한다.

로마서 1장에서 바울이 말하는 '순리'란 인간이 아닌, 하나님이 정하신 질서를 말한다. 동성애자들은 자신들의 성향이 타고난 것이기 때문에 자연스러운 순리라고 말한다. "정상성이나 자연스러움을 정하는 영원한 기준이란 없다."는 영국의 성공회 신학위원장 노르만 피텐저(N. Pittenger)[27]의 동성애 옹호 주장은 성경의 기준에 맞지 않다. 로마서 1장에서 말하는 '순리'란 이성애자들의 성도착 행위가 아니라, '자연, 즉 창조질서에 대립되는 모든 인간의 행동'을 말하는 것이다.

5. 동성부부 가정은 입양 자녀들에게 진정한 마음의 안식처가 될 수 없다

동성 가정은 입양된 자녀들에게 낳은 부모가 주는 진정한 사랑과 안식을 줄 수 없다. 이는 낳은 부모와 태어난 자녀들이 주고받는 사랑 관계 속에서 가정이 존재하도록 창조주 하나님이 지으셨기 때문이다. 우리는 이 사실을 동성 커플에게서 자란 아이 바윅(H. Barwick)의 증언에서 확인할 수 있다. 헤더는 동성 커플도 아이들을 잘 양육할 수 있다는 선전으로 쓰여진 책 『두 엄마를 가진 헤더』(Hether has two Mommies)의 주인공이다. 바윅은 2015년 3월 17일 동성결혼에 반대하는 편지를 기고하였다: "지금 나는 동성결혼을 지지하지 않습니다. 그 이유는 여러분이 게이여서가 아니라 동성관계 자체의 특성 때문입니다. 난 이제야 전통 결혼 및 양육의 아름다움과 슬기로움을 발견할 수 있습니다. 동성애자들은 아빠나 엄마가 있든 없든 다 마찬가지라고 말하지만, 그렇지 않습니다. 엄마의 파트너는 잃어버린 아빠를 결코

---

27 https://en.wikipedia.org/wiki/Norman_Pittenger

대신해 주지 못했습니다. 동성 가정의 자녀들은 솔직할 수 없습니다. 동성결혼은 결혼과 양육까지도 재정의해 버립니다. 우리가 자연스럽게 갈망하는 것(아버지, 어머니)을 필요 없다고 말하는 것입니다."[28] 바윅과 같이 동성 커플 가정에서 성장한 다수의 청소년들이 동성결혼은 아이들에게 유해하다고 증언하고 있다. 그것은 가정을 이루는 천부적인 이성 부모를 동성 부모로 변질시켰기 때문이다.

6. 동성애는 새 도덕(new morality) 혹은 상황윤리(situation ethics)와 다를 것 없다

동성애자들도 동성 간의 사랑을 말하고 있다. 이들은 "동성 간의 사랑도 이성 간의 사랑과 다를 바 없다"고 주장한다. 그러므로 "더 이상 '왼손잡이'에 대한 비난 이상으로 '동성애'를 비난해서는 안 된다",[29] "관계의 성격과 질이 중요하다",[30] "남성 및 여성 동성애자들이 가지는 영구적 관계는 자신의 성을 표현하는 적절하고도 기독교적인 방식일 수 있다"[31]고 주장한다. 이러한 동성애 옹호자들의 주장은 동성애를 명확하게 거부하는 하나님의 창조질서의 뜻을 인본주의적으로 왜곡하고 있다. 동성애자들이 말하는 사랑이란 라빈슨(J. Robinson)이나 플레처(J. Fletcher)가 말한 '새 도덕'이나 '상황윤리'와 다를 것 없다. '새 도덕'(new morality)이나 '상황윤리'(situation ethic)는 1960년

---

28 동성애합법화반대국민연합, 2015.7.28. 조선일보 A32 전면광고.
29 *The Friends Report towards a Quaker View of Sex*, 1963, 21.
30 *The Friends Report towards a Quaker View of Sex*, 1963, 36.
31 Methodist Church's Division of Social Responsibility. A Christian Understanding of Human Sexuality, 1979, chapter 9.

대 결혼 외적 성관계를 정당화하는 용어였다. 이제는 이러한 용어들이 '동성 간의 사랑'(homosexual love)으로 왜곡되고 있는 것이다.

7. 동성애 문제는 결혼과 같이 근본적인 문제이지 문화적 문제가 아니다

여성안수 문제는 문화적 문제이지만, 동성애 문제는 결혼 제도에 관한 것이므로 교리적이고 근본적인 문제이다. 사도행전 15장에서 보듯, 예루살렘 공의회에서 우상 숭배는 당연히 금지된 신학적 문제이지만, 우상에게 바친 고기를 먹는 문제는 문화적 문제이므로 크리스천의 자유에 맡겼다. 동성애 문제는 사회를 존속케 하는 가정의 질서에 관한 근본적인 문제이다. 크리스천의 아디아포라(adiaphora, 비본질적인 것들)로서 개인의 자유에 맡길 문제가 아니다.

1996년 11월 미국의 크리스천투데이(Christianity Today)와의 인터뷰에서 독일의 신학자 볼프하르트 판넨베르크(W. Pannenberg)도 동성애에 관하여 아주 보수적 입장을 취했다: "성경은 동성애 행위를 명백하게 거부해야 할 것으로 평가하고 있다." 그러므로 동성애 결합을 결혼과 대등한 것으로 인정하는 교회는 "더 이상 하나의, 거룩한, 보편적, 사도적 교회가 아니다."[32] 결국, 교회는 성경의 가르침에 근거해야 하는데, 성경의 가르침을 따르지 않는 교회는 더 이상 그리스도의 교회일 수 없는 것이다.

---

32 *Christianity Today*, November, 1996.

8. 억압, 해방, 권리, 정의, 평등 개념을 성경의 가르침에 기반하여 바르게 정의해야 한다

인간의 권리는 하나님의 법 안에서 주장되어야 한다. 남아연방의 주교 투투(D. Tutu)는 성적 기호에 따라서 사람을 차별해서는 안 된다고 주장한다. 동성애자들이 동성애 공포증의 희생자라면, 그래서 이로 인해 그들이 멸시받고 거부당한다면 그들의 억압, 해방, 권리, 정의 주장은 일리가 있다. 그러나 이들이 주장하는 부당함과 불의가 동성애 관계를 이성애 결혼과 동등하게 합법적인 양자택일 사항으로 인정해주지 않는 것에 대한 것이라면, 이들의 주장은 부적절하다. 영국의 복음주의 신학자 스타트(J. Stott)는 "인간은 하나님이 주시지 않는 것을 '권리'로 주장할 수 없기 때문이다"[33]라고 말했다. 동성애자를 노예, 흑인, 여성해방과 유비(類比)관계로 보는 것은 성경적이 아니다. 노예제도, 흑인차별, 여성차별 등은 창조의 질서가 아니라, 인간의 죄악에서 비롯된 것이기 때문이다. 진정한 게이 내지 레즈비언 해방이란 하나님의 창조질서에 대한 인간의 의지적 반항(게이와 레즈비언 행위)에서 해방되는 것이다.

호주 뉴사우스웨일스 주 교회협의회 의장이며, 몰링칼리지 신학대학원 학장으로 재직하고 있는 클리포드(Rev. Dr R. Clifford) 목사가 피력하는 것처럼, 동성애 결혼 찬성론자들은 그들이 외치고 있는 '결혼의 평등성'(Marriage equality)만 부여된다면 그것으로 만족한다고 우리를 확신시키려 하고 있다. 하지만 현행 결혼법이 일단 수정된다면

33　J. Stott, *Issues Facing Christians Today* (Grand Rapids: Zondervann, 2006); 정옥배 역, 『현대 사회 문제와 그리스도인의 책임』, IVP, 2011, 224.

집단 혼인을 비롯하여 전통적 결혼의 참 의미와 가치를 훼손할 많은 법들의 제정이 요구될 것이다. 학교에서 동성애 성향에 대해 교육하는 것을 의무로 하라는 압력이 있을 것이고, 종교인들은 동성애 커플의 결혼을 집례하도록 강요받을 것이며, 결국에는 사회 전체가 동성애 자체를 정상적인 것으로 인식케 하는 데까지 이르고 말 것이다.[34]

9. 용납과 복음이라는 논거는 동성애자에게 적용될 수 없다

하나님이 우리의 '있는 모습 그대로' 받아주신다는 말은 동성애를 그대로 받아주신다는 것이 아니다. 계속 동성애를 행하는 죄인을 용납하신다는 뜻은 아닌 것이다. 예수님은 '죄인들의 친구'였다. 그러나 그는 우리를 "죄 가운데 그대로 있어"라고 하지 않고, "나도 너를 정죄치 아니하노라 다시는 죄를 범치 말라"(요 8:11)고 하신다. 그는 우리를 구원하시고 변화시키기 위하여 우리를 환대하신다.

데일리(T. J. Dailey)는 결혼한 부부와 동성 커플의 차이를 다음같이 보고했다. 결혼한 부부의 경우, 관계유지 기간이 10년 이상이 66%, 20년 이상이 50%인데 반해서, 게이 커플의 경우에는 12년 이상이 15%, 20년 이상이 5%이고, 외도 안하기는 전자가 남편 75.5%, 아내 85%, 후자는 4.5%를 차지했다. 생애파트너는 전자의 경우 이혼율이 높은 미국에서도 3명 이상의 배우자를 두는 경우는 드문 반면, 후자의 경우 1997년 조사에서, 평균 100명 이상의 배우자를 두었고, 501-1천명이 10.2-15.7%를 차지하고 있으며, 1,000명 이상인 경우

---

34 R. Clifford, Five Good Reasons to Oppose Same-Sex Marriage, 동성결혼을 반대하는 다섯 가지 이유, 크리스천투데이, 입력: 2012.9.20. 06:54.

도 10.2-15.7%나 되었다.[35] 1990년 한국보건사회연구원은 국내 동성애자의 81.9%가 연간 성관계 파트너를 1-10명까지 교체하는데, 연간 100을 교체하는 동성애자들도 있는 것으로 보고하였다.[36]

동성애자는 동성애의 잘못된 죄의 관습에서 벗어나야 한다. 그래야만 하나님 앞에 용납될 수 있다. 복음의 능력은 동성애의 관습과 굴레를 깨뜨릴 수 있다. 인간은 불가능하나 하나님은 하나님의 말씀과 성령의 능력으로 동성애를 치유하신다.

10. 동성애자들에게 진정한 인권 회복이란 탈동성애이다.

세계적으로 동성애 논란이 커져가고 있는 만큼 동성애에 대한 단순한 반대는 시대에 역행하는 것이라는 논란도 있다. 한국교회는 그동안 사회적 이슈에 대해 침묵하거나, 극단적인 반대로 오히려 사회적 반감을 얻는 경우가 많았기 때문이다. 실제로 청년시절 동성애자로 살았다가 탈동성애자로서 회복을 경험한 홀리라이프 대표 이요나는 '복음'이 탈동성애를 위한 유일한 방법이라고 밝혔다: "교회가 단순히 동성애 문제를 이슈화시키기보다, 동성애자를 회복하는 운동을 전개해야 한다." "단순한 맞불집회식의 부차별적 반대가 아니라 예수님이라면 '어떻게 하셨을까'를 고민하며 이들이 회복할 수 있는 방안을 찾는 것이 합리적이다." "교회가 신학적 이유로 '죄'라고 정죄하기보다 주님 품으로 이들이 돌아올 수 있도록 복음을 전하고, 이들의 회복을 위해

---

35 D. Dailey, *Comparing the Lifestyles of Homosexual Couples*, 2004; 동성애합법화반대국민연합, 2015. 7. 28. 조선일보 A32에서 재인용.

36 연합뉴스 1990.7.20.

나서야 한다." "동성애자들을 위한 진정한 인권은 동성애로부터의 탈출이다." "동성애 문제에 대해 한국교회가 침묵하며 시대적 조류에 휘말려서는 안 된다."

따라서 한국교회는 선한 사마리인의 심정을 가지고 동성애 행위는 죄라고 지적하되, 동성애자의 인격에 대해서는 깊은 동정과 긍휼의 마음을 지니고 저들이 탐닉된 관습에서 치유되도록 도와주어야 할 것이다.

맺음말

상대적으로 아직 한국 사회에는 여타 서구 여러 국가들에 비해 동성애로 인한 논란이 큰 것은 아니다. 동성애자들끼리의 결합이 정상적인 결혼의 조건이 된다고 주장하는 흐름도 약하다. 그러나 언제라도 잘못된 문화가 흘러들어올 가능성이 있기에 정신을 바짝 차리고 말씀의 기준을 지켜나가야 한다. 동성애를 더 이상 비정상(죄)이라고 말할 수조차 없게 만드는 법안(차별금지법, 그리고 동성애 허용의 서울시민헌장)이 두 차례나 통과될 번한 위기를 겨우 모면했는데, 이제야말로 깨어 기도하며 제대로 된 목소리를 낼 그리스도인들이 일어나야 할 때이다.

교회의 과제는 우선 동성애자들에 대한 편견과 차별의 그림자인 '동성애 혐오증'에서 벗어 나와야 한다. 교회는 이들을 소외된 인간으로서 인격적으로 대면하고 공감과 위로와 격려 가운데서 하나님의 말씀과 성령의 능력으로, 이들이 변화된 인격과 새로운 삶과 세계관을 갖도록 해주어야 한다. 교회는 이들을 외면하거나 배척하지 말고 이들을 우리 가운데 있는 타자(비정상인)로 대해야 할 것이다. 교회는 이들을 위한 고도의 의학과 심리학적 소양을 가진 전문 상담자를 양성함으로써, 이들을 교회 안에서 제 역할을 담당할 믿음의 자녀로 인도하는 일에 적극 나서야 할 것이다.

참고문헌

김영한. "몸, 죽음, 생명." 「한국개혁신학」. 한국개혁신학회논문집, 제11권, 불과 구름, 2002년 8월, 9-24.

샬롬나비. 미연방대법원 동성애 합법화 판결에 대한 성명서. "미국의 동성애 합법화 선언은 미국 건국의 청교도 정신과의 결별선언이다." 2015년 7월 1일; [샬롬나비 성명] 동성애 합법화 선언은 미국 정신의 타락의 표징, [기독일보] 편집부 기자 press@cdaily.co.kr, 입력 2015.07.02 05:59 | 수정 2015. 7. 2. 05:59

성과학연구협회. 동성애는 선천적이라는 주장의 허구를 밝힌다! 2014. 11. 21(금) 범영수 기자 기사입력: 2014. 11. 21. 23:35 최종편집: ⓒ newspower.

"'同性愛 빗장' 풀리는 추세지만… 70여개국선 여전히 不法."「조선일보」(2014. 10. 16 A18면). 출처:http://news.chosun.com/site/data/html_dir/2014/10/16/2014101600365.html

"오바마가 존경하는 목사. '하나님은 헌법 아닌 성경으로'… " 국제부 기자a@christianitydaily.com 입력 : 2015. 7. 1. 22:11.

"'인권' 표방한 동성애 차별금지법, 합리적 '반대' 해야." 한국 사회 파고드는 동성애, 교회는 어떻게 대응할까. 정하라 기자 l승인 2015. 6. 2. l수정일 2015. 6. 2. 22:49l 1297호 아이굿뉴스.

"퀴어 축제는 거대한 동성애 전략… '소수 약자' 아니다." 윤화미(hwamie@naver.com) l등록일: 2015 6. 26 15:57:09l 수정일: 2015. 6. 30. 11:21:39.

"탈동성애자들과 가족들 인권 유린, 사과하라." [기독일보] 윤근일 기자 yviewer@cdaily.co.kr.

입력 2015. 3. 24 18:03l 수정 2015. 3. 25. 09:24 홀리라이프, 건사연, 선민네트워크 등, 24일 오후 민변 앞에서 탈동성애자들 인권 주장 기자회견.

Christianity Today. November, 1996.

Clifford, R.Five Good Reasons to Oppose Same-Sex Marriage, 동성결혼을 반대하는 다섯 가지 이유. 크리스천투데이, 입력: 2012. 9. 20. 06:54.

Dailey, D.Comparing the Lifestyles of Homosexual Couples. 2004; 동성애 합법화반대국민연합. 2015. 7. 28. 조선일보 A32에서 재인용.

EU HUMAN RIGHTS COURT: SAME SEX 'MARRIAGE' NOT A HUMAN RIGHT. 2015. 7. 18.

Human Rights Court: Europe cannot be forced to redefine Marriage.

Voice of America. 미국의 소리, 2013. 12. 12. 호주 대법원, 동성결혼법은 위헌.

Methodist Church's Division of Social Responsibility. A Christian Understanding of Human Sexuality, 1979, chapter 9.

Stott, J.Issues Facing Christians Today. Grand Rapids: Zondervann, 2006; 정옥배 역, 『현대 사회 문제와 그리스도인의 책임』, IVP, 2011.

The Friends Report towards a Quaker View of Sex. 1963, 21.

The Washington Post. John Robert's Full-Throated Gay Marriage Dissent: Constitution Had Nothing to Do with It. 2015. 6. 26.

The Telegraph. 2012. 3. 21. "Gay marriage is not a human right, according to European ruling. Judges in Europe has ruled member states do not have to grant same sex couples access to marriage, it was reported."

제 2 장

하나님의 형상과 동성애 신학의 한계

권문상(웨스트민스터신학대학원대학교 조직신학, 전 샬롬나비 사무총장)

1. 서론

    동성애자들 가운데 모태신앙이든, 아니면 의지적 신앙인이 되었든 간에, 이들은 스스로 크리스첸으로서 신앙생활을 영위할 수 있고 기독교 신학을 펼칠 자격이 있다고 주장한다. 이 글에서 우리는 이들이 어떤 근거에 의해 소위 '동성애 신학'을 제시하는지 분석하면서, 그것이 어떤 신학적 문제점을 안고 있는지 평가하고자 한다. 다만 이들이 자신의 성정체성 확신과 신앙과의 병립을 구하려는 노력에 대해 우리가 일정부분 평가할 부분이 있다는 점에서, 우리는 근본적으로 이들을 정죄하지는 않는다. 하지만 이들의 동성애 합리화는 인간론, 특히 '하나님의 형상'에 대한 공정한 이해 노력에 근거한 것인지는 회의적이다. 우리는 이들의 논리가 갖는 취약점을 밝히기 위해, 동성애 신학이 주장하는 신학적 근거는 무엇인지 살펴본 후에, 성경에서 말하는 '하나님의 형상'이 갖는 신학적 의의를 탐구하여, 이를 근거로 동성애자들의 신학, 혹은 신앙이 실질적 한계를 지니고 있음을 밝히고자 한다.

2. 동성애 신학

동성애자들의 신학의 출발은 성경에 대한 자유주의적 해석이며, 그 구조상 근본적으로 기독론적 형식을 취하고 있고 일종의 해방신학적 기질을 지니고 있다. 하지만 포스트모더니즘의 상대주의적 입장 역시 큰 영향을 주고 있어서,[1] 동성애 신학에 대한 실질적 평가는 후자에 대한 분석을 필요로 한다. 아울러 동성애 운동의 성격상 민주주의의 기본이념인 '평등' 사상에 기초하여 그 기세를 날로 드높이고 있다는 측면에서 동성애 신학에 대한 올바른 분석은 단순히 '신학적' 탐구에만 그쳐서는 안 된다. 그러나 짧은 이 글의 성격상 이러한 주제들에 대해서는 다른 기회에 미루거나 아니면 다른 집필자가 다룰 것으로 기대하고, 여기서는 전자에 속한 순수한 신학적 내용에만 집중하고자 한다.

---

1   "퀴어 이론의 많은 부분은 포스트모던 문헌 비평에 의존하고 있다. 종교적 신앙의 대상이란 결코 신앙의 주체가 해결할 수 있는 것과 다른 종류의 것이다. 종교와 그것의 내용은 문화 형성 과정의 산물이며 강제적 이성애 산물이다. 종교란 강제성으로부터 세워지기 때문이다"(L. C. Schneider, "Homosexuality, Queer Theology, and Christian Theology", 『Religious Studies Review』, 26 No 1, January 2000, 11).

2.1. 동성애 신학의 출발: 성경의 권위 부정

동성애자들은 자신들도 신앙을 가질 수 있고 자신의 신앙을 변호할 신학을 수립할 수 있다고 믿는다. 이러한 동성애 크리스천 운동이 아직 한국에는 활발하게 일어나고 있지 않지만, 동성애를 차별하지 않는 일부 국가에서는 이미 그 세력을 넓히고 있다. 그 대표적인 단체가 '대도시 공동체교회의 세계연맹'(Universal Fellowship of Metropolitan Community Church)이다. 이 단체는 스스로 선언하기를, 사도신경과 니케아 신경에 근거한 신앙을 고백하며, 미국의 복음주의 연맹과 동일한 신학을 따르고 자기들의 신학은 대부분 복음주의 신학을 따르는 단체들과 그 뜻을 같이한다고 한다.[2] 그러나 이들이 기독교 신학이라는 미명 아래 선언하는 복음주의 신앙은 근본적으로 복음주의 신학의 성경관과 극명하게 차이를 보이므로, 이들의 선언이 진정성을 갖는지는 매우 회의적이다.

이들은 성경이 영감된 말씀으로서 인간의 삶을 규정하는 독특한 지침서라는 것을 인정하지 않는다. 오로지 동성애의 정당성을 입증하기 위해 자의적으로 성경을 인용하여 해석하는 데에만 관심이 있다. 이들의 관심은 자유주의 신학의 성경관에서 보는 바와 같이 성경의 권위보다는 성경을 어떻게 해석하느냐에 있는 것이다. 최근 루터교에서 게이와 레즈비언에게 목사안수를 주어 목회 사역을 허용해야 하는지에 대한 문제로 논쟁이 있어 왔는데, 거기에서 이들의 동성애 논쟁에 관한 논제로서 제일 우선시했던 것은 "성경 해석의 문제이지 성경의 권

---

[2] R. Tate, "'Homosexuality: Not a Sin Not, a Sickness': Towards an Evaluation of Pro-Gay Theological Perspectives", Evangel, 21.3, Autumn 2003, 78.

위가 아니다"라는 명제였다.³

이들은 우리가 잘 알고 있는 동성애와 관련한 성경 구절들, 예를 들어, 창세기 19:1-29, 레위기 18:22, 레위기 20:13, 사사기 19, 로마서 1:26-27, 고린도전서 6:9, 디모데전서 1:10 등의 말씀에 대한 해석에 있어서 성경학자들 사이에 있는 극명한 간극에 대해 관심을 돌리려 했던 것이다.⁴ 나아가 위의 말씀을 전통적 교회에서 하나님의 반동성애 명령으로 해석하는 것에 대해 우려를 표명하였다. 예를 들어, 창세기 19장과 사사기 19장의 내용에서 동성애를 정죄하는 나쁜 행동으로 해석한 것은 잘못된 해석이라는 것이다. 창세기 19:5의 "오늘 밤에 네게 온 사람들이 어디 있느냐. 이끌어 내라 우리가 그들과 상관하리라"와 사사기 19:22의 "… 네 집에 들어온 사람을 끌어내라 우리가 그와 관계하리라 하니"에서 '야다, ידע'는 실제로 성적인 어떤 의미를 지닌 것이 아니라는 것이고, 이들 구절에서 말하는 죄란 동성애가 아닌, '환대하지 않는 행위'라고 해석하였다.⁵ 동성애를 뜻하는 것으로 해석하는 전통적인 주석과 배치되는 내용이다.

성경에 대한 권위 부정은 위의 루터교의 최근 심각한 움직임 외에도 이미 광범위하게 미국 교회 내에 퍼져있다. 레위기의 동성애 행위를 금지하는 말씀(레 18:22; 20:13)과 신약에서 소돔과 고모라의 죄악에 대해 언급한 것들(벧후 2:6-7; 유 7) 역시 동성애와는 무관한 것이고, 오히려 레위기의 말씀은 이스라엘의 제의 규정의 일부로서 우상과

3　C. L. Nessan, "Three Theses on the Theological Discussion of Homosexuality in the Global Lutheran Communion", 「Currents in Theology and Mission」 37:3 (June 2010), 193.

4　C. L. Nessan, 194.

5　R. Tate, 80.

관련된 제의의 실제와 행동들에 국한된 말씀으로 해석하였다.[6] 로마서 1장의 내용 역시 게이 신학에서는 동성애 정죄가 아닌 어떤 개인의 부자연스러운 성격에 따른 행동에 국한하여 정죄하는 것으로 해석하였다.[7]

영감된 성경의 말씀에 대해 권위 있는 신학자들에 의해 해석된 동성애 정죄 구절들을 왜곡 해석하는 일련의 이러한 동성애 신학은 기본적으로 성경의 권위를 부정하려는 속내를 드러낸 것으로 판단할 수 있다. 왜냐하면 근거가 분명한 논리로 위의 구절들을 해석하였다기보다는 동성애의 정당성을 이끌어내려는 억지 해석으로 비쳐지기 때문이다. 예를 들어, 위의 창세기 19:5, 사사기 19:22에 등장하는 '야다'를 해석하기 위해 이 말의 어원적 의미는 차치하고라도, 이후의 구절들인, 창세기 19:8의 "내게 남자를 가까이 하지 아니한 두 딸이 있노라 청하건대 내가 그들을 너희에게로 이끌어 내리니 너희 눈에 좋을 대로 그들에게 행하고 이 사람들은 내 집에 들어왔은즉 이 사람들에게는 아무 일도 저지르지 말라", 사사기 19:24의 "보라 여기 내 처녀 딸과 이 사람의 첩이 있은즉 내가 그들을 끌어내리니 너희가 그들을 욕보이든지 너희 눈에 좋은 대로 행하되 오직 이 사람들에게는 이런 망령된 일을 행하지 말라"를 참고할 때 '야다'를 성적인 의미로 보아 동성애 행동을 금기시하는 내용이라는 것과, 이러한 동성애 행동에 대해 위에 열거한 레위기 18장 이외에 여러 다른 성경 구절들에서 동성애를 정죄하는 것으로 보는 것은 당연하기 때문이다.

이들의 성경관은 엄밀히 말하면, 성경 말씀은 어떤 영적, 육적 삶의

---

6 R. Tate, 81.

7 R. Tate, 82.

규범을 제시하는 것이 아니라는 생각에서 출발한다. 오히려 성경은 인간이 살아가는 종교적, 사회적, 문화적 삶에 대한 '예시적' 제안을 담은 상황적 기사에 불과한 것이다. 따라서 이들에게 성경은 제한적으로 우리의 삶에 어떤 방향성만을 제시할 뿐이다. 그래서 우리는 각각의 시대에 맞게 성경을 '재해석'할 필요가 있다고 믿는 것이다. 이런 의미에서 전통 교회가 주장하는 대로 하나님이 동성애적 행위 금지를 명령하였다고 주장하는 것은 옳지 않고, 오히려 이러한 성경 구절들은 각 사회의 특정한 문화와 윤리를 설명한 것으로 해석되어야 한다는 것이다. 결혼에 대한 내용 역시(창 2:24) 자구적 해석을 넘어 당대의 문화와 역사로 해석하고, 나아가 오늘날의 결혼 문화가 낳은 긍정적 사회 발전과 복지 등에 근거하여 판단할 것을 주장한다. "결혼이 인간 사회 복지에 어떻게 기여하는지의 여부가 기준이 되어야지 성경적 혹은 신학적 주장에만 근거를 두지 말아야 한다"는 것이다.[8] 이런 의미에서 동성애 결혼도 하나의 문화적 트렌드이며 또한 이웃에게 어떤 직접적인 해악을 주지 않는 한 존중되어야 한다고 이들은 강변한다. 이들에게는 문화가 성경 말씀보다 우월한 것이다. 이로써 동성애자들에게 성경은 더 이상 우리의 삶의 제1의 기준이 되지 않는다. 자신들이 주체이고, 성경은 해석되어야 하는 객체일 뿐이다.

2.2. 동성애 신학의 기본 구조: 기독론

동성애 신학이 가능하다는 근거는 기독론에 있다. 그리스도 예수 안에 정죄함이 없는 것과 같이 이성애자들도 죄인이나 그리스도 안에

---

8   C. L. Nessan, 197.

서 의인인 것처럼, 자신들도 역시 그리스도 안에서 자유를 누릴 수 있는 것이다. 이러한 관점에서, 이들은 성경 해석의 차이로 인해 이성애자들이 동성애자들에 대한 차별화를 시도하는 것은 복음적이지 않다고 믿는다. 우리가 관심을 가져야 할 주제는 그리스도 안에 있는 복음과 자유이지, 서로 다른 견해에 주목하는 것은 바람직하지 않은 것이다. 그래서 이들은 성적 취향이 다른 것이 서로에 대한 차별을 정당화하지 않는다고 주장한다. 예수의 정신을 갖고 있는 크리스천이라면 그리스도의 사랑의 실천에 주목해야 하는 것이다.

이들 동성애자들에게 예수 그리스도는 사랑 그 자체인 것이다. 이에 게이와 레즈비언은 예수의 사랑 안에서 참 자유를 누리며 그를 주로 믿는다는 것이다. 이들의 신앙의 대상인 예수는 "일종의 ACT-UP(Aides Coalition to Unleash Power, 정부의 에이즈대책 강화요구 단체) 예수이다. 이러한 예수는 놀랍도록 극단적인 사랑을 선포하는 분이며, 누가 옳고 그른지를 판별하는 모든 종류의 규칙을 벗어나게 한 분이다."[9] 동성애자들은 이성애자들이 주류인 이 사회에서 자신들이 일종의 박해받는 자이고 차별받는 피해자라는 인식을 갖고 있는데, 예수 그리스도는 자신들을 편견과 정죄로부터 해방시킬 분이라고 생각하는 것이다. 이런 의미에서 그리스도를 믿는 자신들을 '게이, 레즈비언 해방자들'이라고[10] 여긴다. 아울러 기독론의 기초한 동성애 신학은 같은 해방 의식을 갖는 죄로부터 해방을 얻은 같은 기독론을 갖는 크리스천들이 자신들을 용납해 줄 것을 요청한다. 자신들의 신앙과 신학은 이러한 해방자 예수, 무한한 사랑이신 그리스도에 근거하기 때문

---

9   L. C. Schneider, 11.

10 L. C. Schneider, 11.

에, 전통적인 교회와 같이 형제애적 교제가 가능하다고 보는 것이다. 이런 의미에서 교회가 동성애자들을 탈동성애 하도록 권하는 것은 그리스도께서 사랑으로 자신들을 용납하신 것을 인정하지 않는 모욕적 언행이 될 것이다. 그래서 한국의 임보라 목사(섬돌향린교회)는 이러한 동성애자들을 인정하고 존중하자고 하고 탈동성애를 강요하는 것은 폭력이나 다름없다고 하여 동성애 신학을 정당화시켜 주고 있다.[11]

3. 하나님의 형상론과 동성애 신학의 한계

동성애 신학의 가장 큰 약점은 기독론에 편중된 주장이라는 점과 함께, 그 기독론이 왜곡된 구조를 지닌다는 것이다. 하지만 이보다 더 큰 문제는 동성애 신학이 인간론에 대해 심각하게 다루지 않는다는 것에 있다. 왜냐하면 인간의 삶의 방식을 다루는 동성애 신학이 관심을 가져야 할 우선 주제가 당연히 인간론이기 때문이고, 이는 곧 창세기 1:26-27의 '하나님의 형상' 연구이기 때문이다. 하나님이 인류창조를 어떤 관점 아래에서 제시하는지에 대한 충분한 연구를 한다면, 동성애 신학은 사실상 그 설자리가 없는 것이다. 여기에서는 성경적 인간론, 곧 '하나님의 형상론'에 대한 논의를 다루면서, 이에 기초하여 동성애 신학의 한계를 지적하고자 한다. 아울러 앞에서 논의한 동성애 신학의 기독론 중심 논리 역시 비판적으로 논의할 것이다.

---

11 「뉴스앤조이」, "동성애자, 그대로 인정하고 존중해야: 인터뷰-퀴어 문화 축제에서 축사하는 섬돌향린교회 임보라 목사", (2015.6.5).

3.1. '하나님의 형상'[12]: 관계론적 유비

동성애 신학은 '하나님의 형상으로서의 인간'이란 주제를 간과했다. 여기서의 인간론은 하나님이 하나님의 형상으로 인간을 창조하되 남자와 여자, 곧 서로 '다른' 성을 지닌 두 사람을 하나의 '부부'로 창조하신 사실을 신학적으로 논의하는 것을 말한다. 창세기 1:26-27에서 하나님은 '우리의' 형상을 따라, '우리의' 모양대로 사람을 창조하셨다고 했다. 여기에서 우리가 발견할 수 있는 것은 형상의 관계론적 유비(analogia relationis)를 삼위일체론적 신학에 근거하여 불가피하게 고려해야 한다는 점이다. 삼위일체 하나님이 구약에 명료하게 드러나지 않더라도 신구약 성경에 대한 통전적 읽기와 사색을 통해 창세기에서 표현된 '우리'는 성부, 성자, 성령 하나님의 실재를 표명한다고 하겠다. 물론 이 구절에서 존재론적 유비(analogia entis)를 배제하고자 함은 아니다. 오히려 관계론적 유비를 강화시키는 개념임을 확신할 때, 내용적으로 하나님의 품성을 고려해야 하는 것은 당연하다. 삼위일체 하나님의 상호의존적 관계는 필연코 삼위 각 하나님의 영원한 사랑 안

---

[12] 하나님의 형상에 대한 논의는 매우 활발하게 이루어졌다. 대표적인 '하나님의 형상론'에 대한 최근의 역사적, 신학적 고찰은 안토니 후쿠마(A. A. Hoekema)의 『개혁주의 인간론』(Created in God's Image)에서 발견된다. 이 책에서는 이레네우스(Irenaeus), 토마스 아퀴나스(T. Aquinas), 존 칼빈(J. Calvin), 칼 바르트(K. Barth), 에밀 부르너(E. Brunner), 등 고대로부터 현대에 이르기까지 하나님의 형상에 대한 다양한 견해들을 분석하고 있다. 하나님의 형상이 무엇을 의미하는지에 대해서는 이레네우스에게는 합리성, 아퀴나스에게는 지성 혹은 이성, 칼빈에게는 참된 지식, 의와 거룩, 바르트에게는 대면적 관계, 부르너에게는 하나님과 인간과의 만남의 모든 관계라고 한다. 이러한 여러 논의를 여기에서 다루는 것이 옳지만, 이 논문에서 동성애 신학에 대한 반론에 효율적으로 대처하기 위해 우리는 하나님의 형상론에 대한 다양한 견해를 생략한다(A. A. Hoekema, 『개혁주의인간론』, 유호준 역, 서울: 기독교문서선교회, 1999, 62-116). 오히려 '우리의 형상을 따라…'(창 1:26)에 주목하여 후쿠마와 바르트가 전개한 관계론적 유비를 발전시켜서 동성애 신학의 부당성을 논의하고자 한다.

에서야 유지될 수 있기 때문이다. 따라서 삼위일체 하나님의 형식적인 관계는 삼위 하나님의 존재론적 삶의 표현인 것이다. 이런 의미에서 바르트가 하나님의 형상을 존재론적 유비로 해석해 온 전통적인 논의를 비판한 것은 옳지 않은 것이다.

우리는 기독론적 탐구를 통해 삼위 하나님의 존재를 확연하게 알 수 있다. 성육신하신 양성일위(two natures in one person)의 그리스도가 보여준 케리그마(Kerygma)와 섬김의 삶, 그리고 십자가 희생을 통해 하나님의 영원하신 내재적 품성인 무한한 사랑을 잘 드러내 보여준다. 그리고 이러한 무한한 사랑 안에 성부, 성자, 성령이 페리코레시스(Perichoresis)를 이루어 하나의 하나님을 드러내는 것이다. 이런 의미에서 관계론적 유비를 창세기에서 발견한다고 해서 존재론적 유비의 가치를 간과시킬 수는 없는 것이다. 이는 결국 이레네우스(Irenaeus) 이래 칼빈(J. Calvin)에게 이르기까지 다양한 '하나님의 형상'의 존재론적 실체를 탐구한 것이 무가치한 것이 아님을 보여준다. 예를 들어, 칼빈이 제안한 참된 지식, 의와 거룩으로서의(골 3:10; 엡 4:24) 하나님의 형상 이해는[13] 여전히 우리에게 설득력이 있어 보인다. 비록 타락 후 인간에게 이러한 형상의 모습이 왜곡되어 있지만 여전히 이러한 형상 자체가 사라진 것은 아니며, 우리의 성화 과정을 통해 역동적으로 이 형상이 만들어져 가고 있기 때문이다. 하나님을 바르게 알고 다른 인간을 존중하게 되며 사랑과 긍휼의 삶을 살고 공동체 안에서 평화를 도모하는 일을 그리스도 안에서 행동하고 있는 것이다. 이러한 인간의 거룩한 삶을 통해 하나님은 다른 피조 세계를 다스리도록 위임하셨던 것이다. 땅을 정복하고 모든 생물을 다스리는 일은

---

13   J. Calvin, 『기독교강요』, (서울: 생명의말씀사, 1986), I.xi.4.

(창 1:27) 바로 이러한 삼위일체 하나님의 존재론적 품성을 통해 구현될 성질의 것이었다.

하나님의 형상에 대해 존재론적 유비의 측면을 간과할 수 없음에도 불구하고, 바르트(K. Barth)와 후쿠마(A. A. Hoekema)가 '하나님의 형상'을 관계론적 유비 안에서 탐구한 것에 대해 우리는 높이 평가한다. 바르트는 본회퍼(D. Bonhoeffer)에게서 도움을 받아 창세기 1:26-27의 '하나님의 형상'(imago Dei)을 따라 하나님이 단순히 어떤 사람을 창조한 것이 아닌, '남녀'를 창조하였다는 사실, 그리고 여기에는 완전한 구별(differentiation)과 관계성(relationship)이 함축되어 있다는 사실을 지적하였다.[14] 그는 전통적인 주석가들이 왜 이 구절을 보면서 이 점을 간과하였는지 비판하였다. 바르트에게 인간이란 하나님이 남녀를 창조하였다는 사실에서 인간은 본래 서로 다른 존재이며 차이가 있는 존재이고, 동시에 상호 밀접한 관계를 구성하는 존재임을 말하려 했던 것이다. 여기에서 우리는 후쿠마가 평가하였듯이 바르트는 존재론적 유비가 아닌 관계론적 유비의 틀 안에서 인간을 보려하였다.[15]

후쿠마 역시 하나님의 인간 창조를 논의하면서 인간은 남자와 여자가 함께 합하여 하나님의 형상을 이룬다고 결론을 내린다.[16] 후쿠마는 바르트와 이 점을 같이 하면서 하나님의 형상론은 이러한 남녀 창조가 '하나님의 형상의 핵심'이라고 하였다.[17] 앞에서 바르트가 말한 '구별'과 같이 남녀는 서로 본질적으로는 같지만 서로 다르며, 따라서 서

---

14 K. Barth, *Church Dogmatics* III.I., eds, G. W. Bromiley, T. F. Torrance (Edinburgh: T. & T. Clark, 1958), 195.

15 Hoekema, 90.

16 Hoekema, 169.

17 Hoekema, 169.

로 사이의 공동 협력을 위해 창조된 것이다.[18] 삼위일체 하나님의 관계론적 삶을 따라 인간은 남녀로서 창조되어 상호의존적 존재로 살아가도록 되어 있다는 것이다. 진정한 인간의 삶은 서로 다른 존재로서 상호 구별하면서도 상대의 존재가 자신의 존재를 구현시키고, 개인의 존재가 다른 이웃의 존재를 가능하게 할 때 이루어진다. 관계적 존재로서의 삶을 통해 인간은 서로 하나를 이루어 나가게 되는 것이다. 이는 곧 삼위일체 하나님이 삼위 사이의 상호의존적 관계(intratrinitarian relationship)를 통해 하나를 이루는 것과 같은 것이다. 이는 곧 "남자 그 홀로는 하나님의 형상이 아니며, 여자 그 홀로도 하나님의 형상이 될 수 없다는 것을 암시해 준다. 남자와 여자는 서로의 교제를-삼위일체 하나님 자신 속에 갖고 계신 그 교제의 닮은꼴로서-통해서만이 하나님의 형상을 비출 수 있게 된다."[19]

3.2. 부부 창조

하나님이 인류를 창조할 때 왜 서로 반대되는 성을 가진 두 사람을 창조하였는지 '하나님의 형상'에 대한 보다 더 충분한 이해를 위해서는 이 두 사람을 부부로 만들어 주셨다는 것의 의미를 아는 것에서 시작한다. 창세기 2:24의 "남자가 그 부모를 떠나 그의 아내와 합하여 둘이 한 몸을 이룰지로다"는 창세기 1:26의 '형상'이 온전한 인간의 구조를 목표로 하고 있었음을 암시한다. 즉, 상호 이질적인 성을 가진 두 사람이 '하나'의 실질적 구조를 이루어야, 남성도, 여성도 온전한 인

---

18 Hoekema, 170.

19 Hoekema, 170.

격체가 된다는 것이 그것이다. 마치 삼위일체 하나님이 삼위의 개별적 자유와 권능과 존엄을 지니고 있지만, 상대 2개의 휘포스타시스(Hypostasis)와 실제적 하나를 이루어 한 하나님으로 계시는 것과 같이, 그러한 '우리의 형상'(창 1:26)을 따라 '둘이 한 몸'(창 2:24)을 이루는 것이다. 부부란 반드시 남성 성(性)을 지닌 남편과 여성 성을 지닌 아내 두 명을 전제하고 하나의 칭호로 불린다. 이는 영어권의 후쿠마가 "'남자와 여자를 총칭하여 사람'이라고 말하는 독일어 Mensch나 화란어 mens와 같은 단어가 영어에는 없는 것이 유감이다"[20]라고 말한 것은 우리에게 시사하는 바가 크다. 사람다운 사람은 서로 다른 성을 가진 사람과 하나가 되는 것은 물론, 사회적, 그리고 관계적 존재로서의 자아를 인식하는 것이 진정한 인간임을 말하는 것이다.

하나님이 부부와 나아가 짐승의 암수의 이성애적 관계까지도 얼마나 중시하는지는 홍수심판 이후의 창세기 8:1-19 기사에서 간접적으로 잘 드러난다. 홍수심판이 이루어진 사건에서 노아의 가족을 부부 별로 방주에 들어가게 하고 나왔다고 말한 것, 그리고 짐승들도 암수 한 쌍을 넣고 각 종류대로 나오게 하셨던 것은 '성적 질서를 염두에 둔, 가족을 고려한 것'이기도[21] 하고, 하나님이 의도한 서로 다른 성 사이의 관계를 얼마나 중요하게 여기시는지를 보여준다.

부부로 하나님이 창조한 것은 같은 성과 같은 부류의 사람들로 구성하는 것이 이상적인 인간성을 구현시키는 것이 아님을 말하는 것이기도 하다. 인간이 사는 사회는 다양한 생각과 행동, 경제력의 차이, 교

20　Hoekema, 170.

21　S. H. Dresner, "Homosexuality and the Order of Creation", 「Judaism」 Summer 91, Vol. 40 Issue 3, 312.

육 수준의 차이 등이 어우러져 있으면서 하나를 이루는 세상이 정상적인 상태임을 말하는 것이다. 상호 구별되고 차이가 존재하는 사회가 구성원들로 하여금 궁극적 선과 행복, 그리고 진보를 만들어낸다. 우리의 경험이 이를 증명한다. 획일화된 사회를 지향하는 이데올로기적 삶이 얼마나 불안정하고 불행한 상황을 연출하는지 21세기에 무너진 공산사회가 그 실례를 제공해 왔다. 서로 다르지만 상호 용납하고 이해하며 용서하고 사랑하는 가운데 하나를 이루게 하여 도덕적인 선과 건강한 쾌락을 도모하는 삶을 사는 것은 인간의 올바른 존재 방식인 것이다. 홀로 있는 인간은 건강하고 정상적인 인간이 아니며, 차이를 용인하지 않고 획일주의와 평등주의를 지고의 선으로, 혹은 타당한 가치로 여기는 것도 본인에게는 도덕적 악과 무능에 빠지게 하고, 사회 역시 집단이기주의와 적대감만을 양산하는 등 모든 사회 구조에 있어 실질적 퇴보를 가져올 뿐이다. 하나님의 형상을 따라 인간을 창조하신 것은 단순히 한 부부의 삶만을 고려한 것이 아닌, 얼마나 건강한 사회를 목표로 하였는지를 확인하게 한다.

3.3. 세상 지배 주권행사

하나님의 형상을 따라 인간을 부부로 창조하면서 하나님은 인간에게 세상을 다스릴 주권을 위임하셨다. 하나님 자신의 주권행사를 하나님 자신을 대리하여 인간에게 맡기신 것이다. 여기서 우리는 인류창조 목적이 생육하고 번성하여 마치 부부의 구조에서와 같이 서로 힘을 합하여 공동선을 이루도록 하는 사회와 자연을 만드는 것임을 알 수 있다. 바르트는 이를 잘 이해하고 논의하였다. 세상을 지배하는 주권행사(lordship)를 하나님이 인간에게 위임하셨는데, 하나님의 형상과

모양을 따라 인간을 남자와 여자로 만들어 세상 주재권을 행사하도록 하셨다는 것이다.[22]

즉, 하나님의 형상을 따라 하나님이 남녀로 창조한 인류창조의 외적 형식이 세상을 평화롭게 유지시키고 보존하게 하는데 필수적이었음을 말해준다. 이는 실제적으로 인류가 생육하고 번성하여 땅을 채워 나감으로써 가능하였고, 이는 곧 하나님이 만들어 주신 이성애적 구조의 목적이었다.[23] 앞에서도 말한 바와 같이 건강한 사회는 상호 구별되고 다른 사상과 이념, 그리고 행동 양식에 의해서 모든 사회 구성원과 조직의 발전과 진보를 이루는 것이다. 하나님이 인류를 창조하면서 이러한 건강한 진보를 이루는 사회와 자연 질서를 염두에 두었다면, 인간을 상호 반대되는 성을 가진 남녀로 창조하고 적절한 출생을 기대하셨던 것은 매우 적절한 창조 방법이었다. 인류가 번성하면서 건강한 사회를 이루는 것은 인간이 사회적 존재임을 스스로 인식하고 관계론적 상호의존의 삶을 중요한 가치로 여길 때에야 비로소 가능하다. 이는 오늘날 진일보된 건강한 민주사회에서 일상으로 경험하는 바이기도 하다.

이런 의미에서 '하나님의 형상'에 대한 관계론적 유비를 기초로 인간론을 확립한다는 것은 오늘날 동성애 신학이 '인간론' 없는 '인간화'를 지향하고 있음을 고발한다고 하겠다. 아울러 이것은 게이 혹은 레즈비언이 제시하는 해방의 기쁨과 자유, 그리고 평화의 인간성이 얼마나 근거 없는 실체인지를 보여준다.

---

22   K. Barth, 188.
23   Dresner, 309.

3.4. 동성애 신학의 한계

지금까지 하나님의 형상을 따라 창조된 인간이 관계적 존재로서 남성과 여성으로 각기 분명히 구별되면서 둘이 하나로 존재하는 것임을 살펴보았는데, 이러한 소위 '공동체적' 인간 이해는 동성애 신학이 동성결혼과 동성애 행위가 성경적이지 않음을 드러내 줄 뿐만 아니라, 공동체 사회 건설에 역행하는 것임을 확인하게 해주었다. 이런 의미에서 동성애로 피조 되었다고 말하는 것이나, 어떤 게이 신학자가(M. White) 말한 바와 같이 "나는 나의 성적 성향(sexual orientation)이 하나님의 좋은 선물들 중 하나로서 받아들이며 심지어 이를 찬양한다"라고 주장하는 것은[24] 전혀 성경적 근거도 없을 뿐만 아니라, 신학적 타당성도 찾기 어렵다. 이들은 동성애 행동이 죄라는 전통적 견해를 반박하는 '선언'만 할 뿐이고, 이들은 앞에서 우리가 논의한 바와 같이 동성애를 정죄하는 성경 말씀을 해석의 대상으로만 여길 뿐, 그 권위는 물론 동성애자들을 탈동성애 하도록 설득하는 교회를 비난한다. 어떤 의미에서 동성애자들의 주장과 동성애 신학은 참 신앙 안에서 성경의 권위를 인정하면서 대화하기가 힘들다. 그럼에도 불구하고 우리는 하나님 앞에서 우리들 역시 이들보다 더 낫지 않은 '동일한 죄인'임을 인정하고, 이들을 그리스도의 사랑 안에서 용납과 대화의 대상으로 여기면서, 이들의 그릇된 신학을 비판적으로 제시하고자 한다.

동성애자들이 기독론적 틀 안에서 자신들의 동성애 행동을 정당화, 합리화하고, 나아가 교회와 신학은 이러한 동성애를 그리스도의 사랑 안에서 용납해 달라는 주장은 받아들이기 힘들다. 우선 이들이 하나

24　Tate, 78.

님이 동성애자를 창조하셨다는 말이나, 동성애 행위가 창세기의 창조 기사에는 언급되지 않았다거나, 아니면 창조기사를 생물학적 관심의 대상, 즉 출산이나 생식에 관한 것이 그 초점이지, 사회학적 관심을 표명한 것이 아니라고 주장하는데,[25] 이는 앞에서 살펴본 바와 같이 전혀 '하나님의 형상'에 대한 깊은 성찰의 도움을 받지 않았음을 반증하는 것이어서 완전히 난센스라 하겠다. 이는 동성애 신학이 얼마나 인간론과 삼위일체론에 대한 이해가 빈곤한지를 적나라하게 보여주는 증거이다.

동성애 신학은 자신의 동성애를 교회에서 인정하지 않는 것은 결혼에 대한 성적 편견이며 동성애자도 크리스천이 될 수 있고, 심지어 제자도 훈련을 받도록 부르심을 받는다고 주장하면서, 교회에서는 동성애 성향의 사람들의 능력과 은사를 수용하라고 한다.[26] 만일 교회가 동성애를 못 받아들인다면, 이는 아마도 교회는 물론, 사회에서도 이 세상의 역사와 문화에 종속된 결혼과 같은 사회 제도와 관습을 절대화하기 때문이라고 본다. 오히려 교회와 사회는 결혼이 지니는 가치에 주목하고 공동선에 결혼이 어떻게 기여하는지에 따라 판단한다면,[27] 결혼에 대한 성적 편견을 극복할 수 있을 것이라고 믿는다.

하지만 공동선을 주목하게 하고 결혼의 사회적 가치에 기준을 두도록 요구하는 소위 사회적 존재로서의 동성애자들의 '다름'을 인정해 달라는 주장은, 실제의 공동선과 사회적 가치를 퇴보시키므로 합리적이지 않다. 앞에서 살펴본 바와 같이 하나님의 '부부 창조'가 상호

---

25 Tate, 78-80.
26 Tate, 84.
27 Nessan, 196.

의존적 관계를 가지고 생육하고 번성하여 이 사회와 자연을 창조적이고 생산적으로 진보, 발전시킴으로써 실질적인 공동선과 사회적 평화와 행복을 구현시킬 수 있는 것이지, 생육은 불가능하게 하고 번성이 원초적으로 차단한 상태에서 사회의 안녕과 평화가 지속될 수 있을지 회의적이기 때문이다. 동성결혼이 광범위하게 이루어지면 출산율은 현저하게 저하될 것이고, 이는 궁극적으로 사회와 나라의 붕괴를 가져오게 하는 공동악을 산출할 뿐인데, 어떻게 동성결혼이 이성결혼과 '다름'만을 부각시키면서 이것이 공동선과 사회적 가치를 창출한다고 말할 수 있는지 전혀 설득력이 없다고 하겠다. 동성애자들이 말하는 그것들은 창세기 1:27에서 말하는 인간에게 위임된 세계 만물 지배권(lordship)이라 할 수 있는데, 지배권의 실질적 기능은 동성결혼을 통해 이루어질 수 없는 것이다.

동성애 신학은 이제 그 정체가 분명해졌다. 이들의 주장은 전혀 신학적 타당성을 지니지 않는다. 인간론에 대한 심각한 무관심과 무지는 동성애 신학이 사상누각임을 증명한다. 비록 기독론에 입각하여 동성애 신학의 정당성을 주장한다고 해도 그것은 일종의 자기변명에 불과하여, 이 주장 역시 신학적 논리와 가치를 지닌 것으로 인정할 수 없다. 슈나이더(L. C. Schneider)가 언급한 바와 같이

> [동성애 신학자들은] … 동성애의 적법성이 기독교 가르침 안에서 확보될 수 있고 주장한다. 그러나 이들은 또한 전통과 계명 강조를 강조하지 않으면서 정의와 소속감을 강조하는 별도의 기독교 신학을 주장한다. 이들은 기독교적 삶의 근거로서의 정결함(purity)을 강조하지 않고, 관계성과 자비를 강조한다. 이것은 공정한 퀴어

신학이 아니다. 일종의 윤리 신학에 지나지 않는다.[28]

동성애 신학은 신학적 자유주의에 따른 윤리 신학을 펴냈을 뿐이며, 포스트모던 이념의 영향을 받아 형성되었음을 증명하는데 지나지 않는다. 자신이 크리스천이라고 하면서 텍스트보다는 컨텍스터에 중심을 두고 성과 결혼을 말하고 있다. 물론 우리는 동성애 신학이 우리가 살펴본 '하나님의 형상'에 대한 진솔한 이해를 수용하고, 이에 따라 실질적 공동선과 사회적 가치 생산을 목표로 한다면, 비록 현재 어떤 형태의 동성애 명분을 제시한다고 해도 동성애 '신학' 그 자체는 포기될 수 있을 것이다. 아울러 동성애 신학이 바라는 형태의 교회와 크리스천들의 자비와 관계성은 아니지만 바른 '하나님의 형상'에 대한 논의에 열려있다면 교회는 충분히 동성애자들에 대해 올바른 인간 이해를 얻도록 인내와 자비, 그리고 상호의존적 사회관계를 기대할 수 있을 것이다.

4. 결론

지금까지 우리는 동성애 신학이 근거로 삼는 기독론적 전제와 성경의 권위 부정 행태, 그리고 여기서는 깊이 분석하지 않았지만 명백하게 존재하는 포스트모더니즘의 상대주의 등에 대해 탐구해 보았다. 아울러 동성애 신학이 결국 그 신학적 자리를 잃을 수밖에 없는 이유도 살펴보았다. 그것은 바로 해방된 인간, 휴머니즘의 절대화를 부르짖으

---

28 Schneider, 11.

면서 정작 성경과 신학이 논의해 온 '인간론'에 대한 무지와 무시가 그 것이고, 우리는 이를 '하나님의 형상'을 따라 지음 받은 인간을 관계론적 유비를 통해 제시하였다.

이 논의의 결과, 인류창조 방식에서 서로 구별되는 다른 성을 통해 하나를 이루고 관계를 형성하며 사회 발전과 인류 행복에 기여하는 길이 올바른 인간 존재 형성을 도모하고 건강한 사회를 이루게 한다고 보았다. 이를 하나님은 '부부 창조'를 통해 상호의존적이면서 상호협력을 요구하는 존재로 인간이 창조되었음을 알게 하였다고 확인했다. 이는 곧 동성애 결혼이 얼마나 반성경적이고 반신학적인지를 넘어 반사회적 행동이라는 것을 드러내 보여주었다. 따라서 동성애 주장과 그 신학은 난센스이며 성립 불가능함을 확인하게 되었다. 기독론에 근거하여 동성애자들이 그리스도의 사랑의 대상이므로 동성애 신학은 정당하다는 주장은 근본적으로 그 한계가 있는 것이다. 정의와 공동체 정신, 사회적 존재, 관계적 존재 등에 대한 이해가 병존하지 않는 한, 동성애 신학은 절대적 한계를 벗어날 수 없다.

제 4 부

현상학적, 사회과학적, 선교학적 분석

Homosexuality, the cultural clash of the 21st century

제 1 장

세계 속의 동성애 추세와 한국교회 대응 방안

이용희 교수(가천대학교, 에스더기도운동 대표, 바른 교육교수연합 대표)

1. 전 세계 동성결혼 합법화 현황

2015년 7월 현재 전 세계 200여 국가들 중 현재 동성결혼을 합법화한 국가는 21개국이다[1]. 동성결혼 외에도 '시민 결합', '등록된 동반자' 형태로 동성 커플의 법적지위를 인정하는 나라들도 있다. 동성결혼을 합법화한 국가는 벨기에, 덴마크, 핀란드, 프랑스, 노르웨이, 스웨덴, 스페인, 포르투칼, 에스토니아, 슬로베니아 등 주로 유럽 국가들이 다수를 차지한다.

1989년 덴마크는 세계 최초로 '동성 커플 등록에 관한 법률'을 제정해 시민 결합 형태로 동성 커플을 인정했다. 이를 통해 동성 커플도

---

[1] 2015년 7월 4일 중앙일보 기사

전 세계 동성결혼 허용 국가 현황 (총 21개국)	
2001년	네덜란드
2003년	벨기에
2005년	스페인, 캐나다
2006년	남아프리카공화국
2009년	노르웨이, 스웨덴
2010년	포르투갈, 아이슬란드, 아르헨티나
2012년	덴마크, 잉글랜드/웨일스
2013년	브라질, 프랑스, 우루과이, 뉴질랜드
2014년	스코틀랜드
2015년	룩셈부르크, 아일랜드, 멕시코, 미국

부부관계, 친자관계(입양), 상속, 복지, 세금 및 연금 혜택을 누릴 수 있게 됐다. 2001년 네덜란드는 전 세계에서 처음으로 동성결혼을 합법화했다. 이후 2003년 벨기에, 2005년 캐나다, 스페인 등에서 잇따라 동성결혼이 허용됐다. 2015년 5월 23일에는 아일랜드가 세계 최초로 국민투표를 시행하여 동성결혼을 합법화했으며, 같은 해 6월에는 멕시코도 동성결혼 금지를 위헌이라고 판결했다. 현재 전 지구적 차원에서 보면 약 11억 명이 동성결혼이 허용되거나 동성애자들의 법적 권리가 보장받는 지역에 살고 있다.

2. 동성애 금지 국가들

국제 성소수자 연합인 일가(ILGA: The International Lesbian, Gay, Bisexual, Trans and Intersex Association)에 따르면, 전 세계 200여 국가 중 레즈비언, 게이, 양성애자, 트랜스젠더 등 동성애를 법적으

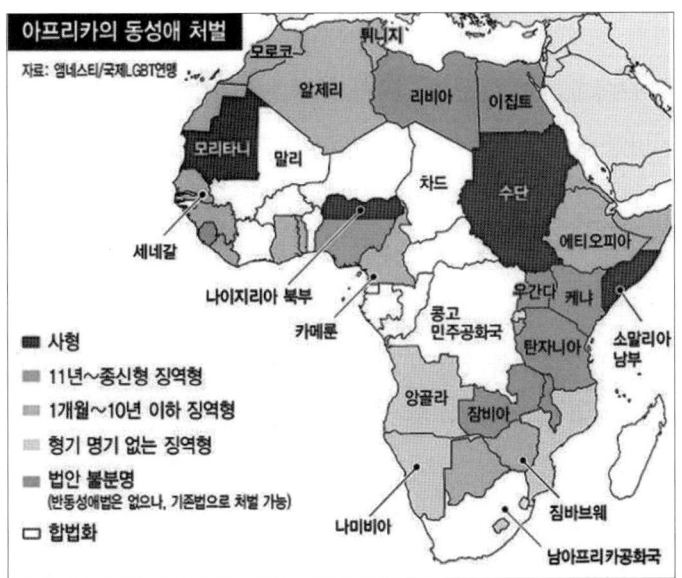

아프리카의 동성애 처벌

로 죄라고 규정한 국가는 75개국이다. 여기에 국가가 동성애를 반대하는 것은 아니지만, 국가의 큰 주들이 동성애를 반대하는 법을 가지고 있는 '인도네시아'와 독립 자치구인 '팔레스타인/가자 지구', '쿡 제도'(The Cook Islands) 등을 포함하면 동성애 자체를 반대하는 전 세계 국가의 수는 약 80개국이다.

 동성애를 가장 강력하게 막아서고 있는 나라들은 아프리카 국가들이다. 국제엠네스티에 의하면, 아프리카 55개국 중 동성결혼을 불법으로 규정한 나라는 무려 38개국에 달한다. 수단에서는 동성애로 3차례 적발되면 사형에 처해진다. 2013년 우간다는 동성애로 적발된 초범에게 최고 14년의 징역형을 선고할 수 있으며 상습적인 경우에는

---

2 한서영, '동성애 합법화, 과연 '대세'인가' 『월간 지저스아미』 2015. 4: 42.

종신형까지 선고할 수 있도록 법을 제정했다. 같은 해 나이지리아도 동성결혼에 대해 최대 14년의 징역형을 선고할 수 있도록 하는 동성결혼금지법안을 제정했다. 이 법안은 동성결혼을 금지하는 것은 물론이고 공개적으로 동성애 행위를 하는 사람을 비롯해 동성결혼식을 지켜보거나 도운 사람, 동성애자 권리옹호단체에 가담한 사람 등도 10년 형에 처할 수 있도록 했다. 동성애 확산을 막기 위한 아프리카 국가들의 강력한 의지를 엿볼 수 있는 대목이다.

아프리카 국가들이 이처럼 동성애를 강력하게 막아서고 있는 이유는 에이즈 때문이다. 지난 20여 년간 약 2천 5백만 명 이상이 아프리카에서 에이즈로 사망했다[3]. 부모가 모두 에이즈로 사망해 생긴 고아만해도 약 2천만 명에 달한다. 이처럼 에이즈로 인해 많은 고통을 받은 아프리카 국가들은 에이즈의 근본 원인인 동성애에 대해 강력한 처벌 규정을 둘 수밖에 없었다.

현재 전 세계적으로 동성애를 불법으로 간주해 최고 사형까지 처하는 나라들은 8개국(이란, 사우디아라비아, 예멘, 수단, 모리타니, 소말리아, 나이지리아 일부 지역, 이라크의 경우 종교집단)이 있다.

3. 미국의 동성결혼 합법화 과정

① 미국 교단 내 동성애 합법화

미국 내 동성결혼 합법화는 미국 교회 내의 동성애 합법화로부터

---

[3] 2015년 7월 14일 연합뉴스

시작됐다. 약 170만 명이 속해 있는 보수적 성향의 '미합중국 장로교회'(PCUSA: Presbyterian Church USA, 이하 '미국 장로교')는 이미 2011년에 교단법을 수정해 동성애자가 교회의 지도자인 목사, 장로, 안수집사가 될 수 있도록 했다. 미국 연방대법원이 동성결혼 전국 합법화 결정을 내리기도 전에 이미 PCUSA는 171개 노회 중 과반수의 승인을 얻어 교단 헌법에서 결혼을 '한 남자와 한 여자 사이의 계약'에서 '두 사람 사이의 계약'으로 바꾸었다. 동성결혼을 묵인한다든지 동성애자 성직자 안수를 인정하는 수준을 넘어 성경에 명시된 결혼의 개념을 정면으로 뒤바꾼 것이다. 이에 따라 미국 장로교 소속 교회들은 교회 부지 내에서 동성결혼식을 주최할 수 있게 됐으며, 소속 목회자들은 동성결혼식을 집례할 수 있게 됐다[4].

미국성공회(TEC) 역시 미국 연방대법원이 동성결혼 전국 합법화 결정을 내린 지 불과 5일 뒤인 2015년 7월 1일(현지시간) 동성 커플에 대한 결혼 예식을 허용하기로 결정했다. 또 동성 간의 결혼 예식을 고려해 결혼과 관련한 교회법에서 '남편', '아내'라는 용어 대신 '커플'이라는 용어를 쓰기로 하는 등 특정 성(性)에 관련한 용어들도 삭제했다.

현재 미국 내 동성애 성직자 안수를 허용한 개신교 교단은 연합그리스도교회(UCC), 미국 성공회(TEC), 미국 복음주의루터교(ELCA), 미국 장로교(PCUSA) 등 총 4개 교단이다. 동성결혼의 예식을 허용한 개신교 교단은 그리스도연합교회(UCC), 미국 장로교(PCUSA), 미국 성공회(TEC) 등 총 3개 교단이다. 미국 침례교회, 전미복음주의협회, 남침례교, 연합감리교 등은 아직은 동성결혼을 허용하지 않고 있지만, 총회 때마다 동성애 허용 유무가 뜨거운 이슈가 되고 있다.

---

[4] 2015년 3월 18일 크리스천투데이

② 미연방대법원의 동성결혼 전국 합법화 판결

2015년 6월 26일(현지시간) 미국 연방대법원은 찬성 5대 반대 4로, 미 50개 주 전역에서 동성결혼을 합법화하는 역사적인 결정을 내렸다. 1961년까지만 해도 미국의 모든 주가 동성애를 범죄로 규정했던 것을 상기해보면 참으로 격세지감을 느끼지 않을 수 없다.

미국은 1990년대 중반 여러 도시에서 동성애자를 향한 사회적 차별을 금지하는 법률이 제정되기 시작하면서 2000년 버몬트 주를 시작으로 2003년 메사추세츠 주 등에서 동성 간 혼인을 허용하는 법이 제정됐다. 그리고 마침내 2015년 세계에서 21번째로 미국이 동성결혼을 합법화했다. 미연방대법원은 헌법이 모든 사람이 법 앞에 평등하다는 점을 보장해야 하고 결혼 제도는 달라진 사회상을 반영해야 한다며 판결 이유를 밝혔다. 연방대법원의 결정을 주도적으로 이끌어냈던 케네디(A. Kennedy) 대법관은 동성결혼이 헌법적 권리임을 강조하며 "대중이 동성결혼을 받아들일 준비가 됐다"고 말했다.

특히 이날 적극적으로 성소수자 보호정책을 펴온 오바마(B. H. Obama) 미국 대통령은 동성애자에게 축하 전화를 걸었다. 심지어 그는 백악관 성명을 통해 연방대법원의 판결을 "지난 수년간, 심지어는 수십 년간 변화를 끌어내기 위해 노력하고 기도해온 당사자와 지지자들의 승리이자 미국의 승리[5]"라고 치켜세웠다.

---

5   2015년 6월 27일 연합뉴스 기사

③ 미 오바마 대통령의 전 세계 동성결혼 합법화 촉구 노력

오바마 미국 대통령은 아마 전 세계에서 가장 영향력 있는 동성애 지지자들 중에 한 사람일 것이다. 오바마는 대통령이 된 이후 "미국은 더 이상 기독교 국가가 아니다"라고 공언했다. 그리고 채 1년도 되지 않아 백악관에 동성애자 커플 200여 명을 초청하여 만찬을 열고 동성애를 적극 지지하겠다고 선언했다. 동성애자 권리 옹호 단체인 휴먼라이츠캠페인(HRC)에 따르면 그는 지난 30년간 미국 대통령 가운데 '게이'(gay)라는 단어를 공개연설에서 가장 많이—무려 272차례나—사용한 대통령이다. 게다가 여기서 그치지 않고, 오바마 대통령은 전 세계의 동성결혼 합법화를 위해 열심히 뛰고 있는 것으로 유명하다. 얼마 전, 아버지의 고향인 케냐를 방문했던 오바마 대통령은 케냐를 비롯한 아프리카 국가에 동성애를 형사적으로 처벌하는 '반동성애법'을 폐기할 것을 촉구했다. 그러나 케냐의 케냐타 대통령은 동성애 권리의 문제는 케냐의 이슈가 아니라고 대답하며, 오바마 대통령의 촉구를 일축했다[6].

미국 피츠버그 신학대 교수이자 『성경과 동성애』의 저자인 개그넌(R. A. J. Gagnon) 박사는 "오바마 대통령, 보수적 크리스천은 국가의 적이며 편견이 심하다고 다시 한 번 선언하다"(The President Once More Declares Traditional Christians to Be Bigots and Enemies of the State)라는 기고문을 통해 오바마 정부의 동성애 옹호 정책과 동성애에 반대하는 크리스천들에 대한 반기독교적 자세에 대해 지적했다. 개그넌 박사는 미국 내 동성애 관련 입법으로 크리스천들이 큰 피해를

---

[6] 2015년 7월 26일 연합뉴스 기사

보게 될 것을 우려했다. 그는 또 "기독교 회사나 단체는 앞으로 동성애자를 고용해야 하는 법을 준수하지 않을 경우 정부와의 계약이나 정부로부터 받는 혜택 등에서 피해를 보게 될 것"이라며 "기독대학들은 세금감면 혜택을 잃게 되고, 기독교 방송인이나 스포츠 기자들이 동성결혼에 반대한다는 입장을 밝힐 경우 직업을 잃게 될 것"이라고 예상했다. 바야흐로 동성애자들을 차별하지 않기 위해서 오히려 크리스천들을 차별하는 역차별적 상황이 도래한 것이다.

4. 전 세계 국가들의 동성애 및 동성결혼 합법화 결과

① 종교의 자유 침해

2014년 차별금지법이 통과된 미국 아이다호 주의 냅(D. Knapp) 목사는 동성 커플 주례를 거부한 이유로 재판에 회부됐다. 냅 목사는 180일의 징역형과 동성결혼 주례를 할 때까지 매일 1천 달러씩 벌금을 무는 판결을 받았다. 당시 60세였던 냅 목사는 동성결혼식의 주례를 서든지, 아니면 신념에 따라 이를 거부하고 180일 투옥 및 매일 1천 달러 벌금 납부를 감수해야 하는 처지에 놓였다. 그러나 불행 중 다행으로 냅 목사 부부가 연방법원을 상대로 낸 항소심에서 법원은 냅 목사에 대해 승소판결을 내렸고, 결국 냅 목사는 처벌을 면할 수 있게 됐다.

미국은 동성애자가 목사안수를 받는 것은 물론이고 더 나아가 동성애를 반대하는 목사들을 면직시키고 있다. 최근 미국 연합감리교회(UMC)는 전통적인 결혼을 지지하는 여성 목회자를 면직했다. 애틀란타에 소재한 스틸워터스 연합감리교회의 헐슬랜더(C. Hulslander) 목사는 결혼에 대한 전통적인 입장을 지지하고 동성애에 반대할 것을 교단에 촉구하는 탄원서에 서명한 이후 교단에 의해 목사직을 면직 당했다.

② 양심의 자유 침해

미국 오리건 주에서 '멜리사의 달콤한 케이크' 가게를 운영하는 크리스천 부부인 아론(A. Klein)과 멜리사(M. Klein)는 평소 고객이었던 동성애자들이 요청한 결혼 케이크 제작을 거부했다. 이에 대해 오리건 주 노동산업국은 케이크 가게 주인이 동성 커플에게 감정적인 상처를 입혔다며 벌금 13만 5천 달러(약 1억 5천만 원)을 선고했다[7].

영국 북아일랜드의 한 유명 제빵회사는 경영진이 모두 크리스천이었기 때문에, 동성애자 단체에서 '동성결혼을 지지한다'라는 문구를 넣어 케이크를 만들어 달라는 요청을 거부했다. 그 후 이 회사는 동성애자 단체로부터 고소를 당했다. 영국의 한 교회는 교육전도사 채용 인터뷰에서 동성애자를 채용하지 않았다가 그가 교회를 상대로 낸 고소에 패하여 약 6천 500만원 상당의 보상금을 지불하기도 했다.

③ 동성애 및 동성결혼이 정상이라고 가르치는 학교 교육

2003년 동성애법이 통과된 미국 매사추세츠에서는 자신의 다섯 살 난 자녀가 유치원에서 동성애에 대한 교육을 받길 원치 않았던 한 학부모가 경찰에 의해 연행되는 사건이 벌어졌다. 학교 측이 동성애에 대해 배우는 날 자신의 아이를 유치원에 보내는 대신 가정학습을 시

---

7   2015년 7월 6일 크리스천투데이 기사

키겠다고 한 학부모를 경찰에 신고한 것이다. 동성애가 합법화된 매사추세츠에서는 학교가 학생들에게 동성결혼과 동성애에 대해 의무적으로 가르쳐야만 한다(이성애만 가르치고 동성애를 가르치지 않으면 차별금지법에 저촉되어 처벌받는다).

심지어 매사추세츠의 한 공립 고등학교에서는 동정녀 마리아는 레즈비언으로, 노아는 방주에서 동물과 성행위를 한 것으로, 그리고 동방박사는 게이인 동시에 에이즈 환자들로 연출한 연극이 무대에 올랐다. 매사추세츠의 많은 기독교 시민들과 학부모들은 학교 측에 1만 2천 건이 넘는 항의편지와 항의전화로 이 연극을 무대에 올리지 말 것을 요청했다. 그러나 이 학교 교장인 골드먼(S. Goldman)은 연극에는 아무 문제가 없으며, 이미 동성애 차별금지법이 통과되었기 때문에 성경 내용을 동성애로 묘사하는 것은 기독교에 대한 명예훼손이 되지 않는다며 연극 상연을 강행했다.

포괄적 차별금지법이 통과된 캐나다 온타리오 주의 모든 학교들은 2015년 9월부터 새로운 성교육 커리큘럼을 시행하게 되었다. 새롭게 도입된 성교육 커리큘럼에 의하면 초등학교 3학년(만 8세)은 동성결혼이 정상이라고 배운다. 더 나아가 성별은 타고난 것이 아니며 자신의 생각대로 바꿀 수 있고 트랜스젠더는 유전이라고 배운다. 6학년(만 12세)은 자위행위에 대해 배우게 되며, 7학년(만 13세)은 항문성교와 구강성교에 대해 배우게 된다.

2015년 2월 23일 위의 내용을 골자로 한 시행령이 발표되자, 캐나다의 새로운 동성애 성교육법에 분개한 수백 명의 학부모들은 반대 집회를 열고 '이 성교육 커리큘럼의 유일한 해결책은 이 모든 것을 폐기하는 것'이라고 목소리를 높였다. 그러나 학부모들의 거센 항의에도 불구하고 이미 온타리오 주에서는 동성애 차별금지법이 통과됐기 때문에 새로운 성교육 커리큘럼이 시행되는 것을 막을 수 없었다.

④ 전통적인 성 윤리와 도덕의 붕괴

동성결혼 합법화는 단순히 동성결혼을 허용하는 것으로만 끝나지 않는다. 동성결혼이 허용된 유럽의 경우 수간(동물을 이용한 성행위), 근친상간, 소아성애 등 극단적인 성적 행동도 개인의 성적 지향으로 인정되어 함께 허용되는 양상을 보이고 있다. 특히 동성결혼이 합법화된 덴마크에서는 수간이 성행하기 시작했다. 외국인들이 덴마크로 동물섹스 관광을 올 정도였다. 그러나 동물 매춘이 성업을 이루기 시작하면서 인간에 의해 생식기와 배설기가 크게 손상을 입는 동물들의 숫자가 늘어났다.

이에 수의사들과 동물애호가들이 덴마크 주정부에 지속적으로 고

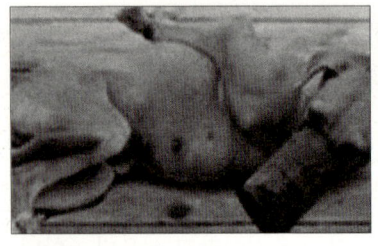 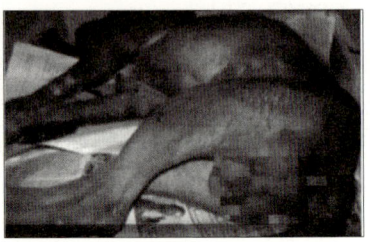

동물매춘을 위해 네 다리와
입이 결박당한 개

수간매춘에 의해 생식기와
배설기관이 손상된 개

발한 결과, 덴마크에서는 동물매춘금지법이 제정되어 2015년 7월부터 동물을 매춘한 사람들을 형사처벌할 수 있게 됐다. 현재 헝가리, 핀란드, 루마니아, 독일 등은 유럽에서 동물매춘이 허용된 나라들로 알려져 있다[8]. 보신탕을 먹는다고 한국인을 경멸했던 유럽의 선진국 국민들이 동물을 강제로 묶어놓고 성폭행하는 사업으로 돈을 벌고 있다니 참으로 아이러니하다.

⑤ 동성결혼으로 인해 파괴되는 가정

지금 세계 곳곳에서는 동성 간 결혼으로 인해 하나님의 세우신 혼인질서가 파괴되고 있다. 미국 매사추세츠 주에서는 3명의 레즈비언이 동성결혼을 통해 한 가정을 이루었다. 동성 커플은 아이를 낳을 수 없기 때문에 입양이나 대리모를 통해 아이를 얻는다. 이 경우 동성결혼은 단순히 '그들만의 결혼'에 그치지 않고 아이들, 즉 다음 세대에게까지 부정적인 영향을 미치게 된다.

66세의 인권법 전문가인 번넬은 어려서 레즈비언 커플에 의해 입

---

8   2015년 5월 13일 국민일보

미국판 일부다처: 레즈비언 여자 두 명과 결혼한 한 남자

조나단과 결혼한 멜린다와 대니는 2014년 각각 아들과 딸을 낳았다

양됐다. 그는 동성 커플의 자녀로 살아가는 고통에 대해 어느 누구보다 잘 알고 있다. 번넬은 "나는 두 여자에 의해 길러졌고 정확한 남성 역할인 아버지가 없는 결핍으로 고통을 겪었다"고 증언했다. 번넬은 또 "동성결혼을 합법화한다는 것은 나에게 심각하게 상처를 주었던 상황을 제도화하려는 것"이라며 엄마와 아빠를 가질 수 있는 아이들의 권리를 제한하는 프랑스의 동성결혼 제도를 비판했다[9].

미국 캘리포니아 주 소노마에 사는 레즈비언 커플 멜린다(M. Phoenix)와 대니(D. Phoenix)는 2010년에 동성결혼을 했다. 서로를 사랑해 결혼까지 했지만 이 동성 커플은 시간이 흐르면서 남편이 있으면 좋겠다는 생각을 했다.

결국 멜린다와 대니는 건설 회사를 운영하는 조나단과 결혼식을 올렸다. 두 여자와 한 남자로 구성된 미국 판 일부다처제가 등장한 것이다. 이듬해 멜린다와 대니는 각각 조나단의 아기를 임신하는 데 성공했다. 2014년 9월 멜린다는 아들을 낳았고, 그로부터 한 달 후 대니도 딸을 출산했다[10].

---

9   한서영, '가정과 아이들을 공격하는 동성애,' 『월간 지저스아미』 2015. 6: 38.
10 이용희, '열방의 빛, 글로벌 홀리 퍼레이드!' 『월간 지저스아미』 2015. 4: 5-6.

5. 국민 보건의 질적 저하

① 동성애 증가로 인한 에이즈(AIDS) 확산

최근 발표된 선진국 통계에 의하면 신규 에이즈 감염자의 70% 이상이 남성 동성애자들이다. 미국의 질병관리본부는 "청소년 청년의 경우(만 13-24세) 신규 에이즈 감염자의 94.9%가 남성 동성 간 성행위로 감염된다"고 밝혔다[11]. 성과학연구협회 역시 공식적으로 '동성애는 에이즈를 전파하는 위험행동'이라고 발표했다[12]. 일반적으로 에이즈는 동성애자들로부터 양성애자들에게, 그리고 양성애자들을 통하여 이성애자들에게 전달되는 것으로 알려져 있다.

전 세계적으로는 에이즈 환자 수가 줄어들고 있다. 그러나 우리나라 질병관리본부의 자료에 따르면 지난 10년간 우리나라의 에이즈 감염자 수는 5배가 증가했다. 특히 청소년 에이즈 감염자수는 8배나 증가했다. 2013년 우리나라의 에이즈 감염자 수는 1만 명을 넘어섬에 따라 공식적으로 에이즈 확산 위험국가가 되었다(에이즈 감염자가 1만 명을 넘어서면 신규 감염자가 기하급수적으로 증가함).

---

11 Peter LaBarbera, 「CDC: 94 to 95 Percent of HIV Cases among Young Men Linked to GaySex」, 『Lifesite』, 2013.9.13, ⟨https://www.lifesitenews.com/news/cdc-94-to-95-percent-of-hiv-cases-among-boys-and-young-men-linked-to-gay-se⟩

12 한국성과학연구협회, 『동성애와 차별금지법의 폐해와 문제점』.

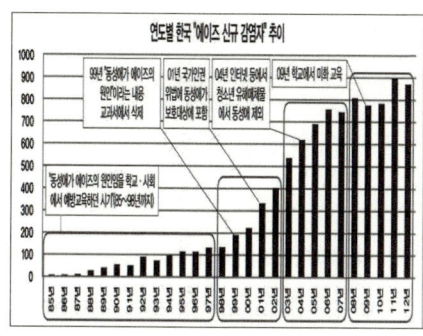

'박근혜 대통령, 교육부 부총리, 보건복지부
장관께 드리는 건의서' 중에서
(한국교회언론회, 2014. 9. 4.)

2011년 미국 질병관리본부 발표

② 에이즈 확산으로 인한 공공보건 비용 증가

에이즈 환자 1명의 약값 비용만 한 달에 약 3백만 원, 1년이면 약 3천 6백만 원(입원비와 치료비 등을 제외)이다. 에이즈 감염자 1인당 평균 평생 5억 원 정도의 치료비용이 소요되는 것으로 추정된다(2015년 물가 기준). 에이즈 환자가 1만 명이면 한 해 동안 치료비용이 5조이고, 10만 명이면 50조이다. 전 세계에서 특히 한국은 에이즈 치료비용을 100% 국민세금으로 부담한다. 에이즈 환자의 대부분은 동성 간 성행위를 통해 직접 감염된 경우라는 점을 생각했을 때, 동성애는 질병의 확산은 물론, 국가적으로 엄청난 재정적 손실을 끼치고 있다. 동성애를 통한 에이즈 감염이 계속 급증한다면, 10년 안에 전 국민은 심각한 세금폭탄을 맞게 될 것이다.

국민건강을 위해 "흡연은 인체에 해롭습니다"라고 담뱃갑에 표기하듯이 '동성애로 인해 에이즈에 걸릴 수 있다'고 동성애와 에이즈에 대한 상관관계를 확실히 밝혀야 한다. 또한 에이즈 예방 교육의 일환으로서 동성애를 근절하는 노력도 필요하다. 흡연자가 폐암에 걸린 확률(8배)보다 동성애자가 에이즈에 걸릴 확률(183배)이 현저하게 높기 때문이다.

이 외에도 대부분의 동성애자들이 앓는 질환 가운데 하나가 바로 변실금이다. 지속적인 항문 성관계로 인해 괄약근이 파괴되고 항문이 늘어난 변실금 환자들은 여자들이 사용하는 삽입형 생리대나 기저귀를 착용하는 것으로 알려졌다. 연예인 홍모 씨는 한 TV 프로그램에 출연해 하루에 12-15번씩 변을 보며 한번 화장실에 갈 때마다 10분을 머문다고 말했다(KBS, 2014. 2. 19). 하루에 2시간 이상을 화장실에서 보내야 한다니 개인적으로 얼마나 큰 고통이며 얼마나 큰 시간적 소모인가?

6. 차별금지법 제정 시도와 저지 노력[13]

대한민국은 2007년, 2010년, 그리고 2013년 3차례에 걸쳐 차별금지법 입법 움직임이 있었다.

① 2007년 최초의 차별금지법 입안 시도

2007년 10월 법무부를 통해 처음으로 차별금지법이 입안되었다. 언론에 공개된 21가지 항목에 대한 차별금지법안 중에는 동성애자의 차별을 금지하는 법안이 포함되어 있었다. 당시 예고된 차별금지법안을 교회에 적용하게 되면, 교회가 목사를 청빙, 직원 채용 시 동성애자

---

13 이용희, 『거룩을 위해 값을 치러야 할 때』, 서울: 복의 근원, 2014.

라는 이유로 거절하는 경우, 교회나 교육기관에서 동성애가 죄라고 가르치는 경우 처벌 대상이 되며, 위반 시 2년 이하 징역, 1천만 원 이하 벌금형에 처하게 되었다.

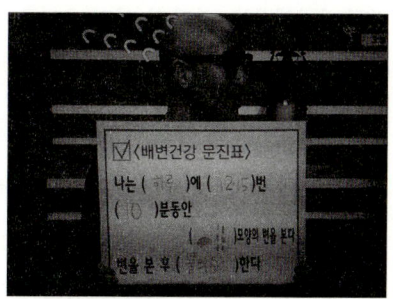

TV 프로그램에서 자신의 평소 배변 습관을 말하는 연예인 홍모 씨 (KBS, 2014. 2. 19)

에스더기도운동은 각 교회에 동성애 차별금지법안의 내용에 대해 알리고 서명을 받고, 법무부에 전화와 이메일과 팩스로 항의해 줄 것을 요청했다. 또한 더욱 효과적인 대처를 위해 1인 릴레이 피켓시위와 더불어 '동성애 차별금지법 반대를 위한 국민연합(동반국)'을 출범하여 기자회견, 시민 궐기대회, 국민대회 등 범국민적 운동을 펼쳐나갔다. 결국 법무부는 동성애 관련 차별금지 법안조항 상정을 포기함으로 첫 번째 차별금지법 입법 시도를 막을 수 있었다.

② 2010년 법무부 주도의 차별금지법 입안 시도

2010년 4월 법무부는 차별금지법 특별분과위원회를 출범하고 3년 만에 다시 차별금지법 입안을 검토한다고 발표했다. 에스더기도운동은 다시 동성애법과의 싸움에 돌입했다. '참교육어머니전국모임', '나라사랑학부모회', '바른 교육교수연합', '바른 성문화를 위한 국민연합' 등의 시민단체들이 이때 결성되었다. 이 시민단체들은 지금까지도 동성애 합법화를 막아서는 데 적극적으로 나서고 있다.

에스더기도운동은 조선일보에 "며느리가 남자라니 동성애가 웬 말이냐! 동성애 조장하는 SBS 시청거부 운동 및 광고 안내기 운동을 시작합니다!"라는 제하의 성명광고를 실었다. 이를 시작으로 이후 국민일보, 조선일보, 중앙일보, 동아일보, 경향신문, 문화일보 등 국내 주요 일간지에 11차례에 걸쳐 성명광고를 내보냈다. 특히 2010년 조선일보에 전면광고로 게재했던 '동성애자 양심고백서'는 동성애의 숨겨진 실체, 즉 동성 간의 문란한 성관계 등을 폭로하면서 차별금지법 제정을 막는 데 결정적인 역할을 했다.

그해 12월 법무부 인권국에서는 18대 국회에서는 동성애 차별금지법을 입법하지 않기로 결정했으니 1인 피켓시위도 멈추고 법무부 게시판에 동성애 반대 글 올리는 것도 멈춰달라는 요청이 왔고, 차별금지법안 상정은 철회되었다.

③ 2013년 세 번째 차별금지법 제정 시도

2013년 국회의원 66명이 차별금지법안을 발의했다. 2007년과 2010년에 제기된 차별금지법안들과 2013년에 세 번째로 진행된 차별금지법안 사이에는 중요한 차이점이 있었는데, 그것은 '사상 또는 정치적 의견', '전과(前科)', '종교' 등에 대한 차별금지가 포함된 것이다.

동성애를 죄나 비윤리적이라고 말할 경우, 2년 이하의 징역, 1천만 원 이하의 벌금에 처해지며, 처벌 후에도 계속 동성애를 죄라고 할 경우, 5배의 징벌적인 손해배상을 해야 한다. 이에 대해 국가인권위원회는 3천만 원의 이행강제금을 부과할 수 있다.

에스더기도운동은 차별금지법을 발의한 국회의원 66명의 명단, 소속당, 지역구를 4대 일간지에 전면 광고로 공개했다. 그 결과, 의견수렴 기간 중 국회 홈페이지 게시판에 올라온 국민의견은 무려 10만 6

천 건이었고, 이중 약 99%가 반대의견이었다. 국회 홈페이지 게시판 외에도 국내외에 거주하는 많은 국민들이 전화와 우편, 이메일, 팩스 등을 통해 66명의 국회의원 사무실로 반대의견을 표명했다. 결국 대표발의를 했던 김한길 의원과 최원식 의원은 차별금지법 발의를 철회했다. 다음 날 신문에는 이러한 내용의 기사가 실렸다.

> … 차별금지법을 추진하던 민주통합당 소속 의원들이 보수 기독교 단체의 조직적 파상공세에 결국 무릎을 꿇었다… (2013. 4. 20 뉴스엔조이)
>
> 차별금지법을 발의한 민주통합당 국회의원들이 4월 19일 법안 철회 의사를 밝혔다. 차별금지법 제정 반대 운동을 펼쳐 온 보수 교계 단체들은 '사필귀정'이라며 환영했지만, 법안을 찬성해 온 단체들은 '반인권적, 반헌법적'이라며 반발했다. (중략) 바른 교육교수연합 이용희 대표는 "교수들도 대부분 법안을 반대한다. 일부 선진국이 동성애를 합법화했다고 따라할 필요는 없다"고 했다… (중략)

살펴본 바와 같이 2007년, 2010년, 그리고 2013년 이렇게 3차례에 걸쳐서 진행되었던 차별금지법 입법화 시도는 헌신된 성도들의 기도와 노력의 결과, 하나님의 은혜로 모두 저지되었다.

7. 차별금지법의 문제점

현재 대한민국의 상당수 국민들은 동성애와 동성결혼에 대해서 부정적인 인식을 갖고 있다. 그러나 앞서 살펴본 대로 차별금지법은 개인이 동성애를 '죄'나 '비윤리적'이라고 말할 경우, 2년 이하의 징역, 1천만 원 이하의 벌금에 처할 수 있도록 규정해 놓고 있다. 또한 2013

년 차별금지법에서는 처벌을 받은 후에도 계속해서 동성애를 '죄'라고 할 경우, 5배의 징벌적인 손해배상을 해야 하며, 국가인권위원회의 시정명령을 이행하지 않으면 3천만 원의 이행강제금을 부과하도록 명시하고 있다. 이처럼 차별금지법은 동성애를 '정상'이라고 인식할 때까지 강제적 처벌을 통해 그 생각을 뜯어 고치겠다는 무서운 법인 것이다[14].

그러나 강의나 설교, 방송 등에서 동성애에 관한 개인의 생각을 자유롭게 표현하고 비판하는 것은 '표현과 사상의 자유'에 속한 것이다. 그러므로 정부가 공권력을 동원하여 동성애를 정상적이고 윤리적인 것으로 받아들이도록 강제하는 것은 국민 대다수의 자유를 심각하게 억압하는 법의 형평성의 원칙에 어긋나는 '역차별'임을 말하지 않을 수 없다[15].

게다가 더 심각한 것은 동성애 또는 동성결혼에 관해 비판할 경우 처벌받도록 규정하는 차별금지법이 제정될 경우, 첫째, 동성애를 '죄'로 명문화하고 있는 성경은 불법한 책이 되며, 둘째, 동성애가 '죄'라고 성경대로 가르치는 교회는 불법 집단이 되며, 셋째, 학교에서 성교육 시간에 이성 간 성행위뿐만 아니라, 동성 간 성행위인 항문성교와 구강성교를 배워야만 한다는 것이다.

---

14 길원평, '동성애와 차별금지법안에 대한 기독교적 고찰', 2013 한국기독교생명윤리협회.
15 이태희, '자유주의 관점에서 바라본 차별금지법안의 문제점과 대안', 2013 바른 성문화를 위한 국민연합.

8. 한국의 동성애 축제

퀴어 문화축제(Korea Queer Culture Festival, KQCF)는 2000년 이래 매년 6월 경 국내에서 열리는 LGBT(동성애자, 양성애자, 트랜스젠더)들의 축제이다. 퀴어 문화축제는 크게 퀴어 퍼레이드, 퀴어 영화제, 퀴어 파티 등으로 이루어지며 토론회, 전시회, 사진전 등이 함께 열리기도 한다.

퀴어 퍼레이드, 혹은 프라이드 퍼레이드는 2000년 대학로에서 처음 열렸다. 이후 홍익대학교 인근과 이태원 등지에서 열리다가 2014년 6월 7일 제15회 퀴어 문화축제는 연세로(신촌 차 없는 거리)에서 진행했다. 제15회 축제는 세계적인 기업인 구글(Google)이 후원하고 미국, 프랑스, 독일 대사관도 함께 참여한 역대 가장 큰 규모의 행사였다. 서대문구청은 "세월호 참사로 추도 분위기가 이어지고 있는데다 현재 사회 분위기에도 적합하지 않다"며 연세로의 사용을 불허했으며, 신촌 지역주민들과 학생, 교회 역시 퀴어 축제 개최에 반대의 목소리를 냈으나, 그럼에도 불구하고 퀴어 문화제 주최 측은 "사랑이 혐오보다 강하다는 것을 보여주겠다"며 행사를 강행했다.

이에 이날 오후 신촌 연세로는 동성애를 지지하는 각종 문구들과 플래카드, 남장을 한 여자, 여장을 한 남자, 술병을 들고 돌아다니는 만취한 외국인 LGBT들과 반나체로 음란한 퍼포먼스를 하는 동성애자들로 가득 찼다. 동성애 축제 주최 측이 거리에 설치한 부스에서는 무료 에이즈검사, 성병검사, 콘돔 판매 등이 이루어졌다.

이날 오후 5시부터 10시까지 700여 명의 시민들은 도로에 앉거나 누운 채 자리를 지키며 동성애 카 퍼레이드의 진행을 온몸으로 막아냈다.

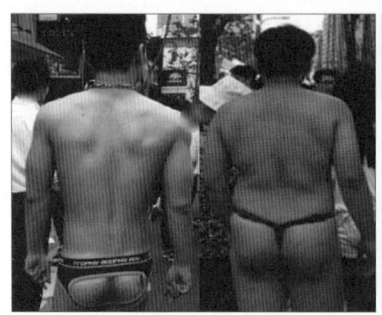
2014년 신촌 퀴어 축제 참가자들

2014년 동성애 카퍼레이드를 온 몸으로 막아서기 위해 길 위에 누운 시민들

서울 시청광장 퀴어 문화 축제에서 판매된 여성 성기모양의 과자

2015년 6월 28일, 동성애 반대 설교를 듣고 있는 한국교회 연합예배로 모인 성도들

　2015년 서울 동성애 축제는 6월 28일, 서울 시청광장에서 개최되었다. 성기 모양의 쿠키와 상품을 팔고 동성애자들의 노출수위도 더 심해지는 등 축제는 지난해보다 더 선정적이고 퇴폐적이었다. 6월 26일 미국 연방법원에서 동성혼인 합법화 판결을 내린 뒤였기에, 미국 대사관까지 나서서 동성애 축제를 적극적으로 홍보했다.
　그 어느 때보다 강한 위기의식을 느낀 한국교회는 같은 날 오후 3시 '동성애 조장 중단촉구 교단연합예배 및 국민대회'로 대한문 앞 광장에 모였다.[16] 전국에서 모인 3만여 명의 크리스천들과 시민들은 반

16　2015년 6월 30일 아시아투데이

		동성애 퍼레이드 연혁[1]	
1회	2000. 9. 9	대학로	
2회	2001. 9. 15	홍대앞	한 걸음만 나와봐, 놀자!
3회	2002. 6. 8	이태원 거리	멈추지마, 지금부터야! 두근두근!
4회	2003. 6. 21	파고다공원 - 광화문	움직여 우리, 손과 손을 맞잡고 함께 움직이자!
5회	2004. 6. 19	종묘공원 - 인사동	모두를 위한 자유와 평등
6회	2005. 6. 5	종묘공원 - 시티은행	퀴어 절정 Queer Up
7회	2006. 6. 10	종로 3가	위풍당당 퀴어 행복!!
8회	2007. 6. 2	청계광장 - 베를린광장	This is QUEER! 이것이 퀴어다!
9회	2008. 5. 31	베를린광장- 청계광장	작렬! 퀴어 스캔들
10회	2009. 6. 13	청계천 베를린광장	십년감수
11회	2010. 6. 12	청계천 베를린광장	Outing : 지금 나가는 중입니다.
12회	2011. 5. 28	청계천 한빛미디어파크	퀴어 예찬!
13회	2012. 6. 2	청계천 한빛미디어파크	퀴어 연가 (가족, 연을 맺다)
14회	2013. 6. 1	홍대 걷고 싶은 거리	더 퀴어(THE QUEER), 우리가 있다
15회	2014. 6. 7	신촌 연세로	사랑한다! 사랑한다! 사랑한다!
16회	2015. 6. 28	서울 시청광장	사랑하라! 저항하라! 퀴어 레볼루션!

동성애 구호를 외치며 서울시의 동성애 조장 정책 중단을 촉구했다. 특히 중동호흡기증후군(메르스)의 확산 우려에도 불구하고 서울의 한복판인 서울광장에서 동성애 축제를 허가한 박원순 서울시장과 서울시의 무책임한 처사를 강도 높게 규탄했다. 오후 3시부터 연합예배, 국민대회, 생명-가정-효 페스티벌 순으로 진행됐다. 이날 행사는 퀴어 축제의 끝을 장식한 퀴어 퍼레이드가 종료된 오후 8시 40분경까지 이어졌다. 섭씨 30도가 넘는 한낮의 뙤약볕 속에서도 인파는 계속 늘

어나 대한문 앞 2개 차선과 광화문 방향 지하철 시청 역 출입구 일대를 가득 메웠다. 또한 이날 6월 28일은 한국교회 역사상 최초로 전국 모든 교회들이 '동성애 반대 설교 주일'로 지정되었다[17].

9. 한국 최초 동성혼 인정 소송: 김조광수 혼인인정 비송사건

영화감독 김조광수(50) 씨는 2013년 9월 레인보우팩토리 대표 김승환(31) 씨와 결혼식을 올리고 서대문구청에 혼인신고를 했다. 서대문구청은 "대한민국 헌법과 민법 등 현행 법령 체계에서는 동성 간 결혼이 인정될 수 없다"며 이들의 혼인신고를 불수리 처리했다. 이에 김씨는 2014년 5월 41명의 변호인단을 구성해 서대문구를 상대로 서울서부지법에 '혼인신고 불수리 처분에 대한 불복신청'을 냈다. 김 씨는 지난 7월 6일 첫 심문에 출석하면서 "민법 어디에도 동성 간 혼인금지 조항이 없다. 혼인의 자유와 평등을 규정한 헌법 제36조 1항에 따라 혼인에 대한 민법 규정을 해석하면 동성혼도 인정된다"고 주장했다.

이 소송은 동성결혼 합법화와 전통적인 결혼에 대한 재정의로 이어질 수 있는 사회적으로 매우 중요한 사건임에도 불구하고 '가족관계등록 비송사건'으로 분류되어 비공개 재판으로 진행되고 있다.

이에 동성결혼합법화반대국민연합은 7월 27일(월) 오후 2시 영화감독 김조광수 씨와 레인보우팩토리 대표 김승환 씨의 동성결혼 재판이 계류 중인 서울 공덕동 서부지방법원 앞에서 동성결혼 합법화에

---

17 이용희, '열방의 빛, 글로벌 홀리 퍼레이드!' 『월간 지저스아미』 2015. 4: 12-16.

반대하는 기자회견을 열었다. 8월 4일(화) 오후 12시 30분에는 서울 서초동 대법원 앞에서 탈북민단체연합과 동성결혼합법화반대국민연합 등의 회원 150여 명이 국내 첫 동성결혼 인정 소송에 반대하는 기자회견을 열었다.

지금까지 서부지법 가족관계등록계에 접수된 김조광수 동성결혼 합법화 반대 탄원서 및 서명지는 15만 건을 넘어섰다. 또한 원래 이 소송을 담당했던 이기택 전 서울서부지방법원장이 대법관 후보로 제청됨에 따라 8월 7일자로 부임한 이태종 법원장이 해당 소송을 맡아 진행하고 있다[18].

10. 거룩한 대한민국을 만들기 위한 6가지 방안

① 성과학 연구소 설립

성경에 나타난 동성애에 관한 진실이 옳다는 점을 과학적으로 입증할 수 있는 성과학연구소가 세워져야 한다. 성과학연구소는 동성애가 유전되거나 선천적인 질병이 아니라는 사실을 밝히고, 동성애로 인해 초래되는 개인적, 사회적 폐해들을 조사, 연구해야 한다. 또한 동성애가 치유될 수 있는 질병이라는 사실을 객관적으로 입증할 수 있어야 한다. 요컨대 동성애에 관한 의학적, 과학적 연구결과들을 종합하여 동성애 옹호 논리를 배격할 수 있는 과학적 대응 논리를 개발하는 것

---

18 조영길, '김조광수 동성혼인 합법화 요구 소송의 법적 문제' 2015.9.7. 통일한국과 동성애 세미나 (국회 헌정 기념관).

이 필요하다.[19]

② 국민 교육, 계몽, 홍보

민주주의 사회는 표결로 결정된다. 침묵하는 다수는 카운트되지 않는다. 요란하게 소리치는 소수가 국민 여론을 이끌어갈 때가 많다. 동성애 합법화를 막기 위해서는 국민 다수를 얻어야 한다. 따라서 국민 교육과 계몽, 홍보 전문기관이 세워져 동성애의 폐해에 대해 바르게 알리고 홍보하는데 박차를 가해야 한다. 이로써 동성애로 인한 개인과 사회, 그리고 국가적인 각종 폐해를 국민들에게 효과적으로 알림으로써, 동성애 및 동성결혼 비합법화에 관한 국민 대다수의 지지를 얻는 데에 지속적인 노력을 기울여야 할 것이다.

③ 법률단 조직

현재 동성애 인권운동은 입법, 사법, 행정 등 전방위적으로 영향을 미치고 있는 실정이다. 이전에 언급했던 차별금지법 입법 시도와 군대 내 동성애를 처벌하는 군 형법 92조 폐지 시도, 그리고 김조광수 동성혼인 합법화 요구 소송 등은 동성애 합법화를 위한 대표적 사법적 시도들이다. 이러한 법안들은 교회를 무너뜨리며 기독교적 전통과 가치를 크게 훼손시킬 수 있으므로 전통적 결혼과 가정의 가치를 수호하는 기독교 법률단의 설립이 반드시 필요하다.[20]

---

19 민성길, '한국교회에 성과학 연구소를 제안하며' 『월간 지저스아미』 2015.5:16-27.
20 이태희, '가치관 전쟁, 문화 전쟁, 입법전쟁' 『월간 지저스아미』 2015.5:28-33.

④ 언론, 미디어, SNS

국민 대다수의 인식 변화에 있어 대중 매체와 언론들이 미치는 영향은 매우 크다. 따라서 언론과 대중매체를 통해 동성애가 미화 또는 조장되진 않는지 모니터링하는 감시단이 필요하다. 더 나아가서 성경적 진리를 바르게 전파할 수 있는 언론과 미디어를 창출하는 것이 중요하다. 이와 동시에 최근 정보 확산의 가장 주요한 수단 중 하나인 SNS 이용하여 국민 다수가 동성애에 대한 바른 인식과 반응에 함께할 수 있도록 인터넷 세상에서 빛과 소금의 역할을 하는 일이 필요하다.

⑤ 동성애자 치유 프로그램 개발

국민들에게 동성애의 실체를 알리는 동시에 중요한 일 중 하나는 동성애 치유프로그램을 개발, 운영하여 고통 가운데 있는 많은 동성애자들이 심리적, 내적 중독에서 벗어날 수 있도록 돕는 것이다. 동성애 치유사역을 하는 외국 단체들의 사례를 참작하여 한국적 정서와 상황에 적합한 치유 프로그램이 개발 및 운영되어야 할 것이다.

⑥ 동성애 비합법화를 위한 국제적 연대 조직

전 세계에서 동성애를 합법한 나라는 21개국인데 비해 동성애 및 동성결혼을 법으로 금지한 나라들은 약 80개국이다. 수적으로는 동성애를 금지하는 나라들이 우위에 있지만, 동성결혼을 합법화한 나라들이 대부분 경제 강국이자 선진국들이기 때문에, 세계적으로 막강한 영향력을 행사하고 있는 것이 현실이다. 특히 미국의 오바마 대통령과 반기문 UN 사무총장 등은 반동성애법을 지지하는 나라들을 지속적으로 압박하고 있다. 이러한 상황에서 동성애를 반대하는 사람들과 교회, 단체들, 그리고 국가들이 연합하여 일치된 목소리를 내며 행동하는 일이 매우 중요하다. 특히 우리나라가 동성애 비합법화를 위한 국제적 연대 조직의 구심점이 되어 서구에서 몰려오는 동성애의 물결을 막아서는 방파제가 되고 전 세계에 '성결의 빛'을 비추는 거룩한 나라가 되길 바란다.[21]

---

21   이용희, 『거룩을 위해 값을 치러야 할 때』, 서울: 복의 근원, 2014.

제 2 장

동성애 문제의 진단과 건강사회 처방
: 선교신학적 및 사회과학적 접근

김영종 명예교수(숭실대학교 행정학, 선교신학)

1. 문제 제기

    동성애 문제는 어제 오늘의 이야기가 아니고 다른 나라에서는 이미 오랫동안 국가 사회적 과제로 부상되어 온 문제이다. 그런데 최근에 미국의 대법원 판결은 동성애 문제를 헌법적으로 최종 판결하였다. 대법원 판사 9명중 5명이 동성애를 합헌으로 판결했고, 4명은 위헌 쪽에 손을 들어주었다. 이러한 판결 결과는 미국뿐만 아니라, 전 세계에 큰 충격을 몰고 왔다.

    이와 때를 같이하여 기독교계에서도 동성애를 인정하는 추세이다. 예를 들어, 미국 성공회가 2015년 6월 30일 결혼의 정의를 변경하고 성직자들에게 동성결혼 주례를 허용하였다. 따라서 종전에 결혼에 대한 정의로서 '한 남성과 한 여성(a man and a woman)'으로 규정되어 있던 것을 '이 사람들 (these persons), 혹은 이 커플(the couple) 간의 것'으로 변경된 안이, 2015년 6월 30일 주교회의와 7월 1일 대표회의에서 압도적 찬성으로 통과되었다.[1] 미국뿐만 아니라 전 세계적으로 보아도 현재 약 21여 개국들이 동성애를 합법적으로 인정하고 있으며, 이러한 가운데 수많은 정치인들이나 인기 있는 연예인들이 자신이 동성애자라는 것을 밝히고 있어 더욱 충격을 주고 있다.

최근에 우리나라에서도 서울에서 소위 퀴어 축제라는 것을 통해 동성애자들이 공개적으로 집단시위를 하는, 예전에는 상상할 수 없었던 기이한 현상이 일어나고 있다. 그들이 주장하는 근저에는 소수자들의 인권보호와 평등권의 자유와 보호를 운운하나, 동성애 문제는 소수자 인권문제가 아니라 인간의 윤리 문제이며 나아가서는 하나님의 창조와 섭리의 배반이 핵심 이슈가 된다. 결코 소수자 보호를 위한 인권보호 문제가 아니다. 성서적으로도 선교신학적으로도, 그리고 사회과학적으로도 이 문제는 반드시 바르게 정도를 제시하여야 한다.

이에 현재 뜨거운 이슈로 떠오른 동성애의 실체를 다룸으로써 우리 세대와 인류가 나아가야 할 올바른 길을 모색해 보고자 하며, 방법론적으로 선교신학적, 사회과학적인 접근을 통해 문제의 실체를 다루어 보기로 한다.

2. 동성애의 개념과 세계적 동향

동성애란 무엇인가? 한마디로 '같은 성을 가진 사람에게 성적인 매

---

[1] 크리스천투데이 2015.7.22. 18면.

력'을 느끼는 여성이나 남성을 말한다.[2] 동성애는 다시 여성 동성애자를 레즈비언(lesbian)이라 하고, 남성 동성애자를 게이(gay)라고 한다. 전자의 어원은 레스보스(Lesbos)라는 그리스 섬에서 시작되었고 기원전 6세기경 여성 간의 사랑을 예찬한 고대 그리스 시인 사포(Sappho)가 이 섬에 젊은 여성들을 위한 학교를 세운데서 비롯되어, 원래는 레스보스 섬의 여인이라는 뜻인데, 사포를 포함한 여성들 사이에서 동성애가 이루어지면서 지금의 뜻을 갖게 된 것이다. 한편 후자는 1960년대 후반부터 호모섹슈얼(homosexual)이란 용어를 사용하다가 1947년 리아사 벤(L. Ben) 이 레즈비언을 위한 잡지에 '미국에서 가장 즐거운 잡지'(America's Gayest Magazine)라는 문구를 사용하면서 비롯되었다(에릭 마커스 2006,3).

우리는 이들 동성애자들을 비정상적인 이상성욕을 보이는 자로 구분할 수 있는데, 이상성욕 중에서도 성애(性愛)의 대상으로 동성을 택하는 성대상도착(性對象倒錯), 즉 성대상이상(性對象異常, inversion)의 이상성욕을 보이고 있다. 동성애자 중에는 이성에 대한 성적 관심은 거의 없거나 매우 희박하며, 때로는 혐오감을 갖는 사람도 있다. 통계에 의하면 남성의 경우 3-16%, 여성의 경우 1-3% 가량이 있다고 한다. 그 원인으로는 여러 가지로 분석할 수 있는데, 선천설(先天說) 또는 심인설(心因說)등으로 설명하고 호르몬의 부조화나 성정체성에 영향을 미치는 유전자 등 생물학적 요인에 기인한다는 이론도 있으며, 그 중에서도 프로이드(S. Freud)는 동성애를 성 심리의 발달 과정에서 일어나는 갈등의 결과로 보기도 하였다. 그러나 그 원인을 정확히 규명할 수 없지만 현재 이러한 이론들은 잘못된 것으로 판명되고 있다.

---

2   에릭 마커스, (컴투게터 역)(2006), Is It a Choice? 서울: 박영율출판사,1.

현상(現象)으로서의 동성애 자체는 여러 근본형태가 있을 수 있으며, 진정한 의미의 동성애는 치료가 매우 어렵지만, 일시적인 것도 있으므로 동성애 경향을 정상인의 성애 경향으로 바로잡는 일이 불가능한 것만은 아니다. "동성애가 널리 일반인들에게 알려지게 된 계기는 후천성면역결핍증이라 불리는 에이즈(AIDS)가 주로 동성애자들 사이에서 전염되는 것으로 밝혀지면서, 이들이 이 질병의 원인자로 주목받아 사회적 지탄"을 받게 되면서부터이다.[3]

동성애란 상대에게 감정적, 사회적, 성적인 이끌림을 느끼는 것으로, 동성애자는 이러한 감정을 받아들여 스스로 정체화한 사람을 뜻한다. 레즈비언이나 게이와 달리 트랜스젠더(transgender)와 혼동되기도 한다. 그러나 트랜스젠더는 자신의 육체적 성과 정신적 성이 일치하지 않는다고 받아들이는 것으로, 이는 자신이 사랑하는 사람이 동성이라는 점을 받아들이는 동성애자와 구별된다. 과거에는 '동성연애' 또는 '성대상이상(性對象異常)'이라는 용어가 사용되기도 했으나, 이러한 용어들이 동성애를 혐오하는 의미가 있다 하여 인권활동가들은 '동성애'란 용어를 사용하기를 권장하고 있다. 19세기 말부터 동성애자의 권리운동이 시작되어 정치적 쟁점으로까지 떠오른 것은 20세기 후반부터이다. 미국 정신의학협회는 동성애를 정신질환의 일종으로 간주하다가 1973년 정신질환의 목록에서 삭제하였다. EU 인권법안은 47개 회원국 중 10개국만이 동성결혼을 인정하고 있다.[4] 미국의 경우, 매사추세츠 주에서 동성결혼을 합법화하고 10여 개의 주에서 동성애자 차별금지법이 제정되는 등 세계적으로 동성애에 관한 사회적

---

3 http://reportfly.co.kr/mall/view.asp?rid=18084(Accessed on July 11, 2015).

4 조선일보, 2015. 7. 28, A 32면.

인식이 변화하고 있다. 이러한 변화의 흐름 가운데 한국에서도 국가인권위원회 법에서 동성애자에 대한 차별을 금지하고 있다.[5] 이성애자가 그러하듯이 동성애자도 성숙할 수 있고, 한 사람과 지속적인 애착을 형성할 수 있으며, 이성애자와 동성애자 모두는 피학적, 자기애적, 우울적, 경계 선적, 또는 정신증적 장애를 가질 수 있다는 것이다. 이 점에 대해서 프로이드(1905)는 다음과 같이 주장하였다. 첫째, "성도착(perversion)은 정상에서 크게 벗어나지 않은 사람에게서도 찾아볼 수 있다." 둘째, "성도착은 효율성이 손상되지 않은 사람에게서도 찾아볼 수 있고, 이들은 특별히 높은 지적 발달과 윤리적 문화를 성취하는 데 뛰어난 사람들이다"(pp. 138-139). "동성애는 생물학적, 발달적, 심리내적, 문화적 영향의 복잡한 상호작용이 관련된 현상"이라고 말할 수도 있다.[6]

    동성애를 인정하는 국가는 전 세계적으로 2001년 네덜란드를 시작으로 하여, 벨기에, 덴마크, 스웨덴, 스페인, 프랑스와 같은 유럽 국가들과 더불어, 캐나다, 아르헨티나, 우루과이, 뉴질랜드, 남아공 등의 국가에서 동성결혼을 법제화하였다. 미국과 멕시코는 주 법에 따라 동성결혼을 허용하고 있다. 게다가 미국의 경우에도 최근에 연방대법원에서 동성애를 합헌으로 판결하여 큰 충격을 주고 있다. 이로써 현재 전 세계적으로 동성결혼을 합법화한 국가는 미국을 포함한 총 21개국에 달하고 있다.

    요약하면, 이제 동성애 문제는 어느 한 국가의 문제가 아닌 전 세계

---

5 http://terms.naver.com/entry.nhn?docId=1084365&cid=40942&categoryId=31531(Accessed on July 11, 2015).

6 http://terms.naver.com/entry.nhn?docId=655805&cid=48639&categoryId=48639(Accessed on July 11, 2015).

적인 문제로 부각되었다. 따라서 이 문제는 우리나라도 논의의 중심에서 예외가 아닐 전망이다. 이에 우리의 후대 세대에게 큰 재앙으로 다가오는 것을 미연에 방지하기 위한 철저한 대비책이 필요하다 하겠다.

3. 동성애: 선교신학적 진단

동성애는 한마디로 성서에서는 엄격히 금하고 있다. 창세기 19:1-11에 등장하는 소돔과 고모라 멸망 사건의 핵심은 그 성에 죄악이 충천하였던 것이 원인이었으며, 하나님은 아브라함을 통하여 의인 10명만 있어도 멸망치 않으리라는 자비를 보이셨다. 그러나 불행하게도 의인 10명의 부재로 인해, 결국 소돔과 고모라는 죄악으로 인한 하나님의 심판을 받아 멸망당하고 만다. 그런데 그 죄악의 중심에는 바로 동성애가 있다. 우리는 소돔과 고모라의 멸망의 원인을 동성애라는 일탈 행위에서 찾을 수 있다. 다음의 본문 내용을 보자.

창세기 19:1-11
'롯이 두 천사를 대접함'(1-3)
"저녁 때에 그 두 천사가 소돔에 이르니 마침 롯이 소돔 성문에 앉아 있다가 그들을 보고 일어나 영접하고 땅에 엎드려 절하며 이르되 내 주여 돌이켜 종의 집으로 들어와 발을 씻고 주무시고 일찍이 일어나 갈 길을 가소서 그들이 이르되 아니라 우리가 거리에서 밤을 새우리라 롯이 간청하매 그제서야 돌이켜 그 집으로 들어오는지라 롯이 그들을 위하여 식탁을 베풀고 무교병을 구우니 그들이 먹으니라."

'소돔 사람들의 악행'(4-9)

"그들이 눕기 전에 그 성 사람 곧 소돔 백성들이 노소를 막론하고 원근에서 다 모여 그 집을 에워싸고 롯을 부르고 그에게 이르되 오늘 밤에 네게 온 사람들이 어디 있느냐 이끌어 내라 우리가 그들을 상관하리라 롯이 문 밖의 무리에게로 나가서 뒤로 문을 닫고 이르되 청하노니 내 형제들아 이런 악을 행하지 말라 내게 남자를 가까이 하지 아니한 두 딸이 있노라 청하건대 내가 그들을 너희에게로 이끌어 내리니 너희 눈에 좋을 대로 그들에게 행하고 이 사람들은 내 집에 들어왔은즉 이 사람들에게는 아무 일도 저지르지 말라 그들이 이르되 너는 물러나라 또 이르되 이 자가 들어와서 거류하면서 우리의 법관이 되려 하는도다 이제 우리가 그들보다 너를 더 해하리라 하고 롯을 밀치며 가까이 가서 그 문을 부수려고 하는지라."

'천사가 폭도들의 눈을 어둡게 함'(10-11)

"그 사람들이 손을 내밀어 롯을 집으로 끌어들이고 문을 닫고 11절 문 밖의 무리를 대소를 막론하고 그 눈을 어둡게 하니 그들이 문을 찾느라고 헤매었더라."

성경에서 동성애에 해당하는 말인 '상관하다'의 원래의 뜻은 '알다, 이해하다'이다. 히브리어 ידע(야다) 동사는 기본어근이며, '알다'(know), '이해하다'(understand)를 의미한다. 구약성경에서 이 단어는 약 944회 나오며, 모든 어간에서 사물이나 사람 또는 상황 등을 감각기관으로 얻은 약간씩 차이 나는 여러 가지 지식을 나타낸다. 이미 알려진 것은 감각으로 나타나야 하며, 그 자체는 그렇게 알려지게 되어 있다. 그래서 우리는 듣는 것(듣다)과 보는 것(보다)에 관한 동사가 아는 것에 관한 동사와 병행되어 나오는 것을 보게 된다(출 16:6 이하; 신 33:9; 삼상 14:38; 사 41:20). 야다는 인간(창 18:19; 신 34:10)과 그의 길(사 48:8; 시 1:6; 37:18)에 대한 하나님의 지식에 사용되었으며, 여기에서 지식은 심지어 탄생 이전에 시작된다(렘 1:5). 하나님은 또한 들새도 아신다(시 50:11). 야다는 또한 인간의 지식과 짐승의 지식에도 사용되었다(시 1:3). 야다는 구약성경에서 다음과 같은 의미로 사용되었다.

첫째, 야다는 '알아채다, 인지하다, 경험하다, 관찰하다'를 의미한다(창 3:7; 41:31; 삿 16:20; 전 8:5; 사 47:8; 호 5:3).

둘째, 야다는 '구별하다'(distinguish)를 의미한다. '선악을 아는 것'(창 3:5,22)은 하나님께 불순종한 결과이다. 좋고 흉한 것을 구별하는 것은 필요하다(삼상 19:36). 어린아이는 왼손과 오른손을 구별하지 못하며(욘 4:11), 또 선과 악도 구별하지 못한다(사 7:15). 후자의 구절의 문맥과 이사야 8:4에 나오는 이와 비슷한 언명은 이 언급이, 어린아이는 유익한 것과 해로운 것을 구별할 줄 모른다는 것에 관한 것이라는 점을 시사해 주는 것 같다. 좋고 흉한 것, 좌우와 같은 것에 대해 관찰하는 것은 결국 그것들을 구별하는 것이 된다.

셋째, 야다는 '배워서 알다'(know by learning)라는 의미를 지닌다(잠 30:3).

넷째, 이 분사는 사냥(창 25:27), 학문(사 29:11-13), 애곡(암 5:16), 바다를 항해하는 일(대하 8:18), 그리고 악기를 연주하는 일(삼상 16:16)에 능함을 묘사하는 어구에 나온다.

다섯째, 야다는 어떤 사람을 '아는 것'을 표현한다. 어떤 사람을 안다고 할 때, 이 야다 동사를 상용해 표현한다(창 29:5; 출 1:8; 삼하 3:25).

푸알 분사형은 '친척'(왕하 10:11 등)과 '아는 사람'(욥 19:14, 룻 2:1 등)을 지칭한다.

여섯째, 야다는 '관계하다, 관심을 가지다'(시 1:6; 37:18; 119:79)와 '-와 관계를 맺고 싶다'(신 33:9)의 의미를 가진다. 신학적인 문맥에서 자주 이 단어가 적절한 지식을 얻지 못해서 결국 관심의 결여를 초래하고 마는 것에 대한 문제로 나온다(렘 8:7; 시 95:10).

일곱째, 야다는 '성적 관계를 가지다'라는 의미를 나타낸다. "아담이 그의 아내 하와를 알았다"고 하는 완곡어법과 그 병행구들(창 4:1; 19:8; 민 31:17,35; 삿 11:39; 21:11; 왕상 1:4; 삼상 1:19)에서 남녀 쌍방의 성적인 관계를 뜻하는 말로 사용되었다. 또한 남색(창 19:5; 삿 19:22)이나 강간(삿 19:25)과 같은 성적 도착을 묘사하기 위한 표현에도 이 단어가 사용되었다.

여덟째, 야다는 "다른 사람과 인격적이며 친숙한 관계를 맺다"를 의미한다. 하나님은 이름으로, 대면하여 모세를 아신다(출 33:17; 신 34:10). 하나님께서 어떤 개인이나(렘 1:5) 어떤 민족을(암 3:2) 아실 때 하나님께서 그를 선정하시거나 선택하신다(민 16:5 70인역본 참조). 선택으로 이해되는 이 지식은 은혜롭고 자애로운 것이지만, 이것은 인격적인 응답을 요구한다.

아홉째, 야다는 일반적인 문제에 대한 지식 외에도, 다른 신들을 아는 것이든(신 13:3; 신 13:7; 신 13:14), 여호와를 아는 것이든(삼상 2:12; 삼상 3:7) 간에, 신에 대한 인간의 관계에 대해 사용되었다. 이방인들은 하나님을 알지 못하며(렘 10:25), 선지자들에 의하면 이스라엘도 하나님을 알지 못한다(렘 4:22). 애굽의 재앙은 애굽인들이 여호와가 하나님이심을 알도록 하기 위해 보내졌다(출 10:2). 그는 그가 하나님이심을 이스라엘인들이 알도록 하기 위해(사 60:16) 그들을 파멸시키시고

(겔 6:7) 회복시키실 것이다. 특히 선지자 에스겔은 위협할 때, "너희로 알게 하려 함이라"는 어구를 사용한다(겔 6:7,10,13-14; 7:4,9,27).[7]

요컨대 하나님은 동성애를 허락하지 아니하신다. 위에서 살펴본 바와 같이 창세기 19:5에서 "소돔 사람들이 상관하리라"(관계하리라)에서 '상관하리라'는 '성적 관계를 가지다'를 의미한다. 곧 동성끼리 '성관계를 하겠다'의 의미로 쓰이고 있는 말이다. 이러한 동성끼리의 성관계는 분명 하나님 앞에 죄악이며, 소돔과 고모라는 이러한 동성애로 인한 죄악의 만연함으로 말미암아 심판받아 멸망하게 된다. 동성애는 정상적인 사랑이 아니라, 육체적인 애정이 잘못된 대상으로 옮겨가면서 발생하는 일탈행위(deviant behavior)이기 때문이다. 나아가서는 동성애의 금지는 구체적으로 다음과 같은 선교신학적, 그리고 성서적 근거를 두고 있다.

로마서 1: 26-27

"이를 인하여 하나님께서 저희를 부끄러운 욕심에 내어 버려 두셨으니 곧 저희 여인들도 순리대로 쓸 것을 바꾸어 역리로 쓰며 이와 같이 남자들도 순리대로 여인 쓰기를 버리고 서로 향하여 음욕이 불 일 듯 하매 남자가 남자로 더불어 부끄러운 일을 행하여 저희의 그릇됨에 상당한 보응을 그 자신에 받았느니라."

신명기 22:5

"여자도 남자의 옷을 입지 말고 남자도 여자의 옷을 입지 말아라.

---

7   이병철(2013), Bible Rex (9.0), 서울: Peniel Bible Research.

너희의 하나님 여호와께서는 그렇게 하는 자를 더럽게 여기신다."

레위기 18: 22; 20:13

구약에서 동성애를 직접 언급한 본문은 레위기 18:22과 20:13이다.

"누구든지 여자와 동침함 같이(눕듯이) 남자와 동침하지 말라. 이는 가증한 일이니라"(레 18:22), "누구든지 여인과 동침하듯 남자와 동침하면 둘 다 가증한 일을 행함인즉 반드시 죽일지니(레 20:13)."

고린도전서 6:9-10

"불의한 자가 하나님의 나라를 유업으로 받지 못할 줄을 알지 못하느냐 미혹을 받지 말라 음행하는 자나 우상 숭배하는 자나 간음하는 자나 탐색하는 자나 남색 하는 자나. 도적이나 탐욕을 부리는 자나 술 취하는 자나 모욕하는 자나 속여 빼앗는 자들은 하나님의 나라를 유업으로 받지 못하리라."

사사기 19:22

"그들이 마음을 즐겁게 할 때에 그 성읍의 불량배들이 그 집을 에워싸고 문을 두들기며 집 주인 노인에게 말하여 가로되 네 집에 들어온 사람을 끌어내라 우리가 그와 관계하리라 하니."

신명기 23:17

"이스라엘 여자 중에 창기가 있지 못할 것이요 이스라엘 남자 중에 남창이 있지 못할찌니."

열왕기하 23:7

"또 여호와의 성전 가운데 남창의 집을 헐었으니 그곳은 여인이 아세라를 위하여 휘장을 짜는 처소였더라."

오늘날에도 동성애자들을 '소돔 사람들(sodomites)'이라고 부른다. 이것은 소돔 사람들이 행했던 죄악 행위의 뜻에서 전화(轉化)된 말이며, 그런 행위를 하는 자를 소도마이트(sodomite)로 부르는 것이다. 사사 시대에도 소돔 시대와 비슷한 사건이 있었다. 예를 들어, 사사기 19장에 나오는 기브아의 죄악이 그것이다. 기브아의 불량배들도 그곳에 살던 노인의 집에 유숙하기 위해 들어온 레위인을 내어놓으라고 요구하였다. 사사기 19:22의 "그들이 마음을 즐겁게 할 때에 그 성읍의 불량배들이 그 집을 에워싸고 문을 두들기며 집주인 노인에게 말하여 가로되 네 집에 들어온 사람을 끌어내라. 우리가 그를 관계하리라." 바로 이 내용은 창세기 19:5에서 롯의 집에 찾아온 소돔 사람들의 일탈행위와 비슷하다. 이것은 남자와 여자를 창조하신 하나님의 창조(창 1:27)와 생육, 번성, 관리의 원리에 위배될 뿐만 아니라(창 1:28), 비윤리적이고 비정상적 일탈행위이다. 하나님께서는 죄악되고 음란했던 소돔과 고모라를 유황불로 심판하셨다. 사사 시대에 음란했던 기브아와 베냐민 지파 전체는 이 죄로 인하여 거의 전멸되었다.

하나님께서는 동성애를 사형에 해당하는 가증한 죄로 여기신다(레 18:22; 20:13). 특히, 오늘날 동성애를 통하여 에이즈가 확산되고 있다는 사실은 하나님의 징벌로 받아들여야 한다. 동성애자들의 에이즈 발병률이 높다는 사실은 이미 통계수치로 밝혀진 바이다. 미국 CDC(질병통제센터)의 2011년 통계자료에 의하면 에이즈 신규 감염자 중 13세-19세의 92.8%, 20세-24세의 90.8%가 동성애, 즉 동성 간 성관계

연령집단 및 전염경로 범주에 따른 남자 청소년 및 청년층의 HIV 감염 판정률

Transmission category	13 – 19세		20 – 24세	
	No.	%	No.	%
동성간 성관계	1,664	92.8	6,354	90.8
마약 주사 사용	23	1.4	117	1.7
동성간 성관계(마약 주사 사용)	37	2.1	232	3.3
이성간 성관계	67	3.7	294	4.2
기타	0	0.0	0	0.0
합 계	1,794	100	6,998	100

(번역 : 건사연)

청소년과 청년층의 에이즈 감염 판정률(출처:http://blog.naver.com/PostView.nhn?blogId=pshskr&logNo=130180952985(Accessed on July 31, 2015).

에 의해 에이즈바이러스(HIV)에 감염되었다.[8]

위의 통계자료가 보듯이, 동성애는 무서운 질병의 근원이 된다는 것을 실제적으로 확인할 수 있다. 이러한 사실은 에이즈가 하나님께서 성경을 통하여 동성애가 분명 죄임을 명시한 하나님의 명령을 어긴 자들에 대한 하나님의 징벌적 질병임을 분명히 하는 것이다. 우리가 이미 앞서 소돔과 고모라의 예에서 보듯, 동성애는 멸망을 부르는 악한 행위임을 간과해서는 안 될 것이다.

그러나 그럼에도 불구하고 기독교계에서 앞장서서 이러한 죄악 된 세상의 흐름과 타협하고 있는 모습은 개탄을 금할 수가 없는 현실이다. 2014년 미국장로교회[PCUSA(Presbyterian Church in U.S.A)]에

---

[8] http://blog.naver.com/PostView.nhn?blogId=pshskr&logNo=130180952985(Accessed on July 31, 2015).

서 한 남자와 한 여자와의 결합이라는 기존 전통적인 결혼관을 수정해 동성끼리의 결혼을 인정하는 결정을 함으로써 기독교계에 적잖은 충격을 던져주었다. 다음은 그 내용이다.[9]

"PCUSA가 마침내 동성애자들의 결혼을 인정하는 법안을 승인했다." 즉 '한 남자와 한 여자 간의 계약'으로 되어 있던 결혼에 대한 정의를 '두 사람 사이의 고유한 계약'으로 교단 헌법의 일부인 규례서(Book of Order)를 개정하는 한인〈규례서 예배 모범에 대한 개정안〉 14-F에 교단산하 171개 노회의 과반수인 86개 노회가 찬성표를 던졌다. 반면 개정안을 부결시킨 PCUSA 동부한미노회를 비롯한 42개만이 계속 이견을 보이고 있는 가운데, 이번 개정안은 6월 21일부터 발효된다. 이에 따라 PCUSA 소속 목회자들은 동성결혼 합법 주(현재 미국 내 36개 주)에서 동성결혼 집례를 할 수 있게 됐으며, 소속 교회 부지 내에서도 동성결혼식을 주최할 수 있게 됐다. 그러나 불행 중 다행인 것은 의무가 아닌 선택사항으로 개 교회의 당회나 목회자의 재량에 의해 거절할 수 있다는 것이다. 즉, 미국 장로교는 교단 웹사이트에 올린 한글 자료를 통해 "어떤 커플의 결혼을 집례할 것인지에 대한 결정권은 항상 목사에게 있어 왔으며, 또한 계속해서 목사에게 있을 것이라는 것을 주목하는 것이 중요하다. 마찬가지로 교회가 어떤 커플의 결혼식을 교회 부지에서 허용할 것인지에 관한 결정권도 오직 당회에만 있을 것이다. 개정안에는 어떤 목사에게도 자기 판단에 반하는 결혼식을 집례하라고 강요할 수 있다거나, 또는 어떤 당회에게도 당회의 판단에 반하는 결혼식을 교회 부지에서 허용하라고 강요할 수 있는

---

9 http://blog.naver.com/PostView.nhn?blogId=calvianus&logNo=220309017336(Accessed on July 27, 2015).

것이 전혀 없다"고 설명했다.

PCUSA의 이러한 공포에 대하여 미국 장로교 한인교회협의회(NCKPC, National Council of Korean Presbyterian Churches)에서는 동성애와 결혼 정의에 관한 신학적 입장 표명[10]을 내놓았다. 다음은 그 신학적 입장의 내용이다.

"미국 장로교 한인교회협의회(NCKPC, National Council of Korean Presbyterian Churches) 제43연차 총회에서 동성애와 결혼 정의에 관한 신학적 입장 표명이 있었다. 교단 총회 결정(제221차 전국총회)에 대한 교단 산하 420여 한인교회 대표 200여 명이 모인 2014년 6월 24-27일 총회에서는 최근 미국 사회의 이슈가 되고 있는 동성애에 관한 교단의 개방성에 대해서 깊은 우려를 표시하였다." 그리고 "목사와 당회의 신앙 양심에 따라 동성애 결혼 집례를 허락할 수 있고 거부할 수도 있다"는 포괄적인 해석에 근거해서, 교단 산하 한인교회는 성서적 복음주의에 입각하여 절대적으로 동성애 결혼과 건물 사용에 대해서 거부하기로 결정하고 교단 내외에 입장표명과 함께 대외적인 성명서를 발표하기로 한 바 있다. 교단의 이러한 비성서적인 자유로운 태도에 대하여, 미국 장로교 산하 모든 한인교회는 교단내의 복음주의적 그룹과 연대해서 교단 소속 각 노회와 미주 한인 이민 및 한국교계에 적극적인 홍보 활동을 벌이기로 하고, 전 산하 교회들이 하나 되어 시

---

10 http://www.israelstudy.co.kr/board/view.asp?bbsname=bbs001&no=1767&grp=732&page=50&startpage=46&key=&k_s=0&k_e=0&k_w=0 (Accessed on July 15, 2015).

대적 사명감을 가지고 미국 장로교단의 올바른 역사적 계승을 추구하기로 굳건히 다짐하였다. 유럽을 넘어 미국 사회의 동성결혼 합법화 논의는 한국교회와 신학계에도 큰 영향을 미쳤다. 이미 세계적으로 동성애가 인권에 대한 사안으로 인식되고, '핍박받는 성소수자'로 이해되면서 '동성애 반대는 인권을 핍박'하는 등식이 성립됐기 때문이다.

"그러나 동성애 문제에 대해 한국 개혁주의와 복음주의 신학자들의 입장은 분명하다. 성경적으로 동성애는 용납할 수 없는 죄악이며, 동성결혼의 합법화는 인간이 전통적으로 유지해왔던 '결혼'의 가치와 의미를 완전히 변화시키는 중대한 사안이라고 강조했다. 문제는 성경적인 '동성애 반대'가 현실에서 위협에 처해있다는 점이다. 신학자들은 동성애가 인권의 문제와 결합된 상황에서, 동성애자들에게 교회가 어떻게 다가가야 하는지를 고민해야 했다."[11]

결론적으로 동성애는 성서적으로나 선교신학적으로 도저히 용납할 수 없는 일탈행위로서 하나님의 창조의 신비와 번성의 섭리와 원리를 저버리는 비성서적, 비선교적인 죄악이다. 따라서 철저하게 통제할 수 있는 올바른 선교정책적인 추진이 필요하다.

선교신학적인 차원에서 생물학적인 성장(biological growth)을 어떻게 기대할 수 있겠는가? 하나님의 축복인 생육과 번성(prosperity)의 원리는 어떻게 기대할 수 있겠는가? 근본적으로 동성애가 하나님

---

11 http://www.kidok.com/news/quickViewArticleView.html?idxno=83794 (Accessed on July 20, 2015).

의 창조질서를 고의로 파괴하는 비정상적인 일탈행동이기 때문이다(창 1:26-28; 2:24). 하나님께서는 사람을 창조하실 때에 남자와 여자로 창조하셨고, 남자가 부모를 떠나 여자와 연합하여 한 몸을 이루라고 하셨으며, 이 남녀에 의해 생육하고 번성하라고 명령하셨다. 그리하여 아름답고 행복한 가정을 이루라고 말씀하셨다(창 1:27, 1:28; 2:24). 특히, 창세기 1:28에서는 "하나님이 그들에게 복을 주시며 그들에게 이르시되 생육하고 번성하여 땅에 충만하라"고 하셨다. 그런데 동성애는 이러한 가정이 되는 것을 의도적으로 거부하거나 남자와 남자가, 그리고 여자와 여자가 부모 역할을 대신 하겠다는 것이다. 이러한 동성부부에 의해서 왜곡된 부모와 왜곡된 성생활이 과연 올바른 가정으로 인도할 수 있겠는가?

4. 병든 사회와 동성애 문제: 사회과학적 진단

동성애는 병든 사회의 상징적 특징의 하나이다. 포스트모더니즘(post-modernism)과 후기 정보사회(post-information society)에 있어서 황폐해진 영혼의 위로를 잘못된 데서 찾아보려는 것이 아닐까? 즉, 인간의 일탈행위의 전형적인 사례가 동성애이다. 여기에서 사회학적 맥락에서 일탈행위의 본질을 잠깐 살펴보고자 한다.

일탈행위(deviant behavior)란 무엇인가? 원래 일탈(deviance)은 사회학(sociology)에서나 범죄학(criminology)에서 주로 다루는 개념이다. 범죄학에서 접근하면 일탈은 사회적 규범에서 벗어난 행위이다. 즉 공통적인 평균기준을 벗어나는 것으로 사회적 규범(social norm)에 어긋나는 행위를 지칭한다. 메르톤(R. K. Merton)이나 펄슨(T. Parsons)

은 일탈행위를 사회 병리학(social pathology) 측면에서 다루어 왔다(Traub et al., 1975, 51). 트라우브(S. H. Traub)와 리틀(C. B. Little)(1975, 183)은 주장하기를 일탈행위는 사회해체(disorganization), 문화갈등(culture conflict), 혹은 아노미(anomie) 현상이지만 정치과정(political process)의 결과라고도 주장하고 있다.

이와 같이 일탈행동은 사회학적으로 볼 때 기준이 있다(김영종 2008, 181-182). 구체적 일탈(concrete deviance)은 통계적으로 평균과는 다른 비전형적인 특성의 일탈도 있으나, 행태적 일탈(behavioral deviance)로서 사회 전체나 일정한 개인에게 위협적이라고 구성원들이 생각하는 행동으로서 범죄나 부패행위가 여기에 속한다. 우리가 가장 관심을 갖는 것은 동성애는 사회학적 차원에서는 사회통제(social control)의 연성(softness)에서 오는 결과적 산물로 볼 수 있다. 일탈은 학자들의 관점에 따라 상이하나 일반적으로 신체조건, 본능(id), 자아(ego), 초자아(super ego)의 충돌과 부적합성, 사회화 과정(socialization process)에서 불완전성, 아노미현상(Durkheim 1897), 그리고 하위문화(subculture) 등을 지적한다(김선웅 2006; 최영인, 염건령 2005; 김준호외 6인 2015; Stuart H.Traub et al. 1975; 김영종 2008).

일탈행위의 양태(typology)는(김선웅 2006, 195-197) 개인적 일탈(individual deviance)과 집단적 일탈(group deviance), 1차적 일탈(primary deviance)과 2차적 일탈(secondary deviance), 그리고 규범회피(norm of evasion)[12] 등 다양하다. 여기에서 강조되어야 할 것은 일탈행위의 역기능적인 측면에서 문제의 심각성을 조명하여야 한

---

12 규범회피는 1차적 일탈의 일종으로 대부분의 사람들도 실제로 법규조항대로 지키지 아니하는 현상이다.

다. 그리고 일탈행위는 적절한 사회통제(social control)를 통하여 이루어져야 하는데 그 방법론으로서 외부적 사회통제기제(external control mechanism)도 중요하나, 내면적 통제기제(internal control mechanism)가 가장 적절한 방법이라고 볼 수 있다.

동성애가 일탈행위인 것은 최근에 서울광장에서의 집단시위에서도 불 수 있다.[13] "2015년 6월 28일 오전 11시부터 서울광장에서 제16회 한국 퀴어 문화축제가 개최됐다. '퀴어(Queer)'는 '기묘한, 기분 나쁜'이라는 뜻을 가진 영어 단어로 동성애자들이 사회에 저항한다는 뜻에서 스스로 '퀴어'라고 부르고 있다. 말하자면 집단적 일탈행위이다. 성소수자들이 서울 도심에서 거리 행진한 것은 이례적이다. 성소수자 관련 단체들은 서울 광장에 98개의 부스를 차리고 전시회를 열거나 물품을 판매했다. 오후 2시 40분경에는 마크 리퍼트 주한 미 대사가 광장을 찾아 물품을 구입하고 관계자들과 기념촬영을 했다. 미국을 비롯해 12개국 대사관에서도 이번 행사에 참여했다." "이날 오후 5시부터는 참가자 가운데 6,000여 명(경찰 추산)이 을지로 2가-퇴계로-한국은행 앞을 거쳐 서울광장까지 약 2.6km 구간을 행진했다. 동성애에 반대하는 8,000여 명(경찰 추산)은 대한문 앞과 서울시청 앞에서 집회를 열고 퀴어 축제 참가자를 비난했다. 일부는 행진 차량 앞을 가로막거나 참가자들과 언쟁을 벌이다 경찰에 제지당했다. 경찰은 지난해 행사 때처럼 양측이 충돌할 것을 우려해 4,500명을 배치했지만 별 문제없이 행사가 마무리됐다."

이와 같이 우리 사회는 지금 동성애자들을 둘러싸고 혼란과 갈등의 소용돌이로 들어가고 있다. 과거 산업사회에는 상상할 수도 없는 이상

---

13 http://news.donga.com/3/all/20150628/72160382/1 (Accessed on July 17, 2015).

한 현상이 후기 정보사회에 일어나고 있다. 어두움과 혼란의 사회에 하나님의 진리의 말씀의 등불을 밝게 비추어야겠다.

5. 건강사회를 위한 제언

우리는 동성애 문제가 타락한 인간의 말세적 현상이며 병든 사회의 일탈 현상이라고 본다. 그리고 사회 통제력이 상실된 후기 정보사회의 복합적인 사회현상(complex phenomena)으로 본다. 그 근원은 앞에서 논의한 바와 같이 구약 창세기 19:1-11에서 하나님과 아브라함의 대화를 통하여 알려진 바와 같이 소돔과 고모라 성이 의인 10인이 없어서 멸망한 것으로 거슬러 올라간다. 그때에 이미 동성애가 있었다. 인간의 영혼의 황폐화로 인한 죄성의 결과적 산물이 바로 멸망이다. 그래서 지금도 그들을 Sodomites라고 부르고 있지 아니한가? 우리는 현대의 모든 사회현상을 보면서 황폐한 인간들의 영혼들을 본다. 선교신학적 관점에서 그들의 영혼이 예수 그리스도의 피로서 속죄 받고 구원받는 것이 필요하지 아니한가? 동성애 문제는 윤리적인 문제이다. 무엇보다 인간의 죄에 관한 문제이다. 의학적인 문제라기보다는 사회변동의 과정에서 발생하는 일탈행위이며 복음 없는 영혼의 메마름과 통제없고 깨어진 사회(broken society)에서 유발된 복합적인 현상이다. 그리고 건강사회를 위하여서는 반드시 치유해야 할 사회병리(social pathology)적 현상이다.

건강사회는 무엇인가? 유엔이 정한 건강개념은 종합적 개념이다. 세계보건기구(WHO)에 의하면, 건강(health)의 진정한 개념은 육체적인 건강(physical health)만이 아니라 정신 건강(mental health)과 사회적 건강(social health) 등을 포함하고 있다. 건강한 사회는 일탈행위가 최소화(to minimize)되어야 행복한 사회이다. 동성애 문제는 바로 건강한 사회를 해치는 요인이 된다. 하나님은 남자와 여자를 창조하시고 결혼하고 자녀를 낳고 생육하고 번성하도록 복을 주셨다. 그것은 하나님의 창조질서이다. 그리고 하나님의 섭리이고 뜻이다. 그런데 동성애는 이러한 질서를 위반하여 창조질서를 어기고 타락한 인간의 일탈행위를 보여주는 죄악이다. 그것은 미래지향적인 맥락에서 분석할 때 세계전체에 대한 엄청난 재앙이 아닐 수 없다. 개인의 비정상적인 일탈로 그치지 아니한다. 생육과 번성이 중단되고 인구는 감소되고 나아가서는 사회질서와 비윤리적인 사회가 될 것이 불을 보듯 뻔하다. 우리는 소위 선진국가들이 앞질러 인권 운운하고 소수자 보호를 외치고 나아가서는 그들 자신의 세대만을 단견적으로 보는 근시안을 가지고 판단하고 있다. 보다 심층적으로 동성애 확산결과를 예리하게 분석하여야 한다. 그리고 나아가서는 그 확산효과(spillover effect)나 하나님의 창조질서의 파괴나 연쇄효과(domino effect)도 예측하여야 한다. 예를 들어, 최근 '샬롬을 꿈꾸는 나비행동'(상임대표 김영한 목사)의 성명서는 유익한 의미를 보여주고 있다. "미국 연방대법원의 동성애 합법화 결정은 매우 유감스럽게도 청교도 미국 정신과의 결별 선언"이라며 "선조들의 위대한 신앙의 유산을 부정하는 것이고 미국 건국 정신과 결별하는 것이며, 이는 미국 정신의 타락을 표징하는 것"이라고 했다.[14]

건강사회를 위하여서는 이러한 비정상적인 일탈행위는 사회통제

---

14 크리스천투데이 2015.7.2.

(social control)¹⁵의 장치에 의하여 조기에 통제되는 것이 가장 현명한 대처 방안이다. 이러한 사회통제장치는 학교교육과 사회교육을 통하여 특히 청소년들에게 건강한 가정과 미래 사회를 위하여서 동성애의 문제점을 올바르게 가르쳐야 할 것이다. 그리고 종교계 특히 기독교계에서는 혼인의 순결과 건전한 가정의 중요성을 강조하여야 한다. 나아가서는 성서적, 그리고 선교신학적인 가치관을 세워 나가야 한다.

6. 결론

이상에서 논의한 바와 같이 불행하게도 동성애 문제는 이제 전 세계 많은 국가에서 합법화되고 있는 추세이다. 그럼에도 불구하고 동성애가 합법화되는 데 반대하는 의견에 경청할 필요가 있다. 2015년 6월 26에 미연방대법원의 동성결혼 합법화 판결이 내려지자 로버츠(J. Roberts) 미연방대법원장은 "동성결혼은 미국헌법과 상관이 없다"고 반대 의견문을 내어 큰 반향을 일으켰다.¹⁶ 한편 2012년 프랑스의 동성 커플이 차별금지법 아래서 동성애의 결혼의 권리를 성립시키기 위해 소송을 제기하였으나 EU 인권법원은 "동성결혼은 인권(사람으로서의 기본적 권리)이 아니다"라고 판결을 내렸다.¹⁷ 이와 같이 EU 인권법원은 47개국 회원국 중 10개 회원국만이 동성결혼을 인정하고 있는 것을 주시할 필요가 있다.

---

15 여기에서 사회통제는 다른 사람과의 관계인 유대에 초점을 두고있다. 김준호 외 6인 공저, 일탈과 범죄의 사회학(서울: 다산출판사, 2015), 32.

16 2015.7.28 조선일보 A32면.

17 상게서, A.32면.

그러나 이와는 반대로 성경적으로나 선교신학적으로 하나님이 분명히 죄악으로 규정하고 반대하는 동성애를 기독교계가 점차 수용하는 추세를 보이는 것을 크리스천으로서 어떻게 이해하여야 할 것인가? 예를 들어, 앞서 살펴본 바와 같이 최근에 일어난 미국 PCUSA의 동성결혼 합법화에 대한 공식적인 입장표명은 참으로 개탄스러움을 넘어 참담한 지경에까지 이르렀다. 이런 추세라면 우리나라 기독교계도 추후 어떤 입장으로 선회할지 두려움마저 앞선다. 우리는 이러한 영적 혼란기에서 우리의 방향설정을 분명히 해야 할 시점에 이르렀다. 어쨌든 간에 동성애는 선교신학적으로 하나님의 뜻을 거스르는 중대한 비성서적 일탈행위이며, 하나님으로부터 진노를 살만한 타락행위이라는 것이다. 우리는 이러한 선교신학적인 입장을 공고히 다지고, 앞으로 더욱 거세게 몰아쳐 올 동성애자들의 도전에 응전해 나가야 할 것이다. 따라서 필자도 이러한 동성애 문제를 금지하는 원론적인 입장을 견지한다. 이것만이 오직 하나님의 이름을 더럽히지 않는 길이며, 하나님의 영광을 위하는 일이기 때문이다(고전 10:31). 그러나 하나님 말씀의 토대 위에 동성애에 대한 반대 입장을 분명히 함과 동시에, 그럼에도 불구하고 하나님께서는 동성애자들도 하나님이 손수 빚으신 하나님의 피조물로서 결코 그 사랑의 테두리에서 벗어날 수 없다는 사실이다. 그들이 예수 그리스도를 영접하면(요 1:12) 하나님의 자녀가 되고 믿음과 은혜로서 구원받을 수 있다는 사실이다(엡 2:8).

그러므로 우리는 동성애자들이 그러한 행위에서 회개하고 돌이켜 벗어나올 수 있도록 교회의 따뜻한 보살핌이 필요한 시점이라 하겠다. 이제 하나님께서는 죄를 범한 아담과 하와를 위하여 가죽옷을 지어 입히신 것처럼, 동성애자들이 예수 십자가 보혈로 죄 씻음을 받고(히 9:14) 거듭나는 놀라운 변화를 원하신다. 하나님은 온 세상을 지극히 사랑하시어 그의 독생자를 보내주셔서, 누구든지 믿으면 영생을 얻을 수 있게 하셨다(요 3:16). 이 사랑 안에 동성애자들이라고 해서 예외가 될 수 없다. 동성애자들도 하나님이 받으시고 사랑하시는 자라는 인식을 가지고 그들에게 그리스도의 사랑을 전해줌으로써 그들이 변화 받아 동성애의 죄악을 끊고 회개하고 하나님 품으로 돌아올 수 있도록 하는 교회의 적극적인 방안이 요구된다.

참고문헌

김선웅(2006), 개념중심의 사회학 서울: 도서출판 한울.
김영종(2008), 신사회학 개론(전정판) 서울: 형설출판사.
김준호 외 6인(2015), 일탈과 범죄의 사회학 서울: 다산출판사. 에릭 마커스, (컴투게터 역)(2006), Is it a choice? 서울: 박영율출판사.
이 병철 (2013),Bible Rex (9.0) 서울: Peniel Bible Research Institute.
조선일보, 2015.7.28 A 32면.
최영인, 엄건령 (2005), 문화적 일탈이론과 범죄학습이론 서울: 백산출판사.
Bleys, R. C.(1996), The Geography of Perversion New York: Cassell.
Durkhheim, E.(1897). Le Suicide Paris: Libraire Felix Alcan.
Freud, S. (1905). Three Essays on the Theory of Sexuality. SE, 11:159-137. Freud, A. (1965). Normality and Pathology in Childhood. New York: Int. Univ. Press. Homfray, M.(2007), Provincial Queens New York: Peter Lang
Loue, S.(2009), Sexualities and Identities of Minority Women New York: Springer.
Socarides, C.(1978). Homosexuality. New York: Jason Aronson.
Traub, S. H. and Little (1975), C. B. (ed.), Theories of Deviance, Itasca:F. G. Peacock Publishers, Inc.

http://reportfly.co.kr/mall/view.asp?rid=18084(Accessed on July 11, 2015).

http://terms.naver.com/entry.nhn?docId=1084365&cid=40942&categoryId=31531(Accessed on July 11, 2015).

http://www.israelstudy.co.kr/board/view.asp?bbsname=bbs001&no=1767&grp=732&page=50&startpage=46&key=&k_s=0&k_e=0&k_w=0 (Accessedon July 15, 2015).

http://news.donga.com/3/all/20150628/72160382/1(Accessed on July 17, 2015).

http://www.kidok.com/news/quickViewArticleView.html?idxno=83794(Accessed on July 10, 2015).

http://blog.naver.com/PostView.nhn?blogId=calvianus&logNo=220309017336(Accessed on July 27, 2015).

http://blog.naver.com/PostView.nhn?blogId=pshskr&logNo=220022935766(Accessed on July 28, 2015).

http://pann.nate.com/talk/323370983(Accessed on July 28, 2015).

http://blog.naver.com/PostView.nhn?blogId=pshskr&logNo=130180952985(Accessed on July 31, 2015).

제 3 장

동성애 조장 반대운동 활성화를 위한 기독교 시민단체의 역할

김규호 목사(선민네트워크 대표)

최근 비윤리적인 성문화인 동성애가 우리 사회의 중요한 사회문제로 등장하고 있다. 실례로 얼마 전에는 동성애자인 김조광수 감독이 청계천에서 공개 결혼식을 한 후 서대문구청에 혼인신고를 시도하고, 이를 거부한 서대문구청을 상대로 소송을 벌이는 일이 발생하여 우리 사회에 큰 충격을 던져주기도 했다. 또한 동성애를 반대하는 대다수 서울시민의 민의를 저버리고 대한민국을 아시아 최초의 동성결혼 합법화 국가로 만들겠다고 공언한 박원순 서울시장은 서울광장에서 성적 타락의 극치인 동성애 퀴어 축제가 개최되도록 허가했고, 그 결과 대낮 서울 한복판에서 벌거벗은 사람들이 거리를 행진하고 여성 성기 모양의 쿠키가 판매되는 등 도저히 있을 수 없는 일들이 벌어지도록 만들었다.

더욱이 전국의 지자체에서는 동성애를 옹호 조장하는 일들이 주민들의 동의도 없이 일방적으로 진행되고 있어 김영배 성북구청장은 동성애를 옹호하는 '주민인권선언문'을 구민들의 강력 반대에도 불구하고 통과시켰고 대전시와 과천시에서는 '성평등조례'에 교묘히 동성애 조항을 삽입하여 동성결혼을 허용할 수 있는 발판을 마련해 주기도 했다. 또한 서울, 부산, 울산, 광명을 비롯한 전국에서 동성애 옹호 조항이 삽입된 '주민인권조례'가 통과되었고 서울, 경기, 광주, 전북 '학생인권조례'에는 이미 동성애 옹호 조항이 삽입되어 한 차례 사회적 문제가 된 바 있다. 현재는 강원도교육청에서도 동성애 옹호 조항이 삽입된 '강원학생인권조례'를 강력 추진하고 있어 강원도민들의 적지 않은 반발을 사고 있는 실정이다.

더욱 놀라운 것은 학생들의 초중고 도덕, 사회, 보건 등 각종 교과서에서는 동성애를 미화하는 것은 물론이거니와, 그것을 정상적인 것으로 인정하지 않으면, 인권을 침해하는 형편없는 사람이 되도록 기술되어 있어 자라나는 세대들에게 잘못된 성윤리 의식을 갖게 하고 있다. 만일 이를 방치할 경우 우리 미래 세대들은 동성애를 정상적인 사랑으로 인식하게 되고, 그 결과 성경의 가르침에 따라 동성애를 죄로 가르치는 교회들은 인권을 침해하는 나쁜 집단으로 각인되어 복음전파의 큰 장애물로 등장할 수 있다.

그뿐이 아니다. 국회에는 동성애를 반대할 경우 2년 이하 징역 또는 1천만 원의 벌금을 내도록 하는 '동성애차별금지법'이 발의되어 문제가 되고 있다. 만일 이 법이 통과될 경우 교회는 동성애자 목사안수 허용과 동성결혼을 집례해야 할 수밖에 없게 된다. 이를 거부하면 고액의 벌금을 내거나 감옥에 갈 수밖에 있기 때문이다. 실제 미국에서는 동성결혼 축하 케이크 제작을 거부한 크리스천 빵집 주인에게 1억 원이 넘는 벌금이 부과되어 전 세계 크리스천들에게 큰 충격을 준 바 있다.

우려스러운 일은 이러한 일은 점차 심화되면 되었지 여기서 멈추지 않을 것이라는 데에 있다. 동성애에 대한 법적 지위와 보호 장치의 강화가 계속된다면, 결국 우리가 과거 일제강점기 때 굴욕스럽게 겪었던 일제의 총칼에 굴복하여 신사참배가 우상 숭배가 아니라고 결의하는 배교의 일이 이 땅위에 다시 발생할 수도 있는 것이다. 지금 동성애를 상업적이나 정치적으로 이용하려는 세력들이 동성애자들의 일탈행위를 부축이며 동성애의 폐해(15-20년 수명감축, 에이즈를 비롯한 각종 질병, 가정파괴, 자살 등)는 감추고, 그들의 비윤리적 행동들을 아름다운 것으로 포장하여 국민들을 현혹시키고 있다.

특히 애플, 구글과 같은 세계적인 기업들이 노골적으로 동성애를 옹호 지지하고 있으며, 동성애자들에게 막대한 자금을 지원하여 전 세계적인 동성애 확산에 앞장서고 있는 현실이다. 이러한 상황에서 향후 유럽과 미국에서와 같이 국민여론이 동성애 옹호 쪽으로 돌아설 때 한국교회는 국가권력과 사회여론에 의해 큰 핍박을 받게 될 것이다.

이에 기독교 시민단체들은 교회와 신앙을 지키기 위해, 또한 사회혼란과 국민의 성적 타락을 막기 위해 순교의 각오로 동성애를 조장 확산시키는 세력들과 싸워야 하며 크게 5가지의 역할을 감당해야 한다.

첫째, 국회가 동성애자들을 일방적으로 옹호하는 법안들이 나오지 않도록 기독교시민단체들이 연대하여 감시해야 하며 동성애 확산을 방지하기 위한 법안제정 촉구 운동과 동성애를 옹호하는 정치인에게 표를 주지 않은 '기독교유권자운동'을 적극 펼쳐야 한다.

'소수자차별금지법'과 '군형법', '학생인권조례', '주민인권선언문' 등에서 동성애를 옹호 조장하는 법들이 제정 또는 개정되는 것을 저지해야 한다. 일부 동성애를 옹호하는 인권단체들에 의해 국민동의 없이 동성애 옹호 조항(성적 지향)이 몰래 삽입된 '국가인권위원법'의 개정을 촉구해야 한다. 현재 국가인권위법에 2조 3항에 동성애 옹호 조항인 '성적 지향'이 삽입되어 있어 동성애 확산의 빌미를 제공하고 있다. 특히 초중고 교과서는 국가인권위법의 내용을 소개하면서 동성애를 옹호하고 있어 국가인권위원회 법의 개정이 절대적으로 필요한 실정이다. 더 나아가 '동성애선전교육금지법' 제정도 촉구해야 한다.

탈동성애자들의 모임인 '홀리라이프'(대표 이요나 목사)에서는 동성애를 정상이라며 심지어는 아름다운 것이라고 왜곡하여, 자라나는 청소년들의 성정체성의 혼란을 유도하는 선전행위와 이를 교육하는 일을 금지하도록 하는 법이 필요하다고 주장하여 서명운동을 전개하고 있다. 천신만고 끝에 동성애의 폐해에서 탈출한 탈동성애자들과 그 가족들이 우리 사회에서 동성애를 옹호 조장하는 내용들이 등장할 때마다 혹여 동성애의 유혹에 다시 빠져들지 않을까 노심초사하고 있다. 동성애를 미화하는 것은 탈동성애자들의 인권을 침해하는 행위이다. '홀리라이프' 대표 이요나 목사는 '동성애자들에 대한 진정한 인권은 평생 동성애자로 살도록 방치하는 것이 아니라, 동성애에서 탈출하도록 돕는 것이다'라고 강조한다. 따라서 기독교시민단체들은 소수자 인권을 존중해야 한다는 시대적 사명을 위해 동성애자들보다 더 소수자인 탈동성애자들의 인권개선을 위해 적극 노력하고 지원해야 한다.

또한 '성중독예방치유법' 제정도 촉구해야 한다. 탈동성애자들은 동성애가 성중독의 일종이라고 증언하다. 동성애자들 가운데는 청소년들을 유혹하여 성노리개로 일삼는 일들을 한다. 그 결과 동성애를 경험한 청소년들이 다른 청소년들을 유혹하거나 성폭력을 가하게 되어 동성애가 확산되는 일에 일조하고 있다. 따라서 '성중독예방치유

법'을 제정하여 성중독인 동성애가 확산되지 않도록 막아야 한다. 이와 동시에 동성애를 비롯한 각종 성중독에서 벗어나고자 하는 이들을 돕는 성중독 치유회복 프로그램도 진행해야 한다. 특히 각급 학교에서 성중독에 대한 의무교육을 실시하여 자라나는 세대들 사이에서 동성애를 비롯한 성중독이 확산되는 것을 예방해야 한다.

동성애를 옹호하고 지지하는 국회의원들과 정치인들에게 표를 주지 않는 '기독교유권자운동'도 강화되어야 한다. 서구의 동성애 확산의 주역에는 동성애를 지지하는 정치인들이 있었고, 이들은 동성애자들과 그들을 지지하는 사람들의 결집된 표를 얻기 위해 동성애를 반대하는 사람들에게 불이익을 주는 법안들을 만들어 냈다. 실례로, 미국 오바마(B. H. Obama) 대통령은 동성애자들을 백악관으로 초청하여 그들을 치하하는 행사를 갖기도 했고, 이러한 정치권의 영향을 받은 미국 연방법원에서는 결국 동성결혼이 미국의 헌법정신 부합된다면서 합헌이라는 결정을 했다. 이제 한국에서도 동성애를 지지하는 정치인들이 등장하기 시작했다. 특히 박원순 서울시장은 미국의 모 언론사와의 인터뷰에서 "한국을 아시아 최초의 동성결혼 합법국가로 만들겠다"고 밝힌 바 있고, 많은 시민들이 반대했음에도 불구하고 '동성애 퀴어 축제'를 서울광장에서 개최하도록 허용했다. 지금은 아직까지 국민여론이 동성애에 대해 반대하는 입장이 더 많기 때문에 동성애 옹호 법안이 통과되기 어려우나 앞으로 동성애를 지지하는 사람들이 늘어갈수록 표심을 따라가는 정치인들은 흔들릴 수밖에 없다. 따라서 친동성애자들의 결집된 표를 의식하고 동성애 확산에 대해 미온적으로 대처하는 정치인들의 퇴출이 절대적으로 필요한 상황이다. 향후 기독교유권운동을 확대를 통해 정치권에서 동성애를 지지하지 못하도록 방어하는 일은 기독교시민단체들이 반드시 앞장서 펼쳐나가야 할 과제이다.

둘째, 정부가 동성애를 비롯한 성중독에 대한 심도 있는 연구를 시행하고 잘못된 성문화가 확산되지 않도록 하는 정책을 수립하도록 적극적인 정책 제안을 해야 한다

성중독을 비롯한 동성애 확산 방지를 위한 정부종합계획안을 입안해야 한다. 각종 성중독이 국민에게 주는 정신적, 육체적 폐해는 자못 심각한 상황이다. 특히 동성애의 경우 에이즈와 각종 성병 및 질병들을 증가시키는 주요 원인이 되고 있다. 더불어서 에이즈 환자 1인 당 년 간 약 5천만 원의 국민 혈세가 지원되고 있다. 따라서 동성애를 비롯한 성중독들이 확산되지 않도록 하는 것이 에이즈 증가를 막고 국민 혈세를 낭비하지 않는 길이다. 이를 위한 정부의 종합대책이 필요하다.

복지부 장관 산하에 '성중독예방치유위원회'를 설치하여 동성애를 비롯한 성중독 예방 치유 사업을 정부가 종합적으로 펼치도록 해야 한다. 매스미디어의 발달로 각종 음란 프로그램들이 무차별적으로 사람들의 영혼을 파고들고 있다. 그 결과 음란물에 중독된 사람들이 일탈된 음란행위를 일삼고 왜곡된 성문화에 빠져 자신을 절제하지 못하는 사람들이 각종 성범죄에 빠지게 되는 것이다. 따라서 정부가 성범죄를 예방하고 국민들에게 건전한 성의식을 갖도록 하는 일에 앞장서야 하며 동성애를 비롯한 성중독 관련 연구와 정책을 적극 지원하도록 해야 한다.

현재 왜곡된 성 정보와 동성애 정보들이 국민들로 하여금 동성애를 지지하도록 만들고 있다. 동성애에 대한 심도 깊은 연구를 진행하여 정확한 사실을 국민에게 알려야 한다. 특히 동성애에 대한 정확한 과학적 근거들을 살피는 연구에 정부가 지원해야 한다. 동성애가 성중독이라는 탈동성애자들의 주장을 과학적으로 확인하는 연구가 진행되

도록 해야 한다. 또한 동성애에서 탈출한 사람들의 사례를 연구 분석하여 동성애 치유 프로그램에 대한 과학적인 근거와 대안을 만들어야 한다. 이를 위해서는 정부가 적극적인 정책을 입안하도록 기독교 시민단체들의 대정부 활동이 활성화되어야 한다.

셋째, 기독교 시민단체들이 동성애 중독 관련 민간운동이 활성화하는 데에 국회와 정부가 지원을 확대하도록 촉구해야 한다.

에이즈의 주요 원인이 되고 있는 동성애 확산을 막기 위해, 반동성애 활동을 하는 시민단체들의 활동에 국회와 정부가 적극 지원한다면, 에이즈 환자 증가로 인한 천문학적인 국가의 의료복지 예산을 절감하는 효과를 가져다 줄 것이다. 즉, 정부는 동성애를 조장하는 곳에 예산을 쓰기보다는 동성애 확산을 방지하는 활동에 예산을 사용해야 하며, 동성애 조장을 반대하는 시민단체들을 위한 적극 지원이 요구된다.

그러나 현실은 이와는 반대로, 국가예산으로 동성애자 옹호 단체를 지원함으로써 국가가 동성애를 조장하는 어처구니없는 일들을 자행하고 있으니 안타까운 일이다. 현재 질병관리본부는 에이즈의 주범이 동성애라는 명확한 통계를 가지고 있으면서도, 성소수자 인권보호라는 미명 아래 이를 국민들에게 알리지 않고 있다. 그 결과 이를 제대로 인지하지 못한 청소년들이 동성애에 빠져들어 최근 청소년 에이즈 환자가 7배나 증가하는 위험한 상황이 발생되고 있는 것이다. 질병관리본부는 질병과 관련된 집행기관일 뿐 인권기관이 아님에도 불구하고 국가인권위원회의 권고가 있었다는 이유로 국민들의 알권리를 박탈하는 범죄행위를 저지르고 있다.

따라서 기독교 시민단체들은 국회와 정부, 지자체에서 동성애를 조장하는 예산이 배정되지 않도록 강력 촉구해야 하며, 동성애의 폐해를 알리는 일에 예산이 배정되고, 이러한 방향으로 국가기능이 작동되도록 압박함과 동시에, 동성애에서 벗어나려고 하는 탈동성애 그룹을 적극 지원하는 예산들이 배정되도록 촉구해야 하며 힘겹게 '동성애 치유회복 프로그램'을 운영하는 민간단체들에 정부가 적극 지원하도록 하는 제도를 마련하도록 활동해야 한다.

넷째, 기독교 시민단체들도 전문성을 확보하고 각 지역의 일반시민 사회단체 및 타종교단체와 전국적인 연대를 확대해야 한다.

성중독 예방을 위한 기독교 시민단체들의 활동이 타 분야에 비해 상대적으로 미미한 상황이다. 이를 극복하기 위해서는 먼저, 크리스천 의사, 교수, 상담자 등 전문가 집단과의 연대를 강화하여 기독교 시민단체들의 전문성이 강화되어야 한다. 특히, 의료보건 전문단체들과 연대는 시급히 강화되어야 한다. 전문가 집단들은 사회운동 경험의 부족과 거부감으로 사회적으로 논란이 있는 부분에 있어서는 선뜻 나서기 어려워하는 경향이 있다. 따라서 기독교 시민단체들이 전문가들과 호흡을 맞추고 그들의 목소리를 전달해야 한다.

또한 상대적으로 대국민 인식개선 홍보활동의 미진한 부분을 타개하기 위해서는 신문, 방송, 인터넷 등 매스미디어와 SNS를 적극 활용하는 전략이 필요하다. 특히 미래 세대인 청소년들은 인터넷 문화에 더 익숙하여 지대한 영향을 받고 있다. 인터넷 영역이 현재와 같이 친동성애적인 상황으로 고착화될 때 동성애의 확산은 제어하기 매우 어려운 상황까지 이를 수 있다. 인터넷 영역의 전문가들과 연대를 강화하여 인터넷 영역이 반동성애로 바뀌도록 적극 노력해야 한다.

위와 같은 일들이 효율적으로 진행되기 위해서는 전국 단위의 시민단체 네트워크가 필요하다. 청소년단체, 대학생단체, 주부단체, 학부모단체, 종교단체 등 각 분야의 시민단체들이 성중독과 동성애 확산 방지를 위해 연대해야 한다. 특히, 전국적인 네트워크를 가지고 있는 종교단체들의 연대는 매우 중요하다. 왜냐하면 전체 국민의 약 25%의 기독교의 수만으로는 국민 여론을 형성하는데 한계가 있기 때문이다. 대다수의 종교는 동성애를 비롯한 잘못된 성문화에 대해 이를 금하는 엄격한 가르침을 가지고 있다. 따라서 종교적 가르침의 실천을 위해서도 여러 종교단체가 참여하게 하는 것은 필수적인 요소이다.

다행히 2013년 기독교 시민단체를 중심으로 불교, 천주교, 유교 등의 종교 시민단체들과 일반 시민단체들이 참여하는 '동성애문제대책위원회'가 결성되어, 그 역할을 감당하고 있는 것에 큰 힘을 얻고 있다. 앞으로 더 많은 기독교 시민단체들이 참여해 힘을 보태야 한다. 또한 올해 2015년 한기총을 비롯한 5개 한국교회연합기관이 함께한 '한국교회동성애문제대책위원회'가 결성되어 큰 기대를 모으고 있다. 향후 이러한 연합기관들의 발전을 위해 많은 기독교 시민단체들의 적극 동참해야 할 것이다.

다섯째, 동성애 조장을 반대하는 국제적인 기독교 시민네트워크를 결성해 상호 연대를 강화해야 한다.

현재 전 세계적으로 동성애를 확산 조장시키는 중요한 역할을 유엔이 하고 있다. 특히 동성애를 합법화한 유럽과 미국이 움직이는 유엔인권이사회는 우리나라에 동성애 차별금지법을 신속하게 통과시킬 것을 지속적으로 요구하고 있다. 지난 6월 동성애 퀴어 축제에 20여 개국의 대사들이 참석해서 동성애자들을 지지한 이유도 그 때문이다. 2013년 '동성애선전금지법'을 제정한 러시아를 압박하고자 각국 지도자들에게 2014년에 있었던 소치동계올림픽 개막식에 불참하도록 압력을 넣은 것도 유엔이다. 더욱이 반기문 유엔사무총장은 지속적으로 동성애를 지지하며 한국이 동성애를 탄압하는 국가라고 지적한 바 있다. 따라서 세계정부인 유엔의 동성애 옹호 정책과 맞서 싸우려면 국제적인 네트워크가 절대적으로 필요하며 그 중심에는 기독교 시민단체들이 그 역할을 감당해야 한다.

다행히 세계 곳곳에는 많은 한인교회와 한국인 선교사들이 있다. 이들의 네트워크를 통해 동성애 확산을 반대하는 전 세계 기독교 시민단체들과 교회들이 연합하도록 해야 한다. WCC와 같은 기존의 세계교회연합 기관들은 신신한 크리스천들에게는 이미 그 신뢰성을 상실한지 오래다. 그 실례로서, 이미 지난 부산 WCC 총회에서 일부 기독교 단체들이 동성애를 옹호하는 부스를 설치하고 광화문 이순신 동상 앞에서 동성애자들을 지지하는 기자회견을 가진 바 있다. 그러므로 복음에 굳건히 서서 이러한 세상의 흐름과 맞서 강력히 싸워나갈 새로운 세계 기독교 협의체의 탄생이 절실한 시점이다. 이를 위해 동성애가 하나님의 나라를 유업으로 받지 못하는 죄악 중에 하나이며, 복음 안에서 치유 가능한 것임을 신앙으로 고백하는 전 세계의 신실한 기독교시민들이 함께 힘을 모아야 한다.

다행히 지난 6월 국회에서는 전 세계 탈동성애의 연대기구인 '탈동성애인권국제연대' 준비위원회가 출범했다. 앞으로 한국의 탈동성애 단체인 '홀리라이프'가 사무국을 맡아 전 세계의 탈동성애자들이 하나로 뭉칠 것이다. 또한 올 12월 12일 세계 인권선언일을 맞아 뉴욕 유엔본부 앞에서 세계 최초로 탈동성애자 인권보호를 촉구하는 집회를 가질 예정이다. 앞으로 기독교 시민단체들은 국제 네트워크를 강화하면서 탈동성애자들의 국제 활동을 적극 지지하고 지원해야 한다.

제 5 부
윤리적 분석

Homosexuality, the cultural clash of the 21st century

제 1 장

하나님의 창조질서를 거스르는 동성애

김재성 교수(국제신학대학원대학교 부총장 조직신학)

머리말: 하나님의 준엄한 경고에 도전하는 가증한 세태

우리는 밭에 좋은 씨를 뿌리지만, 항상 나쁜 가라지도 함께 자라난다. 그런데 이 두 가지 모두 다 처음 나서부터는 잘 구분이 가지 않는다. 둘 다 좋은 열매를 가꾸는 식물로 보이는 경우가 많다. 동성애자들의 변명은 마치 소수자들의 인권신장과 약자에 대한 차별금지를 주장하는 듯이 보인다. 매우 그럴듯하게 포장하고 있지만, 동성애는 하나님의 창조원리를 거스르는 악하고 가증스러운 일이다.

최근에 전 세계적으로 점차 동성애자 축제가 벌어지고 확산되어 가고 있다. 인권운동을 가장하여 결혼을 인정받기 위한 합법화 운동을 하고 있는데, 이것들은 하나님을 거역하고 패역한 일을 벌이는 자들의 술책이다. 하나님을 거역하고 세속화를 부추기는 일들은 지금까지 이 세상 사람들에게 더 호응을 얻는 듯이 보이고, 인기를 끌고 있다. 우리는 그 동안 수많은 세속화 운동을 목격해 오고 있다. 예를 들어, 살인죄 처벌 철폐 논쟁, 주일성수를 허무는 수많은 행사들, 주류 판매 금지, 마약퇴치와 낙태 문제 등에서도 기독교의 기본신조들이 허물어지고 말았다.

최근에 2015년 6월 26일, 미국 연방법원이 동성애자들의 결혼을 합법화하는 판결을 발표하였다. 이미 유럽 10여 개 국가와 미국, 캐나다를 비롯하여 동성애자들의 결혼을 허용하는 나라들이 점차 확산되고 있는 추세이다. 그러나 지금 세상 법정이나 국가에서 허용을 하고 점차 사회 속에 퍼져나가고 있는 동성애자들의 합법적인 결혼 허용은 성경에서 엄격하게 금지하는 죄악이다.

1. 동성애를 거부하는 일관된 성경의 가르침

성경에서는 모두 직접적으로 동성애자들에 대해서 엄격히 정죄하고 금지하고 있다. 성경적인 기독교 신앙을 가진 자라고 하면서도 동성애를 합법화하는 입장을 발표하는 자들이 있는데, 이들만이 아니라 얼마든지 세상에서는 자기들이 원하는 사상을 성경에 근거한다고 말하면서 잘못된 해석들을 만들어내고 있음을 주목해야만 한다.[1] 성경은 일관되게 동성애에 대해서 정죄하고 금지하는 오직 단 하나의 입장만을 천명하고 있다. 창세기 9:20-27과 19:4-11, 레위기 18:22과

---

1   D. O. Via and R. Gagnon, *Homosexuality and the Bible: Two Views* (Minneapolis: Fortress Press, 2003), 92-93.

20:13, 사사기 19:22-25, 에스겔 1:50과 18:12, 33:26, 로마서 1:26-27, 고린도전서 6:9, 디모데전서 1:10, 베드로후서 2:7, 유다서 7 등이다. 동성애자들을 인정하는 것은 성경에서 가르치는 만물의 창조원리, 인간의 존엄성, 하나님 나라의 윤리를 정면으로 부정하는 일이다.

크리스천들 중에서 극히 일부 교단이, 특히 영국 성공회에서 동성애자들의 결혼을 허용하기로 하였는데, 그러한 수정주의 신학자들마저도 성경에서 동성애를 금지한다는 점을 인정하고 있다.[2]

필자의 판단으로는 이제 정말로 세상의 마지막 날이 가까워져서, 사람들 중에 극히 일부는 극도의 쾌락주의에 빠져서 정욕을 채우는 데에서 만족을 추구하는 광란의 유희에 빠져있음을 느끼게 된다. 소수자들에게 평등해야 한다는 구실을 내세워 온갖 술책을 동원하여 합법화를 달성하고 있지만, 동성애자들은 정작 누구에게 어떤 봉사를 하고 있는지 전혀 알 수가 없다. 자연적인 본성을 거스르고 변태적인 쾌락을 추구하는 자들은 인류 역사에 항상 죄악을 씨를 뿌려왔다. 자기만족의 수단으로 삼아서 온갖 구실과 변명을 정당화하여 합법적인 인권으로 가장하고 있음을 느끼게 된다.

동성애자들은 부패한 인류 사회의 파멸을 가져올 것이며, 동성애는 하나님의 심판을 재촉하는 일이 되고 말 것이다. 인류 사회가 하나님을 거역하고 패역한 일을 자행하다가 죄악의 무덤을 계속해서 건설해

---

2   P. Pronk, *Against Nature? Types of Moral Argumentation Regarding Homosexuality* (Grand Rapids: Eerdmans, 1993), 279; "Wherever Homosexual Intercourse is Mentioned in Scripture, It is Condemned." 위 책의 저자는 네덜란드에서 게이 운동을 지지하는 학자이다. 그런데도 저자 프롱크(C. N. Pronk)는 성경은 일관되게 동성애를 지지하지 않는다고 솔직히 인정한다. 그러면서 그는 현대인들은 굳이 성경에 의존하거나 매달리는 윤리적 기준을 따르지 않아야 한다고 주장한다. 동성애자들은 굳이 성경의 윤리적 교훈에 매달리지 않으려 하는 것이다. 이것이 문제이다.

간다면, 인류 문명사의 몰락이 불현듯이 다가올 것이다. 우리가 살고 있는 세대는 성경의 윤리적 기준과 하나님의 창조질서를 완전히 팽개쳐 버린 가증한 일들을 서슴지 않는 패역한 풍조가 만연해 있다. 심지어 기독교 신학자들과 목회자들마저도 자신들의 감정과 느낌에 따라서 성경의 가르침을 왜곡하는데 주저하지 않는다. 우리 한국교회는 기독교의 교리에 위배된 비윤리적인 사람들이 주장하는 논리에 휘말리지 말고, 모든 크리스천들과 지성인들이 경각심을 가져야만 할 때이다. 가정을 무너뜨리고, 인간 사회의 정당한 부부관계를 뒤집는 자들의 행동에 대해서 엄격하고 단호하게 대처해야 할 중대한 상황에 이르고 말았다. 동성애자들과 벌이는 크리스천들의 영적 전쟁은 결코 중단할 수 없으며, 보다 더 강력하게 싸워나가야 할 상황을 맞았다.

    동성애자들은 기독교의 가르침을 정면으로 왜곡하고 부정하는 자들이다. 근본적으로 인간은 하나님 앞에서 불순종하며 거역하기를 일삼고 있다. 원래는 모든 사람이 하나님의 형상으로 지음을 받아서 아름다운 에덴 동산에서 살게 되어 있었다. 그러나 하나님께 불순종한 인간은 엉겅퀴와 가시가 뒤엉킨 세상으로 쫓겨났다. 그 후로 모든 인간들은 살인과 미움, 대립과 싸움, 정복과 지배욕을 과시하면서 세상에서 번성해 나가는 동시에 비극을 양산하고 있다. 에덴 동산에서 하나님을 거역한 인간은 남편과 아내로 맺어지는 관계를 벗어나서, 성적으로 육체를 즐기고자 하는 본성을 지니고 있으며, 쾌락에 대한 과도한 욕망과 욕구충족을 향한 불의를 서슴지 않게 되었다. 크리스천으로 살아가는 사람들은 그러한 동일한 감정과 자극을 느끼지 않는 것은 아니지만, 육체적 감정에 따라가지 아니하고 어떻게 대처할 것이며, 어떻게 반응해야만 하는가를 배워서 올바르게 대처하고자 노력하는 사람들이다.

동성애는 지구상에서 인간들이 하나님을 향하여 범하는 가장 나쁜 죄악 중에 하나이다. 동성 간의 결혼 허용이라는 주장에 대해서 불신앙과 쾌락에 매몰된 인간들은 그저 자유의 확대라고 주장하지만, 실제로는 인류가 하나님의 진노와 심판을 재촉하는 극도의 타락일 뿐이다. 즉, 극단적인 유희를 즐기는 인간들이 육체적으로 타락하여 빚어내는 가장 저질스러운 죄악인 것이다. 이미 하나님이 창조하신 세계는 인간의 타락으로 인해서 더럽혀지고 말았다. 죄악의 영향 가운데 있는 세상은 모든 것들이 왜곡되어 있어서 탄식하는 중이다(롬 8:20). 질병, 무질서, 혼란, 전쟁, 기근, 지진, 화재, 사건과 사고 등이 사람들의 몸과 영혼과 심령에 고통을 주고 있다.

2. 동성애자들의 혼돈스러운 자아 정체성

자신을 동성애자라고 진단하는 자들은 본성적으로, 선천적으로 그러한 동질의 성을 가진 사람들을 향한 감정, 느낌, 경향을 가지게 되었다고 변명하는 말을 한다. 그러나 이들 동성애자들에게 보다 더 분명히 지적할 것이 있다. 남성들끼리 성적인 매력을 느끼는 자들(gay), 여성들끼리 성적인 접촉을 하는 사람들(lesbian)은 단순히 성적인 취향이 정상적인 사람들과 다른 것뿐만이 아니다. 성적인 취향이 다를 뿐이라고 항변하려는 동성애자들은 사실상 인간의 '정체성'과 '삶의 방식'이 완전히 다른 자들이라는 점을 간과해서는 안 된다.[3] 다시 말해서,

---

3   S. Allerberry, *Is God Anti-Gay?: And Other Questions about Homosexuality, the Bible and Same-Sex Attraction* (The Goodbook, 2015), 10.

남자가 남자의, 여자가 여자의 매력에 이끌리어 사랑의 감정을 느낀다는 자들은 단순히 여러 가지 감정이나 느낌 중에 하나에 해당하는 성적인 감정만이 다른 것이 아니라, 그 배후에는 자신들의 인간적인 기본 인식과 생활양식을 그 속에 감추고 있다는 것을 놓쳐서는 안 된다.

기독교 윤리의 원리를 점검하면서, 프레임(J. Frame) 박사는 유전적인 성향에 근거해서 동성애를 변명하는 것이 성립될 수 없다고 비판한다. 유전적 요인이 나쁜 행동에 영향을 준다거나, 나쁜 행동에 대한 변명이 될 수 없다는 것이다.

> 동성애에 대한 유전적 성향이 선택할 수 있다는 요소를 제거할 수 있는가? 그렇지 않다. 알코올 중독에 대한 유전적 성향을 가진 사람이 술을 마시기로 결정할 때 그는 선택을 한다. 그런 후에 또 다른 선택을 한다. 동성애에 대한 그런 유전적 구성요소를 가진 사람들이 있다면 그 사람들이 분명히 유혹에 굴복하기로 선택한 것이다. 동성애자들은 **동신**으로 남아있지 않기를 선택한 것이다. 그리고 그들은 성관계를 갖기로 선택한 것이다.[4]

"내가 어떻게 느끼느냐" 하는 것은 근본적으로 "내가 누구냐" 하는 것과 연계되어 있다. 단순히 성적인 면에서 상대하는 사람이 남자가 남자에게, 여자가 여자에게 느끼는 감정이나 행위만으로 그치는 것이라고 말할 수 없다. 동일한 성을 가진 자들에게 매력을 느낀다는 것은 내가 생선을 좋아하느냐, 고기를 좋아하느냐, 채소를 좋아하느냐 등의

---

4   J. Frame, *The Doctrine of the Christian Life* (Phillipsburg: P&R, 2008); 『기독교윤리학: 그리스도인의 삶에 대한 교리』, 이경직 외 역 (서울:개혁신학사, 2015), 387.

것들과는 전혀 다른 문제의 본질을 담고 있다는 것이다. 사실상 동일한 성을 가진 자에게 매력을 느낀다고 말하는 것에서부터 자신의 정체성, 자신의 전체 인격이 다르다는 것을 말하는 것이다. 성적인 감정은 곧 그 사람의 인격적 정체성, 자아의 본질을 드러내는 것이다. 성적인 충동은 일시적인 흥분상태에서 분출되는 경우도 많지만, 이성적으로 작동하기도 하는 매우 중요한 근본적인 감정이다.

필자는 크리스천으로서의 정체성을 성경에 근거하여 갖고 있다. "그런즉 누구든지 그리스도 안에 있으면 새로운 피조물이라 이전 것은 지나갔으니 보라 새것이 되었도다"(고후 5:17). 크리스천은 예수 그리스도에게 신비롭게 성령으로 인하여 연합된 존재로서 새로운 형상을 본받아서 살아가게 된다.[5] 크리스천이라 함은 자신이 이전에 세워 놓은 모든 사상과 종교와 전제, 그리고 육체적인 쾌락이나 감정에 따라 살아가려던 이전의 모든 생활방식을 버리고 오로지 하나님이 무엇을 말씀하느냐에 따라 살아가는 자들이다. 이전 것들은 모두 다 내려놓고, 부인하며 회개하고, 새롭게 예수 그리스도에게서 공급받는 성령의 능력으로 살아가는 자이다. 즉, 세상으로부터 온 가치관이 아닌, 예수 그리스도로부터 주어진 새로운 가치관과 삶의 방식으로 살아가며, 그리스도에게서 온 자신의 새로운 신분에 대한 소속감을 가지고, 그리스도의 사람으로 살아가는 자이다.[6] 기독교가 지향하는 인간의 삶의 방식은 인간 작자가 자신이 좋아하는 육체적인 방식대로 살려고 하는 데에 있지 않다. 오히려 자신의 육체의 소욕을 죽이고 성령께서 심어

---

5   J. Calvin, *Institutes of the Christian Religion*, tr. F. L. Battles (Philadelphia: Westminster, 1967), III.iii.1.

6   J. T. Billings, *Calvin, Participation, and the Gift: The Activity of Believers in Union with Christ* (Oxford: Oxford University Press, 2007).

주시는 믿음과 능력으로 절제와 인내를 요구한다. 그 정체성에서 크리스천들은 이전의 모든 가치관과 윤리를 변화시켜서 그리스도 예수님에게 연결된 한 가정으로서의 건전한 부부관계와 가족 존중의 자세를 원칙으로 세우고 지켜나가는 것이다.

3. 한 남자와 한 여자의 창조원리

기독교는 성경에 기록된 바, 하나님께서 각각 남자와 여자로 구분하여 창조하신 원리를 따르며 믿는다. 하나님은 사람의 창조주로서, 동일한 성을 가진 자들이 성적인 결합을 통해서 부부로 맺어지는 것을 허용하신 적이 없다. 그러므로 이러한 하나님의 창조원리를 거역하는 자들에게는 오래 참으시고 용서하시고 기다리시는 하나님의 사랑을 거역한 대가로서 최종적으로는 심판이 주어지며, 돌이킬 수 없는 영원한 징벌과 엄격한 진노가 주어질 뿐이다. 하나님이 창조하신 인간의 근본 모습은 다음과 같이 요약될 수 있다.

첫째, 사람은 하나님의 형상으로 지음을 받은 자들이다(창 1:27). 사람이 존귀하게 취급을 받는 존엄성의 근원이 여기에서 나온다.[7] 사람이 사람을 죽이는 것을 금지한 이유도 역시 하나님의 형상을 가진 존재이기 때문이라고 성경은 증언한다. "다른 사람의 피를 흘리면 그 사람의 피도 흘릴 것이니 이는 하나님이 자기 형상대로 사람을 지으셨음이니라"(창 9:6).

둘째, 사람만이 이름을 가진 존재로서 하나님에게서 존귀하게 여김

---

7   A. A. Hoekema, *Created in God's Image* (Grand Rapids: Eerdmans, 1986), 11-22.

을 받게 되었다. 남자라는 히브리어는 '이쉬(אִישׁ)'이고, 여자라는 히브리어는 '이솨(אִשָּׁה)'이다. 이 두 사람은 동일한 요소를 갖춘 사람이지만, 성별이 엄격하게 구별된 존재이다. 여자(woman)는 남자(man)의 갈빗대를 취하여 만들어진 존재로서 또 다른 보통 사람이 결코 아니다. 물론 그 여자는 그 어떤 동물과도 다르다.

하나님께서는 한 남자와 한 다른 여자를 만들어서 한 몸을 이루도록 제정하였다(창 2:23). 남자가 홀로 거하는 것이 좋지 않아서 여자라는 돕는 배필을 만드신 것이 창조의 원리요, 가정을 이루는 근본 규범이다. 남자와 여자와의 관계는 남자의 갈비뼈를 취해서 만들었기에, 아담이 아내를 일컬어서 "살 중의 살이요 뼈 중에 뼈"라고 하였다. 여자를 지으실 때에 하나님은 남자의 머리에서나 혹은 발에서 취한 것이 아니라, 옆구리에서 취했다는 점은 동등하다는 의미가 담겨있고, 팔 아래 부분에서 취해졌다는 것은 보호의 대상이라는 뜻이며, 심장에 가까운 부분에서 취해졌다는 것은 사랑의 대상이 되어야 한다는 의미를 내포하고 있는 것이다.[8] 아무런 관계성이 없는 남자와 여자가 만나서 육체를 즐기기 위해서 한 몸이 되는 것이 아니다. 원래는 하나였던 사람을 찾아서 서로 다시 짝을 맞추어 살도록 정해진 것이요, 이는 언약적 약속 관계를 드러내는 증언으로 드러난다.

결국, 남자와 여자는 서로 동일한 요소들을 갖추고 있으며, 동시에 서로 다른 성별을 갖추게 된 존재로서 창조되었다. 그러기에 성경은 "남자가 부모를 떠나 그 아내와 연합하여 둘이 한 몸을 이룰지로다"(창 2:24)고 천명한 것이다. 남자와 여자의 결합은 적합한 하나 됨을 통한 완성이다.

---

8   M. Henry, *A Commentary on the Holy Bible* (London: Fisher, 1840) 1:12.

남녀, 즉, 부부의 관계를 성경의 내용을 통해 더 구체적으로 살펴보면, 아담이 먼저 지음을 받았으나, 홀로 있는 것이 하나님 보시기에 좋지 않았다. 이에 하나님은 남자인 아담과는 다른 성을 지닌 여자를 만들어 서로 부부로서 연을 맺고 살아가도록 하심으로써, 인류의 첫 가정을 남자와 여자, 즉, 아담과 하와를 통해 허락해 주셨다.

그러나 여기서 우리가 간과하지 말아야 할 점은 남자와 여자의 결합, 즉 남녀의 결혼이 단순히 인간의 외로움을 상쇄하기 위한 방편으로만 이루어지는 것이 아니라, 여기에는 남자와 여자 사이의 결혼을 넘어선 거룩한 언약관계가 형성되는 것이다.[9] 장차 예수님을 통해서 보여주시는 언약관계는 거룩한 신랑께서 자신을 희생하여서 그 대상이 되는 거룩한 신부를 구해내신다(고전 7:29-40). 남녀 사이에 결혼의 언약을 맺고 '한 몸'이 된다는 것은 하나님께서 장차 모든 믿는 자들이 그리스도 예수의 의로움을 인정받아서 하나님 나라의 백성으로 살아가게 되는 것을 상징하는 일이다. 그러므로 남녀 간의 결혼은 하나님과 그의 백성 사이에 이루어지는 언약관계와 거룩한 연합을 상징하는 것이 된다.

어떤 이들은 예수님께서 직접적으로 동성애 금지에 대한 언급을 하신 적이 없다고 변명하는 듯한 주장을 한다. 그러나 예수님은 마태복음 19:4-6과 마가복음 10:6-9에 기록된 바와 같이, 결혼의 의미를 풀이하면서, 창세기 2:19-24의 말씀을 통해서 설명하셨다. 유대인들이 이혼에 대한 논쟁을 들고 오자, 예수님은 보다 보수적인 해답을 제시하신다. 예수님께서는 결혼이 창조질서임을 말씀하고 있는 창세기 본

---

9   M. Horton, "Law, Gospel, and Covenant," *Westminster Theological Review* 64, no. 2 (2002):279-88.

문을 인용함으로써, 유대인들의 이혼 논쟁에 쐐기를 박는 모습을 볼 수 있다. 즉, 부당한 타락을 일삼은 성적인 부도덕함을 제외하고는, 그 어떤 경우에도 이혼을 정당화할 수 없다고 하셨다.

요컨대, 예수님은 창세기 2:24을 인용하여, 원래 하나님께서 사람을 남자와 여자로 지으셨다는 점을 강조하였다. 다시 말하면, 예수님은 이혼 허용이라는 매우 극단적인 논쟁을 해결하는 대안으로, 먼저 결혼에 대해서 합당한 이해를 해야만 한다는 점을 지적하였던 것이다. 예수님은 원래 결혼의 원칙을 바르게 이해하고자 한다면, 창조원리에 담겨진 결혼에 대한 규범적인 원리가 무엇인가를 알아야만 한다는 점을 창세기 2장 24절을 통해 기억하게 하고, 주의를 환기하게끔 하셨다. 창조를 시작하면서 하나님이 정하신 결혼의 원칙은 한 남자와 한 여자가 결합하여 삶을 마치기까지 함께 살아가도록 하신 것이다.

셋째, 남자와 여자는 서로 상호보완적인 관계에서 만들어진 존재들이며, 서로 다른 성별을 갖고 있는 두 사람이 '한 몸'이 되는 것이다. 남자와 여자 사이의 존재론적인 차별성을 구별하는 것은 상호의존적 존재로 창조하신 의미를 왜곡하는 것이다.[10] '한 몸'이라는 말은 서로 다른 성별을 가진 사람이 부부로 언약관계를 맺은 후에 육체적인 성적 교류를 통해서 서로 정서적으로 친밀해지는 것을 의미한다. 따라서 하나님의 창조원리에서 제정된 부부관계를 벗어나서 성적인 결합 행위를 자행하는 것은 불법이요 불의이다. 성경은 지속적으로 정상적인 남녀로 맺어진 부부관계를 강조함과 동시에, 이러한 성경 말씀에 반하는 불법한 자들에게는 세속적인 쾌락과 정욕의 포로 됨에서 회개하고 벗

---

10 B. K. Waltke, *Genesis: A Commentary* (Grand Rapids: Zondervan, 2001), 88. idem, "The Role of Women in the Bible," *Crux* 31 (September 1995):29-40.

어나라고 강조한다. 남녀 사이에 이루어지는 부부관계는 창조원리이며, 하나님이 직접 정하신 규칙이다.

> "너희 몸이 그리스도의 지체인 줄을 알지 못하느냐 내가 그리스도의 지체를 가지고 창녀의 지체를 만들겠느냐 결코 그럴 수 없느니라 창녀와 합하는 자는 그와 한 몸인 줄을 알지 못하느냐 일렀으되 둘이 한 육체가 된다 하셨나니 주와 합하는 자는 한 영이니라 음행을 피하라 사람이 범하는 죄마다 몸 밖에 있거니와 음행하는 자는 자기 몸에 죄를 범하느니라"(고전 6:15-18).

살펴본 바와 같이, 남녀가 맺는 부부관계는 하나님께서 직접 규범적으로 제정한 것이며, 이를 벗어나서 동일한 성적인 본성을 가진 자들의 접합 행위를 규범적으로나 유기적으로 인정해 주신 적이 없음을 우리는 명심해야 할 것이다. 그러므로 하나님이 제정하신 이러한 남녀의 결합의 왜곡과 변형인 동성 간의 결합, 즉 동성 간의 결혼은 하나님이 제정하신 규범을 어기는 명백한 말씀의 위반이 되는 것이다.

넷째, 남녀가 가정을 이루어서 해야 할 문화적 사명으로 "생육하고 번성하며 땅을 정복하고 땅에서 창대하게 되어서 만물을 다스리고 충만하라"(창 1:28)는 말씀을 주셨다. 이런 목적으로 맺어진 부부관계에서 형성된 가정은 단지 남자들끼리, 여자들끼리 육체적으로 즐기고 먹고 마시고 살아가는 것으로 그치는 것이 아니다. 남녀 간의 사랑을 통해서 생육하고 번성해야 하는 사명이 가정을 제정하신 하나님 안에서 우리에게 주어진 것이다. 하나님이 창조하신 이 땅위에 건설적인 문화, 소망스러운 인간 사회를 세워나가는 문화적 사명이 비전으로 제시되어져 있다.

이와 아울러 위에 언급된 창세기 1:28 말씀에서 '창대'와 "생육하고 번성하며"라는 구절을 왜곡해 해석함으로써 혹여 일부에서 주장하는 일부다처로 오해해서는 안 된다. 성경 속 인물 중에, 한 남자와 여자가 결합하여 살아가는 원리를 거스른 대표적인 사람이 야곱이다. 그는 성경에서 극히 예외적으로 아내를 네 명이나 거느렸고, 그의 슬하에 열두 명의 아들을 두었다. 그것이 유대인의 기본적인 씨족 공동체를 이루는 근간이 되었다. 그러나 성경은 그 어디에서도 일부다처제를 허용하거나, 권장한 바도 없다.[11] 일부다처제는 가족 공동체의 구성원들 사이에 파괴와 고통을 불러일으키는 제도이기 때문이다.

동성애자들의 결혼이 창조질서를 위배하는 것이라면, 동시에 일부다처제 역시 창조질서를 위배하는 행동임을 말해 두고자 한다. 두 가지 모두 다 극단적인 경우이며, 결혼에 대한 하나님의 창조질서에 위배된다. 솔로몬 왕은 하나님의 축복과 아버지 다윗이 왕국시대에 물려준 풍요로 육체적 호사스러움을 즐겼다. 그는 여러 여인들을 왕궁으로 불러들여서 방탕한 생활을 일삼았다. 그러나 이러한 방탕한 솔로몬의 생활에서조차도, 그는 각각 여인들에게 한 남자와 한 여자 사이의 언약을 지켜야만 하는 의무가 부가되었다. 일부다처제라는 제도가 일부 사람들에게 극히 예외적으로 남용되어졌음에도 불구하고, 결코 권장하거나 추천될 수 없었다. 예수님은 결코 일부다처제에 대해서도 인정한 적이 없다. 이는 하나님이 에덴 동산에서 세우신 창조질서에 어긋나기 때문이다.

다섯째, 하나님의 창조원리는 훗날 신약성경에도 지속되어 나타난다. 가장 중요한 직분자들을 세우는데 있어서 창조원리를 지키고 있

---

11 D. Burk, *What Is the Meaning of Sex* (Wheaton: Crossway, 2013), 99.

는지의 여부가 핵심사항이었다. 결코 신약성경 그 어디에서도 초대교회의 지도자들로 추천해야 할 사항 중에서 신성한 결혼관계의 책무가 소홀히 취급되지 않았다(고전 7:2; 딤전 3:2; 딛 1:6). 감독이나 장로나 집사는 모두 다 '한 아내의 남편'이라야만 교회에서 존경받는 직위에 오를 수 있었다. 다시 말해서, 하나님의 창조질서에 합당한 부부관계, 즉 하나님이 정하신 창조원리에 부합하는 가정생활을 이끄는 자라야 하나님의 선한 일들을 해나갈 수 있는 자로 인정받게 되는 것이다.

4. 소돔과 고모라의 멸망

창세기 19장은 갑작스럽게 등장하는 동성애라는 죄악을 상세히 소개하는 곳이다. 소돔과 고모라는 갖가지 죄악이 전반적으로 널리 성행하고 있었고, 특히 동성애자들의 성행으로 하나님의 진노를 삼으로써 결국 멸망당하게 된 곳이다. 오늘날과 같이 동성애자들이 합법적인 가정의 지위를 획득하게 되고, 사회 전반에 걸쳐서 이러한 자들이 영향력을 행사하게 되면, 머지않아 인류의 미래가 어떻게 될 것인가를 명확하게 확인시켜주는 실례로서 우리에게 경종을 울려주는 곳이 소돔과 고모라이다.

흔히들 세상의 타락상을 일컬어서 소돔과 고모라와 같다는 말을 사용한다. 창세기 19장에 등장하는 이들 두 도성, 소돔과 고모라의 멸망은 모든 시대에 주시는 하나님의 경고의 메시지였다. 따라서 이 두 도성은 성경에서 지속적으로 잊혀지지 않고 언급되고 있다. 성경 전체를 통해서 소돔과 고모라는 극악한 죄악의 대명사로 사용되었다(사 1:9-10; 3:9; 렘 23:14; 겔 16:44-58). 이들 두 도성에 대한 하나님의 심판에 성경은 지속적으로 의미를 부여해 왔다(신 29:23; 사 13:19; 렘 49:18; 50:40; 애 4:6; 암 4:11; 습 2:9). 소돔 사람들이 하는 타락한 행위라는 의미가 '소도미'(sodomy)라는 말이 되었는데, 곧 동성애자라는 말이다.

    소돔 사람들은 아브라함의 조카 롯에게 찾아온 두 사람들에게 상관하려 하였다. 이들을 알아본 롯은 곧바로 천사들이라는 사실을 알고 자신의 집으로 초대하였다. 그러나 식사 후에 소돔 성 사람들은 젊은이나 노인 할 것 없이 롯의 집을 둘러싸고 이들 손님들을 상관하려 하였다. 이에 롯은 이 두 사람을 보호하고자 모든 노력을 다하였다. 이 때 '소돔 사람들이 서로 상관해서 알며, 관계를 가지려 한다'에서 사용된 히브리어 단어는 '야다, ידע'(안다)이다. 히브리어 '야다'의 의미는 다양하지만, 성적인 관계를 맺는 것에 빗대어서 사용된 동사이다(창 4:1,17,25; 24:16). 즉, 우리말로 쓰인 상관하다는 히브리어 '야다'로 '성관계를 맺다'를 의미하는 것이다. 소돔 사람들은 동성인 두 손님들과 성관계를 맺고자 하는 악한 생각으로 롯의 집을 둘러싸 그 손님들을 자신에게 내어놓을 것을 요구했고, 이에 롯은 자신을 찾아온 두 사람을 보호하고자, 소돔 성 사람들에게 자신의 두 딸에 대해서 언급하면서 '남자를 알지(야다) 못하는 자들'이라고(창 19:8) 하며, 두 손님 대신 저들에게 내어놓으려 했다.

    이와 같이 창세기 19장에 소개된 소돔 사람들의 무자비한 성적인 겁탈은 죄악의 도성에서 벌어지던 동성애라는 사실을 충분히 반증하고 있다. 오랜 세월이 지난 후에, 에스겔 시대에도 사회적 불의와 부정의 상징으로 소돔 성의 죄악이 언급되고 있다.

    "네가 그들의 행위대로만 행하지 아니하며 그 가증한 대로만 행하지 아니하고 그것을 적게 여겨서 네 모든 행위가 그보다 더욱 부패하였도다 주 여호와의 말씀이니라 내가 나의 삶을 두고 맹세하노니 네 아우 소돔 곧 그와 그의 딸들은 너와 네 딸들의 행위 같이 행하지 아니하였느니라 네 아우 소돔의 죄악은 이러하니 그와 그의 딸들에게 교만함과 음식물의 풍족함과 태평함이 있음이며 또 그가 가난하고 궁핍한 자를 도와주지 아니하며 거만하여 가증한 일을 내 앞에서 행하였음이라 그러므로 내가 보고 곧 그들을 없이 하였느니라"(겔 16:47-50).

에스겔 16:17에 지적된 '가증함'(abomination)이라는 단어는 소돔 성의 죄악상을 드러내는 데 거듭 채택되었다. 히브리어 '토에바'라는 단어인데, 이 '가증함'에는 여러 죄악상이 포함되지만, 특히 남자가 여자 대신에 동성과 성관계를 맺는 죄악을 지적하는 레위기 18:22과 20:13에서 사용된 단어로서 에스겔 16장에 사용된 '토에바, תועבה'는 소돔 성의 죄악을 지적하고 있다. 이러한 죄악은 레위기 18장과 20장에서 엄격하게 금지된 바, 소돔 성의 가증스러운 죄악은 교만과 사회적 불의와 동성애자들의 타락이었다.

요세푸스(F. Josephus)와 필로(Philon)의 저술에서도 구약성경 이외의 여러 문서들이 역시 소돔 사람들의 죄악을 동성애로 취급하였다.[12] 소돔 성은 사회적 불평등과 함께 극렬한 성적 타락을 드러내는데, 이와 유사하게 주후 79년에 화산 폭발로 멸망한 폼페이 유적에서도 동성애가 자행되어 왔음을 알 수 있는 자료들이 발견되었다. 이는

---

12 J. H. Charlesworth, ed., *The Old Testament Pseudepigrapha*, 2 vols. (Peabody: Henrickson, 2009), 1:812, 1:827. T. E. Schmidt, *Straight and Narrow? Compassion and Clarity in the Homosexuality Debate* (Downers Grove: Inter Varsity Press, 1995), 88-89. D. Young, *Homosexuality?*, 36에서 재인용.

사도 바울이 로마의 성도들에게 보낸 편지(로마서 1장)를 통해서도 동성애가 당시 로마인들에게서 적잖이 행해졌음을 발견할 수 있다.

유다서 7에서, "소돔과 고모라와 그 이웃 도시들도 그들과 같은 행동으로 음란하며 다른 육체를 따라 가다가 영원한 불의 형벌을 받음으로 거울이 되었느니라"고 하는 것은 널리 퍼져있던 사회적인 불의와 죄악에 대한 경고였다. '다른 육체'(σαρκὸς ἑτέρας, 사르코스 헤테라스)는 문자적으로 번역하자면, 남자가 또 다른 남자와 함께 성적인 행동을 하는 것을 의미한다. 이미 앞서 살펴본 동성과의 성행위를 직접적으로 언급하는 레위기 18:22 말씀과 20:13 말씀을 상기시키는 구절이라고 본다. 소돔 사람들이 천사들과 성적인 관계를 가졌다고 볼 수는 없을 것이다. 물론 롯에게 찾아온 손님들이 천사들이었다는 추론을 할 것도 아니다. 이미 심판을 받았던 죄악의 도시를 인용하면서, 더 나은 사회 건설을 위해서 피해야 할 사항들을 제기하는 것이다.

5. 동성애에 대한 금지명령과 처벌

거룩하신 하나님께서는 자신의 백성들을 거룩하게 살기를 원하시며 부르신다. "오직 너희를 부르신 거룩한 이처럼 너희도 모든 행실에 거룩한 자가 되라"(벧전 1:15-16). 성경의 일관된 가르침은 하나님의 거룩하신 성품을 인간의 삶 속에게 실천하도록 가르치는 것이다.[13]

13　J. M. Frame, *The Doctrine of God* (Phillipsburg: Presbyterian & Reformed, 2002); 김재성 역, 『신론』(서울: 개혁주의 신학사, 2014), 63-66.

특히, 구약성경에서 레위기서의 주제가 거룩한 백성의 삶이다.[14] "너희는 거룩하라 이는 나 여호와 너희 하나님이 거룩함이니라"(레 19:2). 레위기서는 거룩하신 하나님을 강조하면서, 그의 백성들이 거룩하게 살아가야 함을 증거하고 가르친다. 초점은 정결함과 부정함의 구분으로서 제사제도, 제사장 제도, 정결법을 가르치고 있다.

레위기 17장부터는 거룩한 백성으로 살아가도록 상세한 금지조항들과 엄격한 규칙을 제시하고 있다. 레위기 19:2b은 하나님의 백성으로서의 거듭 강조되는 당위적인 원칙이다. "너희는 거룩하라 나 여호와 너희 하나님이 거룩함이니라." 하나님이 거룩하니 하나님의 백성된 우리들도 하나님과 마찬가지로 거룩해야만 한다는 당위적인 명령인 것이다. 레위기 18장에서는 가정의 성적인 행위와 관련된 가르침들을 다루고 있다. 성경이 언급한 말씀들을 전체적인 맥락에서 보면, 사람들 간의 성적인 행위와 그에 대한 구체적인 행동에 관한 상세한 내용은 다루고 있지 않다. 역시 레위기서에서도 그것에 대한 중요한 원리만을 선포하고 있는데, 18:6-27 말씀에서 근친상간과 동성애를 금지하여 이스라엘 백성들이 건강한 가정을 유지하도록 유도하신다.[15] 근친상간을 금지하는 조항들은 최근에 이르러서 한국을 비롯하여 여성들의 인권을 존중하는 나라에서 강조하는 내용들이다. 이는 이미 성경에서 제시된 내용들로서 성경만이 모든 사람이 따라야 할 기준이며, 가장 보편적인 인간의 윤리적 기준이 된다.

다시 동성애를 금지하는 내용이 언급된 레위기서 18:22과 20:13

14　E. J. Young, *An Introduction to Old Testament* (Grand Rapids: Eerdmans, 1949, 1964), 75.

15　T. Longman III & R. B. Dillard, *An Introduction to Old Testament* (Grand Rapids: Zondervan, 1994; 2009), 119.

로 옮겨가 보자. 필자는 그토록 오래전부터 동성애를 금지시켜 왔다는 사실에 놀라지 않을 수 없다. 웬함(G. J. Wenham) 교수는 아시리아 부족들과 히타이트 부족들 사이에서도 동성애가 금지되었음을 밝혀내었다. 그러나 여기에 해당하는 금지는 특별한 용어를 사용하여 동성애에 대한 어떤 특별하고 구체적인 행동에 대해서 정죄한 것이지, 근본적으로 동성애 자체를 금지한 것은 아니다.[16] 그러나 레위기에서 금지하고 있는 동성애는 어떤 방향, 어떤 방식이든 동성애 자체를 금지하고 있으며, 동성애에 대한 부수적인 어떤 특정한 행동에만 해당되는 것은 아니다.

레위기 18:22과 20:13의 동성애 금지조항에 담긴 핵심적인 교훈은 동성애가 창조질서를 거스르는 파괴적인 행동이라는 사실이다. 남자가 남자와 성행위를 하는 것은 자연 만물을 지으신 하나님의 창조원리를 역행하는 것이라고 지적한다. "여자와 동침함 같이, 남자와 동침하지 말라 이는 가증한 것이니라"는 구절에서 핵심을 이루는 원리는 바로 창세기 2장의 창조원리에 근거를 두고 있는 것이다. 하나님은 첫 번째 남자를 만드시고, 그에게서 첫 번째 여자를 만들어냈으며, 서로 보완적으로 채워나가는 가정을 이루도록 하셨다. 모세에 이르러서야 동성애 금지법을 제정하게 되었지만, 이미 오래전부터 절대적인 원리로서 인간 사회가 존속하도록 인도해 오셨다. 성생활에서 핵심이 되는 금지조항은 동성애이다.

레위기 20:13에서는 동성애를 하는 두 남자는 모두 다 하나님께 가증한 일을 범하였다고 규정한다. 이런 가증한 일을 범한 징벌로서 두

---

16 G. J. Wenham, "The Old Testament Attitude to Homosexulaity," *Expository Times* 102, no. 9 (1991):360-61.

남자 모두에게 사형에 처하도록 규정하였다. 억울하게 원치 않은 강간이나 성폭력을 당한 경우에는 희생당한 여자 쪽에는 아무런 처벌을 받지 않도록 보호하고 있다. 성폭력의 가해자와 희생자를 구별하는 지혜가 레위기 22:25-26에 제시되어 있다. 그러므로 만일 동성애가 벌어졌다 하더라도, 전쟁의 정복자들이나, 군주와 같은 지배계층에게 억지로 끌려 나갔다거나, 원치 않음에도 불구하고 힘 있는 자들에게 강압적으로 피해를 입은 남자는 보호를 받을 수 있었다.

물론, 레위기에서 강조되는 율법조항들은 시대의 흐름에 따라서 많은 변화를 겪었다. 예를 들어, 예수님께서도 모세의 법대로 안식일을 지키면서도, 이제 자신으로부터 새로운 언약이 시행된다는 점을 분명하게 밝혔기 때문이다. 이것은 예수님이 율법을 폐하러 오신 것이 아니라, 완성하러 오셨다는 선포에서 차이가 났다. 따라서 기존에 유대인들이 가지고 있던 음식 규례와는 다르게 모든 음식이 다 깨끗하다고 선포하였으며(막 7:19; 행 10:8-11:18), 거룩한 날을 지키는 것도 다소 선택적이 되었고(롬 14:5-6), 또한 예수를 통해서 모든 제사제도와 제사장 체계, 성전중심의 희생제사가 완전히 성취되었다(히 7:1-10:18). 결정적으로 구약의 율법은 사랑이라고 새로이 해석되었다. 예수님은 레위기 19:18의 "원수를 갚지 말며 동포를 원망하지 말며 네 이웃 사랑하기를 네 자신과 같이 사랑하라 나는 여호와이니라"를 인용하여 풀이하였다.

레위기 20:13 말씀은 매우 명쾌하다. "누구든지 여인과 동침하듯 남자와 동침하면 둘 다 가증한 일을 행함인즉 반드시 죽일지니 자기의 피가 자기에게로 돌아가리라." 여기서 '가증하다'에 해당하는 히브리어 단어 '토에바, חועבה'는 특별히 탄식할 만한 죄들, 즉, 성적인 죄악들을 지적하는 용어로서, 구약성경에서 68회 사용되었고, 특히 에스겔서에서 43회 나타난다.[17] 하나님이 보시기에 심각한 죄악들은, 근친상간이라든지 동물과의 성교 등등, 이러한 것들은 모두 죽음이라는 형벌을 면할 수가 없는 하나님 앞에 크나큰 죄인 것이다.

이러한 성과 관련된 윤리적 기준들은 여전히 신약성경에서도 그대로 적용되고 있다. 성적인 불륜은 여전히 신약시대에서도 죄악이다(마 5:27-30). 또한 사도 바울은 고린도전서 5:1-13에서 음행 관련 죄악을 철저히 경계하도록 기술하고 있다. 레위기에서 지적된 바, 일부다처제의 죄악에 대해서도 고린도전서 7:2과 디모데전서 3:2에서 동일하게 반복되고 있다.

이에 구약이든 신약이든 남녀의 성역할에 대해 일관되게 말씀하고 있는 것은 사람의 본분으로 남녀가 연합해 한 가정을 이루어 서로 돕는 배필로 세워 나가는 삶을 영위하는 것이 하나님의 뜻임을 알 수 있다.

6. 상실한 마음

로마서 첫 장에서는 하나님께서는 하나님을 아는 지식을 모든 사람들에게 밝히 나타내 보여주셨지만, 사람들의 마음이 어두워지고 허망해져서 판단이 흐려짐으로 말미암아 하나님을 알지 못한다고 지적한다. 동성애자들의 죄악을 지적하는 로마서 1:26-27은 계속되는 부패한 심령이 만들어내는 불신앙의 죄목들 중에 하나였다. 그래서 먼저 이 구절들과 연관성 있는 앞뒤 구절을 살펴보고자 한다.

17　R. A. J. Gagnon, *The Bible and Homosexual Practice: Texts and Hermeneutics* (Nashville: Abingdon, 2001), 117-20.

첫째, 1:21-23은 우상 숭배의 어리석음이 사람들의 마음에 자리 잡고 있게 된 이유를 설명한 것이다. 이제 사람들은 보이지 않는 하늘의 하나님께 감사를 올리지도 않으면서, 사람들이나 동물들의 형상을 만들어서 보이는 것들을 숭배하고 있다. 이런 것은 어두운 마음과 어두운 생각에서 나온 어두움이다.

이어지는 1:24-25에서는 하나님에 관한 진리를 거짓으로 바꾸어 버리는 사람들의 불경건을 지적한다. 하나님을 거역하는 이교도들은 창조주를 경배하기보다는 피조물을 숭배하고 있다. 이 과정의 단계들을 거치면서, 하나님은 이들을 부패한 마음의 상태로 내버려 두셨다.

결국, 로마서 1:26-27에서 바울 사도는 동성애자들을 하나님이 정하신 '자연의 질서에 역행하는 자들'(contrary to nature)이라고 지적한다. 이 구절은 헬라어로 '파라 퓌신'(παρὰ φύσιν)인데, 성적인 행위 중에서 동성애자들에 대한 표현으로 고대 문서에 자주 등장하고 있다는 연구결과들이 나와 있다. 플라톤(Plato), 플루타크(Plutarque), 요세푸스의 글에 등장하는 단어라는 것이다.[18] 하나님을 거역하는 자들은 다른 사람들에게 명예롭지 못한 열심을 갖고 있는 자들이 활동하고 있는데, 순리로 남자가 여자와 같이 서로 돕고 창조의 뜻을 세워서 살아가는 것이 아니라는 것이다. 부패한 자들의 쾌락은 동일한 성별을 가진 자들의 성생활을 옹호하고 지지하고 있다. 하나님 대신에 우상을 숭배하는 자들처럼, 동일한 성을 가진 자들과 성적인 행동을 하는 자들은 하나님의 창조질서와 명령을 거역하는 일이다. 동성애는 하나님

---

18 T. E. Schmidt, *Straight and Narrow? Compassion and Clarity in the Homosexuality Debate* (Downer Grove: InterVarsity Press, 1995), 79-80. R. B. Hays, *The Moral Vision of the New Testament: A Contemporary Introduction to New Testament Ethics* (New York: Harper One, 1996), 387-89.

의 선하신 계획과 질서를 거부하는 자들에게서 발생되고 있다.

다시 반복하지만, 동성애를 시행하는 자들은 죄악을 범하는 것이다. 그것은 하나님의 창조질서와 자연스러운 것을 위반하는 것이기 때문이다. 칼빈(J. Calvin)은 '도착된 성적 욕구'는 끔찍한 죄악이라고 지적하며, 동성애자들에 대해서 그들은 "자연의 질서 전체를 뒤집어 버렸기 때문에, 그들은 자신들을 짐승 같은 정욕에 내맡겼을 뿐만 아니라, 짐승보다 더 못한 존재가 되어 버렸다"며 동성애자들을 강력하게 비판하고 있다.[19] 칼빈은 또한 동성애와 같은 죄악들은 사도 바울 당시에 "널리 횡행하던 수치스러운 일들을 열거하고 있는 것이라고 보아야 한다. 짐승들조차 혐오할 그러한 더러운 짓들이 당시에 성행했을 뿐만 아니라, 심지어 그것들 중 어떤 악들은 일상적으로 행해졌다는 사실이 정말 놀랍다"고 지적했다. 계속해서 칼빈은 사도 바울의 교훈들 중 고린도전서 6:9과 디모데전서 1:10에서 '남색하는 자들'에게 임하는 하나님의 진노와 형벌에 주목하고 있다.

결론: 동성애자들이 거역하는 창조질서

마지막으로 필자는 과연 동성애자들의 내면적 문제점이 무엇인가를 두 가지 관점에서 지적하고자 한다.

첫째, 동성애자들은 성경의 권위를 거부한다. 결국 사람이 어떤 기준을 정하느냐는 것은 그들이 지금 성경의 가르침을 어떻게 취급하느

---

19 Calvin, *Commentary on Romans* 1:26, 1539년판; 『칼빈주석 로마서』, 박문재 역 (고양: 크리스천다이제스트, 2013), 53.

나는 것과 연관된다. 창세기 2:24에 보면, 사람을 남자와 여자로 지으신 하나님께서는 말씀으로 이 남자와 여자를 짝으로 맺어주시는 분으로 묘사되고 있다. "이러므로 남자가 부모를 떠나 아내와 연합하여 둘이 한 몸을 이룰찌로다." 성경은 단지 이전에 하셨던 하나님의 행위나 말씀을 기록해 놓은 것으로 그치는 것이 아니라, 지금도 하나님께서 선포하시고 행동하시는 분이라고 말씀하고 있다. 따라서 창세기와 동일한 원리에서, 마가복음 10:5 이하에서도 명시적으로 하나님께서 부부 사이를 맺어주시는 저자라고 확언한다.[20] 사도 바울도 명쾌하게 동일한 구절을 인용하면서, 고린도전서 6:9-10에서 "불의한 자가 하나님의 나라를 유업으로 받지 못할 줄을 알지 못하느냐 미혹을 받지 말라 음행하는 자나 우상 숭배하는 자나 간음하는 자나 탐색하는 자나 남색하는 자나 도적이나 탐욕을 부리는 자나 술 취하는 자나 모욕하는 자나 속여 빼앗는 자들은 하나님의 나라를 유업으로 받지 못하리라"고 강조하였다. 또한 고린도전서 6:15-16에서는 하나님이 정하신 율법을 거역하고 창녀와 한 몸이 되어서는 안 된다고 명령하고 있다.

결국, 동성애를 지지하는 자들은 성경의 명시적인 직접 명령을 거역하는 자들이며, 곧 하나님 자신의 말씀을 따르지 않는 자들이다. 성경은 적어도 56회 이상 명백하게 하나님이 저자임을 증거한다.[21]

둘째, 결국 모든 죄를 범하는 자들은, 특별히 동성애자들까지도 인

---

20 B. B. Warfield, *The Inspiration and Authority of the Bible* (Phillipsburg: Presbyterian & Reformed, 1946), 143: "This passage does not give us a saying of God's recorded in scripture, but just the word of Scripture itself, and can be treated as a declaration of God's only on the hypothesis that all Scripture is a declaration of God's."

21 G. K. Beale, ed. *The Right Doctrine from the Wrong Texts?* (Grand Rapids: Baker, 1994), 15.

간의 책무와 책임에 대해서 태만한 자들이기 때문에 하나님의 심판을 피할 수 없다. "죄에서 유전적 요소는 죄에 대한 변명이 될 수 없다… 유전적 성향이 동성애의 구실이 된다면, 아담에게서 물려받은 것이 모두 다 죄의 구실이 된다. 그러므로 동성애가 유전적으로 온다는 것은 분명히 사실이 아니다."[22] 자유의지론자들은 인간의 자율적 결정권을 매우 높이려 하면서도, 도덕적인 책임에 대해서는 충분히 납득하려고 하지 않는다. 그러나 성경은 사람의 자부심을 향상시키는 것에는 전혀 관심이 없다. 인간의 존엄성은 인간이 의지를 작동하기 때문에 아니라, 하나님이 우리를 위해서, 그리고 우리 안에서 행하시고 계시기 때문에 인간에게 주어지는 것이다.

하나님의 창조원리를 거스르는 자들은 자신의 책무에 대해서 태만하다. 물론 우리 모든 인간은 도덕적 무능력으로 고통을 당하고 있으며, 결국 그 죄 가운데서 죽을 인간들이다. 왜냐하면 '죄의 삯은 사망'(롬 6:23)이라고 했기 때문이다. 그러므로 하나님 앞에서 우리 인간의 도덕적 무능력이 도덕적 책임을 제거해 주지는 않는다. 우리가 행한 대로 그 값을 치르게 되는 것이다. 사람의 행동은 생각이 반영된 것이요, 생각이나 행동이나 모두 다 인간의 삶을 구성하는 일부분들이다. 하나님의 말씀에 거역하는 행동을 하는 자들은 그들의 사상이나 생각이 하나님의 창조 의도와는 변질되어 있다는 것을 인지해야 한다. 그들의 비윤리적 행동들은 분명히 그들의 불신앙적인 생각과 따로 떨어져 생각할 수 없는 것들이다.

---

22 J. Frame, *The Doctrine of the Christian Life*, 388.

제 2 장

동성애자들에 대한 전도와 목회적 돌봄

이승구 교수(합동신학대학원대학교 조직신학)

동성애는 하나님께서 원치 아니하시는 것이라는 것은 이미 여러 차례 밝혔으므로,[1] 이 글에서는 그리스도인인 우리들이 동성애자들에 대해서 실제적으로 무엇을 어떻게 해야 하는 지에 대해 논의하고자 한다. 단적으로 말하면, 그리스도인인 우리들은 동성애자들을 미워하거나, 혐오하지 않는다. (혹시 그런 마음을 가진 사람은 스스로가 하나님 백성답지 않음을 생각하면서 회개해야 한다.) 만일에 하나님과 하나님의 말씀이 없다면 우리들이 동성애에 대해서 어떤 판단을 하는 것을 상당히 어려워해야만 한다. 그러나 하나님께서 계시해 주신 하나님의 말

---

1   특히 이승구, "동성애?" 『광장의 신학』 (수원: 합신대학원 출판부, 2010); 이승구, "동성애 반대가 차별인가?" 『거짓과 분별』 (서울: 예책, 2014): 121-26; 그리고 이 책에 실린 다른 글들을 보라.

씀에 근거해서² 동성애는 하나님께서 긍정적으로 의도하신 것이 아니라는 것을 매우 강하게 말하는 것이다. 우리가 이렇게 강하게 말하는 이유는 동성애자들이나 동성애 자체에 대한 우리의 반감 때문이 아니고, 성경 가운데서 하나님께서 이를 옳지 않은 것이라고 하시기 때문이다.³ 우리는 그저 우리가 옳다고 생각하는 대로 말하거나 행동하지 말고, 동성애가 잘못된 것이라는 하나님의 뜻에 따라 말하고 행동해야 한다. 그러므로 정통파 크리스천인 우리들은 동성애도 자연스러운 것이라고 주장하는 사람들의 입장과는⁴ 절대적으로 대립하지만, 우리는

---

2 이와 같은 계시 의존 사색의 중요성에 대하여는 이승구, "동성애?" 『광장의 신학』, 58-59를 보라.

3 이에 대해서 구체적인 내용을 위해서는 위의 각주 1에서 언급한 글들을 읽어 보라. 또한 하버드와 프린스턴 신학교 출신으로 피츠버그 신학교 교수인 R. A. J. Gagnon, "The Bible and Homosexual Practice: An Overview of Some Issues," Orthodoxy Today.com (http://www.orthodoxytoday.org/articles2/GagnonHomosexuality.php)을 보라. 이는 윌리암자 흐스가 "이 분야에서 가장 많이 인용되는 책"이라고 한(W. L. Sachs, Homosexuality and the Crisis of Anglicanism [Cambridge: Cambridge University Press, 2009], 23) 그의 The Bible and Homosexual Practice: Texts and Hermeneutics (Nashville: Abingdon, 2001)에서 학문적으로 깊이 논의한 입장이기도 하다. 그의 다음 글들도 보라: "A Comprehensive and Critical Review Essay of Homosexuality, Science, and the 'Plain Sense' of Scripture, Part 1," Horizons in Biblical Theology 22 (2000): 174-243; "The Bible and Homosexual Practice: Theology, Analogies, and Genes," Theology Matters 7/6 (Nov/Dec 2001): 1-13; "Are There Universally Valid Sex Precepts? A Critique of Walter Wink's Views on the Bible and Homosexuality," Horizons in Biblical Theology 24 (2002): 72-125; "Gays and the Bible: A Response to Walter Wink," Christian Century 119/17 (Aug. 14-27, 2002): 40-43; 또한 그의 "Jesus, Scripture, and the Myth of New Knowledge Arguments about Homosexual Unions" (2014. 6. 18), available at: http://www.frc.org/eventregistration/jesus-scripture-and-the-myth-of-new-knowledge-arguments-about-homosexual-unions. 개그 논의 홈페이지도 유용하다(http://www.robgagnon.net/).

4 이런 사람들은 많이 있다. 대표적으로 다음 주장들을 보라: Rev. H. Montefiore (Somerville College, Oxford에서 1976년에 행한 한 강의에서); 이전 제슈이트 신부로 이제 그리스도는 더 이상 남성이 아니요, 여성인 크리스타(Christa)인데, 그녀는 "관계 가운데 있는 우리의 인격적 삶들을 포함한 세계를 변화시키는" 성적인 능력의 상징이라고

동성애자들이나 그들을 옹호하는 사람들과 전쟁을 하는 것이 아니며, 그들을 미워하는 것도 아니다. 단지 크리스천인 우리들은 하나님께서는 동성애를 원치 않으신다는 것을 선언함으로써, 이 시대를 살아가는 사람들과 우리의 자녀들이 동성애에 빠지지 않도록 인도하는 일에 소명을 다해야 하는 것이다. 그러므로 동성애에 대한 올바른 지식을 소유한 사람들과 연대해 동성애가 가져올 수 있는 여러 문제점들을 지적하고,5 할 수 있는 한 동성애자들이 동성애의 죄악 된 길에서 벗어나

하면서, 동성애적 관계가 이성애보다 더 우월한 것이라고 주장하면서 여성신학과 해방신학에 의존해서 이제는 "게이들에게 민감한 예수"(a gay-sensitive Jesus)를 주장할 수 있다고 하는 R. Goss, *Jesus Acted Up: A Gay and Lesbian Manifesto* (San Francisco: Harper Collins, 1993); T. E. Schmidt, *Straight and Narrow* (Downers Grove, IL: Intervarsity Press, 1995); 성공회 신부인 P. Oestreicher, 가디언(the *Guardian*)지의 컬럼(2013년 4월); Don Imus, in *The Huntington Post* (2013년 4월 4일: http://www.huffingtonpost.com/2013/04/04/jesus-gay-don-imus-gospel-of-judas_n_3013535.html). 심지어 얼마 전에 지미 카터 전 대통령까지도 그랬다고 한다.(http://www.religionnews.com/2015/07/08/jimmy-carter-jesus-would-approve-of-gay-marriage/). 서구의 여러 교단들이 동성애를 인정하고 있을 뿐만 아니라, 미국에서는 심지어 동성애 교단도 생겼다고 한다. The Universal Fellowship of Metropolitan Community Churches.

5 이런 좋은 시도들로서 바른 성문화를 위한 국민연합 편,『동성애에 대한 불편한 진실』(서울: 바른 생각, 1012); 길원평 외 5인,『동성애, 과연 타고나는 것일까?』(서울: 라온누리, 2014), 특히 155-73을 보라. 동성애와 관련한 문제들 중에 가장 심각한 것은 분별력이 없는 청소년들에게 동성애가 자연스러운 것 중의 하나라는 환상을 심어주어 그들로 하여금 자연스럽게 동성애에 탐닉하게 하고, 결국 에이즈라는 치명적인 질병을 유발시킬 수 있다는 것이다. 우리나라에 2000년까지는 청소년 에이즈 감염자가 전무했으나, 2003년부터 이후로 급증한 것은(이에 대해서는 길원평 외,『동성애, 과연 타고나는 것일까?』, 166을 보라) 이 문제가 얼마나 심각한 것인지를 잘 드러내 준다. 다른 문제는 스스로의 문제가 중심적인 것이나, 이는 사회적이고 교육적인 문제가 되기 때문이다. 동성애가 얼마나 많은 사회적 비용을 지불하게 하는 것인지를 깊이 생각해야 한다. 다음으로 생각해 볼 수 있는 심각한 문제는 동성애적 관계는 그 사람들을 AIDS를 비롯한 질병에 더 쉽게 노출시키고 따라서 수명을 짧게 만든다는 점이다. Cf.R. S. Hogg, S. A. Strathdee, K. J. Craib, M. V. O'Shaughnessy, J. S. Montaner and M. T. Schechter, "Modelling the Impact of HIV Disease on Mortality in Gay and Bisexual Men," *International Journal of Epidemiology* 26 (Oxford University, 1997): 657-61: ("If the same pattern of mortality were to continue, we estimate that nearly half of gay and bisexual

와 바른 길로 돌아올 수 있도록 힘써야 한다. 이 글에서는 그리스도인인 우리가 이를 위해서 해야 할 보다 적극적인 일들에 대해서 논의하고자 한다.

1. 모든 사람들에게 주는 그리스도인의 말: "주께로 돌아오라."

먼저 바울의 글의 한 부분을 인용해 보고자 한다. "너희 중에 이와 같은 자들이 있더니, 주 예수 그리스도의 이름과 우리 하나님의 성령 안에서 씻음과 거룩함과 의롭다 하심을 받았느니라"(고전 6:11). 이는 고린도 교회의 구성원들 가운데 믿기 전에는 고린도전서 6:9-10에서 말하고 있는 여러 죄악들을 범하는 사람들이 있었는데, 이제는 그들이 예수 그리스도의 이름과 성령 안에서 거룩함과 의롭다 하심을 받았다는 것이다. 이것은 이 세상의 그 누구도 예수 그리스도의 십자가의 구속과 그것을 적용시켜 주시는 성령님의 역사하심이 없이는 죄 씻음과

---

men currently aged 20 years will not reach their 65th birthday"); Executive Summary, "Health Implications Associated with Homosexuality," *Medical Institute of Sexual Health* (1999):("Homosexual men are at significantly increased risk for HIV/AIDS, hepatitis, anal cancer, gonorrhea and gastrointestinal infections." "Women who have sex with women are at significantly increased risk of bacterial vaginosis, breast cancer and ovarian cancer than are heterosexual women.");L. A. Valleroy, D. A. MacKellar, J. M. Daron, et al, "HIV Prevalence and Associated Risks in Young Men who have Sex with Men," JAMA 284 (2000): 198-204; D. Binson, W. J. Woods, L. Pollack, J. Paul, R. Stall, J. A. Catania, "Differential HIV Risk in Bathhouses and Public Cruising Areas," *American Journal of Public Health* 91 (2001):1482-86. 이 인용문들은 "What does the Bible say about Same Sex Marriage?"(http://christiananswers.net/q-eden/edn-f018.html)에서 가져 왔음을 밝힌다.

거룩함과 의롭다 하심을 받을 수 없다는 것을 웅변적으로 지시해 주는 말씀이다. 그러므로 이것은 그야말로 이 세상의 모든 사람들이 다 그리스도의 구속과 성령의 깨끗하게 하심을 입어야 한다는 말이기도 하다. 여기서 제외될 수 있는 사람은 아무도 없다. 예수 그리스도를 통하지 않고 스스로 돌이키고 바른 방향으로 나아갈 수 있는 사람은 아무도 없다. 사람은 누구나 그리스도의 구속과 성령의 깨끗하게 하심을 필요로 하는 것이다. 구원은 이렇게 주어지는 것이며, 우리들은 구원과 관련하여서는 일차적으로 피동적일 수밖에 없다. 그러나 이렇게 예수 그리스도로부터 주어지는 구원을 받은 사람들은 이제 적극적으로 하나님의 뜻을 수행하며 살게 된다.

그러므로 우리가 믿기 전에 행하던 모든 일로부터 그리스도의 구속과 성령의 깨끗하게 하심에 근거하여 우리들 자신이 돌이키고 바른 길로 나아와야 한다는 것이 그리스도의 종이요 사도로 부름 받은 바울의 간절한 권면이다. 믿기 전에 행하던 일 중의 현저한 것들로 사도는 음행하는 일(즉, 모든 성적인 범죄), 우상 숭배하는 일(하나님 이외의 다른 것을 섬기고 추구하는 일), 간음하는 일(혼인 관계 밖에서의 모든 성적 관계), 탐색하는 일, 남색하는 일(이 두 가지 용어가 각기 동성애적 관계를 지칭하는 것이라고 해석된다),[6] 도적질, 탐욕을 부리는 일, 술 취하는 일, 모욕하는 일, 속여 빼앗은 일들을 열거한다. 그러나 이런 '악의 목록들'은 그것들만이 죄라는 하는 것이 아니다.[7] 열거된 것들은 단지 대표

---

6 이에 대해서는 이승구, "동성애?" 『광장의 신학』, 75f., 특히 각주 48에 언급된 여러 학자들의 견해를 참조해 보라.

7 거의 모든 주석가들이 이를 언급한다. 위에 글에 인용된 여러 주석가들의 언급도 보라. 또한 Sothwestern 침례교 신학교에서 박사학위를 하고 플로리다 주 웨스트 팜 비치에 있는 팜 비치 대서양 대학교(Palm Beach Atlantic University)의 성경과 신학교수로 있으면서 레이크 월뜨(L.Worth)에 있는 그레이스 포인테 교회(Grace Pointe Church)의 목

적인 죄악들의 예를 열거함으로써 사람들로 하여금 하나님의 뜻에 어긋난 모든 것들이 죄악임을 알아, 자신들이 죄인임을 깨닫고 그것들로부터 돌이키라는 의도에서 열거된 것이다. 그러므로 여기 열거된 죄악들을 범한 우리는 참으로 그리스도의 구속을 필요로 하는 '죄인'이라는 것을 인정해야 한다. 즉, 우리는 하나님 앞에 범죄함으로 죽을 수밖에 없는 죄인이었으나, 우리가 죽을 그 죄의 형벌을 예수 그리스도께서 십자가에서 우리를 대신해 모두 감당해 주셨다는 것을 받아들여야 한다.

그런데 앞서 언급한 바와 같이, 바울이 열거한 죄 외에 우리는 알게 모르게 하나님 앞에 무수히 죄를 범하며 살아가고 있다. 하나님의 뜻에 어긋나는 것이 모두가 다 죄이기 때문이다. 바울에 의하면 이 모든 죄악은 결국 각 사람이 '마음에 하나님 두기를 싫어함'으로부터 비롯된 것이라고 한다(롬 1:28). 즉, 우리가 범하는 죄는 우리의 마음에 하나님 두기를 싫어하는 것에서부터 출발하는 것이다.

이 세상에는 그 마음에 하나님 두기를 싫어하는 사람들이 무수히 많이 있다. 이러한 사람을 일컬어 바울은 '상실한 마음'이라고 표현하기도 한다. 마음에 하나님을 두지 않은 자는, 첫째로 하나님께 감사하지도 않고, 영화롭게도 하지 아니한다(롬 1:21). 이와 같은 종교적 죄악은 결국 그 마음에 하나님을 두지 않는데서 나오는 것이다. 이런 사람은 하나님이 아닌 것을 마치 하나님인 것처럼 절대적으로 추구하게 된다. 그리고 그로부터 우리가 생각할 수 있는 모든 심리적, 물리적 죄악들이 파생되어 나타나게 된다. 즉, 모든 죄악의 형상들이 마음에 하

회자로 일하기도 하는 P. Vang, *1 Corinthians*, Teach the Test Commentary Series (Grand Rapids: Baker Books, 2014), 79도 보라.

나님 두기를 싫어하는 데서부터 파생되어 나오는 것이다.

이와 같이 그 마음에 하나님을 두지 않을 때 나타날 수 있는 인간의 모든 죄악상을 성경은 잘 지적하고 있다. 상실한 마음은 결국 인간을 모든 성적인 죄와 사회적인 죄로 몰아간다. 그러면서도 문제는 그 속에 사는 사람들 스스로가 자신들이 "마땅히 죽을 수밖에 없는 죄인"이라는 각성을 할 수 없다는 것이다.

그러나 성자 하나님께서 친히 성육신하셔서 우리의 인간성을 취하여 그 인간성으로 우리의 죄에 대한 형벌을 담당하셨다는 기독교의 복음이 선포되도록 하셨을 때, 우리는 이 소식을 기쁜 소식으로 받아들여야 한다. 스스로는 해결하지 못하는 죄악의 문제를 하나님께서 해결하셨다는 이 소식조차도 거절한다면 우리에게는 그야말로 아무런 희망이 없다. 그런데 하나님께서는 우리들을 중생시키셔서 이 소식을 듣고 깨달을 수 있도록 하셨다. 그리하여 중생한 우리는 하나님이 주신 은혜 가운데서 이 복된 소식을 하나님의 음성으로 듣고 이에 반응하여 나오게 된다. 이 은혜 가운데 있는 자들이 곧 '그리스도 예수 안에서 거룩하여지고 성도라 부르심을 받은 자들'이고, 그들은 '각처에서 우리의 주 곧 그들과 우리의 주되신 예수 그리스도의 이름을 부르게' 된다(고전 1:2). 그리스도 예수 안에서 주신 은혜 안에 있는 이 사람들을 '교회'라고 한다.[8] 그러므로 교회는 이전에는 죄악 속에 있던 '본질상 진노의 자녀'였던 자들이(엡 2:3) 은혜에 의하여 믿음으로 말미암는 구원을 얻은 자들이 된 사람들이다.

교회는 이전에 자신들과 같이 잘못된 길에 있는 세상에 있는 모든

---

8 이와 같이 교회를 "구속 받은 공동체"로 보는 것은 아주 명확하여 일반화되어 있다. 이에 대한 논의로 이승구, 『교회란 무엇인가』(1996, 최근판, 서울: 나눔과 섬김, 2014), 특히 15-30을 보라.

사람들에게 그 모든 잘못된 것들을 버리고 바른 길로 돌아오라고 힘써 외치는 것이다. 그러므로 교회는 온 세상을 향해서 "주께로 돌아오라"고 외칠 수밖에 없다. 다음 구절에서 잘 표현된 하나님의 의도대로, 즉 하나님께서 간절히 바라듯이,[9] 하나님에 의해 새로 지으심을 받은 사람들인 교회도 동일한 심령으로 간절히 다음 같이 외치게 된다.

"악인은 그의 길을, 불의한 자는 그의 생각을 버리고 여호와께로 돌아오라 그리하면 그가 긍휼히 여기시리라 우리 하나님께로 돌아오라 그가 너그럽게 용서하시리라"(사 55:7).

"너희는 각자의 악한 길과 악행을 버리고 돌아오라"(렘 25:5).

"하나님의 뜻은 이것이니 너희의 거룩함이라 곧 음란을 버리고"(살전 4:3).

"그러므로 모든 더러운 것과 넘치는 악을 내버리고 너희 영혼을 능히 구원할 바 마음에 심어진 말씀을 온유함으로 받으라"(약 1:21).

---

9 이런 부르심이 참으로 "진지한 부르심"이라는 것은 바른 신학을 가진 사람들이 항상 말하는 바였다. 이에 대한 좋은 논의로 A. A. Hoekema, *Saved by Grace* (Grand Rapids: Eerdmans, 1989), 제5장=한역, 류호준 역, 『개혁주의 구원론』(서울: CLC, 1990), 114-33을 보라.

2. 우리들이 동성애자들에게 하는 말

위에 제시한 성경 말씀과 동일한 외침을 구속함을 받은 교회의 일원인 우리는 동성애자들을 향하여도 마땅히 외쳐야만 한다. 동성애뿐만 아니라, 구속함을 받은 크리스천은 어떤 죄라도 회개하고 주님 앞에 나오면 용서해 주시고, 구원을 선물로 주시는 주께로 자신의 죄를 버리고 돌아오라고 외치는 것은 먼저 죄 용서함 받고 구원받은 자로서 우리의 사명이기 때문이다. 여기에는 동성애라는 죄도 예외가 될 수 없으며, 예수 그리스도의 사랑으로 이들을 품고 변화시켜 새로운 삶을 살아가도록 인도할 책임이 우리에게 있는 것이다. 모든 인류를 죄악 가운데서 건지시기 위해 십자가의 고통을 감당하신 예수께서는 죄악에 한 가운데에 있는 동성애자들을 향해서도 사랑의 눈길을 돌리지 않으신다. 예수께서는 오늘도 동성애자들이 죄에서 돌이켜 돌아오기를 간절히 기다리고 계신다. 마치 잃어버린 한 마리의 양을 찾아 헤매는 목자의 심정으로 말이다.

그러므로 이에 우리도 이에 반응해 동성애자들을 무작정 혐오하고 멀리할 대상으로만 생각할 것이 아니라, 예수 그리스도의 심장과 마음을 품고 그들을 교회 안으로 받아들이고 예수 그리스도의 은혜의 단비로 변화시키는 일에 한 뜻을 모아야 한다. 예수님은 가장 미천한 자에게 베푼 사랑이 곧 예수 자신에게 행한 것이라고 하시며, 사랑을 베풀어야 될 대상을 한정하지 않으셨다. 그렇다. 동성애자들도 분명 하나님이 사랑하시는 백성이다. 그러므로 우리가 긍휼이 여기며 포용하고 사랑을 베풀어야 할 대상인 것이다. 이 점을 분명히 하고 그들이 동성애자로서의 삶을 버리고 정상적인 삶을 살아가는 한 인격체로서 살아갈 수 있도록 도움의 손길을 베풀어야 할 것이다.

만일 동성애자들에게 죄악 된 모습 그대로 살아가도록 그것을 용인한다든지, 아니면 무관심과 냉대로 일관한다면, 그것은 주님이 말씀하신 사랑을 실천하는 모습이 아닌 것이다. 동성애는 하나님 앞에 크나큰 범죄임을 우리는 이미 알고 있기 때문이다. 그러므로 주님이 말씀하신 사랑의 마음이 우리에게 있다면, 안타까운 마음으로 그들을 향해 동성애를 버리고 주께로 돌아오라고 외쳐야만 한다. 피츠버그 신학교의 개그논(R. A. J. Gagnon) 교수가 잘 지적하고 있는 것처럼, "우리가 누군가를 참으로 사랑한다면 자기를 파괴하고 다른 사람들을 파괴하는 형태의 행위에 대해서 문화적 인센티브를 주지 않음은 물론이거니와, 그것을 용인하지도 않을 것이다."[10] 그러므로 동성애자들을 동성애자로 계속 머물도록 방치하는 것은 예수님이 말씀하신 계명의 완성인 이웃 사랑의 계명을 어기는 심각한 죄를 범하는 것이다.

성경은 동성애가 근본적인 하나님의 창조의 근간을 흔드는 아주 중대하고 가증한 죄라는 것을 지적하며, 범하는 자는 죽음을 면치 못할 것이라고 강력히 경고하고 있다(창 2:19-24; 레 18:22; 20:13; 롬 1:24-27; 고전 6:9). 그러므로 일부 학자들이 주장하는 바와 같이 마태복음 8:5-13과 누가복음 7:1-10에 나오는 백부장과 그의 종의 이야기에 나타난 '파이스'를 남성 동성 연인에 대한 호칭으로 이해하여 성경이 동성애를 옹호하는 것이라고 하는 논의는[11] 성경 말씀에 대한 왜곡 현

---

10 R. Gagnon, "The Bible and Homosexual Practice: An Overview of Some Issues, Orthodoxy Today. org: "If we really love somebody, we will not provide approval, let alone cultural incentives, for forms of behavior that are self-destructive and other-destructive."

11 M. T. Connoley and J. Miner, *The Children Are Free: Reexamining the Biblical Evidence on Same-Sex Relationships* (Jesus Metropolitan Community Church, 2002)에 근거하여 이런 논의를 한국에 소개한 미국 홍신해만 씨의 논의(http://www.

상을 불러일으키는 심각한 문제가 아닐 수 없다.

성경은 구약이든 신약이든 관계없이 일관되게 동성애를 하나님 앞에 부정하고 가증한 죄임을 지적하고 있다. 이에 우리는 동성애를 죄악이라고 규정하고 있는 말씀에 의지하여,[12] 동성애자들에게 그것을 버리고 주께로 돌아오라고 해야만 한다. 이와 더불어 우리는 그들에게 자신들이 행하는 동성애가 분명 하나님을 욕되게 하는 큰 죄라는 것을 그들이 먼저 직시하도록 알리고, 그 죄악에서 돌이키도록 말씀과 사랑으로 돌보는 작업이 필요하다.

물론 사람은 늘 자신들이 원하는 대로 살기를 원한다. 마음의 욕심과 욕망을 제어하지 못하고 더 많은 것을 얻기 위해 파국으로 치닫는다. 성적인 문제에 있어서도 마찬가지이다. 쾌락에 도취된 사람들은 더 큰 육체의 만족을 찾아 더 자극적이며 말초적인 것을 추구해 간다. 이렇듯, 그 마음에 하나님을 두지 않을 때 일어나는 여러 문제들 가운데 하나로 동성애의 문제가 있다. 그러므로 역사 속에는 동성애를 지향하는 사람들이 항상 있어 왔다. 심지어 동성애를 교육을 위한 좋은 것으로 여겼던 시기도 있었다.[13] 그러나 크리스쳔들인 우리들은 모든

---

newsnjoy.or.kr/news/articleView.html?idxno=199290)와 이에 대한 신현우 교수의 반론(http://www.newsnjoy.or.kr/news/articleView.html?idxno=199289) 과 채영삼 교수의 반론(https://www.facebook.com/youngschae12/posts/853367831416494)을 보라.

12 Cf. 이승구, "동성애?" 『광장의 신학』, 61-78, 그리고 결론적으로 말하는 78-80을 보라.

13 이에 대해서는 플라톤(Plato)의 『향연』 중, 특히 파이드로스(Phaedrus)와 파우사니아스(Pausanias)의 동성애를 옹호하는 연설을 보라(특히 179-185b). 인간이 본래 자웅동체였었는데 나뉘어져서 서로를 갈망한다고 말하는 아리스토파네스도 "그 자신은 그들이[동성애자들이] 모든 이들 중 가장 용감하고 남성답다고 생각한다"고 주장한다(192a). 향연에 대한 좋은 분석의 하나로 김인곤, 『토픽맵에 기초한, 철학 고전 텍스트들의 체계적 분석 연구와 디지털 철학 지식지도 구축: 플라톤 향연』 「철학사상」 별책 제5권 제4호 (서울: 서울대학교 철학사상연구소, 2005)를 보라. 위 부분은 이 책의 33-44, 그리고 50에 잘 분석

것에 대한 판단의 기준을 하나님의 말씀인 성경에 두고 있기에, 성경에 가르침을 따라서 동성애가 하나님이 가증이 여기시고 금지하는 분명한 죄악임을 알고 있다. 따라서 동성애자들에게도 우리는 하나님의 말씀에 근거해서 "너희는 각자의 악한 길과 악행을 버리고 돌아오라"(렘 25:5)고 분명하게 요구해야만 한다.

그러므로 일차적인 일은 동성애자들도 유일한 구원의 방도인 예수 그리스도의 십자가 구속을 참으로 믿도록 하는 일이다. 십자가에서 이루어진 구속을 믿을 때에라야 우리는 우리의 죄를 심각한 죄, 그야말로 '죽을 죄'라고 여기게 된다. 십자가에 직면해서라야 죄가 정확히 어떤 것인지를 알게 되니, 동성애자들도 예수님의 구속의 은총 아래에서 동성애가 죄라는 것을 참으로 깨닫게 된다. 모든 죄악이 그렇겠지만, 십자가 앞에 서지 않은 동성애자가 동성애를 진정한 의미에서 죄라고 인정하기 어려울 것이다. 오직 대속의 십자가 앞에 섰을 때에만 죄가 죄로서 깨달아지고 드러나는 것이다. 십자가 앞에 선 루터처럼 '죽고 다시 살아난' 사람들만이[14] 인간의 모든 죄는 참으로 죽을 수밖에 없는 죄라는 것을 절감하고, 이에 대해서 하나님께서 마련해 주신 유일한

되어 소개되고 있다.

14 Cf. 이와 관련하여 가장 중요한 말은 "경험만이 신학자(신학도)를 만든다… 이해와 읽기와 사변을 통해서가 아니라 삶을 통하여, 아니 죽고 정죄됨을 통하여 신학자(신학도)가 된다"는 말이다. Cf. J. Pelikan and H. Lehmann, gen. eds., *Luther's Works* (St. Louis: Concordia Publishing House, Philadelphia: Fortress Press, 1955-86), 55 vols., 31:39-40. 이 주제에 대한 좋은 논의로 다음을 보라. Joseph E. Vercruysse, "Luther's Theology of the Cross at the Time of the Heidelberg Disputation," *Gregorianum* 57 (1976): 532-48; T. George, "Dr. Luther's Theology," *Christian History* 34 (1992); C. R. Trueman, "Luther's Theology of the Cross," *New Horizons* (October 2005)(http://www.opc.org/new_horizons/NH05/10b.html); T. T. Stoller, "Dying and rising with Christ: Visualizing Christian Existence in Martin Luther's 1519 Devotional Writings," Ph. D. dissertation, The University of Iowa, 2011.

구원의 길을 붙드는 것이다. 따라서 우리는 동성애자들이 십자가 앞으로 나아와 자신의 죄악 된 모습을 직시하게 하고, 진정으로 예수님의 십자가 구속만이 자신의 죄를 씻음 받을 수 있고, '유일한' 구원의 방도로 받아들이도록 해야 한다.15 그러므로 참으로 십자가를 믿도록 하는 전도만이 그들을 살리는 유일한 길이 된다. 밥 데이비스(B. Davies)가 잘 말하고 있는 바와 같이, "동성애 문제를 가진 남자나 여자는 그들 스스로 자신을 변화시킬 수 없다. 변화가 일어나려면 그들의 삶에서 역사하시는 그리스도의 능력이 필요한 것이다."16

만일 어떤 동성애자가 1세기에 팔레스타인에 계시던 예수님께 왔으면 어떻게 되었을지 가정해 보자. 예수님을 참 하나님이라고 믿고, 그분이 이루실 십자가 구속이 유일한 구원의 방도라고 믿게 된 후에도 그는 계속해서 동성애를 실천하겠다고 할 것인가? 만일 그가 계속 그리한다면, 예수님께서 그를 참된 예수님의 제자로 인정하시겠는가?17 예수님도 자신이 이 땅에 오신 이유가 죄인을 부르러 오셨다고

---

15 예수님을 "믿는다"는 것의 첫째 의미가 예수님을 '유일한' 구원자로 믿는 것임에 대한 논의로 이승구, 『기독교 세계관으로 바라보는 21세기 한국 사회와 교회』 (서울: SFC, 2005, 최근판, 2013), 16-19를 보라.

16 B. Davies, "Witnessing to a Gay Friend," in The Christian Broadcasting Network=CBN. com(http://www.cbn.com/spirituallife/churchandministry/evangelism/gayfriend.aspx): "Women or men caught in homosexuality cannot change on their own; they need the power of Christ working in their lives before the change will occur.

17 그러므로 시카고 신학교의 T. W. Jennings, *The Man Jesus Loved: Homoerotic Narratives from the New Testament* (Cleveland: Pilgrim Press,2003), 박성훈 옮김, 『예수가 사랑한 남자』 (서울: 동연, 2011)에서 시사하는 것 같이, 또한 H. H. McCall, "Jesus the Homosexual:Evidence From the Gospels"(http://debunkingchristianity.blogspot.kr/2012/06/jesus-is-created-redacted-in-each-of.html)이 말하는 것처럼, 예수님과 요한의 관계나 예수님과 제자들의 관계를 동성애로 생각하고 묘사하는 것이 얼마나 신성모독적인지를 언급할 필요조차도 없다. 예를 들어, 해리 맥콜은 이렇게도 말한다: "예수님의 마지막 시간들은 기도와 그의 연인의 팔에 안겨 보낸 것으로

선포하시며, 죄인을 향한 긍휼한 마음과 불쌍히 여기는 마음으로 그들을 친구 삼아주시고 영접하셔서 새롭게 하셨다. 주님을 진정으로 만난 죄인들은 자신이 지은 죄를 깨닫고는 회개하고 돌이켜 이전과는 다른 새 사람으로 변모하였다는 사실을 기억해야 한다. 예수님이 가지신 죄인을 향한 긍휼의 마음은 우리 시대의 동성애자들에게도 다르지 않다. 예수님은 자신이 품은 동일한 마음으로 우리들이 동성애자들에게 사랑의 마음을 가지고 그들의 진정한 친구가 되어주기를 원하신다. 여기서 진정한 친구는 그들의 동성애를 용인하고 받아들이라는 의미가 아니다. 주님이 죄인을 친구 삼고 그들에게 하나님의 은총을 허락하셨던 것처럼, 예수님의 마음으로 그들을 불쌍히 여기고, 긍휼히 여겨 그들로 하여금 진정으로 예수님을 만나게 하는 장을 마련해 주어, 하나님의 사랑 안에서 그들의 죄악 된 삶이 변화하여 하나님이 기뻐하시는 삶을 살아가도록 돕는 것이다. 한 발 더 나아가 인간의 창조 목적인 하나님을 영화롭게 하는 데에로 그들이 나아갈 수 있도록 하는데 우리의 힘을 집중해야 한다.

3. 동성애자들에 대한 목회적 돌봄

구속함을 입은 진정한 크리스천이라면, 누구나 믿는 교회의 무리들이 함께 드리는 공예배에 반드시 참여해야 하고, 그 예배 가운데서 선포되는 하나님의 말씀에 비추어 자신의 삶을 점검해야 한다. (요즈음

여겨진다"(Jesus' final hours were likely spent in both prayer and in the arms his lover.")

그렇지 않은 현상들이 세계 곳곳에서 나타나고 있고, 우리 한국교회도 공예배에 참석하지 않는 일이 점차 늘어가고 있는 추세여서 우려스럽지 않을 수 없다. 이런 현상이 가속된다면 이 땅에는 참된 교회가 점점 사라져갈 것임은 명약관화한 일일 것이다.) 이렇게 공예배에 지속적으로 참여하는 사람들 중에는 이미 성령님에 의해서 새롭게 태어난 사람들도 있고(중생한 사람들), 아직 그렇지 않은 사람도 있을 수 있다(아직 중생하지 않은 사람들). 그럴지라도 일단 예배에 참여하는 모든 사람들은 외적으로 교회 공동체에 속하여 함께 예배하는 사람들이다. 그러나 외적인 교회에 속한 사람들이 모두 다 진정한 교회에 속한 것은 아니다. 외적인 교회 예배와 활동에 참여하는 과정 중에서 성령님께서 중생시킨 사람들이 바로 우리네 사람들의 '눈에는 보이지 않는 교회'(invisible church)의 회원인 것이고,[18] 교회공동체가 이분들이 중생한 사람들이라고 인정하고 받아들이는 것이 성인 세례와 입교이다. 그러므로 예수님을 자신의 구주와 주님으로 믿는 동성애자들도 물론 예배에 참석하여 선포되는 하나님의 말씀을 들어야만 하지만, 바른 교회라면 동성애자들을 교회 공동체의 정식 회원들로 받아들일 수 없다.[19]

그러나 다시 강조하지만, 이런 동성애자들도 공동체의 예배에 참석하여 하나님의 말씀을 통해 자신의 행위가 죄임을 명확히 직시하게

---

18 "눈에 보이지 않는 교회" 개념에 대한 바른 이해로 다음을 보라: J. Calvin, Institutes of the Christian Religion, LCC edition, edited by J. T. Mc Neill, translated by Ford Lewis Battles (Philadelphia: Westminster, 1960), 4. 1. 7. 좋은 설명으로는 P. Schaff, History of the Christian Church, volume VIII: Modern Christianity, The Swiss Reformation (New York: Charles Scribner's Sons, 1920; reprint, Grand Rapids: Eerdmans, 1960), 279-81; A. McGrath, Historical Theology, An Introduction to the History of Christian Thought (Oxford: Blackwell Publishers, 1998), 206도 보라.

19 여기서 이 세상에 바르지 않은 교회가 얼마나 많은가를 생각해 볼 수 있을 것이다.

함으로써 회개하고 죄로부터 돌이키도록 인도해야 한다. 그런데 한 보고에 의하면 크리스쳔 동성애자들이 예배에는 참여하지만, 동성애를 비롯한 여러 죄악들이 죄라는 지적을 받지 못하였다고 한다. 따라서 예배에 참여하면서도 진정 회개의 필요성을 느끼지 못했다고 하니 참으로 아이러니하다. 이것을 통해서 볼 때, 오늘날 교회가 과연 참 교회의 역할을 감당하고 있는 것인가에 대한 심각한 고민을 하게 한다. 교회는 동성애를 비롯한 성경에서 분명히 죄라고 적시하는 죄들을 크리스쳔 대중들에게 명백히 죄라고 선언하고, 그 죄에서 돌이켜 회개할 것을 촉구해야 한다. 이것이 교회됨의 바른 모습이며, 이전 참 선지자들이 이스라엘의 죄악을 지적하며 하나님께로 돌아오도록 촉구했던 바로 그 선지자의 외침일 것이다.

따라서 그 동성애자가 이미 세례를 받고 입교했음에도 불구하고, 동성애의 죄악을 버리지 못하고 계속 죄를 범하고 있다면 그는 반드시 교회에서 정한 치리(治理)를 받아야 한다. 그런데 이것은 동성애자들만의 문제가 아니고 성경이 언급한 명백한 죄 속에 있는 모든 사람들에게 적용되는 것이다. 우리가 죄악을 멀리하고 하나님이 기뻐하시는 삶을 살아가도록 하기 위해 주께서는 교회로 하여금 치리하게 하셨다. 바른 교회는 항상 하나님의 말씀에 근거해서 치리를 시행하는 교회이다. 치리는 하나님의 백성이 하나님의 백성답게 살도록 하기 위한 모든 것을 포함한다. 성도가 성도답게 살도록 하는 것이 교회가 마땅히 해야 할 일이기 때문이다. 따라서 권면뿐만 아니라 훈계와 죄에 대한 지적과 징벌도 모두 목회적 돌봄에 속하는 일이다.

어쨌든 여기서 중요한 핵심은 동성애자들도 교회공동체 안으로 받아들여 말씀의 가르침을 받도록 해야 한다는 것이다. 그래서 공식적으로 선포되는 말씀과 또한 개인적으로 읽고 묵상하는 말씀에 근거해서 지금도 살아 계셔서 우리와 교제하시며, 하나님의 거룩한 자들로 만들어 가시는 하나님과의 진정한 교제를 하도록 도와야 한다. 살아계신 하나님과의 진정한 교제 없이는 그 어떤 역사나 변화도 일어날 수 없기 때문이다. 하나님과의 바른 관계(God-relationship), 이것이 모든 일의 시작이 된다.

이와 같은 하나님과의 바른 교제 중에 주님께서 주시는 은혜에 근거하여 동성애에 빠졌던 사람들도 동성애가 죄임을 인정하며, 자신의 동성애적 경향을 억제하려고 하고, 급기야 그로부터 벗어나도록 해야 할 것이다. 물론 주님의 특별 은총이 없이도 동성애를 벗어날 수 있으나, 그것이 매우 어렵다는 증언들이 나온다. 그러나 주님이 주시는 특별은총은 우리로 하여금 어떠한 죄 가운데서도 돌이키고 변화되게 하는 역사를 일으키신다.

교회공동체에는 동성애와 관련하여 다음 같은 여러 상황에 처한 동성애자들이 있을 수 있다: (1) 동성애에서 벗어난 사람들, (2) 동성애적 성향을 가지나 그것을 억제하는 사람들, (3) 동성애를 억제하지 못하는 사람들. 이 모든 동성애자들에게 목회적 돌봄은 필요불가결한 것이다.

3-1. 탈동성애자들에 대한 목회적 돌봄

동성애를 벗어난 사람들은 될 수 있는 대로 다른 사람들과 같은 방식으로 하나님의 창조원리에 따라서 살 수 있도록 격려하는 목회적 돌봄을 받아야 한다. 동성애를 벗어나는 것은 진정한 회개로부터 시작된다. 인간의 여러 죄 가운데, 동성애도 하나님께서 의도하지 않은 것이라는 바른 성경적 이해 가운데서 이를 죄로 여기고 하나님께서 원하시는 삶의 방향으로 나아가는 것이다.

그들 중의 일부는 동성애자들을 향한 사역에로 나아갈 수 있으므로 그들은 과거에 자신이 동성애자였다는 것을 밝히고 다른 동성애자들이 회복되는 일을 적극적으로 돕는 일을 할 수 있다.[20] 그런데 이런 적극적 사역자들에 대해서는 좀 더 체계적인 상담과 관리가 있어야 할 것이다. 만일에 이런 사역자나 사역을 돕는 분들 가운데서 또 문제가 발생하면 그것은 여러 면에서 더 심각한 문제가 될 수 있기 때문이다. 이는 교회지도자들 가운데서 다른 성적인 문제가 발생하는 것이 교회의 문제가 되는 것과 같은 것이다.

그러나 대부분의 사람들은 회복된 후에는 이전에 자신이 동성애자였다는 것을 굳이 밝히지 않도록 하는 것이 더 좋을 것이다. 한국 사회, 특히 한국교회 같은 분위기에서는 회복된 사람들이 과거의 전력을 밝히는 것이 과연 도움이 되는지 의문이 든다. 그들이 동성애에서 벗어나 현재는 새 사람이 되었다 해도 여전히 색안경을 끼고 그들을 바라보는 사람들로 인해 일상생활을 영위해 나가는 데 제약을 받을 수 있다는 것을 우려하지 않을 수 없기 때문이다.

---

20 그런 변화의 대표적인 예로 이요나 목사님의 경우를 생각할 수 있다. 최근에 나온 그의 자서전인 『리애(愛)마마 동성애 탈출』(서울: Kinema in Books, 2015)을 보라. 또한 동성애자도 그리스도로 말미암아 변할 수 있다는 글을 쓴 팀 윌킨스도 탈동성애자이다. Cf. T.Wilkins, "What about Gays Needs to Change? It May Not be What You Think!"(http://christiananswers.net/q-cross/cross-gaychange.html). 또한 다음을 보라: Andrew Comiskey, Pursuing Sexual Wholeness(Lake Mary, FL: Creation House, 1989); B. Davies and L. Rentzel, *Coming out of Homosexuality* (Downers Grove, IL:Intervarsity Press, 1992); M. Bergner, *Setting Love in Order* (Grand Rapids: Baker Books, 1995); J. Satinover, M. D., *Homosexuality and the Politics of Truth* (Grand Rapids, Baker Books, 1996); R. Cohen, *Coming Out Straight: Understanding and Healing Homosexuality* (Winchester, VA: Oakhill Press, 2000); S. Bohlin, "Can Homosexuals Change?" 2001 (http://www.leaderu.com/orgs/probe/docs/ex-gay.html).

물론 목회자와 그들의 가까운 친척들과 친구들은 그 사실을 알고 있으면서 탈동성애자들을 위하여 계속적으로 기도하고, 그들이 정상적인 삶을 살아갈 수 있도록 하는 강력한 '지지 집단'(supporting group) 역할을 해야 한다. 목회자들의 심방 가운데서 이런 분들에 대한 심방의 내용은 결과적으로 이런 분들이 정상적인 삶을 살아가는 것을 강화하고, 격려하는 것으로 나타나야 한다. 앞으로도 계속해서 강조하겠지만 이때에도 성령님께서 그/그녀의 삶에 역사하시도록 기도하면서 그 스스로가 항상 성령님께 민감한 삶을 살도록 하는 것에 대한 강조가 절대적이다. 성경의 가르침이 절대적으로 옳기에 그 방향으로 나아가고자 하는 결단이 늘 성령님을 의존하면서 유효적으로 나타나야 하기 때문이다.

3-2. 동성애를 억제하는 사람들에 대한 목회적 돌봄

동성애적 경향을 지니고 있는데 그런 정향을 온전히 버리지는 못하는, 그렇지만 자신의 동성애적 정향을 성령님께 의존해서 억제하는 사람들의 경우에는 더 세심한 목회적 돌봄이 요구된다. 이 경우에는 동성애자들이 정상적 혼인생활을 할 수 없으므로, 스스로 자신의 성욕을 억제해야 하고, 누구에게나 있는 친밀감의 요구를 상당히 억제해야 하지만, 또한 그런 요구가 지속적으로 있기에 친밀함의 요구를 다른 식으로 대체할 수 있는 방안을 찾아 제공해야 한다. 이 경우에는 목회자, 전문적 상담자, 가족, 가까운 친구들이 지속적으로 관심을 가지고 돌보는 것이 필요하다. 이러한 성향을 가진 자들은 이것이 평생을 가지고 가야 할 성향이 될 수도 있기에, 특별히 이런 유형에 속한 자들이 영적 전투에서 이김으로써 성공적인 삶을 살아갈 수 있도록 돕는 노력이 필요하다.

  이렇게 자신에게 동성애적 정향이 있음을 의식하나 그것을 억제하는 사람들은 일정한 기간 그것을 잘하고 있음을 드러내고 있고 그것을 확인할 수 있으면 교회공동체의 온전한 교제 안으로 받아들일 수 있다. 따라서 이런 분들은 성찬에도 참여할 수 있을 것이다. 이렇게 성례의 참여를 통해서 자신이 성령님께 의지해서 지금 하고 있는 노력이 올바른 것임을 인정받고, 더 온전한 데로 나아갈 수 있도록 되어야 한다. 이렇게 성례는 중요한 은혜의 방도(media gratiae)로 작용하는 것이다.

  혹시 자신이 동성애적 정향을 가지고 있다는 것을 어느 정도 의식하게 된 사람들을 그런 것을 외적으로 실천하지 않도록 하는 것은 매우 중요한 예방적인 활동이 된다고 할 수 있다. 이 경우에는 실제로 동성애적 행위를 경험한 사람보다는 억제할 수 있는 능력이 더 주어질 수 있다고 한다.[21] 이 경우에는 혼인에 대한 성경의 가르침에 근거해서 인간의 성과 그것이 우리의 삶에서의 어떤 의미를 지니는 것인지에 대한 체계적인 가르침을 받아야 할 것이다.

  이들이 자신들의 이러한 성향으로 인해 죄에 빠지지 않기 위해서는 그 무엇보다도 말씀과 기도가 필수불가결하다는 것은 거듭 강조해도 과하지 않을 것이다. 이에 더불어서 성도의 교제는 이들을 죄로 이끄는 힘을 소멸시키는 데 영적인 도움을 얻을 수 있다. 이러한 것들을 통해서 더 힘 있게 영적 투쟁을 계속해 나가도록 해야 한다.

---

21 이를 시사하는 C. W. Thompson, *Loving Homosexuals as Jesus Would: A Fresh Christian Approach Paperback* (Grand Rapids: Brazos Press, 2004)을 보라.

3-3. 여전히 동성애 속에 있는 사람들에 대한 목회적 돌봄

신앙을 가지고 있지만 동성애적 성향을 피하지 못하여 동성애적 행위에로의 유혹을 받고, 또 때때로 그에 노출되는 사람들은 좀 더 세심한 돌봄의 대상이라고 할 수 있다. 우리는 이들이 범하는 행위들이 하나님 앞에 죄라는 것을 명백히 하고, 그 죄로부터 벗어날 수 있도록 돕는 일에 힘써야 한다.

이를 위해서 첫째로 공예배에 참석하는 것과 개인적으로 성경을 읽고 기도하는 것에 특히 힘쓰도록 해야 한다. 이는 말씀 앞에 설 기회를 더 얻기 위한 것이요, 자신을 그 말씀에 철저히 순복시킬 기회를 얻도록 하기 위한 것이다. 하나님의 말씀은 사람을 변화시키는 능력이 있기 때문이다.

동시에 이런 개인적인 노력을 강화하기 위해 개별적인 지도가 필요하다. 이 경우에는 동성애에 관련해 전문적으로 준비된 목회자와 상담자와의 정기적인 면담이 매우 중요한 역할을 할 수 있다. 그 전문적 면담에서는 자신의 죄를 정확히 드러내고 그 죄와 씨름하는 것이 필요하다. 이때 주님과의 교제 가운데서 죄를 밝히 드러내시는 성령의 인도하심을 따라 자신의 죄악상을 확실히 깨달아 죄를 죄로 인정하고, 자복하며, 하나님 앞에 다시 죄를 범하지 않겠다는 결단의 시간을 갖도록 해야 한다. 이 일이 효과적으로 진행되게 하기 위해서는 이 분야에 정통한 전문적 목회자와 기독교 상담자의 양성이 필수적이라 할 수 있겠다. 이들을 통해 성령의 인도하심을 따라 동성애자들을 향한 전문적인 상담이 이루어질 때, 동성애자들의 변화의 사역은 더욱 그 효과를 발휘하게 될 것이다.

한편으로는, 교회 안에 이런 동성애자들을 위해 특별히 조직된 기도와 교제로 동성애자들을 돕는 '지지 집단'이 반드시 있어야 한다. 동성애자들을 돕는 '지지 집단'은 정기적으로 모여 자신이 지지하는 동성애자를 위해 기도하고, 교제하며, 그들이 바른 길로 나아오기까지 아낌없는 영적 자양분을 주는 역할을 감당해야 한다. 험한 세상 가운데서 길 잃은 양을 주께로 인도한다는 심정으로 그들을 올바른 길로 인도하도록 아낌없는 영적 후원이 이들에게 필요한 것이다.

결국, 동성애자들을 위한 위의 이러한 모든 수고들은 무엇보다 이들 동성애자들이 자신들이 행하는 행위가 성경의 가르침에 반하는 죄라는 명확한 의식을 가지고, 육체의 소욕을 다스려, 자신의 육체에서 발생하는 죄와 싸우려는 의지가 생기도록 하는 데에 초점을 맞추어야 한다. 이것도 영적 전쟁에서 이기기 위해서는 자신의 문제를 깨닫고 이기기 위한 만반의 준비가 필요하기 때문이다. 이때 영적 전쟁에서 승리를 주시는 성령님을 의지함으로써 다시금 가증한 죄악의 구렁텅이에 빠지지 않도록 해야 할 것이다.

하지만 이러한 이들의 노력에도 불구하고, 자신의 죄의 본성을 다스리지 못해 넘어지고 실패하고 다시금 범죄한다 해도, 결코 포기해서는 안 된다. 우리의 연약함을 아시고, 오히려 우리의 그 연약함으로 인해 긍휼히 여기시는 주님 앞에 다시 회개하고 엎드려야 한다. 주님의 대속의 십자가를 더욱 굳게 붙잡아야 한다. 나는 할 수 없으되, 능력 주시는 자 안에서 모든 것을 할 수 있다는 확고한 믿음을 가지고 내 안에서 운행하시는 성령님을 의지하고 다시금 육체에서 이는 죄성과 싸워 나가야 한다. 때에 따라서 이 싸움은 잠깐이 될 수도 있지만, 이 땅에 사는 동안 평생을 싸워 나가야 할 싸움이 될 수도 있다. 그럼에도 불구하고 동성애라는 죄의 본성으로부터 벗어나기 위해서는 우리는 이김

주시는 성령님을 의지하며 끊임없이 육체를 쳐 싸워 나가야 하는 싸움인 것이다.

다만 죄의 소욕으로부터 이기기까지 계속 싸워 나가되, 이들 동성애자들이 아직 완전히 이기고 하나님 앞에 온전한 모습으로 선 것은 아니기 때문에, 이렇게 때때로 넘어지는 동성애자들은 성찬에 참여할 수 없다. 이것은 동성애자 자신과 교회공동체의 합의가 필요하다. 그러므로 성찬에서 배제된 동성애자들은 영적 싸움에서 싸워 이기고 온전해져 교회공동체의 한 일원으로서 하나님의 은혜의 성찬을 대할 권리를 찾고자 힘써야 할 것이다. 이제 동성애자들이 온전한 하나님의 백성으로 바로 서는 그날, 이들에게도 하나님께서 주신 은혜의 방도의 하나인 성찬에 참예할 수 있는 기쁨과 감격을 맛보게 될 것이다.

3-4. 불신 동성애자에 대한 돌봄

하나님이 주신 믿는 크리스천들의 사명은 물론 세상 가운데서 주님을 모르고 살아가는 자들을 찾아가 그들을 주께로 인도하는 일이다. 이 일은 주님을 믿는 믿음의 자녀라면 누구라도 피해갈 수 없는 주님이 주신 지상명령인 것이다. 이에는 믿지 않는 동성애자들에게도 예외가 될 수 없다. 오히려 주님을 알지 못하고, 잘못된 육체의 쾌락에 함몰되어 삶의 출구를 찾지 못하고 있는 저들을 오히려 불쌍히 여기고, 저들도 대속의 예수 그리스도 앞으로 나와 새로운 삶을 살아갈 수 있도록 인도해야 할 것이다.

우리는 주님의 명령을 따라 그들에게 긍휼의 마음으로 다가가 그들을 주께로 이끌기만 하면 되는 것이다. 그 이후의 일들은 모두 주님이 하실 일이기 때문이다. 주님의 역사는 한계가 없으시다. 따라서 주님의 영이 임하는 곳에 변화와 새롭게 되는 역사가 일어난다. 그러므로 주님의 성령의 역사가 임하시면, 동성애자들도 변화 받고 새 사람이 되어 하나님의 거룩한 백성으로 다시 태어날 수 있음을 우리는 믿는다. 따라서 때를 얻든지 못 얻든지 부지런히 이들을 향해 천국 복음을 전해야 할 책무가 우리에게 있는 것이다.

천국을 소망하는 자들은 눈에 보이는 탐욕이나 쾌락의 세계보다 보이지 않는 하나님 나라를 바라보며, 다시 오실 주님을 고대하면서 이 땅에서 죄악의 속성을 끊고 절제하고 인내하는 삶을 살아가는 것이다. 그러므로 천국 복음이 임한 이들은 불신앙으로 범죄했던 지난날의 방식 그대로 살아가지 않고, 천국의 백성답게 살아가려고 노력하게 되어 있다. 이들을 향한 천국을 소망하게 하는 천국 복음의 전파는 이들로 하여금 동성애라는 죄에서 돌이키게 하는 데 가장 직접적이고, 효과적인 방편이 된다.

이를 위해서는 먼저 우리는 예수님이 가지신 따뜻한 사랑의 마음이 필요하다. 따뜻한 사랑의 마음을 가지고 죄악에 허덕이고 있는 저들에게 다가가 전하는 천국 복음은 그들을 향한 우리의 진심과 더 어우러져 더 큰 복음의 확산으로 이어질 것이다.

동성애자들에게 복음을 전할 때 취할 태도를 데이비스(B. Davies)는 다음과 같이 정리해 주고 있다

(1) 동성애자가 아닌 사람을 보라(See a person, not a homosexual). 동성애자 이전에 하나님이 창조하신 사람임을 잊지 말라는 것이다. 동성애는 겉으로 드러나는 그 사람의 현상일 뿐, 그 사람의 본질이 될 수 없기 때문이다.

(2) 그들의 말을 귀담아 들으려 하라(Be willing to listen). 일단 친숙해져야 후에 그들을 그리스도에게 인도할 수 있는 기회를 얻

을 수 있기 때문이다.

(3) 그 친구에게 이성애가 아닌 예수님을 소개하라(Point your friend to Jesus, not to heterosexuality). 그들 안에서 역사하는 그리스도만이 그들을 치유할 수 있다.

(4) 모든 대답을 알고 있는 것처럼 기대하지 말라(Don't expect to know all the answers). 몰라도 하나님의 사랑을 전하면 된다.

(5) 그들에게 더 나은 것에 대한 희망을 제공하라(Give them hope for something better). 동성애적 행위는 인간에 대한 하나님의 뜻에 반하는 것이고, 고린도전서 6:1은 그들이 변화할 수 있다는 분명한 증거를 제공한다.[22]

결론

우리들은 동성애자들도 회개하고 죄악 된 행위를 버리고 새롭게 되도록 주님 앞으로 그들을 이끌어야 한다. 그렇게 하기 위해서는 먼저 우리가 매순간 하나님 앞에 서 있어야 한다. 우리의 궁극적 목적은 먼저 하나님 앞에 선 우리가 동성애자들을 포함한 모든 사람들을 우리와 같이 하나님 앞에 서 있게 하는 것이다. 그런데 잘 생각해 보면, 그 개념상 하나님 앞에는 누구든지 홀로 설 수밖에 없다. 즉, 우리는 개별자로 자신의 존재에 대한 책임을 가지고 하나님 앞에 선다. 결국은 자신이 책임을 져야 하는 것이다. 하나님께서 예수 그리스도를 보내셔서

---

22 B. Davies, "Witnessing To a Gay Friend," (http://www.cbn.com/spirituallife/churchandministry/evangelism/gayfriend.aspx).

우리의 자리에서 형벌을 받게 하셨다는 것도 스스로 개별적으로, 그리고 전인격적으로 받아들이지 않는다면, 예수 그리스도의 십자가는 우리와는 직접적 관련이 없는 것이 되고 만다. 개개인이 인격적으로 이 사실을 믿을 때에 하나님의 역사하심이 일어나는 것이다.

참으로 믿는 사람은 주께서 베풀어 주신 구속에 은혜에 감격해서 자신을 온전히 주님께 드리지 않을 수 없다. 그런 진정한 헌신의 출발점은 우리의 삶을 하나님께서 의도하신 대로 살려는 성령님에 의존한 노력이다. 동성애자들도 주님을 믿고 그렇게 자신을 온전히 주님께 드리는 일을 해야 한다. 그럴 때에 그 온전한 헌신의 한 부분으로 자신의 동성애적 경향을 극복할 수 있는 길이 주어지는 것이다.

그리고 이런 입장에서 하나님께서 우리를 부르신 합당한 목적인 거룩한 삶에로 나아가도록 함께 노력해 가야만 한다. 하나님은 우리를 구원하셔서 하나님이 거룩하신 것처럼, 우리도 이 땅에서 하나님의 구원받은 백성으로서 세상과 구별된 거룩한 삶을 살아가기를 원하시기 때문이다. 동성애자도 하나님의 형상대로 빚으신 고귀한 인격체들이다. 이들이 주님의 부르심에 순응해 예수님을 구주로 받아들이고 믿음의 새 사람이 되어, 구원받은 자가 누릴 수 있는 하나님의 초대인 거룩한 백성 됨에 속히 동참해야 한다. 우리는 모두 이 일을 돕기 위해 있는 그들의 형제들이요 자매들임을 명심하고 동성애자들이 주님을 믿고 거룩한 백성으로 회복할 수 있도록 최선을 다해야 할 것이다. 이 일을 위해 참된 크리스천들이 구체적으로 해야 할 일을 일곱 가지의 명제로 간단히 제시해 보고자 한다.

(1) 그들을 위해 기도해야 한다.
(2) 그들에게 동성애를 벗어나 하나님이 의도하신 풍요한 삶이 있음을 실질적으로 보여주고, 말로만 아니라, 행동으로 보여주어

야 한다.

(3) 그들이 예수님을 '구주'와 '주님'으로 믿고, 진정으로 주님을 섬길 수 있도록 적극적으로 교회공동체 안으로 이끌어야 한다.

(4) 그들의 참된 친구와 이웃으로 그들의 말을 들어 주고, 함께 있어 줄 수 있어야 한다. 즉, 그들이 변할 수 있도록 노력하는 것을 돕는 지지 집단이 될 수 있어야 한다.

(5) 우리 사회에 동성애가 자라나는 어린 청소들에게 자연스러운 것으로 받아들여지지 않도록 하기 위한 모든 노력을 기울여야 한다.

(6) 그들이 어려울 때 진정으로 도울 수 있어야 한다.

(7) 일반 은총 가운데서 이 사회 속에서 동성애가 일반적인 것으로 받아들여지지 않도록 하는 최대한의 노력을 기울여야 한다.

제 3 장

기독교 사회원리를 통하여 본 동성애 결혼

유경동 교수(감리교신학대학교 기독교윤리학)

들어가는 말

한국 사회에 동성애에 대한 의견이 분분하다. 전통적인 관습과 가치관에 대한 위배로 보는 관점이 지배적이지만, 인권의 차원에서 개방적인 시각으로 접근해야 한다는 입장도 있다. 기독교 세계관에서도 하나님의 창조질서에 위반된다는 원칙적인 입장이 강하지만, 소수자에 대한 배려의 차원에서 최소한 인권이라는 제한적 시각에서 살펴보아야 한다는 입장도 있다. 유럽이나 미국의 경우 동성애법이 통과되고 동성애 결혼도 허용되는 상황에서 과연 우리 크리스천들은 어떤 관점에서 이 사안을 해석하여야 할 것인가?

필자는 이 글을 통하여서 성경과 신학적 해석에 근거하여 총 다섯 가지 관점에서 동성애 문제에 접근해 보고자 한다. 각각 성, 남성과 여성, 결혼, 가정, 그리고 한국 사회에서의 법적인 문제가 그것이다. 동성애나 동성애 결혼에 대한 현상학적 분석보다도 하나님이 인간을 만드시고 가정을 허락하신 근본 원리를 살펴봄으로써 동성애나 결혼에 대한 기독교의 기본적 입장을 제시하고자 한다.

1. 남성과 여성

현대 기독교 전통의 다양한 사회원리는 공통적으로 남성과 여성 사이의 평등성을 강조한다. 예를 들어, 교회 내의 다양한 사역 및 리더십에 있어서도 남성과 여성의 동등한 참여 기회를 인정하며, 이러한 입장에서 남성과 여성은 동등한 존엄성과 더불어 상호보완적인 연대적 관계를 가진다. 구체적으로 기독교 전통은 남성과 여성이 동등한 인류이며, 하나님의 관점에서 동등한 가치를 지닌 존재이고, 여성과 남성의 생물학적 차이점에 근거한 차별을 거부한다.

남성과 여성은 각 성별에 따른 개체적 주체성을 가지며, 남성과 여성의 결합을 통해 전체가 되도록 창조되었다. 따라서 모든 공적 영역에서 남성과 여성은 차별 없이 동등하게 권력과 지도력을 자기며, 자유와 권리 및 양성이 공유하는 의무를 가진다. 신학적으로 남성과 여성을 포함한 성 다양성은 하나님께서 인간의 다양한 경험과 관점을 풍부하게 하기 위한 선물로 이해한다.[1]

---

[1] "남자뿐 아니라 여자들도 이 영예로운 사역에 한 몫을 담당할 수 있을까요? 의심할 여지없이 여자들도 이에 참여할 수 있습니다… 우리는 '그리스도 예수 안에서는 남자나 여자나 차별이 없다'는 것을 알고 있습니다." 웨슬리 설교, 6:289.; "자유와 평등: 우리는 모든 사람들이 하나님 앞에서 자유롭고 평등하기 때문에 성별, 계급, 지역, 인종 등의 이유로 차별하

이를 보다 심도 깊이 정리하면, 인류라는 같은 범주에 포함되는 남성과 여성은 동등한 존엄성을 가지면서 다른 형태를 가진 개별 인간을 의미한다. 남성과 여성은 각 성마다 특수성을 가지며, 이를 바탕으로 생물학적, 사회 문화적 역할이 주어진다. 그러나 이러한 차이점이 남녀의 차별을 정당화할 수 없으며, 양성 사이의 절대적인 평등 사이에서 기능한다. 이러한 관점에서 남성과 여성은 그 차이점에 바탕을 둔 상호보완적 관계가 형성되어야 하며, 이것이 정치 사회 문화적 차별의 근거가 되어서는 안 된다.[2]

남성과 여성 사이에 차이나 차별이 없지만, 그러나 성(性)에는 고유의 특수성이 있다. 동성애 결혼에 대하여 기독교적인 관점에서 수용할 수 없는 이유는 바로 이 성에 대한 창조질서가 부여되어 있기 때문이다. 이 기독교의 고유한 관점을 살펴보자.

2. 인간의 성

남성과 여성의 사회적 지위나 평등의 문제와는 별개로 기독교 여러 전통의 사회원리들은 인간의 성 문제에 대하여 다루고 있다. 기본적으

는 것을 배격하며 모든 사람들이 더불어 사는 사회 건설에 헌신한다" 기독교 대한감리회, 『교리와 장정』(기독교대한감리회 홍보출판국, 2005), 47이하 '교리와 장정: 사회신경'으로 함. 미연합감리교회 사회원리, 161조. 참고, http://www.umc.org
이하 '1. 남성과 여성', '2. 인간의 성', '3. 결혼', '4. 가정'에 관한 내용은 기독교대한감리회, 미연합감리교회, 가톨릭, 그리고 요한 웨슬리(John Wesley)의 사회원리 및 교리, 그리고 설교의 내용을 관련주제와 연관하여 요약하였으며 이는 필자의 선행연구에서 별도의 재인용과 각주 없이 옮겨왔다. 참고, 유경동, 『기독교사회와 소통하기』(Kmc, 2007), 77-101.

2 COMPENDIUM OF THE SOCIAL DOCTRINE OF THE CHURCH, 『간추린 사회교리』 (한국천주교중앙협의회, 2005), 146항. 이하 '가톨릭 사회교리'라 함.

로 성적인 순결은 정결한 믿음에 있어서 중요한 지표로 이해되었다. 인간의 성행위와 관계는 출산과 관련한 하나님의 창조질서와 연결되는 한에서 선하며, 이를 근거로 인간은 성에 대한 권리와 동시에 책임을 가진다.

성관계의 문제에 있어서 그리스도 안에서 남자와 여자가 차별이 없다는 말은 곧 각 개별 주체로서 남성과 여성이 성관계에 참여할 때에 어떠한 동등한 권리를 가져야 함을 의미한다. 따라서 남성 위주의 학대적인 성관계는 기독교적으로도 용인될 수 없다.[3] 이러한 신학적 입장과 더불어, 기독교 전통의 사회원리는 성에 관한 윤리적이며 도덕적 입장에 서 있다. 예를 들어, 대부분의 기독교 공동체들은 혼외정사, 성 상품화, 성 학대, 동성애와 같은 사안들에 있어서 단호한 입장을 취하고 있다.

기독교적 관점에서 성은 하나님의 유익한 선물이다. 따라서 이를 하나님의 선물로 인정하고 확증함으로써 인간은 스스로 인간다운 존재로 간주된다. 성이 하나님의 선물이라면, 남녀 모든 개별 주체는 이를 방종하게 사용하면 안 되며, 청지기적 의식을 가지고 성에 관한 책임을 다해야 한다. 이러한 전제 하에서 성을 이해하는 데 도움이 되는 과학적 시도들, 예를 들어, 의학과학과 신학과학, 사회과학의 연구를 인정한다. 나아가 교회는 신앙공동체의 토대로서 성과 관련된 여러 분야의 연구를 관리하고 감독할 책임이 있다. 결국 "하나님께서 주신 이성(性)이라는 선물에 대하여 우리가 이해하는 맥락 안에서, 우리는 하나님께서 책임을 다하며, 헌신적이고, 사랑하는 모습의 표현을 우리가

---

[3] 한국웨슬리학회 편, 『웨슬리 설교전집』(2006), 6:289-290. 이하 '웨슬리 설교'로 함. 기독교 대한감리회 교리와 장정: 사회신경 42조, 47.

찾을 수 있도록 도전을 주심을 인정"하는 것이 곧 크리스천의 책임과 의무이다.[4]

남성과 여성은 책임 있는 성을 나눔으로써 더 큰 창조의 질서를 따라간다. 특히 성교(sexual intercourse)에 대하여서도 기독교 교회는 결혼이라는 결합에 의해서만 성교의 정당성을 부여한다. 이는 하나님의 창조질서에 대한 신학적 교리와 연결된다. 따라서 성교가 어떠한 형태로든지 착취적인 경우는 하나님께서 인간에게 천부적으로 주신 인간성을 해치는 파괴적 행위라고 할 수 있다.

모든 성교 행위는 인간성을 풍부하게 하는 표현으로서만 정당하다. 난교적인 성교의 경우도 크리스천은 거부해야 하는데, 이는 궁극적으로 개인과 가정, 사회질서를 파괴하는 행위이기 때문이다. 성 상품화의 경우는 인간의 성과 인격을 천박하게 한다는 점에서 철저하게 거부한다. 아동에 대한 성 학대는 국제법과 사회법적으로 이미 일종의 착취로서 금지되며, 기독교 교회는 모든 아동들이 성적 학대로부터 적절하게 보호받을 수 있는 안전한 조치 마련을 촉구한다. 결국 인간은 나이와 성별, 성 지향성에 상관없이 모두 한 사람의 시민과 인간으로서의 권리를 가지며, 이러한 존재로서 성교육은 성적 행위의 책임성을 강화할 중요한 수단이 된다.

성교에 관한 신학적, 윤리적 사회원리의 필요성은 성의 존엄과 남녀의 동등한 가치, 그리고 성의 사회적 성격과 연관된다. 인간은 하나님의 형상으로서, 그 존재와 본질은 하나님의 구조적인 존재 방식과 연관되어 있다.[5] 또한 하나님과 인간 사이의 관계의 사회적 차원은 인

---

4   미연합감리교회 사회원리, 161조.

5   가톨릭 사회교리: 109항.

간의 성에도 적용된다고 할 수 있다.[6]

인간의 성과 관련하여 동성애 결혼이 창조질서에 어긋나는 이유는 성교의 목적은 결혼을 통한 자녀의 생산과 연관이 되기 때문에, 남성과 여성의 성 나눔이 전제가 되어야 하기 때문이다. 성은 일차적으로 기능적인 역할을 하지만 본래의 목적은 개인과 가정, 나아가 사회를 구성하는 공동체적 성격을 가지며, 성적 행위와 그 결과는 창조질서 안에서 파악되어야 한다. 다음에서 성의 인격적 구현으로서의 결혼에 대하여 살펴보자.

3. 결혼

기독교 전통은 결혼을 중요한 사회적 결합의 형태로 보며, 이는 하나님의 창조질서와 연관된 근본적인 행위이자 의식으로 이해한다. 특히 남성과 여성 모두는 동등한 가치를 지닌 주체로서 양성 각각의 불완전을 통합하는 방식으로서 결혼의 중요성이 강조된다. 남성과 여성은 결혼을 통해 동등한 인류(common humanity)로서의 결합을 유지한다.[7] 결혼의 중요성은 사랑과 연대의 관계를 완성하는 중요한 의식이다. 신학적으로 남성은 여성의 완성인 동시에 여성은 남성의 완성이다. 남성과 여성은 결혼을 통해 육체 정신적 완전뿐만 아니라, 존재론적인 상호 완성을 이룰 수 있다. 남성과 여성이라는 이원적 분리는 곧 결혼을 통해 양자의 완전한 결합의 실재를 이룬다. 남성과 여성의 만

---

6   가톨릭 사회교리: 110항.

7   미연합감리교회 사회원리, 161조.

남으로써의 결혼은 철저하게 사랑과 연대의 논리를 바탕으로 이루어져야 한다.[8]

기독교적 관점에서 결혼의 중요성은 그것이 신성한 사회 제도이며, 인간의 욕정과 방종을 넘어서 결혼으로 결합한 남녀 사이의 책임과 권리를 증진하는 행위이다.[9] 따라서 기독교는 기본적으로 결혼과 이혼을 가볍게 여기지 말아야 한다고 본다.[10] 또한 결혼의 중요성은 결혼을 통해 이루어지는 가정과 연결된다. 예를 들어, 가정은 훈육의 장소이며 이웃에 대한 사랑을 실천하는 공동체이다.[11] 따라서 성과 결혼이라는 제도를 통해 이루어지는 가정을 보전하고 성의 순결성을 지키는 것이 크리스천의 사명이다.[12] 한편, 사회 윤리적으로 결혼은 결혼 관계에 있는 양자의 사회적 독립성도 지켜줄 수 있어야 한다. 결혼 관계나 남녀 사이의 사랑과 지지, 인격적 책임과 상호 책임의 표현이라면, 여기에 참여한 양자 모두 부부로서 동등한 권리와 책임을 공유할 수 있어야 한다.

결혼의 목적과 특징에 대한 기독교의 사회교리적 특징도 존재한다. 결혼의 목적은 기본적으로 하나님이 제정하신 신성한 제도라는 데에 있으며, 부부는 결혼을 통해 자녀를 낳으며, 이렇게 구성되는 가족 공

---

8 가톨릭 사회교리, 147항.

9 미연합감리교회 사회원리, 161조.: "우리는 한 남자와 한 여자 사이의 서로에 대한 사랑과 지지, 인격적인 책임, 그리고 서로에 대한 신실함이 잘 표현되어 있는 혼인서약의 존엄성을 인정한다. 그러한 서약으로 맺어진 결혼은 그 부부의 결합을 통하여 자녀가 태어났든지 아니든지 상관없이 하나님의 축복이 그 위에 임하게 될 것이라 믿는다."

10 웨슬리 설교, 2:112.

11 웨슬리 설교, 5:126.: "당신은 주님의 본을 따라 제사보다도 자비를 먼저 생각합니까? 당신은 부지런히 주린 자에게 먹을 것을 주고, 벗은 자에게 옷을 입히고, 병든 자와 옥에 갇힌 자들을 방문합니까?(마 25:35,36)"

12 교리와 장정: 사회신경, 47.

동체를 바탕으로 공공의 행복을 추구한다. 그리고 결혼의 결합 관계는 인간의 자유로운 선택과 의지에 따르지만, 그러한 결합은 궁극적으로 하나님의 섭리 하에 있음을 믿는다. 따라서 결혼은 가벼운 선택의 행위가 아니며, 결혼 상대들 간의 결합을 공적으로 선포하는 행위이기 때문에, 결혼 쌍방은 이러한 공개적 동의를 바탕으로 결혼 관계를 쉽게 취소할 수 없다. 이를 바탕으로 결혼은 가정이라는 연대를 구성하게 되며, 가정 구성원들은 상호 간의 권리와 의무를 존중해야 한다.[13]

기독교의 결혼관에 있어서, 결혼의 고유하며 본질적인 특성은 남녀가 한 몸을 이루고 자녀를 출산하는 데에 있다. 이를 바탕으로 결혼의 핵심적인 특징을 네 가지로 요약할 수 있다. 먼저 결혼 상대와 모든 인격적, 육체적, 정신적으로 자신을 내어주는 '전체성'과 한 몸이 되는 '일치(창2:24)', 상호 간의 분명한 자기 증여에 요구되는 '불가해소성 및 충실성', 그리고 결혼을 통해 자연스럽게 이루어지는 '자녀 출산'이 그것이다.[14]

이러한 네 가지 기본 특징을 가지지 않는 결혼 관계는 철저하게 비성서적인 것으로 간주되며, 이는 기독교적으로 용인될 수 없다. 예를 들어, 일부다처제의 경우 결혼이라는 온전하고 특수한 사랑 관계에 있어서 남녀 사이의 동등한 존엄성을 배척한다는 점에서 용인될 수 없다.[15] 또한 결혼을 통한 자녀 출산과 교육이 결혼 결합의 궁극적 목적이라면, 자녀 출산의 기능이 불가능한 혼인 관계도 기독교적으로 용인되기 어렵다. 물론 결혼에도 불구하고 신체적인 원인들, 즉 불임, 고

---

13 가톨릭 사회교리, 215항.
14 가톨릭 사회교리, 216항.
15 가톨릭 사회교리, 217항.

연령, 유산, 사산 등 이러한 불가피한 이유들로 인해 자녀 출산이 불가능한 경우, 입양이나 타인에 대한 봉사를 통해 이를 해소할 수도 있지만,[16] 동성결혼과 같은 문제는 전통적으로 기독교 결혼관의 '자녀 출산' 조건에서 위배된다.

동성애 결혼이 기독교 세계관에서 허용될 수 없는 이유는 결혼이라는 것이 남성과 여성이 하나가 되어 '한 몸'이 되는 '일치'(창 2:24)를 추구하여야 하며 결혼을 통한 '불가해소성 및 충실성'의 유지, 그리고 궁극적으로는 결혼을 통해 자연스럽게 이루어지는 '자녀 출산'이 목적이기 때문이다. 동성애 결혼에 상호 인격적인 교류가 없는 것은 아니지만, 성의 일치와 자녀 출산이라는 기독교 세계관의 창조질서는 지켜지지 않는다.

4. 가정

기독교의 가정관은 결혼관과 밀접한 연관을 가진다. 가정의 보전과 성의 순결성을 강조하는 가정 개념에 근거하여 볼 때, 동성결혼 문제는 하나님의 창조질서로서의 출산의 기능을 가능하게 하는 이성 관계와는 배치가 된다.

가정을 이루는 가장 기본적인 단위는 부부관계이다.[17] 일단 부부관

---

16 가톨릭 사회교리, 218항.

17 가톨릭 사회교리에 따르면, 가정은 최초의 자연적 사회로서, 창조주의 계획 하에 개인과 사회를 위한 "인간화의 첫 자리"이자, "생명과 사랑의 요람"이다(가톨릭 사회교리, 209항). 그리고 가정을 부차적인 것으로 격하시키는 모든 행위는 사회 전체의 발전에 막대한 해악을 끼칠 수 있다(가톨릭 사회교리, 211항).

계는 상호 간의 사랑을 전제로 하며,[18] 이 사랑의 연대는 자녀 출산과 자녀 양육 이외의 다양한 사회적 봉사의 기능을 가진다. 또한 출산을 통해 이루어지는 부모와 자녀의 관계의 친밀성이 가정의 기능에 있어서 강조된다.[19] 따라서 가정은 하나의 기본적인 사회적 단위로서, 가정 구성원은 순종과 상호 존중이라는 관계의 정의 차원을 가진다(엡 5:21-6:4).[20]

기독교적 관점에서 가정은 철저하게 하나님께서 제정한 제도이며, 이를 바탕으로 가정을 보존하고 성의 순결성을 지키는 것은 기본적인 크리스천의 사명이다.[21] 한편, 기독교는 현재 전통적인 가정이 붕괴되는 문제에 대하여도 논의한다. 가정이 기본적 인간 공동체라면, 이는 가정을 통해 인간 상호 간의 사랑과 책임, 존중 등을 양육해야 한다. 따라서 가정 구성원 개개인은 모두 동등한 인권을 가진 존재임을 인식해야 한다.

한편, 사회의 변화로 인해 가정의 형태가 다양화되고 있다. 따라서 기독교적으로 인정 가능한 가족 형태에 관한 범위가 수립되어야 하는데, 현대 가정은 부모-자녀 2세대 조합 이외에 확대가족, 입양가족, 편부모가정, 재혼가정, 무자녀 부부 등을 포함한다. 가정 내에서 남녀는 모두 양육과 부양의 책임을 공유하며, 가정 공동체 구성원 모두의 완

---

18 웨슬리 설교, 6:269.: "가장 가까운 사람들은 남편과 부인입니다. 남편과 부인은 좋을 때나 나쁠 때나 언제나 서로를 돌보아야 하며, 서로에게 최선을 다하여야 합니다. 하나님이 둘을 맺어 주셨기 때문에, 그 누구도 나눌 수 없습니다. 간음, 혹은 둘 가운데 어느 편의 삶이 극도로 위험한 상태가 되어 있지 않다면, 둘 관계가 나누어질 수 없습니다."; 가톨릭 사회교리, 210항.

19 웨슬리 설교, 6:269.: "부모와 자녀는 매우 친밀하게 맺어져 있습니다. 부모들은 자식들이 유년기에 있을 때에 그들과 떨어져 있어서는 안 됩니다."

20 웨슬리 설교, 6:63.

21 교리와 장정: 사회신경, 47.

전한 인격성을 형성하기 위한 사회 경제 종교적 노력이 필요하다.[22] 가정이 성립되어야 할 이유는 남녀 각자의 차이를 바탕으로, 남성이든 여성이든 한 성 만으로는 완전한 존재가 될 수 없기 때문에, 남녀는 육체적·정신적·영적 차이에 따른 상호보완의 필요성을 인정하고 결혼을 통한 가정생활을 지향해야 한다.[23]

이러한 관점에서 가정은 생명과 사랑의 요람으로서, 인간 존엄성의 장소이다. 결혼과 출산의 과정은 사회에 진출하는 개인들의 순환을 담당한다. 즉, 한 세대가 지나가면 다음 세대가 새롭게 등장한다. 이렇게 등장하는 각 개별 주체들은 모두 그 나름의 존엄성을 가지며, 가정 공동체를 통해 자신의 존엄성을 의식한다. 또한 인간은 가정을 통해 인간의 진리와 선에 대한 개념을 학습하며, 사랑을 주고받는 과정에서 인류애라는 보편적 사랑 개념을 획득한다.[24] 이렇게 가정은 사회로서의 성격을 지니며, 가정 구성원 간의 '나-너'의 친교관계는 나아가 사회로서 '우리'라는 연대성을 갖게 한다.[25] 또한 문화와 국가의 핵심 가치로서의 역할도 한다. 가정을 통해 익힌 다양한 도덕 가치들뿐만 아니라 그 가정이 속한 종교 공동체 및 문화, 국가의 사회적 책임과 연대를 익힘으로써 각 개인은 사회와 국가를 가능하게 하는 토대를 구축한다. 이러한 점에서 가정이 사회나 국가보다 우선한다.[26]

이러한 가정의 사회적 특성 이외에도 가정 공동체를 구성하는 데에 있어서, 사랑은 기본적인 연대성을 구축하는 원인이 된다. 사랑과 성

---

22 미연합감리교회 사회원리, 161조.
23 가톨릭 사회교리, 224항.
24 가톨릭 사회교리, 212항.
25 가톨릭 사회교리, 213항.
26 가톨릭 사회교리, 214항.

의 진리는 가족 간의 일치와 충실성을 바탕으로 자신을 온전히 내어주고, 이를 바탕으로 상호 간의 절대적인 책임과 보호의 의무를 가능하게 한다. 기독교 신학적으로 인간의 창조는 하나님의 사랑에 기인하며, 인간은 사랑 없이 존재할 수 없다는 기본적인 감정을 드러내는 장소가 바로 가정이다. 따라서 사랑은 감정이나 느낌, 단순한 성적 관계를 넘어선다.[27] 가정이 사랑을 바탕으로 하는 연대라는 점에서, 가정은 각 개별 주체들의 자기완성을 실현하는 장소이자, 인간 존엄성을 교환하며, 사회적 규범의 전형을 체득하는 기본적 사회 단위라고 할 수 있다.[28]

이러한 사랑의 연대를 바탕으로, 가정은 기본적인 사회성을 가진다. 뿐만 아니라, 기독교 공동체의 기본단위로서 가정은 이웃에 대한 사랑을 실천하는 장소로서, 모든 불행한 상황에 놓인 이웃들에 대한 관심과 봉사를 실현한다.[29] 또한 사회의 기본단위로서, 가정은 국가의 법률이나 제도가 가정의 권리와 의무 범위를 침해하지 않는지 감시하고, 각 가정이 곧 국가 정치의 주체임을 인식해야 한다. 이를 위해, 다른 가정과의 연합체를 형성하여, 각 가정의 역할을 적절하고 효과적으로 완수할 필요가 있다.[30]

아울러 기본적인 사회적 주체로서 가정은 경제 공동체로서의 성격을 가진다. 따라서 가정 내에서의 노동에 대한 권리를 인식해야 한다. 물론 가정은 기본적으로 나눔과 연대의 공동체이지, 시장 공동체는 아

---

27 가톨릭 사회교리, 223항.
28 가톨릭 사회교리, 221항.
29 가톨릭 사회교리, 246항.
30 가톨릭 사회교리, 247항.

니다. 그러나 가정이 노동이 이루어지는 기본적인 사회 단위임도 간과해서는 안 된다.[31] 따라서 여성의 가사 노동에 대해서도 적절한 존중이 필요하다. 노동이란 삶의 질을 높이기 위한 봉사를 포함하며, 인격적인 유형의 활동을 의미한다. 따라서 가사 노동 또한 중요한 노동의 형태임을 인정해야 한다.[32]

이러한 근거를 바탕으로, 사회는 가정 공동체를 지원하고 보호할 책임이 있다. 따라서 국가나 사회는 가정의 사회적 기능 및 사회적 차원을 흡수하거나 대체, 축소할 수 없으며, 가정의 가치를 인정하고 존중하며 증진해야 한다.[33] 국가와 사회는 가정의 기본적 권리를 존중할 뿐만 아니라, 효율적인 가정 정책을 세워주어야 한다.[34] 가정은 국가와 사회의 필수적인 문화 정치적 기능을 가진다. 가정 단위는 각 개별 인간뿐만 아니라, 그들이 속한 가정의 고유한 가치와 요구를 염두에 두고 고려되어야 한다.[35]

5. 법적 문제

20세기 후반부터 21세기에 이르기까지 가족의 개념은 결혼 및 이혼, 혼외 출생 및 편부모 가족 등의 증가로 다양한 형태로 정의되고 있다. 일부 사회학자들은 이러한 가족 개념의 다양화로 말미암아 여성

---

31 가톨릭 사회교리, 248항.
32 가톨릭 사회교리, 251항.
33 가톨릭 사회교리, 252항.
34 가톨릭 사회교리, 252항.
35 교리와 장정: 사회신경 9조, 48.; 가톨릭 사회교리, 253-254항.

의 자유가 증가되었다고 보기도 한다.[36] 그러나 이러한 가족 개념 분화와 다양화는 단순히 여성의 자유 증가만을 초래한 것은 아니다. 최근 다양한 학문적 연구를 통해서 보면, 이혼, 혼외 출생, 편부모가정 등의 가족 형태가 가족 구성원에 부정적인 영향을 미치기도 한다.[37] 예를 들어, 최근 미국 이외 칠레, 가나, 인도네시아, 세네갈 등에서 이혼율의 증가와 함께, 이혼 후 경제적인 어려움으로 인해 자녀 양육이 제대로 이루어지지 않는 경우가 40%에 이른다고 한다.[38] 또한 편모 가정의 경우, 자녀들은 경제적 어려움과 더불어, 인지적 심리적 장애를 가질 가능성이 크며, 아버지의 경제적 심리적 대체자를 찾기 어렵다.[39] 이는 가정의 형태와 개념이 자녀 또는 가족 구성원의 심리적 경제적 태도의 다양성에 영향을 미친다는 뜻이다. 동성애를 바탕으로 하는 가정 형태의 경우에도, 기존의 이성 결혼과는 다른 심리적 문화적 특징을 보일 수 있다.

국제 사회적으로 현재 동성애자와 양성애자, 트랜스젠더 등의 성소수자의 권리에 대한 논의가 활발하게 진행되고 있다. 동성결혼이 합법

---

36 참고) J. Bernard, *The Future of Marriage* (New Haven, CT: Yale University Press, 1982)

37 D. Browning, "World Family Trends," Robin Gill ed., *The Cambridge Companion to Christian Ethics* (Cambridge, UK; NY: Cambridge University Press, 2012), 257.: 예를 들어, 이혼으로 인한 편부모 가족의 자녀들은 전통적 가족의 자녀들에 비해 행복감을 덜 느끼며, 경제적 어려움에 처할 가능성이 더 크다. 20세기 중반까지는 가족 구조가 가족 구성원의 행복감에 있어서 큰 영향을 미치지 않는다고 보았지만, 현재는 가족 구조로 인한 가족 구성원의 심리적 경제적 안정의 결정적 영향의 가능성을 인정하는 추세이다.

38 A. Sachs, "Men, Sex, and Parenthood," *World Watch* 7/2 (March-April, 1994), 12-19.

39 아버지의 돌봄이 자녀의 심리적 도덕적 발달에 미치는 영향에 대하여는 다음의 내용을 참고하였다. 참고) J. Snarey, *How Fathers Care for the Next Generation: A Four Decade Study* (Cambridge, MA: Harvard University Press, 1993).

화되는 국가가 증가하는 추세이지만, 여전히 동성애를 극렬하게 반대하는 국가도 많다. 그러나 세계적으로 동성애 등의 성소수자 권리를 인정하는 추세가 이어지고 있고, 2011년에는 국제연합 인권 이사회에서 성소수자에 대한 차별금지 및 권리 신장에 관한 결의안이 채택되기도 했다. 한국에서도 2013년 동성애자에 대한 차별금지를 포함한 '차별금지법제정안'이 당시 민주통합당과 진보정의당 의원들에 의해 입법 예고되었으나 철회된 바가 있다.[40] 기본적으로 차별금지법이 지향하는 바는 대한민국 헌법과 국제 인권법에 근거하여, 모든 소수자들의 인간으로서의 존엄과 가치를 보호하고, 이들을 평등하게 대우함과 동시에, 생활 전반에 있어서 차별을 철폐하고자 함이다.

차별금지법에 포함된 '성적 지향'이란 이성애, 동성애, 양성애를 모두 포함하며, '성적 정체성'은 자신의 성별에 대한 인식과 표현을 뜻한다. 따라서 성적 지향에 따른 차별이란 성적 평등과 성적 지향, 성정체성과 관련하여, 합리적 이유 없는 차별적인 언행과 태도를 의미한다. 이러한 차별금지법의 제정 여부와 관계없이 기독교 공동체는 동성애에 대하여 어떠한 신학적 입장을 가져야 하는가? 성소수자의 권리를 존중하고, 이들에 대한 차별적 태도를 거부하는 분위기에서, 기독교의 전통적인 가정관과 성역할에 대한 이해는 어떠한 방향으로 흘러가야 하는가? 필자는 이러한 현재의 상황에 대한 올바른 이해를 근거로, 성서적 관점으로 돌아가 본질적인 신앙과 신학의 입장을 확고히 해야한다고 주장한다.

---

40 기본적으로 이 '차별금지법 제정안'은 성별, 장애, 병력, 나이, 출신국가 또는 민족, 인종 및 피부색, 언어, 출신지역, 외모 등의 신체조건뿐만 아니라, 혼인 여부와 임신 출산, 종교나 사상 등에 따른 차이뿐만 아니라, 범죄나 보호처분 전력 및 성적 지향과 학력, 사회적 신분에 따른 모든 종류의 차별적 언행이나 태도를 금지하는 법안이다.

동성애에 관한 한국의 법원 판례를 살펴보자. 동성애와 관련하여, 대법원 및 서울행정법원은 각각 '청소년 유해매체물 결정 및 고시처분 무효 확인'[대법원 2007.6.14., 선고, 2004두619, 판결]과 '청소년 관람불가 등급분류결정처분취소'[서울행법 2010.9.9., 선고, 2010구합5974, 판결: 항소]를 판결한 바 있다.[41]

당시 '청소년 관람불가 등급분류결정처분취소'의 판결 내용은 20대 초반 남성들의 동성애를 다룬 영화 〈친구사이〉에 대한 영상물등급위원회의 등급분류결정(청소년 관람불가)에 대하여, 법원이 영화에 동성애를 직접 미화 조장하거나 성행위 장면을 구체적으로 표현한 장면은 없고, 제작사는 본 영화와 메이킹 필름을 함께 제작 상영함으로써 20대 초반 남성 동성애자들이 겪는 현실 문제를 공유하고자 하는 감독의 제작 의도를 분명히 밝히고 있으며, 영화의 내용과 표현 정도를 보아 동성애에 관한 정보 제공이 많은 청소년들에게 성적 상상이나 호기심을 불필요하게 부추기고 조장하는 부작용을 야기하여 인격 형성에 지장을 가져온다고 보기는 어렵다는 점 등을 종합하여 보면, 위 처분이 재량권을 일탈 남용하여 위법하다"는 판결과 함께, 영상물등급위원회의 결정을 뒤집었다. 당시 영상물등급위원회 측은 〈친구사이〉의 동성애적 묘사가 성적 정체성이 미숙한 청소년들의 건전한 성장을 저해하며, 사회 통념과 사회 윤리 등에 비추어 청소년이 시청하기 부적절하다고 주장한 반면, 영화사 측은 영화 및 비디오물의 진흥에 관한 법률(이하, 영진법)의 등급규정[42]이 명확성 원칙, 과잉금지 원

---

41 이하 법령에 대한 판례와 해석은 다음의 인터넷 내용을 참고하였다. 국가법령정보센터, http://www.law.go.kr/main.html

42 본 등급 규정은 영화 및 비디오물의 진흥에 관한 법률 제29조 제2항 제4호 및 동 시행령 제10조 제1항 제4호 청소년 관람불가에 근거했다.

칙과 피해 최소성의 원칙을 위반하는 동시에 표현의 자유와 청소년의 알 권리를 침해한다는 점에서 위헌의 소지가 있다고 주장했다.

당시 원고는 '영진법'(영화 및 비디오물의 진흥에 관한 법률) 제29조 제2항 제4호 및 영진법 시행령 제10조의2 제1항 [별표 2의2] 제4호의 '청소년 관람불가' 등급 규정은 명확성의 원칙, 과잉금지의 원칙 및 피해 최소성의 원칙을 위반하여 표현의 자유 및 청소년의 알 권리를 침해할 위헌의 소지가 있다고 주장하였으며, 피고는 성적 정체성이 미숙한 청소년의 일반적인 지식과 경험으로 이를 수용하거나 소화하기 어려워 청소년이 건전한 인격체로 성장하는 것을 저해할 뿐만 아니라, 건전한 사회 윤리, 선량한 풍속 및 사회통념 등에 비추어 보아도 청소년이 이 사건 영화를 관람하는 것은 부적절하다고 주장하였다. 이에 대하여 법원은 표현의 자유는 민주주의 체제의 본질적 요소이며 이는 영화의 자유에도 적용될 수 있다고 판결했다.

또한 20대 초반 동성애자들의 현실 문제에 대한 영화의 제작 의도는 이를 관람하는 청소년들에게 성적 소수자의 현실을 이해할 수 있는 중요한 교육 자료로서 기능을 할 것으로 판단했다. 뿐만 아니라, 동성애 소재의 영화이기 때문에 청소년들이 이를 받아들이기 어렵다고 단정하기 어렵고, 성적 정체성이 확립되지 않은 청소년들의 성적 상상과 호기심을 부추기고 조장할 뿐만 아니라, 인격 형성에 지장을 초래한다고 보기 어렵다고 판결했다. 나아가 동성애를 유해한 것으로 취급하는 것은 성적 소수자인 동성애자들의 기본권을 침해하는 것으로 해석했다.

그러나 동성애자에 대한 법원의 판례가 항상 일관적으로 성적 소수자의 권리를 보호했던 것은 아니다. 예를 들어, '민법'과 '저출산고령사회기본법', 그리고 '건강가정기본법'[시행 2015.1.1.] [법률 제

12529호, 2014.3.24., 일부개정]을 살펴보면, 제2장에서 가족의 범위를 설정하는 데에 있어서 가족을 남성과 여성 간의 이성결혼을 전제하고 있음을 알 수 있다.[43]

또한 '저출산고령사회기본법'[시행 2014.3.18.] [법률 제12449호, 2014.3.18., 일부개정]에서는 현재 한국 사회 저출산 및 고령 사회화의 문제를 인지, 저출산 방지를 위해, 결혼, 출산 및 가족생활에 대한 가치관을 형성할 인구 교육 활성화를 추진한다. 이 또한 기본적으로 이성결혼을 전제한다고 할 수 있다. 또한 같은 법 제9조(모자보건의 증진 등)에 따르면, 임신, 출산, 양육의 사회적 의미와 이에 대한 가족 구성원의 협력의 중요성을 강조하는 것 또한 동성애 결혼에 반하는 사회 정책이라고 할 수 있다.

한편 '건강가정기본법'(일부개정 2011.09.15 [법률 제11045호, 시행 2012.03.16.] 보건복지 가족부)에서 정의하는 가족 개념을 보면 다음과 같다. 먼저 가족은 '혼인, 혈연, 입양으로 이루어진 사회의 기본단위'로서, '가족 구성원이 생계 또는 주거를 함께 하는 생활 공동체로서 구성원의 일상적인 부양, 양육, 보호, 교육 등이 이루어지는 생활단위'로 본다. 이 법의 제8조(혼인과 출산)에서는 혼인과 출산의 사회적 중요성을 강조한다. 이를 미루어 볼 때, 대한민국의 법은 여전히 동성결혼을 이상적이거나 정당한 결혼 형태로 보지 않고 있다. 동성애자들의 소수자

---

[43] 동 시행령 제809조(근친혼 등의 금지) ① 8촌 이내의 혈족(친양자의 입양 전의 혈족을 포함한다) 사이에서는 혼인하지 못하며, ② 6촌 이내의 혈족의 배우자, 배우자의 6촌 이내의 혈족, 배우자의 4촌 이내의 혈족의 배우자인 인척이거나 이러한 인척이었던 자 사이에서는 혼인하지 못하고, ③ 6촌 이내의 양부모계(養父母系)의 혈족이었던 자와 4촌 이내의 양부모계의 인척이었던 자 사이에서는 혼인하지 못한다. 이는 가족이란 남성과 여성을 전제로 한 가족 제도의 중요성을 말하는 것이다. 한편 제826조(부부 간의 의무)에서 ① 부부는 동거하며 서로 부양하고 협조하여야 함을 강조함으로써 남녀의 가족 제도와 자녀의 부양을 암시하고 있다.

로서의 기본적 권리는 존중하고 있으나, 저출산 고령화 사회라는 현상과 관련하여 동성결혼보다는 출산과 양육을 직접적으로 담당하는 이성 결혼에 더 무게가 실려 있다고 할 수 있다.

나가는 말

여성과 남성의 평등 문제나 여성의 권리에 대하여 성서가 분명한 근거를 제공하는 것은 아니다. 이는 성서시대의 사회적 맥락이 오늘날과 같지 않기 때문이다. 그럼에도 불구하고 성서는 고전적인 인간주의 또는 자연주의적 인간주의의 남성우월성보다는 보다 남녀의 동등성에 대하여 강조하고 있다. 비록 성서시대에 아직까지는 여성의 권리와 사회적 지위 확보에 대한 이상이 분명하게 드러나고 있지는 않지만, 여러 정황상 유연하게 여성의 가치 및 민주 정의와 평등을 위한 타당한 근거를 성서가 제공하고 있다고 할 수 있다.[44]

마찬가지로 오늘날 성문제와 관련된 윤리적 논쟁의 분명한 근거를 성서에서 찾기 어려운 이유는 성서 세계와 도덕적 맥락과 상황이 현재의 도덕적 상황과 다르기 때문이다. 예를 들어, 구약에서 야곱(창 29:21-30)이나 엘가나(삼상 1:2)는 대표적인 일부다처제의 표본이다. 따라서 이러한 내용을 현대에 그대로 적용할 수는 없다. 신약에서도 골로새서 3:18-4:1에서 나타나는 남편과 아내 사이의 계층 구조 또한 당시의 가부장적 전통에 따른 것이며, 현재 시대에 그대로 적용되기에

---

44 R. H. Hiers, *Women's Rights and the Bible: Implication for Chirstian Ethics and Social Policy* (Eugene, Oregon: Pickwick Publications, 2012), 93.

는 무리가 따른다. 이혼 문제 또한 성서에서 용인하거나 금지하고 있다.[45]

성 문제에 대하여 기독교 내에서 다양한 목소리가 존재한다는 점은 성서나 기독교 전통적인 문헌들 내에서 서로 다른 덕목들이 긴장관계를 보이고 있음을 암시한다. 따라서 성서와 기독교 전통의 문서들에 대한 해석과 재해석의 과정을 바탕으로, 성서 및 기독교 전통 내의 여러 덕목들 사이의 긴장관계를 풀거나 유지할 수 있어야 한다.[46]

동성애에 관한 윤리적 입장 또한 신학적 근거에 따라 다양하게 나타난다. 예를 들어, 진보적인 신학자들은 동성애를 지지할 수 있는 성서 해석적 근거뿐만 아니라, 다른 교리적 이론적 근거를 찾을 수 있다고 주장한다. 그러나 필자는 이러한 다양한 입장의 가능성을 존중하면서도, 동성애의 문제는 기독교 공동체의 윤리적 범위 안에서는 정당화되거나 수용될 수 없다고 주장한다. 왜냐하면 동성결혼이나 동성의 성관계는 하나님의 창조질서와 상반되기 때문이다. 예를 들어, 성적 소수자로서 동성애자들의 인권에 대하여는 옹호할 수 있으나, 동성애 자체는 신학적으로 창조질서에 위배되기 때문에, 이를 교회적으로 또는 윤리적으로 용인할 수 있는지는 또 다른 문제이다.

오히려 기독교 윤리적 논의는 다양한 상황이나 맥락을 파악하여, 윤리적 관점의 다양성은 서로 완전히 다른 비교 불가능한 것(incommensurable)인 경우가 많다는 점을 인정하여야 할 것이다.[47] 차이와 차별은 큰 것이다. 차이의 문제에 대한 깊은 숙고 없이 차이를

---

45 R. Gill, "Sexuality and Religious Ethics," R. Gill ed., *The Cambridge Companion to Christian Ethics* (Cambridge, UK; NY: Cambridge University Press, 2012), 279.

46 위의 책, 281.

47 위의 책, 271-272.

차별로 몰고 가는 것도 문제지만, 그렇다고 차이가 차별을 전제한다고 일반화 할 수는 없다.

기독교의 세계관은 철저하게 하나님의 말씀을 통하여 그 정체성이 유지되어야 하며 하나님의 창조질서에 대한 크리스천의 책임 또한 간과되어서는 안 된다. 성과 결혼, 가정과 공동체를 향하신 하나님의 거룩하신 뜻이 이 땅에 실현되기 위하여 크리스천은 자신의 성에 대한 감사와 의무를 다해야 한다. 그리고 교회는 신앙공동체의 학습과 훈련을 통하여 거룩한 하나님의 뜻이 이 땅에 이루어지기 위하여 최선을 다하여야 할 것이다.

제 4 장

동성애자, 교회가 버려야 할 죄인인가?

한수환 교수(광신대학교 조직신학)

들어가는 말

최근 동성애 문제가 한국 사회와 문화, 그리고 특히 한국 개신교에 큰 이슈로 작용하고 있다.[1] 지난 2015년 6월 26일 미국 연방대법원은 미국 전역에 있는 모든 동성애자들의 결혼을 합법화하는 결정을 내렸고, 미국 대통령도 이를 환영하여 이제 동성애 문제는 최소한 미국에서는 합법이 되어 법적인 갈등은 해결되었다. 그러나 비록 법적인 문제는 해결되었다 해도 청교도 신앙과 그 정신의 가치관에 굳건하게 서 있다고 믿으면서 미국 개신교 정신을 바라보았던 한국 개신교의

---

1 본 소고는 2012년 광신논단에 개제되어 있는 필자의 "성에 대한 개혁주의적인 입장"이라는 논문에서 나타난 아이디어의 일정부분과 인용들을 토대로 구성이 되었음을 미리 말해 둔다.

시선은 그다지 호의적이지 않을 것이다. 동성애 결혼의 허용은 미국 개신교 교회와 신학이 성경의 가르침에서 벗어나 현실의 세속주의의 깊은 나락으로 떨어져 가고 있다는 상식적인 비난에서 벗어나기 어려워 보인다.

이러한 상황에서 문제는 미국의 신학과 문화에 직접으로, 혹은 간접으로 영향을 받는 한국 개신교는 과연 동성애 문제를 어떻게 취급할 것인가가 교계와 세상의 이목을 받고 있다. 우리 개신교 교회가 연합하여 동성애 문제에 관해 아무리 성경적인 대안을 제시하여 단호하게 반대한다고 해도 소수인권을 존중해야 한다고 주장하는 여러 인권단체들과 성소수자들을 옹호하고 두둔하는 여러 단체들이 동성애를 현실적으로 입법기관에 호소하여 이슈를 만들고 사회적인 공론으로 만들어가는 작금의 현실에서 과연 우리 개신교가 부르짖는 반대의 목소리가 얼마나 입법에 반영될지는 불확실하다. 수십 년 동안 유지되어 왔던 간통법도 2015년 2월 26일에 있었던 헌법재판소의 판결에 따라 이제는 형사적 처벌이 불가능하다는 판결로 정리가 되어 성에 관한 한국인들의 생각과 정서가 전통적인 판단에서 얼마나 바뀌고 있는지를 강하게 보여주고 있는 현실에서, 동성애 문제 역시 영적으로 어두워져 가는 한국 사회와 현실을 잘 반영하고 있다고 여겨진다.

과연 한국 개신교 교회들은 이런 세속주의의 도전들에 대해, 특히 시급하게 우리에게 던져진 동성애 문제를 어떻게 풀어가야 할까? 성과 관련된 문제들을 살펴보면 굳이 동성애만이 특별한 문제는 아니다. 간음이나 성매매, 그리고 양성애, 나아가서 부부교환과 유아 성폭행, 그리고 성희롱도 성의 문제와 깊숙이 연관되어 있고, 또한 성의 곡해에서 빚어지는 열매들로 보이는 이혼과 독신주의, 그리고 여성에 대한 성차별도 성의 문제와 연관되어 있다.

정부는 인권을 옹호한다는 이름으로 성매매나 성폭행 등은 형사처벌을 통해 엄격하게 단속하지만, 정작 성의 곡해에서 빚어지는 동성애와 양성애와 같은 문제들은 상당히 호의적인 입장을 가지고 있는 듯하다. 성매매가 보통 여성이나 남성의 특정 부분을 돈으로 구매하여 성립되는데, 이것은 성의 근본에 비추어 본다면, 그래도 성매매는 이성과의 육체적 관계라고 이해할 수 있다. 비록 성매매 행위가 건전하다고 할 수는 없어도, 같은 성끼리 하나가 되는 소위 '동성애 부부'를 합법화시켜 달라는 동성애자들의 의식과 행위들은 성매매 하는 행위보다 건전하다고 말할 수 있을까? 미성숙한 어린아이나 미성년자들의 성을 강제로 폭행하는 성폭행에 대해서는 인권유린을 들어 강하게 엄벌하고 형사처벌하는데, 정작 사회 윤리적으로 에이즈와 같은 치명적인 질병을 유발하는 동성애 문제는 성소수자들의 인권보호라는 차원으로 받아들이면서 상당히 유화적인 태도를 가지는 대한민국 사법부의 현재 입장이 약간 모순적으로 비친다.

동성애나 양성애가 '사랑'이라는 이름으로 된 합법이라면 성매매나 간음, 그리고 부부교환도 일종의 '사랑'이라고 할 수 있지 않느냐 하는 의문에 얼마나 설득력 있는 대답이 그들로부터 주어질 수 있는지는 알 수 없다. 과연 동성애가 '사랑'인가? 그래서 한국 사회가 이 행위를 이해와 포용으로 관용해야 할 문제인가? 관용할 수 없다면 동성애자는 무엇보다 교회에서는 내쳐야 할 죄인들인가? 아니면 교회의 목회 상대는 될 수 없는가? 본 소고는 이런 질문들에 거창한 대답을 줄 수는 없지만 최소한 개혁주의 신학의 입장에서 동성애를 진단하고 적어도 '성도'라고 칭함을 받는 교회 구성원들에게는 올바른 이해가 필요하다고 판단되어 성과 동성애의 문제를 신학적 인격주의의 입장에서 조명하고 제언을 하고자 한다.

1. '창조'와 '하나님의 형상' 이해

(1) 동성애도 과연 사랑인가 하는 의문의 제기와 그 해답을 위해서 우선 '성'(Sex)에 대한 이해가 필요할 것이다. 성이 무엇인가라는 의문을 제기해 보면 단순히 인간만이 즐길 수 있는 특정 부위의 쾌락의 도구만이 아님을 본성적으로 알 수 있다. 기독교의 가르침에 따르면 인간의 본성은 타락하였으며 그 타락은 전인격의 부패를 뜻한다. 성도 인간의 전인격의 부패와 무관하지 않다.

성의 이해를 위해 근본적으로 사람의 창조를 먼저 소개해야 할 필요가 있겠다. 비록 과학적인 용어로 설명하고 있지 않지만 성경 창세기 기사에서는 사람을 '남자와 여자'로 구분하면서 '성'에 의해 '한 몸'이 되게 하였다고 밝히고 있다. 사람을 창조하신 하나님이 "우리가 우리의 형상을 따라 우리의 모양대로 …사람을 만들고… 모든 것을 다스리게 하자. …그들을 남자와 여자로 창조하셨다"(창 1:26-27)고 성경에는 기록되어 있다.[2] 여기서 '창조'는 신적인 행위로서 근본적으로 '무에서의 창조'(creatio ex nihilo)를 뜻한다. '무에서의 창조'란 이전에 없었던 것의 창조를 뜻하기도 한다. 그리고 '무'라는 개념도 단순히 '무엇이 없는 것'을 뜻하기보다 아직 '관계와 역사가 일어나지 않는 상태'로 이해할 수 있겠다.

창조주께서 땅의 티끌을 가지고 사람을 창조하셨을 때, 이 먼지 혹은 티끌은 태곳적 물질이었는데 그렇다고 그 물질이 소위 '살아가는 생명체(נפש, 네페쉬)가 된 것은 물질의 인과율적인 연속선과는 전혀 무관하다. 다른 피조물들과 달리 사람을 창조하실 때는 하나님의 자신

---

2   본 소고에서는 성경 구절을 바른성경에서 인용하였다.

을 '우리'라는 복수형 표현을 사용한다. 이 표현은 사람의 창조가 삼위일체의 관계방식으로 실재하시는 하나님의 역사라고 전통적으로 이해되고 있으며, 정확하게 말하면 하나님은 홀로가 아닌 '나와 너'로 계시는 거룩한 분들(pluralis majestatis)임을 강하게 암시한다.[3] 이런 점에서 사람을 창조하시는 하나님의 결정은 모든 창조에서 '사람이라는 생명의 독특성'을 강하게 제시한다.[4] 성경은 사람의 독특성을 하나님의 형상으로 제시하고 있으며 다른 모든 피조물들을 다스리는 하나님의 사명을 수행하는 자로 밝힌다.

(2) 다른 모든 피조물들을 다스리는 사명을 수행하는 자로 창조된 사람의 독특성은 어디에 있을까? 사람의 독특성을 위해 주목해야 할 표현은 '형상'이라는 표현이다. '형상'(צלם, 첼렘)이라는 용어는 원래 '조각상' 혹은 '평면'을 뜻하며 인간이 '올바르게 서 있는 것'과 '걸어가는 것'을 담고 있다고 하는데, "신체와 영혼 사이의 엄격한 구분은 여기에서 잘 알려져 있지 않으며, 인간은 신체와 영혼을 가지는 것이 아니라, 사람이 바로 신체와 영혼 둘 다이다"고 주장하는 구약학자도 있다.[5] 이런 주장에 따르면 '하나님의 형상'이라는 표현은 인간의 신체가 영적이고 인격적인 관계를 중개하고 매개하는 역할을 한다는 사실을 강하게 내포한다. 동시에 하나님은 "창조주로서 자신의 탁월한 피조물과 교제하기 위해 자신을 드러내시는 인격적인 '너'로 보이시게 하

---

3 참고. C. F. Keil/F. Delitzsch, Commentary on the Old Testament, Vol.1, Michigan, 1983, 62.

4 C. Westermann, Schpöfung, Stuttgart/Berlin, 1971, 71.

5 참고. W. Eichrodt, Theologie des Alten Testaments, 2/3, Göttingen, 1964, 78-79.

셨다"고 하는 주장이 과하지 않게 들린다.[6]

사람이 하나님의 형상이라는 표현은 그 사람이 하나님의 인격성의 한 몫으로 가지고 있으며, 따라서 사람과 하나님과의 관계가 인격적인 관계임을 강하게 암시한다. 여기서 '인격'이란 일반 세상 철학에서 말하는 '자기를 세우는 존재'로서의 인격이 아니라, 하나님의 말씀을 듣고 그 말씀에 자발적이고 책임적인 행동으로 반응하는 존재를 뜻한다. 인격적인 존재로서의 사람의 창조를 '인간이 자신의 정신적인 능력들을 통해 하나님과 유사하게 되었고 동물들과는 본질적으로 구분시키는 생각'으로 이해하기도 한다.[7]

먼지에서 사람의 육체를 만드시고 그의 코에 생기를 넣으심으로 인해 사람은 비로소 '아담'이 되었다. 하나님의 생기가 물론 짐승에게도 있지만(시 104:29-30) 사람에게 부여된 하나님의 생기를 '이성'으로 보는 견해도 아주 심각하게 틀리지 않다고 하겠으나,[8] 그럼에도 불구하고 '형상'(צלם, 첼렘)과 '모양'(דמות, 드무트)이라는 용어들을 인간의 이성이나 자유의지, 그리고 영원에 대한 의미나 선과 악에 대한 사려나 불멸성과 같은, 특수한 질적인 성질로 이해하는 것은 잘못이다. 즉, 이 표현들은 사람이 짐승들보다 특수하거나 우월한 지위에 있음을 뜻하는 것이 아니다. 오히려 '하나님의 형상'이라는 표현 속에는 사람의 전부가 전적으로 하나님에게 의존하고 있음을 암시한다. 이 표현은 사람이 하나님과 같은 신적인 속성들을 가진 자로 만들어졌음을 담고 있음을 말하는 것이 아니라, 오로지 하나님과의 인격적인 관계를 가질

---

6 위의 책, 81.

7 H. Heinisch, Geschichte des Alten Testaments, Bonn, 1950, 17.

8 참고. 위의 책, 17.

수 있는 존재로 창조되었음을 말한다.

베스트만(C. Westermann)은 '형상'이라는 표현이 '하나님과 사람 사이의 일어남'을 암시한다고 하는데, 하나님은 그와 일치하고, 그에게 말씀하시며 동시에 그를 들을 수 있는 피조물로서 사람을 창조하셨다고 주장한다.[9] 즉, 사람을 창조하실 때, 하나님이 하나님 자신에게 말씀하시면서 창조하셨던 그 관계방식대로 창조하셨기 때문에, 피조물인 사람은 '관계하는 존재자'로 창조되었다고 해야 한다. 즉, 자기 스스로를 위한 존재자가 아니라, 하나님과 이웃과 인격적으로 관계하는 존재자로 지으셨다. 이런 점에서 하나님의 형상으로서의 사람창조는 "하나님과 사람 사이에 어떤 무엇이 일어나는 것과 거기에서 사람의 생명이 근본적인 의미를 가진다"고 말할 수 있겠다.[10] 베스트만과 유사하게 바르트(K. Barth)도 이에 동의하면서 그는 "사람의 어떤 특별한 속성들, 혹은 어떤 특별한 소유 방식들에 하나님의 형상이 있는가를 묻는 것은 전혀 의미 없다"고 말한다.[11] 그는 '형상'을 사람의 고유한 특질적인 어떤 무엇이 아니라, 하나님의 피조물로서 사람이 존재하는 바라고 생각하면서 "사람이 하나님의 형상이 아니라면 사람이 아닐 것이다. 그는 사람이면서 하나님의 형상이다"고 주장한다."[12] 틸리케(H. Thielicke) 역시 '형상'을 사람이 가지는 속성이 아니라, 창조주 하나님과 관계할 수 있는 관계성으로 간주한다.[13]

---

9   C. Westermann, Schöpfung, 82.

10 위의 책, 88.

11 K. Barth, Kirchliche Dogmatik, III/1, Zürich, 1947, 206; H. Thielicke, Sex Ethik der Geschlechtlichkeit, Tübingen, 1966, 24.

12 K. Barth, Kirchliche Dogmatik, III/1, 207.

13 참고. H. Thielicke, Sex Ethik der Geschlechtlichkeit, 24.

현대 신학자들의 공통된 주장들을 정리하면 결국 '형상'은 하나님과 관계하는 '관계의 카테고리', 혹은 하나님을 인격으로 마주할 수 있는 '인격적인 존재'를 뜻한다고 하겠다. 사람은 하나님과 이웃을 '인격적인 너'로 만나면서 자신을 발견하는 인격적 존재자이다.

(3) 하나님이 "사람이 홀로 있는 것이 좋지 않으니, 내가 그를 위하여 돕는 배필을 만들겠다(창 2:18)"고 하시면서 아담을 깊이 잠들게 하여 그의 갈빗대 중 하나를 뽑아서 살로 채워 그를 여자로 만드시고 그를 아담에게 데려오셨을 때, 아담은 "이는 내 뼈 중의 뼈이고 살 중의 살이다. 남자에게서 취하였으니, 여자라 불릴 것이다(창 2:23)"고 성경은 기록하고 있다. 하나님이 먼지와 티끌에서 아담이라는 사람을 창조하셨지만, 하와라는 여자를 아담과 동일한 방식으로 창조하신 것이 아니라, 아담의 갈빗대를 가지고 창조하셨다는 점이 흥미롭다. 여자를 남자에게서 취하여 만드신 사건을 "야웨가 사람을 향하시고자 하셨던 모든 행위 중 마지막인, 그리고 가장 신비한 행위"라고 폰 라트(G. v. Rad)는 말한다.[14] 델리취(F. Delitzsch)는 남자의 갈빗대를 취하여 여자를 창조하신 것을 가리켜 '성적 관계'를 암시하면서 동시에 분리될 수 없는 '하나 됨'과 생명의 동반개념, 그리고 결혼의 도덕적 질서를 가리킨다고 말한다.[15] 갈빗대를 가지고 여자를 만든 사건을 틸리케는 '구조적으로 서로에게 속해 있음'(die konstitutive Zusammengehörigkeit)으로 비유하고 있다고 주장하기도 한다.[16]

---

14 G. v. Rad, Theologie des Alten Testaments, vol. 1, Berlin, 1963, 163.

15 참고. C. F. Keil/F. Delitzsch, Commentary on the Old Testament, vol.1, 87; 89.

16 H. Thielicke, Sex Ethik der Geschlechtlichkeit, 2.

이런 주장들을 정리하면 남자는 여자로 인해 살아갈 수 있고 여자 역시 남자로 인해 살아갈 수 있음을 뜻한다. 남자와 여자는 하나님과 이웃 앞에서 자신의 성정체성을 가질 수 있음을 암시한다. 신약에는 여자를 '돕는 자'(고후 1:24)로 표현하고 있는데, 인격주의 입장에서 해석하자면 동역자, 혹은 동반자나 반려자와 같은 의미이며 더 구체적으로 말하면, '너'라는 성격을 지니고 있다고 하겠다.[17] 하나님과 하나님 자신과의 관계가 '나와 너'의 인격적인 관계이듯, 남자와 여자를 자신의 형상으로, 즉 하나님의 관계방식과 동일하게 '나와 너'의 관계로 관계하는 자들로 창조하셨다. 이 점을 바르트는 "하나님과 사람 사이의 유비는 나와 너가 마주 서는 실존을 중재한다"고 말하기도 한다.[18]

남자를 창조한 후 여자를 남자의 갈빗대를 취하여 창조하신 것을 가지고 남자가 여자보다 우월하며 남자가 우선권이나 지배권을 창조질서로 가진다고 할 만한 여지는 없다. 이에 대해서 "여자는 남자의 상대로 있으며 성적으로 그와 다른, 그러나 그와 동일하고 같은 가치로 피를 나누었으며(내 뼈 중의 뼈이고 살 중의 살), 더욱이 남자와 여자는 함께 속하며 사랑으로(가슴에서 갈비뼈를 취한 것) 하나가 되는 것이며 남자는 가족의 머리가 되는 것"을 의미한다고 해석할 수 있겠다.[19] 말하자면 남자에서 여자의 창조는 순서의 창조를 가리키는 것이지, 능력이나 우월권을 강조하는 표현이 아니기 때문이다. 남자와 여자의 이런 창조를 가리켜 "사람과 하나님의 관계와 같은 동일한 토대에서 세워진 것이며, 인격적인 본질로서 그들의 마주대함(Gegenüber)

---

17 위의 책, 2.
18 K. Barth, Kirchliche Dogmatik, III/1, 207.
19 H. Heinisch, Geschichte des Alten Testaments, 18.

은 하나님과의 마주대함에서 그 힘을 운반하는 책임 있는 함께함(Miteinander)과 서로를 위함(Füreinander)으로 이끈다"고 주장하는 것은 틀리지 않는다.[20]

(4) '창조'와 '형상'의 성경적인 설명을 함에 있어서 중요한 점은 남자와 여자를 한 몸으로 만드는 것이 다름 아닌 '성'이라는 사실이다. 구약의 사람 창조를 신약에서 예수는 "창조주께서 처음부터 그들을 남자와 여자로 만드시고… 둘이 한 몸이 될 것이다. 따라서 그들은 더 이상 둘이 아니라 한 몸이다. 그러므로 하나님께서 짝지어 주신 것을 사람이 나누지 못한다"(마 19:4-6)고 말씀하신다. 사람은 남자와 여자라는 두 요소의 동일한 성질들로 하나가 되는 것이 아니라, 서로 구별되는 성으로 인해 하나가 된 존재이다. 남자와 여자는 마치 두 사람을 뜻하는 복수형으로 비치지만, 이것은 성의 구별성에서 그렇다는 것이지 존재적으로는 단수이다. 즉, 사람은 존재적으로 남자와 여자이다. 그들은 '사람들'이 아니라 '사람'이다. 사람은 남자와 여자라는 두 종류가 아니라, 존재 면에서 하나이다. 단지 성의 구별에 있어서만 남자와 여자일 뿐이다. 정확하게 말하면 남자와 여자는 성적으로 구별되지만, 인격적으로는 분리되지 않는 '한 사람'이다. 하나님이 창조와 구원이라는 시각에서 세 인격으로 구분되지만, 존재 방식에서 한 분이시듯, 사람도 성의 시각에서는 남자와 여자로 구분되지만 존재로는 '한 사람'이다.

---

20 W. Eichrodt, Theologie des Alten Testaments, 2/3, 81.

2. 남자와 여자의 '성' (창조질서)

(1) 하나님이 자신의 형상을 따라 사람을 남자와 여자로 창조하셨다. 사람이란 남자와 여자의 인격적인 관계를 통한 '하나 됨'에 있다. 남자와 여자란 사람이라는 한 종이 가지는 두 면에 해당한다고 해도 과언이 아니다. 한 사람으로서 남자와 여자는 오로지 '성'에 의해서만 구분될 뿐, 그 외에 다른 어떤 차별이나 우월도 성립하지 않는다. 성의 구별은 흥미롭게도 사람의 타락과 그로 인해 생기는 인간의 부패와도 무관하게 유지된다. 타락 전에도 남자와 여자의 구분은 성에 의해 구별되고, 타락 후에도 여전히 남자의 성과 여성의 성은 구별되면서 이로 인해 한 몸이 되기도 한다.

따라서 성의 구별은 구조적인 질서 혹은 '창조질서'에 해당하는 근본적인 생명 관계라고 할 수 있다. '창조질서'는 인위적인 도덕이나 인륜성의 산물이 아니라 선천적으로 혹은 선험적으로 부여된 관계이며, 모든 인간들에게 마음 혹은 양심에서 요구하는 의무와 책임의 형식으로 부여되는 관계방식을 가리킨다.[21] '창조질서'에 해당하는 성의 구별은 사람을 상대 앞에서 남성으로 만들기도 하며 사람을 상대 앞에서 여성으로 만들기도 한다. 이로 인해 남성과 여성의 관계로 인격적인 관계가 일어나며, 이 관계에서 '부부' 혹은 '결혼'이 주어진다. 그리고 그들 사이에 자녀가 생기면 '가정'이 성립되기도 한다.

결국, 부부와 결혼, 그리고 가정은 특정 사회의 이데아나 제도나 관습에 의해 설정된 공동체가 아니라, 인간의 마음 혹은 양심에서 주어진 선험적인 요구, 혹은 책임의 형식으로 생겨난 창조질서의 공동체이다.

---

21 참고. W. Elert, Das Christliche Ethos, Hamburg, 1961, 112.

(2) 성의 구별은 사람을 단순히 남자와 여자로 나누는 측면만 가지지 않는다. 구별과 함께 또 하나의 탁월한 측면을 가지는데, 그것은 '하나 됨'으로 남자와 여자를 이끈다는 점이다. 그러니까 성은 사람을 남자와 여자로 구별하는 선천적인 질서의 힘인 동시에, 남자와 여자를 '하나 됨'으로 연합시키는 선천적인 질서의 힘이기도 하다. 위에서 언급하였듯이 하나님이 사람창조에서 '우리'라고 불리는, '나와 너'라는 인격적인 관계로 실재하듯, 그런 하나님이 사람을 남자와 여자로 구별시키고 동시에 하나가 되도록 창조적인 질서를 세우셨다. 하나님이 자신들과의 관계가 인격적이듯, 또한 자신의 피조물인 사람과도 이런 인격적인 관계로 '구별'과 '하나 됨'으로 관계하신다.

이것은 인간의 '나-의식'에서도 뚜렷하게 드러난다. 상대가 남성으로 의식될 때 비로소 '나-의식'은 자신을 여성으로 의식하며, 반대로 상대가 여성으로 의식될 때 또한 '나-의식'은 자신을 남성으로 의식한다. 인간의 '나-의식'은 흥미롭게도 어떤 선천적인 힘(하나님의 창조질서)에 의해 상대, 혹은 타자가 성적으로 구별됨과 동시에 성적으로 하나가 된다. 이 창조질서는 인격적인 관계, 즉 '나와 너'라는 창조 근원적인 신적 질서의 힘으로 비친다. 이 힘에 의해 인간은 상대 앞에서 자신을 남자로 의식하거나, 반대로 자신을 여자로 의식한다. 이런 의식의 만남을 영적이고 인격적인 만남이라고 칭할 수 있겠는데, 이 형식은 특정 사회나 도덕 혹은 인류가 임의적으로 만든 요구가 아니라, 인간 생명의 근본형식(Grundform)이라고 해도 좋겠다. 이런 점에서 바르트는 사람을 '남자와 여자'라는 이중성으로 실존하며 이 이중성은 유일한 구조적인 차이라고 규정한다.[22] 이런 면에서 틸리케의 주

---

22 참고. K. Barth, Kirchliche Dogmatik, III/2, Zürich, 1948, 344.

장대로 사람을 남자와 여자로 구별시키는 성을 가리켜 '인간성'이라 규정하면서, 이것은 '하나의 동일한 구조의 변형'(Variation einer und derselben Struktur)이며 도무지 '없앨 수 없는' 특성을 지닌다고 한 것은 일리가 있다.[23]

이렇게 본다면, 성은 구별시키고 동시에 하나가 되게 하는 두 가지 관계방식을 가진 신적 창조질서의 힘이라 하겠다. 하나님의 창조인 사람은 성에 의해 '구별됨'과 '하나 됨'이라는 두 관계 방식으로 살아간다. 이렇게 보면 남자와 여자는 성에 의해 남성과 여성이 되며, 동시에 성에 의해 하나가 된다. 구별시키고 동시에 하나로 만드는 신적 창조질서인 성에 의해 사람은 '함께하는 인간'(Mitmensch)이 된다.[24] 여기서 '함께'라는 용어는 성에 의한 구별과 하나 됨을 만드는 표현인데, 사람은 이 범주를 벗어날 수도 없고 초월할 수도 없다. '함께'로 인해 상대는 타자로 다가오기도 하며 동시에 구체적인 존재자, 즉 그 타자가 남자나 여자로 구체화된다. 사람은 창조 때부터 '함께'라는 범주 안에서 살아가게 되었다.

(3) 성은 '함께'라는 범주에서 상대를 남자와 여자로 구별시키며 동시에 하나로 만든다. 이것은 사람의 인간성(humanum)의 문제이기도 하다. 성은 '함께'라는 범주 안에서 남자와 여자로 서로 구별시키고 또한 하나로 연합시키기도 하는데, 인간의 인격에 직접적으로 영향을 미치기 때문에 브룬너(E. Brunner)는 "성의 문제가 인간학의 시금석이고

---

23 H. Thielicke, Sex Ethik der Geschlechtlichkeit, 1; 참고 위의 책, 344.
24 참고. K. Barth, Kirchliche Dogmatik, III/4, Zürich, 1951, 129.

운명적인 문제이다"(Prüfstein und Schicksalsfrage)라고 말한다.25 사람만이 이성적인(sexual) 관계를 통해 인격적인 관계를 가지며 부부나 결혼, 그리고 나아가서 가정을 세울 수 있다. 양성적(bisexual)이거나 동성적인(homosexual) 관계를 통해서가 아닌, 오로지 이성적인 관계를 통해 비로소 인격적인 관계를 가지게 되는 것이다.

그렇다면 사람의 성욕(Sexualität)은 근본적으로 인격적인 관계에서만 본연의 의미에 일치하여 활동한다고 할 수 있다. 성욕은 인격에 뿌리를 두고 있으며, 나아가서 우리가 하나님의 아가페라고 불리는 사랑도 사람의 성욕 안에 자리 잡고 있으면서 그 안에서 활동하고 있다고 말하는 것도 그다지 과하지 않는다.26 이 주장은 성욕이 일어나서 상대가 인격으로 다가오는 것이 아니라, 오히려 사람이 인격이기 때문에 인격적인 관계를 실현하기 위해 성욕이 활동함을 암시한다. 다시 말해, 성욕이 인격을 우선하는 것이 아니라 인격이 성욕을 우선하며, 성욕으로 인해 인격이 되는 것이 아니라 인격의 실현을 위해 성욕이 활동한다.

성욕은 에로스적인 리비도라고 불리기도 하는데, 인격적인 관계가 파손된 에로스는 더 이상 참다운 의미의 성욕이라 할 수 없다. 보통 성욕을 인간의 자연적이고 생물학적인 충동으로 이해하지만, 사실은 인격에 뿌리를 두고 있을 때 상대를 남자와 여자로 구분하게 하고 동시에 연합하게 하여 부부와 가정을 이루게 한다. 이 성욕 자체는 선도 아니고 악도 아닌 충동이라고 하겠는데, 사람의 부패 이전에도 성욕은 활동했으며 부패하였다고 해서 활동하지 않는 것이 아니다. 만약 성욕

---

25 E. Brunner, Der Mensch im Widerspruch, Zürich, 1941, 356.

26 참고. H. Thielicke, Sex Ethik der Geschlechtlichkeit, 34.

이 활동하지 않으면 남자와 여자의 '하나 됨'은 실현될 수 없다. 다만 성욕이 인격에 기초하지 않을 때, 그 성욕은 악마적으로 발휘되기도 한다.

사람의 성욕은 원래 인격성에서 기인하기 때문에 상대와 '나와 너'의 관계를 실현할 수 있지만, 사람과 달리 짐승은 이런 정신적인 신비를 가지지 않기 때문에 에로스의 신비를 알지 못하며, 더구나 인격적인 연합에서 오는 사랑의 신비를 알지 못한다.[27] 상대와 '나와 너'의 인격적인 관계를 가질 때 인간의 자의식은 자기포기와 자기수여라는 이타적인 사랑을 발휘한다. 그러나 '나와 너'라는 인격적 관계가 물화되면 '나와 그것'이 되고 그로 인해 성욕은 이기적이고 독점적인 성질로 발휘한다. 그러나 근본적으로 성욕은 인격에 기초를 두고 있으며 거기에서 성욕은 타자와의 육체와 영혼의 합일을 위해 쾌락과 무아경으로 실현하려고 한다.[28]

성욕이 인격에 기초하여 발휘될 때, 강제나 억지가 아니라 자발적으로 서로를 하나가 되도록 이끌며 궁극적으로 '나와 너'의 관계를 실현시킨다. 따라서 성욕을 단순히 생물학적인 본성으로만 취급하는 것은 잘못이며, 반대로 생물학적인 성질이 인격성에 기인한다고 해야 한다.[29] 성욕이 피상적으로 보면 기능적이고 생산적인 생물학적 활동으로 비치지만, 근원적으로 보면 하나님의 '나와 너'의 관계와 이웃에게서도 그 관계를 실현하기 위해 활동하고 있는 셈이다. 단적으로 말하면 성욕의 근원적인 뿌리는 기능적인 충동이 아니라, 사실은 하나님과

---

27 H. Thielicke, Sex Ethik der Geschlechtlichkeit, 358.
28 참고. 위의 책, 26.
29 틸리케는 "생물학적인 성질은 인간의 인격성에 특징된다"고 단언한다. 위의 책, 14.

의 인격적 관계이다.[30]

(4) 성욕은 하나님과 영적이고 인격적인 관계를 통해 연합하려는 충동으로 나타나기도 하며, 동시에 남자와 여자의 하나 됨을 위해서도 활동한다. 이런 영적 관계에서 성호르몬의 분비가 정상적으로 활성화되는데, 이것은 성호르몬이 성욕을 지배하는 것이 아니라, 오히려 영적 관계가 성호르몬을 지배한다고 해야 한다. 인격에서 성욕이 일어나고 인격적 관계를 실현하기 위해 '자-의식'이 상대에게서 '너'를 만나려고 하며, 이 욕구에서 성호르몬이 활성화되기 때문이다. 우리가 '성'이라고 할 때 결국 육체적인 면과 영적인 면이라는 두 측면을 가진다고 하겠는데, 후자를 위해 전자가 활동하지, 그 반대는 아니다. '성'이란 나 홀로 스스로 결정하는 것이 아니라 전적으로 상대에 의해 결정되며, 육체적인 관계가 우선이 아니라 영적인 관계가 우선이다. 영적인 합일을 위해 육체가 작용하며 상대에 의해 '나'가 결정되는 관계가 바로 '성'이다.

이렇게 본다면 '부부'는 근본적으로 인격적인 관계를 전제로 하는 육체적인 합일이라고 하겠다. 남자와 여자의 관계는 곧 '성'에 따른 질서의 관계이며, 이 질서는 하나님의 창조질서에 속하기 때문에 존재적이며 선천적이다. 다르게 말하면, 파괴될 수 없는 질서라고 하겠다. 이것은 남자와 여자가 서로에게 속해 있음을 전제로 하고 있고 남자와 여자의 위치가 파괴될 수 없는 것을 뜻하는데, 바로 이 질서에서 부부가 성립한다.[31] 사람이 남자와 여자라는 두 면을 가지고 있고 두 면

30　참고. 위의 책, 14.
31　참고. W. Elert, Das christliche Ethos, 126.

이 하나 됨으로 비로소 사람이 되기 때문에 남녀의 관계는 이성적인 (sexual) 관계이며, 이 관계에서 부부가 세워지고 가정이 성립한다. 사람이라는 점에서 하나이지만 남자와 여자라는 두 면을 가지고 있다는 점에서 서로 구별되며, 동시에 이 두 면이 영적으로, 그리고 육체적으로 성욕에 의해 하나로 연합되는 신비를 '부부'가 가진다. 흥미로운 점은 '부부'의 제도가 타락에도 영향을 받지 않고 계속 유지되고 있다. 사람이 타락하였다고 해서 '부부'가 사라지거나 없어지지 않는다. 단지 곡해되고 뒤틀려서 부부관계가 창조질서에서 벗어났다고 하겠다.

정리하여 말하자면 사람의 타락 이후 "부부관계의 질서는 확실히 창조질서에서 보존의 질서로 변질되었는데, 창조질서로부터 벗어났다"고 말하는 것이 정확하겠다.[32] 영적이고 인격적인 '나와 너'의 실현을 위해 성욕이 일어났던 관계가 타락 이후에는 영적이고 인격적인 관계가 하나의 기능적인 관계로 변질됨에 따라 성욕도 변질되고 곡해되어 단순히 '종족보존'이라는 질서를 위해 발휘되고 있다고 하겠다. 그래서 성은 충동의 해소를 위한 수단이 되었고 기껏해야 종족을 보존하는 기능적이고 생물학적인 도구가 되어 버렸다.

(5) 이 사실은 신약성경에서도 잘 나타난다. 여자에 대한 예수의 태도가 특히 그러하다. 예수 당시 유대교와 헬라적인 상황은 남존여비의 위계질서에 있었고, 여자들은 남자보다 죽음에 더 가까웠으며 여자에게 율법을 주기보다 차라리 소각해 버리는 것이 낫다고 할 정도였으며, 여자들은 회당의 칸막이 뒤에 앉아있어야 했다. 헬라에서는 여자를 감각의 대표자로 보았고 남자를 이성(Vernunft)의 상징으로 간주

---

32 S. Keil, Sexualität, Berlin, 1966, 194.

하여 여성차별이 심했던 상황이었다.[33] 이런 상황에서 가나안 여인의 말을 듣고 그 딸을 예수가 고쳐주었던 사건(마 15:21 이하)과 베드로의 장모(마 8:14 이하)와 막달라 마리아를 고쳐준 사건(눅 8:2 이하), 그리고 야이로의 죽은 딸을 살려준 사건(마 9:18 이하)과 나인성 과부의 아들을 살려준 사건(눅 7:11 이하)은 당시의 여성에 대한 편견을 뒤집어 놓았다.[34] 특히 "창조주께서 처음부터 그들을 남자와 여자로 만드시고… 둘이 한 몸이 될 것이다… 그러므로 하나님께서 짝지어 주신 것을 사람이 나누지 못한다"(마 19:4-6)고 예수가 말씀하신 것은 원래의 창조질서에서 벗어난 당시의 무시된 여자의 위치를 지적하고 있음을 의미한다. 바울이 "그러나 나는 너희가 알기를 원하니, 모든 남자의 머리는 그리스도이고 여자의 머리는 남자이며 그리스도의 머리는 하나님이시라는 것을 알기를 원한다"(고전 11:3)고 말했을 때 이 가르침 역시 하나님의 창조질서를 소개하기 위함이었다.[35] 틸리케도 당시의 위계질서의 남녀구조라는 관습에 반대하여 남녀가 하나님 앞에서 서로 속해 있음을 바울이 강조했다고 보면서 남자가 여자를 지배한다는 의미가 아니라, 동일한 주님을 섬김에 있어서 '하나님 아래서 구체적이며 세상적인 협력자들'로서 남자와 여자의 상호협력을 말하고 있다고

---

33 참고. H. Thielicke, Sex Ethik der Geschlechtlichkeit, 6.
34 그 외에도 여자들이 예수의 십자가 아래에 남아있었으며(마 27:5 이하) 부활의 증인들 가운데 여자들이 많았다(마 28:1 이하; 막 16:1 이하). 예수는 간음한 여자에게 용서할 것을 가르쳤으며(요 7:53-8:11) 심지어 창기에게도 깊은 관심을 가졌다(눅 7:36 이하).
35 바르트의 지적대로 이 구절은 남자가 여자의 권능(엑수시아)이 아니라, 오로지 그리스도에 있음을 강조한 구절이며 남자는 순서 면에서 첫째이며, 인도하고 주도하며, 대표하는 자이고, 여자는 순서 면에서 두 번째이고, 인도되며, 주도를 받는 자이며, 남자를 통해 대표되는 질서에 서 있음을 뜻한다. 참고. K. Barth, Kirchliche Dogmatik, III/4, Zürich, 1951, 193.

보고 있다.[36]

3. 부패: 성의 곡해와 변질(인격 장애)

(1) 하나님의 창조로서 남자와 여자는 성을 통해 서로가 구별되며, 동시에 연합하는 신비한 관계를 가진다. 성의 뿌리는 '나와 너'라는 인격적인 관계에 있으며, 성욕은 이 관계에서 활성화되어 육체로 하여금 성호르몬을 분비하게 하여, 남자와 여자의 서로 다른 두 육체를 '한 몸'으로 만들어 부부가 되게 하고 가정을 세우도록 한다. 그러나 인격의 바탕에 선 성욕은 사람의 불순종, 혹은 인간의 부패 이후에는 질적인 변화를 겪는다. 비록 사람의 타락 후에도 성이 가지는 신비인, 남자와 여자를 구별하게 함과 동시에 하나 되게 만드는 신비한 능력은 사라지지는 않았지만, 창조주 하나님의 인격적 관계가 단절된 그 여파로 남자와 여자의 인격적 관계 역시 파손되고 창조질서 역시 변질되었다.

하나님 앞에서 평등한 수평적 관계로서 남자와 여자의 관계가 곡해되어 남자는 여자를 지배와 소유개념으로 여기게 되었고, '나와 그것'이라는 물화된 관계를 가지게 되었다. 인격적 사랑에 뿌리를 두었던 남자의 여자사랑과 '돕는 자'로서 인격적 순종에 뿌리를 두었던 여자의 남자사랑은 변질되어 남자와 여자는 인격적인 하나 됨이 아니라, 갈등과 반목, 그리고 서로 대항하는 관계로 변질되었다.

(2) 하나님의 말씀에 대한 사람의 불순종은 하나님과 인간 사이의

---

36 참고. H. Thielicke, Sex Ethik der Geschlechtlichkeit, 7-8.

변질뿐 아니라, 인간과 인간 사이의 인격적 관계의 곡해를 가져왔다. 성욕이 인격적 관계를 실현하는 수단이 아니라 단지 생물학적 충동이 되었고, 이 충동은 이타적이거나 인격적 관계를 실현하기 위해 활동하지 않고 오로지 이기적이거나 독점적인 방식으로 왜곡되어 발휘된다. 인격의 뿌리에 서 있던 성욕이 인격의 지배를 벗어나서 충동이 이끄는 대로, 혹은 부패한 본성대로 타자를 지배하는 욕구와 기능적인 에너지로 변질되어 상대를 '너'로 만나지 않고, 소위 물화된 가치나 자신의 이기적인 생물학적인 유익을 주는 도구 정도로 생각하게 되었다. 이 관계를 교회론적으로 비추어 본다면 남자는 더 이상 그리스도를 자신의 머리로 여기지 않으며, 여자 역시 남자를 자신의 머리로 생각하지 않게 되었다.

(3) 성이 기능적인 존재가 되고 성욕은 부패한 충동의 지배를 받으면서 남자와 여자 사이에 일어나는 자발성과 동등성은 사라지고, 외적인 힘의 원리에 따라 남자는 여자를 소유로 여긴다. 이로 인해 성의 우월성의 문제가 생기게 되었는데, 하나의 성이 다른 성보다 우월하니까 지배하고 정복할 수 있다는 의식이 자리 잡게 되었다. 인격적인 다스림과 순종의 관계가 아닌 힘의 원리로 정복하고 지배한다는 의식이 굳어졌다.

이 관계는 문화인류학적인 관점으로 살펴봐도 잘 알 수 있다. 처음 시기에는 성을 공유하는 모계사회에서 출발하였다가 모계사회에서 일부다처제인 부계사회로 바뀌었으며, 오늘날에는 일부일처제로 발전했다는 것은 거의 상식이다. 하임(K. Heim)은 이성(sexual)의 관계가 어떻게 발전해 왔는가를 설명하면서 4가지 형태의 발전을 지적한다.³⁷ 첫번째 단계는 남자와 여자가 성의 구분 없이 함께 공유하는 형태에 있었는데, 여기에서는 자신을 남성이나 여성으로 의식하지 못했으며 한 개의 성을 가진 개인이라는 의식이 없었던 형태라고 한다. 두 번째 단계는 모계사회로서 어머니를 중심으로 자신을 의식하는 단계인데 남성은 사라지고 모성만 남은 형태의 사회를 가리킨다. 세 번째 단계는 일부다처제의 부계사회인데, 이 사회는 모계사회에 대한 대항으로 생겨난 형태로 간주된다. 여기서는 남성적인 요소가 강조된다. 마지막 단계는 일부다처제의 비극이 나름대로 극복되면서 일부일처제가 정립되었다고 하임은 정리하면서, 일부일처제는 남자와 여자의 동등성을 의식하지 않고는 성립되지 않는 형태로 본다. 그러면서 일부일처제의 이념은 헬라 정신에서 출발하지만, 그 실현은 오히려 기독교의 정신이 이루었다고 평가한다.³⁸

위에서 잠깐 언급한대로, 당시 여자에 대한 예수의 가르침과 파격적인 대우는 일부일처제를 실현하는데 엄청난 기여를 한 것은 부정할 수 없다. 일부일처제가 가장 바람직한 형태라면, 이 제도는 문화인류학적으로 발전해 왔다고 단순히 이해하기보다 원래의 창조질서에 있었던 제도라고 간주할 수 있겠고, 예수께서는 그것을 밝히 드러내셨다고 할 수 있지 않을까? 특히 "하나님이 짝지어 주신 것을 사람이 나누지 못한다"(마 19:4-6)는 예수의 가르침은 일부일처제의 부부관계를 하나님의 창조질서라고 강하게 제시하는 말씀으로 비친다. 이 말씀은 얼핏 간음과 이혼에 대한 설명처럼 비치지만, 그 내용은 당시의 완고한 남성편향주의 전통을 깨고 있다.

---

37 칼 하임, 『기독교윤리』, 강학철 역, 서울, 컨콜디아, 1983, 173 이하
38 참고. 위의 책, 177.

당시 유대의 샴마이(Schammaj) 학파의 가르침에 따르면 간음으로 부부관계가 깨어지면 재혼을 통해 다시 결혼할 수 있었는데, 예수의 가르침은 부부가 하나님의 창조질서에 속하기 때문에 비록 간음으로 남자와 여자가 헤어지더라도 '부부'라는 인격적 관계는 결코 분리되거나 나눌 수 없음을 말씀하셨다.[39] 주님은 사람, 즉 남자와 여자를 오로지 이성에 의해 '하나 됨'을 강하게 말씀하셨고 그 속에는 일부일처제가 원래의 창조질서라고 소개되고 있다. 엄밀하게 말하면 예수가 일부일처제를 창조질서라고 말씀했다기보다, 남자와 여자의 이성에 의해 하나가 됨을 강조하셨고, 인격적인 관계의 기초에 선 부부를 제시하고 있다고 봐야 한다.

(4) 부패한 인간의 성은 과거에는 여성을 남성으로 우월하게 여겼거나 아니면 남성을 여성보다 우월하게 여겼거나 하다가, 예수 그리스도의 가르침으로 다시 원래의 모습인 창조질서에 일치하는 일부일처제인 '부부'라는 제도를 은혜로 가지게 되었다. 물론 일부일처제라는 제도가 중요한 것이 아니라, 그 안에 담겨 있는 성의 영적이고 인격적인 올바른 사용이 훨씬 중요하다. 아무리 제도적으로 일부일처제라는 형태에서 남자와 여자가 산다고 해도 인격적인 관계가 회복되지 않으면 이혼과 성매매, 그리고 각종 다양한 형태의 변질적인 결혼 제도가 등장하게 된다. 인격적인 관계로 맺어지는 '부부'는 기독교의 아가페 사랑에 기초하고 있다고 하겠는데, 남자는 여자의 고유한 인격을 '이웃'으로 자신 앞에 마주하고 있으며 여자 또한 남자의 고유한 인격을 자신의 소중한 '이웃'으로 마주하고 있다. 이런 점에서 "충동에 사

---

39 참고. U. Luz, Das Evangelium nach Mattäus, I/3, Neukirchener, 1997, 99.

로잡힐수록 더욱더 일부다처제식이 되고… 내가 충동에 사로잡힐수록 나는 유일하고 바꿀 수 없는 타자의 너(Du)를 적게 찾을 것이고 반대로 하나의 단순한 표본이 나에게 중요할 것이다. 그리고 다른 성이 가지는 단순한 대표물을 찾을 것인데, 그 대표물에서 상대가 개인적인 형태를 형성함에 나는 무심하게 되며 상대의 도구적인 의미가 나에게 더 중요할 것이다"고 말하는 틸리케의 말은 일리가 있다.[40]

4. 동성애자: 교회가 버려야 할 죄인인가?

(1) 위에서 언급한 '창조', '하나님의 형상', 그리고 '성'과 '성욕'의 문제들을 기독교적 인격의 관점에서 살펴보았고, 이제 이런 기초 위에서 동성애 문제를 또한 인격의 관점에서 조명해 볼 수 있겠다. 우선 동성애에 대해 대립되는 두 개의 주장들이 제기될 수 있다. 하나는 성경의 구절을 신학적인 여과나 건전한 해석의 도움 없이 동성애를 반사회적인 죄악으로 보는 극단주의적인 주장이 있을 수 있다. 동성애자들을 향한 저주들이 담긴 성경 구절들을 문자적으로 인용하여 그들을 '저주받은 자' 혹은 '하나님의 심판을 받을 자'라고 규정하고 동성애를 '교회의 적'으로 판단하는 극단주의자들의 생각은 기독교의 독특하고 특수한 아가페적인 사랑의 관점이기보다 소위 성호르몬의 건강하고 정상적인 분비를 당연하고 자연스럽다고 여기는 자신들의 건강을 기준으로 보는 관점일 수 있는데, 이 관점에서 동성애를 저주하는 성경 구절들을 해석하여 비판하고 있다고 할 수 있겠다. 바르트도 여기에

---

40 H. Thielicke, Sex Ethik der Geschlechtlichkeit, 31.

속한다고 여겨지는데, 그는 "소위 동성애라는 질병의 징후를… 동성애는 생리적이고 심리적이며 사회적인 질병과 같은 것으로 성 곡해와 혼란, 그리고 파손의 현상인데, 그 현상은 인간이 신적인 계명들의 가치를 우리에 의해 특별하게 파악되는 의미로 철저히 승인되지 못하는 곳에서 나타날 수 있다"고 진단한다.[41] 처음부터 끝까지 '위에서 아래로' 보는 존재론적 그리스도 중심의 신학적 사유를 펼치는 그의 시각에서는 적어도 동성애는 동정의 여지가 전혀 없는 죄악이고 질병이며 반기독교적인 정신병이고 교회를 어지럽히는 무질서로 보일 것이다.

이런 식으로 극단적으로 말하는 자들에 대하여 드는 의문은 동성애와 동성애자의 구분은 제대로 하고 있는지 혹은 동성애자들은 교회와 목회의 상대가 아닌지 하는 것들이다. 이렇게 동성애자라는 '인간'과 동성애를 하나로 보면서 극단적으로 정죄하고 비난하는 자들은 과연 동성애자들을 선교와 목회의 상대로 여기고 있기나 하는 것일까? 만약 그들이 동성애자들을 상대로 목회하라고 한다면 그것을 하나님의 소명이라고 인정하고 목회할 수 있을까?

이런 극단과 정반대로 동성애에 대한 긍정적인 평가들도 있다. 동성애에 대해서 일부 의사들은 "동성애자들 가운데 많은 자들은 공동체의 가치 있고 능력 있는 구성원이다. 따라서 동성애자가 무조건, 혹은 중요한 사실인 것처럼 악하거나 범죄적이거나 인륜적으로 부패한 것이 분명하다는 통상적인 판단은 결코 맞지 않다"고 주장하기도 한다.[42] 이에 대표적인 경우는 스위스 심리학자인 보벳(Th. Bovet)인데, 그는 "동성애가 도덕이나 죄와 무관하다"고 말하며, 나아가서 "동성애

41　K. Barth, Die kirchliche Dogmatik III/4, 184.

42　위의 책, 284.

자도 정상적인 자와 같이 도덕적 혹은 비도덕적으로 살 수 있다"고 주장하면서 동성애자를 두둔한다.[43] 다르게 말하면 소위 정상인이나 동성애자나 동일하게 죄를 짓거나 도덕적인 혹은 비도덕적인 삶을 살아가고 있다는 점에서 동일하다는 뜻이다. 무엇보다 동성애를 옹호하는 학자들은 동성애나 양성애도 일종의 자연적이고 인간적인 사랑이라고 단언하면서, 그 근거를 심리학자들의 견해를 들어 동성애가 유전자나 호르몬에 의해 결정되기 때문에 지극히 정상이라고 한다.[44] 이 주장도 역시 동성애자와 동성애를 구분하지 않는 모호함에서 비롯된 판단으로 비친다.

동성애자와 동성애를 구분하지 않으면 동성애 안에 인간을 집어넣어서 판단하게 될 것이고, 점차로 인간을 경멸하고 배척하는 태도를 가지게 된다. 이런 면을 잘 의식한 렌토르프(T. Rendtorff)는 건강함이 도대체 무엇이며 무엇이 정상이며 무엇이 당연한 것이지 명확하게 자연과학적으로 규정할 수 없는 현대에서는, 동성애가 더 이상 질병이나 곡해 혹은 심리적 생리적으로 조건화된 '성도착'(Perversion)으로 정의하기에는 문제가 있다고 진단하면서, 동성애가 문제가 된다면, 사회적 혹은 문화 윤리적으로 문제가 될 뿐이라고 생각한다.[45] 동성애에 우호적인 판단을 하는 의견들을 극단으로 몰고 가면, 동성애가 선천적으로 성호르몬의 불일치에서 나온 결과이고 동성애자 본인의 의지와 무관하게 주어진 것이기 때문에 죄도 아니고 악도 아니라는 판단을 하게 된다. 따라서 동성애의 성정체성을 '자연적인 취향' 정도로 사회가

---

43 H. Thielicke, Sex Ethik der Geschlechtlichkeit, 286.

44 참고. 글렌 G. 우드/존 E 디트릭, 『에이즈 전염병의 정체』, 감재관 역, 서울, 기독교문서선교회, 1992, 235.

45 참고. T. Rendtorff, Ethik II, Stuttgart/Berlin/Köln, 1981, 70.

너그럽게 받아주어야 한다는 주장을 가질 수도 있다. 동성애를 가지고 있는 인간과 동성애 자체를 엄격하게 구분하지 않고 판단하는 모든 판단들은 기독교적이건 비기독교적이건 인간에 대한 근본적인 몰이해를 가진다고 하겠다.

성경 구절을 신학적인 해석 없이 문자적으로 들이대면서 동성애자들을 정죄하고 비난하는 자들은 분명 동성애자들이 겪고 있는 성의 혼란과 영혼의 고통에 관심이 없거나 경험이 없을 것이며, 자신이 소위 건강한 성정체성을 가지고 있기 때문에 나오는 무관심과 미성숙함으로 비친다. 그렇다고 동성애를 자연적인 취향으로 규정하는 자들도 역시 기독교적인 '부부'의 신비, 그리고 인간성이 가지는 무한한 비밀을 몰이해하고 있으며, 기독교의 건전한 가르침을 전해야 할 사명을 망각하고 있는 자들로 보인다. 우리는 이 양극단에서 동성애에 대한 이해를 가장 적절하게 이해하고 대안을 찾는 길로 나아가야 할 것이다.

(2) 우선, 동성애의 역사는 성경의 역사만큼 길다. 고대 근동의 여러 나라들에서 가나안인들, 모압인들, 바빌로니아인들, 그리고 아시리아인들에게 있어서 남성끼리의 동성애는 수백 년 이상의 기간에 걸쳐 하나의 '거룩한 의식'으로 여겨졌고, 이슬람에 속한 동방의 나라들이나 힌두교가 지배적인 인도나 배화교(Parsismus)에서도 동성애를 터부시하지 않았으며, 고대 헬라나 에스키모인들에게는 소년과 동성애하는 행위들이 하나의 풍습으로 자리 잡고 있었다.[46] 그러나 유독 유대인들에게는 동성애가 엄격하게 금지되었는데, 구약성경에서 동성애

---

46 참고. W. Schlegel, Die Homosexualität in Biologischer und in Ethischer Sicht, in: Evangelische Ethik, 8 Jahrgang, Gütersloh, 1964, 31.

에 대한 태도는 단호하다. 비록 뚜렷하고 통일된 근거는 없지만 소돔의 멸망이 동성애 때문이라는 주장이 있기도 하고, 특히 레위기 18:22과 20:13은 단호하게 동성애를 거부하고 있는 대표적인 구절이다.[47] 동성애는 구약에서는 '점보는 것'이나 '피를 마시는 것', '월경 중의 여자와 교접하는 것과 같은 수준의 죄를 가리킨다. 복음서에 나오는 예수의 가르침에서는 '동성애'라는 용어가 직접 등장하지 않지만, 특이하게도 육체적인 죄보다 정신적이고 영적인 죄를 더 무겁게 경고하고 있음은 상식이다. 만약 동성애가 마음에서 나온 죄라고 간주한다면 예수의 가르침은 동성애를 구약보다 더 무겁게 보고 있는 것처럼 비친다.

무엇보다 바울은 강하게 동성애자를 교회에서 내칠 것을 선언하고 있다(고전 6:9 참조). 그런데 바울 당시에 만연해 있던 동성애는 '소년을 상대로 하는 동성애'(Knabenschander)이며 소년들이나 성인들과의 성적 교제를 바울이 그릇된 성적 관계로 보고 구약의 유대교 전통에 근거하여 단호히 거부하였다는 주장도 있다.[48] 바울이 로마서 1:26-27에서도 동성애를 언급하였는데,[49] 그때 동성애는 당시의 헬라적인 주변 상황에서 이방인의 윤리적 관습을 대표하는 사례였고, 이것을 바울은 하나님을 알지 못하는 결과로 보았다.[50] 바울에게는 인간과

---

47 "너는 여자와 동침하는 것처럼 남자와 동침하지 마라. 그것은 역겨운 것이다"(레 18:22); "어떤 사람이 여자와 동침하는 것처럼 남자와 동침하면 그 둘은 역겨운 일을 행하였으므로 반드시 죽여야 한다"(레 20:13).

48 참고. W. Schrage, Der Erste Brief an die Korinther, EKK VII/1, Neukirchener, 1991, 430-432.

49 "그러므로 하나님께서 그들을 부끄러운 욕심에 내버려 두셨으니, 그들의 여자들이 자연스러운 관계를 부자연스러운 관계로 바꾸었으며 이와 같이 남자들도 여자와의 자연스러운 관계를 버리고 서로를 향하여 욕정에 불타 남자가 남자로 더불어 부끄러운 일을 하여 그들의 잘못에 상당한 보응을 그들 자신이 받았다."

50 참고. U. Wilckens, Der Brief an die Roemer, EKK VI/1, (Neukirchener, 1978), 110.

하나님과의 수직적 관계가 나오고, 그 다음으로 자신, 그리고 이웃 나아가서 세상과의 수평적 관계가 등장한다. 그리고 인간과 하나님과의 수직적 관계가 모든 관계들의 근거이며 원천이다. 이 관계가 틀어지면 수평적인 모든 관계들, 예를 들어, 개인의 육체와 영혼과의 관계나 이웃과 세상의 관계들도 근본적으로 곡해된다는 점이 바울에게서 강조된다. 하나님과의 인격적인 관계가 곡해되면 그 결과로 인간은 자신과 이웃과의 관계 역시 뒤틀어지는데, 바울에 의하면 동성애는 하나님과 인간의 수직적 관계의 곡해에서 기인된 인간 자신의 뒤틀림이다. '수직적 관계'란 단순히 주종관계가 아니라, 하나님의 인격이 아니면 인간의 영혼은 생기를 잃고 살 수 없다는 의미를 담고 있는 것으로 이 관계를 '인격적인 관계'로 볼 수 있겠다. 단적으로 말하면, 동성애는 신체적인 장애나 질병이라기보다 인간과 하나님과의 근원적인 인격적 관계의 곡해로 바울은 이해하였다고 하겠다.

(3) 우리는 동성애를 기독교의 정신적 원수로 대하는 것도 지나치다고 여기며, 그렇다고 동성애를 인간의 자연적인 성향이라고 주장하지 않는다. 동성애는 바울의 생각대로 근본적으로는 하나님과의 인격적인 관계의 파손에서 비롯되어 나온 '자신과의 관계의 뒤틀림'으로 이해할 수 있겠다. 즉, 하나님과의 인격적 관계의 파손으로 인해 성욕이라 불리는 리비도의 활동 역시 뒤틀려서 남자가 여자로 혹은 여자

하나님이 자신의 피조물인 인간에게 분명하게 자신을 보이셨지만, 자연인들은 하나님을 알지 못한다. 바울은 인간이 자신을 피조물이라고 인정하지 않고 하나님을 알지 못하기 때문에, 교만하게 되었다고 진단한다. 그래서 하나님의 분노는 인간을 자신의 태도의 결과로 버려두었다. 그 결과로 교만한 자연인은 하나님의 영광을 멸망할 사람과 새와 짐승과 기어 다니는 동물의 형상으로 바꾸었다. 자연인의 교만은 하나님의 영광을 열등하거나 욕망적인 것과 바꾸었다고 하면서 바울은 동성애를 그 예로 들었다.

가 남자로 가는 창조질서의 길을 알지 못하여 뒤틀어진 본성대로 성욕이 발휘됨으로 기인된 인격 장애를 동성애라고 할 수 있다. 인격이 뒤틀어지고 곡해되었기 때문에 하나님을 향한 본래의 길을 잃어버리고, 동시에 인격이 실현이 되는 성욕도 자신과 이웃과의 관계에서 본래의 길을 알지 못하고 뒤틀어진 길을 간다. 동성애는 이에 대한 산물로 여겨진다. 단적으로 말해 동성애는 인격의 장애에서 빚어진 결과로, 성이 잘못된 방향으로 향하면서 성욕이 발휘되는 영혼의 활동이라고 규정할 수 있다.

(4) 동성애를 인격 장애의 결과로 이해하면 하나님과의 인격적 관계가 뒤틀린 모든 인간적 에로스(Eros)의 발휘는 정도의 차이가 있을 뿐이지, 사실 전부 인격 장애의 산물들로 비친다. 성매매나 유아성폭행, 그리고 성희롱이나 동물과의 섹스와 부부교환 등, 성과 관련된 모든 행위들도 정도의 차이만 다를 뿐 대부분 인격 장애의 산물들인 셈이다. 그럼에도 불구하고 유독 동성애만을 찍어서 기독교가 원수로 삼는 것은 인격의 신비에 대한 몰이해로 비친다.

동성애는 분명 기독교적인 사랑의 형태가 아니다. 그렇다고 그것이 인간의 자연적인 취향이나 체질적으로 타고난 것으로 간주하여 포용한다는 것도 기독교적인 가르침에서 벗어나 보인다. 동성애에 대한 성경 구절의 강한 비난들 때문에 정작 성경에서 제시하는 아가페 사랑과 건전한 신앙고백을 신학적으로 사유해야 하는 개신교 개혁주의 신학의 입장에서조차도 동성애를 어떻게 이해해야 하는가 하는 문제의 해답을 찾는 것은 그리 쉽지 않아 보인다. 그럼에도 불구하고 동성애자들을 향한 일부 극보수적인 단체에서 전투적으로 투쟁하는 자세 역시 성경적으로 보이지 않는다. 차라리 인격 장애에서 빚어진 성욕의 잘못된 발휘의 결과가 사회나 지역 공동체에게 얼마나 영향을 미치는가 하는 문제로 생각하는 것이 동성애를 이해하는 좋은 판단으로 보인다. 그러니까 동성애 자체를 비난하기보다 동성애로 빚어지는 사회 윤리적인 결과들, 예를 들어, '동성애 부부'의 형태를 비판할 필요가 있다고 보는 윤리학자의 견해도 전혀 일리가 없다고 할 수 없겠다.[51]

동성애자들이 자신들의 결정에 의해 부부가 되고 그런 모임을 집단적으로 펼치면서 동성애자들만의 교회를 만들고 그들만의 인권단체를 결성하고 그들을 위한 법조인을 양성하는 등 사회적이고 문화적인 방식으로 그 영역을 확대시켜 나가면서 '동성애 부부'를 하나님의 창조질서인 '이성 간의 부부관계'와 동등한 가치를 부여하려는 결과로 발전할 가능성이 심히 높기 때문에 우리가 심각한 우려를 가져야 한다.[52]

(5) 현재 대한민국의 형법은 성매매나 성희롱, 그리고 유아성폭행에 대해서는 타인에게 정신적으로, 그리고 신체적으로 직접적인 영향을 가한 행위로 보고 있기 때문에 형벌로 제재를 가한다. 그런데 동성애는 타인에게 직접적인 피해를 주지 않기 때문에 형법의 제제에

---

51 참고. T. Rendtorff, Ethik II, 70.

52 "만국친교공동체교회(UFMCC: Universal Fellowship Metropolitan Community Church)"가 대표적인 사례이다(참고. 박영호, 『현대 에큐메니칼 운동과 사회선교』, 서울, 개혁주의신학사, 2010, 27). 이 교파는 1968년에 조직된 미국 동성애 집단이며 처음에는 지 교회에서 시작되었다가 2005년부터 급성장하여 거대한 집단이 되었다(참고. UFMCC 웹사이트). 현재 미국, 캐나다, 멕시코, 오스트레일리아, 뉴질랜드, 남아공화국, 독일, 프랑스 등 23개 나라에 250개 교회 이상 42,000명의 신도들을 가지고 있으며 구성원들은 동성애자, 양성애자들, 그리고 성전환자들과 그들의 가족들이다. 그들은 소수인권을 강조하면서 동성애 부부에 깊은 관심을 가진다(참고. 웹사이트, http://en.wikipedia.org). 1995년 통계에 따르면 미국에서만도 291개와 30,000명의 신도들과 296명의 목회자들이 있다고 한다(박영호, 『현대 에큐메니칼 운동과 사회선교』, 27).

도 벗어나 있다. 동성애는 말하자면 '정도 면에서' 형법의 문제이기보다 차라리 윤리적인 문제로 보인다. 윤리적인 문제를 만약 법의 개념을 빌려서 형벌로 강제적으로 구속하면 처음에는 동성애에 대한 사회 여론의 반대 감정을 어느 정도 잠시라도 억제시킬 수는 있겠지만, 시간이 지나면 이 자체가 새로운 법 윤리적인 문제가 될 것이며, 형벌에 대한 혼란과 형평성의 문제가 대두되고 형사법의 혼란이 발생할 것이다.[53] 따라서 '정도 면에서' 동성애는 형벌의 문제로 취급되기보다 특정 사회나 지역이 지향하는 윤리적인 문제로 취급되는 것이 바람직할 것이다.

여기서 '정도 면에서'라는 표현의 이해가 필요하겠다. 즉, 동성애가 형벌의 구속을 완전히 벗어나야 한다고 주장하면 지나친 감이 없지 않다. 예를 들어, 동성애자들이 이기적인 집단을 이루어서 반사회적인 행위들을 하고, 집단적인 동성애 문화를 조성하여 사회의 괴리나 분열을 일으키거나, 의도적인 동성애 행위들을 자행하여 자라나고 있는 어린이나 청소년들의 성 심리에 악영향을 줄 수 있는 문화나 행사들을 조성하려고 할 때는 국가가 나서서 형벌로 제재하는 것도 필요하다. 이 제재는 마치 성매매나 유아성폭행, 그리고 성희롱 등이 인권의 문제로 형사처벌이 되는 것과 같은 맥락이다.

그리고 동성애가 타인에게 신체적으로나 물적인 직접적인 상해를 가하지 않고, 그로 인해 직접적인 형벌의 대상이 아니기 때문에 동성애 전부를 윤리적인 측면에서만 취급해야 한다는 주장도 역시 문제가 있어 보인다. 개인 간의 동성애가 형벌의 대상이 아니라, 단지 윤리적인 문제가 되어 약간의 억제와 의학의 도움으로 동성애자들을 인도하

---

53 참고. H. Thielicke, Sex Ethik der Geschlechtlichkeit, 301.

는 역할을 한다고 해도 역시 동성애는 타인이나 지역 사회에 정신적으로 부정적인 영향을 직접으로, 혹은 간접으로 적지 않게 미친다는 점에서는 당연히 윤리적으로 비난의 대상이 될 수 있다. 다만 '정도 면에서' 사회적 비난과 형사처벌의 대상이 될 수 있는 경우는 동성애자들 가운데 성을 유희나 쾌락의 수단으로 생각하고 자신의 성적 취향을 소위 선천적으로 받은 '자연'이라고 믿는 자들의 경우가 그러할 것이다. 그들은 자신의 성정체성의 혼란을 '자연적인 것'으로 당연하다고 여기며 자신들의 성적 권리를 사회적으로 여론화시켜 대중들이나 사회에 '성소수자'라는 이름으로 법적으로 보호받으려 하고 자신들의 인격 장애를 정당화하려 한다.

그들의 이런 주장은 자칫 동성애가 치료가 불가능한 질병이라는 인식을 주게 되어 어린아이나 사춘기의 청소년들에게 성적 혼란을 유발시키며 '이성 간의 부부'라는 창조질서를 특정 종교적인 교리로 만들어서 정신적으로 사회의 분열을 야기하기도 한다. 인권단체들이 이를 동조하고 성소수자의 인권을 법적으로 보장받아서 마치 인격 장애의 질병을 '자연'으로 이해하게 하는 사회악을 촉발시킨다.

그러나 여기서 '자연'이라는 말은 기독교적으로 이미 하나님 앞에서 부패한 죄인이 가지는 상태를 뜻하며, 그리스도 예수 안에서 주어지는 하나님의 거듭남의 은혜를 받기 전의 인간의 마음의 상태를 가리킨다. 하나님과의 인격적인 관계가 파괴되고 난 후의 상태는 아무리 좋은 말로 표현해도 '자연'이라는 진정한 의미를 상실한 상태이다. 오히려 진정한 의미의 자연은 '하나님의 창조질서'를 뜻하며 그 질서가 회복이 될 때 비로소 '자연적'이라고 말할 수 있기 때문에 동성애자들이 가지는 성의 혼란은 하나님 앞에서 인격 장애를 뜻하며 하나님으로부터 이탈한 표현을 의미할 뿐이다.[54] 하나님과의 인격적 관계에서 벗어난 죄인의 본성을 '자연'이라는 표현으로 치장해도 그것은 죄로 인해 파손된 하나님의 창조질서를 보기 좋은 말로 장식한 표현에 불과하다.

(6) 동성애는 과연 치료가 불가능한 병인가? 현대 의학적으로도 동성애가 전혀 치료가 불가능한 병은 아니라고 하는 보고서도 있다. 킨제이(A. Kinsey)의 보고서에 따르면 의학의 도움이나 치료로 남자 동성애자 65%가 남자가 아닌 여성과의 관계를 가지게 되었다고 보고하고 있으며, 매스터스(W. Masters)나 존슨(V. Johnson) 같은 학자들은 동성애자 50-60%가 의학적으로도 성공적으로 치료되고 있다고 보고한다.[55] 따라서 동성적 사랑을 '자연적인 성향'인 것처럼 자신과 이웃을 기만하면서 법과 인권단체에 호소하여 그들 자신을 위한 거대한 협의회를 만들어서 자신들의 '곡해된 자연'을 마치 '마땅한 자연'인 것처럼 어린아이나 가치관이 약한 청소년들에게 악영향을 미치면서도 적극적인 치료나 의사와 목회자의 상담을 거절하는 것은 비난받아야 할 것이다.

동성애에서 '에이즈'라는 치명적인 질병이 발생하고 있고 그 병은 대부분 남성 동성애자들에게서 나타나며, 그로 인한 막대한 치료비가 국민의 세금으로 사용되고 있는 것이 현실이다. 이러한 사실에 대해 동성애자들은 미안해 하지도 않고, 또한 적극적으로 치료받기보다 음

---

54 참고. 칼 하임, 『기독교윤리』, 강학철 역, 207.
55 참고. 글렌 G. 우드/존 E 디트릭, 『에이즈 전염병의 정체』, 김재관 역, 서울, 기독교문서선교회, 1992, 234.

지에서 자신들의 성적 유희를 계속 즐기려는 마음과 행위들은 사회로부터 지탄의 대상이 되는 것은 마땅하며, 현실적인 법으로도 제재를 받는 것이 마땅하다고 본다.

마치 정신병자가 병원에서 치료를 받는 것은 자신과 사회, 그리고 이웃을 위해 당연한 일이지 않는가? 하물며 정신적으로 부정적인 영향을 주는 동성애자들은 비록 타인에게 직접적인 손해를 가하지 않았다 할지라도 특정 사회나 지역의 정신에 부정적인 영향을 주고 있기 때문에, 사회가치의 소중함을 조금이라도 가지고 있는 동성애자라면 병원이나 목회자의 도움을 적극적으로 청할 것이다. 의학적으로 치료되기를 바라면서 창조질서의 회복을 위해 그들은 적극적으로 노력해야 한다.

나아가서 동성애는 궁극적으로 하나님과의 인격적 관계의 파손으로 생긴 성의 곡해이기 때문에 하나님과의 인격적인 관계회복을 통해 자신의 이런 영적인 질병은 치료가 된다는 소망을 그들이 가지는 것이 반드시 필요하다.

(7) 형벌과 사회적 비난의 대상이 될 수 없는 동성애의 경우도 있을 수 있다. 문제가 되는 경우는 체질적으로, 그리고 유전적으로 성정체성의 혼란을 타고난 동성애자의 경우이다. 이들은 과연 도덕적으로, 혹은 신학적으로 비난을 받아야 할 존재인가? 단적으로 말하자면 틸리케의 주장대로 이들은 도덕적으로, 혹은 신학적으로 비난받을 적절한 이유가 없다고 해야 할 것이다.[56] 만약 유전적으로, 혹은 구조적으로 태어난 동성애의 경우를 우리가 비난해야 한다면 사실 타락한 후

---

56 참고. H. Thielicke, Sex Ethik der Geschlechtlichkeit, 295.

의 부패한 본성을 가진 우리 모든 인간들이 도덕적으로 또는 신학적으로 '죄인'이라고 비난받아야 마땅할 것이다. 그러나 그리스도 안에서 죄인을 사랑하시는 하나님의 아가페는 오히려 이런 죄인을 용서와 화해의 상대로 여겨주고 있지 않는가? 더구나 칭의 되지 못한 세상 사람들도 하나님 앞에서 부패한 죄인을 죄인으로 정죄하거나 미워하지 않고 있지 않는가?

만약에 체질적으로 타고났기 때문에 의학적인 치료가 전혀 불가능한 동성애자의 경우는 자신과의 영적 싸움에서 성욕으로 인해 자신에게 패하지 말라는 격려가 차라리 필요할 것이다. 자신의 성 혼란을 오로지 자신과 이웃의 몰이해와 싸우면서 하나님의 은혜를 바라는 경우를 우리 크리스천들은 특히 주목해야 한다. 이 경우를 영국의 신학자 베일리(D. Bailey)는 '의학적으로 바꿀 수 없는 경우에 있어서 실제적인 도움은 자신의 불이익을 긍정적인 정신으로 감수해야 할 과제로 간주하는 것을 가능하게 하는 것'으로 조언한다.[57] 즉, 이러한 동성애자는 자신의 성의 곡해를 동성애라는 직접적인 성욕으로 발휘하기보다 문화적인 활동으로 승화시키는 노력이 아름답게 보인다. 기독교도 이런 동성애 충동을 건전한 문화적 방향으로 승화시키도록 도움을 주어야 한다.

(8) 가장 문제가 되는 경우는 유전적으로, 혹은 체질적으로 동성애를 가진 자들의 상당수가 의학적이고 심리치료적인 방법을 거부하고, 동시에 자신의 곡해된 성욕을 건전한 문화나 예술적인 방향으로 승화시키려는 긍정적인 의지조차 전혀 가지고 있지 않는 경우라고 하겠

---

57 위의 책, 286.

다. 바로 이러한 경우를 위해 가정, 학교, 교회, 병원, 그리고 법이 협력하여 그들의 곡해된 성을 적극적으로 치료하도록 돕고 그들의 타고난 다른 재능들을 발굴하도록 하여 타인을 위한 건전하고 유익한 문화적인 정신적 승화로 나아가도록 이끄는 상호협력의 노력들이 필요할 것이다. 만약에 우리가 이러한 상호협력의 중요성을 간과할 때 동성애자들은 성욕을 해소할 만한 자신들의 공간을 점유하려고 할 것이며, 그들의 성적 곡해를 스스로 '자연'으로 내세우면서 교회와 사회, 그리고 학교 공동체를 정신적으로 위협할 것이다. 비록 타인에게 직접적인 신체적 위해를 가하지 않는다 해도 정신적으로 위해를 가한다면, 외적인 죄악보다 내면의 죄악을 더 경계하셨던 예수의 가르침 앞에서, 우리 크리스천들은 하나님과 이웃으로부터 별로 칭찬받지 못할 것이다.

(9) 한국 개신교의 원수는 하나님과의 인격적 관계의 파손으로 기인하여 생긴 동성애를 행하는 '인간'이기보다 동성애를 추호도 용납하지 않으려는 소위 정상인들의 의식이 가끔 원수로 보인다. 교회는 마치 정상인들만 출입해야 하는 성스러운 장소로 오해하고 있는 것처럼 비치기 때문이다. 과연 이런 '성스러움'이 인격 장애자인 동성애자들도 성스럽게 여길까? 오염을 방지하기 위해 그들을 내치고 그들과 싸우는 것도 나쁘지 않지만, 그들을 목회의 상대로 여기고 오히려 동성애에 대한 더 많은 지식과 지혜로 그들을 하나님에게로 이끌 수는 없을까? 성경은 공중권세를 가진 자의 세상과 싸우라고 하였지, 세상에 사는 인간들과 싸우라고 한 적은 없다. 악한 영들과의 싸움이 반드시 동성애자들과의 싸움을 뜻하지는 않는다고 본다. 성매매 하는 자들을 우리 기독교가 목회의 상대로 여겨야 하고 정신질환을 앓고 있는 자들 역시 목회의 상대로 여겨야 한다면, 동성애자들만은 목회의 상대

로 여기지 말아야 하다는 논리는 전혀 맞지 않다.

싸움과 전투는 인간을 잔인하게 만들지만 사랑은 인간의 마음을 부드럽게 한다. 동성애자들의 마음이 잔인해지는 것보다 반대로 부드러워져야 그들이 의학과 목회, 그리고 건전한 신학의 가르침에 귀 기울이고 영적으로 의존하지 않겠는가? 위에서 지적한대로 동성애를 즐기며 그 유희를 타인에게까지 전수하며 타인의 영혼을 미혹하게 하는 악한 경우가 아니라면, 우리가 법적인 투쟁이나 형벌, 그리고 차가운 배척보다, 오히려 설득과 하나님과의 인격적 만남을 가질 수 있도록 이끄는 따뜻한 배려가 그들의 인격 장애의 병을 치료하는 데 훨씬 효과적일 것이다.

참고문헌

Barth, K. Die Kirchliche Dogmatik, III/1, Zürich, 1947.
Barth, K. Die Kirchliche Dogmatik, III/2, Zürich, 1948.
Barth, K. Die Kirchliche Dogmatik, III/4, Zürich, 1951.
Brunner, E. Der Mensch im Widerspruch, Zürich, 1941.
Eichrodt, W. Theologie des Alten Testaments, 2/3, Göttingen, 1964.
Elert, W. Das christliche Ethos, Hamburg, 1961.
Heinisch, H. Geschichte des Alten Testaments, Bonn, 1950.
Keil, C. F./Delitzsch, F. Commentary on the Old Testament, Vol.1, Michigan, 1983.
Keil, S. Sexualität, Berlin, 1966.
Luz, U. Das Evangelium nach Mattäus, I/3, Neukirchener, 1997.
Rad, v. G. Theologie des Alten Testaments, vol. 1, Berlin, 1963, 163.

Rendtorff, T. Ethik II, Stuttgart/Berlin/Köln, 1981.

Schlegel, W. Die Homosexualität in biologischer und in ethischer Sicht, in: Evangelische Ethik, 8 Jahrgang, Gütersloh, 1964.

Schrage, W. Der erste Brief an die Korinther, EKK VII/1, Neukirchener, 1991.

Thielicke, H. Sex Ethik der Geschlechtlichkeit, Tübingen, 1966.

Westermann, C. Schöpfung, Stuttgart/Berlin, 1971.

Wilckens, U. Der Brief an die Roemer, EKK VI/1, Neukirchener, 1978.

칼 하임, 『기독교윤리』, 강학철 역, 서울, 컨콜디아, 1983.

글렌 G. 우드/존 E 디트릭, 『에이즈 전염병의 정체』, 김재관 역, 서울, 기독교문서선교회, 1992.

박영호, 『현대 에큐메니칼 운동과 사회선교』, 서울: 개혁주의신학사, 2010.

UFMCC 웹사이트

웹사이트, http://en.wikipedia.org.

바른성경.

제 6 부
생리학(의학)적 분석

Homosexuality, the cultural clash of the 21st century

제 1 장

동성애의 유발요인과 보건적 문제점

길원평 교수(부산대학교 물리학과)

1. 서론

최근 동성애에 대한 논란이 전 세계적으로 일어나고 있다. 그런데 동성애에 대한 객관적 논의를 하려면 동성애가 선천적인지 아닌지에 대한 탐구가 필요하다. 왜냐하면 동성애가 선천적으로 결정된다면, 동성애를 도덕적인 문제가 없는 정상으로 인정해야 한다. 자신의 의지와는 상관없이 동성애자로 결정되어져서 태어난다면, 그 동성애자를 비난할 수 없다. 피부색이나 인종처럼 선천적으로 결정되어 태어나는 것을 이유로, 그 사람들을 비난해서는 안 되는 것과 같은 이치이다. 그러나 이와 반대로, 동성애가 자신의 의지로 선택된 것이라면, 그러한 선택을 한 사람에게 도덕적 책임을 물을 수밖에 있다. 따라서 동성애가 선천적으로 결정되는 지에 대한 여부는 여타 다른 사람들이 동성애자들을 어떠한 관점에서 바라보아야 하는지를 결정하는 핵심적인 사항이다. 이러한 의미에서 동성애에 대한 객관적 논의에 앞서 동성애가 선천적으로 결정되는 것인지, 아닌지에 대한 과학적 탐구가 필요하다(길원평·류혜욱, 2013).

다양한 동성애 유발요인에 대해 살펴보고, 동성애는 자신의 의지와 상관없이 형성된다는 주장과 동성애가 어린 나이에 형성되므로 도덕적인 책임을 물을 수 없다는 주장을 반박하였다. 동성애는 인체구조에 어긋난 비정상적인 성행위임을 기술하고, 남성 동성애자들이 거의 예외 없이 행하는 항문 성관계가 신체학적으로 적합하지 않음을 기술함으로써, 그로 인한 문제점들을 기술하였다. 동성애와 에이즈 사이의 상관관계를 나타내는 국내외 통계자료를 제시하고, 최근 동성애로 에이즈에 감염되는 한국 청소년들이 급증하고 있는 자료도 제시하였다. 동성애에 대한 객관적 자료를 제시함으로써 동성애 실체를 직시하도록 구성하였다.

2. 동성애는 선천적으로 타고나는 것이 아니다.

동성애 옹호자의 주장은 동성애는 선천적으로 타고난 것이어서 동성애자들이 하고 싶어서 하는 것이 아니라 어쩔 수 없이 한다는 것이다. 따라서 동성애자들을 정죄하면 안 되고 그들을 정상으로 인정하고 용납해야 한다고 주장한다. 이러한 주장이 서구의 많은 사람들을, 심지어 크리스천과 목회자들까지 설득시켜 동성애를 정상으로 받아드리도록 만들었으며, 서구 사회가 동성애와 동성결혼을 인정하고 합법화가 된 주된 이유가 된다.

그런데 동성애가 선천적으로 타고난 것이라면 하나님이 그 사람을 동성애자로 만들었다는 뜻이 된다. 만약 그러하다면, 하나님이 그 사람을 동성애자로 만든 후에 정죄하는 것이므로, 하나님께서 공의롭지 못한 분이 된다. 따라서 하나님께서 어떤 사람을 선천적으로 동성애자로 만드시는 분이 아니며, 이에 이러한 인식은 하나님에 대한 몰이해에서 오는 것이므로 옳지 못한 판단이다. 이제부터 동성애가 선천적으로 타고난 것이라는 주장에 대해 과학적인 근거를 토대로 반박하고자 한다.

2-1. 동성애가 유전이라는 주장에 대한 반론

동성애는 유전에 의한 것이 아니라는 근거는 자녀를 적게 낳는 행동양식은 유전일 수 없다는 과학적인 논리에서 유출할 수 있다. 왜냐하면 어떤 행동양식을 갖게 만드는 유전자를 가진 집단이 자녀를 적게 낳으면 그 유전자가 다음 세대로 전달되지 않기에, 어떤 유전자를 가진 집단이 지속적으로 유지되려면 그 집단의 성인 한 명당 한 명 이상의 아이를 낳아야 한다. 그렇지 않으면 시간이 지남에 따라 그 집단에 속한 사람의 수가 점차적으로 줄어든다. 그런데 설문조사에 따르면 남성 동성애자의 15%만이 결혼을 한다(Cameron 등, 2005). 이러한 조사결과에 의하면 동성애를 유발하는 유전자가 다음 세대로 전달되지 못하기에, 동성애 유전자를 가진 집단에 속한 사람의 수가 점차 줄어들어 이미 지구상에서 동성애가 사라졌어야 한다.

이와 더불어 동성애가 갑작스런 돌연변이의 결과로 발생한다는 주장이 있다. 즉, 돌연변이에 의해 정상적인 유전자가 손상되어 나타난 현상이 동성애라는 것이다. 그러나 이 주장도 맞지 않다. 정상적인 유전자가 손상되어 나타나는 유전질환은 0.25% 이하의 빈도를 가지고, 모든 유전질환자를 합치더라도 전체 인구의 1% 정도 밖에 되지 않는다. 쉽게 말하면, 기형아가 태어날 확률은 1% 정도이다. 그런데 서구에서 동성애와 양성애를 합친 빈도는 약 3%이므로 돌연변이에 의해 나타난 현상이라고 보기에는 빈도가 너무 높다.

이 밖에도 동성애가 유전이 아니라는 증거는 많다. 조사에 의하면 동성애자의 비율은 연령이 높아질수록 감소한다. 50대가 되면 20대의 비율에 비하여 절반 이하로 감소하는 것을 볼 수 있다. 유전자는 연령이 높아진다고 변할 수 있는 것이 아니기에, 만약 몸 안에 동성애를 일으키는 유전자로 인해서 동성애를 하게 된다면, 연령이 높아지는 것과는 관계없이 여전히 유전자에 의해 동성애를 해야 한다. 즉, 동성애가 유전자로 인하여 발생되는 것이라면, 연령이 증가함에도 불구하고 동성애자의 수는 감소하지 말아야 한다. 또 한 가지 동성애가 유전에 의한 것이 아니라는 근거로, 사람의 자라난 환경에 따라 동성애의 발생 빈도에 차이가 있다는 것이다. 14-16세에 해당하는 청소년을 대상을 한 설문조사의 의하면, 환경적으로 대도시에서 자라난 청소년이 동성애자가 될 확률이 높았고, 시골이나 농촌지역의 청소년들이 동성애자가 될 확률이 낮았다(Laumann 등, 1994). 이러한 조사결과를 통해서 볼 때, 동성애가 환경의 영향을 많이 받고 있음을 알 수 있다. 즉, 동성애는 유전적인 요인이 아닌, 문화적, 환경적인 요인에 의해 학습되고 확산되어 가는 것이다.

서구 사회에 동성애가 유전이라는 주장이 확산된 중심에는 동성애자인 해머(D. H. Hamer)의 영향이 컸다. 그는 1993년에 두 명의 남성 동성애자 형제가 있는 40가계(family)의 X염색체를 조사하여 X염색체 위에 있는 Xq28과 남성 동성애 사이에 높은 관련성이 있다고 사이언스(science)라는 유명한 학술지에 발표하였다(Hamer et al., 1993). 그는 논문의 머리글에 동성애는 99% 이상 유전이라고 주장하였으며, 이를 서구 언론들은 마침내 동성애의 유전자를 발견하였다고 앞다투어 대서특필하였다. 해머의 이러한 연구결과는 사회적으로 큰 반향을 불러일으켜 사람들로 하여금 동성애는 유전이라는 인식을 갖게 하는 데 큰 역할을 하였다.

그런데 해머의 이론은 라이스(G. Rice)에 의해 도전받는다. 1999년에 라이스는 52쌍 동성애자와 33쌍 일반인을 비교하여 Xq28이 남성 동성애와 관련이 없다는 연구결과를 사이언스에 발표하였다(Rice 등, 1999). 이어 2005년에는 해머를 포함한 연구팀이 456명을 대상으로 전체 게놈과 동성애의 상관관계를 조사한 결과, Xq28은 동성애와 상관관계가 없다는 결론, 즉, 동성애는 생물학적인 유전적인 요인에 의해서 발생되는 것이 아니라는 확실한 결과를 획득한 것이다(Mustanski 등, 2005). 이에, 이들은 1993년 해머의 연구에서는 동성애가 유전에 의한 것이라는 결과를 얻은 반면에, 2005년 조사에서는 유전적인 요인과 관련성이 없다는 상반된 결과를 얻은 이유를 2005년 발표된 논문에서 상세히 설명하였다. 즉, 1993년에 있었던 해머의 연구결과에 오류가 있었음을 시인하고 번복한 것이다. 그러나 아쉽게도 한국의 인터넷상에는 1993년의 해머의 결과만이 소개되어 있고, 1999년과 2005년에 새롭게 제시된 결과는 인용되지 않음으로써 한국의 일반인들에게 동성애는 유전이라는 잘못된 지식을 전달하고 있다.

2-2. 동성애가 두뇌에 의해 정해진다는 주장에 대한 반론

동성애가 유전은 아니지만, 선천적으로 동성애를 하도록 신체구조가 형성되었다는 주장이 있다. 동성애는 정신적 성향이어서 두뇌에 의해 정해지며, 동성애자 두뇌는 태어날 때부터 일반인과 다를 것이라는 추정이다. 즉, 예전의 과학은 태아기의 8-24주에 남성호르몬이 증가하여 수정란으로부터 두뇌가 형성되는 과정에 영향을 주고, 그 시기에 성호르몬 이상이 생기면 동성애자가 될 것으로 추론하였다. 이 추론의 밑바닥에는 두뇌구조가 임신기간에 정해져 일생 변하지 않고, 성적 지향도 두뇌에 의해 정해져 일생 변하지 않는다는 가정을 전제하는 것이다.

동성애가 두뇌에 의해 정해진다는 주장을 확산시킨 연구결과를 소개하면, 1991년에 동성애자인 리베이(S. LeVay)는 전시상하부의 간질핵(INAH)을 네 부분으로 나누어 여자, 남성 동성애자, 남성 이성애자로 추정되는 사람에 대해 조사를 했다(LeVay, 1991). 두뇌조직은 뉴욕과 캘리포니아의 7개 대도시 병원에서 사망한 41명으로부터 추출했다. 그 중 19명은 에이즈로 사망한 남성 동성애자였다. 16명은 남성 이성애자로 추정되는 사람이었고, 그 중 6명은 에이즈로 사망했으며, 10명은 다른 이유로 사망했다. 6명은 여성이었으며, 그 중 한 명은 에이즈로 사망했고, 나머지는 다른 이유로 사망했다.

그에 따르면, INAH1, 2, 4는 세 부류의 사람이 특별한 차이를 나타내지 않지만, INAH3은 남성 이성애자가 여자에 비해 두 배 이상 컸고, 남성 이성애자가 남성 동성애자보다 두 배 이상 컸다. 따라서 INAH3이 동성애와 연관이 있다고 사이언스에 발표했다. 하지만 리베이의 연구는 다음과 같은 많은 문제점을 노출하고 있다. 첫째, 남성 이성애자가 진정한 이성애자인지 확인되지 않는다. 16명 중 6명이 에이즈로 사망하여 조사대상으로 선정된 남성 이성애자의 37.5%가 에이즈로 사망했다. 일반적으로 남성 이성애자가 에이즈로 죽을 확률인 1%도 되지 않기 때문에 위의 수치는 매우 높다. 남성 이성애자로 추정된 사람 중에 동성애자가 있었을 가능성이 있으며, 특히 에이즈로 사망한 남성 이성애자들이 동성애자이었을 가능성이 높다. 에이즈로 사망한 남성 이성애자를 모두 남성 동성애자로 간주하면, 남성 동성애자와 남성 이성애자 사이의 평균값 차이가 줄어든다. 둘째, INAH3의 경계가 불분명하여 그 크기 측정이 연구자의 주관에 따라 달라진다는 것이다. 셋째, INAH3의 크기가 성적 지향을 일으킨 원인인지, 아니면 성적 지향에 의한 결과로서 나타난 것인지 모호하다. 다시 말하면, INAH3의 크기가 그 사람의 성적 지향 형성에 영향을 미쳤는지, 혹은 그 사람이 살아온 성적 지향의 결과로 INAH3의 크기가 영향을 받았는지 알 수 없다. 이미 사망한 사람의 두뇌 크기를 측정하였기 때문에 태어날 때부터 그러한 크기였는지, 혹은 살아온 성적 행동의 영향으로 그러한 크기가 되었는지 알 수 없다는 것이다.

이러한 문제점으로 인해 리베이의 연구는 후속 연구에 의해 확인되지 않고 오히려 반박되었다. 2001년에 바인(W. Byne) 등은 34명의 이성애자로 추정된 남성(24명은 에이즈 음성이며, 10명은 에이즈 양성), 34명의 이성애자로 추정된 여성(25명은 에이즈 음성이며, 9명은 에이즈 양성), 14명의 남성 동성애자(모두 에이즈 양성)를 대상으로 INAH의 크기, INAH 안에 있는 뉴런(neuron)의 크기, 개수, 밀도에 대하여 성별, 성적 지향, 에이즈 감염에 따른 차이를 조사하였다(Byne 등, 2001). INAH3 내의 뉴런 개수를 측정한 결과, 남성이 여성에 비해 훨씬 많았으며, 남성 이성애자와 남성 동성애자는 차이가 없었다. 남성 동성애자의 INAH3 크기는 남성 이성애자에 비해 작았지만, 작은 이유로 남성 동성애자의 INAH3 내의 신경망 감소를 들었다. 또는 남성 동성애자의 에이즈 감염 또는 마약 남용의 결과일 수도 있다. 즉, 남성 이성애자와 남성 동성애자가 INAH3 내의 뉴런 개수는 차이가 없지만, 후천적인 이유로 남성 동성애자의 INAH3 크기가 축소되었을 수 있다고 본 것이다.

이렇게 바인은 리베이에 의해 제기되었던 남성 동성애와 INAH3 사이의 연관성을 부정함으로써 동성애가 생물학적인 결과물이라는 종전 리베이의 연구결과를 뒤집었다. 그는 결론 부분에서, 그 동안 인간의 두뇌에서 남녀 차이를 발견하려고 여러 부분을, 예를 들어, 전교련(Anterior Commissure), 뇌량(corpus callosum), 분계섬유줄(stria terminalis)의 특정 부분 등을 연구하였지만, 여러 연구팀에 의해 일치된 결과를 낸 유일한 부분은 INAH3였지만, 그 INAH3에서조차 동성애와의 관련성을 발견할 수 없었음을 강조하였다.

최근 과학은 두뇌 구조가 임신기간에 결정되어 일생 변하지 않는다고 보지 않으며, 남성호르몬은 일생동안 네 차례, 즉 수정 후 8-24주, 임신 기간의 마지막 9주, 출산 후 첫 6개월, 사춘기 때에 각각 증가한다. 신생아 때에 남자가 여자의 두뇌보다 조금 무거운 것 외에는 남녀의 두뇌는 거의 같으며, 2-4세 정도에 두뇌 구조에 차이가 나타난다. 신생아는 성인의 1/4 정도 크기의 두뇌를 가지며, 1세에 성인의 70% 정도 크기로 자라고 3세가 되면 대부분의 두뇌 신경망이 형성된다. 따라서 두뇌 구조가 선천적으로 정해지는 것이 아니라, 후천적인 학습, 경험, 훈련, 행동 등에 의해 형성된다고 볼 수 있다. 또한 성인 두뇌의 미세 구조도 경험, 습관, 훈련 등으로 변화됨이 두뇌 촬영으로 확인됐다.

두뇌는 프로그램을 계속 변화시키는 컴퓨터와 유사하며, 연습을 통하여 자극을 가하면 특정 신경회로가 강화되고 어느 정도 영구적이 되지만 사용하지 않으면, 그 신경회로는 결국 제거된다. 도이지(N. Doidge)는 '두뇌는 스스로 바뀐다'라는 자신의 저서에서 두뇌의 유연성에 대해 설명하면서, 두뇌는 불변한다는 20세기의 신념을 버릴 것을 강조했다(Doidge, 2007). 그 단적인 예로서, 바이올린 연주자는 바이올린 연주에 필요한 왼쪽 손가락과 관련된 두뇌 부분이 커진다. 훈련을 많이 하면 자동차 운전, 무술 고단자의 행동, 악기연주 등의 행동이 거의 자동적으로 이루어지며, 그들의 두뇌를 사망한 후에 관찰해 보면, 일반인과는 다르다는 것을 알 수 있다. 마찬가지로 동성애에 깊이 빠지면 선천적인 것처럼 느껴진다. 하지만 동성애가 선천적인 것이 아니라, 오랫동안 쌓인 훈련에 의해 선천적인 것처럼 느껴지는 것이다.

2-3. 동성애가 선천적이지 않음을 나타내는 강력한 증거: 일란성 쌍둥이의 동성애 일치비율

동성애가 선천적인 것이 아님을 나타내는 강력한 증거는 일란성 쌍둥이의 동성애 일치비율이다. 일란성 쌍둥이는 동일한 유전자를 가지며 같은 자궁에서 동일한 호르몬의 영향을 받았기에, 동성애가 유전자와 태아기의 호르몬 영향에 의해 결정된다면, 일란성 쌍둥이는 높은 동성애 일치비율을 가져야 한다. 유전자와 태아기의 호르몬 이외에 선천적으로 동성애자가 되게 만드는, 우리가 알지 못하는 요인들이 있다 하더라도, 그 요인들까지도 일란성 쌍둥이에게 동일하게 영향을 준다. 즉, 일란성 쌍둥이는 모든 선천적인 요인들의 영향을 동일하게 받는다. 그러므로 만약 동성애가 선천적인 영향에 의해 결정된다면, 일란성 쌍둥이는 높은 동성애 일치비율을 보여야 한다. 즉, 일란성 쌍둥이 둘 모두가 동성애자가 되든지, 아니면 둘 모두에게 그 반대의 결과가 나와야 하는 것이다.

1991년에 발표된 베일리(J. M. Bailey) 등의 연구결과에 의하면, 남성의 경우에 일란성 쌍둥이의 동성애 일치비율은 52%이었고, 이란성 쌍둥이는 22%, 다른 형제는 9.2%, 입양된 형제는 11%였다(Bailey and Pillard, 1991). 유전자가 같은 일란성 쌍둥이의 동성애 일치비율이 유전자가 다른 이란성 쌍둥이와 형제들의 동성애 일치비율에 비하여 훨씬 높기에, 이 결과는 동성애가 유전적인 요인에 의해 형성됨을 뒷받침한다. 이 결과는 수많은 사람들로 하여금 동성애가 유전임을 믿게 만들었다.

지금까지 살펴본 1993년에 동성애 유전자가 발견되었다는 해머의 연구와 1991년에 동성애자의 두뇌는 반대 성을 닮았다는 리베이의 연구, 그리고 같은 해인 1991년에 일란성 쌍둥이의 동성애 일치비율이 훨씬 높다는 베일리의 연구결과 등과 같이 동성애는 유전적인 요인에 의해 발생된다는 논문이 1990년대 초반에 쏟아져 나옴으로써, 일반인들로 하여금 동성애가 특정한 유전자에 의해 선천적으로 결정되는 것으로 믿도록 만들었다.

그러나 베일리에 의한 일란성 쌍둥이 결과는 동성애를 옹호하는 잡지와 신문을 통하여 조사 대상을 모집함으로 인해, 동성애자인 쌍둥이들이 의도적으로 많이 응모하여 일란성 쌍둥이의 동성애 일치비율을 증가하도록 만들었다는 비판을 받고 있다.

따라서 최근에는 이에 대한 좀 더 객관적인 연구결과를 얻고자, 연구 대상자의 폭을 넓혀 각 국가에서 보유한 기록을 토대로 대규모 설문조사를 통해 일란성 쌍둥이에 대한 동성애 일치비율을 조사하는 연구들이 활발하게 일어났다. 2000년 미국에서 1,512명을 대상으로 실시한 연구에서 일치비율은 18.8%였고(Kendler 등, 2000), 같은 해 호주에서 3,782명을 대상으로 실시한 조사에서는 일치비율이 남성이 11.1%, 여성이 13.6%였다(Bailey 등, 2000). 2010년에 스웨덴에서도 동일한 연구가 이루어졌는데, 이 연구에서는 기존보다 더 많은 숫자인 7,652명을 대상으로 실시되었고, 일치비율은 남성이 9.9%, 여성이 12.1%로 도출되었다(Langstrom 등, 2010).

통계학적으로 볼 때 조사 대상이 많아질수록 결과로 얻은 수치에 대한 신뢰도가 증가한다. 따라서 대단위로 이루어진 세 번의 조사를 종합하여 볼 때에 일란성 쌍둥이의 동성애 일치비율은 대략 10% 내외라고 보는 것이 타당하다. 그런데 위에서 언급한 10% 정도의 일란성 쌍둥이의 동성애 일치비율도 전부 선천적인 요인에 의한 영향이라고 말할 수 없다. 왜냐하면 쌍둥이는 같은 부모와 환경 하에서 자라났기에 동일한 후천적인 환경적 영향을 받았으며, 서로에게 긴밀한 영향을 주고 자랐기에 한 사람이 먼저 동성애자가 된 후에 직간접적으로 영향을 줄 수 있기 때문이다. 동일한 유전자를 가지고 동일한 선천적, 후천적 영향을 받은 일란성 쌍둥이의 일치비율이 10%에 지나지 않는다는 결과는, 동성애자에게 선천적인 요인의 영향은 미미한 수준에 그치는 것으로서, 이러한 일란성 쌍둥이의 낮은 동성애 일치비율은 유전자, 태아기의 호르몬 등의 선천적인 요인에 의해 동성애가 결정되지 않음을 분명히 나타내는 것이다.

3. 동성애가 선천적인 것이 아니라면 과연 그 원인은 무엇인가?

동성애가 선천적인 것이 아니라면, 그 원인은 어디서 발생하는 것인가? 동성애를 일으키는 요인으로 다양한 것들이 제시되고 있다(길원평 등, 2014).

첫째, 부모의 잘못된 성역할 모델의 영향일 수 있다. 정상적인 가정에서 올바른 성역할 모델을 하는 부모 밑에서 충분한 사랑을 받지 못하고 자란 자녀에게서 생길 수 있다는 것이다. 2013년에 하버드대학의 로버트(A. L. Roberts) 등은 유년시절의 신체적 또는 성적 학대 등이 동성애와 상관관계를 갖는다는 역학 조사결과를 발표하였다(Roberts 등, 2013). 또한 2013년에 앤더슨(J. P. Andersen) 등은 동성애자와 양성애자들이 이성애자들보다 어릴 때에 가족 단위의 어려움, 즉 가족의 정신병, 약물중독, 교도소 수감, 부모의 별거 또는 이혼 등의 경험이 더 많다는 결과를 발표하였다(Andersen 등, 2013). 둘째, 유년기의 불안정한 성정체성 때문일 수 있다. 즉 정서적 환경, 주변의 시선, 발육 부진, 뚱뚱함 등 때문에 친구로부터 놀림과 거절을 경험할 때, 정상적인 성정체성이 형성되지 않을 수 있다. 셋째, 다른 사람보다 쉽게 동성애에 빠지게 하는 성격이나 심리적 경향, 반대의 성에 가까운 외모, 목소리, 체형 등의 신체적인 요소 때문일 수 있다. 넷째, 기숙사, 교도소, 군대에서 동성애를 우연히 경험하거나 여성의 경우에 성폭행과 같은 잘못된 성경험이 원인일 수 있다. 다섯째, 동성애를 미화하는 영화, 비디오, 동성애 포르노 등의 문화가 주는 호기심과 충동이 영향을 미친다. 마지막으로 동성애를 인정하는 사회 풍토가 죄책감 없이 동성애를 행하게 만든다.

살펴본 바와 같이, 우리는 동성애가 유전적인 요인의 작용이라기보다는, 여러 환경적인 요인에 의한 후천적 행동양식임을 알았다. 그러므로 동성애자는 동성애가 내 의지와는 상관없이 유전적인 요인들이 결정하는 것이기 때문에, 자신이 어쩔 수 없는 동성애자일 수밖에 없다고 항변해서는 안 된다. 그렇다고 해서 밝혀진 대로, 자신들의 불우한 환경이 자신들의 의지와는 상관없이 자신들로 하여금 동성애자로 만들었다고 주장하는 것은 더더욱 어불성설이다. 왜냐하면 일반적으로 행해지는 인간의 행위가 전혀 개인의 의지와 무관하게 이루어진다는 것은 근본적으로 모순이기 때문이다. 인간은 천편일률적으로 작동하는 로봇이 아니며, 자 의지를 가지고 스스로 선택할 수 있고, 거부할 수도 있으며, 자신이 행한 행동에 대해 책임성을 가지고 살아가는 하나의 인격체이다. 이에 인간에게는 환경이나 요인을 충분히 극복할 수 있는 의지와 절제력이 있다. 그러므로 동일한 조건 하에서도 불리한 환경을 극복하고 사회적으로 건전한 삶을 살아가는 사람들이 얼마든지 있다. 실례로, 동일한 환경 조건이나 요인을 가진 사람 중에서도 대다수는 그것을 극복하였고, 단지 소수의 사람들만이 동성애자가 되었다는 사실이 이를 입증한다.

그러므로 실제로 동성애자가 되는 기저에는 요인들의 영향을 받고 동성애자가 되겠다고 결단하는 자신의 의지적 선택이 있는 것이다. 자신에게 다가온 유혹, 색다른 경험을 받아들여 동성애자의 길로 갈 수도 있고, 혹은 그것들을 의지적으로 거부하여 멀어질 수도 있다. 결과적으로 사람의 행동양식은 환경이나 요인에 의해 결정되는 것이 아니고, 환경이나 요인 중에서 자신의 선택이라는 '여과망'을 통과한 것만, 그 사람의 마음과 행동에 영향을 미친다.

동성 간의 성관계도 쾌감을 주므로, 동성애를 경험한 후에는 다시 반복해서 경험하고픈 마음을 일으킨다. 알코올, 마약, 도박 등에 중독되는 이유가 그것들을 경험했을 때에 느끼는 쾌감 때문인 것처럼, 동성애로부터 얻는 쾌감이 동성애에의 수렁으로 빠져들게 만드는 것이다. 어떤 행동을 수없이 반복하게 되면 습관이 되고, 그 습관이 계속되게 되면 중독이 되어 자신도 끊을 수 없는 상태에 이르게 되고 만다. 동성애는 두 인격체 사이에 이루어지기에, 육체적 쾌감뿐만 아니라, 정서적 친밀감을 나눌 수 있고, 동성애 상대자로부터 보호, 배려, 경제적 도움 등을 받을 수 있으므로, 동성애는 다른 중독보다도 더 단절하기 어려운 중독이다. 그러므로 처음에는 자신의 의지적 선택으로 동성애를 받아들였다 하더라도, 이후에는 자신이 그 상황에서 벗어나기를 원할지라도, 이미 중독 상황에 이르렀기 때문에 빠져나올 수 없는 상황으로 내몰리고 만다.

요약하자면, 동성애는 부모, 친구, 경험, 문화, 사회 풍토 등의 후천적인 요인과 신체적인 요소, 성격 등의 이러한 선천적인 요인의 결합에 의해 동성애 성향이 형성될 수 있다. 여기에 부가하자면, 그럼에도 선천적인 요인보다는 후천적인 환경적 요인이 동성애를 불러일으키는 결정적이고 직접적인 영향을 미치며, 선천적인 요인은 간접적이고 부수적인 영향에 그친다. 그러므로 어릴 때에 형성된 동성애 성향은 확정적이지 않고 유동적이라는 것이다. 환경의 변화에 따라 얼마든지 개선 가능하며, 성장하면서 자신의 의지 또한 많은 작용을 하기 때문이다. 그러나 그럼에도 불구하고 자신의 의지적 선택에 의해 동성애 성향을 거부하지 않고 받아들여 행동으로 옮기게 되면, 동성애 성향이 마음에 자리 잡고 강화되며, 강한 의존성에 의해 동성애 행위를 반복함으로써 동성애라는 성적 행동양식에서 벗어날 수 없는 상황에 이르게 된다.

4. 동성애는 자신의 의지와 상관없이 형성되는 것이 아니다.

동성애 옹호자들은 동성애가 개인의 의지와 상관없이 형성되고, 동성애자들은 형성된 자신의 성정체성에 따라 행동하는 것뿐이므로, 동성애는 정상이며 도덕적인 책임을 물을 수 없다고 주장한다. 이 주장이 고등학교 도덕 교과서에 실려서 전국의 학생들에게 가르쳐졌으며, 2013년 여름에야 이 사실이 알려지게 되어 반동성애자들에 의해 교육부에 삭제 요구가 이어졌으며, 이에 2014년부터 이 부분이 삭제된 교과 내용으로 수정될 수 있었다.

그렇다면, 동성애가 자신의 의지와 상관없이 형성되는 것이라는 주장의 반박 근거를 살펴보자. 첫째, 동성애가 자기 의지에 관계없이 만들어진다는 것을 뒷받침할 만한 과학적 근거, 즉 연구결과가 전무하다는 것이다. 둘째, 동성애가 자신의 의지와 관계없이 형성된다는 것은 과학적으로 확인할 수 없다. 즉, 사람의 어떤 행동양식이 형성되는 과정에 자신의 의지가 몇 퍼센트 관여하고, 의지와는 상관없는 요인들이 몇 퍼센트 관여하는지를 현재의 과학 수준으로는 알 수 없다는 것이다. 아마 이것은 앞으로도 과학적 방법으로 풀기 어려운 난제일 수 있다. 따라서 동성애가 자신의 의지와 관계없이 생성되어진다는 주장은 과학적인 방법으로는 그 진위를 규명조차 할 수 없는 주장이므로, 이 주장은 모든 사람들이 수용할 수 있는 객관성을 확보하기 어렵다. 마지막으로, 어떤 행동양식이 자신의 의지와 관계없이 형성된다는 것은 상식적으로 타당하지 않다. 인간은 로봇이나 기계가 아니고, 자신에게 주어지는 요인들에 대하여 의지적으로 선택하고 반응한다. 형성된 행동양식에 자신의 의지가 어느 정도 관여하는가는 알 수 없지만, 모든 행동 양식의 형성에 어느 정도 자신의 의지가 영향을 미친다고 보는 것이 합리적이다.

부가적으로 동성애가 어린 나이에 형성되므로 자신의 의지와 상관없이 형성된다는 주장이 있다. 동성애를 처음 인식하는 나이를 조사해 보면, 어린 나이에서부터 청소년기까지 고르게 분포되어 있다. 이는 설문조사 시에 동성애자들이 처음 인식한 나이를 의도적으로 실제보다 낮게 답변하여 동성애가 자신의 의지와 무관하게 형성되었다는 것을 나타내고자 했을 가능성을 배제할 수 없다. 참고로 정신분석적 설명에 따르면, 프로이드(S. Freud)의 인격발달 이론에서 약 6-10세를 잠재기라고 하는데, 이 시기에 이성에 대한 관심이 잠재되고 동성끼리 어울린다. 즉, 잠재적 동성애 기간이다. 그러나 사춘기가 되면 성호르몬이 분비되면서 리비도가 이성애로 옮아간다. 이것이 정상적인 정신성발달이다. 그러나 잠재기 이전의 인격발달에 문제가 있거나 잠재기에 문제가 있어서 잠재기 상황이 연장되면, 그 결과로 동성애가 된다고 본다. 따라서 아주 어린 나이에는 모든 사람들이 동성과 친밀한 시기를 가진다. 이러한 동성과의 친밀함을 동성애로 착각할 수 있다.

그런데, 부모의 양육 태도, 친구나 문화의 영향, 외모와 성격, 자신만의 특이한 경험 등에 의해 어린 나이에 동성애 성향이 형성될 수도 있다. 하지만 강조하고 싶은 것은 청소년의 마음에 형성된 동성애 성향은 확정적인 것이 아니고, 유동적이라는 것이다. 청소년기의 동성애 성향이 쉽게 바뀔 수 있음을 나타내는 연구결과들이 있다. 2007년 미국 ADD-Health survey에 따르면, 16세에 양성애자 또는 동성애자라고 답한 청소년이 1년 후에 대부분 이성애자로 바뀌었다(Savin-Williams · Ream, 2007). 또한 2006년에 발표된 로사리오(M.E. Rosario) 연구팀의 연구는 청소년들의 성장과정을 추적하면서 조사한 결과, 동성애자 57%는 동성애자로 남아있지만, 나머지는 변화되었고 (Rosario 등, 2006), 2003년에 뉴질랜드 어린이 1,000명을 대상으로 조사한 후, 이들이 21-26세 구간의 연령에 이르렀을 때, 전체 남성의 1.9%가 이성애로부터 떠났으며, 1%는 이성애로 돌아왔다(Dickson 등, 2003). 이처럼 청소년이 느끼는 자신의 성정체성은 성장함에 따라 유동적으로 쉽게 변화한다.

더불어서 청소년의 동성애 성향은 교육, 문화, 환경 등의 외부적인 요인과 자신의 의지에 의해 권장하거나 실제로 동성애 성행위를 하게 되면, 그 성향이 더욱 강화되고, 반면에 억제를 하면 그 성향이 약화되는 특징이 있다. 즉, 동성애 성향, 다르게 말하면 동성애의 씨앗이 어린 아이의 마음에 자신의 의지와 무관한 요인들에 의해 떨어질 수는 있지만, 그 씨앗이 그 마음 안에서 계속 자라서 결국 성인 동성애자가 되게 하는 것은, 자신의 선택과 의지에 의해 결정된다고 할 수 있다. 즉, 어린 아이의 마음에 떨어진 동성애의 씨앗은 자신의 의지에 의해 제거되어 정상적인 성인이 될 수도 있고, 혹은 이와 반대로 그 동성애 씨앗이 자신의 의지에 의해 강화되어 성인 동성애자가 될 수도 있는 것이다.

그러므로 성인 동성애자는 어린 시절의 동성애 성향을 핑계로 자신의 도덕적인 책임을 피할 수는 없다고 본다. 최근 서구는 동성애가 도덕적 문제가 없다는 윤리관을 토대로 청소년의 동성애 성향을 권장하는 추세로 모든 정책적 방향을 설정함에 따라, 이러한 시류에 힘입은 청소년들이 자신의 마음에 생겨난 동성애 성향을 받아들이고, 실제 행동으로 옮겨 강화시킴으로써, 결국 동성애자로서의 성정체성을 갖게 되는 경우가 적지 않게 발생한다. 교육을 통해 청소년의 마음에 생긴 동성애 성향을 억제한다면, 충분히 정상적인 성정체성을 가지게 할 수 있음에도 불구하고, 서구 사회는 많은 청소년들을 동성애자로 만들고 있는 현실이다. 어린 시절 형성된 동성애 성향은 성장하면서 자신의 의지와 절제력에 의해 교정이 가능하다고 보기 때문에, 동성애 성향을 강화시켜 성인 동성애자를 만드는 서구 사회의 교육은 매우 우려스러운 대목이라 하지 않을 수 없다.

5. 동성 간의 성관계는 인체구조에 어긋난 비정상적인 성행위이다.

남녀는 다른 성(性)기관을 가지며 인체구조상 남녀의 성기관이 결합하여 성행위가 가능하도록 구조적으로 다른 모습으로 만들어져 있다. 따라서 같은 동성끼리의 성관계는 이러한 인체의 기능을 벗어난 비정상적인 성행위일 수밖에 없는 것이다. 남녀의 성 기관 주위에는 성행위를 피부마찰 없이 할 수 있도록 음모(陰毛)가 있으며, 여자의 질 내에는 성행위를 부드럽게 하도록 하는 윤활유가 나온다. 그리고 성행위의 마지막 단계에서 사정(射精)이 되어 정자와 난자가 만나 수정란을 만들고 생명의 결실을 맺게 한다. 이를 통해 우리는 후손의 출산이라는 풍성한 열매를 얻게 된다. 반면에 남자가 남자와 더불어, 여자가 여자와 더불어 하는 성행위는 구조적으로 가능하지 않을 뿐만 아니라, 생명을 잉태할 수 없는 허망한 쾌락에 불과하다. 남성 동성애자는 항문 성관계를 하는데, 항문은 성기관이 아니고 배설기관이라는 것은 누구나 다 아는 바이다. 그러므로 인체 기관 중에 병균과 바이러스가 가장 많은 불결한 곳에 행하는 항문성교는 각종 질병을 불러일으키는 원인이 된다. 즉, 치질, 출혈, 직장암, 성병 등의 원인이 되며, 간염, 에이즈를 전파하는 통로가 된다. 이 행위를 비유를 들어 말하자면, 동성애는 우리가 코로 밥을 먹는 것과 유사한 이치라 하겠다. 자연의 순리는 입으로 밥을 먹고 코로 호흡을 하는 것이다. 특정한 기관은 어떤 특정한 기능을 하는데 적합하도록 이미 결정되어 있으므로 정해진 특정한 기능을 수행하는 것이 자연의 순리에 맞다. 그런데 그 해당 기관에 정해진 적합한 기능을 하지 않고 다른 것을 하면서, 그 행위가 정상이라고 주장하는 것은 옳지 않은 행동임은 명약관화한 것이다. 배설기관에 성행위를 하는 동성애를 정상으로 볼 수 없다.

이처럼 상식적 차원의 접근으로도 항문성교는 본래의 인간의 인체구조와 그 기능에 적합하지 않다는 것은 누구나 다 아는 사실이다. 그러므로 이에 수반되는 인체조직 내부에서 일어나는 부작용은 자못 심각한 것이다. 이제부터는 위에서 짧게 언급한 항문성교의 부작용에 대해 좀 더 자세하고 구체적으로 살펴봄으로써 동성애의 위험성과 부당성을 알리고자 한다.

항문은 작은 근육들이 세밀하게 연결되어 있고 꼬리뼈에 붙어있어 여성 성기에 비해 훨씬 더 제한적으로 확대된다. 이 때문에 항문 성관계를 할 때 항문과 직장에 상처가 생기기 쉽다. 직장의 외벽은 한 층의 얇은 세포막으로 이루어져 찢어지기 쉽다. 외항문 괄약근은 몸 밖으로 내보내려는 경향이 강하므로, 역방향으로 갑작스럽게 물체를 삽입하면 자연적으로 수축한다. 또한 여성의 성기와 달리 항문과 직장은 마찰을 방지하는 점액을 배출하는 기능이 매우 부족하다. 결국 점액이 배출되지 않은 상태에서 남성 성기가 삽입되거나 혹은 충분히 팽창하지 않은 상태에서 삽입될 경우, 항문 주위가 찢어져 파열될 수 있고, 이에 따라 항문의 출혈 또는 기타 여러 합병증들을 유발할 수 있음을 간과해서는 안 될 것이다. 또한 정액의 배출은 면역을 약화시키는 작용을 일으킨다. 여성의 면역방어 시스템이 약화되어야만 정액 속의 정자들이 그 방어벽들을 피해 나갈 수 있어 수정이 가능해지기 때문이다. 따라서 항문 성관계는 항문이나 직장의 취약한 특성과 면역을 약화시키는 정액의 효과 때문에 질병 전염이 극대화된다.

따라서 항문 성관계는 항문파열, 항문출혈, 다양한 성병 감염, 점액의 과잉분배, 화농성의 고름, 여러 합병증 유발, 항문과 직장의 고통, 장경련, 고통스러운 배변, 괄약근이 약해짐으로 인한 대변의 유출, 항문 직장의 궤양유발, 항문소양증, 직장의 탈장증 등의 다양한 문제를 야기한다. 특히 항문 성관계를 한 분들이 나이가 들면 괄약근이 손상되어 빨리 화장실에 가지 않으면 대변을 흘리는 증상이 심각해진다. 이에 남성 동성애자들의 대다수가 성인 기저귀를 하고 있으며, 대변을 보관할 수 없기 때문에 하루에도 10번 이상 화장실을 가야 하는 불편을 겪고 있는 현실이다. 항문의 상처에 의해 감염되는 것으로는 편모충, 각종 세균(이질균, 임질 등), 바이러스(B형 간염, 단순포진, 인간 면역결핍 바이러스), 매독균(스피로헤타), 장의 여러 병원균 등이 있다. 항문 성관계로 항문 사마귀(일명 곤지름), 클라미디아 트라코마티스(요도염), 헤르페스 바이러스 감염증, 인유두종 바이러스(자궁경부암 유발인자), 타입 B C 간염, 임질, 매독, 그리고 에이즈 등이 빈번하게 발생한다.

남성 동성애자는 수인성 전염병인 장티푸스와 같은 병원균이 구강-항문 성관계 혹은 항문성교 후에 행하는 구강성교 등으로 인하여 항문에서 구강으로 직접 전달된다. 구강-항문 성관계로 캄피로박터(식중독 유발), 임질, 살모넬라(식중독 유발), 엔타모에바히스토리티카(설사균), 다른 장 병원균 등의 감염이 촉진되고, A형 간염, 시겔라(세균성 이질균), 요충, 장편모충, 지아르디아 람블리아(장 기생충), 엔트로비우스 벌미쿨라리스(장 기생충) 등의 장 전염 병원체 전염이 증가된다. 더 나아가서 남성 동성애자들은 구강성교 또는 항문성교 도중에 전립선을 자극하여 쾌감을 극대화 할 목적으로 손이나 주먹을 항문 안으로 집어넣는 행위, 즉 피스팅(Fisting)을 한다. 이는 항문 성관계보다 더 위험하며, 직장과 괄약근 등을 크게 훼손한다. 결론적으로 동성애자의 항문성관계는 미화되어서는 안 되는 정말 불결하고 비정상적인 성행위이며, 보건 의료적으로 매우 위험한 성 행태라는 것은 분명하다.

6. 동성애는 에이즈와 밀접한 관계를 가지고 있다.

위에서 살펴본 바와 같이 동성애자들의 항문성교는 동성애자들이 겪는 수많은 각종 질병과 인체의 부작용을 유발하는 주원인으로 작용하지만, 그중에서도 에이즈는 동성애자들에게 가장 심각하고도 무서운 질병이기에, 부가해서 에이즈에 대한 좀 더 상세한 설명을 상술하고자 한다.

에이즈(AIDS)는 후천성 면역결핍증(Acquired immunodeficiency syndrome)의 약자이며 HIV 바이러스에 감염되어 나타나는 병이다. 에이즈 바이러스는 혈액, 눈물, 소변, 침, 정액, 질 분비물 등의 모든 체액에서 발견되지만, 그 중에서도 정액과 혈액 속에 바이러스의 함량이 가장 많이 포함되어 있다. 따라서 에이즈는 성행위로 감염될 확률이 가장 높으며, 특히 항문 성관계는 다른 형태의 성행위보다 훨씬 감염률을 증가시킨다. 항문성교 중에 쉽게 상처가 생기고, 그 상처를 통해서 정액에 있는 에이즈 바이러스가 혈액 속으로 침투하기 때문이다. 2012년 발표된 존스홉킨스대학 연구팀의 보고서에 따르면, 동일하게 피임기구를 사용하지 않고 성관계를 했을지라도, 항문성교의 경우에 에이즈에 걸릴 확률이 정상적인 방식으로 관계를 맺을 때보다 에이즈 감염률이 무려 18배 더 높게 나오는 것으로 나타났다.

에이즈 바이러스에 감염되면, 3-4주 후에 기침, 미열, 오한 등의 증상이 나타나는데, 감기 증세와 흡사하여 초기에는 감염을 인지하지 못하고 지나는 경우가 적지 않다. 잠재기를 지나면서 겉으로 드러나는 증상은 없지만, 그사이 이미 바이러스는 몸 안에서 계속 증식해 면역세포 파괴를 일으킨다. 짧으면 3년에서 길면 12년까지도 에이즈 바이러스는 가지고 있지만 증상이 나타나지 않기 때문에 동성애자 본인은 에이즈 감염자라는 사실을 모른 채, 또 다른 동성애자들에게 감염을 확산할 수 있다는 데에 그 위험성이 늘 상존한다. 무증상 상태에서 겉으로 에이즈 증상이 나타나기 시작하게 되면, 그때는 이미 회복불가능한 단계에 이르게 된다. 보통은 증상이 나타나고 대략 10개월 정도가 지나면 사망한다고 한다. 드러나는 증상으로는 점차 체중이 감소하여 뼈만 남게 되고, 다발성 감염, 근육통 등으로 고통을 겪다가 결국, 최후를 맞이하게 된다. 에이즈는 결국 죽음에 이르는 대단히 무서운 병이다.

그렇다면 이즈음에서 동성애와 에이즈의 상관관계를 국내외 통계를 통해 살펴보는 것도 동성애를 이해하는 데 도움이 될 것이다. 에이즈는 1981년에 미국 남성 동성애자에게서 처음 확인되었다. 2011년 12월 말을 기준으로 한 한국 질병관리본부의 자료에 따르면, 국내 누적 에이즈 감염자는 총 8,542명이며, 그 중 남성이 7,860명(92%), 여성은 682명(8%)을 차지하고 있다. 1985년-2011년의 내국인 에이즈 감염경로 현황을 보면, 확인된 6,962명 중 이성 간 성 접촉은 4,173명(59.9%), 동성 간 성 접촉은 2,732명(39.2%), 수혈 혈액제제 46명(0.7%) 등이다. 특히 남성의 43%가 동성 간 성 접촉에 의해 감염되었다. 하지만 위의 조사결과는 감염자 본인의 진술에 의존한 것으로, 감염자들이 동성애를 숨기려는 경향이 있기 때문에 실제 동성애로 감염되는 비율은 훨씬 높다고 보아야 할 것이다. 그 한 예로, 서울대학교의 연구팀이 발표한 보고서에서는 질병관리본부의 통계보다 훨씬 높은 대략 71%가 에이즈 감염이 동성 간 성 접촉이었다는 통계를 제시했다.

혈액제제에 의한 감염은 1995년 이후에, 그리고 수혈에 의한 감염은 2006년 이후에는 각각 보고된 사례가 없으며, 2006년 이후에는 거의 대부분이 즉, 99.9%가 성관계로 인한 감염으로 에이즈가 발병된다. 아울러, 위에서 살펴본 바와 같이 누적 에이즈 감염자 중 92%가 남성이며, 또한 매년 신규 에이즈 감염자 중 93%가 남성이라고 한다. 이 통계자료를 통해서 볼 때, 우리는 다시 한 번 남성 대 남성의 성관계, 즉 대부분이 남성 동성애자들을 통해서 에이즈가 확산되고 있음을 알 수 있다.

보건복지부가 2011년에 작성한 제3차 국민건강증진종합계획에도 남성 동성애자 간 성 접촉이 에이즈의 주요 전파경로라고 명시되어 있다. 한국에이즈퇴치연맹 부회장도 한국의 에이즈는 남성 동성애자에 의한 감염경로가 1단계라고 판단하였으며, 서울소재 병원의 감염내과 교수는 "에이즈는 남성 동성애자들 사이에서 주로 유행하는 질병이라는 것은 여러 정황 상 100% 확실하며, 이는 에이즈 전문가라면 누구나 아는 사실"이라고 단언하였다. 국내 남성 동성애자 비율을 0.5%로 가정하고, 남성 감염인의 43%가 동성애로 말미암아 감염되었다고 가정하면, 남성 동성애자가 에이즈에 걸릴 확률은 일반 남성에 비해 148배가 크다.

1985-1992년 한국 국립보건원의 조사에 따르면, 동성애자가 에이즈 바이러스를 가지고 있을 확률이 5.5%이므로, 일반인(0.03%)에 비해 약 180배이다. 여기서 일반인은 동성애자들을 포함하고 있으므로, 동성애자가 에이즈에 걸릴 확률은 일반인에 비해 몇 백배임을 알

수 있다.

연도별 누적 내국인 에이즈 감염자 현황을 보면, 감염자 수가 2000년 이후부터 급격하게 증가하고 있다. 내국인 누적 에이즈 감염자의 수는 2003년 2,537명에서 2013년에 10,423명으로 네 배 정도 증가하였다. 따라서 남성 동성애자 수가 두 배 증가하고 남성 동성애자가 에이즈 바이러스를 가지고 있을 확률도 5%에서 10%로 두 배 증가한 것으로 추측된다. 에이즈 감염자의 1년 의료비를 3,000만원이라고 가정하면, 그들에 대한 의료비는 3000억 원이며, 이 비용은 전액 국가 예산에서 지원된다.

영국 전체 인구 약 6,400만 명 중, 2013년 현재 생존하고 있는 에이즈 감염자는 약 11만 명(0.17%)이고, 미국의 경우, 전체 인구 약 32,100만 명 중, 2013년 현재 생존하고 있는 에이즈 감염자는 약 110만 명(0.34%)에 이른다. 2013년 현재 우리나라 인구는 약 5,100만 명을 기록하고 있는데, 생존하고 있는 내국인 에이즈 감염자는 8,662명(0.017%)이므로, 영국과 미국의 에이즈 감염 비율에 비해 10-20배 낮은 수치이다. 만약 한국이 영국이나 미국과 같이 동성애를 합법화하여 국내 에이즈 감염자가 10-20배 증가한다면, 이들을 위한 1년 의료비가 3-6조원에 이르게 된다. 영국과 미국은 우리나라보다 재정 구조가 비교적 튼튼하기 때문에, 이를 감당할 만한 여력을 지니고 있지만, 현재 한국의 빈약한 재정 구조로는 에이즈 감염자가 10-20배까지 급증한다면 경제적 파탄에 이를 것으로 예상된다.

결국, 남성 동성애자의 증가는 한국 사회에 에이즈 감염자의 증가를 가져와 국민 건강에 위해요소로 작용할 뿐만 아니라, 국가경제에 악영향을 가져다 줄 것은 물론이고, 국가의 부족한 재원은 모두 일반 국민에게 과중한 세금으로 돌아와 개개 국민들의 경제적인 부담을 가

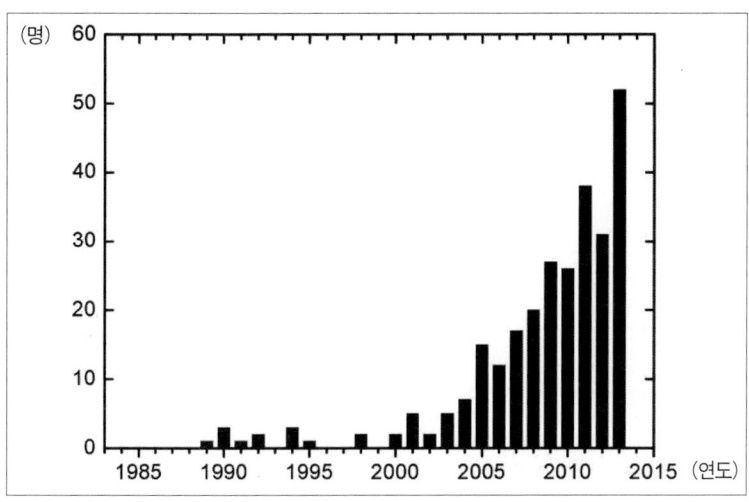

[그림 1] 15-19세 남성의 연도별 신규 에이즈 감염자 수

중시킬 것이다.

더 심각한 것은 최근 동성애로 인하여 국내 청소년 에이즈 감염자가 급증하고 있다는 사실이다. [그림 1]에서 보는 바와 같이, 15-19세의 남성 신규 에이즈 감염자 수를 연도별로 살펴보면, 2000년 이전까지만 해도 청소년 에이즈 감염자는 거의 미미한 수준으로, 2000년에 불과 2명이던 것이 2013년에 이르러서는 52명으로 14년 사이에 26배나 급증한 것을 볼 수 있다. 2009년에서 2011년까지 3년 동안에 증가한 10-19세 감염자의 감염경로를 살펴보면, 이성 간 성 접촉이 27명(42%)이고, 동성 간 성 접촉이 37명(57%)에 이른다. 청소년 본인의 진술에 의한 수치이므로, 실제 동성애로 감염된 비율은 80-90%까지 이를 수도 있다.

청소년 에이즈 감염자의 증가 추세로 보아서는, 많은 성인 동성애자들이 청소년을 자신의 동성애 파트너로 삼고 있음을 추측해 볼 수 있고, 청소년 입장에서도 동성애를 미화하는 영화, 드라마, 그리고 동

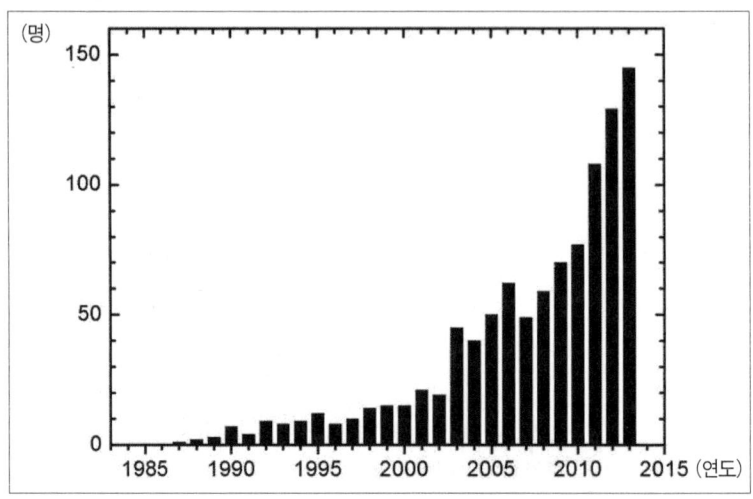

〔그림 2〕 20-24세 남성의 연도별 신규 에이즈 감염자 수

성애를 옹호하는 학생인권조례 등의 영향으로, 별다른 거부감 없이 동성애를 쉽게 받아들이는 것으로 보인다. 또한 국가인권위원회의 권고로 2004년에 동성애가 청소년에게 유해가 아닌 것으로 바뀌었고, 이후 동성애자의 웹 사이트가 활성화되면서 청소년이 인터넷 채팅 등을 통해 쉽게 동성애를 접할 수 있게 됨으로 말미암아 청소년 에이즈 환자가 대폭 증가하게 되었다고 추측된다.

[그림 2]는 20-24세에 해당하는 남성 신규 에이즈 감염자 수를 연도별로 표시한 도표이다. 2000년에 15명이 2013년에 145명으로 14년 사이에 10배 급증했다. 남성 에이즈 감염자 수를 연령별로 보면, 예전에는 30대가 가장 많았으나, 최근에는 20대가 가장 많은 수치를 기록하고 있다. 또한 20대 에이즈 감염자 증가율보다 10대 에이즈 감염자 증가율이 더 크다. 참고로, 미국 질병관리본부가 만든 2011년 젊은 남성의 에이즈 감염경로 현황을 보면, 13-24세 남성 에이즈 감염자의 94-95%가 동성애로 감염되었다.

현재 한국 청소년들은 동성애와 에이즈와의 관계와 같은, 동성애가 가지는 위험성에 대해서는 무지한 채, 무방비 상태로 동성애에 노출되어 있다. 2000년 이전까지는 학교에서 동성애와 에이즈와의 연관성에 대해서 가르쳤으나, 2000년경에는 동성애자들의 반발로 그 내용이 삭제되었으며, 현재는 오히려 동성애를 옹호하는 교육이 실시되고 있다. 게다가 질병에 대한 예방과 치료를 위해서는 질병에 대한 정확한 정보를 알릴 의무를 가지고 있는 질병관리본부에서조차 본부 홈페이지에 동성애와 에이즈와의 연관성이 전혀 언급되지 않고 있으며, 현재 에이즈 감염자가 증가하고 있고, 특히 청소년 에이즈 감염자가 증가하는 시점에서, 정보에 대한 공유를 차단함으로써 정보에 대한 무지로 인한 동성애 확산의 우려를 낳고 있다. 한 발 더 나아가 국가인권위원회는 한국기자협회와 함께 동성애와 에이즈의 관련성을 보도하는 기사를 쓰지 못하게 하는 인권보도준칙을 만들어서, 동성애와 에이즈의 관련성을 언급하는 기사와 방송을 하게 되면, 엄격하게 경고하고 있다. 이러한 정부의 정책이 지속된다면 국내 에이즈 감염자가 계속 증가할 것이다. 특히 청소년 에이즈 감염자가 앞으로 더 급격하게 증가할 것이라는 것은 쉽게 예상할 수 있는 일이다. 한국의 미래를 위해서는 시급히 정부의 정책을 바꾸어서 학교에서 동성애와 에이즈와의 관계성에 대한 정확한 정보를 학생에게 알려주고, 언론을 통해 동성애와 에이즈의 관련성을 국민들에게 알려서 동성애에 대한 경각심을 갖도록 해야 한다.

동성애와 에이즈 사이의 관계를 나타내는 외국의 통계를 보면, 미국에서 2008년부터 2010년 사이에 감염된 신규 에이즈 감염자의 1-3위가 남성 동성애집단이고, 전체 신규 감염자의 70%를 차지하였다. 2007년의 유엔 에이즈 보고서에 따르면, "중남미 지역에는 160

만 명의 에이즈 감염자가 있고, 에이즈 감염자의 절반 정도는 동성애를 통해 감염된 것으로 확인됐다. 중남미 지역의 에이즈 감염자는 현재 정체상태를 보이고 있지만, 안전하지 않은 매춘과 동성애가 늘어날 경우, 에이즈 감염자가 다시 증가할 수 있다"고 강조했다. 캐나다에서는 신규 감염 남성의 75%가 남성 동성애집단이고, 프랑스에서는 2011년 남성 감염자의 65%가 동성애 때문인 것으로 나타났다. 방콕은 2010년 신규 감염자의 50%가 남성 동성애집단이고, 남성 동성애 집단의 31%가 에이즈에 감염되었다. 존스홉킨스대학 연구팀의 보고서에 따르면, 미국, 스페인, 칠레, 말레이시아, 남아프리카 등에서 남성 동성애집단의 에이즈에 걸릴 확률은 대략 15%이다.

잉글랜드 공공보건국의 케빈 펜튼 교수는 에이즈 협회 학회에서 남성 동성애자들의 에이즈 감염 증가는 전 세계적인 현상이라고 보고하였다. 2012년 유엔 에이즈 글로벌 보고서에 따르면, 사실상 모든 국가에서 일반 성인의 에이즈 감염률에 비하여, 남성 동성애자의 에이즈 감염률은 압도적으로 높다. 에이즈와 동성애가 높은 상관관계를 갖는 이유는 항문 성관계와 난잡한 관계 때문이다. 1978년 연구결과에 따르면, 백인 남성 동성애자의 15%는 100-249명의, 17%는 250-499명의, 15%는 500-999명의, 28%는 1,000명 이상의 파트너와 관계를 가진다고 한다. 또한 남성 동성애자의 파트너는 대다수 모르는 사람들이며, 에이즈가 발견된 후에도 여전히 모르는 사람과 위험한 성관계를 가진다. 대부분 인터넷 등을 통해 알게 된 익명의 대상자들과 관계를 가지는 것으로 알려졌다. 위의 통계를 볼 때 동성애가 에이즈의 주요 감염경로이며, 동성애는 에이즈에 걸릴 확률이 높은, 즉 의학적으로 매우 위험한 성 행태임을 알 수 있다.

7. 요약 및 토론

현재 전 세계적으로 논란이 되고 있는 동성애를 고찰하고, 동성애가 유전이고 선천적이라는 오해를 일으켰던 결과들이 잘못되었음을 밝혔다. 동성애자는 생명을 잉태할 수 없고, 그에 따른 출산을 할 수 없기에, 유전적인 요인에 의해서 동성애자가 된다는 주장은 허망한 구호일 수밖에 없다. 또한 동성애를 돌연변이에 의한 현상으로 보기에도 빈도가 너무 높다. 동성애가 선천적인 것이 아님을 나타내는 증거는 일란성 쌍둥이의 동성애 일치비율이다. 동성애가 유전자 또는 태아기 호르몬에 의해 결정된다면, 같은 유전자를 갖고 모든 선천적인 영향을 동일하게 받은 일란성 쌍둥이의 동성애 일치비율이 높아야 한다. 일란성 쌍둥이의 낮은 동성애 일치비율은 동성애가 선천적으로 결정되는 것이 아님을 명백히 나타내 주는 근거가 된다.

　동성애는 인체구조에 어긋난 비정상적인 성행위이다. 남성 동성애자는 항문성교를 거의 예외 없이 행하지만, 항문은 성기관이 아니고 배설기관이다. 따라서 항문 성관계는 많은 문제를 야기하며 일반인이 잘 걸리지 않는 질병에 감염되게 만든다. 국내외 통계를 통해 볼 때 에이즈 확산이 남성 동성애자에 의해 이루어지고 있음을 알 수 있다. 그러므로 동성애자들의 증가와 함께 국내 에이즈 감염자의 수가 최근 급격히 증가하고 있다. 특히 최근에 동성애로 인한 청소년 에이즈 감염자 수가 급증하고 있는 것은 심각한 문제가 아닐 수 없다. 청소년들은 앞으로 우리 사회를 책임지고 이끌어 갈 미래 세대이기에 이들에 대한 대책이 시급한 실정이다.

　이러한 시점에서 크리스천인 우리는 과연 어떠한 태도로 동성애라는 죄악상과 맞서야 할 것인가? 먼저 우리들 스스로가 세상 가운데서 본보기가 되는 거룩한 삶을 살면서, 적극적으로 사회를 향하여 반동성애 목소리를 내어야 한다. 민주주의 사회에서 목소리를 내지 않는 의견은 고려되지 않으므로 각 정부부처, 국회 등 정책 입안자들을 향해 우리의 요구가 반영되도록 분명한 목소리를 내는 일이 무엇보다 중요하다. 선진국들이 하나둘 동성애를 인정하는 시대의 흐름 속에서, 우리라고 어떻게 도도하게 흐르는 동성애의 물결을 막아낼 수 있을까라는 나약한 마음으로 지레 포기하기보다는, 능히 이 선한 싸움에서 이길 수 있음을 입술로 선포하고 굳게 서서 나아가야 한다.

동성애를 인정하는 대부분의 국가는 포르노를 합법화하여 성적 타락을 법적으로 허용하는 나라이다. 선진국들이 경제적으로 부유해지면서 성적 타락의 나락으로 빠져들었고, 그중 하나가 동성애이다. 2012년에는 미국 콜로라도 주와 워싱턴 주는 마약소지를 합법화하였다. 우리가 소위 선진국이라고 부르는 국가들 대다수는 경제적인 부는 이루었으나, 그 이면에는 성적 타락과 윤리도덕의 후퇴라는 사회적인 모순을 안고 있다.

이러한 현실 상황에서 우리는 깨어 우리 사회가 성적 타락과 도덕 윤리의 퇴보에 함몰되지 않도록 사회를 정화시키고 선도하는 일에 크리스천으로서의 책임과 의무를 다해야 할 때이다. 그러할 때 하나님은 우리나라를 통해 반드시 동성애를 국내는 물론이거니와 전 세계적으로 확산되고 있는 이러한 동성애의 흐름을 막아주실 것으로 본다. 우리의 주장이 진리에 근거하며, 또한 우리나라 사회 각계각층에 올곧고 건전한 윤리의식을 가진 분들이 많이 계시므로, 이들과 연합해 한 목소리로 동성애의 폐해를 외치고, 동성애 확산을 막는 일에 관심을 기울여 노력의 경주를 다한다면, 성적으로 왜곡되지 않은 건전한 사회를 유지할 수 있을 것으로 본다.

이에 체계적인 장단기 대책을 수립하고 그것을 수행할 지역별, 전문 영역별 조직을 구성하여 조직적인 운동을 전개해야 한다. 지금도 이 땅 도처에 흐르는 동성애의 악한 영향력을 끊고 동성애를 슬기롭게 극복하는 모범적인 국가가 되어, 전 세계를 타락의 길로 몰고 있는 동성애의 악한 흐름을 막는 방파제의 역할을 하자! 하나님은 한국의 크리스천들이 그러한 역할을 잘 수행함으로써, 미국과 유럽 등에서 행해지는 타락한 문화를 다시 거룩하게 만드는 선구자적인 일을 감당하기를 바라고 계신다. 하나님을 기쁘시게 하는 일을 위해 오늘도 우리는 선한 싸움을 하고자 한다.

참고문헌

길원평 · 류혜옥 (2013). "동성애 유발요인과 기독교상담의 가능성에 대한 탐구." 한국기독교상담학회지 24(4). 33.

길원평 등 (2014). 『동성애 과연 타고나는 것일까』. 서울: 라온누리.

Andersen, J. P. and Blosnich, J.(2013). Disparities in Adverse Childhood Experiences among Sexual Minority and Heterosexual Adults: Results from a Multi-State Probability-Based Sample. PLoS ONE, 8, e54691.

Bailey, J. M. and Pillard, R.(1991). "A Genetic Study of Male Sexual Orientation." *Archives of General Psychiatry* 48. 1089.

Bailey, J. M., Dunne, M. P. and Martin, N. G.(2000). "Genetic and Environmental Influences on Sexual Orientation and Its Correlates in an Australian Twin Sample." *Journal of Personality and Social Psychology* 78. 524.

Byne, W., Tobet, S., Mattiace, L. A., Lasco, M. S., Kemether, E., Edgar, M. A., Morgello, S., Buchsbaum, M. S. and Jones, L. B.(2001). "The Interstitial Nuclei of the Human Anterior Hypothalamus: an Investigation of Sex, Sexual Orientation, and HIV Status." Hormones and Behavior 40. 86.

Cameron, P., Landess, T. and Cameron, K. *Homosexual Sex as Harmful as Drug Abuse, Prostitution or Smoking*, Psychological Reports 95, 915, 2005.

Dickson, N., Paul, C. and Herbison P.(2003). "Same-Sex Attraction in a Birth Cohort: Prevalence and Persistence in Early Adulthood." *Social Science and Medicine* 56. 1607.

Doidge, N. The Brain that Changes Itself (London, UK: Penguin 2007).

Hamer, D. H., Hu, S., Magnuson, V. L.,Hu, N. and Pattatucci, A. M. L.(1993). "A Linkage between DNA Markers on the X-Chromosome and Male Sexual Orientation." *Science* 261. 321.

Kallmann, F. (1952). "Twin and Sibship Study of Overt Male Homosexuality."*American J. of Human Genetics* 4. 136.

Kendler, K. S., Thornton, L. M., Gilman, S. E. and Kessler, R. C.(2000). Sexual Orientation in a US National Sample of Twin and Non-Twin Sibling Pairs. American Journal of Psychiatry, 157, 1843-1846.

Langstrom, N., Rahman, Q., Carlstrom, E., Lichtenstein, P.(2010). Genetic and Environmental Effects on Same-Sex Sexual Behavior: A Population Study of Twins in Sweden. *Archives of Sexual Behavior* 39, 7580.

Laumann, E. O., Gagnon, J. H., Michael, R. T. and Michaels, S.(1994). *The Social Organization of Sexuality*. Chicago: University of Chicago Press.

LeVay, S. (1991). "A difference in Hypothalamus Structure between Heterosexual and Homosexual Men." *Science* 253. 1034.

Mustanski, B. S., DuPree, M. G., Nievergelt, C. M., Bocklandt, S., Schork, N. J. and D. Hamer, H.(2005). "A Genomewide Scan of Male Sexual Orientation."*Human Genetics* 116. 272.

Rice, G., Anderson, C., Risch, N. and Eber, G.(1999). "Male Homosexuality: Absence of Linkage to Microsatellite m284arkers at Xq28." *Science* 284. 665.

Roberts, A. L., Glymour, M. M. and Koenen, K. C.(2013). Does Maltreatment in Childhood Affect Sexual Orientation in Adulthood? Archives of Sexual Behavior 42, 161.

Rosario, M., Schrimshaw, E. W., Hunter, J. and Braun, L.(2006). "Sexual

Identity Development among Gay, Lesbian, and Bisexual Youths: Consistency and Change over Time." *Journal of Sex Research* 43. 46.

Savin-Williams R. C. and Ream, G. L.(2007). "Prevalence and Stability of Sexual Orientation Components during Adolescence and Young Adulthood." *Archives of SexualBehaviour* 36. 385.

제 2 장

동성애 에이즈 감염 실태

염안섭 원장(수동연세요양병원장, 보건복지부 산하 의료기관평가인증원 심의위원, 전 신촌세브란스병원 가정의학과 호스피스클리닉 전문의)

1. 수동연세요양병원의 에이즈 호스피스

필자가 신촌 세브란스병원에서 가정의학과 전공의 과정을 공부할 때의 일이다. 그 즈음에 야간 응급실에 말기암 환자가 오게 되면 가정의학과로 연락이 와 이곳에서 말기암 환자를 입원시킬 것을 의뢰하곤 하였다. 전공의 시절 필자가 야간 당직을 보는 날에도 여지없이 응급실로 온 말기암 환자를 필자가 근무하는 가정의학과로 입원을 의뢰하는 연락을 받고 입원을 시키게 되었다. 그분들은 암이라는 무서운 질병의 진단을 받고 세브란스병원을 믿고 의지하여 수술도 받고 항암치료도 받아보았으나, 병을 이기지 못하고 결국 말기암이 되어 복수가 차서 배는 올챙이배처럼 불룩해 있는 상태였고, 황달로 피부 색깔도 누렇게 변했으며, 통증으로 심하게 괴로워했다. 필자가 응급실 전공의에게 가정의학과로 콜을 하는 이유를 물으니, 내과는 항암치료가 끝난 환자라 내과 환자는 더 이상 아니고, 외과에서도 수술이 끝난 환자라 더 이상 외과 환자가 아니기에, 비록 환자에게는 생면부지의 과이지만 가정의학과로 연락을 한 것이라고 하였다.

이분들은 그 동안 어려운 수술, 항암치료를 모두 받았으나 더 이상은 치료가 불가능한 상황에 놓인 분들인데, 이제는 남은 얼마의 여생을 극심한 통증과 복수와 싸울 형편에 놓인 것이다. 그때 그들을 보면서 필자에게 불현듯 스친 생각은 고통 속에서 신음하며 죽어가는 말기암 환자들을 돌보고, 그들에게 복음을 전하는 것이 나의 사명이 아닐까 하는 것이었다. 왜냐하면 그들은 암이라는 육신의 고통뿐 아니라 죽음에 대한 두려움과 사후에 대한 염려로 가득 차 있었으나, 이들에게 단지 마약성 진통제를 주사하고 복수를 빼는 것만으로는 진정한 만족을 줄 수는 없었기 때문이다.

이에 이렇게 죽어가는 말기암 환자들에게 죽음에 대한 해답인 예수님의 복음을 효과적으로 전하고 환자들을 위해 기도할 방법이 무엇일까 고민하며 이 문제를 놓고 기도하던 중에, 신학대학원에 입학하여 목사가 되어야겠다는 마음의 감동을 받고 세브란스 병원 인근에 있는 감리교신학대학원의 야간과정에 입학원서를 넣게 되었다. 당시 필자는 세브란스 병원의 전공의 과정 중에 있었기 때문에, 병원에서 먼 거리에 있는 학교는 병원 일을 병행하면서 다니는 데 한계가 있을 수밖에 없었기 때문이다. 필기시험을 무사히 통과하고, 면접을 볼 때는 면접관에게 신학대학원에 지원한 동기를 말하자, 110년이 넘는 학교 역사상 전공의가 지원한 경우는 처음이라며 놀라워했다. 결국 합격 통지서를 통해서 필자는 의사인 동시에 주의 종으로서 복음을 전하는 일이 하나님께서 필자에게 주신 사명임을 확인하게 되었다.

신학대학원의 야간과정은 나이가 좀 드신 분들이 세상 가운데서 각자의 삶을 살아가다가, 뒤늦게 하나님의 부르심을 받고 공부하는 분들이 다수를 차지했다. 그러므로 이들은 낮에는 생업에 종사하고, 밤이면 학교에 나와 신학을 공부하는 분들이어서 굉장히 뜨거운 신앙을 소유한 분들이었다(당시 필자의 기억에는 자유주의 신학은 대학원 수업에서 강의된 적이 거의 없었으나, 최근에 필자가 졸업한 감리교신학대학원에 '무지개 감신'이라는 비공식적인 동아리가 있어서 동성애자 전도사님들의 동아리 모임이 있다는 이야기를 들었다.).

전공의는 주간 근무는 물론이고, 추가로 야간 당직을 서야 하는데, 야간과정의 신학수업을 듣기 위해서는 당직이 없는 날의 저녁은 쉬지 못하고 학교에 가야 하는 생활을 계속하게 되었다. 이러한 생활이 반복되자 전공의 생활을 하는 동안은 거의 잠을 못자는 날이 많았고, 저녁을 굶는 일이 다반사였다. 신학을 공부하는 내내 사명감 하나로 버틴 세월이었다. 이러한 우여곡절 끝에 마침내 모든 신학공부 과정을 마치고 목사안수를 받는 시점에 이르렀는데, 그런데 한 가지 문제가 발생했다. 감리교회법으로는 의사직을 수행하면서 목사안수를 받을 수는 없다는 것이었다. 이에 하는 수 없이 필자는 의사직 병행과 상관없이 목사안수를 주는 분당 할렐루야교회, CCC 등이 속한 교단인 독립교회 및 선교단체연합회를 통해서 목사안수를 받게 되게 되었다(이 감리교회법이 2015년 말로 폐지되었다고 한다.).

이로써 그야말로 이제는 사람의 육의 생명을 살리는 의사이자 동시에 사람의 영혼을 살리는 목사로서의 사명을 다할 수 있는 자격을 갖추게 된 것이다. 당시에는 신촌 세브란스 병원에서 호스피스 진료를 담당했었는데, 잘 알다시피 대학병원은 7일 이상의 장기입원이 어려웠다. 따라서 말기암 환자에게 복음을 전할 수 있는 환경이 조성되지 않은 터라 고민 끝에 좀 더 장기입원을 통해 말기암 환자에게 복음을 전할 수 있는 환경을 조성해 그들에게 살아계신 하나님을 만나게 해야겠다는 사명감으로 수동연세요양병원을 개원하게 되었다.

개원 시에 말기암 환자의 장기요양을 통한 신체적 돌봄과 복음전파라는 소중한 뜻에 세브란스 병원장을 지내셨던 내과 김성규 교수님과 한국 가정의학의 대부이신 윤방부 교수님께서 함께하시어 개원 멤버로 참여해 주셨고, 개원 이후에도 한림대 성심병원장을 14년간 역임하시며, 우리나라 최초로 출혈성 간암을 집도하셔서 성공하신 최창식 교수님께서도 함께 진료의사로 참여해 주셨다. 이런 분들의 도움이 필자에게는 천군만마를 얻는 것 같은 큰 힘으로 작용했음은 두말할 나위가 없다.

이처럼 여러 좋은 분들의 관심과 도움에 힘입어, 하루하루 암 환자들에게 치료와 복음 전하는 일을 기쁨과 감사로 해오던 중, 다른 여느 날과 다름없이 암 환자에게 복음을 전하며 치료를 하던 2009년의 어느 날, 내 인생의 어떤 전환점을 가져다 준 일에 봉착하게 된다. 그것은 어느 분의 요청으로 형편도 어려울 뿐더러 돌볼 사람이 없는 에이즈 감염인을 우리 병원에서 맡게 되면서부터이다. 형편도 어렵고 돌보아줄 사람도 없이 에이즈 환자가 된 그분의 사연을 통해 필자는 하나님께서 암 환자 진료에 이어서, 또 다른 사명을 주신 것이라는 생각을 하게 되었고, 이에 조금의 망설임도 없이 흔쾌히 에이즈 환자를 우리 병원으로 받게 되었다.

그런데 문제는 이후부터 생기기 시작했다. 이러한 사연으로 첫 환자가 병원으로 온 후, 어려운 형편에 있는 에이즈 환자들이 소문을 듣고 하나둘씩 들어오기 시작했다. 필자는 안타까운 그분들의 처지를 보고만 있을 수 없어 우리 병원으로 오겠다는 에이즈 환자는 모두 받아들여 치료하는 일에 전심으로 나섰고, 심지어 간병인 비용까지도 필자의 사비로 부담해 그들을 치료하는 일에 열과 성을 아끼지 않았다.

상황이 이렇게 되자 우리 병원이 에이즈 환자를 돌본다는 소문이 질병관리본부에까지 들어가게 되었고, 이에 담당 사무관이 갑작스럽게 우리 병원을 방문하였다. 그리고 현재 에이즈 환자가 장기적으로 입원 치료받을 수 있는 병원이 없어서 국가적으로 문제인데, 때마침 수동연세요양병원에서 이 일을 하고 있다 하니 참 반가운 일이라고 치하하면서, 앞으로도 이 일을 지속적으로 맡아 해줄 것을 요청하며, 국가에서 도울 것이 무엇인지를 물었다. 이에 필자는 필자가 사비로 운영되는 간병비에 대한 부담을 언급하자, 사무관은 에이즈 환자에 대한 국가지원 프로그램에 따라 지원을 해주겠다는 약속을 했다. 이렇게 해서 우리 병원은 에이즈 환자의 간병비를 국가지원 프로그램인 '국가에이즈환자 장기요양사업'에 따라 입원한 에이즈 환자들의 간병비 중 상당 부분을 국가로부터 지원받게 되었다. 그러나 필자는 단 한 번도 '국가에이즈환자 장기요양사업'을 시행하는 도중에 국가로부터 필자의 인건비를 책정하여 신청한 적이 없었다. 에이즈 환자를 위한 건물과 토지도 전액 필자의 사비를 털어 마련하였고, 국가의 지원금은 모두 환자를 위해 쓰여야 한다고 생각하여 집행되었고, 필자가 사업수행 책임자였으나 사업수행 책임자의 활동비나 인건비로는 단 1원도 책정하지를 않았다. 사업을 시작하면서 에이즈 환자를 간병할 간병사로 에이즈 환자이지만 에이즈 바이러스 감염 후 조기 발견으로 항바이러스제제를 조기부터 잘 복용함으로써 에이즈 바이러스가 효과적으로 억제되어 정상적인 활동이 가능한 이들을 간병사로 채용하여 일을 하였는데(이분들을 에이즈 간병사라고 이름을 붙였고 대부분이 동성애자들이었다), 에이즈가 감염된 이후 직장을 그만 둔 분들에게 취업의 기회를 주고 싶었고, 또 같은 에이즈 환자이니 만큼 환자의 고충을 더 잘 이해할 것이라고 생각되어서였다.

　이런 연유로 하여 수동연세요양병원을 거쳐 간 동성애자 직원들만 해도 100여 명이 넘었다. 필자를 비롯한 병원 직원들은 기본적으로 동성애자들을 향한 편견이나 거부감 없이 따뜻하고 열린 마음으로 그들을 돕고자 헌신했다. 에이즈 간병사들과 같은 식기를 사용하며 의사들을 포함한 전 직원이 함께 식사를 하면서 그들이 우리와 다르지 않은 자들이라는 것을 실질적인 행동으로 보여주었고, 이들의 복지를 위해 병원 내에 의사 휴게실은 없었으나 에이즈 간병사 휴게실을 별도로 조성해 이들이 쉴 수 있는 공간을 제공해 주었으며, 에이즈 간병사의 기숙사도 제공해 숙식을 해결할 수 있도록 했는데, 일하는 날뿐 아니라 쉬는 날에도 1일 3식을 모두 제공하였다. 무엇보다도 에이즈 간병사들의 현실절인 처우개선을 위해 필자의 사비를 털어 월급 외에 별도의 교통비를 매월 20만 원씩 현찰로 지급했다.

　날이 갈수록 수동연세요양병원을 찾는 에이즈 환자는 늘어만 갔고, 한때 최대 60여 명의 갈 곳 없는 어려운 형편의 에이즈 환자가 요양하였다. 국내 에이즈 감염인들 중 돈과 권력이 있는 가정의 에이즈 환자는 혹시나 집안에 에이즈 환자가 있다는 사실이 알려져 사람들 입방아에 오르내릴 걸 염려해 해외로 나가 치료를 받는다고 한다. 그러나 수동연세요양병원에 오시는 에이즈 환자들은 정말 오갈 데 없는 어려운 형편에 처해 있는 사람들로, 대다수가 동성애자들이었고, 개중에는 탑골공원에서 노숙자로 지내던 자, 또는 어릴 때 집을 뛰쳐나와 동성 성매매를 하며 하루하루 살던 자, 심지어는 동거하던 동성 애인이 응급실에 놓고 가버려 오갈 데 없이 혼자가 된 사람 등, 저마다 다양한 사연을 안고 생의 마지막 안식처로 우리 병원을 찾아들었다.

그들의 이러한 사연들을 접하면서 필자는 동성애자들이 나이가 들고 몸이 아파지면 동성애인은 모두 떠나버리고, 동성애 자체가 아이를 만들지 못하기 때문에 돌봐줄 자녀가 없어서 순식간에 질병에 사로잡힌 독거노인으로 전락된다는 사실을 알게 되었고, 실제로 그렇게 된 에이즈 환자들을 돌보게 되었다. 그리고 현장에서 그들에게 기도하며 복음을 전하면서 그들을 마지막 순간까지도 붙드시며 구원하고자 하시는 하나님의 긍휼하심과 사랑을 직접 체험할 수 있었다. 필자가 경험한 하나님은 동성애 에이즈 환자들을 끝까지 포기하지 않으시고 구원하기를 열망하시는 하나님이셨다. 그러나 동성애는 분명 죄니 하지 말라고 성경에서 말씀하신다. 필자는 동성애를 통해 에이즈에 감염되고 후유증에 시달리다 죽어간 많은 사람들을 보아왔다. 에이즈 바이러스는 단순히 면역력만 저하시키는 것이 아니라, 뇌에 침투하여 뇌를 갉아먹어 멀쩡한 20-30대의 젊은 사람을 식물인간, 중풍, 치매 환자로 만들었고 그들은 그런 처참한 상태로 여생을 살아야 했다.

이들이 에이즈 환자가 된 사연을 하나하나 다 필설하려면 지면의 한계상 어려운 일이므로, 그 중에 몇몇 사례를 짚어보겠다. A 씨는 어린 시절 창을 가르쳐 주겠다는 동네 무속인의 꾐에 빠져 항문 성관계를 당한 후에, 10대를 지내는 동안 지속적으로 그 무속인에게 항문 성관계를 당하였다. 그러나 그 이후에 본인이 항문 성관계에 중독이 되어 동성애자가 되었는데, 불과 20대의 나이에 에이즈 감염으로 인해 뇌가 망가져서 지능이 3-4세 수준밖에 안 되는 치매가 왔다. 그는 앞으로도 평생을 3-4세의 아이의 정신 수준으로 살아야 한다. 또 한 사람의 사례로, B 씨는 잘 생기고 키도 큰 남성인데, 갓 서른이 된 어느 날 직장에서 쓰러졌다. 이에 급히 응급실로 옮겨 정밀검사를 받은 결과 놀랍게도 에이즈 바이러스로 인해 뇌의 기능이 파괴되어 혼수상태가 온 것이었다. 그 전날까지도 아무런 무리 없이 일상생활을 했었는데, 에이즈 바이러스가 뇌를 파괴하는 데 걸리는 시간은 단 하루였다. 그 하루 사이에 뇌의 기능이 완전히 정지된 식물인간이 되어 간신이 숨만 쉬고 있는 비참한 인생을 맞게 된 것이다. 문제는 이것이 회복이 안 된다는 사실이다. 젊은 나이에 평생을 누워서 욕창과 싸우며 살아야 하는데, 정말 살아도 산 목숨이 아니다.

필자가 동성애를 반대하는 이유는 명백하다. 물론 동성 간의 성행위는 동성애를 금지하는 하나님의 말씀인 성경 말씀과도 배치되는 것이 우선하는 반대의 이유이고, 이 행위가 심각한 성적 타락을 보여주는 비윤리적이고 비도덕적인 행위이기 때문이다. 그러나 이러한 관념적인 것 외에도 필자가 동성애를 반대하는 또 한 가지의 이유는 필자는 현장에서 이들의 현실을 매일 눈으로 직접 목격하는 사람으로서 이들의 극한 고통과 처참한 삶을 실제로 보면서 피부로 느끼기 때문이다. 우리의 관심에서 벗어난 어두움의 사각지대에서는 알게 모르게 많은 젊은이들이 동성애의 노예가 되어 에이즈라는 불치병을 얻고 꽃다운 나이에 꿈도 펼쳐보지 못한 채 쓰러져 가는 안타까운 일들을 목격하게 된다. 만약 누군가가 그들에게 동성애의 폐해를 가르치고 그들이 경각심을 가지고 동성애에 빠지지 않도록 인도하였다면, 그들의 인생은 지금과는 다른 삶을 살지 않았을까?

이들을 보면서 드는 생각은 하나님께서 금지하신 죄를 범하는 인간의 최후가 얼마나 처참한가 하는 것이다. 하나님이 금하신 것은 실행할 때는 달콤하나 그 마지막은 뒤늦은 후회와 끔찍한 심판만이 남는다. 마치 아담과 하와가 뱀의 그럴듯한 꾐에 빠져 하나님이 금하신 열매를 먹은 후 인류에게 끔찍한 고통을 안겨준 것처럼 말이다. 언뜻 눈에는 그 열매가 좋아 보이고 먹음직스럽게도 보였지만, 결국 하나님이 금하신 것을 행했을 경우 뒤따르는 고통은 이와 비교할 수 없을 정도로 큰 대가를 지불해야만 하는 것이다. 이러한 사실들을 날마다 확인하는 필자로서는 동성애에 대해 분명한 반대 입장을 피력할 수밖에 없고, 이 일만이 사람들을 에이즈의 고통으로부터 지켜낼 수 있다는 절대적인 믿음에서 실행해 가고 있다.

그러나 죄악에 맞서 싸워나가는 일들을 결코 쉬운 일은 아니다. 어떤 경우에는 예기치 않은 사건에 휘말려 궁지에 내몰리기도 하고, 내 자신이 발가벗겨져 내동댕이쳐지는 것과 같은 고통의 상황을 맞기도 했다. 사심과 대가 없이 다른 이들을 도우려 했던 것이 오히려 오해와 음해로 말미암아 마음의 큰 상처로 남기도 했다. 동성애자들을 돕고 이들을 복음으로 변화시켜 하나님이 원하시는 새 사람으로 만드는 일은 말처럼 그리 간단한 일은 아니었다. 이 일이 단순히 다른 사람을 돕는 차원이 아닌 영적인 싸움이었으므로 그 배후에서 훼방하는 사탄의 도전도 더 없이 거셌다. 사탄의 훼방과 도전 속에서도 이 일을 멈출 수 없는 것은 사탄의 이러한 것들이 거셀수록 이 일은 하나님이 기뻐하시는 일임을 알기 때문이다. 다음은 필자가 동성애자들을 돕는 일을 하면서 크고 작게 겪었던 어려움들을 소개해 보고자 한다.

우리 병원에서 있었던 일이다. 2011년 10월에 양성애자인 남성 에이즈 환자 우00 씨와 동성애자인 남성 에이즈 간병사 박00 씨가 성관계를(구체적인 내용은 구강성교였다.) 가졌다는 제보가 국가 에이즈 모니터단으로 활동하던 이00 씨에게 접수되었다. 이00 씨에게 이 사실을 알린 사람은 성관계를 가진 박00 간병사의 동료인 남성 에이즈 간병사였는데, "두 남성이 구강성교 하는 것을 목격했다"라는 내용이었다. 에이즈 모니터단 이00 씨는 질병관리본부에 이 건이 성폭행인지 여부를 판단해 달라며 민원을 넣었고, 질병관리본부는 피해자로 지목된 우00 환자를 만나 면담을 진행했으나 그는 자신이 "성폭행이나 다른 기분 나쁜 일을 당한 적이 없다"고 답변했다. 이에 추가로 상담 간호사가 우00 환자(60세)를 만나 상담을 하였으나 그가 질병관리본부에서 했던 동일한 답변만이 돌아왔으며, 이에 더해 그는 오히려 상담 간호사에게 "젊은 사람이 그런 걸 웃고 넘겨야지"라고 나무라시며 가해자로 지목된 박00 간병사를 이 일로 해고한 것은 안타까운 일이라며 못내 아쉬워했다는 것이다.

사실 가해자로 지목된 박00 씨는 정신지체 3급인이었고 30살의 젊은 나이로 큰 키에 비교적 잘생긴 외모를 가진 동성애자였다. 상식적으로 생각해도 정신지체 3급인 사람이 정신이 온전한 사람을 억지로 구강성교를 한다는 것은 맞지 않을 뿐 아니라, 각 병실 침대에는 간호사 호출 벨이 구비되어 있어서, 위급 상황을 알릴 수 있었다. 피해자로 지목된 우00 환자는 병원 식사 중에 국이 조금만 짜도 호출 벨을 눌러 불러들인 간호사를 나무라던 사람이었다. 그러니 강제로 구강성교를 당했다면, 그는 호출 벨을 즉각 눌러 도움을 청했을 것인데, 우00 환자는 전혀 그런 일로 호출 벨을 누른 적이 없었다. 게다가 우00 환자가 입원한 병실은 5명이 함께 사용하는 다인실로 만일 조금이라도 불쾌한 일이 있었다면, 즉각 소리를 질러 옆의 환자가 알았을 것인데, 전혀 그런 일은 없었다. 또 당시에 에이즈 간병사는 이틀마다 근무를 바꾸었기 때문에 박00 간병사에게 불쾌한 일을 당했다면, 곧이어 근무하는 다른 에이즈 간병사에게 알렸을 수도 있었는데, 전혀 그렇지도 않았다. 그래서 당시 환자와 간병사 사이에 일을 목격했다는 에이즈 간병사와 가해자로 지목된 박00 간병사에게 모두 자술서를 받았는데, 목격자나 박00 간병사나 모두 병실에서 자위행위를 한 것이라고 기재하였다.

그러나 이 결과를 받은 후에도 에이즈 모니터단이었던 이00 씨는 국가인권위원회에 이 건을 다시 성폭행 건으로 진정했을 뿐 아니라, 더불어 진료 소홀, 간병 소홀, 폭언, 폭행 등 인권침해가 있었다면서 수동연세요양병원을 국가인권위원회에 진정하는 사태에까지 이르렀다. 국가인권위원회는 관할 경찰서에 조사를 의뢰하였고, 진정인인 이00 씨를 참고인으로 하여 조사한 이후에 경찰서에서는 이 건을 내사종결 하였고, 이00 씨도 경찰서에서 이 건을 문제없는 건으로 보고 내사종결 한 것에 대해 경찰서에 전혀 문제를 제기하지도 않았다.

그런데 이 일이 일어난 지 2년이 지난 2013년 어느 날, 갑자기 진정인인 이00 씨가 동성애자에이즈 단체와 다시 이 문제를 들고 나와 이슈화를 시켰다. 이00 씨는 이 날 기자회견을 열어 "2011년에 이 사건을 성폭력 사건으로 국가인권위원회에 진정하였으며, 국가인권위원회는 남양주 경찰서로 하여금 수사하게 하였으나, 혐의 없음이 우려되어 참고인 조사받으러 갔다가 고소를 취하하였다"고 발언하였고, '간병사와 환자가 서로 좋아해서 성관계를 한 것'이라고 설명하기도 하는 등, 성폭행 사건이라고 주장하는 이들조차 성폭행인지 혹은 환자와 간병사가 서로 합의하에 옆의 환자들이 모르게 은밀한 유사성행위를 한 것인지에 대해 오락가락하는 내용이었다.

이미 2년 전에 조사결과 성폭행이 아닌 것으로 판명되어 종결된 사안을 동성애자 단체와 함께 새삼 들고 나와서 이슈화를 삼는 이유와 저의가 무엇인지 이들에게 묻지 않을 수 없다. 이들의 이날 기자회견의 내용은 어떠한 명분도 사실관계도 불명확한 것으로서 사람들로 하여금 공감을 얻기가 어려운 것이었다. 이미 혐의 없음으로 내사종결로 끝난 내용에서 더 이상 어떤 새로운 사실을 이들은 제시하지 못했기 때문이다. 이러한 어처구니없는 일들이 백주대낮에 인권이라는 이름

<붙임>

「장기요양시설」내 환자 인권침해 문제와 관련한 모니터단의 입장표명에 대한 회신

질병관리본부 2011.12.27

I 모니터단 요구사항 및 답변

모니터단 요구사항 1	수동연세요양병원/한국호스피스선교회 환자 인권침해 사건의 정확한 사실관계 파악을 위하여 관련 당사자 모두(수동연세요양병원 책임자/의료진, 간병인, 환자, 모니터단 관계자, 에이즈결핵관리과 관계자 등)를 대상으로 한 객관적이고 합리적인 조사를 진행하여 주십시오

○ 답변
 - 질병관리본부는 동 건에 대한 사실확인을 조사하여 보고하도록 수동연세요양병원/한국호스피스선교회(이하 장기요양시설)에 지시하여 경위서를 제출받았으며, 질병관리본부 차원에서 피해 환자에 대한 별도 인터뷰를 실시함.
   ※ 인터뷰는 질병관리본부 담당 직원이 객관성있는 조사를 위해 병원담당자가 입회하지 않는 상태에서 단독으로 인터뷰를 실시함(2011.11.28, 오후 8시).
 - 경위서에 대한 검토 및 환자 인터뷰 결과 환자가 간병인으로부터 인권침해(성폭행)를 받았다는 정황이 확인되지 않음.
 - 환자 인터뷰 결과에서 성폭력이 의심되지 않았으며, 환자는 피해사실이 없다고 응답함.

참고자료: 우OO 님 건에 대한 질병관리본부 회신

으로 버젓이 행해지고 있는 것이 현실이다.

2012년 병원 간병사들로 인해 겪었던 일이다. 12월에 우리 병원에서 일하던 에이즈 간병사들이 임금 문제로 단체 사직서를 냈다. 에이즈 간병사란 HIV에 감염되었으나 다행히 초기에 감염 사실이 발견되어 바이러스 억제제 복용을 통해서 충분히 건강한 사람과 다름없는 생활이 가능함으로 몸을 움직여 일을 하는 데는 별문제가 없는 이들로 국가에 의해 에이즈 환자를 간병하는 일에 고용되어 일하고 있는 자들을 일컫는다. 민중언론 참세상에 실린 에이즈 간병사들에 대한 기사에 의하면, 이들 에이즈 간병사는 대부분이 동성애자로서 병원에 입원한 에이즈 환자를 돌보는 일을 하는데, 이들은 에이즈 환자 간병 일을 하면서, 한 달 12일 근무에 월 150여만 원의 급여를 받는 것으로 나타나며 이 비용은 모두 국민세금으로 충당된다. 일당으로 계산하면 약 13만 원에 해당하는 급여로, 이것은 간병사 중 최고의 대우인 것으로 전하고 있다.

그런데 우리 병원에 근무하던 에이즈 간병사에게도 간병사들 중 최고의 임금이 지급되었을 뿐만 아니라, 앞서 이미 말씀드렸듯이 이들의 복지에 대한 관심을 가지고 병원장인 필자의 전권으로 추가적으로 이들이 휴식을 취할 수 있는 공간인 휴게실을 별도로 제공했으며, 이밖에도 기숙사와 하루세끼의 식사 제공, 필자가 개인 사비로 제공한 교통비까지, 이들이 에이즈 환자를 돌보는 데 있어서 물질적인 것에서나 복지의 차원에서나 조금도 불편 없이 일에 전념할 수 있는 환경을 조성하고자 필자 나름대로는 최선을 다하며 이들을 대우해 왔는데, 갑작스런 이들의 단체행동에 난감해지는 순간이었다. 이들이 사직서를 내고 한꺼번에 나가버린다면, 무엇보다 당장 이들이 돌보던 환자들이 타격을 입을 상황이었기 때문이다. 입원한 에이즈 환자들은 이미 자신의 가까운 사람들로부터 병으로 인해 버림받고 여기까지 오게 된 자들인데, 이들의 이러한 무책임한 행동은 다시 한 번 환자들에게 큰 상처가 된 일이었다.

갑작스런 이들의 급여에 대한 불만은 이것이었다. 이들은 이렇듯 다른 간병사들에 비해 월등히 높은 임금을 받고 있음에도 불구하고 기초생활수급대상자로 선정이 되어 있어 동사무소에서 월 55만 원 정도의 금액을 추가적으로 지원받고 있었다. 그러므로 이들은 자신들이 받는 급여에 더해서 별도로 지급되는 기초생활수급비 55만 원까지 매월 챙겨가는 상황이었던 것이다. 그런데 갑작스럽게 국가에서 이들을 기초생활수급대상자에서 제외시킴으로써 이들이 매월 지급받던 월 55만 원의 금액을 받을 수 없게 된 것이다. 그러자 이들은 매월 받던 55만 원이 사라지면 월급만으로는 생활할 수 없다 하여 급기야는 사직서를 단체로 내고 나가기에 이른 것이다.

일이 이렇게 되자 우리 병원 입장에서는 하루라도 빨리 다른 간병사를 구해야 할 상황에 이르렀다. 간병사들의 빈자리로 인해서 일단 환자들에게 피해가 돌아가지 않아야 했기 때문이다. 이에 우리 병원에서는 긴급히 조선족 간병사들을 모집해 현장에 투입함으로써 환자들을 돌보는 데 한 치의 오차가 발생하지 않도록 만반의 준비를 해나갔다. 이러는 가운데 병원도 에이즈 간병사들의 단체행동으로 인한 위기의 상황에서 벗어나 안정을 되찾아가나 싶었다. 그러나 그것도 잠시뿐, 문제는 여기서 그치지 않았다. 이들의 단체행동은 점점 그 수위를 높여오면서 필자와 병원을 고통으로 몰아넣는 일에 앞장서고 있었다.

이들이 나가고 얼마간 시간이 지나, 이들은 다시 병원으로 들어와 일하겠다는 뜻을 전해왔다. 막상 나가보니 안정된 급여와 일자리가 보장되는 일거리를 찾기가 마땅치 않았던 것이다. 그러나 우리 입장에서는 이미 간병사를 새로이 채용해 일을 하고 있는 상태라 현실적으로 이들을 다시 받아들일 수가 없는 상황이었다. 그러나 무엇보다도 돈 문제로 자신들이 돌보던 환자를 한순간에 버리고 집단행동을 한 이들을 이제는 신뢰할 수가 없었다. 이들이 언제 다시 그러한 집단행동을 일으킬지도 모르는 일이라 다시 일을 맡기기는 어려웠던 것이다. 환자의 생명을 담보로 돈을 요구한 이들의 태도는 용납하기 힘든 일이었다. 이러한 현실적인 제반 여건과 이들에 대한 신뢰감 상실 등 여러 이유로 인해 필자는 이들의 재입사에 대한 요구를 받아들일 수 없다는 뜻을 분명히 했다.

문제는 여기서부터 발생하게 되었다. 임금 문제로 퇴사한 이들이 (동성애자들이며 에이즈 보균자들임) 퇴사한지 약 1년이 지난 2013년부터는 인권운동가라는 이름으로 다시 나타나서는 수동연세요양병원에 에이즈 간병사들이 에이즈 환자들의 인권을 침해한 일이 있었다고 주장하며 기자회견을 하고, 심지어 기자들과 함께 병원 앞에서 현수막을 걸고 집회를 하기도 했다. 이들이 속한 동성애 단체와 에이즈 인권단체는 국내에서 유일하게 에이즈 환자를 돌보는 수동연세요양병원을 없애고, 막대한 국민의 세금을 들여 국립에이즈요양병원을 설립하여 자신들을 직원으로 채용할 것을 국가에 요구하며, 대대적인 언론 플레이를 통해 수동연세요양병원을 죽이는 일에 앞장섰다.

그런데 이들로 인해 우리 병원은 일대 대혼란에 빠지고 말았다. 그 동안은 병원 내에 에이즈 환자가 있다는 사실이 알려지게 되면, 혐오시설이라는 오명으로 동성애자들을 돌보는 일에 제한을 받을 것을 염려해 인근 지역은 물론, 어디에서도 이 사실을 함구하도록 직원들에게 교육을 시켜왔는데, 이들이 병원 앞에서 수동연세요양병원에 에이즈 환자가 있음을 알리는 현수막을 치고 집회를 한 까닭에 수동연세요양

수동연세요양병원 앞에서 집회를 열고 있는 동성애 에이즈 인권운동가

병원에 에이즈 환자가 있다는 사실이 대내외에 알려지게 되어 버렸고, 지역사회가 이 일로 발칵 뒤집히는 사태를 맞게 되었다. 지역 주민들은 에이즈 환자를 내보내야 한다며 집단으로 민원을 넣기에 이르렀다. 정말 이 순간은 그동안 에이즈 환자의 피가래를 받아내고 욕창의 피고름을 닦아내면서도 이 환자들을 끝까지 책임지고 돌보아야 한다는 사명감 하나로 병원에 에이즈 환자가 있다는 사실조차 말하지 못하는 비밀 아닌 비밀을 생명처럼 지키고 일했던 필자나 그 외 병원 직원들에게 너무나 허탈한 순간이었다.

그러나 이들의 도의를 벗어난 행위는 여기서 그치지 않았다. 마치 이들은 배가 고파 사납게 목표물을 향해 돌진하는 맹수와도 같았다. 한 번 시작된 악한 행사는 시간이 갈수록 더욱 가속도가 붙어 어디로 튈지 모르는 상황에까지 이르렀던 것이다. 이들은 병원 앞에서 집회를

불기소 사건기록 및 불기소 결정서			보 존	제 질 제 호 년
부장검사	차장검사	검 사 장	의정부지방검찰청	공소시효 장기 단기 재기

검사 조지현은 아래와 같이 불기소 결정을 한다.

2015년 형제5386호	결 정	2015. 5. 14.	검사	조 지 현 (인)
피 의 자		죄 명		주 문
염안섭		별첨참조		혐의없음(증거불충분)

- 고소인들이 국립AIDS요양병원 건립과 채용등을 이슈화하면서 사실상 AIDS 환자를 요양관리하는 피의자 병원을 망하게 할 목적으로 병원관련 이야기를 방송에 제보하고 감사요청을 하고 있다는 등 허위사실을 유포하며 명예를 훼손하고 있다고 주장하지만, <u>고소인 스스로 제출한 자료 및 피의자가 제출한 자료등에서 실제 고소인 측 동성애자 및 AIDS인권단체들이 피의자의 주장과 동일하게 국립요양병원 건립과 더불어 자신들을 직원으로 채용해 줄 것을 일관되게</u>

검찰 불기소 결정서, 동성애자 단체와 에이즈 인권단체가 고소인으로 필자를 피의신들을 직원으로 채용해 달라는 요구를 일관되게 주장해 오고 있음이 검찰 조사결과 나타남

열어 그 동안 공공연한 비밀이었던 병원 내의 에이즈 환자에 대한 존재를 까발린 것으로도 만족이 되지 않았던지, 병원 안으로까지 진입하여 일반 환자들에게 병원 안에 에이즈 환자가 있다는 유인물을 무작위로 나누어 주었다. 이런 연유로 병원에 입원한 일반 환자들에게까지 에이즈 환자가 원내에 있다는 사실이 알려져, 극심한 혼란 가운데서 출구를 찾을 수 없는 상태에까지 이르게 되자, 질병관리본부에서 우리 병원에 입원해 있던 에이즈 환자들을 모두 국립경찰병원으로 옮기게 되는 상황으로 발전했다. 그러자 이들 단체는 이번에는 또다시 국립경찰병원의 에이즈 환자 진료에 문제가 있다는 내용을 인터넷 등에 무

성소수자인권연대 공지사항 캡처

차별 살포하기 시작하였다.

　그리고 이 단체는 스스로를 인권단체라고 하나, 동성애를 반대하는 사람들을 '호모포비아'로 부르면서, 동성애를 반대하는 사람들(호모포비아)에 대해 뒷조사를 하고 계보를 파악하여 단체회원들에게 발표하는 등 순수한 인권단체라고 보기에는 이해하기 어려운 행동들을 서슴지 않고 행했다.

　이들 동성애자 에이즈단체가 이때 병원 앞에서 집회를 열고 기자회견을 통해 수동연세요양병원에 대해 문제 삼은 주된 내용은 이미 앞서 무혐의로 수사 종결된 사안인 우00 님 성추행 의심 건과 2013년 8월에 우리 병원에 입원했었으나 이후 사망한 김00 환자 건, 이 두 가지 내용에 대한 것이었다.

　2013년 우리 병원에 들어와 사망한 김00 환자는 이미 2001년에 에이즈와 악성결핵 진단을 받은 후 10년 이상 별다른 치료 없이 지내던 자로, 우리 병원으로 입원할 당시 이미 그는 에이즈뿐 아니라 전신에 악성결핵이 퍼져있고 신경매독, 활동성 B형간염, 간농양, 비장농양 등 다수의 합병증을 지니고 있던 상태로 갑작스러운 사망 가능성이 높은 상태에서 병원으로 옮겨 온 상황이었다. 그러므로 김00 환자는 우리 병원으로 올 당시 이미 사망을 눈앞에 둔 상태로 병원 입원은 회복이나 생명 연장에 대한 어떤 희망을 바라보고 했다기보다는 내일 어떻게 될지, 그 다음 날 어떻게 될지 모르는 상황에서 병원은 당장의 죽음을 앞에 두고 그저 거쳐 가는 장소에 불과했던 것이다. 이점을 누구보다도 잘 아는 김00 환자의 어머니는 아들의 사망 이후 수동연세요양병원이 아들을 잘 돌보아 준 것에 대해 감사의 마음을 담은 편지 한통을 보내오셨다.

동시에 김00 환자의 어머니는 이들 동성애단체가 아들 사망 건을 들고 나와 기자회견을 열어 문제 삼으려 하자 기자회견 전날 이들 단체 총무에게 전화를 걸어 자신의 아들의 일로 기자회견을 열지 말 것과 더 이상 아들 문제를 그 어떤 경우에도 사실과 다르게 언급하거나 문제 삼지 말아 줄 것을 강하게 요청하였다고 한다. 총무는 어머니의 요청에 "알겠다"라는 대답으로 긍정적으로 화답해 주었기 때문에, 김00 환자의 어머니로서는 이 일이 이렇게 일단락되는 것으로 믿고 있었다고 한다.

그러나 다음날 들리는 말로는 이들이 전날 약속한 대답과는 다르게 기자회견을 강행한다는 소식을 접하고, 이들의 기자회견이 정당성이 없음을 알리기 위해 기자회견이 시작되기 전 필자는 김00 환자 어머니의 편지를 에이즈 동성애자단체 회장과 총무 등 그곳에 모인 회원 전원에게 나누어 주면서 김00 환자 어머니의 뜻을 전했으나, 이들은

> 저는 김ㅇㅇ의 엄마인 김ㅇㅇ입니다.
> 저는 이번에 추기 문제를 제기하는 나누리, KNP 등의 단체 측에게 단 한번도 연락 받은 적도 없고 만나본 적도 없습니다.
> 그런데 무슨 영문인지 제 자식이 사망한 건에 대해 나누리나 KNP 등의 단체가 사실과 전혀 다르게 언급하는지 이유를 모르겠습니다.
> 저는 수동연세요양병원에서 아들을 잘 돌봐 주신 것에 감사하고 있습니다.
> 그리고 우리아들 추기가 사망한 것은 병이 깊어서 세브란스 병원에서 에이전이 된 것이고 더 이상 제아들에 대해 언급하지 마시길 바랍니다. 자식을 배 아파 낳은 부모 이외에 대해 아무런 문제를 제기하지 않는데 사실확인을 단 한차례도 안한 사람들이 왜 문제를 일으키는지 이해가 안됩니다.
> 거듭 당부 드리니 추기의 일에 대해 더 언급하시지 마십시오.
> 제발 부탁드립니다.
>
> 2013년 11월 3일

김ㅇㅇ 환자 어머니의 편지

예정대로 "에이즈 환자는 왜 사망하였나?"라는 자극적이 문구로 김ㅇㅇ 환자의 사망과 관련된 기자회견을 강행하고 말았다. 사망한 김ㅇㅇ 환자 어머니의 의견은 완전히 묵살당하고 만 것이다. 아들의 일로 기자회견이 열리는데, 정작 아들의 어머니의 목소리는 완전히 무시되는 웃지 못할 일이 벌어진 것이다. 아래는 김ㅇㅇ 환자 어머니의 진술서 전문이다.

저는 김ㅇㅇ의 엄마인 김ㅇㅇ입니다. 저는 이번에 문제를 제기하는 나누리, KNP 등의 단체들에게 단 한 번도 연락받은 적도 없고 만나본 적도 없습니다. 그런데 무슨 영문인지 제 자식이 사망한 건에 대해 나누리나 KNP등의 단체가 사실과 전혀 다르게 언급하는지 이유를 모르겠습니다. 저는 수동연세요양병원에서 아들을 잘 돌봐주신 것에 감사하고 있습니다. 그리고 우리 아들이 사망한 것은 병이 깊어서 세브란스병원에서 이미 예견이 된 것이었고, 더 이상 제 아들에 대해 언급하지 마시길 바랍니다. 자식을 배 아파 낳은 부모도 이 일에 아무런 문제를 제기하지 않는데 사실 확인을 단 한 차례도 안한 사람들이 왜 문제를 일으키는지 이해가 안 됩니다. 거듭 당부 드리니 아들의 일에 대해 더 언급하지 마십시오.

이들은 기자회견을 열기 전에, 사망한 환자의 어머니에게도 아들의 사망의 구체적인 경위에 대해 명확한 사실관계를 확인한 적이 단 한 번도 없었다. 게다가 환자의 상태와 사망 경위에 대해 설명하겠다는 필자의 제안도 거부했다. 그리고 이들은 오직 기자회견과 인터넷 글 살포를 통해 사망한 환자를 통한 이슈 키우기에만 몰두하는 모습이었다. 정말 어이없고도 황당하기 이를 데 없는 이들의 행태에 그저 쓴 웃음만 나올 뿐이다. 이들은 무엇을 위해 이러한 짓들을 저지르는가? 이를 통해서 이들은 무슨 유익이 있으며, 이들은 왜 이렇게까지 하지 않으면 안 되게 되어 있는가? 이들의 이러한 악한 행태는 과연 어디까지 갈 것인가? 동성애가 합법화가 되어 사회적으로 용인이 되면 이들의 이러한 무도한 행위가 사라질 것인가? 아닐 것이다. 이들의 탐욕은 끝이 없다. 동성애가 법적으로 용인되면, 다음 순으로는 미국을 비롯한 서구 유럽처럼 동성결혼 합법화를 목적으로 끊임없이 이슈를 만들 것이며, 혹여 그것이 합법화가 되었더라고 하더라도 그 다음으로는 동물과의 성교 등, 이들은 배고픈 이리떼처럼 그들의 탐욕을 채우기 위해 조그마한 틈만 있으면 지속적으로 이슈몰이를 해 그들의 소기의 목적을 달성하려 할 것이다. 인권이란 이름으로 포장된 그들의 추악한 민낯을 알고 바르게 대처해야 할 때이다.

<소견서>

환자명: 김 훈

성별: 남 생년월일: 1979- -   병원등록번호 3780770

상기 환자는 2001년 HIV 감염을 진단받았으나, 정기적인 치료를 받지 않고 지내왔던 분으로, 2013년 6월 15일부터 8월 8일까지 세브란스병원에서 HIV 감염, 결핵성 복막염, 장천공, 간농양, 비장농양, 폐결핵 등으로 입원치료를 받았습니다. 입원 시 결핵에 의한 장천공으로 장루 수술을 받았고, 결핵성 복막염, 결핵성 간 농양, 비장 농양, 폐결핵 등 전신적으로 결핵이 퍼진 상태로 항결핵치료를 시행하였습니다. HIV 감염에 대해 항바이러스 치료도 시행하였습니다.

환자를 수동연세요양병원으로 전원했을 때, 전원 가능한 상태였으나, HIV 감염으로 인한 면역저하가 심하였고, 복막, 창, 간, 폐, 비장 등에 광범위하게 퍼져있던 결핵으로 인해 갑작스러운 사망가능성이 충분히 있었던 환자이며, 보호자인 어머니에게도 이것을 설명하였습니다.

수동연세요양병원에서 요양을 하며 정기적으로 세브란스병원 외래에 내원하며 통원치료를 받던 중, 상태가 급격히 악화되어 사망하였는데, 이는 환자가 가지고 있던 질병의 특성으로 인한 것으로 생각되며, 수동연세요양병원에서 환자에 대한 의무를 게을리하였기 때문은 아니라고 생각합니다.

2014년 11월 11일

세브란스병원 감염내과 최준용

환자를 전원 한 세브란스병원 최OO 교수 소견서

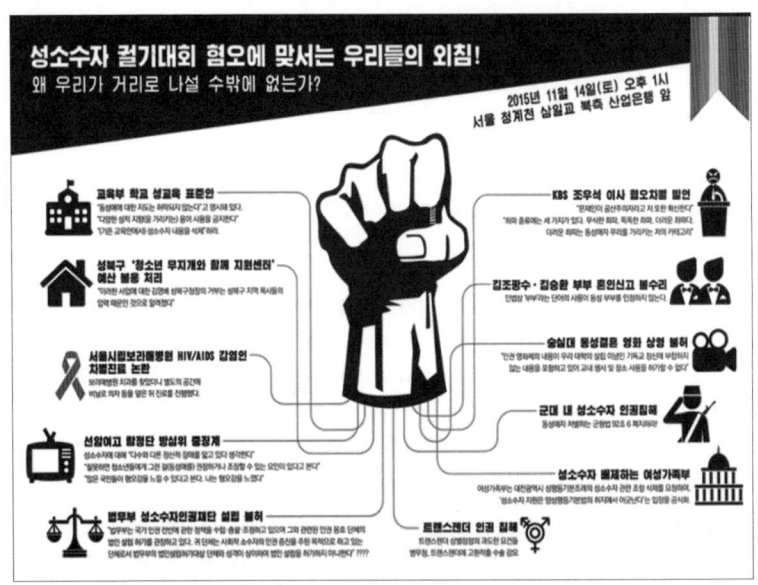

앞 페이지에 첨부한 내용은 이 환자를 수동연세요양병원으로 전원하신 세브란스병원 감염내과 최OO 교수의 소견서이다. 수동연세요양병원에는 김OO 환자의 사망에 대한 과실이 없음을 명백히 밝히는 내용이다.

2015년 11월에는 광화문 일대를 폭력의 난장판으로 만든 민중총궐기 시위에 참여한 53개 단체 중에 성소수자단체가 있었다. 투쟁본부 측이 만든 홍보물에는 세상을 뒤집자, 청와대로 가자, 박근혜 정권 퇴진과 같은 과격한 구호들이 담겼는데, 이 단체가 그런 주장에 동의하지 않았다면, 그날 시위 현장에 있진 않았을 것이다. 그렇다면, 이 날 성소수자들이 세상을 뒤집어엎어야 하며 현 정권의 퇴진을 원하는 이유는 무엇인가? 그들이 근거라고 내세운 내용들이 기가 막힌다. 다음은 그 내용들이다.

민중총궐기대회에 참여한 성소수자 단체의 포스터

▲ 교육부 학교 성교육 표준안 ▲ 성북구 '청소년 무지개와 함께 지원센터' 예산 불용 처리 ▲ 선암여고 탐정단 방심위 중징계 ▲ 법무부 성소수자 인권재단 설립 불허 ▲ 김조광수, 김승환 부부 혼인신고 불수리 ▲ 군대 내 성소수자 인권침해 ▲ 성소수자 배제하는 여성가족부 ▲ 숭실대 동성결혼 영화상영 불허 ▲ KBS 조우석 이사 혐오차별 발언 ▲ 서울시립보라매병원 HIV/AIDS 감염인 차별진료 논란

이들은 자신들의 요구를 수용하지 않는다는 이유로 세상을 뒤엎어 버리겠다고 한다. 정부 퇴진을 요구하고 도시를 마비시키는 불법폭력 시위에 가담하였다. 동성애자들은 자신들의 요구를 들어주지 않는 사

보라매 병원을 규탄하는 성소수자 단체의 기자회견과 집회

람들을 비난하며, 타인에게 반민주 반인권적이란 독한 화살을 그토록 쉽게 날리면서, 정작 자신들이 행한 그야말로 반민주적이고 반인권적인 불법과 폭력으로 얼룩진 집회에 대해선 입을 닫고 있다. 자신들이 거리로 나설 수밖에 없다며 내세운 여러 이유가 황당하기 짝이 없다.

필자가 의사로서 다른 병원에서 발생했던 이들의 어처구니없는 행태 한 가지만 고발하고 본 장을 마칠까 한다. 시립보라매병원에서 있었던 일이다. 보라매병원 치과에서 에이즈 환자를 치료한 적이 있었다. 그런데 치과라는 곳이 치아를 치료하다 보면 입에서 피가 튈 수 있기 때문에, 에이즈 감염인 치료 시에는 치과 치료 의자에 비닐을 씌워 치료를 하는 것이 일반적인 치료수칙이다. 이렇게 해서 이 에이즈 감염인은 문제없이 치료를 잘 마쳤으며 마무리 된 것으로 필자도 보라매병원을 통해 확인을 받았다. 그러나 이들은 전혀 얼토당토않게도 성소수자로서 보라매병원으로부터 인권침해를 받았다며 국가인권위원회에 고발을 하고, 기자회견을 열기도 하였다. 내용인즉슨, 보라매병원에서 자신들이 에이즈 감염자라는 이유로 치과진료를 거부했다는 것이다. 없는 사실을 왜곡해서 알리고 있음을 볼 수 있다.

앞서 주지한 바와 같이 이들의 이러한 이해할 수 없는 행동은 계속될 것이다. 이들은 자신들의 성적 탐욕이 채워질 때까지 수단과 방법을 가리지 않고 폭력도 불사하면서 자신들의 주장을 관철시키기 위해 행동할 것이다. 그러므로 우리에게는 이들의 정체를 바로 알고 이에 대해 대처하는 지혜가 필요한 때이다. 인권운동가라는 허울의 이면에 가려진 이들의 폭력성과 무자비함과 비윤리적이며 비도덕적인 인류를 저버리는 이들의 파렴치한 행태를 우리는 바로 보고 바로 알아, 이들 뒤에 숨겨진 악마의 발톱을 분별해 제거해 내어야 한다.

2. 동성애는 에이즈 감염의 주된 경로

'현대판 흑사병' 또는 '성적 타락에 대한 자연의 징벌'로 묘사되던 에이즈가 우리나라에서도 환자가 발생하기 시작한 지 30여 년이 되었다(1985년 12월에 우리나라에 내국인 첫 에이즈 감염인이 발생했다). 1995년에는 국내 최초로 신생아가 에이즈 산모를 통해 에이즈에 감염되는 '수직감염' 사례가 발생하기도 하였다. 산모(34세)는 평소 에이즈 환자가 아니었고, 아이를 출산하기 위하여 1993년 말 제왕절개 분만수술시 혈액을 수혈을 받았는데, 이때 수혈 받은 혈액이 에이즈 감염자의 것으로 확인되었다. 아기(2세)는 어머니의 모유를 통해 에이즈에 감염된 사실이 확인(1995년 7월)되었는데, 결국 아기는 장출혈로 사망하였다.

그 이후에도 에이즈에 감염되어 출생하는 신생아가 지속적으로 이어졌으며, 2014년에 발표된 통계에 의하면, 신규 에이즈 감염인 중 여성 감염인의 2%가 수직감염으로, 여자 아기들이 태어나자마자 에이즈에 감염된 에이즈 아기로 태어났다.

그러나 남성 간의 항문 성관계가 인권이기에 옹호해야 한다며 목소리를 높이는 이들 중 그 누구도 죄 없이 에이즈에 감염되어 태어난 아기들의 인권과 그들이 왜 에이즈에 걸렸는지에 대해서는 정작 침묵하고 있다. 필자가 알고 있는 실례를 들자면, 남편이 에이즈 환자였으나 이 사실을 숨기고 결혼하여 아내가 아기를 임신하게 되었는데, 몸이 불편하여 병원에 가 검사를 받아본 결과 아내가 에이즈에 감염되었다는 것을 알게 되었다. 아내는 하늘이 무너지는 것 같은 참담한 심정으로 남편에게 전화해 자신의 에이즈 감염 사실을 알렸으나, 남편은 그 길로 배 속의 아기와 에이즈 환자가 된 아내를 버리고 도망을 가버리고 말았다.

또 다른 사례는 1992년 4월, 수혈로 에이즈에 감염된 이모 씨가 국내 첫 에이즈 비관자살을 함으로써 세상을 떠들썩하게 한 사건이었다. 이 씨는 내장혈관 파열증으로 1986년 12월 서울대학교 병원에서 수술을 받게 되었는데, 이때 수혈 받은 혈액이 에이즈 감염 환자의 피로 밝혀져 적잖은 충격을 안겨주었다. 결국 이 씨는 에이즈에 감염되어 극심한 고통에 시달리다 끝내 목을 매 숨졌는데, 불과 그의 나이 21세였다.

60대 부부 에이즈 자살 사건이 발생하기도 했다. 1991년 6월 심장판막증 수술을 받은 정모 씨(61세)는 수혈로 인해 에이즈에 감염된 것을 비관한 끝에, 부인 이모 씨(57세)와 함께 동맥을 끊고 세숫대야에 담근 채 동반자살을 시도하다 미수에 그쳤는데, 이 과정에서 부인이 감염되었으며 부인은 에이즈에 대한 정신적 고통을 견디지 못하고 1992년 7월에 여관방에서 목을 매어 자살하였고, 남편도 그 이듬해인 1993년 3월 입원치료 중이던 병원에서 투신자살하였다.

헌혈로 인한 에이즈 감염 발생사고 중 다수가 역학조사 결과 동성애자에 의한 것이었다. 헌혈하려는 이가 동성애자이고 남성 간의 안전하지 못한 항문 성관계를 한 경험이 있다면 헌혈 전에 스스로가 솔직히 자신의 경험을 혈액원에 고지하고 헌혈 전에 에이즈 검사를 받아 수혈할 혈액의 안전성을 확인하는 노력이 있었다면, 이런 불행한 일은 미연에 방지할 수 있었을 텐데 안타까운 일이 아닐 수 없다.

그러나 많은 예에서 보듯 헌혈을 한 동성애자들이 과연 헌혈을 하였던 동기가 무엇인가에 대해 의구심을 가질 수밖에 없다. 즉, 이들이 헌혈한 혈액이 무고한 이들의 목숨을 앗아갈지도 모르는 상황에서 과연 순수한 마음으로 헌혈을 한 것인지, 혹은 안전하지 못한 항문 성관계를 지속적으로 하면서, 누구보다도 스스로가 에이즈 감염 가능성에 대해 잘 알고 있음에도 어떤 고의성을 가지고 헌혈을 한 것은 아닌지 이에 대한 의심의 눈길을 거둘 수 없는 것이다.

그러나 그들은 남성 간의 항문 성관계가 인권이라며 목소리를 높이고 있다. 이들 중 그 누구도 동성애자들의 에이즈헌혈로 인해 죄 없이 죽은 아기와 젊은이들, 그리고 노부부의 인권과 억울함에 대해서는 침묵하고 있다. 아직까지도 에이즈수혈로 죽은 이들의 가족들은 생존해 있고 그들은 에이즈헌혈을 하여 가족을 죽게 한 이들에 대해 억울한 마음을 가지고 있지만 누구도 그들에게는 관심을 가지지 않는다. 이 시대에 인권의 적용 대상은 오직 항문 성관계를 하는 이들의 것이고, 그 외에 억울하게 죽은 사람들은 누구도 인권의 이름으로 억울함을 풀어주지 않으니 답답한 노릇이다.

에이즈 검사를 활성화시킬 목적으로 우리나라는 에이즈 익명검사를 시행하고 있는데, 익명검사를 원하는 경우에는 보건소나 의료기관을 통해 검사 전에 익명검사를 요청할 수 있으며, 보건소에서 검진을 받는 경우는 무료검진이 가능하다. 이러한 보건소의 에이즈 익명검진의 경우 본인의 인적사항을 전혀 기재하지 않으며, 본인이 정한 가명이나 숫자만을 가지고 혈액검사를 하고, 통상적으로 채혈 후 7일 후 보건소에 전화하여 자신의 가명이나 숫자를 말하면 에이즈 검사결과를 알려주는 방식으로 본인 외에는 보건소 직원조차도 누가 에이즈에 감염되었는지 알 수 없다. 즉, 에이즈 익명검사는 에이즈가 의심되는 이들이 자발적으로 보건소에 가서 검사하는 것이고, 에이즈 감염 사실에 대해서는 검사받은 본인 외에는 그 누구도 알 수 없다는 것이다.

그러나 이 방법만으로 에이즈 진단 후 진단된 이가 자발적으로 에이즈 전파행위를 하지 않는다는 보장을 할 수 없다. 아래 네이버 질문을 보면 "에이즈 익명검사 후 에이즈로 진단되면 집창촌을 다닐 수 있느냐"는 질문에 "에이즈 익명검사 결과는 보건소도 누가 검사받았는지 알 수가 없고, 에이즈 감염자가 어디에 가서 무엇을 하던 국가가 이를 제재할 방법은 없다"고 답변한다. 그러므로 익명검사를 통해 에이즈 감염을 알게 된 이가 마음대로 집창촌이나 동성애자들의 난교장소인 찜방 등에 다니면서 에이즈를 전파해도 아무런 처벌을 받지 않고 그를 제재할 방법도 없는 것이 대한민국의 현실이다. 결과적으로는 국민들의 피와 땀인 세금으로 이들의 동성애 전파행위를 후원하고 있는 형국이다.

미국의 경우는 1981년에 첫 에이즈 환자가 발견된 후 약 60만 명이 이 질병으로 사망하였는데, 1980년대만 해도 연간 13만여 명의 신규 감염인이 발생하였으나, 다각적인 예방 노력에 힘입어 현재는 절

에이즈 익명검사에 대한 네이버 지식인 질문과 답변

반 이하인 연간 5만 6,300여 명의 감염인이 발생하고 있다. 아프리카의 우간다도 국민의 60%가 에이즈에 감염되었다는 충격적인 실태가 당시에 한겨레신문에 자세히 소개되기도 하였으나, 현재는 감염율이 4%로 상당히 낮아진 상태이다.

그러나 우리나라는 에이즈 신규 감염인의 수가 매년 증가하고 있고, 특히 젊은 층에 신규 감염이 집중되고 있어 우려감을 자아낸다. 우리나라는 전 세계적으로 거의 유일한 에이즈 복지 국가로 에이즈 검사비, 치료비 등을 전액 국민세금으로 지원하고 있다. 대한민국에서 간병비까지 지원받는 질병은 에이즈가 유일함에도 에이즈 환자 수는 에이즈 환자의 수가 감소하고 있는 세계적인 추세와는 반대로 오히려 신규 에이즈 감염인이 증가하고 있는 추세이다.

그런데 문제는 이러한 에이즈 확산이 국민 건강에 심각한 위협이 되는 것은 물론이거니와, 에이즈 치료에 들어가는 제반 치료비용이 모두 국민의 세금으로 충당됨으로 인해 국민 경제에 큰 부담으로 작용한다는 사실이다. 필자는 이에 진료비가 저렴한 것으로 익히 알려진 공공의료 기관인 모 공립병원 감염내과(감염내과가 에이즈 환자에게 항바이러스제를 처방하는 과임) 전문의에게 직접 문의해서 진료비 실태에 대해서 알아보았다. 이 병원에서 한 달에 에이즈 환자에게 처방하는 항바이러스 약 값으로만 600만 원 정도가 소요되는데, 전액 국민세금으로 지원된다고 하였다. 그러나 이 비용은 항바이러스 약에 대한 비용만을 계산한 것이고, 그 외에 에이즈 치료에 필요한 고가의 검사비용 등 추가적 비용 역시 전액 국민세금으로 지원되는 실정이다. 공공진료를 하는 공립병원에서 이 정도의 진료비가 나올 것 같으면, 다른 사립병원에서는 과연 얼마의 치료비용이 들어간다는 말인가! 그러므로 국민 한 개인에게도 에이즈 환자가 되어 고가의 바이러스 억제제를 지원받아 평생 복용하며 사는 것보다 에이즈 환자가 되지 않는 것이 더 좋다는 것은 말할 것도 없을 것이지만, 국가와 국민 경제를 위해서도, 즉 에이즈 확산으로 맞게 될 경제적인 부담에서 벗어나기 위해서도 에이즈 확산 방지를 위한 대책을 국가적인 시책으로 내놓아야 한다.

우리나라의 경우 에이즈 환자의 대부분이 남성 동성애자이다. 따라서 남성 동성애자 중에 에이즈 감염률이 성매매 여성들에게서보다 훨씬 높은 역학적 현황을 보이고 있다. 이것은 통계수치로도 나와 있는 분명하고도 확실한 사실이지만, 이러한 사실이 동성애자들의 반발로 인하여 잘 알려지지 못하고 있다. 남성 동성애자들이 에이즈 감염의 취약집단이라는 점과 남성 동성애자들에게 신규 에이즈 감염이 집중되고 있다는 것은 분명하다. 따라서 이들을 대상으로 하는 에이즈 예방사업의 강화가 국민보건을 위해 필요한 것이다.

미국의 경우 2010년 백악관이 직접 국가 에이즈 전략을 발표할 당시에 전체 감염인의 4분의 3이 남자이며, 이들 대다수는 남성 동성애자이고, 신규 감염자의 4분의 1이 청소년임을 밝혔다. 그러나 우리나라의 경우 이런 사실들이 동성애자들의 반발과 국가인권위원회의 보도준칙에 의해 국민들에게 정확히 전달이 되지 않고 있는 상황에 안타까움을 금할 수 없다. 이런 진실을 가리는 것은 국민보건을 후퇴하게 만드는 일로서 국민건강을 심각하게 해칠 우려가 있다. 실례로, 내국인 감염인 중 자신이 에이즈에 감염된 사실을 모른 채 생활하는 비율이 선진국에 비해 훨씬 높으며, 감염 취약집단의 자발적 에이즈 검사비율도 낮은 현상을 보이고 있다. 이것은 매우 우려할 만한 현상으로 좀 더 세부적으로 들여다보면, 에이즈 검사를 받지 않아서 자신이 에이즈 환자임에도 불구하고 자신이 에이즈 환자라는 사실을 모르고 있는 사람의 수가 대략 3만 명 이상으로 추산된다.

우리나라의 경우 에이즈 감염이 남성 동성애자에게 집중되고 있다는 증거로는 전체 감염인 중 남자가 92%로 절대다수를 차지하고 있다는 점이다. 그리고 비록 보건소에서 에이즈 환자에게 전파경로 파악을 위해 구두로 묻는 성 접촉 경로에 대해 이성 간 성 접촉이 60%, 동성 간의 성 접촉이 39.2%로(2012년) 확인되고 있으나, 이런 보건소 역학조사 결과에서 이성 간 성 접촉을 통해 감염되었다고 답변하였던 사례들이 추후 동성 간 성 접촉으로 바뀌는 경우가 빈번하였고(그러나 동성애 옹호자들은 보건소 역학조사 결과 우리나라는 에이즈 감염경로가 이성 간 성 접촉이 더 많다는 주장을 펼치고 있으나, 이것은 과학적으로 맞지 않다. 왜냐하면 이성 간 성 접촉이 더 많다면 남성과 여성의 에이즈 감염인 비율이 92:8 이 될 수 없기 때문이다), 실제 의사들의 에이즈 환자 진료경험 상 환자들의 60-70% 이상이 남성 동성애자이다.

　호주의 경우도 2008년 한해 995명이 신규 환자로 진단되었는데, 그 중 69%가 남성 동성애자임을 발표하기도 하였다(호주 보건부. Sixth National HIV strategy. 2010). 따라서 위의 호주를 비롯한 미국, 영국, 일본 등 대부분의 선진국에서는 국가 에이즈 예방을 위한 최고 우선순위로 남성 동성애자들을 설정하고 있다.

　그러나 우리나라의 경우에는 위에서 이미 주지했듯이, 남성 동성애자와 에이즈와의 관계에 대해 국가인권위원회 인권보도준칙에 의해서 정책적으로 밝힐 수 없게 되어 있다(그 배후에 대한 의구심이 증폭되는 상황이다). 그래서 자신의 감염 사실을 모르고 있는 감염인 비율이 선진국에 비해 훨씬 높아서, 실제 에이즈 감염인 수가 에이즈 환자 통계에 상당 부분 반영이 되지 않고 있는 것으로 추정된다. 이에 대한 근거로 세계보건기구와 유엔 HIV와 에이즈에 대한 계획(UNAIDS)의 에이즈 감염인 수를 추계하는 방법인 워크북(Workbook) 방법을 적용하면, 우리나라의 에이즈 환자 수는 신고 확인된 수보다 3.7배가량 더 많은 것으로 나타난다. 즉, 실제 에이즈 환자 수(신고 된 에이즈 환자 수+신고 안 된 에이즈 환자 수)는 신고 된 환자 수보다 3.7배를 더해서 계산해야 한다는 결론에 다다른다. 이와 더불어 동성 대상의 자발적 검진 사업을 실시하고 있는 '동성애자 에이즈예방센터'의 사업실적 결과에 따르면, 검진을 받은 동성애자의 4-5%가 에이즈 양성반응을 보이고 있는데, 이는 미국과 영국 등에서 실시한 동성애자를 대상으로 한 검진 결과와 유사한 수준이다.

　이처럼 자신이 감염자라는 사실을 알지 못하는 사이에 에이즈가 확산되고 있는 이러한 상황에서 과연 국가인권위원회와 정치적 세력을 가진 동성애자들이 남성 동성애자와 에이즈의 관계에 대해 함구하는 것이 옳은 일인지 다시 한 번 숙고해야 할 것이다. 에이즈와 동성애의 관계에 대한 진실을 은폐시키는 것이 결국 동성애자들의 에이즈 진단 필요성에 대한 자각을 무디게 만들어, 자신이 에이즈에 감염된 사실을 모르는 에이즈 환자가 대다수인 한국의 작금의 현실을 만들어 대다수의 국민들을 위험에 빠트릴 수도 있음을 확인할 수 있게 된다. 2012년 동성애자 포털 사이트 이반시티에서 에이즈 인식조사를 실시해 보니, 우리나라 남성 동성애자 984명 중 57.4%인 565명이 최근 6개월 간 항문성교를 한 적이 있는 것으로 나타났으며, 이들 항문성교 경험자 중 59.8%가 '평소 콘돔을 잘 사용하지 않고 있다'고 응답하였다. 또, 동일한 사이트에서 실시한 '최근 1년 내 에이즈 검사를 받은 적이 있는가'라는 설문조사에 2010년에는 25.8%, 2011년 34.5%, 그리고 2012년 28.3%로 3년 간 평균치는 대략 29.5%이며, 동성애자들의 43.9%는 평생 에이즈 검사를 받은 적이 없는 것으로 나타났다.

이렇듯 에이즈 감염 취약집단인 남성 동성애자들 간에는 안전하지 못한 성행태가 만연하고 있으며, 실제 에이즈 감염률이 통계에 나타난 것보다 높을 것이라는 정보들이 확인되고 있다. 그럼에도 불구하고 동성애 옹호자들은 언론과 출판물을 통해 "동성애와 에이즈의 연관성은 거의 없다고 보는 것이 일반적이다"(M사, J기자), "에이즈와 동성애의 관련성을 대놓고 말하는 것은 '나 무식해요'라고 자랑하는 것밖에 안 됩니다"(C교수 저작 C출판사 발간, 책 148페이지) 등의 내용으로 국민들에게 사실을 왜곡해 알리고 있다. 에이즈 확산 방지를 위한 전 세계적인 의학적 노력에 대해 '무식하다'라는 상당히 경멸적인 표현까지 쓰고 있는 것을 볼 때, 이들의 동성애 옹호가 과연 동성애에 대해 순수한 입장에서 옹호하는 것인지 그 배경에 상당한 의구심이 드는 것 또한 사실이다. 따라서 혹여 자신이 동성애자이기 때문에 이러한 기사나 글을 통해서 동성애의 정당성을 부여해 주기 위한 목적만으로 의학적 진실과는 상반되는 주관적인 견해의 글을 쓰는 것이라면, 글을 쓸 때 자신이 동성애자임을 밝히고 의학적 사실과는 다르나 글을 쓴 이가 동성애자로서 동성애를 옹호하기 위한 목적의 기고임을 밝혀서, 읽는 독자로 하여금 의학적 사실과 기자의 주장이 다르다는 점과 동성애를 옹호하기 위한 기고문임을 알리는 일이 필요할 것 같다. 질병의 의학적 진실은 정치적, 개인적, 그리고 주관적인 유익에 의해 일방적으로 가려져서는 안 되는 것임을 알아야 할 것이다.

이와 맥을 같이해 수도권의 모 대학의 L교수는 게이들의 콘돔 사용을 통해 에이즈를 예방하는 것이 중요하다는 당연한 의학적 사실에 대해 한 시민이 인터넷에 글을 남기자 댓글을 통해 이를 반박하며 "콘돔은 게이들이 스스로 결정해야 한다"라는 이상한 주장을 하고, 다른 글에서는 후유장애가 전혀 없는 에이즈 보균자에게까지도 국가가 장애인으로 지정해주어 매달 장애수당을 지급해야 한다고 주장하고 있다. 그 뿐 아니라 L교수는 에이즈 신규 감염 사례가 발견될 경우에 대해 보건소에서 예외없이 시행하고 있는 역학조사도 인권침해라며 폐지를 주장하고, 에이즈 환자가 에이즈를 고의적으로 전파했을 때에 처벌하도록 되어 있는 후천성면역결핍증 예방법 제19조도 삭제해야 한다고 주장하는 등, 일부 교수들은 동성애 단체와 주장을 같이 하며 국민보건을 위협하고 있다.

그러나 의학적 진실을 정직하게 바라보고 에이즈 감염을 예방하는 것이 사실은 동성애자들에게도 도움이 되는 것이다. 필자는 수많은 에이즈 환자들을 대면해 왔던 현장 경험자로서 자신 있게 말할 수 있다. 동성애자들을 인권이라는 포장된 말로 그들의 행위를 옹호하고 정당화하는 것은 오히려 그들이 인간으로서 건강하고 행복하게 살아갈 권리를 빼앗는 일이라는 사실이다. 그들은 살아있으나 죽음보다 못한 처참한 현실을 직시하며 하루하루 연명해 가고 있다. 필자가 만난 에이즈 환자는 대부분 동성애자였으며, 에이즈에 걸린 동성애자들은 그동안 동성애 행위를 해왔던 것을 뼈저리게 후회하고 있었다. 이들이 이구동성으로 하는 말은 에이즈로부터 회복되어 건강을 되찾게 된다면, 동성 간의 성행위는 절대 하지 않겠다는 것이다. 지금의 처참한 고통의 원인이 자신들의 동성성교에서 비롯된 것임을 잘 알기 때문이다. 그러나 그들의 바람과는 다르게 너무 늦어버렸다. 앞서 밝혔다시피 아직은 에이즈에서 완치할 수 있는 방법이 없기 때문이다. 따라서 성적 타락의 끝점에서 만난 그들의 뒤늦은 후회는 이제는 돌이킬 수 없는 메아리가 되어버렸다. 이들 많은 환자들의 안타까운 장면들을 목격하면서, 에이즈 예방에 대한 근본적인 대책이 시급함을 절감하고 있다.

그러나 상황은 점점 이와는 반대 상황으로 나아가고 있다. 에이즈에 대한 법조항인 '후천성면역결핍증 예방법' 제19조는 전파매개 행위의 금지에 대한 법률로서 '감염인은 혈액 또는 체액을 통하여 타인에게 전파매개 행위를 하여서는 아니 된다'라고 규정하고 있고, 이를 위반한 자에 대해서는 제25조에서 '3년 이하의 징역에 처함'이라는 처벌에 대한 규정이 있는데, 에이즈 감염인인 일부 인권운동가들에 의해 삭제 요청이 제기되었고, 이를 받아들인 국가인권위원회에서 위의 법조항 폐지를 권고한 상태에 놓여있다. 이는 L 교수와 같은 이들에 의해 폐지 주장이 지속적으로 확산되고 있는 상황이다.

그러나 2010년 서울시 감염병관리사업지원단이 발표한 바에 의하면 우리나라의 경우 에이즈 감염인 100명당 연간 4.2명에게 에이즈 전파가 이루어지고 있다고 추정되는데, 전파매개 행위 금지에 대한 법률을 삭제하라는 에이즈 감염인인 일부 인권운동가와 L교수 같은 이들의 요청을 받아들여 법 폐지를 하기 이전에, 과연 어떤 방법으로 에이즈 감염인에 의한 에이즈 전파행위를 감소시킬 수 있을 지에 대한 충분한 논의가 먼저 이루어져야 할 것이다.

현재 대한민국의 에이즈 감염은 성관계를 통한 것이고, 수혈이나 혈액제제로 인한 감염은 2006년 이후 보고 사례가 없다. 2013년 감염경로가 조사된 사례는 모두 성 접촉에 의한 감염이었고, 2014년의 조사결과에서도 마찬가지로 성 접촉에 의한 감염이었는데, 성 접촉 이외의 감염경로는 여성 신규 감염인의 2%가 수직감염으로 에이즈 부모로 인해 감염된 신생아였고, 이것도 부모 중 한 쪽이 성관계를 통한 감염의 원인으로 발생한 것이다. 이러한 통계가 말해주듯 우리나라 에이즈 감염의 주 원인은 감염된 이들의 책임이 분명한 성관계를 통해서 온 것임을 알 수 있다.

질병관리본부는 2015년 국제 에이즈 심포지엄 결과보고서에서 2003년 에이즈 감염인은 2,024명으로서 이들에 대한 사회적 비용은 7,821억 원 발생되었고, 2013년 기준 누적 에이즈 감염인은 약 1만여 명으로, 이는 물가상승률을 제하고 단순 산술적으로만 생각하더라도 2013년의 에이즈 환자로 인한 사회적 비용은 4조원에 달한다고 발표한 바 있다. 그러나 현재는 에이즈 환자가 그 이후 더 늘어난 상황이므로 비용이 4조를 훌쩍 넘었을 것이라는 수치는 이미 예견할 수 있는 수치이며, 이 추세대로라면 10년 후에는 에이즈로 인한 사회적 비용이 10조를 돌파할 것으로 예상된다. 따라서 에이즈를 효과적으로 예방하는 것만이 국민부담을 줄이는 길이고, 또 미래에 환자가 될 가능성이 있는 이를 위해서도 바람직하다고 볼 수 있다.

질병관리본부에서 발간한 2012 HIV/AIDS 신고현황에 따르면 국내 신규 에이즈 확진자의 진단 당시 혈액검사상 보인 CD4 세포의 수치로 보면, 감염되고 상당한 시간이 흘러서 질병이 진행된 상태로 발견되는 감염인이 점점 늘어나고 있다. 이는 자신이 감염인인지도 모르고 지내는 감염인의 비율이 점점 늘어나고 있음을 시사하고 있다. 또 이 신고현황에서 주목되는 부분은 국내에서 에이즈 감염인의 감염여부 확인은 건강검진, 수술 입원 시 검사, 질병원인 확인 등을 포함해서 의료기관에서 시행한 검사가 대부분이고, 남자 동성애자가 자발적으로 검진하여 에이즈 감염을 확인하는 것은 매우 적은 비율을 차지하고 있었다.

이렇듯 우리나라는 아직 에이즈 감염의 고 위험군인 남자 동성애자에 대한 자발적 에이즈 검사의 확대가 필요함을 알 수 있다. 에이즈가 문제가 되는 것은 에이즈 바이러스를 가지고 있으나 아무 증상이 없어 본인도 감염 사실을 모르고 지낼 수 있으며, 본인도 모르는 사이에 타인에게 감염을 시킬 수 있다는 것이다. 무엇보다 외국에서는 병원에서 시행하는 혈액검사에서 에이즈 감염에 대한 검사를 별도의 동의 없이 일상적으로 시행하고 있으나, 우리나라에서는 아직 이 단계에까지 이르지 못하고 있다.

3. 에이즈의 의학적 이해

에이즈는 인간 면역결핍 바이러스(HIV)에 감염되어 면역세포인 CD4 양성 T-림프구가 파괴되면서 인체의 면역력이 저하되는 감염성 질환이다. HIV에 감염되면 우리 몸에 있는 면역세포인 CD4 양성 T-**림프구**가 이 바이러스에 의해 감염되어 파괴되므로 면역력이 떨어지게 되고, 그 결과 각종 감염성 질환과 종양이 발생하여 사망에 이르게 된다.

　의학의 발달로 인해 에이즈의 원인과 전파경로가 거의 완벽하게 규명되었고, 혈액 한 방울만 있어도 10여 분 내에 감염 여부를 확인할 수 있는 검사 방법도 개발되었다. 그러나 아직도 에이즈의 원인 바이러스인 HIV를 완치할 수 있는 약제는 개발되지 못했다. 하지만 그 가운데서도 그나마 에이즈 바이러스의 증식을 효과적으로 억제시킬 수 있는 약제들이 개발되어 전체적인 에이즈 감염인의 수명은 증가하게 되었다는 것은 다소 희망적일 수 있으나, 반면에 바이러스 억제제는 인체 부작용과 내성 문제가 있어서 복용하는 에이즈 감염인에게 평생 큰 부담이 되고 있는 것 또한 사실이다.

　인체의 면역력이 상당히 저하되어 이러한 감염증과 종양이 나타나기 시작하는 상태를 에이즈 또는 후천성 면역 결핍증이라고 한다. HIV 감염의 증상은 감염 초기의 급성 HIV 증후군, 이 후에 이어지는 무증상 잠복기, **면역**력이 현저하게 떨어져 기회감염(건강한 사람에게는 감염증을 일으키지 않는 미생물이 면역기능이 저하된 사람에게서 심각한 감염증을 일으키는 것)을 비롯한 다양한 병적인 증상이 나타나는 후천성 면역결핍증 시기, 이 세 단계로 나눌 수 있다.

　이 세 단계의 진행과정을 단계별로 자세히 살펴보면, 급성 HIV 증후군은 바이러스에 감염된 후 3-6주 후에 발생하며 **발열**, 인후통, 임파선 비대, **두통**, **관절통**, **근육통**, **구역**, **구토**, 피부의 구진성 **발진** 등의 증상이 나타난다. 심한 경우 **뇌수막염**이나 **뇌염**, 근병증(**근육** 조직에 나타나는 여러 가지 병적인 상태)도 동반될 수 있다.

　급성 HIV 증후군 시기가 지나면, 무증상 잠복기가 10년 정도 지속되는데 이 시기에는 HIV 감염을 의심할 수 있는 특이한 증상이 나타나지 않는다. 비록 겉으로 드러나는 증상은 없지만 무증상 잠복기 동안 HIV 바이러스는 지속적으로 면역세포를 파괴하므로, 인체의 면역력이 점차적으로 저하된다. HIV에 처음 감염된 후 조기에 감염이 진단되지 않으면, 환자 본인도 감염 사실을 알지 못한 채 다른 사람에게 HIV를 전파시킬 수 있기 때문에, 초기에 환자를 찾아내어 치료하는 것이 공중보건학적으로 중요하다. 면역력이 어느 정도 이하로 떨어지면 건강한 사람에게는 거의 발생하지 않는 여러 종류의 감염성 질환(이를 기회감염이라 한다)이 발생하고, 보통 사람에게 약하게 나타나는 감염성 질환도 후천성 면역결핍증 환자에게는 심각한 질병으로 나타난다. 또한 면역 결핍으로 인해 악성종양이 현저하게 많이 발생함으로써 사망에 이르게 된다.

에이즈의 진단은 **혈액**검사를 통해 HIV 감염을 진단할 수 있다. 혈액에서 HIV에 대한 **항체**나 HIV의 항원(인체의 면역 체계를 자극하여 항체를 만들어 내도록 하는 물질)을 직접 찾아내는 검사를 통해 감염을 진단할 수 있고, 국내 대부분의 병원이나 보건소에서 혈액검사를 받을 수 있다. 특히 보건소에서는 앞장에서 밝힌 바와 같이 검사 시에 검사자의 신원을 확인하지 않는 익명검사를 시행 중인데, 이는 HIV 검사를 받을 때 신원이 밝혀지는 것을 꺼려 적절한 시기에 진단을 받지 못하는 경우를 줄이기 위한 조치이다. 선별 검사에서 양성이 나오면 감염을 확실히 판단하기 위해 다시 확진 검사를 하는데, 우리나라에서는 질병관리본부에서만 이를 시행하며 웨스턴 블롯법(Western blot test)을 이용한다.

확진 검사를 하는 이유는 HIV 감염이 아니더라도 선별 검사에서 양성(위양성, false positive)으로 나오는 경우가 있기 때문이다. 그러나 이와는 반대로 HIV가 체내에 침투한 후 인체 내에서 HIV에 대한 항체가 만들어지기까지 보통 6주가 걸리는데 이 시기에는 선별 검사를 해도 음성으로 나올 수 있는 것을 염두에 둔 것이다. 따라서 HIV 감염의 가능성이 있는 경우에는 이 시기가 지난 후에 다시 검사를 해야 하며, 최대 6개월까지 항체 생성이 지연되는 경우도 있으므로 이를 고려한다.

 HIV에 감염은 되었으나 아직 항체가 생성되지 않은 경우에 조기 진단하기 위해서는 HIV 바이러스의 핵산을 직접 검출하는 방법을 사용할 수 있다. 그러나 이 방법은 바이러스에 감염되지 않았음에도 양성으로 나오는 경우가 있으므로 현재 표준으로 사용되는 확진 방법은 아니다.

 이 장 서두에 기술했듯이 아직까지 HIV를 완치할 수 있는 방법은 없는 상태이다. 그나마 현재 사용 중인 항 HIV 약제들은 부작용이 많으므로 **면역**력이 정상적으로 유지되는 감염 초기에는 HIV 치료제를 사용하지 않는다. **혈액** 내에 존재하는 HIV 바이러스의 수와 면역세포의 수를 주기적으로 측정하여 일정 기준에 도달하면 치료를 시작한다. 즉, 치료를 하지 않으면 심각한 결과를 초래하는 상태가 되었을 때에 HIV 치료를 시작하는 것이다.

제 3 장

정신의학에서 보는 동성애

민성길 명예교수(연세대학교 의학과 의학박사 신경정신과 전문의)

I. 서론

정신의학이 인간의 성(性, sexuality)에 대해 연구하는 이유는, 성은 인간의 기본 욕구 중 하나로서, 인격, 인간관계, 사회문화(법, 도덕, 철학, 종교 등) 등 인생의 여러 사건들과 특히 신체적 및 정신적 건강과 밀접한 관계가 있기 때문이다. 의학에서 성은 뇌, 생식 생리, 성병, 그리고 성장애(성기능장애, 성전환증, 성도착 장애, 성지남 문제 등)와 관련되어 연구된다. 인간에게 성은 행동의 동기로서 반드시 생식만이 아니라, 인간 특유의 정신과 감정(쾌락, 죄의식 등)과 관련되어, 다양한 정신병리현상으로 나타날 수 있기 때문에 정신의학의 연구대상이 된다.

의학은 어떤 질병에 대해, 개념, 역학, 원인, 증상, 진단, 치료, 예후 등을 체계적으로 기술하는 것이 관례이므로, 이 글에서도 그 체계에 따라 동성애에 대한 정신의학적 연구를 소개한다.

1. 역사적 고찰

동성애는 역사적으로 오랫동안 종교적인 죄, 뇌병, 정신병, 그리고 범죄라는 여러 스티그마를 가지고 있었다. 서구에서도 1950년대까지 동성애자는 범죄자로 취급받고 법적 형벌까지 받았다(지금까지도 전 세계에는 그런 오랜 전통이 지켜지는 문화권이 여럿 존재한다.). 그러다가 19세기 말 오스트리아/독일의 정신의학자 크라프트-에빙(R. F. von Krafft-Ebing)은 동성애는 범죄가 아니며 뇌의 병이므로 동성애자는 형벌을 받기보다 병원에서 치료를 받아야 한다고 주장하였다. 이후 일반 사회에서는 여전히 동성애가 범죄로 취급되었지만, 의료계만큼은 이를 뇌장애 내지 정신장애로 보고 치료방법(예: 정신분석, aversion therapy)을 개발하여 왔다(Noyes, 1960).

1948년 킨제이(A. Kinsey)는 동성애자가 인구 중에 30% 이상이라는 등, 인간의 성에 대해 왜곡되고 과장된 보고서를 발표했는데, 당시 매스콤들은 인간의 숨겨져 있는 성 실태라고 하면서, 이 보고서에 대해 '선정적으로' 보도하였다. 이 보고서는 성윤리 면에서 큰 사회적 논란을 야기하였는데, 예를 들어, 그는 사정만 할 수 있다면 상대가 소아든, 동물이든, 사체든 괜찮다고 하였다. 심지어 소아애증을 정당화하기 위해 소아들도 성을 즐긴다는 실험을 하기도 하였다(지금 같으면 소아 성학대에 해당된다). 리스먼(J. A. Reisman) 등(1990)은 킨제이는 의사도 심리학자도 아닌 곤충동물학자이며 그 자신 동성애자이면서 소아애증 환자로서, 자신의 죄를 사하기 위해 위장된 거짓 과학을 내세웠다고 하였다. 그럼에도 불구하고 킨제이 보고는 사람들이 성과 죄를 별개로 보게 하고, 성 개방에 동조하고, 성도착에 대해 관용하는 분위기 형성을 이끌었다. 1957년 후커(E. Hooker)는 동성애자들의 정신건강이 이성애자와 다를 바 없다는 연구를 발표하였는데, 사실을 왜곡한 부분이 많았지만, 어쨌든 동성애가 정신병의 일종이라는 기존의 입장을 뒤집는 것이라서 사회에 반향을 불러일으켰다. 1960년대 인간의 성생리와 성기능장애(발기장애, 불감증 등)를 연구한 매스터스(W. H. Masters)는 동성애 치료도 시도하였다.

2. 동성애, 정신장애 분류에서 제거되다

1950년대부터 미국에서 매카시 선풍에 대한 반동으로 일기 시작한 인권운동은 흑인인권운동과 여권운동으로 나타나고 있었는데, 게이인권운동도 이에 합류하였다. 게이인권활동가들은, 동성애를 병으로 보는 한 차별에서 벗어날 수 없다고 보고, 킨제이 보고와 후커의 연구를 근거로, 미국 정신의학회(American Psychaitric Association: APA)에 동성애를 정신장애 분류에서 제거할 것을 강력히 요구하기 시작하였다. 1970년 APA 학술대회에서부터 전국게이전담반(The National Gay Task Force) 소속 게이인권운동가들은 이후 3년간, 지속적으로 시위, 세미나장 난입, 마이크 뺏기, 소란, 위장 입장, 전시장 난동 등을 지속하였다(이런 난폭한 시위를 당시 게이인권운동가들은 zapping the shrinks, 즉 정신과 의사들에게 잽 날리기라 불렀다.). 이러한 게이인권운동가들의 집요한 정치적, 조직적, 공격적인 요구와 게이 정신과 의사들의 호소에 이은 논쟁과 타협 끝에 1973년 APA 이사회는 개정 중에 있던 '정신장애진단통계편람3'(Diagnostic and Statistical Manual of Mental Disorders, the 3rd edition: DSM-III)의 성도착증 범주에서 동성애를 삭제키로 하였다. 그러나 미국 정신분석학회와 여러 정신과 의사들의 강한 반대에 부딪히게 되자, 결국 전체 학회 회원의 표결로 붙여졌다. 이때 동성애 운동가들이 이사회 이름을 도용하여 찬성투표를 권장하였다고 한다. 결국 동성애 운동가들의 요구대로 삭제하자는 의견에 58%가 동의하여 동성애는 진단분류에서 제거되었다. 1973년 12월 5일 성명에서 APA 이사회는, '증거들과… 사회적 규범의 변화와 증대되는 게이인권운동'을 언급하면서도, 이사회는 게이인권운동가들에 대한 불편한 심기를 감추지 않았다. "이 사건은 과학(의학)이 사회적 이슈에 의해 굴복당하는 정치적 사건이라는 평가를 받는다"(Bayer, 1981). 이러한 분위기로 인해 APA 이사회는 반대의견에 대한 하나의 타협으로 동성애를 자아 이질적 성적 지남(Egodystonic sexual orientation)이라는 병명으로 남겨 동성애자 자신들에게서 느껴지는 동성애적 성향이 싫거나 고통이 느껴질 경우 치료를 받을 수 있도록 하였다. 그러나 APA는 이런 고통도 보통 우울증이나 적응장애로 진단하고 치료하는 쪽으로 가닥을 잡으면서, 이마저도 1987년 개정된 DSM-III-R에서 제거하였다. APA의 결정 후 곧이어 미국 심리학회(American Psychological Association)와 미국 교육학회(the National Educational Association) 등이 이에 동조하였다(당시 동성애자 교사가 학생들을 성희롱하는 문제가 이슈화되었고 보수적 학부모들의 반대운동이 있었다).

3. Sick again?

표결에 의해 동성애가 정신장애 분류에서 제거된 지 4년 후인 1977년, 1만여 명의 APA 회원 정신과 의사들을 대상으로, 동성애가 DSM-

III에서 삭제된 1973년 사건에 대한 무작위적인 여론조사를 실시했다. 2,500명이 답한 결과가, 1978년 2월 Time에 "Sick Again? Psychiatrists Vote on Gays"라는 헤드라인으로 다음과 같은 내용의 기사가 올라왔다.

① "응답자의 69%가 동성애는 정상적이라는데 반대하고, 하나의 병리적 적응"(usually a pathological adaptation, opposed to a normal variation)이라 답하였으며, 18%만이 병적이 아니라는 의견을 내었고, 13%는 불확실하다는 입장을 취하였다.
② 73%의 응답자가 동성애자들은 일반적으로 이성애자들보다 더 불행하다고 보았다.
③ 60%의 응답자들이 동성애자들이 성숙한 사랑의 관계를 맺는 능력이 부족하다고 말하였다.
④ 70%의 정신과 의사들은 동성애자들이 사회의 낙인에 대해 해결하려고 노력하기보다 동성애의 원인이 되는 "자신의 내면의 갈등" 해결을 위해 더 많이 노력해야 한다고 보았다.
⑤ 일부 정신과 의사들은 동성애자들에게 적절한 직업을 맡길 만큼 신뢰스럽지 않다고 하였다.

그러나 1990년에 이르러서는 미국 학회 내 동성애에 대한 입장도 변화의 단계를 거쳐, 휘튼 칼리지(Wheaton College) 심리학 교수 존스(S. L. Jones)가 말하는 바처럼 중간적인 입장을 취한다(1990). "전문가들 사이에 의견이 섞여 있다(mixed scorecard). 나는 동성애가 정신분열병이나 공포증과 같은 의미의 정신병리라고 보고 싶지 않다. 그렇다고 동성애가, 내향적 외향적이라는 용어와 같은 의미에서, 라이프스타일의 한 정상적인 변이(a normal lifestyle variation)이라고 볼 수도 없다."

4. 이후

그 사이 동성애가 유전되는 것이고 선천적인 뇌의 문제라는 연구들이 발표되면서, 동성애는, 특정 병적 또는 반사회적 행동이 아니라, 남녀성별이나 피부색처럼, '타고난 정체성 문제'로 변질되어 버렸고, 인권운동의 한 주제가 되어 버렸다. 이에 점차 동성애자들은 자신들의 행동을 정당화하기 위해 항문성교도 정상이라고 주장하면서 동성애를 이성애로 바꾸고자 하는 치료나 치료 권고마저도 차별을 전제로 하는 것이라 하여 거부하고, 최근에는 동성결혼뿐 아니라 다부다처제, 근친혼도 인정하자는 주장까지 하기에 이르렀다. 1988년 미국에서 증오범죄법(the Hate Crime bill)이 제정되어 인종, 종교, 민족(ethnicity), 그리고 성지남(性指南. sexual orientation)에 따른 차별을 할 수 없도록 되었다.

그러나 일부 정신과 의사나 정신분석가, 또는 정신치료사들은 여전히 동성애가 병적이며 치료될 수 있고 치료하여야 한다고 주장하고 있다. 따라서 동성애에서 벗어나는 것(ex-gay movement)을 돕는 기독교 조직도 생겨나기 시작했다.

동성애 인권운동은 성개방(프리 섹스)을 가속화하였다. 뿐만 아니라 간통의 자유, 그리고 최근에는 성매매 자유까지 옹호하는 것으로 옮아가고 있다. 미국에서는, 킨제이가 일찍이 주장하였던 바, 소아애증, 수간, 근친간 등도 못할 이유가 없다는 주장도 들려오고 있다. 동성애 운동가들은 모든 성관련 전통적 제도를 낡은 제도라 공격하기 시작하였으며, 동성 커플과 입양자녀도 가족이라 주장한다.

동성애 옹호에 따라 에이즈 등 동성애로 매개되는 질병(sexually transmitted disease)도 급증하였다. 동성애 운동가들은, 사람들이 에이즈와 동성애를 동일시하여 동성애자들에 대한 사회적 공포와 차별을 불러일으킬 것을 두려워한 나머지, 선제적으로 사회의 에이즈 문제를 자신들의 아젠다로 만들었다(Gudel, 2008). 동성애자들이 콘돔 사용의 권장 같은 에이즈 예방활동을 선점하면서 법을 만들고 정부로부터 기금을 끌어들이고, 동성 간의 사랑과 에이즈 관련 보도에 있어 매스콤을 선점하였다. 그들은 1940년대 매독을 예방하는 데 탁월한 효과를 나타내었던 정기 신체검사 제도가 에이즈에 대해서 실시되는 것을 로비로 막았다. 그 때문에 동성애자들은 자신이 HIV 보균자인줄 모른 채, 에이즈가 더 창궐하게 만들었다. 고등학생들과 대학생들에게 에이즈 예방을 위한 성교육을 해야 한다고 주장하면서 자신들에게 유리한 성교육안을 만들고 동성애를 정상적인 것이라 가르칠 것을 요구하기에 이르렀다. 따라서 이러한 동성애 옹호 운동은 "우리 시대 최악의 위선"이라는 비판을 듣는다(Reisman 등, 1990).

II. 개념

성지남(性指南. sexual orientation)이란 성적 끌림(romantic or sexual attraction)의 방향, 즉 성적 끌임의 대상 또는 성행위 대상이 이성인가, 아니면 동성 또는 양쪽 모두인가 등 성정체성을 묻는 용어이다. 그 대상이 이성일 때는, 이성애(heterosexuality)라 하고, 동성일 때는 동성애(homosexuality)라 하며, 양쪽 모두일 때는 양성애(bisexuality)라 한다. 남성 동성애자들은 스스로를 게이(gay)라 부르고 여성 동성애자를 레즈비언(lesbian)이라고 부른다. 게이, 레즈비언, 양성애자, 그리고 트랜스젠더(transgender) 등을 통틀어 LGBT라 부

르기도 하는데, 이는 성소수자(minority)를 대변한다.[1]

앞서 살펴본 대로 1973년 이전까지는 동성애는 성도착증에 해당되었다. 성적 끌림이 향하는 방향을 성지남이라 한다면 그 방향을 틀었다면(deviation) 성도착(性倒錯, sexual deviation)이라고 보았기 때문이다. 그러나 이와 별개로 동성 간의 우정이나 서로 간의 호감은 에로틱한 것이 아니기 때문에, 동성애와 구별해야 한다.

최근 동성애가 선천적인가, 아닌가에 대한 논란이 증가함에 따라 성지남과 성 선호(sexual preference)를 구별하기도 한다. 성지남은 타고난 것이라 자신이 통제하지 못하는 것을 의미하고, 성 선호는 의식적 선택을 의미한다고 한다. 이러한 가운데 동성애는 성지남과 관련된 행동, 그리고 같은 성적 지남을 공유한 사람들의 공동체에 소속되는 것 등에 근거한 개인적 내지 사회적 정체성을 의미하기도 한다.

성지남은 생물학적 성, 성정체성, 젠더 등과 구분되는 다른 개념이다. 예를 들어, 생물학적으로 남자인 사람이 자신이 남성임을 불편하게 여기고 여성이면 좋겠다고 생각한다면, 트랜스젠더(젠더 정체성 장애)이다. 그런 사람이 남성에게 에로틱한 욕망을 느낀다면 트랜스젠더와 동성애 양 쪽 모두의 성정체성을 가지고 있는 것이다.

---

[1] Homosexuality, heterosexuality라는 말도 19세기 중반에 이를 가치중립적인 의학적 대상으로 하기 위해 만들어 낸 용어이다. 근래 동성애와 관련하여 새로운 용어들이 만들어지고 있다. 성지남이라는 말은 동성애가 성도착이 아니라고 주장하기 위해 과학 용어처럼 보이게끔 새로이 만들어 낸 용어라 한다. 요즘은 성적 대상이 없는 경우도 있다 하여 무성애(asexual)라 한다. 동성애자들은 동성애 혐오증(homophobia. Phobia는 공포증이란 의학 용어), same-sex attraction, altered life style 등의 용어도 만들어 내었다. 또한 Homosexual(동성애자) 또는 homosexuality(동성애)는 의학적 의미가 있다고 싫어하여, 남자 동성애자들은 스스로를 게이(gay 즐겁다는 의미)라 부른다. 또한 간성(intersex) 성소수자에 포함시켜 LGBTI라는 용어가 쓰이기도 한다.

III. 역학

1948년 킨제이는 '과학적' 조사로 얻은 '인간 남성의 성적 행위'(Sexual Behavior in the Human Male)라는 자신의 보고서에서 사람들은 온갖 도착적인 형태의 성행위를 즐기고 있으며, 동성애자가 매우 많다고 주장하였다. 예를 들어, 일생동안 한번이라도 동성애적 경험을 한 사람이 남자의 37%(여자 13%)에 달하며, 최소 10%는 전적인 동성애자라고 하였다. 그러나 킨제이 보고는 죄수들, 남자 창부, 그리고 조사에 자원한 사람들을 조사 대상으로 하여, 그 결론을 신뢰할 수 없다는 비판을 받는다. 죄수는 동성애를 포함한 범죄로 감옥에 있었을 가능성이 많았고, 더구나 감옥 내에서 동성애를 경험하고 있었을 가능성이 있다. 남창은 말할 것 없고, 실제적으로 동성애자들이 많이 조사에 자원하였다고 한다. 따라서 이 연구는 공정하고 객관적인 조사의 대원칙인 무작위적 표본(random sampling)의 원칙을 위반한 것(Cochran 등, 1954)으로 그 신뢰성에 의문을 갖게 하는 연구이다. 따라서 당시 저명한 심리학자 매슬로우(A. Marslow)도 비통상적인 성행동을 하는 사람은 자존심이 비대해져서 성 연구에 자원하는 수가 많은데, 이로써 소위 자원자 오류(volunteer-error)가 생겨 아무리 조사 대상이 많다 하더라도 그 결과는 신뢰할 수 없다며 킨제이 보고를 비판하였다(1952).

현재 연구자에 따라 다양하나 대체로 동성애 유병률은 2~3%라고 한다. 이성애를 전혀 하지 않는 순수한 동성애자는 1% 미만, 평생 동안 한번이라도 동성애 경험을 한 사람은 2%로 본다(Sadock 등, 2015). 2006-2008년 미국 질병통제예방센터(CDC)에서 실시한 전국조사(Chandra 등, 2011)에 따르면, 동성애자가 1.4%, 양성애자가 2.3%

를 차지했다. 2011년 뉴질랜드에서 16세 이상의 12,992명을 대상으로 조사하였을 때, 98.0%가 이성애자, 0.8%가 동성애자, 0.6%가 양성애자, 0.3%가 '다른 무엇,' 그리고 0.1%가 '불확실'이라 하였다. 동성애 정체성을 가지지 않은 사람도 동성애를 경험하기도 한다(Wells 등, 2011). [참고로 조현병(정신분열병)은 인구의 1% 내외, 우울증은 5-12%로 알려져 있다(민성길, 2015b)]

동성애자들이 흔히 말하는 바, 사춘기 이전 어린 시절에 이미 동성애를 느꼈다거나 경험했다는 진술은 오류일 가능성이 많다. 즉, 사춘기 이전의 남자 아이들이 성기로 서로 장난(same sex play)하는 것은 동성애로 보이지만, 이는 소아들의 신체에 대한 탐색적(exploratory) 행동이지 성애적(erotic) 행동이 아니기 때문이다.

우리나라의 경우 2003년 한국성과학연구소에서 서울 남성을 조사한 결과, 동성애자가 0.2%, 양성애자가 0.3%, 한번이라도 동성애 경험이 있는 사람은 1.1%로 나타났다(양봉민 및 최운정, 2004). 국내 남성 동성애자는 서구 사회의 1/5 정도로 추정된다.

IV. 원인

1. 생물학적 연구

1990년대에 발표된 동성애에 관한 연구는 동성애는 유전적 요인에 의한 것이며, 호르몬의 영향 또는 선천성 뇌구조 변화(homosexual brain) 등에 의해 나타는 현상이라는 논문이 주류를 이루게 된다. 즉, 이 시기에 발표되는 동성애와 유전적인 요소와의 상관관계에 대한 연구결과들은 동성애는 자신의 의지와는 무관하게 선천적으로 타고난 것이라고 오해하게 만드는 내용들을 쏟아냄으로써, 이러한 정보들을 접한 서구 사회의 많은 사람들은 동성애는 선천적인 요인에 의해 나타난다는 잘못된 인식을 심어주는 계기를 가져다주었다. 그러나 이들 연구결과들은 이후 재입증되지 않거나 오류로 판명되었다(길원평, 2014).

미국의 동성애자들의 신문인 the Advocate는 1996년 보도에서, 61%의 독자들이 "만일 동성애가 생물학적 요인으로 결정되는 것으로 판명된다면, 게이 및 레즈비언의 인권에 가장 크게 도움이 될 것이다"라고 믿고 있다고 지적하였다. 그러나 동성애가 유전된다는 주장은 동성애자 자신에게는 안도감을 주었을지 모르나, 아이러니하게도 그 가족에게는 태어날 아기가 동성애자가 될 것인지를 확인하는 산전검사에 대한 관심이 높아지게 했으며, 만일 검사 결과 태아에게 동성애자의 유전자를 가지고 있다고 판명이 되면, 유산 여부도 심각하게 고민해야 하는 상황이 이를지도 모를 일이다.

1) 유전연구

쌍둥이 연구

어떤 형질이 유전되는 것이라면 그 형질을 가진 사람의 일란성 쌍둥이(monozygote, MZ)가 같은 형질을 가질 확률이, 이란성 쌍둥이(dizygote, DZ)나 다른 형제들이 같은 형질을 가질 확률보다 높아야 할 것이다. 이에 동성애의 유전 가능성을 확인하기 위해 여러 쌍둥이 간 일치율을 보는 연구가 시행되었다. 베일리(J. M. Bailey) 등(2000)은 자신의 연구에서 이전의 연구(Bailey 등, 1991)에서 무작위적으로 연구대상을 모집하지 않아 생긴 'ascertainment bias'(동성애 연구에 참여 여부를 결정할 때 상대 쌍둥이의 성지남을 미리 고려하여 결정하기 때문에 발생하는 편향성)를 극복하기 위해 더 많은 대상(4,901명)을 무작위적으로 모집해 연구한 결과, 최소한 한 쪽이 동성애자인 일란성 쌍둥이 27쌍을 확인하였고, 그 중 동성애 일치율은 남자에서 11%, 여자에서 14%였다. 그러나 연구자들은 여러 연구들을 종합할 때, 동성애가 가족적으로 보이기는 하지만 자신들의 연구결과는 통계적으로 유의하지 않았다고 하면서, 이는 동성애의 발생이 환경적 요인 등이 복합된 과정일 것이기 때문이라는 분석을 내놓았다. 화이트헤드(N. Whitehead) 등(2010a)은 여러 연구들을 종합하여 동성애가 유전될 확률이 10% 수준이라고 보는 것이 타당하다고 하였다. 그러나 그 확률은 조현병(정신분열병)이나 우울증 같은 다른 정신장애들의 확률(50% 이상)에 비해 훨씬 낮은 것이다. 어떤 학자(Beard 등, 2013)는 이러한 10%도 어려서부터의 가족이나 형제들의 영향이라 해석한다.

유전자 연구

쌍둥이 연구보다 더 강력한 증거로서, 해머(D. H. Hamer) 등(1993)과 같은 연구팀(Hu 등, 1995)은 38쌍의 게이 형제들을 유전적 연관분석(genetic linkage study)으로 X-염색체[2]의 Xq28 유전자가 게이 유전자(레즈비언은 아님)라고 발표하여 매스콤의 대대적인 조명을 받았다(당시 Hamer는 The God Gene: How Faith Is Hardwired into Our

---

2　X 염색체에 대한 연구를 하는 것은, 오랫동안 게이 남성이 자손을 못 낳는 경향이 있음에도 불구하고 동성애라는 형질이 인구집단에서 유지되어 온 이유는 무엇인가 하는 의문을 해결하는 대안으로 간주되었기 때문이다. 즉, 게이 유전자가 남성에게 X-염색체가 한개 존재하지만, 여성에게는 두 개가있어, 출산율을 증가시키는 기능을 할 것이라는 것이다.

Genes이라는 책을 출판하기까지 하였다.). 그러나 해머를 포함한 머스탄스키(B. S. Mustansky) 등(2005)이 보다 많은 대상으로 실시한 같은 연구에서 Xq28이 동성애와 연관성이 없다는 결과를 발표하면서, 예전과는 달리 Xq28이 동성애와 관련이 없다는 결과가 나오게 된 이유(샘플 선별에 의한 과장 등)까지 자세히 분석하였다. 이후 라이스(G. Rice)와 라마고파란(S. V. Ramagopalan) 팀(Rice 등, 1999; Ramagopalan 등, 2010) 역시 연관연구에서 동성애 관련 유전자를 발견하지 못하였다.

최근 베일리 연구팀(Sanders 등, 2015)은 해머의 연구를 재현하기 위해 같은 연관연구이지만 2004년부터 7년간 모집한 보다 광범위한 숫자의 동성애자 형제들 409쌍을 대상으로 연구하고 2년간 통계분석 검토를 거쳐 2014년 발표한 논문에서 염색체 8에 게이 유전자가 있을 가능성이 발견되었음을 밝히며, 이에 더해서 Xq28도 그 가능성을 열어두었으나, 통계적으로는 유의하지 않았다(그러나 이 연구는 레즈비언에게는 아무것도 입증해 주지 않는다.). 이 연구는 다시 게이 유전자가 재확인되었다고 홍보되는데 사용되었다. 그러나 일부 학자들은, 한계가 있는 낡은 연구방법(연관연구는 수십 개에서 수백 개의 유전자를 한꺼번에 비교하는 방법) 등을 거론하면서, 연구의 통계적 유의성을 신뢰할 수 없다는 것을 이유로 결과에 대해 회의적 반응을 보이고 있다(이 논문도 한 차례 다른 학술지에 실리는 것을 거부당했다고 한다)(Servick, 2014).

게놈 넓은 협회 연구(Genome-Wide Association Study: GWAS)

GWAS는, 연관연구와 달리, 인간 게놈 전체의 20,000-25,000개 유전자 하나하나를 연구하는 최첨단 연구 기법이다. 드라반트(E. M. Drabant) 등(2012)은 23,874명[순수 이성애자 77%, 순수 동성애자 6%(남자 9%, 여자 2%)]을 대상으로 GWAS 연구를 한 결과, X-염색체 상에서는 물론 전체 게놈 상에서도 동성애와 관련된 유전인자는 하나도 발견하지 못했다(반면 정신분열병에 대한 GWAS는 거의 100개가 넘는 관련 유전자를 보여주고 있다.).

기타 동성애 유전 이론과 그에 대한 반론들

인간 유전자는 전 인류에 99.7-99.9% 공통적이다. 그러나 동성애 현상은 인종과 지역과 문화, 그리고 시대에 따라 나타나는 양상이 각각 다르다. 이는 동성애가 전적으로 유전이 아님을 방증하는 것이다.

유전자 각각은 미미한 영향을 미치지만, 여러 유전자들이 합동하여 동성애를 나타낸다고 볼 수 있으나(지능이나 우울증처럼), 그런 경우 매 세대마다 꾸준히 이어 나타나지, 동성애처럼 세대 간 갑자기 나타났다 사라지는 형태로 나타나지는 않는다. 처음으로 동성에의 끌림을 느꼈다는 나이가 10대에서 30대 너머까지 매우 다양하여(처음 사춘기를 느꼈다는 나이는 12,3세 전후로 그 범위가 매우 좁다) 이 또한 유전성을 부정한다.

동성애가 유전되는 것이라면 나이가 들어감에 따라 성지남이 바뀌지 않아야 한다. 그러나 실제로는 한 사람에게서 자연적으로 동성애와 이성애가 상호 바뀌어 나타나는 수가 많다. 캐머런(P. Cameron) 등(2002)은 이성애자 1-2%가 과거 동성애자였으며, 레즈비언보다 게이에게서 이성애자로의 전환이 더 많은 것을 밝혀내었다. 키니쉬(K. K. Kinnish) 등(2005)의 연구에서도 성인의 경우 이성애자 3%는 과거 한때 동성애 또는 양성애자였으며, 전적으로 동성애자였던 사람 중 약 50%는 점차 나이가 들어가면서 전적인 이성애자로 바뀌었고, 이들은 현재 동성애자와 양성애자를 합한 수보다 많다고 한다. 이때 여성이 남자보다 성적 지남에서 이동이 더 많다고 한다.

성지남의 변화는 청소년층에서 더욱 두드러진다. 레마페디(G. Remafedi) 등(1992)에 의하면, 사춘기 때 성정체성이나 성지남에 혼란을 겪는 경우가 34,707명 중 25.9%에 달하지만, 성인에게서는 단지 2-3%만이 스스로를 동성애자라고 생각한다. 새빈 윌리암스(R. C. Savin-Williams) 등(2007)은 자신의 연구에서, 동성에 끌렸던 16-17세 청소년들 중 98%가 이후 이성애로 옮겨 갔으며, 동성에 끌렸던 16세 소년이 17세 되던 시기에 이성애에로 변화된 경우가, 이성에 끌렸던 청소년이 이후 자신을 동성애자라고 생각하게 된 경우보다 25배나 많았다고 한다. 이로써 청소년이 성장해 가면서 성적 경험과 환경의 영향을 받아 성지남이 변화 내지 정리되어 감을 알 수 있다.[3]

2) 기타 선천성에 대한 연구

태내 성호르몬(테스토스테론)이 동성애 발생에 영향을 준다고 하는 가설이 있다(Mustanski 등, 2002). 성호르몬은 태아의 성기 발달과 성인이 된 후 성욕, 남성성(masculinity), 검지/약지 길이 비례(Manning 등, 1998), 사지의 길이(Martin 등, 2004) 등에는 영향을 주는 것으로 보이나, 성지남을 형성하는 데 영향을 미치는 바는 간접적 시사에 불과한 것이다. 왜냐하면 연구에 따라 연구결과에 일관성이 없으며, 또한 남녀 동성애 간 상반되기도 함으로, 전체적으로 신뢰를 얻기가 어렵기

---

[3] 이러한 사실들은 성지남 내지 성정체성 문제로 고민하는, 그래서 정신건강이 위협받을 수 있는 수많은 청소년들에게 분명히 알려져야 한다는 것을 의미한다. 또한 이는 달리 말하면 자신의 성지남에 있어 혼란을 겪는 청소년들이 게이를 인정하는 교사나 상담가 또는 대학의 게이클럽 회원을 만난다면, 자칫 자신을 동성애자로 오인하게 될 수 있음을 의미하는 것이다.

때문이다. 무엇보다 연구자의 윤리적 이유로 인해 태내 성호르몬 농도를 직접 측정할 수 없다는 한계가 있다는 데에 연구의 불완전성을 안고 있다.

위로 남자 형제를 많이 둔 남자 동생에게 동성애가 많다고 하는데(Ellis et al., 2001), 이는 거듭 임신되는 남아 태아에 대해 산모 체내에 '항체'들이 생기거나 스트레스 호르몬이 증가해, 나중에 임신한 남아(여동생은 아님)의 뇌 발달에 영향을 주어 동성애가 발생되는 것으로 설명되고 있다(McConaghy, 2006). 그러나 만일 그런 항체가 있다면, 태아의 성장 후 성지남보다 태내에서 진행되고 있는 태아의 성기 발생에 먼저 영향을 미칠 것이라고 보아야 하지만, 그런 영향은 발견되지 않는다. 오히려, 형이 많아 그들과 같이 생활하는 동안 벌어지는 성놀이나 근친간적인 상황에 동성애 유발 원인이 있지 않을까 하는 반론(Beard 등, 2014), 그리고 막내가 오랫동안 애기 취급받고 나약하게 키워지는 것도 게이가 되는 요인이라는 견해도 있다.

후성유전

동성애에 대한 생물학적 연구들은, 동성애가 진정 유전적이라면 그 특성상 동성애자는 세대를 거듭함에 따라 숫자가 줄어들게 되어 있으나, 실제로는 동성애자가 계속 나타나고 있으므로, 이에 대해 동성애의 선천성을 주장하던 사람들은 다른 대안이 필요해졌다. 그래서 대두된 가설이 후성유전(epigenesis) 이론이다(Rice 등, 2012). 후성유전학은 유전자 DNA의 염기서열이 변화하지 않는 상태에서 유전자 발현 메커니즘에 변화가 일어나는 현상을 의미한다. 유전자에 의해 어떤 행동유형이 일정하게 나타나게 되어 있지만, 실제로 개인에 따라 다른 다양한 환경(자연환경, 가족환경, 사회환경 등)의 영향, 즉 경험, 학습 등

비유전적 요인들에 의해 성장 과정 중에 유전자 표현에 다양한 변이가 야기되는 현상이다. 후성유전은 주로 DNA 염기서열의 변화 없이 크로마틴의 구조적 변화, 즉 염색질 개조(chromatin remodeling)라는 기전에 의하는데, 대체로 염색질 개조는 DNA 메틸화(methylation)와 히스톤의 아세틸화(histone acetylation)라는 기전에 의한다.

후성유전을 제시하는 동성애 옹호자들의 전략은 후천적으로 만들어진 특성(trait)도 유전될 수 있다는 가능성에 의지하는 것이다. 그러나 결국, 후성유전이라는 용어 자체는 동성애가 후천적으로, 즉 경험(학습) 내지 환경의 영향에 의해 만들어진다는 것을 의미하는 것이다.

3) 뇌구조

해부학적으로 '동성애 뇌'(homosexual brain)가 있다는 연구결과도 있다. 예를 들어, 리베이(S. LeVay)는 1991년 전방 시상하부의 간질핵(Interstitial Nuclei of the Anterior Hypothalamus: INAH)이라는 뇌구조물의 크기나 세포수가 동성애자가 이성애자보다 작다고 보고하였는데, 이는 동성애가 타고난다는 결정적 증거로 언론에 대서특필 되었다. 그러나 이런 변화는 나중에 에이즈 때문인 것으로 판명이 났다.

손잡이니, 전교련(anterior commissure)에서의 변이 등 대뇌비대칭성에서의 변이(Allen 등, 1992; Savic 등, 2008)도 제시되었지만, 이 역시 동성애 행동이 반복됨에 따라 나타난 변이로 볼 수 있어, 동성애의 선천성을 입증하는 것으로는 무리가 있다.

이러한 대뇌의 변화는 동성애가 선천적 원인이라기보다 반복된 동성애 행위에 따른 변화, 즉 신경가소성(neuroplasticity)의 결과로 보는 것이 타당하다고 본다. 예를 들어, 바이올린 주자는 왼손 손가락에 해당하는 뇌 부위가 증가되어 있는 것을 볼 수 있다. 그러나 이런 뇌 변화는 당대에 그치며 유전되지 않는다.

2. 정신적 원인

1) 동성애에 대한 정신분석 내지 역동적 이론

정신분석 이론에 기초한 보다 일반화된 이론을 정신역동(psychodynamic) 이론이라 한다. 이 이론가들에 의하면, 모든 성장애, 특히 성지남에 대한 설명은 정신성 발달(psychosexual development) 내지 성숙(maturity)의 개념에 기초하고 있다. 여기서는 정상행동이든, 병적 행동이든 간에 인간 행동은 본능(개체보존의 본능(먹기), 종족보존의 본능(섹스), 공격성 등)과 환경(사회문화 및 종교-초자아로 나타남)의 압력(힘)을, 자아가 현실 검정에 따라 조절하는 능력(힘) 간의 상호작용에 따라 결정된다고 본다. 그러한 자아의 능력은 소아에서 어른으로 정신성 발달(psychosexual development)에 따라 성숙해진다. 나이는 들었지만, 인격의 조절 능력이 소아 수준으로 미숙하면 이를 적응장애, 정신장애라 한다. 자아의 원만한 발달을 위해서는 부모와의 관계 맺기, 성정체성 형성, 자기 존중감 등이 중요하다.

프로이드(S. Freud)는 동성애를 정신성 발달의 정지(developmental arrest)의 한 징후로 보았다(1953). 즉, 오이디푸스 콤플렉스, 아버지에 대한 두려움, 거세공포, 어머니에 대한 공포, 남근 선망(레즈비언의 경우) 등 정신적 갈등이 정상적인 발달을 방해했다는 것이다. 프로이드는 동성애가 하나의 변이(variation)이기는 하지만 정신장애는 아니라 하고, 정신분석으로 이성애의 씨앗을 살려낼 수는 있지만, 매우 어렵다고 하였다(American Gay and Lesbian Psychiatry). 그러나 이후 프로이드의 딸 안나 프로이드(A. Freud)를 비롯한 대부분의 지도적인 정신분석가들은 동성애를 병으로 보고 정신분석 치료를 하였다.[4] 특히 산도 라도(S. Rado)는 동성애를 유혹적 어머니와 공포스러운 아버지와 연관된 근친상간적 충동에 대한 죄의식으로 인한 거세공포로부터의 도피로 해석하였고, 동성애를 정신분석으로 성공적으로 치료하였다고 한다(1940).

논의들을 종합하면, 동성애자는 대체적으로 어린 시절 인격의 발달(성숙) 과정에서 주로 가족관계에서 받은 영향으로 성인 이성애자로의 발달(성숙)이 정지(fixation)되거나 후퇴(regression)하여 감정적으로 미숙한 상태이므로, 의미 있는 대상(인)관계를 맺지 못하는 인격체라는 것이다(여성 동성애는 별로 거론되지 않았다).

버글러(E. Bergler)는 1950년대 세계적으로 가장 저명한 동성애 정신분석 이론가였다. 그는 프로이드와는 달리 동성애를 정상적 인간 변이(normal human variation)가 아닌, 하나의 질병으로 보았다. 그는 동성애자를 다음과 같이 규정하였다. "소수의 정신병적 적응장애를 가진 자기도취적 집단으로, 스스로 동성애를 미화하고 있으며, 신뢰할 수 없는 말썽꾼이며, 부정의 수집가(injustice collectors)이고, 그리고 고통을 자초하고자 하는 깊은 내면의 욕구를 가진 자들로, 법적 통제

---

4 전통적 정신분석 내지 역동 치료를 시행하여 긍정적 보고를 한 저명한 정신분석가들은 다음과 같다: W. Stekel(18681940), S. Ferenczi(18731933), A. Brill(18741948), M. Klein(18821960), H. Deutsch(18841982), 산도 라도(S. Rado)(1890-1972), A. Freud(18951982), 에드먼드 버글러(E. Bergler)(18991962), I. Bieber(19091991), C. Socarides (19222005), J. Nicolosi (1947-) 등.

가 필요한 사람이다." 그는 킨제이를 의료 평신도(medical layman)로 비하하면서, 킨제이는 동성애자 수를 잘못 과대 추정하였고, 이로 인해 동성애자들로 하여금 치유의 기회를 포기하게 했으며, 동성애자들이 소수자 지위를 요구하는 큰 목소리를 내게 만들었다고 비판하였다. 또한 1950년대를 기점으로 시작된 동성애 인권론자들의 등장은 동성애자들이 스스로를 억압하는 결과를 낳았다고 말하였다. 그러나 그는 동성애는 변화할 수 있는 것으로 보고 변화를 원하는 동성애자들을 치료하였다.

그는 남자 동성애는 '남자의 유방 콤플렉스'(breast complex)가 원인이라는 연구결과를 내놓았다. 즉, 남자 소아가 어머니의 젖떼기 시도에 충격을 받고 저항하면서, 강한 어머니(phallic mother)의 강한 유방에 대한 강한 가학적 분노(sadistic rage)가 야기되어, 잃어버린 어머니 유방에 대한 자기애적 복원(narcissistic restitution)을 시도해 보지만, 좌절된 공격성으로 인해 통제에 실패하여, 유방에서 남근으로 카텍시스(cathexes)가 옮겨가지 못하고, 대신 양가적 동일시(ambivalent identifications)와 자기애적 보상(narcissistic compensations)이 야기된다는 것이다. 소아는 구강기적 양가성을 해결하기 위해 어머니에 대한 증오를 아버지에게로 대치하려고 노력하는데, 이로 인한 죄의식으로 인해 아버지에게 매 맞는 피학적 공상(masochistic fantasy)이 발달한다. 그리하여 자신의 엉덩이를 어머니 유방에 대신하고, 어머니에 대한 증오로부터 아버지를 이상화하는 쪽으로 나아간다. 이 때문에 오이디푸스 콤플렉스가 적절히 해결되지 못하고, 다시 초기 구강기적 어머니에의 고착으로 퇴행(regress)한다. 그 결과 소아 자신의 식인적 입(cannibalistic mouth)과 어머니 질(vagina)을 혼동함으로써 바기나 덴타타(vagina dentata: 여성의 질에

이빨이 있어 남성 성기를 다치게 한다는 속설)의 개념을 갖게 되어, 이후 여성을 두려워하게 된다고 하였다. 즉, 동성애자의 구강기 고착(oral fixation) 현상 때문에 이성애적 관계(heterosexual bond)를 동성애적 관계(a homosexual bond)로 방향을 바꾸게 된다는 것이다. 이처럼 동성애는, 발달상 오이디푸스 콤플렉스 시기(남근기)로부터 구강기로 퇴행하여, 대상 리비도(object libido)가 발전하지 못하고, 대신 원초적 자기애적 구강기적 분노(primitive narcissistic oral rage)를 더 갖게 된 결과이다. 따라서 동성애는 아버지에 대한 원초적 동성애적 애착(primary homosexual attachment) 때문이라기보다, 애초 어머니에 대한 이성애적 애착(heterosexual attachment) 때문이라는 것이다.

이 같은 여러 정신현상들은 아래 기술하는 다른 심리현상들과 정신역동적으로 서로 연관된다는 설명이 가능하다. 예를 들어, 소아기의 부정적 경험이 오이디푸스 콤플렉스 해결을 방해하여 여성에 대한 불안이 생성되고, 대인관계가 어려워져 외로워지기 쉬우며, 이에 따른 열등감으로 동성애로 유혹하는 형뻘 되는 사람에게 잘 이끌리게 된다는 것이다(Bergler, 1958).

소아 시절의 부정적 경험

역동 이론에서는 소아 시절의 부정적 경험이 이후 정신장애를 일으키는 요인이 된다고 본다. 마찬가지로 동성애도 소아기 시절 성적 트라우마, 가난, 불우한 가정환경 등 사회적 여건과 관련된다고 본다.

37개 논문에 대한 한 메타-분석(Friedman 등, 2011)은 소아기 때 받은 성적 학대가 이성애자보다 동성애자에게서 3.9배 많다는 결과를 도출했다. 16세 이전의 동성애 성폭력(homosexual molestation)이 동성애의 원인이라고도 한다(Tomeo 등, 2001). 이에 로드만(E. F.

Rothman) 등(2011)도 75개 연구의 139,635명의 동성애자들을 대상으로 과거 경험을 분석한 결과 성폭력, 특히 소아기 성폭력을 경험한 비율이 매우 높았다는 통계자료를 발표하였다. 이 경우 어린 남자가 연상의 남자로부터 성적 학대를 당했다면, 그런 트라우마를 극복경험이하기 위해 스스로 같은 동성애 행동을 반복 행동하는 경향이 생긴다고 한다. 비어드(K.W. Beard) 등도 최근 연구에서(2013) 어린 시절 여러 형들과 같이 사는 동안 경험한 성 놀이가 성 동성애 형성에 영향을 줄 수 있다고 하였다.

이와 더불어 어린 시절에 겪은 불우한 가정, 부모의 부재, 일반적 폭력과 학대, 나쁜 주거환경, 가난 등의 부정적 경험도 역시 동성애와 관련이 있는 것으로 밝혀졌다(McLaughlin 등, 2012). 뉴질랜드에서 13,000명의 성인을 대상으로 한 연구에서, 동성애자들의 소아기 피학대 경험은 이성애자보다 3배 많았다(Wells 등, 2011). 레즈비언은, 화를 잘 내고 술을 많이 마시며 자기애적인 아버지와의 갈등에서 비롯된 남성에 대한 불신, 여성 젠더로서의 낮은 자존감, 외로움 등이 그 원인이라 한다(Fitzgibbons, 2015). 또한 7,643명의 레즈비언을 대상으로 조사한 한 연구에서는 동성애가 어려서의 아버지의 부재와 연관이 있다는 결과가 나왔다(Ellis, 2010).

그러나 최근에는 사회적 분위기의 영향 때문인지, 소아기 때의 트라우마가 이후 동성애의 원인이라기보다 어릴 때부터 보인 동성애적 행동 특징 때문에 차별받았던 결과일 것이라는 가능성을 열어두고 있다. 즉, 어린이가 동성애적 경향을 보이면 부모가 야단치거나 학대하고, 또래들이 비난하고 놀린다는 것이다. 그러나 한 연구는 통계 분석상 그런 불우한 과거가 동성애의 결과라기보다 원인이라는 것을 보여준다(Andersen 등, 2013).

동성 부모의 자녀(양자든, 데리고 온 아이든)들은 이성 부모의 아이들보다 동성애적 성향을 더 많이 보인다고 한다(Cameron, 2006). 이는 아마도 소아는 자라면서 부모를 동일시(닮기: identification)함으로써 자신의 성정체성을 형성해 간다는 정신분석 이론과 일치하는 현상으로 보인다.

기타 정신적 요인들

일반적으로 동성애를, 이성에 대한 일반적 불안, 부정적인 가족관계 또는 또래 관계, 젠더 정체성(gender-identity) 발달의 장애, 동성에 대한 증오에 대한 반동형성 등으로 설명하기도 한다. 특히, 남자 동성애의 원인으로, 낮은 자존감과 남자로서의 낮은 삶의 질(Sandfort 등, 2003), 어려서부터의 동성 친구들의 배척, 남성성(masculinity)에 대한 자기 신뢰의 부족, 외로움, 슬픔, 그리고 동성 친구와의 관계 맺음에서의 어려움(Fitzgibbons, 2015), 낮은 자존감과 높은 자기애(narcissism)(Rubinstein, 2010), 낮은 자존감과 강제된 성경험(Parkes 등, 2011) 등이 보고되고 있다.

인간은 누구나 본능적으로 인정과 사랑받고 싶은 욕구를 지닌다. 특히 남자의 경우, 발달적 위기 시 특히 사춘기 때, 불안을 느껴 강한 남성으로부터 받아들여지고 인정받고 우정을 나누며 보호받기를 원하는 경향성을 띠는데, 이러한 감정 상태로부터 동성애가 비롯된다고 설명되기도 한다. 특히, 예민하고 정서가 불안정한 청소년의 경우에는 자신에게 따뜻하게 대해주고 보호의 역할을 해주는 동성애자인 남자가 설득하면 쉽게 동성애로 유인된다. 그런 친구, 선배, 교사, 카운슬러 등을 게이 어퍼머티브(gay-affirmative)라 한다. 성적 가해자도 이런 설득행동을 할 수 있다.

또한 사람은 자극을 추구하는데, 일상이 지루하고 외롭다고 느낄 때, 자극의 유혹에 넘어갈 수 있는 상황을 맞을 수도 있으며, 게다가 호기심이 많고 자극을 추구하는 성향이 강한 사람일 경우, 동성애라는 금지된 자극에 유혹받을 수 있는 가능성은 증가하는 것이다. 이러한 경우 호기심이 반항심과 함께 겹치면 금지하는 것에 대한 매력은 더욱 강렬해진다.

"금지할수록 더 욕망한다"는 저항(reactance) 심리도 동성애 발생에 기여할 수 있다(Hensley, 1995). 유도저항(Reactance)이란 특정 행동의 자유를 위협하거나 제거하려는 시도에 대한 동기화된 반응(motivational reaction)으로, 의도된 바와 반대되는 관점이나 태도를 택하거나 강화하려 하는 행동이다.

2) 학습 이론

각인과 조건화

어린 시절의 성적 경험이 미래 성 선호에 미치는 영향을 학습 이론(learning theory)으로 설명하기도 한다. 어릴 적 어떤 결정적 시기(critical period)에 형제 또는 남매 간 성관계를 경험했을 때, 이러한 경험이 각인(imprinting) 내지 성지남의 조건화(conditioning)라는 현상을 통해 성인기 동성애로 이어진다는 것이다(Beard 등, 2013). 이런 주장들은 쌍둥이에게서 동성애 일치율이 다소 높게 나타나는 것으로도 설명된다. 즉, 게이들에게 사춘기가 빨리 오는 경우가 많은데, 이때 테스토스테론 분비가 일찍 시작하면, 형제들 (또는 쌍둥이 간)이 가장 가까운 또는 유일한 성적 욕망의 해결 대상일 수 있다는 것이다(대개 동생이 피해자가 된다). 또한 사춘기 때 포르노를 보면서 자위하는 것과 성인에게서 동성애적 흥분 사이를 연결시키는 학습도 동성애 발달의 가능한 기전으로 본다. 따라서 이런 상황에 대해 무심하거나 당장 어쩔 수 없다고 내버려두기보다, 경고하고 올바르게 교육해야 한다.

쾌락과 중독

인간은 자식 생산 이외의 목적, 즉 순수한 쾌락을 위해 성행위를 할 수 있으며, 쾌락을 배가하는 갖가지 방안을 추구하고 있다[5]. 성적 쾌락 추구는 성중독(sex addiction)이라는 도착증으로 나타날 수 있다. 중독현상이란 점점 더 강한 쾌락을 추구하고 더 자주 강박적 탐닉 행동을 하게 되는 현상이다. 동성애도 이러한 중독 현상으로 나타난 경우가 많다.

여성 성기나 입, 항문은 비슷한 구조로 되어 있지만, 그 용도가 다르다. 그러나 입이나 항문이 성과 결합하면 성에 색다른 쾌락을 줄 수 있다. 어쩌다가 항문에 흥미를 느끼고 항문성교를 하게 될 수 있는데, 그런 행동이 주는 색다른 쾌감에 중독이 되면 그런 행동에 강박적이 된다. 같은 쾌락 추구라는 점에서 당연히 마약중독과 동성애가 동반되는 수가 많다. 마약중독자가 더 강렬한 자극을 찾아 다른 여러 마약에 손대기 쉬운 것과 마찬가지로 동성애자들도 파트너를 자주 바꾸고 항문에 대해 별별 자극을 가하는 등, 다양한 자극을 추구한다. 이때 동성애에서도 성 본능과 공격성 본능이 결합하여 폭력이 행사되기도 한다.

---

5 매춘, 마약, 포르노, 도착행동, 비아그라 등은 쾌락을 향한 방법들이다. 눈에 관련된 쾌락은 관음증이나 노출증으로 나타나고, 귀와 입에 관련된 쾌락은 외설증으로 나타나며, 피부에 관련된 쾌락은 부비기(frotteur)로 나타난다. 항문에 관련된 쾌락은 관장도착증이나 항문성교로 나타난다. 공격 본능과 관련된 쾌락 추구는 잔인성으로 나타나고, 입맛의 쾌락 추구는 탐식(gluttony)으로 나타난다.

물질중독이든 성중독이든 중독 현상은 쾌락 내지 보상회로(reward circuitry)라는 공통적 뇌 기전(Blum 등, 2012)으로 굳어지는 경우가 많아 치료하기 매우 어렵다. 그리고 쾌락에의 중독이 초래하는 부작용(쾌락의 대가)은 정신적으로나 신체적으로 가혹하다(아래 증상 참조).

벰(D. J. Bem)은 동성애를 이국적인 애로틱 이론이 되다(Exotic Becomes Erotic theory: EBE)로 설명한다(1996). 소아들은 기질에 따라 선호하는 것이 다를 수 있는데, 어떤 소아는 같은 성의 소아들이 전형적으로 좋아하는 활동을 선호하지만, 다른 소아는 다른 성의 소아들의 전형적인 활동을 선호하기도 한다. 이런 차이로 인해 젠더 순응적인 아이는 반대 젠더의 아이와 다르다고, 그리고 젠더 비순응적인 아이는 같은 젠더의 아이와 다르다는 것을 느낀다. 즉, 색다르다는 느낌은 그런 느낌을 주는 아이와 가까이 있을 때 생리적 흥분을 야기한다. 이 생리적 흥분은 나중에 성적 흥분으로 변환(transform)된다. 그리하여 성인이 되었을 때 색다르다, 또는 'exotic'하다고 보는 젠더에 에로틱한 감정을 느낀다. 실제 조사결과 약 60%의 동성애자들은 소아 시절 대부분 젠더-비순응자(gender-nonconforming)였다(예를 들어 게이의 경우 어린 시절에 남자 아이들이 대개 좋아하는 축구 같은 놀이를 싫어했을 가능성이 높다.).

3. 사회문화적 요인

동성애를 바라보는 관점과 관련하여 문화적, 정치적, 종교적 논쟁이 왕성하다. 국가나 문화권에 따라 동성애를 인정하기도, 또는 반대하기도 하는 등 각기 다른 반응을 보이고 있다. 비교적 동성애에 허용적인 문화권에서 동성애자가 많아지리란 것은 충분히 예상할 수 있다.

동성애가 농촌지역보다 대도시에서 성장한 사람에게 많다는 것도 동성애에 대한 문화적 영향을 시사한다. 포스트모던적 상황이 동성애 발생을 조장한다는 견해가 있을 수 있다. 그러나 동성애가 사회 문화적으로 결정된다는 결정적 연구결과는 별로 없다.

상황적 또는 일시적으로, 예를 들어, 감옥 등, 여성 없이 남성끼리 생활을 해야 하는 환경 가운데서 동성애가 빈번히 발생할 수 있다. 또한 동성애를 가진 동료의 압박의 영향이 동성애를 유발할 수도 있다.

사회적으로도 반권위주의, 종교 또는 전통, 기성 체제에 대한 저항 정신(reactance)이 동성애 발생이나 옹호를 조장할 수 있다(Hensley, 1995). 영화나 드라마, 예능, 그리고 미디어의 각종 프로그램에 동성애에 대한 옹호 코드가 숨어 있어 동성애로의 유혹을 제공하기도 한다. 이런 코드는 관심을 유발하기 때문에 상업적 광고에 이용되기도 한다.

동성애를 용인하는 사회적 분위기도 동성애 발생을 용이하게 한다. 예를 들어, 동성애를 용인하는 정치 이데올로기적 선언이나 동성애를 용인하는 학교 성교육 등이다. 드물지만 정치적 이데올로기적 요구에 따라(예, radical-feminist movement) 동성애가 권장되기도 한다.

V. 증상

1. 일반 행동 특징

동성애적 행동은 다양하다. 에로틱하지 않은 동성 간의 우정(friendship)은 결코 동성애가 아니다. 사춘기 이전의 동성 또래들과의 성 놀이(sex play, 자아 탐색의 한 기능이며, 성적 추구가 아니다), 사춘기에 겪는 일시적 동성애적 우정, 단순한 동성에의 끌림(same sex attraction), 성인기의 일시적 성적 선호(sexual preference) 경험, 기숙사, 군대, 교도소 등 특정 상황에서의 제한된 동성애적 경험, 자신이 동성애자가 아닐까 하는 우려와 강박관념, 남자들끼리의 호감이나 우정 등, 일시적 가벼운 동성애적 행동이나 느낌, 또는 성향은, 나이가 들어감에 따라 또는 상황의 변화에 따라, 저절로 혹은 스스로의 깨달음에 따라, 얼마든지 이성애적으로 변할 수 있다. 그러나 이에 반해, 강박적 내지 중독적 동성애는 가장 심각한 병적인 상태의 동성애로서 치료가 불가피하다.

여기서 우리는 잠재형 동성애(latent homosexuality)와 드러난 동성애(overt Homosexuality)도 구별해야 한다. 잠재형 동성애는 동성애 성향이 있지만 자신이 이를 아직 알지 못하거나 뭔가 다르다는 것을 느끼면서도 아직 행동으로 드러나고 있지 않은 상태를 말한다. 반면, 드러난 동생애는 동성애적 행동으로 자신은 물론 다른 사람들이 그가 동성애자임을 아는 경우이다. 오랫동안 강박적 추구를 보이고 지배-복종 관계가 확립되거나 폭력이 개입되는 경우가 많은 동성애의 경우에는, 다른 형태의 중독 환자처럼, 스스로 치료받으려 하지도 않을 뿐더러 치료가 어렵다.

동성애 성행동에는 동성애의 성적 끌림(same-sex attraction), 키스, 애무, 상호 자위, 구강성교, teabagging(고환을 입에 넣음), 부비기(frotteur), 항문성교 등 다양하다. 즉, 이성애적 성행위와 구조적으로는 같으나, 대상이 동성일 뿐이다.

동성애와 창조성 문제

프로이드를 포함한 일부 학자들은 일부 동성애자들이 창조적 활동으로 사회에 공헌하고 있다고 말한다. 그러나 이는 통계적으로 입증된 것은 아니다. 어떤 학자는 신경증적 장애를 가진 창의적인 사람이 불안 같은 신경증적 증상 대신, 동성애를 자신의 증상 표현으로 선택한다고 주장한다(Cattell 등, 1962). 한편 최근 정신의학에서는 예술성이나 창조성은 양극성장애, 우울증, 분열형 성격 등과 관련이 있다고 본다(Davis, 2009). 따라서 예술적 창조성은 동성애와 관련이 있다기보다는, 개인의 달리 타고난 창의성, 천재성, 감수성 등과 관련된다고 보는 것이 옳다. 흔히 창조성은 예술가들이 가난, 박해, 사회적 소외(alienation), 정신적 외상, 심한 스트레스, 기타 정신장애를 야기할 만한 환경들과 관련된다고 본다. 정신분석적으로 창조는 소아기의 갈등과 트라우마, 현재의 고통스런 상황 등이 승화된 결과이다. 따라서 창조적 재능을 타고난 동성애자가 자신이 동성애자로서 겪는 스트레스를 예술과 창조성으로 승화한다는 것은 충분히 가능한 설명이다.

2. 정신건강

1957년 심리학자 후커(E. Hooker)는 게이였던 한 제자를 통해 게이들과 친분을 나눌 수 있게 되었는데, 그들로부터 동성애자들과 이성애자들 간에 정신건강상의 차이가 있는지를 비교 연구해 보자는 제안을 받고, 남자 동성애자 30명과 남자 이성애자 30명을 대상으로 하여 주제 통각검사(TAT), 로르샤흐(Rorschach) 검사, 메이크업 A 그림 연극 테스트(Make a Picture Story test) 등 3가지 심리검사로 비교분석해 보았으나, 이들 간에 별다른 차이점을 발견할 수 없었다고 한다(1957). 그러나 이 연구는 연구대상 모집에서 무작위적인 방법이 사용되지 않은 '자원자 오류'가 있었는데, 연구대상이었던 동성애자 30명

대부분이 뉴욕의 동성애자 단체인 매터친 소사이어티(the Mattachine Society)로부터 추천받은 동성애자로 밝혀졌다(Cameron 등, 2012). 게다가 평가 방법적 측면에서 오류가 있는 것으로 밝혀져, 이후 재분석을 시도하였는데, 그 결과 동성애자와 양성애자 사이에 차이가 없었다는 후커의 결과를 뒤집고, 많은 동성애자에게서 강박증(obsession/compulsivity)을 발견할 수 있었다고 한다.

그러나 과학적 연구 성과로서 적합하지 않은 이러한 후커의 연구는, 즉각적인 비판들에도 불구하고, 미국 심리학회에 의해 동성애자와 이성애자 간에 정신건강 면에서 차이가 없다는 것이 입증되는 역사적인 연구라는 평가를 받았다. 이러한 견해는 미국 정신의학회에도 받아들여져 정신장애 진단분류에서 동성애를 제외하는 데 과학적 근거로 홍보되었다. 이들의 이러한 태도는 그들이 과학보다는 이데올로기 편에 서 있었음을 여실히 보여주는 증거가 된다.

최근 무작위적으로 선택된 대상으로 한 연구들, 또는 수만 명이 포함된 메타-분석 연구들은, 동성애자들이 전체적으로 우울증, 불안장애, 자살, 알코올과 물질남용 등이 이성애자들보다 1.5-3배 많다는 연구결과를 일관성 있게 보여주고 있다(Chakraborty 등, 2011; Mathy 등, 2011; McLaughlin, 2012; King 등, 2008; Whitehead, 2010). 오리어리(D. O'Leary) 등(2008)은 관련 문헌들을 검토(review)한 후, 죄수들을 예외로 하면, 동성애자들처럼 광범위하고 심각한 정신병리를 보이는 사회적 집단은 없다고 하였다. 드라반트 등(2012)도 20,000여 명의 이성애자에 비해 1,000여 명의 남성 동성애자에게서 공황장애, 불안, 외상 후 스트레스장애(PTSD), 우울증, 양극성 장애가 통계적으로 의미 있게 많았으며, 1,000여 명의 여성 동성애자들에게서는 우울증, 불안, 양극성 장애, 외상 후 스트레스장애, 그리고 특히 알코올 남용, 흡연 등의 정신건강 문제들이 의미 있게 많았다고 밝혔다. 따라서 동성애자들이 항우울제, 신경안정제 등 향정신성 약물을 복용하는 경우도 유의하게 많았다.

동성애 옹호자들은 그들의 정신건강에 문제가 발견되는 것은 동성애 자체보다 동성애에 대한 사회의 배척, 차별, 폭력 피해 때문이라고 설명한다. 그러나 동성애가 사회적으로 널리 받아들여지고 있고 차별이 없는 뉴질랜드나 네덜란드 같은 나라에서도 동성애자들에게서 주요 우울증, 불안장애, 물질남용, 자살, 성폭력 등이 많이 발견된다는 것은 동성애자의 행동이 주변의 차별 때문만은 아님을 시사한다(Catholic Medical Association, 2008). 그러므로 동성애를 차라리 숨김으로써 차별을 피할 수 있을 것이다(Haas 등, 2014). 이에 대해 화이트헤드(N. Whitehead)는 실제 차별보다, 동성애자에 의해 '지각된' 차별이 자살의 원인이라고 지적하고, 이 지각된 차별은 동성애자들의 감정적 또는 회피적 대응기전 때문이라고 하였다(2010).

따라서 많은 정신과 의사들이 말한 것처럼, 동성애자들에게 스스로 해소해야 할 '내면의 갈등'이 많다고 한다면(Time, 1977), 이는 정신역동 이론에서 말하는 무의식적 갈등으로, 이 갈등에 어떤 방어기제를 사용하는가에 따라 우울증, 불안장애, 물질남용, 성기능장애, 또는 동성애 같은 정신 장애나 정신건강 문제 중 하나가 선택되거나 두 가지 이상이 공존하여 나타날 것이라는 것은 충분히 가능하다.

위험 행동

동성애자들의 건강이 나쁜 것은 그들이 평소 나타내는 위험 행동 때문일 수 있다. 건강 위험 행동은 원래 충동성(impulsivity), 호기심,

쾌락 추구, 등등의 기질 내지 인격 요소와 관련이 높다. 개로팔로(R. Garofalo) 등(1998)은 4,159명의 고등학생을 대상으로 한 조사에서, 104명의 동성애와 양성애 학생들이 나머지 학생들에 비해 자살시도, 음주, 흡연, 약물남용, 안전하지 않은 성행동, 성폭력 등 건강 위협 행동을 더 많이 한다고 보고하였다. 미국 질병통제예방센터(CDC)는 동성애 젊은이들은 HIV-AIDS(인체 면역결핍 바이러스 감염과 후천성 면역결핍증) 같은 성병을 퍼트리는 위험 행동을 많이 한다고 보고하고 있다 (2008).

3. 신체건강

동성애자들에게 신체적 질병도 많다. 2012년 2,569명의 동성애자들을 포함해서 모두 23,874명을 대상으로 한 조사(Drabant 등, 2012)에서 이성애자들에 비해, 게이들에게서 HIV에 의한 AIDS, 간염, 계절성 알러지, 고혈압, 치질, 간수치 상승 등 신체 질병이 유의하게 많았다. 또한 항문성교가 음경, 방광, 항문, 회음부, 직장, 대장, 골반내부 등에 질병을 야기하고, 키스나 애무 같은 행동도 구강, 폐, 피부 등에 질병을 야기한다. 세균이나 HIV로 인해 뇌, 혈액, 면역체계 등에 병적 영향을 주는 것으로 밝혀졌다(Gudel, 2009). 또한 사람에 따라 색다른 성적 감각을 위해 난폭한 가학-자학 행동(sadomasochism)을 하는 경우가 있는데, 특히 항문 내에 이물질이나 심지어 주먹(이를 fisting이라 한다)을 집어넣거나, 항문 내에 소변을 보기도 한다고 한다. 이 때문에 항문, 직장, 그 주변 피부에 상처가 나거나 감염이 발생한다.

특히 HIV-AIDS의 경우, 미국 질병통제예방센터의 발표에 의하면, 2010년 에이즈 환자 70%는 게이 또는 양성애자들이며, 신규 발생은 게이가 이성애 남자보다 44배, 여성보다는 40배 많다고 한다(2010). (매독도 다른 남자보다 46배, 여성보다 71배 많다.) 게다가 동성 간 섹스를 시작하는 나이가 어릴수록 에이즈 발병률이 높아진다(Lemp 등, 1994). 우리나라는 현재 AIDS 발생 초기 국가이기 때문에 대부분의 AIDS 환자는 동성애자들로 추측되며, 수혈을 통한 AIDS 바이러스 감염 보고는 거의 없다고 한다.[6]

더욱 심각한 것은 동성애자에게 HIV와 관련된 카포시 육종(Kaposi's sarcoma) 등 암 발생 위험이 두 배로 높아진다는 사실이다(Boehmer, 등 2011). 특히, 항문의 암 발병률은 일반 남자의 경우 인구 10만 명 당 1.4명임에 비해, 남자 동성애자의 경우 인구 10만 명 당 35명이며, 에이즈에 감염되어 있을 경우에는 암 발병률이 78.2명까지 증가한다(D'Souza 등, 2013). 한편, HIV가 뇌로 가면 뇌 조직을 파괴하여 치매(dementia in human immunodeficiency virus[HIV] disease)의 원인이 되기도 한다. 최근에는 동성애자 사이에서 HPV(human papillomavirus, 인간 유두종 바이러스)도 발견되는데, 이는 남자의 항문암, 구강암, 설암, 인후암, 여성 자궁경부암 등의 주요 원인인 것으로 파악되고 있다.

이와 더불어 동성애자들은 일반인에 비해 수명이 짧다. 캐머런 등(1994)이 13년 동안 18개 동성애 신문에 실린 동성애자 사망기사 6,574건을 분석하여 본 결과, AIDS 없는 동성애자들의 수명이 42세로

---

[6] 한국 질병관리본부(201)에 따르면, 국내 내국인 누적 AIDS 감염인이 2003년에는 2,537명이었으나, 2013년에는 10,423명으로 10년 동안에 4배 증가했다. 특히 2000년-2013년 사이 15-19세 남성은 26배 증가했으며, 20-24세 남성은 10배 증가했다. 신규 감염인이 예전에는 30대가 많았는데 최근에는 20대가 가장 많으며, 10대 증가율이 20대 증가율보다 더 크다. 국내 남성 동성애자가 AIDS에 걸릴 확률은 일반 남성에 비해 148배가 높고, 특히 10대 동성애자가 에이즈에 걸릴 확률은 일반 청소년에 비해 275배가 높다.

일반인보다 20여 년 짧았다. 동성애자들의 사망은 대개 급작스런 사고, 교통사고, 자살, 살인, 암 등으로 난폭한 경우가 많았다. 이에 더하여 AIDS가 급속히 확산된 이후에는 수명이 39세로 10% 더 짧아졌다[7].

4 동성 커플 문제

동성결혼, 동성 커플에서 정절성이나 관계의 지속성은 매우 낮다. 남자 동성 간 결합에서 정절이 지켜지는 경우는 156쌍 중 7쌍으로 매우 드물며, 그 관계 지속도 대개 5년 이내이다. 레즈비언 간 커플에서도 이와 유사한 것을 볼 수 있다(Schumm, 2010). 더구나 동성 간 결합에서 파트너에 대한 학대, 폭력 등의 빈도가 높다고 한다(Houston, 2007; Finneran 등, 2013). 인공수정(Artificial insemination)으로 임신한 동성 결합의 경우에도 40%에 달하는 숫자가 이른 시기에 헤어졌다(Gartrell 등, 2010). 2009년에 있은 구델(J. P. Gudel)의 리뷰(review)에 의하면, 미국의 경우 지난 1년간 에이즈 환자 한명 당 평균 파트너의 수는 60명이라 한다(2009).

동성 커플의 양자

동성 부모를 둔 양자의 성장과 정신건강에 대해, 긍정적이라는 연구가 많았다고 하지만(American Psychological Association, 2005), 다수의 그런 연구들이 이성 부모의 자녀 같은 대조군이 없거나, 대조군이 있어도 편모가정이 대조군으로 사용되었고, 연구대상도 매우 적었

7　전 미 하원의원인 Dannemayer(1980)는 "동성애는 자신에 대한 증오 때문"이라는 정신분석가들의 말에 동의한다고 말했다. 왜냐하면 AIDS와 관련된 그들의 행동은 궁극적으로 거의 예외 없이 스스로를 차례로 죽이는 것 같기 때문이다.

으며, 자가 보고에 의존하였다는 한계가 있다(Marks, 2012). 실제로는 동성 부모의 양자의 양육, 즉 아버지 없는 양육과 어머니 없는 양육, 또는 폭력이 많은 동성 커플 관계 등 불안정한 환경으로 인해 양자의 인격발달이 바람직하지 않다고 한다(Byrd, 2004; American College of Pediatricians).

이성 부모가 동성 부모에게서보다 자녀가 자라는데 더 좋은 교육적 내지 사회적 환경을 제공하고 있다(Sarantakos, 1996). 따라서 이성 부모의 자녀의 학교성적이 더 우수하며(Potter, 2012), 고등학교 졸업 비율도 더 높다고 한다(Allen, 2013). 1997-2013년의 기간 동안 207,000명을 대상으로 실시한 미국 국민건강 면접조사(National Health Interview Survey: NHIS)에서 응답자 중 동성 부모가 양육하는 512명의 자녀들이 이성 부모의 자녀들보다, 감정 문제 17% 대 7%, 발달문제 중 주의력결핍 과잉행동장애(ADHD) 15.5% 대 7.1%, 학습장애 14.1% 대 8 % 등으로 높게 나타났으며, 정신과 치료 경험도 동성 부모의 자녀가 이성 부모의 자녀보다 두 배 더 많았다는 결과가 나왔다(Schumm, 2010).

VI. 진단

정신장애 진단분류가 본격화한 1950년대에 동성애는 정신장애진단통계편람 제1판(Diagnostic and Statistical Manual of Mental Disorders the 1st edition: DSM-I)에서 사회적 병질 인격장애(sociopathic personality disorder)에, 1960년대 2판(DSM-II)에서는 성도착(sexual deviation)에 포함되었다. 1973년에 DSM-III

에서 동성애라는 병명은 제거되었고, 반면 자아이질적 성적 지남(egodystonic sexual orientation)이라는 병명을 남겼다가, 이 병명마저도 1978년 DSM-III-R에서는 제외되었다.

DSM-V의 경우

미국 APA가 2013년 개정한 정신장애진단통계편람 제5판(DSM-V)에 기술된 정신장애의 개념은 다음과 같다(American Psychiatric Association, 2013).

정신장애란 개인의 인지, 감정조절, 또는 행동에서 나타나는 임상학상 의미 있는 장애를 특징으로 하는 증후군으로, 정신기능의 기초가 되는 생물학적, 정신적, 또는 발달과정에서의 기능장애를 반영한다. 정신장애는 대개 사회적, 직업적 또는 기타 중요한 활동에서의 의미 있는 고통과 기능장애와 관련된다. 그러나 사랑하는 사람의 죽음 같은 흔한 스트레스 요인 또는 상실에 대한 예측할 수 있거나 문화적으로 용인되는 반응은 정신장애가 아니며, 또한 사회적으로 변이된 행동(예를 들어, 정치적, 종교적, 성적) 및 주로 개인과 사회와의 사이에서 일어나는 갈등도 개인에서의 기능장애 때문이 아니라면 정신장애가 아니다.

이 기준에 비추어 볼 때, ① 동성애는 전통적으로 발달장애(developmental disorder)의 하나로, 현재의 정신의학도 정신성 발달에서의 한 변이로 인정하고 있다. ② 동성애는 궁극적으로 자식 생산을 못하기 때문에 '기능장애'로 볼 수 있다. ③ 동성애는 결과적으로 수많은 '고통'을 수반한다(앞서 기술한 증상 참조). ④ 동성애를 '문화적으로 용인

> **[표 1] ICD-10 성관련 장애(한국 표준 질병 사인 분류) (5)**
>
> F52 성기능 이상(Sexual Dysfunction) (DSM-Ⅴ Sexual Dysfunction)
> 예: 발기부전, 여성 절정감장애(Female Orgasmic Disorder) 성교통 등.
> F64 성 주체성 장애(Gender Identity Disorders) (DSM-Ⅴ Gender Dysphoria)
> 예: 성전환증(Transgender) 등
> F65 성 도착증(Disorders of Sexual Preference) (DSM-Ⅴ Paraphilic Disorder)
> 예: 노출증, 관음증, 소아성애, 시체애호, 수간, 가학피학증, 비비기도착증, 외설증(전화, 컴퓨터 외설증 포함), 분변(더럽히기)애증 등이 포함된다.
> F66 성적 발달과 지남력에 관계된 심리적 장애와 행동장애(Psychological and Behavioural Disorders Associated with Sexual Development and Orientation)
> 주 : 성적 지남 그 자체는 장애와 연관시킬 수 없다.
> F66.0 성적 성숙 장애(Sexual Maturation Disorder)
> F66.1 자아 이질적 성적 지남(Egodystonic Sexual Orientation)
> F66.2 성관계 장애(Sexual Relationship Disorder)
> F66.8 기타 정신성 발달 장애(Other Psychosexual Development Disorders)
> F66.9 상세불명의 정신성 발달 장애(Psychosexual Development Disorder, Unspecified)

하지 않는' 문화권도 지구상에 있다.8 또한 동성애가 다른 누구를 해치지 않기 때문에 정신장애가 아니라고 볼 수 있다는 주장도 있지만, 동성애자들은 앞서 기술한 바와 같이 충동성이 높아, 폭력을 행사하는 경

---

8 아프리카(남아공 제외)와 이슬람 문화권에서는 동성애를 금하고 처벌한다. 에이즈가 창궐하고 있는 일부 아프리카 국가에서는 에이즈를 전염시킨다는 이유로 인해 처벌이 더 심하다.

우가 많으며, 에이즈로 인한 사회 안전과 인간 사회의 원칙을 위협하고 있는데, 결국, 동성애 행위는 인류 사회의 존속을 파괴하는 행위라고도 볼 수 있다.

WHO 국제 질병분류

세계보건기구(WHO)가 제정한 국제질병분류 제10판(International Classificatoin of Diseases:ICD-10)(WHO, 2010)에는 전 세계적인 상황을 고려하여서인지 '자아이질적 성적 지남'은 아직 남아있다(표1). ICD-10은 미국을 포함한 전 세계 국가들이 공식적으로 사용하며, 우리나라도 ICD-10을 번역한 "한국 표준 질병 사인 분류"(통계청, 2014)를 사용한다.

VII. 치료

1970년대까지 미국에서는 정신분석 내지 정신역동적 전환치료(conversion therapy)가 동성애에 대한 표준적인 치료법으로 인정되어 왕성하게 시행되었다. 행동변화기법(behavior modification treatment)도 개발되었는데, 그 중 하나가 혐오요법(aversion therapy)이다.

동성애 옹호자들은 정신분석 치료가 오랜 시간과 노력이 필요하며 성공하기가 어렵고, 정신역동적 전환치료의 성과라는 것도 완전한 이성애자로 바꾼 경우가 적으며, 치료 권유도 동성애자에게 상처만 준다고 하여, 금해야 한다고 주장한다(American Psychological Association).

이와 같은 차이는 동성애 옹호자들과 정신분석이 동성애를 바라보는 관점의 차이에서 온다. 즉, 동성애 옹호자들의 주장은 동성애도 타고난 자연(nature, 본성)이며 그래서 이를 억압하지 말고 해방하자는 것인데 반해, 정신분석에서는 동성애가 사람에게 주어진 자연스런 성이 억압되고 왜곡되어 잘못된 방향을 선택하게 되고, 그 결과로 주어진 동성애적인 성향을 그릇된 심리 요인과 행동양식으로 보고 이를 제자리로 돌이켜 주려고 한다.

다른 정신장애의 경우 약물치료든, 정신치료든 치료를 통해 회복하면 뇌의 미세구조가 공통적 방향으로 변화되는 것이 입증되고 있다. 이런 현상을 신경가소성(neuroplasticity)이라 한다. 이 현상은 후성유전(epigenesis)과 연결하여 설명되기도 한다. 즉, 뇌는 유연하게 발달하며 인격 성숙은 뇌의 발달과 궤를 같이 한다는 것이다. 실제로 사람은 성장하면서 능력이 커지고 경험이 쌓이면서 뇌도 커지고, 인격의 스트레스 극복 능력도 따라서 성숙해진다. 따라서 동성애 행동이 반복되면 그에 따른 뇌구조 변화가 유도될 수도 있다. 그러나 반대로 동성애와 반대되는 이성애로의 교정적 감정경험(corrective emotional experience)[9]을 반복하게 되면 뇌구조가 다시 정상적으로 회복될 수 있는 것이다.

자연(유전이든 선천적이든)이라 하더라도 인간은, 자연 상태의 동

---

[9] 교정적 감정경험이란, 환자와 치료자 사이에 진정한 관계와 정신치료 과정을 통해, 병의 원인되는 과거 부모가 보여준 것과 다르게, 치료자는 환자가 지금까지 억압해온 진정한 자아, 진정한 느낌, 그리고 사고에 대해 공감하고 진정으로 반응할 때, 환자는 이러한 새로운 다른 치료적 경험을 통해, 통찰과 더불어 치료에 대한 저항을 포기하고 자신의 진정한 감정을 알게 되고 이를 "지금 여기서" 표현하게 되어, 과거 부정적 외상적 경험의 영향이 해소되며, 진료실 밖에서도 사람들이 과거와 다르게 환자를 대하면서 그런 교정경험이 재현된다는 것이다(Alexander, 1946).

물과 달리, 인간 정신(이성, 신념, 가치관, 의지, 신앙 등)으로 또는 교육과 학습, 사회 환경의 통제 등을 통해, 태어나서 죽을 때까지 지속되는 뇌와 인간발달 과정에서, 잘못된 행동습성이나 정신장애는 물론이고 지금 논의되고 있는 동성애도 충분히 바꿀 수 있다고 본다. 이렇게 동성애의 변화/치료 가능성에 대한 증거가 증가함에 따라, 과거 동성애를 병명에서 제거하고 치료를 반대하던 미국 정신의학회는 현재 CEO and medical director(상임 사무총장에 해당)인 사무엘 레빈(S. Levin) 박사의 2015년 4월 9일 성명을 통해, 다음과 같이 말하고 있다(American Psychiatric Association, 2015).

"LGBT(lesbian, gay, bisexual, and transgendered)들은 원하면 치료받을 권리가 있다. 그러나 그 치료는 증거의 높은 표준에 맞는 것이라야 한다. 그러나 우리는 오랫동안 소위 회복치료라고 하는 것이 이러한 기준에 맞지 않으며 실제로 해로울 수 있다고 인식해왔다."

그러나 정신의학적 치료의 '높은 표준'은 어디까지인가? 대체로 의학논문에서는 통계적으로 유의하다는 통계적 기준(가설이 거부될 확률 0.5% 이내)이 있는데, 이는 대개 약물치료에서 이용하는 방법이다. 그러나 전환 내지 회복치료를 포함하는 정신분석이나 정신치료의 효과는, 개별 사례적이고, 대조군을 두기 어려우며, 진행이나 효과 판정도 주관적이기 때문에, 통계적 비교 논문으로 발표되기 어렵다. 그러나 관련 통계적 논문이 적다고 증거가 없다고 할 수 없다. 이는 신앙이 삶에 유익하다는 것을 통계적으로 입증하는 논문이 없다고 신앙이 가치 없다고 말하는 것과 같은 무리하고 무례한 논리이다. 개별 증례나 주관적 평가, 개인의 고백도 증거가 된다고 보아야 하기 때문이다.

회복치료가 "실제로 해로울 수 있다"는 증거로 흔히 회복치료 중에 자살하는 LGBT 사례를 들고 있다. 그렇다고 하더라도 이들을 위한 회복치료를 중단할 수는 없는 노릇이다. 이것은 마치 우울증이나 조현병(정신분열병) 환자들이 약물치료 중에 처방된 약물로 자살하는 경우가 있는데, 이런 경우에도 보편적으로 효과가 있는 약물치료를 위와 같은 이유 때문에 금지할 수는 없는 것과 같은 이치이다.

동성애가 정신장애가 아니라는 주장과 함께, 타고난 동성애는 치료될 수 없다[10]는 주장이 '정치적' 설득력을 발휘하여, 미국의 경우 주에 따라 전환치료(conversion therapy) 또는 회복치료(reparative therapy)를 권하는 것마저, 차별을 암시하는 것이라 하여, 금하기도 한다. 그러나 원하는 경우 허용하는 주도 있으며, 특히 18세 이하 청소년의 경우 부모가 치료를 강제하는 것을 허용하는 주도 있다. 미국에서는 윤리적이고(인권을 존중하고) 효과적인 치료법이라고 주장하며 회복치료를 연구하고 시행하고 교육하는 조직(예, National Alliance for Research and Therapy of Homosexuality: NARTH)과 개인 치료자들이 있다(Nicolosi, 2015). 동성애자는 다른 일반 사람들처럼 인간적으로 인권에서 차별받는 일이 없어야 할 뿐만 아니라, 치료받기 원하면 치료받을 수 있는 권리도 존중받아야 한다.

반면 동성애의 선천성을 주장하는 학자들은 동성애자임을 숨기거나 부끄러워하지 않고 그대로 동성애로 살도록 돕는 치료, 즉 게이 긍정적 치료(gay-affirmative therapy)를 권한다.

---

10 현대 의학에서는 타고난 정신장애나 신체질병도 치료해 주는 방안이 잘 발달해 있다.

1. 역동적 정신치료(dynamic psychotherapy)

정신분석적 정신병리 이론에 근거한 상담이나 치료로 동성애자들을 도와줄 수 있다. 치료 성공 사례도 많고, 무엇보다 저자 자신이 성공한 경험이 이를 말해주고 있다. 역동적 정신치료는 억압된 자연적인 성을 회복시키고, 잘못된 성적 표현과 그릇된 방향으로 설정된 성지남을 사회적응적인 상태로 자리 잡도록 하는 것이다[동성애 옹호자들은 오히려 기성 사회에 대한 적응(conform)을 병적으로 본다]. 상담이나 정신치료 자체의 기법은 상황에 따라 다양하게 전개되나, 동성애 치료의 핵심은 성정체성 확립과 성적 억압의 제거이다. 동성애라는 표면적 현상의 더 깊은 곳에 있는 개인 인간 내면의 갈등을 직시하는 것이다. 당사자에게 변화하고자 하는 강한 동기가 있고 치료자의 우수한 기술이 서로 협력한다면, 그 내면을 들여다 볼 수 있으며, 이로써 자유로워진 자아는 치료자와의 공동 노력을 통해 교정적 감정경험을 하면서, 자신이 선택하는 방향으로 자신을 통제할 수 있게 되고, 그 안에서 진정한 치유가 일어나고, 자유롭고 성숙한(발달된) 인간으로 발전할 수 있다. 이를 위해 치료자는 치료받는 동성애자를 향한 진정한 관심, 이해, 그리고 인간애를 보여주어야 한다.

동성애를 성공적으로 치료하였다는 정신치료자는 많다(각주 4 참조). 최근의 증거로 스피처(R. L. Spitzer)는 남녀 동성애자 200여명을 정신치료 하여 남자 동성애자 중 64%, 여자 동성애자 중 43%를 이성애자로 전환시키는 데 성공했다(2003). 그는 우울증이 치료 실패의 가장 흔한 부작용이라 하지만, 오히려 그의 환자들에게서는 치료 전 가지고 있었던 우울증이 치료 후 호전되는 결과를 얻었다고 한다.[11] 카르텐(E. Y. Karten)의 정신치료에 있어서도 동성애자들이 원치 않는 동성애에서 치유되었으며, 다른 남자들과도 비성적 우정을 발달시킬 수 있었다고 하였다(2010).

2. 회복치료

회복치료(reparative therapy)는 현재 NARTH[12]로 잘 알려진 '동성애의 연구 및 치료를 위한 협회'(National Association for Research & Therapy of Homosexuality)를 중심으로 널리 시행되는 치료기법을 가르킨다(Nicolosi, 2015). 이는 전환치료와 동의어로서, 정신분석 이전부터 현재에 이르는 정신역동적 이론과 여러 심리학 이론을 통합 적용하여 치료하고자 하는 것이다. 여기서는 동성애의 원인을, 동성의 사람들로부터의 소외와 배척받는다는 느낌에 의한 젠더 정체성 결여를 '자가 회복'(self-repair)하려는 무의식적 시도의 결과로 본다. NARTH의 회복치료는 미국의 'good standard psychotherapeutic practice'의 원칙, 즉 "용인되는 치료 형태는, 내담자(client)를 받아들임, 지지, 이해의 제공, 클라이언트의 대응, 사회적 지지, 정체성 추구와 발달이 촉진되도록 해주는 것이어야 한다"는 원칙을 엄격히 지키려 한다. 이 치료는, ① 원하는 경우에만 시행하고, ② 강제하지 아니하

11　스피처는 1973년 동성애를 진단에서 제거할 당시 병명위원회의 위원들 중 한 사람이었다. 그는 2012년 (동성애자들의 비판과 압력 때문에) 이 문제의 논문을 철회하려 하였으나, 학술지 측에서는 이 요청을 거부하였다.

12　NARTH는 동성애 치료를 주장하는 전문가들의 협회로 동성애를 원치 않은 동성애자를 이성애자로 성공적으로 바꾸는 치료에 대해 연구하고 실행하는 것을 취지로 한다. 1992년 Joseph Nicolosi, Benjamin Kaufman, Charles Socarides 등에 의해 창설되었다.

고, ③내담자의 결정을 존중하고, ④치료동맹(therapeutic alliance)에 기반 하는 등, 엄격한 정신치료의 기준 원칙을 지키고 있다. 회복치료의 4가지 원칙은: (1)공개(Disclosing)-위압하지 아니함, (2)질문을 격려함(Encouraging Inquiry)-이로써 치료동맹(therapeutic alliance)을 형성함, (3)과거 외상을 해소함(Resolving Past Trauma) (역동적 정신치료 기술에 해당), (4)교육(Education)-동성애의 원인, 내면의 동기, 건강상의 결과에 대해 교육함.

이러한 공동의 노력 과정을 통해 치료자와 내담자는 내담자의 경험에 대한 더 깊고 더 완전한 이해를 공유하려 한다. 구체적 목표는 게이를 이성애자로 회복시키려는 것으로, 전통적 남성적 젠더(masculine gender) 역할에 조건화(conditioning)하여 학습하는 것을 포함한다.

3. 기타

행동교정

1940년대 학습 이론(행동주의 심리학)에 따라 동성애뿐 아니라, 다른 정신장애에 대해서도 행동치료, 즉 behavioral modification 기법이 개발되었다. 그 중 하나가 혐오치료였다. 이는 동성애적 장면을 보여주면서 동시에 고통스러운 자극(대개 전기충격)을 주어 동성애를 싫어하도록 학습(포인트는 방법, 즉 부정적 재강화)하는 것이다. 이는 칭찬이나 상 또는 벌로서 행동을 교정하는 방법에 해당된다(칭찬은 고래도 춤추게 한다는 것도 이 경우에 해당된다.).

이 치료법은 동성애에 대해 약 58%의 치료효과가 있다고 주장되었다. 그러나 이 전기충격 같은 방법이 비인간적이라 하여 비난을 받았는데, 동성애자들은 이를 대대적으로 인권 문제화 하여 정신의학과 APA

를 공격하였다. 지금도 긍정적 또는 부정적 재강화를 이용하는 행동치료, 나아가 인지행동치료는 광범위하게 정신과 치료, 소아와 청소년들의 교육, 가정교육 등에 실질적으로 사용되고 있다. 학습 이론에 근거한 다른 방법으로 은밀한 과민성 요법(covert sensitization method), 자위 재생 시각화(masturbatory reconditioning visualization), 사회 기술 훈련(social skills training) 등이 있다.

생물학적 치료

의학이 빠르게 발달하던 19세기에 동성애를 고치기 위해 성기 절제술(castration), 방광세척(bladder washing), 직장 마시지(rectal massage) 등이 시행된 적이 있었다. 한때 성호르몬이 성행동에 미치는 영향이 알려지면서 성호르몬을 투여하는 방법이 시도 되었으나, 효과를 보지 못해 점차 사라졌다. 현재 각종 정신장애들을 치료하는 약물이 발달하고 있지만, 동성애를 직접 치료하는 약물은 없다. 단지 동성애자들이 흔히 보이는 우울증이나 불안장애 또는 강박장애 등은 항우울제나 항불안제로 치료할 수 있다. 이런 정신장애가 호전되면 동성애에 관련된 '강박관념'이나 '낮은 자존감'이 개선되어 전체적으로 동성애도 호전될 수 있다.

기독교적 방법

동성애를 기독교적으로 치유하자고자 하는 개별적, 또는 집단적인 노력이 있어 왔다. 대표적인 기구로는 출애굽 글로벌 연맹(Exodus Global Alliance)이 있다. 이는 세계적 기구로 그 강령은, ① 변화시키는 예수 그리스도의 권능을 통해 동성애자들에게 그리스도에 대한 믿음과 변화된 삶이 가능하다는 것을 알림, ② 성에 대한 성경적 관점을 유지하되, 반면 동성애에 영향을 받고 있는 사람들에게 하나님의 사랑과 은혜로써 대하도록, 그리고 동성애 관련 목회에 있어 크리스천과 교회, 교회 지도자들을 무장시키고 성장하도록 도움, ③기독교적 희망, 친교, 양육, 상담, 지지그룹, 기타 봉사를 통해 동성애로 고통 받는 사람들에게 봉사함 등이 있다. 한편, 동성애자들을 무시하거나 두려움으로 대하는 일반인들에게는 하나님의 사랑과 은총을 가르치고, 반면, 동성애를 정상적인 지남으로 생각하는 일반인들에게는 하나님의 다스림과 거룩함에 대해 가르친다.

(동성애에서 벗어나는 방법과 그 과정에 대해서는 한글판 자료를 참고할 것. http://www.exodusglobalalliance.org/koreanc814.php)

그 외, Courage International for Catholics, North Star for the LDS Church, JONAH for Jews, Joel 2.25 International for Catholic and Protestant Christians, One By One for Presbyterians, Homosexual Anonymous (Alcoholic Anonymous: AA)를 모델로 한 12단계 프로그램), Parents and Friends of Ex-Gays and Gays 등 여러 단체들이 활동하고 있다.

전환이 어려우면 순결(chastity)을 지킴으로 동성애에서 벗어나라는 주장도 있다(Harris, 2009). 이러한 기독교 신앙으로 전환을 원하는 크리스천 게이 중, 성공이 23%에 달했고, 안정된 순결 유지가 30%, 중도포기는 20%, 이도저도 아닌 애매한 상태에 머물고 있는 경우가 27%를 차지한다는 보고가 있다(Jones 등, 2009).

한국에는 대표적으로 홀리라이프/탈동성애인권포럼(Korean Association of Sexual Education Counselors)(http://www.holylife.kr/)이 탈동성애 활동을 하고 있다.

4. 사회적 대책

세상의 과학과 기술은 눈부시게 발달하고 있는 것에 반하여, 기독교 관련 의학적 연구는 그리 활발하지 않은 것 같다. 기독교계 내 성에 대한 연구들이, 가족치료 내지 부부치료 연구로서 다소 있으나, LGBT(레즈비언, 게이, 양성애자, 성전환자) 관련 연구는 매우 드문 것이 현실이다. 맹목적인 주의주장만으로 세상을 설득하기에는 역부족인 상황이다. 좀 더 전문적이고 심층적인 연구를 통해 도출된 증거를 토대로 비정상적인 성지남을 가진 자들을 설득하고 그들을 정상적인 인격체로 세우는 일이 바람직하다. 즉, 오늘날 왜곡 변질되어가고 있는 성에 관한 주의주장들에 대해, 전통적 기독교 신앙에 입각한 무조건적 반대보다는, 그것이 얼마나 불합리하고 부적절한 것인가를 과학적인 합리성의 바탕 위에서 제시하여야 하며, 이를 위해서는 과학적인 연구가 활성화되어 이 토대 위에서 입증이 되어야 할 것이다(민성길, 2015a).

이에 더불어서 기독교 성과학 연구는 구체적으로 성윤리 후퇴에 대한 대응 논리 개발과 동성애 옹호에 대한 대응 논리 개발이 포함되어야 할 것이다. 신앙은 반드시 과학을 필요로 하지 않는다. 그러나 성경과 기독교의 교훈이 얼마나 합리적이고 과학적인가를 입증할 수 있다면 일반인들을 설득하는 데에 있어서 그 효과가 배가될 것이기 때문이다.

한발 더 나아가 기독교 신앙과 교리에 입각한 성윤리에 대한 연구 결과를 사회 계몽과 청소년 교육에 포함시켜야 한다. 설교를 통해, 성경공부를 통해, 일반 강연을 통해, 대중매체를 통해, 저술을 통해, 학교 교재 개발을 통해 교육하여야 한다. 아마도 가장 중요한 교육활동은 치유 상담자 양성이어야 할 것이다.

성에 관한 기독교적 견해를 뒷받침하는 과학적 연구와 교육, 자료 도서관과 문서발행, 그리고 관련 단체들의 네트워킹(networking)을 위한, 연구소가 설립되면 교회의 무장은 한층 더 강화될 것이다. 이 일을 위해서 훌륭한 인적 자원과 공간, 그리고 재원 확보가 필요하다. 또한 다른 기독교 연구소나 과학자들 간의 연계도 필요하다. 부설로 기독교적 동성애 치유센터가 설립되어야 한다. 중앙 치유센터는 향후 설립된 지방 각지의 치유센터를 지원하는 선구적이고 모범적 상담소로서 이곳에서의 경험이 널리 전파되도록 한다.

VIII. 맺는 말

정신의학적 문헌들을 고찰해 본 바, 동성애가 정신장애가 아니라는 근거로 제시되었던, 또는 지금도 제시되고 있는 연구결과들이나 주장들은, 대개 잘못된 것임을 알 수 있다. 이러한 잘못된 주장과 그에 대한 반론을 요약하면 다음과 같다

① 인구 중에 동성애자들의 수가 많이 분포되어 있다.
반론: 과학적 사실들은 동성애 빈도가 일반 인구 중 1% 내외임을 보여주고 있다.
② 동성애자들은 이성애자들처럼 정신상태가 건강하다.
반론: 과학적으로 입증된 증거에 의하면, 동성애자들은 이성애자들에 비해 신체적으로나 정신적으로 장애가 많고, 높은 자살률과 수명의 단축을 보이고 있다. 이는 동성애자에 대한 사회적 편견과 차별 때문이라는 주장도 있으나, 동성애를 일으키는 동성애자 내면의

정신적 갈등이 원인일 수도 있다. 성윤리의 타락은 개인 건강을 해칠 뿐만 아니라, 의료비 같은 사회경제적 부담도 가중시킨다.

③ 1973년 미국 APA 회원 투표에서 58%의 정신과 의사들이 동성애가 병이 아님을 공포했다.

반론: 1973년에 있은 투표는 다분히 정치적인 행위였으며, 따라서 1977년 행해졌던 조사에서는 APA의 69%의 회원들이 동성애의 정신병리를 인정하였다.

④ 동성애는 타고나는 것이다(유전된다).

반론: 과학적으로 입증된 연구결과에 의하면, 20,000-25,000개의 인간 유전자 중에서 동성애와 관련된 유전자의 발견은 전무하다. 태내 성호르몬 영향에 대한 연구들은 직접 입증이 되지 않았고, 그 간접적인 증거들이나 뇌구조 이상에 대한 연구들도 동성애의 선천성을 입증하기에 부족하다. 후성유전적 이론은 가설 수준이며, 실제 연구된 바도 없다. 반면, 동성애가 소아기의 부정적인 경험, 내면적 갈등과 콤플렉스, 정신성 발달에서의 고착 내지 퇴행 등 정신 역동적 연구가 많았고, 학습 이론(각인과 조건화)도 거론되어 왔다. 현재 발달장애 이론을 입증하는 연구들은 꾸준히 생산되고 있다. 현재로서는 동성애에 대한 선천성 요소가 다소 있다 하더라도 그것을 객관적으로 입증할 수 있는 수준은 아니며, 일부 객관적 사실을 받아들인다 하더라도 선천적인 요소의 단일 요인만으로 판단하기보다는 이보다 영향력이 더 큰 다양한 정신사회적 원인들과 복합적으로 작용하여 생겨난다고 보는 것이 타당하다.

⑤ 동성애가 이성애로 바뀔 수 있다는 정당한 과학적 증거가 없다. 그래서 전환치료를 할 필요도 없고 그런 치료는 동성애자에게 해를 끼칠 수 있으므로 금해야 한다.

반론: 과학적 사실은 동성애자가 자연스럽게 나이가 듦에 따라 비동성애자로 바뀌기도 하고 전환치료로서, 또는 기독교 신앙으로 성공적인 변화를 이루는 사례들이 있다는 것이다. 이러한 효과는 주관적인 요소가 많이 작용하므로 객관적으로 확인되는 "통계적" 논문으로 발표되기에는 한계가 있음을 고려해야 한다.

이상과 같은 동성애에 대한 의학적 진실을 모든 사람들, 특히 청소년들의 이해를 도와, 동성애를 예방하는 일에 적극 나서야 한다.

그러면, 정신의학적으로는 어떤 성이 건강한 성인가? 일찍이 미국의 저명한 정신과 의사인 에릭슨(E. Erikson)은 건강한 성은 ① 서로 사랑하고 믿으며, ② 일, 자식생산(procreation), 및 즐거움(recreation)의 주기를 조절하는데 상호 협력하고, ③ 이성 파트너와, ④ 친밀감(intimacy)을 가지고, ⑤ 자아상실의 공포 없이, ⑥ 성기 결합을 통해, ⑦ 상호 절정감(mutual orgasm)을 공유할 수 있으며, ⑧ 자식을 낳고 협력하여 키워 만족스러운 성장을 하도록 해주는 것이라 정의하였다. 에릭슨은, 킨제이가 자위나 몽정, 패팅, 동성애, 수간 등에 의해서라도 정액방출(orgasm보다 outlet으로 표현)을 경험한다면 모두 괜찮다는 주장에 대해 단연코 반대하였다.

수만 년의 인류 역사에서 최근까지 인류 사회가 경험한 바에 의하면, 성적 지남 문제에서 선택한 것은 동성행위는 죄악 된 행동이며, 병적이고 위험행동이라는 개념이었다. 그러나 오늘날에 이르러서는 이런 전통이 훼손되고 있다. 현재 세계는 이러한 동성애가 들불처럼 일어나 번지고 있으며, 이뿐만 아니라 인간성의 해방이라는 미명하에 총제적인 성윤리의 타락 현상이 두드러지는 모습을 볼 수 있다. 이러한 성윤리의 타락은 전통적, 또는 기독교적 관점에서 보면 매우 심각한 우려를 낳는 대목이다. 왜냐하면 이러한 인간성의 해방이라는 논리가 우리 인간에게 어떤 부정적 결과를 가져왔는지, 우리는 인류 역사를 통해 잘 알고 있기 때문이다. 심지어 성소수자 인권 옹호의 논리가 지나쳐, LGBT 상태에서 벗어나려는 사람들에 대한 억압도 심상치 않다. 그러나 이 대목에서 우리가 생각해 보아야 할 것은 진정한 인권은 인간이 하나님 안에서 자유롭게 되는 데서 찾을 수 있다는 것이다.

모든 인간, 즉 LGBT는 물론 그 외에 다른 범죄인들까지도 포함한 모든 사람들은 인간의 권리로서 동등한 인권의 존중을 받아야 한다. 죄인들에게도 동등한 인격체로서 사랑과 정중함으로 대해야 하는 것이 마땅하다. 하나님의 긍휼하심과 사랑은 오히려 죄인들에게 더 가까이 열려 있음을 믿는다. 그러나 여기서 명확히 집고 넘어가야 할 것은 본인이 가지고 있는 동성애 성향이 유전으로 인한 것이든, 환경적인 원인으로 인한 것이든 간에, 현재 개인이 동성애적 경향성을 가졌다는 것은 부인할 수 없는 어쩔 수 없는 사실이라 할지라도, 그럼에도 불구하고 동성행위를 '지금 실행하는 것'은 개인의 선택 내지 의지의 문제이며, 윤리 도덕적으로 책임 있는 행동은 아니다.

오늘날과 같이 동성애에 대한 위험성이 증폭되고 있는 세태 가운데서도 한국교회가 올바른 성윤리를 위한 활동을 활발하게 시작하고 있음으로 해서 희망을 보게 된다. 이에 부가해서 이러한 대응 활동을 뒷받침하는 기독교 성과학 연구를 위한 연구소가 설립되기를 기원해 본다.

참고문헌

길원평 등 (2014). 동성애 과연 타고나는 것일까. 서울: 라온누리.

민성길 (2015). 동성애에 대한 성과학 연구. 지저스아미. 통권 58호:16-27.

민성길(편) (2015). 최신정신의학. 서울: 일조각.

양봉민, 최운정 (2004) "한국에서 HIV/AIDS 감염의 경제적 영향." 서울대학교 보건대학원 연구보고서,

통계청 (2014): 한국 표준 질병 사인 분류.

http://kostat.go.kr/kssc/stclass/StClassAction.do?method=dis&classKind=5&kssc=popup

한국질병관리본부(2011). HIV/AIDS 신고 현황 연보. p20.

The Advocate (1996). Advocate Poll Results. February 6. p. 8.

Alexander F, French TE (1980). Psychoanalytic Therapy: Principles and Application, Lincoln: University of Nebraska Press, p. 66,

Allen LS, Gorski RA(1992). Sexual Orientation and the Size of the Anterior Commissure in the Human Brain. PNAS 89:7199-7202.

Allen D (2013). High School Graduation Rates among Children of Same Sex-Households. Rev Econ Households, DOI 10.1001/s11150-013-9220-y.

American College of Pediatricians. Same-Sex Marriage: Not Best for Children.

https://www.acpeds.org/same-sex-marriage-not-best-for-children

American Gay and Lesbian Psychiatry. The History of Psychiatry & Homosexuality.

http://www.aglp.org/gap/1_history/#declassification

American Psychiatric Association (2013): Diagnostic and Statistical Manual of Mental Disorders. 5th ed. Washington DC.

American Psychiatric Association (2015). Bulletin. April 10th.

http://mailview.bulletinhealthcare.com/mailview.aspx?m=20150410 01apa&r=1687967-fdd9

American Psychological Association (2005) Lesbian and Gay Parenting,

www.apa.org/pi/lgbt/resources/parenting-full.pdf.

American Psychological Association. Report of the APA Task Force on Appropriate Therapeutic Responses to Sexual Orientation.

http://www.apa.org/pi/lgbt/resources/sexual-orientation.aspx?tab=1

Andersen JP, Blosnich J (2013): Disparities in Adverse Childhood Experiences among Sexual Minority and Heterosexual Adults: Results from a Multi-State Probability-Based Sample. PLoS one.

DOI: 10.1371/journal.pone.0054691.

Bailey, J. M., Pillard, R. (1991). A Genetic Study of Male Sexual Orientation. Archives of General Psychiatry 48:1089.

Bailey, J. M. et al. (2000). Genetic and Environmental Influences on Sexual Orientation and Its Correlates in an Australian Twin Sample. Journal of Personality and Social Psychology 78:524536.

Bayer, R. (1981). Homosexuality and American Psychiatry : The Politics of Diagnosis. New York, 1981).

Beard, K. W., Bearda, K. W., Stroebelb, S. S., O'Keefe, S. L., Harper-Dortonc, K. V., Griffeed, K., Younge, D. H., Swindellf, S., Steeleg, K., Linza, T. D., Karla, K. B., Lawhona, M., Campbell, N. M. (2013). Brother-Brother Incest: Data from an Anonymous Computerized Survey. Sexual Addiction & Compulsivity 20:217-253.

Bem, D. J.(1996). Exotic Becomes Erotic: A Developmental Theory of Sexual Orientation. Psychological Review 103:(2):320-335.

Bem, D. J. (2000). Exotic Becomes Erotic: Interpreting the Biological Correlates of Sexual Orientation. Arch Sex Behav 29(6): 53148.

Bergler, E.(1956). Homosexuality: Disease or Way of Life. New York: Hill and Wang.

Blum, K., et al. (2012): Sex, Drugs, and Rock 'n' Roll: Hypothesizing Common Mesolimbic Activation as a Function of Reward Gene Polymorphisms. J Psychoactive Drugs 44(1):3855.

Boehmer, U., et al. (2011) "Cancer Survivorship and Sexual Orientation," Cancer 117 (2011): 37963804.

Brehm, J. W., Weinraub, M. (1977). Physical Barriers and Psychological Reactance: 2-Year-Olds' Responsesto Threats to Freedom. Journal of Personality and Social Psychology 35:830-836.

Byrd, A. D. (2004). Gender Complementarity and Child-rearing: Where

Tradition and Science Agree. Journal of Law and Family Studies 6(2):213.

Cameron, P., et al. (1994) The Longevity of Homosexuals: Before and After the AIDS Epidemic. Omega, J. Death and Dying, 29(3):249-272.

Cameron, P., et al. (1996). Errors by the American Psychaitric Association, the American Psychological Association, and the National Educational Association in Representing Homosexuality in Amicus brief about Amendment 2 to the US Supreme Court. Psychological Reports 79:383-404.

Cameron, P., Cameron K(2002): What Proportion of Heterosexuals Is Ex-Homosexual? Psychological Reports 91:1087-1097.

Cameron, P. (2006). Children of homosexuals and transsexuals more apt to be homosexual. J. Biosoc. Sci. 38:413-418.

Cameron P, Cameron K(2012). Re-Examining Evelyn Hooker: Setting the Record Straight with Comments on Schumm's Reanalysis. Marriage & Family Review 48(6):465484.

Catholic Medical Association(2008) Homosexuality and Hope, www.cathmed.org.

Cattell RB, Morony JH(1962): The Use of the 16 PF in Distinguishing Homosexuals, Normals, and General Criminals. Journal of Consulting Psychology 26(6):531-540.

CDC(2008) Trends in HIV/AIDS Diagnoses among Men Who Have Sex with Men. MMWR Weekly, June 27, 57: 681:686.

CDC(2010). www.cdc.gov/nchhstp/newsroom/msmpressrelease.html.

Chakraborty, A., et al(2011). Mental Health of the Non-Heterosexual Population of England. British Journal of Psychiatry 198:143-48.

Chandra, A., Mosher, W. D., Copen, C., Sionean, C.(2011). Sexual Behavior, Sexual Attraction, and Sexual Identity in the United States: Data from the 2006-2008 National Survey of Family Growth. Natl Health Stat Report. 3;(36):1-36.

Cochran, W. G., Jenkins, W. O., Mosteller, D., Tukey, J. W.(1954). Statistical Problems of the Kinsey Report on Sexual Behavior in the Human Male. American Statistical Association, National Research Council

(U.S.). Committee for Research in Problems of Sex Sychology.

Dannemayer, W.(1989). Shadow in the Land: Homosexuality in America. Ignatius Press.

Davis, M. A.(2009). Understanding the Relationship between Mood and Creativity: A Meta-Analysis. Organizational Behavior and Human Decision Processes 100: 2538.

Drabant EM, Kiefer AK, Eriksson N, Mountain JL, Francke U, Tung JY, Hinds DA, Do CB 23andMe, Mountain View, CA(2012). Genome Wide Association Study of Sexual Orientation in a Large, Web-Based Cohort. Presented at the American Society of Human Genetics Annual Meeting. Nov 6-10, 2012, San Francisco.

D'Souza, G., Rajan, S., Bhatia, R., Uptake and Predictors of Anal Cancer Screening in Men Who Have Sex With Men. Am J Public Health 103(9): e88e95.

Ellis, L., Blanchard, R. (2001). Birth Order, Sibling Sex Ratio, and Maternal Miscarriages in Homosexual and Heterosexual Men and Women. Personality and Individual Differences, 30:543-552.

Ellis, B. (2010). Analysis: Female Homosexuality Connected to Broken Homes.

http://www.cdc.gov/nchs/nsfg.htm

Erikson, E.(1950): Childhood and society. WW Norton, New York. p.263-266.

Exodus Global Alliance. http://www.exodusglobalalliance.org/whatwedoc10.php.

Exodus Global Alliance. http://www.exodusglobalalliance.org/koreanc814.php.

Finneran C, Stephenson R (2013). Intimate Partner Violence among Men Who Have Sex with Men: A Systematic Review Trauma Violence Abuse 14(2):168-185.

Fitzgibbons, R. (2015). Same-Sex Attractions in Youth and their Right to Informed Consent. Institute for Marital Healing.

http://www.childhealing.com/articles/ssayouth-if-imh.php

Freud, S. (1953). Three Essays on the Theory of Sexuality. In Standard Edition of the Complete Psychological Works of Sigmund Freud.

vol 7. Hogarth Press, London.

Friedman, M. S., et al. (2011). A Meta-Analysis of Disparities in Childhood Sexual Abuse, Parental Physical Abuse, and Peer Victimization Among Sexual Minority and Sexual Nonminority Individuals. Am J Public Health. 101(8):1481-1494.

Garofalo, R., et al. (1998). The Association Between Health Risk Behaviors and Sexual Orientation Among a School-Based Sample of Adolescents. Pediatrics101:895-902.

Gartrell, N., Bos, H. (2010). US national Longitudinal Lesbian Family Study: Psychological Adjustment of 17-year-old Adolescents, Pediatrics 126(1):28-36.

Gudel JP(2009). Homosexuality Facts and Fiction. The Christian Research Institute. Article ID: DH055-1http://www.equip.org/article/homosexuality-facts-and-fiction/

Haas, A. P., Drescher J(2014). Impact of Sexual Orientation and Gender Identity on Suicide Risk: Implications for Assessment and Treatment. Psychiatric Times December 31:2014.

Hamer, D. H., et al. (1993). A linkage between DNA Markers on the X-Chromosome and Male Sexual Orientation. Science 261:321.

Harris, S. (2009). Mental Health, Chastity and Religious Participation in a Population of Same-Sex Attracted Men. Doctoral Dissertation.

Hensley CL (1995). Social Reactance towards Homosexuality: an Analysis of College Student's Attitudes. MS Degree Dissertation Paper, Mississippi State University. Department of Sociology, Anthropology and Social Work.

Hooker, E. (1957). The Adjustment of the Male Overt Homosexual. Journal of Projective Techniques 21:1831.

Houston, E., McKiman DJ (2007). Intimate Partner Abuse Among Gay and Bisexual Men: Risk Correlates and Health Outcomes. J Urban Health 84:681-690.

Hu, S., Pattatucci AML, Patterson C1, Li L, Fulker DW, Cherny SS2, Leonid Kruglyak, Hamer, D. (1995). Linkage between Sexual Orientation and Chromosome Xq28 in Males but Not in Females. Nature Genetics11:248-256.

Jones, S. L., Yarhouse, M. A. (2007). Ex-Gays?: A Longitudinal Study of Religiously Mediated Change In Sexual Orientation. Intervarsity Press Academic. ISBN 978-0-8308-2846-3.

Kallmann, F. (1952). Twin and Sibship Study of Overt Male Homosexuality. American J Human Genetics 4:136.

Karten, E. Y., Wade, J. C. (2010). Sexual Orientation Change Efforts in Men: A Client Perspective. The Journal of Men's Studies 18:84-102.

King, M., Semlyen, J., Tai, S., Killaspy, H., Osborn, D., Popelyuk, D., Nazareth, I, (2008). A Systematic Review of Mental Disorder, Suicide, and Deliberate Self Harm in Lesbian, Gay and Bisexual People. BMC Psychiatry 8:70.

Kinnish, K. K., Strassberg, D. S. and Turner, C. W. (2005) Sex Differences in the Flexibility of Sexual Orientation: A Multidimensional Retrospective Assessment. Archives of Sexual Behavior 34:175-183.

Lemp, G. et al. (1994). Sero-Prevalence of HIV and Risk Behaviors among Young Homosexual and Bisexual Men. JAMA 272:449-445.

LeVay, S. (1991). A Difference in Hypothalamic Structure between Heterosexual and homosexual men. Science 253:1034-1037.

Manning, J. T., Scutt, D., Wilson, J., Lewis-Jones, D. I. (1998). The Ratio of 2nd to 4th Digit Length: a Predictor of Sperm Numbers and Concentrations of Testosterone, Luteinizing Hormone and Oestrogen. Human Reproduction 13:3000-3004.

Marks, L. (2012). Same-Sex Parenting and Children's Outcomes: A closer Examination of the American Psychological Association's Brief on Lesbian and Gay Parenting. Social Science Research 41(4):735-751.

Martin, J. T,, Nguyen, D. H. (2004). Anthropometric Analysis of Homosexuals and Heterosexuals: Implications for Early Hormone Exposure Hormones and Behavior 45:31-39.

Maslow, A. H., Sakoda, J. (1952). Volunteer Error in the Kinsey Study, Journal of Abnormal Psychology. 47(2):259-262.

Masters, W. H., Brown, V. E., Kolodny, R. (1982). Human Sexuality. Boston: Little, Brown and Company, p. 319.

Mathy, R. M., Susan, D., Cochran, S. D., Olsen, J., Vickie, M., Mays, V. M. (2011). The Association between Relationship Markers of Sexual Orientation and Suicide: Denmark, 19902001. Soc Psychiatry Psychiatr Epidemiol 46(2):111-117.

McConaghy, N. D., Hadzi-Pavlovic, C., Stevens, V., Buhrich, M. N., Vollmer-Conna, U. (2006). Fraternal Birth Order and Ratio of Heterosexual/ Homosexual Feelings in Women and Men. J Homosex. 51:161-174.

McLaughlin, K. A., et al. (2012). Disproportionate Exposure to Early-Life Adversity and Sexual Orientation Disparities in Psychiatric Morbidity. Child Abuse Negl 36(9):645-655.

Mustanski, B. S., Chivers, M. L., & Bailey, J. M. (2002). A Critical Review of Recent Biological Research on Human Sexual Orientation. Annual Review of Sex Research 13, 89-140.

Mustanski, B. S., Dupree, M. G., Nievergelt, C. M., Bocklandt, S., Schork, N. J., Hamer, D. H. (2005). A Genome-Wide Scan of Male Sexual Orientation. Hum Genet 116:272-278.

Nicolosi, J. (2015). What Is Reparative Therapy? Examining the Controversy.

http://www.narth.com/#!important-updates/c19sp

Noyes, A. P., Kolb, L. C. (1963): Modern Clinical Psychiatry. WB Saunders Company, Philadelphia and London. p.466-472.

O'Leary, D., Byrd, D., Fitzgibbons, R., Phelan, J. (2008). A Response to the APA Fact Sheet, www.narth.com.

Parkes A, et. al. (2011). Comparison of Teenagers' Early Same-Sex and Heterosexual Behavior: UK Data from the SHARE and RIPPLE Studies. Journal of Adolescent Health 48:27-35.

Potter, D. (2012). Same-Sex Parent Families and Children's Academic Achievement. Journal of Marriage and Family 74:556-571.

Rado, S. (1940): A Critical Examination of the Concept of Bisexuality. Psychosom Med2:459-467.

Remafedi, G., Resnick, M., Blum, R., Harris, L. (1992). Demography of Sexual Orientationin Adolescents. Pediatrics, 89:714-721.

Ramagopalan, S. V., Dyment, D. A., Handunnetthi, L., Rice, G. P., Ebers, G. C. (2010). A Genome-Wide Scan of Male Sexual Orientation. Journal of Human Genetics 55:131-132.

Reisman, J. A., Edward, W., Eichel, E. W. (1990). Kinsey, Sex and Fraud: The Indoctrination of a People. Huntington House Publishers.

Remafedi, G., Resnick, M., Blum, R., Harris, L. (1992). Demography of Sexual Orientation in Adolescents. Pesiatrics 89:714-721.

Rice, G., Anderson, C., Risch, N., Eber, G. (1999). Male Homosexuality: "Absence of Linkage to Microsatellite Markers at Xq28." Science 284:665.

Rice, W. R., Friberg, U., Gavrilets, S. (2012): Homosexuality as a Consequence of Epigenetically Canalized Sexual Development. The Quarterly Review of Biology 87(4):343-368.

Rothman, E. F., Exnerz, D., Baughman, A. (2011). The Prevalence of Sexual Assault Against People Who Identify as Gay, Lesbian or Bisexual in the United States: A Systematic Review. Trauma Violence Abuse 12(2):5566.

Rubinstein, G. (2010). Narcissism and Self-Esteem Among Homosexual and Heterosexual Male Students. Journal of Sex &Marital Therapy, 36:2434.

Sadock, B. J., Sadock, V. A., Ruiz, P. (2015): Synopsis of Psychiatry. Behavioral Science/Clinical Psychiatry. the 11th edition.. Wolters Kluver, NY.

Sanders, A. R., Martin, E. R., Beecham, G. W., Guo, S., Dawood, K., Rieger, G., Badner, J. A., Gershon, E. S., Krishnappa, R. S., Kolundzija, A. B., Duan, J., Gejman, P. V., Bailey, J. M. (2015). Genome-Wide Scan Demonstrates Significant Linkage for Male Sexual Orientation. Psychol Med 45(7):1379-88.

Sandfort, T. G., et al.(2003) Same-sex sexuality and quality of life: findings from the Netherlands Mental Health Survey and Incidence Study. Arch Sex Behav 32:15.

Sarantakos, S. (1996). Children in Three Contexts. Children Australia 21(3):23-31.

Savic, I., Lindstr m, P. (2008). PET and MRI Show Differences in Cerebral Asymmetry and Functional Connectivity between Homo- and Heterosexual Subjects. Proc Natl Acad Sci U S A. 8;105(27):9403-

8).

Savin-Williams, R. C., Ream, G. L. (2007). Prevalence and Stability of Sexual Orientation Components During Adolescence and Young Adulthood. Archives of Sexual Behavior 36:385-394.

Schumm, W. (2010). Comparative Relationship Stability of Lesbian Mother and Heterosexual Mother Families: A Review of Evidence.Marriage and Family Review 46:499-509.

Servick, K. (2014), Study of Gay Brothers May Confirm X Chromosome Link to Homosexuality. Science Daily News 7 November 2014.

http://news.sciencemag.org/biology/2014/11/study-gay-brothers-may-confirm-x-chromosome-link-homosexuality

Spitzer, R. L. (2003). Can Some Gay Men and Lesbians Change Their Orientation? Archives of Sexual Behavior 32:40317.

Time(1978). Sick Again? Psychiatrists Vote on Gays. February 1978 Vol. 111 Issue 8, p.102AB.

Tomeo, M. E., Templer, D., Anderson, S., Kotler, D. (2001). Comparative Date of Childhood and Adolescence Molestation in Heterosexual and Homosexual Persons. Arch Sex Behav 30: 535-41.

Wells, J. E., McGee, M. A., Beautrais, A. L. (2011) Multiple Aspects of Sexual Orientation: Prevalence and Sociodemographic Correlates in a New Zealand National Survey. Arch Sex Behav. 2011 40(1):155-68.

Whitehead, N. (2010): Homosexuality and Co-Morbidities Research and Therapeutic Implications. Human Sexuality 2:124-175.

WHO(2010): International Statistical Classification of Diseases and Related Health Problems 10th Revision (ICD-10) Version for 2010. Geneva.

http://apps.who.int/classifications/icd10/browse/2010/en#/V

제 4 장

남성 동성애자 간 성관계의 보건적 고찰

김지연 약사 (한국마약퇴치운동본부 이사, 약사)

1. 배경[1]

해외 뉴스로만 듣던 동성결혼 이야기가 2013년에 한국에서도 들려오기 시작했다. 평소 사회나 정치문제에 관심이 없던 필자는 한국에서도 동성결혼식을 올린다는 뉴스를 접하고는 동성애 문제에 관심을 갖게 되었다. 이에 당시 서울보건대학원 의료정책 최고위과정에서 교육을 받고 있는 중이었던 필자는 동성애에 대한 내용으로 발표보고서를 작성하기로 결정하고 조사를 시작하였다.

조사를 통해 필자는 동성애가 보건의료적 측면에서 심각한 위험성

---

[1] 2013년도 서울보건대학 의료정책 최고위과정에서 우수상을 받은 발표 내용을 근간으로 쓴 글임.

을 안고 있을 뿐만 아니라, 에이즈 감염인의 치료비를 국민이 내는 세금으로 전액 지원한다는 현실적인 측면에서 동성애의 확산은 향후 국민들의 경제적 부담을 가중시키고, 무엇보다도 이미 현재 에이즈에 감염된 사람들의 온전한 치료지원에 큰 위협이 될 수 있다는 점을 확인할 수 있었다.

이렇게 필자는 서울보건대학원 의료정책 최고위과정에서 실행한 조사 내용을 종합해, 2013년 「동성애의 확산에 따른 의료보건비용의 증가」라는 제목의 소논문을 발표했으며, 이듬해 봄 수료식 때에 이 소논문으로 '우수연구발표상'까지 받게 되었다. 대단한 상은 아니지만, 필자가 조사하고 연구한 내용이 보건관계자들에게 검증이 되었다는 데에 큰 의미를 둔다.

이후 논문 발표 현장에서 직접 논문 내용을 접한 분들에 의해서 강의 요청이 들어오면서, 강의를 원하는 각처에 나아가 발표된 내용을 중심으로 동성애 확산에 따른 문제점을 알리는 데에 열과 성을 다해 왔다. 필자의 강의를 접한 사람들은 이구동성으로 "동성애를 자제시키는 것이 동성애자들의 생명과 건강을 구하는 인권보호활동임과 동시에 다수 국민의 생명과 건강을 지키는 길이며, 더불어서 국민의 경제적 부담을 가중시키지 않는 공익적 활동이 된다는 깨달음을 얻었다"고 말하는 것을 볼 수 있다.

그동안은 정부 관련 부처나 언론 등에서 보건적 사회적으로 심각한 문제를 야기할 수 있는 동성애에 관한 심도 있는 정보를 전달해 주지 않음으로써, 국민들이 동성애의 문제점에 대해 알 권리가 차단된 상태에 놓여 있었다. 이러한 때에 비로소 동성애에 대한 실체를 접한 사람들의 반응은 예상외로 뜨거웠다.

이후 뜻밖의 지속적인 관심과 요청으로 불과 1년 반 사이에 300회가 넘는 강연을 전국적으로 하게 되었고, 노회, 시찰, 총회, 연회 혹은 교회뿐 아니라 많은 대학 캠퍼스에서 강연하게 되었다. 이에 필자의 강의를 접한 광주, 서울, 부산, 대구 등 여러 도시의 많은 교수, 교육자 분들의 요청으로 발표 파워포인트(ppt)와 보고내용을 보내기도 했으며, 무엇보다도 이 문제에 대한 관심의 반영으로 이와 같은 골자로 강의를 하는 사람들이 전국적으로 하나, 둘씩 늘어나고 있다고 하니 더없이 반가운 소식이 아닐 수 없다.

이러한 현상은 바꾸어 생각해 보면, 동성애 문제가 개인은 물론이거니와 사회 국가적으로 큰 손실을 가져다주는 심각한 문제임에도 불구하고, 그 동안 놀랍도록 이에 대한 정확한 정보나, 실태에 대한 제공이 많이 미흡했다는 방증 같아 쓴웃음이 나는 대목이기도 하다.

2. 건강의 정의

가. 헌법이 보장하는 건강권: 공공복리를 위해 개인의 자유와 권리를 제한할 수 있고 이는 평등원칙에 위배되지 않음

우리나라 헌법 제35조 1항은 "모든 국민은 건강하고 쾌적한 환경에서 생활할 권리를 가지며"라고 선언하고 있다. 건강권은 국민의 기본권이다. 2004년 헌법재판소는 흡연자들이 위헌이라고 제기한 금연법 소송에 대해 건강권을 이유로 아래와 같이 합헌 결정을 내린 바 있다.

---

2   대한민국헌법(1988.2.25), http://www.law.go.kr/lsEfInfoP.do?lsiSeq=61603

재판부는 결정문에서 "흡연자들이 갖는 흡연권과 비흡연자들이 갖는 흡연으로부터 자유로울 권리(혐연권)는 모두 헌법 제17조(사생활의 자유)와 제10(행복추구권)에 따른 것인데, 혐연권은 헌법 제17조와 제10조뿐만 아니라 헌법이 보장하는 건강권(헌법 제35조)과 생명권에 기해서도 인정되므로 혐연권은 흡연권보다 상위의 기본권"이라며 "따라서 상위기본권우선의 원칙에 따라 흡연권은 혐연권을 침해하지 않는 한에서 인정돼야 한다"고 밝혔다.

재판부는 또 "흡연은 비흡연자들의 기본권뿐만 아니라 흡연자 자신을 포함한 국민의 건강을 해친다는 점에서 개개인의 사익을 넘어서는 국민 공동의 공공복리에 관계된다"며 "공공복리를 위해 개인의 자유와 권리를 제한할 수 있도록 한 헌법 제37조 제2항에 따라 흡연행위를 법률로써 제한할 수 있는 만큼 이 사건 시행규칙 조항은 과잉금지원칙이나 평등원칙에 반하지 않는다"고 밝혔다.

나. 세계보건기구의 건강에 대한 정의: 세계보건기구(WHO)의 헌장에 의하면 건강은 신체적·정신적·사회적으로 안녕한 상태에 있는 것을 의미

세계보건기구 헌장에는 "건강이란 질병이 없거나 허약하지 않은 것만 말하는 것이 아니라 신체적·정신적·사회적으로 완전히 안녕한 상태에 놓여있는 것"이라고 정의하고 있다. 질병이 없는 상태라는 수동적 건강에 대한 태도에서, 금주·금연 등 생활습관의 변화나 운동 같은 적극적으로 건강해지려는 노력 등 능동적 태도가 강조되고 있다.

다. 동성애와 건강에 관련하여 연구할 과제: 동성애가 인류의 건강 (신체적·정신적·사회적 안녕) 유지에 어떠한 영향을 미치는지에 대해 밝힐 필요성

세계보건기구는 건강의 정신에서 '육체적', '정신적', '사회관계적'으로 건강해야 건강한 상태라고 규정하고 이를 위해 의료지식과 정신심리학 등의 의학지식의 도움을 통해 혜택을 누릴 수 있으며, 이것을 국가의 의무로 규정하고 있다. 이에 따라 동성애가 건강한 것인지 아닌지에 대해 '신체적·정신적·사회관계적' 측면에서 살펴볼 필요가 있다. 여기서는 특히 신체적 건강에 대해 살펴보고자 한다.

3. 동성애자의 인구비율 및 동성애 관련 유전자(gene) 존재 여부

가. 동성애자의 인구비율: 동성애자가 전체 인구 중 차지하는 비율을 살펴보면 영국은 1.5%, 미국은 2.3%, 한국은 0.3% 미만임

동성애의 자유가 보장되는 영국의 2012년 통계청 발표에 따르면, 동성애자 인구는 아래와 같다.[3]

영국의 동성애 단체는 그동안 인구의 10%가 동성애자라고 주장해 왔고, 영국 정부는 2005년에 동성애자의 비율을 6%로 추산했었

---

[3] 건강한 사회를 위한 국민연대(2015.1.6), 영국의 동성애자의 수는 얼마나 될까요? http://blog.naver.com/pshskr/220231370391

Gender	Men 2012	Women 2012	Total 2012
Heterosexual / Straight (일반인)	93.2	93.7	93.5
Gay / Lesbian(게이/레즈비언)	1.5	0.7	1.1
Bisexual(양성애자)	0.3	0.5	0.4

영국의 동성애자 비율

Age groups	16-24	25-34	35-49	50-64	65+
Heterosexual / Straight	91.2	92.7	93.0	94.8	95.0
Gay / Lesbian	1.7	1.5	1.5	0.7	0.3
Bisexual	1.0	0.6	0.4	0.3	0.2

영국의 연령별 동성애자 비율

다. 그러나 영국 통계청의 실제 조사결과에서 동성애자 비율이 불과 1.5%로 나오자 "그동안 소수를 위해 너무 많은 세금을 투입했다"며 정부 정책의 변화를 촉구하는 목소리가 나오기 시작했다.[4] 연령별 비율을 보면, 50대 이상에서는 1% 이하로 나오는 반면, 20대 전후에서는 2.7%에 달한다. 시간에 따른 문화와 교육, 제도의 변화가 동성애의 확산에 영향을 미친다고 볼 수 있는 것이다.

미국의 경우, 2013년 질병통제센터에서 발표한 '국민건강면접조사' 보고서에 의하면, 동성애자를 1.6%, 양성애자를 0.7%로 발표했다. 총합 2.3%인 것이다. 연령대 별로 살펴보면, 20대 전후에서 동성애자 1.9%, 양성애자는 1.1%로 3%에 달했으나, 65세 이상에서는 0.9%, 45

---

4 연합뉴스(2010.9.24), 英 인구 100명당 1명 동성애자, http://www.yonhapnews.co.kr/international/2010/09/24/0601150100AKR20100924004100085.HTML

세-64세에서는 2.2%였다.[5] 미국 역시 문화 · 교육 · 언론 · 제도의 변화에 따라 동성애자의 확산이 영향 받고 있음을 확인할 수 있다.

1996년 한국에이즈연맹은 「한국 동성애자에 관한 사회학적 연구조사」 보고서를 통해, 전국에 150개의 게이 바가 있으며, 적극적인 동성애자는 1만여 명, 동성애의 문턱을 넘나드는 소극적 동성애자는 11만여 명으로 추산된다고 발표하였다.[6] '한국성과학협회'가 2002년 11월 서울 경기의 남성 응답자 1613명을 대상으로 분석한 결과, 동성애 경험자는 1.1%, 동성애자는 0.2%, 양성애자는 0.3%라고 발표하였다. 이후 2011년 서울의 성인남녀 1천여 명을 대상으로 한 조사에서는 동성애 경험자가 남성은 1.1%, 여성은 0.3%로 나타나, 앞서 조사한 2002년 조사와 큰 변화가 없는 것으로 나타났다.[7] 질병관리본부의 발주를 받아 「전국 성의식 조사」를 수행한 고려대 의과대학 산학연구팀은 전국의 동성애 경험이 있다고 답한 사람은 0.3%라고 보고한 바 있다.[8]

한편, 2013년 '바른 성문화를 위한 국민연합'은 에이즈 감염자의 지역별 분포를 이용하여 지방은 서울에 비해 동성애자 비율이 1/2 이하일 것으로 추정하여 동성애자의 비율을 0.07%로 예측했었다.[9] 전국의

---

5 건강한 사회를 위한 국민연대(2014.7.22), "미국, 동성애자 비율 1.6%, 양성애자 비율 0.7%" http://blog.naver.com/pshskr/220067771274

6 연합뉴스(1998.1.9), "국내 동성애자 11만명 추정" http://news.naver.com/main/read.nhn?mode=LSD&mid=sec&sid1=101&oid=001&aid=0004302082

7 고려대학교 의과대학 산학협력단(2015.3.15), 「전국 성의식 조사」, 질병관리본부, p.31. http://me2.do/FSHR7Gha

8 상게서. p.30.

9 바른 성문화를 위한 국민연합(2013.5.20), 한국의 동성애자 비율, http://www.cfms.kr/board/351

동성애 경험자 0.3% 중 절반이 이성애자로 돌아섰다면 0.15%가 동성애자이며, 이중 60%인 0.9%가 양성애자이고, 0.6%가 동성애자로 추정할 수 있다. 이는 1996년 한국에이즈연맹이 전수 조사하여 발표한 적극적 동성애자 1만 여명은 당시 15세-49세 남성인구의 0.07%로 2015년 추정결과와 유사하다. 동성애자들은 "이 길을 지나는 10명중 1명은 성소수자"라고 하던가, 동성애자 비율이 4-6%를 차지한다고 하며 동성애자의 비율을 상대적으로 높여 과장해서 말해오고 있는데, 그러나 실제 데이터는 이에 훨씬 미치지 못함을 보여주고 있다.

나. 동성애 관련 유전자 존재 여부에 대한 답변: 동성애 관련 유전자 (gene)는 존재하지 않음

결론부터 말하자면 동성애 유전자(gene)가 있다고 밝혀진 바가 없다. 그런데 왜 세상은 동성애 유전자가 있다고 믿는 사람들로 가득한 것일까? 그 원인을 찾아보면, 1993년 동성애자인 해머(D. H. Hamer) 박사가 Xq28이란 유전자가 동성애와 상관관계가 있다는 연구논문을 발표하였는데,[10] 이것이 오해의 발단이 되었다. 즉, 해머가 1993년에 발표한 연구논문이 사람들로 하여금 동성애는 유전된다는 잘못된 인식을 불러일으키는 단초가 되었던 것이다. 그러나 1999년 라이스(G. Rice) 박사의 연구에서 Xq28은 동성애와 상관관계가 없다는 것이 밝

---

10 H. Hamer, S. Hu, V. L. Magnuson, N. Hu, A. M. L. Pattatucci(1993), "A Linkage Between DNA Markers on the X Chromosome and Male Sexual Orientation", Science, vol.261, no.5119(Jul. 16, 1993), pp.321 http://postcog.ucd.ie/files/2881563.pdf

혀졌고,[11] 논쟁을 잠재우기 위해 2005년에는 최초 발표자인 해머 박사를 포함하여 무스탄스키(B. S. Mustanski) 등의 여러 과학자들이 함께 Xq28에 대해 연구가 대대적으로 진행되었다. 그 결과 Xq28은 동성애와 상관관계가 없는 유전자라는 것이 밝혀졌다.[12] 그럼에도 불구하고 잘못된 보고서인 1993년도 해머의 논문의 열매로 여전히 Xq28이 동성애 유전자라고 믿고 있는 사람들이 적지 않다는 것이 놀라울 따름이다. 이러한 영향은 인터넷 포털 사이트의 왜곡되고 부정확한 지식 공급도 한몫을 차지하고 있다고 보여진다.

4. 동성애가 신체건강에 치명적임을 알려주는 사실들

가. 동성애자의 수명에 대한 연구결과는 모두 동성애자의 수명이 짧다는 것을 보여줌

남녀 간의 정상적인 성관계는 면역력을 강화시키는 등 건강을 촉진한다는 보고들은 꽤 많이 있다.[13] 아니, 이제는 더 이상 그러한 사실들

---

11 G. Rice, C. Anderson, N. Risch, G. Ebers(1999), "Male Homosexuality: Absence of Linkage to Microsatellite Markers at Xq28", Science, Vol. 284 no. 5414, 23 April 1999, pp. 665-667 http://www.sciencemag.org/content/284/5414/665.short

12 B. S. Mustanski, M. G. Dupree, C. M. Nievergelt, S. Bocklandt, N. J. Schork, D. H. Hamer (2005). "A Genomewide Scan of Male Sexual Orientation", Hum Genet. 2005 Mar;116(4), 12 JAN 2005, pp.272-278 http://www.researchgate.net/profile/Caroline_Nievergelt/publication/8086620_A_genomewide_scan_of_male_sexual_orientation/links/00b4951c8d61e8c675000000.pdf

13 조선일보(2004.7.18), 섹스가 몸에 좋은 10가지 이유, http://health.chosun.com/site/data/html_dir/2005/10/05/2005100556048.html

을 규명하려고 노력하는 것 자체가 의미 없을 정도로 이성 간의 정상적이고 합법적인 성관계는 정신적·육체적으로 인간에게 도움이 된다는 것이 당연한 것으로 알려져 있다.

그렇다면 반대로 지금 논의가 되고 있는 동성 간의 성관계는 인간의 정신적·신체적 건강에 어떠한 영향을 미칠까? '미국 게이 레즈비언 의학협회'에서는 동성애자들이 에이즈, 약물 및 알코올 남용, 우울증 및 불안, 간염, 성병, 전립선암 및 대장암 등 여러 정신적·육체적 질환에 노출될 위험이 일반인보다 더 크다고 밝혔다.[14] 호주의 젠슨(P. Jensen) 주교는 동성애적 행위가 수명을 20년 정도 단축시킨다는 주장을 TV 생방송에서 밝히기도 했다.[15] 미국 버지니아 주의 정치인 밥 마샬(B. Marshall) 역시 동성애적 행위가 평균 수명을 20년 가량 단축시킨다는 논평을 남긴 바 있으며,[16] 더 나아가 1998년 미국의 사회운동가인 카메론(P. Cameron)에 의하면 동성애적 행위가 30년의 수명을 단축시킨다고 한다.[17] 어쨌든 동성애적 행위가 인류의 수명을 늘려준다는 보고는 발견하기 어려운 반면, 동성애적 행위가 인류의 수명을

---

14 LIFE SITE NEWS(2015.5.20.), "Are gays 'Born That Way'? Most Americans Now Say Yes, but Science Says No" https://www.lifesitenews.com/news/for-the-first-time-a-majority-of-americans-believe-homosexuals-are-born-tha

15 News.com.au(September 11, 2012), "Archbishop of Sydney Dr Peter Jensen Backs Offensive Gay Health Claims from ACL" http://www.news.com.au/entertainment/tv/archbishop-of-sydney-dr-peter-jensen-backs-offensive-gay-health-claims-from-acl/story-e6frfmyi-1226471516288

16 Sean Gorman(June 7th, 2012), "Bob Marshall Says Homosexual Behavior Cuts Life Expectancy by 20 Years", POLITIFACT VIRGINA. http://www.politifact.com/virginia/statements/2012/jun/07/bob-marshall/bob-marshall-says-homosexual-behavior-cuts-life-ex/

17 P. Cameron, K. Cameron, W. H. L. Playfair "Does Homosexual Activity Shorten Life?", Psychological Reports, 1998, 83, pp. 847-66 http://www.amsciepub.com/doi/abs/10.2466/pr0.1998.83.3.847

단축시킨다는 보고는 이 외에도 많다. 이러한 주장이 우리에게 놀라움을 안겨주기도 하나, 달리 생각해 보면 놀랍지 않다는 반응도 적지 않다. 동성애가 건강에 미치는 악영향이 그만큼 크기 때문이다.

나. 동성애자의 헌혈은 전면 금지되거나 부분 제한을 받고 있음

남성 동성애자(MSM: men who have sex with men)의 헌혈제한 실태를 통해서도 역시 또 한 가지 그들만의 뚜렷한 건강상의 특이점을 발견할 수 있다.

지난해 국내에서 헌혈에 참여한 사람은 약 300만 명에 이른다.[18] 그런데 자신의 질병 이력이나 건강상태를 정확히 알고 헌혈을 하는 경우도 있겠지만, 반면 그렇지 못한 사람도 적지 않다고 보여진다. 헌혈로 수집된 혈액을 수혈 등으로 공급하기 전에는 반드시 선별 검사를 거치게 되는데, 이 과정에서 부적격 판정을 받아 폐기처리 되는 혈액량이 3년간 6,800 밀리리터나 된다는 사실이 얼마 전 공중파 뉴스를 통해 알려졌다. 이 양은 한 해 약 42,000여 명이 헌혈한 피가 사용되지 못하고 버려지는 셈인데, 혈액이 부적격 판정을 받아 폐기처리 될 수밖에 없었던 이유 중에 간염이나 에이즈에 감염된 피가 15%를 차지했다는 사실이 국민들의 이목을 끌었다.[19]

경제협력개발기구(OECD) 가입국가 중 대다수 국가들은 남성 동성

---

18 연합뉴스(2015.9.17), "헌혈 300만명 넘지만 혈액 수입량↑ …연간 670억 원" http://www.yonhapnews.co.kr/bulletin/2015/09/17/0200000000AKR20150917168800017.HTML?input=1195m

19 일요시사(2015.9.21), "혈액 부실관리 실태, 에이즈 보균자도 '헉'" http://m.ilyosisa.co.kr/news/articleView.html?idxno=87253

애자의 헌혈을 일정기간 혹은 평생 동안 금지하고 있다. 그 중 덴마크, 독일, 네덜란드, 스위스, 오스트리아 등 31개국 이상의 나라가 남성 동성애자의 헌혈을 평생 금지하고 있으며, 그 외에 우리나라를 비롯한 호주, 일본, 스웨덴, 영국 등의 나라에서 남성 동성애자와 성관계를 한 사람에 대해 그 행위가 있은 이후로부터 1년 동안 헌혈을 하지 못하도록 금하고 있다.[20]

캐나다 보건부의 원로 의료고문인 로버트 커시먼은 2013년에 남성 동성애자의 헌혈제한 정책에 대해 아주 중요한 발언을 한 바 있다. 즉, "남성 동성애자 간의 성행위는 위험한 행위로써 이것은 해부학적으로 설명이 가능하다. 그러므로 동성 간의 성행위가 위험인자임을 알면서도 동성애자들의 혈액을 사용한다는 것은 잘못된 일"이라고 언급했다. 그는 이어서 "지금 캐나다에서 에이즈 바이러스(HIV)에 신규로 감염되는 이들의 절반 정도가 남성 동성애자이고, 에이즈 바이러스에 감염된 남성의 75%가 남성 동성애자이다. 따라서 남성 동성애자의 헌혈제한 정책은 성적 지향과 관련된 정책이 아니라, 위험행동과 관련된 정책이다"라며 남성 동성애자들의 헌혈제한을 분명히 했다.[21] 중국 역시 남성 동성애자의 헌혈을 전면 금지하는 것을 제도화시켰다.

2014년 미국 식품의약국(FDA)에서 남성 동성애자의 헌혈 허용을 검토한다고 하자 존스홉킨스 의학연구소의 역학 교수인 켄라드 넬슨

---

20 EL PAIS(2014.12.1), Em 50 países, gays são proibidos de doar sangue por causa da AIDS, http://brasil.elpais.com/brasil/2014/11/28/ciencia/1417191728_587426.html번역 : 건강한 사회를 위한 국민연대 http://blog.naver.com/pshskr/220225023546

21 Dailyxtra(2013.5.22), Health Canada Replaces Gay Blood Ban with Five-Year Deferral, http://www.dailyxtra.com/canada/news-and-ideas/news/health-canada-replaces-gay-blood-ban-with-five-year-deferral-61912

(K. Nelson) 교수는 "만일 그것이 한두 명의 에이즈 바이러스 감염으로 이어져도 수용되지 못할 것"이라며 FDA의 남성 동성애자 헌혈 허용에 대해 반대 의견을 피력한 바 있다.[22]

5. 동성애자의 건강상 치명적인 문제점

가. 대변 실금

항문 성행위는 여러 건강상의 악영향을 가져다주지만, 그 중 특히 대변 실금(fecal incontinence)은 항문 성행위를 하는 동성애자들에게 가장 흔하게 발견되는 대표적인 증상이라 할 수 있다. 영국 보건국이나 일본, 미국 질병관리본부 혹은 보건원의 자료들을 토대로 볼 때, 남성 동성애자의 성행위란 크게 배설기관인 항문으로 성행위를 하는 항문 성교와 소화기관인 구강으로 성행위하는 구강성교를 말하는데, 특히 항문성교를 지속하게 되면 괄약근의 손상을 유발시킬 수밖에 없다.[23] 오랜 기간 지속적인 항문 확장이 이루어지면 전반적인 괄약근의 약화와 함께 광범위한 괄약근 손상이 오기 때문에 오히려 급성으로 손상되는 괄약근 손상보다 치료가 어렵고 완치가 힘든 경우가 많으며, 이와 동시에 항문 성교를 할 때는 대부분 위생적인 면을 간과하

---

22 R. Stein(2014.12.2.), "FDA Considers Allowing Blood Donations from Some Gay Men", NPR.ORG http://www.npr.org/sections/health-shots/2014/12/02/368022056/fda-considers-allowing-blood-donations-from-some-gay-men

23 AIDS.GOV(AIDS 정부 사이트), https://www.aids.gov/hiv-aids-basics/prevention/reduce-your-risk/sexual-risk-factors/index.html

기 때문에, 감염 같은 여러 문제들이 함께 발생한다. 일부에서는 항문성교 시 내려오는 변을 막기 위해 이물질(화장품 뚜껑, 과일류 등)을 과도하게 직장으로 삽입하는 경우가 있는데, 이때 항문 괄약근뿐만 아니라 항문 점막의 손상도 유발하게 되고, 심하면 과도하게 큰 이물질을 삽입으로 인해 이물질이 빠져나오지 못하고 직장에 막혀 개복 수술로 장을 절개하여 빼내는 일이 발생하기도 한다. 또한 항문 괄약근을 조절하는 신경계에도 이상 반응이 나타나 항문 주변의 미세한 자극에도 항문이 저절로 열리는 현상이 발생하게 되는 것이다.[24]

여기서 우리가 간과하지 말아야 할 것은 항문에 직접 남성의 성기를 삽입하는 것도 위험하고 비위생적인 행위지만, 성관계 전에 행해지는 무리한 관장, 피스팅(Fisting: 손이나 주먹을 항문 안으로 집어넣어 항문을 늘리는 행위) 등은 항문 괄약근의 힘을 떨어지게 하는 위험한 행동이라는 점이다.

나. 대변-구강 감염

일단 상식의 문을 두드려 보자. 화장실 다녀와서 손을 잘 씻는 일은 위생적인 생활을 위해 매우 중요하다. 이러한 습관은 위생적인 생활을 영위하는 데 있어서 가장 기본적인 생활습관이라 할 수 있을 것이다. 그런데 이에 부가해서 손을 잘 씻은 다음 위생적으로 잘 유지하는 것도 중요하다. 나무병원원장 민영일 박사는 화장실 사용 후 손을 깨끗이 씻은 다음 화장실 바깥문과 접촉하게 되면 또다시 손이 대변으로

---

[24] 항문성교에 의한 신체변화와 그 위험성, http://blog.naver.com/pshskr/220521002483, 건사연.

더러워지는 셈이니 화장실 바깥문을 없애라는 이색적인 칼럼을 쓰기도 했는데, 사실 이것은 이 분만의 주장이 아니다.[25] 실제로 우리나라에서 소위 고급 건물이라고 하는 호텔이나 공항 등에서는 이미 화장실 바깥문을 없애고 있는 추세이다.

대변을 본 후 손을 잘 씻지 않으면, 대변-구강 감염(fecal-oral contamination)이 쉽게 일어난다. 양변기 뚜껑을 덮지 않고 물을 내릴 때 튀는 작은 물방울이 양변기 인근 칫솔에 묻어 있다가 그 칫솔을 이용하는 사람에게 감염을 유발할 수 있으니, 양변기 뚜껑을 잘 덮고 물을 내려야 한다는 건강상식 프로그램을 떠올린다면, 이러한 오염이 어떤 종류의 것인지를 이해하는 데 그리 어렵지 않을 것이다. 혹은 화장실에서 뒷일을 처리한 후 손을 씻지 않은 상태에서 대변(fecal) 오염이 예상되는 손으로 음식을 집어 먹을 경우, 이러한 행위는 비위생적일 뿐만 아니라 감염성 질환이 유발될 수 있으니 반드시 손을 잘 씻고 음식을 먹어야 한다는 상식 역시 이러한 종류의 오염의 위험성에 대해 쉽게 이해할 수 있도록 도와준다.

위생 약학 등 위생 관련 과목에서 정화조의 구조에 대해 반드시 다루게 되는데, 인류의 위생 상태가 양호해지면서 수명을 연장할 수 있게 된 하나의 사건으로 페니실린의 발견 등을 떠올리기도 하지만, 유럽과 아시아 등 지구 전역에 보급되어지고 있는 대변처리 시설, 즉 정화조의 보편화가 오히려 더욱 인간의 위생 상태 수준을 높였음을 간과해서는 안 된다.

일상생활 중 대변-구강 감염으로 인해 여러 가지 질병에 노출될 수 있다. 이러한 점에서 특히 아이들은 자신의 항문을 아무 생각 없이 호

---

25 http://blog.naver.com/yimin3181/50174504654

기심에 만진 후 손을 씻지 않은 채로 음식을 집어먹거나 눈을 비비기도 하므로, 어린아이들일수록 손 위생에 대한 어른들의 각별한 주의가 요망된다.

그렇다면 하물며 앞서 이미 설명한 바와 같이 직접적인 항문 성행위나 기타 위험행위를 하는 동성애 행위를 통한 대변-구강 감염의 위험성은 두 번의 설명이 필요 없는 위험행동인 것이다. 즉, 이러한 행위는 대변-구강 감염의 확률을 대폭 증가시키는 매우 위험한 행위라 할 수 있다. 그러므로 남성 동성애자들에게는 특히 간염 등의 감염질환이 많이 발생하고 있다고 미국 질병관리본부가 경고하고 있는데, 이것이 전형적인 대변으로 인한 질병이라고 할 수 있다.[26]

전형적인 대변으로 인한 질병, 즉 대변을 만진 손이나 대변에 닿은 물건 등에 의해 그러한 대변 유래 세균 등이 입으로 들어오게 되어 걸리게 되는 질병에는 간염 외에도 장티푸스, 이질, 콜레라, 장염, 지아르디아증 등 많은 감염성 질환이 이에 해당된다.[27]

동성애자들의 독특한 성행위 중 하나로 리밍(Rimmimg)이라는 것이 있다. 이것은 말하기도 민망하지만, 항문을 입이나 혀 등으로 자극하는 행위인데, 이 과정에서도 엄청난 질병이 발생한다. 대변이 나오는 항문이 세균의 온상임을 생각한다면, 이것이 얼마나 비위생적이며 위험한 성행위인지 쉽게 알 수 있다. 각종 기생충과 감염성 질환이 이러한 성행위를 통해 발생하게 되는 것이다.

---

26 http://www.cdc.gov/hepatitis/populations/hiv.htm

27 위키피디아, https://en.wikipedia.org/wiki/Fecal-oral_route

다. 후천성면역결핍증

1) 후천성면역결핍증(AIDS: Acquired Immune Deficiency Syndrome)의 기원

세계보건기구는 2009년을 기준으로 3,340만 명의 HIV/AIDS 감염인이 생존해 있고, 매년 270만 명이 새롭게 감염되며, 매년 210만 명이 에이즈로 인해 사망하고, 사망자의 76%는 아프리카의 서부 사하라 지역에서 발생한다고 밝힌 바 있다. 지금까지 에이즈는 6,000만 명 이상에게 감염되어 2,500만 명이 사망했고, 서부 사하라 지역에만 1,400만 명의 고아를 남겼다.[28] 에이즈 바이러스인 HIV는 아프리카 원숭이의 바이러스(SIV)가 인간에게 들어와 변이를 일으킨 것으로 1990년에 처음으로 확인되었다.[29]

원숭이 체내에 있는 바이러스(SIV)가 어떻게 아프리카 사람들의 체내에 들어가고, 그것이 어떻게 북미 사람에게 들어갈 수 있었을까? 일각에서는 원숭이를 식용으로, 혹은 제사 제물로 사용하다가 인간에게 바이러스가 전파되었다는 주장이 있기도 하지만, 가장 유력한 견해는 수간, 즉 원숭이와의 성관계에 의해 유래되었다는 주장이 가장 설득력을 얻고 있다. 1960년대와 70년대 아프리카의 실상을 다룬 다큐멘터리 등을 보면, 마을 축제에서 원숭이와 수간하거나 남성 간의 항문성

---

28 영문판 위키피디아 백과사전: Misconceptions about HIV/AIDS, https://en.wikipedia.org/wiki/Misconceptions_about_HIV/AIDS#Origin_of_AIDS_through_human.E2.80.93monkey_sexual_intercourse

29 M. Paul, Sharp and Beatrice, H. Hahn(2011) "Origins of HIV and the AIDS Pandemic", Cold Spring Harb Perspect Med. 2011 Sep; 1(1) http://www.ncbi.nlm.nih.gov/pmc/articles/PMC3234451/

구분	계		남자		여자	
	감염인수	백분율	감염인수	백분율	감염인수	백분율
계	8,233	100	7,583	100	650	100
성 접촉	8,175	99.3	7,535	99.4	640	98.5
수직감염	8	0.1	4	0.1	4	0.6
마약주사공동사용	4	0.0	4	0.1	0	0.0
수혈/혈액제제	46	0.6	40	0.5	6	0.9

2011년까지 에이즈 감염경로 및 성별 비율

교가 버젓이 이루어지고 있는 것을 확인할 수 있다.[30] 이러한 맥락에서 테네시 주 상원의원인 켐프필드(S. Campfield)도 2012년에 "에이즈는 사람이 원숭이와 동물 성애를 한 결과"라고 발표한 바 있다.[31]

2) 후천성면역결핍증의 감염경로

동성애(남성 간 성행위)는 에이즈의 가장 주요한 감염경로이다. 2015년 9월 보건복지위원회 김재원 의원은 2014년도 에이즈 감염 신고자 1,081명 중 남성이 1,016명으로 94%를 차지하고 있다며, "2011년 성 접촉으로 인한 에이즈 환자 522명 중 동성 간의 성 접촉은 218명으로 41.8%였다. 의료 기관에서 감염인 상담 시 동성애자 비율이 60-70%인 것을 고려하면 동성 간의 성 접촉은 실제보다 낮게 나온 것"이라고 언급하면서[32] 과거 질병관리본부 에이즈 감염경로 관

---

30 Mondo Movie(1975), Documentario Etnografico 1975,https://www.youtube.com/watch?v=OoThvKoCXbQ

31 DAILY KOS(2012.1.29.), "TN State Senator Says AIDS Caused by Gay Pilot Having Sex withMonkey" http://www.dailykos.com/story/2012/01/29/1059603/-TN-State-Senator-says-AIDS-caused-by-gay-pilot-having-sex-with-monkey

32 뉴스1(2015.9.8), "에이즈 감염 3년간 24% 급증... 외국인 감염자 110명", http://news1.kr/articles/?2412137

련 통계에서 동성애자 비율이 낮은 점에 대한 오류를 지적하였다.

위의 표에서 보는 바와 같이, 내국인 감염자의 99.3%가 성 접촉에 의한 감염으로 나타나고 있다. 또한 에이즈 감염인 중 남성이 92.1%를 차지한다. 그 동안 질병관리본부가 조사 발표했던 이성과의 성 접촉 비율이 동성과의 성 접촉 비율보다 높았던 것을 전적으로 부정하는 통계인 것이다. 이에 대해서는 2006년 질병관리본부의 용역을 발주 받아 수행한 인제대학교 보건대학원의 「HIV/AIDS 예방 및 대응 국가전략 개발에 관한 연구」에 의하면 다음과 같이 관련 사실이 언급되어 있다.

> 성관계 시 수용적 위치에 있는 여성이 더 높은 감염 위험을 갖기 때문에 만일 이성 간 성 접촉이 전체 감염경로의 50% 이상을 차지한다면 여성 감염인이 현재보다 더 많이 보고되어야 합리적인 결과가 된다. 그러나 감염인의 성비가 10.0이 넘는다는 사실은 이성 간 성 접촉에 의한 감염 보고가 과장되었음을 짐작케 한다. 여성 감염인 거의 모두가 이성애에 의한 감염을 보고하고 있지만, 그들의 연령이 비교적 높을 뿐만 아니라 그 수가 절대적으로 적다는 점을 고려할 때, 이들은 대부분 보통의 주부들로서 남편에 의하여 감염되었을 가능성이 크다. 한국에서는 여성 성 노동자(CSW: Commercial Sex Worker)가 주요 감염경로가 되고 있지는 않은 것으로 생각된다. 끝으로 마약 사용에 의한 HIV 감염이 거의 없다는 점은 한국에서의 HIV 감염 문제의 복잡성을 덜어주는 좋은 징

표가 된다.[33]

　서구에서는 에이즈의 주요 경로가 '마약 주사기'를 공유를 통한 감염 비율이 높았으며, 이와 더불어 문란한 성관계가 복합된 여성 에이즈 감염자가 많은 것이 특징이다. 태국 등 동남아시아에서는 성매매 여성이 에이즈 감염 서양인과의 성관계를 통해서 에이즈 감염에 이르게 되고, 이는 또 다른 남성 손님을 감염시키는 매개 역할을 하고 있다. 반면에 한국은 오로지 남성 동성애자 간의 성관계를 통한 에이즈 전염에 집중되어 있기 때문에, 동성 간 성행위 근절만이 에이즈의 위험으로부터 벗어날 수 있다는 결론에 이르게 되는 것이다.

　그러나 안타깝게도 2000대에 들어오면서 동성애에 대한 경각심을 알리는 정보들을 의도적으로 학교 교과서와 언론에서 감추기 시작했고, 오히려 이것들을 통해서 동성애를 긍정하고 미화하는 데 적극 나섬으로써, 이러한 영향으로 인해 우리 사회는 어느새 청소년 에이즈 감염인이 나타나기 시작했다. 에이즈퇴치연맹 권관우 상임부회장은 이에 대해 "에이즈가 만연한 사회를 보면 3단계 확산 과정을 거친다. 동성애자에서 양성애자로, 결국 이성애자로까지 퍼지며 급속히 확산된다. 우리나라는 남성 92%, 여성 8%로 남성 동성애자들이 대부분인 1단계에 머물러 있다. 그러나 문제는 10-30대의 젊은 층에서 빠르게 확산되고 있다는 점이다"라며 에이즈가 젊은 층에서 빠르게 확산되고 있다는 점을 주목하면서, 향후 한국이 에이즈 대국이 될 위험성을 경

33　인제대학교와 질병관리본부(2006), 「2006 에이즈 대응 국가전략 개발」, 질병관리본부, pp.11-12. http://me2.do/FPMLredj

고하고 있다.[34]

　1990년대 초만 하더라도 우리나라는 에이즈의 감염경로인 동성애에 대한 경각심을 불러일으키기 위해 학교 교과과정을 통해 이를 철저히 교육시킨 결과, 90년대 후반까지만 해도 에이즈 연간 발병자가 100여 명 이하로 극소수에 불과했다.

　그러나 1999년부터 동성애자인권연대라는 단체에서 교과서에서 동성애의 문제점을 가르치는 것이 동성애자에 대한 인권침해라며 교육부에 문제를 제기했고, 이에 교육부는 이들의 요구를 받아들여 교과서에서 동성애의 문제점을 삭제하겠다는 답변을 내놓았다.[35] 결국, 오늘날에 이르러서는 동성애의 문제점에 대한 경고가 사라지게 되었으며, 오히려 동성애를 미화하고 긍정하는 내용으로 교육이 변질되게 되었다. 이에 따라 2000년대 중반 이후부터는 청소년의 동성애 증가를 추측할 수 있는 청소년 에이즈 감염인이 증가하기 시작했고, 이러한 현상을 보면서 남학생의 성매매(일명 바텀 알바)를 통해 에이즈 감염이 확산되는 게 아닌가 하는 우려의 목소리들이 나오고 있다.[36]

　미국 질병관리본부에는 에이즈 감염을 유발시키는 특정 위험행동이 무엇인지 매우 자세히 반복적으로 기술되어 있다. 미국 질병관리본부는 2011년에 신규로 HIV에 감염된 환자들 중 가장 많은 비율을 차지하는 집단을 분류하여 그래프로 나타냈는데, 이에 의하면 HIV 감염

34　세계일보(2013.11.26), "에이즈 감염자들 발병으로 죽는 것보다 자살이 더 많아요" http://www.segye.com/content/html/2013/11/26/20131126004874.html

35　한겨레(1999.7.30.), "동성애 비하내용 교과서 삭제를", http://me2.do/xPgRTI5s 한겨레(1999.12.24), "교과서 '동성애 편견' 삭제"http://me2.do/x5jUu0aS

36　조선일보(2014.11.17), "HIV가 뭔지도 모른 채 숙식 위해 아저씨 상대로 '바텀 알바'하는 가출 소년들", http://premium.chosun.com/site/data/html_dir/2014/11/16/2014111601081.html

자 중 1위가 백인 남성 동성애자이고, 2위는 흑인 남성 동성애자이며, 3위가 히스패닉 남성 동성애자 순으로 나타나 있다.[37] 또한 미국 전체 인구 중 1-2%에 지나지 않는 남성 동성애자가 전체 미국 HIV 감염자 중 무려 69.5%를 차지하고 있다. 이 수치는 정상인들에 비해 남성 동성애자들이 훨씬 에이즈에 취약하다는 것을 뜻한다.

미국의 질병관리본부는 충격적인 발표를 한 가지 더 내놓았다. 즉, 2011년도 미국에서 HIV에 감염된 8,792명의 청소년과 청년들을 대상으로 조사결과를 발표했는데, 이에 따르면 13-19세에 해당하는 HIV 감염인 1,794명과 20-24세에 해당하는 HIV 감염인 6,998명 중 약 94.25%가 동성애 행위를 한 자들이라는 사실이다.[38] 이 충격적인 보고는 현재 에이즈 전문가들 사이에서도 강연 내용으로 많이 인용될 정도로 에이즈와 남성 동성애자 간의 높은 유관성을 잘 보여주는 자료로 알려져 있다.

영국 보건당국 역시 위의 미국의 조사결과와 유사한 결과를 내놓았다. 영국의 잉글랜드 공공보건국 케빈 펜튼(K. Fenton) 교수는 '남성과 성관계를 가지는 남성, 즉 남성 동성애자 간의 에이즈의 재유행'이라는 보고서에서 "남성 동성애자들의 에이즈 재유행은 전 세계적인 현상이다"라고 공식 발표했다.[39] 우리가 여기서 주목해서 보아야 할 것

---

37 미국질병관리본부(Centers for Disease Control and Prevention) 홈페이지, http://www.cdc.gov/hiv/group/msm/index.html

38 P. Labarbera(2013.9.11.), "CDC Funds 'Gay' Activist Groups Like GLSEN That Promote Acceptance of Behavior Tied Closely to HIV", Americans for Truth about Homosexuality, http://americansfortruth.com/2013/09/11/94-to-95-percent-of-hiv-cases-among-young-men-linked-to-homosexual-sex/

39 K. A. Fenton and others(2009), "*Reemergence of the HIV Epidemic among Men Who Have Sex with Men in North America, Western Europe, and Australia, 1996-2005*", Annals of Epidemiology (Impact Factor: 2). 07/2009; 19(6):423-31.

은 영국은 동성결혼이 합법화되고 동성애에 대한 차별을 하지 못하도록 평등법으로 보장하는 국가이지만, 적어도 정보 차단이나 왜곡 없이 객관적인 보건적 통계결과를 가감 없이 발표하고 있다는 것이다(여기서 우리가 하나 짚고 가야 할 것은, 통계에 의해서 볼 때 흡연자가 폐암에 걸릴 확률이 높다고 말하는 것이 인권침해 발언이 아닌 것처럼, 남성 동성애자들이 에이즈에 걸릴 확률이 높다고 말하는 것 역시 인권침해 발언이 아닌, 객관적인 보건 통계 자료에 의한 일반적인 보고내용이라는 것이다).

아시아 국가인 태국의 경우, 태국 HIV 재단이 밝힌 바에 따르면 방콕 내 남성 동성애자 중 31%가 이미 HIV에 감염되어 있다고 한다. 이는 믿기 어려울 만큼 높은 수치이나, 이 통계가 사실이라면 태국은 남성 동성애자 세 명 중 한 명이 이미 HIV에 감염되어 있다는 결론에 이른다.[40]

그렇다면 우리나라의 경우는 어떠한가? 우리나라 역시 보건복지부가 내놓은 2011년도 제3차 국민건강증진종합계획서에서 확인할 수 있듯이, 에이즈 감염의 주된 원인을 남성 동성애자 집단에서 찾고 있다. 779페이지의 방대한 분량의 이 계획서 441페이지에서부터 16번째 항인 에이즈에 관한 보고를 보면, 국내 에이즈 감염인 증가 억제를 위한 첫 방안이 남성 동성애자의 에이즈 수검율과 그들의 콘돔 사용

---

http://www.annalsofepidemiology.org/article/S1047-2797%2809%2900075-1/abstract논문전문 : http://www.researchgate.net/publication/24444829_Reemergence_of_the_HIV_Epidemic_Among_Men_Who_Have_Sex_With_Men_in_North_America_Western_Europe_and_Australia_1996-2005

40 J. Parry(2013.7.1.), "Addressing HIV Prevalence among Gay Men and Drug Users in Thailand", the Guardina, http://www.theguardian.com/global-development-professionals-network/2013/jul/01/hiv-prevalence-gay-men-drug-users-thailand

에 대한 언급으로 시작됨을 확인할 수 있다.[41]

이는 질병관리본부가 인하대 연구팀에 의뢰해 2014년 1월에 작성한 「국가 에이즈관리사업 평가 및 전략개발」이라는 학술연구용역 보고서에서도 잘 드러나고 있는데, 여기서도 에이즈 확산의 주요 경로를 남성 동성애자 간 성 접촉에 두고 있다. 이 보고서에 의하면 "감염인 상담 사업을 수행하고 있는 감염내과 교수들의 진료 경험상 실제 환자들의 60-70% 이상이 남자 동성애자라고 밝히는 것 등을 볼 때, 동성 간 성 접촉이 에이즈 확산의 가장 흔한 경로"라고 분석하면서, "보건소 역학조사에서 이성 간 성 접촉을 통해 감염된 것으로 추정된 사례들이 추후 동성 간 성 접촉에 의한 것으로 바뀌는 경우가 빈번하다. 이런 근거는 에이즈 감염이 남성 동성애자에게 집중되고 있는 상태임을 시사한다"고 설명했다. 계속해서 연구팀은 "한국은 에이즈 감염의 대부분이 남성 동성애자에게 집중되고 있는 에이즈 유행의 초기단계"이며, "에이즈 발생 양상을 고려한다면 한국은 아직 1단계에 머물러 있다"고 밝혔다.[42]

국내 유력 동성애 단체 역시 그들 자체적으로 조사한 보고서를 통해 '에이즈 감염자 중 다수가 남성 동성애자'라는 내용을 공개하였다. '아름다운재단'에서 재정 지원을 받아 2013년에 작성된 이 보고서는 에이즈에 감염된 남성 동성애자 집단을 심층 분석하고 있다.[43]

---

41 보건복지부(2011), 「국민건강증진종합계획」, p.441-457. 보고서 다운 http://me2.do/FoCnwDbM

42 질병관리본부(2014), 「국가 에이즈 관리사업 평가 및 전략개발」, pp.9-10.http://me2.do/FhTGRTT3

43 백상현(2015.7.16), "한국 에이즈 감염인 중 다수는 남성 동성애자" 동성애자인권연대 보고서, 국민일보. http://news.kmib.co.kr/article/view.asp?arcid=0009659384&code=61221111&cp=nv

에이즈와 동성애가 밀접한 관계에 있음을 부정하려 애쓰는 동성애 단체가 이러한 사실을 스스로 인정한 것은 이례적인 일이라고 보는 시각도 있으나, 행동하는 성소수자 인권연대(구 동성애자인권연대)의 '40-60대 남성 동성애자 에이즈 감염인 생애사 보고서'는 "한국의 에이즈 감염인 중 다수는 남성 동성애자"라면서 "초기 성소수자 인권운동은 동성애에 대한 공격에 대응하기 위해 '에이즈가 동성애와 관계 없다'는 식으로 분리시켜 왔는데, 이런 역사는 지금도 동성애자 커뮤니티 안에서 에이즈를 드러내놓고 이야기하기 부담스러운 조건으로 작용한다"고 밝힌 정황으로 볼 때, 이 보고서가 나온 동기를 충분히 이해할 수 있다.

상기 보고서에 의하면, 에이즈 감염이 동성애자들 내부에서조차 또 다른 차별을 가져온다고 분석했는데, 이에 따라 "남성 동성애자 에이즈 감염인들은 게이 커뮤니티에서 자신들의 감염 사실을 숨긴 채 살아간다"며, "이들이 커뮤니티 안에서 자신의 감염 사실을 공개하는 것은 금기시된다"고 설명한다. 또한 "한국은 남성 동성애자의 감염률이 높은 국가"라며 "이는 분명 에이즈가 국내 성소수자 커뮤니티의 이슈임을 시사한다"라고도 했다.

앞서 미국 질병관리본부의 발표에서 보았듯, 에이즈 환자의 1, 2, 3위를 모두 남성 동성애자들이 차지한 이유는 피 대 피(blood to blood)로 감염되는 에이즈의 특성상, 좁은 항문 성관계 시 생기는 상처를 통해 피 대 피 감염이 이루어져 남성 동성애자들이 에이즈를 많이 공유하게 되기 때문이라는 것이 전문가들의 공통된 분석이다.

한국 성적 소수자 문화인권센터는 "콘돔 없는 항문성교가 에이즈에 감염되기 쉬운 가장 위험한 성교 형태"라면서 남성 동성애자 간 성행위의 위험성을 강도 높게 경고했다. 이 단체는 "흔히 항문성교가 에이즈 감염 위험이 가장 높은 성교라고들 말하는데, 그 이유는 출혈 가능성 때문"이라며 "혈액에는 바이러스가 다량 포함되어 있어 바로 체내로 흡수되면 감염될 수 있다"고 지적했다. 이어 "에이즈에 감염되지 않으려면 안전한 요령을 배우든지 아니면 항문성교를 포기하든지 둘 중 하나를 선택하라"고 주장했다.

굳이 이러한 주장들을 인용하지 않더라도, 항문은 배설 기관이기 때문에 부위의 점막이 매우 얇고, 쉽게 상처가 나고 출혈이 일어나기 쉬운 구조로 되어 있음으로, 이곳으로 성행위를 할 시에는 항상 에이즈 감염의 위험성이 도사리고 있는 것이다. 이뿐만 아니라, 대장균 등 무수한 세균이 있는 항문 주변 환경 때문에라도 항문은 대변을 보는 용도로만 쓰이는 것이 보건적으로도 지극히 상식인 것은 두말할 나위가 없는 것이다.

그러나 일부 어떤 그룹에서 주장하는 바와 같이, 에이즈는 바이러스로 감염되는 것이지 동성 간의 성관계와 같은 특정 행위로 감염되는 것이 아니라 하며, 전 세계 보건당국들이 제시하는 명백한 역학 자료와 통계를 부인하는 경우를 보게 되는데, 이러한 주장은 마치 비행기가 미사일에 격추되어 땅으로 떨어진 경우를 두고, 비행기가 중력에 의해 떨어진 것이지 미사일에 맞아 떨어진 게 아니라고 주장하는 것과 다르지 않다. 즉, 비행기가 미사일에 맞아 중력의 영향에 그대로 노출되어 추락했다고 보는 것이 이치에 맞듯이, 에이즈 감염도 남성 동성애자 간 성관계로 인해 바이러스에 그대로 노출되어 에이즈에 감염되었다고 보는 것이 타당하다고 하겠다.

우리는 에이즈 환자 1만 명을 넘어선 에이즈 위험 국가에서 한 시대를 살아가고 있다. 다시 말해, 2013년을 기점으로 국내 에이즈 환자 수는 공시적으로 밝혀진 것만 해도 1만 명을 넘어섰고, 대한민국 건국 이래 유래가 없는 급격한 에이즈 환자 증가추세를 보이고 있는 시대를 살아가고 있는 것이다. 2014년 한해만 해도 1,191명이라는 인원이 신규 에이즈 감염인으로 보고되었다.[44]

특히 세계적으로 10대 청소년 에이즈 환자의 급격한 증가는, 개인과 가정은 물론 사회 국가적으로 엄청난 충격과 인적 물적 손실로 연결되고 있는데, 이를 미처 일반인들이 자각하고 대처방안을 모색하기도 전에 에이즈 확산이 빠르게 진행되고 있다는 점에서 문제의 심각성이 있다. 최근에는 특히 한국 청소년 및 청년 에이즈 감염인이 급증하고 있는 것을 발견하게 되는데, 질병관리본부의 자료를 통해 15-19세의 남성 에이즈 감염인 수를 연도별로 살펴보면, 2003년 이후로 청소년 에이즈 환자가 급격히 증가하는 모습을 볼 수 있으며, 2003년에서 2013년에 걸쳐 10년 동안에 10배가 증가했음을 알 수 있다.[45] 또한 2014년 한해 발생한 신규 감염인은 1,191명에 달했고, 그 중 20대가 367명이나 포함되어 있다. 한편, 이 자료를 통해 우리가 확인할 수 있는 것은 국내 에이즈 환자의 99%는 성 접촉으로 에이즈에 감염되었다는 사실이다(수혈이나 마약주사기 공동사용 등으로 에이즈에 걸리는 사례가 거의 없다).

물론 에이즈는 HIV라 불리는 레트로 바이러스에 의해 감염되는 질병이므로 이론적으로는 남성 동성애자뿐 아니라, 누구라도 감염될 수는 있는 질병이다. 에이즈에 감염된 사람의 혈액이나 정액, 질액(질 분

---

44 뉴스1(2015.9.8), "에이즈 감염 3년간 24% 급증... 외국인 감염자 110명", http://news1.kr/articles/?2412137
45 질병관리본부(2015), 「2014 HIV/AIDS 신고 현황」, p.12. http://www.cdc.go.kr/CDC/info/CdcKrInfo0128.jsp?menuIds=HOME001-MNU1130-MNU1156-MNU1426-MNU1448&fid=3444&q_type=&q_value=&cid=64357&pageNum=

비물), 혹은 장액(rectal fluid)이 혈관으로 직접 유입되거나 상처에 그러한 체액들이 노출되면 에이즈에 감염될 수 있는 것이다. 그러나 사실 이런 중대한 상황은 일상생활에서는 발생될 확률이 극히 낮다는 것이 전문가들의 공통된 의견이다. 그러므로 HIV 감염인의 타액이나 콧물, 눈물, 땀, 혹은 에이즈 감염인을 물었던 모기 등에 의해서는 에이즈에 감염되지 않는다. 이에 따라 그들과 포옹하거나 같이 식사하는 등 일상생활을 같이 하는 데에는 아무런 문제가 되지 않는다.[46] 따라서 "에이즈는 이른바 '생활감염'이 없다"라고 정의되곤 한다.

HIV에 감염된 혈액이나 정액, 질액 혹은 장액이 직접 상대방의 혈관 속으로 유입될 수 있는 위험 상황이 발생하는 경우는, 대부분 항문성교를 통해서 일어난다는 것은 이해하기 어렵지 않다. 따라서 이러한 논리를 토대로 이성애자 간에도 정상적인 성기관이 아닌, 항문을 통한 성행위가 행해진다면 에이즈 감염의 위험이 높아진다는 사실을 정확히 인지해야 한다.

무엇보다 에이즈가 우리에게 두려움으로 다가오는 것은 아직 완치약이 개발되지 않은 상태라는 것이다. 미국의 질병관리본부와 한국 질병관리본부 등은 에이즈는 현재까지도 완치시킬 의약품이 개발되지 못했으며, 백신도 발견되지 못한 상황으로 의약품 개발은 상당한 시간이 소요될 것으로 발표한 바 있다.[47]

참고로 미국과 한국 등 각 선진국의 질병관리본부나 에이즈 관리 재단은 특별한 로그인이나 실명 인증 없이 항상 해당 홈페이지 사이

---

46 질병관리본부 에이즈교육센터 홈페이지: http://aidsedu.org/helper/Helper.do?cmd=HelperWrongSenseInfo&pTab=05&pSubNo=4
47 신영현, 윤철희(2014.7.10.), "에이즈 완치방법들에 대한 최근연구동향 소개", 질병관리본부 홈페이지 http://www.cdc.go.kr/CDC/cms/content/56/27256_view.html

트에 접속해서 열람할 수 있다. 특히 미국 질병관리본부는 많은 개체 수의 역학조사나 각종 질병 관리현황을 그래프화, 도표화하여 전 세계인들이 각종 질병의 정보를 볼 수 있도록 게시해 놓았기 때문에, 평상시에도 즐겨찾기로 해놓고 신종플루, 사스, 에볼라 등 그때그때 발생하는 신규 질환들에 대한 객관적인 정보를 얻는데 많은 도움을 받을 수 있다.[48]

에이즈, 즉 후천적 면역 결핍증의 진단과 치료는 지정된 병원에서 가능하며, 현재 익명으로도 검사가 가능하다. 에이즈 치료를 받을 수 있는 병원은 한국 질병관리본부 등에 자세히 연락처와 함께 기재되어 있다.[49] 또한 비록 에이즈에 감염되었다 하더라도 HIV 억제제를 평생 무료로 공공의 비용으로 지급하여 주기 때문에, 절대로 자살 등 극단적인 방법을 택한다거나, 은둔하고 피하지 말고 최선을 다해 건강을 돌보아야 한다.

협회 일을 하다보면 에이즈 치료약에 들어가는 비용은 얼마인지, 또는 현재 완치 약이 나와 있는지, 없다면 완치 약은 언제쯤 나올 수 있는지에 대한 문의를 종종 해오는 경우가 있다. 에이즈라는 이름을 들어는 보았지만, 실제로 어떤 치료를 받는지, 약은 어떤 종류가 있는지에 대한 지식은 전무한 경우가 대부분이기 때문에, 호기심에 질문하는 경우도 종종 있다. 이러한 질문에 대해 유력 일간지의 기사와 각종 보고서를 근거로 답변한다면, 에이즈 환자 한 명 당 한 달에 300만 원에서 많게는 500만 원까지 치료비가 소요된다는 것은 공공연한 사

---

48 미국 질병관리본부 홈페이지 : http://www.cdc.gov/hiv/basics/index.html
49 질병관리본부 홈페이지: http://www.cdc.go.kr/CDC/contents/CdcKrContentView.jsp?cid=24135&menuIds=HOME001-MNU1130-MNU1156-MNU1438-MNU1441

실로 알려져 있다.[50] 그런데 이 모든 치료비용에 대해 현재 우리나라는 영국, 일본 등과 마찬가지로 환자 본인 부담금 없이 에이즈 환자의 치료비를 개인이 지불하지 않아도 되게끔 100% 전액을 국가 지원으로 처리하고 있다. 세부적으로는 건강보험공단에서 90%, 질병관리본부에서 5%, 그리고 지방자치단체에서 5%가 지원됨으로써 약값과 진료비 전액이 환자 개인 비용이 아닌 국민의 세금, 즉 국가 비용으로 처리하고 있는 셈이다.[51] 이 정도로 잘 조성된 에이즈 환자 케어 시스템을 가진 나라는 OECD 국가들 중에서 드물다고 보는 게 옳을 것이다.

어떤 경로로 에이즈에 감염되었든지 간에 에이즈 환자가 온전히 치료받을 수 있게끔 돕는 것이 크리스천으로서의 임무이고 사랑이다. 또한 이에 못지않게 동성애 행위로 인해 에이즈 감염이 더 이상 발생하지 않도록 철저히 그 문제점과 위험성에 대해 알리는 것 또한 매우 중요한 일이다.

에이즈에 감염되면 심리적·육체적 고통으로 사회생활 등을 건강하게 지속하기 힘든 경우가 많기 때문에, 이러한 케어는 앞으로도 계속해서 지속되어야 할 것인데, 그럴수록 신규 에이즈 감염인의 증가를 예방하여 사회비용이 효과적으로 에이즈 환자들에게 지속적·안정적으로 전달될 수 있도록 도모하여야 한다. MSD사의 스토크린이나, 유한양행이 수입하는 길리어드의 트루바다, 로슈의 푸제온, 글락소의 키벡사 등 23가지가 넘는 고가의 에이즈 치료제를 이미 확진을 받은

---

50 Healthline 홈페이지:http://www.healthline.com/health/hiv-aids/monthly-cost-treating-hiv#2 월 치료비를 2,000-5,000달러로 잡고 있으며, 평생 치료비를 50만 달러 (6억 원 내외) 이상으로 잡고 있다.

51 서울특별시 홈페이지(2014.7.27), "에이즈 잘 알고 잘 대처하기!" https://health.seoul.go.kr/archives/29765

HIV 감염인들에게 지속적 · 안정적으로 무상 공급하기 위해서라도 더 이상 동성애가 만연되지 않도록 예방 교육을 실시해야 한다는 목소리가 높아지고 있다.

라. 성병(Sexually Transmitted Diseases)

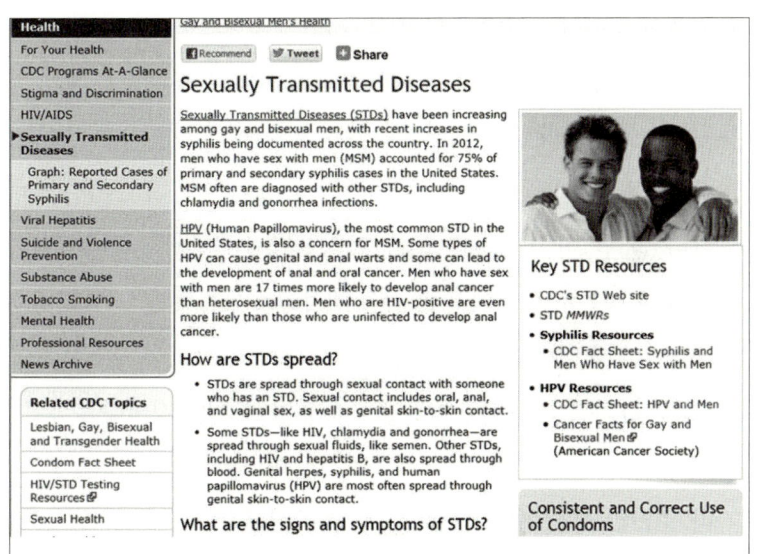

상기 자료를 보면, 미국 질병관리본부는 2012년 당시 미국에서 발생한 1,2차 매독 환자 중 75%가 남성 동성애자임을 밝히고 있다. 미국 내 남성 동성애자가 불과 2% 정도임을 감안하면, 매독 환자 인구 중에서도 남성 동성애자가 매우 높은 비율을 차지하고 있다는 점을 시사하는 자료이다.

또한 영국의 공공보건국(Public Health)이 2015년에 발표한 보고서에 의하면, 두 가지 치명적인 성병의 증가가 남성 동성애자들에게서 높게 나타나고 있다고 한다. 이 발표에 따르면 매독과 임질의 수치가 일반인보다 남성 동성애자에게서 뚜렷이 높게 나타나는 것을 발견할 수 있으며, 이에 따라 공중보건학 의사인 그웬다 휴즈(G. Hughes)는 공중 위생상 우선적으로 이러한 성병의 확산을 막아야 한다고 지적하고 있다. 그는 이러한 성병예방 교육은 남성 동성애자와 같은 고위험 집단에게 지속적으로 이루어져야 한다는 당부도 잊지 않았다. 영국 가족협회 리더인 나티카 할리(N. Halil)는 치명적인 매독이 남성 동성애자들 사이에서 47%나 증가했음을 영국의 공공보건국을 통해 알 수 있다고 발표했다.[52]

비단 매독과 임질만이 남성 간 성관계로 인해 증가하고 있는 성병은 아니겠지만, 이 보고는 비정상적인 성관계가 인간에게 어떠한 영향을 끼칠 수 있는지에 대해 많은 것을 시사해준다고 하겠다. 기타 자세한 사항은 미국질병관리본부 LGBT코너나 영국 보건국, WHO 등을 참조하면 유익한 정보를 얻는 데 도움을 받을 수 있을 것이다.

마. 일반인보다 높은 자살률

동성애자의 자살률은 일반인의 자살률보다 현저히 높다. 동성애자의 자살률은 일반인보다 5배 더 높다는 보고가 있는데, 이는 동성애자가 일반인보다 불행하다고 주장하는 많은 의사들의 글을 통해서도 확인되는 바다.[53]

---

52 https://www.lifesitenews.com/news/uk-study-shows-massive-surge-in-deadly-stds-among-gay-men

53 K. Gilbert "LifeSiteNews Mobile | Study: Gay Teens Five Times More Likely to Attempt Suicide." LifeSiteNews., 29 Apr. 2011. Web. 18 Oct. 2012.

한 발 더 나아가 화이트헤드(N. E. Whitehead) 박사는 동성애자의 자살률이 일반인보다 8배나 더 높으며 동성애자들 간의 결혼, 즉 동성결혼을 인정해 주는 등의 노력도 동성애자의 자살률을 낮추지는 못한다고 발표한 바 있다.[54]

미국 동성애 리서치 및 치유단체인 동성애 연구 및 치료를 위한 협회(NARTH: National Association for Research & Therapy of Homosexuality)의 설명에 의하면, 동성애자의 자살 원인은 사회의 냉대와 차별이 아니라, 동성애자 자신이 동성애자라고 어린 나이에 느끼는 것, 동성애자들이 이른 나이에 성행위를 시작한 것, 동성애자 자신이 겪은 가정의 결손, 동성애자가 받은 성적인 학대 경험, 동성애자들의 불법적인 약물 남용이나 체포 등이 수반되는 불법적인 행동, 혹은 높은 성매매율 등이 동성애자의 자살률을 높이는 원인이 된다고 밝혔다. 즉, 사회적 차별이 동성애자의 높은 자살률의 원인이 아니라고 본 것이다.[55]

6. 에이즈 환자의 증가로 인하여 국가(국민)가 부담하는 고액의 비용

1992년에 우리나라 국립보건원은 국내 동성애자 중 5.5%가 HIV에 감염되어 있다고 발표한 바 있다. 또한 존스 홉킨스는 미국 남성 동

---

54 N. E. Whitehead "Male Gay Partnerships No Defence against Suicide." Male Gay Partnerships No Defence against Suicide. N.p., Jan. 2010. Web. 18 Oct. 2012.

55 "Gay Men Differ from Heterosexuals in Suicidality: Netherlands Study." Gay Men Differ from Heterosexuals in Suicidality: Netherlands Study. National Association for Research & Therapy of Homosexuality, 17 Oct. 2006. Web. 18 Oct. 2012. 〈http://www.narth.com/docs/netherlands.html〉.

성애자 중 약 15%가 HIV에 감염되어 있다고 밝혔다.[56]

우리나라도 동성애자가 증가하여 미국처럼 전체 인구 중 2% 정도가 동성애를 하게 되고 그 중 10% 정도가 에이즈에 감염된다고 추산할 때, 총 인구 중 0.2%가 에이즈에 감염된 것으로 계산해 볼 수 있는데, 에이즈 환자 1인당 한 달 사용되는 에이즈 치료에 드는 약값을 250만 원 정도로 잡아서 계산할 때, 연중 3,000만 원 정도의 비용이 쓰이는 것을 알 수 있다. 이 비용을 근거로 국내 전 에이즈 환자에게 사용되는 연간 치료비는 약 3조원에 달하게 된다. 2012년도 건강보험공단에서 전 국민의 여러 가지 질환에 대한 건강보험료 약제비로 병원과 약국에 지출한 비용이 13조원 규모인 것을 감안하면, 에이즈 약값 3조원 지출은 의료 재정에 비상 상황을 야기할 수도 있음을 필자는 2013년도 서울대보건대학원 HPM과정에서 발표한 바 있다. 그런데 이 연구가 이듬해 우수 논문으로 선정된 것으로 보아, 이 주장이 아주 억지 주장은 아닌 듯하다. 부디 위와 같은 규모의 지출이 발생할 정도로 국내의 에이즈 환자 발생이 증가하는 일이 없기를 바랄 뿐이다.

7. 맺음: 남성 간 성관계는 반사회적이고 반보건적인 위험행동임

만성질환의 경우 대부분이 특정 위험행동과 높은 연관성을 가지고 있다. 예를 들어, 폐암 환자의 경우, 전체 폐암 환자 중 직접 흡연자

---

56 연합뉴스 http://www.yonhapnews.co.kr/bulletin/2012/07/20/0200000000AKR20120720128100009.HTML

가 85% 정도를 차지하는 높은 유관성을 보인다.[57] 즉, 흡연이라고 하는 위험행동이 폐암 유발의 가장 직접적인 위험행동으로 꼽힌다는 것이다. 이렇게 유관성이 높은 질병은 예방 방법도 확고해진다. 그래서 각종 담배 포장에는 흡연으로 유발되는 질환과 담배가 함유하고 있는 발암물질 등을 표기하도록 국민건강증진법 등을 통하여 정하고 있으며, 이는 흡연 억제만 잘해도 폐암 환자가 줄어들 것을 기대할 수 있기에 흡연율을 억제하고자 하는 국가적 의지가 반영된 것이다.

또 다른 예로 간경화 등 간장 질환 혹은 각종 음주 후 사고 등을 유발하는 위험행동으로는 술을 마시는 행위, 즉 음주를 꼽는다. 그래서 주류, 즉 술 제품을 TV 광고로 내보내는 경우에는 청소년이 많이 보는 시간대를 피해 밤 10시 이후에만 주류 광고를 내보낼 수 있도록 제한을 두고 있다.

따라서 이제는 흡연과 음주의 위험성, 안전띠 미착용의 위험성을 국가가 나서서 알리듯, 학교교육 교과과정에서도 1999년도 이전까지 행해졌던 것처럼 동성에 대한 보건적인 위험성을 알리는 내용들이 다시 다루어짐으로써 청소년들로 하여금 에이즈에 대한 경각심을 가지게끔 해주어야 한다. 당면한 현시점은 젊은이들과 국민들이 에이즈로부터 안전하게 자기 자신을 지킬 수 있도록 국가 차원의 대대적인 교육이 절실하다는 학부모들과 교사들의 목소리가 높아지고 있다.

이는 다행히도 보건당국과 교육부의 의지만 있다면 어렵지 않을 것으로 여겨진다. 다시 말해서, 비흡연인 및 청소년들에게 흡연이라는 위험행동의 결과로 오게 되는 폐암, 심혈관계 질환 등의 위험성을 미

---

57 노진섭(2013.5.23), "폐암 걸릴 확률, 흡연자가 20배 높아", 시사저널. http://www.sisapress.com/news/articleView.html?idxno=60562

리미리 알리고 교육하는 이른바 금연교육을 국가가 하고 있는 것과 같은 방식을 취하면 된다. 각종 교과서, 국민건강증진법이나 아동청소년보호법 등을 통해 위험행동과 유해환경을 적극적으로 국민에게 알려 무지와 정보 부족으로 국민건강이 침해 받는 일이 없도록 적극 홍보하면 되는 것이다.

폐암의 발병 위험으로부터 벗어나도록 하기 위해 지인에게 금연을 권하고, 간경화의 발병 위험으로부터 자유로워지도록 하기 위해 가족에게 과음을 삼가 할 것을 권하듯이, 에이즈 감염 위험으로부터 자신을 지키도록 하기 위해 자녀들에게 동성애와 에이즈의 유관성에 대해 가르치고 적극적으로 알리는 일이 필요하다. 즉, 에이즈에 대한 실체적 정보를 잘 다루고 있는 미국이나 일본, 영국 등의 유력한 보건당국이 발표하는 내용을 경청하고 위험행동을 삶에서 제거해 나감으로써 건강한 삶을 영위해 나갈 수 있는 것이다.

사람은 모두 입을 통해 음식을 먹고 마신다. 이것은 지극히 당연하고 상식적인 행위이다. 그러나 인체구조상 입이 아닌 다른 기관, 즉 할 수만 있다면 코로 커피나 우유를 마시는 것도 가능하다. 그렇게 할 자유가 우리에게 얼마든지 있다. 즉, 원한다면 코를 통해 마실 자유와 권리 혹은 인권은 누구에게나 있는 것이다. 그러나 그렇다고 해서 이러한 권리를 누린다는 명목으로 코를 그러한 용도로 지속적으로 사용한다면 코뿐만 아니라 부비동 등 코와 직통하는 부위에 심각한 염증이나 질병을 유발할 수 있다. 그러다 보면 결국 소염제, 진통제에 점철된 삶을 살다가 상당한 수명의 단축을 초래할 수 있다.

즉, 위험행동을 하게 되면 그 부메랑이 자신에게는 물론이거니와, 자신이 속한 사회로 되돌아오게 된다는 것이다. 누구나 흡연할 권리, 음주할 권리가 있음에도 불구하고 나라가 이를 억제하는 이유를 우리는 알아야 할 것이다.

(이상의 내용은 2013년 서울대보건대학원 HPM과정에서 저자가 발표하고 이듬해 우수보고서 상을 수상한 "동성애의 확산에 따른 의료보건비용의 증가"라는 발표 내용에 근간하여 발췌한 내용임을 밝혀둔다.)

제 7 부

상담학, 정신분석학적 분석

Homosexuality, the cultural clash of the 21st century

제 1 장

동성애에 관한 정신분석학적 견해

박종서 목사(양지평안교회 담임목사, 한국정신분석전문가협회 회장)

1. 소화하기 어려운 난제: 동성애

프로이드(S. Freud)는 수백 편에 달하는 자신의 논문들에서 오직 성(性)이라는 도구를 통해서만 인간의 정신을 관찰한다. 그 중 대부분의 논문들에서 프로이드는 직·간접적으로 동성애에 대한 생각들은 기록하고 있다. 프로이드는 심지어 자신의 임상사례에서 동성애가 개입되지 않고서 그 사례가 성공한 예가 없다고 말할 정도로 동성애가 인간 정신에 얼마나 깊이 연루되어 있는가를 강조한다.[1]

그는 동성애를 인간 누구나가 겪어야 하는 발달과정이라고 생각했

---

1 S. Freud, *Bruchstück einer Hysterie-Analyse* 권재혁, 권세훈 역, 『히스테리 도라 사례의 분석(1905e〈1901〉』 (서울: 열린책 전집 10, 1997), 252.

다. 따라서 모든 이성애는 동성애 단계를 거쳐서 도달되는 것이라고 보았다. 또한 그는 인간은 생애초기 오직 자신에게만 집중하고 자기만을 사랑하는 자기애적 단계를 갖게 되고 이것은 성인이 된다고 없어지는 것은 아니라고 생각했다. 사실 '자기애'는 자신과 같은 성을 사랑하는 것이다. 다른 성을 사랑하거나 다른 사람에게 관심을 줄 수 있는 단계가 자연스럽게 얻어지는 것은 결코 아니라는 것이다. 우리는 자신이 가지고 있는 '성정체성'이 선천적이고 본능의 결과라고 생각하지만 정신분석적으로는 어떤 일련의 과정을 겪으면서 획득되어진 것으로 본다.

프로이드는 영아시절부터 '성정체성'이 확립되는 그 미세한 과정들을 현미경으로 들여다보듯 자세히 연구하고 그것을 통해서 자신의 정신분석의 기반을 세웠다. 동성애에 대한 정보들은 이 과정에서 부수적으로 얻어진 것이다. 따라서 동성애를 이해하기가 어렵다는 것은 곧 정신분석의 이해가 어렵다는 이야기와 같은 것이다. 정신분석이라는 도구를 사용하여 동성애를 보지 않으면 동성애는 여전히 소화해 내기 어려운 거친 음식이 된다. 그 이유는 동성애의 원인이 의식적인 영역이 아닌 무의식에 있기 때문이다.

인간이 성에 대해서 이제 막 눈을 뜨려고 하는 시기는 아이가 이제 막 사회로 진입해야 하는 시기와 맞물려 있다. 세상으로 나온다는 것은 이름이 부여되고 자기의 소속과 정체성이 부여되는 것과 같은 것으로, 이것은 아버지에 의해서 이루어진다. 그 동안 표정이나 감정 또는 정서로만 교감하던 것을 이제는 언어를 통해 의사소통해야 한다. 사회의 예절과 관습도 익혀야 한다. 무엇보다 자신의 욕망을 마음껏 분출할 수 없다는 것이 전제되어야 한다. 그 동안 누리던 '나르시시즘'(narcissism)의 만족을 포기하고 모든 것은 언어와 같은 상징으로 대체해야 한다. 이때 아버지(아버지는 세상의 대리자이다)는 더 이상 엄마와의 살붙임이 허용되지 않는다.

그러나 유아에게 엄마는 어떤 존재였던가? 엄마는 아기의 생명을 좌지우지할 수 있었던 신(神)이었다. 역으로 아기는 엄마를 마음대로 조정할 수 있는 '아기폐하'가 되기도 했다. 엄마와 유아의 관계는 이렇게 전능적 관계이다. 전능적 관계에서의 거절 경험은 '파국'의 경험이다. 때문에 상상계(엄마와의 2자 관계)에서 상징계(엄마, 아버지, 유아의 3자 관계)로 넘어온다는 것이 그렇게 간단한 일은 아니다. 자의든 타의든 어떻게 해서든 '상상계'를 빠져나오지 못한다면 '정신병'이라는 대가를 지불해야 한다. 동성애는 이 과정에서 발생하는 것이다.

2. 동성애의 잠재적 가능성

프로이드는 「본능과 본능의 변화」라는 자신의 논문에서 성 리비도(Libido)의 추동과정을 •성적 압력 또는 열망, •본능의 목표, •본능의 대상, 그리고 •본능의 근원으로 분화시켜 설명한다. '압력', 곧 성 추동은 본능을 움직이게 하는 동력이고 공통적인 특성은 '미는 힘'이다. 성적 목표는 만족이다. 이 만족은 자극과 긴장을 제거함으로써만 달성된다. 그러나 이 목표로 가는 길 중간이 막혀 있거나, 여러 매개의 목표가 있을 수 있고 비켜나가는 길들이 있음으로 해서, 이 과정에 도착(倒錯)이 발생하는 것으로 보았다.

프로이드는 본능의 추동과정에 중요한 역할을 하는 '대상'의 임의성이 '도착'의 가장 주요한 원인이라고 생각한다. 대상은 본능과 결부된 것이 아니라, 도구일 뿐이다. 이 대상은 외부일 수도 있지만 본능 주체의 신체 일부일 수도 있다. 대상은 본능이 겪는 변천 과정 중에 여러 차례 바뀔 수 있고 본능의 이동이나 변천은 대상을 바꿀 수 있는 계기가 된다고 보았다. 성적 본능의 '근원'에 대해서 프로이드는 알 수 없다고 했다.

이러한 본능의 특성들을 고려해 볼 때 '동성애'는 성적 목표를 향해 가는 도중 '대상의 가변성'에서 발생하게 되는 것으로 볼 수 있다. 성 충동의 목적(만족 또는 카타르시스)을 수행하는데 '대상'이 '수단'이라는 점과 대상이 '바뀔 수 있다는 점'에서 동성애가 발병할 가능성을 예측한 것이다.[2]

이러한 성 대상의 가변성 외에 '유아 성욕'[3]으로의 퇴행 가능성도 중요한 몫을 한다. 유아에게 성차는 사실 별 의미가 없을 뿐 아니라, 유아의 성은 그 기능상 중성의 상태이다. 그럼에도 유아가 느끼는 성적 충동의 강도는 성인의 그것과 비교될 수 없을 정도로 강렬하다는 것을 프로이드는 임상을 통해 발견한다.

남성과 여성이라는 성 차이는 4-6세 즉 오이디푸스 콤플렉스 시기를 건너면서 시작되어 사춘기에 들어서서야 '남자' 혹은 '여자'라는 '성정체성'이 확립된다. 우리가 생각할 때 '성정체성'은 자연스럽게 누구나 얻어질 수 있는 것으로 생각하지만, 모든 과정이 무의식속으로 침잠해 버려 기억할 수 없을 뿐이지, 사실 아주 정교하고 복잡한 과정을 경험하면서 얻어지는 것이다.

---

2   S. Freud, *Instincts and Their Vicissitudes(1915)*, trans. by J. Strachey, v.14 (London: The Hogarth Press, 1973), 120-123.
3   가장 민감한 자극이 성기관이 아니고, 다른 신체부위를 통해서 촉발될 수 있다는 생각에서 유아 성욕의 이론이 시작된다. S. Freus, 임홍빈, 홍혜경 역, 『강의 21번째: 리비도의 발달과 성적 조직들』 (서울: 열린책 전집 2, 1998) 458.

이 과정에서 어떤 사람은 자신의 '성정체성'을 찾지 못하고 심리적 성과 생물학적 성이 일치하지 않는 교란이 일어난다. 이것은 '오이디푸스 콤플렉스'라는 다리를 건너는 과정에서 일어나며 이 다리를 넘었다 할지라도 과거의 유아시절(성 차이가 없는 중성의 상태, 여기에서 동성애 역시 아무 문제가 제기되지 않는다)의 흔적은 누구에게나 여전히 무의식적으로 활동하고 있다는 것이다. 이러한 사실에는 누구든 동성애에서 안전한 것은 아니라는 암시가 들어있다.

3. 오이디푸스 콤플렉스[4]와 동성애

오이디푸스 콤플렉스는 '살부혼모'로 인간 누구나 운명적으로 겪을 수밖에 없는 일련의 과정이다. 그러나 '거세불안'으로 인해 억압되어질 수밖에 없고, 그 보상으로 인간은 사회에 진입할 수 있는 기회를 얻게 된다. 오이디푸스 콤플렉스는 아버지의 세계, 곧 세상으로 진입하는 관문이다. 이 관문을 나오면서 남자는 남자로, 여자는 여자로 자신의 '성정체성'을 갖게 된다. 문제는 이 오이디푸스 콤플렉스라는 무의식적 정신활동을 누구나 다 유연하게 경험하는 것은 아니라는 사실이다. 오이디푸스 콤플렉스라는 정신활동이 사실(fact)보다는 환상, 곧 환상적인 대상관계로 구성되기 때문이다. 즉, 발달과정에 왜곡을 일으킬 만한 환상적 대상관계를 피할 수 없다는 것이다.

---

4 프로이드는 오이디푸스 콤플렉스라는 주제만으로 논문을 쓴 적은 없다. 그의 모든 논문 여기저기에 이 콤플렉스가 녹아있을 뿐이다. 특별히 오이디푸스 콤플렉스에 대해서 많이 열거한 논문은 〈리비도의 발달과 성적 조직들〉, 〈여성성〉, 〈여성의 성욕〉, 〈오이디푸스 콤플렉스의 해소〉 등의 논문이다.

이러한 무의식적 환상과 현실적인 환경(아이에게 촉진적이지 못한 환경)의 결합으로 인해 오이디푸스 콤플렉스라는 다리를 힘들게 건너거나, 건너지 못하는 사람이 발생하게 된다. 일단 건넌다는 것은 초기의 그 강렬했던 유아 성욕(엄마와의 이자관계)을 포기하고 억압한다는 의미이고 건너지 못하는 아이의 경우 초기 엄마와의 관계를 그대로 유지하겠다는 의미가 된다. 동성애는 '환상'과 '현실'의 경계를 건넌 것도 아니고 건너지 못한 것도 아니다. 보통 사람들은 건너와서 다시 뒤를 돌아보지만 동성애자들은 그 경계에서 한발은 '상상계'에 또 한발은 '현실계'에 발을 딛고 있는 것이다. 강렬한 유아 성욕을 아직 포기하지 않는 것이다. 왜곡된 '성정체성'을 통해서 아버지의 세계(세상)로 나온 것처럼 가장하며 강렬한 유아 성욕을 누리고 있는 것이다. 물론 이러한 일련의 정신활동은 무의식적으로 이루어진다.

4. 동성애의 보편성, 도착의 보편성

프로이드는 도착을 크게 두 종류로 분류한다. 하나는 '성 목표'가 도착된 것이고, 또 다른 하나는 '성 대상'이 도착된 것이다. '성 목표'의 도착은 목표로 진행하는 과정에(어느 정도의 지연은 있을 수 있으나) 지나치게 지연되거나 목표에 도달되지 않으려는 행위를 말한다. '성 목표'라 함은 '생식기의 결합'을 통하여 긴장을 방출하는 것이다.[5] 대표적인 예로는 거의 모든 남자들이 일반적으로 가지고 있는 '페티시

---

5   S. Freud, *Three Essays on the Theory of Sexuality*, trans. by J. Strachey, v. 7. (London:The Hogarth Press, 1973), 137-147.

즘'(fetishism)을 들 수 있다. 페티시즘이란 사랑하는 대상의 머리카락이나 신발 또는 속옷 등의 물건을 주물대상으로 삼는 것이다.[6] 왜 사람들은 이렇게 왜곡된 방법으로 사랑하는 것일까? 그리고 그렇게 하는 이유가 무엇일까?

아기에게 생명을 주고 유아의 삶을 좌지우지하는 엄마에게 힘과 권력의 상징인 '남자의 생식기'가 없다는 것은 유아에게 엄청난 사건일 수밖에 없다. 결국 여자와 성적인 것을 거부하거나 지연시키고 그와 연관된 머리카락이나 속옷 등에만 '도착'되는 것은 여자에게 남자의 생식기가 없다는 것을 인정하지 않으려는 무의적인 생각에 그 기원이 있다고 보는 것이다. 이러한 무의식적인 정신활동은 사실 정상적인 모든 사람들에게도 성 대상이 도착될 수 있는 가능성이 열려있다는 이야기가 된다. 결국 페티시즘은 동성애로 가지 않기 위한 하나의 자구책일 수 있다.

다른 또 한 가지의 가능성은 페티시즘을 유아시절에 경험한 엄마와의 부분대상 관계의 잔재들로 보는 것이다. 유아의 눈으로 엄마라는 전체대상을 파악한다는 것은 어느 정도 유아의 단계를 벗어나서 얻을 수 있는 성취인 것이다. 영아는 초기 유아시절 엄마를 전체대상으로 인식할 수 없고 부분대상으로만 관계하게 된다.[7] 이런 환상적인 부분대상 역시 도착을 활성화하는 일에 한 몫을 하게 된다.

두 번째 도착은 '성 대상 도착'으로 남자를 여자로 또는 여자를 남

---

6 위의 책, 153-156. 이러한 페티시즘이 얼마나 만연한가는 페티시즘 샵(shop)을 통해서 알 수 있다. 이 샵에서는 자신의 취향대로 발 또는 머리 원하는 부위를 선택적으로 원하고 거기에 맞는 값을 지불하면 된다.

7 S. Freud, 임홍빈, 홍혜경 역, 『강의 21번째: 리비도의 발달과 성적 조직들』 (서울: 열린책 전집 2, 1998) 459.

자로 착각하는 것이다. 때문에 프로이드는 동성애라는 말은 논리적으로 부적합하다고 생각했고 '성 대상 도착'이라는 말로 대체해서 사용해야 한다고 주장한다. 남자를 여자로, 여자를 남자로 착각하는 것이지, 원래 동성애라는 말 자체가 성립이 되지 않는다는 것이다.[8] 동성애라면 남자와 남자, 여자와 여자가 성관계를 해야 한다. 그러나 심리적으로 동성애자들은 이성애적인 사랑을 하는 것이다. 동성이지만 한 사람은 남자, 또 한 사람은 여자의 역할을 하기에 엄밀한 의미에서 그들은 동성애가 아닌 것이다. '성 대상'이 도착된 것이다.

그러나 우리는 동성애를 생물학적으로만 생각하여 동성끼리 성관계를 갖는 것으로 생각한다. 그러나 프로이드에 의하면, 동성애자들도 심리적으로는 이성애적 사랑을 하고 있는 것이다. 이것이 바로 동성애를 '성 대상 도착'이라고 하는 이유이다. 도착은 사실 '환상'의 영역이, 또 다른 차원에서 '이상화'의 능력이기도 하다.

프로이드는 인간의 성적 환상 속에는 남성적이고 여성적인 특성이 공존하며 이미 이러한 성적 환상들 가운데 동성애적인 충동이 있다고 보았다. 히스테리 증상(프로이드는 히스테리 증상의 근원을 성적인 갈등과 억압에서 찾는다)에는 '리비도의 충동'과 '억압 충동' 사이에서 타협이 있지만, 반대되는 성적 특성을 띤 두 리비도의 환상을 결합시키는 역할도 있다는 것이다.[9] 이러한 사실은 자위를 하고 있는 사람이 무의식적인 환상에 남자의 감정과 여자의 감정을 동시에 느끼려는 충동을

---

8   S. Freud, *Three Essays on the Theory of Sexuality*. trans. by J. Strachey, v. 7. (London:The Hogarth Press, 1973), 135.

9   S. Freud, *Hysterische Phantasien und Ihre Beziehung zur Bisexualität(1908)* 황보석 역, 『히스테리 성 환상과 양성소질의 관계』 (서울: 열린책 전집 12, 1997), 70.

유추해 본다면 쉽게 얻을 수 있는지혜다.[10] 프로이드는 환자의 환상에서 한 손으로 옷을 몸에 밀착시키는 한편(여자로서) 다른 손으로는 그 옷을 찢으려고 했던(남자로서) 상반되는 행동의 애매모호함을 발견하기도 한다.[11] 히스테리 성향은 결국 모든 인간에게 동성애적인 기질이 잠재되어 있음을 시사한다.

어떤 경우에는 동성애자이면서 이성과 섹스하며 결혼도 하고 애도 낳는다. 프로이드는 겉으로 보기에는 오직 남성적 매력에만 끌리는 것 같은 동성애자가 사실은 정상인과 마찬가지로 여인에서 풍겨 나오는 매력에도 이끌리고 있음을 확인한다. 그러나 동성애자는 매번 서둘러 여인에게서 받은 매력을 남성 대상에게 전이시키려고 하고, 이렇게 해서 자신으로 하여금 동성애를 획득하게 한 메커니즘을 끊임없이 반복한다.[12]

임상경험을 통해 프로이드는 이러한 왜곡되고 도착적인 사랑이 보편적으로 만연되어 있으며, 정상적인 사람들도 어느 정도 이러한 경향을 음성적으로 조금씩은 가지고 있는 것으로 보고한다. 단지 이러한 도착을 노골적으로 드러낸다는 것이 쉬운 일이 아니어서 억압은 자연스럽게 발생하게 되고 억압(동성에 대한 욕망)이 심할 경우 오히려 신경증을 만들어 내는 원인이 되기도 한다.[13]

동성애적 대상선택은 애정 욕구를 어머니에게 고정시키려는 인간의 경향과 관계가 있는 것으로, 인생의 일정한 시기에 이를 실행에 옮

---

10 위의 책, 71.

11 위의 책, 71.

12 S. Freud, *Eine Kindheitserinnerung des Leonardo da Vinci(1910)*, 정장진 역, 『레오나르도 다빈치의 유년의 기억』 (서울: 열린책 전집 17, 1998),60-61.

13 프로이드는 이러한 사실을 『늑대인간』과 『쥐 인간』의 사례를 통해 자세히 증명하고 있다.

길 수도 있고, 또 무의식 속에서는 동성애를 따라가기도 하고, 때로는 강력한 거부 태도를 보임으로써 자기 방어를 할 수도 있다.[14] 이렇게 볼 때 동성애는 정상적인 사람들에게서도 드러날 수 있으며, 단지 동성애자들은 무의식적인 동성애 요소가 양적으로 더 많은 것일 뿐이다.[15]

한편, 프로이드는 정상성의 거의 모든 사람들이 가지고 있는 신경증을 도착의 방어로 간주하기도 한다. 일종의 차폐현상(본질을 숨기기 위해 다른 것으로 위장하는 현상)이다. 즉, 신경증은 '도착의 부정적 형태', 또는 '음성적인 형태'인 것이다.[16] 이렇게 볼 때 인간은 누구나 음성적으로 도착이 있고 동성애적인 경향이 잠재해 있는 것이다. 겉으로 드러난 것은 여성이고 남성이지만, 사실 무의식 안에는 또 다른 성이 잠재해 있는 것이 된다. 융은 이것을 남성 안에 여성(anima), 여성 안에 남성(animus)으로 명명하기도 한다. 정신분석이 동성애에 대해서 관대하고 유보적인 태도를 취하는 것은 사실 이러한 생각들 때문이다. 그들은 남자도 아니고 여자도 아니다. 정상도 아니고 비정상도 아닌 것이다. 혼돈은 바로 이 지점에서 발생한다.

---

14   S. Freud, *Eine Kindheitserinnerung des Leonardo da Vinci(1910)*, 정장진 역, 『레오나르도 다빈치의 유년의 기억』(서울: 열린책 전집 17, 1998), 59.

15   S. Freud, *Über die Psychogenese eines Falles von Weiblicher Homosexualität (1920)*, 김명희 역, 『여자 동성애가 되는 심리』(서울: 열린책, 전집 11, 2003), 42-43.

16   S. Freud, *Bruchstück einer Hysterie-Analyse* 권재혁, 권세훈 역, 『히스테리 도라 사례의 분석(1905e〈1901〉)』(서울: 열린책 전집 10, 1997), 240-241.

5. 동성애의 원인들

강한 자극은 강렬한 인상을 각인시킨다. 강도(intensity)는 소리의 파형으로 볼 때 파동의 크기이다. 볼륨(volume)은 음의 양과 관계가 된다. 비유적으로 근육질의 사람에게는 강도가 느껴질 것이고 뚱뚱한 사람은 볼륨의 크기로 다가올 것이다. 강한 자극을 받은 사람은 내성에 의해 그것보다 약한 자극에 반응이 무딜 수밖에 없다.[17] 더 강한 자극이 오기까지 처음 자극에 고착될 수밖에 없는 것이다.

우리는 생각하기를 항문기나 구강기보다 성기부위가 훨씬 더 성적 강도가 높을 것으로 생각하지만 사실 프로이드는 어릴수록 성적 강도가 더 강렬하다고 생각했다. 그가 '범성론자'라는 비난을 받는 이유도 여기에 있다. 쾌락의 강도가 높아지면 그것보다 낮은 쾌락은 당연히 자극적이지 못하게 된다. 이 때문에 인간은 유아기에 고착되고, 그리로 돌아가려는 관성을 갖게 된다.

유아가 자신의 엄마와 갖는 모든 접촉들, 물론 여기에는 애정이 기본적으로 깔려 있다. 그러나 거기에는 육욕이 함께 있어 빨고 만지고 심지어 심리적으로는 하나가 되기도 한다. 아이의 둔부와 얼굴 등, 아이에게 모든 몸은 열려 있는 성감대인 것이다. 이 시기는 아직 생식기가 발달되어 있지 않아, 성적 에너지(프로이드는 이것을 리비도라고 한다)가 온 몸으로 번져 있을 시기이다. 자라면서 생식기를 중심으로 성감대가 조직화해 가지만 과거 유아기 흔적은 여전히 남아있을 것이고, 그때보다 더 강렬한 자극을 이후의 삶에서 만난다는 것은 거의 불가능하다는 것이다. 때문에 모든 인간은 어린 시절의 흔적을 불러일으키

---

17 박종서, 『작은 울타리, 큰 공간』 (서울: 청어람, 2013), 169.

거나 상기시키는 어떤 자극이 있다면, 곧 바로 퇴행할 준비가 항상 되어 있을 뿐 아니라, 순식간에 그 시절의 쾌락으로 돌아가고자 하는 욕망에 붙들리게 된다.

유아의 성애는 자기애적이다. 성정체성(다른 이성에 관심을 갖는)의 확립이 아직 이루어지지 않은 동성애를 이런 관점에서 바라보는 것이다. 그렇다면 왜 엄마의 대한 사랑의 대체물이 하필 동성인가? 대체물이 여자 대신 왜 남자이고, 남자가 아니라 왜 여자인가? 여기에 대한 정신분석적 견해를 몇 가지 열거해 본다.

1) 페니스에 대한 왜곡된 인지: 남성에 대한 성기의 높은 가치평가

유아초기에 엄마라는 존재와 그 위치는 거의 신과 동격이다. 물론 아기의 관점에서 그렇다. 엄마가 단 몇 시간만 방치해도 아이는 죽을 수밖에 없는 연약한 존재이다. 그런 유아의 눈에 어느 날 뜻밖의 사건이 일어나는 것이다. 그것은 어느 날 갑자기 남자, 여자의 생식기에 대한 왜곡된 인지가 일어나는 것이다. 아이의 눈에 누구는 달렸는데 누구는 없는 것이다. "왜 나는 없지?" 혹은 "나는 아직 거세되지 않았네?" 하는 왜곡된 인지가 일어나는 것이다. 프로이드는 이것을 인생의 획을 긋는 엄청난 뜻밖의 사건으로 보았다.[18]

여자의 생식기와 남자의 생식기는 거세되었거나 아직 거세되지 않은 무엇이 아니라, 선천적인 것이다. 이 사실을 안 이후에도 인간은 초기 어려서 경험했던 '있다', '없다' 또는 '잘렸다', 아직 '잘리지 않았다'

---

18 S. Freud, *The Infantile Genital Organization*. trans. by J. Strachey, v. 19. (London: The Hogarth Press, 1973), 143.

라는 왜곡된 인식을 여전히 무의식에 간직하고 있어 무시간적으로 삶의 지대한 영향을 받게 된다는 것이다. 이러한 예는 보통 엄마들이 자신의 아들 사진을 찍을 때 고추가 드러나도록 찍는 경우를 보아도 알 수 있다. 이렇게 유아에게 남아의 생식기란 대단한 것이요, 없어서는 안 될 무엇으로, 그것을 통해서 어떤 힘이 발생하는 것으로 착각하며 살게 된다.

이러한 잘못된 유아적 인지가 만들어낸 환상은 남아가 여아를 보고, 여아가 남아를 보는 일에 왜곡을 불러온다. 인간은 심리적으로 중성으로 태어나고 대상관계를 통한 발달과정에서 '성정체성'이 확립된다는 사실들에는 보다 원초적인 유아성으로 퇴행할 경우 '성정체성'에는 전혀 문제가 되지 않는다는 논지가 숨어있다. 때문에 동성애의 성적 충동은 보다 원초적이고 강렬한 유아 성욕인 것이다.

동성애의 이면에는 이렇게 남성의 성기에 둔 높은 가치, 즉 애정의 대상에게 남성의 성기가 없어서는 안 된다는 잘못된 인지와 더불어 여자들을 경멸하고 싫어하고, 심지어는 그들에 대해 두려움까지 느끼는 태도를 갖게 한다.[19] 이것은 여자들에게는 남근이 없다는 것을 알게 된 데에서 기인된 것이다. 따라서 완전히 고착된 동성애자는 신혼 첫날 자신의 부인과의 잠자리 도중 비명을 지르며 도망쳐 나오기도 한다.[20]

---

19 위의 책, 144.

20 Dieter, Kerner, *Krankheiten Grosser Musiker*, 박혜일 역, 『위대한 음악가들의 삶과 죽음』 (서울: 폴리포니, 2001), 307-308. 차이코프스키는 동성애자로서 여자들과는 평생 정신적 사랑만을 유지했다. 그와 결혼한 부인은 남편의 동성애를 이해하지 못했고, 자신이 남편에게 인정받지 못한다고 생각했다(19세기 당시에 동성애를 자유스럽게 드러낼 수 있는 시대는 아니었다). 그녀는 자신의 매력을 확인하기 많은 남성과의 접촉을 시도했고, 결국 정신병원에 입원하여 그곳에서 생을 마감했다.

2) 엄마에 대한 사랑의 억압으로 자신을 엄마의 위치에 그대로 유지시킨다. 그리고 사랑대상으로 동성을 선택한다.

모든 남성 동성애자들은 자신들의 잊어버린 유아기 때에, 어머니인 한 여성과 매우 강한 에로틱한 관계를 갖고 있었다. 이 관계는 어머니 자신의 과도한 애정에 의해 자극되거나 조장된다. 훗날 아이의 삶에서 아버지가 뒤로 물러나 있음으로 해서 더 강화되기도 한다.[21] 그러나 어머니를 향한 사랑은 의식 내에서 지속적으로 발전할 수는 없다. 사내아이가 어머니에 대한 사랑을 억압할 때, 자신을 어머니의 위치에 놓아 어머니와 일치시킴으로써 또 훗날 새로운 사랑대상을 선택할 때, 자기 자신을 모델이 될 수 있는 인물로 간주한다. 아이는 이렇게 해서 동성애자가 된다.[22]

3) 초자아의 결핍(윤리 도덕의 결핍)

삶의 모델이나 목표를 가지고 살아간다는 것은 한 개인의 '자기를 향한 에너지'(나르시시즘)를 억제할 뿐 아니라, 상당한 양의 '동성애적 충동'도 구속할 수 있는 힘으로 작용할 수 있는 것으로 본다. 이것은 곧 초자아의 역할이기도 하다. 때문에 자아 이상(초자아)이 형성되지 않은 경우는 문제의 성적 성향이 성도착 형태에 더 쉽게 노출될 수도 있다.[23]

---

21 S. Freud, *Eine Kindheitserinnerung des Leonardo da Vinci*(1910), 정장진 역, 『레오나르도 다빈치의 유년의 기억』(서울: 열린책 전집 17, 1998), 58.

22 위의 책, 59-60.

23 S. Freud, *On Narcissism: An Introduction*(1914), trans. by James Strachey, v.14.

4) 어머니를 배반하지 않기 위해

프로이드는 여러 임상을 통해서 동성애자가 된 자들이 무의식 속에서 어머니의 기억 형상에 고착되어 있다는 사실을 심화된 심리적 연구들을 통해 확인하고 있다. 어머니에 대한 사랑이 억압됨으로 인해 이 사랑을 무의식 속에 간직하게 되고, 이때부터 그는 어머니에게 고착되는 것이다. 소년들을 쫓아다니는 동성애자가 되었을 때, 그는 실제로는 자신의 어머니에 대한 사랑의 의리를 지키기 위해 다른 여인들을 피해 다니는 것이다.[24]

여아의 경우 정상적인 발달과정을 거친다면 사랑대상인 엄마에서 아버지에게로 자연스럽게 바뀌게 된다. 하지만 남자아이의 사랑대상은 항상 엄마이고, 어머니는 자신의 모든 요구를 다 들어줄 수 있는 권력의 대상이 된다. 여기에서 아버지와 아이, 그리고 어머니는 미묘한 삼각관계가 형성되고, 아이는 아버지의 개입으로 거세불안을 만나게 되어 엄마에 대한 유아적 태도를 포기하게 된다.[25] 오이디푸스 시기의 이러한 과정을 정상적으로 보내지 못하고, 사춘기가 지난 몇 년 후까지 어머니에게 강하게 고착되어 있다면, 그 태도를 바꾸는 것은 쉽지 않게 된다. 그는 자신을 어머니와 동일시하고 자신을 재발견할 수 있어야 하고 다음에는 어머니가 그랬듯이 자기를 사랑해 줄 수 있는 다

(London: The Hogarth Press, 1973), Printed 7th. 100-101.

24　S. Freud, *Eine Kindheitserinnerung des Leonardo da Vinci(1910)*, 정장진 역, 『레오나르도 다빈치의 유년의 기억』 (서울: 열린책 전집 17, 1998), 60.

25　S. Freud, *The Ego and the Id*. trans. by J. Strachey, v. 19. (London: The Hogarth Press, 1973), 32-33.

른 애정의 대상을 찾아야 한다.[26]

그러나 정상적인 오이디푸스를 경험하지 못한 사람에게 이것은 쉬운 일은 아니다. 프로이드는 동성애의 원인을 이렇게 다른 사랑대상을 찾지 못하고 초기 사랑대상에 대한 고착으로 보았다. 이것이 다른 이성(異性)에게로 옮겨가는 일을 어렵게 만든다고 보았다. 자신을 어머니와 동일시하는 것은 이 애착에서 생겨난 결과이며, 그와 동시에 어떤 의미에서는 그 애착이 아들로 하여금 첫 번째 대상인 어머니에게 변함없는 애정을 간직할 수 있도록 해주는 것이다.[27]

5) 엄마와의 상상적 관계를 포기할 수 없어서

대체적으로 아버지의 개입으로 엄마와의 상상적 관계는 깨어지게 되지만, 그렇다고 엄마에 대한 환상이 쉽게 포기되는 것은 아니다. 아버지와 동일시할 시기에 어머니와 동일시할 경우, 특별히 사춘기가 지난 지 몇 년 뒤에도 어머니에게 강하게 고착되어 있을 경우에는 다른 여자에게로 사랑의 대상을 옮겨가기가 어렵게 되고 애정 대상을 남자에게서 찾게 된다. 사실 사랑의 대상을 다른 성으로 옮기는 것보다 '자기애적 대상선택', 곧 같은 성을 사랑하는 것이 더 수월하고 실행하기가 더 쉬울 수 있다.[28]

---

26 S. Freud, *Über Einige Neurotische Mechanismen bei Eifersucht, Paranoia und Homosexualität(1922)*, 황보석 역, 『질투, 편집증, 그리고 동성애의 몇 가지 신경증적 메커니즘』(서울: 열린책 전집 12, 1997), 192.

27 위의 책, 193.

28 S. Freud, *On Narcissism: An Introduction(1914)*. trans. by J. Strachey, v.14. (London: The Hogarth Press, 1973), 100.

남아 동성애는 엄마가 완전한 만족을 제공해줄 수 있다고 하는 환상과 믿음을 버리지 못하는 자들이다. 물론 모든 남성이 이러한 환상을 완전히 버리는 것은 아니지만, 특별히 동성애의 경우 엄마와의 묶여 있는 상상계의 정도가 비약적이라 할 수 있다. 결국 동성애는 환상에서 나오지 못하고 어머니와 융합되어 있는 상태를 말한다.

6) 아버지와의 경쟁을 피한다는 의미

아버지에 대한 호감이나 또는 역으로 두려움이 동성애적인 대상 선택을 촉진하는 강력한 동기가 되기도 한다. 여기에서 여자들을 거부하는 것은 아버지와의 모든 경쟁을 피한다는 뜻이 된다. 어머니에 대한 애착, 자기애, 거세의 두려움 등이 동성애의 심리적인 병인에서 발견한 요인들이다.[29] 여자의 경우 혹은 강한 아버지의 존재가 대상 선택에 있어 반대 성을 선호하게 할 수 있다.[30]

7) 피해 편집증으로 인해

전에 좋아했던 사람이 미운 박해자가 되는 반면, 경쟁자가 애정의 대상으로 바뀌는 반동형성으로도 동성애를 설명할 수 있다.[31] 애증의

29　S. Freud, *Über Einige Neurotische Mechanismen bei Eifersucht, Paranoia und Homosexualität(1922)*, 황보석 역,『질투, 편집증, 그리고 동성애의 몇 가지 신경증적 메커니즘』(서울: 열린책 전집 12, 1997), 192.

30　S. Freud, *Eine Kindheitserinnerung des Leonardo da Vinci(1910)*, 정장진 역,『레오나르도 다 빈치의 유년의 기억』(서울: 열린책 전집 17, 1998), 59.

31　S. Freud, *Über Einige Neurotische Mechanismen bei Eifersucht, Paranoia und Homosexualität(1922)*, 황보석 역,『질투, 편집증, 그리고 동성애의 몇 가지 신경증적 메

관계는 사실 동전의 양면이다. 강한 부정은 긍정이고, 강한 긍정은 부정이 될 수 있다.

8) 괴로운 경험 때문에

남자들이 이성에게 아픈 경험을 한 이후, 믿을 수 없는 여자들에게 등을 돌리고 여자를 싫어하는 사람이 되거나, 여자의 경우는 반대로, 남자에게 등을 돌리고 남자를 싫어하면서 동성애가 발생할 수도 있다.[32]

9) 쌍둥이 형제의 사례

프로이드는 리비도의 충동이 강한 쌍둥이 형제에 사례를 보고한다. 둘은 여자관계가 매우 성공적이었고 수많은 여자와 또 소녀들과 사랑을 했다. 그러한 과정에 여자가 자신이 사랑한 쌍둥이를 그 자가 아닌 그 쌍둥이의 형제 쌍둥이로 잘못 알게 되는 경우가 발생했고, 그 결과, 한 쪽이 동성애가 되는 쪽을 선택하여 이 어려움을 벗어나려 한다.[33]

10) 환경의 영향으로 인한 결과

프로이드는 다수의 동성애자에게서 생의 초기에 영향을 주었던 특

커니즘』 (서울: 열린책 전집 12, 1997), 193.

32 S. Freud, *Über die Psychogenese eines Falles von Weiblicher Homosexualität(1920)*, 김명희 역, 『여자 동성애가 되는 심리』 (서울: 열린책, 전집 11, 2003), 24.

33 위의 책, 25.

별한 성적 체험의 계기가 있음을 강조한다. 생의 초기 뿐 아니라, 뒤늦게라도 성 대상 도착(동성애)을 이끈 촉진적 또는 저해적 역할의 외적 영향이 있을 경우도 가능하다고 본다. 오직 동성과의 교제만 가능했거나, 전쟁 중의 공동체 생활, 억류된 감옥생활 등은 동성애를 선택할 여지가 다분할 수밖에 없는 경우다.[34] 만약 이성이라고는 구경도 할 수 없는 장소에서, 성적 대상을 선택해야 한다면(또한 동성끼리 서로를 의지하며 도우며 살아갈 때) 더 이상 선택의 여지는 없을 것이다. 또는 "이성애적 결합의 위험성, 독신생활, 성적 무능 등이 그 원인이 되기도 한다."[35]

6. 동성애는 치유될 수 있는가?

프로이드는 인간의 병리를 탐구하면서 가장 많은 연구와 심혈을 기울였던 것은 신경증이 아니라, 사실 '나르시시즘'이었다. 그럼에도 그는 이 문제에 대한 답을 찾지 못하고 후진들에게 그 연구를 넘겨주어야 했다. 프로이드가 동성애의 치료가 어렵다고 본 것도 바로 이 나르시시즘의 저항 때문이었다. 나르시시즘의 단계를 넘어온 사람도 끊임없이 이 퇴행 욕구를 버리지 못하기 때문이다.[36] 동성애는 같은 나르시시즘의 단계에 머물러 있는 정신분열이나 정신증의 병리의 치료 가

---

34 S. Freud, *Three Essays on the Theory of Sexuality*. trans. by J. Strachey, v. 7. (London:The Hogarth Press, 1973), 140.
35 위의 책, 140.
36 자본주의의 모든 산업 자체도 이 인간의 자기애를 부추겨서 돈을 번다. 모든 문명화의 도구들은 인간의 나르시시즘을 채우지 않고는 돈을 벌 수 없다.

성과 비교할 때 치료가 거의 불가능한 것으로 알려져 있다.

자기애라는 것은 그렇게 쉽게 포기될 수 있는 것이 아니라는 점도 그 이유가 되지만, 동성애가 성적인 본능과 연관되기 때문이기도 하다. 사실 인간의 나르시시즘과 싸운다는 것 자체가 무모한 일이기도 하지만, 나르시시즘이 성적인 본능과 결합된 이 충동과 싸워 이길 수 있는 사람은 거의 없다. 나르시시즘을 포기하는 경우는 사실 우회해서 후일을 기약하는 것이지 인간은 결국 자신의 나르시시즘을 채우기 위해 평생을 허비하며 살아간다. 건강한 사람도 나르시시즘에 대한 퇴행 욕구를 버리지 못한다면, 병리가 있는 사람의 욕구는 얼마나 더 강렬할 것인가를 가늠할 수 있을 것이다.

동성애는 사회에서 요구하는 관습이나 보편법의 통제를 거부한다. 그 이유는 이들은 보통 사람들이 혐오스럽게 생각하는 것을 아름다움으로 이상화시키는 능력이 보통 사람보다 더 뛰어나기 때문일 수도 있다. 성적 능력은 이상화 능력이다. 사랑하는 사람에게 사실(fact)은 중요한 것이 아니다. 사랑과 욕정은 목숨까지도 내어놓을 수 있어 혐오나 지저분한 것이 문제가 되지 않는다. 이들은 원초적 욕망을 추구하는 자들이고, 그들의 성적 욕망은 결코 포기될 수 없는 것이다. 그들의 이러한 충동은 예술이나 종교 등으로 물꼬를 트여 달래주어야 하는 방법 외에 다른 길은 없는 듯하다. 프로이드는 이러한 성적 욕망은 죽음으로 또는 아버지를 죽이고서라도 쟁취해야 하는 무엇으로 보고 있다.[37] 더욱이 다른 성적 충동과 마찬가지로 프로이드는 동성애를 없애는 것은 쉬운 일이 아니며 혹 성공한다 할지라도 동성애에만 국한

---

[37] 프로이드의 임상 사례에 나오는 '쥐 인간'은 처음으로 성경험을 한 후, "성경험이 이렇게 좋은 것이라면 아버지도 죽일 수 있겠네!"라는 고백을 한다.

되어 있던 사람을 이성에게도 눈을 돌릴 수 있게 해 주는 정도라고 비관적으로 말하고 있다. 즉 양성성만이라도 회복할 수만 있다면 그나마 성공으로 간주될 수 있다는 것이다.[38]

원인을 알면 해결책이 나와야 하는 다른 증상과 달리 동성애는 그 원인에 대한 많은 연구보고가 있지만, 그 해결책에 있어서는 회의적이다. 치료가 불가능하다고 보는 것이다. 따라서 동성애가 치료되었다면 거짓이거나 원래 동성애가 아니었을 가능성도 배제할 수 없다. 즉, 리비도가 거의 다 소모되고 병들어 대상에게 투자될 에너지가 거의 없는 상태가 되기 전까지는 동성애는 사라지지는 않는다. 누군가가 동성애의 속박에서 빠져나왔다는 것은 유아 성욕과 맞먹는 강도의 근원 체험의 영향일 것이다. 초기의 유아적인 성욕보다 더 강한 것은 신앙의 영적 체험 외에 다른 무엇이 없기 때문이다. 이런 점에서 동성애적 사랑에서 빠져 나올 수 있는 가능성은 열려 있는 것이다. 그러나 동성애 자체가 없어지는 것은 아니다.

더구나 이들은 성 문제에 관한 사회적 통념을 제외하고는 사회생활을 하는 데 크게 문제를 갖지 않는다. 동성애자들 가운데 상당수가 사회적 본능 충동이 특별하게 발달되고 공동 사회의 관심사에 헌신하는 태도가 더 강한 사람들이 많이 있다.[39] 이 점에서 정신분석은 '사회적 감정'을 대상들에 대한 '동성애적인 태도'가 '승화'된 것으로 간주하기도 한다. 사회적인 관심이 현저히 더 많은 동성애자들의 경우에는 대

---

38 S. Freud, *Über die Psychogenese eines Falles von Weiblicher Homosexualität(1920)*, 김명희 역, 『여자 동성애가 되는 심리』 (서울: 열린책, 전집 11, 2003), 14.

39 S. Freud, *Über Einige Neurotische Mechanismen bei Eifersucht, Paranoia und Homosexualität(1922)*, 황보석 역, 『질투, 편집증, 그리고 동성애의 몇 가지 신경증적 메커니즘』 (서울: 열린책 전집 12, 1997), 194.

상선택과 사회적 감정이 충분히 분리되지 않은 것으로 보이지만, 어떤 점에서는 그들이 더 사회에, 그리고 인류에 적응하는 능력이나 공헌의 정도에 있어서 뛰어나다고 할 수 있다.[40] 프로이드는 이러한 인류의 보편적인 이익에 관심을 가지고 능동적으로 참여했던, 특히 리비도의 상당 부분을 탐구에 대한 충동으로 승화하는 데 성공했던 '레오나르도 다빈치'의 삶을 다루며 동성애에 대해 집중 조명하고 있다.

7. 동성애에 대한 선천성과 후천성의 논쟁

프로이드는 동성애의 유형을 첫째는 완벽하게 도착되어 오로지 동성에게만 성적 느낌을 갖는 경우(이성들에게 결코 성적 이상화가 일어나지 않을 뿐 아니라, 오히려 혐오감을 느끼는 유형), 둘째는 심리적으로 암수 한 몸, 양성적으로 도착된 사람, 세 번째는 상황에 따라 우발적으로 도착되는 사람들로 분류한다.[41]

프로이드는 실제 완벽한 동성애자라 할지라도 리비도의 방향을 결정한 초기 아동기의 성적 체험이 중요한 역할을 하며 '선천적 동성애'는 가능하지 않은 것으로 보고 있다. '동성애'는 단지 많은 외부적 환경에 의해서 규정되는 '성충동'의 변형인 것이다.[42] 동성애를 선천적으로 보느냐, 아니면 후천적으로 보느냐의 문제에 대한 논쟁은(정신분석 영역 밖에서는 아직 논쟁의 중점으로 남아있지만) 정신분석학에서는 이미

---

40 위의 책, 194.

41 S. Freud, *Three Essays on the Theory of Sexuality*, trans. by J. Strachey, v. 7. (London: The Hogarth Press, 1973), 136.

42 위의 책, 140.

종료된 것이다.

그러나 그는 후천적 획득성에 대한 자신의 가정이 완전한 것일 수 없다는 여지도 남겨놓고 있다.[43] 과학적으로 성적 특징이 분명하지 않아서 성을 규정하기가 어려운 사례도 있고, 해부학적인 영역에서 이상 징후를 보이는 사례, 즉 성기가 남성과 여성 양쪽의 성기가 나란히 형성되어 있는 사례도 중요한 한 예가 된다.[44] 이는 극소수이기는 하지만 해부학적으로 양성의 성기를 모두 가지고 있거나, 암수 한 몸의 근거들이 간혹 인간들에게서도 발견된다는 것이다. 이러한 과학적 증거자료들은 보편론을 거부하는 현대 포스트모던에 큰 힘을 실어주고 있다. 현대 포스트모던은 동성애에 대해 더 급진적인 해석을 시도하여 해부학적으로 잘못된 성기를 가지고 나왔으므로, 결국 성전환 수술을 해야 하는 것으로 이해하거나, 아니면 '제3의 성'으로 인정해야 한다고 주장한다. 그러나 정신분석학적으로는 선천적 동성애와 후천적 동성애 사이의 구분이 얼마나 쓸데없는 일인지를 강조하고 있다.[45] 그럼에도 그는 또한 동성애자들을 다른 사람들과 아주 다른 부류의 집단으로 분류하는 것을 단호하게 반대한다.[46]

프로이드는 선천적인 급진적 동성애에 대해 부정적으로 반응하지만, 모든 사람이 태어날 때부터 성충동과 연관된 특정 성 대상을 지니고 있다는 것(운명적으로 남성, 여성)이 어설프다고 말함으로써 성정체

---

43 위의 책, 137-159, 140-141.

44 위의 책, 141.

45 S. Freud, *Eine Kindheitserinnerung des Leonardo da Vinci(1910)*, 정장진 역,『레오나르도 다빈치의 유년의 기억』(서울: 열린책 전집 17, 1998), 59.

46 S. Freud, *Three Essays on the Theory of Sexuality*. trans. by J. Strachey, v. 7. (London: The Hogarth Press, 1973),145-147.

성, 심리적성과 생물학적 성이 꼭 일치해야만 한다는 생각에 회의를 갖는다.[47] 또한 그는 조물주의 전능성에 대한 신학적 설명에 편승하지도 않으면서 남자와 여자가 바뀌어서 태어났거나 잘못된 성기를 달고 나왔다고 주장하는 것도 결코 아니다. 그렇다고 그는 남성이 오직 여성만을 향해 성적인 관심을 갖는(정상성) 문제 역시, 정신분석의 입장에서 해명이 필요한 것이지, 성적 관심이 선천적이거나 화학적 견인력 때문이 아니라고 본다.[48]

남성적인 특징이 우세하고 성생활에서도 남성적인 사람이, 대상에 관해서만 도착되어 남자만을 사랑할 수 있는 경우가 있고, 성격상 여성적인 속성을 강하게 가지고 있지만 사랑할 때는 이성애이며 대상에 관한 한 보통 정상적인 남자보다 더 도착되어 있지 않을 수 있다.[49] 정신적인 성적 특징과 '대상-선택'은 꼭 일치하는 것은 아니라는 것이다. 여성적인 마음이 불행하게도 남자의 몸에 담겨있다거나 남성적인 마음이 여자의 몸에 갇혀있다고 말하는 것이 실은 그렇게 간단한 것은 아니다. 신체적인 성적 특징(신체적 자웅동체적 현상), 정신적인 성적 특징(남성적 혹은 여성적 태도), '대상-선택'의 종류, 이 세 가지가 사람에 따라 여러 가지 조합으로 나타나는 것으로 보고 있다.[50]

---

47 위의 책, 140-141.
48 위의 책, 145.
49 S. Freud, *Über die Psychogenese eines Falles von Weiblicher Homosexualität (1920)*, 김명희 역, 『여자 동성애가 되는 심리』 (서울: 열린책, 전집 11, 2003), 41-42.
50 위의 책, 42.

8. 동성애의 자살적 성향

나르소스 신화에서 나르시시스스가 샘물에 비친 자신의 모습을 사랑한 것은 자신, 곧 동성을 사랑한 것이다. 자신을 사랑하는 것, 그리고 여기에서 다른 성을 사랑하는 단계로 건너가지 못한 것이 동성애라고 본다면, 결국 동성애는 아직 자기애적 단계에 머물러 있는 것이다. 이들의 정신은 아직 환상의 지배를 지나치게 많이 받고 있으며, 그들은 보통 사람들이 누리지 못하는 도착을 여전히 누리고 있는 것이다. 그리고 그 결과는 때 이른 죽음이다.

남아 동성애자가 사랑하는 소년들은 어머니가 자신을 사랑했듯이 동성애 사랑대상은 또 다른 자신의 분신이 됨으로, 동성애는 결국 자가 성애로 되돌아 간 것이다. 즉, 나르시시즘에 기초해 사랑대상을 선택한 것이다.[51] 이는 초기 원초적인 자기애(거의 자폐적인)가 대상과 관계할 수 있는 조금은 건강한 자기애나 삶의 목표를 향해 나아가지 못하고 원초적 어머니의 사랑에 고착되는 것이다. 이들은 상징계 속으로 나오지 못하고 상상계 속에 머물러 있는 자들이다. 마치 엄마의 품에서 나오기 싫어하는 아이가 죽음의 세계로 들어가야 하는 것처럼 동성애자들이 다른 돌파구를 찾지 못한다면, 그들의 삶은 비관적이고 우울하게 마쳐질 가능성이 그만큼 높아지게 된다.

프로이드는「여자 동성애자가 되는 심리」라는 논문에서 동성애자의 자살 성향을 분석하고 있다. 여자 동성애자가 자살을 기도하기로 결정하게 된 데는 자신을 징벌하는 것과, 소망을 달성하는 것이었다.

---

51 S. Freud, *Eine Kindheitserinnerung des Leonardo da Vinci(1910)*, 정장진 역,『레오나르도 다빈치의 유년의 기억』(서울: 열린책 전집 17, 1998), 60.

소망은 아버지의 아이를 갖고 싶은 것이었다. 이 소망이 좌절됨으로 그녀는 동성애자가 된다. 그런데 이제 그녀는 아버지의 잘못 때문에 자살을 시도한다.[52] 자기 징벌의 관점에서 보자면, 그녀의 행동은 무의식 속에서 그녀가 부모 중 한 사람이 죽어버리기를 강하게 소망하고 있었다. 자신의 사랑을 방해하는 데 대한 복수로 아버지가 죽기를 바랐을 수도 있었고, 어머니가 어린 남동생을 임신했을 때 어머니가 죽기를 바라는 무의식적 소원도 있었을 것이다.[53] 그녀는 그들 부모 대신 비록 미수에 그쳤지만, 자신의 죽음을 선택하려고 한 것이었다.

환경의 벽, 사회적 통념 등으로 인해 동성애자들은 더 빨리 지치고 좌절한다. 때문에 더 편집적이고 방어적으로 될 수밖에 없다. 동성애는 남성과 여성의 성정체성이 확립되기 전인 원초적 유아 성욕의 상태, 엄마와의 2자 관계인 지고의 상태에 고착된 것이다. 어머니에 대한 애착에서 독립하지 못한 남성 동성애자는 다른 누구보다 무자극 상태, 곧 자궁으로 회귀하려는 죽음 본능이 더 우세하게 나타날 수밖에 없게 된다.[54] 동성애자일수록 어머니와의 젖가슴과의 융합에 대한

52　S. Freud, *Über die Psychogenese eines Falles von Weiblicher Homosexualität (1920)*, 김명희 역, 『여자 동성애가 되는 심리』(서울: 열린책, 전집 11, 2003), 31.

53　정신분석에서는 자살이라는 수수께끼를 다음 두 가지 조건으로 설명한다. 첫째는 자기를 죽임과 동시에 자기가 동일시하고 있는 대상을 죽이는 것이고, 둘째는 다른 사람이 죽기를 바라는 욕망을 자기가 죽기를 바라는 욕망으로 전환하는 것이다. 모든 인간의 무의식에는 자신이 사랑하는 사람에 대한 죽음-소망을 포함해서 그런 죽음-소망이 가득하다고 본다. 프로이드가 분석한 동성애 소녀는 자신을 어머니와 동일시했는데, 그 어머니는 자기는 가지지 못한 그 아이를 낳을 때 죽었어야만 했다. 그래서 이렇게 징벌-달성을 하는 것 자체가 동시에 소망-달성이었던 것이다. 위의 책, 32-32. 동성애자들의 자살적 성향은 이렇게 무의식적으로 더 정교하게 반복되어 질 수밖에 없다.

54　이러한 죽음 본능은 사실 포기된 대상, 즉 상실한 대상의 그림자가(이것은 어머니가 될 수도 있다)자아에 드리우는 것으로 대상 상실이 자아 상실로 전환된 것이다. 자아의 상실은 곧 죽음에 가까이 다가서 있는 것이다. 우울증 환자가 내보이는 태도는 쓸모없고, 무능력하고, 도덕적으로 타락한 자아라는 생각이다. 그는 스스로 비난하고, 스스로에게 욕설

소원, 즉 대상이 따로 없는 자기애적 만족 상태의 환상을 성취하려는 소원이 클 수밖에 없는 것이다. 이러한 단계에서는 욕구 충족을 목적으로 하는 대상들은 더 이상 필요하지 않으며, 상실되거나 파괴될 수도 없다.[55] 이것은 곧 자폐상태로 죽음의 문턱인 것이기도 하다. 또한 이것은 회귀본능과 같은 것으로 자살 시도는 자아 경계의 상실과 어머니와의 융합의 소원을 포함하는 심각한 퇴행적 상태들과 관련된다. 따라서 자살 환상들은 어머니 가슴에서 잠드는 초기 유아기 환상들과 연관되어 있으며 대상관계의 초기 미분화된 상태에서의 어머니와의 연합과 분리라는 복잡한 문제들을 반영할 수밖에 없는 것이다.[56]

9. 동성애에 대한 정신분석의 일반적 입장

정신분석은 동성애의 원인을 분석하고 해석하려는 데 목적이 있지, 그것을 해결하려는 의지는 전혀 갖고 있지 않다. 또한 정신분석은 생

을 퍼붓고, 스스로가 이 사회에서 추방되어 처벌받기를 기대한다. 그리고 모든 사람들 앞에서 자신을 비하하며, 자신의 가족들에게는 이렇게 쓸모없는 사람과 같이 지내야 한다는 것이 실로 안타깝다며 동정을 보내기도 한다. 이와 같은 열등의식의 망상은 불면증과 단식으로 이어지고, 살려는 본능의 욕구마저 억누르는 지경에 이른다. 우울증 환자는 대상과 관련된 상실감으로 고통을 겪고 있는 것처럼 보이지만, 사실 그가 하는 말들은 자아와 관련된 상실감이다. 그러나 우울증 환자가 내뱉는 온갖 자기 비난의 말을 끝까지 들어보면 실제로는 자기 자신을 향한 것이 아니다. 사랑의 대상에 대한 비난인데, 그것이 자신의 자신에게로 돌려진 것이다. 자기 남편이 자기와 같은 무능한 여자에 매여 사니 얼마나 불쌍하냐고 큰 소리로 떠들어대는 여자는 사실 자기 남편의 무능을 비난하고 있는 것이다. S. Freud, *Mourning and Melancholia(1917)*, trans. by J. Strachey, v.14 (London: The Hogarth Press, 1973), 248-250.

55 W. W. Meissner, *Psychological Birth of the Human Infant*. 이재훈 역.『편집증과 심리치료』(서울: 한국 심리치료연구소, 1998), 431.

56 위의 책, 432.

물학적 성보다는 심리적인 성을 더 중요하게 생각하는 경향으로 동성애자들의 입장에 깊이 들어가 그들을 공감하려는 태도를 갖는 것이지, 그들의 동성애를 이성애로 바꾸는 문제에는 전혀 관심을 두지 않는다. 그 이유는 불가능하다고 보기 때문이다. 더욱이 프로이드는 모든 인간이 동성을 성 대상으로 선택할 수 있는 가능성은 항상 열려 있으며 실제 이러한 일들이 무의식 속에서 이행되기도 하고 체험도 할 수 있다고 말한다.[57] 섹스와 사랑을 위한 대상선택은 대상의 성과는 아주 무관하며 남성의 대상에게나 여성의 대상에게나, 모두 동일한 자유를 느낄 수 있다고 주장함으로써 '대상선택'에 대해 개연성을 두고 있다.[58]

뿐만 아니라 동성애자들이 정상적 삶의 규범으로부터 심하게 이탈하지 않은 사람들에게서 발견되고, 이들은 또한 업무능력에서도 아무런 문제가 없는 사례도 많다. 더 나아가 고도의 인지적 발달과 도덕적 문화를 지닌 사람들에서 발견되기도 한다.[59] 또한 동성애는 빈번한 현상이며, 고대 문명에서 매우 중요한 기능을 했던 제도였다. 다수의 미개하고 단순한 민족에게선 지금도 널리 퍼져있다는 사실들을 열거하며 정신분석은 성 대상 도착이 '변태'가 아니라는 사실에도 힘을 실어주고 있다.[60]

정신분석은 동성애에 대해 이렇게 관대한 입장이다. 그들은 동성애가 집단적으로 행동하며 결집운동을 하는 일에 대해서도 흥분하지 않는다. 동성애에 대해 정서적으로 거리를 두고 객관적 태도를 유지하려

---

57 S. Freud, *Three Essays on the Theory of Sexuality*. trans. by J. Strachey, v. 7. (London:The Hogarth Press, 1973),145.

58 위의 책, 145.

59 위의 책, 138.

60 위의 책, 139.

한다. 물론 그들은 신학적 사고에도 편승하지 않는다. 따라서 신에 대한 반항이나 또는 저주, 버림받음 등, 선악의 이원적 판단, 또는 윤리적인 판단을 배타적이고 편집적인 태도라고 생각한다.

정신분석은 동성애에 대한 혐오스러운 정서적 반응보다 이들을 어떻게 이해해야 하는가에만 지적 초점을 맞추려 한다. 그렇다고 해서 정신분석이 동성애를 '제3의 성'으로 인정하는 것도 아니다. 또한 동성애가 선천성이라는 주장에 대해서도 단호히 반대한다. 동성애를 병리로 보는 문제에 대해서는 중도적 입장을 취하고 있는 것이다. 동성애가 정상성이 아니라는 것은 인정하지만 그것을 정상으로 바꿀 필요가 있는가 하는 회의적 태도를 동시에 갖는다. 성적 만족을 위해서 '성 대상'은 언제든지 어떤 방법으로든 바꿀 수 있다고 생각하는 것이다. 이러한 태도, 곧 인간의 정신이나 영혼, 사회, 가정 등, 인류의 보편성을 전혀 전제하지 않는 유물론적인 태도가 동성애에 대한 정신분석적 입장이다.

10. 정신분석적 입장과 동성애에 대한 크리스천으로서의 권면

동성애자들은 왜 자신의 정신적 사랑이 생물학적 사실에 의해서 억압되어야 하는지, 왜 동성애가 신의 심판으로 해석되어야 하는지, 그리고 왜 동성애가 사람들에 의해 터부시되어야 하는지에 대해 불만을 토로할 수 있다. 이들의 상실은 신이 정해준 안전한 틀에 머물지 못한 과실로 인한 것으로 그 원인이 자신에게 있지 않은 경우가 대부분일 것이다. 때문에 그들은 현실의 갈등을 담아내기보다는 세상과 사회에 저항적인 태도를 가질 수 있고 제도권의 세계를 이해하려 하지 않을 수 있다. 그러면서 동시에 그들은 아직 '상징적 거세'를 경험하지 못한 사람들이기에 사람들의 부정적 시선에 개의치 않을 수도 있다. 사회의 모든 복잡성을 담아내는 것이 아직 그들의 '정신성'으로는 역부족인 것이다.

거의 모든 사회적 인간은 관습과 통념의 틀에 자신을 묶고, 삶의 다양성에서 일어날 수 있는 모든 부조리를 담아내며, 삶의 고뇌, 떠나고 싶은 유혹, 포기하고 싶은 충동과 갈등들을 끌어안고 버티며 살아가고 있다. 이것은 누구나 겪어야 하는 삶의 실존이고 상징계에 진입한 인간들의 살아가는 모습이다. 이렇게 인간은 누구나 아버지의 법을 중시하고 상징적 거세를 경험한 자로 살아가야 한다. 누구든 상징계에 들어오기 위해서는 자신의 '남성성'을 버리고 '여성화'되어야 하는 것이다.

동성애자들이나 동성애를 옹호하는 사람들은 "그렇다면 당신들은 성적 욕망을 그렇게 쉽게 포기할 수 있느냐?"고 항변할 수 있다. 동성애자들은 터부시되는 동성애에 대한 갈망을 놓지 못하는 아픔이 있는 것은 사실이다. 그러나 보통의 이성애자들도 동성애자들 못지않게 성적으로 고통 받으며 살아갈 수 있다. 외도하고 외도를 꿈꾸는 사람들이라고 해서 모두가 그것을 실행에 옮기는 것은 아니다. 외도의 욕망도 사실상 원초적 유아 성욕이다. '성기기'의 조직화가 이루어졌다고 해도 초기 '항문기'나 '구강기'의 기본적인 욕구들이 완전히 없어진 것은 아니다. 잃어버린 낙원(엄마의 품)에 대한 그리움은 정상인들도 마찬가지이다. 그럼에도 그 선을 넘는 것은 아니다. 보통 사람들도 항상 퇴행의 욕구에 시달리는 것은 동성애자들의 경우와 마찬가지라는 것을 기억해야 한다. 동성애를 유지한다는 것은 외도를 지속하는 것과 그 질에 있어서는 같은 것이다. 동성애와 외도는 똑같은 금기사항이고 무엇보다 성경적으로 그러하다.

욕망은 금기에서 더 활성화된다. 동성애와 외도, 이 둘의 근원은 근친상간의 금기(엄마와 혼숙하고 싶은 욕망)에 있다. 때문에 '동성애'와 '외도'는 성적 강도에서는 같을 수 있다. 신앙의 문제, 가정의 문제, 자녀의 문제는 우리의 욕망을 충족시키는 그 이상으로 중요하다. 이 때문에 욕망은 실현하는 것이 아니라, 다른 방법으로 승화시키며 살아야 하는 것이 인간의 도리인 것이다. 동성애자들이 겪는 성적 고통과 갈등은 상징적인 차원에서 동성애자들만이 겪는 문제는 아닌 것이다.

동성애자들은 자신의 전능성을 내려놓아야만 진입할 수 있는 상징계를 교묘한 방법으로 위장 진입한 것이다. 자신의 전능성과 원초성을 다양성이라는 이름으로 남들은 감히 누리지 못하는 상징계에서 향유하고 있는 것이다. 이성애자들 가운데서도 종종 '외도'라는 금기를 어기며 원초적 성적 향유를 누리는 사람이 없는 것은 아니다. 그렇다고 해서 그들이 윤리적으로 비난을 면제받을 수 있는 특권을 가진 것은 아니다.

또한 동성애자들이 성적인 것에서만 일탈이 있는 것이지, 다른 모든 것에서는 정상인보다 더 정상적인 생활을 한다는 프로이드의 주장 역시 성적 향유를 위한 자신의 욕망을 감추고 '부분'을 '전체화'시키는 것이다. 사실 많은 동성애자들이 성적인 것에서만 '일탈'이 있는 것은 아니다. 불행한 인생을 사는 동성애자가 더 많다는 사실도 기억해야 한다. 정상적인 사회생활뿐만 아니라, 어떤 점에서 더 뛰어난 부각을 나타낸다는 소수 동성애자들의 특성을 일반화시켜, 그들을 정상으로 보아야 한다는 오해는 더 이상 없어야 한다.[61] 기독교는 동성애를 돕기

---

61 사실 이들은 성적인 것에서만 일탈이 있는 것은 아니다. 그들의 뛰어난 재능이나 예술적 능력, 사회적 기여 등이 있지만 동성애자 모두가 그런 것은 아니다. 불행한 인생을 사는 경우가 더 많다고 보아야 한다.

위해 정신과학적 태도를 일부 수용할 수는 있지만, 동성애에 대한 정신분석의 입장을 그대로 전적으로 수용할 수 없다.

참고문헌

Freud, S. *On Narcissism: An Introduction*(1914). trans. by J. Strachey, v. 14. (London: The Hogarth Press, 1973).

-----, *Civilizes Sexual Morality and Modern Nervous Illness*(1908). trans. by J. Strachey, v. 9. (London: The Hogarth Press, 1973).

-----, *Three Essays on the Theory of Sexuality*. trans. by J. Strachey, v. 7. (London: The Hogarth Press, 1973).

-----, *The Dissolution of the Oedipus Complex*. trans. by J. Strachey, v. 19. (London: The Hogarth Press, 1973).

-----, *The Infantile Genital Organization*. trans. by J. Strachey, v. 19. (London: The Hogarth Press, 1973).

-----, *The Ego and the Id*. trans. by J. Strachey, v. 19. (London: The Hogarth Press, 1973).

-----, *Instincts and their Vicissitudes*(1915), trans. by J. Strachey, v.14 (London: The Hogarth Press, 1973).

-----, *Mourning and Melancholia*(1917), trans. by J. Strachey, v.14 (London: The Hogarth Press, 1973).

-----, *Bemerkugen über einen Fall von Zwangsneurose*, 김명희 역, 『쥐인간-강박증에 관하여』 (서울: 열린책, 전집 11, 2003).

Aus der Geschichte einer Infantilen Neurose 김명희 역, 『늑대인간 (1918b〈1914〉)』 (서울: 열린책, 전집 11, 2003).

-----, *Die 〈kulturelle〉 Sexualmoral und due moderne Nervo-sität*, 김석희 역, 『문명적 성도덕과 현대인의 신경병』 (서울: 열린책 전집 15, 1998).

-----, *Hysterische Phantasien und ihre Beziehung zur Bisexualität*(1908). 황보석 역, 『히스테리 성 환상과 양성소질의 관계』 (서울: 열린책 전집 12,

1997).

-----, 임홍빈 홍혜경 역, 『강의 33번째:여성성』 (서울: 열린책 전집 3, 1996).

-----, 임홍빈, 홍혜경 역, 『강의 21번째: 리비도의 발달과 성적 조직들』 (서울: 열린책 전집 2, 1998).

-----, Über die Weibliche Sexualitat(1931), 김정일 역, 『여성의 성욕』 (서울: 열린책 전집 9, 1998).

-----, Bruchstück einer Hysterie-Analyse 권재혁, 권세훈 역, 『히스테리 도라 사례의 분석(1905e〈1901〉』 (서울: 열린책 전집 10, 1997).

-----, Eine Kindheitserinnerung des Leonardo da Vinci(1910), 정장진 역, 『레오나르도 다 빈치의 유년의 기억』 (서울: 열린책 전집 17, 1998).

-----, Über die Psychogenese eines Falles von Weiblicher Homosexualität (1920), 김명희 역, 『여자 동성애가 되는 심리』 (서울: 열린책, 전집 11, 2003).

-----, Über Einige Neurotische Mechanismen bei Eifersucht, Paranoia und …, Homosexualität(1922), 황보석 역, 『질투, 편집증, 그리고 동성애의 몇 가지 신경증적 메커니즘』 (서울: 열린책, 전집 12, 1997).

Dieter, K. Krankheiten Grosser Musiker, 박혜일 역, 『위대한 음악가들의 삶과 죽음』 (서울: 폴리포니, 2001).

Lacan, J. The Seminar of Jacques Lacan Book ?, Translated by A. Sheridan (U.S.A: Norton, 1998).

Widmer, P. Subversion des Begehrens, 홍준기, 이승미 역, 『욕망의 전복』 (서울: 한울, 1998).

Lacan, J. Encore The Seminar of Jacques Lacan Book XX Edited by Jacques-Alain Miller Translated by Notes by Bruce Fink.(New York, Norton, 1998).

박종서, 『작은 울타리, 큰 공간』 (서울: 청어람, 2013).

LapLanche Jean et Pontalis, J.-B. Vocabulaire De La Psychanalyse. 임진수 역, 『정신분석사전』 (서울: 열린책, 2005).

Meissner, W. W. Psychological Birth of the Human Infant. 이재훈 역, 『편집증과 심리치료』 (서울: 한국 심리치료연구소, 1998).

제 2 장

상담심리학자가 본 동성매력 장애
: 동성애는 죄인가, 병인가, 대안적 생활스타일인가?

정동섭 교수(가족관계연구소장 침례신학대학교 외래교수)

　　동성애는 동성매력장애(SSA)로서 동성애 경향성과 동성행위의 두 가지 형태로 나타난다. 동성애는 성경에 7차례 언급되는데 항상 부정적으로 언급되고 있다. 대부분의 그리스도인은 동성행위나 동성결혼은 죄악된 것이지만, 동성 경향성은 잘못된 것이 아니라는 데 동의할 것이다. 신구약에서 동성애는 죄악된 것임을 분명히 밝히고 있다. 수많은 과학적 연구에도 불구하고, 동성애의 원인은 식별하기 어려우며 복합적이다. 생리적 유전적 요인, 부모-자녀관계, 동성 또는 이성과의 건강하지 않은 관계 등이 동성매력장애로 이어지는 것으로 밝혀지고 있다. 동성애를 지향하는 사람이 이성애를 지향하는 사람이 될 수 있는가? 가능하지만 쉽지는 않다. 동성애를 상담하는 사람은 내담자의 필요와 목표를 검토해야 하고, 현실적인 희망을 고취시키고, 정확한 지식을 나누고 사랑과 용납을 보여야 하며, 행동의 변화를 격려하되,

상담이 복잡하고 시간이 걸리는 과정이라는 점을 인식해야 한다. 교회는 동성애자들에게 (1) 수용의 분위기와 (2) 지원의 분위기를 제공하여야 한다. 동성매력장애에 대한 우리의 해결책은 사랑과 이해이다. 모든 동성매력장애는 (1) 치유되지 않은 어린 시절의 상처와 (2) 사랑과 용납에 대한 충족되지 못한 필요에 기반을 두고 있다. 경향성과 동성 행위를 동일시해서는 안 된다.

I. 들어가며

"나는 이 일을 홀로 처리했다. 누구에게도 내 '성정체성'에 관해 이야기하지 않았다. 거부당할까봐 무척 두려웠다. 7학년 때 모든 아이들이 나를 '동성연애자'라거나 '호모'라고 불렀고 그때의 그 거부감을 기억한다. 당시 나에 관해 아는 사람은 단 한 명도 없었다. 그들이 진짜로 안다면 어떻게 반응할지 감히 생각조차 할 수 없었다. 고등학교 다니는 내내, 그리고 대학 시절 대부분 나는 이 고통스런 비밀을 혼자 간직했다."

"대학에 들어갔을 때 다른 남자아이를 사랑하게 되었다. 그는 동성애자가 아니었고 나는 비밀을 지켜야 했다. 우리는 3년 동안 룸메이트였지만, 그는 졸업 직전까지 나에 관해 전혀 알지 못했다. 그가 나를 사랑하지 않는다는 끔찍한 아픔은 별개로 하더라도, 이 상황에서 힘들었던 것은 내가 게이라는 성적 취향 이상의 인식이었다. 나는 내 존재가 저 깊은 곳에서부터 잘못 되었다고 느꼈던 것이다."

"7살부터 크리스천이었던 나는 하나님께 내 동성애 성향을 없애주시기를 수없이 간구했으나 응답이 없었다. 성서는 감정적으로 성적으로 남자에게 끌리는 내 성향이 잘못 되었다고 말하고 있었고, 그 사실은 감수해내기 괴로운 일이었다. 게이들의 장소로 가기 시작한 것은 바로 이때였다. 게이 책방에 갔고 게이 전용 전화선으로 전화를 했다. 이런 곳들은 만족시켜주겠다는, 충족시켜주겠다는 약속으로 충만했다. 나는 이중생활을 하기 시작했다. 캠퍼스에서는 성경공부를 이끌고 있었고 열심히 캠퍼스 봉사에 참여했으나, 캠퍼스 밖의 나는 시내에 위치한 그 책방으로 가곤 했다. 그곳을 떠날 때는 항상 죄의식을 느꼈고 더럽다고 여겼지만, 그렇다고 해서 다음번에 안간 것은 아니다. 충족할 수 있다는 기대는 정말로 강렬했다!"

"나는 신학교에서 교회음악을 전공하였다. 동료학생과 하숙집에서 함께 자고 온 적이 있는데 동성애적인 접촉을 한 것이 학교에 보고가 되어, 나는 학교에서 우수한 학생으로 두각을 나타냈었지만, 2학년을 다니다가 학교에서 제적당하고 말았다. 동성애 성향이 없는 친구에게 동성애 접근을 했다가 발각되어 학교에서 쫓겨나고 만 것이다."

"그 이후 하나님께서 멋진 사람들을 내 삶에 보내주셨고 그들은 내가 유혹에 빠지지 않도록 도와주었다. 이 친구들 중 일부는 나처럼 동성애 유혹으로 갈등하고 있었다. 그러나 우리는 죄에 대한 예수님의 승리가 이 동성애라는 죄악에 대해 이겨내도록 우리에게 힘을 줄 것이라고 믿었다. 내 갈등을 주의 깊게 듣고 가엾게 여긴 몇몇 사람들이 이 싸움을 이해하도록 도와주었다. 나는 동성애 행위를 하고 싶어 하는 그 유혹이 언제 사라졌는지, 또는 사라진 것인지 아닌지의 여부를 모른다. 하지만 이제는 더 이상 내 자신이 무력하다는 느낌에 짓눌리지 않으며, 이 유혹을 이겨낼 힘이 없다고 여기지 않는다. 내 정체성은 유혹이 아니라 예수님 안에 있다."

이상은 어느 동성애자들의 고백이다. 나는 1983년 미국대사관 직원으로 미 동부에서 기차를 타고 이동하다가 옆 자리에 동성애자라고 스스로 밝힌 청년과 대화를 나눈 적이 있었다. 그것이 동성매력장애자와의 충격적인 첫 대면이었다. 그 후 1986년 나는 미국 유학 중에 내가 사랑하던 침례신학대학교 교회음악과 학생이 동성애 행각이 발각되어 퇴학을 당했다는 소식을 전해 듣고 충격을 받은 적이 있다. 그 후 유학을 마치고 귀국한 후로 지금까지 나는 그 학생을 만난 적이 없다. 그가 어디서 어떤 삶을 살아가고 있을지 가끔 궁금해진다.

2000년대 초 내가 아직 침례신학대학교 상담심리학 교수로 있을 때, 40대의 가장이 어떤 지인의 소개로 상담을 요청해 온 적이 있다. 그는 두 자녀를 둔 가장으로서 이성애자와 동성애자의 이중생활을 하고 있었다. 당시 나로서는 동성애에 대해 제대로 아는 바가 없었기 때문에, 그 내담자에게 별다른 도움을 주지 못했던 것을 기억하고 있다. 몇 달 전에는 미국에 계신 여자 권사님이 자기 아들이 동성애자인데 부모가 어떻게 대처해야 좋을지 모르겠다며, 자문을 구하는 장거리 전화를 해온 적이 있었다.

2015년 여름 미국 대법원에서 동성애를 합법화하는 사건이 터졌고, 국내에서는 동성애자들의 퀴어 축제가 벌어져 기독교계가 대규모 반대시위를 하는 사태가 벌어졌다.

오늘날 동성애(동성애착장애) 만큼 많은 정서적 반응과 논란을 불러일으키는 주제도 없을 것이다. 어떤 이들은 동성애를 정죄하고 희롱하는 쪽에 있고, 다른 이들은 동성애를 대안적 생활양식일 뿐이라고 옹호하고 있다. 많은 이들이 거절과 오해받는 것이 두려워서 동성에 대한 생각과 느낌을 (어떤 이는 스스로에게도) 시인하지 못하고 있다.

이 기회에 나는 가정사역자와 상담심리학자의 입장에서 동성애에 대한 나의 생각을 정리해 보았다. 동성애란 무엇인가? 동성애의 원인은 무엇인가? 우리는 동성애에 어떻게 대응해야 하는가? 나는 사회과학자의 한 사람으로서 이 질문에 답을 찾아보려고 한다. 나의 글에는 그리스도인으로서의 나의 영성과 윤리도덕적 판단, 그리고 심리학자로서의 사고가 반영되어 있음을 밝혀둔다.

II. 성의 신학과 윤리

성은 하나님이 창조하셨다. 하나님은 남자와 여자를 성적 존재로 창조하셨고 섹스는 좋은 것이라고 선언하셨다. 하나님은 인간을 남성과 여성으로 만드셨고 성기로 오르가즘을 느낄 수 있는 육체를 가지게끔 창조하셨다. 하나님은 성적 존재인 인간에 대해 "매우 좋다"고 말씀하셨고 "생육하고 번성하라"고 지시하셨다. 그 지시는 분명 벌거벗음과 성교를 포함하고 있었다(Collins, 2008).

인간의 성은 우리의 기본적 정체감의 일부이다. 우리는 남자 아니면 여자이다. 하나님께서 우리를 그의 형상을 따라 남자와 여자로 창조하셨기 때문이다(창 1:26-27). 성은 삶의 모든 부분에 스며들어 있으며 인간관계의 부드러운 느낌으로부터 오르가즘을 자극하고 감각적인 사랑을 하는 일까지 그 범주가 다양하다. 성욕은 친밀함을 향한 충동이며 다른 누군가와 함께하는 깊은 개인적 관계의 표현인 것이다(Smedes,1976). 성기 결합은 행복감과 황홀경, 그리고 천국의 전 단계가 될 수 있는 강력한 결합의 경험이다(Collins, 2008).

동성 간의 사랑은 어떻게 보아야 하는가? 동성애 자체는 새로운 문제가 아니다. 예를 들어, 헬라 철학자들도 동성애에 참여한 기록이 있고, 히브리인들에게 동성애를 정죄하는 가르침이 있는 것을 보면 구약 시대에도 동성애가 있었다. 로마제국에도 이런 행위가 만연해 있었기 때문에 사도 바울은 이를 이교도의 죄 중에 하나로 열거하였다.

성별 정체감(gender identity)은 일차적으로 영아기와 유아기에 형성된다. 그리고 이 정체감은 우리가 흔히 생리적으로 결정된 성적 정체감이라고 부르는 것과는 다른 것이다. 그러므로 생리적으로 우리의 유전자와 호르몬은 우리의 외부적 성적 정체감, 즉 우리 몸의 모습을 결정한다. 반면에 우리의 초기 인생경험과 같은 사회적 및 심리적 요인들은 우리의 성별 정체감, 즉 우리의 성적 자기에 대한 내면적 그림을 결정한다. 우리의 성적 정체(sexual identity)는 가끔 성별 정체와 갈등을 일으키기도 한다. 어떤 사람들은 자기가 외적으로 보이는 것과 내면적으로 다르게 느끼며 자신의 외모를 바꾸고 싶어 하기도 한다. 그래서 우리 주변에는 이성의 옷을 즐겨 입는 복장도착자(transvestites) 또는 호르몬 주사나 수술을 통해 자신의 외모를 바꾸기 원하는 성전환자들(transsexuals: transgender)이 있다.

우리 주변 특히 가족 안에서 동성매력장애가 드러나면 사람들은 어떻게 반응하는가?

"이 현상에 대해 무엇을 할 수 있을까요?"
"왜 이런 일이 일어났나요?"
"우리 아들은 우리가 그리스도를 굳게 믿고 있는 사람들임을 알지만 완전히 반항하고 있어요."
"목사나 친구들이 우리와 우리 딸을 정죄할까봐 알리기가 두려워요."
"교회에서 항상 듣는 이야기는 동성애자에 대한 부정적인 것들뿐이에요."

1. 동성애란 무엇인가?

인간이 성적 존재로서의 전인적인 차원을 가리킬 때는 '성성'(性性 또는 성애, sexuality)이라는 용어를 사용하고, 생리적 성을 말할 때는 '섹스'(성, sex), 개인이 태어난 이후에 사회적, 문화적, 심리적인 환경에 의하여 학습되어진 후천적인 성을 말할 때는 성별(性別, gender)이라는 말을 사용한다. '성적 경향'(性的 傾向 또는 지향, sexual orientation)이라는 용어는 한 개인이 누구에게 성적인 매력을 느끼는가 하는 방향성을 표현할 때 사용된다. 즉, 성적 경향이란 남성이나 여성, 혹은 남성과 여성 양쪽에게 로맨틱한 감정이나 성적인 매력을 느끼는 지속적인 양식을 뜻한다.

넓게 정의해, 동성애는 어느 한 사람의 성에 대해 관능적으로 이끌리는 것이다. 비록 동성애는 성적 사고, 느낌, 판타지, 그리고 동일 성 상대자에게 공공연한 성적 행동을 하는 것을 포함하지만, 이 표현은 일반적으로 사춘기전의 아이들, 호기심으로 같은 성을 가진 사람과 짧은 육욕적 경험을 가진 개개인(일반적으로 젊은이들), 감옥이나 같은 성만 있는 고립된 환경에서 반대 성이 없으므로 일시적으로 동성애를 가졌던 사람들에게는 해당되지 않는다.

같은 성을 가진 다른 사람에게 성적 매혹을 느끼는 사람들 사이에 커다란 차이가 있다는 것을 깨닫는 일이 중요하다. 심리학자 마크 야하우스(M. A. Yarhouse)는 이해와 상담으로 가는 데는 세 층의 접근 방식이 있다고 제시한다.[1] 첫 번째 층은 동성에게 매혹을 느끼는 모든

---

1   M. A. Yarhouse, "Same-Sex Attraction, Homosexual Orientation, and Three-Tier Distinction for Counseling and Pastoral Care," Journal of Pastoral Care and Counseling 59 (2005): 201-212.

사람들을 포함한다. 두 번째 층은 좀 더 적고 시간이 지나면서 같은 성을 가진 사람들의 매혹에 저항하는 사람들을 포함한다. 이 사람들은 동성애 경향을 가진 사람들이다. 이들은 그들이 동성의 사람들에게 거의 매혹적이라는 사실을 알고 있으며 동성 섹스 경험을 하면 성적으로 거의 충족될 것 같다고 느끼지만, 동성애 경향을 가진 많은 사람들이 자신이 동성을 선호한다는 사실을 아무에게도 알려주지 않고 다른 사람과 동성 성행위를 하는 일도 없다. 동성애 경향이 반드시 동성애적인 행위반응을 요구하지는 않는다는 것을 보여주는 사람들이다.[2] 세 번째 층은 게이 정체성을 지닌 사람들로 "나는 게이야"라며 자신이 게이임을 공공연하게 드러내는 사람들을 말한다. 이 자기 확인은 이미 말한 다른 두 층의 사람들보다 성인 초기에 나타나는 경향이 더 잦다. 이 사람들은 자신을 게이, 혹은 레즈비언으로 여기고 동성애 행동에 참여하는 듯 보인다. 동성애 행동이란 동성의 다른 사람과 성적으로 자극하는 행동을 말하는데, 최소한 가끔 참여하는 모든 행위를 말한다.

모든 사회계층에는 (보통 게이라 불리는) 남성과 (보통 레즈비언이라 불리는) 여성이 있다. 이들은 연령, 직업, 그리고 사회 경제적 수준을 구분하지 않으며, 다양한 취미를 가지고 있고, 교회에서 적극적일 수도 있으며, 그렇지 않을 수도 있다. 이성에게 우선적으로 매력을 느끼거나 오직 반대 성에게 매력을 느끼는 사람처럼, 동성에게 매력을 느끼는 사람들도 사회적으로 성공하거나 그렇지 않을 수 있으며, 직업상 높은 평가를 받기도 하고, 그렇지 않을 수도 있다. 비록 일부는 섹스

---

[2] 때때로 상담자들은 잠복성 동성애자이라고 말하기도 한다. 이 사람들은 성적으로 동성인 사람들에게 끌리지만 잠복성 동성애자들은 그들 자신의 근본적 경향이 같은 성을 가진 사람들을 향하고 있다는 사실을 인정할 수 없다.

파트너를 찾는 게이 바에서, 혹은 그 밖에서 '항해'하지만(에이즈 위협이 증가하고 있음에도 불구하고), 더욱 많은 사람들은 섹스라면 다른 성을 가진 사람과 하는 것이라고만 생각하는 공동체의 구성원들과 결혼하거나 존경받으면서 살아간다. 일부는 그들의 성적 선호도에 대해 개방적이지만 어떤 이들은 아무도 모르도록 감춘다. 많은 이들이 외롭고 불안하다고 느끼는 한편, 이 층에 속하는 사람들이 정신적으로 혼란스럽거나 사회적으로 무능력하고 이성애인 사람들보다 더욱 외롭거나 영원히 '불행한 게이'라고는 추정할 수 없다.[3]

사실 인간이란 존재는 동성애와 이성애, 두 가지 그룹으로만 나눌 수 있다고 조차 추정할 수 없다. 킨제이(A. C. Kinsey) 연구자들은 7점을 최고 범위로 제시하는데, 여기서 0점은 오직 이성애만 추구하는 사람이고, 3점은 중간, 6점은 오직 동성애적인 경향과 행동을 보이는 사람을 말한다고 한다. 그럼에도 불구하고 킨제이의 방식, 혹은 결론을 비판하는 학자들을 포함해 그 뒤를 잇는 연구자들은 0점 혹은 6점인 사람들은 거의 없다는 킨제이 팀의 의견에 동의해 왔다.

이후 동성애는 종종 무언가 죄스러운 것, 비정상적이며 왜곡되어 있고 불법적인 것으로 여겨져 왔다. 대부분의 이성애 사람들은 동성애를 무시했고, 정신과 의사들은 동성애를 성적 일탈, 혹은 진단 가능한 장애[4]로 보았으며 동성애 경향을 알리고 싶지 않은 사람들은 계속해서 (비밀로) 감추었다.

상황이 언제 변하기 시작했는지, 그 시기에 관해서는 논란이 있을

---

3 이 표현은 팀 라해에(T. LaHaye)의 책, *The Unhappy Gays* (Wheaton, IL: Tyndale, 1978)에서 나온다.

4 미국정신의학회(American Psychiatric Association)가 내놓은 Diagnostic and Statistical Manual의 초기판들은 동성애를 진단가능한 장애로 표현하고 있다.

수 있으나, 60년 전 섹스 연구가인 킨제이가 동성애를 널리 알렸다는 사실은 분명하다. 몇 년 후, 정부의 지원을 받은 동성애 연구서가 영국을 뒤흔들었고 오래잖아 동성애는 대서양 양쪽에서 정부와 언론 논쟁의 토픽이 되었다. 게이와 레즈비언[5]은 긍정을 나타내고, 그리고 더 부정적인 표현을 대체한, 적극적 행동주의자들을 가리키는 용어로(게이는 1950년대, 레즈비언은 1970년대) 사용되기 시작했다.[6] 세계 인구의 10%가 동성애임을 보여주는 과학 자료가 있다는 사실은 널리 용인되고 있다.[7]

1948년도 책에서 킨제이와 동료들은 미국 인구의 4%가 동성애라고 평가했고, 남성 인구의 37%가 적어도 한 번은 동성애 행위에 참여한 적이 있다고 평가했다. 그들은 백인 남성의 약 10%가 16살에서 55살 사이에 최소한 3년간 전적으로 동성애에 '약간' 포함되었다고 덧붙였다.[8] 아마 전 인구의 2내지 3%가 동성애일 수는 있으나, 일부 연구는 훨씬 더 적은 비율의 남성이 자신이 전적으로 동성애자라고 여기고 있다고 제시한다.[9] 이 동성애 비율은 현재까지도 변하지 않고 계속

---

5 이 글 전체에서 게이와 레즈비언은 남성과 여성을 각각 지칭한다. 동성애라는 용어, 그리고 때로 게이라는 단어는 양성 모두를 지칭한다.

6 J. Court, "Homosexuality," in The Complete Book of Everyday Christianity, ed. R. Banks and R. Paul Stevens (Downers Grove, 11,: InterVarsity, 1997), 501-505.

7 동성애에 관한 논쟁에서 교회원 감독 존 스펑(J. Spong)은 '과학 데이터'가 "세계 인구의 약 10%가 게이와 레즈비언"(이탤릭체는 저자가 추가)임을 제시하는 것 같다고 언급했다. 1992년 2월, 버지니아 감독 교회원 세미나에서 존 스펑 목사와 존 호위 주교의 논쟁. (오디오 테이프는 다음 주소에서 구할 수 있다. Truro Tape Ministries, 10520 Main Street, Fairfax, VA 22030).

8 K. S. Morgan and R. M. Nerison, "Homosexuality and Psychopolitics: An Historical Overview," Psychotherapy 30 (1993) :133.

9 P. Painton, "The Shrinking Ten Percent," Time (April 26, 1993): 27. 동성애 발현율의 수치가 각각 다른 것은 학자들마다 동성애에 대한 정의와 방법이 달라서이다. 높은 주

되고 있고, 이러한 수치의 불변은 게이 권리 운동의 부상과 게이 권리 법안통과가 더 많은 사람들을 동성애로 이끌어 들이지 못하고 있음을 보여주고 있다.[10]

아마 여전히 일부 크리스천들은 동성애를 무시하려고 애쓰고 있을 것이다. 더욱 흔한 일은 많은 사람들이 동성 매혹을 경험한 사람들에 관해 둔감한 평을 하고 잘못된 정보를 만드는 일이다. 이들과 정 반대인 사람들은 크리스천 동성애를 합법적인 것으로, 하나님이 창조하신 평생의 성적 경향으로, 그리고 삶의 방식으로 만들려는 사람들이다. 동성애에 관한 이들의 관점에도 불구하고, 많은 크리스천들은 교회에서 게이와 레즈비언들이 '우리 사랑에 합당하도록 성적 경향을 바꾸어야 한다'고 요구하지 않고 예수님이 하신대로 기꺼이 사랑을 보여주려고 한다.[11] 어쨌든 이 모든 논쟁의 와중에 많은 이들이 자신의 동성애에 대한 생각이 어떤 것인지 갈피를 잡지 못하고 있다.

동성애라는 말은 정확하게 무엇을 가리키는가? 동성애가 부각되고 있는 사회 환경은 기독교 성윤리의 발전에 엄청난 도전이 되고 있다. 동성애는 죄인가, 아니면 새로운 대안적 삶의 스타일인가? 동성애는 하나의 행동(behavior)인가, 하나의 경향(orientation)인가?

앞서 언급되었듯이 동성애는 동성매력장애(same sex attraction

목을 받는 한 연구는 미국 남성의 2%와 미국 여성의 0.9%가 자신들이 동성연애자라고 보고 있으며, 추가로 0.8%의 남성과 0.5%의 여성이 양성애자라고 밝혔다고 보고했다. 다음 책 참조. E. O. Laumann et al., "The Social Organization of Sexuality" (Chicago, IL: University of Chicago Press, 1994), chapter 8.

10 D. G. Myers, "A Levels-of-Explanation View, in Psychology and Christianity: Four Views", in Psychology and Christianity: Four Views, ed. E. L. Johnson and S. L. Jones (Downers Grove, IL: InterVarsity, 2000), 77.

11 C. W. Thompson, "Loving Homosexuals as Jesus Would: A Fresh Christian Approach" (Grand Rapids, MI: Brazos Press, 2004).

disorder)라고 불리기도 한다. 같은 동성에 매력을 느끼고 끌리기 때문이다. 그렇다면 동성애자는 애초에 동성애자로 태어나는 것인가? 즉, 동성애는 눈동자의 색깔과 같이 유전되는 것인가? 아니면 어떤 가족구성이나 환경적 영향에 의해 생겨나는 것인가? 동성애는 하나의 병인가? 동성애는 병리적인 현상인가? 아니면 정상적인 성애의 한 변수에 불과한 것인가? 완전히 동성애적인 사람이 전적으로 이성애자가 될 수 있는가? 현대 정신의학은 이러한 많은 동성애에 대한 질문들에 어떤 빛을 비춰주고 있는가?

먼저 동성애자는 원래 그렇게 태어나는 것인가? 지금까지 과학적으로 밝혀진 바에 의하면, 어떤 과학적 증거도 이 결론을 지지하지 않는다. 쌍둥이 연구에서 유전적 요인이 어떤 역할을 할지 모른다는 암시적 증거가 나온 것은 사실이지만, 압도적인 증거는 초기의 부모나 또래 반응과 같은 환경적 요인이 동성애의 발달에 기여한다는 것을 보여주고 있다. 이 분야의 임상적 연구 대부분은 동성애자들이 그렇게 태어나는 게 아니라, 초기의 경험과 (많은 경우) 후기 생애경험의 결과로 그런 상태에 이르게 된다는 것을 보여주고 있다(Nicholi, 1993).

2015년 여름 우리는 일주일 사이에 두 개의 큰 사건을 마주하게 되었다. 미국 버지니아연회에서 행한 동성애에 관한 투표가 찬성으로 결론이 났고, 연방대법원에서 5 대 4로 동성결혼 합헌 결정이 난 것이다. 이러한 세간의 흐름에 편승해, 과거에 흑인과 여성에 대한 차별을 철폐했던 것처럼, 동성애자들에 대한 차별을 없애는 것이 하나님의 뜻이라고 주장하는 그리스도인들도 있고, 반면 다른 한편에서는 성경의 가르침을 이러한 세상의 흐름에 따라 바꾸어서는 안 된다고 주장하는 이들도 있다. 우리는 동성애를 어떻게 이해하고 우리 주변의 동성애자를 어떤 태도로 대해야 하는가?

2. 성경과 동성애

대부분의 신학자들은 하나님은 이성애가 건전한 성생활이라고 의도하셨다는 데, 동의할 것이다. 이 사실은 남성과 여성의 성기의 모양으로도 추론할 수 있으며, 아담과 하와에게 함께 번성하라고 명령하신 창조 이야기로부터 주장할 수 있다. 하나님의 창조질서는 남자와 여자가 서로 사랑하고 결혼하여 이성애를 누리는 것이다. 성경은 동성애에 관해서는 거의 이야기하지 않고 있으며, 오랜 기간의 동성애 경향과 오늘날 확산되고 있는 동성 의무에 대해서는 침묵하고 있다. 동성애에 대한 언급은 신구약에 겨우 7번 제시되어 있고, 그것마저도 비교적 짧은 언급으로 그친다. 이들 단락에서 동성애는 결코 묵인되거나 용납될 수 없는 죄로 제시되지만, 그렇다고 해서 다른 죄악보다 더 나쁜 것으로 꼽히는 것도 아니다.

동성애에 대한 성경적 관점은 어떤 것인가? 간음이나 음행의 경우처럼, 구약과 신약은 분명히 동성애를 금하고 있다. 성경은 창조주가 성적 연합은 남녀 간에 이뤄지기를 의도하셨다고 분명히 밝히고 있다. 이 구절들의 문맥을 살펴보면, 동성애는 창세기에 기록된 성의 목적과 분명히 배치된다. 성은 번성하고 재생산하라는 명령과 함께 언급되고 있다. 성애에 대한 전반적인 의미를 말하면서, 성경은 동성애 행위를 구체적으로 금하는 말씀을 하고 있다. 동성애에 대해 말하고 있는 7개의 성경 말씀은 다음과 같다.

- 창세기 19:5 [소돔과 고모라]: "… 우리가 그 남자들과 상관 좀 해야 하겠소."

- 레위기 18:22 [율법]: "너는 여자와 교합하듯 남자와 교합하면 안 된다."

- 레위기 20:13 [율법]: "누구든지 여인과 동침하듯 남자와 동침하면 둘 다 가증한 일을 행함인즉 반드시 죽일지니 자기의 피가 자기에게로 돌아가리라."

- 사사기 19:22 [기브아]: "그 남자를 끌어내시오. 우리가 그 사람하고 관계를 좀 해야겠소."

- 로마서 1:26-27 [바울]: "이런 까닭에, 하나님께서는 사람들을 부끄러운 정욕에 내버려 두셨습니다. 여자들은 남자와의 바른 관계를 바르지 못한 관계로 바꾸고, 또한 남자들도 이와 같이, 여자와의 바른 관계를 버리고 서로 욕정에 불탔으며, 남자가 남자와 더불어 부끄러운 짓을 하게 되었습니다. 그래서 그들은 그 잘못에 마땅한 대가를 스스로 받았습니다."

- 고린도전서 6:9-10 [바울]: "불의한 사람들은 하나님의 나라를 상속받지 못하리라는 것을 알지 못합니까? 착각하지 마십시오. 음행을 하는 사람들이나, 우상을 숭배하는 사람들이나, 간음을 하는 사람들이나, 여성 노릇을 하는 사람들이나, 동성애를 하는 사람들은… 하나님 나라를 상속받지 못할 것입니다."
"불의한 자가 하나님의 나라를 유업으로 받지 못할 줄을 알지 못하느냐 미혹을 받지 말라 음행하는 자나 우상 숭배하는 자나 간음하는 자나 탐색하는 자나 남색하는 자나 도적이나 탐욕을 부리는 자나 술 취하는 자나 모욕하는 자나 속여 빼앗는 자들은 하나님의 나라를 유업으로 받지 못하리라"(고전 6:9-10; 개역개정).

• 디모데전서 1:9-10 [바울]: "율법이 제정된 것은, 의로운 사람 때문이 아니라, 법을 어기는 자와… 남색하는 자와… 무엇이든지 건전한 교훈에 배치되는 일 때문임을 우리는 압니다."

역사적 증거에 의하면, 과거에도 지금처럼 두 사람 사이에 합의된 동성애가 있었다. 바울 사도는 성적 방종과 성폭행만이 아니라, 일대일의 합의된 동성애에 대해서도 말하고 있다. 바울에게서 적절한 성관계의 유일한 모델은 창세기 1-2장에 나오는 창조기사의 모범을 따르는 것이다. 동성애는 부자연스러운 것이며, 하나님께서 인간을 부끄러운 정욕에 내버려 두심으로 인해 일어난 왜곡, 혹은 타락의 현상 중 하나라고, 바울은 정의한다.

그러나 동성애를 지지하는 사람들은 "예수님은 동성애에 대해 아무 말씀도 하지 않으셨다"고 말한다. 일면 맞는 말처럼 들린다. 하지만 결혼에 대해 예수님은 아주 분명하게 정의하셨다. 바리새파 사람들이 그분에게 와서 모세의 율법 규정에 따라 이혼을 해도 되느냐고 물었을 때, 예수님은 이렇게 답하셨다. "모세는 너희의 완악한 마음 때문에, 이 계명을 써서 너희에게 준 것이다. 그러나 하나님께서는 창조 때로부터 사람을 남자와 여자로 만드셨다. 그러므로 남자는 부모를 떠나서 (자기 아내와 합하여) 둘이 한 몸이 된다. 따라서 그들은 이제 둘이 하나인 것이다"(막 10:5-8).

한 남자와 한 여자의 결혼은 하나님께서 지으신 창조의 원리에 따른 것이다. 이에 예수님은 그 외에 다른 형태의 결혼에 대해서는 알지 못하셨다. 그러므로 "예수께서 동성애에 대해 말씀하지 않으셨으니 동성애에 대해 묵인하신 셈이다"라는 주장은 억지이다. 오히려 "예수께서 결혼을 '한 남자와 한 여자의 결합'으로서 보셨으니, 동성애를 부정하신 것이다."

남자와 여자는 각기 다른 성기관을 가지고 있음으로 해서, 구조적으로 남자와 여자의 성기관이 결합하여서 성행위를 하도록 만들어져 있다. 이것이 마땅한 자연의 순리이다. 또한 그러한 결합으로 인해 정자와 난자가 만나 후손이 태어난다. 반면에 남자와 남자가 더불어, 여자가 여자와 더불어 하는 성행위는 구조적으로 가능하지 않다. 남성 동성애자는 항문성교를 하는데, 항문은 성기관이 아니고 배설기관이다. 병균과 바이러스가 가장 많이 있는 불결한 곳인 항문에 성행위를 함으로써 치질, 출혈, 장 질환, 성병 등 많은 문제를 발생시키며, 간염, 에이즈에 잘 감염된다는 것은 주지의 사실이다. 특히 동성애는 에이즈와 밀접한 관계가 있다. 통계수치에 의하면, 동성애자들이 일반인에 비해 감염률이 약 183배가 높은 것으로 추정된다고 한다. 항문성교와 난잡한 성관계 때문이다. 이를 통해 볼 때, 동성애가 자연의 순리에 어긋난 비정상적인 성행위임은 너무나도 자명하다(양병희, 2015).

이와 같은 근거에서 많은 이들이 다음과 같은 결론을 내린다. 동성애는 죄이다. 마찬가지로 우리는 자살을 죄라고 결론짓는다. 정신병적 우울증으로 자살하는 사람, 자신의 의지로 자살을 선택하는 사람 등 여러 경우가 있다. 자살한 사람들의 사정이 모두 다르듯, 동성애자들도 마찬가지이다. 동성애자들 중에는 크게 두 종류가 있다. 하나는 바울 사도의 말대로 부끄러운 정욕에 빠져서 상대를 바꾸어 가며 쾌락을 즐기는 사람들이다. 이러한 사람들을 우리는 '타락한 동성애자들'이라 부른다. 이런 동성애는 정죄 받아 마땅하다.

하지만 이것과는 다른 종류의 동성애도 있다. 어릴 때부터 동성에 대한 끌림이 있어서 그로 인해 부단히 싸워 온 사람들의 경우이다. 그것이 그 사람의 DNA에 심겨있는 것인지 아니면 후천적으로 발생한 것인지에 대해서는 여전히 이견이 있다. 그것이 언제부터 시작되었든, 어느 사회든지 인구의 3-5% 정도가 그런 경향을 가지고 있고, 이러한 성향은 거의 고쳐지지 않는다는 것이다. 이것이 현실이다. 우리는 이들을 '타고난 동성애자들'이라고 부른다.

'타고난 동성애자들'에게는 독신으로 살아가든지, 아니면 동성의 파트너를 찾아 살든지, 두 가지의 대안밖에 없다. 스스로 결단하여 독신으로 살아가는 것은 칭찬할 일이다. 20세기에 가장 영향력 있는 영적 지도자였던 헨리 나우웬(H. Nouwem)은 여섯 살 때부터 자신에게 동성애적 경향이 있음을 알았고 평생토록 그 경향과 싸웠다. 그는 다른 동성애자들에게 자신처럼 '거룩한 독신'(holy celibacy)을 선택하라고 권했다. 하지만 그것이 어디 쉬운 일인가? 받은 바 소명이 있어서 스스로 독신을 선택한 것은 칭찬할 수 있어도, 그것을 강요할 수는 없는 일이다.

동성애를 혐오하는 사람들은 대개 '타락한 동성애자들'과 '타고난 동성애자들'을 구분하지 않는다. 동성애자는 모두 같다고 생각한다. 인터넷에 자주 "동성애의 실체를 고발한다"는 식의 글이 떠다니는데, 그것을 읽어 보면 대개 '타락한 동성애자들'의 이야기이다. 그러한 이야기들을 읽으면 그들에 대한 혐오감과 거부감이 증폭된다. 그러한 타락한 동성애자들을 보는 것과 같은 시각으로 '타고난 동성애자들'을 보아서는 안 된다는 것이 나의 생각이다.

마음을 열고 자신의 의지와 상관없이 동성에 끌리는 '타고난 동성애자들'을 따뜻한 시선으로 바라볼 수 있는 전향적인 자세가 요구된다.

고쳐지지 않는 동성애 경향과 싸워 온 그들의 '내면의 전쟁' 이야기에 귀를 기울일 필요가 있다. 그들이 사는 모습을 관찰할 기회가 있다면 어느 정도는 그들을 향한 선입견을 해소하는데 일조할 것으로 보인다. 어느 교우에게서 들은 말이다. 자신이 아는 동성애 친구에게서 동성애라는 한 가지 문제만을 제외하면 이성애자인 자신보다 훨씬 더 믿는 사람답게 산다는 것이다. 그렇다면, 우울증으로 자살한 사람을 교리적으로만 단죄할 수 없듯이, '타고난 동성애자들'을 교리만으로 정죄하고 배척한다는 것도 옳지 않다는 사실을 깨닫게 될 것이다.

한편, 교회사적으로 볼 때 동성애에 대한 교회의 태도는 네 가지로 나타났다. 즉, 동성애적 성향과 행위에 대한 개신교회의 입장은 대략 네 가지로 분류될 수 있다. 우선 가장 두드러진 입장으로는 징벌적 거절의 태도(rejecting punitive position)가 있다. 이러한 태도는 대체로 성경의 구절들을 사회문화적 맥락을 따라 읽지 않고 문자적으로만 읽는 신학적 입장에 근거한 것이다. 이어, 개신교내 동성애에 대한 두 번째 입장은 비징벌적 거절의 태도(rejecting non-punitive position)라고 할 수 있다. 이 입장에서는 동성애가 비자연적이며, 우상 숭배적이고, 또한 하나님의 창조의 뜻을 거스르는 행위라고 평가하지만, 동성애적 성향과 행위를 구별하고, 또한 동성애적 행위와 인격을 구별함으로써 동성애주의자들의 인간으로서의 존엄과 가치를 확보해야 한다는 입장이다. 즉, 행위에 대해서는 죄로 규정하지만, 인격으로서의 동성애주의자들은 목회적 관점에서 영적인 배려와 보살핌을 필요로 한다는 점을 강조하는 입장이다. 개신교내 세 번째 입장은 적절한 수용의 태도로서 동성애의 성향에 대한 무비판적인 수용 가능성(qualified acceptance position)을 전제하는 입장이다. 즉, 어린 유년기에 자리 잡은 동성애적 성향을 교정하기 어렵다는 사회 과학적 연구결과를 받아들임으로써, 동성애적 성향과 행위를 이성 연애적 문화적 가치에 의해 비난하고 정죄하는 것은 옳지 못하다는 입장이다. 마지막 입장은 이성 연애적 성향과 행위가 합법적이고 자연스러운 것이라는 인식과 동일하게 동성애적 성향과 행위를 합법적이며 자연스러운 것으로 받아들여야 한다는 입장(unconditional acceptance position)이다. 여기에는 이성 연애적인 성향과 행위가 인간의 성에 대한 절대적 기준이 될 수 없다는 문화비판적인 전제가 내재되어 있다.

대부분의 복음주의적 그리스도인들은 두 번째 입장을 취하고 있는 것 같다. 성윤리학자 스탠리 그렌츠(S. Grenz)는 경향성으로서의 동성애는 정죄할 대상이 아니라고 했다. 그러나 이것은 인간에 대한 하나님의 최선에 미치지 못하는 것이며, 일정한 위험을 제기하고 있다. 동성애는 "불완전한 발달 상태와 충족되지 않은 욕구 상태에 있는 미숙한 자들"로서 정죄할 대상이 아니고, 다른 타락한 인간들과 마찬가지로, 하나님의 관심의 대상, 그리고 하나님의 은혜를 경험할 필요가 있는 대상으로 보아야 할 것이다. 기독교대한감리회에서는 "우리는 성경과 감리교회의 가르침에 어긋나는 동성연애, 동성결혼을 반대하며 일부일처주의 가정의 신성함을 믿는다. 그러나 우리는 동성애자들의 아픔을 이해하며, 그들의 인권을 존중한다"고 밝히고 있는데, 이것이 대부분 크리스천들의 입장이 아닌가 생각한다.

3. 동성애와 동성혼은 죄이다.

동성애는 동성 간의 성교를 통해 성적 만족을 얻는 장애를 말한다. 동성애가 죄인가, 아니면 대안적 생활 스타일인가? 1969년 뉴욕 경찰이 동성애 지향을 가진 사람들을 급습한 사건이 있었는데, 이것이 '동성연애 행동주의 시대'(gay activisit era)를 여는 계기가 되었다.

동성애 자체는 새로운 이슈가 아니다. 그리스에도, 히브리 사회에도 동성애는 존재했다. 로마제국에 그러한 행위가 너무 만연해 있었기 때문에, 바울은 크리스쳔들이 삼가야 할 이방인들의 죄 가운데 동성애 행위를 언급했다. 서구 세계의 기독교회도 동성애 활동의 폐지를 가져오지 못했다. 그와는 반대로, 교회 신학자들과 윤리학자들은 교부시대로부터 현재에 이르기까지 이 문제를 안고 씨름해 왔다.

19세기 이전에는 동성애가 정상적인 성관계의 왜곡, 즉 비정상인 것으로 간주되어 사회적 비난을 받았었다. 그러나 현재의 관점은 동성애를 평생 안고 가는 개인적인 지향으로, 성도착으로 정의하고 있다(Grenz, 2003).

이러한 변화의 흐름 배경에는 첫째로, 19세기에 시작된 현대 심리학 분야의 부흥이 있었다. 인간에 대한 심리분석의 발달이 동성애 현상에 대한 이해에 변화를 가져다준 것이다. 동성애를 정상적인 성적 지향으로 보는 시각이 수용되기 시작했는데, 병리학적, 정신의학적 조건의 목록에서 동성애를 삭제해야 한다는 미국심리학협회의 1974년 결정이 이러한 변화의 시발점이 된 셈이다. 그 두 번째로는 새로운 사회적 상황, 즉 동성연애 행동주의가 이제 새롭게 정의된 성적 지향에 대한 윤리적 논의의 배경을 이룬 것이다. 이제 동성애 행동주의자들은 사회가 동성애 행위에 대해서 관용을 베풀 뿐 아니라, 동성애 지향을 합법적이며 대안적인 삶의 스타일로 인정해줄 것을 요구한다. 이러한 사회적 태도의 변화는 교회 내에 있는 기독교 신학자들과 윤리학자들에게서도 나타나고 있다.

이러한 새로운 사회적 상황은 우리에게 엄청난 도전으로 다가오고 있다. 동성애와 동성혼은 새로운 문제를 제기한다. 동성애는 죄인가,

아니면 대안적 성적 표현인가? 동성애와 죄, 성경 본문에 반영되는 동성애 이해는 어떤 것인가? 성경에서 말하는 동성애에 대한 분명한 이해가 있어야지만, 우리가 크리스천으로서 앞으로 맞닥뜨릴 동성애에 대한 도전에 바르게 대처할 수 있을 것이다.

일단 단도직입적으로 동성애는 생육하고 번성하여 땅에 충만하라는 하나님의 명령을 성취할 수 없다. 성경은 "부모를 떠나 아내와 합하라"고 했지 "아내의 역할을 하는 사람"과 합하라고 하지 않았다. 하나님의 뜻을 계시한 성경은 말한다. "여자와 눕듯이 남자와 눕지 말라. 이것은 가증스럽다(레 18:22). 남자가 여인과 눕듯이 남자와 눕는 경우는 그 둘은 가증한 일을 행했으니 그 둘이 반드시 죽게 하라. 그들의 피가 자신에게 있을 것이라"(레 20:13). 성경은 동성애는 가증한 행위라고 규정하고 있다. 윤리적 도덕적으로 혐오스럽고(detestable) 망측한 짓이라는 뜻이다. 게다가 동성애에 대한 심판으로 사형을 명하고 있다. 성경은 분명히 동성애를 사형에 해당하는 가증한 죄로 보고 있는 것이다.

신약시대에도 바울은 남자와 남자가 더불어 부끄러운 짓을 하는 것(롬 1:26), 즉, 동성애를 하는 사람들(고전 6:9), 성경의 표현대로라면, 남색하는 자는 하나님 나라를 유업으로 상속받지 못한다고 말하고 있다. 이에 대한 바울의 관점이 로마서 1:25-27에서 드러나는데, 이성애는 "자연스러운 것"이며, 반면 동성애는 "부자연스러운 것"임을 분명히 하고 있다. 그렇다면, 바울은 어떤 근거에서 이성애는 자연스러운 것으로, 동성애는 부자연스러운 것으로 주장했는가? 바울에게 적절한 성관계의 유일한 모델은 창세기 1-2장에 나오는 창조기사의 모범을 따르는 것이다. 바울은 레위기 성결법전의 훈령을 유지하면서, 이러한 모델이 자연스러운 것이라고 결론을 맺는다. 왜냐하면 그것만이 창조자에 의해 제정된 것이기 때문이다. 동성애 관계는 그것이 남성 사이의 관계이든지, 아니면 여성 사이의 관계이든지 창조 자체 내에 포함되어 있는 패턴에 위배되기 때문에, 자연을 거스르는 일이 된다. 또한 유다서와 베드로후서에서는 소돔과 고모라의 동성애와 성적인 음란함이 하나님의 심판을 받게 된 원인이라고 말하면서, 더러운 정욕에 빠져서 육체를 따라 사는 사람들을 경고하고 있다.

그러나 일부 윤리학자들은 동성애를 죄라고 비난하지 않는다. 첫째, 동성애 수용을 지지하는 사람들은 그 지향 자체와 그것을 표현하는 행위들이 자연스러운 것이라고 주장한다. 지지자들은 이런 행위가 여러 사회와 역사를 통하여 그 현상이 현존하는 것에 호소한다. 그러나 그리스나 로마 사회에서도 동성애는 일탈행위로 간주되었고, 일반적으로 불법적인 것이었다(Grenz, 2003). 신학자 바르트(K. Barth)는 동성애를 "인간이 하나님의 명령의 타당성을 용인하기를 거절할 때 나타날 수 있는 육체적·심리적·사회적 질병, 성도착 현상, 타락과 부패"라고 정의하였다.

한편, 한 사람의 동성애가 유전적 기질의 탓이냐, 아니면 후천적 심리적 요인과 부모와의 관계에서 기인한 것이냐는 문제가 개인이 그것을 의식적으로 선택했다기보다는 이러한 지향을 발견한다는 사실을 변경시키지 않는다. 대부분의 개인들은 어느 정도 능동적으로 개인적 성적 지향의 발전에 기여한다. 그 상황이 개인적, 의식적 선택의 결과가 아니라 할지라도, 우리에게는 책임이 남아있다. 그것은 우리는 나면서부터 죄 성을 지닌 존재로 태어났기 때문이다.

따라서 일부 인기 있는 책에서는 동성애가 개개인의 미묘한 선택의 결과임을 제시오고 있다. 이러한 관점은 동성애란 의지로 포기할 수 있으며, 자의로 자신의 삶을 정화할 수 있는 선택이라고 결론을 내리는 사람들 사이에서 흔하게 발견되는 논리이다. 동성애는 고의적인 선택에서 오는 것이라고 보는 관점은 크리스천 전문 상담자를 포함해 노련한 전문가들의 생각이 아니며, 동성애 경향을 가진 사람들이 받아들이는 생각도 아니다. 고의적, 그리고 의식적으로 같은 성을 가진 사람에게 매력을 느끼는 일은 있다 해도 그것은 매우 드문 일이다. 동성애자들은 점차 성인이 되어가면서 미묘한 선택을 통해서가 아니라, 무조건적으로 같은 성을 가진 사람들에게 이끌린다는 사실을 알아차린다. 이 깨달음은 대단히 혼란스러워서 많은 사람들이 심지어는 자기 자신에게조차도 그 사실을 감추려고 노력한다. 종종 이런 사람들은 자신이 동성애라는 유전적 소인을 가지고 태어났음이 틀림없다고 결론을 내리곤 한다.

이렇게 볼 때, 이성애는 물론이거니와 동성애 경향도 자신에게 이러한 성향이 있다고 깨닫기 전에 이미 얻어진 것으로 보인다. 이런 매혹의 느낌은 잘못된 것이 아니다. 같은 성이든, 다른 성이든 간에 끌린다는 느낌은 사랑과 인정을 필요로 하고 있는 것이지만, 이러한 성적 매혹에 대한 한 사람의 행동이 항상 사회적, 혹은 성경적으로 적절한 것은 아니라는 것에 문제의 본질이 있다.

한 사람이 같거나 다른 성을 지닌 누군가와 성적 행동을 함으로써 쾌감을 얻을 때마다, 그 성적 행위는 다음번엔 더욱 매혹적으로 되어간다. 그 행위가 어떻게 시작되었는가는 중요하지 않다. 더 중요한 것은 그 성적 행위를 계속하는가의 여부이다. 어떤 젊은이에게 지나가듯 만난 같은 성끼리의 성적 만남이 그리 특별할 것 없는 만족할 만한 것이 못되었다면, 그 만남은 이후 되풀이되지 않을 것이다. 그러나 배경과 경향이 취약한 사람이라면 한 번의 성적 경험은 다음의 한번으로 또 이끌고, 그리고는 이후로 계속되는 악순환이 시작될 것이다. 동성애 행동(동성애 판타지로 자극받은 자위를 포함해)은 동성애 경향을 더욱 크게 하며, 그 경향은 다시 행동을 되풀이하게 한다. 물론 이성애 경향을 지닌 사람이 반대 성의 사람과 성적 행위를 하기로 선택했을 때, 역시 비슷한 주기가 시작될 수 있다. 성경에 따르면, 이 이성애 사이클이 결혼 내에서 일어난다면 잘못이 아니다. 그러나 육체적 행위를 포함한 결혼 외의 관계에서의 사이클은 죄악이다.

신학자인 포스터(R. J. Foster)는 동성애라는 이슈는 많은 이들에게 상처를 입혔다고 지적했다. "자신의 성적 경향이 동성애라고 확실히 밝힌 사람들은 오해받고, 전형화 되고, 악용당하며, 거부당한다고 느끼는 일이 잦다. 반면에 동성애에 관해 분명히 성경의 기준에 대치된다고 느끼는 사람들의 편에서는 교회생활에서 동성애를 합법화하려는 교파 때문에 배신당했다고 느낀다." 여기에는 "그들 자신의 성적 정체성으로 인해 괴로워하는 사람들, 성적 충동으로 인해 갈가리 찢긴 듯 느끼며 혹시 자신이 잠재적인 동성애자가 아닐까 의아해하는 사람들도 있다. 아마 이 범주에 속하는 사람들이 가장 고통 받을 것이다. 그들은 교회가 확실한 소리를 내지 않으므로, 애매모호한 상태에서 헤어나지 못한다. 한편에서, 그들은 동성애에 관한 시끄러운 비난을 듣는다. 비록 그들이 성경적 정절에 대한 관심을 알고 있으나, 그들은 건방지고, 알지 못하는, 위선적인 선언으로 상처받아 왔다. 반면에 그들은 또 다른 한편에서 말하는 동성애에 관한 열정적인 포용의 목소리를 듣는다. 비록 그들은 박해받는 사람들에 대한 동정어린 관심을 감사하기는 하지만, 편의를 위해 자의적으로 성경을 조정하는 방식을 보고 놀란다." 포스터는 이에 더불어서 '우리의 동정과 이해를 필요로 하는, 동성애에 관한 문화적, 그리고 교회적 혼돈에 사로잡힌 사람들'을

추가한다.[12]

4. 동성애는 병인가?

동성애는 하나의 병(illness)인가? 정신의학은 이 질문에 어떻게 답하는가? 일단 미국정신의학회의 정신장애진단통계편람(Diagnostic and Statistic Manual of Mental Disorders: DSM)을 보면, 동성애가 하나의 장애, 질병으로 열거되어 있는 것을 발견하게 된다. 그러나 '자아비(非)친화성 동성애' 항목 아래 열거되어 있음을 본다. 이 용어를 사용함으로써, 편람은 동성애를 동성애 당사자가 자신이 동성애에 대해 불행하게 느낄 때에만 질병으로 간주한다는 것을 암시하고 있다. 그러므로 혼돈스럽고 수수께끼 같은 상황이 주어졌다. 만일 당신이 동성애자인데, 그런 식으로 사는 게 싫으면 당신은 병자이며, 당신이 동성애자인데 그런 삶을 즐긴다면, 당신은 건강하다는 것이다. 많은 정신의학자들은 이것이 터무니없는 허튼소리라고 생각한다. 그런데 편람의 개정판인 DSM-III에서는 동성애라는 용어가 완전히 삭제되어 사라졌다.

1973년 12월 16일 전국게이전담반(National Gay Task Force)과 미국정신의학회(American Psychiatric Association: APA)는 공동으로 동성애는 더 이상 병으로 간주하지 않는다는 기자회견을 했다. 자신의 동성애로 인해 '불편함을 느끼는' 사람만 병으로 간주한다는 것이었다. 이에 수백 명에 달하는 APA 회원들은 이러한 변화에 놀라움과 우려를 표명했고, 이들은 변화에 항의하는 진정서를 제출하였다. 따라

---

12   R. J. Foster, *Money, Sex and Power: The Challenge of the Disciplined Life* (New York: Harper & Row, 1985), 107.

서 최종 결정을 위해 이 문제는 모든 APA 회원들에게 투표에 붙여졌다. 총선거는 회원 58%가 참가한 가운데 작은 다수에 의해 패배하였다. 투표가 있기 전에, 게이전담반이 초안을 잡은 편지가 모든 회원에게 배달되었는데, 그 편지에 APA 회장에 출마한 세 명의 의사들이 서명하였다. 편지는 변화에 반대하는 회원은 동성애자들의 인권에 반대하는 셈이라는 내용을 담고 있었다. 정신과 의사들은 인권에 대해 강하게 느끼고 있었기 때문에, 많은 회원이 변화를 지지하는 쪽으로 투표를 하였던 것이다.

결국, 이러한 과정 가운데서 결국 1973년 APA에서는 동성애를 정신질병의 범주에서 제외시키기로 결정하였다. 정서적 긴장과 사회적 기능 손상이 없다고 결론을 지었기 때문이다. 이어서 미국심리학회(American Psychological Association)도 1975년 동성애주의자들을 심리학적으로 비정상적인 사람들로 여기던 견해를 수정하여 심리치료의 대상 목록에서 제외시키는 일에 동조하였다.

여기서 중요한 것은 이 결정이 많은 이들이 짐작하는 대로 어떤 새로운 과학적 발견에 근거한 것이 아니라, 정치적인 고려에 의해 이뤄졌다는 것이다. 물론 대부분의 정신과 의사들은 이러한 결과에 대해 동의하지 않는다. 즉, 투표에 의해 현재 존재하고 있는 병을 없는 것으로 만드는 시도에 대해 반대하고 있는 것이다. 따라서 그들은 투표로 병을 없애버릴 수 있다면, 모든 병을 투표로 없애버릴 것이라고 주장한다. 뿐만 아니라, 자신이 가지고 있는 동성애 경향에 대한 인식에 따라 건강 여부를 판단한다는 자체에 대해서도 대다수 정신과 의사들은 어처구니없다는 반응을 보이고 있다. 심각한 정신질환자 가운데 많은 이들이 자신의 병에 대한 병식이 없기 때문이다. 조울증적 정신증의 조증단계에 있는 사람은 매우 심한 정신증 증상이 있어도 자기 상태로 인해 들떠 있을 뿐 아니라, 자신의 상태에 대해 매우 만족하고 있다.

하버드대학교의 니콜라이(A. M. Nicholi) 박사는 이에 대해 다음과 같이 말한다(1993). "나는 어떤 사람도 동성애가 정상이라고 믿고 있다고 생각하지 않는다. 나의 임상경험에 의하면, 어떤 동성애자도, 자신의 동성애를 수용하든 거절하든, 자기가 정상이라고 느끼거나 생각하지 않는다는 것이다. 여자 앞에 있을 때마다 식은땀이 나는 남자나, 남자와 같은 침대 안에 있을 때 통제 못할 설사를 경험하는 여자는 자기의 상태에 무엇인가가 정상이 아니라는 것을 안다. 일정 기간 동안 동성애자를 치료해본 적이 있는 의사라면 어느 누구도 동성애를 정상이라고 생각하지 않을 것이다"(p.349).

동성애자들의 성행위는 본래 상대를 가리지 않고 행하는 특성이 있다. 동성애 남성의 약 2%만이 결혼과 유사한 서약관계를 맺고 살아간다고 한다(Grenz, 2003). 동성애자 세계의 대부분은 동성애자를 하나의 상품으로 보고 표면적 특성에 의해서 판단하기 때문에, 그는 곧 자신에 대해서도 그와 똑같은 관점을 발전시키기 시작한다. 그러므로 동성결혼은 완전한 의미에서 결혼으로 간주할 수 없고, 본질적으로 불안정하다. 뿐만 아니라 앞서 이미 언급한 바와 같이 동성 간의 항문성교나 구강성교는 인체에 치명적인 부작용을 초래해 치질, 출혈, 장 질환 등의 질병을 유발하며, 특히 간염, 에이즈를 감염시키는 위험한 행위일 뿐만 아니라, 하나님이 허락하신 자연의 순리를 거스르는 비정상적인 성행위임은 너무나 자명하다. 또한 지속적 항문성교를 통한 괄약근의 파괴로 대다수의 동성애자들에게 변실금 환자가 속출한다는 것도 문제가 된다. 변실금은 항문성교를 하는 동성애자들에게 주로 발생하는 질환 중에 대표적인 질환이다.

무엇보다 심각한 것은 주로 동성애자들을 통해서 확산되는 에이즈 환자의 급증인데, 동성애자가 에이즈에 걸릴 확률이 정상인에 비해 183배에 달한다는 것은 이미 지적한 바이다. 2014년 현재, 전 세계에 새로운 에이즈(AIDS) 감염자가 2000년에 비해 35% 감소했지만, 우리나라는 그와 반대로 급증하고 있다. 한 해에만 1,100명 이상이 급증하여, 에이즈 환자 1만 명 시대를 훌쩍 넘었다. 특히 청소년 에이즈 환자가 급증하고 있다는 데에 우려되는 바가 적지 않다.

이러한 에이즈 감염 환자의 확산 통계 추세로 볼 때, 앞으로 청소년을 비롯한 동성애자의 숫자는 더욱 늘어날 것임은 예측 가능한 일이다. 인구의 3-5%가 동성애자라고 한다. 통계적으로 말하자면 30명이 모여 있을 때 한 사람 정도는 그런 성향을 가진 사람이 있을 수 있다는 뜻이다. 그 동안에는 억압하고 숨기고 살았기 때문에 표면적으로 드러나지 않아 왔으나, 이제는 동성애자들에 대한 너그러워진 사회적 분위기에 편승해 더욱 늘어날 것이다.

이러한 현상은 먼 남의 일이 아니다. 심지어 가까운 우리의 가족 중에도 일어날 수 있는 일이다. 그러므로 나에게는 그런 일이 일어나지 않을 것이라는 안일한 태도로 외면하지 말아야 한다. 앞서 잠시 언급했듯이, 미국에 사는 집사님의 아들이 동성애자로 밝혀져 큰 고통 중에 있다는 소식을 접했다. 앞으로 자녀들이나 손자 손녀들 중에 이런 일이 벌어지지 않을 것이라고 누가 자신 있게 장담할 수 있겠는가?

그렇다면 어떤 삶의 스타일이 이들에게 유효한 대안인가? 지향을 변화시켜 이성애 결혼으로 발전하든지, 아니면 금욕을 택하든지 둘 중에 하나이다. 이성 간 결혼에 대한 대안은 동성혼이 아니라 독신과 성적 절제이다. 예수님은 보다 높은 선을 위해 성행위를 기꺼이 자발적으로 포기할 수도 있다고 말씀하셨다(마 19:12).

완전히 동성애자인 사람이 완전한 이성애자로 변화될 수 있느냐 하는 질문에 대해서는 바로 답할 수 있다. 변화는 심리치료와 그 외의 다른 치료방법을 통해서 이루어질 수 있다는 의학적 및 과학적 증거가 많이 축적되어 있다는 것이다. 다른 치료방법 중에는 종교적인 자조집단 운동(self-help group movements)이 있다. 따라서 "한 번 동성애이면 언제나 동성애일 수밖에 없다"(Once a homosexual, always a homosexual)는 말은 타당성이 없는 말이다.

III. 동성애의 원인

지금까지 동성애에 대한 수많은 과학적 연구가 있어 왔으나, 결론은 분명해 보인다. 즉, 동성애의 원인으로 분명하게 밝혀진 것은 단 하나도 없다는 것이다. 누구도 왜 어떠한 사람이 동성애 경향을 갖게 되는지 정확하게 꼬집어 말할 수는 없다. 그럼에도 불구하고 지금까지 학자들에 의해 제시된 동성애의 원인을 분류하자면, 우리는 크게 심리적·환경적 요인과 생리적·유전적 요인, 이 두 가지 범주로 구분할 수 있다. 심리적·환경적 요인은 동성애를 유발하는 과거 경험과 생애초기의 관계 역할에 초점을 맞춘다. 생리적·유전적 요인은 동성애로 가는 경향을 생물학적 요소 즉, 체내 호르몬의 작용이나 유전인자에서 찾는다. 동성애가 유전인가? 환경적 학습의 결과인가? 양쪽 관점은 모두 연구가 뒷받침하고 있다.[13] 게다가 이들 두 범주를 하나로 결합하는 사람들도 있고, 이 두 영역 외에 새로이 세 번째로, 영적인 원인이라는

---

13 개인 노트에서(2005.10.27.) 마크 야하우스(M. A. Yarhouse)는 이 연구 방법이 "항상 모범적인 것은 아니며" "연구자들의 편견이 잘못된 결과를 내놓을 가능성을 크게 할 수 있다"고 언급한다.

광범위한 범주를 이에 추가하는 이들도 있다. 이 모든 일은 동성 매력, 정체성, 그리고 육욕적 행위의 원인을 밝혀내려는 우리의 노력을 복잡하게 할 수 있다.

20세기에 접어들어 오랫동안 동성애의 원인을 어린 시절의 개인의 경험에서 찾았다. 그러나 21세기로 들어오면서 많은 연구는 신경학적, 유전적, 그리고 생리적인 원인으로 옮아갔다. 이러한 전환의 이유로 최소한 세 가지를 꼽을 수 있다. 첫번째는 심리학 이론과 연구의 실패이다. 심리학의 연구만으로는 동성애를 완전하게 설명하지 못했던 것이다. 두 번째는 과학적 방법이 보다 정확하고 세련된 것이 되었고, 이 새로운 기술이 밝혀낼 수도 있는 것을 발견하는 데 더 흥미를 느끼게 되었다. 세 번째는 아마도 가장 중요할 듯싶은 이유인 게이와 레즈비언 그룹 활동가들의 강력한 영향이다. 이들은 동성애의 원인이 환경적 혹은 도덕적인 데에 있다는 주장을 반박하며, 동성애가 자신들의 의지와는 무관하게 타고난 것임을 부각함으로써 동성애자들에 대한 차별철폐를 주장한다. 이들 활동가 중 일부는 정치가, 직업 상담자, 그리고 언론 대표들과 밀착해서 그들의 행동지침을 촉진한다. 그러나 이들의 주장대로 동성애가 생리적이며 타고난 것이라는 설득력 있는 증거가 발견된다면, 이들 활동가들의 지침은 지지를 얻게 되는 것이고, 반대로 동성애가 죄악이라고 가르치는 도덕적 혹은 성경적 주장은 입지가 약해지게 됨으로, 동성애가 정상이라는 사실을 고려하지 않을 아무런 이유가 없어지는 것이다. 이렇게 되면 성적 경향을 변화시키는 일은 한 사람이 태어날 때부터 가지고 있는 독특한 인종적 모습을 변화시키는 것만큼이나 불가능하다는 주장이 더욱 힘을 받을 것은 불을 보듯 번한 일이다.

이렇듯 동성애에 대한 정확한 원인은 아직 규명되지 않은 채, 여전히 이에 대한 논란이 계속되고 있는 가운데서도, 거의 모든 학자들이 일치된 의견을 보이는 것은 동성애는 미묘한 과정을 거쳐 선택하는 그 무엇이 아니라는 것이다. 일반적인 대다수의 사람들은 어느 때인가 그 혹은 그녀가 각각 여성 혹은 남성에게 먼저 성적으로 이끌린다는 것을 깨닫는다. 이것이 일반적인 관점에서 보면, 상식일 것이다. 그러나 반대로 계속 이야기하고 있는 바이지만, 어떤 남자 혹은 어떤 여자의 성적 성향이 각각 동성의 다른 누군가를 향한 것이라면, 그러한 성향을 가지게 된 원인은 반드시 어디에선가 있을 것인데, 이를 우리는 어디서 찾아야 하는지가 오늘날의 동성애 문제의 본질이 된다. 동성애의 원인 규명은 곧 동성애를 우리가 어떻게 바라보고 접근해야 할 것인가에 대한 직접적인 지표가 되기 때문이다. 여기서는 동성애의 원인으로서 가장 폭넓게 수용되고 현실성에 부합된다고 생각되는 정신분석적 측면 중 두 가지 관점에서 살펴보고자 한다.

1. 부모-자식 관계

정신분석학 이론에서 동성애에 관해 가장 완전하고 널리 용인된 관점의 일부로서[14] 동성애는 성적 발달이 중지됨으로 인해 생겨났다는 프로이드(S. Freud)의 관점에 근거해, 정신분석학 학자들은 동성애 남성은 보통 약하고 수동적이며 종종 아버지와 거리감을 두고 있거나, 무능한 아버지와 독단적이고 소유적이며 통제적인 어머니가 있는 가정에서 자란다고 결론을 내려왔다. 이 어머니는 교묘하게 아들이 수동

---

14 동성애에 관한 고전적 정신분석학 관점 연구를 보려면 다음을 참조. I. Bieber and Associates, *Homosexuality* (New York: Basic Books, 1962).

적이며 그녀에게 헌신하도록 가르친다. 아들에게는 따를 만한 강한 남성 모델이 없으며, 결국 아들은 소녀들과 관련해서는 동료들보다 자신이 유능하지 못하다는 사실을 알게 된다. 그 결과 아들은 자신의 남성성에 확신을 잃고 여성과의 친밀한 교제를 두려워하게 된다. 마찬가지로 이러한 가정의 딸의 입장에서는 아버지를 불친절하고 거부하는 존재로 인식하며, 따라서 이 딸은 남성과 연관될 기회가 거의 없다. 결국, 이러한 환경 가운데 있는 딸들은 여성들과 더 호의적으로 연결된다.

그렇다면, 만약 당신의 자녀가 동성매력장애자로 밝혀진다면, 어떠한 관점에서 자녀들을 바라보아야 하는가?

- 당신의 자녀는 상처를 받았으며, 동성 부모와 동성 또래들과 안정적인 애착관계를 필요로 한다.
- 요점은 동성애자냐 이성애자냐가 아니다. 본인의 참된 성적 정체성을 경험하는 것이 중요하다.
- 동성매력 장애는 발달장애이며, 본질적으로 섹스와는 상관이 없다.
- 동성매력 장애는 이성 부모나 다른 이성들과 건강하지 못한 애착관계와 흔히 관계가 있다.

더 많은 체계적 연구는 정신분석 관점에 혼합된 지지를 보내왔다.[15] 캐나다에서 발표된 한 흥미로운 연구에서는, 자신들을 동성애적 경향을 가지고 있는 것으로 밝힌 남성 가톨릭 학생들과 이성애자인 학생들을 비교분석했다. 그 결과 동성애자 학생들은 이성애자 급우들과 비

---

15 Rosenak and Looy, "Homosexuality," 574.

교했을 때, 그들의 아버지와의 친밀도가 현저히 낮은 것을 발견할 수 있었다.[16]

사고를 자극하는, 그리고 아마도 더욱 믿을 만한 변화인 이 관점은 모벌리(E. R. Moberly)라는 크리스천 저자가 제시했다. 그녀의 연구는 동성애는 반대편 성 부모와 관계 문제에서 나오는 것이 아니라고 주장한다. 동성애는 같은 성을 가진 부모와 연결된 결점(deficit) 때문에 나오는 것이다. 정상적인 발전에서, 아이는 같은 성 부모와 '결합함으로써 그 부모를 사랑하고, 의지하며, 동일시'할 필요가 있다. 이 관계가 없거나 무시된다면, 젊은이는 무의식적으로 그 결합을 회복하려고 시도하게 된다. 동성애가 되는 사람은 '부모-자식 관계에서 초기의 결점을 보상할 필요가 있는 것이다. 같은 성으로부터 사랑을 받으려는 계속되는 욕구는 근원적으로 어린 시절, 같은 성의 부모에게서 사랑을 받지 못한 것에서 출발한다.'[17] 그러나 진정으로 이러한 자신의 결핍을 회복하고, 채워지지 않은 필요를 채우며, 성공적으로 동성애를 다루는 한 가지 방법은 "동성을 가진 사람과 건전한 비(非) 성적 관계를 갖는

---

16 R. A. Scutter and M. Rovers, "Emotionally Absent Fathers: Furthering the Understanding of Homosexuality," Journal of Psychology and Theology 32 (Spring 2004): 43-49.

17 E. R. Moberly, Homosexuality: A New Christian Ethic (Cambridge, UK: James Clarke, 1983), 5-6. 모벌리의 통찰력 깊은 이론을 몇 문장으로 요약하는 것은 가능하지도 공정하지도 않다. 모벌리의 책이 나온 지 얼마 후, 리차드 그린(R. Green)은 자신의 책에서 그녀의 이론을 얼마간 지지했다.'The Sissy Boy Syndrome' and the Development of Homosexuality (New Haven, CT: Yale University Press, 1987). 그린은 여성스러운 소년들의 아버지가 남성스러운 소년들의 아버지보다 어릴 때 같이 보내는 시간이 적었다고 회상하는 것을 알아냈다. 여성스러운 소년들의 어머니 또한 남성스러운 소년들의 어머니와 비교할 때, 아들과 시간을 덜 보냈다고 회상한다는 사실은 흥미롭다. 이 관점은 동성애와 남성의 여성스러운 특징이 함께 한다는 가치 없는 가정에 근거를 두고 있는 듯해 보인다.

것이다."[18] 이 관점에 의하면 동성애 내담자들은 동성관계 필요에 초점을 맞추어 돕는 동성, 이성애자 상담자가 돌보는 것이 가장 좋다.

성격 발달에 중요한 것은 '동일화'이다. 보고 흉내 내면서 배우는 것, 이것이 아이들에게 가장 중요한 과정이다. 동일화를 통해서 남자도 되고 여자도 되면서 인격이 성장해 가는 것이다. 남자다움에 대해 배워야 남자가 되는 것이고, 여자다움에 대해 배워야 여자가 되는 것이다. 사내아이들은 자신의 아버지를 통해(보고) 점차 남성으로서의 면모를 얻게 되고, 여자아이들은 자신의 어머니를 통해(보고) 여성으로서 자신의 성정체성을 획득해 가는 것이 정상적인 패턴인데, 어떤 이유에서든 이러한 일련의 과정이 무너지게 되면, 성 주체성에 장애가 오면서 동성애로 발전되는 것이다(이무석, 2014).

많은 동성애자들이 이러한 부모-자식 관계에서 혼란을 겪지만, 물론 그렇지 않은 이들도 있다. 같은 가족 내의 아이들이 모두 동성애자가 되는 것은 아니며, 심지어 비슷한 유형의 부모-자식 관계가 있다 할지라도 그러한 부모를 둔 모두가 동성애자 되는 것은 아니기 때문이다. 이는 다음과 같은 이유가 있을 수 있다. 각 부모는 아이들 각자와 독특한 관계를 갖는다. 같은 가족 내에서도 편애와 사랑에 근거한 행동은 한 아이는 사랑받고 있다는 사실을 전혀 의심하지 않는 한편, 다른 아이는 정반대로 느낄 수 있으며, 그 느낌은 점점 강화될 수 있는 것이다. 한편, 부모-자식 관계의 불확실한 역할로 인해 일부 상담자들은 동성애의 원인을 다음과 같이 어린 시절의 다른 경험에서 찾고자 한다.

---

18 Moberly, Homosexuality, 10. 다음 책도 참조. E. R. Moberly, "Attachment and Separation: The Implication for Gender Identity and for the Structuralization of the Self: A Theoretical Model for Transsexualism,. and Homosexuality," Psychiatric Journal of the University of Ottawa 11 (December 1986): 205-209.

2. 다른 가족관계와 경험

각기 다른 학자들이 동성애는 다음과 같은 원인에 의한 것이라고 제시해 왔다.

- 어머니가 다른 여성들을 두려워하거나 불신하면서 아들들에게 그렇다고 가르칠 때.
- 어머니가 남성들을 두려워하거나 불신하면서 딸들에게 그렇다고 가르칠 때.
- 너무 많은 여성들이(어머니들, 자매들, 이모나 숙모들) 한 아들을 둘러싸고 있음으로 해서, 아들이 성인 남성과 접촉이 제한되어 있어 소녀처럼 행동하고 생각하도록 배울 때.
- 딸을 원했으나 아들을 갖게 되어 미묘하게 그 아들이 소녀처럼 생각하고 행동하도록 키워졌을 때. 아들과 딸의 입장이 바뀌었을 경우에도 마찬가지의 상황이 발생된다. 양 쪽 모두 아이는 성 정체성과 경향에 대해 큰 혼란을 느끼게 되는 것이다.
- 아들이 아버지에게 무시당하거나 거부당했을 때, 따라서 자신이 남성으로 부적절하다고 느끼며 남성이 여성과 어떻게 관계를 맺는지 확신하지 못하게 된다.
- 딸이 어머니에게 거부당했을 당했을 때, 그래서 여성으로 부적절하다고 느끼고 남성과 좋은 관계를 맺을 수 없게 된다.
- 한쪽 혹은 양쪽 부모 모두가 성에 관해 부정적인 생각을 갖고 있을 때, 자녀는 성에 관해 왜곡된 관점을 갖게 되고 그 자녀는 자신의 성정체성과 적응으로 갈등하게 된다.
- 어머니 혹은 아버지가 지나치게 응석을 받아주는 바람에 아이가

그 부모와 과도하게 애착을 느껴 갈라놓을 수 없게 되었을 때, 그래서 그 어떤 배우자도 반대 성 부모와 비교할 수 없다고 확신하게 되어 이성에게는 매력을 느끼지 못하게 된다.

아마도 이런 목록으로 몇 페이지고 채워나갈 수 있을 것이다. 그러나 동성애의 뿌리가 복잡하며 종종 가족환경으로 인해 나타난다는 것을 언급하는 것만으로도 충분하다. 때때로 가족은 성적 경향에 정신적인 면, 생물적인 면 모두에 영향을 끼친다. 증거를 든다면, 한 실례로, 적은 비율이지만 게이 남성 중 일부는 형제들 중 막내 혹은 아래 형제일수록 동성애 경향이 발달하는 경우가 있다. 이 일은 어떤 유전적 영향의 결과일까, 아니면 동생이 같은 성 경향을 설명하는 위의 형제들로부터 무엇인가를 배운 것일까?[19]

어느 사회건 어린이는 여성 혹은 남성이 된다는 것의 의미를 배운다. 문화적으로 용인된 여성 혹은 남성의 역할을 배울 기회가 없다면, 혹은 사회가 역할을 모호하게 정의해왔다면, 어린이의 행동과 자세는 혼란스러워질 수 있다. 이러한 현상이 지속된다면, 어린이들은 반대 성에게 어떻게 대해야 하는지, 혹은 무엇을 예상해야 하는지 알지 못하고 성인기에 도달할 수 있다. 소수에게, 특히 이 젊은이들이 이미 자신 안에서 동성 선호 경향을 느끼기 시작했다면, 동성애로 후퇴하는 것이 보다 더 편안할 수 있다. 이 점에서 과학적, 그리고 의학적 관점으로 결론을 내리는 사람은 당신만이 아니다. 우리는 진실을 알지 못하

---

19 J. M. Cantor, R. Blanchard, A. D. Peterson, and A. F. Bogaert, "How Many Gay Men Owe Their Sexual Orientation to Fraternal Birth Order?" Archives of Sexual Behavior 31 (February 2002): 63-71. 이 연구는 7명 중의 한 명이 게이가(게이의 약 14%) 성적 경향이 형제 탄생 순서 때문인 것으로 보인다는 것을 알아냈다.

며, 다른 사람들은 그렇지 않은데, 왜 일부 사람들은 동성 매혹을 경험하는지 알 수 없을 수도 있다.[20]

현재까지 밝혀진 동성애 원인은 대체로 다음의 6가지로 분류해 볼 수 있다. (1) 부모의 잘못된 성역할 모델의 영향을 받았을 수 있고, (2) 유년기의 불안정한 성정체성이 원인이 되며, (3) 동성애에 쉽게 빠지는 성격이나 심리적 경향, 또는 다른 성에 가까운 외모나 목소리, 체형 등의 신체적 요소 때문인 것으로 본다. (4) 기숙사, 교도소, 군생활 등에서 동성애를 우연히 경험하는 경우와 여성의 경우 성폭행과 같은 잘못된 성경험에서 기인할 수도 있고, (5) 동성애를 미화하는 영화, 비디오, 동성애 포르노 등의 문화가 호기심과 충동을 유발할 수 있다. 더욱이 (6) 동성애를 인정하는 사회풍토가 아무런 죄책감 없이 동성애를 받아들이고 자행하게 만들어 준다(정일웅, 2015).

IV. 동성애와 상담

동성애를 지향하는 사람이 이성애를 지향하는 사람이 될 수 있는가? 오늘날 동성매력장애(same sex attraction disorder: SSA)를 둘러싼 질문에 대해 너무나 많은 해답이 있다. 그리고 이러한 해답과 함께 회복된 사람에 대한 소망과, 심지어 성적 취향의 변화도 온다. 현재 반대의 메시지를 주는 문화에도 불구하고, 80년 이상 지속되어 온 동성

---

[20] 많은 저자들이 다음 말에 동의할 것이다. Rosenak과 Looy는 'Homosexuality' 574에서 "현재 연구자들은 지속적으로 동성애를 예언하며 아마도 원인이 되는 환경적 [혹은 생물적] 요인들을 찾지 못했다"라고 기술했고, 존스(S. L. Jones)와 야하우스 역시 Homosexuality 91쪽에서 이에 동의한다.

애에 대한 과학적 연구를 통해서 볼 때, SSA를 겪는 남녀들은 어린 시절 상처와 결함 때문에 심리성적 발달이 정상적으로 이루어지지 못하고, 초기 단계에 멈추어 있다는 것이다. 그러므로 그들의 상처를 해결하고 사랑과 결속에 대해 충족되지 못한 필요를 건강한 관계에서 충족시켜 준다면 치유와 변화가 가능하다.

당신이 가지고 있는 양성애자나 동성애자에 관한 기준과 관점 등이, 즉 당신 자신의 태도가 이미 상담을 시작했다고 봐야 한다. 다시 말해, 당신이 상담자로서 동성애자들을 어떤 시각으로 바라보느냐는 상담자로서의 가장 기본적인 자질이 될 것이다. 당신이 게이, 레즈비언, 혹은 양성애자를 두려워하거나, 아니면 농담거리로 삼고 그들에게 비난을 일삼는다면, 또한 그들에 관한 정형을 무비판적으로 받아들이거나, 아니면 동성애와 그 생성 원인에 대한 복잡성을 이해하지 못한다면, 당신은 동성에게 이끌리는 개개인을 이해하고 돕기가 더 어려울 것이다. 예수님은 죄인과 죄에 유혹당하는 자를 사랑하셨다. 이는 우리가 죄인을 어떤 시각으로 바라보아야 하는가에 대한 좋은 모범이 된다. 예수님의 제자 된 자로서 그의 모범을 따르고자 하는 우리는 그들의 태도, 행동, 혹은 그들의 비정상적인 성적 선호도에도 불구하고 그들은 전적으로 사랑의 대상이 되어야 한다. 만일 우리가 동성애자들 혹은 동성애 경향을 가진 사람들을 감싸고자 하는 연민을 느끼지 못한다면, 하나님께 부족한 연민과 감수성을 구해야 한다. 결국, 동성애자를 변화시켜야 할 우리는 게이와 레즈비언들을 향한 우리 자신의 태도를 점검하고, 동성애의 다양성을 이해하도록 추구해야 한다. 그럼에도 우리 내면이 여전이 그들을 향한 부정적 태도가 지속되거나, 그들을 바라보는 시각의 변화가 일지 않을 때에는 동성애 경향이 있는 자들과의 상담은 피해야 한다.

대부분의 상담자들은 동성애 문제로 갈등하는 사람들을 언젠가는 대면하게 된다. 이 문제에는 동성애 경향과 유혹의 갈등, 가족과의 불화, 동성애를 지지하는 다른 사람을 찾거나 신뢰할 수 없음, 그리고 외로움, 자존심과의 싸움, 반(反)게이 태도, 혹은 희롱, 정신건강 관심사, 혹은 동성애적 경향을 정직하게 드러낼 수 있는지의 여부 등을 포함한다.[21] 상담자들은 이 문제로 압도당했다고 느낄 수 있다. 특히 예전에 동성애자들과 거의 접촉이 없었거나, 상담자가 신화와 편견을 가지고 있다면 더욱 그렇다. 게이 운동과 거의 모든 직업적 출판물은 성적 경향은 변하지 않으며, 따라서 변화를 가져오는 것이 불가능에 가까운 만큼 동성애자들을 변화시키고자 하는 시도는 비윤리적인 것이라고 주장한다.

이렇듯, 변화는 동성애자에게는 물론 상담자에게도 절대 쉽지 않다. 내담자의 변화는 실패하는 확률이 높으며, 예전에 게이였던 목회자가 내놓은 정열적인 보고서는 과도하게 낙관적으로 구성되어 있고, 심층적 조사보다 증언과 사례 기록에 더 많이 의존하고 있다. 변화에 관한 연구를 깊이 있게 진행해, 그 결론에서 널리 존경받고 있는 두 상담자는 동성애자들의 변화에 대해 "만일 변화가 동성애를 이성애의 경향으로 성적 경향을 완전히 바꾸는 것을 의미한다면, 어떤 동기를 가진 누구건 변화 가능하다고 주장하는 일부 보수적인 크리스천의 의견이나, 낙관적이고 보편적인 이 일반화 의견에 찬동하지 않는다"고

---

21 J. A. Murphy, E. I. Rawlings 그리고 S. R. Howe가 이 결론을 지지하는 연구를 내놓았다. "A Survey of Clinical Psychologists on Treating Lesbian, Gay, and Bisexual Clients," Professional Psychology: Research and Practice 33 (April 2002): 183-189.

결론을 내렸다.²² 논쟁의 일부는 변화가 무엇을 의미하는 가에 관한 것이다.

이미 우리는 앞서 동성애와 이성애의 성향을 추론할 수 있는 킨제이가 제시하는 기준점을 살펴보았다. 즉, 7점의 범위 내에서, 0점은 완전한 이성애를, 6점은 완전한 동성애를 나타낸다. 아마도 누구건 이 양극단에 있는 사람은 드물 것이다. 만일 변화가 이성애를 가리키는 범위의 끝으로 가는 것이라면, 그러는 과정에서 1점 혹은 그 이상의 점수를 얻는 것이라면, 그렇다면 변화는 아주 가능한 듯 보인다. 위에서 언급한 존스(S. L. Jones)와 마크 야하우스는 다음과 같이 덧붙인다. "동성애 경향의 변화가 어떤 이에게는 어떠한 방법에 의해서도 역시 불가능해 보인다. 그럼에도 불구하고 동성애 경향이 변할 수 없는 성향이라는 입장은 우리가 접하는 변화에 성공한 사례들의 보고를 통해서 볼 때는 의심스러워 보인다." 여기에는 존경받는 몇몇 상담자-연구자가 발견해 낸 것을 포함하고 있다.²³ 치유의 차이는 다양하게 나타난다. 그러나 죄로 뒤틀린 세상에서 조정되고, 희망적이며, 성과 있는 삶으로 살 수 있는 가능성-더욱더 즐겁고 일관된 삶의 가능성-은 여전히 남아있다(Grenz, p.404).

동성애 경향과 동성애 행위의 변화는 밑에서 제시하는 일련의 행위들을 의도적으로 하려고 노력한 자나, 아니면 그 상황에 있는 자는 그 가능성을 높여줄 것이다. 즉, 진지하게 자신의 변화를 위해 제시된 것

---

22 존스와 야하우스, *Homosexuality*, 148. 이 인용은 "동성애는 변화할 수 있는가?"라는 의문을 다루는 장의 끝에 나온다. 이들 두 저자는 이 분야에 대해 집중적으로 조사했고 그들이 찾아낸 내용을 아직 완성하지 않은 책에서 다룬다.

23 존스와 야하우스, *Homosexuality*, 148. 다음 책의 저자는 직업 심리학과 크리스천 관점에서 상담과 변화라는 주제에 관해 매우 훌륭한 논의를 하고 있다. E. D. Wilson, Counseling and Homosexuality (Dallas: Word, 1988).

들을 실제 실행으로 옮기거나, 제시된 조건에 부합하는 자들은 행동 변화의 실효성에 대한 기대를 한층 높여줄 수 있는 것이다. 그러나 그럼에도 불구하고 비록 이 모든 조건이 모두 자신의 상황과 부합되더라도, 일부 어떤 동성애자들에게는 변화의 역동성을 불러오지 않을 가능성이 있다는 사실은 항상 염두에 두어야 하고, 이에 대한 방안도 모색되어야 한다. 우리는 이 영역에서 어느 예언자가 가장 믿을 만한지는 아직 불분명하다. 그러나 어쨌든 동성애자들이 자신의 동성애의 경향으로부터 변화될 수 있는 다음의 조건들을 통해서 일말의 변화의 가능성을 엿볼 수 있다.

- 내담자가 정직하게 자신의 동성애를 인정한다.
- 내담자가 변하려는 강한 욕구를 가지고 있다.
- 동성애를 실현해 본 적이 없거나 제한받아 왔다.
- 다른 사람과의 동성애 관계가 깊지 않다.
- 내담자가 유혹하는 동성애 동료와의 접촉을 기꺼이 깨뜨리려고 한다.
- 내담자가 게이 인터넷 사이트, 게이 음란물, 혹은 동성애 행동을 권하는 다른 자극물들을 피하려고 결심한다.
- 성정체성 이슈는 관련되어 있지 않다(즉, 그 사람이 진정으로 여성인지 혹은 남성인지의 여부에 관한 내부 갈등은 없다.).
- 마약과 알코올은 쉽게 유혹에 굴복하게 만들기 때문에 이런 물건들을 기꺼이 피하고자 한다.
- 내담자는 동성애 친구와 접촉과는 별개로 사랑과 용납을 경험한다.
- 내담자는 상담자 혹은 다른 동성의 사람과 성적이 아닌, 친근한 관계를 맺을 수 있다.

- 전체적으로 보면 종교적으로 헌신하고 있고 긍정적이다.[24]
- 내담자가 자신의 삶과 예수 그리스도의 주권에 헌신하고 죄를 피하고자 하는 욕망을 가지고 있다.

위에서 제시된 것들을 염두에 두고서 상담자는 다음과 같은 방식으로 동성애자들에게 도움의 손길을 베풀 수 있다.

1. 내담자가 필요로 하는 것과 원하는 것을 결정한다.

동성애자들이 도움을 청하러 왔을 때, 상담자가 먼저 해야 할 일은 그 동성애자들이 진정 원하는 것이 무엇인지를 파악해야 한다. 자신의 마음에서 이는 동성애적 경향의 제거를 원하는 것인가, 아니면, 그것까지는 아니더라도 동성애 행위를 하지 않기를 원하는 것인가, 그것도 아니라면, 계속되는 동성애 행동을 간헐적으로 자제하려는 의도인가, 또는 동성애에 관한 성경적 가르침에 관한 지식을 얻고자 하는 것인가, 아니면, 반대로 동성 연인과 더 좋은 관계를 맺기 위한 방법을 얻고자 함인가, 아니면 또 다른 무엇인가를 얻고자 함인가?

일부 내담자 중에는 자신도 자신의 원하는 것이 뚜렷하게 무엇인지를 알지 못하는 경우가 있다. 따라서 상담자와 이야기를 진행해 감에

---

24 한 연구는 종교 믿음에 의거해 성적 경향을 바꾸려는 시도를 한 140명의 이야기를 담고 있다. 조사결과는 248명 중 남성의 60.8%, 여성의 71.7%가 어떤 형식이건 1년 이상 동성애의 육체적 접근을 자제해 왔음을 보여주었다. 더불어, 성공을 거두지 못한 사람 중 대다수(88.2%)도 그들이 성적 경향을 여전히 바꾸려고 노력하는 중이며, 바꿀 수 있다고 믿고 있음을 보여주었다. K. W. Schaeffer, L. Nottebaun, P. Smith, K. Dech, 그리고 J. Krawczyk , "Religiously-Motivated Sexual Orientation Change: A Follow-up Study," *Journal of Psychology and Theology 21* (Winter 1999): 329-337.

따라 진정한 문제는 그들이 처음 주장했던 것과는 다르다는 사실이 분명해져 간다. 때로 내담자는 자신이 현재의 동성애 경향을 지닌 상태에서 변하고자 하는 욕망이나 동기를 가지지 않은 채, 단지 이들의 변화를 이루어 내기 위해 돕고자 하는 배우자, 청소년 지도자, 혹은 부모의 강요로 방문한 경우도 허다하다. 그러므로 질문에 대한 내담자의 대답에 대한 깊이 있는 논의가 있기 전까지는 그가 원하는 것이 무엇인지 안다고 쉽게 속단하지 말아야 한다.

더욱이 상담이 진행되는 과정 가운데서 내담자의 목적과 상담자의 가치관 혹은 믿음이 상충될 때에는, 이 차이는 논의되어 조정되어야 하나, 이 차이의 극복이 여의치 않을 경우에는 다른 상담자로의 대체 상담이 가장 좋은 대안이다.

2. 사실적인 희망을 가르치라.

다시 한 번 강조하는 바이지만, 동성 매혹을 겪어본 사람을 상담하기란 쉽지 않다. 동성애의 행위는 노력여하에 따라 중단하거나 멈출 수 있는 행위이고, 이 행위는 사랑이신 하나님의 죄인을 긍휼히 여기시는 그 긍휼하심으로 용서받을 수 있는 행위이다. 그러나 그 사람 안에 있는 동성애의 경향성 자체를 없애는 것은 무척 어려운 일임에 틀림없다. 그럼에도 불구하고 우리가 이들의 변화를 이끌어 내기 위한 의미 있는 노력들을 해야 하는 것은, 비록 그들 동성애자들이 가지고 있는 동성애의 성향 자체는 제거하지 못한다 할지라도, 최소한 죄악된 동성애 행위를 그치고, 정상적인 삶의 방식을 택하는 변화의 장으로는 그들을 이끌어 낼 수 있는 기대가 있기 때문이다. 즉, 상담자의 노력여하에 따라 이들의 행위를 변화시켜, 이들이 더 이상 죄악의 행위가운데 머물지 않고, 그것으로부터 벗어나 새롭게 변화된 삶을 살아갈 수 있도록 돕는 일은 충분히 가능하다는 것이다.

이들에 대한 변화된 삶을 이끌어 내기 위해 현장에서 수고를 아끼지 않는 많은 목회자들이 존재한다. 종종 이들 목회자들은 변화된 동성애자들의 인상 깊은 사례들을 담은 내용들을 책이나 다른 출판물을 통해서 알려주려 하지만, 이들 동성애 그룹은 그러한 경향의 영향권에서 자신들이 완전히 벗어나 변화되었다는 것에 동의하지 못하는 일이 대부분이다. 그러므로 장외 관찰자들은 동성애자들의 변화되지 못한 사례들을 다수 알고 있고, 또한 잠시 변화되었다고 생각했던 자들도, 이후에 다시 동성애 행위의 자리로 되돌아갔음을 알고 있다.[25] 한 연구는 이들의 변화가 고정적이라는 증거를 발견하려고 했으나, 이에 대해 출판된 연구 보고는 겨우 11개에 불과했다.[26] 이들 연구 보고는 성공률은 각각이지만, 동성애 경향이 이성애 경향으로 바뀐 극히 소수의 사례를 보여주고 있다. 소수이지만 이러한 의미 있는 변화는 종교적 믿음이 강한 사람에게서 확연하다. 그러나 여전히 대다수의 동성애자들은 변화의 단계에서 좌절하고 있으며, 이들을 근본적으로 변화시키는 일은 크리스천들의 숙제로 남을 수밖에 없다.

---

25 A. Shidlo와 M. Schroeder, "Changing Sexual Orientation: A Consumers' Report," Professional Psychology: Research and Practice 33 (June 2002): 249-259. 이들 저자들은 변화를 추구한 202명의 사람들을 인터뷰했다. 대다수는 자신의 성적 경향을 바꾸는 일에 실패했으며, 그들 대다수는 상담이 다른 식으로 도움이 되었다고 느꼈다. 다음 책 참조. D. C. Haldeman, "Gay Rights, Patient Rights: The Implications of Sexual Orientation Conversation Therapy," Professional Psychology : Theory and Practice 33 (June 2002): 260-264. Haldeman의 변화에 관한 주장을 훌륭하게 비평한 책이 있다. Jones and Yarhouse, Homosexuality, 140-145.

26 W. Throckmorton, "Initial Empirical Clinical Findings Concerning the Change Process for Ex-Gays," Professional Psychology: Research and Practice 33 (June 2002): 242-248.

이처럼 여러 불확실한 상황 가운데서 상담자는 변화를 요구하는 동성애자들에게 어떻게 대응해야 하는가? 가능한 한 처음부터 내담자에게 그들이 당면하고 있는 현실의 모습을 명확히 제시하는 것이 도움이 된다.

- 변화는 가능하며 일부 동성애 경향을 가진 사람들이 변했고, 이성애를 우선으로 하는 사람들이 되었다는 증거가 있다.
- 많은 사람들이 변화를 열망했지만 최상의 노력, 욕구, 기도, 그리고 결정에도 불구하고 변하지 못했다는 사실 또한 분명하다.
- 일부 사람들은 부분적으로 변하기도 한다.
- 성적 경향은 복잡하게 선택하거나 쉽게 바뀌는 것은 아니지만 그럼에도 윤리적 선택은 할 수 있다.[27]
- 전문 서적에는 언급되는 일이 드물지만 동성애자들이 그럼에도 불구하고 이성의 배우자들과 결혼해 성생활을 하고 결혼 관계를 지속할 수 있다는 것이 분명해 보인다.

주지했듯이, 변화는 어렵지만 희망을 가질 수 있는 이유는 충분하다. 특히 내담자가 진지하게 변화하고자 할 경우, 상담자는 내담자에게(그리고 당신 자신에게) 이러한 변화의 가능성을 계속 상기시킴으로써, 내담자 자신으로 하여금 변화해서 새 삶을 살아갈 수 있다는 희망의 메시지를 지속적으로 전달해야 한다. 왜냐하면 앞서 지적했듯이, 비록 소수일지라도 동성애자들이 이성애로의 성적 경향의 변화의 사

---

27 D. G. Myers and M. A. Jeeves, *Psychology Through the Eyes of Faith* (New York: Harper & Row, 1987), 111-113.

례가 있었고, 그럼에도 그러한 변화가 다수의 동성애자들에게는 넘을 수 없는 산처럼 느껴진다는 것 또한 부인할 수 없는 현실이지만, 그렇다고 변화에 대한 희망의 끈을 놓지 말아야 할 것은, 동성애자들 본인의 노력여하에 따라 얼마든지 동성애의 죄악 된 행위를 끊고, 정상적인 삶을 살아갈 수 있기 때문이다.

3. 지식 공유

내담자들은 동성애에 대해 몇몇 터무니없는 신념을 믿고 있거나 사회적으로 왜곡된 관념을 가지고 있는 경우가 없지 않아 있다. 상담을 진행하면서 이러한 잘못된 신념을 경계하고, 이 잘못된 신념을 교정해 주고, 동성애자와 일반적인 인간 간의 생활 전반에 관한 정확한 정보를 제공해 주어야 한다. 예를 들어, 동성애 경향을 지닌 사람들은 모두 무능력하다거나 정신적인 문제를 안고 있으며, 그들은 모두 하나님에게 거부당한 사람으로서 사회에서도 제 역할을 수행하지 못한다는, 동성애자들에 대한 왜곡된 고정관념들이 이들을 지배하는 경우가 종종 있는 경우를 발견한다. 그러므로 이들이 믿고 있는 이러한 신념들은 모두 사실이 아니며, 왜곡된 시선으로 바라본 생각의 결과물이라는 것을 인지시켜 주는 것은 동성애자를 격려해 주는 일이 되며, 이들 동성애자들이 가진 왜곡된 자아정체성을 올바르게 회복시켜 주는 일이 되어 이들이 사회생활을 영위해 가는 데에 활력을 불어넣어 줄 수 있다.

이에 한 발 더 나아가, 동성애에 관한 성경 말씀, 특히 세 가지 층의 구분-같은 성 매력, 동성애 경향, 동성애자의 정체-을 알려주며, 이러한 동성애와 관련된 성경 말씀이 제시하고 있는 내용들이 동성애 행동과 어떻게 다른지를 알려줄 수 있다.

4. 그 사람을 사랑하고 용납함을 보이라.

목회상담자 콜린스(G. R. Collins)는 한 예배당에서 용기 있고 통찰력 있는 강의를 한 신학교 제자의 말을 다음과 같이 인용했다. 그는 자신의 동성애 경향과 게이 사회에서 그의 목회에 관해 이야기했다.

"오늘 밤, 그리고 새벽 3시에 나와 함께 이 시카고에 널려 있는 게이 바 중에 하나로 갑시다. 여러분에게 이 세상에서 가장 멋진 사람들 일부를 보여드리겠습니다. 그들은 사랑받고 싶어 울부짖는 사람들입니다. 우리들, 예수 그리스도의 사랑을 아는 우리들은 어디 있습니까? 그들이 사랑을 찾기 위해 종종 뒤틀리고 죄로 가득한 표현을 하는 것은 사실입니다만, 그들에게는 하나님의 사랑으로 채워야 할 굶주림, 마음의 외침, 공허함이 있으며, 여러분의 마음에도 내 마음에도 그러한 것들이 있습니다. 크리스천 친구들이 그곳에 있어야 합니다. 책자를 휘두르는 전도사가 아니라 연민으로 친구에게 귀 기울이는 친구 말입니다.

다른 어떤 것보다도 동성애자라는 사실로 갈등하는 사람, 크리스천이건 아니건 간에, 그들은 사랑을 절실히 필요로 합니다. 그들은 가족에게서 병자로 취급받아서, 왜곡된 환경 때문에, 혹은 우리들 누구에게나 영향을 끼칠 수 있는 기본적인 죄들로 인해 상처받았으며, 그 가운데서 죄의 희생자가 되어 왔습니다. 그들은 유전적인 이유나 그들의 선택이 아닌, 인생의 어느 시점에 이르렀을 때 인식하게 된 동성애 경향으로 인해 많은 고통을 겪었습니다. 종종 마지막 수단으로 어쩔 수 없이 동성성교를 통해서 그들은 사랑을 추구해 왔고, 이에 그 사랑은 결국 죄악으로 더럽혀졌습니다. 그러면 어째서 그들은 크리스천 친구를 필요로 할까요? 왜냐하면 우리 안에는 예수님이 계시고 우리는 예수님의 사랑을 알고 있으며 속죄, 정화, 하나님의 사랑이 구현되는 치유력을 알고 있기 때문입니다."[28]

이 화자에 따르면 적극적인 게이와 레즈비언들은 성(性)과는 관련 없이 양성의 돌보는 사람들과 연결됨으로 인해 대단히 많은 이득을 얻을 수 있다. 민감한 대다수의 믿는 이들과 함께 하면 많은 지지와 도움을 받을 수 있는 것이다. 교회와 크리스천 개인들은 동성애자들과의 연결고리를 만들어, 이들과의 만남의 장을 만들기 위해 노력을 기울이고 대화를 통한 유대감을 형성하는 데에 힘써야 하며, 이러한 과정을 통해 이들에 대한 이해의 폭을 넓혀 하나님의 사랑으로 용납하는 모습을 보여주어야 한다.

이 대목에서 우리가 이들에 대해서 신중하게 접근해야 할 점은 이들 동성애자들이 맺고 있는 동성애 우정이나 동성애 관계를 깨뜨리는 그 어떤 행위들은 당사자들에게는 큰 위협이 될 수 있다는 것이다. 자신과 밀접하게 맺고 있던 동성애자들과의 관계의 단절은 평범한 한 개인이 지지받고 용납 받아왔던 사람들로부터 멀어질 때 겪는 아픔과 동일한 과정을 이들도 마찬가지로 겪는다. 따라서 동성애자들을 기꺼이 받아들이고 돌보고자 하는 지원 공동체가 없다면, 이들은 옛 생활 스타일을 버리지 못하고 쉽게 후퇴해 버릴 수 있다.

이들에 대한 모벌리 식 접근방식에 의하면, 동성의 상담자와 가진 친밀하고 비성적(非性的)인 관계가 동성애자를 돕는 기본이 된다. 동성의 타인이 주는 사랑과 용납을 경험하면, 특히 그 관계를 기도로 지

---

[28] 1978.2.2. 트리니티 복음주의 신학교 채플 강의에서 마티 한센(M. Hansen)이 말한 것을 인용한 것이다.

원하게 되면 치유되는 변화의 가능성을 더욱 높여줄 수 있다.[29]

5. 행위 변화를 격려하라.

그러나 비록 이러한 사랑과 용납이 그들에게 주어진다 해도, 그들의 동성애 행위가 지속된다면 그러한 자들에게 변화는 요원한 것이 된다. 더욱이 이러한 동성애 행위가 오랫동안 지속되어 왔다면, 그것으로부터 벗어나기란 특별히 더 어렵다고 할 수 있다. 동성애로부터 벗어나 변화하고자 하는 결단 이후에도 내담자는 변화의 길목에서 재발을 경험하며, 좌절을 맛보는 일이 흔히 발생한다. 그러므로 변화가 바람직하다는 대원칙을 세웠다면, 인내심을 가지고, 친절하고 확고한 방식으로 상의해야 한다.

동성애적 행위가 변화되도록 하는 방법 중 하나로 우선 동성애자들 주변에 자신들을 성적으로 자극할 만한 요소들, 즉 동성애자들, 출판물, 그리고 그러한 상황 등을 피하는 것이 좋다. 이렇게 되면 일시적인 외로움이 이들을 엄습할 수도 있으나, 위와 같은 의식적인 행동양식의 변화는 이들에 대한 상담의 목표가 되는 이들의 생활스타일의 변화를 가져다 줄 수 있다. 그러므로 상담자는 예수님은 용서하시는 주님이시며[30] 성령님은 항상 유혹에 저항하고 죄악 된 행위를 벗어버리고 깨끗한 행실로 살아가도록 하기 위해 우리를 도우신다는 사실을 내담자에게 상기시켜야 한다. 이 모든 일들은 이들을 돕고자 하는 크리스천 연

---

29 Moberly, *Homosexuality*. 이 접근 방식은 또한 Wilson의 저서 *Counseling and Homosexuality* 에서도 많이 강조되고 있다. 윌슨은 모벌리의 저서에서 영향을 받았음이 분명하다.

30 요한1서 1:9.

합체를 통한 지속적인 격려와 인간적인 접촉이 이루어진다면 훨씬 용이하게 진행될 수 있다.

이와 더불어, 내담자의 모든 생활스타일을 논의하는 것도 가치 있을 수 있다. 어찌 보면 성은 이들의 전반적인 삶의 일부일 수 있지만, 이를 제외한 그 나머지 이들의 전반적인 생활 즉, 예배, 일, 가족, 기분전환, 시간 관리, 운동, 휴식도 이들의 삶에 있어서 중요한 한 축을 차지하고 있다. 오직 성적 만족을 통해서 이들이 삶의 성취감을 느끼는 것은 아니며, 상담이 성만을 고려한다고 해서 문제가 모두 사라지는 것도 아니다. 내담자가 성을 제외한 삶의 다른 부분, 예수님과의 관계, 교회와의 연관, 직장 혹은 기분전환 활동 등과 관련, 이런 부분에서 그 자신의 정체성과 만족을 찾지 못하는 한 압력이 생기면 다시 동성애 관계로 미끄러지는 경향이 있다. 보다 균형 잡힌 삶은 상식 특히 수많은 자잘하고 덧없는 동성애 감정과 행동의 치료이다.

6. 상담이 복잡해지고 시간 소모전이 될 수도 있다는 점을 인식하라.

앞선 서술에서 강조해 온 바와 같이, 동성애는 해결하기 복잡한 양상을 띠고 있으며, 종종 뿌리가 깊어 치료하기 어려운 난점을 안고 있다. 더구나 상담자가 이런 부류 사람들에 대한 상담 경험이 부족하다든지, 충분한 훈련을 받지 못한 채, 급조되어 이들의 상담을 진행한다면, 그 어려움은 더욱 배가될 것이다. 상담자가 시작하고 싶어 하는 지점과 내담자가 원하는 지점 사이에 공통분모를 조성할 만한 연결고리가 만들어지지 않으면 전혀 상담의 진척은 기대할 수 없는 것이다. 이렇듯 많은 어려움의 난관을 뚫고 동성애자들을 변화시키고자 하는 열망이 이들을 향한 상담으로 이끄는데, 모든 상담이 그렇듯이 동성애자들의 상담에도 기복이 있음을 기억해야 한다.[31] 다음과 같은 기복이 일어날 수 있다.

- 실패 공포, 특히 피할 수 없는 재발 혹은 후퇴가 일어나는 경우, 내담자는 그런 일이 누구에게나 흔하고 상담자가 미리 예상하고 있는 점이라는 사실을 알고 안심할 필요가 있다.
- 더 만족스러운 삶을 사는 방법을 알지 못함으로 해서 후퇴하는 사람은 공포를 느낀다.
- 변하려는 노력을 포기하고 친숙한 것들에게로 돌아가려고 원한다. 이 일은 종종 친숙한 것들이 더 편안하고, 따라서 변화를 원하기는 하지만, 그 일이 어렵기 때문에 생겨난다.
- 내담자로 하여금 옛날 행위로 돌아가라고 이끄는 유혹 때문에 불안이 생겨난다. 이 순간에는 다른 사람들의 지원과 책임감이 중요하다.
- 정점. 당분간 더 이상 진전이 없는 듯 보이므로 동성애 내담자들은 용기를 잃는다. 흔히 발생되는 일이다.
- 새로운 문제가 나타난다. 종종 하나의 문제가 해결되면, 또 다른 문제가 돌출된다. 이러한 때는 당면한 문제가 해결 가능한 문제임을 알림으로써 내담자를 안심시키라.
- 새로운 감정의 나타남. 일부 내담자에게 이런 일은 두려운 일일 수 있다. 그 감정이 무엇인지, 왜 그러한 감정이 이 단계에서 나타났는지를 명확히 알게 해주고, 그리고 그것에 대해 정면으로 부딪치도록 내담자를 격려하라.

---

31 다음 목록은 윌슨의 *Counseling and Homosexuality*, 104-112에서 뽑은 것이다.

지금까지 위에서 서술한 바와 같이 동성애자들을 대상으로 한 상담이 어려운 일이며, 그들이 변화되는 일 역시 많은 어려움을 동반한다는 점을 적시한 것은 동성애자들을 도와 주님의 이름으로 온전하게 그들을 세우고자 하는 크리스천들의 용기를 꺾기 위한 의도가 아님을 명백히 해두는 바이다. 오히려 이들을 상담하는 일이 그만큼 간단치 않은 복잡성을 띠고 있다는 점을 경고하는 것이다. 그러므로 어떤 경우, 상담이 여의치 않을 경우에는 다른 사람, 아마도 이 일에 대한 경험치가 많이 쌓인 자에게 상담을 의뢰하는 것이, 어찌 보면 상담하는 자나 동성애 내담자에게 피차 최선의 방법일 수 있기 때문이다.

V. 기독교 치유 사역

한국교회는 동성애자들을 성경적 관점에서 선교적 대상으로 품고 접근해야 한다. 그들도 은혜와 구원이 필요한 사람들이다. 죄는 미워하되 사람을 정죄하는 우를 범해서는 안 된다. 저들이 음란한 성정체성에서 벗어나 치료받고 정상적인 생활을 영위해 갈 수 있도록 도와주어야 한다. 동성애자는 변화될 수 있고 치유될 수 있다. "동성애를 예수 그리스도를 통해 용서받고 치유될 수 있는 죄로 보게 될 때 동성애자에게도 희망은 있다… 그렇다. 동성애로 갈등하는 사람들은 변화될 수 있다. 그러나 그들은 이러한 전환을 혼자서는 성취할 수 없다. 깊고 강력한 성적 정체감의 뿌리 때문에, 순전한 자기 고취적인 노력만으로는 실패하게 될 것이다. 그러나 온전해지는 과정에서 그들을 도와 함께하는 사람들을 신뢰하며 변화의 과정으로 나아가는 것은 물론이거니와, 무엇보다도 오로지 그러한 분투를 창조주이자 구속자이신 분께 양도할 때에, 변화는 서서히 일어난다"(Litchfield, 2003).

교회 내에는 동성매력장애를 다루는 사역을 담당하는 수많은 그룹과 조직이 있다.[32] 이러한 조직의 활성화로 말미암아 동성애들이 이들 단체들의 직·간접적인 도움으로 변화가 일어날 수 있는 환경이 조성되어야 하며, 또한 교회는 동성애자들에게 (1) 수용의 분위기와 (2) 지원의 분위기를 제공하여 동성애자들이 자신의 현재의 모습에 관계없이 언제나 교회를 찾을 수 있도록 하는 것이 중요하다. 우리가 할 수 있는 동성매력장애(SSA)에 대한 해결책은 그들을 향한 사랑과 이해에 있다는 것을 항상 염두에 두어야 한다.

모든 동성매력장애는 두 가지에 기반을 두고 있다: (1) 치유되지 않은 어린 시절의 상처, (2) 사랑과 용납에 대한 충족되지 못한 필요. 바로 이 두 가지이다. 따라서 이 두 가지에 초점을 맞춘다면, 당신의 자녀가 진정한 성별 정체성을 되찾고, 그의 이성애적 잠재력을 만족시키도록 치유 받는데 도움을 줄 수 있다. 이들의 문제점을 알고 그들의 정신 기저에 충족되지 못한 필요를 채워주고자 하는 프로그램을 실천하려는 노력의 과정 가운데서 성공의 싹은 움트기 시작하는 것이다. 그리고 노력의 결과는 이들을 변화를 이끌어 낼 것이다.

예를 들어, 동성애와 관련된 사역을 해오고 있는 단체 중에 엑소더스 인터내셔널(Exodus International)이라는 단체가 있다. 이 단체는 사람들이 성적 경향을 바꾸도록 돕는 종교적 성향의 그룹 백 개 이상을 포괄하는 조직이다. 많은 그룹이 신문에 광고를 내고 변화한 사람들의 사례를 싣는다. 이들 일화를 담은 기사는 주목을 받으나, 전문 상

---

32 M. A. Yarhouse, L. A. Burkett, and E. M. Kreeft, "Competing Models for Shepherding Those in the Church Who Contend with Same-Sex Attraction," *Journal of Psychology and Christianity 20* (Spring 2001); 53-65.

담자는 그 기사들을 깎아내린다. 사례란 거의 모든 종류의 행동 변화에서 발견할 수 있는 것이기 때문이다. 좀 더 종교적인 연구가 행해졌고 변화가 일어났지만, 결과는 확정적인 것이 아니기 때문이다. 동성애 성향을 바꿀 수 있는 성공 비율은 변하고자 하는 동기 여부에 따라 1/3에서 2/3로 본다. 이들 그룹의 일부는 그들이 동성애 경향, 혹은 동성 매혹에서 극단의 변이를 무시하는 관점(그가 동성애자이거나 이성애자이거나 둘 중 하나)으로, 혹은 한쪽 관점에서 일하기 때문에 비판을 받는다.

동성애자에 대한 진정한 인권과 사랑은 동성애를 인정하는 것이 아닌, 동성애의 실체를 바로 알려주고, 동성애가 잘못된 것임을 인정하고 회복할 수 있도록 돕고 섬기는 것이다. 동성애자를 사랑한다면서 동성애가 비윤리적이고, 비정상적이라고 지적하지 않는 것은 그 사람으로 하여금 파멸에 이르도록 방임하는 무책임하고 잘못된 행동이다(양병희, 2015).

VI. 동성애에 관한 결론

하나님의 창조 의도는 이성애였다. 이성애가 인간의 성적 결속의 역동성에 근거를 제공한다. 동성애 지향은 하나님의 창조 의도와 이상에 미치지 못한다. 이에 부가해서 이성애 지향이든 동성애 지향이든, 사람은 동거, 불륜, 혼전 섹스(음행), 근친상간, 강간, 간음, 성매매, 수간 등 여러 성적인 죄를 범할 수 있다는 데에 인간의 적나라한 죄악의 모습도 동시에 드러나는 것 또한 사실이다.

복음주의적 신학의 성경 해석에 의하면, 동성애는 명백한 죄이며,

동성혼도 아담과 하와를 위해 창조주가 만든 결혼 제도가 아니다. 성경의 결혼관은 한 명의 남자와 한 명의 여자로 이루어진 이성애에 입각한 일부일처제이다. 한 남성과 한 여성의 결합은 한국 사회의 전통적인 결혼관이기도 하고, 성경적인 결혼관이기도 하다.

크리스천을 포함해 얼마나 많은 사람들이 동성 매력과 동성애 행동에 끌리는 유혹과 씨름하고 있는지 추정하기란 불가능하다. 거절당하거나 혹은 오해받는 것이 두려워 이 사람들은 그들의 경향을 인정하기를 주저한다. 종종 그들은 죄의식과 자기 비난에 사로잡혀 홀로 씨름하며, 자신의 성적 사고 혹은 행동을 용서하거나 설명해 줄 합리적 구실을 찾으려고 노력한다. 교회는 이와 같은 사람들을 도울 수 있으며, 그들이 필요로 하는 도움을 줄 수 있는 안전한 장소이다. 이해하려고 노력하는 의식 있는 상담자에게 게이와 레즈비언을 상담하는 일이 다른 유형의 상담과 그렇게 많이 다르지는 않을 것이다. 이 일은 복음의 힘을 응용해 상담환경 내에서의 삶으로 그들을 변화시키는 것을 포함한다.

역사상 지금처럼 동성애에 관한 관심이 널리 퍼져있으며, 동성애에 대해 열려 있는 시대는 없었다. 예전에는 교회 구성원과 기독 상담자가 동성 매혹과 동성애 경향을 가지고 사는 사람들에게 영향을 끼칠 기회가 전혀 없었다고 해도 과언이 아니다. 이러한 상황 가운데 동성애는 기독교 성윤리에 도전이 되고 있다. 그러나 모든 상황에서, 그리스도의 공동체에서의 동성애자들의 성적인 죄는 이성애자들의 성적인 죄와 동일하게 취급되어야 한다. 그리스도인들은 생활 스타일과 관계없이 동성애자들을 하나님의 긍휼과 관심과 사랑의 대상으로 수용하고 인정하도록 강요받고 있다. 하나님의 신적 설계와 창조 의도의 관점에서 보면, 동성매력장애는 불행하고 결핍된 상황으로 평가될 수밖에 없다.

이는 성적 행동으로 표현될 때마다 윤리적으로 문제가 된다.

그러나 비록 동성관계가 이성 간의 결혼에 대한 대안으로 용인될 수는 없지만, 복음의 기쁜 소식은 동성 경향의 사람들도 이성애자와 마찬가지로 충만한 삶을 살 수 있다는 소망의 빛을 던져준다. 그들도 그리스도의 교제권 안에서 금욕을 실천하는 독신으로서 보람 있는 삶을 살아갈 수 있다. 독신생활로 부름을 받지 않은 이들은 하나님의 은혜 가운데서, 성적 지향의 변화를 이루어 이성적 결혼 안에서 온전한 삶을 살아갈 수 있다. 이것이 곧 하나님의 은혜이다.

성경적 관점에서 동성애는 타락한 세계에서 나타나는 현상이다. 성경은 그것을 분명히 죄라고 적시한다. 그렇다고 무조건 정죄할 것이 아니라, 그들을 창조질서 왜곡의 피해자로 여겨 따뜻하게 대할 필요가 있다. 기독교가 독선과 냉혈한적 태도를 가져선 안 된다. 동성애자들이 과거에 받았던 상처들을 보듬어주고 고민을 들어주고 실질적인 도움을 주는 상담센터나 치료기관이 많이 세워져야 한다.

동성애적 성향을 가졌다는 것이 그것을 즐겨도 된다는 말은 아니다. 이성애자들이 성적 충동을 억제하고 순결을 지킬 것을 요구받듯이, 동성애자들도 마찬가지로 동성애에 죄악에 빠지지 말아야 한다는 것은 자명한 일이다. 그들 역시 하나님 나라를 위해, 그리고 교회와 사회를 위해 동성애적 충동을 억제하고 삼가야 한다(김세윤, 2015).

어떤 성적 지향의 그리스도인이라도 하나님께 영광을 돌리는 방식으로 자신의 성성을 살아내라는 부르심은 오늘과 같은 허용적 사회분위기 속에서 어려운 도전이 되고 있다. 그러나 성령의 음성에 따라 육체의 죄 성을 따르지 않고, 하나님의 창조질서와 의도에 순종하는 삶을 살아가는 자에게 하나님은 위로와 더 큰 기쁨과 평강으로 채워주실 것이다.

참고도서

게리 콜린스. 『뉴 크리스천 카운슬링』. 두란노, 2008.
김세윤. 『김세윤 박사에게 묻다: 바른 신앙을 위한 질문들』. 두란노, 2015.
류경남 · 최수정. 『가족상담심리용어사전』. 학지사, 2006.
브루스 리치필드. 『기독교 상담과 가족치료 6권』. 예수전도단, 2003.
양병희. "동성애 문제, 어떻게 할 것인가," [월간 목회]. 11월호, 2015.
이무석. 『성격, 아는 만큼 자유로워진다』. 두란노, 2014.
스탠리 그렌즈. 『성윤리학』. 남정우 역. 살림, 2003.
정일웅. "동성애와 한국교회," [월간 목회]. 11월호, 2015.

Nicholi, A. "Human Sexuality: A Psychiatric and Biblical Perspective," *God and Culture* (ed. by D.A.Carson and John Woodbridge.) William Eerdmans, 1993.

Lance, H. D. "The Bible and Homosexuality," *American Baptist Quarterly* 8/2 (1989): 143.

Les Parrott III. *Helping the Struggling Adolescent*. Zondervan, 2000.

Smedes, L. *Sex for Christians*. William Eerdmans, 1976.

Hunter, R. (eds). *Dictionary of Pastoral Care and Counseling*. Abingdon, 1990.

Cohen, R. *Gay Children, Straight Parents*. IVP, 2007.

Grenz, S. *Sexual Ethics: A Biblical Perspective*. Word, 1990.

제 3 장

동성애에 대한 목회상담학적 대책

전형준 교수(백석대학교 목회상담학)

1. 들어가는 말

오늘날 동성애가 심각한 사회문제로 등장하고 있다. 한때, 미국 사회에서 무섭게 번져갔던 동성애 문제는 미국 사회의 독특한 문화를 형성하였다. 이제 이러한 동성애에 대한 문제가 한국 사회와 한국교회에 중요한 문제로 등장하게 된 것이다. 동성애의 이슈는 다음 몇 가지로 나눌 수 있다. 먼저, 동성애는 유전인가 선택인가? 하는 것이다. 둘째, 심리학적으로 동성애는 변화될 수 있는가? 하는 것이다. 셋째, 사회학적으로 동성애는 성적 행동의 정상적 변형체인가 그렇지 않으면 인간 본성의 타락의 결과로 나타난 것인가? 하는 것이다.[1]

---

1 J. Satrnover, *Homosexualty and the Politics of Truth* (Grands Rapids: Baker,

이 글에서는 동성애에 대한 목회상담학적 대책을 제안함에 있어서 개혁주의 신학에 바탕을 둔 개혁주의 목회상담학의 관점에서 다음과 같이 연구 문제를 정하고 이에 대하여 고찰해 보고자 한다.

첫째, 동성애에 대한 일반적 이해는 무엇인가? 둘째, 동성애에 대한 성경적 이해는 무엇인가? 셋째, 동성애에 대한 목회상담학적 대책은 무엇인가? 즉, 이 세 가지 연구 문제를 수행하기 위하여 본 연구를 진행하고자 한다.

2. 동성애에 관한 일반적 이해

1) 동성애 인식에 대한 변화의 흐름

동성애는 고대로부터 지금까지 거의 모든 문화에서 확인되고 있다. 고대 그리스에서는 동성애가 성행하여 고급 문명의 상징처럼 여겨진 적도 있었다. 그러나 로마제국의 경우, 동성애는 로마제국의 멸망을 경고하는 부도덕과 타락의 한 측면으로 받아들여지는 등 역사의 대부분은 동성애에 대하여 부정적 인식을 갖고 있었다. 중세 이후 18세기까지도 동성 간에 이루어지는 성행위는 범죄로 취급되었다. 20세기에 들어와서도 동성애는 정신질환의 일종으로 여겨졌다. 특히, 북미, 중남미, 유럽 등의 기독교 문화권에서는 동성들 간에 표현되는 사랑이나 성행위에 대하여 매우 부정적인 태도를 보여 왔다.[2]

1996), 18.

2 윤가현,『동성애의 심리학』(서울: 학지사, 2001), 43-72.

최근 동성애에 대한 새로운 인식이 일어나고 있다. 1973년 미국정신의학회(APA: American Psychiatric Association)는 동성애 조항을 정신장애진단통계편람(DSM-Ⅱ)에서 삭제했고, 동성애를 질병이나 질환이 아니라 '성적 지향의 장애'라는 범주로 대체하였다.3 이러한 결정은 전문가들에게 동성애를 새롭게 인식시키는 전환점이 되었다. 심지어 1987년 수정판(DSM-Ⅲ-R)에서는 동성애 조항을 삭제하여 동성애를 진단하는 범주가 완전히 사라지고 말았다.

현재도 일부 정신의학자들은 동성애자들이 이성애자들보다 정신신경학적 질환의 환자가 되기 쉽다고 주장한다. 그러나 심리학계에서는 동성애자들이 환자가 될 가능성이 높다는 주장은 동성애 자체의 문제라기보다는 사회에서 이들을 차별적 부정적으로 바라보는 결과라는 주장이 보편적으로 받아들여지고 있는 상황이다.4 더 나아가 동성애자에 대하여 인권 차원에서 차별이 없어야 한다며 동성애 원인에 대한 많은 연구가 이루어지면서, 최근 일반인들도 동성애를 새로운 관점으로 이해하게 되었다. 많은 개신교 교단에서는 전통적으로 동성애에 관하여 부정적 입장을 취하고 있으나, 일부 개신교 교단에서는 긍정적 입장을 취하기도 한다. 그 가운데 그리스도의 교회는 1964년부터 동성의 성인들 간의 성행위가 서로 동의하는 상태에서 나타나는 경우 범죄시하지 않았다. 심지어 그리스도연합교회는 1972년에 게이 남성을 최초로 성직자로 인정하기도 하였다. 그렇지만 전반적으로 개

---

3 APA, *Diagnostic and Statistical Manual of Mental Disorder* Ⅱ (Washington, D. C.: American Psychiatric Association), 44.

4 S. Gordon & C. Snyder, *Personal Issues in Human Sexuality* (Boston: Allyn & bacon, 1986). 지금은 많은 전문가들이 미국정신의학회가 취한 입장을 지지하고 있다. 유럽의 여러 나라들과 미국 25개 주에서는 성인들 간 동의하에 발생하는 동성애 행위를 범죄로 규정하던 법을 폐지하였다.

교회 내에서는 동성애에 대하여 부정적인 견해를 가지고 있는 것이 명백하다.

2) 한국 사회에서의 동성애에 대한 인식

한국 사회에서 동성애에 대한 논의는 1995년 6월 26일 국내 동성애자들의 단체회원들이 함께 모여 '한국동성애자인권운동협의회'를 결성한 이후 공개적으로 나타나게 되었다. 2002년부터 활동에 들어간 국가인권위의 관련법 30조 2항은 성적 소수자에 대한 차별을 금지하고 있으며, 2002년 3월 29일 국가인권위원회는 직원 공개채용 시 국가기관으로는 처음으로 동성애자 1명을 포함시키기도 하였다. 2002년 7월 3일 고종주 부산지법 가정지원장이 생물학적 요인과 관계없이 심리적 정체성 장애를 인정하고 성전환자의 호적상 성별을 고칠 수 있도록 허가한 결정은 성적 소수자들도 정상적인 행복을 추구할 권리가 있는 것으로 해석된다. 심지어 트렌스젠더인 하리수가 2002년 12월 11일 법적으로 성전환을 인정받기에 이르렀다. 그러나 여전히 대부분의 많은 사람들은 동성애자들에 대하여 부정적인 인식을 가지고 있는 것이 사실이다. 특히, 전통적인 성경 해석에 따라 동성애를 창조질서에 위배되는 죄로 받아들이고 있다.

3) 동성애와 교회 영성

지금까지 많은 사람들은 동성애를 교회와 연결지어 생각하지 못하였다. 그러나 동성애자들이 교회의 성직을 받는 문제에 대한 논란들이 강하게 일어나고 있으며, 이것을 허용하는 교회와 강하게 반대하는 교회로 나누어진다. 동성애 문제가 교회 안에서 신학적 논의의 대상이 되고 여기에 수반되는 여러 가지 논란이 일고 있다. 주님의 몸 된 교회는 다양한 사람들이 모인 신앙공동체이다. 교회 안에는 성경적 가르침을 따르기 위하여 노력하는 사람이 있고, 또 다른 경우 성경을 자의적으로 해석하는 사람도 있다. 그렇기 때문에 동성애에 대한 논의도 다양하게 나타날 수밖에 없다.

동성애의 문제는 그 영향력에 있어서 다양한 특성을 지닌다. 즉, 동성애가 개인의 문제이면서 가족의 문제가 되고, 나아가서는 교회의 문제이기도 하다.[5] 가족이나 교회가 동성애자로부터 영향을 받고 또 영향을 주기도 하기 때문에, 교회는 동성애 문제에 무관심할 수 없는 것이다.[6]

그 동안 한국교회는 동성애 문제를 도외시하였고 배타적 자세를 취하였다. 그러나 동성애는 교회가 관심을 가져야 할 하나님의 형상대로 지음 받은 인간의 문제이기 때문에, 바로 교회가 감당해야 할 문제라고 할 수 있다. 물론 교회가 문제를 풀어가는 기본원리는 성경의 가르침을 따르는 것이다. 그러면서 동시에 동성애자를 바로 세우고 살리는 노력을 경주해야 한다. 목회상담 사역을 통하여 강조해야 할 것은 성령의 변화시키는 능력이다. 성령의 역사를 통하여 인간이 변화될 수 있기 때문이다. 동성애 문제는 오늘날 교회의 문제가 되었다. 교회가 동성애 문제에 대하여 관심을 가지고 바르게 접근하고 다루는 노력을 기울여야 한다.

---

5   E. Wilson, *Counseling & Homosexuality*, 남상인 역, 『동성연애상담』 (서울: 두란노, 1996), 233.

6   E. Wilson, *Counseling & Homosexuality*, 233-234.

3. 동성애에 관한 성경적 이해

동성애에 관한 목회상담을 효과적으로 진행하기 위해서는 동성애에 대한 일반적 이해와 함께 동성애에 대한 성경적 원리가 중요하다. 여기서는 개혁주의 신학의 관점에서 살펴보고자 한다.

1) 성경적 이해

동성애에 대한 성경적 언급은 모두 여섯 곳에서 발견된다. 창세기 19:1-8, 레위기 18:22, 20:13, 로마서 1:18-32, 고린도전서 6:9-10, 디모데전서 1:9-10 등이다. 이러한 구절들에 대한 성경 해석학적 논란의 여지는 있을 수 있으나, 성경의 근본적 가르침은 동성애를 금하고 있다는 것이다.[7]

창세기 19:1-8은 동성애에 대하여 직접적으로 언급하고 있는 최초의 기록으로서 동성애에 대한 비판의 근거로서 가장 많이 인용되는 성경 구절들 중의 하나이다. 소돔과 고모라에 대한 기사는 대부분의 사람들에게 동성애에 대한 대표적인 성경 본문으로 성적 타락의 전형인 동성애 행위에 대하여 하나님께서 유황과 불을 소나기처럼 부으심으로 징벌하신 이야기로 받아들여져 왔다. 창세기 19장에서 언급되고 있는 동사 '야다'(ידע)는 문맥상 성적인 관계를 뜻함이 분명하다. 소돔의 죄가 극도의 이기주의와 동성애를 포함한 도덕적인 방종으로 대표되는 총체적인 타락이 소돔 멸망의 원인이었다는 것을 알 수 있다.

---

7 C. Wenham, "The Old Testament Attitude to Homosexuality" *The Expository Times*, 102, (1991): 360-362.

레위기의 두 구절은 동성애에 대한 분명한 금령이다. "너는 여자와 교합함 같이 남자와 교합하지 말라 이는 가증한 일이니라"(레 18:22)고 말씀하였고, "누구든지 여자와 교합하듯 남자와 교합하면 둘 다 가증한 일을 행함인즉 반드시 죽일지니 그 피가 자기에게로 돌아가리라"(레 20:13)고 하였다. 레위기의 기록은 도덕적 거룩함과 관련된 것으로 오늘날 우리에게도 그 원리가 그대로 적용된다.

신약성경에서는 먼저 로마서 1:26-27에 나타난다. "이를 인하여 하나님께서 저희를 부끄러운 욕심에 내어버려 두셨으니 곧 저희 여인들도 순리대로 쓸 것을 바꾸어 역리로 쓰며, 이와 같이 남자들도 순리대로 여인 쓰기를 버리고 서로 향하여 음욕이 불 일듯 하매 남자가 남자로 더불어 부끄러운 일을 행하여 저희의 그릇됨에 상당한 보응을 그 자신에 받았느니라"(롬 1:26-27). 이 구절은 '창조질서의 왜곡'이라는 관점에서 해석되어야 한다.[8] 바울은 동성애를 창조질서의 타락이며 왜곡이라고 규정하였다. 동성애가 하나님에 대한 인간의 반역이라고 보고 정죄한 말씀이다. 반센(G. L. Bahnsen)은 이 구절이 동성애를 비도덕적인 것으로 규정하고 정죄하는 가장 명확한 구절이라고 보았다.[9]

고린도전서 6:9의 교훈은 하나님 나라를 유업으로 받지 못할 자 가운데 '동성애자'가 있음을 보여주고 있다. 사도 바울은 그 당시의 시대적 상황에서 말씀의 원리를 제시함으로써 하나님의 백성들의 삶의 자세를 제시하였다.

디모데전서 1:9-10은 율법의 대상이 되는 불의한 사람들 중 한가

---

8 J. Murry, *The Epistle to the Romans* (Grand Rapids: Eerdmans, 1987), 47-48.

9 G. L. Bahnsen, *Homosexuality: a Biblical View*, 최희영 역, 『성경이 가르치는 동성애』 (서울: 베다니출판사, 2000), 54.

지로 동성애를 언급하고 있다.

이상의 말씀들을 근거로 하여 볼 때 성경은 동성애를 명확히 죄로 규정하고 거부한다. 목회상담에 있어서 이러한 성경적 해석을 명확히 하는 것이 매우 중요하다. 이러한 원리를 바탕으로 동성애에 대한 바른 목회상담을 할 수 있으며, 상담을 통하여 동성애자들을 성경적 원리대로 바르게 살아갈 수 있도록 도울 수 있다.

2) 죄로 인하여 타락한 인간

인간은 하나님의 형상대로 지음 받았으나 죄로 인하여 타락하였다. 이러한 인간들을 구원하기 위하여 예수 그리스도께서 십자가를 지셨고, 하나님의 은혜로 말미암아 구속함을 받은 사람들이 성화의 길을 걷게 되었다. 성경은 아담의 범죄로 인하여 인류가 죄책과 오염에 처하게 되었다고 말씀한다. 이것은 전적인 부패이며 완전한 오염이다. 이러한 부패가 인간을 '본질상 진노의 자녀'로 만들었다(엡 2:3).

모든 사람은 죄에 오염되어 다른 죄악의 원천이 된다(롬 6:16,19). 인간의 마음은 거짓되고 극도로 악한 것이기 때문에 인간은 새로운 마음을 가져야 한다. 그러므로 거듭나는 중생을 통하여 새로운 마음을 가질 수 있게 된다(겔 36:27; 롬 5:5; 8:10). 그 결과로 "오직 하나님의 뜻을 좇아 육체의 남은 때를 살 수 있게 되었다"(벧전 4:2). 인간은 속사람의 부패로부터 모든 죄악 된 행위, 말, 태도가 유래된다. 인간은 죄인이기 때문에 죄를 범한다.[10] 즉, 본질상 인간은 죄인인 것이다.

---

10 J. E. Adams, *More Than Redemption: A Theology of Christian Counseling* (Phillipsburg, NJ: Presbyterian and Reformed Publishing Co., 1979), 142.

인간은 죄책을 가지고 태어난다. 아담의 죄는 인류를 대표하는 자의 죄였다. 아담의 죄로 말미암아 인류가 모두 죄를 범하였다(롬 5:12). 죄의 삯은 사망이다(롬 6:23). 사망은 아담의 범죄의 결과로 온 것이며(창 2:17; 계 20:14), 모든 사람이 아담이 범한 죄의 죄책을 갖게 되었다. 이러한 죄로 인하여 인간은 비참하게 되며 고통을 겪게 된다. 이것은 인간의 죄에 대한 하나님의 심판의 결과이다. 그래서 인간은 수고로운 노동과 땀을 통해서만 생계를 유지할 수 있게 되었다.

그러므로 목회상담자는 상담 사역에서 고통과 수난의 실체를 인정하고 이것을 하나님께서 주신 것으로 받아야 한다. 그러나 하나님은 인간의 고통까지 다스리시는 분이다.[11] 고통은 하나님의 여러 가지 목적을 이루는 데 사용된다. 하나님은 고통을 통하여 인간의 불완전함을 일깨워 주신다. 하나님은 장차 오는 세상에 대한 우리의 기대감을 일깨우시고(롬 8:18-25), 우리를 순결하게 하고 우리에게 교훈을 주시기 위하여 사용하신다.

이에 목회상담자는 동성애자가 타락의 결과인 고통을 바른 성경적 시각에서 볼 수 있도록 도와야 한다(고후 4:17,18). 이것은 고통을 영원한 기쁨과 대조시킴으로 가능하다. 고통이란 실제이며 하나님의 주권적 목적을 위하여 허락하신다는 것을 인정해야 한다.[12]

---

11 Adams, *More Than Redemption: A Theology of Christian Counseling*, 153.
12 Adams, *More Than Redemption: A Theology of Christian Counseling*, 158.

4. 동성애에 대한 목회상담학적 대책

1) 긍휼의 마음으로 동성애자를 만나기

동성애를 바라보는 시각에 있어서 성경적 입장을 벗어나서는 안 된다. 그러나 동성애가 죄라고 해서 동성애자를 배척하고 정죄해서는 곤란하다. 동성애자들도 목회적 돌봄이 필요하며, 하나님의 사랑의 대상이 된다는 점을 부인할 수 없다. 한국교회의 입장은 동성애 문제가 이제 비로소 거론되고 있는 정도이며, 매우 민감한 사안이다. 한국교회 내에서도 동성애에 대한 부정적 시각에 대하여 반론을 제기하는 사람들이 중점을 두는 것은 동성애자들이 '소외 받는 이들'이라는데 무게를 두는 경향이 높다.[13]

교회가 단순히 동성애에 대하여 비난과 혐오의 관점으로 대하기보다는 긍휼의 마음으로 동성애자들을 대하는 것이 필요하다. 왜냐하면 교회가 그들을 수용하지 않는다면 동성애자들은 부모나 교우들로부터 이해와 도움을 얻을 수 없으므로 그들을 이해하고 수용하며 사랑해 주는 동성애 집단으로 나아갈 수밖에 없기 때문이다. 그러므로 교회는 성경이 인간의 성욕, 사랑, 우정, 성의 절제 등에 관하여 말하는 바를 부지런히 가르쳐야 한다. 올바른 성적 정체성은 기도, 성경 말씀의 묵상, 성적으로 자극하는 상황이나 사람들을 피하는 것과 이해할 수 있는 친구나 상담자와 대화하고자 하는 습관 등을 통해서 이루질

---

13 최양희, "동성애자에게로의 접근 -목회상담적 입장에서-" (신학석사학위, 이화여자대학교 신학대학원, 2002), 48.

수 있는 것이다.[14]

동성애적 충동을 가진 사람들은 거부와 비난당하는 것이 두려워서 그들의 성향을 인정하기를 꺼려한다. 이처럼 동성애자들은 자신의 문제를 혼자서 고민하기 때문에, 죄의식으로 괴로워하고, 죄책감과 싸우며, 그들의 성적인 생각이나 행동을 설명하거나 합리화 방안을 찾게 된다. 이와 같은 사람들은 도움이 필요하다. 교회와 목회상담자가 이들을 긍휼의 마음으로 만나 도와야 할 것이다. 예수께서도 죄인들을 위하여 이 땅에 오셨고, 죄의 유혹에 노출되어 있는 사람들을 불쌍히 여기셨다. 예수님의 제자로 살기를 원하는 크리스천들은 예수님을 모델로 삼아 주님의 모범을 따라야 한다. 동성애자들이 예수님을 인격적으로 만날 수만 있다면 그들의 삶도 새로운 빛을 보게 될 것이다.

2) 건강한 가정을 세우는 사역

동성애의 원인은 다양한 요인이 있겠으나 그 가운데서도 부모의 갈등과 어린이에 대한 거부가 있는 가정에서 비롯된다는 견해가 지지를 받고 있다. 따라서 건강한 가정을 세우는 것은 동성애에 대한 예방책이라 할 수 있다. 부부관계가 건강하고 만족스럽다면 이성자녀와 심리적으로 적대관계에 놓이지 않게 된다. 자녀들은 자신의 부모와 만족스러운 관계를 유지하고 있을 때 자신의 성에 대하여 자긍심을 가지게 될 것이다. 특히, 남성의 경우 아버지와 따뜻한 정서적인 관계를 가져

14　G. R. Collins, *Christian Counseling*, 피현희 · 이혜련 역, 『크리스천 카운슬링』 (서울: 두란노서원, 1984), 460-462.

온 자녀들은 동성연애자가 되지 않는다.[15]

1962년 비버(I. Bieber)의 연구에서 106명의 게이 남성들을 대상으로 환자의 부모와의 관계에 대한 질문을 토대로 분석한 결과, 모두 아버지와 정상적인 관계를 형성하지 못했음이 밝혀졌다. 이 연구에서는 동성애의 원인은 아동기의 갈등에서 비롯된 무의식적 불안이며, 이 불안을 해소시키는 것이 동성애의 치료라고 보았다.[16] 이러한 정신분석적 관점이 동성애의 원인과 치료에 대하여 전반적으로 잘 보여준다고 볼 수는 없다. 그러나 명백한 것은 심리적으로 건강하지 않은 부모에게서 동성애자들이 더 많이 발생한다는 점은 잘 알려진 내용이다. 이런 점에서 건강한 가정을 세우는 것이 동성애를 예방하는 방법이 될 수 있다고 하겠다. 동성애의 치료가 시작되어야 하는 곳은 바로 가정이다. 그러므로 이 시점에서 교회가 동성애 예방을 위하여 건강한 가정을 세우는 사역을 전개하는 것은 매우 중요하다고 할 수 있다.

3) 교회공동체가 사랑으로 수용하는 자세

동성애자에 대하여 교회공동체가 가져야 할 자세는 그들을 사랑으로 수용하는 것이다. 크리스천이면서 동성연애자인 남성과 여성의 고백을 들으면, 그들은 하나님의 관대하심에 의하여 죄와 수치와 두려움으로부터 구제되었으며, 성령의 내재하는 능력에 의하여 이전에 자신들이 동성연애로 인해 가졌던 속박으로부터 풀려졌음을 고백하고 있

---

15 P. Wyden & B. Wyden, *Growing Up Straight* (New York: Stein and Day, 1968). 본서는 동성애를 예방할 수 있는 부모의 영향에 대하여 재미있게 쓰여진 책이다.

16 윤가현, 『동성애의 심리학』, 131-132.

다. 그러나 동성애적 지향으로부터는 완전히 자유롭지 못함을 호소하면서 내적 고통이 새로운 기쁨과 평안과 함께 지속되었음을 고백하고 있다. 그들 중에 약 50여 명이 '국제엑소더스'라 불리는 단체에 가입해 있다.[17]

모벌리(E. R. Moberly) 박사는 '동성애적 지향은 유전적 기질과 호르몬의 불균형 또는 비정상적인 학습과정에서 오는 것이 아니라, 부모-자녀 관계의 어려움들, 특히 어린 시절의 어려움들 때문'이라는 견해를 밝혔다. 또한, "동성연애자는 동성의 부모와의 관계를 매개로 이런 결핍을 보상하려는 상대적 욕구가 있다"고 하면서 동성연애는 본질적으로 불완전한 상태이며 충족하지 못한 욕구의 상태[18]라고 주장하였다. 따라서 "부모의 애정을 대체할 수 있는 관계는 마치 부모와의 관계가 창조의 질서 속에 있는 것처럼, 하나님의 구원 계획 속에 있다"[19]고 하였다. 이러한 주장은 매우 의미 있는 것이다. 결국, 동성애자들에게 필요한 것은 조건 없는 돌봄이 필요한 어린아이와 같은 무조건적 사랑, 자신이 필요한 것을 공급해 주는 대상이 필요하다는 것이다. 이것은 온전하시고 사랑이 무한하신 예수 그리스도를 만날 때 비로소 가능해진다. 그러므로 동성애자에게는 바로 예수 그리스도의 사랑이 필요하다. 이를 위해 교회공동체는 이들을 사랑으로 수용하고 품어주어야 한다.

최근 2015년 6월 1일에 샬롬나비(개혁주의 이론 실천학회)가 동성

---

17 J. Stott, *Issues Facing Christians Today*, 박영호 역, 『현대 사회 문제와 기독교적 답변』 (서울: CLC, 1997), 440. 국제엑소더스는 동성애로부터의 자유를 목적으로 남녀 모두를 지원하는 기독교 컨소시엄단체이다.

18 E. R. Moberly, *Homosexuality: A New Christian Ethic* (James Clarke, 1983), 2.

19 Moberly, *Homosexuality: A New Christian Ethic*, 35-36.

애자들의 행사인 퀴어 축제에 대한 성명서[20]를 발표하였는데, 성명의 주요 내용에도 동성애를 죄로 규정하면서도 동성애자를 사랑해야 할 이웃으로 분명히 하고 있다. 다음은 그 내용이다.

> 서울시는 오는 6월 9일 서울의 심장 서울광장에서 동성애자들의 문화축제인 제16회 퀴어 문화축제(Korea Queer Festival)를 개최하도록 허락했다. 특히, 이번 축제는 세계 각국의 동성애자들을 초청한 가운데 미국 대사관을 비롯하여 유럽연합, 프랑스 대사관과 다수의 국제기업이 참여한 가운데 1만 명 규모가 될 것이라고 예상하고 있다. 한국 사회에서 동성애에 대한 논의는 1995년 6월 26일 국내 동성애자들의 단체회원들이 함께 모여 '한국동성애자인권운동협의회'를 결성한 이후 공개적으로 나타나게 되었다. 2002년부터 활동에 들어간 국가인권위의 관련법 30조 2항은 성적 소수자에 대한 차별을 금지하고 있으며, 2002년 3월 29일 국가인권위원회는 직원 공개 채용 시 국가기관으로는 처음으로 동성애자 1명을 포함시키기도 하였다. 2002년 7월 3일 고종주 부산지법 가정 지원장이 생물학적 요인과 관계없이 심리적 정체성 장애를 인정하고 성전환자의 호적상 성별을 고칠 수 있도록 허가하는 결정을 내렸다. 이것은 사회질서의 기본인 성과 가정을 파괴하는 심각한 문제가 아닐 수 없다. 샬롬나비는 동성애자들의 문화축제를 다음과 같은 이유로 강력히 반대하며 서울시는 장소사용을 즉시 취소하고 행사를 즉각 중단할 것을 촉구하는 바이다. 첫째, 동성애자 문화축제는 미풍양속을 파괴하는 음란한 문화를 조성하

---

20 샬롬나비, '동성애 퀴어 축제에 대한 반대성명서', 기독일보(2015년 6월 2일).

므로 중단되어야 한다. 둘째, 동성애는 하나님의 창조질서의 타락이며 왜곡이다. 셋째, 동성애는 망국병인데, 서울시가 서울광장 사용을 승인한 것은 공기관의 직무태만이다. 넷째, 동성애 축제 활동가들은 마치 동성애를 아름다운 사랑처럼 왜곡시키고 있다. 다섯째, 서울시가 서울광장 사용을 승인한 것은 불법을 조장하는 것으로 장소 사용 승인을 취소해야 한다. 여섯째, 우리는 동성애가 죄라고 규정하지만 동성애자들은 사랑해야 할 우리의 이웃으로 본다. 동성애자들은 기독교계가 왜 사회적 약자인 자신들의 권리를 억압하느냐고 항의한다. 그러나 우리는 저들을 적대시하는 것이 아니라, 저들이 음란한 성정체성에서 벗어나 제대로 치료받고 정상적인 생활을 할 수 있도록 도우려는 것이다. 동성애가 죄라고 해서 동성애자를 배척하고 정죄하고자 하는 것은 아니다. 동성애자들도 목회적 돌봄이 필요하며, 하나님의 사랑의 대상이 된다는 점을 기억하면서 건강한 가정을 세우고 교회공동체가 그들을 사랑으로 수용해 주어야 할 것이다. 한국교회는 하나님의 말씀의 능력과 성령의 일하심으로 동성애자들도 생리적·심리적 비정상에서 고침을 받아 건강한 삶을 살 수 있게 되기를 열망한다.[21]

위의 샬롬나비에서 발표한 성명에서 보는 것처럼, 동성애자들의 거리행진 축제를 반대하고, 동성애를 죄로 규정하면서도 동성애자들에

---

[21] 샬롬나비(샬롬을 꿈꾸는 나비행동, 개혁주의 이론 실천학회)는 건전한 기독교 시민운동 단체로서 지난 2015년 6월 9일에 열렸던 동성애자 퀴어 축제를 앞두고 2015년 6월 1일에 반대 성명을 발표하였는데, 샬롬나비의 동성애자 축제 반대 성명서는 기독교연합신문(아이굿 뉴스), 기독일보, 베리타스, 크리스천투데이, 코람데오 닷컴 2015년 6월 2일자 신문에 게재되었다.

대하여는 그들도 사랑의 대상임을 명확히 밝히고 있다. 바로 교회공동체가 동성애자들을 위한 목회상담 사역을 감당해야 할 것이다.

4) 성령께서 주시는 변화를 신뢰하기

하나님은 자기 백성을 창세 전에 택하시고, 영원부터 구원을 계획하셨다(엡 1:4). 하나님의 어린 양이신 예수 그리스도는 '창세로부터 생명책에' '그 이름이 기록된 자들'을 위하여 죽으신 것이다(계 13:8; 17:8). 구원은 우연히 나타난 것이 아니라 하나님이 처음부터 계획하신 것이다. 하나님의 구원계획은 삼위일체 하나님의 역사이다. 구원은 성부 하나님에 의하여 계획되었고, 성자 예수님에 의하여 시행되었으며, 성령께서 각자에게 적용시키신다.

죄 사함은 죄를 간과 하는 것이 아니며, 죄책을 넘겨버리는 것이 아니다. 예수 그리스도의 피값으로 치루고 얻는 것이다(마 26:28). 용서란 죄를 간과하거나 용납하는 것이 아니라, 죄를 용서하는 것이다. 용서는 죄가 있었다는 것을 전제로 한다. 그러므로 그 죄를 무조건 용납하는 것이 아니라, 그것을 처리하는 것이다. 이것은 하나님의 은혜로 이루어진다.

구속의 문제를 다룸에 있어서 죄의 용서와 함께 필요한 것이 회개이다. 복음은 예수 그리스도께서 우리의 죄를 위하여 죽었다가 다시 살아나신 복된 소식이다. 이 복음이 전 세계에 선포되어야 한다. 거기에 믿음과 회개라는 새로운 사고방식이 따라야 한다.

또한, 용서와 함께 제기되는 용어가 고백이다. 고백은 마음의 정화가 목적이 아니라, 화해를 목적으로 한다. 그러므로 회개와 고백을 통하여 하나님의 구속적 용서를 체험하며 하나님의 사랑을 깨닫게 된다.

하나님께서는 성령을 통하여 하나님의 백성들의 죄악 된 본성을 변화시켜서 하나님의 영광을 위하여 살도록 하신다. 이것이 목회상담의 목적이며, 동성애 상담에서도 적용되어야 하는 중요한 원리이다.

그러므로 동성애는 성경이 말하는 명백한 죄악 된 삶의 유형이므로 목회상담자는 동성애에 빠진 사람들에게 그리스도께서 동성애라는 죄에 대한 해결책을 가지고 계신다는 점을 바로 알게 해주어야 한다. 예수 그리스도를 통한 변화는 과거의 죄악 된 유형들을 벗어버리고 하나님의 새로운 사람의 유형들을 입어야 한다. 이를 위해서 목회상담자는 첫째, 동성애자가 다른 동성애자들과의 관계를 청산하도록 도와야 한다. 둘째, 동성애자는 동성애의 행위를 자주 해왔거나 행해질 가능성이 있는 장소를 피하기 위하여 삶의 형태를 재구조화하도록 도와야 한다. 셋째, 동성애자는 동성애가 그의 삶의 모든 형태와 삶을 지배하는 죄라는 것을 인정하도록 해야 하고 이중생활을 버리도록 도와야 한다. 끝으로 목회상담자가 동성애자의 삶을 재구조화하도록 구체적으로 도와야 한다. 동성애가 그의 사회생활, 결혼생활, 직업, 신체적 문제, 재정 문제 등에 영향을 준다는 점을 설명해 주어야 한다.

이를 위하여 목회상담자는 먼저 동성애자와의 신뢰관계 형성이 중요하다. 둘째, 각 영역에 관한 자료 수집을 통하여 내담자를 깊이 알아야 한다. 이때 동성애자의 말을 경청하는 것이 중요하다. 셋째, 말해야 하는 것이다. 이것은 성경적 직면이다. 마치 나단 선지자가 다윗의 죄를 지적한 것처럼, 동성애가 죄악임을 일깨워주고 그것을 버릴 수 있도록 하나님의 방법으로 말하고 모든 일상을 재구조화하도록 도와야 한다. 그리고 마지막으로 일상생활 속에서 지속적인 변화가 이루어지도록 행하며 모범이 되어야 한다. 그리고 더 나아가 동성애자가 이성과의 결혼 관계 속에서 자기 자신을 주는 사랑의 삶을 배우고 그것을 표현하는 삶을 배우도록 도와야 한다. 목회상담자는 성령께서 이러한 변화의 삶을 가능하도록 인도하신다는 점을 확신하고 상담에 임해야 한다.

5. 나가는 말

지금까지 동성애에 대한 목회상담학적 대책을 논함에 있어서 필자는 동성애에 대한 일반적 이해와 성경적 이해를 살펴보았다. 그리고 동성애에 대한 목회상담학적 대책을 다음과 같이 제안하였다.

첫째, 긍휼의 마음으로 동성애자를 만나라는 것이다.

둘째, 건강한 가정을 세우는 사역을 지속함으로 동성애를 예방하라는 것이다.

셋째, 교회공동체가 사랑으로 수용하는 자세가 필요하다는 것이다.

넷째, 성령께서 주시는 변화를 신뢰하며 목회상담사역에 임하라는 것이다. 이에 대한 목회상담자의 구체적 실천사항은 다음과 같다. 1) 동성애자가 다른 동성애자들과의 관계를 청산하도록 도와야 한다. 2) 동성애자는 동성애의 행위를 자주 해왔거나 행해질 가능성이 있는 장소를 피하기 위하여 삶의 형태를 재구조화하도록 도와야 한다. 3) 동성애자는 동성애가 그의 삶의 모든 형태와 삶을 지배하는 죄라는 것을 인정하도록 해야 하고 이중생활을 버리도록 도와야 한다. 4) 목회상담자가 동성애자의 삶을 재구조화하도록 구체적으로 도와야 한다는 것이다.

우리는 동성애에 대한 바른 성경적 이해 가운데, 건강한 목회상담 사역을 통하여 동성애자들이 예수 그리스도 안에서 회복되도록 인내심을 가지고 도와야 할 것이다. 오늘날 한국의 목회자들과 목회상담자들이 인간의 심령을 변화시키는 성령의 능력이 나타나는 통로로 쓰임받아야 할 것이다.

참고문헌

Adams, J. E. More *Than Redemption: A Theology of Christian Counseling*. Phillipsburg, NJ: Presbyterian and Reformed Publishing Co., 1979.

APA. *Diagnostic and Statistical Manual of Mental Disorder* Ⅱ. Washington, D. C.: American Psychiatric Association.

Bahnsen, G. L. *Homosexuality: A Biblical View*. 최희영 역.『성경이 가르치는 동성애』. 서울: 베다니출판사, 2000.

Collins, G. R. Christian Counseling. 피현희 이혜련 역.『크리스천 카운슬링』. 서울: 두란노서원, 1984.

Gordon, S. & C. Snyder. *Personal Issues in Human Sexuality*. Boston: Allyn & bacon, 1986.

Moberly, E. R. *Homosexuality: A New Christian Ethic*. James Clarke, 1983.

Murry, J. The *Epistle to the Romans*. Grand Rapids: Eerdmans, 1987.

Satrnover, J. *Homosexualty and the Politics of Truth*. Grands Rapids: Baker, 1996.

Stott, J. *Issues Facing Christians Today*. 박영호 역.『현대 사회문제와 기독교적 답변』. 서울: CLC, 1997.

Wenham, C.. 'The Old Testament Attitude to Homosexuality' *The Expository Times,* 102, (1991): 350-375.

Wyden, P. & B. Wyden. *Growing Up Straight*. New York: Stein and Day, 1968.

윤가현.『동성애의 심리학』. 서울: 학지사, 2001.

최양희. "동성애자에게로의 접근 -목회상담적 입장에서-." 신학석사학위, 이화여자

대학교 신학대학원, 2002.

윌슨 얼. Counseling & Homosexuality. 남상인 역. 『동성연애상담』. 서울: 두란노, 1996.

기독교연합신문(아이굿 뉴스). 2015년 6월 2일자 신문.

기독일보. 2015년 6월 2일자 신문.

베리타스. 2015년 6월 2일자 신문.

코람데오 닷컴. 2015년 6월 2일자 신문.

크리스천투데이. 2015년 6월 2일자 신문.

제 8 부

법적 분석

Homosexuality, the cultural clash of the 21st century

제 1 장

동성애를 옹호하는 차별금지법안의 헌법상 문제점

김영훈 박사(한국교회법연구원 원장)

Ⅰ. 서설

1. 하나님의 법(성경)에서 혼인은 하나님께서 최초로 제정하신 거룩한 질서이다. 혼인은 한 남자와 한 여자가 결합하여 가정을 이루는 것이다(창 1:27; 마 19:4-5)라고 말씀하신다. 즉, 혼인 제도는 저절로 생겨난 인간의 관습이나 풍습이 아니라, 처음부터 사람을 남자와 여자로 구분하여 창조하신 하나님께서 특별한 목적을 가지고 제정하신 제도이다. 혼인을 통해 가정을 이루고 남녀가 하나 되는 것이 하나님께서 계획하신 질서의 모습인 것이다.

그러므로 가정은 하나님께서 만드신 최초의 사회 공동체이며, 한 사회의 존립 기반이 되는 매우 중요한 단위가 된다. 따라서 가정이 무너지면 사회도 무너진다는 것은 당연한 귀결이다. 즉, 가정은 사회를 지탱케 해주는 아주 중요한 요소가 된다. 그러므로 성경에서 하나님은 동성애를 하나님의 창조질서를 거슬리는 가증한 일로 여겨 이런 자들을 정죄한다(레 18:22; 20:13, 롬 1:26-27; 고전 6:9-10). 신·구약성경 전체를 통해 하나님은 동성애가 죄임을 분명히 말씀하고 있다.

2. 과거 국회에 제안된 차별금지법안은 헌법에 위배되는 위헌적 요소가 있다. 차별금지법안은 제안 이유와 기본이념(법안 제2조)에서 '인간으로서의 존엄과 가치 및 평등이념을 실현하기 위하여'라고 규정하고 있으나, 실제 규정 내용을 구체적으로 살펴보면 동성애·동성결혼 등 윤리·병리적인 문제만이 아니라, 우리나라 헌법의 기본원리인 자유민주주의와 법치국가의 원리에 위배되며, 자유권적 기본권 중 신체의 자유, 종교의 자유 등의 침해, 사회적 기본권 중 교육의 자주성, 건강권 등의 침해, 헌법의 제도적 보장 중 혼인과 가족 제도의 헌법적 보장에 대한 침해, 그리고 사법권 독립에 대한 저해 등 중대한 위헌적 사항을 내포하고 있음을 지적할 수 있다.

3. 최근 법원은 동성결혼은 법률적 혼인으로 볼 수 없다는 결정을 하였다. 지난 5월 25일 서울서부지방법원은 영화감독 김조광수(50)씨와 김승환(31) 씨 커플이 동성결혼 신고서를 받아들이지 않는 구청을 상대로 한 처분의 불복신청에 대하여 각하 결정을 하였다. 이 결정은 헌법에 적합한 훌륭한 결정이라고 할 수 있다. 판결에서 현행법 체계에서 동성결혼은 법률적 혼인으로 볼 수 없다고 판단했고, 시대·사회·국제적으로 혼인 제도를 둘러싼 여러 사정에 변화가 있어도 동성 간 결합을 혼인으로 허용된다고 볼 수 없다고 했다. 더불어 동성 커플 혼인을 당사자 성별을 불문하고 두 사람의 애정을 바탕으로 일생의

공동생활을 목적으로 하는 결합이라고 확장 해석할 수 없다는 판결을 내렸다.

서울서부지방법원은 김조광수(50) 씨와 김승환(31) 씨 커플의 동성결혼에 대한 결정문에서 위와 같은 판결을 내리면서, 혼인 및 가족제도는 사회의 근간을 이루는 본질적인 제도로 못 박고 있다.

Ⅱ. 차별금지법안의 구체적 헌법 위배성

1. 동 법안 제4조(차별의 범위) 제1호 중 '성적 지향 등 사회적 신분을 이유로 하는 차별행위'의 금지규정, 제3조(정의) 제2호의 '성적 지향이라 함은 이성애, 동성애, 양성애 등을 말한다'라는 규정은 헌법 제36조 제1항에 위배되는 위헌적 규정이라고 할 수 있다.

가. 헌법규정
헌법 제36조(혼인과 가족생활) ① '혼인과 가족생활은 개인의 존엄과 양성의 평등을 기초로 성립되고 유지되어야 하며, 국가는 이를 보장한다.'

나. 동 법안 제4조(차별의 범위) 제1호, 제3조(정의) 제2호 규정
• 제4조(차별의 범위) 제1호 '이 법에서 차별이란 다음 각 호의 어느 하나에 해당하는 행위 또는 경우를 말한다.' 합리적인 이유 없이 성별·연령·장애·병력·피부색·용모 등 신체조건, 인종·언어·출신국가·출신민족·출신지역(출생지, 등록기준지, 성년이 되기 전의 주된 거주지 등을 말한다) 등 출생지, 기혼·미혼·별거·이혼·사별·재혼·사실

혼 등 혼인상태, 출산형태 및 가족형태, 종교, 정치적 견해, 전과·성적 평등·성적 지향·성별정체성·학력·고용형태 등 사회적 신분(이하 "성별·학력·지역 등"이라 한다), 그 밖의 사유를 이유로 차별하는 행위.

• 제3조(정의) 제2호 "성적 지향"이란 이성애, 동성애, 양성애 등을 말한다.

다. 평가

(1) 동 법안 제4조(차별의 범위) 제1호는 헌법 제36조(혼인과 가족생활) 제1항에서 규정하고 있는 '혼인의 존엄성 보장 및 국가적 보장 의무'를 위배하는 위헌적 규정이다. 동 법안 제3조(정의) 제2호 "성적 지향"에 '동성애'를 말한다는 정의 규정은 양성 간의 혼인을 부정하는 위헌적 내용이다. 혼인은 남녀가 부부관계를 맺는 행위 또는 부부관계에 있는 상태를 의미한다. 혼인 제도는 부부가 되려는 당사자들의 계약을 통해 성립하는 법률행위이다. 혼인 제도는 사회의 기초적 구성단위인 가정·가족을 형성하는 단서가 되며, 나아가서는 종족보존의 중요 기능을 가진다.

그러므로 헌법상 혼인(제36조 제1항)의 개념에는 동성 간의 결합, 즉 동성애는 포함될 수 없다. 법이 "양성"이라는 개념을 사용하고 있으며, 동성 간의 결합은 '자녀의 출산'이라는 관점에서 이성 간의 결합과 비교할 때 본질적인 차이가 존재하기 때문이다. 남자와 남자, 여자와 여자의 결합으로 이루어진 동성 간의 결혼은 애초에 성립 불가능 한 것이다.

남성 동성애자들 간에 이루어지는 항문성교로 인한 건강상의 폐해는 자못 심각한 수준이다. 가공할 죽음의 질병인 후천성 면역결핍증 에이즈(AIDS)의 발병 원인은 항문성교로 인한 동성애로부터 비롯되었다는 것은 자명한 사실이다. 우리는 이러한 사실로부터 에이즈 예방의 최선의 방책은 일부일처(남녀)의 원칙에 따른 정숙한 결혼 생활에 있음을 분명히 확인할 수 있다.

(2) 동 법안 제4조(차별의 범위) 제1호는 헌법 제36조(혼인과 가족생활) 제1항에서 규정하고 있는 '가족생활의 존엄성 보장 및 국가적 보장 의무'를 위배하는 위헌적 규정이다. 가족생활은 가족형태, 거주형태와 부부관계, 자녀관계 등 가족을 중심으로 한 생활 모습을 의미한다. 가족은 사회를 구성하는 최소한의 단위이며, 남녀 부부가 중심이 되어 자녀와 부모를 근간으로 구성된다. 다시 말해, 가정은 남녀의 결혼으로 형성되는 것으로서, 이에 따라 결혼은 가정의 기초가 되며, 가정은 혈연관계에 있는 사람들의 공동생활체, 즉 부부·자식·부모 등 가족이 공동 생활하는 조직체를 말한다.

그러므로 남자와 여자의 결합이 아닌 남자와 남자(게이), 여자와 여자(레즈비언)의 결합을 초래하는 동성애(호모섹슈얼리티)는 결혼 제도 안에 담겨 있는 창조질서를 파괴하는 죄악 된 행위이다. 따라서 동성애를 합법화하려는 차별금지법안은 헌법에 위배되는 잘못된 법안이다.

2. 동 법안 제5조(차별의 금지), 제15조(교육기회의 차별금지), 제16조(교육내용의 차별금지), 제17조(모집·채용상의 차별금지), 제20조(교육·훈련 상의 차별금지) 등은 일반적 법률 유보 조항에 의한 기본권 제한의 목적(헌법 제37조 전단)에 위배되는 위헌적 규정이라고 할 수 있다.

가. 헌법규정

제37조 제1항 '국민의 자유와 권리는 헌법에 열거되지 아니한 이유로 경시되지 아니한다.' 동 조 제2항 '국민의 모든 자유와 권리는 국

가안전보장·질서유지 또는 공공복리를 위하여 필요한 경우에 한하여 법률로써 제한할 수 있으며, 제한하는 경우에도 자유와 권리의 본질적인 내용을 침해할 수 없다.'

나. 동 법안 제5조, 제15조, 제16조, 제20조 규정

• 제5조(차별의 금지) '누구든지 제4조에 따른 차별을 하여서는 아니 된다.'

• 제15조(교육기회의 차별금지) ① 국가는 모든 국민에게 균등하게 교육을 받을 기회를 제공하여야 한다. ② 교육기관의 장은 성별·학력·지역 등을 이유로 교육기관에의 지원·입학·편입을 제한·금지하거나 교육활동에 대한 지원을 달리하거나 불리하게 하여서는 아니 된다.

• 제16조(교육내용의 차별금지) 교육기관의 장은 다음 각 호의 어느 하나에 해당하는 행위를 하여서는 아니 된다. 교육목표, 교육내용 및 생활지도 기준에 성별·학력·지역 등에 대한 차별적인 내용을 포함시키는 행위.

• 제20조(교육·훈련 상의 차별금지) 사용자는 성별·학력·지역 등 이유로 교육·훈련에서 배제·구별하거나 직무와 무관한 교육·훈련을 강요하여서는 아니 된다.

다. 평가

기본권은 헌법 제37조 제2항 전단에 따라 국가안전보장, 질서유지 또는 공공복리라는 목적을 위하여 필요한 경우에 한하여 제한이 가능하다. 그러나 기본권은 제한의 사유가 존재하는 경우라고 하더라도 반드시 제한하는 것은 아니다. 제한의 사유가 존재하는 경우에도 제한할 사유보다 기본권 존중의 필요성이 보다 더 크다고 판단할 경우에는 기본권 제한을 위한 입법을 자제하여야 한다(제한불가피성의 원칙).

동 법안 제5조, 제15조, 제16조, 제20조 규정은 헌법규정에 위배되며, 기본권 제한의 형식인 일반성과 명확성의 원칙(헌재결 1990.4.2. 89헌가113), 기본권 제한의 정도인 과잉금지의 원칙에 위배된다.

3. 동 법안 제15조(교육기회의 차별금지), 제16조(교육내용의 차별금지)의 교육기관의 장에 대한 제반 금지의무 규정은 헌법 제31조 제4항에 규정된 교육의 자주성을 침해하고, 헌법 제20조 종교의 자유의 내용을 구성하는 종교교육의 자유를 침해할 수 있는 위헌적 사항이라고 할 수 있다.

헌법 제20조 제1항 '모든 국민은 종교의 자유를 가진다.' 헌법 제31조 제1항 '모든 국민은 능력에 따라 균등하게 교육을 받을 권리를 가진다.' 동 조 제4항 '교육의 자주성·전문성·정치적 중립성 및 대학의 자율성은 법률이 정하는 바에 의하여 보장된다.'

4. 동 법안 제41조(법원의 구제조치), 제42조(손해배상), 제43조(입증책임의 배분)는 헌법 제101조 및 제103조 제1항에 규정된 법원의 독립과 법관의 재판상 독립을 침해하는 위헌적 사항이라고 본다.

헌법 제101조 제1항 '사법권은 법관으로 구성된 법원에 속한다.' 헌법 제103조 '법관은 헌법과 법률에 의하여 양심에 따라 독립하여 심판한다.'

5. 동 법안 제46조(벌칙)는 신체의 자유를 보장한 헌법규정에 위배된다.

가. 헌법규정

헌법 제12조 제1항은 '모든 국민은 신체의 자유를 가진다. 누구든지 법률에 의하지 아니하고는 체포·구속·압수·수색 또는 심문을 받지 아니하며, 법률과 적법한 절차에 의하지 아니하고는 처벌 …을 받지 아니 한다'라고 하고 있다.

나. 동 법안 제46조, 제45조 규정

• 제46조(벌칙) 사용자 등 개인이나 단체가 제45조를 위반하여 불이익 조치를 한 경우에는 2년 이하의 징역 또는 1천만 원 이하의 벌금에 처한다.

• 제45조(불이익 조치 및 차별의 금지) ① 사용자 또는 교육기관의 장(이하 "사용자 등"이라 한다)은 차별을 받았다고 주장하는 자 또는 그 관계자가 이 법에서 정한 구제 절차의 준비 및 진행 과정에서 국가인권위원회에 진정, 진술, 증언, 자료 등의 제출이나 답변을 하였다는 이유로 해고, 전보, 징계, 퇴학, 그 밖에 신분이나 처우와 관련하여 불이익 조치를 하여서는 아니 된다. ② 사용자 또는 교육기관의 장(이하 "사용자 등"이라 한다)은 모든 생활영역에서 성별·학력·지역·인종·종교 등의 차이로 인하여 합리적 이유 없이 차별하거나 피해를 입혀서는 아니 된다.

다. 평가

(1) 헌법상 신체의 자유는 법률과 적법 절차에 의하지 아니하고는

신체의 안정성과 자율성을 제한 또는 침해당하지 아니하는 자유를 말한다. 신체의 자유의 내용은 불법한 체포·구속으로부터의 자유, 불법한 심문으로부터의 자유, 불법한 처벌로부터의 자유이다.

헌법상 신체의 자유를 보장하는 방법은 실체적 보장, 절차적 보장 등이다. 신체의 자유는 헌법이 지향하는 궁극적 이념인 인간의 존엄과 가치를 구현하기 위한 기본적인 자유로서 기본권 보장의 핵심이 된다. 여기서 처벌이라 함은 형사상의 처벌만을 의미하는 것이 아니고, 본인에게 불이익 또는 고통이 되는 일체의 제재를 말한다.

(2) 동 법안 제45조(불이익 조치 및 차별의 금지), 제46조(벌칙)는 헌법상 신체의 자유에 대한 실체적 보장 내용인 죄형법정주의의 원칙과 절차적 보장내용인 적법절차의 원칙에 위배된다. 죄형법정주의의 내용은 형벌법규의 법률주의, 법규내용명확성의 원칙 등이다.

헌법재판소도 명확성의 원칙을 죄형법정주의의 내용의 하나로 인정하고 있다(헌재결 1997.3.27. 95 헌거 17). 동 제45조는 현저하게 죄형법정주의의 내용인 법규내용 명확성의 원칙을 위배하고 있다.

6. 동 법안 제6조, 제8조 내지 제13조, 제33조, 제34조, 제41조를 제외한 제반 규정은 기본권의 대사인적(對私人的) 효력의 한계를 벗어난 위헌적 규정이다.

원칙적으로 평등권은 국가로부터 차별대우를 받지 아니할 소극적 권리이며, 국가로부터 불평등한 처우를 받지 아니함은 물론 평등한 보호를 요구할 수 있는 주관적 공권이다. 따라서 평등권이 사인간의 법률관계에서도 적용되는가 하는 기본권의 제3자적 효력(대사인적효력)에 관해서는 각국 헌법에 명문의 규정이 거의 없으며 학설도 다양하다. 그러나 그 가운데서도 간접효력설(공서양속설)이 다수를 차지하고 있다.

하지만 동 법안 상기 규정은 평등권의 제3자적 효력(대사인적효력)에 관해서 직접효력설을 취함으로써 공·사법의 이원적 구별 체계를 파괴하고, 헌법체계에 대한 사법의 기본적 독자성과 고유 법칙성을 부인하는 것으로 여겨진다. 결국, 기본권 규정이 사법질서에 적용되는 것은 직접 적용되는 것이 아니라, 사법상의 일반조항(공서양속조항, 신의성실조항 등)을 통하여 간접적으로 적용되어야 하는 것이다.

7. 동 법안은 기본권의 충돌 문제를 야기해 기본권 주체(국민) 간의 대립과 분쟁을 확대시키는 악법이 될 수 있다.

기본권의 충돌은 복수의 기본권 주체가 서로 권익을 실현하기 위하여 국가에 대해 각기 대립되는 기본권의 적용을 주장하는 경우를 말한다. 즉, 어떠한 기본권이 그 보호 범위 안에서 행사되는 경우임에도 불구하고, 다른 기본권이 이를 현실적으로 제한받게 되는 경우를 말한다.

동 법안에 의해 소수자(국민)의 평등권 보장을 위한 사인에 대한 차별금지 조치가 이러한 기본권의 충돌, 즉 다수 국민의 자유권적 기본권이나 사회적 기본권 제한의 결과를 야기할 수 있다.

Ⅲ. 결어

모든 입법은 헌법의 기본원리에 적합해야 한다. 그러나 위에서 고찰한 바와 같이 차별금지법안은 헌법 규정에 위배되는 사항이 적지 않음을 알 수 있다. 따라서 헌법의 기본원리에 부합하지 않는 차별금지법은 영구 폐기되어야 할 법안임이 명백해진다. 이와 더불어서 헌법에 차별금지를 내용으로 하는 평등권 규정이 이미 존재하고 있으며, 국가인권위원회법을 비롯한 많은 개별 법규에서 평등의 원칙을 구체화시킨 기회균등과 자의의 금지를 내용으로 하는 규정이 있다.

그러므로 모든 국민은 냉정한 입장에서 자유민주국가의 헌법수호정신과 애국심을 바탕으로 하여 하나님의 법(성경)과 국가의 헌법에 위배되는 내용을 포함하고 있는 동성애를 옹호하는 동 법안에 대하여 분명한 반대의사를 표명해야 할 것이다.

동 법안이 제정되어 시행되는 경우에 가족과 인류 사회의 건전한 존속·발전을 위한 필수적 조건인 혼인의 존엄성이 훼손되고, 윤리·도덕의 붕괴와 인성의 파괴, 질병의 만연으로 인한 가정의 붕괴와 인류 존속의 단절을 야기할 수 있기 때문이다. 그래서 동성애는 절대적으로 용인이 되어서는 안 될 사회악임을 분명히 하는 바이다.

제 2 장

동성애, 과연 인권의 문제인가?

이태희 미국 변호사 (한국교회동성애대책위원회 전문위원, 윌버포스아카데미 대표)

오늘날 우리 사회에서 가장 큰 사회적 이슈로 부각되고 있는 것 가운데 하나가 바로 동성애이다. 동성애에 대한 여러 가지 논란이 있을 수 있겠으나, 결론적으로 말하자면, 동성애는 선천적이거나 유전적인 것이 아닌, 인간의 타락한 본성에 기인한 죄라는 것이다. 또한 이것이 성경의 가르침이기도 하다. 그럼에도 사실, 동성애가 성경에서 언급하고 있는 유일한 죄도 아니고, 물론 가장 큰 죄도 아니다. 사실 우리의 탐욕은 동성애보다 더 큰 죄일 수 있다. 따라서 우리가 동성애자들보다 윤리적으로나 영적으로 더 우월한 위치에 있다고 단정지어서 말할 수는 없다. 그럼에도 불구하고, 오늘날 우리 사회에서 유독 동성애가 뜨거운 사회적 이슈로 부각되고 있는 이유는 현재 우리 사회가 동성애를 죄가 아닌 사랑으로, 비정상적인 것이 아닌 정상적인 것으로 둔갑시키고 있기 때문이다. 예를 들어, 거짓말이나 도둑질, 살인 등은 누구라도 죄라고 보기 때문에, 우리 사회가 이러한 것들을 아름다운 것으로 가르치지 않는다. 그러나 유독 동성애에 대해서만큼은 동성애를 정상적인 것으로 교육하고 있고 아름다운 사랑으로 표현하고 있다는 데에 우리는 심각한 문제의식을 가지고 있는 것이다. 이제는 그것도 모자라 '차별금지법'이라는 이름으로 동성애를 반대하는 자들을 처벌하려고 하는 상황에까지 이르게 되었다.

교회는 세상과 구별된 곳이지만, 세상 안에 있기 때문에 세상의 이같은 흐름으로부터 결코 자유로울 수가 없다. 이와 같은 법안들이 통과가 되면 이미 서구 사회에서 벌어지고 있는 것처럼, 세상적인 법의 기준으로 교회 강단에서 선포되어지는 하나님의 진리가 검열을 받아야 하는 세상이 올 수밖에 없다. 한때 기독교 문명의 꽃을 피웠던 서구의 많은 교회는 바로 이와 같은 과정을 통해 조금씩 위축되어 갔고 결국 세상에 삼켜져 갔다. 한국 사회와 교회도 현재 그와 같은 중대한 기로에 서 있는 것이다. 한국교회가 이와 같은 위기를 극복하고 하나님께서 허락하신 시대적 사명을 감당해 나가기 위해서는, 현재 우리 사회 속에서 펼쳐지고 있는 영적 전쟁의 본질을 이해해야 한다.

I. 현대 사회의 영적 전쟁

오늘날 현대 사회에서 펼쳐지고 있는 영적 전쟁은 크게 3 종류의 형태로 진행되고 있다. 바로 '세계관의 전쟁', '문화 전쟁,' 그리고 '입법 전쟁'이다. 세계관은 한 마디로 세상을 바라보고 이해하는 '관점'이다. 이 세계관은 특정한 관점을 제공하는 것에서 머물지 않고, 그 관점에 기초한 세상을 만들어 가도록 우리를 이끌어 간다. 이렇게 해서 생겨나는 또 하나의 세계를 가리켜 '문화'라고 부른다. 마치 기독교적 세계관을 기초로 서구 문명이 탄생했고, 이슬람교적 세계관을 기초로 이슬람 문명이 탄생한 것처럼, 특정한 세계관은 반드시 특정한 문화를 만들어 낸다. 따라서 다양한 문화로 말미암아 발생하는 문화 간의 충돌은 다름 아닌 세계관의 충돌에 기인하고 있다.

그런데 여기서 한 가지 기억해야 할 사실이 있다. 세계관의 충돌로 말미암아 발생하는 문화 간의 충돌은 그저 단순한 문화 충돌에서 그치는 것이 아니라, 더 많은 사람들이 자신들의 세계관과 문화를 공유하도록 하기 위해, 그에 반대하는 세력들과 물리적으로 대립하는 '권력 전쟁'의 양상으로 반드시 발전한다는 점이다. 즉, '세계관의 전쟁'으로 말미암은 '문화 전쟁'은 최종적으로 '입법 전쟁'(권력 전쟁)의 형태로 진화하게 된다. 자신들의 세계관과 자신들의 문화를 녹여낸 법을 입법화함으로써, 이 땅의 모든 사람들이 원하든 원치 않든지 간에, 그들의 세계관과 문화를 따라오도록 강제하는 것이다.

이처럼, '세계관의 변화'는 '문화의 변화'를 만들어내고, 문화의 변화는 변화된 문화에 익숙해진 대중을 등에 업고 '법의 변화'를 이끌어 낸다. 법은 한 사회의 정의와 불의, 평등과 차별, 정상과 비정상을 결정 짓는 최종적 기준이 되기 때문에, 법의 변화는 결국 새로운 자유의 개념, 평등의 개념, 차별의 개념, 인권의 개념 변화를 만들어 내고, 그와 같이 재정의된 개념은 이 세상의 교육, 문화, 법 집행 등을 통해 우리 모두의 생각과 삶을 다스리게 된다. 우리가 살아가고 있는 이 세상은 바로 이와 같은 경로를 통해 변화되어 온 것이다. 결국, 이 세상의 모든 변화는 '세계관의 변화'로부터 시작되며, 이것이 바로 한국 사회 가운데 펼쳐지고 있는 영적 전쟁의 본질이다.

(1) 세계관의 전쟁[1]

수년 전에 작고한 하버드 대학교의 정치학 교수 사무엘 헌팅턴(S. Huntington)은 자신의 저서 '문명의 충돌'(Clash of Civilization)에서 "이 세계는 지리적인 경계로 나누어진 것이라기보다는 종교적, 문화적 전통, 즉 사람들이 깊이 가지고 있는 신념인 세계관에 의해 나누어진 것이다"라고 주장했다. 그러면서 앞으로 3대 주요 전통 문명들 간에 충돌이 일어나게 될 것을 예측하였는데, 그 3대 주요 문명은 '서구 문명'과 '이슬람 문명,' 그리고 유교권인 '동양 문명'이다. 그러나 그의 밑에서 한때 공부하였던 스와스무어 대학교의 제임스 커스(J. Kurth) 교수는 앞으로 일어날, 그리고 사실상 이미 시작된 충돌은 세계의 거대한 3대 문명들 사이에서 일어나고 있는 충돌이라기보다는 유신론적 세계관의 하나인 '기독교적 세계관'(Christian Worldview)과 포스트모더니즘으로 대표되어지는 '세속적 인본주의 세계관'(Secular Humanism) 사이의 충돌이라고 주장했다.

나는 커스 교수의 진단이 더 옳다고 생각한다. 프란시스 쉐퍼((F. Schaeffer) 박사의 말처럼, 우리의 전쟁은 낙태, 동성애나 공교육의 쇠퇴에 관한 것이 아니다. 이것들은 사실 국지전에 불과한 것이다. 진짜 전쟁은 하나님의 진리를 기초로 한 '성경적 세계관'과 하나님의 진리를 인정하지 않고 이에 대항하고 있는 '세속적 인본주의 세계관' 사이의 우주적 갈등인 것이다.

'성경적 세계관'(a biblical Worldview)은 창조주 하나님을 믿는 세계관이다. 하나님께서는 이 피조세계를 창조하셨을 뿐 아니라, 이 피

---

[1] 찰스 콜슨 (C. Colson). 『그리스도인, 이제 어떻게 살 것인가?』. 서울: 요단출판사, 2002.

조세계를 다스리고 있는 질서와 법칙을 함께 창조하셨다. 그러므로 하나님이 창조하신 피조세계 안에서 살아가는 인간은 하나님이 정하신 질서와 법칙을 준수하며 살아갈 때 비로소 인간답게 그리고 행복한 삶을 영위할 수 있으며, 이와 같은 질서와 법칙은 성경을 통해 우리에게 계시되었다고 믿는다.

반면에, '인본주의적 세계관'(Secular Humanism)은 하나님을 인정하지 않는 무신론적 세계관이다. 신(神)과 같은 초자연적인 절대자를 인정하지 않기 때문에 신이 정한 '절대적인 진리'나 '윤리'도 인정하지 않는다. 당신의 진리는 당신 것이고 나의 진리는 나의 것일 뿐, 내가 싸워서 지켜야 할, 또는 내가 힘써 전해야 할 절대적인 진리라는 것은 존재하지 않는다. 따라서 무신론적 인본주의 세계관은 결과적으로 '도덕적 상대주의'(모든 도덕적 기준은 개인적인 선호도에 따라 정해진다)와 '문화 다원주의'(모든 문화는 도덕적으로 동등하다)를 만들어 내었다.

이와 같이 상반된 성경적 세계관과 인본주의 세계관은 필연적으로 완전히 다른 열매를 만들어 낸다. 여기서 중요한 단어는 '필연적'이라는 단어이다. 이 두 세계관이 어쩌다가 우연히 서로 다른 결과를 낳게 된 것이 아니라, 서로 다른 문화적, 사회적, 정치적 열매를 낳는 것은 필연적이라는 의미이다. 예를 들어, 하나님을 믿는 기독교 세계관과 하나님을 부정하는 인본주의 세계관은 서로 상반된 '신학과 철학'을 낳게 된다. 이 세상과 인간이 우연 발생적으로, 그리고 스스로 진화한 것으로 믿는 인본주의 세계관은 창조를 믿는 기독교 세계관과는 완전히 상반된 '생물학'을 양산한다.

옳고 그름의 기준을 인간 자신에게 두고 있는 인본주의 세계관과는 정반대로 옳고 그름의 기준을 하나님이 정하신 절대적 기준에 두고 있는 기독교 세계관은 완전히 상반된 '윤리학과 법학, 정치학, 사회학, 심리학, 역사학' 등을 만들어 낼 수밖에 없다. 이처럼, 서로 다른 세계관은 서로 다른 학문, 즉 신학과 철학, 윤리학과 법학, 경제학과 정치학, 사회학과 심리학, 그리고 역사학 등을 만들어 낸다. 그리고 그와 같은 특정 세계관이 녹여진 학문들은 우리의 초등학교, 중학교, 고등학교, 대학교의 공교육 시스템을 통하여 모든 국민들의 생각과 마음 가운데 주입되며, 졸업 후에는 그와 같은 세계관과 교육을 기초로 한 정책을 만들고, 교육 커리큘럼과 교과서를 만들고, 법을 만들며, 드라마와 영화, 음악을 만들어내고, 가정 안에서 아이들을 교육하게 된다. 이와 같은 경로를 통해 특정 세계관을 기초로 한 문화와 문명이 이 세상 속에 깊이 뿌리 내려가게 되는 것이다.

예를 들어, 오늘날 대한민국의 공교육은 기본적으로 '인본주의적 세계관'을 기초로 하고 있고, 그와 같은 세계관이 현재 대한민국의 기초가 된다. 일반 고등학교에서 사용하고 있는 윤리 교과서를 한번 살펴보자. 한 출판사의 고등학교 '생활과 윤리'[2] 교과서는 '차별'을 다음과 같이 정의하고 있다. "우리는 서로 다른 생각과 모습을 가지고 살아간다. 따라서 저마다 다른 사람 사이에서 나타나는 차이는 당연하다. 그런데 아무런 해도 끼치지 않는 어떤 개인의 '차이'에 다수의 힘이나 권력의 힘을 빌려 옳고 그름과 좋고 나쁨의 기준을 무리하게 들이대면 그것은 '차별'로 변하고 만다." 교과서는 이와 마찬가지로 '차별'에 대한 정의를 동성애에 적용하면서 다음과 같이 기술한다.

> 동성애자나 성전환자 등에 대한 편견과 차별은 사회 전반에 깊이 퍼져 있다. 그러나 다수와 다른 성적 성향을 가졌다고 해서 성적

2　변순용.『생활과 윤리』. 서울: 천재교육, 2012: 66.

> 소수자를 차별하는 것은 자유롭고 평등한 인격의 주체로서 모든 사람이 지니고 있는 인권을 침해하는 부당한 처사이다.

위 교과서는 각자가 지니고 있는 '다른 차이'에 대해 '옳고 그름'의 기준을 들이대는 것을 '차별'이라고 정의하고 있다. 따라서 동성애나 성전환과 같이 일반인들과 '다른' 성적 취향에 대해 '옳고 그름'의 기준을 들이대는 것은 인종차별이나 성차별과 같은 '차별적인 행위'이며, 그와 같은 차별행위는 마땅히 지양되어야 한다고 기술하고 있다. 얼핏 맞는 말처럼 들리기도 하지만, 사실 이 말은 '다름'과 '틀림'의 차이를 의도적으로 허물고 있는 거짓말이다. '다름'(difference)과 '틀림'(wrongfulness)은 다른 것이다. 예를 들어, 나는 남성이고, 당신은 여성이라고 해서 당신이 틀린 것도 아니고, 내가 틀린 것도 아니다. 그저 나와 당신이 '다를 뿐'이다. 그러므로 특정한 성별에 대해 '옳고 그름'의 윤리적 기준을 들이대는 것은 교과서가 말하고 있는 것처럼 차별에 해당된다. 하지만 '동성애'(homosexuality)나 '성전환'(transgender)의 문제는 다르다. 남성으로 태어났으면서 여성이 되고자 하거나, 남자와 남자끼리 성관계를 갖고자 하는 성적 취향은 일반인들과 단순히 '다른 취향'(different)이 아니라, 창조주의 창조질서를 거스르는 '틀린 취향'(wrong)이다.

교과서가 말하고 있는 것처럼 인종, 성별, 출신국가와 같이 '다름'의 문제에 대해 옳고 그름을 따지는 행위는 우리 모두가 지양해야 할 차별적인 행위이지만, 동성애나 성전환 문제는 인종이나 성별과 같은 '다름'의 문제가 아닌 '틀림'의 문제인 것이다. 그럼에도 불구하고, 교과서는 동성애나 성전환 문제를 '틀림'의 범주에서 끄집어내어 인종이나 성별과 같은 '다름'의 범주 안에 은근슬쩍 집어넣고, 그것에 대해 옳고 그름의 기준을 들이대는 것은 마치 인종이나 성별에 대해 옳고 그름을 따지는 행위와 같은 차별적인 행위로 규정하고 있는 것이다. 이와 같은 가르침의 배후에는 "옳고 그름의 기준은 사람마다 다르다"고 하는 도덕적 상대주의 세계관이 자리 잡고 있다. 사사시대와 같이 "각자의 소견에 따라 옳은 대로 살도록 내버려 두는 것"이 오늘날의 미덕이요 윤리라고 가르치고 있는 셈이다. 이처럼, 오늘날 교육현장에서 가르쳐지고 있는 윤리 교육은 절대적 윤리 기준을 인정하지 않는 무신론적 인본주의 세계관을 기초로 한 것이며, 이와 같은 윤리 교육은 우리 자녀들의 마음과 생각 안에 심겨진 윤리적 판단력을 제거할 뿐 아니라, 올바른 성경적 윤리 의식을 갖고 살아가는 크리스천들을 역차별하는 결과를 초래할 수밖에 없다.

(2) 문화 전쟁

이와 같은 세계관은 교과서를 통해서 뿐 아니라, 대중음악이나 드라마, 소설, 영화와 같은 문화 미디어를 통해 훨씬 더 매력적이고 효율적으로 우리들의 생각과 마음속에 자리 잡게 된다. 예를 들어, 1960년대를 주름잡았던 비틀즈(The Beatles) 음악은 "Let it Be"(될 대로 되라!)의 메시지를 통해 미국 사회 안에 "히피문화"를 양산해 내었고, 성혁명을 비롯한 사회 문화 전반에 혁명적인 변화를 이끌어 내었다. 그와 같은 변화에 힘입어 미국 대법원은 1962년 엥겔 대 비탈레(Engel vs. Vitale) 판결을 통해 공립학교에서 기도행위를 금지했으며[3], 그로부터 10년 후인 1973년에는 로 대 웨이드 사건(Roe vs. Wade) 판결을

---

3   Engel vs. Vitale, 370 U.S. 421 (1962).

통해 낙태를 합법화시켰다.[4] 지난 2013년에는 '결혼은 남자와 여자의 결합'이라고 규정한 연방 결혼보호법에 대해 위헌 판결을 내림으로써 미국의 50개 주 가운데 약 36개의 주에서 동성결혼을 합법적으로 인정하는 사태까지 이르게 되었고, 결국 지난 2015년 6월 26일 미국의 대법원 판결을 통해 미국 전역에서 동성애가 합법화되었다.

2013년 3월 1일자 한국경제신문에서는 동성애 또는 동성결혼에 대한 합법화 움직임이 전 세계적으로 거세지고 있는 이유를 3가지로 분석했다.[5] 첫째, 기독교의 쇠퇴이다. 미국 애머스트 대학교의 리 바제트(L. Badgett) 교수는 "교회에 다니는 사람들의 수가 빨리 줄어드는 나라에서 동성결혼이 늘어나고 있다"고 분석했다. 둘째, 미디어의 영향이다. 드라마나 영화를 통해 동성애자의 삶을 긍정적으로 묘사하는 장면들이 많이 노출되고 있기 때문이다. 파이낸셜타임스(FT)는 "젊은 세대는 어려서부터 동성애자 친구, 동료들을 많이 봐 왔다"며 "만약 어떤 정치인이 동성애를 혐오하는 자세를 보이면 40세 이하의 사람들은 동성애자든 아니든 거부감을 보일 것"이라고 분석했다. 셋째, 정치인들의 표심잡기 때문이다. 선거에서 압도적 우위를 차지할 수 없을 때 동성애자들과 같은 소수그룹의 지지는 캐스팅보트 역할을 하게 된다. 오바마(B. H. Obama) 대통령이 던진 승부수가 대표적이다. 오바마는 2008년 대통령 선거에 나섰을 땐 공식적으로 동성결혼 찬성 입장을 밝히지 않았다. 반면 재임을 노린 지난 해 대선에서는 동성애 지지를 선언했고, 그와 지지율이 박빙이었던 롬니(W. M. Romney)를 누르

---

4   Roe vs. Wade, 410 U.S. 113 (1973).

5   "거세지는 동성결혼 합법화 요구 물결 왜?", 2013년 3월 1일자 한국경제신문 http://www.hankyung.com/news/app/newsview.php?aid=2013030163741&intype=1

고 재선에 성공했다.

　이처럼, 기독교 세계관의 쇠퇴로 말미암은 인본주의적 세계관의 득세는 영화나 드라마와 같은 미디어를 통해 확산되고, 미디어를 통한 일반대중들의 인식 변화는 표심잡기에 혈안이 되어있는 정치인들의 친동성애적인 정책 입안을 부추기는 결과를 초래하고 있는 것이다. 이렇듯 세계관의 변화는 문화의 변화로 이어지고, 문화의 변화는 결국 법의 변화로 이어지게 된다.

(3) 입법 전쟁

　2015년 6월 26일, 미국 연방대법원은 미 연방수정헌법 제14조에 의거하여 "미국의 모든 주정부는 동성결혼을 허용해야 한다"고 최종 판결했다. 이로써, 미국은 세계에서 21번째로 동성결혼을 합법화한 국가가 되었다. 이와 같은 상황에 발맞춰, 지난 2015년 7월 6일 서울서부지방법원에서는 영화감독 김조광수(50)씨와 김승환(31)씨가 동성결혼 허용을 요구하며 제출한 '혼인신고 불수리처분에 대한 불복신청 사건'에 대한 첫 심문이 열렸다. 한국에서도 동성결혼 합법화를 위한 본격적인 움직임이 시작된 것이다. 이 사건의 핵심쟁점은 "대한민국 헌법과 민법이 과연 동성결혼을 금지하고 있는가?"에 관한 것이다. 이들의 변론을 맡은 변호인단은 "민법 조문 어디에도 동성 간의 혼인을 금지하는 조항은 없다"며 이들의 동성결혼은 인정돼야 한다고 주장했다. 그들의 주장처럼, 대한민국 민법에는 근친혼(제809조)이나 중혼(제810조), 미성년자 등의 결혼을 제한(제808조)하는 조항만 있을 뿐, 동성결혼을 금지하는 규정은 없다. 하지만 그것은 민법 제정자들이 동성결혼을 인정했기 때문이 아니라, 금지조항의 필요성 자체를 느끼지 못했기 때문이었다. 뿐만 아니라, 대한민국 헌법 제36조 1항은 "혼인과 가족생활은 개인의 존엄과 양성(兩性)의 평등을 기초로 설립되고 유지되어야 하며, 국가는 이를 보장한다"고 규정하고 있다. 이와 같은 헌법 조항을 근거로 대법원 전원합의체는 혼인을 '1남1녀 간의 정신적 육체적 결합'이라고 규정했다. 즉, 헌법 제36조 1항이 보장하는 혼인관계는 '양성(兩性)의 결합'에 국한된 것임을 분명히 하고 있는 것이다. 따라서 동성결혼 합법화는 대한민국의 헌법적 질서를 전면으로 부정하는 것일 뿐 아니라, 건강한 사회의 근간이 되는 혼인제도와 가정질서를 뒤엎는 매우 중차대한 사안이다. 그럼에도 불구하고 우리 사회의 적지 않은 사람들은 동성애자들의 '인권' 또는 '행복추구권'을 내세워 동성결혼 합법화의 당위성을 주장하고 있다. 따라서 동성결혼 합법화의 문제점을 제대로 인식하기 위해서는 먼저 '인권'의 진정한 의미부터 되짚고 넘어갈 필요가 있다.

인권(Human Rights)이라는 개념은 사실 대단히 오래된 역사를 가지고 있다. '자유와 정의'라는 개념에 대해 씨름했던 플라톤(Plato, 주전 428/427 또는 424/423- 348/347)과 아리스토텔레스(Aristoteles, 주전 384년-322)를 시작으로, 토마스 아퀴나스(T. Aquinas, 1225-1274)가 발전시킨 '자연권'(Natural Right), 그리고 영국의 존 왕(John the Lackland, 1167-1216)이 서명하고 헨리 3세(Henry Ⅲ, 1207-1272) 왕이 10년 후에 재발행한 '마그나 카르타'(Magna Carta, 1215)와 '권리장전'(Bill of Rights, 1689)에 이르기까지 인권이라는 개념은 매우 뿌리 깊은 역사를 가지고 있다. 이처럼 오랜 기간을 거쳐 발전해 온 인권사상은 제2차 세계대전(1939-1945)과 함께 세상에서 가장 중요한 의제로 떠오르게 된다. 나치와 일본의 반인륜적 만행에 충격을 받은 국제 사회는 2차 세계대전 종식 직후, 뉘른베르크 재판(Nuremberg

Trials, 1945)과 동경재판(Tokyo Trials, 1946)을 통해 무고한 개인들에게 자행된 그들의 반인륜적 만행을 단죄하였고, 그와 같은 만행이 다시는 반복되지 않도록 하기 위해 개인의 생명과 자유를 보장하는 국제법의 확립과 국제기구의 설립을 추진하게 되었다. 그 결과로 1945년에는 UN이 창립되었고, 그 다음 해인 1946년에는 루스벨트 대통령의 미망인 엘리너 루스벨트(E. Roosevelt)를 의장으로 한 인권위원회를 설립하여 세계인권선언문(Universal Declaration of Human Rights, 1948)을 채택하기에 이르렀다. UN헌장과 세계인권선언문에 따르면, 인권이란 "인간이기 때문에 가지는 권리"를 의미한다. 인종이나 성별, 언어나 종교와 상관없이 천부적으로 가지고 태어나는 권리가 바로 인권이다. 그렇다면, 그와 같은 '천부적인 인권'(Inherent human rights)은 어디에서부터 온 것일까? 인간이 스스로 획득한 것일까? 아니면 어떤 정부, 어떤 권위가 그 권리를 수여한 것일까? 인권의 기원은 무엇인가? 우리는 그 해답을 토마스 제퍼슨(T. Jefferson)이 작성한 미국독립선언문(The Declaration of Independence, 1776)에서 확인할 수 있다.

> We hold these truths to be self-evident, that all men created equal, that they are endowed by their Creator with certain unalienable rights, that among these are Life, Liberty and the Pursuit of Happiness.
>
> 모든 사람은 평등하게 창조되었으며, 창조주로부터 주어진 양도할 수 없는 권리, 특별히 생명, 자유, 행복을 추구할 권리를 부여받았음은 자명한 일이다.

UN헌장과 세계인권선언문의 기초가 된 미국독립선언문은 인권의 기원이 '창조주'(Creator)임을 분명하게 선포하고 있다. 이신론자였던 토마스 페인(T. Paine)은 '인간의 권리'(The Rights of Man, 1791)라는 자신의 저서에서 인간의 권리는 창조주가 부여하신 것이라고 선언하고 있다.

이와 같은 인권의 개념은 아주 중요한 의미 2가지를 내포하고 있다. 첫째, 인간의 권리는 창조주가 부여하신 권리이기 때문에 그 누구도 함부로 침해할 수 없음을 의미한다. 즉, 인간의 권리는 절대적이며 이와 같은 인권의 절대성은 그 권리를 부여하신 절대자의 권위에 뿌리를 두고 있다. 둘째, 인간의 권리는 창조주가 부여하신 권리이기 때문에 창조주가 부여하지 않은 권리는 인권의 범주에 포함될 수 없음을 의미한다. 즉, 인간의 권리는 창조주가 정한 한계 또는 윤리적 기준에 국한된 것이며, 그 기준이나 한계를 벗어난 권리행사는 인권이 아니라 '죄' 또는 '타락'임을 의미한다.

이처럼, 인간의 권리는 창조주가 부여한 것이기 때문에 '절대적인' 동시에, 창조주가 부여하신 권리 내에서만 누릴 수 있으므로 '제한적'이다. 마치 태초에 아담과 하와에게 선악과를 따먹을 수 있는 권리가 주어지지 않았던 것처럼, 하나님께서는 인간에게 동성애를 허용하신 일이 없다. 동성애가 인권의 범주에 포함될 수 없는 이유가 바로 여기에 있다. 대한민국의 헌법, 그리고 대한민국이 가입 비준한 모든 국제인권조약 및 국제 관습법에서 보장하고 있는 '인권'은 바로 이와 같은 기독교적 세계관을 바탕으로 한 인권 개념을 기초로 하고 있다.

물론, 세속적 인본주의 세계관이 다스리는 우리 사회는 이와 같은 인권의 개념을 거부한다. 왜냐하면 창조주 하나님을 인정하지 않기 때문이다. 창조주 하나님을 인정하지 않기 때문에 인간의 모든 권리는

'인간' 자신에게서 나온다. 자기가 자신에게 부여하는 권리, 즉 각자의 소견에 옳은 대로 행할 수 있는 권리가 오늘날 인권의 개념이요, 그와 같은 권리를 제한하는 것이 오늘날 차별의 개념이다.

하지만 창조주 하나님을 부정하는 인본주의적 인권은 인권의 중요성을 스스로 부인하는 자기모순에 빠질 수밖에 없다. 예를 들어, 소나 돼지는 도살하면서 인간을 학살하면 안 되는 이유는 무엇인가? 나치의 유태인 학살을 반인권적 만행이라고 매도할 수 있는 근거는 무엇인가? 모든 윤리와 도덕적 기준이 창조주가 아닌 인간 자신에 의해 결정된다면, 히틀러(A. Hitler)의 윤리적 기준을 비판할 수 있는 근거는 무엇인가?

인간을 동물처럼 대하면 안 되는 이유는 자명하다. 인간이기 때문이다. 그것이 유일한 이유이다. 인간이란 존재는 다른 동물이나 피조물과는 근본적으로 다른 지위를 차지하고 있기 때문이다. 그렇다면 도대체 왜, 그리고 누가 그런 지위를 인간에게 부여한 것인가? 인본주의 세계관은 그와 같은 질문에 대한 답을 갖고 있지 않다. 결국, 인본주의적 세계관에 따르면, 인권은 중요하지 않을 뿐 아니라 존재할 수도 없다. 자신의 권리만이 중요할 뿐이다. 따라서 도덕적 상대주의에 기초를 둔 인본주의 세계관은 그 누구의 윤리적 기준에도 얽매일 필요 없이 자신의 권리를 위하여 상대방의 권리를 파괴할 수 있는 '전체주의'(Totalitarianism) 형태로 나타나든지(예, 나치), 아니면 그 누구의 윤리적 기준에도 얽매일 필요 없이 자신이 정한 기준에 따라 맘대로 살아가는 '방종'(Self-Indulgence)의 형태(예, 로마제국)로 나타날 수밖에 없다.

이처럼, 오늘날 인본주의적 세계관에 입각한 인권운동은 인권의 절대성을 강조하면서도 인권의 절대성을 부여한 창조주를 거부하는 이

중적인 입장을 취하고 있기 때문에 자기모순에 빠질 수밖에 없으며, 그와 같은 모순된 인권은 루이스(C. S. Lewis)가 예견한 바와 같이 결국 인간 자신을 '파괴'하는 역설로 끝을 맺을 수밖에 없다. 따라서 진정한 인권을 위해서는 창조주가 인간에게 부여한 권리, 즉 생명권, 자유권, 행복추구권을 보장하면서도, 창조주가 허용한 범위 내에서만 누릴 수 있도록 그 한계를 명확히 설정해야 한다. 그때 비로소 개인과 사회는 진정한 자유와 풍요로운 삶을 누릴 수 있다.

대한민국의 헌법은 바로 이와 같은 인권의 절대성과 제한성을 토대로 하고 있다. 대한민국 헌법 제10조는 "모든 국민은 인간으로서의 존엄과 가치를 가지며, 행복을 추구할 권리를 가진다"라고 명시하고 있다. 따라서 대한민국 국민이라면 누구든지 자신의 행복을 추구할 수 있는 권리, 즉 인권을 보장받는다. 하지만 그렇다고 하더라도 무조건적인 권리가 주어지는 것은 아니다. 대한민국 헌법 제37조 2항에 따르면, "국민의 모든 자유와 권리는 국가안전보장, 질서유지 또는 공공복리를 위하여 필요한 경우에 한하여 법률로서 제한할 수 있다"라고 그 한계를 분명히 못 박고 있다. 따라서 그들이 동성애자이든 일반인이든 상관없이 그들의 자유와 권리가 '국가안전보장, 질서유지 또는 공공복리'에 위협을 가할 경우에는 법률로서 제한을 가하는 것이 마땅하며, 그와 같은 제한은 차별도 아니고 인권침해도 아니다. 그런 의미에서, 현재 인권이라는 이름으로 포장되어 추진되고 있는 '차별금지법안'이나 '동성결혼 합법화'는 전통적인 가족 제도와 공공의 복리를 심각하게 훼손시킬 수 있는 법안이다. 그와 같은 흐름의 배후에는 국가인권위원회가 있다. 그럼, 위 두 법안의 문제점을 설명하기에 앞서 국가인권위원회의 문제점부터 간략히 짚고 넘어가도록 하겠다.

II. 국가인권위원회의 문제점

1999년 12월 교육부가 동성애자인권연대 임모 씨(현 군인권센터 소장)의 민원을 수용해 "동성애는 에이즈를 초래하는 문란한 성관계이다"라는 내용을 교과서에서 삭제하겠다고 발표한 이후, 학교에서는 동성애가 에이즈의 주요 원인이라는 사실을 가르치지 않게 되었고, 그 결과 2000년 이후부터 청소년 에이즈 환자는 꾸준히 늘어났다. 여기서 한 걸음 더 나아가 '동성애는 정상적인 성적 취향이며 동성애를 비판하는 것은 동성애자들의 인권을 침해하는 차별적인 행위'라고 교육하기에 이르렀다. 심지어 교과서에서는 학생들에게 "동성애자 사이트를 방문하라"는 과제를 내주며 청소년들이 동성애자 커뮤니티에 접속하도록 적극적으로 조장하고 있다.

2004년에는 국가인권위원회의 권고로 청소년 유해 매체물 목록에서 동성애 표현 매체물이 제외됐고, 이제는 청소년들도 동성애를 담은 드라마나 영화를 쉽게 접할 수 있게 됐다. 또한 동성애자 인터넷 사이트가 활성화되면서 청소년들도 인터넷 채팅 등을 통해 쉽게 동성애를 접할 수 있게 됐다. 그 결과 성인 동성애자들이 동성애 사이트를 통해 만난 남학생들에게 3-4만원의 용돈을 주며 동성애 성매매를 시키는가 하면, 한 동성애자 방송인이 고등학생들에게 항문성교 시 콘돔을 꼭 사용할 것을 당부한 조언들이 인터넷 게시판에 버젓이 게시되고 있다. 뿐만 아니라 2011년 국가인권위원회는 기자협회와 인권보도 준칙 협약을 맺고 동성애의 문제점과 병리적 현상을 보도하지 않기로 결의했다. 이와 같은 보도준칙을 근거로 국가인권위원회는 동성애와 에이즈의 관련성을 보도하거나 동성애의 여러 문제점을 지적하는 기사에 대해 '반인권적 기사'라는 낙인을 찍고 언론을 통해 보도되지 못하도록 막고 있다. 이처럼 우리나라의 교육과 문화, 그리고 언론이 '혼연일체'가 되어 노력한 결과 2013년 우리나라 에이즈 감염자 수는 총 1만 명을 돌파해 공식적인 '에이즈 확산 위험국가' 대열에 합류하게 되었으며, 이 모든 일의 배후에는 다름 아닌 '국가인권위원회'가 있다.

국가인권위원회법 제1조는 '모든 개인이 가지는 불가침의 기본적 인권을 보호하고 그 수준을 향상시킴으로써 인간으로서의 존엄과 가치를 실현하고 민주적 기본질서의 확립에 이바지하기 위함'이 국가인권위원회의 설립 목적이라고 명시하고 있다. 여기서 말하는 '불가침의 기본적 인권'이라 함은 대한민국 헌법에 그 기초를 두고 있는데, 헌법 제11조 1항은 "모든 국민은 법 앞에 평등하며, 누구든지 성별이나 종교 또는 사회적 신분에 의하여 정치적, 경제적, 사회적, 문화적 생활의 모든 영역에 있어서 차별을 받지 아니 한다"라고 명시하고 있고, 헌법 제37조 1항은 "국민의 자유와 권리는 헌법에 열거되지 아니한 이유로 경시되지 아니 한다"라고 포괄적으로 보장하고 있다. 그렇다고 해서 무제한적인 권리가 보장되는 것은 아니다. "국민의 모든 자유와 권리는 국가안전보장, 질서유지 또는 공공복리를 위하여 필요한 경우에 한하여 법률로서 제한할 수 있다"라고 헌법 제37조 2항은 그 한계를 분명하게 못 박고 있기 때문이다.

이와 같은 헌법적 평등권에 근거하여, 국가인권위원회법 제2조 3항은 사람의 성별, 종교, 장애, 나이, 사회적 신분, 성적 지향 등을 이유로 '합리적 이유 없이' 불리하게 대우하거나 굴욕감 또는 혐오감을 느끼게 하는 행위들을 차별적인 행위로 규정하고 있다. 즉, 피부색이나 성별, 출신국가나 종교, 성적 지향 등을 사유로 차별하지 말 것을 천명하면서도 '합리적 이유 없이'라는 예외 조건을 달고 있는 것이다. 왜냐하면 앞서 지적하였듯이, 인권이라 함은 우리의 헌법과 국가인권위원회법이 천명하고 있는 것처럼 국가 안전보장이나 질서유지 또는 공공복리와 같은 '민주적 기본질서' 확립에 이바지하는 범위 내에서 누릴 수 있는 제한된 권리이기 때문이다. 이것은 바꾸어 말하면, 국가 안전보장이나 질서유지 또는 공공복리를 위한 '합리적인 이유'가 있다면 경우에 따라 차별은 가능한 것이다. 따라서 그들이 남성이든 여성이든, 동성애자이든 일반인이든 상관없이 그들의 자유와 권리가 국가안전보장, 질서유지 또는 공공복리에 위협을 가할 경우에는 법률로서 제한을 가하는 것이 마땅하며, 그와 같은 제한은 '차별'도 아니고 '인권침해'도 아닌 것이다.

그렇다면, '동성애 문제'는 국가인권위원회법 제2조 3항에서 명시하고 있는 '합리적 이유'에 해당되는 것인가? 위에서 이미 언급한 바와 같이 동성애 문제는 인종이나 성별의 문제와 달리 '윤리판단적인 문제'인 동시에 공공질서와 복리에 심각한 위협을 초래하는 '위험행동'이다. 지난 10년간 한국의 에이즈 감염자 수는 약 5배 증가하였고 신규 청소년 에이즈 감염자 수는 10배 이상 증가했다. 그 주범은 단연 동성애이다. 에이즈 감염자의 1인당 한 달 약값은 약 3백만 원이고, 1년이면 3천 6백만 원, 1만 명이면 연간 3천 6백억 원이 든다(합병증 치료비, 입원비 제외). 2005년 질병관리본부는 에이즈 감염자 2천명을 기준으로 약 7천 8백억 원의 사회적 비용이 든다고 발표했다. 이 금액을 현재의 감염자 약 1만 명에 적용한다면 약 4조원의 사회적 비용이 드는 것으로 추산되며, 이 모든 비용은 100% 국민세금으로 지원된다.

지금 같은 추세로 에이즈가 급증한다면, 그 모든 재정적 부담은 고스란히 우리와 우리 자녀들의 몫이 되는 것이다. 흡연자가 비흡연자에 비해 폐암에 걸릴 확률이 20배라면 동성애자가 에이즈에 걸릴 확률은 무려 200배이다. 동성애자는 일반인에 비해 알코올 중독 비율이 2배 높고, 자살시도도 3배 더 높으며 평균 수명도 25-30년 더 짧다고 한다. 동성애가 가지고 있는 이 같은 위험성과 심각성을 앞장서서 알려야 할 국가기관이 오히려 동성애자의 인권이라는 명목으로 국민들의 눈과 귀, 그리고 입을 막고 있으니 참으로 심각한 일이 아닐 수 없다.

III. 차별금지법안의 문제점

2012년 발의된 '포괄적 차별금지법안'[6]은 '종교, 성적 지향 또는 성별 정체성'등에 대해 다음과 같이 차별을 금하고 있다.

> 합리적인 이유 없이 성별, 장애, 병력, 나이, 언어, 출신국가, 출신민족, 인종, 피부색, 출신지역, 출신학교, 용모 등 신체조건, 혼인여부, 임신 또는 출산, 가족형태 및 가족상황, 종교, 사상 또는 정치적 의견, 전과, 성적 지향, 성별 정체성, 학력, 고용형태, 사회적 신분 등(이하 '성별 등'이라 한다)을 이유로 다음 각 목의 어느 하나의 영역에서 특정 개인이나 집단을 분리·구별·제한·배제·거부하거나 불리하게 대우하는 행위.[7]

아울러, 차별금지법안 2조 2항에서는 '차별행위'를 다음과 같이 규정하고 있다.

---

6 차별금지법안 (김재연 의원 대표발의), 의안번호 2463
7 차별금지법안 3조 1항

개인이나 집단에 대하여 존엄성을 해치거나, 수치심 모욕감 두려움을 야기하거나 적대적 위협적 모욕적인 분위기를 조성하는 등의 방법으로 신체적 정신적 고통을 주는 일체의 행위를 말한다.

즉, 차별금지법안에서 금지하고 있는 차별행위라 함은 동성애자나 성전환자들의 수치심, 모욕감, 두려움을 야기하는 일체의 행위를 포함하며, 이는 매우 포괄적이고 주관적인 행위를 의미한다. 예를 들어, "동성애는 죄다"라는 말은 동성애자들의 수치심을 야기하는 말이기 때문에 차별에 해당될 수 있다. 마찬가지로 "예수 외에는 구원을 얻을 만한 길이 없다"라고 외치는 일 역시 비그리스도인들의 두려움이나 모욕감을 야기할 수 있는 발언이기에 차별행위가 될 수 있다.

결국, 이 법안이 통과가 되면 동성애나 특정 종교를 비판하는 일이 어려워질 뿐 아니라, 전도 행위 역시 차별금지라는 명목으로 제한받을 수 있다. 만일, 동성애자나 성전환자, 또는 타 종교인들이 그와 같은 사유로 차별을 받아 재산상 손해를 입었다고 주장할 경우, 법원은 민사상의 손해배상뿐 아니라, 피해배상액 외에 최고 5배의 징벌적 손해배상금을 물도록 판결할 수 있다.[8] 따라서, 차별금지법안은 헌법이 보장하고 있는 개인의 사상과 표현의 자유를 침해할 소지가 매우 크다.

동성 애인과 함께 자신의 침실에서 섹스를 즐기든 말든 그것은 개인의 자유에 속한 문제이다. 하지만 자신의 침실에서 은밀하게 이뤄진 동성애 행위가 침실 밖으로 흘러나오기 시작하면 그때부터 이야기는 달라진다. 예를 들어, 에이즈 확산의 가장 큰 주범은 남성 간의 항문성교다. 따라서 자신의 침실에서 은밀하게 행해진 동성 간의 성행위는

---

8   차별금지법안 42조 및 43조

한 개인의 문제일 뿐 아니라, 우리 모두에게 영향을 끼치는 공동체적 사회적 문제이기도 하다. 다시 말해, 동성애 행위를 하든 말든 그것은 개인 선택의 문제이기는 하지만, 그와 같은 선택에 뒤따라오는 책임은 개인뿐 아니라, 그 개인이 속한 사회 공동체가 함께 감당해야 하는 몫이 되는 것이다.

그러므로 동성애 행위와 같은 비윤리적 위험행동을 법으로 제약하는 것이 어렵다면, 자유로운 비판을 통해서라도 그와 같은 행위를 제약할 수 있어야 한다. 동성애 행위가 갖고 있는 여러 문제점을 자유롭게 표현하고 비판할 수 있게 함으로써, 동성애자를 포함한 공동체 구성원 모두가 자유의 한계와 그 대가에 대한 분명한 인식을 가질 수 있도록 해야 한다.

그러나 현재의 차별금지법안은 동성애자들의 자유로운 삶을 보장한다는 명목 하에 선량한 시민들의 사상과 비판의 자유를 침해하고 있다. 예를 들어, 차별금지법안과 유사한 법들이 이미 자리 잡은 영국에서는 차별금지라는 명목으로 선량한 시민들이 역차별을 당하고 있다. 영국의 베드포드(호적) 등기소의 수석 부 등기담당관으로 있던 마가렛 존스(M. Jones)는 고용주로부터 그녀의 기독교 신념이 동성결혼을 반대하느냐는 질문을 받은 후, 그렇다고 대답하자 해고당했다.[9] 영국의 간호사 셜리 채플린(S. Chaplin)은 30년이나 착용한 십자가 목걸이를 병원에서 착용하지 말 것을 요구받았다. 이 병원은 이슬람의 히잡은 허용하면서 십자가 목걸이는 허용하지 않았다. 그녀는 계속 목걸

---

9   "Registrar Sacked for Refusing to Conduct the Same-Sex Marriage, Wins Appeal" 『ICN』2014.9.2. http://www.indcatholicnews.com/news.php?viewStory=25475

이를 착용하여 면직당했다.[10] 듀크 아마크리(D. Amachree)는 의사가 더 이상 손 쓸 수 없다는 처방을 받은 환자에게 하나님께 소망을 두라는 조언을 했다는 이유로 해고당했다.[11] 이처럼, 차별금지법안이 제정되면 종교의 자유와 사상과 표현의 자유가 침해당할 소지가 크다.

　동성애에 대한 사람들의 입장은 각기 다르다. 동성애를 비윤리적인 행위라고 생각하는 사람들이 있는 반면에, 동성애도 사랑일 뿐 아무 문제가 없다고 생각하는 사람들도 있다. 따라서 자유주의 사회에서는 자유롭게 자신들의 입장을 표현하고 설득할 수 있도록 해야 한다. 동성애가 비윤리적이라고 생각하는 사람은 그 반대되는 생각을 가진 자들을 설득하면 되는 것이고, 그것이 순수한 사랑이라고 생각하는 사람은 그 반대편을 설득하여 사회적인 합의를 이루면 될 문제이다.

　우리나라 대부분의 국민들은 여전히 동성애나 동성결혼에 대해 부정적인 시각을 갖고 있다. 동성애에 대한 사회적 합의가 아직 제대로 이뤄지지 않은 상황인 것이다. 이와 같은 상황 속에서, 차별금지라는 명목으로 동성애를 받아들이도록 무조건 밀어붙이는 것은 사상과 표현의 자유를 보장하고 있는 헌법적 가치에 반하는 것일 뿐만 아니라, 사회적인 저항을 불러일으킬 수밖에 없다.

10　"Cross Case Nurse Shirley Chaplin Plans to Appeal Ruling." 『BBC』 2013.1.5. http://www.bbc.com/news/uk-england-devon-21028691

11　http://www.christianconcern.com/cases/duke-amachree

Ⅳ. 동성결혼 합법화, 무엇인 문제인가?

첫째, 동성결혼 합법화는 '건전한 성윤리'를 붕괴시킨다.

하나님께서는 자신의 형상대로 사람을 창조하시되 남자와 여자를 창조하시고, 그들에게 복을 주시며 생육하고 번성하여 땅에 충만하도록 명령하셨다(창 1:27-28). 이를 위해 인간에게 허락하신 것이 바로 성(性)이다. 성은 하나님께서 인간에게 허락하신 축복 중의 축복이다. 서로 사랑하는 두 남녀가 정신적으로, 그리고 육체적으로 하나가 되어 천하보다 더 귀한 생명을 만들어 내는 축복의 통로가 바로 성이기 때문이다. 이처럼, 성은 인간 세상을 다스리는 창조질서의 핵심 축이다. 그래서 하나님은 평생을 서로에게 헌신하기로 서약한 남편과 아내의 관계 속에서만 성을 누릴 수 있도록 허용하셨고, 그 외의 모든 성적 관계를 '간음'으로 규정하셨다(출 20:14). 따라서 혼전 성관계, 혼외 성관계, 그리고 동성 간의 성관계는 전부 간음이며, 이와 같은 성적 범죄는 하나님의 창조질서를 허무는 가장 강력한 도구가 된다.

그런 의미에서, 동성결혼의 합법화는 하나님이 인간에게 허락하신 성윤리를 가장 완벽하게 붕괴시킬 수 있는 방법이다. 동성결혼이 합법화된 캐나다의 사례를 보면 쉽게 이해할 수 있다.[12] 캐나다 온타리오 주의 모든 공립학교는 유치원생부터 모든 학생들에게, 아버지와 아버지만으로 이루어진 가정, 어머니와 어머니만으로 이루어진 가정도 정상적인 가정이라고 소개하고 있다. 또한, 동성애자나 성전환자에 대한 편견을 없애기 위해 어려서부터 아이들에게 동성애와 성전환은 이

---

12 "교사가 멘토라야지 지식전달자는 아니잖아요"『토론토 중앙일보』2012.11.26.
    http://www.cktimes.net/board_read.asp?boardCode=board_column_opinion&boardNumber=520&page=5

상한 것이 아니라, 본인의 성향이나 선택에 의해 자연스럽게 이루어질 수 있는 것이라는 개념을 단계적으로 심어주는 교육을 실시하고 있다. 예를 들어, 1학년(6세) 아이들에게는 '성기'에 대해, 3학년(8세) 아이들에게는 동성연애와 성적 정체성(동성, 양성, 성전환자의 개념)에 대해, 6학년 학생들에게는 '자위행위'의 즐거움, 7학년 학생들에게는 이성 간의 성관계뿐 아니라, 여성의 성기를 통한 여성 간의 성행위 및 남성 간의 항문성교에 대해 교육해야 한다. 이와 같은 교육 커리큘럼에 대해 학교 측은 학부모에게 사전 공지를 할 필요가 없으며, 학부모가 자녀의 수업참여 여부를 결정할 권한도 허용되지 않는다. 뿐만 아니라, 성전환을 했거나 타고난 성을 따르지 않는 학생들과 스텝들은 자신의 성을 증명할 필요 없이 자신이 선택한 성에 따라 가장 편안한 화장실을 이용할 권리를 보장받는다. 이것이 바로 동성결혼이 통과된 대한민국 미래의 모습이다. 이와 같은 교육을 받고 성장한 아이들이 장차 어떤 성윤리를 가지고 살아갈지는 너무나 자명하다.

이뿐만 아니라 세계적인 권위를 가진 학자들이 참여하고 있는 'The Journal of Sex Research'의 성인 동성애자 2,583명을 대상으로 한 조사결과에 따르면, 평생 동안 가지는 성적 파트너의 최빈수 범위가 101-500명이었고, 10.2-15.7%의 동성애자들은 501-1,000명의 파트너와 관계를 맺었으며, 나머지 10.2-15.7%는 1,000명 이상의 파트너들과 성행위를 한 것으로 나타났다. 우리나라의 유명 동성애자도 서울대학교에서 진행되었던 특강에서 중고등학교 시절에만 300명 이상의 남자 선배와 성관계를 가진 바 있다고 밝힌 바가 있다. 이런 상황 속에서 혼전순결의 개념이나 평생결혼의 개념은 설 자리가 없다.

18세기의 프랑스 철학자 몽테스키외(B. C. de Montesquieu, 1689-1755)는 "풍요는 부에 있지 않고 도덕에 있다"고 말했다. '도덕'은 '부'

를 담는 그릇이다. 그 가운데서도 특별히 성윤리는 건강한 개인, 건강한 가정과 사회를 담는 그릇이기 때문에 성윤리가 붕괴된 사회는 결코 지속적인 풍요를 누릴 수 없다. 그래서 로마제국 쇠망사의 저자 기본(E.Gibbon, 1737-1794)은 로마제국이 멸망하게 된 7가지 이유 가운데 하나로 '성윤리의 붕괴'를 언급했다. 건전한 성윤리는 창조질서의 핵심 축이요, 건강한 사회의 기초이다. 따라서 동성결혼의 합법화는 건강한 성윤리의 해체를 가져와 건강한 가정과 사회에 큰 해악을 끼치게 될 것이다.

둘째, 동성결혼 합법화는 '건강한 가정과 사회'를 약화시킨다.

'성'은 '가정'을 만들고, 가정은 '사회'를 만든다. 따라서 성윤리가 붕괴되면, 가정이 붕괴되고 가정이 붕괴되면 사회가 붕괴된다. 미국의 대표적인 싱크탱크 중의 하나인 브루킹스 연구소(Brookings Institution)에 따르면, 1970년에서 1996년 사이 연방 복지비 중 2억 2천 9백만 달러가 가정파괴로 인해 지출됐다고 발표했다. 이뿐 아니라, 2008년 연구에 따르면 이혼과 미혼 및 독신 부모를 위해 최저생활 보장제도 기금 중 1억 1천 2백만 달러가 매년 사용됐다고 한다. 프린스턴 대학교의 조지 맥코믹(G. McCormick) 법대 교수는 "가족 제도가 손상되고 무너진다면 개인의 삶에 대한 정부의 개입이 확대될 수밖에 없고, 때문에 경제 성장은 약화될 수밖에 없다"고 분석했다. 이런 의미에서 동성결혼 합법화는 건강한 가족 제도를 손상시킬 뿐 아니라, 국가 경쟁력에도 큰 부담을 안겨주게 될 것이다. 일단, 동성결혼이 합법화 되면 전통적인 결혼의 개념을 재정의해야 한다. 동성애자들이 주장하는 것처럼, 결혼을 1남 1녀의 결합으로 한정하지 않고 열린 개념으로 재정의하게 된다면 굳이 두 사람으로 결혼이 이뤄져야 한다는 기준도 모호해질 수밖에 없다. 그렇게 되면, 일부다처제나 일처다부제, 또는 집단결혼과 같은 다양한 형태까지 결혼의 개념에 포함시켜야 한다는 주장이 나올 수밖에 없다. 예를 들어, 2001년 세계에서 가장 먼저 동성결혼을 합법화한 네덜란드에서는 이미 근친결혼과 일부다처제를 인정하고 있다. 미국 몬테나 주에서 살고 있는 네이선 콜리어(N. Colier)는 미국 대법원에서 동성결혼 합법화 판결을 내린 직후, 몬테나 주 법원에 일부다처제를 인정해 줄 것을 요구하는 신청서를 제출했다. 윌리암 보드(W. Baude) 시카고대학교 법학교수는 미국 내 일부다처제에 대한 부정적인 인식도 동성결혼처럼 짧은 시간 안에 사라질 수 있다고 전망했다. 믿기 어렵겠지만, 서구사회에서는 이미 인간과 동물의 결혼도 합법화해야 한다는 주장까지 나오기 시작했다. 그들의 논리는 아주 단순명쾌하다. "동성 간의 결혼은 허락하면서 왜 동물과의 결혼은 차별하는가?" 이처럼, 동성결혼의 합법화는 건강한 가족 제도의 붕괴로 이어지게 될 것이며, 그것의 최대 피해자는 결국 우리의 자녀들이 될 것이다.

셋째, 동성결혼 합법화는 '종교의 자유'를 침해한다.

영국에서는 동성결혼이 합법화된 이후 동성애자 목사가 동성애자 커플의 주례를 집례하고 있고, 동성애 교육을 거부했던 크리스쳔 교사는 학교로부터 면직처리를 당했다. 최근 뉴욕 타임즈 컬럼니스트이자 동성애자인 프랭크 브루니(F. Bruni)는 자신의 칼럼을 통해서 "게이, 레즈비언, 양성애자들을 죄인이라고 보는 것은 오래된 문서에 기초한 판단"이라면서 "동성애자들을 포용하기 위해 성경을 다시 써야 한다"고 주장했다.[13] 애틀랜타에 소재한 스틸워터스 연합감리교회(Still Waters UMC)의 캐롤 헐슬랜더(C. Hulslander) 목사는 '결혼에 대한 전통적인 입장을 지지하고, 동성애에 반대할 것'을 교단에 촉구하는 탄원서에 서명한 이후, 교단에 의해 목사직을 면직당하는 어처구니없는 일도 발생했다.[14] 뿐만 아니다. 미국의 오레곤 주에서 'Sweet Cakes by Melisa'라고 하는 빵집을 운영하던 클레인(M. Klein)부부는 지난 2013년 레즈비언 커플의 결혼 케이크 제작 주문을 거부했다는 이유로 유죄 판결을 받고 약 20만 달러(한화로 약 2억 원)의 벌금형을 받았다.[15]

이처럼, 동성애가 확산되고 동성결혼이 합법화되면 동성애를 금지하고 있는 성경책은 비정상적인 책으로 전락하게 되며, 그와 같은 성경을 믿고 따르는 그리스도인들 역시 비정상적인 집단으로 전락하게 된다. 결국, 비정상적인 크리스천 집단에 대해 가해지는 처벌과 제한은 공공의 선을 위해 정당한 것으로 간주될 것이며, 결과적으로 동성애자들의 권리를 위해 그리스도인들의 권리가 역차별 당하는 결과를 초래하게 될 것이다.

창세기 41장에 보면, 바로의 꿈 이야기가 나온다. 흉하게 마른 일곱 암소가 아주 아름답게 살진 일곱 암소를 잡아먹는 꿈이었다. 연이어서 두 번째 꿈을 꾸게 된다. 이번에는 가늘게 말라비틀어진 일곱 이삭이 무성하게 자란 일곱 이삭을 다 삼켜버리는 꿈이었다. 나는 이 환상이

---

13   "뉴욕타임즈, 동성애 포용 위해 성경 다시 써야"『크리스천투데이』2015.4.10.
14   '미 감리교, 동성애 반대 목사 면직'『크리스천투데이』2015.5.13.
     http://www.christiantoday.co.kr/view.htm?id=283201
15   "동성결혼식에 판매 거부한 빵집 부부, 끝내 유죄."『크리스천투데이』2015.2.5.
     http://www.christiantoday.co.kr/view.htm?page=1&id=278498

하나님께서 오늘날 한국 사회와 한국교회에게 주시는 환상이라고 생각한다. 현재 한국에서는 한국 사회와 교회의 근간을 뒤흔들 만한 아주 심각한 변화들이 진행되고 있다. 흉하게 마른 암소가 아름답게 살진 일곱 마리 암소를 다 삼켜버렸던 것처럼, 건강하고 아름다운 우리의 가정과 교회, 학교와 사회를 삼켜버리기 위한 파상공세가 펼쳐지고 있는 실정이다. 이런 상황 속에서 한국교회가 현실을 똑바로 직시하고 요셉과 같은 선지자적 사명을 감당하게 된다면, 하나님께서 이 민족을 세계 모든 민족 위에 뛰어나게 하실 것이며, 이 마지막 때에 그리스도의 다시 오심을 예비하는 거룩한 제사장 국가로 사용해 주실 것을 믿는다.

제 9 부
목회적 분석

Homosexuality, the cultural clash of the 21st century

제 1 장

동성애 문제에 대한 목회학적 관점과 교회의 대응

최홍준 목사 (국제목양사역원 원장, 부산 성시화운동본부 이사장)

시작하면서

"불의한 자가 하나님의 나라를 유업으로 받지 못할 줄을 알지 못하느냐 미혹을 받지 말라 음행하는 자나 우상 숭배하는 자나 간음하는 자나 탐색하는 자나 남색하는 자나 도적이나 탐욕을 부리는 자나 술 취하는 자나 모욕하는 자나 속여 빼앗는 자들은 하나님의 나라를 유업으로 받지 못하리라 너희 중에 이와 같은 자들이 있더니 주 예수 그리스도의 이름과 우리 하나님의 성령 안에서 씻음과 거룩함과 의롭다 하심을 받았느니라"(고전 6:9-11).

하나님의 은혜로 복음 1세기 동안 승승장구 부흥해 오던 선교 대국 한국교회가 오늘날 커다란 진통을 겪고 있다. 국내적으로는 신천지를 비롯한 이단들의 침투로 교회들이 몸살을 앓고 있는 상황인데, 최근에는 IS의 근원지인 무슬림 기업 할랄식품(Halal Food) 단지가 세워지고 있는 실정이어서 한국교계의 원로인 한 사람으로서 심히 우려스럽다. 그만큼 종말의 날이 가까워지고 있다는 증거이다.

그러나 현 시점에서 무엇보다 가장 심각하게 우려되는 것은 소돔 성을 멸망으로까지 이르게 한 동성애 문제를 꼽지 않을 수 없다. 오늘날 동성애 문제는 우리나라뿐 아니라, 전 세계적으로 화두가 되고 있기 때문이다. 그 동안 한국교회는 동성애 문제를 터부시해 왔다. 역사적으로 도덕을 중시하던 우리 민족의 성향과 함께 한국교회는 비교적 보수신학을 토대로 진리에 입각한 건전한 생활을 선양해 왔기 때문에, 언감생심 동성애 문제가 교회의 문턱을 넘으리라고는 생각지 못했었다.

우리가 오직 예수 그리스도의 지상명령의 사명을 갖고 열심히 복음전파에 힘써 오는 동안 동성애 물결은 성소수자의 인권을 빙자하여 정치, 문화, 언론을 뛰어 넘어 이제는 중·고등학교 교과서에 이르기까지 파고들었다. 더 큰 문제는 동성애 문화가 전방위적으로 확산되고 있는 상황에서 선교 대국을 자처하는 한국교회가 동성애 문제에 대한 적절한 대응은커녕 문제의 심각성조차 인식하지 못하고 있다는 데 있다.

수년 전부터 동성애차별금지법 제정운동이 사회 문제로 등장하면서 우리 한국교회도 이에 발맞추어 동성애 확산 반대운동에 앞장서 왔지만, 그럼에도 마음 한 편에서는 설마 동성애가 교회의 담을 넘지는 못할 것이라는 안일한 생각을 하고 있었던 것이 사실이다. 그러나 2015년 6월 29일 미국 연방법원에서의 동성결혼 합법화 선언에 우리는 모두 경악하였다. 청교도 신앙으로 시작하고 믿음의 종주국이라 불리던 미국 교회가 제대로 된 대응 한번 해보지 못하고 무너진 것은, 예수 그리스도의 재림을 고대하는 전 세계 성도들에게는 적지 않은 충격파였다. 참으로 이제 이 문제를 어떻게 대처해야 할지 어떻게 이 더러운 봇물을 막을 수 있을지 대안조차 떠오르지 않는다. 미국을 무너뜨린 저들은 여세를 몰아 이 지구상의 마지막 보루인 한국교회의 문턱을 넘으려고 전방위적으로 압박을 가하고 있기 때문이다.

얼마 전 미국 오바마(B. H. Obama) 대통령은 "성소수자(LGBT)를 혐오하는 것은 미국의 적이다"라고 선언을 하며, 완전한 입법을 추진하기 위한 행정명령을 내릴 준비를 하고 있다. 오바마는 마치 지옥문을 열고 나온 사탄의 사자처럼 미국 교회의 반발 같은 것은 염두에 두지 않고 동성애 합법화의 교두보 역할을 자처하고 있다. 그는 미국 현직 대통령으로서 성소수자 매거진인 '아웃'(www.out.com)의 표지 모델로 나와 그들로부터 "44대 미국 대통령이 우리의 '올해의 협력자'"라는 극찬을 받기도 했다. 이 잡지는 오바마 대통령이 2012년 대선 레이스 당시 동성결혼을 지지했던 사실을 들추어내며 그의 현명한 판단이 6월 26일 동성결혼의 전국적 허용이라는 연방대법원의 역사적 결정을 결국 낳았다고 한껏 치켜세웠다. 미국을 세운 역대 선열들이 이 광경을 본다면 어떠한 상황이 연출되었을까? 참으로 참다함을 넘어서 배신감마저 몰려온다.

오바마 대통령과 유엔까지 움직인 동성애자들의 성소수자 인권정책 로비는 결국 미연방대법원에서 동성결혼 합법화를 5:4로 통과시키고 말았다. 이런 시점에서 동성애 문제를 떠맡게 된 선교 대국 한국교회는 매우 심각한 위기에 처해졌다. 소수자 평등권 보장과 인권이라는 미명 하에 동성애자들을 성소수자로 표현하면서 기독교 선진국이라고 하는 서방 18개 국가가 이미 동성결혼을 합법화하고 나서는 상황에서, 세계 질서에 영향력이 큰 미국마저 2015년을 기점으로 동성결혼 합법화 대열에 합류함으로써 우리나라와 같은 약소국은 이러한 영향력에서 벗어나기가 쉽지 않기 때문이다.

과연 청교도 신앙으로 탄생된 기독교 국가인 미국이 이와 같은 성적 타락의 정점에 이른 이유는 무엇일까? 영국을 비롯한 유럽 교회들, 즉 이른바 기독교 선진국이라고 알려진 서방의 대부분의 나라들이 동성애자들의 천국이 되어가는 까닭은 무엇일까? 우리는 여기서 동성애 역사의 영적 음모와 그 확산에 대해 주의 깊게 살펴볼 필요가 있다.

문화충돌 퀴어 문화축제

우리는 작년 6월 9일 서울의 심장 한복판 서울광장에서 국제적인 규모로 열린 제16회 퀴어 문화축제(Korea Queer Culture Festival) 개막식을 지켜보았다. 저들은 문화축제라는 미명 하에 미국을 위시한 17개 대사관과 구글을 비롯한 국제기업의 후원을 받으며 눈뜨고는 볼 수 없는 광란의 쇼를 생중계까지 하며 펼쳤다. 더욱이 저들의 축제가 지난해까지 16회나 이어져 왔다는 데서 1,000만 성도의 위상이 무색해진다.

한 발 더 나아가 우리를 더 경악케 하는 것은 바로 지난해 6월 28일 이 땅의 모든 교회가 하나님 앞에 예배를 드리던 주의 날에 동성애자들의 광란의 퀴어 퍼레이드가 열렸다는 것이다. 하나님은 안식일을 구별하여 거룩하게 지킬 것을 우리에게 명하셨다. 주의 날은 주님이 주인이 되시는 날이다. 그러므로 이 날은 우리 주님만이 영광 받으시고 높임 받으시도록 우리가 온 마음으로 하나님을 높이고 경배하는 날이다. 그런데 이 주의 날에 서울 한복판에서 하나님의 이름을 욕되게 하는 온갖 음란의 광기들이 춤을 추었던 것이다. 거룩하게 구별되어야 할 주의 날이 동성애의 물결로 더럽혀지는 모습을 목도하는 순간이었다.

또한 그날은 바로 동성애자들의 인권해방 기념일인 스톤월 항쟁(Stonewall Riots) 45주년 기념일로서 오늘날 전 세계에서 펼쳐지는 퀴어 축제의 기원이 된 상징적인 날이기도 했다. 스톤월 항쟁은 1969년 6월 28일 뉴욕 스톤월가의 작은 동성애자 술집을 경찰이 과잉 단속하는 과정에서 발생되었다고 한다. 그 당시 미국에서 동성애자들의 클럽 게이 바는 불법이었고, 아직 그들 중에는 사회적으로 드러나기를 원치 않는 사람들이 많았을 때였기에 경찰에게 입건되지 않으려고 몸싸움을 벌이던 중, "동성애자의 인권을 보호하라"는 구호가 터져 나왔다. 그 광경을 지켜보고 있던 시민들이 합세하면서 동성애자들의 인권해방이라는 분화구가 폭발하게 된 것이다. 이렇게 하여 1970년 6월 28일 제1회 퀴어 문화축제가 태동된 것이다.

동성애 이슈 정치적 역학관계

영국에서 신앙의 자유를 지키기 위해 고군분투하고 있는 윌리엄스(A. Williams) 변호사는 "영국에서 차별금지법 통과로 영국 교회는 절망적인 상황"이라며 "만약 한국교회가 무관심하면 동성애 합법화는 불 보듯 뻔한 것"이며 "한국교회가 동성애 합법화를 막지 못하면 영국 교회처럼 반드시 무너진다"고 역설했다. 그는 계속해서 "오늘날 영국에서 차별금지법이 시행되면서 동성애와 이슬람을 비판할 수 없게 됐다"고 말하며 "영국의 기독교 정치인이 동성애를 반대하면 정당에서 쫓겨나고 거리의 전도자들은 체포된다. 크리스천 의사와 간호사들은 환자에게 기도를 해줬다는 이유로 해고되고 있다"고 그 심각성을 설명했다.

그는 또한 "영국에서는 초등학교 추천 도서에서 동성애 조장 동화를 쉽게 접할 수 있다. 국공립학교에서는 이 책들을 반드시 읽게 한다"며 "동성애를 가르치지 않는 것 때문에 문을 닫는 학교들도 많아졌고 동성애 문제를 상담해 주던 많은 이들이 법에 저촉을 받아 쫓겨나게 됐다"고 안타까워했다. 그는 "하나님이 정하신 질서는 '한 남자와 한 여자가 가정을 이루고 자녀를 낳는 것'이지만, 이성애자들 간의 성적 몰락과 더불어 동성애 문제가 심각해졌다"며 동성애 문제에 우려를 표명했다.

그의 증언에 따르면 1967년 이후 영국에서는 동성애가 더 이상 죄가 아니다. 그러나 더 심각한 것은 2000년도에 군대 내 동성애 금지조항이 사라졌고, 2004년에는 대중 앞에서 남자끼리 동성애 하는 것도 가능해졌으며, 2012년에는 동성애 가정이 아이를 입양할 수 있게 되었다고 증언하였다. 이러한 상황이 우리나라에도 올 수 있다는 것을 생각하면 정말 아찔해진다.

계속해서 그는 한국교회가 앞장서서 동성결혼 합법화를 막는 일에 주도적 역할을 해줄 것을 당부했다. 그는 "영국은 2014년에 동성결혼 합법화 법안이 통과됐다"며 "한국교회는 이것을 반드시 막아야 한다. 영국에서는 이 법들의 실체를 몰라 교회가 전혀 대응하지 못했다"고 전했다.

그는 "동성애를 찬성하는 이들은 처음에는 '인권'에 관한 것이라고 주장하며 선하게 보이도록 인권문제로 포장하지만, 결국에는 동성결혼 관련 법안이 통과됐다"고 말하며 이는 개인의 인권이 아니라, 가정과 사회를 파괴하는 일임을 강조했다. 또한 우려스러운 것은 지금 세속주의가 영국 기독교에 압력을 가하며 기독교에 대해서는 핍박하면서도, 이슬람에 대해서는 관용적인 태도를 취해서 급진 이슬람이 급증하고 있기 때문에, 그리스도인들은 계속 설 땅을 잃어가고 있다는 것이다.

지금 우리나라도 안전지대는 아니다. 이미 국회에서 동성애 차별을 금하는 내용을 담은 등 차별금지법이 3번이나 발의된 상태이고, 여전히 정치인들은 국민들의 표를 의식해 언제든지 여론만 수렴되면 이 법안은 다시 국회에서 뜨거운 쟁점으로 떠오를 것이다. 이미 우리가 알고 있는 바, 이 법안의 발의는 얼마 전 헌법재판소에서 종북 정당으로 규정되어 해산당한 '통합진보당'의 김재연 의원에 의해 이루어졌으며, 발의한 차별금지법에는 소수자를 차별했을 때 2년 이하의 징역이나 1,000만 원 이하의 벌금에 처할 수 있는 내용까지 포함시켰었다. 참으로 위험하기 짝이 없는 발상이라 하지 않을 수 없다.

'차별금지법' 안에 '성소수자', '성적 지향'이라는 동성애 용어를 교묘하게 삽입하여 동성애를 반대하는 국민을 인권유린자로 규정하여 법으로 재갈 물리려 하고 있다. 이는 무엇보다 성경의 가르침에 따라 동성애를 반대하는 크리스천들이 타깃이 되는 일이다. 동성애자 옹호론자들은 기독교가 '차별금지법'을 반대하면 이를 이용하여 기독교가 사회적 약자를 차별하고 탄압하는 반인권적인 집단으로 부각시켜 나가면서 기독교 단체에 압력을 가할 것이다. 다시 말해서, 하나님의 뜻에 반하는 행위가 사회적으로 용인되는 선한 것이 되었고, 하나님의 뜻을 따르고자 세상의 불의와 맞서는 자들이 인권 탄압을 일삼는 무지막지한 악인이 된 형국이다. 동성애 옹호론자들이 인권이란 용어를 선점해 자신들의 계획을 하나씩 이루어 가는 모습을 볼 때, 이들이 얼마나 치밀한 계획을 가지고 대응하고 있는지 잘 알 수 있다. 이들의 치밀한 준비와 계획들로 이미 인권이란 미명 아래 국가인권위원회를 장악하여 자신들의 요구사항을 관철해 나가고 있으며, 정부 공권력을 통하여 언론기관과 행정기관의 내부 강령에 성소수자 정책을 삽입하여 동성애에 대한 우호적인 사회적인 분위기를 확산시키는 데에 주력하고 있다. 또한 이들은 여기서 그치지 않고 한 발 더 나아가 이제는 초중·고 교과서에까지 친동성애적 내용이 들어가도록 하여 자라나는 세대들에게 동성애가 당연한 성생활 중의 하나로 세뇌시키고 있다. 이러한 상태가 지속된다면, 향후 대한민국의 미래는 장담할 수 없는 형국으로 치닫게 될 것이다.

동성애의 생물학적 모순

지금까지 학자들 사이에서는 동성애에 대한 원인이 과연 무엇이냐에 대한 연구가 활발히 진행되어져 왔다. 연구결과는 두 가지 흐름으로 나타나고 있다. 동성애는 유전되는 것인가 아니면 환경적인 요인에 의해 후천적으로 발생되는 것인가가 쟁점이다. 여기서는 그 쟁점을 하나하나 살피고자 하는 것이 목적이 아니고, 다만 동성애가 유전된다고 하는 주장에 대한 허구를 짚어보는 데 초점을 맞추고자 한다.

지금까지 학자들에 의해 발표된 동성애 관련 유전자에 대한 연구결과를 종합하면, 동성애를 유발하는 유전자가 있을 것으로 추정되는 부분에 대한 일관성이 있는 결과가 나오지 않고 있다. 동성애가 세상 밖으로 나오기 시작하면서 동성애 성향을 지향하는 학자들이 동성애 연구에 참여했는데 그 중에 가장 두드러지게 활동한 사람은 해머(D. H.

Hamer)이다.

1993년 해머는 Xq28 염색체가 동성애와 밀접한 관련이 있을 것으로 지목하였지만, 1999년에는 Xq28 염색체가 동성애와 연관이 없다는 학설이 대두되면서 2005년에는 해머를 포함한 연구팀이 Xq28이 동성애와 연관성이 없다는 결과를 발표하였다. 여기서 그들은 1993년에 발표된 그들의 주장을 뒤집고 염색체가 동성애와 관련이 없다는 결론을 내리게 된 경위를 학술적으로 상세히 분석하여 기술해 놓았다. 그 후 2005년에는 Xq28 대신에 7번, 8번, 10번 염색체에 동성애 관련 유전자가 있을 것으로 추정을 하는 반론이 제기되었지만, 2010년에 그러한 추정을 뒷받침하는 증거를 얻지 못했다고 발표하였다.

이와 같이 동성애에 관련된 유전자 연구에 대한 역사를 살펴보면, 동성애와 관련이 있다고 주장하는 논문이 발표된 이후, 약 10여 년이 지나서 아닌 것으로 밝혀진 것이다. 그러나 문제는 이미 해머가 발표한 내용이 사실처럼 굳어져 지금까지도 동성애자들은 그 학설을 근거로 동성애는 자신의 의지와는 무관하게 타고난 것이기 때문에, 자신들도 결국은 피해자라고 항변하며, 권리로서 보호받고자 하는 도구로 이용되고 있다는 점이다.

그러나 이미 성경은 여러 곳에서 동성애는 하나님께서 가증한 것으로 여기시며, 동성애 행위를 하는 자는 사형에 처할 것을 명하고 있다(창 19:1-11; 레 18:22; 20:13). 특히, 창세기 19장에서는 동성애가 인류를 멸망에 이르게 한 죄악임을 명백히 하고 있다. 이뿐만 아니라 신약 은혜의 시대에 이르러서도 동성애는 여전히 금하여야 할 악한 죄의 행위였다(롬 1:26-27; 고전 6:9; 딤전 1:10). 사도 바울은 로마서 1:26-27에서 동성애는 근본적으로 하나님의 창조질서를 파괴하는 악한 행위로 규정하고 있다.

이에 만약 동성애가 유전적인 요인에 의해 타고나는 것이라면, 그러한 모습으로 인간을 만드신 하나님께 그 책임이 있다는 말인가? 그렇다면, 동성애자들을 책망하시고 벌하시는 하나님과 모순이 되지 않겠는가? 우리 인간은 언제나 말씀의 진리 안에서 그 해답을 찾아야 한다. 성경에서 들려오는 동성애에 대한 분명한 메지지는 분명 동성애는 멸망과 죽음으로 다스릴 만큼 무서운 죄악이라는 것이다.

악의 축으로 등장한 동성애

동성애는 성경적·윤리적 문제에만 반하는 것이 아니라, 인체의 보건적 측면에서도 중대한 문제를 야기한다. 남성 동성애자들은 동성애 행위를 통해 갖가지 질병에 노출되어 있다. 특별히 오늘날 우리나라에서 급격히 확산되고 있는 전염병인 에이즈는 남성 간의 성행위가 직접적인 매개가 된다는 점에서 그 심각성이 자못 크다.

동성애 반대운동을 외치는 김지연 약사는 '동성애와 에이즈와의 직접적인 연관성'을 강조하고 있다. 그녀는 질병을 조기에 발견해 사회 비용을 줄이겠다고 건강검진을 권장하고 있는 보건 당국이 에이즈 교육에 대해서는 굉장히 소극적이라면서 현재 국내에서 파악된 숫자만 해도 1만 명이 넘는 에이즈 환자가 있는데, 특히 20-24세의 젊은층이 10년 새 10배나 증가하는 등, 유례없이 급증하고 있는 에이즈 확산의 원인에 대해서 함구하고 있으며, 이 심각한 문제를 앞에 두고도 외면하고 있는 대한민국에 대해 개탄했다.

또한 그는 "이러한 실상을 소관부처인 보건복지부, 질병관리본부 등에서도 에이즈에 대한 정확한 실태를 국민들에게 알리지 않아 에이즈 확산에 동조하고 있는 행태를 보이고 있으며, 더욱이 동성애와 관련된 에이즈의 위험성을 알려야 할 언론은 인권보도준칙에 묶여 함구하고 있는 실정이다. 보건은 과학이어야 하는데, 흡연이 폐암에 주된 원인이라고 밝히는 보건당국이 동성애가 에이즈의 주된 원인이라는 사실을 왜 밝히지 않는가? 언론까지 통제하지 말고 외국처럼 누구나 알 수 있도록 공개해야 한다"고 역설했다.

그렇다면, 우리는 과연 이 시점에서 동성애 문제를 어떻게 접근하며 정의해야 할 것인가? 지금까지 사회적 관점이나 다른 종교에서는 동성애 문제를 모두 윤리적 문제로만 접근해 왔다. 물론 동성애를 윤리·도덕적인 관점에서 비판하고 그릇된 행위를 엄중하게 지적해야 하는 것은 옳다. 그러나 윤리적인 문제로만 바라보고 해결책을 모색한다면 그 해답은 쉽지 않을 것이다. 왜냐하면 세상은 이미 성적 타락이 만연되어 있고, 앞서 제시한 바와 같이 미국을 비롯한 서구 각 국가들이 앞 다투어 동성결혼을 합법화하는 현 시점에서 동성애를 막는 일은 불가항력일 것이다. 이미 넘쳐 들어오는 물길은 둑을 아무리 쌓는다 해도 그 넘치는 물을 막을 수 없는 것과 같은 이치이다.

동성애를 비롯한 인간의 모든 죄의 문제는 오직 하나님 안에서만 정의내려지고, 그 안에서만 치유의 해결책이 있다. 그러므로 오늘날 발호하는 동성애 문제도 성경으로 돌아가 성경에서 그 해답을 찾고 동성애 확산을 막는 방법을 모색해 보아야 할 것이다. 이에 다음에서는 성경에서 말하는 동성애를 살펴보고자 한다.

성경과 동성애

법률전문가 이태희 변호사는 현대에 가장 타락한 단어 하나만 꼽으라면 바로 '인권'이라면서 천부적인 인권을 배재하고 인본주의적 인권으로 변질되면서 가장 무서운 무기가 됐다고 말했다. 이 변호사는 인권의 기원은 제퍼슨(T. Jefferson)이 작성한 미국의 독립선언문에서 찾을 수 있다고 설명한다. 이 선언문은 인권에 대해 정의하기를 '창조주로부터 주어진 양도할 수 없는 권리로서 인종, 성별, 언어, 종교와 상관없이 천부적으로 갖고 태어난 권리'라고 한다. 이태희 변호사는 오늘날 말하는 모든 인권은 여기서 비롯되어, 유엔인권헌장과 세계인권선언문에 기초하고 있다고 전제하고, 인권은 창조주가 부여했기에 누구도 함부로 침해할 수 없는 것으로서 인권의 절대성은 그 권리를 부여한 절대자의 절대성에 뿌리를 두고 있다고 설명했다. 그는 계속해서 인권은 절대자가 부여한 권리이기에 창조주는 인간에게 동성애를 허용한 적이 없으며, 동성애가 인권에 포함될 수 없는 이유가 여기에 있다고 강조했다.

"그러므로 하나님께서 그들을 마음의 정욕대로 더러움에 내버려 두사 그들의 몸을 서로 욕되게 하게 하셨으니 이는 그들이 하나님의 진리를 거짓 것으로 바꾸어 피조물을 조물주보다 더 경배하고 섬김이라 주는 곧 영원히 찬송할 이시로다 아멘 이 때문에 하나님께서 그들을 부끄러운 욕심에 내버려 두셨으니 곧 그들의 여자들도 순리대로 쓸 것을 바꾸어 역리로 쓰며 그와 같이 남자들도 순리대로 여자 쓰기를 버리고 서로 향하여 음욕이 불 일듯 하매 남자가 남자와 더불어 부끄러운 일을 행하여 그들의 그릇됨에 상당한 보응을 그들 자신이 받았느니라"(롬 1:24-27).

성경에서 동성애 문제가 제일 먼저 등장하는 곳은 창세기 19장의 소돔과 고모라의 멸망에 관한 말씀에서이다. 성경 역사상 창세기 1장의 천지창조가 시작된 이래 창세기 3장에서 인간의 죄의 역사가 나타난 것도 놀라운 일이지만, 죄의 역사가 시작된 이래 창세기 19장에서 인간의 멸망의 역사가 동성애와 함께 기록된 것은 이 종말의 날에 동성애 문제로 고통을 겪고 있는 현 시점에서 우리에게 시사하는 바가 크다. 이미 그때에 이 땅에는 동성애가 만연되어 있었고, 또 성경이 오늘에 있을 일들을 예고하였기 때문이다. 여기서 우리가 먼저 생각해야 할 것은 동성애에 대한 신학적 접근이다. 왜냐하면 성경에 처음 언급된 창세기 19장은 우리에게 영적인 이슈를 먼저 제시하고 있기 때문이다.

창세기 19장에 앞선 18장에서 하나님의 계획이 믿음의 조상 아브라함을 통해 펼쳐지는 모습이 묘사된다. 아브라함은 세상을 심판하시는 하나님의 공의의 기준에 대한 약속을 하나님으로부터 받아내어 소돔에 있는 하나님을 믿는 조카 롯과 그의 가솔들을 구원코자 중보 한다. 그리고 두 천사가 하나님의 명을 받아 소돔 성으로 리서치를 떠난다. 흥미롭게도 우리는 소돔 성에서 천사와 하나님을 믿는 롯과 그 가족, 동성애자들 무리 외에는 만나지 못한다. 이 광경은 오늘날 교회와 대치하고 있는 동성애자들의 상황과 흡사하다. 그러므로 우리는 이미 종말의 날이 성큼 우리 앞에 다가왔음을 실감한다. 실로 아직은 은혜의 때요 구원받을 만한 날인 것이다.

"롯을 부르고 그에게 이르되 오늘 밤에 네게 온 사람들이 어디 있느냐 이끌어 내라 우리가 그들을 상관하리라"(창 19:5).

여기서 '상관하겠다'는 말은 성관계를 맺겠다는 말이다. 즉, 그 천사와 사람과 동성 성교를 하겠다고 대놓고 말하는 상황이다. 그들은 하나님이 보내신 하나님의 사자, 즉 천사들이다. 하지만 이들은 개의치 않는다. 자신들의 성적 욕망을 채우기 위해서는 어떠한 걸림돌도 없는 듯하다. 이들은 동성애란 성적 욕망을 채우기 위해 천사들을 내놓을 것을 요구하고 있다. 이와 같은 동성애자들의 행위는 현실을 초월한 영적인 세계에까지 침범하고 있는 그들의 죄악상을 볼 수 있다.

따라서 이 시대에 행해지는 동성애자들의 행위로 인해 미국을 비롯한 서구 각 기독교 국가들이 하나둘씩 동성애에 무너지는 현상은 이미 예고된 일로서 우연한 사건들이 아님을 알 수 있다. 우리 한국교회가 이로 인해 무너지지 않고 단단히 서서 이 사회를 하나님의 말씀으로 바로 잡는 주도적인 역할을 담당하기 위해서는 우리는 동성애자들의 속성을 면밀하게 살펴볼 필요가 있다. 상대를 알면 백전백승이지만, 상대를 모르면 패배는 불을 보듯 번하기 때문이다. 이 싸움은 혈과 육의 싸움이 아니요, 보이지 않는 영적인 싸움임을 우리는 명심해야 한다.

성경에서 동성애의 죄를 세밀하게 다루고 있는 곳은 율법서이다. 택하신 이스라엘의 의로운 삶을 위하여 주신 율법서인 모세오경에는 동성애를 돌로 쳐 죽이는 혐오의 죄로 다룬다.

"누구든지 여인과 동침하듯 남자와 동침하면 둘 다 가증한 일을 행함인즉 반드시 죽일지니 자기의 피가 자기에게로 돌아가리라"(레 20:13).

하나님께서는 인간을 창조하실 때 다른 성과 연합을 통해서 한 몸을 이루도록 만드셨다. 그래서 먼저 아담을 지으셨으나 독처하는 것이 하나님 보시기에 좋지 않음으로 다른 성인 하와를 통하여 육체적인 연합을 이루도록 하신 것이다. 이를 통하여 하나님은 생육하고 번성하라는 하나님의 명령을 이룰 수 있도록 생명의 탄생도 허락하셨다. 이것이 태초에 하나님이 세상을 창조하시고 인간을 지으실 때 조성하신 창조질서이다. 따라서 하나님은 이 창조질서를 근본적으로 무너뜨리는 동성애를 가증한 행위로 규정하시며, 이 같은 죄를 범할 시에는 정죄하여 돌로 쳐 죽이도록 명하셨던 것이다. 이것이 동성애에 대한 하나님의 첫 번째 대응이다.

누룩처럼 번지는 동성애 학습

"그 땅에 또 남색하는 자가 있었고 여호와께서 이스라엘 자손 앞에서 쫓아내신 국민의 모든 가증한 일을 무리가 본받아 행하였더라"(왕상 14:24).

또한 하나님이 율법을 통해 동성애를 단호하게 돌로 처형해야 하는 무서운 죄악으로 단죄한 것은 죄는 단죄하지 않으면 누룩처럼 사람들 속에 번져 나가는 속성이 있기 때문이다. 다윗 왕 이후의 왕조가 들어서고 외국과의 교류가 활발해지면서 이방 동성애자들이 이스라엘 민족들 가운데로 유입되기 시작하자, 이를 쫓아 이스라엘 백성들 사이에 동성애 행위의 가증한 일들이 횡행하는 일들이 발생했다. 이에 이스라엘의 이러한 죄악상을 보다 못한 이스라엘의 성군 아사 왕과 그 아들

여호사밧 왕은 동성애의 발원지인 이방 동성애자들을 모두 이스라엘 밖으로 추방시켰던 것이다.

이전 이스라엘 왕들의 동성애 대처법을 보면서 오늘날 국가기관이나 정부통수권자의 동성애를 대하는 태도가 중요함을 발견할 수 있다. 물론 그 옛날 이스라엘처럼 지금과 같은 국제화되고 개방화된 다국적인 관계 속에서 동성애자들을 모두 쫓아내자는 말은 아니다. 아니 이들을 사형이라는 엄벌에 처하자는 것도 더더욱 아니다. 문제는 동성애가 하나님의 진노를 사는 범죄이며, 또한 국가 성윤리 파괴는 물론이거니와 에이즈와 같은 국민 건강의 중대한 위협을 가져다주는 무서운 행위임을 인정하고 동성애 문제에 대한 범국가적인 대책이 국가적인 정책으로 수립되어야 한다는 것이다.

그리고 이에 더불어서 동성애 문제를 해결하기 위해서 위에서 제시한 국가의 대책이나 이러한 노력들도 물론 중요하지만, 그 무엇보다도 가장 근원적이고도 핵심적인 변화, 즉 참된 변화는 하나님의 말씀으로부터 나온다는 믿음의 바탕 위에서 오늘날 교회와 우리 크리스천들의 동성애 확산을 막는 활동들이 요구된다. 동성애를 통한 인간의 극단적인 성윤리의 파괴 앞에서 우리가 자라나는 미래 세대인 자녀들을 어떻게 지켜나갈 수 있으며, 이러한 세태를 보면서 우리 교회들은 빛을 잃고 어두움으로 꺼져가는 이 세상에서 어떤 모습으로 세상의 빛과 소금의 역할을 감당해야 할 것인가에 대한 진지한 고민과 성찰이 요구되는 시점이다.

우리는 현재 중요한 기로에 서 있다. 미국을 비롯한 서구 유럽처럼 동성애를 통해 교회가 무너져 버리느냐, 아니면 교회를 통해서 동성애의 죄가 떠나가고 하나님의 말씀을 지키느냐. 우리 교회들은 이 시대 상황을 심각하게 바라보고 머리를 맞대어 동성애자들을 온전하게 변화시킬 수 있는 성경적 방안을 모색해야 할 것이다.

그 방안 중 하나로 필자는 우선 그들을 상담할 수 있는 성경적 상담자들을 지속적으로 양성하여 교회 안에 상담센터를 설치함으로써 신앙이 있는 동성애자뿐 아니라, 신앙이 없더라도 성정체성으로 인해 고민하는 모든 동성애자들을 사랑으로 돌보며, 그들이 동성애로부터 벗어나 탈동성애 할 수 있도록 하나님의 말씀으로 인도하는 일이 시급하다고 본다.

탈동성애 운동을 주도하고 있는 홀리라이프 이요나 목사의 증언에 따르면 교회 안에 동성애자들이 적지 않다고 한다. 이 목사는 그가 상담한 크리스천 동성애자 1,200여 명 중 38%가 놀랍게도 모태신앙인이며, 또한 더욱 놀라운 것은 사역자 가정의 자녀들만 해도 17%나 된다고 한다. 그 동안 알게 모르게 동성애의 죄악들이 누룩처럼 퍼지고 있었던 것이다.

동성애가 이렇게 소리 소문 없이 번져나갈 수밖에 없었던 것은 그들의 행위가 드러나지 않고 은밀하게 행해지는 죄의 특수성 때문이다. 우리는 이제 동성애 문제를 공론화하고 그 폐해를 만천하에 밝혀, 이에 대해 무지해서 쫓는 국민들과 특히 호기심이 왕성하고 성적으로 민감할 수밖에 없는 청소년들이 동성애라는 죄악으로 빠져들지 않도록 방지하는 일에 정관계 사람들과 교회가 혼연일체가 되어 다함께 힘을 모아야 할 것이다.

오직 구원에 이르는 한 길

"너희 중에 이와 같은 자들이 있더니 주 예수 그리스도의 이름과 우리 하나님의 성령 안에서 씻음과 거룩함과 의롭다 하심을 받았느니라"(고전 6:11).

불의한 자가 하나님의 나라, 즉 천국을 갈수 있는가? 성경은 미혹을 받지 말 것을 명하면서 음행, 우상 숭배, 간음, 탐색, 남색, 도적, 탐욕, 술 취하는 자, 모욕하는 자, 속여 빼앗는 자는 하나님 나라를 유업으로 받지 못할 것이라고 경고하였다. 그렇다. 진정한 영생의 약속을 받은 사람이라면 죄와 멀어져 죄로부터 자유한 사람이 되어야 할 것이다. 그러나 우리 인간은 모두 육신의 연약성의 한계로 인해 죄의 유혹에 때때로 넘어지고 그로 인한 상처와 아픔을 안고 살아가는 존재이다. 이것이 우리 인간이 공통적으로 갖고 있는 딜레마인 것이다. 어떻게 죄에서 자유로워질 것인가? 그러므로 사도 바울도 로마서 7장에서 죄의 사슬에 대하여 탄식을 호소하였다. 그러나 복음적 결론은 명확하다. 그 중심에 예수께서 계시기 때문이다.

바울은 "우리 주 예수 그리스도로 말미암아 하나님께 감사하리로다 그런즉 내 자신이 마음으로는 하나님의 법을 육신으로는 죄의 법을 섬기노라"(롬 7:25)고 선언하였다. 그 이유는 예수 그리스도의 죽으심과 살아나심으로 예수 그리스도 안에 있는 생명의 성령이 법이 우리를 죄와 사망의 법에서 해방하였기 때문이다(롬 8:1-2).

어디 그 뿐인가? 성경은 교회 안에서 불의한 죄에 빠져 고통하며 몸부림치는 자들을 향하여 "너희 중에 이와 같은 자들이 있더니 주 예수 그리스도의 이름과 우리 하나님의 성령 안에서 씻음과 거룩함과 의롭다 하심을 받았느니라"(고전 6:11)고 기록하였다. 이것이 우리 교회의 은혜요 복음인 것이다. 그리스도의 이름으로 우리의 모든 죄는 이미 해결되었고, 우리의 온전한 믿음 가운데 역사하는 성령의 능력 안에서 거룩한 성도로 치유를 받는 것이다.

이와 같이 성경은 오직 예수 그리스도의 십자가의 보혈과 하나님의 성령 안에서 씻음으로 거룩함과 의롭다 하심을 얻게 된다고 확증하고 있다. 할렐루야!

동성애에 대한 교회의 사명

결론은 우리에게 이미 주어졌다. 동성애의 죄는 이미 십자가에서 도말되었고 인간의 죄성을 따라 끈질기게 역사하는 죄의 악습을 제거하는 것이 우리 교회의 역할이다. 그러므로 예수님은 우리 교회에 사명을 주시면서 "하늘과 땅의 모든 권세를 내게 주셨으니 그러므로 너희는 가서 모든 민족을 제자로 삼아 아버지와 아들과 성령의 이름으로 세례를 베풀고 내가 너희에게 분부한 모든 것을 가르쳐 지키게 하라 볼지어다 내가 세상 끝날까지 너희와 항상 함께 있으리라"(마 28:18-20)고 말씀하셨다.

지상명령의 핵심은 복음을 믿는 자들을 제자로 삼는 것과 주께서 말씀하신 모든 것을 가르쳐 지키게 하는 것이다. 이것이 우리 안에 뿌리 깊게 박힌 인간의 죄성을 바로잡아 거룩한 성도로 살게 하는 것이다.

나는 호산나 교회에 부임하여 성심을 다해서 그리스도의 복음을 증거 하는 목회자로 헌신하였다. 그러나 은퇴를 하고 나니 내가 모든 성도들을 제자로 삼지는 못했다는 것이 회한으로 남아 늘 가슴 한편에 부담감으로 남아있었다. 이에 남은 생에는 그 동안 못 다한 일들을 감당하기 위하여 국제목양사역원을 세워 교계 원로로서 후배 목회자와 장로의 본질을 회복케 해 성도들을 잘 보살피도록 돕는 사역을 감당하고 있다. 나는 동성애와 이단에 빠지기 전에 예방도 가능하며, 설사 빠졌다 하더라도 그들을 구출해 낼 수 있다는 믿음으로 이 사역을 감당하고 있다.

한국교회는 지난 1세기 동안 참으로 혼신을 다해 영혼구원이라는 하나님의 뜻을 이루기 위해 최선의 노력을 다해왔다. 그 결과 한국은 만방에 복음을 전하는 국가로 우뚝 서서 선교 대국이라는 찬사를 받게 되었고, 수많은 선교사들을 해외에 파송하였다. 거리 방방곡곡에 교회 십자가가 서 있고 주일이면 거리가 한산해질 정도로 교회에서 예배를 드리는 성도들로 가득 차는 자랑스러운 믿음의 국가가 되었다.

그러나 우리가 교회 성장과 부흥에만 매달리는 동안 동성애와 같은 죄들이 우리 교회에까지 침투해 들어오는 것을 간과하고 말았다. 복음의 물결을 따라 동성애의 속성을 가진 형제자매들이 교회 안에 들어오게 되었는데, 우리가 그들을 변화시키는 일에 소홀했던 것이다. 그러므로 주님의 재림이 가까운 이때에 우리는 그물을 던지던 손을 잠시 놓고, 이제는 그 그물을 수선해야 할 때이다. 예수 그리스도의 고귀한 보혈로써 구원하신 일백 마리의 양 모두가 하나님의 귀한 어린 양들이기 때문에 우리는 이들 중 하나라도 잃어서는 안 된다.

물론 동성애는 성경이 엄히 정죄한 죄이다. 이 죄를 온전히 벗지 않고서는 절대로 하나님 나라에 들어가지 못한다. 이것이 성경이 가르치고 있는 정의이다. 그러함에도 일부 몰지각한 교회와 목사들은 동성애는 타고난 것으로 그들의 사랑은 하나님이 인정한 것이라 말하며 성경의 기록들을 부인하고 왜곡시킨다. 참으로 안타까운 일이다. 나는 주께서 이런 자들을 결코 용서하지 않을 것이라 확신한다. 동성애에서 돌아선 자들에게는 우리와 동일하게 천국 문이 활짝 열려 있어 장차 주께서 오시는 날에 그들의 눈물을 닦아 주실 것이지만, 동성애를 타고난 것이라고 말하며 진리를 거짓으로 가르친 자들에게는 지옥문이 활짝 열려 있을 것이다. 그러나 우리 교회의 목적은 영혼을 구원시키는 데 있다. 그러나 영혼구원 이면에는 구원받는 자의 예수 그리스도의 은혜로 말미암는 변화와 거듭남의 통과의례가 있어야만 한다. 그럴 때에만 그리스도의 날에 우리가 부활의 영광에 참여하는 것이다.

그러므로 오늘날 한국교회는 시대를 초월해서 주시는 영혼구원이라는 예수님의 지상명령의 사명을 다하는 것은 물론이거니와, 특히 오늘날과 같은 창조의 질서를 허무는 동성애와 같은 문제가 부각되는 현 시점에서 이들을 선도하고 하나님의 말씀과 그리스도의 사랑으로 인도하는 시대적 사명을 망각하지 말고, 주님 앞에 서는 그 순간까지 이 사명을 성실히 감당하는 한국교회가 되어야 할 것이다.

탈동성애 운동의 중요성

"이와 같이 이 작은 자 중의 하나라도 잃는 것은 하늘에 계신 너희 아버지의 뜻이 아니니라"(마 18:14).

나는 2년 전 국회에서 탈동성애자 인권포럼을 개최한 탈동성애자의 한 사람인 이요나 목사와 그 제자들을 직접 만난 일이 있었다. 그때 그들에게 받은 인상은 정말 외모로는 조금도 손색이 없는 준수한 사람들이었으며, 탈동성애를 하고 변화된 그들에게서 이전에 동성애에 사로잡혔던 사람들이라는 수식어는 더 이상 그들에게는 어울리지 않을 정도로 반듯한 이미지였다. 그러나 이요나 목사는 예수를 영접한 후로도 변화되지 못한 채, 12년 동안이나 동성애자 생활을 해오며 이

태원에서 트랜스젠더 클럽의 대부로서 이름을 떨쳤다고 한다.

이날 나는 이 목사로부터 동성애자로 살아왔던 지난날의 이야기를 들을 수 있었다. 지금부터 30여 년 전, 서울 한 복판 이태원에서 70여 명의 게이들을 데리고 여장남자 클럽을 열었다. 지금 흔히 말하는 게이 바 같은 것으로 보인다. 그럼에도 그는 예수를 절실히 믿었다. 그가 게이 생활을 하면서도 예수를 절실히 믿을 수밖에 없었던 이유는 그가 동성애자라는 사실을 알게 된 그의 모친께서 그 충격으로 자살을 하셨고, 이에 대한 죄책감으로 마음의 지옥을 살았으나, 예수를 믿고 죄의 용서함을 받아 영적 자유함을 누리게 되는 자신의 체험이 있었기 때문이라고 증언했다.

그는 12년 동안을 하나님을 믿는 동성애자로 살면서, 동성애가 죄라는 성경 말씀을 알면서도 자신과 같은 사람들은 동성애자로 타고난 자들이기 때문에, 그 정죄에 해당되지 않는다고 믿었다. 당시에 그 누구도 심지어 교회에서조차도 동성애가 하나님 앞에 범죄이며, 그럼에도 불구하고 동성애는 해결될 수 있는 죄 중에 하나임을 그에게 알려주는 자가 없었다. 참으로 안타까운 일이 아닌가? 무지가 사람을 이처럼 죄에 사슬에서 묶어둔 것이다.

우리는 이 대목에서 우리 교회가 나아갈 방향을 찾을 수 있다. 즉, 탈동성애자인 이요나 목사님의 체험적인 증언 안에서 우리 교회가 어떻게 동성애 문제를 바라보고 대처해야 할 것인지에 대한 해답을 얻을 수 있는 것이다. 우리 교회는 이제 깨어나야 한다. 무엇보다 동성애가 죄라는 것을 분명히 그들에게 상기시키는 일이 중요하다. 그리고 하나님 앞에서 그 죄로부터 벗어나 예수 그리스도의 은혜의 체험을 할 수 있도록 그 기반과 교회 프로그램 활성화가 시급하다. 이들 동성애자들이 자신의 죄를 깨닫고 변화되어 새 사람이 될 수 있도록 돕는 일에 모두가 머리를 맞대어야 할 시점이다.

그러나 여기서 우리가 주의해야 할 것은 주님께서 죄는 미워하되 죄인은 미워하지 말라고 하신 것처럼, 동성애라는 죄는 단죄하되, 그 행위를 하는 동성애자들에게는 하나님의 긍휼과 사랑의 마음으로 다가가 교회 안으로 이끌어야 할 것이다. 그들도 하나님의 형상대로 창조된 하나님의 사랑하는 백성이기 때문이다. 예수님은 내가 의인을 부르러 온 것이 아니라 죄인을 부르러 오셨다고 말씀하셨다. 그분이 이 땅에 오신 이유는 죄인을 불러 그들을 하나님의 은혜로 변화되게 하여 천국 백성 삼으시고자 오신 것이다. 그러므로 우리 교회는 오늘날 이슈가 되고 있는 동성애는 물론이거니와, 그 외에도 날로 범람하는 죄악 된 행위들로 죄의 사슬에 묶여있는 알코올중독자나 마약중독자, 모든 성중독자들을 긍휼히 여기고 진리의 말씀 안에 역사하는 성령의 능력으로 그들을 회복시킬 수 있는 통로를 만들어 그들이 예수 그리스도의 품으로 나아올 수 있도록, 사랑으로 품고 도와줌으로써 온전한 성도의 삶을 살 수 있게 해주어야 한다.

바울은 에베소서 4:11-12에서 "그가 어떤 사람은 사도로, 어떤 사람은 선지자로, 어떤 사람은 복음 전하는 자로, 어떤 사람은 목사와 교사로 삼으셨으니 이는 성도를 온전하게 하여 봉사의 일을 하게 하며 그리스도의 몸을 세우려 하심이라"고 증거하였다. 만약 우리 교회 안에 동성애자가 있는데 그들을 성경의 올바른 교리를 가르치지 않아, 즉 그들을 책망하지 않고 바르게 잡아주지 못하여 의로운 삶으로 이끌지 못하였다면, 그것은 예수 그리스도의 종으로 택함 받은 복음사역자들의 직무유기인 것이다.

결론적으로 말하자면, 우리는 동성애자들에게 동성애는 하나님 앞에 큰 범죄임을 명확히 알려주어 자신의 죄를 직시할 수 있게 해주어야 한다. 그리고 한 영혼이 천하보다 귀하다는 예수님의 마음으로 그들이 변화 받아 새로운 삶을 살아갈 수 있도록 도와야 한다. 이에 예수님은 한 마리 길 잃은 양을 찾아 나서는 목자의 비유를 통하여 한 영혼의 소중함을 우리에게 친히 일깨워 주셨다.

"이와 같이 이 작은 자 중의 하나라도 잃는 것은 하늘에 계신 너희 아버지의 뜻이 아니니라"(마 18:14) 말씀하시며 "삼가 이 작은 자 중의 하나도 업신여기지 말라 너희에게 말하노니 그들의 천사들이 하늘에서 하늘에 계신 내 아버지의 얼굴을 항상 뵈옵느니라"(마 18:10).

마무리 하면서

사랑하는 성도 여러분! 그리고 존경하는 복음사역의 동역자 여러분! 이제 우리가 조금만 더 힘을 냅시다. 우리 민족은 역사적으로 수많은 환난을 겪으면서도 전화위복의 기회를 만들어 온 위대한 민족입니다. 거기에 하나님은 우리 민족에게 특별한 은혜와 복음의 능력을 주셨습니다. 이 어두운 세상에 동성애를 합법화하려는 악한 자들과도 목숨을 걸고 싸워야겠습니다만, 하나님의 구원의 예정 속에 있는 동성애자들에게도 예수 그리스도의 복음을 전하고, 또 우리 교회 안에 함께 부름을 받았음에도 동성애의 죄성을 끊어내지 못하여 혼자 전전긍긍하는 성도들에게 자유케 하는 진리의 말씀을 가르쳐 그들도 함께 주님의 나라에 들어가도록 함께 노력합시다.

제 2 장

동성애와 인권

소강석 목사 (새에덴교회 담임목사)

　2015년 6월 9일 서울시청 앞 광장에서 동성애 개막축제가 열려 우리 사회에 큰 충격을 주었다. 서울시청 건물에는 "목숨과 바꾼 대한민국 우리가 지켜가겠습니다"라는 대형 현수막이 걸려 있었다. 그런데 바로 옆에 있었던 다른 현수막 글씨는 지금 우리의 심정을 대변해 주는 듯 보였다. "피땀 흘려 세운 나라 동성애로 무너집니다."
　동성애는 이미 남의 나라 이야기가 아니다. 우리나라도 친동성애 문화가 상당히 자리 잡았으며 급속하게 확산되는 분위기이다. 지금 우리가 누리고 있는 자유 대한민국을 위해서 얼마나 많은 순국선열들이 피와 땀과 눈물을 흘렸는가. 그런데 참전용사들은 65세 이후부터 고작 월 18만원씩을 받고 의료비 60%를 지원받는다고 한다. 그러나 에이즈 환자는 국가로부터 모든 의료비를 전액 지원받는다.
　또한 참전용사들은 입원을 하면 다인 병실로 입원을 하지만, 에이즈 환자들은 입원을 하면 1인실로 입원을 시켜주고 간병인까지 붙여 준다. 그들에게 한 달에 들어가는 돈이 약값만 350-500만원이 들어 간다는 이야기도 있다. 심지어 제주도에 사는 환자가 한 달에 한번 치료를 받기 위해 육지로 나오면 왕복 비행기 티켓 비용까지 지급해 준다고 한다. 그런데 이 에이즈 환자의 신규감염 94%가 동성애 출신들이라는 것이다. 다시 말하면, 에이즈는 대부분 남성 간의 동성애 성행위 때문에 발생한다는 것이다.

그러나 한국교회는 지금까지 이런 심각한 문제에 대해서 이의를 제기하지 않았다. 왜냐하면 그들이 한동안 동성애라는 선택을 잘못해서 그렇게 되었지만, 그들 역시 마지막까지 사람답게 치료를 받고 살도록 해야 하기 때문이다. 그래서 한국교회는 동성애 자체는 반대해 왔지만, 동성애로 인해서 폐인같이 되어 버린 사람들을 품고 섬겨왔다. 수동연세요양병원 염안섭 원장은 의사이자 목사인데, 에이즈에 감염되어 죽음을 앞두고 찾아온 동성애 환자들을 사랑으로 받아주고 마지막까지 보살피고 섬겨왔다. 왜냐하면 하나님으로부터 부여된 인권은 존귀하기 때문이다.

인권이란 참으로 존귀한 것이다. 그래서 인권운동 역시 기독교로부터 시작되었다. 역사상 인권운동의 기원은 종교개혁 때부터라고 할 수 있다. 종교개혁의 원리는 이신득의 신앙과 더불어 모든 사람은 평등하다고 하는 만인평등의 원리에서부터 시작되었다. 로마 가톨릭에서는 성경도 라틴어로만 읽고 모든 죄도 사제를 통해서 용서를 받았다. 이때 루터(M. Luther)가 만인제사장설을 외치며 교회의 모든 부조리한 전통과 제도를 개혁해야 한다고 외쳤다.

그 시기의 시대적 정신은 아드폰테스(ad fontes), 즉 근원으로 돌아가자는 것이었다. 그러면서 계몽주의가 시대적 사조를 이루었다. 계몽주의는 평등한 인권을 부르짖었다. 그러한 영향으로 그 유명한 프랑스 대혁명이 일어난 것이다. 프랑스 대혁명이란 1789년 절대 왕정이 지배하던 프랑스의 구제도에 반항하여 평민들이 일으킨 시민혁명을 말한다.

당시 프랑스는 인구의 2% 정도밖에 안 되는 사람들이 국가로부터 온갖 혜택을 받으며 부귀와 영화를 누리고 있었다. 바로 그 2%에 해당되던 자들이 로마 가톨릭의 고위 성직자나 귀족들이었다. 반면에, 인구의 약 98%를 차지하던 평민은 온갖 무거운 세금을 부담하면서 고통스러운 삶을 살고 있었다. 더구나 프랑스 왕실의 초호화 생활로 인한 사치로 루이 14세 (Louis XIV, 1638-1715)부터 재정은 휘청거리기 시작했고, 파산 직전에 이르게 되었다.

그러나 파산 직전에 이른 재정을 메우려 평민들에게 더 살인적인 세금을 부과했다. 그러자 인간답게 살아보고 싶은 시민계급의 갈망이 극에 달하였다. 이에 평민들이 마침내 봉기를 들었던 것이다. 결국 분노한 시민들은 1793년 1월에 루이 16세(Louis XVI, 1754-1793)를 단두대에서 처형하는 일을 단행한다. 뿐만 아니라, 수많은 귀족들과 군인들이 맞아 죽거나 총살을 당하였다. 이로써 역사적으로 프랑스 혁명은 시민들의 권리를 되찾는 아름다운 인권운동으로 자리매김했으나, 반면에 많은 피를 흘려야만 했던 유혈혁명이라는 아쉬움도 남겼다.

프랑스 대혁명의 영향은 영국으로 번지게 되었고, 독실한 크리스천 국회의원 윌버포스(W. Wilberforce)에 의해서 노예해방 운동이 전개되었다. 그는 노예해방을 자신의 평생의 사명으로 생각하며 추진해 나갔다. 그는 무려 11번이나 노예무역 폐지법안을 올렸지만 매번 거절당하며 온갖 조롱과 비난을 감내해야 했다. 그러나 그는 끝까지 포기하지 않았다. 때로는 생명의 위협을 당하면서까지 노예무역 폐지 법안을 상정하였다.

　이러한 그의 노력과 헌신의 결과로 마침내, 1807년 2월 23일 노예무역 폐지 법안이 국회를 통과하게 되는 역사적인 날을 맞이하게 되었다. 이에 따라 무려 80만 명에 달하는 흑인노예들이 노예 신분에서 자유인이 되는 인권 역사상 가장 찬란한 기록을 남기게 되었다. 이러한 윌버포스의 영향으로 미국에서는 링컨(A. Lincoln) 대통령이 노예해방 운동을 전개하였고, 그는 남북전쟁이라는 전쟁의 희생까지도 감수하면서 노예해방이라는 대의를 이루기 위해 노력하였다. 그러나 의회의 찬성을 얻는 과정 가운데 정당하지 않은 방법으로 반대파들을 회유하려는 시도는 옥의 티라고 할 수 있다. 즉, 그 당시 노예해방법의 의회 통과를 얻기 위해 노예해방에 반대하는 의원들의 부정이나 약점을 캐어 그것을 이용해 회유를 가하는가 하면 뇌물을 주어 매수하기도 하였다고 한다. 법안을 통과시키고자 하는 소기의 목적을 달성하기 위한 로비가 정당하지 못한 방법으로 진행되었던 것이다. 일련의 이러한 모든 과정들을 겪고, 결국 노예제 폐지 법안이 2표 차이로 통과되었다. 윌버포스나 링컨이 노예해방이라는 어찌 보면 당시로서는 불가능해 보이는 모험을 감행할 수 있었던 가장 큰 원동력은 그들의 삶의 바탕에 독실한 기독교 신앙이 자리 잡고 있었기에 가능한 일이었다.

　성경은 곳곳에서 인권을 존중하고 약자를 배려할 것을 강조한다. 구약에서는 부지중에, 즉 비고의적으로 사람을 죽인 사람을 위해 하나님께서 도피성을 예비해 주셨다. 어떤 사람이 도끼로 나무를 찍다가 도끼날이 날아가 옆에 있는 사람을 죽였다면, 그 사람은 죽임을 당할 수밖에 없다. 그러나 하나님은 그를 도피성으로 도망가게 해서 살도록 소수의 인권을 배려해 주신 것이다(신 19:4-5).

　신약에서도 바리새인들이 간음하다가 현장에서 붙잡힌 여인을 예수님 앞으로 끌고 와서는 돌로 쳐 죽여야 한다고 했다. 그러나 예수님은 "그 율법이 맞지만, 죄 없는 자부터 그 여인에게 돌로 치라"고 말씀하시며 소수의 인권을 존중히 여기셨다(요 8:7). 지금까지 인류 역사 속에서 활동한 수많은 인권운동가들은 바로 이런 성경적 인권신앙에 기초해서 소수의 인권을 보호하고 지켜왔다. 그래서 킹(M. L. King) 목사도 이런 신앙을 발판으로 다시 한 번 인권운동을 하게 되었다. 왜냐하면 링컨에 의해서 노예해방 법안이 통과되고 그 후 많은 시간이 흘렀으나, 그럼에도 불구하고 여전히 흑인들은 인권 탄압과 차별의 현실 속에 살면서 완전한 해방을 누리지 못하고 살아가고 있었기 때문이다.

그런데 루터 킹의 인권운동을 가장 경멸하고 증오했던 미국 연방수사국(FBI) 국장인 후버(J. E. Hoover)는 그를 집요하게 괴롭혔다. 사실 킹 목사는 언제 저격당해 죽을지 모르는 경각 속에 살았기 때문에 항상 불안과 초조 속에 살았다. 그런 그는 일종의 긴장 해소책으로 몇몇 여인들과 함께 밤을 보냈다고 한다. 이것을 놓치지 않고 후버 국장은 사람들을 고용하여 킹이 여러 여성들과 함께 하는 장면을 녹화, 사진 촬영하여, 이것을 무기로 킹 목사에게 인권운동을 즉각 중단할 것과 노벨평화상 수상을 거절할 것을 공갈, 협박하는 편지를 보냈다. 뿐만 아니라 후버는 이 내용을 미국 백악관 출입기자들에게도 보냈다. 그러나 이를 보도한 신문사는 없었다. 만약 어떤 언론이라도 루터 킹 목사에 대한 보도를 하면 그 언론사는 인권운동을 방해한다는 거센 공격을 받을 상황이었기 때문이다. 당시 미국은 그만큼 인권운동을 중요하게 생각했다. 이렇게 인권이란 것은 참 소중하고 존귀한 것이 아닐 수가 없다.

사실 우리나라도 독재정권 때는 인권 탄압이 엄청났다. 〈남영동 1985〉라는 영화는 고(故) 김근태 의원의 고문실화를 담은 내용인데,

나는 그 영화를 보면서 인권 문제에 대해서 다시 한 번 생각해 보았다. 이러한 과정이 있었기에 현재 우리나라에서도 국민의 인권을 강화하는 쪽으로 정책이 모아지고 있다. 이전에 공공연하게 행해지던 검찰의 강압수사를 금지했고, 구속수사를 지양하도록 했으며, 국민 개개인의 인권을 보호하자는 취지에서 국가인권위원회라는 정부기구까지 출현하게 되었다.

그러나 최근 들어서는 좋은 취지에서 생겨난 인권운동이 언제부터인가 그 순수성을 잃어버리고 그릇된 방향으로 나아가고 있다는 우려를 하지 않을 수 없게 한다. 인권의 개념이란 천부인권 사상에서 출발했다. 그리고 그 시대의 사회가 정하는 보편가치의 기준에 의해 서 있었다. 그런데 언제부터인가 이 인권은 소수의 이익과 욕망의 충족으로 자리바꿈 하려고 하는 움직임을 보게 된다. 물론 소수의 인권도 반드시 보장받아야 한다. 소수라 할지라도 인권 자체는 존귀한 것이기 때문이다. 그러나 그것이 소수의 욕구 충족이나 방종으로 이끄는 데에 사용된다면, 그것은 더 이상 인권이 아니라 이권이 되어 버리고 만다는 사실을 기억해야 한다.

인권이라는 미명 하에 소수의 욕구 충족을 위해 인권이 사용되는 대표적인 예를 우리는 바로 동성애에서 찾을 수 있다. 근래에 들어서 동성애를 소수의 인권으로 규정짓기 시작한 것이다. 이러한 세태를 반영하듯 요즘은 은연중에 동성애를 소수의 인권으로 이해하는 사람들이 많이 생겨나고 있다. 더 나아가 이러한 현상이 세계적인 시대적 추세이기 때문에 어쩔 수 없이 받아들이고 수용하자는 사람들도 있다. 정치인들이나 목사님들 가운데도 그렇게 생각하는 분들이 있다.

우리는 이 시점에서 스스로에게 냉정히 따져 물어보아야 한다. 과연 동성애가 인권인가? 현대적 인권의 기본적 개념은 생명, 자유, 재산을 타인이나 국가로부터 침해받지 않을 권리라고 할 수 있다. 그런데 인권에 있어서 가장 중요한 사상은 천부인권이다. 이것은 한 마디로, 하나님이 주신 인권이며 자연권 사상이라고도 한다. 하나님의 형상대로 지음 받은 인간은 누구나 하나님 앞에서 평등하다는 것이다.

또한 평등할 뿐만 아니라, 하나님이 창조하신 질서대로 살고 순리를 따라 살아야 한다는 것이다. 특별히 성에 있어서는 더욱 그렇다. 하나님 앞에서 남자와 여자는 평등할 뿐만 아니라, 남자는 여자와 성관계를 하고, 여자는 남자와 함께 성관계를 하는 순리를 따라야 한다는 것이다. 그러나 성적으로 남자가 남자를 좋아하고 여자가 여자를 좋아하면 순리가 아니라 역리로 사는 것이다. 이것은 하나님이 주신 인권이 아니라, 자기 개인의 욕망을 위한 이권으로 전락을 해버리고 마는 것이다(롬 1:26-27).

이처럼 성경은 동성애를 자기 욕망의 결과라고 말씀하고 있다. 남자가 여자를 보고 끌리고 또 여자가 남자를 보고 끌리는 것은 순리이다. 그래서 그 순리로 인류 역사는 지금까지 가정 제도를 이루고 후손들을 낳아 키우며 대대로 살아왔다. 그런데 남자가 남자를 보고 음욕이 불 일듯 하여 남자가 남자와 더불어 성적 관계를 맺는다는 것이다. 이 일은 역리일 뿐 아니라 하나님 앞에나 사람 앞에나 너무나 부끄러운 일이다. 이에 하나님은 이렇게 순리를 따르지 않고 역리를 취하는 사람들에게 각종 질병을 상당한 보응으로 주셨는데, 그 대표적인 질병이 에이즈이다.

오늘날 에이즈 신규 감염환자의 94% 이상이 남성 동성애 때문인 것으로 밝혀졌다. 그럼에도 불구하고 오늘날 동성애자들은 이것을 인권이라고 부르짖고 있다. 이들은 자신들의 욕망을 채우기 위해 기존의 법과 제도를 바꾸어 사회를 파괴하려고 한다. 그것이 최근 문제가 되고 있는 소수차별금지법이나 균형법 92조 6항, 동성결혼까지 법적으로 허락해 달라는 주장이다. 이들의 이러한 요구들은 인권이 아니라 이치에 합당하지 않는 허황된 논리에 지나지 않는다.

예를 들어, 일반적으로 사람들은 물을 마실 때 입으로 마신다. 그런데 생물학적으로는 코로도 물을 마실 수 있다. 그러나 자기가 코로 물을 마신다고 해서 그것을 법적으로 모든 사람이 코로 물을 마실 수 있도록 해달라고 할 수는 없다. 물을 마실 수 있는 입을 두고 코로 물을 마신다는 것은 그것 자체가 비정상적인 행위이기 때문이다. 그러므로 코로 물을 마시는 선택을 자신이 할 수 있지만, 그것을 법적으로 보장해 달라거나 다른 사람에게도 가르치는 것을 인권이라 할 수는 없다. 사람은 폐가 있기 때문에 물속에 살지 못하고 땅 위에서 살아야 한다. 그런데 어떤 사람이 물고기처럼 바다 속에서 살 수 있다고 해서 모든 사람에게 보편화하고 그것을 정당하다고 교육을 시켜서도 안 되며, 바다 속에 살 수 있도록 보장해 달라고 요구해서도 안 되는 것이다.

인권은 개인이 자유롭게 행복을 추구하는 권리이다. 하지만 건전한 국가에서는 개인의 자유가 다른 사람의 자유를 침해하거나 국가의 공익과 질서에 해를 주어서는 안 된다. 국가에서 마약을 금지하는 것은 마약을 먹으면 본인의 삶도 파탄으로 이끌 뿐만 아니라, 공익과 국가 질서에 위해를 주기 때문에 금지하는 것이다. 음주운전자들도 내가 내 입으로 술 마시고 운전하겠다는데, 누가 잔소리를 하느냐고 생각할 수 있다. 그러나 음주운전은 다른 사람에게 피해를 줄 뿐만 아니라 공익과 질서에 위해를 주기 때문에 금지를 시키는 것이다.

동성애도 마찬가지이다. 동성애는 무엇보다 천부인권도, 자연권도 아니다. 그 어떠한 논리와 변명을 한다 해도 그것은 자연의 순리를 역행하는 것일 뿐이다. 동성애자들이 동성애 행위를 할 때 잠시의 쾌락을 맛볼 수 있다고 하지만, 그것은 일종의 성적 중독현상이며 성정체성이 왜곡된 결과일 뿐이다. 무엇보다 이러한 행위는 자신의 건강을 해치고 생명까지도 위협하는 비정상적인 행위임을 자각해야 한다. 동성애를 통해서 수많은 질병과 에이즈 감염에 노출되기 때문이다. 뿐만 아니라, 에이즈는 전염병이므로 그 해악이 다른 사람에게까지 영향을 미치기 때문에 그 심각성이 더하다. 동성애가 합법화된 나라는 수간을 허용하고 짐승과도 합법결혼까지 하도록 요구를 하고 있지 않은가? 이렇게 인간의 성정체성이 무너지기 시작하면 앞으로 어떻게 되겠는가?

우리나라는 2013년 에이즈 확산 위험국가로 분리되었다. 최근 들어 에이즈 발생 인원이 가파르게 상승하는 것을 볼 수 있는데, 더 중요한 것은 10대나 20대 에이즈 환자가 급속히 늘어난다는 사실이다. 다른 나라는 에이즈 환자가 줄어가고 있는데, 우리나라만 늘어가고 있는 추세이다. 우리나라가 친동성애 정책을 수용하고 친동성애 문화를 아름다운 것처럼 미화하는 시기부터 이러한 현상은 가중되었다.

더욱이 시민들의 문화공간인 서울 시청광장과 도로 한복판에서 발가벗은 채, 동성애 축제를 하고 대중 앞에서 퍼레이드를 하였으니 이 얼마나 개탄스러운 일인가. 그런데 이보다 더 개탄스러운 일은 이 상황을 잘못된 것이라고 지적하며, 바른 길로 인도하려는 교회가 오히려 인권을 방해하는 주적으로 공격받는 세태가 되었다는 것이다. 동성애 축제는 우리 사회에 악영향을 끼칠 수 있다. 특별히 자라나는 어린아이들에게 바르지 못한 가치관을 심어줄 수 있기에 그 심각성이 자못 크다. 도대체 이 나라 이 사회는 경범죄라는 개념이 어디로 가버렸단 말인가? 그러한 축제와 퍼레이드는 경범죄에 해당하는 것이다.

인권이란 인간의 순리적 행복과 공익을 위한 것이지, 어떤 경우에도 인간의 쾌락이나 욕망의 도구가 되어서는 절대로 안 된다. 자유가 방종이 되어서는 안 되는 것처럼, 숭고한 인권도 개인의 쾌락이나 욕망의 도구가 되어서는 안 된다. 그러므로 동성애는 소수의 인권이 될 수 없다. 인권이 아니라 소수의 삐뚤어진 이권이요, 욕망이라고 밖에 표현할 길이 없다.

물론 어떤 사람은 동성애를 유전적 결과나 선천적인 이유 때문이라고 주장하는 사람도 있다. 그러나 현대 과학에 의해서 동성애의 원인이 유전자나 뇌구조, 호르몬 때문이 아니라는 사실이 밝혀지고 있다. 그러므로 동성애가 인권이라고 하는 주장은 애당초 잘못된 이야기가 아닐 수 없다. 이러한 잘못된 인권사상은 어디서부터 시작되었는가? 그것은 에덴 동산에서부터 시작되었다.

인간은 원래 하나님 의존적 존재로 지음 받았다. 그런데 사탄이 와서 아담과 하와에게 인간의 욕망을 부추기며 인간의 한계를 뛰어넘어 독립적 존재로, 하나님처럼 되라고 유혹했다(창 3:5). 이것이 삐뚤어진 잘못된 인권의 시작이었다. 그런 의미에서 현대 최고의 지성인 이어령 교수도 "인간의 죄와 욕망은 자신의 한계를 뛰어넘는 데서부터 시작했다"고 지적한 한 바 있다. 바로 동성애가 자연의 순리와 인간의 욕망의 한계를 넘어서려는 것이다. 그런데 그 욕망이 인권이라는 그럴듯한 포장에 싸여서 현대인들에게 다가오고 있다. 특별히 빌헬름 라이히(W. Reich)가 창안한 네오마르크시즘과 성정치 이론을 통해서 동성애를 더 확산시키는 포퓰리즘 전략을 세우고 있다. 인간은 사회적, 경제적 평등뿐만 아니라, 성적인 평등을 누려야 한다고 교묘하게 선동하는 것이다. 동성애를 존중하고 권장하면 그것이 마치 인권운동의 기수나 되는 것처럼 말이다.

그래서 오늘날 진보적인 사람들은 저마다 성정치를 하고 있다. 동성애를 통해서 인권을 강조하면 진보진영으로부터 굉장히 박수를 받기 때문이다. 그러나 성정치의 기원을 아는가! 후기구조주의가 되면서 개인 욕구의 차이를 주장하며 욕구를 따라 사는 개인의 권리와 자유를 사회적 통념이나 규범이 제어하고 지배해서는 안 된다며 거부하기 시작했다. 이러한 사조 속에서 삶의 의지와 행복을 개인의 성적 욕망으로 연결하는 프로이드(S. Freud) 심리학이 대중들의 마음을 휘어잡았고, 프롤레타리아 혁명을 통한 역사의 진보를 외쳤던 마르크시즘과 더불어 사상의 두 축을 이루었다.

그러나 레닌(V. I. Lenin), 스탈린(J, Stalin), 모택동(Máo Zédōng)도 실패했고 동구권 공산국가들이 몰락하면서 더 이상 구라파 젊은이들에게 매력적인 사상이 되지 못하고 폐기처분될 위기를 맞았다. 이러한 때 라이히가 마르크스주의와 프로이드 심리학을 아주 교묘하게 접목하여 네오마르크시즘(Neo Marxism)을 만들었다. 네오마르크시즘은 공산주의의 전체주의와 자본주의의 양극화를 모두 다 비판한다. 헤겔(G. W. F. Hegel)의 유물사관에 기초한 마르크시즘에 휴머니즘을 가미하여 위장한 것이다. 그래서 실은 자본주의로 인한 인간 소외와 양극화를 더 비판한다.

특별히 네오마르크시즘은 자본주의가 해결하지 못한 인간소외, 탈인격화, 개인화 등의 문제에 대한 휴머니즘적인 요소를 강조한다. 자신들의 공격적이고 파괴적인 의도를 은닉하고, 표면적으로는 섬김이나 봉사, 약자 보호, 사람과 사람의 관계성, 아름다운 공동체 이런 것을 표방하며 선동한다. 따라서 대기업에 대한 무조건적인 반감의식과 교회 중에서도 대형 교회에 대한 반항적인 마음과 저항감을 갖게 한다.

이것이 점차 확대되어 성적인 영역에 이르게 되었고, 동성애를 주장하기에까지 도달하게 된 것이다. 네오마르크시즘은 성정치를 주장하면서 가정, 학교, 종교로부터 억압받고 있는 성적 욕망을 해방시켰을 때 새로운 마르크시즘의 세상이 온다고 말한다. 이처럼 네오마르크시즘의 추악한 정체를 숨기고 교묘하게 인권이라는 탈을 쓰고 젊은이들에게 다가가 동성애를 적극 지지하고 환호한다. 특별히 동성애를 앞세워서 가정의 고정관념부터 깨는 운동을 한다.

이에 우리나라의 많은 정치인들이 이처럼 그럴 듯한 사상에 속아 넘어가 포퓰리즘으로 소수차별금지법을 입법하려고 하고 있으며, 심지어 어느 진보정당에 속해 있는 국회의원은 남자 끼리든, 여자 끼리든 간에 함께 살면 가족으로 인정해 주어야 한다는 '생활동반자법'을 입법화하려 하고 있다. 그러나 이러한 법안들이 통과되면 한국교회는 물론이거니와, 우리나라의 미래가 어떻게 되겠는가? 참으로 황망한 상황들이 펼쳐지고 있는 작금의 현실을 볼 때 심히우려스럽지 않을 수 없다.

물론 우리가 동성애자들을 증오하고 저주하자는 말이 아니다. 한국교회는 긍휼의 마음을 가지고 동성애자들을 품고 사랑하며 그들의 치유와 회복을 위해서 섬겨야 한다. 그들이 동성애 행위로 인해 에이즈 감염환자가 된다 할지라도 그들을 돌보고 섬기는 일은 멈출 수 없는 일이다. 오히려 그리스도가 이 땅에서 보인 모범으로 이러한 환자들을 사랑으로 돌보고 희생하는 일을 마다하지 않아야 할 것이다. 그러나 그럼에도 불구하고 한국교회는 죄인과 죄악 된 행위에 대한 경계에 구분은 명확히 해야 한다. 사람은 사랑으로 돌보며 섬기되, 동성애 행위 그 자체는 하나님이 금하신 죄악 된 행위로서 반대의 입장을 분명히 해야 하는 것이다. 특별히 동성애를 옹호하는 독소조항이 담겨 있는 소수차별금지법을 반드시 막아야 한다. 모든 목회자들은 교회 내에서 이러한 내용을 설교하고 교육해야 하며, 교인들은 정확한 상황인식의 바탕 위에 크리스천 공동체의 연합을 형성해 함께 힘을 모아야 한다. 교회 힘이 부족하면 뜻을 같이하는 건전한 시민단체와 연대를 구축해 이 땅에서 더 이상의 불행한 일이 발생하지 않도록 일어나 막아야 한다. 이 일이 내 교회와는 우선 당장은 아무런 관계가 없다고 생각하여 강 건너 불구경하는 사람들은 하나님과 역사 앞에 죄를 짓는 일이다. 그러므로 우리는 개 교회주의를 넘어 모든 교회가 연합하여 동성애 확산을 차단하는 일에 온 힘을 쏟아야 한다.

그리고 정부와 지자체 단체장들도 아무리 개인의 쾌락과 욕망이 중요하다 할지라도 공익과 사회 질서가 더 중요하다는 사실을 알아야 한다. 동성애를 인권으로 착각하거나 포퓰리즘에 현혹되어 잘못된 판단을 해서는 나라를 파멸로 몰아가고 사회를 병들게 하는 행위라는 사실을 알아야 한다.

담배가 폐암을 유발한다는 공익광고가 있다. 그런데 동성애 행위로 인한 에이즈 감염 확률이 담배로 인한 폐암 발병 확률보다 20배나 더 높다는 통계수치가 있다. 또한 앞서 주지했듯이 에이즈 환자의 증가세가 가파르게 상승하는 현 시점에서, 동성애 행위를 통해서 주로 전파되는 에이즈의 위험에 대한 정확한 정보를 제공해 주는 캠페인을 통해 국민들에게 에이즈에 대한 경각심을 주어 건전한 사회인이자, 국민으로서의 삶을 살아가도록 정부가 나서서 유도해야 함에도 불구하고, 오히려 동성애를 조장하고 장려하는 축제와 퍼레이드를 허가해 주고 시민 공간을 제공해 주는 일에 동참하고 있는 정부 지자체를 비난하지 않을 수 없다.

다른 나라 이야기이기는 하나 무세베니(Y. Museveni) 우간다 대통령은 오바마 미국 대통령의 동성애를 반대하게 되면 4억불의 제정지원을 중단하겠다는 압력에도 불구하고 2014년 2월 24일 동성애 반대법에 서명했다. 만약 4억불 제정지원의 달콤한 제안을 받아들인다면 우간다는 당장에는 국가 경제에 얼마간 도움을 받을 수 있을지 모르나, 결국 동성애자들의 천국이 되고 에이즈 환자가 급속도로 늘어나 오히려 장기적으로 보면 국가 경제에 치명적인 부담을 안겨줄 것이라는 사실을 잘 알고 있었기 때문이다. 따라서 항간에는 무세베니가 서명한 반동성애법을 4억불이란 어마어마하게 큰돈을 포기하고 서명한 법이라 하여, '4억불 법안'이라고 불리기도 한다.

우리나라 정부와 정치 지도자, 지자체 단체장들이 이런 경각심을 가져야 한다. 정부가 진정으로 동성애자들을 사랑한다면 공익광고도 할 뿐만 아니라, 그들을 위한 치유프로그램을 만들어줘야 한다. 인간의 노력과 의지에 따라서 얼마든지 동성애로부터 벗어나 탈동성애자로서 온전한 삶을 살아갈 수 있기 때문이다. 그것은 동성애 행위로부터 다시 돌아온 탈동성애자들이 이를 증거해 주고 있는 바이다. 따라서 국가가 나서서 동성애 치유센터를 만들어 하루 빨리 동성애자들이 동성애로부터 벗어날 수 있도록 도와주어야 한다.

우리는 동성애자들이 하나님 앞에 회심하고 바른 순리의 삶을 살 수 있도록 기도해야 한다. 이것이 오히려 올바른 인권운동을 하는 것이고 바른 사회, 살기 좋은 세상을 만드는 진정한 인권운동인 것이다. 인권은 아름답고 존귀한 것이다. 그러나 인권이 결코 우상이 되어서는 안 된다. 하나님의 창조섭리, 즉 천부적 순리를 넘어서려고 해서는 안 된다. 그것을 거스를 때 앞서 이미 지적한 바와 같이, 그것은 인권이 아니라 이권이 되고, 추잡한 욕망으로 전락되어 버리는 것임을 명심해야 한다. 그러므로 한국교회와 온 국민이 힘을 모아 동성애는 진정한 인권이 아니라는 사실을 알리며 동성애 확산을 막아야 할 것이다.

제 3 장

뜻밖의 회심 (롬 1:24-27; 3:21-24)

이재훈 목사 (온누리교회 담임목사)

　미국에서 목회할 때의 일이다. 어느 장로님 댁을 심방하게 되었는데, 아들이 마침 함께 심방예배에 참여했다. 예배를 마치고 장로님이 아들 결혼에 대하여 이야기를 꺼내셨다. 제가 있는 자리에서 장로님은 아들에게 "얘야 너는 가능하면 다른 나라 여자랑 결혼하지 말고 한국 여자랑 결혼했으면 좋겠다"라고 하자, 아들의 대답이 이러했다. "아버지, 한국 여자랑 결혼하는 것보다 더 중요한 것이 있습니다. 그것은 여자랑 결혼해야 한다는 것입니다."

　또 다른 가정을 심방했을 때의 일이다. 그 댁의 아버지가 매우 비통한 표정으로 나에게 울먹이며 하소연하는 것이었다. "제 아들이 하버드 대학교에 입학할 때는 미국에 이민 온 꿈을 이룬 것 같아 제가 무척 기뻤습니다. 그런데 어느 날 아들이 결혼하고 싶은 친구를 집에 데려 오겠다고 해서 그러라고 했더니 집에 남자를 데려오지 않겠습니까."

지금은 돌아가신 프란시스 쉐퍼(F. Schaeffer) 박사는 생전에 "언젠가 잠에서 깨어나 보면 우리가 한때 알던 미국은 사라지고 없음을 보게 될 것이다"라는 말을 했다고 하는데 지금의 미국이 그렇다. 그런데 우리나라도 혹시 "언젠가 잠에서 깨어나면 우리가 알던 한국은 사라지고 없음을 보게 되지 않을까" 염려되는 상황에 현재 우리가 살아가고 있다.

서구 사회는 물론 교회에서까지도 동성애와 동성결혼이 기독교 신앙에 어긋나지 않는다고 결정한 이후, 이 문제는 이제 한국 사회에도 깊이 침투하여 확산되고 있다. 얼마 전 서울대학교 총학생회장 선거에서 자신이 동성연애자임을 밝힌 여학생이 도리어 주목을 받으며 당선이 되었다. 과거 역사와 이념투쟁의 장이었던 대학 총학생회가 이제는 포스트모던 시대의 대표적인 사회 아젠다인 동성애의 표출장이 되었다.

인간의 죄를 드러내는 성경 말씀은 동성애가 현대인의 성향이 아닌 고대로부터 이어진 대표적인 하나님을 대항하는 인간의 죄임을 분명히 지적한다. 로마서 1:18-31까지는 하나님께 영광 돌리며 살도록 창조된 인간이 하나님 섬기기를 거부하고 하나님을 영화롭게 하지도 않으며, 어리석은 죄 가운데 거함으로 하나님의 진노 아래 처하게 된 상태를 말씀하고 있다. 29절부터는 그 죄의 다양한 모습들이 열거되어 있는데, 그 전에 앞의 구절들에서는 두 가지를 별도로 특별하게 자세히 언급하셨음을 기록하고 있다. 이는 다른 죄들과 별도로 더 중한 죄로 비중 있게 다루려는 의도라고 볼 수 있다. 첫째는 우상 숭배이다. 하나님의 영광을 썩어질 사람과 동물의 우상으로 바꾼 것이다. 둘째는 동성애이다. 순리대로 쓸 것을 역리로 쓰는 것을 중요한 죄로 부각시켜 몇 구절에 걸쳐 말씀하고 있다. 그리고 셋째는 불의, 추악, 탐욕, 악의, 시기, 살인, 분쟁, 사기, 악독, 교만, 배반 등의 죄를 열거한다.

동성애를 다른 죄들과 분리하여 특별히 언급한 이유는 그 당시 가장 보편적으로 유행한 죄였다기보다는 하나님의 창조와 자연질서를 거역하는 죄로서 보다 중한 죄이기 때문이다. 즉, 하나님께서 창조하신 가족이라는 제도를 무너뜨리는 무서운 죄이기 때문이다. 남자와 여자가 부부로 만나 결혼을 통해 세워지는 가족이 무너지면 자녀출산이 점점 사라지고 세상은 더욱더 하나님을 반역하는 사회가 된다.

창조질서를 거역한 결과는 정체성에 대한 죄를 범하게 된다. 동성애가 중한 죄인 까닭은 정체성에 대한 죄이기 때문이다. 어윈 루쳐(E. Lutzer) 목사님은 자신이 쓴 책에서 다음과 같은 내용을 기술하고 있다. 교회의 부목사가 부인과 네 자녀와 함께 공원을 산책하고 있었다고 한다. 그때 한 노부인이 벤치에 앉은 친구에게 이렇게 말하는 것을 들었다고 한다. "저기 좀 봐! 가족이야!" 그 사람은 오랫동안 '가족'을 보지 못한 사람임에 틀림없었다. 지금과 같은 성정체성의 혼란이 전 세계적으로 확산되고 있는 현 시점에서 앞으로 이러한 세상이 도래하지 말라는 법도 없을 것이다. 하나님의 창조질서를 위반하고 지금과 같이 인간이 자기 좋을 대로 나아간다면 미래의 인간의 삶이 어떻게 전개되어 나갈지 매우 우려되는 일이 아닐 수 없다.

하지만 동시에 우리는 로마서 3:21부터 나타나는 예수 그리스도를 힘입을 때 회복의 역사가 일어나고, 뒤틀린 것이 바르게 되며, 죄인이 용서함 받는다는 사실은 이 죄악 된 세상과 동성애 행위를 일삼은 죄인들에게도 유효한 변함없으신 하나님의 말씀인 것이다. 그러므로 우리 크리스천들은 하나님의 회복과 용서의 말씀을 붙들고 이 땅에 하나님의 창조질서를 회복하게 해 달라고 기도해야 한다. 더불어서 주님이 죄는 미워하셨지만 죄인들을 향해서는 긍휼하심과 사랑으로 저들에게 손 내밀며 구원의 은총을 베푸신 주님의 본을 따라 동성애 행위의 죄악을 범하는 자들을 위해 그들이 동성애로부터 벗어나 탈동성애 할 수 있도록 도와주어야 한다. 이것이 어지러운 이 세상을 살아가는 크리스천들의 시대적 사명일 것이다.

먼저, 우리는 믿음으로 말미암아 값없이 의롭다 하시는 하나님의 은혜가 동성애에 처해 있는 이들에게도 차별이 없이 동일하게 주어짐을 믿고 전해야 한다. 모든 사람이 죄를 범하여 하나님의 영광에 이르지 못하였으나 그리스도 예수 안에 있는 속량하심으로 말미암아 값없이 의롭다 함을 얻게 되고, 그리스도를 믿는 자에게 미치는 하나님의 의는 '차별이 없다'는 것을 그들에게도 전해야 한다. 이 말씀이야 말로 진정한 차별금지법이다. 동성애 행위는 분명 중대한 죄이지만, 그리스도 안에서는 어떠한 죄인도 차별이 없이 동일한 은혜가 주어짐을 교리적 지식만이 아니라, 우리의 태도와 삶으로도 전해야 한다. 어떠한 죄라도 그리스도 안에서 용서하고 차별 없이 받아주시는 하나님의 사랑이 전해지려면 우리의 태도에도 차별이 없어야 한다. 동성애의 무서운 죄 됨을 지적하고 알리고 대항하면서, 동시에 아무리 중한 죄라도 차별 없이 의롭다 하시는 하나님의 은혜를 전해야 하는 과제가 우리에게 주어져 있다.

때로 동성애 대책 단체들을 비롯하여 우리 모두가 문제에 대한 지적과 그들의 활동에 대한 대항에 더 많은 에너지를 쏟는 나머지 차별이 없이 주어지는 하나님의 은혜를 전하고 그들을 구원하는 일에는 소홀하지 않았나 하는 반성을 하게 된다. 우리는 동성애 문제를 다루면서 이점을 간과해서는 안 될 것이다.

몇 개월 전 아바서원에서 번역한 '뜻밖의 회심'이라는 책을 읽고 큰 감동을 받았다. 동성애자였던 로사리아 버터필드(R. Butterfield)라는 여인이 자신의 회심이야기를 자서전 형식으로 쓴 책이다. 그녀는 28

세에 레즈비언으로 공개 선언하였다. 그리고 36세에 뉴욕 시라큐스 대학에서 영문학과 여성학을 가르치는 종신교수가 되었다. 그녀의 파트너는 동물과 환경을 보호하는 사회운동가였다. 그녀는 유물론적 세계관을 가진 포스트모더니스틱 페미니스트였고 게이 프라이드 행진이나 하버드 대학교 같은 유수한 대학에서 게이 레즈비언 연구에 대하여 강의하는 이른바 퀴어 이론가였다. 그녀에게 크리스천들이란 반지성적인 사고를 하는 사람들이고 교회란 가장 배타적인 사람들이 모이는 공동체로 여겨지고 있었다.

그런데 어느 날 그녀가 지역신문에 프라미스 키퍼스의 활동을 성차별적이라고 비판한 글을 게재한 이후 그녀의 글에 대한 찬성과 반대를 분명히 표시하는 편지들이 쇄도해 들어왔다. 그녀는 두 개의 박스를 만들어 찬성과 반대 편지를 분류하였다. 그런데 그 두 박스 중 어느 한쪽에도 넣기가 애매한 편지를 발견하였다. 그 편지는 시라큐스 개혁장로교회를 담임하는 케네스 스미스(K. Smith)라는 목사가 보낸 편지였다. 켄 목사의 편지는 그녀의 글에 나타난 전제에 대한 질문을 친절하고 논리 있게 던지는 편지였다. 그녀는 켄 목사의 편지를 '가장 친절한 항의편지'였다고 고백한다.

그녀는 몇 번이고 이 편지를 휴지통에 던져버렸다 다시 꺼냈다 하기를 반복했다. 그 편지에는 자신과 대화하고 싶으면 언제든지 전화하라는 메모가 담겨 있었다. 그녀는 결국 켄 목사에게 전화를 걸었다. 켄 목사는 그녀를 자신의 집으로 초대하여 아내와 함께 식사를 대접하면서 그녀와 대화를 나누었다. 켄 목사 부부는 그녀의 동성애적 성향에 대해 지적하거나 적대시하지 않고, 오히려 환대하고 친구가 되어주었다. 지금까지 그녀는 동성연애자들의 모임만이 매우 환대를 잘하고 서로에 대하여 열린 마음을 가지고 있는 것으로 알고 있었으나, 그 이상으로 켄 목사 부부가 자신을 열린 마음으로 환대해 주는 모습에 큰 매력을 느꼈다. 그녀는 켄 목사 부부의 태도에 마음이 열렸지만, 여전히 그녀의 사고체계의 한편에는 하나님은 존재하지 않았고 비록 존재한다 하더라도 세상에서 일어나는 폭력, 빈곤, 인종차별, 성차별, 전쟁 등에는 무관심한 분이었다. 따라서 마르크스가 말한 대로 종교는 인민의 아편일 뿐이고 지적으로 모자라는 사람들의 불안을 안정시켜 주는 제국주의적인 사회적 구조물일 뿐이었다.

이러한 가운데 켄 목사 부부와 친구처럼 지내는 동안 그녀는 점차 성경에 대해 궁금해지기 시작했고, 이에 2년간 성경을 혼자 읽어가기 시작했다. 2년이 지난 어느 날 켄 목사와 성경에 대하여 대화하는 동안 교회에 나가고 싶은 마음이 들기 시작했다. 그녀는 어린 시절 천주교에 출석하였는데, 사제가 자신의 친구들과 성적 교제를 나누는 것을 알고 배신감을 느껴 신앙을 떠났던 것이다.

그녀는 켄 목사 부부의 태도를 이렇게 평가했다. "그들은 나에게 절대로 교회 나오라고 하지 않았고 교회를 나에게 데려왔습니다." 그 후 그녀는 스스로 교회에 나갔고 회심하여 개혁장로교인이 되었으며 지금은 더램 개혁장로교회 사모이자 엄마로서 지역사회를 돌보는 일에 헌신하고 있다.

오늘 이 시대에 우리는 켄 목사의 접근방법을 본받을 필요가 있다. 동성애 반대운동이 반대로만 그친 것이 아니라, 그들에게 식사를 대접하며 경청해 주며 대화하여 그들을 회심으로 인도하는 따뜻한 반대운동이 될 수는 없을까? 너희 같은 사람들은 지옥에 떨어져 마땅하다는 눈길과 정죄로 끝나는 반대운동이 아닌, 로자리아 버터필드와 같은 "뜻밖의 회심"이 여기저기서 일어나는 회심운동이 될 수는 없을까? 그리고 교회가 그들을 긍휼히 여겨 도시마다 회복 센터를 세워 치유와 구원 운동을 펼치면 어떨까? 그 무엇보다 우리가 놓치지 말아야 하는 것은 오늘날과 같은 상황에서 우리 주님이라면 어떠한 눈으로 동성애자들을 바라보시며, 어떻게 이들을 다루셨을까이다. 이 안에 동성애 문제를 해결하는 열쇠가 있다고 본다.

제 4 장

동성애, 신학적 조명과 복음적 해법

이요나 목사(서울 갈보리채플 담임목사, 동성애 치유상담학교 교장)

2015년 6월 26일 미연방대법원은 동성결혼을 합법화하였다. 이에 발맞추어 미국 오바마(B. H. Obama) 대통령은 "성소수자(LGBT)를 혐오하는 것은 미국의 적"이라고 규정하며, 완전한 입법을 추진하기 위한 행정명령을 내릴 준비를 하고 있다. 게다가 유엔마저 성소수자 인권정책을 압박해오고 있는 실정에서 동성애 문제에 당면한 선교 대국 한국교회의 입장은 매우 심각한 위기에 처해졌다. 이제 한국마저 무너지면 더 이상 동성애 문제를 성경적 해법으로 해결할 국가는 이 지구상에 존재하지 않을 것이기 때문이다.

이런 이유에서 나는 한국교회는 주님이 오시는 날까지 동성애 문제를 극복할 하나님의 최종병기라고 생각한다. 그러면 청교도 신앙으로 시작한 기독교 국가 미국도 실패한 동성애 문제를 어떻게 우리 한국교회가 그 해법을 찾을 수 있을까? 불가능한 일인가? 그렇지 않다. 우리에게는 하늘의 모든 영들과 천상천하의 모든 만물과 이 땅에 거한 모든 인류의 창조자이며 지존자이신 하나님의 진리의 말씀, 곧 예수 그리스도의 복음이 있기 때문이다. 오직 진리의 성경만이 인생의 실패를 승리로 이끄는 지혜이며, 인생의 모든 생사화복의 근원이 그로부터 시작되고 그에게 돌아간다. 그러므로 이제 우리는 모든 사설적 논쟁을 멈추고 오직 성경을 통해서 동성애에 대한 복음적 해법을 찾아야 할 것이다.

I. 동성애에 대한 신학적 조명

"악을 선하다 하며 선을 악하다 하며 흑암으로 광명을 삼으며 광명으로 흑암을 삼으며 쓴 것으로 단 것을 삼으며 단 것으로 쓴 것을 삼는 그들은 화 있을진저"(사 5:20).

A. 성경적 정의와 하나님의 뜻

우리가 동성애 문제를 신학적으로 조명함에 있어 우선적으로 생각해야 할 것은 동성애에 대한 성경적 정의이다. 성경은 이미 구약을 필두로 신약에 이르기까지 영들과 인간의 죄에 대하여 명확하게 정죄하셨다. 그 어느 곳을 보더라도 동성애를 비롯한 불의한 죄들은 오직 예수 그리스도의 구속을 통하지 않고서는 피할 길이 없다.

따라서 만약 성경에 동성애에 대한 정의가 없다면, 우리는 결국 인간의 생각과 세상의 철학적 논리로 결론을 내릴 수밖에 없다. 그러나 성경은 신구약 전체를 통하여 동성애 문제를 여러 번 언급하였고, 그에 대한 복음적 해법도 명확하게 기록하였다. 따라서 교회가 동성애의 죄를 성경적인 원리를 떠나 세상의 철학과 인간의 사상을 도입한다면, 그가 비록 천사라 할지라도 그는 하나님과의 관계에서 떨어져 나간 자로 가혹한 하나님의 판단을 받게 될 것이다.[1]

그러므로 모든 영들과 인간사와 세계 경영과 천지만물의 조화의 기준과 원리는 오직 성경에서 찾아야 한다. 어느 시대의 어느 성현과 도인과 학자가 천상천하의 그 무엇을 논했다 하더라도 그 권위와 지혜는 성경에 미치지 못한다. 성경은 창조자 하나님의 선지자와 그리스도의 사도들을 통해서 성령으로 친히 기록하신 것이므로 하늘의 일이나 이 세상의 일이나 그 어떤 것이라도 그 모든 정의와 해답은 성경에서 찾아야만 한다.[2]

두 번째는 동성애자들에게 대한 하나님의 뜻이다. 하나님의 뜻이란 그의 계획과 예정과 결정이다. 따라서 하나님의 뜻을 발견하기 위해서는 먼저 하나님의 성품을 알아야 할 것이다. 우리가 성경을 통해 하나님의 성품을 논할 때에 그 대표적인 것은 공의와 사랑이다. 하나님은 이 두 가지의 분명한 성경적 기준을 통해서 사람을 다루신다.

많은 사람들이 죄인을 심판하시는 근엄한 하나님으로만 알고 있는데 심판은 구원을 위한 하나님의 공의의 표이다. 다시 말하면, 하나님은 모든 불의를 하나님의 공의를 따라 판단하시며 또한 하나님은 사랑이시기 때문에 그 아들의 이름으로 구속하신 그 날까지 영원한 생명과 영원한 심판을 정하시고 각 사람들이 스스로 택하게 하셨다.

---

1   "다른 복음은 없나니 다만 어떤 사람들이 너희를 요란케 하여 그리스도의 복음을 변하려 함이라 그러나 우리나 혹 하늘로부터 온 천사라도 우리가 너희에게 전한 복음 외에 다른 복음을 전하면 저주를 받을지어다"(갈 1:7-8).

2   "모든 이론을 파하며 하나님 아는 것을 대적하여 높아진 것을 다 파하고 모든 생각을 사로 잡아 그리스도에게 복종케 하니 너희의 복종이 온전히 될 때에 모든 복종치 않는 것을 벌하려고 예비하는 중에 있노라"(고후 10:5-6).

신약성경에는 하나님의 뜻을 언급한 기록이 있다. 예수님은 마태복음 18장에서 제자들에게 어린소자라도 실족시키면 심판을 면치 못할 것을 말씀하시며 "이와 같이 이 소자 중에 하나라도 잃어지는 것은 하늘에 계신 너희 아버지의 뜻이 아니니라"(마 18:14)고 말씀하셨다. 사도 바울도 "하나님의 뜻은 이것이니 너희의 거룩함이라 곧 음란을 버리고 각각 거룩함과 존귀함으로 자기의 아내 취할 줄을 알고"(살전 4:3-4)라고 증거하였다.

위 말씀의 두 맥락을 살펴보면 예수님은 온전한 구원에 이르게 하는 교회와 사역자들의 책임과 역할을 말씀하신 것이며, 바울은 육체의 정욕에서 벗어나 거룩함에 이르기 위한 성도들의 삶의 기준을 언급한 것이다. 성경은 책망과 바르게 함과 의로 교육함으로 하나님의 사람들을 온전케 하기 위해 주셨고[3], 또 하나님은 복음 사역자들을 세우셨다.[4] 그러므로 성경에 대한 이해가 부족하면 교리적 모순에 빠질 수밖에 없고[5], 교회가 무엇을, 어떻게 가르치느냐에 따라 사도의 가르침과 이단사설이 드러나게 되는 것이다.[6]

---

3 "모든 성경은 하나님의 감동으로 된 것으로 교훈과 책망과 바르게 함과 의로 교육하기에 유익하니 이는 하나님의 사람으로 온전케 하며 모든 선한 일을 행하기에 온전케 하려 함이니라"(딤후 3:16-17).

4 "그가 혹은 사도로, 혹은 선지자로, 혹은 복음 전하는 자로, 혹은 목사와 교사로 주셨으니 이는 성도를 온전케 하며 봉사의 일을 하게 하며 그리스도의 몸을 세우려 하심이라"(엡 4:11).

5 "또 가라사대 너희가 무엇을 듣는가 스스로 삼가라 너희의 헤아리는 그 헤아림으로 너희가 헤아림을 받을 것이요 또 더 받으리니"(막 4:24). "그러므로 너희가 어떻게 듣는가 스스로 삼가라 누구든지 있는 자는 받겠고 없는 자는 그 있는 줄로 아는 것까지 빼앗기리라 하시니라"(눅 8:18).

6 "그러나 민간에 또한 거짓 선지자들이 일어났나니 이와 같이 너희 중에도 거짓 선생들이 있으리라 저희는 멸망케 할 이단을 가만히 끌어들여 자기들을 사신 주를 부인하고 임박한 멸망을 스스로 취하는 자들이라"(벧후 2:1).

B. 성경 해석의 당위성

1. 퀴어 신학의 출발과 모순

동성애 문제에 대한 올바른 성경적 정의를 위해서 필요한 것은 무엇인가? 가장 중요한 것이 성경 해석의 당위성이다. 오늘날 이미 많은 신학자들이 해방 신학, 퀴어 신학(queer theology)과 같은 신조어를 만들어 기독교계가 혼잡한 상황이지만, 신학은 오직 성경의 진리를 토대로 아들 예수 그리스도를 통하여 인류를 구원하기 위한 하나님의 섭리와 계획들을 발견하기 위한 기초인 것이다. 그러므로 하나님의 뜻을 벗어나서 인간의 지혜와 생각으로 새로운 학문적 교리를 만들어내면 이단사설에 빠지는 모순을 범하게 된다.

성경은 모든 학문의 시작과 끝 곧 '알파와 오메가'이며, 모든 일들의 '시작과 끝'이며, 발단과 결과 곧 '처음과 나중'이다.[7] 아무리 과학과 문명이 발달하였다 할지라도 그 모든 것은 하나님의 예정과 범주를 벗어나지 못하며, 인류는 아직 하나님께서 설정하신 영원한 세계에 도달하지 못하였다. 그러므로 성경은 "오묘한 일은 우리 하나님 여호와께 속하였거니와 나타난 일은 영구히 우리와 우리 자손에게 속하였나니 이는 우리로 이 율법의 모든 말씀을 행하게 하심이니라"(신29:29)고 증거하고 있다.

2. 퀴어 신학의 핵심교리

오늘날 퀴어 신학자들과 호모필리아(homophilia, 동성애 옹호자)들은 로마 가톨릭 신부이며, 철학자이자 심리학자인 다니엘 헬미니

---

7   "나는 알파와 오메가요 처음과 나중이요 시작과 끝이라"(계 22:13).

악(D. A. Helminiak)의 성경 해석 교리를 롤 모델로 삼는다. 그들이 말하는 교리는 모두 헬미니악이 2000년에 저술한 '성서가 말하는 동성애'(What the Bible Really Say about Homosexuality? 'Millenium Edition')[8]를 근간으로 하고 있다.

물론 칼빈주의나 알마니안주의도 신학적 해석을 통한 하나님의 은혜와 구원의 원리를 교리화한 것이지만, 퀴어 신학의 출발점이 된 헬미니악의 논리는 하나님의 신적 작정과 거룩한 품성을 훼손한 고의적이고 악위적인 발상이다. 이미 성경은 이들을 향하여 "거짓으로 끈을 삼아 죄악을 끌며 수레 줄로 함 같이 죄악을 끄는 자는 화 있을진저"(사 5:18)라고 저주하였고, 사도 바울은 "하나님의 진노가 불의로 진리를 막는 사람들의 모든 경건치 않음과 불의에 대하여 하늘로 좇아 나타나나니 이는 하나님을 알만한 것이 저희 속에 보임이라 하나님께서 이를 저희에게 보이셨느니라"(롬 1:18-19)고 기록하였다.

더욱 경악할 일은 헬미니악은 성경에 기록된 거룩한 하나님의 증인들을 동성연애와 관련된 악의적인 해석으로 유추하였다. 다윗과 요나단의 연정관계[9]는 물론이거니와 심지어 사울과 다윗의 관계까지 언급하며 "다윗이 사울에게 이르러 그 앞에 모셔 서매 사울이 그를 크게 사랑하여 자기의 병기 든 자를 삼고"(삼상 16:21)라는 기록을 히브리어 원어를 무작위로 유추하여 "다윗이 사울에게 왔고 그[다윗]가 그 앞에서 발기했을 때 그[사울]는 그를 무척 사랑했다"라고 악의적인 주석을

---

8 다니엘 A. 헬미니악,『성서가 말하는 동성애』(What the Bible Really Say about Homosexuality), 김강일 역, 서울: 해울, 2003.

9 사무엘상 18:14; 삼하 1:26; *사무엘상 20:30(70인역을 인용, 수치를 벌거벗음으로 유추) 삼상 16:21.

하였다.[10]

그는 더 나아가 '룻과 나오미'의 관계를 레즈비언 관계로 유추하였으며, 다니엘과 환관장 역시 동성애적인 관계였을 개연성을 열어 놓으며 "성서의 주요 인물들의 삶에 나타난 동성애 관계의 현실적인 개연성을 따져 보면 성서는 거의 모든 사람들이 이제까지 상상했던 것보다 훨씬 동성 간의 사랑에 대하여 개방적이었을지도 모른다는 걸 알수 있다"[11]고 주장하였다.

그뿐만 아니라 그의 사설적 횡포는 불경스럽게도 거룩한 하나님의 독생자 아들 예수 그리스도에까지 미쳐, 마태복음 8장과 누가복음 7장에 기록된 예수께 나아와 사랑하는 병든 하인을 고쳐 달라는 백부장을 언급하며, 마태복음 8:5-13에서 백부장이 지칭한 종의 헬라어 원어가 '파이스, παις'는 '내 아이', '소년'이므로 백부장과 종은 동성애 관계일 수 있다고 주장하였다. 따라서 예수께서 두 사람의 동성애 관계를 알면서도 죄의 논증 없이 백부장의 연인의 병을 고쳐 주었으니, 결국 동성애를 인정한 것과 다름없다는 괴변을 늘어놓았다.[12] 그러나 누가복음 7: 1-10에는 '하인', 곧 '둘로스, δουλος'로 기록되었으므로 공관복음의 관점으로 볼 때, 누가는 백부장과 하인의 상하관계를 그대로 서술한 것이고, 마태는 그의 하인을 아끼고 사랑한 백부장의 성품을 묘사한 것이라는 것을 알 수 있다.

하나님을 믿고 그리스도의 은혜의 시대에 살며, 또한 동일한 성경을 읽으면서도 이와 같은 망령된 발상을 할 수 있다는 것이 참으로 기

---

10 '성서가 말하는 동성애'(해울), 184-185.
11 '성서가 말하는 동성애'(해울), 188-190.
12 '성서가 말하는 동성애'(Millenium Edition) p.xxii; 191-195.

이한 일이 아닐 수 없다. 그러나 설혹 그의 논리가 히브리어와 헬라어의 어원의 해석을 폭넓게 유추한 학문적 연구라고 하더라도, 이는 하나님의 거룩함을 훼손하고 그의 이름을 망령되이 부르며, 성경을 기록하신 성령의 영역을 훼손한 것이므로 이는 하나님의 진리를 훼방한 죄에 대한 형벌을 면치 못할 것이다.[13]

C. 동성애 관련 성구 해석 원리

1. 역사 비평적 읽기의 모순

헬미니악은 그의 저서 서두에서 동성애를 죄악으로 언급하는 것은 잘못된 성경 해석 때문이라고 전제하며, 오랜 교회사 속에서 '문자대로 읽기'(Literal Reading)의 성경 해석의 원칙을 고수해 온 보수주의 성경학자들을 비판하면서, 동성애는 '역사 비평적 읽기'(Historical-critical Reading)를 통해 이해해야 한다고 주장한다.[14] 결국 그의 논지대로 하자면, 성경은 각 시대를 따라서 풍습과 언어의 관습을 수용하여야 하기 때문에 해석도 달라질 수 있다는 주장이다.

그러나 그의 이러한 주장은 매우 큰 위험성을 안고 있는 것으로서 이러한 자의적인 성경 해석을 통하여 성경적 해석의 오류가 발생하고, 이로 인해 결국 이단자들이 속출하게 되는 것이다. 그러나 변할 수 없는 진실은 성경의 무오하심을 믿는 우리는 성경을 문자대로 읽고 해석하여야 한다는 것이 하나님의 말씀을 받은 사도와 그의 후예들의

---

13 "만일 누구든지 이 책의 예언의 말씀에서 제하여 버리면 하나님이 이 책에 기록된 생명나무와 및 거룩한 성에 참예함을 제하여 버리시리라"(계 22:19).

14 '성서가 말하는 동성애'(해울), 22-23.

가르침인 것을 알고 있다. 성경의 문자적 해석의 원칙은 시대와 상황적 적용과는 다른 문제로서 성경 해석의 원리와 질서를 바탕에 둔 해석이다. 그러므로 성경의 바른 해석을 위해서는 성경의 문자적 해석은 지켜지고 존중되어야 한다. 이러한 원칙과 질서가 깨어지면, 결국 성경은 각 사람들의 편리대로 재해석되어 위의 헬미니악의 성경 해석의 경우처럼 사람들이 저지른 죄악을 합리화하는 도구로 전락되고 말 것이다.

결국 헬미니악의 성경 해석의 의하면, 성경은 동성애자의 도덕성이나 윤리성에 대해 아무런 직접적인 태도를 취하지 않는다고 한다. 다시 말하면, 성경은 최소한 동성애에 관한한 '중립적인 견해'를 취하고 있다는 주장이다. 그러나 그는 처음부터 사람을 하나님의 형상과 모양대로 창조하신 하나님의 창조의 권위와 균형을 간과하고 있다. 그가 하나님의 형상과 모양에 대한 성경적 사고만 가졌다면 이런 악의적 실수는 하지 않았을 것이다.

2. 성경 해석의 2가지 법칙

지금까지 보수적 가치관을 고수해 오던 성경 해석의 토대는 '최초 사용의 법칙'(Law of First Us)과 '해석의 불변성 법칙'(Law of Ex-Positional Constancy)이다.[15] 이 원리는 성경을 성경으로 해석하며 귀납적으로 분석하는 가장 좋은 방법이며 성경 기록을 살펴보건대, 성경 저자들도 모두 이러한 원리를 적용하였음을 알 수 있다.

'최초 사용의 법칙'이란 성경의 어떤 말씀을 해석할 때 그 말이 성경에서 처음 사용된 곳을 토대로 해석하는 원리로서, 다시 말하여 '창

---

15 '천지창조'(척 스미스 저: 포도원), 359-360.

조'라는 단어의 해석은 이 단어가 성경 기록상 제일 먼저 기록된 창세기 1:1의 '창조'를 기준으로 그 해석을 유추하여야 한다는 것이다. 두 번째 법칙인 '해석의 불변성'이란 성경 해석의 일관성을 말하는 것으로, 성경에서 죄의 상징으로 언급된 누룩은 성경 그 어디에서도 동일한 해석을 취해야 한다는 원리이다.

또한 성경 해석에 있어서 간과하지 말아야 할 것은 성경 해석의 적용적 균형이다. 이것은 성경 해석의 확대 범위와 적용의 범위의 균형적 질서를 뜻한 것으로, 예를 들어, 요한계시록 12:1에 "하늘에 큰 이적이 보이니 해를 입은 한 여자가 있는데 그 발 아래는 달이 있고 그 머리에는 열두 별의 면류관이 있더라"는 의미심장한 기록이 나온다. 여기서 어떤 학자들은 '여자'를 교회라고 해석한다. 물론 이들의 주장은 갈라디아서 4:21 이후의 말씀을 유추 해석한 것이지만, 이 해석을 따르면 요한계시록의 축이 뒤틀리는 오류를 범하게 된다. 이 부분의 바른 해석은 창세기 37장으로 돌아가야 한다. 야곱의 아들 요셉은 꿈을 꾸고 그 형제들에게 말하여 "내가 또 꿈을 꾼 즉 해와 달과 열한 별이 내게 절하더이다"(창 37:9). 여기서 해와 달과 별은 말할 것도 없이 야곱과 그의 어머니, 그리고 요셉의 열한 형제, 곧 이스라엘의 열두 지파를 언급한 것이다. 그러므로 요한계시록 12장의 '해를 입은 한 여자'는 이스라엘을 뜻한 것으로 이는 7년 대환난 중의 이스라엘과 적그리스도와의 관계에 대한 예언의 말씀인 것을 알 수 있다.

성경은 수천 년 인류 역사 속에서 서로 다른 시대를 살아가던 하나님의 사람들에 의해서 기록되었다. 그러나 성경의 저자는 하나님이시며, 하나님으로부터 부름을 받은 자들에 의해 성령의 영감으로 기록된 것으로(벧후 2:21; 딤후 3:16), 성경은 하나님의 자녀들을 예정하신 예수 그리스도의 나라에 이르기까지 거룩한 품성과 의로운 삶을 통하여 영원한 생명에 들어가게 하기 위해 기록하신 것이다. 그러므로 동성애에 대한 잘못된 해석은 결국 하나님의 계획과 그의 뜻을 대적하는 것이 된다.

D. 구약에 나타난 동성애 문제의 해석적 조명

동성애와 관련된 성경 구절은 레위기 18:22, 20:13, 신명기 22:5, 열왕기상 14:24, 로마서 1:27, 고린도전서 6:9, 그리고 디모데전서 1:10이다. 헬미니악은 이 구절들은 모두 남성 간 섹스에 대해 견해를 표명하고는 있지만, 딱히 동성연애 행위를 단죄한 것은 아닌데도 "근본주의 노선을 따르는 보수 기독교계가 성경의 몇 구절을 문자 그대로 번역하는 오류를 범하여 동성애를 배척하는 잘못을 범하고 있다"고 주장한다. 더 나아가 그는 성경에서 겨우 다섯 번 밖에 언급되지 않은 동성애 문제를 가지고 너무 호들갑 떨지 말 것을 요구하고 있다. 그러나 하나님께서 성경을 통해서 동성애 문제를 다섯 번이나 거론하였다는 것은 동성애가 시대를 막론하고 성도의 삶에 얼마나 큰 악영향을 끼치고 있는가를 방증하는 것이다.

1. 창세기 19장

성경에서 동성애 문제에 대하여 가장 먼저 언급된 곳은 창세기 19장이다. 인간의 죄의 역사가 시작된 이래 이처럼 빠르게 타락의 역사가 전개되었다는 것에 경악을 금치 못한다.

"그들이 눕기 전 그 성 사람 곧 백성들이 무론 노소하고 사방에서 모여 그 집을 에워싸고 롯을 부르고 그에게 이르되 이 저녁에게 네게 온 사람이 어디 있느냐 이끌어 내라 우리가 그들을 **상관**하리라"(창 19:4-5).

헬미니악을 따르는 사람들은 여기에 언급된 '상관', 곧 '야다, יָדַע'라는 히브리어를 달리 해석하려고 애를 쓴다. 그들은 '상관하다'라는 히브리어 '야다'를 왜 '성적' 관계로 국한 지으려 하느냐, 소돔 성 사람들이 그들과 교제를 하려 한 것으로 해석할 수도 있지 않느냐고 주장한다. 그러나 이것은 성경을 부정하고 자신들의 행위를 정당화하려는 악의적 억지이다. 성경의 해석은 그 말씀 속에서 하나님의 마음과 뜻과 계획을 발견하는 것이며, 이를 위하여 하나님의 진리의 성령이 믿는 자 가운데서 역사하는 것이다(요 16:13).

여기서 '상관하다'는 곧 히브리어 '야다'로서 '알다'라는 뜻이다. 곧 남편과 아내가 서로 안다는 의미로 성적 관계를 내포하고 있는 것이다. 이 단어는 성경에서 943번 사용되었으며 창세기에서 10번이나 성적 관계로 사용되었다. 그 한 예로 창세기 4:1에 "아담이 그 아내 하와와 동침하매 하와가 잉태하여…"에서 '동침'이란 단어는 '야다'로서 성적 관계를 의미한다. 또한 창세기 19:8에서 롯이 몰려 온 성 사람들을 만류하며 "내게 남자를 가까이 아니한 두 딸이 있으니 청컨대 내가 그들을 너희에게 이끌어 내리니 너희 눈에 좋은 대로 행하고 이 사람들에게는 아무 것도 하지 말라"에서도 '야다'라는 단어가 나온다.

그러므로 만약 하나님을 믿는 자 가운데 이 말씀에 대하여 다른 해석을 유추하려는 태도를 갖는다면, 그는 하나님의 말씀에 고의적으로 태클을 거는 것이다. 어떠한 이유에서 그런 논리를 유추하는 것인지 그들의 저의를 알 수 없으나, 그가 설혹 동성애일지라도 동성애를 성경에서 정당화하고자 하는 행위는 하나님 말씀의 진의를 왜곡한 망령된 행위이다.

2. 사사기 19장

"그들이 마음을 즐겁게 할 때에 그 성읍의 비류들이 그 집을 에워싸고 문을 두들기며 집 주인 노인에게 말하여 가로되 네 집에 들어온 사람을 끌어내라 우리가 그를 상관하리라"(삿 19:22).

보편적으로 목회자들은 이 내용을 동성애 문제로 다루지 않고 있다. 그러나 문맥상으로 보든지 원어를 통해 보든지 어떠한 형태로 보던 간에, 여기서 언급된 "네 집에 들어 온 사람"은 레위 사람이므로 그 지역 비류들은 레위 사람에게 동성애인 매력을 느끼고 몰려 온 것이다. 이 부분에서 우리는 사역자의 도덕적 성품과 윤리적 생활에 대하여 생각해 볼 필요가 있다.

여기에 기록된 레위 사람은 오늘날 목회자와 같은 신분으로 절대로 축첩을 할 수 없는 입장이다. 그러나 사사기 19장 전체를 읽을 때 그가 자신을 버리고 떠난 첩을 얼마나 사랑했으면 처가에까지 찾아 나섰으며, 또한 딸을 염려하여 사위의 마음을 달래려는 장인과 함께 수일을 함께 술타령을 한 것을 보면 그는 하나님의 율법을 떠난 패역한 사역자이다.

또한 25절 말씀에 의거 그들은 결국 레위 사람의 첩과 밤새도록 분탕질을 했으니 이들은 양성애자이기도 하다[16]. 그러나 22절에서 "그들

---

16 "무리가 듣지 아니하므로 그 사람이 자기 첩을 무리에게로 붙들어 내매 그들이 그에게 행음하여 밤새도록 욕보이다가 새벽 미명에 놓은지라"(삿 19:25).

이 마음을 즐겁게 할 때에 그 성읍의 비류들이 그 집을 에워싸고 문을 두들기며 집 주인 노인에게 말하여 가로되 네 집에 들어온 사람을 끌어내라 우리가 그를 상관하리라"고 말한 내용은 분명 동성연애 행위를 요구한 것이다.

이 구절을 놓고 퀴어 신학자들은 보수교회들이 사사기 내용은 동성애라고 보지 않으면서 유독 창세기 19장만을 동성애 사건으로 보려는 것은 소돔의 멸망을 동성애자에게 돌리려는 의도라고 비난한다. 그러나 여기서도 우리가 주목해야 할 것은 이 내용의 핵심은 레위인들이 맡은 바 사역적 위치를 떠나 세속적인 생활을 하는 시대에 나타난 사회적 현상에 대한 고발적 메시지라는 것이다.

오늘날도 신부나 목사나 신학생들 중에도 동성애자들이 있고 그들 중에는 결혼한 사람도 있다. 각 사람의 성품과 생활방법이 각각 다르듯이 동성애자들도 여러 부류가 있다. 커밍아웃하고 동성애자로 살고 싶은 사람이 있는가 하면, 정상적인 생활을 유지하면서 동성애 생활을 즐기는 사람도 있다. 그러나 이들은 다 타락한 비류들인 것은 부인할 수 없다.

이처럼 성경을 왜곡한 동성애자들이나 친동성애 단체들은 성경이 정죄한 것은 동성연애를 즐기는 사람들을 정죄한 것이지 동성애자로 살아가도록 소명된 사람들에게는 해당되지 않는 것이라 주장한다. 그러나 그 어떤 사람도 동성애자로 살아가라고 소명 받은 사람은 없다. 그것은 하나님의 공의에 맞지 않는다. 따라서 누군가가 동성애자가 되었다면 그것은 그의 선택이며, 그의 선택에 대한 판단은 하나님의 공으로서 심판하실 것이다.

3. 레위기 18장, 신명기 22장, 열왕기 14장

헬미니악은 이 구절들에 언급된 동성애 문제는 남성과 여성의 이상적인 역할을 중시하는 고대 유대교의 율법을 어기거나 동성 성교에 따르는 악습, 곧 성적 착취와 학대를 논한 것이지, 섹스의 고유한 본질을 악으로 규정한 것은 아니라고 주장한다. 그러나 성경은 인간의 의지에 의하여 하나님의 뜻과 신적 작정을 바꾸시지 않으며, 성경은 결코 인간의 육체의 속성을 삶의 기준으로 삼지 않는다.

또한 하나님은 처음부터 자신의 결정에 의하여 예정된 계획을 실행하신다. 설혹 하나님께서 시대적으로 인간을 다루시는 가운데 많은 더러운 사건들이 유추되었다 하더라도 불의한 일들, 곧 우상 숭배, 음행, 간음, 도적질, 살인, 방탕, 탐색, 동성애, 술 취함 등과 같은 육체의 일들을 정당화하신 일은 신·구약성경 그 어디에도 찾아 볼 수 없다. 그럼에도 불구하고 이와 같은 하나님의 신적 작정은 결코 인간을 멸망하기 위한 것이 아니라, 육체의 속성을 버리고 오직 아들 예수 그리스도의 이름으로 하나님의 영광에 참여케 하는 하나님의 사랑을 성취하는데 있다.

E. 신약을 통해 나타난 동성애 문제의 해석적 조명

1. 복음서에 없는 동성애 문제

신약에는 동성애와 관련된 내용이 여러 곳에서 언급되었다. 특별히 퀴어 신학자들은 신약에 언급된 동성애 부분에 대하여는 더욱 강력한 논쟁을 제기한다. 또한 그들은 예수께서는 동성애에 대하여 단 한번도 논하지 않았고 정죄하지 않았다고 주장한다. 그러나 그것은 잘못 된 주장이다. 하나님은 동성애를 용인하신 적이 없다. 이미 "여인을 보고 음행을 품는 자마다 이미 간음하였다"고 정의하신 예수님이 어찌 동성애를 용인할 수 있단 말인가? 예수님의 모든 말씀에는 성도의 거룩함과 의로운 삶의 기준이 녹아 있다.

그렇다면, 예수께서는 구약에서 리얼하게 이슈가 되고 있는 동성애에 대해는 왜 한마디도 말씀하지 않았을까? 그것은 동성애에 대한 율법적 정의에 논란의 여지가 없었기 때문이다. 그러므로 예수님은 하나님의 의와 불의를 논할 때 동성애라는 단어를 굳이 사용할 필요성을 느끼지 못하셨다. 예수님은 산상수훈에서 율법의 정의가 잘못 이해되고 있는 부분은 모두 구체적으로 언급하셨다. 예를 들어, 마태복음 5:22을 보면 유대인들의 율법에 대한 잘못된 이해를 재정의해 주시며, 말씀에 대한 정확한 이해를 도우셨다. "옛 사람에게 말한 바 살인치 말라 누구든지 살인하면 심판을 받게 되리라 하였다는 것을 너희가 들었으나 나는 너희에게 이르노니 형제마다 노하는 자마다 심판을 받게 되고 형제에 대하여 라가라 하는 자는 공회에 잡히게 되고 미련한 놈이라 하는 자는 지옥 불에 들어가게 되리라." 주님의 말씀에 대한 이러한 태도는 하나님께서 주신 율법을 하나님의 뜻과는 무관하게 자신들의 입맛에 맞게 자의적으로 해석하는 잘못을 바로 잡아주고자 하신 것이다.

이에 대해 좀 더 구체적으로 살펴보자면, 예수님은 마태복음에서 율법의 잘못된 해석과 관행적 적용에 대하여 "…너희가 들었으나"라는 관용구를 사용하여 살인에 대하여(5:21), 간음에 대하여(5:27), 이혼에 대하여(5:31), 맹세에 대하여(5:33), 원수 갚는 것에 대하여(5:38), 이웃 사랑에 대하여(5:43), 또한 구제와 기도와 금식과 재물관에 대하여(마 6장), 비판에 대하여, 신앙관에 대하여, 거짓 선지자에 대하여(마 7장) 잘못된 해석과 관행들을 바로 잡으셨다. 그러므로 만약 구약에서 증거된 동성애에 대한 율법적 정의가 잘못 사용되었다면 예수께서 분명하게 바로잡아 주셨을 것이다.

그러나 예수님은 결코 율법이 옳지 못하다고 말씀하시지 않았다. "율법은 거룩하고 신령하다"(롬 7:12)고 하셨고, "내가 율법을 폐하러 온 것이 아니라 완전케 하려 함이로라"(마 5:17)고 말씀하셨으며, "천지가 없어지기 전에는 율법의 일점일획이라도 반드시 없어지지 아니하고 다 이루리라"(마 5:18)고 하셨다. 또한 "누구든지 이 계명 중에 지극히 작은 것 하나라도 버리고 또 그 같이 사람을 가르치는 자는 천국에서 지극히 작다 일컬음을 받을 것이요 누구든지 이를 행하며 가르치는 자는 천국에서 크다 일컬음을 받으리라"(마 5:19)라고 말씀하셨다.

그러므로 구약의 동성애 정죄에 대한 율법적 교리는 논란의 여지가 있을 수 없다. 만약 동성애 교리에 문제가 있었다면 예수님께서 분명히 다른 정의를 하셨을 것이기 때문이다. 또한 이스라엘 백성들은 어려서부터 동성애의 엄격한 율법교육을 받아 온 터라 감히 동성애와 같은 패역한 행위에 대한 논쟁은 불필요했을 것이다. 그러나 교회 시대가 온 세상에 확장됨과 동시에 예수 그리스도의 구원의 복음이 온 세상에 전파됨으로 말미암아 믿는 이방인들 중에 동성애 성향을 가진 자들이 유입되면서 이방인의 사도인 바울이 동성애의 복음적 교리를 설파한 것이다.

2. 로마서의 동성애 관련 성구

"이를 인하여 하나님께서 저희를 부끄러운 욕심에 내어 버려 두셨으니 곧 저희 여인들도 순리(본성)대로 쓸 것을 바꾸어 역리로 쓰며"(롬 1:26).

"이와 같이 남자들도 순리대로 여인 쓰기를 버리고 서로 향하여 음욕이 불 일듯 하매 남자가 남자로 더불어 부끄러운 일(보기 흉한 짓)을 행하여 저희의 그릇됨에 상당한 보응을 그 자신에 받았느니라"(롬 1:27).

신약에서 동성애 문제가 가장 먼저 언급되는 곳은 로마서 1:26-27이다. 흥미롭게도 퀴어 신학의 대부 다니엘 헬미니악은 그의 저서 '성경이 말하는 동성애'에서 로마서 1장에 언급된 동성애 문제에 대한 논쟁을 가장 많이 할애하고 있다. 그 이유는 바울이 동성애의 악하고 더러운 속성을 가장 리얼하게 기록하였기 때문이 아닐까 싶다.

헬미니악은 로마서에 나오는 동성애 성구를 조명하며 '로마서에 언급된 동성애의 정죄는 태생적 동성애 성향을 가진 사람들을 말한 것이 아니고, 성적으로 타락한 사람들의 동성 섹스에 대해 이야기하고 있는 것'이라는 괴변을 늘어놓는다.

그러나 우리가 주목해야 할 것은 '이를 인하여'라는 연결구는 25절의 "그들이 하나님의 진리를 거짓 것으로 바꾸고 창조주보다 피조물을 더 경배하고 섬김이라"는 말씀의 결론구이므로 그의 주장처럼 하나님께서 동성연애자를 만드셨다는 말은 결코 성립될 수 없는 것이다.

또한 헬미니악은 보스웰(J. Boswell)과 컨트리먼(L. W. Countryman)과 같은 신학자들의 학술을 인용하여 로마서 1장에서 바울은 동성 간의 성행위를 단죄한 것이 아니라, 윤리적 중립을 가르치고 있다고 주장한다.[17] 따라서 로마서에서 사용한 동성연애 행위의 '더럽다'(impure)는 기록은 사회적으로 인정되지 않지만, 윤리적 불의로 묘

---

17 '성서가 말하는 동성애'(해울), 99.

사하지 않았으므로 본문 구조상 정죄의 목록들과 구분하여야 한다고 주장한다.

그는 더 나아가 "바울의 로마서 기록 목적은 예수 그리스도 안에서 율법의 성결 문제를 중요시한 것이 아니므로, 바울 서신은 그러한 율법적 문제 때문에 그리스도교 공동체가 분열되어서는 안 된다는 것을 강조하여 가르치고 있다"[18]고 주장하였다. 그러나 바울은 그의 서신서 전체에서 그리스도의 성도들이 율법을 가벼이 여겨 방탕한 생활에 빠질 것을 염려하고 더 엄하게 경계하였다.[19]

헬미니악은 로마서 1:26-27에서 언급한 동성연애와 관련된 세 단어 곧 '역리, 비정상적인'(unnatural), '부끄러운'(degrading), '망측한, 흉한'(shameless)과 같은 헬라어 단어들을 자의적으로 해석하였다. 특히 여기서 바울이 말하는 역리란 윤리를 뜻하는 '본성'(natural)에 대한 거슬림이 아니라, 유대인의 율법적 요구에는 맞지 않는다는 의미로 사용한 것이라고 주장한다.

그러나 헬라어 중심 번역의 최고 오래된 킹 제임스 성경(The King James Bible: KJB)은 "이러한 까닭에 하나님께서 그들을 수치스런 애정에 내어주셨으니 심지어 그들의 여자들도 본래(본성)대로 쓸 것을 본성에 어긋나는 것으로 바꾸었으며 남자들도 이와 같이 본래대로 여자 쓰기를 버리고 서로를 향하여 욕정이 불 일듯 하여 남자가 남자와 더불어 보기 흉한 짓을 행하여 자기들의 잘못에 합당한 보응을 자기들 속에 받았느니라"고 기록하고 있다. 이 기록을 보건대, 그의 주장은 허구임이 명백하다. 이는 '먹물깨나 먹은 사람'이란 우리나라 옛 속어

---

18 '성서가 말하는 동성애'(해울), 100-146.
19 롬 7:12; 딤전 1:3-11; 고전 6:9-10; 갈 5:19-21; 엡 5:3-7 등.

를 '물이 없어서 먹물을 먹고 산 사람'이라고 해석한 것과 같다.

또한 그는 비정상적인 생활을 뜻하는 '역리'에 해당하는 헬라어 '파라 퓌신, παρὰ φύσιν'에서 '퓌신, φύσιν'은 물리학적인 용어로서 영어 '순리, nature'에 반하는 말이지만 바울이 언급한 순리는 특성을 말한 것이지 원초적이고 '자연적 법칙'에 반하는 의도로 사용한 것이 아니라고 주장한다. 그러나 헬라 문헌에도 '역리'라는 헬라어 '텐 파라 퓌신, την παρὰ φύσιν' 곧, "본성에 반한다"라는 해석은 윤리와 도덕적 관용어로 많이 사용되었다.

더 나아가 경망스럽게도 헬미니악은 바울이 '파라 퓌신'(παρὰ φύσιν)이란 단어를 윤리적 단죄로 사용할 수 없는 이유를 설명하면서 "네가 원 돌감람나무에서 찍힘을 받고 본성을 거스려 좋은 감람나무에 접붙임을 얻었은즉 원 가지인 이 사람들이야 얼마나 더 자기 감람나무에 접붙이심을 얻으랴"(롬 11:24)의 말씀을 인용하며 야생나무를 재배용 나무에 접붙이는 것은 정상이 아님에도 하나님께서도 비정상적으로 행동하셨다는 증거라고 망령된 평론을 하였다.[20] 이것은 하나님께서 밤을 만드신 것처럼 죄를 만드셨으니 그의 피조물인 인간은 죄를 지을 수밖에 없다는 괴변과도 같다.

3. 고린도전서, 디모데전서의 동성애 관련 성구

"불의한 자가 하나님의 나라를 유업으로 받지 못할 줄을 알지 못하느냐 미혹을 받지 말라 음란하는 자나 우상 숭배하는 자나 간음하는 자나 탐색하는 자나 남색하는 자나 도적이나 탐람하는 자나 술

---

20 '성서가 말하는 동성애'(해울), 105-110.

취하는 자나 후욕하는 자나 토색하는 자들은 하나님의 나라를 유업으로 받지 못하리라"(고전 6:9-10).

"음행하는 자며 남색하는 자며 사람을 탈취하는 자며 거짓말 하는 자며 거짓 맹세하는 자와 기타 바른 교훈을 거스리는 자를 위함이니"(딤전 1:10).

위의 두 구절 말씀은 동성애 문제가 거론될 때마다 퀴어 신학자들이 가장 빈번하게 사용하는 구절이다. 그들은 헬라어 '말라코이, μαλακοὶ'와 '아르세노코이타이, ἀρσενοκοῖται' 곧 '탐색하는 자'(여자처럼 행세하는 자들), '남색하는 자'(남자 동성애자들)의 해석의 문제를 놓고 여러 성경 번역본을 나열하며 보수성향의 교회들이 이 단어들을 자기들의 입맛대로 번역하는 실수를 했다고 주장하였다.[21]

한 예를 들면, 그들은 '탐색, 말라코스, μαλακός'이 사용된 마태복음 11:8에서 '부드럽다'라고 사용된 것을 들어서 '행실이 단정치 못한', '규율 없는'으로도 해석을 할 수 있는데, 이것을 굳이 동성연애 행위로 해석할 필요가 있느냐고 반문한다. 그러나 이것은 억지 주장이다. 이는 자위, 수음, 손장난(hand play)은 같은 의미로 논란의 여지가 없다. 여자나, 여성이나, 자매나, 계집애나, 계집년이나 사용하는 범위가 다를 뿐이지 모두가 동의어인 것과 마찬가지이다.

또한 그는 '남색'의 해석을 놓고 이 단어가 성행위의 동작의 주체가 남자라는 것을 뜻하는 말인지 아니면 다른 사람들과 섹스하는 남자를 뜻하는 것인지 구분이 명확하지 않다고 주장하며, 이 단어가 사용된

---

21 '성서가 말하는 동성애'(해울), 149-153.

정황상 '남색, 아르세노코이타이, ἀρσενοκοῖται'이란 단어는 '능동적인 삽입 성교'를 뜻하는 것이므로 '남창'이라고 할 수 있는 것을 굳이 동성연애자로 번역하는 것은 합당치 않다고 주장한다. 참으로 어이없는 주장이라고 밖에 할 수 없다. 이런 그에게 우리나라 말 중 '문 닫고 들어와', '나는 먹물깨나 먹은 사람이다'라는 말을 해석하라 한다면 어떤 결과가 나올지 자못 궁금하다. 성경 전체를 문맥을 따라 읽으면 어느 정도 글을 읽고 이해할 수 있는 수준의 사람이면, 금방 알 수 있는 내용을 왜곡하고 있다.

4. 유다서에 언급된 동성애 관련 성구

"소돔과 고모라와 그 이웃 도시들도 저희와 같은 모양으로 간음을 행하며 다른 색(다른 육체 KJV)을 따라 가다가 영원한 불의 형벌을 받음으로 거울이 되었느니라"(유 1:7).

퀴어 신학자들은 본문에 언급된 '다른 색'이란 단어는 동성애와 연관된 말이 아님을 강조한다. 물론 이 말은 동성애와 직접적인 관련을 가진 단어는 아니다. 이 번역은 킹제임스 번역을 따라 '다른 육체'(사르코스 헤테라스, σαρκὸς ἑτέρας)라고 보는 것이 맞다. 여기서 우리는 유다는 이 논증을 펴면서 왜 소돔과 고모라를 인용하였을까 생각해 보아야 한다. 창세기 6장에 언급된 바대로 '하나님의 아들들'(베네 하엘로힘, בני האלהים 욥 1:6 참조)이 아름다운 사람의 딸들을 자기 임의로 아내로 취한 사건은 이미 성경에 나타나 있기 때문이다.

II. 동성애 문제에 대한 복음적 정의와 이해

"알 것은 이것이니 법은 옳은 사람을 위하여 세운 것이 아니요 오직 불법한 자와 복종치 아니하는 자며 경건치 아니한 자와 죄인이며 거룩하지 아니한 자와 망령된 자며 아비를 치는 자와 어미를 치는 자며 살인하는 자며 음행하는 자며 남색하는 자며 사람을 탈취하는 자며 거짓말 하는 자며 거짓 맹세하는 자와 기타 바른 교훈을 거스리는 자를 위함이니 이 교훈은 내게 맡기신 바 복되신 하나님의 영광의 복음을 좇음이니라"(딤전 1:9-11).

A. 동성애 이슈의 영적 이해(창세기 18장, 19장)

"아브라함이 또 가로되 주는 노하지 마옵소서 내가 이번만 더 말씀하리이다 거기서 십인을 찾으시면 어찌 하시려나이까 가라사대 내가 십인을 인하여도 멸하지 아니하리라"(창 18:32).

성경은 창세기 19장에서 동성애 문제를 처음 다루고 있다. 그러나 창세기 19장은 동성애를 직접 다루기보다는 동성애와 관련된 종말론적 영적 이슈를 우리에게 제시하고 있다. 우리가 창세기 19장을 조명해 보건대, 하나님께서 소돔 땅의 패역함을 리서치하기 위해 두 명의 천사를 파송하셨을 때, 천사들을 발견한 사람은 아브라함의 조카 롯이요, 두 번째 그룹은 바로 동성애자 집단이다.

여기서 우리가 주목할 것은 하나님의 사람 롯과 동성애자들 무리만 천사들을 발견하였다는 사실이다. 다시 말하면, 하나님을 믿는 의인 롯은 천사들의 거룩한 신성을 발견하였고, 동성애자들은 천사들의 아름다운 매력에 이끌렸던 것이다. 그러면 과연 타락의 성 소돔에 천사들을 유혹할 만한 타락한 창녀들이나 매음녀들은 없었던 것일까? 아닐 것이다. 소돔 성은 하나님께서 멸하시기로 작정할 만큼 동성애까지 만연할 정도로 악으로 가득한 도시였다.

따라서 동성애로 만연한 현 시대를 살아가는 우리는 동성애 문제를 처음 언급한 멸망의 소돔 성의 사건을 종말의 시대에 나타날 영적 예표로 삼아야 할 것이다. 이미 그러한 시대가 우리 앞에 성큼 다가와 있기 때문이다. 동성애가 만연한 시대는, 곧 영원한 멸망의 날을 예고한 메시지로 보아야 한다.

1. 소돔의 멸망 이유

창세기 18장과 19장은 종말의 날에 하나님을 믿는 사람들 가운데 극렬하게 엇갈리는 하나님의 공의의 심판을 보여주는 살아있는 메시지로서 "불의한 자가 하나님의 나라를 유업으로 받지 못할 줄을 알지 못하느냐"(고전 6:9a)는 바울의 말과 동일한 관점을 발견할 수 있다. 또한 이 메시지는 오늘과 같은 종말의 때에 우리 교회와 성도가 어떤 신앙관을 선택할 것인지 가늠케 하는 교훈적 메시지이다.

그러나 여기서 우리가 주의해야 할 것은 소돔과 고모라 멸망의 직접적 원인을 동성애에서 찾는 것은 지나친 비약이다. 창세기 19장에 기록된 소돔 성의 동성애 사건은 소돔 성의 타락의 극한 상태를 조명한 것이지, 동성애의 죄악으로 인해 심판을 받은 것을 뜻하는 것은 아니다. 그러므로 주로 교회에서 일반적으로 해석되어 오고 있는 소돔과 고모라의 멸망이 동성애 때문이라는 해석은 무리가 있어 보인다. 이러한 무리한 관점 해석을 하는 것도 문제이지만, 더 큰 문제는 소돔 성 멸망의 원인을 전혀 달리 해석하는 퀴어 신학자들의 억지스런 해석에 있다.

헬미니악은 소돔 성의 멸망 원인에 대해 에스겔 16장의 말씀을 인용하여 '소돔 성의 죄는 궁핍한 나그네를 받아들이지 않은 것'이라고 주장하고 있다. 그러나 에스겔서 16장 문맥 전체를 통해 보면, 에스겔 선지자는 헷 사람과 아모리 사람과 소돔 사람들의 죄악들을 열거하며, 하나님을 모르는 이방인들보다 더 악해진 선민 이스라엘 백성들의 패역함을 책망하며 인용한 것임을 삼척동자도 알 수 있다.

2. 하나님의 공의와 교회의 중보

또한 여기서 우리가 간과하지 말아야 할 것은 창세기 18장에 나타난 온전한 구원의 믿음에 이르지 못한 성도들을 향한 아브라함의 온전한 신앙관이다. 그는 의인 롯과 그의 친족을 구원하기 위하여 하나님과 대면하여 공의로운 하나님의 심판을 요구하며 만약 소돔 성에 의인 열 명이 있다면 소돔 성을 멸하지 않겠다는 하나님의 약속을 이끌어 내었다. 사실 이것이 오늘날 우리 교회의 역할이고 이것이 하나님의 뜻을 이루는 복음적 해법인 것이다.

이러한 관점에서 본다면, 이 시점에서 종말의 날에 다시 재림하실 주님을 만날 것을 고대하는 크리스천이라면, 매년 6월이면 펼쳐지는 퀴어 축제를 바라보며 하나님의 공의 앞에 선 아브라함의 심정으로 저들 가운데 있을 의인들을 위해 중보해야 할 것이다.

소돔 성의 멸망 후 성경은 "하나님이 들의 성들을 멸하실 때 곧 롯의 거하는 성을 엎으실 때에 아브라함을 생각하사 롯을 그 엎으시는 중에서 내어 보내셨더라"(창 19:29)고 기록하고 있다. 이 메시지는 각 사람의 믿음의 선택에 따라서 내가 롯과 같은 입장일 수도 있고 아브라함의 입장이 될 수도 있다는 말이다. 의인이라 칭함 받은 롯의 믿음

을 보건대, 그는 하나님을 믿는 자로서 재물을 선택한 자의 본보기이다.[22]

B. 동성애에 대한 율법적 정의

앞서 말한 바와 같이 구약에 나타난 동성애에 대한 율법적 정의는 그 어떤 타협의 여지가 없다. 물론 율법적 정의는 동성연애의 죄에만 국한된 것은 아니다. 모든 불의에 대한 하나님의 결정이다. 율법이 이처럼 죄에 대하여 단죄한 것은 하나님의 택한 백성들이 세상과 구별되어 거룩하고 의로운 삶을 살게 하기 위한 하나님의 은혜이며 사랑에서 비롯된 것이다.

1. 동성애 사형제도(레위기 18:22, 20:13)

율법서에서 동성애에 대한 언급은 레위기에 기록되어 있다. 하나님은 먼저 "너는 여자와 교합함 같이 남자와 교합하지 말라 이는 가증한 일이니라"(레 18:22). 또한 "누구든지 여인과 교합하듯 남자와 교합하면 둘 다 가증한 일을 행함인즉 반드시 죽일지니 그 피가 자기에게로 돌아가리라"(레 20:13)고 하며 엄히 단죄하였다.

이에 대하여 헬미니악은 '이는 문화적이고 종교적인 함축 때문에 오직 삽입 성교를 금한 것이지 일반적인 동성애 행위의 도덕성에 관해서는 아무런 진술도 없었고, 이와 같은 것들은 구약성경의 관심사가

---

[22] "이에 롯이 눈을 들어 요단들을 바라본즉 소알까지 온 땅에 물이 넉넉하니 여호와께서 소돔과 고모라를 멸하시기 전이었는고로 여호와의 동산 같고 애굽 땅과 같았더라"(창 13:10).

아니라'[23]고 주장했다. 참으로 어리석고 무모한 발언이다. 그가 이런 주장을 한 것은 호모필리아(homophilia)로서가 아니라 동성연애자로서의 발상이 아닌가 싶다.

그러면 하나님은 왜 율법을 통하여 동성애를 '가증한, (토에바, תועבה, 혐오하다)' 일이라는 극단적으로 혐오하시며 죽음에 이르는 심판을 하셨을까? 바울은 이에 대해 "그런즉 선한 것이 내게 사망이 되었느뇨 그럴 수 없느니라 오직 죄가 죄로 드러나기 위하여 선한 그것으로 말미암아 나를 죽게 만들었으니 이는 계명으로 말미암아 죄로 심히 죄되게 하려 함이니라"(롬 7:13)고 하였다. 이와 같이 율법은 하나님의 선민 이스라엘을 의의 백성으로 보존케 하기 위해 주신 것으로 그들이 율법을 경계삼아 죄를 짓지 않게 하려 함이다.

2. 동성애 지향의 복장 금지 윤리제도(신명기 22:5)

또한 신명기에는 "여자는 남자의 의복을 입지 말 것이요 남자는 여자의 의복을 입지 말 것이라 이같이 하는 자는 네 하나님 여호와께 가증한 자니라"(신 22:5)고 기록되어 있다. 이로써 하나님은 이스라엘 백성들에게 의도적으로 스스로 동성애 지향에 빠지는 행위를 하지 못하게 하여 오늘날 트랜스젠더와 같은 패역의 길을 원천 봉쇄한 것이다.

동성애자들을 상담하다 보면 공통된 것이 발견된다. 게이들은 대부분 어려서부터 인형놀이를 좋아하고 부모 몰래 여자 옷을 입고 얼굴에 화장한 경험들이 있었고, 레즈비언 성향자들은 어려서부터 남자 머리와 옷을 입고 전쟁놀이를 좋아했다는 것이다. 따라서 요즘과 같은 영적으로 혼란한 미디어 시대에는 부모들 스스로 생활 속에서 악한

---

23 '성서가 말하는 동성애'(해울), 76-79.

영들의 문화와 풍습을 차단하는 경건한 생활 유지에 힘을 써야 할 것이다.

3. 동성애 추방제도(열왕기상 14:24, 열왕기상 15:12, 열왕기상 22:46)

왕국시대에 이르러서는 긴급한 조치가 발령되었음을 볼 수 있다. 열왕기상 14:24에는 "그 땅에 또 남색하는 자가 있었고 여호와께서 이스라엘 자손 앞에서 쫓아내신 국민의 모든 가증한 일을 무리가 본받아 행하였더라"는 기록과 함께 이스라엘 성군 아사 왕이 "남색하는 자를 그 땅에서 쫓아내고"(왕상 15:12a), 또 그 아들 여호사밧도 아버지 아사 왕과 마찬가지로 아직 남아있던 동성애자들을 쫓아내었다고 기록하고 있다. "저가 그 부친 아사의 시대에 남아있던 남색하는 자를 그 땅에서 쫓아내었더라"(왕상 22:46).

위의 말씀을 통해서 볼 때, 우리는 다윗 왕 이후 이스라엘 왕국이 거대해지면서 주변 국가들과 무역이 활발해지고 사람의 왕래가 빈번해지면서 각양각색의 이방인들이 유입되는 가운데 동성애자들이 있었던 것을 알 수 있다. 그들이 이스라엘 사람들을 유혹하여 동성애 행위를 행하게 함으로써 거룩한 이스라엘 백성들까지 은연중에 동성애에 빠지게 되는 죄악을 범하자 국가적 조치를 취했던 것이다.

이와 같이 하나님께서 율법을 통하여 이스라엘 백성들 속에서 동성애 문제를 엄격하게 다스리신 것은 인간의 심령을 사로잡고 있는 동성애적 죄성을 끊어낼 수 없기 때문에, 율법으로 엄격하게 통제한 것이다. 오늘날 우리는 법적으로 윤리와 도덕을 보장받지 못하는 시대를 살고 있다. 우리가 영적으로는 예수 그리스도의 은혜 가운데 살고 있지만, 육신은 세상의 정사와 권력과 어둠의 세력들에게 지배를 받고

있다.[24] 그러므로 이 종말의 시대에 교회의 역할이 막중한 것이다.[25]

C. 동성애의 복음적 정의

이제 복음의 시대, 곧 예수 그리스도의 은혜의 시대에 있어서 동성애에 대한 복음적 정의를 살펴보자. 여기서 우리는 먼저 죄를 다루시는 하나님의 공의를 생각해야 할 것이다. 근본적인 하나님의 공의는 구약이나 신약이나 다르지 않다. 죄인은 심판하시고 의인에게는 상을 베푸시는 것이 하나님의 공의이기 때문이다. 은혜의 시대에도 하나님의 공의의 판단은 불변하다.

그러나 세부적인 면에서는 구약과 신약 간에 약간의 차이가 있다. 그것은 죄를 다루시는 하나님의 방법이 바뀌었다는 것이다. 구약에서는 율법을 통하여 의로운 삶을 살게 하셨고, 신약에서는 하나님의 아들 예수 그리스도를 통해서 믿음으로 의인이 되는 구속의 방법을 택하신 것이다. 그것은 율법으로는 사람을 변화시킬 수 없고, 오히려 의로운 삶을 살게 하기 위하여 주신 율법으로 인해 택하신 백성이 사망에 이르게 됨으로 인해, 온전케 할 수 없는 율법을 치우시고, 그 아들 예수 그리스도께서 친히 대제사장이 되어 십자가의 도로서 죄에서 구속해 주심으로 의인의 길에 이르게 하신 것이다.

그러므로 나라와 민족을 막론하고, 또 그 어떤 죄악을 범한 자라 하더라도 그 아들의 이름으로 하나님의 자녀가 되는 은혜의 시대가 열

---

24 "우리의 씨름은 혈과 육에 대한 것이 아니요 정사와 권세와 이 어두움의 세상 주관자들과 하늘에 있는 악의 영들에게 대함이라"(엡 6:12).
25 "이는 이제 교회로 말미암아 하늘에서 정사와 권세들에게 하나님의 각종 지혜를 알게 하려 하심이니"(엡 3:10).

린 것이다. 이제는 인간의 죄를 율법으로 정죄할 필요가 없다. 이미 예수 그리스도께서 십자가 위에서 모든 죄를 다 멸하셨기 때문에 더 이상 율법으로 죄를 다스릴 필요가 없다. 그럼에도 우리 교회가 여전히 동성애 문제를 율법적인 관점에서 다루려고 한다면 그것은 아직 복음의 은혜를 깨닫지 못한 모순된 믿음이다. 이미 우리가 아는 바와 같이 율법으로 의인이 되려 하던 이스라엘은 이미 실패하였고, 하나님의 아들 예수 그리스도를 믿음의 의로 세운 은혜의 법은 아직도 살아서 우리와 함께 하고 있기 때문이다. 이는 우리로 믿음이 없어 순종치 않은 자의 본에 빠지지 않게 하려 하심이다.[26]

1. 동성애의 복음적 해법

성경은 우리에게 "불의한 자가 하나님의 나라를 유업으로 받지 못할 줄을 알지 못하느냐 미혹을 받지 말라 음란하는 자나 우상 숭배하는 자나 간음하는 자나 탐색하는 자나(여자처럼 행세하는 자들이나) 남색하는 자나(남자 동성애자들이나) 도적이나 탐람하는 자나 술 취하는 자나 후욕하는 자나 토색하는 자들은 하나님의 나라를 유업으로 받지 못하리라"(고전 6:9-10)고 전하고 있다. 이 말씀은 하나님을 믿어 하나님의 자녀가 된 자라도 하나님의 나라를 상속받지 못할 수 있음을 암시하고 있다. 그러면 우리는 왜 예수를 믿느냐는 의문을 갖게 된다.

그러나 성경은 다시 "너희 중에 이와 같은 자들이 있더니 주 예수

26　"그러므로 우리가 저 안식에 들어가기를 힘쓸지니 이는 누구든지 저 순종치 아니하는 본에 빠지지 않게 하려 함이라"(히 4:11).

그리스도의 이름과 우리 하나님의 성령 안에서 씻음과 거룩함과 의롭다 하심을 얻었느니라"(고전 6:11)고 말씀하고 있다. 즉, 이러한 의문은 복음으로서 모든 것이 해결되는 것이다. 그렇다면, 성도로서 예수 그리스도를 향한 믿음 안에서 성령의 내주내재 교통하심을 믿는 동성애자들을 우리는 어떻게 설명할 것인가?

나는 그동안 1,200여 명의 크리스천 동성애자들을 상담하였다. 그들 중에는 모태신앙이 38%이며, 17%가 목회자 가정의 자녀들이다. 이들은 모두 예수를 믿으면서도 동성애 생활을 하는 자들이다. 그들은 하나같이 예수를 사랑하고 성령의 인도하심 속에서 살기를 소망하는 자들이다. 동성애를 끊어내기를 소망하고 기도하며 신앙생활을 해오고 있는 것이다. 그러나 그럼에도 불구하고 온전한 변화를 이루지 못하는 것은 무엇 때문인가? 나 역시도 12년 동안 예수를 믿고 신학을 하면서도 동성애를 끊어낼 수 없었다. 그 이유는 무엇인가? 그러므로 바울이 언급한 위의 고린도전서 6:11말씀의 '예수 그리스도의 이름'과 '성령 안에서의 씻음'이란 말씀은 특별한 적용적 해석이 필요하다.

예를 들어, 나에게 상담을 받기 위해 오는 청년들은 대부분 인터넷이나 방송을 통해서 나에 대한 정보를 가지고 찾아온다. 그들은 '이요나 목사는 탈동성애자이다. 어머니가 자살하셨다. 게이 바를 운영했다. 갈보리채플 목사이다.' 이 정도의 정보를 알 뿐이다. 그러나 이것만으로 나를 다 안다고 말할 수는 없다. 우리 교회에 출석하는 청년들 중 출석한 지가 6개월 된 자도 있고 1년, 5년, 7년, 더 길게는 12년 된 청년도 있다. 교회에 출석한 기간에 따라 나에 대한 성격과, 나의 말하는 어법이나, 내가 가진 성경적 지식, 혹은 목회 철학, 즉 인간 이요나뿐 아니라, 목회자 이요나가 어떤 자인지 아는 정도가 다를 것이다. 또한 그들이 나를 안다고 해도 나와 함께 한 부모에게서 자라고 어머니의 죽음을 함께 목도하고, 또한 함께 예수를 믿어 오늘 갈보리채플 장로와 권사가 된 나의 동생과 누님이 나를 아는 정도에는 미치지 못할 것이다.

이와 같이 예수를 믿는다는 것과 안다는 것은 다른 의미이다. 예수를 믿어 하나님의 은혜로 구원을 받았지만, 믿음의 종착지는 영원한 생명에 이르는 것이다. 예수께서도 "영생은 곧 유일하신 참 하나님과 그의 보내신 자 예수 그리스도를 아는 것이니이다"(요 17:3)라고 말씀하셨으며, 베드로 사도도 '경건에 속한 모든 것을 주셨으니 자기의 영광의 덕으로써 우리를 부르신 자를 앎으로 육신의 정욕을 인하여 세상에서 썩어질 것을 피하여 신의 성품에 참예하는 자가 되게 하셨다'(벧후 1:3,4)고 증거 하였다.

그러면 '성령 안에서의 씻음이란' 무엇인가? 이는 성령이 역사하는 속성을 말한 것이다. 예수님은 우리 안에 역사하실 성령에 대하여 "그러하나 진리의 성령이 오시면 그가 너희를 모든 진리 가운데로 인도하시리니 그가 자의로 말하지 않고 오직 듣는 것을 말하시며 장래 일을 너희에게 알리시리라"(요 16:13) 말씀하셨다. 여기서 '자의로 말하지 않는다'는 말씀은 성령은 그리스도의 영광을 위하여 오셨기 때문에 오직 그리스도의 말씀, 곧 하나님의 말씀 안에서 역사하신다는 뜻이다(요 16:14-15). 따라서 예수를 믿고 성령의 은혜 속에 있더라도 진리의 복음의 말씀을 따라 신앙생활을 하여야 할 것이다.

2. 성경의 목적과 교회의 역할

여기서 우리는 하나님이 성경을 우리에게 주신 목적과 사역자를 세우신 목적이 무엇인가 살펴볼 필요가 있다. 바울은 "모든 성경은 하나님의 감동으로 된 것으로 교훈과 책망과 바르게 함과 의로 교육하기에 유익하니 이는 하나님의 사람으로 온전케 하며 모든 선한 일을 행하기에 온전케 하려 함이니라"(딤후 3:17)고 말씀하고 있다. 이는 하나님의 사람으로 하나님이 계획하신 온전한 사람을 만드시기 위한 프로세스이다.

여기서 '교훈'은 성경적 '교리'를 뜻하며 '책망'은 죄의 문제를 다루는 것이다. 우리는 말씀으로 교훈을 받고 죄에 대해 책망을 받아야만 심령의 회개가 일어나며, 그 다음에 '바르게 함', 곧 삶의 교정이 가능하게 되고, 여기서 더 나아가 의의 훈련을 받아 온전한 사람이 되는 것이다.

또한 하나님은 복음 사역자를 세우셔서 일하신다. "그가 혹은 사도로, 혹은 선지자로, 혹은 복음 전하는 자로, 혹은 목사와 교사로 주셨으니 이는 성도를 온전케 하며 봉사의 일을 하게 하며 그리스도의 몸을 세우려 하심이라"(엡 4:11-12). 하나님은 하나님이 세우신 사역자를 통해서 하나님의 자녀들을 온전케 하여 그리스도의 형상을 닮아가는 삶을 살아가도록 인도해 그리스도의 교회를 든든히 세우는 일을 하게 하셨다.

그러므로 예수를 믿으면서도 삶 속에서 온전한 변화를 이루지 못했다면, 그 사람은 온전한 성경적 교육과 성령 안에서의 훈련을 받지 못한 것이다. 생활 속에 사소한 죄의 문제라 할지라도 그저 입술로 주여, 주여 한다고 해결되는 것이 아니다. 전인격적으로 예수를 받아들이고 전인격적으로 그를 알고, 온전히 복음의 말씀에 근거해 살아가는 삶의 자세가 필요하다. 따라서 동성애 문제를 극복하기 위해서는 우리 교회와 사역자들의 성경적 이해와 복음적 역할이 무엇보다도 중요하다고 하겠다.

결어: 교회의 역할

시편 기자는 "이 일이 장래 세대를 위하여 기록되리니 창조함을 받을 백성이 여호와를 찬송하리로다 여호와께서 그 높은 성소에서 하감하시며 하늘에서 땅을 감찰하셨으니 이는 갇힌 자의 탄식을 들으시며 죽이기로 정한 자를 해방하사 여호와의 이름을 시온에서, 그 영예를 예루살렘에서 선포케 하려 하심이라"(시 102:18-20)고 말씀하셨다. 이는 이 땅의 모든 죄인들을 향한 하나님의 뜻이며 신적 작정이다. 나는 동성애자들도 이 속에 포함되었다고 확신하다. 그렇지 않았다면 오늘날 나와 같은 탈동성애자들의 증언도 무익할 것이다. 성경은 또한 "누구든지 형제가 사망에 이르지 아니한 죄 범하는 것을 보거든 구하라 그러면 사망에 이르지 아니하는 범죄자들을 위하여 저에게 생명을 주시리라 사망에 이르는 죄가 있으니 이에 대하여 나는 구하라 하지 않노라"(요일 5:16)고 기록하고 있다. 혹자는 "동성애자는 하나님의 저주를 받은 사람으로 지옥 불에 떨어질 것이다"라고 말하기도 하지만, 그것은 은혜의 시대를 사는 크리스천으로서 조급한 판단이다. 우리가 동성애자들을 정죄한다면 하나님께서는 그렇게 말하는 사람을 죄 없다고 하지 않으실 것이다. 우리는 사람을 정죄하거나 판단할 권한이 없으며, 다만 죄인들을 부르셔서 새롭게 하시고 죄인에서 의로운 자로 재창조하시는 주님의 은혜를 갈구할 뿐이다. 지금은 예수 그리스도의 은혜의 시대이다. 예수 그리스도의 이름으로 그 어떤 흉악한 죄라도 용서받지 못할 죄는 없다(지금 한창 이슈가 되고 있는 동성애도 마찬가지이다). 복음의 진리 가운데 역사하는 성령은 그리스도의 사람을 변화시키기에 충분한 능력이 있기 때문이다.

사도 요한이 말한 바와 같이 동성애는 사망에 이르지 않는 죄이다.

만약 동성애가 사망에 이르는 죄라면 그와 동일한 범주에 있는 음행과 간음도 구원을 얻지 못할 것이며, 밧세바를 간음한 다윗도 지옥에 있어야 할 것이다. 그러므로 동성애는 능히 복음으로 극복하고 온전함을 얻을 수 있는 죄의 목록이다.

예수님은 용서받지 못할 죄는 오직 성령을 훼방하는 죄라고 말씀하셨다. 따라서 동성애는 용서받지 못할 죄는 아니다. 동성애는 오직 성경의 진리와 성령으로 해결될 수 있는 죄의 문제이다.

그러므로 이제 우리 교회는 동성애자들을 무조건 적대적인 대상으로 삼아 비난만 할 것이 아니라, 저들을 품고 저들에게 살아계시고 지금도 역사하시는 하나님의 복음의 말씀을 전하여 저들도 하나님의 구원의 은총에 참예할 수 있도록 하는 데 힘을 모아야 한다. 주님의 말씀의 빛이 저들의 심령을 비춘다면, 저들 안에 있던 동성애의 어두움이 그 빛에 의해 떠나가며, 저들도 이제는 더 이상 어두움의 자녀가 아닌 빛의 자녀로서 온전케 될 수 있다는 믿음과 확신으로 저들을 교회 안으로 인도하는 열린 자세가 절실히 필요한 때이다. 그러므로 성경은 "저희로 깨어 마귀의 올무에서 벗어나 하나님께 사로잡힌 바 되어 그 뜻을 좇게 하실까 함이라"(딤후 2:26)고 말씀하셨다.

예수님도 이 땅에 의인이 아닌 죄인을 부르러 오셨다고 하시며, 공생애 사역을 감당하셨다. 따라서 마태복음 18:14의 길 잃은 한 마리 양을 찾아 나서시는 목자의 비유를 통해("이와 같이 이 소자 중에 하나라도 잃어지는 것은 하늘에 계신 너희 아버지의 뜻이 아니니라") 한 영혼의 소중함을 일깨워 주셨다. 주님의 영혼을 사랑하는 마음이 우리의 마음이 되어야 한다. 주님이 죄인을 배타하지 않고 부르신 것처럼, 우리도 죄인에 대한 열린 마음으로 그들을 적극적으로 찾아나서 저들이 주께로 돌아와 창조 때의 하나님의 형상대로 지음 받은 모습으로 돌아올 수 있도록 도와야 한다. 이것이 오늘날 동성애라는 난제에 부딪힌 우리 교회와 성도들이 복음의 진리로서 세상 가운데 빛과 소금의 역할을 다하는 행위일 것이다. 점점 어두워져 가는 세상에 주님의 복음으로 밝은 빛을 비추어야 한다. 생명을 살리는 참된 진리는 하나님 안에만 있기 때문이다.

그러나 변하지 않는 진리는 '영원한 생명'이 작정된 것처럼 하나님의 말씀을 불순종하며 거역하는 자들에게는 '영원한 멸망'도 작정되어 있다는 것이다. 이것이 하나님의 공의로운 심판이고 또한 하나님의 긍휼하신 사랑이다.

지금은 은혜의 시대이다. 그리스도의 복음의 은혜로서 동성애를 비롯한 모든 죄의 문제들을 해결해야 할 때이다. 우리 주 하나님과 그 아들 예수 그리스도의 사랑이 온전히 성취되기를 기원한다.

제 5 장

동성애의 문제점과 목회적 대안

이영훈 목사(여의도순복음교회 담임목사)

들어가는 말

지난 2015년 6월 서울시청 앞 광장에서 동성애자들의 '문화축제'가 열렸다. 이 축제는 서울 중심부에서 공개적으로 개최되었다는 점과 또한 미국 연방대법원에서 동성 간의 결혼을 합법화하는 결정이 나온 직후에 이루어졌다는 점에서 우리 사회에 큰 충격으로 다가왔다. 앞으로 이러한 동성애자들의 집단적 자기표현이 빈번해질 때 청소년을 비롯한 아직 가치관이 형성이 되지 않은 취약한 계층에 미칠 파장이 적지 않으리라 예상된다. 그리고 무엇보다 동성애는 기독교 전통 신앙에 위배될 뿐 아니라 도덕적으로 또한 윤리적으로, 그리고 우리의 전통적인 문화와 어긋나는 잘못된 행태이기 때문에, 이로 인해 사회 전반에 미칠 부정적 영향력은 더욱 심화되리라 본다.

이처럼 동성애가 사회 문제로 부각됨에 따라 우리 기독교계는 이제 이를 방관하거나 무시하는 종전의 입장에서 벗어나 보다 분명한 자세를 취해야 하는 필요성이 제기된다. 이것은 앞으로 확산될 동성애 문제와 관련하여 그 예방적인 차원에서, 그리고 동성애로 인한 사회적 혼란과 폐해를 최소화하고자 하는 점에서 절대적으로 필요하다.

이러한 점에서 본 소고에서는 동성애의 문제점과 원인을 파악하고 동성애가 미치는 부정적인 영향과 그 심각한 폐해에 대해 고찰하고자 한다. 뿐만 아니라 동성애에 대한 성경적이고 기독교 윤리적인 이해와 더불어 그 적절한 목회적 대안을 제시하고자 한다.

I. 동성애의 문제점

1. 인권 문제

1) 차별금지법으로 인한 다수 인권의 억압

2010년 10월 영국에서는 동성애를 포함한 '차별금지법'(the Equality Act)이 제정되어 발효되었다. 영국은 2006년 차별금지법에 종교로 인한 차별을 금지하는 조항을 넣었고, 2010년 동성애에 대한 규정을 추가했다. 이 법의 내용은 누구나 성별, 나이, 장애, 임신과 출산, 지역, 종교, 성(性) 결정과 성전환, 동성애 등에 차별을 받지 않고 보호되어야 한다는 것이다. 얼핏 보면 이 법은 소수의 인권을 보호하는 법으로서 지극히 바람직한 것이라 생각할 수 있다. 하지만 영국에서 '차별금지법', 소위 '평등법'이 통과된 이후 매우 심각한 일들이 벌어지고 있다.

기독교 신앙 위에 세워진 기독교 학교들은 이슬람을 비롯한 다른 종교를 가진 학생들을 의무적으로 입학시켜야 하고, 그들에게 기독교 신앙을 전해서도 안 되고 가르쳐서도 안 되게 되었다. 심지어 동성애는 죄라고 말만 하여도 법의 저촉을 받는다. 그 예로, 거리에서 동성애가 죄라고 선포하며 전도하던 맥칼파인(D. Mcalpine)이라는 사람은 평등법을 위반했다는 이유로 경찰에 붙잡혀 7시간 동안 구류된 상태에서 조사를 받아야 했다. 2014년 5월 영국 북아일랜드 벨파스트 지역에서 가장 큰 교회를 담임하던 맥코넬(J. Mcconnell) 목사는 설교 중에 "이슬람은 사탄적(satanic)이며, 악마의 씨앗(the spawn of the devil)과 같다"고 말했다가 기소되었고, 방송을 통해서 공개적인 사과를 해야 했다. 크리스천 제빵 회사인 애쉬스 베이킹사(Ashers Baking Company)는 동성결혼을 축하하는 케이크를 만들어 달라는 요청을 거부했다는 이유로 기소를 당해 벌금을 내야 했다. 이와 비슷한 사건이 미국에서도 발생했다. 2015년 5월 미국의 오레곤 주에서 제과점 '스위트 케이크스 바이 멜리사'(Sweet Cakes by Melisa)를 운영하던 크리스천인 멜리사 클라인(M. Klein)과 애런 클라인(A. Klein) 부부는 동성애자의 결혼 케이크 주문을 거절한 혐의(차별금지법 위반)로 법원으로부터 13만 5천 달러의 벌금형을 부과 받고서 결국 가게를 닫을 수밖에 없었다.

이외에도 세계 각지에서 동성애와 관련해 여러 역차별적인 사건들이 있었는데, 어떤 교회는 그 교회가 요구하는 자격을 갖춘 동성애자를 전도사로 채용하지 않았다고 고소를 당해 6천 5백만 원의 벌금을 내기도 했다. 뿐만 아니라 "결혼은 한 남자와 한 여자의 결합이라고 믿는다"고 말했던 정치인은 자신이 속했던 당에서 출당을 당하기도 했다. 학교에서 "하나님께서 동성결혼을 옳지 않다고 하셨다"고 말했던 선생님은 교직에서 물러나야 했으며, 어느 판사는 입양을 원하는 동성 커플에게 아이는 두 남자가 아닌 양육부(父)와 양육모(母) 아래서 자라야 한다고 말을 했다가 재교육 명령을 받기도 했다.

지난 6월 26일 미국 연방대법원은 동성결혼이 합헌이라는 결정을 내렸다. 이제는 미국 전역이 동성결혼 합법화의 길로 들어선 것이다. 이에 따라 많은 크리스천들과 기독교적 가치관을 가지고 있는 사람들이 앞으로 미국 사회와 학교, 가정들이 어떻게 변할지 심각한 우려를 나타내고 있다.

2) 우리나라의 차별금지법

우리나라에서도 차별금지법 제정을 위한 시도가 여러 번 있었다. 2007년 10월에 첫 번째 시도가 있었고, 2010년 4월에 두 번째 시도가 있었다. 첫 번째 시도는 몇몇 국회의원들이 발의를 한 것이었지만, 2010년에는 법무부에서 '차별금지법 특별분과위원회'까지 출범을 시켜 적극적으로 차별금지법을 통과시키려고 했다. 하지만 기독교 단체들의 강한 반발에 부딪혔고 결국 국회를 통과하지 못했다. 이후 2013년 2월 유엔 인권이사회의 권고에 따라 포괄적인 차별금지법을 재추진했다. 보수신앙을 가진 기독교 단체들은 '10만 서명운동' 등을 통해 거세게 반발했으며, 법안을 발의한 의원 중 일부가 철회를 요구하면서 2013년 4월 24일자로 철회되었다.

하지만 차별금지법이 제정되지 않았다고 다 끝난 것은 아니다. 지난 2015년 7월 1일에 실시된 여론조사에 의하면 '차별금지법의 제정이 필요하다고 생각한다'는 응답자가 59.8%에 이르고 있다. 이것은 크리스천들을 포함한 대부분의 사람들이 차별금지법의 이면에 담긴, 우리의 삶과 가치를 파괴할 무서운 독소를 깨닫지 못하고 있다는 것을 말해주는 것이다.

2. 동성애 원인 문제

1) 동성애가 선천적이라는 오해

현재 미국, 유럽을 비롯한 서방 세계에는 동성애가 유전으로 인해 생겨난다는 오해가 퍼져 있으며, 이러한 주장이 우리나라에도 들어와 있다. 이는 1993년에 해머(D. H. Hammer) 등의 연구자들이 남성 동성애가 유전자와 상관관계가 있다는 주장을 담은 논문을 발표하였고, 이를 서구 언론들이 그대로 받아서 동성애 유전자를 발견했다는 내용의 기사를 대대적으로 전달했기 때문이다. 그러나 이 연구는 1999년에 반박되었고, 1993년 논문의 연구자 중 한 사람인 해머는 다른 연구자들과 함께 자신의 1993년에 발표된 연구결과를 부정한 바 있다. 따라서 동성애가 선천적으로, 즉 유전에 의해 결정된다는 학설은 확정된 사실이 아니다.

2) 동성애가 선천적이 아닌 근거

동성애자들은 동성애가 자신들의 선택에 의한 것이 아니라, 유전적으로 그렇게 태어났다고 주장한다. 따라서 동성애가 비난을 받아야 한다면 비난의 대상은 자신들이 아니라, 자신들을 이렇게 만든 하나님이어야 한다고 주장하는 사람들도 있다. 그러나 과연 그들의 주장대로 동성애는 선천적으로 태어나는 것이며, 인간창조에 책임이 있으신 하나님의 작품으로 보아야 하는가? 어떤 행동이 선천적인 요소에 의해 결정된다는 말은 DNA에 의해 어쩔 수 없이 그러한 행동을 하도록 만들어졌다는 뜻이다. 그렇다면 과연 동성애라는 것이 본인의 의사와는 상관없이 거부할 수 없는 DNA, 다시 말해 유전적인 문제인가?

첫째로, 동성애와 선천적 유전자의 관계성에 대해 살펴보자. 동성애를 가져오는 유전적 요소가 특정한 성향에 영향을 미친다는 동성애자들의 주장이 사실이라면, 이론적으로 동성애적 경향은 여러 세대에 걸쳐서 점차 증가되어 나타나야 한다. 그리고 나중에 가서는 완전한 동성애적 경향을 가진 사람들이 태어나야만 한다. 예를 들어, 동성애자가 태어난 집안은 조상 대대로 동성애의 유전자를 가진 가문이어야 하며, 따라서 세대를 거듭할수록 동성애 성향을 가진 자손들이 태어나야 하고, 나중에는 완전한 동성애자들이 태어나야 한다. 그러나 실상은 그렇지 않다. 동성애자들의 가계도를 조사한 연구들에 의하면 갑자기 동성애자가 가문에 나타났다가 또 갑자기 그 가문에서 사라지고 있다는 것을 밝히고 있기 때문이다.

둘째로, 동성애가 선천적 유전자 때문이 아니라면 유전자의 돌연변이 때문인가라는 물음이 제기된다. 생물학적 연구에 의하면 동성애는 유전적 돌연변이라고 할 수 없다. 왜냐하면 유전자의 돌연변이는 사람의 행동양식에 변화를 일으키는 것이 아니라, 근본적으로 육체적인 결함을 만들어 내기 때문이다. 만일 동성애가 유전자의 돌연변이로 인한 것이라면 동성애자들은 모두다 신체적인 결함을 가져야만 하는데, 실제로는 전혀 그렇지 않다는 사실이다.

셋째로, 동성애가 유전적이 아니라는 근거는 종족번식의 원리에서 찾을 수 있다. 만약 동성애 유전자를 가진 집단이 자녀를 낳지 않으면 그 유전자는 다음 세대로 연결되지 않게 되고 결국 그 집단의 종족은 사라지게 된다. 다시 말해 종족을 번식할 수 없는 동성애의 행동양식이 유전자와 관련이 있었다면 동성애는 벌써 지구상에서 사라졌어야만 한다. 왜냐하면 자녀를 낳지 않는 행동양식은 결코 유전적일 수 없기 때문이다.

위에서 살펴본 바와 같이 동성애는 타고난 유전적인 요소에 의해 결정되는 것이 아니다. 따라서 이 세상에 태어날 아기가 앞으로 동성애자가 될 것을 미리 예측할 수 있는 어떠한 유전적 근거도 가지고 있지 않은 것이다. 오늘날 동성애의 원인과 관련하여 많은 학자들 사이에 다양한 측면에서 연구가 이루어지고 있다. 그런데 분명한 것은 동성애가 타고나는 것이기 때문에 바꿀 수 없다는 주장은 과학적으로 검증된 것이 아니라는 사실이다.

3) 동성애의 후천적 요인들

이처럼 동성애의 원인이 명확하게 밝혀지지 않은 상황이기 때문에, 많은 학자들은 동성애자들의 생활양식에 관심을 가지고 연구를 수행하고 있다. 다시 말해, 사람들이 어디에서 어떤 삶을 살아가느냐에 따라 동성애자가 될 수 있느냐는 것이다. 이런 연구들에 따르면 동성애를 일으키는 요인은 다음과 같다. 첫째, 어린 시절에 학대받은 경험이 동성애로 이어질 수 있다. 둘째, 어릴 때 가족 단위의 어려움, 예를 들어, 가족의 정신병, 약물중독, 부모의 별거 또는 이혼 등을 경험한 것이 동성애로 이어질 수 있다. 셋째, 부모의 잘못된 성역할 모델이 동성애로 이어질 수 있다. 넷째, 기숙사, 교도소, 군대 등에서 동성애를 우연히 경험하거나 성폭행과 같은 잘못된 성경험 때문일 수 있다. 다섯째, 동성애를 미화하는 영화, 드라마 등의 문화를 경험하는 것이 동성애로 이어질 수 있다. 여섯째, 성격이나 심리적 성향, 반대의 성에 가까운 신체적인 요소들(목소리, 체형 등)에 의해 동성애 경향으로 나아갈 수 있다는 것이다.

이러한 연구들에 따르면 동성애는 유전적 또는 생물학적 요인에 의해 결정된다기보다는 사회문화적인 경험을 통해 후천적으로 학습되는 것으로 볼 수 있다. 그러므로 동성애적 성향은 얼마든지 바꿀 수 있으며, 효과적인 학습과 훈련을 통해 극복할 수 있다. 더욱이 우리 그리스도인들은 사람을 변화시키는 예수 그리스도의 보혈의 역사와 성령님의 능력을 믿는다. 비록 어떤 사람이 현재 동성애라는 잘못된 성향과 행동에 빠져 있을지라도 예수님을 믿고 구원받아 성령을 받을 때 그 역시 변화될 수 있는 것이다.

II. 동성애의 영향

1. 건강상의 문제

1) 한국의 에이즈 현황

우리나라의 후천성면역결핍증(AIDS) 환자 수는 2014년 말 기준으로 1만 2,757명으로 외국인을 제외한 순수 한국인 감염자 수는 1만 1,504명에 달했다. 연도별 신규 감염자 현황을 보면 1995년 100명을 돌파한 이후 꾸준히 증가해 2013년 처음으로 1,000명을 넘어 1,114명의 신규 감염자가 발생했다. 2014년 역시 증가해 1,191명으로 집계됐다.

2) 에이즈 환자의 급증 이유

이렇게 에이즈 환자가 계속해서 증가하는 이유는 무엇일까? 질병관리본부가 최근 발간한 '2014 HIV/AIDS 신고현황 연보'에 따르면 2014년 신고된 1,191명의 환자 중 남성이 1,100명으로, 여성(91명)

보다 압도적으로 많았다. 이는 이성 간 성행위에 의한 감염보다는 동성 간의 성행위로 발생하는 감염 사례가 늘어나고 있다는 것을 시사한다. 전문가들은 남성 에이즈 환자가 감염되지 않은 여성에게 바이러스를 옮길 확률이 여성 에이즈 환자가 감염되지 않은 남성에게 바이러스를 옮길 확률보다 더 높기 때문에, 남성 감염자 비율이 유독 높은 것은 남성끼리 옮겼을 것으로 풀이하고 있다. 또한 보건복지부 공식 문건인 제3차 국민건강증진종합계획에서도 '남성 동성애자 간 성 접촉이 에이즈의 주요 전파경로'라고 명시하고 있으며, '행동하는 성소수자인권연대'의 보고서에도 '한국의 에이즈 감염인 중 다수는 남성 동성애자'라고 밝히고 있다.

이러한 사실에 대해 소위 성소수자 인권단체를 중심으로 반론이 제기되기도 한다. 첫째, 전 세계적으로 에이즈가 가장 많은 지역은 아프리카인데, 그곳에서 에이즈가 급증한 이유는 가난 때문이라는 주장이다. 하지만 가난 때문에 에이즈가 증가한다는 주장은 전혀 근거가 없다. 무분별한 성생활, 특별히 동성 간의 성생활이 에이즈를 급격히 확산시키고 있는 것이다. 이미 앞서 살펴본 바와 같이 우리나라에서 에이즈 확산의 주범은 동성애이다. 둘째, 에이즈는 바이러스 때문에 감염되는 것이며, 따라서 동성애와는 무관하다는 주장이다. 물론 에이즈는 바이러스에 의해 감염된다. 그러나 동성애자들에게 에이즈 바이러스 보균자들이 많기 때문에, 동성애로 인해 에이즈에 걸릴 확률이 높은 것도 사실이다. 그러므로 동성애는 에이즈 확산과 깊은 연관이 있다. 셋째, 에이즈는 성관계 외에도 다양한 방법으로 감염된다는 주장이다. 물론 이 역시 사실이다. 에이즈는 성관계 외에도 주사, 수혈 등의 방법으로도 감염될 수 있다. 그러나 많은 경우 감염경로가 확인된 에이즈 환자들의 대부분이 동성 간 성 접촉에 의한 것으로 보고되고 있기 때문에, 이러한 주장 역시 받아들일 수 없다.

3) 동성애 확산과 국민 보건

지금까지 살펴본 것처럼 적어도 우리나라에서는 동성애와 에이즈가 긴밀하게 연관되어 있다. 따라서 우리 사회에서 동성애를 공식적으로 인정하는 것은 에이즈 확산을 조장해서 국민 건강을 위협할 수 있게 된다. 만약 동성결혼까지도 합법화된다면 동성애에 대한 우리 사회 최후의 저지선을 무너뜨려 동성애 확산에 기름을 부을 가능성이 매우 높다. 이는 결국 동성애가 주요인인 에이즈의 감염률 상승으로 이어져 국민건강에 심각한 위협을 초래하게 될 것이다.

2. 성 도덕의 타락

1) 성 도덕의 문란

동성애자들은 자신들의 성적인 성향이 유전적인 것이기 때문에 사회적인 배려와 이해가 필요하다고 주장한다. 하지만 과학적으로 동성애가 유전에 의한 것이라는 것을 입증할 만한 근거는 전혀 없다. 동성애자들 가운데 상당수가 양성애자들이라는 것도 동성애가 유전과는 상관없다는 것을 방증한다. 동성애자들 가운데 많은 사람들은 정상적인 가정을 가지고 있다. 대부분 과거에 이성과의 교제나 성적인 관계를 가졌던 것으로 드러나고 있다. 이들은 이성과의 관계에서 만족하지 못하고 더 큰 쾌락을 추구하며 성윤리를 타락시키고 있다. 동성애자들은 성적 자기 결정권을 주장하고 있다. 이른바 자기의 성에 대한 정체성을 스스로 결정하겠다고 하는 것은 창조주 하나님의 주권을 인정하지 않는 것이며, 하나님을 인간의 삶으로부터 완전히 배제시키는 행위인 것이다.

결국 동성애는 더욱더 자극적인 방법으로 인간의 성적인 욕구를 채우고자 하는 것에 지나지 않는다. 동성애와 같은 성 도덕의 문란이 인간의 육체와 영혼을 파멸시키고 사회 전체를 파괴시키는 결과를 초래하는 것은 성경과 인간의 역사 가운데 잘 나타나고 있다.

2) 하나님의 선물인 성(性)

하나님이 인간에게 선물로 주신 성은 하나님의 창조질서에 속한 것이며, 본래 아름답고 선한 것이었다. 본래의 성은 하나님의 창조질서 안에서 두 가지의 큰 목적이 있다.

첫째, 성은 결혼이라는 제도 속에서 '출산'의 은혜를 누리게 한다. 출산이 배제된 결혼과 성관계는 하나님이 성을 창조하시고 인간에게 선물로 주셨을 때의 목적에 위배되는 것이다. 왜냐하면 자녀 갖기를 고의적으로 거부하는 것은 창조의 질서 속에서 결혼의 목적을 축소시키는 일이며, '생육하고 번성하라'(창 1:28)는 하나님의 문화명령에도 위배되는 일이기 때문이다.

둘째, 성은 결혼한 부부로 하여금 성인이 된 남녀 간의 완전한 결합을 이루도록 하는 목적을 가지고 있다. 정상적인 부부의 결합은 남편과 아내가 서로에 대한 사랑과 존경을 표현하는 일이며, 서로의 하나 됨을 심화시키는 일이다. 그래서 성경은 이 같은 정상적인 부부관계를 그리스도와 교회의 관계와 연결시키기도 한다. 예를 들어, 에베소서 5:22 이하에서 남편과 아내의 관계를 그리스도와 교회의 관계에 비유하며 하나 됨을 강조하고 있다.

3) 동성애, 성의 왜곡

지금까지 살펴본 것처럼, 하나님이 인간에게 주신 축복의 선물인 성은 아름답고 선한 것이었다. 그러나 인간이 타락한 이후 성은 왜곡되기 시작했다. 현대에 이르러 성의 왜곡은 극대화되었고, 그 일환으로 등장한 것이 동성애이다. 동성애는 하나님의 아름다운 선물인 성을 변질시키는 것이며, 성 도덕을 타락시키는 일이다.

누구나 알 수 있듯이, 동성 간의 성관계로는 어떤 인간 생명체도 태어날 수 없다. 새로운 인간이 태어나기 위해서는 반드시 이성 간의 성관계가 이루어져야 한다. 따라서 출산과 아무런 관계가 없는 동성애는 성을 허락하신 하나님의 의도에서 완전히 벗어나는 일이다.

또한 성경이 묘사하는 정상적인 부부관계를 동성 간의 관계로 생각할 수 없다. 앞에서 예로 들은 에베소서 5:22 이하의 말씀에서도 '아내'를 남자로 해석하거나 '남편'은 여자일 수도 있다고 해석할 수는 없으며, 창조질서 속에서 남자와 남자, 또는 여자와 여자의 결합은 결코 인정될 수 없다. 하나님이 최초에 아담을 창조하시고 돕는 배필로 아내 하와를 창조하여 한 가정을 이루게 하신 이래, 결혼은 반드시 남성과 여성 사이에 이루어져야 하며, 성관계 역시 그러해야 한다.

그러므로 동성애는 성 도덕의 타락일 뿐 아니라, 창조주 하나님의 의도에 반하는 것이다. 이 세상의 모든 죄가 그러하듯, 동성애 역시 일차적으로는 하나님과의 관계에서 발생하는 죄이다. 동성애가 죄인 것은 하나님을 향한 반역이기 때문이며, 하나님의 말씀에 대한 불순종이기 때문이다. 이와 같이 인간이 동성애로 인해 하나님과의 관계가 깨어지게 되면, 인간은 그 자신 안에서 육체적 소욕에 욕심대로 살아가게 되며 다른 인간과의 관계도 파괴적인 양상으로 치닫게 된다.

3. 가정 파괴

1) 동성애와 대리모 문제

동성결혼의 문제는 단순히 동성 간의 결혼이라는 문제에만 국한되지 않는다. 동성결혼이 허용된 나라들의 사례를 보면 동성애자들은 동성결혼을 한 후, 정자은행(Sperm Bank)이나 대리모를 통해 자녀를 얻거나 입양을 원하고 있다. 미국에는 현재 675개의 크고 작은 정자은행이 성업 중이며, 그 중에서 가장 큰 캘리포니아 크라이요뱅크(California Cryobank: CCB)는 매일 100여 명의 여성에게 정자를 팔고 있다. 미국의 정자은행들은 전 세계 60여 국가에 수출도 하고 있다. CCB의 설립자 로드먼(C. Rothman)은 1980년대까지 고객의 90%는 불임부부였지만 지금은 65%가 동성애 커플이라고 말한다. 이처럼 동성결혼은 성을 사고파는 성매매의 차원을 뛰어넘어 대리모와 정자은행과 같은 인간의 생명을 사고파는 '인간 시장'을 형성하고 있다.

2) 동성애와 자녀 입양 문제

동성결혼은 또한 동성 커플의 자녀 입양을 합법화한다. 그러므로 동성 커플도 다른 이성 커플들처럼 합법적으로 자녀를 입양할 수 있다. 동성애자들은 자신들이 성적 소수자이며, 성적인 정체성을 스스로 결정할 수 있는 자유와 인권을 보장 받아야 한다고 주장한다. 또한 동성애자들은 동성애 부부도 부부이기 때문에 부모가 될 권리를 가지는 것은 당연하다고 주장한다. 하지만 이들은 자신들의 권리, 자신들의 인권만을 내세울 뿐, 입양이나 대리모와 정자은행을 통해 얻은 아이들의 인권과 자유에 대해서는 침묵한다. 동성애 부부 가정에서 자라는 아이들은 남성과 여성에 대한 정체성과 역할에 대한 혼동을 가질 수밖에 없다. 동성애 부부의 욕심 때문에 그들의 아이들은 성에 대한 정체성은 물론 사회를 구성하는 기본적인 단계인 가정에 대한 혼동, 어린 나이에 당연히 받고 자라야 할 어머니와 아버지의 사랑의 결핍, 태어나 처음으로 쓰게 되는 단어인 엄마와 아빠에 대한 개념조차 정립되지 못한 상태에서 자라게 된다.

3) 동성애와 가정 파괴

동성애자들은 한 남자와 한 여자를 통해 이루어지는 가정을 파괴하고 대리모와 정자은행과 같은 생명을 사고파는 방식으로 하나님의 창조질서를 깨뜨려 그들의 가정을 세우려고 한다. 이들은 생명을 천시하며, 가정을 파괴하고, 하나님의 창조질서를 깨뜨리는 소위 인본주의적 바벨탑을 우리 사회 속에서 쌓아가고 있는 것이다.

III. 동성애에 대한 목회적 대안

1. 동성애에 대한 성경적 입장

21세기 현대 사회는 포스트모더니즘(Postmodernism)이 전사회적으로 맹위를 떨치는 사회이다. 그에 따라 절대주의보다는 상대주의, 획일성보다는 다양성이 미덕이 되어가고 있다. 이런 점에서 한국 사회도 예외가 아니다. 여전히 전통적 가치와 전통문화가 존재하지만 날이 갈수록 상대주의와 다양성이 사회 전반에 걸쳐 큰 영향력을 발휘하고 있다. 다양화되고 다변화되는 사회·문화적 구조 속에서 다양한 집단, 다양한 소수의 문화와 가치가 목소리를 내고 있는 것이다.

최근에 이르러 '동성애' 문제와 관련해서도 한국 사회의 적지 않은 변화를 감지하게 된다. 최근까지 동성애 문제는 한국 사회 속에서 금기시 되는 사안이었다. 그러나 지난 10년 동안 젊은 층들로부터 시작하여 동성애에 대한 담론이 서서히 대중 속에서 공개적으로 논의되기 시작했다. 어둠 속에 숨어있던 동성애자들이 고개를 들고 광장에 나오기 시작하면서 복음주의적인 교회뿐만 아니라, 일반 대중들도 이들에 대한 경계와 비난의 목소리를 내기 시작했다. 그에 따라 이들의 저항과 반발은 자기들끼리 결집하는 데서 그치지 않고, 일종의 국제적인 연대까지 결성해 가면서 집단화, 체계화 되어 가고 있다.

그러나 동성애 문제는 청소년, 가정, 사회적 가치관과 윤리의식, 건강 및 위생 문제 등 전사회적인 문제와 직결되어 있기 때문에 이에 대한 바람직한 대비책이 시급히 마련되어야 할 실정이다. 뿐만 아니라 동성애 문제는 기독교의 복음의 가치관과 정면으로 충돌을 빚는 사안이기 때문에, 한국교회는 이 문제의 심각성을 인식하고 전교회적인 대응전략을 수립해야 할 것이다.

1) 동성애에 관한 구약성경의 관점

구약성경은 분명하게 동성애를 하나님께서 가증히 여기시는 죄악으로 규정하고 있다(창 19:1-11; 레 18:22; 20:13; 삿 19:22-30 참조). 창세기 19:1-11은 소돔과 고모라가 불과 유황의 심판을 받은 결정적인 죄악 중 하나가 동성애임을 분명히 밝히고 있다. 또한 레위기 18:22과 20:13은 이스라엘 백성에게 하나님의 율법을 지키고, 애굽과 가나안의 행위들을 본받지 말라고 명하고 있다. 이런 행위들 안에는 친족들과의 성적 관계, 온갖 변태적 성행위, 인신 제사, 우상 숭배 및 여러 종류의 사회적 불의가 포함되는데, 여기서 동성애적 행위에 대한 명확한 정죄와 형벌이 나타난다. 즉, 남자와의 성관계는 가증한 일이며(레 18:22), 남자와 성관계를 한 자는 반드시 죽이라(레 20:13)고 명령하고 있다. 즉, 이 본문들은 동성애의 성적 행위를 정죄하고 있으며, 이러한 행위를 한 자에게 해당하는 형벌은 사형으로 규정하고 있다. 또한 사사기에 나오는 레위인 이야기(삿 19:22-30)도 창세기의 소돔과 고모라 사건과 비슷하다. 레위 족속의 한 사람이 베냐민 사람의 집에 유숙하였을 때, 그곳 베냐민 사람들이 그 레위 족속의 나그네를 동성애적으로 성폭행하고자 하였고, 이 뜻을 이루지 못하자 그의 첩을 욕보임으로 인해 베냐민 족속이 당했다.

이처럼 구약에서 동성애를 가증한 죄악으로 정죄하고, 그 행위에 대해서는 최대의 형벌인 사형으로 다스리고 있는 것을 보면, 하나님께서 동성애 행위를 얼마나 심각한 죄로 여기시는지 알 수 있다.

2) 동성애에 대한 신약성경의 관점

로마서 1:26-27에서 사도 바울은 동성애가 하나님의 창조질서를 거스르는 비본래적이고, 반자연적이며, 비윤리적 행위로 규정하며, 구약에서와 마찬가지로 사형에 해당하는 죄로 규정하고 있다(롬 1:32). 마찬가지로 바울 서신의 유명한 죄악목록 중 하나인 고린도전서 6:9은 하나님의 나라를 유업으로 받지 못하는 불의한 자의 무리에 음행하는 자, 우상 숭배하는 자, 간음하는 자, 탐색하는 자, 도적, 탐욕을 부리는 자, 술 취하는 자, 모욕하는 자, 속여 빼앗는 자와 함께 '남색하는 자', 즉 동성애 하는 남자들을 포함하고 있다.

이처럼 신약성경에서도 동성애는 하나님의 창조질서를 거스르는 무서운 죄악이며, 동성애의 죄에 빠진 자들에게는 하나님의 나라에 들어가는 구원의 문이 닫혀 있음을 보여주고 있다.

2. 동성애에 대한 목회적 돌봄

예수님께서는 요한복음 8:11에서 현장에서 간음하여 잡혀온 여인에게 "나도 너를 정죄하지 아니하노니 가서 다시는 죄를 범하지 말라"고 말씀하셨다. 목회적 입장에서 볼 때, 동성애 이슈는 예수 그리스도의 사랑의 실천과 연결되어야 한다. 즉, 죄는 미워하되, 죄인은 사랑으로 품어주어 잘못된 길에서 돌이켜 주님의 품으로 나아오도록 인도해야 할 것이다. 다시 말해서, 교회는 동성애자들을 죄인 취급하거나 성도착증 또는 성중독증 환자로만 여기고 비난하고 기피하는 데서 벗어나, 그들에게 성서에 입각한 올바른 기독교 윤리의 기준을 제공하고 목회적 돌봄의 대안을 제시해야 한다.

1) 동성애로부터의 회복은 죄의 문제를 해결할 때에 가능하다.

기독교 상담학자 아담스(J. E. Adams)는 동성애를 '병'이라고 간주한다면 동성애자들이 회복될 소망이 없지만, 성경에서 말씀하는 바대로 '죄'라고 인식한다면 그들의 회복이 가능하다고 주장한다. 즉, 동성애는 질환이나 질병이 아니라 하나님과 잘못된 관계를 맺고 있는 것으로 바르게 이해할 때, '메타노이아'($\mu\varepsilon\tau\acute{\alpha}\nu o\iota\alpha$) 즉 돌이키고 회개의 가능성이 있게 된다는 것이다.

동성애는 죄의 산물이기 때문에, 이 죄의 문제를 해결할 때에만 그 치유와 회복이 가능하다. 기독교 윤리적 관점에서 동성애자는 목회적 돌봄의 대상이 되지만, 동성애적 사고나 동성애 행위는 '죄'라는 것에 대한 분명한 기준이 세워져야 한다. 그리할 때 동성애자들이 다른 죄인들처럼 자신들의 죄를 인정하고 회개하여 그리스도의 구원의 복음을 받아들이고, 하나님의 뜻에 맞는 성화의 삶으로 나아감으로써 동성애적 행위를 끊고, 동성애적 성향에서 돌이킬 수 있는 것이다.

2) 교회는 동성애자를 긍휼과 사랑으로 대해야 한다.

목회적 입장에서 동성애자들에 대한 교회의 입장은 정죄나 공포, 또는 혐오가 아니라 긍휼과 사랑의 눈으로 보아야 한다. 많은 동성애자들이 사회·문화적 환경의 압력으로 인해 죄의식, 수치심, 고독감 등으로 고뇌하며 심한 경우 자살로 이어지기까지 한다. 아직은 사회가 동성애를 혐오하고 거부하는 분위기이기 때문에, 이들의 스트레스는 적지 않다. 그들이 동성애를 발전시킨 정확한 원인은 알지 못한다 해도 그들의 입장을 헤아리고 그들이 동성애적 성향과 행위로부터 돌이키고자 결단하는 마음으로 이끄는 것이 중요하다.

3) 동성애자들의 세계관을 조정하도록 도와야 한다.

동성애를 단순히 죄악 또는 질병으로 보지 않는다 해도 동성애 그 자체가 사회 속에서 바람직한 규범이 될 수 없으므로 동성애자들의 가치관과 성향이 변하도록 도와주어야 한다. 동성애의 상태나 발생 요인은 각 개인마다 차이가 있으므로 각자의 신념과 가치의 변화, 즉 세계관의 변화를 통해 스스로 동성애적 성향을 조정하도록 돕는 것이 요구된다. 이러한 시각의 조정은 권위주의적인 충고나 일방적 훈계가 아니라, 대화와 성령의 은혜를 통하여 동성애자 스스로가 하나님의 은혜 가운데 나아와 자신의 동성애적 욕구와 성향을 극복할 수 있도록 하는 세심한 배려와 관심이 필요하다.

4) 현실적으로 가능한 목회적 돌봄의 방법들을 제공해야 한다.

(1) 동성애자들에 대한 성령의 치유 사역

동성애자들에게 절대적으로 필요한 것이 바로 성령의 변화시키는 능력에 의한 치유 사역이라고 본다. 성령의 역사를 통하여 인간이 새롭게 변화될 수 있기 때문이다. 동성애자들을 교회로 인도하여 그들이 성령의 역사에 의해 자신들의 죄를 회개할 때, 그들에게 놀라운 변화의 역사가 나타나게 된다. 뿐만 아니라, 그들을 위한 목회상담에서도 상담자들은 성령이 사람의 변화를 주도하신다는 사실을 믿고 상담에 임해야 한다. 즉, 상담자들이 그리스도의 사랑과 성령으로 충만하여 동성애자들을 사랑으로 품어주고 성령의 능력으로 기도해 줄 때 놀라운 변화의 역사가 나타나게 된다.

교회는 동성애에 대한 바른 성경적 이해 가운데, 강력한 치유 사역과 목회상담 사역을 통하여 동성애자들이 그리스도 안에서 회복되도록 인내심을 가지고 도와야 한다. 오늘날 이 땅의 목회자들과 성도들이 동성애자들의 영혼을 변화시키는 성령의 도구로 쓰임 받기를 소망한다.

(2) 상담 및 인터넷을 통한 동성애 교육과 상담

개 교회 차원에서 동성애 문제를 구체적으로 다룰 상담 프로그램이나 세미나를 실행하는 것이 바람직하다. 그러나 그들과의 만남과 대화가 어려운 경우가 많다. 접근 가능한 현실적인 방안 중의 하나는 익명이 보장되는 컴퓨터를 통한 사이버 상담을 들 수 있다. 현재 한국에 있는 인터넷 동성애 사이트는 기독교적 배경에서 동성애자를 치유하고 돌보는 것을 목적으로 구축된 것은 거의 없고, 대부분 동성애를 지지하는 입장에서 소개되고 있는 사이트들이다. 오늘날 청소년을 비롯한 젊은 층 사이에서 동성애에 대한 유혹이 많은 만큼 기독교적 윤리관을 바탕으로 대안을 제시하는 동성애 교육을 인터넷 채널을 통해 전하는 것도 현실적 대안으로 생각해 볼 수 있다.

(3) 동성애자들을 위한 관계망 구축

교회가 동성애자들을 도울 때, 이들이 과거의 모든 생각을 끊고, 다른 동성애자들과의 관계를 청산하며, 동성애 행위가 이어질 수 있는 장소를 피하도록 일상을 재조정하도록 해야 한다. 인간은 성적 욕구만 있는 것이 아니라 가족, 오락, 일, 운동, 취미활동, 예배와 영적 생활 등 다양한 심리적, 사회적, 종교적 욕구를 가지고 있다. 그러므로 동성애자들이 바람직한 방향으로 그들의 욕구를 분출할 수 있도록 도와야 한다.

또한 동성애적 관계를 끊음으로 인해 생기는 관계적 공백을 건전한 지지 관계망을 구축하여 그들의 관계적, 감정적 공백을 채워주어야 한다. 소그룹 성경공부, 기도, 친교, 봉사 등 규칙적인 경건훈련은 그들이 건전한 크리스쳔으로서의 삶을 살아가는데 도움이 될 수 있다고 본다.

(4) 가정 회복을 위한 노력

동성애자들이 동성애 성향을 발전시킨 원인에는 역기능 가정, 아버지 역할의 부재, 부정적인 면에서의 여성 역할의 증대 등으로 인한 원인이 있다. 교회는 가정 회복을 위해 다양한 노력을 기울여야 한다. 이런 점에서 참된 그리스도인 가정과 부모의 역할에 대해 강단에서 성경적인 가르침을 제시할 뿐만 아니라, 다양한 교육과 프로그램을 통해 교육하고 훈련을 갖도록 해야 한다. 특히 청소년들에게 성에 대한 바른 이해를 갖게 함으로써 성경적 성 개념을 정립하여 바람직한 크리스천으로 성장할 수 있도록 도와주는 것은 미래의 세대와 미래의 사회를 위해 매우 중요한 사역이 아닐 수 없다.

나가는 말

오늘날 한국 사회와 문화에 표면적으로 부상한 동성애는 여러 문제점을 안고 있다. 동성애에 대한 차별금지법이 발효된 이후 서구 사회는 소수의 동성애자들을 보호한다는 명목 아래 다수의 인권이 무시되고 억압되는 상황을 노정하고 있다. 우리나라는 아직 차별금지법이 제정 되지 않고 있지만 그렇다고 안심할 수 있는 상황은 아니다. 이러한 상황에 대해, 우리 기독교계는 교파를 초월해 강력한 목소리를 냄으로써 상식적인 윤리관을 지닌 다수의 인권을 보호함과 더불어 성경적인 가치관을 수호하는 데에 앞장서야 한다.

동성애의 원인에 대한 일반적 견해는 동성애는 선천적이라기보다 후천적인 요인에 기인한다는 점이다. 이러한 점은 동성애적 성향에 대한 예방적 차원의 방지가 가능하며, 또한 동성애 행위자에 대한 치유와 변화의 길이 열려 있음을 보여준다.

동성애의 문제에는 일반 국민의 보건을 위협한다는 데에 그 심각성이 있다. 우리나라의 상황을 보면 동성애와 에이즈 발병은 깊은 상관관계를 지니고 있는 것으로 나타나고 있으며, 많은 경우 동성애가 에이즈를 유발하고 있는 것으로 보고되고 있다. 동성애는 성 도덕의 문란과 타락을 가져와 건전한 윤리와 상식적인 가치관을 훼손하게 된다. 이는 무엇보다 가정의 파괴가 자행되고 가정 윤리가 심각하게 훼손되는 결과를 초래하게 된다. 이러한 점은 건전한 사회 질서가 붕괴되고 하나님의 창조질서가 파괴되는 반자연적 문화를 가져오게 할뿐만 아니라, 자라나는 청소년들과 미래 세대들에게 혼란과 무질서의 도덕적 공황 상태를 조장한다.

이러한 상황을 직시하며 우리 기독교계는 동성애 문제점의 심각성을 인식하고 이에 대한 목회적 대안을 제시해야 한다. 동성애에 대해 성경적 관점은 그것이 하나님께서 가증히 여기시는 패역한 행위이자 심각한 죄악이라는 것이다. 신약과 구약은 동일하게 동성애가 하나님의 창조질서를 배척하는 우상 숭배적 죄악으로 규정하고 있다. 이러한 동성애에 대해 교계에서는 여러 입장들을 피력하고 있지만 필자의 견해는 동성애 행위는 철저히 거부되고 배척되어야 하지만 그들에 대한 목회적 차원의 돌봄은 필요하다는 것이다.

동성애에 대한 목회적 돌봄의 방안으로 먼저 동성애자들이 동성애를 죄로 인식하도록 깨닫게 해야 한다. 필자의 견해에 의하면 그것은 성령의 역사하심으로 가능하다는 것이다. 동성애자들이 성령을 받고 성령으로 충만할 때, 동성애를 죄로 깨닫게 되고 그 변화와 회복이 있게 된다. 뿐만 아니라 말씀을 통해 그들의 잘못된 생각이 변화될 수 있도록 관련 메시지를 선포하고 교육을 실시해야 한다. 이때 필요한 것은 그들을 그리스도의 사랑과 긍휼로 대하는 것이다. 또 교회 내에서 다양한 프로그램을 도입하여 예방과 회복을 위한 노력을 해야 한다. 이러한 다각적인 노력은 교파를 초월해 교계가 하나 되어 추진되고 또한 보다 구체적으로 시행될 때 그 효과가 극대화 되리라 본다.

제 6 장

창조질서를 거역하지 말라(롬 1:26-27)

양병희 목사(영안장로교회 담임목사)

서기 79년 8월 24일 갑작스런 화산 폭발로 단 하루 만에 모든 것이 역사 속으로 사라진 찬란했던 도시 폼페이의 화산폭발은 도시를 한순간에 쓸어버렸다. 그 후 2000년이 지난 오늘날 발견된 그 도시의 잔해는 당시에 타락과 부패를 그대로 전해주고 있다. 귀부인들을 위한 남창제도가 성행했으며, 동성애가 만연했고, 심지어 짐승과 수간까지도 서슴지 않고 행했던 죄악의 도시 폼페이는 이렇게 역사 속으로 사라지고 말았다.

지금 이 시대가 그 옛날 인간의 타락상의 극치를 보여주고 사라져 버린 폼페이의 모습과 닮지 않았는가? 요즘 동성애 문제가 한국 사회의 최대의 이슈로 떠오르는 이 시점에서 인간의 성적 타락의 정점에서 멸망해 간 폼페이를 떠올리는 건 너무 앞서나간 걱정일까? 작금의 대한민국 한복판에서 벌어지고 있는 상황을 보면서 이러저러한 여러 생각으로 마음이 편치 않은 것 또한 사실이다. 동성애 문제는 이제 먼 이웃나라 이야기가 아니다. 바로 우리 앞에 당면해 있는 현실이 되었다. 2015년 6월 9일 동성애자들은 서울에서 대규모 동성애 축제를 준비하고 각국 대사관 직원들과 많은 외국인들에게도 동성애 축제를 홍보하고 나서는 상황 가운데, 28일 동성애자들은 반나체로 문란함의 극치나 다름없는 대규모 퍼레이드를 다름 아닌 대한민국 심장부인 서울 한복판에서 펼치는 일이 벌어졌다. 이들은 이 축제를 통해서 동성애가 성소수자 인권의 측면에서 동성애도 인간이 누려야 할 정당한 권리임을 강조하면서 동성애의 법적 지위를 요구하고 있다.

우리 한국교회는 이들의 거리 행진에 대해 강력 규탄하면서 동성애 반대에 대한 반대의 입장을 지자체에 전달했다. 그리고 이날 성경적인 관점에 입각한 동성애 반대를 위한 예배가 전국에서 드려졌다. 그러나 한국교회는 이들을 혐오 집단으로 몰지 않는다. 오로지 동성애가 하나님의 말씀인 성경에서 금지하는 죄악이므로 그들이 이러한 죄악 된 동성행위에서 벗어나 올바르고 건강한 사회 구성원이 되도록 도와야 한다는 점에서 그 뜻을 함께 하는 것뿐이다.

단지, 우리가 반대하는 것은 동성애 확산이 가져올 부작용이 너무 크기에 서울 광장의 동성애 축제를 반대하는 것이다. "죄는 미워하되 사람은 미워하지 말라"는 말씀대로 동성애의 잘못된 행위는 단호하게 지적하되 그들을 혐오해서는 안 된다. 동성행위는 하나님의 말씀에 반하는 죄악일 뿐 아니라, 또한 전통적인 사회 윤리적 규범을 심각히 해치는 행위이며, 이는 결국 한 국가를 끝없는 혼란과 무질서 속으로 빠져들게 하는 성적인 타락의 극치를 보여준다는 점에서 우리 한국교회는 심각하게 바라볼 수밖에 없다. 또한 남성 간의 동성행위를 통해 에이즈를 비롯한 각종 질병에 노출될 수밖에 없는 보건적 위험 역시 한국교회가 동성애를 반대하는 이유이다. 그들을 죄인으로 정죄하기에 앞서 그들이 회복하고 치유되도록 아픔을 이해하고, 고통과 중독에서 벗어날 수 있도록 주님의 사랑으로 도와주는 것이 진정한 인권 추구일 것이다.

2015년 6월 26일 미국에서 게이나 레즈비언의 동성 간 결혼을 인정하는 법이 통과됐다. 미국 대법원에서는 '결혼은 한 남성과 여성의 이성 간 결합'이라고 규정한 결혼보호법을 위헌이라고 결정 내렸다. 참으로 무서운 세상이 되었다. 이젠 남자 며느리를 맞이해도 여자 사위를 맞이해도 부모는 반대할 수 있는 근거를 잃었다. 이에 반대하면 법적으로 저촉을 받는 시대가 된 것이다.

이로 인해 미국은 과거 130년 전 한국 땅에 복음을 전파해 준 선교 강국으로서의 위상도, 기독교 국가로서의 정체성도 이제는 상실되고 말았다. 하나님의 말씀이 떠난 개인이나 국가는 그 상황이 처참하기 이를 때 없음을 확인하는 순간이다. 기독교 국가라는 껍데기만 있었을 뿐, 안에 내용물, 즉 말씀이 사라진 초강대국 미국은 이제는 한낱 역사 속으로 사라져 갈 타락의 땅임을 이번 일을 통해서 여실히 보여주고 있다.

하나님으로부터 분리된 인생이나 국가는 그 안에 죄악이 도사리고 있는 것이며, 그 죄악으로 말미암아 하나님의 심판과 멸망을 피할 수 없다는 것은 지금까지의 역사가 증언해 주고 있다. 앞서 살펴본 폼페이가 그랬으며, 성경의 소돔과 고모가 성이 역시 동성애의 죄악으로 말미암아 비같이 내리는 불의 심판을 받고 멸망당하고 말았다. 예수 당시에도 건재했던 초강대국 로마는 극심한 성적인 타락에 의해 패망했다.

지금 성소수자를 보호하자는 명분으로 '차별금지법'이라는 이름하에 동성애법을 통과시키려고 하는 움직임이 국회를 비롯한 사회 각 곳에서 이루어지고 있다. 이러한 때 우리 크리스천들은 깨어 있어야 한다. 그리고 모든 교회가 함께 연합하고 뭉쳐 한목소리를 내야 한다. 미국은 교회마저도 한 목소리를 내지 못했다가 동성결혼을 합법화하는 데까지 이르고 말았다. 우리 한국교회는 이것을 타산지석으로 삼아 교회가 성경에 근거한 분명한 기준을 세워 한목소리로 교회의 입장을 대내외에 밝히고, 정부정책에 대한 지속적인 관심과 압력을 행사해야 할 것이다. 동성애에 대한 관심이 일회성 단발에 그치는 찻잔 속에 태풍으로 그쳐서는 소기의 목적을 달성할 수 없다. 우리 크리스천들의 지속적이고 끈질긴 단합된 행동이 그 어느 때보다도 절실한 상황이다.

동성애자에 대한 진정한 인권과 사랑은 (1)동성애를 인정하는 것이 아닌, (2)동성애의 실체를 바로 알려주고, (3)동성애가 잘못된 것임을 인정하고 회복할 수 있도록 돕고 섬기는 데에 있음을 우리 크리스천들은 직시해야 한다.

예수님께서는 간음하다 현장에서 잡힌 여인을 용납하시고 받아주셨다. 그러나 거기서 끝나지 않으시고 '다시는 죄를 범치 말라'고 하시며, 간음이 '죄'인 것을 명확하게 지적하셨다. 이와 같이 우리는 동성애가 하나님의 말씀에 반하는 범죄라는 사실을 확실히 알리고 반대하는 입장을 분명히 해야 한다.

그 이유는 첫째, 동성행위 하나님께서 가증히 여기시는 죽음으로서 다스려야 할 악행이며, 하나님의 순리를 거스르는 비정상적이 행위로서, 하나님 나라를 유업으로 받지 못하는 우상 숭배와 다름없는 큰 죄임을 성경은 증거하고 있다.

"너는 여자와 동침함 같이 남자와 동침하지 말라 이는 가증한 일이니라"(레 18:22)

"누구든지 여인과 교합하듯 남자와 교합하면 둘 다 가증한 일을 행함인즉 반드시 죽일찌니 그 피가 자기에게로 돌아가리라"(레 20:13).

"이 때문에 하나님께서 그들을 부끄러운 욕심에 내버려 두셨으니 곧 그들의 여자들도 순리대로 쓸 것을 바꾸어 역리로 쓰며 그와 같이 남자들도 순리대로 여자 쓰기를 버리고 서로 향하여 음욕이 불 일듯 하매 남자가 남자와 더불어 부끄러운 일을 행하여 그들의 그릇됨에 상당한 보응을 그들 자신이 받았느니라"(롬 1:26-27).

"불의한 자가 하나님의 나라를 유업으로 받지 못할 줄을 알지 못하느냐 미혹을 받지 말라 음행하는 자나 우상 숭배하는 자나 간음하는 자나 탐색하는 자나 남색하는 자나"(고전 6:9).

이와 같이 성경은 신구약의 여러 곳을 통해 동성애는 행해서는 안 될 하나님 앞에 죄임을 명백히 규정하고 있다. 그렇다면, 우리의 생각이나 행위는 더욱 분명해진다. 성경의 관점에서 우리는 동성애에 대한 명확한 기준을 세우고 이것이 잘못된 행위이자 죄악임을 세상에 선포해야 할 책임이 우리에게 있는 것이다. 여기에는 어떠한 타협이나 절충이 있을 수 없다. 이것이 하나님의 말씀이기 때문이다. 꺼져가는 세상에 하나님의 말씀의 빛으로 세상을 비추어야 할 것이다.

둘째, 동성애는 하나님의 창조질서를 파괴하는 행위가 되기 때문이다(마 19:4-5). 하나님은 남자와 여자를 지으시고 한 몸을 이루게 하셨다. 그리고 생육하고 번성케 하셨다. 이것이 하나님이 세상을 창조하시며 이루신 창조질서이다. 하나님은 남자와 여자라는 각기 다른 성이 한 몸으로 연합하여 아름다운 가정을 이루고 그 안에서 자녀의 출산을 통하여 인류가 번영해 가는 것을 창조의 대원칙으로 삼으시고 인간을 만드셨지, 신체구조 상으로도 남자와 남자끼리, 혹은 여자와 여자 등의 성교를 행하도록 그렇게 인간을 만들지 않으셨다. 그런데 동성애는 남자가 남자끼리, 항문과 구강으로 섹스를 하며 변태적인 행위를 일삼고 있다. 이러한 방식으로 하는 성행위는 그 행위 자체로서 창조질서에 위배되는 비정상적인 행위일 뿐만 아니라, 이러한 행위를 통해서는 생육하고 번성하라는 하나님의 의도와도 역행하는 질서 파괴의 행위인 것이다. 이들의 이러한 행위는 생명의 잉태가 불가능하기 때문이다. 그러므로 이러한 행위는 하나님의 창조질서를 허무는 일이며, 창조질서를 역행하는 아주 패역한 행위인 것이다.

이렇게 하나님의 말씀을 떠나 창조질서에 역행하는 일을 일삼는 인간에게 에이즈라는 무서운 전염병이 주어진다는 것은 어찌 보면 당연한 결과일 것이다. 남성 동성애자들이 일반인에 비해 에이즈 감염률이 183배가 된다는 사실이 이를 잘 증명해 주고 있다. 1인당 에이즈 치료비만 해도 한 달에 300만 원의 비용이 든다. 1년이면 3,600만 원의 비용을 지출해야 하고, 사망 시까지는 약 5억이라는 어마어마한 비용이 에이즈 환자 한 사람에게 투자된다. 우리나라 에이즈 치료비용의 부담은 모두 국민의 세금인 100% 정부부담으로 이루어지고 있다. 따라서 에이즈 환자 1만 명이면 5조의 비용이 국민세금으로 지출되고, 10만 명에 이르게 되면 50조가 넘는 돈이 국민의 세금으로 충당되어짐에 따라 앞으로 동성애 확산에 따른 에이즈 환자의 폭발적인 증가가 예상되는 시점에서 이 모든 비용을 충당하기 위해서는 세금폭탄은 불가피할 것으로 보인다.

또한 이들은 평균수명도 일반인들보다 25-30년이 짧고, 청소년 동성애자들의 자살률도 일반인들의 4배나 된다고 한다. 동성애는 이처럼, 에이즈 등의 질병과 수명단축 등의 삶의 질의 저하뿐 아니라, 국가 경제에도 심각한 문제를 낳는다.

셋째, 동성애는 가정을 파괴하고, 우리의 미래 세대를 병들게 하는 일이다(창 2:24). 가정은 하나님이 가장 소중하게 만드신 인류 최초 공동체로서 신앙공동체의 가장 기본이 되는 공동체이다. 가정 안에서 남녀가 아름다운 사랑을 이루어가며, 생육하고 번성하는 축복을 누리도록 하셨다. 위에서 살펴본 대로 이들 동성애자들은 자녀 출산을 할 수 없다. 이들은 정상적으로 자녀를 가질 없기에 입양을 한다든지, 정자은행 등을 통해 자녀를 얻는 경우가 많다. 그러나 이러한 가정에서 자라난 자녀들은 남녀가 결합한 정상적인 가정에서의 성역할의 모델을 보지 못했기 때문에 이들도 역시 동성애자가 될 가능성이 높다. 또한 동성 커플은 이성 커플보다 상대적으로 성적으로 문란한 경우가 많아 잦은 헤어짐과 이별에 의해 자녀들의 정서에도 심각한 타격을 초래한다.

하나님을 떠난 성적 타락의 극치인 동성애가 이처럼 확산된다면, 우리의 미래는 급속한 가정의 해체를 가져올 것은 불가피할 것이다. 그러므로 인류는 정상적인 생육과 번성이 멈춰버린 채, 미래 세대의 심각한 위기를 맞을 것이다. 이러한 현상이 가속화된다면, 먼 미래에는 정상적인 가정을 구경하기가 오히려 힘든 세상이 도래할지도 모를 일이다.

가정은 하나님이 창조의 질서 안에서 인간에게 주신 신앙공동체의 최소단위이자 한 사회와 국가를 이루는 기본요소가 된다. 그리고 한 인간이 참다운 인격으로서 자리매김할 수 있는 기틀이자 기반이 된다.

그러므로 가정이 무너지면, 미래에 자라나는 세대에게도 심각한 악영향을 줄 수밖에 없으며, 미래 세대가 취약한 사회와 국가는 더 이상 그 존재를 영위하지 못하고 무너져 버리고 마는 것이다.

 그렇다면, 과연 동성애를 불러오는 원인은 어디에서 비롯되는가? 동성애 옹호론자들은 동성애는 유전적으로 동성애 DNA를 지니고 타고나는 것으로 말한다. 하지만 이 주장은 잘못되었다. 1999년에 캐나다의 라이스(W. Rice) 박사 연구팀은 동성애자들을 대상으로 해서 Xq28 염색체 안에 존재하는 유전자들을 구체적으로 분석을 했다. 그리고 동성애자의 가계를 대상으로 조사한 결과 동성애와 유전자와는 아무런 상관관계가 없음을 밝혀내었다. 그러므로 동성애 옹호론자들의 주장처럼 동성애는 자신의 의지와는 무관하게 유전적으로 타고난 것이니, 그들에게는 동성애로 인한 도덕적 윤리적 책임을 물을 수가 없다고 말하는 것은 정당한 주장이 아니다. 동성애는 자신의 의지의 반영이다. 따라서 자신의 의지여하에 따라 얼마든지 치유 가능한 것임을 알아야 한다.

 하지만 동성애자들은 자신들의 동성행위를 합리화하고 정상적인 사람들과 동일한 인정을 받기 위해 축제 등을 통해 대내외적으로 자신들도 이성애자들과 동등한 사회적 입지를 구축하려 한다. 그 중심에 소수차별금지법이 있다. 이들의 궁극적인 목적은 인권이란 이름 하에 소수차별금지법을 통과시키려는 목적과 의도가 있는 것이다.

 소수차별금지법은 소수자의 인권을 보호한다는 차원에서 추진되고 있는 것 같지만, 실상을 들여다보면 심각한 역차별적인 요소가 다분하다. 지금 우리나라에서 추진하려고 하는 동성애법의 독소조항은 동성애자들의 행위를 잘못이라고 지적하는 자가 처벌을 받는 법이다. 예를 들어, 동성애법이 통과되면 목사가 강단에서 동성애가 하나님의 뜻이 아니라고 설교하거나 비판을 해도 당장 고소를 당하고, 1000만 원 이하의 벌금이나 2년 이하의 징역을 살게 된다.

이미 동성결혼이 합법화된 미국이나 영국에서는 설교뿐만 아니라, 동성애자들의 결혼 주례 요청에 목사가 거부한다거나, 교회를 결혼식 장소로 사용하기 위해 대여해 달라는 요구를 거절했다는 이유로 소수의 인권을 무시했다는 법의 판단에 따라 처벌을 받은 경우가 실제로 일어났다.

우리나라도 소수차별금지법이 통과된다면, 충분히 예견이 가능한 일이다. 더욱 심각한 것은 만약 차별금지법이 합법화된다면 다음 세대를 올바르게 양육할 수 없는 환경이 조성될 수밖에 없다는 것이다. 지금도 아이들을 교육하는 학교 현장에서는 교과서에 동성애를 미화하고 정당화시키는 내용을 포함시켜서 교육하고 있는 상황에서, 소수차별금지법이 통과된다면, 청소년의 가치관을 혼란하게 만드는 상황을 우려할 수밖에 없는 현실이다. 그러므로 소수차별금지법의 통과를 막는 일은 우리의 미래 세대를 성적 타락으로부터 지켜내는 최후의 보루임을 알고 이 법의 통과를 막는 일에 우리 크리스천들의 관심과 단합된 힘을 모아야 할 것이다. 그래서 교회와 학교의 교육 현장에서 동성애의 비윤리성과 이에 수반되는 동성애의 폐해와 불합리성을 가감 없이 알려줄 수 있어야 한다. 그래서 자라나는 미래 세대들이 동성애의 유혹에 물들지 않도록 지키는 일에 힘써야 할 것이다. 옳고 그른 것을 분명하게 교육하고 가르침으로 말미암아 자라나는 아이들이 병들지 않도록 지켜내는 일은 이 시대를 살아가는 어른들의 몫이기 때문이다.

하나님의 뜻은 우리가 하나님의 백성으로서 세상과 구별되어 거룩해지는 데에 있다. 그러므로 하나님은 우리가 자신 스스로를 돌아보아 거룩할 것을 명령하고 계신다. "너희는 스스로 깨끗하게 하여 거룩할 찌어다 나는 너희 하나님 여호와니라"(레 20:7). 거룩함을 쫓아 행하는 백성은 하나님이 금하신 불의한 것과 타락한 행위를 행치 아니한다. 그러므로 거룩함은 타락한 세상 풍조를 쫓지 아니하고 하나님의 말씀을 지켜 행하는 것에서 출발한다. 그럼으로써 우리의 거룩함을 통하여 우리가 하나님 백성으로서의 구별된 존재임을 세상에 드러낸다. 거룩한 존재로서 세상 가운데 선 우리는 세상 가운데 들어가 거룩함을 파괴하는 온갖 더러움으로 넘실대는 세상을 변화시키는 일에 우리의 소명을 다해야 할 것이다.

히브리서 12:4은 "너희가 죄와 싸우되 아직 피 흘리기까지는 대항하지 아니하고"라고 말씀하고 있다. 우리는 죄와 싸우되 얼마나 처절한 몸부림으로 맞서 싸워보았는가? 나 자신은 물론이거니와 악한 세상에서의 하나님의 거룩성을 지켜내기 위해서는 피 흘리기까지, 즉 하나님의 거룩함을 꼭 이루어 내고야 말겠다는 절실함과 간절함으로 맞서야 할 것이다.

동성애 문제가 미국을 비롯한 전 세계적인 문제로, 현재 우리나라를 강타하고 있다. 이럴 때일수록 하나님의 말씀으로 돌아가 하나님이 무엇이라 말씀하셨는지에 귀를 기울여야 한다. 성경은 분명히 말씀하신다. 동성애는 하나님이 가증히 여기시는 죽음의 형벌이 임하는 죄악이며, 하나님의 창조질서를 파괴하는 큰 악행임을 우리에게 전해주고 있다. 그러므로 우리는 하나님의 말씀을 굳건히 지키기 위해, 이에 위배되는 동성애에 대한 단호한 입장의 견지에서 거룩한 하나님의 백성으로서 이 땅에 거룩한 하나님의 나라가 세워지기까지 죄와 싸워야 할 것이다.

제 7 장

목회적 관점에서 바라본 동성애

장창수 목사 (대구대명교회 담임목사)

I. 서론

오늘날 우리는 다양성을 인정하고 다수보다는 소수를, 정통보다는 비정통에 가치를 더 중요하게 생각하는 포스트모더니즘의 시대를 살아가고 있다. 뿐만 아니라 현대 시대는 성(性)의 정체성 혼란과 가치관의 상실을 여실히 보여주고 있다. 더욱이 현대 문화는 성에 대한 개방과 다양성에 대해 폭을 넓혀가고 있다. 성의 개방화로 인하여 사회적인 문제들이 발생하여 비도덕적이며 비윤리적 성 범죄 또한 점차 증가하는 추세에 있다. 이런 문화적 흐름 가운데 동성애는 뜨거운 논란을 불러일으키는 이슈로 성적 타락의 정점에 서 있다.

특히 최근에 미국과 서구 사회는 물론 소위 동방예의지국이라고 불렸던 대한민국에서 동성애 문제가 이슈가 되고 있다. 그리고 많은 목회자들이 안타까움과 걱정스러운 마음으로 최근의 동성애 문제를 바라보고 있다. 한국에서 동성애에 대한 논쟁은 1990년대 중반 이후부터 활발하게 일어나고 있다. 그 이전까지만 해도 금기(禁忌)의 대상이었던 동성애가 사회·문화적인 변화에 맞물려 새로운 화제가 되고 있는 것이다. 동성연애자들의 수는 점차적으로 증가해 그 수를 정확하게 확인할 방법은 없지만, 인구의 5-10% 정도일 것으로 추정하기도 한다.[1] 서구에서나 문제되는 것으로 여겨지던 동성애가 한국에도 11만 명 이상의 남성 동성애자가 있을 것이라는 보고서가 나와서 충격을 주고 있다.[2] 또한 한국의 대학가를 중심으로 동성애자들이 공식적으로 동아리를 만들고 성명서를 내며 자신들의 권리를 주장하는 현실에 직면하고 있다.[3]

작년 미국 연방대법원이 미국 전역에 동성결혼을 합법화하는 결정을 내려 많은 크리스천들에게 적지 않은 충격을 안겨주었다.[4] 이와 함께 미국 장로교(PCUSA) 교단이 동성결혼을 공식적으로 인정해 논란이 되고 있다.[5] 미국 기독교 내부에서도 그리스도 연합교회, 성공회 등이 동성애에 대한 우호적인 입장을 취하고 있다. 그러나 복음주의 개신교회들은 성경을 하나님의 말씀으로 받아들여 동성애는 죄라는 입장을 분명히 한다.

미국 사회와 일부 기독교계의 동성애 인정은 향후 우리나라의 동성

---

1 M. J. Former, *Ethical Issues in Sexuality and Reproduction* (St.Souis: C. V. Mosby, 1983), 81.
2 신국원, 『크리스천의 생활윤리』(서울: 대한예수교장로회총회출판부, 1999), 104-105.
3 "[긴급 진단 '동성애'] 대학마다 동아리 결성 '인권 찾자' 활동 나서" 국민일보 2010.11.29.
4 "미 대법원 '동성결혼 합헌' 역사적 결정… 미 전역서 허용" 연합뉴스 2015.6.27.
5 "미국 장로교, 총회에서 '동성결혼' 인정키로" SBS 인터넷 뉴스 2014.6.21.

애 이슈에서도 막대한 영향을 줄 것이다. 이미 한국 교계 역시 동성애에 대해 분명한 반대 입장을 가진 쪽과 이들을 이웃으로 포용하는 것이 더욱 중요하다는 입장으로 나뉘고 있다. 한국의 언론매체 역시 동성애라는 자극적인 소재로 시청률을 올리기 위해 그들을 미화하고, 그들이 받는 비난이 진실 된 사랑을 위한 투쟁으로 포장하고 있다. 이처럼 동성애 문제는 더 이상 먼 나라의 이야기가 아닌 것이다.

필자가 있는 대구에서도 동성애 이슈가 거세다. 2015년 7월 5일에는 동성로에서 '축제'라는 명목으로 동성애자들의 행사가 벌어지기도 했다. 이를 앞두고 대구 지역의 많은 성도들은 하나님 앞에 통회(痛悔)하는 심정으로 나라와 민족을 걱정하며, 대구 지역의 복음화와 특히 그들이 하나님께 돌아올 수 있도록 기도하였다. 동성애를 옹호하는 이른바 '인권 단체'와 직접적인 충돌은 없었지만, 그들과 그리스도인들이 바라보는 동성애에 대한 시각 차이를 확연하게 느낄 수 있었다.

아마도 독자들 가운데에서도 동성애자들이 소수자로서 차별받고 있기 때문에 그들의 인권을 존중해 주는 것이 바람직하다고 생각하는 분들이 있을지 모른다. 그리고 그들이 남에게 피해를 주지 않는다면 자신들끼리 무엇을 하든지 상관할 필요가 없다고 여길 수도 있다. 동성애를 옹호하는 사람들도 그들의 사랑은 이성 간의 사랑과 '다를' 뿐이지 '틀린' 것이 아니라고 주장한다.

II. 본론

1. 다름과 틀림

'다르다'와 '틀리다'를 구별하지 못하고 혼용(混用)해서 쓰는 사람들이 꽤 많다. 국어사전에서 두 단어의 정확한 의미를 비교해보면, '다르다'는 "비교가 되는 두 대상이 서로 같지 아니하다"라는 의미로, '틀리다'는 "셈이나 사실 따위가 그르게 되거나 어긋나다"로 정의되고 있다. 서두에 언급했듯이, 현대 포스트모더니즘 사회에서는 다변화되고, 다양성의 가치를 중요시하게 여긴다. 진리와 비진리를 구별하지 않고, 이것도 진리일 수 있고, 저것도 진리일 수 있다고 여긴다. 이러한 시대적 흐름 속에서 사람들은 무의식중에 진리와 비진리를 구별하고, 틀린 것을 틀리다고 말하는 사람들에게 불편함을 느낀다. 이러한 사람들의 말이 배타적이며, 독선적이고, 이기적인 주장처럼 들리는 것이다. '틀린' 것을 '다르다'고 말하지 않는 사고방식 때문에, 현재 우리나라에서 갈등이 발생하고, 서로 싸움이 일어나고 있으며, '틀리다'가 아니라 '다르다'로 이해하면 서로 화해하고, 소통하고, 풀어나갈 수 있을 것이라고 기대한다.

하지만 분명히 밝히건대, 틀린 것을 다른 것이라고 말하는 것은 진리가 아니며, 그것이야말로 틀린 것이다. 좋은 게 좋은 거라고, 틀린 것을 서로 다른 것이라고 말하면, 싸움은 일어나지 않을지 모른다. 예를 들어, 사람들은 천주교와 불교 간의 관계를 보며, 서로 다른 점을 인정하고 평화롭게 공존하는 모습이 아름답다고까지 말한다. 그리고 다른 종교의 입장과 철학을 받아들이지 않는 개신교회들은 독선적이며, 이기적이라고 말한다.

만약 이 세상에서의 삶으로 모든 것이 끝이라면, 서로 시간을 허비하면서까지 자기주장을 내세우며 싸우는 것은 어리석은 일일 것이다. 어차피 한 세상 살다가 가는 것이라면, 이 세상에서 서로 좋은 말만 하면서 얼굴 붉히지 않고 살면 모두가 행복하다. 그러나 진리는 그러한 것이 아니다. 비진리가 진리가 될 수 없고 진리가 비진리가 될 수 없기 때문이다. 그러므로 정확히 진리가 아닌 것은 분명 틀린 것이다. 이것은 다른 것과는 차원이 다른 문제이다. 그러므로 얼굴 붉히는 비난을 감수하면서라도 진리가 아닌 것은 틀린 것이라고 말을 해야 하는 것이다. 이러한 과정 가운데 팽팽한 긴장관계와 갈등관계가 발생한다. 한 쪽에서는 남이야 어떻게 되든 상관하지 말고, 네 갈 길이나 잘 가라고 불평을 하고, 다른 쪽에서는 영원히 고통 받는 죽음의 길로 가는 사람을 어떻게 내버려둘 수 있냐며 소리치는 형국이다.

동성애가 무엇이기에 이토록 한국 사회의 첨예한 대립과 갈등을 불러일으키는 것일까? 동성애는 과연 다름의 문제인가? 틀림의 문제인가?

2. 동성애란 무엇인가

사람들이 생각하는 '성'에 대한 관념은 성경에서 말씀하는 것과 차이가 있다. 우리말에서의 성은 영어 단어로는 '섹스'(sex), '젠더'(gender), 그리고 '섹슈얼리티'(sexuality)를 아우른 매우 포괄적인 의미로 사용된다. 일반적으로 섹스는 주로 생물학적 의미에서 육체적인 특성을 나타내는 데 사용되었다. 그러나 인간의 성이 생물학적이거나 사회적인 것으로 양분되기 어렵다는 점에서 이 두 개념은 그 한계를 드러내게 되었고, 이에 따라 성의 복합적이고 다각적인 측면을 포괄하기 위한 새로운 개념이 바로 섹슈얼리티이다.

섹슈얼리티는 19세기에 처음 등장한 개념으로, 좁은 의미에서는 성교를 의미하며 넓은 의미에서는 성행위, 성적 현상, 성욕 또는 성 본능 등으로 성과 관련된 전반적인 것을 의미한다. 이는 육체적인 의미에만 국한되는 좁은 의미의 성관계와는 구분되는 보다 넓은 의미를 갖는 개념으로서, 개인의 성이 생물학적인 차원에서 한정되는 것을 넘어 사회·문화적인 요소들을 포함한다. 다시 말해서 섹슈얼리티는 감정과 의지, 그리고 행동 방식 등 심리적인 요소와 사회적인 요소를 포함하는 것으로 남녀 간의, 때로는 동성 간의 육체적인 사랑, 에로스(性愛), 육체적 접촉의 욕구 등을 상호 포괄하는 총괄적인 개념이라 할 수 있다.

성은 생물학적인 측면만 있는 것이 아니라, 사회·문화적인 측면도 함께 가지고 있다. 사회·문화적 측면에서 원시 문화권에서는 성에 대해 긍정적인 반응을 보여 왔다. 그러나 성에 대한 이해와 실천에서는 인격적인 요소를 찾아보기 어렵다. 이후 다양한 종교와 문화 속에서 성에 대한 부정적인 평가를 발견할 수 있다.

불교에서는 인간의 삶을 고통으로 이해하고, 인생을 고해(苦海)로 본다. 성은 악하다고 극단적인 가르침을 주지는 않지만, 부정적인 이미지를 갖고 있는 것은 분명하다. 유교에서는 사회 안에서 이루어지는 모든 인간관계를 상하 수직의 위계질서로 파악했다. 유교에서 여자는 무조건 요물로 취급되고, 대를 이을 아이를 낳는 자로 보았다.[6] 마니교는 육체와 성을 깨끗하지 못한 것으로 이해했다. 성은 육체적인 영역에 속하는 것으로 구원에 장애가 되는 악한 것이므로, 정신과 육체를

---

6   레이 탄나힐, 김광면 역, 『성의 역사』 (서울: 김영사, 1996), 166.

분리시켜야 한다고 주장한다.7 스토아 철학도 성에 대해 마니교와 비슷한 견해를 가지며, 정신적인 평화를 발견하기 위해서는 감정적인 걱정을 극복해야 한다고 주장한다.8

가톨릭 전통에서는 성윤리를 지나치게 자연법에 근거하여 성에 대한 문제를 분명하게 인식하지 못하였다. 자손 번식을 방해하는 행위와 번식의 의지가 배제된 모든 형태의 성은 죄로 여겼다. 개신교 성 이해 역시 가톨릭과 마찬가지로 자손 출산에 그 영역을 제한하였다.

이처럼 고전적인 문화와 종교체계는 많은 성적 금기들을 주장하고 있다. 하지만 오늘날 시대는 수단과 방법을 가리지 않고 성적 쾌감을 얻는 것을 기본적인 욕구로 제시함으로써 전통적인 성 이해를 크게 흔들어 놓았다. 프로이드(S. Freud)는 우리 내부에 끊임없이 분출되는 성적인 욕망이 있으며, 이러한 본능적인 성적 욕구는 인류의 역사 속에서 억압되어 왔다고 주장한다. 따라서 오늘날 현대인들이 성에 대한 강박관념 같은 태도를 보이는 것은 억눌린 성에 대한 욕구가 표현되고 있기 때문이라고 주장한다. 마르쿠제(H. Marcuse)는 성이 에로스적인 특징을 갖고 있다는 프로이드의 견해를 수용하는 동시에 성을 사회 변화의 양상으로 개념화 하고 있다. 즉, 재생산의 도구로서의 성으로부터 벗어나게 하였다.9

동성애(homosexual)라는 용어는 같다는 의미를 지닌 '호모'(Homo)와 성적 매력을 뜻하는 라틴어 '섹서스'(sexus)로부터 비롯되었다. 이 용어는 1869년 헝가리의 의사인 커트베니(K. M. Kertbeny)에 의해 고

---

7   조프레이 파린더, 김동규 역 『종교에 나타난 성』 (서울: 동심원, 1996), 242.
8   Ibid., 243-244.
9   앤서니 기든스, 배은경 역 『현대 사회의 성, 사랑, 에로티시즘』 (서울: 새물결, 1996), 166-168.

안되었다.[10] 그는 당시 프러시아의 법무장관인 레온할트(Leonhard) 박사에게 라이프찌히시에서 간행된 소책자를 통하여 벤케르트(Benkert)라는 익명으로 공개서한을 보내면서 그 용어를 처음 사용하였다. 그 서한의 요지는 남성들 간의 성관계를 범죄로 추가시킨 형법 제143항의 제정을 반대하며, 남성들의 성행위에 대하여 보다 합법적으로 접근해 줄 것을 요구하는 것이었다. 그는 남성들의 성행위가 성도착의 유형 중 하나로 볼 수는 있어도 범죄로 보기는 부당하다고 지적했다.

일반적으로 학자들은 같은 성을 가진 자의 지속적인 성행위를 동성애로 말한다. 이 정의는 좁은 의미에서의 정의이다. 성경은 이성이 아닌 남자와 남자, 여성과 여성 간의 성행위는 가증스러운 것으로 하나님의 창조질서를 거역하는 것으로 말한다. 동성애자 중에서 남성들의 동성애는 우라니즘(uranism)이라고 부르고 남성 동성애자를 게이(gay)라고 부른다. 게이라는 용어는 호모란 용어와 차별성에 반대한 동성애자들이 어두운 이미지를 벗고, 밝은 이미지의 기쁨이란 의미에서 사용하기 시작했다. 원래는 남녀 동성애자를 모두 게이라고 지칭했으나, 지금은 남성 동성애자만을 가리킨다. 여성의 경우 레즈비언(lesbian)이란 말을 사용하는데, 이 어원은 동성애에 빠졌던 그리스 여성 시인 사포(Sappho)의 이름을 따서 사피즘(sapphism), 또는 사포의 출생지 레스보스 섬의 이름을 따서 레즈비언 사랑(lesbian love)이라고 한다.

동성애에는 다양한 유형도 존재하는데 독일의 벨(R. Bell)과 바인베르크(G. Weinberg)등 유럽의 학자들은 동성애를 성향에 따라 다섯 가지 유형으로 분류한 바 있다. 먼저 '파트너 밀착형 동성애'는 일반적인

---

10 윤가현, 『동성애의 심리학』 (서울: 학지사, 1998), 19-20.

이성애 연인이나 부부와 같은 생활을 하는 동성애자들을 말한다. 두 번째는 '파트너 개방형 동성애'로 파트너 관계로 생활을 하며 많은 섹스 파트너를 두거나 자주 바꾸어 가면서 관계를 가져 종종 문제점으로 지적된다. 세 번째 유형은 '기능성 동성애'로 친구관계로서의 친밀한 파트너 인간관계를 가지고 있다. 네 번째 유형은 '기능 장애적 동성애'로 필요에 따라 만날 수 있는 정도의 행동 유형을 가지고 있다. 마지막으로 '무성적 동성애'는 파트너 관계를 가지지 않고, 성적으로도 무관심한 동성애 그룹을 말한다.[11]

1990년대 이후로 동성애의 원인을 밝히려는 연구들이 활발하게 진행되면서, 동성애를 인정하려는 부류의 학자들은 동성애의 원인이 생물학적 요인 또는 환경적 요인으로 설명하려고 시도했다. 특히 동성애 옹호자들은 스스로 동성애 성향을 선택하는 사람은 거의 없다고 주장한다. 그들은 뇌에서 발생하는 어떤 차이점에 의한 것으로 추정되는 유전자적인 요소가 그 사람으로 하여금 동성애를 선호하는 방향으로 몰고 간다고 여긴다. 이러한 생물학적 원인으로는 ①유전인자 ②출생 전의 호르몬 발달 ③시상하부의 구조 차이 ④뇌의 조직 등을 근거로 든다.

환경적 요인에 의해 동성애 성향을 가지게 되었다는 근거로는 ①우세한 어머니 ②약한 아버지 ③동성인 성인 남성으로부터 유혹받았던 경험 ④부모가 여자 옷을 입히는 것을 격려함 ⑤부모가 아들보다도 딸을 원함 ⑥부모의 결혼생활의 역기능 ⑦외아들 ⑧응석을 많이 부리는 첫 아이 등을 지적했다. 특히 왜곡된 가족관계를 가졌을 경우, 내면

11　W. Ⅱ.Masters. "Liebe und Sexulitaet", *Homosexulitaet und Bisexulitaet (Bisexualitaet)* (Berlin: Frankfurtf a. M. Wien. 1987). 399-400.

의 깊은 차원에서 자신의 성적 정체성(sexual identity)에 대해 혼돈되고 불확실한 느낌을 주게 되어 동성애로 가는 데 영향을 끼치는 것으로 설명한다. 또한 어린 시절에 유혹을 받거나 강제로 동성애를 경험한 적이 있는 경우에도 후에 동성애 성향으로 이어질 수 있으며, 특히 여성 동성애자의 경우는, 어린 시절에 남자들의 성추행 대상이 되어서 후에 남자를 신뢰한다든지 남자를 가깝게 느낄 수 없을 만큼 깊이 상처를 입은 경우가 많다고 주장한다.[12]

그러나 동성애자들은 한 발 더 나아가 동성애를 이성애처럼 자연스럽고, 정상적인 것으로 인정해주기를 원한다. 그래서 1995년 발표된 동성애자 인권 선언문에서는 동성애의 원인을 밝히려는 모든 노력을 이 사회의 광기와 폭력이라고 선언했다. 이들의 주장은 동성애는 많은 사람들 속에 자리 잡고 있는 사랑의 한 형태이며, 단지 이성애에 비해 소수일 뿐 언제 어디서나 이성애와 함께 있어왔던 자연스러운 성의 한 형태라는 것이다.

이들 동성애 옹호자의 주장은 요약하자면, 동성애의 원인을 밝히려 하는 행위 자체가 잘못된 것이며, 굳이 원인을 밝힌다면 자기 의사와는 관계없는 선천적이거나 환경적인 요인이 크기 때문에 동성애자들에게 책임을 물을 수 없다는 것이다. 이에 대해서는 뒤에 이어지는 동성애는 죄악인가 부분에서 좀 더 상세하게 다룰 것이다.

3. 성경에서 말씀하는 동성애

그러나 앞서 지적했듯이, 우리는 이 세상에서의 삶이 끝이 아닌 것

---

[12] 샌튼 존스, 『동성애 어떻게 볼 것인가?』 (서울: 한국기독학생출판부, 1997), 17.

을 알기에 틀린 것은 틀린 것이라고 말할 수밖에 없다. 분명히 말하지만, 동성애는 죄이다. 하나님이 기뻐하시지 않는 옳지 못한 행동이다. 하나님께서는 성경[13]을 통해 이를 분명히 말씀하고 계신다.

성경은 성 자체를 아름답고 선한 것으로 본다. 이스라엘 백성은 확실히 성윤리를 '복음적인 것"의 의미로, 좋은 소식으로 생각하였다.[14] 창세기에 나타난 "하나님이 자기 형상, 곧 하나님의 형상대로 사람을 창조하시되 남자와 여자를 창조하시고 하나님이 그들에게 복을 주시며 하나님이 그들에게 이르시되 생육하고 번성하여 땅에 충만하라"(창 1:27-28)는 말씀과 "하나님이 지으신 그 모든 것을 보시니 보시기에 심히 좋았더라"(창 1:31)고 말씀하신 것은 창조된 인간의 어느 부분도 불결하게 여기거나 부정할 수 없음을 잘 보여 준다.

동일하게 하나님의 형상으로 창조된 남자와 여자는 결혼을 통해 한 몸을 이루며, 서로의 성적인 결합을 통해 생육하고 번성하는 것이 하나님의 복으로 이해된다. 이것은 남녀의 성적인 결합이 지극히 자연스러운 것이요, 창조의 질서에 부합되는 것임을 뜻하며, 둘 사이의 결합이 사랑에 근거한 것이야 함을 암시한다.

아가서는 남녀 간의 사랑의 노래를 통해 사랑이 정신과 육체의 결

---

13 "너는 여자와 동침함 같이 남자와 동침하지 말라 이는 가증한 일이니라"(레 18:22)."누구든지 여인과 동침하듯 남자와 동침하면 둘 다 가증한 일을 행함인즉 반드시 죽일지니 자기의 피가 자기에게로 돌아가리라"(레 20:13). "불의한 자가 하나님의 나라를 유업으로 받지 못할 줄을 알지 못하느냐 미혹을 받지 말라 음행하는 자나 우상 숭배하는 자나 간음하는 자나 탐색하는 자나 남색하는 자나 도적이나 탐욕을 부리는 자나 술 취하는 자나 모욕하는 자나 속여 빼앗는 자들은 하나님의 나라를 유업으로 받지 못하리라"(고전 6:9-10). "그와 같이 남자들도 순리대로 여자 쓰기를 버리고 서로 향하여 음욕이 불 일듯 하매 남자가 남자와 더불어 부끄러운 일을 행하여 그들의 그릇됨에 상당한 보응을 그들 자신이 받았느니라"(롬 1:27).

14 문희석, "구약의 성 개념", 『기독교 사상』(1973. 9). 106.

합으로 완성된다는 평범한 사실을 보여주고 있다. 창세기와 아가서의 교훈은 남녀 간의 사랑과 그에 기초한 성적인 결합이 하나님의 선물이며, 하나님께서 주신 가장 소중한 삶의 원리임을 가르쳐 준다.

그러나 이에 반해, 성경에서 처벌을 받아야 할 불법적인 성관계에는 다섯 가지 정도가 있다. 첫째, 힘 있는 자들의 권력에 희생되는 경우이다. 이것은 성폭력에 해당하는 것으로, 히위 족속 세겜이 야곱의 딸 디나를 강간한 일(창 34:1-2)이나 베냐민 지파 사람들이 한 레위인의 첩을 폭행한 일, 그리고 다윗의 큰아들 암논이 배다른 누이인 다말을 겁탈한 일(삼하 11-13장)이 있다. 이런 성폭력에 대해 처벌 기준을 두고 있지는 않지만, 남자가 약혼녀를 강간했을 때에는 그 남자만을 돌로 쳐서 죽여야 한다는 규정(신 22:25-27)을 두고 있다.

둘째, 간통을 했을 경우이다. 남자가 유부녀와 통간을 했을 때, 모두 돌로 쳐서 죽여야 했으며(레 18:20; 20:10; 신 22:22-24), 남자가 약혼하지 않은 처녀와 통간한 경우에는 그 처녀를 아내로 맞이해야만 했으나, 아버지가 그에 반대할 수도 있다(출 22:16-17). 그러나 신명기 법전은 그 남자가 자신과 통간한 처녀를 반드시 아내를 맞이해야 한다는 규정을 둠으로써(신 22:28-29), 여자의 정절에 대해서 공동체 전체가 관심을 가지고 그것을 지켜야 함을 강조한다.

셋째, 근친상간이다. 근친상간에 관한 규정이 있는 것은 성행위를 통해서 가정을 파괴해서는 안 될 뿐 아니라, 일가 친족의 가정을 파괴해서도 안 되기 때문이다. 이 때문에 매우 엄하게 금하여 돌로 쳐서 죽이는 형벌을 부과한다(레 18:6-18; 20:11-12, 17-21; 신 27:20, 22-23).

넷째, 짐승들과 성관계를 맺는 수간(獸姦)이다. 수간은 남자뿐만 아니라 여자에 대해서도 엄하게 금지되고 있다.

다섯째, 동성 사이의 성관계이다. 소돔과 고모라 지역 사람들(창

19:5)이나 베냐민 지파 사람들(삿 19:22)은 잘못된 성 풍습에 깊이 빠져있었다. 그들은 동성애로 인하여 역시 죽음의 형벌을 면치 못했다(레 18:22; 20:13).

성경 말씀은 하나님께서 창조하신 성이 남녀 사이의 순전한 사랑에 의해서 완성된다는 사실을 강조하고 한다. 그러나 성은 단순히 남녀 사이의 사랑이라는 차원에만 머물지 않는다. 그것은 결혼과 가정이라는 규범적인 질서를 통해 사회화의 과정을 거치게 되며, 사랑에 기초한 성관계는 생육과 번성의 복을 이룸으로써 하나님을 중심으로 하는 건강한 공동체로의 성장을 가능하게 한다.[15]

4. 동성애는 죄인가?

성경은 분명히 동성애를 죄라고 말씀한다. 그러나 오늘날 이른바 포스트모던적 사회 속에서 진리는 상대화되고, 전통적 가치관은 무너지고 있다. 현재 동성애가 사회적으로 논란이 되는 이유도 동성애가 '죄'라는 당연한 전제가 흔들리고 있기 때문이다. '죄'는 세속법에 저촉되거나 남에게 피해를 줄 때에만 성립된다고 여기는 사람들이 있다. 그들은 상호 간 합의 하에 하는 동성애는 아무에게도 피해를 주거나 처벌할 법률적 근거가 없으므로 죄로 여기면 안 된다고 주장한다. 동성애를 죄악시하는 것은 일종의 차별이다. 그래서 그들은 억울하다고 항변하고 있다.

그러나 성경에서 말하는 '죄'는 하나님 말씀에 대한 불순종을 가리킨다. 최초의 죄인 '선악과를 따먹은 행위'도 그 행위 자체가 누군가에

---

15 Ibid., 104-109.

게 피해를 주었기 때문에 죄인 것이 아니라, 하나님 말씀에 불순종하고, 사람이 하나님과 같이 되려는 교만한 모습을 보였기에 죄인 것이다. 그리스도인들은 세상이 인정하고 죄로 여기지 않는다고 하더라도 성경에 위배된다면 당연히 죄로 선언하여야 한다. 동성애는 하나님의 창조질서에 역행하는 죄이다. 하나님께서는 사람을 남자와 여자로 창조하셨다(창 1:27). 그리고 "생육하고 번성하여 땅에 충만하라"고 명령하셨다(창 1:28). 이처럼 하나님의 명령은 분명했다. '생육'하고 '번성'하라는 것이다. 이 명령 안에는 동성애가 하나님의 창조질서에 위배되는 것임을 나타내는 하나님의 분명한 메시지가 포함되어 있다. 동성애의 삶의 양식은 하나님의 창조질서에 도전하는 인간의 타락하고 부패한 행위인 것이다. 동성애는 성경 전체를 통해 분명하게 죄악으로 선언하고 있다. 하나님께서 성경을 통해 말씀하셨으면 우리는 다만 순종할 따름이다. 불순종 자체가 곧 죄이기 때문이다.

예수님께서도 남자와 여자가 창조질서 안에서 한 몸을 이룰 것을 말씀하셨다. 우리는 인간을 몸과 영혼의 연합체로 만드신 하나님의 목적을 생각하며 성을 이해해야 한다. 성은 하나님에 의하여 주어진 특별한 목적을 가진 선물이다. 성경은 남자와 여자, 즉 이성 간의 결합을 정상적인 것이요, 바른 것이라고 말씀한다. 동성 간의 성행위는 성경적인 방법이 아니며, 창조의 원리를 벗어난 것이므로 비정상적인 행위에 불과하다.

그러나 동성애를 '죄'로 인정하지 않는 부류는 다음과 같은 주장으로 그들의 동성애 행위를 정당화하고 있다.

먼저, 동성애는 유전적인 기질로서 그들에게 책임을 물을 수 없다는 것이다. 따라서 동성애자들을 정죄하면 안 되고, 그들을 인정하고 용납해야 한다는 것이다. 이 주장은 서구의 많은 크리스천과 목회자들까지 설득시켰다.¹⁶ 왜냐하면 동성애자들이 '하나님께서 자신을 동성애자로 창조하셨다'며 책임을 하나님께로 돌려버렸기 때문이다.

그러나 동성애 성향은 유전적일 수 없다. 만약 동성애 행동양식을 갖게 만드는 유전인자가 있다고 가정해 보자. 그렇다면 동성애자들은 자녀를 낳을 수 없으므로, 상식적으로 보아도 동성애 성향이 유전적인 원인이라면 이미 사라졌어야 한다. 더욱 강력한 증거는 일란성 쌍둥이의 동성애 성향 일치비율이다. 동성애 성향이 유전적이라면 같은 유전자를 가진 일란성 쌍둥이의 동성애 성향 일치비율은 매우 높아야 한다. 2000년 호주의 2만 5,000명의 쌍둥이를 대상으로 한 조사결과에 따르면, 남성 일란성 쌍둥이의 일치비율은 11.1%, 여성 일란성 쌍둥이의 일치비율은 13.6%에 불과했다. 이 결과도 선천성이라기보다는 같은 환경 하에서 서로 긴밀한 영향을 받았기 때문이라고 볼 수 있다.¹⁷

둘째로, 동성애는 일종의 정신질환으로서 병이나 장애이므로 죄로 봐서는 안 된다는 주장이다. 즉, 동성애를 일종의 병이나 장애로 인식하는 것이다. 이들은 동성애를 개인이 도덕적으로 책임질 수 있는 성질의 것이 아니라고 주장한다. 따라서 동성애를 정죄하는 것은 바람직하지 못하다는 것이다. 이 주장은 요한복음 9장의 말씀을 근거로 내세운다. 예수님께서 날 때부터 맹인이었던 사람을 보시고, 그에게 죄를 묻지 않으셨다는 것이다. 따라서 동성애 성향이 선천적인 질병이나 장애라면 그를 정죄할 수 없다는 주장이다. 이를 치료하기 위해서 다양한 방법이 시도되었는데, 거세술, 뇌 전두엽 절제술, 전기쇼크 요법, 심

---

16 길원평, 민성길, "동성애에 대한 기독교 세계관적 고찰"『신앙과 학문』19(1), 27-31.

17 길원평, 류혜옥, "동성애 유발요인과 기독교 상담의 가능성에 대한 탐구"『한국기독교상담학회지』, 24(4), 39-41.

리치료 등이 20세기 초반에 이루어졌다.

이렇듯 동성애를 병으로 보는 경우와 죄로 보는 경우 간에는 큰 차이가 존재한다. 위스의 정신의학자 보베트(T. Bovet)는 동성애를 도덕이나 죄와는 무관한 병리적 현상이라고 말한다. 동성애자들은 동성애적 성향만 제외하면 사회에서 훌륭한 능력을 지닌 구성원이라는 것이다. 따라서 본인이 원하지 않는다면 굳이 치료를 필요로 하지 않는 대수롭지 않은 질병 정도로 여겼다. 동성애 옹호자들도 동성애 치유는 선천적이거나 본인의 의지와 관계없는 후천적 요인을 통해 얻은 것으로서 치유가 불가능하거나 불필요하므로 동성애자들을 그대로 용납하고 인정해 주어야 한다고 주장한다.

하지만 2011년 말 질병관리본부 통계에 따르면 에이즈 바이러스 감염자의 92%가 남성이며 그 중 43%가 동성 간 성 접촉에 의해 감염되었다고 한다. 1985년부터 2011년의 국내 누적 에이즈 감염자는 총 8,542명이며 그중 남성이 7,860명으로 92%나 차지하고 있다. 에이즈와 동성애 행위가 높은 상관관계를 갖는 이유는 항문을 이용한 성교와 난잡한 성관계 때문이다. 통계자료에서 보듯이 동성애로 인한 에이즈 감염 실태가 확연히 드러남에도 불구하고, 그들은 동성애를 용납해야 한다는 주장을 굽히지 않는다.

그러나 이들의 주장과는 달리, 교회는 동성애를 병으로 보지 말고, 하나님께서 가증히 여기시는 죄악으로 봐야 한다. 동성애는 분명히 회복될 수 있다. 아담스(J. E. Adams)는 "동성연애를 병이라고 부르는 것은 그들에게 소망을 불러일으키지 못한다. 그러나 성경에서 말씀하는 것 같이 동성연애를 죄라고 부른다면 소망을 줄 수 있다"[18]고 말한다.

---

18   제이 아담스, 정정숙 역, 『목회상담학』 (서울: 총신대학출판부, 1991), 240.

즉, 아담스의 말은 동성애자들이 회복될 수 있는 가능성은 죄에 대한 선포에서부터 시작될 수 있음을 강조하는 것이다. 동성애는 죄의 산물이기 때문에 이 죄의 문제를 해결할 때에만 회복이 가능하다.

동성애자들은 "나는 이렇게 태어났기 때문에 절대 변할 수 없다", "하나님은 나를 버리셨다", "서로 사랑하는 게 무엇이 잘못 되었는가" 등과 같이 동성애에 대한 왜곡된 사고를 스스로 가지고 있기 쉽다. 그러나 동성애가 죄라는 사실을 분명히 주지시킨다면 "하나님은 우리가 회개하고 은혜를 간구하면 우리의 모든 잘못을 용서해 주신다"로 사고를 변화시킬 수 있다.

셋째로, 좀 더 극단적인 경우로서 동성애는 성적 자기결정권을 지닌 자율권을 가진 인간이 스스로 자유의지로 선택할 수 있는 자연스러운 사랑의 모습이라는 주장이다. 그러나 이미 앞서 주지했듯이 동성애는 인간이 스스로의 자유의지로 선택할 수 있는 자연스러운 사랑의 모습이 아니다. 물론, 동성애의 역사는 매우 오래되었다. 구약성경에서도 언급될 정도로 가나안 지방에서는 흔하게 이루어졌던 것으로 보이며, 신약성경의 배경인 그리스·로마 문화권 속에서도 나타난다. 동성애를 옹호하는 사람들은 동성애가 인류 역사에서 지속적으로 행해져 왔기 때문에 보편적이며 자연스러운 사랑의 방법이라고 주장한다.[19]

그러나 오히려 동성애는 죄악이기 때문에 인류 역사 속에서 지속적으로 나타난 것이다. 죄로 인해서 타락하고 전적으로 부패한 인간의 본성이기에 동성애는 이제까지 시대를 초월하여 나타날 수밖에 없었던 것이다. 이것은 마치 인류 역사 속에서 거짓말이 나쁘다는 것은 모

---

19 E. Cantarella, *Bisexuality in the Ancient World* (New York: Yale University Press, 1992), 215-217.

두가 다 아는 사실이지만 사라지지 않은 것과 같다. 인간의 모든 범죄 행위도 이와 마찬가지이다. 범죄가 나쁜 것이지만 지금까지 그 범죄행위는 근절되지 않고 지속되고 있는 것이다.

그렇다면 과연 동성애는 개인의 자유에 속한 것인가? 하나님께서는 인간에게 자유의지를 주셨다. 인간은 누구나 자신의 뜻에 따라 결정할 수 있는 인격체로 창조되었다. 최초의 사람인 아담도 마찬가지다. 그러나 아담은 자유의지를 잘못 사용하여 하나님께 불순종하는 죄악을 범하였다. 그로 인해 죄가 우리 속에 들어왔고, 인간은 타락하고 전적으로 부패되었다. 이러한 부패한 인간의 자유의지는 하나님을 거역하고, 악한 일을 행하는 것[20]을 오히려 당연시한다. 인간의 자유는 무한정한 자유가 아니다. 그들이 말하는 자유는 하나님의 창조질서를 허무는 방종이며 하나님을 떠난 타락이지 진정한 의미의 자유는 아니다. 우리의 자유는 하나님의 창조의 법칙과 그 말씀 안에서의 자유이지 하나님의 말씀을 떠난 방종의 무법천지의 행위를 자유라고 하지는 않는다. 처음 조상 아담과 하와에게서 보듯이, 자유는 항상 그 행위의 책임이 따르기 마련이기 때문이다. 말씀의 바운더리 안에서 자유를 누릴 때, 그때에야 비로소 우리에게 참 자유가 주어지는 것이다.

인간은 창조된 피조물이며, 자기 한계를 지닌 유한한 존재이다. 인간의 성은 이미 창조주 하나님에 의해 결정되었다. 이러한 창조의 섭리 속에서 인간의 자유는 제한된다. 만약 인간이 이 자유를 하나님의 뜻에 대항하여 사용할 경우 이는 죄가 된다. 죄는 인간이 하나님께서 주신 자유를 하나님의 뜻에 대항하여 자신을 위하여 쓰고, 하나님으로

---

[20] "그 발은 행악하기에 빠르고 무죄한 피를 흘리기에 신속하며 그 생각은 악한 생각이라 황폐와 파멸이 그 길에 있으며"(사 59:7).

부터 벗어나려고 할 때 들어오기 때문이다. 스토트(J. Stott)는 창조질서는 영구하며 보편적으로 적용 가능한 유효성을 가졌다[21]고 말한다.

신학적 관점에서 보았을 때 동성애는 인간 내면에 잠재되어 있는 죄성과 관련이 있다. 그러나 인간에게 원죄가 있다고 해서 원죄를 당연한 우리의 정상적인 규범의 요소로 인정할 수 없듯이 동성애가 죄성에 근원한다고 해서 그 행위를 당연시해서는 안 되는 것이다. 즉, 동성애 옹호론자들의 주장처럼 동성애 성향이 선천적이냐, 후천적이냐의 여부는 본질적인 관점에서 보면 그리 중요한 문제는 아니다. 이것은 우리가 가진 죄성으로부터 근본적인 원인의 뿌리를 두고 있기 때문이다. 인간은 원죄로 말미암아 태어나면서부터 죄인이며, 살아가면서도 지속적으로 죄를 짓는다. 선천적으로 동성애자가 되었다면 그것은 부패한 인간의 본성 때문이며, 후천적으로 동성애자가 되었다면, 그것은 인간이 타락한 결과인 것이다. 어느 것도 동성애가 죄악이라는 사실을 반증할 수 없으며, 동성애자 자신의 책임을 변명할 수 없다.

Ⅲ. 결론

신학자들 가운데서도 동성애를 인정해야 한다는 주장이 있다. 이들의 주장은 구약성경은 신약시대에서 폐지되어야 할 율법이고, 신약성경은 사랑을 강조하고 있다는 것[22]에서 출발한다. 따라서 사도 바울이 디모데전서 1:9-10에서 쓴 주장은 당시의 문란한 성관습을 비판한

---

21 존 스토트, 『동성애 논쟁』 (서울: 홍성사, 2006), 43.
22 박원기, "기독교의 성이해", 『기독교사상』 452, 26.

것이지, 동성애 자체를 정죄한 것이 아니며,[23] 신약시대를 살아가는 성도들은 구약시대와는 다른 윤리적 기준을 가지고 동성애를 포용하고 인정해야 한다고 주장한다.

그러나 그리스도인들의 삶에서 성경은 모든 것의 기초가 된다. 하나님께서 성경을 통해 우리에게 창조질서와 성에 대한 올바른 관점을 말씀해 주셨다. 종교개혁가인 칼빈(J. Calvin)은 우리의 모든 삶의 영역에서 하나님의 주권을 강조함으로써, 그리스도인의 삶은 하나님에 의해서 시작하고, 하나님에 의해서 의미를 가지며, 우리의 삶의 목표는 전적으로 하나님의 영광만을 위한 삶이라는 것을 강조했다. 즉, 우리 자신을 포함한 모든 것이 우리의 것이 아니라, 창조주 되신 하나님의 소유물인 것을 먼저 인정해야 한다. 마찬가지로 성 또한 인간의 소유물이 아니라 하나님께서 주신 선물이다.

그러므로 그리스도인들은 동성애가 죄악인 것을 지혜롭게 가르쳐야 할 필요가 있다. 우리는 세상과 타협하지 않고, 먼저 성경 말씀에 순종해야 한다. 사랑은 하나님께서 주신 선물로서 무제한적인 방종으로 즐기는 것이 아니라, 거룩성과 책임성이 있다는 것을 인식시켜야 한다. 우리는 동성애자들을 다른 사람과 차별해서는 안 된다. 동성애자에 대한 편견과 공포, 선입견이 우리 사회에 있는 것은 사실이다. 분명한 것은 동성애자들을 멸시와 모욕 편견의 대상으로 취급하기보다는 사랑과 관용의 자세로 이들을 대해야 한다는 것이다. 동성애자들도 하나님의 사랑의 대상이며 구원받아야 할 사람들이다. 따라서 교회는 이들의 연약함을 돌봐주고, 죄로부터 해방되도록 도움을 주어야 한다. 교회는 이를 위해서 올바른 성정체성 회복과 성의 온전성을 교육해야

---

23 리처드 헤이스, 유승원 역, 『신약의 윤리적 비전』 (서울: IVP, 2002), 590.

한다.[24]

물론, 동성애자로부터 이성애자로의 변화는 오직 하나님의 도우심으로 가능하며, 이러한 변화는 쉽지 않고 더디며 어려운 과정 가운데에서 일어난다. 따라서 그리스도인들은 이 문제에 대해 인내를 가지고 접근해야 한다. 동성애자의 삶의 방식에는 동의할 수 없지만, 그들 역시 하나님의 형상을 입은 사람으로서 전도와 사랑의 대상임을 인식해야 한다. 그들에게 예수님의 사랑을 전하고, 하나님의 올바른 말씀인 성경의 진리로 그들을 설득해야 한다. 지나친 편견과 증오, 폭력적 방법은 오히려 그들의 마음의 문을 닫게 만들 수 있다.

즉, 그들 또한 하나님의 형상을 입은 인간으로서 하나님의 일반 은총의 영역에 있는 존재이며, 전적으로 부패한 인간으로 순리를 바르게 쓰지 않는 사람들이라는 인식에서 출발해야 한다. 모든 인간은 하나님 앞에 평등하며, 아담의 후손이며 죄인이다. 동성애자들도 우리도 하나님의 사랑과 은총이 필요한 존재들인 것은 모두 마찬가지이다. 그들도 회개와 구원이 필요한 죄인이다. 이런 관점에서 동성애 죄에 대한 분명한 인식은 가지되, 그들이 그리스도의 사람과 복음의 능력으로 회복될 수 있는 가치 있는 존재임을 잊지 말고, 인격적으로 받아주는 노력이 필요하다.

동시에 이번 기회를 통하여 그리스도인 자신의 신앙을 스스로 점검하는 기회로 삼아야 할 필요가 있다. 최근 한국교회도 세속화의 영향으로 성경과 하나님에 대한 이해가 크게 바뀌었다. 하루가 다르게 발전하는 과학 기술과 진보하는 인간 문명 앞에서 성경의 권위는 날로 쇠퇴해 가고 있다. 말씀의 선포 역시 인간 죄성의 심각함보다는 긍정

---

24 박노권, "동성애자에 대한 목회상담학적 접근", 『한국기독교신학논총』 28집, 259.

의 힘, 자기 확신에 기초한 성공과 번영의 메시지가 주류를 이루고 있다. 더불어 사회적 책임과 약자에 대한 돌봄을 강조하는 윤리적, 사회 참여적 메시지도 늘어가고 있다.

이런 사회적 흐름을 따라 한국교회에서도 하나님은 단지 복을 주시며, 약자와 차별받는 자를 사랑하시는 분으로만 이해된다. 성경 말씀을 거룩한 하나님의 말씀으로 두려워하거나, 하나님에 대한 경외감을 갖는 것은 불필요한 일로 여긴다. 한국교회가 세상을 향해 "회개하라"고 외치지 못하는 현 상황이다.

동성애 문제에 있어서 지나친 감정적 대응은 자제해야 한다. 그러나 이들을 사랑한다고 해서 죄를 죄라고 말하지 않는다면 그것은 참 사랑이 아니다. 우리 자신을 치는 심정으로 그들에게 올바른 진리를 말해주는 것이 진정으로 그들을 위하는 길임을 알아야 한다. 이럴 때일수록 한국교회가 가장 근본으로 돌아가서 원초적인 복음, 성경의 권위, 하나님에 대한 경외, 예수 그리스도의 십자가와 대속 등 신앙의 기초를 다시 한 번 되돌아봐야 한다. 종교개혁이 일어날 당시 타락한 로마 가톨릭 교회를 개혁하고, 수많은 문제들을 해결할 올바른 길을 제시했던 것은 오직 믿음, 오직 은혜, 오직 성경이었다. 이것만이 한국 사회뿐만 아니라 전 세계로 확산되어 가는 동성애 문제를 해결하고, 그들을 회개시키고 예수 그리스도에게로 돌아올 수 있도록 인도하는 열쇠이다.

참고문헌

학위논문

김영표.「동성애에 대한 기독교 윤리적 연구」(협성대학교 신학대학원. 2009).

단행본

박충구.『한국 사회와 기독교 윤리』(서울: 성서연구사, 1995).
신국원.『크리스천의 생활윤리』(서울: 대한예수교장로회총회출판부, 1999).
윤가현.『동성애의 심리학』(서울: 학지사, 1997).
이상원.『기독교 윤리학』(서울: 총신대학교출판부, 2013).
레이 탄나힐. 김광면 역.『성의 역사』(서울: 김영사, 1996).
샌튼 존스.『동성애 어떻게 볼 것인가?』(서울: 한국기독학생출판부, 1997).
앤서니 기든스. 배은경 역.『현대 사회의 성, 사랑, 에로티시즘』(서울: 새물결, 1996).
제이 아담스. 정정숙 역.『목회상담학』(서울: 총신대학출판부, 1991).
조프레이 파린더. 김동규 역.『종교에 나타난 성』. (서울: 동심원, 1996).
존 스토트. 양혜원 역.『동성애 논쟁』(서울: 홍성사, 2006).
헬무트 틸리케. 이종윤 역.『기독교 성윤리』(서울: 기독교 문화협회, 1986).
Cantarella, E. *Bisexuality in the Ancient World* (New York: Yale University Press, 1992).
Former, M. J.Ethical Issues in Sexuality and Reproduction (St. Louis: C. V. Mosby. 1983).
W. Ⅱ.Masters. "Liebe und Sexulitaet". *Homosexulitaet und Bisexulitaet* (Bisexualitaet (Berlin: Frankfurtf a. M. Wien. 1987).

정기간행물

곽분이. "동성애에 대한 성서의 입장".『한국여성신학』(1996년 27호).
길원평, 류혜옥. "동성애 유발요인과 기독교 상담의 가능성에 대한 탐구".『한국기독교상담학회지』(24호).
길원평, 민성길. "동성애에 대한 기독교 세계관적 고찰".『신앙과 학문』(19호).

문희석. "구약의 성개념". 『기독교 사상』 (1973년 9월호).

박노권. "동성애자에 대한 목회상담학적 접근". 『한국기독교신학논총』 (2003년 제28집).

안명준. "동성애에 대한 기독교 윤리적 접근". 『평택대학교 논문집』 (2002년 제16집).

홍동근. "성의 기독교적 이해" 『기독교 사상』 (1970년 11월호).

보도자료

"[긴급 진단 '동성애'] 대학마다 동아리 결성 '인권찾자' 활동 나서" 국민일보 2010년 11월 29일.

"미 대법원 "동성결혼 합헌" 역사적 결정…미 전역서 허용" 연합뉴스 2015년 6월 27일.

"미국 장로교. 총회에서 '동성결혼' 인정키로" SBS 인터넷 뉴스 2014년 6월 21일.

제 8 장

동성애는 최악의 무질서

주승중 목사(주안장로교회 담임목사)

1. 들어가는 말

지난해 2015년 6월 28일 오후에 서울 시청 앞 광장에서는 한국의 개신교 22개 교단이 연합으로 '6.28 대한문광장 한국교회 연합예배'를 드렸다. 그리고 이 연합예배 후에 계속해서 '동성애조장 중단 촉구 한국교회 교단연합 국민대회'를 개최하였다. 필자가 담임목사로 섬기고 있는 주안장로교회가 소속되어 있는 대한예수교 장로회 통합측도 이 연합예배와 행사에 총회장을 중심으로 적극적으로 참여하였다.

한국교회가 연합으로 이날 대한문 광장에서 모인 것은 메르스와 동성애 조장으로 탄식하는 우리 민족을 위해 오직 하나님의 자비를 구하고자 하는 데 그 목적이 있었다. 이 모임은 동성애를 혐오하거나 무조건적으로 정죄하기 위함이 아니라, 우리 민족의 교만과 타락을 대신 회개하는 겸비한 마음으로 기도하기 위하여 모인 것이다.

또한 그 예배와 연합집회는 동성애가 하나님의 형상대로 지음을 받은 인간의 존엄성을 파괴한다는 해악에 대해서 바르게 계몽하지 않고, 오히려 동성애를 조장하여 나라의 미래를 위태롭게 만드는 일부 무책임한 공직자들의 각성을 위한 모임이었다.

그리고 그 모임은 아직은 올바른 가치 판단을 제대로 하지 못하는 청소년들에게 '학생인권조례'라는 것을 만들어 "너희들에게도 지금 하고 싶은 것을 할 권리가 있으니 원하는 대로 즐겨라. 너희들에게도 성생활을 할 권리가 있고, 임신해도 차별받지 않을 권리가 있다"고 가르치면서, 우리의 아이들에게 건전한 성문화와 진정한 인권이 무엇인지를 바로 교육하지 않고 있는 나라를 위하여, 시청 앞 대한문 광장을 미스바 광장으로 선포하고, 거기서 통곡하며 회개기도를 하고자 모인 것이었다.

2. 창조의 질서가 무너진 세상

오늘 우리는 정말 하나님의 창조질서와 올바른 가치 체계가 도전받고 무너지고 있는 무질서의 세상에서 살고 있다. 하나님의 창조질서가 무너진 그 대표적인 사건이 지난해 6월 26일에 미국에서 일어났다. 그것은 바로 미국의 연방대법원이 "동성결혼이 헌법에 위배되지 않는다"는 황당한 결정을 내린 것이다. 미국의 대법관 9명 가운데 찬성 5명, 반대 4명으로 이뤄진 이번 결정으로 미국 전역에서 동성결혼이 합법화되기에 이르렀다. 이제 미국에서 '결혼한다'는 말은 남성과 여성만이 아닌, 남성과 남성, 그리고 여성과 여성 사이에도 사용이 가능하게 된 것이다. 미국의 오바마 대통령(B. H. Obama)은 이 날 연방대법원의 판결에 대해 '미국의 승리'라고 하면서 그 결정을 높이 평가했다. 이처럼 우리는 현재 청교도 신앙을 근간으로 세워진 미국의 대통령마저도 하나님의 창조의 섭리와 질서가 무너지는 것에 대해서 찬사를 아끼지 않는 타락과 방종의 무질서 시대에 살고 있는 것이다.

하나님의 창조질서와 올바른 가치 체계가 도전받고 무너지고 있는 이런 무질서의 현장 그 중심에, 바로 동성애의 문제가 놓여 있다. 그리고 이 동성애의 문제는 미국과 같은 서구에서만의 문제가 아니라, 바로 우리가 살고 있는 대한민국에서도 얼마 전부터 뜨거운 감자로서 급부상한 문제이다. 특별히, 2015년 6월 9일부터 동성애 단체가 서울광장에서 소위 '동성애 퀴어 축제'를 열기로 하였고, 이에 대해서 한국교회가 대대적으로 반대하면서, 지금 이 동성애의 문제는 우리 사회의 가장 민감한 이슈가 되었다.

'퀴어'(queer)라는 말은 성적 소수자를 의미하는 말로서, LGBT(레즈비언, 게이, 양성애자(bisexuality), 트랜스 젠더)와 같은 성적 소수자를 의미한다. 국내의 동성애자들과 성적 소수자들이 지난해 2015년 6월 9일 시청 앞 광장에서 '퀴어 축제'의 개막식을 열었고, 6월 28일부터 백주대낮에 반나체로 자신들의 정체성을 확인하고 축하하는 퍼레이드를 진행하였다.

그런데 이렇게 하나님의 창조질서에서 벗어난 비정상적인 성문화와 우리 사회의 건강한 윤리질서를 흔드는 '동성애 퀴어 축제' 허가를 취소해 달라는 한국교회 지도자들의 요청을 번번이 거절하고 있는 서울시장은 행정절차상 문제가 없기 때문에 취소할 수 없다고 하였다. 지난 6월 27일자 '국민일보' 사설에서 이승한 종교국장은 "서울시장의 이런 행동은 그야말로 가정과 사회, 그리고 국가의 장래보다는 개인의 정치적 입장을 우선시하는 행정편의주의의 극치가 아닐 수 없다"고 지적했다.

지금 우리 한국 사회는 서울시장의 태도에서 볼 수 있듯이, 대다수의 국민들이 동성애를 비정상적인 것으로 간주하고 있음에도 불구하고, 소수자의 인권보호라는 '인권 트라우마'에 갇혀 오히려 국민 대다수의 의견이 무시당하는 역차별의 모순에 빠져 있다. 분명히 성적 소수자와 동성애자들의 인권도 중요하다. 그러나 그들의 인권은 사회의 안녕과 도덕과 질서를 유지하는 테두리 안에서 의미가 있는 것이지, 다수의 도덕과 윤리를 무시하고, 공동체의 질서를 흔들고 파괴하면서 자신들만의 인권을 부르짖는 것은 방종에 불과한 것으로서 올바른 모습은 아니다.

따라서 동성애 문제는 인권이라는 미명하에 아름답게 포장될 수 있는 성질의 것이 아니라는 사실을 우리는 알아야 한다. 왜냐하면 동성애는 하나님의 창조질서에 어긋나고, 창조의 순리에 어긋나는 매우 심각한 문제이기 때문이다. 그러므로 성경은 분명히 동성애를 엄하게 금하고 있다.

> "너는 여자와 동침함 같이 남자와 동침하지 말라. 이는 가증한 일이니라"(레 18:22).

> "누구든지 여인과 동침하듯 남자와 동침하면 둘 다 가증한 일을 행함인즉 반드시 죽일지니 자기의 피가 자기에게로 돌아가리라"(레 20:13).

이에 사도 바울은 동성애 행위를 하는 사람은 하나님의 나라를 유업으로 받지 못한다고 못 박고 있다.

> "불의한 자가 하나님의 나라를 유업으로 받지 못할 줄을 알지 못하느냐. 미혹을 받지 말라 음행하는 자나 우상 숭배하는 자나, 간음하는 자나 탐색하는 자나 남색하는 자나… 하나님의 나라를 유업으로 받지 못하리라"(고전 6:9-10).

여기서 사도 바울이 말하는 '탐색하는 자'와 '남색하는 자'는 둘 다 남성 간의 성행위를 하는 사람들을 말하되, '탐색하는 자'는 동성애자들 중에 수동적 위치에 있는 사람, 즉 여성 역할을 하는 사람을 말하는 것이고, '남색하는 자'는 동성애자들 가운데 능동적인 위치에 있는 사람, 즉 남성 역할을 하는 사람을 가리키는 것이다.

이처럼 하나님의 말씀은 너무나도 분명하게 동성애는 정상적인 행위가 아니며, 근본적인 하나님의 창조질서를 무너뜨리는 비정상적인 행위임을 지적하고 있다. 따라서 하나님의 창조의 순리를 역행하는 동성애는 인권이라는 미명 하에 절대로 아름답게 포장될 수 없고, 포장되어서도 안 된다. 다시 말해, 동성애는 윤리와 도덕과 인간의 본래적인 존재의 의미를 부정하는 죄의 문제이지, 인권의 문제가 아니다.

3. 하나님의 심판인 '내버려 두사'의 최악의 결과가 바로 동성애이다.

로마서에서 사도 바울은 하나님을 반역하고 떠난 인간들의 무질서한 모습이 가장 극명하게 드러난 행태가 바로 동성애임을 지적하고 있다. 바울은 여기서 '내버려 두사'라는 말씀을 세 번이나 반복해서 사용하고 있는데, 이 말씀은 하나님의 심판을 나타내는 강력한 말씀이다. 타락한 인간은 하나님을 영화롭게도 아니하고, 하나님의 영광을 썩어질 사람과 기어다니는 동물 모양의 우상으로 바꾸고, 하나님보다 피조물을 더 경배하는 우상 숭배 가운데 빠져버렸다. 이에 하나님께서는 그런 인생들을 이러한 인간의 죄성에 이끌림대로 살도록 그냥 내버려 두셨다는 것이다.

"하나님께서 그들은 마음의 정욕대로 더러움에 내버려 두사"(롬 1:24).

"하나님께서 그들을 부끄러운 욕심에 내버려 두셨으니"(롬 1:26).

"하나님께서 그들은 그 상실한 마음대로 내버려 두사"(롬 1:28).

즉, '내버려 두사'는 하나님을 떠난 인간에게 임한 하나님과의 관계의 단절을 의미하는 표현이다. 하나님을 떠나 죄를 범하는 인간을 향해, 하나님은 인간이 행하는 죄악들을 그대로 범하게 함으로써 그들을 심판하신다. 그러므로 결국 그들은 자신의 이끌림대로 하나님의 말씀을 거역하고 동성애 행위를 계속 행함으로써 그들은 이미 심판을 받은 것이다. 왜냐하면 하나님께서 그들을 내버려 두셨으며 이것이 이미 하나님과의 관계의 단절이기 때문이다. 인간이 자의적으로 육체가 이끄는 대로 죄를 범하며 사는 것, 이 자체가 바로 하나님의 심판인 것이다.

그러므로 성경에서 가장 무서운 심판의 말씀이 바로 이 '내버려 두사'라는 말씀이다. 부모가 자식을 사랑하는 한, 계속해서 꾸지람을 하고, 사랑하기에 그 자식이 잘 되라고 징계를 한다. 이에 히브리서 기자는 다음과 같이 말하고 있다.

> "… 내 아들아 주의 징계하심을 경히 여기지 말며 그에게 꾸지람을 받을 때에 낙심하지 말라. 주께서 그 사랑하시는 자를 징계하시고 그가 받아들이시는 아들마다 채찍질하심이라… 징계는 다 받는 것이거늘 너희에게 없으면 사생자요 친 아들이 아니니라"(히 12:5-6, 8).

부모가 징계를 하지 않는다는 것은 자녀로 생각하지 않는다는 것과 같은 것이다. 부모로서 자녀가 그릇되고 옳지 못한 일을 행할 때, 부모는 자녀에 대한 기대와 사랑이 있기에 그 자녀가 올바른 길로 돌아오기를 바라는 마음으로 자녀를 타이르고 달래도 보고, 그럼에도 여의치 않을 경우에는 꾸짖기도 하며, 심한 경우에는 결국 물리력을 동원해 회초리로 엄히 다스리기도 한다. 이 모든 것은 오로지 자녀를 그릇된 길에서 돌이켜 옳은 길로 인도하려는 부모의 사랑에서 비롯된 행동이다. 그러나 온갖 방법을 다 동원해도 자식이 끝내 말을 듣지 않고, 자기 마음대로 행할 때에는, 결국 부모는 징계를 포기하고 손을 놓을 수밖에 없다. 그리고 "네 마음대로 해라"라고 선언하며 자식이 어떠한 일을 할지라도 상관치 않고 내버려 두는 단계까지 이르게 된다. 이쯤 되면 부모와 자식 간의 관계는 단절의 단계로 들어선 것이다. 부모로서 더 이상의 역할을 할 수 없기 때문이다.

마찬가지로 하나님은 인간들이 하나님의 말씀을 거역하고 불순종하여 하나님을 영화롭게도 아니하고, 감사하지도 않고, 하나님의 영광을 썩어질 사람과 동물 모양의 우상으로 바꾸는 행위를 서슴없이 저지르자, 하나님은 인생들을 그 마음의 정욕대로 더러움에 내버려 두셨다. 즉, 부끄러운 욕심에 인간을 그냥 내버려 두신 것이다. 이것은 가장 두려운 하나님의 심판이다. 왜 그런가? 이는 "그래 이제 네가 원하는 대로, 정욕대로, 본능대로, 네 마음대로 살다가 지옥으로 가라"는 말씀과 같기 때문이다. "이제 더 이상 기회를 주지 않겠다"는 말씀과 같기 때문이다. "이제는 더 이상 자비를 베풀지 않겠다"는 말씀과 같기 때문이다.

하나님께서 이들을 내버려 둔 결과, 인간들이 자신들의 더러운 욕망에 사로잡혀 성적인 난잡함을 일삼았다. 인간이 자신의 욕망대로 살게 되면, 자기 몸을 더럽히는 본능과 쾌락 중심의 삶을 살게 된다. 즉, 성적으로 타락한 삶을 살게 되는 것이다. 그리고 이 성적인 타락의 정점에 바로 동성애가 있다. 이것을 바울은 로마서 1:26-27에서 다음과 같이 말씀하고 있다.

> "… 하나님께서 그들을 부끄러운 욕심에 내버려 두셨으니 곧 그들의 여자들도 순리대로 쓸 것을 바꾸어 역리로 쓰며, 그와 같이 남자들도 순리대로 여자 쓰기를 버리고 서로 향하여 음욕이 불 일듯 하매, 남자가 남자와 더불어 부끄러운 일을 행하여…"

즉, 하나님을 떠난 인간의 무질서한 모습이 가장 뚜렷하게 드러나는 모습이 바로 성적인 타락이요, 그 성적인 타락이 최고조에 이른 행태가 바로 동성애라는 것이다.

4. 가정과 교회와 국가를 무너뜨리는 사탄의 전략

지구촌교회 이동원 원로목사는 인간들이 죄 가운데 빠질 때에, 가장 먼저 나타나는 현상 중에 하나가 성적인 타락인데, 그렇다면 왜 성적인 타락이 가장 먼저 나타나는가에 대한 답을 다음과 같이 하고 있다. "성은 하나님께서 우리에게 허락하신 가장 아름다운 선물 중에 하나인데, 그 가장 아름다운 것을 가장 추한 것으로 바꾸어 놓는 것은 바로 사탄의 역사"[1]때문이다. 그렇다. 하나님께서는 우리 인간을 만드실 때에 남자와 여자로 만드시고, 남자와 여자가 결합하여 생육하고 번성하도록 인간에게 축복을 주셨다. 그런데 사탄은 바로 이 축복을 시기하여 저주로 대체하려 하는 것이다.

창세기 1장 말씀에 의하면, 하나님께서는 하늘과 땅, 바다와 육지 등 서로 다른, 그러나 상호보완적인 피조세계와 피조물들을 한 쌍씩 만드셔서 함께 아름다운 세상을 이루어가게 하셨다. 그리고 이렇게 다양하면서도 서로 다른 피조물들이 서로 연합하여 아름다운 세상을 이루어가게 하신 것이 바로 하나님의 창조의 찬란함이었다. 그 중에서도 남자와 여자의 창조와 결합은 하나님의 아름다운 창조의 클라이막스(절정)였다.

뉴욕 맨해튼 리디머 장로교회의 담임목사인 켈러(T. Keller) 목사는 "남자와 여자는 독특하며 서로를 바라보며 상대방이 할 수 없는 것을 행하며 서로 바꿀 수 없는 영광을 뽐낸다"고 말하며, "특별히 성은 결혼이라는 영원한 계약을 통해 이들의 능력과 영광이 하나 되도록 하나님이 창조하신 통로이며, 결혼을 통해 남성과 여성은 결합하고, 서

---

[1] 이동원, 『로마가 들어야 했던 복음』 (서울: 두란노서원, 1996), 35.

로를 통해 배우고 동역하며 새로운 존재로 빚어진다"고 성과 결혼의 신비를 설명하고 있다.

그러나 사탄은 바로 이런 아름다운 성과 결혼을 파괴함으로써, 창조의 최대의 걸작품인 우리 인간을 파괴하려는 전략을 사용하고 있다. 따라서 인간이 하나님을 떠나 타락하게 되면 가장 먼저 나타나는 모습이 성적인 타락이고, 그 타락의 절정에 동성애가 있는 것이다. 그러므로 동성애는 하나님의 창조의 걸작품인 인간의 존엄성을 파괴하고, 하나님의 창조의 질서를 무너뜨리려는 사탄의 속삭임이다. 그 증거로서 실제로 사탄이 우리의 가정과 아이들과 청년들을 타락하게 하고, 성에 대한 가치관을 심각하게 왜곡시켜서 우리의 가정과 교회와 국가를 무너뜨리려고 세운 열 가지 전략이 있다는 것이 밝혀졌다. 그것은 지금부터 65년 전에 사탄숭배자의 지도자요, 기독교를 반대하는 가장 강력한 영매(무당)였던 영국의 베일리(A. A. Bailey)라는 여자를 통해서 밝혀졌는데, 사탄이 직접 자신에게 준 10가지 전략이 있다고 발표한 바가 있다.[2] 베일리가 주창한 이 10가지 전략은 다음과 같다.

첫째, 교육시스템에서 하나님과 기도를 제거하라. 아이들의 교육에서 기독교 문화를 없애고, 그래서 교육에서 하나님을 필요하지 않은 존재로 만들라는 것이다. 실제로 1962년 미국의 대법원은 민주당 케네디 대통령 때, 정교분리의 원칙을 이유로 성경과 기도를 공립학교에서 금지시켰다. 안타깝게도 케네디 대통령은 영적으로 보면 자신도 모르는 사이에 사탄의 도구가 되어 버린 것이다.

둘째, 아동들에 대한 부모의 권위를 축소시켜라. 부모와 자녀 사이의 의사소통을 끊어서 부모의 신앙이 자녀들에게 이어지지 못하게 하

---

2 https://www.facebook.com/wtmkorea/posts/290083677867590

라는 것이다. 이를 위하여 아이들의 권리를 과잉되게 신장시키고, 아동 체벌을 금지시키라고 했다. 아이들의 인권을 주장하는 것 같으나 사실 이 뒤에는 사탄의 놀라운 전략이 숨어 있던 것이다. 그런데 우리나라를 포함해서 많은 나라는 사탄의 이 전략에 넘어가고 말았다.

셋째, 기독교 가정 구조를 파괴하라. 이를 위하여 성문란을 조장하고, 젊은이들로 하여금 혼전섹스를 유행시키고, 프리섹스를 즐기게 하고, 광고 산업, 미디어 TV, 잡지, 영화 산업을 이용하여 섹스의 쾌락이 인생의 최고의 즐거움이라고 부추기라고 했다.

넷째, 프리섹스 사회를 만들라. 낙태를 합법화하고, 낙태하기 쉽게 만들라. 이를 위하여 낙태 전문 병원을 세우고, 학교 안에도 임신 진료소를 만들라고 했다.

다섯째, 이혼을 쉽게 만들고 합법화하라. 평생결혼의 개념으로부터 사람들을 해방시켜라. 이 내용을 보면 얼마 전에 법원에서 결정한 우리나라의 간통죄 폐지도 이런 사탄의 전략이 숨어있는 것으로 볼 수 있다.

여섯째, 동성애를 대체 생활방식으로 만들라. 섹스하는 쾌락이 인간 최고의 즐거움이므로, 그것이 동성연애든지, 근친상간이든지, 수간이든지 쌍방이 합의하기만 하면 어떤 형태의 섹스도 허용되어야 한다는 것이다. 그런데 이번에 미국이 동성결혼을 합법화함으로써 이 사탄의 전략에 넘어지고 말았다.

일곱째, 예술의 품격을 떨어뜨려라. 미친 예술이 되게 하라. 음란하고 퇴폐한 예술을 통해서 인간의 상상력을 더럽히고 타락시키는 새로운 형태의 예술을 장려하라는 것이다.

여덟째, 미디어를 활용하여 선전하고 인간의 사고방식을 바꿔라. 미디어를 통해서 폭력물, 음란물 등을 무차별적으로 공급하여 자녀들의 마음에 성문란을 자연스러운 것으로 조장하라는 것이다.

아홉째, 종교통합운동을 일으키라. 기독교 외의 다른 종교에도 구원이 있다고 알리고, 인간이 자신의 미래와 운명을 결정짓는다는 인본주의를 부각시키고, 기독교만이 천국에 갈 수 있는 유일한 길이라는 주장을 분쇄하라는 것이다. 사탄의 이 전략은 지금 종교다원주의의 등장으로 이루어지고 있다는 사실을 바라볼 때, 이 역시 얼마나 심각한 문제인지 모른다.

마지막으로, 각국 정부로 하여금 위의 모든 사항을 법제화하도록 하고, 교회로 하여금 이러한 변화들을 추인하도록 하라. 이번에 미국 대법원이 동성결혼을 합법화했는데, 미국장로교회(PCUSA) 같은 경우는 이를 총회에서 이미 인정하였다. 그러므로 지금 전 세계적으로 흐르는 모습을 보면, 많은 교회와 미국과 같은 기독교 국가들이 베일리가 주창한 사탄의 전략에 말려들어 가고 있다는 것을 알 수 있다. 사탄의 전략대로 현재 많은 국가들이 성경에 반하는 법률들을 계속해서 제정하고 있고, 교회는 그런 죄악 된 흐름에 반대하기는커녕, 어줍지 않은 인권이라는 미명아래 오히려 사탄과 타협하거나 영합하고 있는 것이다.

5. 어떻게 대처할 것인가

그렇다면 우리는 오늘날과 같은 성적인 타락과 무질서와 혼돈의 세상에서 어떻게 대처해 가야 하는가? 우리는 진실로 깨어 있어 기도하는 가운데, 특별히 동성애가 얼마나 심각한 문제인가 하는 것을 우리의 자녀들에게 가르치고 성경의 진리 가운데 굳게 설 수 있도록 도와

주어야 한다.

1) 하나님의 말씀은 분명히 동성애를 금하고 있다.

앞서 이미 살펴보았듯이, 성경은 분명히 동성애를 금하고 있다. 로마서에 의하면, 동성애는 하나님의 창조의 순리를 파괴하는 역리이다. 다시 말해, 동성애는 하나님께서 우리로 하여금 생육하고 번성하게 하라고 축복의 선물로 주신 성을 무질서하게 만들어 축복이 저주가 되게 하는 역리이다. 그러므로 무엇보다 먼저 우리는 이 성경적인 분명한 가르침을 우리의 자녀들에게 가르쳐야 한다.

2) 동성애는 생물학적으로도 순리가 아니다.

동성애는 생물학적으로도 순리가 아님을 가르쳐야 한다. 동성애는 우리 신체의 성기관을 보더라도 그것이 정상적인 행위가 아님을 금방 알 수 있다. 우리의 신체는 동성애의 행위에 맞게 이루어져 있지 않다. 예를 들어, 남자 동성애자들은 주로 항문성교를 하는데, 항문은 배설하도록 만들어진 기관이지 성적인 만족을 위하여 만들어진 기관이 아니다. 항문은 배설기관이기 때문에 온갖 병균이 있는 곳인데, 그곳에 남자의 생식기를 삽입을 하니, 악성 치질, 항문 출혈 등의 부작용이 발생하는 것이다. 더욱이 항문 괄약근이 느슨해져 많은 경우 배설물이 수시로 흘러내리는 대변실금의 고통을 안고 살아가야 한다.

게다가 이 항문성교는 에이즈(후천성 면역결핍증) 발병의 주원인이다. 우리나라에 현재 에이즈 환자가 1만 명이 넘는다고 하는데, 대부분 동성애자들이 그 환자들이며, 그 중 남성 동성애자들이 71%(서울대학교 보고서)를 차지한다고 한다.³ 미국의 경우는 13-24세의 젊은 남성 에이즈 감염자의 94%가 동성애로 인한 것으로 나타났다.⁴ 그리고 지난 1985년-1992년까지의 기간 동안 에이즈에 걸릴 확률에 대한 한국국립보건원 조사에 의하면, 동성애자가 에이즈에 걸릴 확률이 일반인보다 180배에 달했다고 한다.⁵ 결과적으로 동성애 행위는 사람으로 하여금 인체에 여러 부작용과 질병, 특히 에이즈라는 무서운 전염병을 확산시키는 주범임을 알고, 이에 대한 철저한 교육이 필요하다.

3) 동성애는 선천적인 것도 아니다.

동성애는 선천적으로 타고나는 것이 아님을 알고 전해야 한다. 흔히 동성애 옹호론자들은 "동성애는 그들 자신의 의지와는 무관하게 선천적으로 그런 유전자를 가지고 태어나는 것이므로 그들의 행위를 탓할 수 없다"고 주장한다. 그러나 과학자들은 동성애가 선천적이지 않다는 것을 유전자, 호르몬, 두뇌 부분으로 나누어 증명하고 있다.

길원평 부산대 교수(물리학)는 "동성애가 타고난 것인지 아닌지를 확인할 수 있는 결정적 증거는 '일란성 쌍둥이의 동성애 일치비율'"이라고 말한다. 일란성 쌍둥이는 한 개의 수정란이 나누어져 두 사람이 되기 때문에 동일한 유전자를 갖는다. 또 한 어머니의 자궁에서 동일한 호르몬의 영향을 받기 때문에, 동성애가 유전자와 태아기 호르몬에 의해 결정된다면, 일란성 쌍둥이는 당연히 높은 동성애 일치비율을 가

---

3   "동성애 침투 이대로 괜찮은가?" 「국민일보」 (2015.6.26).
4   "서울시의 동성애 퀴어 축제 허용을 철회하라" 「코람데오 닷컴」 (2015.4.8).
5   "동성애 침투 이대로 괜찮은가?"

져야 한다는 것이다.6 그러나 진실은 그렇지 않다는 것이다. 이는 미국의 연구와도 일치한다.

미국의 가족연구심의회(Family reserch council)의 피터 스프릭(P. Sprigg) 박사 역시 이와 같이 말한다. "동성애가 선천적 유전적으로 결정되는 것이라면, 유전자의 대부분이 일치하는 일란성 쌍둥이들은 한 명이 동성애자라면, 다른 한 명 역시 동성애자여야 한다. 그러나 수없이 많은 케이스들을 살펴보아도 일란성 쌍둥이 모두가 동성애자인 경우는 극히 미미한 수치인 5-6%에 불과하다. 그러므로 동성애는 선천적으로 태어나는 것이 아닌 개인의 선택이다."

미국의 예일대학교와 콜롬비아대학교의 연구에서도 동성애는 남성 일란성 쌍둥이에서 6.7%, 여성 일란성 쌍둥이에서는 5.3%만이 일치할 뿐임을 밝혔다. 일란성 쌍둥이들이 동성애 성향을 가지는 비율이 5-6% 정도라는 것은, 동성애가 선천적으로 타고나는 것이 아니라, 개인의 선택임을 보여준다. 미국뿐 아니라 영국, 프랑스를 포함한 세계적으로 8개 이상의 주요 연구결과에서 동성애는 유전적 요인이 아니라는 것이 밝혀졌다. 따라서 미국의 사이언스 학술지는 지난 2005년과 2010년 두 번에 걸쳐 분명하게 "동성애 유전자는 없다"고 발표했다.

그러므로 만일 우리들 혹은 가족들 가운데 동성애로 인하여 고민하고 있는 분들이 있다면, 그분들은 미국가족협회(American Family Association)의 피셔(B. Fischer) 박사의 말을 새겨들을 필요가 있다. "동성애자들을 바라볼 때 '저들이 어쩔 수 없이 그러한 행위를 할 수밖에 없다'라는 관점은 아무런 도움이 되지 않습니다. 과학은 분명히

---

6 길원평, "동성애는 후천적이다. 쌍둥이의 동성애 일치비율을 보면 안다" 프리미엄 조선일보(2014.12.14).

말해줍니다. 동성애는 선천적인 것이 아니라, 후천적인 요인에 의한 것입니다."

4) 동성애는 아름다운 미래 사회를 이루어갈 수 없다.

동성애는 아름다운 미래 사회를 이루어갈 수 없다는 사실을 직시하고 가르쳐야 한다. 용인 새에덴교회의 소강석 목사는 이렇게 말한다. "만약에 동성애 차별금지법이 합법화되면 미래사회가 어떻게 될 것인지에 대해서 생각해 보십시오. 동성애자들은 통계에 의하면 대부분 2-3년 동안 서로 사랑을 하다가 헤어진다고 합니다. 그리고 대부분 일찍 병들어 단명을 한다든지, 단명을 하지 않아도 노년에는 다 홀로 삽니다. 뿐만 아니라, 자녀를 생산할 수가 없으니 입양을 합니다. 그런데 입양을 해서 아이를 키우더라도 그 아이들 대부분이 후천적으로 환경적 요인에 의해서 역시 동성애자가 됩니다. 그러다보면 언젠가 이 지구촌은 텅 빈 지구가 되고 말 것입니다. 이거야말로 미래의 아름다운 사회를 이루는데 공공의 적이요, 사회의 적이 아닐 수 없는 것입니다"[7]

뿐만 아니라, 통계의 의하면 동성애로 말미암아 생긴 에이즈 치료비용으로 1인당 한 달에 약(에이즈 억제제)값만 약 300만 원가량 소요되므로, 1년으로 계산을 하면 어림잡아도 3,600만 원이라는 비용이 소모된다. 현재 우리나라 에이즈 환자수를 1만 4,000에서 2만 1,000명으로 추산하고 있는데, 그렇다면 이들에게 들어가는 의료비는 대략

---

[7] 소강석, "동성애, 당신도 동의하십니까?"(롬 1:24-27), 새에덴 교회 주일설교 (2015.5.31).

4,200억에서 6,300억 원이 지출되는 결과가 나온다.[8] 우리나라는 이 모든 비용을 100% 국민들이 내는 세금으로 지원(국비지원)하고 있다.[9] 매년 5,000억 이상의 엄청난 비용이 모두 국민이 낸 혈세로 충당되고 있는 것이다. 지금 현재 우리나라 에이즈 환자의 증가 추세로 보면, 머지않아 곧 10만 명을 돌파하는 것은 시간문제일 텐데, 그렇다면 앞으로 우리나라는 매년 수조에 달하는 기하급수적인 돈을 그들의 치료를 위하여 국민들의 세금으로 충당해야 한다는 결론이 나온다. 그러므로 이것은 또 하나의 심각한 사회 문제를 일으키는 소지가 다분하다.

5) 그러나 동성애자들도 하나님의 사랑과 관심의 대상임을 잊지 말아야 한다.

그러나 마지막으로 우리가 기억해야 할 것은, 동성애의 이러한 해악에도 불구하고, 교회는 동성애자들이 여전히 하나님의 사랑과 관심의 대상임을 잊어서는 안 된다는 사실이다. 분명 동성애 행위는 하나님의 창조질서를 거스르고 파괴하는 최악의 무질서이지만, 그러나 교회는 죄인을 긍휼이 여기시고 자신을 죽음으로 내어주기까지 죄인들을 사랑하신 예수 그리스도를 본받아 그들을 정죄만 하기보다는 그들이 자신들의 성정체성을 되찾을 수 있도록 사랑으로 품고 돌보아 주어야 한다.

그와 동시에 그들의 행위가 심각한 죄악임을 직시하고 돌이키도록 말씀을 근거로 올바른 가르침을 주어야 한다. 즉, 성경 말씀에 근거해

---

8   "동성애 침투 이대로 괜찮은가?"
9   "6.28 한국교회 동성애 반대주일" 「JESUS ARMY」 기획특집 (2015.7), 23.

그들에게 동성애가 하나님의 창조질서를 역행하는 행위로 규정하고 있음을 그들에게 바르게 인식시켜 주고, 하나님은 남녀 간의 이성애를 통해 새로운 생명의 탄생으로 인류 역사가 지속되게 축복하셨다는 사실을 분명하게 전해주어야 한다. 그리고 그들이 자신들의 불순종과 잘못된 선택에서 돌이킬 수 있도록 도와주어야 한다. 이를 위해서는 그들을 향한 사랑과 기도, 그리고 온유함으로 그들을 품을 수 있는 교회의 전향적인 열린 자세가 필요하다. 그들을 향한 열린 마음으로 그들의 치유와 회복을 위하여 지원하고 격려해 주어야 한다.

이에 더해서 가장 중요하고도 핵심적이라 할 수 있는, 예수 그리스도의 복음이 그들에게도 전해져야 한다. 그들에게 인류의 모든 죄를 짊어지시고 십자가에 달려 대속의 피를 흘리신 예수 그리스도의 복음을 전해주어야 한다. 예수님은 죄인을 구원하시고 생명을 주시기 위하여 이 땅에 오셨다. 그리고 우리에게 영원한 구원의 길, 영생의 길을 십자가 위에서 마련해 주셨다. 동성애자뿐만 아니라, 그 어떤 죄인이라도, 하나님 아버지께로 돌아갈 수 있는 구원의 길, 영생의 길을 활짝 열어 주셨다. 그러므로 우리는 동성애자들에게도 십자가의 복음을 전해야 한다. 그리고 한국교회는 그들이 하나님 아버지께 돌아와 영육 간에 치유 받고 회복될 수 있도록 돕고 돌보아 주어야 한다.

6. 한 동성애자의 회개[10]

여기 한 동성애자의 회개에 찬 간증이 있다. 바로 김유복자 씨의 이

---

10 2015년 6월 26일 국민일보 '미션 & 피플'에 실린 김유복자 씨의 신앙 간증.

야기이다. 동성애자였던 김유복자 씨는 올해 75세로 기저귀를 찬 채 이태원의 쪽방에 힘들게 누워서 생활하고 있다. 그는 우리나라에서 가장 유명한 '여장남자'이자 동성애자였다. 아마 우리나라 최초로 '여장을 한 남자'였을 것으로 사람들은 이야기한다.

그의 이름엔 가슴 아픈 사연이 있다. 어머니 배 속에 있을 때 아버지가 병으로 사망해 주위에서 '유복자', '유복자'라고 불렀는데 어머니는 '유복자'라는 이름을 그대로 호적에 올렸고, 그것이 그의 이름이 되었다. 초등학교 때부터 여학생보다 남학생이 좋았던 그는 고등학교를 졸업한 뒤 술집과 트랜스젠더 바 등에서 일했다고 한다. 독일 유명배우의 이름을 딴 '마리네 김'과 '김 언니'가 그의 애칭이 되었다. 남자들에게 잘 보이기 위해 여성호르몬 주사를 맞았고 눈썹에 문신을 한 뒤 가슴확대 수술까지 받았다.

그는 한때 모 방송국의 전속 가수로 활동하기도 했다. 뮤지컬에 출연했고 일본시장에도 진출했었다. 가수 패티 김은 그의 노래를 듣고, '신이 내린 목소리'라고 칭찬했다고 한다. 인생이 술술 잘 풀리는 듯했지만 그뿐이었다. 그토록 바라던 행복은 찾아오지 않았고, 날이 갈수록 허무한 마음뿐이었다. 많은 남자들을 사랑했고, 남자들을 만날 당시에는 결혼해서 아이도 낳을 수 없다는 마음에 애절한 마음까지 들기도 했지만, 오래간 적이 한 번도 없었다고 했다. 뜨겁게 불이 붙어서 떨어질 수 없을 것 같다가도, 미련 없이 헤어지기도 여럿이었다. 지조나 정조 등은 거리가 멀었고, 성병의 위험에 늘 노출되어 있으며, 항문질환을 달고 살았고, 결국에는 기저귀를 차고 살게 되었다고 한다.

그는 동성애자로 살아온 지난 세월을 돌이켜보면 후회만 남는다며 눈물을 글썽이고는 이렇게 말한다. "다 죽었어요. 저보다 나이가 어린데도요. 담배와 술, 무리한 항문섹스를 한 탓이죠. 저는 다행히 예수를 믿고 나선 안 했어요. 베스트 프렌드까지 죽고 저만 살아남았네요." 그는 성전환 수술을 받은 트랜스젠더들에 대해서도 안타까움을 드러냈다. 성전환 수술을 받아도 제대로 성생활을 할 수 없기 때문에, 일반 동성애자와 다를 바가 하나도 없다고 한다.

그러나 하나님께서는 그를 버리시지 않으셨다. 동성애자로 살다가 '탈(脫)동성애 인권운동가'로 변신한 갈보리채플 서울교회 이요나(67) 목사의 인도로 교회에 다니기 시작한 것이다. 그러나 믿음은 쉽게 생기지 않았다. 간절히 눈물로 기도를 드리기도 여러 번이었다. 그러다 교회에 매주 출석하며 성경공부를 통해 동성애가 죄악임을 자각하게 되고 회개하면서부터 믿음이 생기기 시작했고 동성애의 유혹에서도 벗어날 수 있었다고 한다.

김유복자 씨는 동성애에서 벗어나야 행복을 찾을 수 있다고 동성애자들에게 당부하고 있다. 일부에서 주장하는 동성결혼 합법화에도 단호하게 반대한다. 그는 "동성애로 인한 쾌락은 순간적일 뿐"이라며 "에이즈 확산을 막기 위해서라도 동성애를 하지 말아야 한다"고 거듭 거듭 강조했다.

7. 나가는 말

앞서 소개한 바대로, 지난해 2015년 6월 28일은 한국개신교의 22개 교단이 연합으로 동성애 조장 중단을 촉구하는 특별 주일로 지켰다. 그리고 우리는 그 자리에서 성경 말씀이 분명히 밝히고 있는 바, 동성애는 하나님의 순리에 역행하는 비정상적인 행위일 뿐 아니라, 하나님의 창조질서를 거스르고 파괴하는 무질서요, 인간의 더러운 욕망의 분출에 불과한 행위임을 대내외적으로 알렸다. 인간이 하나님을 떠나 자기 마음대로 살기 시작하면, 그 타락의 가시적인 모습이 무엇보다 성적인 타락으로 나타나며, 그 성적인 타락이 절정에 이르면, 하나님이 가증한 죄로 금하신 동성애라는 죄로 나타나는 것이다. 동성애는 우리의 자녀들과 청소년 등 자라나는 미래 세대에 심각한 성정체성의 혼란을 가져다주는 것이기에 더욱 그 심각성이 가중된다.

이러한 타락의 시대에 우리 교회의 역할은 그 어느 때보다도 막중하다. 교회는 먼저 하나 된 목소리로 성경에 근거한 우리의 입장을 분명히 제시해야 한다. 성경적 입장은 물론이거니와 사회통념상으로도 비윤리적이며 인류 파괴적인 동성애 행위에 대한 반대 입장을 정확히 적시해야 할 것이다. 이 일은 교파를 초월한 초교파적인 반대운동이 되어야 할 것이다. 물론 성소수자도 하나님의 피조물로서 그 안에 고귀한 인격과 사랑받을 만한 품성을 지니고 있음으로 그들에 대한 무조건적인 배척이나 경멸, 그리고 멸시나 무시 등, 이들의 인격을 말살하는 행위는 금해야 하는 것이 마땅하다. 그러나 그릇되고 옳지 못한 행위인 동성행위에 대한 단호한 입장은 우리가 끝까지 견지해야 할 마땅한 태도임을 명심해야 할 것이다.

우리는 죄인과 그들이 범한 죄는 구분할 수 있는 성숙한 크리스천들이 되어야 한다. 그들의 동성애 죄는 미워하고 단죄하되, 죄인 된 동성애자들은 예수 그리스도의 긍휼과 사랑으로 품고, 회개와 용서의 십자가로 그들을 이끌어야 한다. 인간을 향한 하나님의 자비와 사랑과 용서의 그 깊이와 대상과 범위는 한정이 없기 때문이다. 그 어떤 흉악한 죄인이라도 주님의 십자가 앞에 나와 돌이키고 회개하면 그도 또한 하나님의 거룩한 백성이 되며, 하나님 아버지의 자녀로서의 권세를 누릴 수 있는 것이다.

그러므로 우리는 혹시라도 주변에, 이러한 성정체성 문제로 고민하고 고통 가운데 있는 이들이 보인다면, 그들을 정죄하기보다는, 오히려 그들을 위하여 기도하고, 그들에게 예수 그리스도의 복음을 전하여 그들이 예수님을 만나 자신이 하나님의 형상을 닮은 고귀한 인격체임을 깨닫고, 자신들의 정체성을 회복할 수 있도록 도와주어야 할 것이다.

바라기는 우리 한국교회가 우리 민족의 타락과 그 타락으로 인한 멸망의 위기에서 구원할 뿐만 아니라, 우리 대한민국이 마지막 때의 제사장 민족으로서 전 세계를 동성애와 에이즈로부터 지키는 영적인 방파제 역할을 감당할 수 있기를 기도하며 글을 마친다.

제 9 장

동성애와 맘모니즘

최윤 목사(검단교회 담임목사, 한국 기독교 경제연구소 소장,
일본 고베대학교 경제학 박사, 고신대학교 교육학 박사)

1. 들어가는 말

2015년 6월 9일부터 신촌 일대에서 동성애자들[1]의 축제가 벌어졌다. 기독교계를 위시한 보수진영과의 충돌의 위기도 있었으나 메르스 문제와 맞물려 비교적 조용히 넘어갔다. 언제부터인가 TV나 언론에 언급조차 할 수 없었던 동성애자들(성소수자)에 관한 이슈가 이제는 자연스럽게 인구(人口)에 회자(膾炙)되는 것이 오늘날의 실태이다. 1999년 5월에 파리에서 자신들의 성적 선택 권리를 주장하며 50만의

---

1 성소수자(性小數者, sexual minority)는 사회적 다수인 이성애자, 시스젠더와 비교되는 성적 지향이나 성정체성, 신체 등을 지닌 이들을 말한다. 성소수자는 동성애자뿐만 아니라 양성애자와 트랜스젠더, 간성, 젠더퀴어, 제3의 성 등을 포함하며 LGBT[레즈비언(Lesbian), 게이(Gay), 양성애자(Bisexual), 성전환자(Transgender)]라 통상 표현한다.

동성애자들이 집결한 이래 성적 소수자는 인권을 이야기하며 적극적으로 이 문제를 이슈화하면서, 동성애는 지극히 자연적이고 정상적인 것이라고 항변하고 있다. 뿐만 아니라, 일부 기독교 단체에서조차 동성애를 인정하는 행동마저 취하고 있어 혼란은 가중되고 있는 듯하다.

동성애의 역사를 살펴보면 이들이 일부 다신론을 숭배하는 범신론적 종교(맘모니즘)의 문화에서만 크게 한정되었었다. 하지만 서구에서 1800년도 말엽 다윈의 진화론이 대두되면서 소위 '다양성의 존중 및 인정'이라는 인간중심적 사고방식이 설득력을 얻으며, 겉으로 드러나지 않고 진행되었던 이 타락 행위는 점점 노골적으로 드러나게 되고, 기독교 영역에서조차 이들의 문제점을 규명하지 못하고 덮어두는 식이 되어버렸다. 기본적으로 아메바와 같은 성이 없는 동성의 생물에서 유래되었다고 하는 진화가설이 과학이라는 껍질을 쓰고 나타나자, 동성끼리 관계를 갖는 것이 더욱 자연스럽다는 생각이 대두되었다.

동성애의 '권리'를 주장하는 가장 영향력 있는 후원자인 존스홉킨스 대학의 머니(J. W. Money)[2] 박사의 표현을 들어보면, 이들이 철저하게 진화론에 근거한 것임을 잘 알 수 있다. "동성은 진화론적인 생물학에서, 그리고 성적인 발생학에서 그 기원을 갖는다." 더 나아가 "동물들이 두 개의 성을 갖고 있지만 이들은 성적으로 난잡하기 때문에, 진화론적으로 후손인 인간이 성적으로 난잡한 것은 자연스러운 것이다"며, 성적인 타락을 비정상적으로 보지 않고 진화론의 산물로 자연스럽게 보도록 유도하였다. 다른 동성애 잡지에서도 그는 동성애가 진화론의 영향임을 분명히 강조하였다.

진화론자인 루스(M. Ruse)와 같은 사람들은 이에 대해 아주 직설적

---

2   J. W. Money, 뉴질랜드 출신의 심리학자, 성(性)과학자이다.

으로 말하고 있다. "동성애가 생물학적으로 부자연스러운 것입니까? 현대 진화론은 그렇지 않다고 말합니다." 그는 쥐, 벌새, 갈매기, 침팬지에게서 동성애의 행위가 관찰되기 때문에, 진화론의 가장 성공적인 산물인 인간에게서 이러한 행위는 당연하다고 하였다.

그러나 우리가 이 시점에서 분명히 해두어야 할 것은 진화론은 과학도 아니고, 사실도 아니라는 것이다. 한낱 가설(假說)일 뿐임을 우리는 알아야 한다. 예수 그리스도는 이렇게 말씀하셨다. "좋은 나무가 나쁜 열매를 맺을 수 없고, 못된 나무가 아름다운 열매를 맺을 수 없느니라… 그들의 열매로 그들을 알리라"(마 7:18-20). 우리는 열매를 보고도 그들이 어디서 온 것인지 판단할 수 있다. 하나님을 닮고 청지기적 사명으로 다른 피조물을 다스려야 할 인간이 거짓된 진화론의 영향으로 오히려 하등생물을 닮아가고 있는 모습을 우리는 보고 있는 것이다.

2. 본론

2.1. 동성애의 정의

동성애의 정의에 대해서 학자들 간에 여러 의견이 있지만, 일반적으로 다음과 같은 세 가지 특징이 있을 때에 동성애자로 분류한다.[3] 첫째, 마음 안에 동성을 향한 성적 끌림(sexual attraction)을 가지고 있을 때이다. 둘째, 실제로 행동으로 옮겨서 동성과의 성관계(sexual behavior)를 가지는 것이다. 셋째, 자신을 동성애자로 인정하는 동성

---

3   길원평, http://www.creation.or.kr/library/itemview.asp?no=5668

애자로서의 성정체성(sexual identity)을 가지고 있을 때이다.

동성애는 선천적으로 타고난 것이라고 주장하는 사람들이 있다. 2007년에 캐나다 정신과 의사인 두이지(N. Doidge)는 '두뇌는 스스로 바뀐다'(The Brain That Changes Itself)라는 책에서 두뇌의 유연성에 대해 자세한 설명을 하고 있는데, 그는 여기서 두뇌는 불변한다는 20세기의 신념을 버리라고 강조한다. 어떤 특정한 습관이나 행동 양식에 고착된 이들에게는 굉장히 희망적인 소식이다. 예를 들어, 손이나 발을 절단한 후에도 마치 손이나 발이 있는 것처럼 통증을 느끼는 환자로 하여금 그 환상 속에 있는 손이나 발이 다른 장소에 있다고 오랫동안 반복해서 상상하게 함으로써 그 통증에서 벗어나게 하기도 하였다. 즉, 상상이 통증에 대한 두뇌의 인지를 바꾸었다.

성적 지향도 마찬가지이다. 동성을 향한 강한 감정적인 집중이 성적 흥분과 함께 증대되며, 지속적으로 반복할 때에 동성애에 깊이 빠져 들어서 마치 타고난 것으로 착각하게 되는 것이다. 하지만 인간은 두뇌의 유연성이 있기 때문에 동성애자는 얼마든지 이성애자가 될 수 있으며, 이성애자도 동성애자가 될 수 있다. 그러나 이것은 얼마나 집요하게 훈련을 하느냐에 달려 있으며, 악기 연주자가 새로운 악기를 완전히 습득하기 위하여 투여하는 훈련 정도의 집요한 노력이 필요하다.

두이지는 "인간의 성욕은 거의 변하지 않는 생물학적인 본능이 아니라, 이상하리만큼 변덕스러우며 우리의 심리와 과거의 성경험에 의해 쉽게 변한다"고 주장했다. 우리가 어떤 경우 반복되는 훈련을 쌓게 되면 우리의 행동이 거의 자동적으로 반복 훈련받은 대로 움직인다. 예를 들어, 반복되는 충분한 학습을 통해서 자동차 운전이라든지, 무술 고단자의 액션, 또는 악기 연주 등이 어느 순간에는 거의 의식을 하지 않아도 몸이 자동적으로 움직임으로써 이루어지게 된다. 마찬가지로 특정한 성적 지향에 깊이 빠지면, 마치 그 성적 지향이 선천적으로 타고난 것으로서 거의 변할 수 없는 고정된 성향처럼 느껴진다. 하지만 실제로 그 성적 지향은 선천적인 것이 아니며, 오랫동안 쌓아온 훈련을 통하여 현재 상태에 이른 것으로서 단지 선천적인 것처럼 느껴지는 것뿐이다.

2.2. 동성애의 유발요인

그렇다면, 동성애를 유발하는 요인들은 무엇인가? 첫째, 부모의 잘못된 성역할 모델의 영향일 수 있다. 예를 들어, 약하고 리더십이 없는 아버지, 사랑이 없고 무관심하거나 적대적인 아버지, 성향이 강해서 아들의 남성다움을 낙담시키는 어머니, 남편의 사랑을 받지 못한 보상심리로 그 결핍을 아들에게 투영해 아들을 과잉보호하거나 자신의 사랑의 대상으로 삼는 어머니 등과 같은 영향이 자녀를 동성애자로 만들 수 있다고 본다. 즉, 정상적인 가정에서 올바른 성역할 모델을 보이는 부모 밑에서 충분한 사랑을 받으면서 자라지 못한 결핍 현상이 동성애를 불러올 수 있다는 것이다.

둘째, 유년기의 불안정한 성정체성이 요인일 수 있다. 즉, 발육 부진이나 뚱뚱함과 같은 신체적인 문제를 갖고 있어서, 또래 집단으로부터 받은 놀림과 거절 경험이 불안정한 성정체성을 형성시킬 수 있다는 것이다. 동성애의 뿌리는 성적인 것이 아니라 인정의 결핍, 소속감의 결핍, 박탈감, 오랜 거절감, 불안정감 등이라고 본다. 한때 동성애자였던 코미스키(A. Comiskey)는 "대부분 동성에 대한 호감은 열 살 이전에 시작되며, 이러한 호감은 감정적이고, 성적이지 않으며, 무의식적인 것이다. 이러한 느낌이 나중에는 성적 친밀감이 사랑받고 인정을 받고 있다고 느끼는 중요 수단으로 자리매김하게 만든다"고 말했다.

셋째, 동성과의 만족스러웠던 성경험 또는 이성과의 불만족스러웠던 성경험이 요인일 수 있다. 남성에 의한 성학대가 여성 동성애를 야기하기도 한다. 어떤 설문 조사에 의하면, 이성애 여성의 성학대 경험은 28%인 반면에, 동성애 여성의 성학대 경험은 75-85%에 달했다. 1994년 미국의 조사에 의하면 여성 동성애자의 41%가 성폭행과 같은 성적 학대를 경험했다고 한다. 교도소, 군대, 기숙사와 같이 동성끼리 장기 숙식하는 환경 속에서 우연히 동성애를 경험함으로써 동성애자가 될 수도 있다. 1982년 미국의 조사에 의하면 교도소 남성 수감자 2,500명의 65%가 수감 생활 중에 성관계를 경험했다고 한다.

넷째, 동성애를 우호적으로 표현하는 영화, 동성애자의 성적 행위를 묘사하는 비디오, 동성애자인 친구들의 이야기 등을 통하여 동성애에 대한 호기심을 갖게 되고 행동으로 옮김으로써 동성애자가 될 수도 있다. 현대 사회로 올수록 이러한 문화의 영향에 의해서 동성애 충동을 갖는 경우가 더 많아지고 있다. 예를 들어, 동성애자들의 성적 관계를 리얼하게 묘사하는 음란물을 청소년들이 접하게 됨으로써, 그 안에서 배우들이 묘사하는 쾌락의 모습이 청소년들로 하여금 동성애에 대한 호기심을 불러일으키게 만든다. 그러한 호기심이 결국 실제 경험으로 옮겨지게 만들고, 경험 후에는 주변 친구들에게도 동성애를 권유하고 동참하게 만들어서 동성애가 청소년들에게 확산되게 된다.

다섯째, 동성애를 인정하는 사회 풍토가 동성애를 행동으로 옮기게 만든다. 특히 학교에서 동성애를 교육 과정 가운데 가르치게 되면, 더욱 담대하게 아무런 죄책감 없이 동성 친구와 실제적으로 동성애를 경험하게 된다. 이는 학교교육 과정에서조차 동성애를 인정하는 분위기를 조성하기 때문이다. 이미 동성애가 합법적으로 인정되고 성적으로 자유방임적인 서구 사회에서는 마치 윤락여성과 성관계를 맺는 것처럼, 정상적인 가정을 이루고 사는 남성들이 잠깐 시간을 내어 아무런 죄책감 없이 동성과의 성관계를 맺고 있는 경우도 있다.

동성애를 묘사하는 음란물과 동성애를 인정하는 사회 풍토가 최근 서구 사회에서 동성애자의 비율을 증가하게 만드는 주요 요인이라고 볼 수 있다. 동성애를 정상으로 인정해야 한다는 일부 학자들의 주장에 따라, 법에 의해서 동성애를 정상이라고 인정하고 학교와 사회에서 동성애를 정상으로 간주하고 가르치게 됨에 따라 급속히 다음 세대에서의 동성애자의 숫자가 증가하게 되고, 그렇게 증가한 동성애자들이 정치적인 압력 단체가 되어서 동성애를 정상으로 더욱 인정하게 만드는 악순환을 초래한다. 비유를 들면, 담배가 수많은 발암물질을 가진 백해무익한 것임에도 불구하고 담배를 사회적으로 묵인하고 근절하지 못하는 이유는 이미 담배에 중독된 사람의 숫자가 사회 구성원의 상당수를 차지하기 때문이다.

여섯째, 다른 사람들보다 더 쉽게 동성애에 빠지게 되는 성격이나 경향을 심리적으로 타고 나든지 혹은 신체적인 요소를 타고난 경우도 있을 수 있다. 예를 들어, 선천적으로 반대의 성에 가까운 외모, 목소리, 체형 등의 신체적인 특징과 성격 등의 심리적인 경향을 가지는 것이다. 하지만 이러한 유발요인들을 일반화시켜서 단정해서는 안 된다. 즉, 위의 유발요인들을 가지고 있을 때에 상대적으로 더 쉽게 동성애자가 될 가능성이 높다는 것이지, 위의 유발요인을 가진 자가 반드시 동성애자가 된다는 뜻은 아니다.

일곱째, 동성애가 유발되는 가장 큰 이유 중의 하나는 동성애 자체가 주는 성적 쾌감과 강한 중독성 때문이다. 동성 간의 성관계에서도 이성 간의 성관계와 비슷한 정도의 성적 쾌감을 주기에, 동성애를 우연히 경험한 후에는 다시 경험하고픈 중독현상을 일으킨다. 알코올, 마약, 도박 등에 중독되는 이유가 그것들을 경험했을 때에 느끼는 쾌감 때문인 것처럼, 동성애로부터 얻는 쾌감이 동성애에 빠지게 만드는 것이다. 하지만 동성애로부터 쾌감을 얻었고 다시 경험하고픈 마음이 생긴다고 해서, 선천적으로 동성애 경향을 타고 났다고 오인해서는 안 된다. 대부분의 일반인들도 동성에 의한 성기자극을 하면 쾌감을 느끼게 되어 있다. 즉, 동성애로부터 얻는 쾌감의 대부분도 이성애에서처럼 모든 사람에게 보편적으로 주어지는 것이다. 또한 동성애는 두 인격체 사이에 이루어지기에, 육체적 쾌감뿐만 아니라 서로 정서적 친밀감을 나눌 수 있고, 동성애 상대자로부터 보호, 배려, 경제적 도움 등을 받을 수 있다. 이러한 이유와 더불어 동성애 상대자가 관계를 지속적으로 맺기를 원하며 유혹하는 경우가 많기에, 동성애는 다른 중독보다도 훨씬 더 단절하기 어렵다.

위에서 열거한 요인들을 크게 둘로 나누면, 선천적인 요인과 후천적인 요인으로 나눌 수 있다. 부모의 잘못된 성역할 모델, 유년기의 불안정한 성정체성, 왜곡된 성경험, 동성애를 미화하는 문화적 유혹과 친구의 유혹, 동성애를 인정하는 사회적 풍토와 교육 등은 후천적인 요인이라고 볼 수 있고, 타고난 반대의 성에 가까운 외모, 목소리, 체형 등의 신체적인 것과 성격 등의 심리적인 경향은 선천적인 요인이라고 볼 수 있다. 열거된 요인들을 객관적으로 살펴보면, 현대 사회에서는 후천적인 요인들에 의한 영향이 선천적인 요인들에 의한 영향보다도 더 직접적이며 크다고 볼 수 있다.

하지만, 실제의 경우에서는 선천적인 요인들과 후천적인 요인들이 결합하여서 동성애적 경향을 강화하고 증폭시키기도 한다. 예를 들어,

타고난 심리적인 경향이 있는데다가 잘못된 부모의 성역할 모델이 있으면 더 쉽게 동성애자로 될 수 있다. 그래서 엄밀하게 어느 정도가 후천적이며 어느 정도가 선천적인지를 분간하기 어려운 경우가 많다. 그렇지만 대개는 선천적인 요인은 동성애자가 되는 데 결정적인 영향을 주는 것은 아니고, 후천적인 요인이 증폭시키는 역할을 한다고 보는 것이 더 타당하다.

그러므로 선천적인 요인과 후천적인 요인들 때문에 본인의 의지와는 상관이 없이 어쩔 수 없이 동성애자가 되었다고 변명을 하면 안 된다. 즉, 선천적인 요인과 후천적인 요인들이 동성애를 어쩔 수 없이 하게 만드는 강제성을 뜻하지 않는다. 왜냐하면 사람의 행동은 동물과는 달리 본능이나 경향에 의해서 완전히 결정되지 않으며, 사람에게는 본능이나 경향을 충분히 억제할 수 있는 의지와 절제력을 갖고 있다. 따라서 자신의 행동에 대한 책임을 본능이나 경향 탓으로 돌릴 수 없다. 또한 어린 시절의 환경과 성장과정이 성격발달에 영향을 미치는 것은 사실이겠지만, 그럼에도 불구하고 삶과 행동은 자신의 의지와 선택에 의해서 결정되는 것이기에, 자신의 행동에 대한 책임을 어린 시절의 환경과 부모님의 탓으로만 돌릴 수는 없다.

요약하면, 동성애 형성에 대해서 선천적인 요인보다는 후천적인 요인에 의한 영향이 더 크다고 볼 수 있지만, 동성애는 결국 자신의 의지와 선택에 의해서 이루어진 성적 행동양식이라고 보아야 한다.[4]

4　길원평, "동성애가 '선천'도 '유전'도 아닌 과학적 이유", 창조과학회, 2013.

2.3. 동성애와 시장경제

지난 세기, 두 번의 세계대전이 인류의 역사 위를 피로 물들이며 지나가자 사람들은 더 이상 예전과 같이 생각하며 행동하려 하지 않았다. 두 번의 세계대전이 준 충격은 사람들에게 세계가 하나님과는 상관없이 자신들의 손에 의해 멸망할 수도 있음을 알려주는 것이었다. 그 즈음에 니체(F. W. Nietzsche)와 같은 지식인들로부터 시작된 사상이 바로 니힐리즘(Nihilism, 허무주의)이었다. 제1차 세계대전 후의 '생의 철학'이나 현상학의 계보를 잇는 이 철학 사상은 제2차 세계대전 이후에는 문학이나 예술의 분야에까지 확대되어 오늘날에는 세계적인 한 유행사조가 되었다. 실존이란 말은 원래 철학용어로서 어떤 것의 본질이 그것의 일반적 본성을 의미하는 데 대하여 그것이 개별적인 실체로서 존재하는 것을 의미하여 초기에는 모든 것에 관해 그 본질과 실존이 구별되었다. 니힐리즘은 하이데거(M. Heidegger)가 내세운 신 앞에 단독자인 종교적 실존, 신과 관계없는 양심적인 윤리적 실존과 사르트르(J. P. Sartre)가 내세운 신을 부정하는 자유로운 행동적 실존으로 양분되나, 이 모두의 공통점은 "실존은 본질에 앞선다"는 것이다. 따라서 둘 다 인류는 개별적인 '나'와 '너'로 형성되어 있음을 주장했으며, 바로 이와 같은 주장이 실존주의 사상의 핵심을 이루고 있다. 니힐리즘 신봉자들에게 공통되는 것은 개인의 실존을 중시한다는 점일 뿐, 그 사상 내용에는 개개인 마다 상당한 차가 있다. 예를 들어, 하이데거나 야스퍼스에게 실존이란 특히 인간의 존재를 나타내는 술어로 사용된다. 그것은 인간의 일반적 본질보다도 개개의 인간의 실존, 특히 다른 사람과는 대치할 수 없는 자기 독자적인 실존을 강조하기 때문인데, 이 두 사람은 모두 헤겔(G. W. F. Hegel)이 주장하는 보편적 정신의 존재를 부정하였고 인간 정신을 어디까지나 개별적인 것으로 보아 개인의 주체성이 진리임을 주장하였다.

사람들이 느낀 정신적 충격에서 기인한 인간의 본질에 대한 근본적인 물음이 니힐리즘이라면, 포스트모더니즘은 후기 산업사회의 문명에 대한 위기의식과 하나님 중심의 사고방식은 물론이고, 그 대척점에 놓여있던 이성 중심주의조차 거부하며 그에 대한 반발로 시작되었다고 볼 수 있다. 포스트모더니즘이 본격적으로 발현되기 시작한 것은 제2차 세계대전 이후이다. 전쟁의 충격은 하나님과 무한할 것 같았던 인간의 이성에 대한 불신을 가져왔고, 후기 산업사회의 물질 만능주의적 풍토, 타락한 자본주의 일변도와 사회의 비인간성, 모든 가치의 교환 가능화, 대량생산체제, 신학과 도덕과 예술조차도 자본에 종속되는 현상 등은 사람들의 의식 세계에 영향을 미쳐 절대성보다는 상대성을, 일원론보다는 다원론을 더 설득력 있는 이론으로 받아들이게 했다.

이 운동은 미국과 프랑스를 중심으로 학생운동, 여성운동, 흑인민권운동, 제3세계운동 등의 사회운동과 전위예술, 그리고 해체주의 혹은 구조주의 사상으로 시작되었으며, 1970년대 중반 점검과 반성을 거쳐 오늘날에 이른다. 포스트모더니즘을 알기 위해서는 모더니즘에 대한 이해가 필요하다. 서구에서 근대 혹은 모던시대라고 하면 18세기 계몽주의로부터 시작된 이성중심주의 시대를 일컫는다. 종교나 외적인 힘보다 인간의 이성에 대한 믿음을 강조했던 계몽사상은 합리적 사고를 중시했으나, 지나친 객관성의 주장으로 20세기에 들어서면서 도전받기 시작하였다.

니체, 하이데거의 니힐리즘을 거친 후 포스트모던 시대는 데리다(J. Derrida), 푸코(M. Foucault), 라캉(J. Lacan), 리오타르(J. F. Lyotard)에 이르러 시작된다. 니체와 프로이드(S. Freud)의 영향을 받은 이들은 계몽주의 이후 서구의 합리주의를 되돌아보며 하나의 논리가 서기 위해 어떻게 반대논리를 억압해왔는지 드러낸다. 데리다는 어떻게 말하기가 글쓰기를 억압했고, 이성이 감성을, 백인이 흑인을, 남성이 여성을 억압했는지 이분법을 해체시켜 보여주었다. 푸코는 지식이 권력에 저항해 왔다는 계몽주의 이후 발전논리의 허상을 보여주고 지식과 권력은 적이 아니라 동반자라고 말하였다. 둘 다 인간에 내재된 본능으로 권력은 위에서의 억압이 아니라 밑으로부터 생겨나는 생산이어서 이성으로 제거되는 것이 아니라는 것이다. 라캉은 데카르트(R. Descartes)의 합리적 절대 자아에 반기를 들고 프로이드를 귀환시켜 주체를 해체한다. 주체는 상상계와 상징계로 되어 있고 그 차이 때문에 이성에는 환상이 개입된다는 것이다. 리오타르 역시 숭엄(崇嚴)이라는 설명할 수 없는 힘으로 합리주의의 도그마를 해체한다. 따라서 철학에서의 포스트모더니즘은 근대의 도그마에 대한 반기였다.

산업사회는 분업과 대량생산으로 수요에 의해 공급이 이루어지던 시대이다. 이제 IT산업 등 정보화시대에 이르면 공급이 넘치고 수요는 생산자에 의하여 광고와 패션에 의해 무한한 인간의 욕망을 자극하여 인위적으로 부추겨진다. 빗나간 소비사회는 때로 포스트모더니즘의 실험적인 측면을 무력하게 만들기도 한다. 탈이념, 광고와 패션에 의한 소비문화, 여성운동, 제3세계운동, 동성애 운동 등 포스트모던 시대의 사회·정치현상은 한국 사회와도 무관하지 않다. 미술, 건축, 무용, 연극에서는 실험과 저항이 맞물려왔고 1980년대 말 동구권의 사회주의 몰락과 문민정부의 출현은 한국교회와 사회, 문화 전반에 걸쳐 포스트모던 바람을 일게 하였다.

이러한 포스트모더니즘이 진화론과 급속히 결합하여 후기 산업자본주의, 혹은 천민자본주의5라는 거대한 조류(潮流)를 형성하고 말았다. 지난 수십 년 동안 경제적 사회구조는 더욱 분화되었으며 시장은 사람들의 의식이 따라 잡을 수 없을 만큼 다양하게 변신의 옷을 갈아입어왔다. 경제적, 정치적, 심미적 변화는 더욱 작은 세분화된 시장에서 포스트모던 한 현상의 결과를 몰고 왔고, 표면적으로는 문화적인 발전을 가지고 온 것처럼 인식되었다.

인구의 증가와 생활의 다양화로 인해 다양한 문화가 존재하게 되었고, 이에 따라 그러한 다양한 문화들을 향유하는 여러 집단들이 형성되게 되었다. 또한 이러한 여러 집단들이 가지고 있는 인구통계학적 특성들 중에는 연령이나 성에 관련된 것들이 주를 이루고 있다고 말할 수 있다. 이에 시장창안자(market maker, market creator)들은 어떻게 하면 이와 같은 다양한 집단들을 대상으로 하여 마케팅 전략을 구축하고 이행할 것인가를 고심하게 되었고, 그 집단들의 가치와, 생활양식, 그리고 구매행동에 관심을 집중시켜 왔다.

현대 마케팅의 기본을 우리는 흔히 S.T.P., 즉 시장세분화(segmentation), 표적화(targeting), 포지셔닝(positioning)이라고 말한다. 그 중에서 우선 시장세분화가 이루어야만 표적화나 포지셔닝도 가능할 수 있다는 것에는 이론의 여지가 없을 것이다. 시장 세분화를 위한 기준으로 가장 빈번히 사용되는 것은 인구통계학적 특성이다(리대룡, 김미애, 1998). 이러한 인구통계학적 특성은 다양한 요소들을 가지고 있으며, 위에서 언급했던 것처럼 이 중 성별이나 연령과 같은 요소들은 그 핵심을 이루고 있다고 볼 수 있다.

---

5   천민자본주의(pariah capitalism)는 독일의 사회학자 막스 베버(M. Weber)가 처음으로 사용한 전근대사회에 있었던 비합리적이고 비인간적인 폐쇄적 자본주의 또는 그 소비 및 생산 문화를 뜻한다.

성에 있어서는 최근에 남성성뿐만 아니라 페미니즘적 입장에서 여성성의 역할이나 태도, 행동에 대한 연구들도 많이 이루어지고 있다. 남성성과 여성성을 구획하는 성정체성(sexual identity)은 소비자의 자아개념에 매우 중요한 요인 중 하나이다. 사람들은 종종 그가 속해 있는 성 집단이 어떻게 행동하고 옷을 입으며 말을 하는가 등에 지대한 관심을 가지고 있기도 하다. 물론 이러한 지침은 시간이 지남에 따라서 변화하며, 사회에 따라서는 더욱 급진적으로 변화한다. 성차(gender differences)라는 것이 고유의 것인가 아니면 문화에 따라서 형성되는 것인가 하는 것은 확신할 수 없지만, 그것들이 다양한 소비자 의사결정에 있어서 분명한 증거가 된다는 것은 확신할 수 있다.

현재는 성정체성의 범주를 이러한 남녀를 구분하는 식의 차이와 함께 제3의 성으로 동성애적 성 또한 포괄하고 있다. 물론 이것은 국가와 문화에 따라 그 수용범위가 다를 수는 있으나 기본적으로는 드러나고 있는 존재를 인정하려는 추세이다. 우리 사회에서도 또한 은폐되어 왔던 동성애자(homosexuals)들의 커밍아웃(comming out)을 통해 새로운 성문화에 대한 인식이 태동하고 있는 추세이다. 하지만 아직도 많은 사람들에게 낯설고 두려우며 심지어는 혐오의 대상이기도 한 동성애는 미국뿐만 아니라, 우리나라에서도 긍정적이라기보다는 부정적인 반응을 더욱 뿌리 깊이 보이고 있는 것이 사실이다.

샌프란시스코 크로니클(San Francisco Chronicle, 1994)에 따르면, 미국 대중 중 39%가 동성애 생활은 받아들여질 수 없다고 밝히고 있다. 과반수는 동성애가 바람직하지 않다(57%)고 생각했고, 게이 관계는 도덕적으로 나쁘다가 53%, 동성결혼은 인정되지 않아야 한다가 64%, 게이 커플의 양자 입양을 금지해야 한다가 65%로 밝혀졌다. 그러나 반대로 이러한 수치들이 의미하는 것은 상당한 수의 사람들은 동성애나 동성애자를 공격적이라 생각지 않는다는 것이다. 실제로 관용의 증가에 대한 몇몇 증거들이 있다. 예를 들어, 동성애를 받아들일 수 없다는 응답자의 비율은 1970년대의 59%에서 1994년도에는 39%로 하락했다(Klassen, 1974; Weinberg, 1972). 미국 갤럽이 2001년 5월, 만 18세 이상의 미국 성인 남녀 1,012명을 대상으로 실시한 조사에 따르면 동성애를 '찬성한다' 44%, '반대한다' 52%로 반대비율이 높았다. 이는 에이즈의 확산과 같은 부정적인 측면의 영향을 강력하게 받은 것으로 조사되어졌으나, 2003년 메사추세츠 주법원의 동성결혼 허용 판결 후 처음으로 동성결혼 제도가 도입된 이후 판결과 입법, 주민투표를 통해 각 주(州)가 자체적으로 동성결혼을 허용하기 시작하였으며, 2013년 6월 26일 미국 연방대법원은 결혼을 남녀 사이에서의 결합만으로 한정해 동성결혼 커플이 세금·주택·보건 등 연방 혜택 부여 대상에서 제외되었던 '결혼보호법'(1996년 제정)에 대해 위헌판결을 내렸다. 당시 판결은 동성결혼을 인정하지 않는 주에 대해서 동성결혼을 인정하도록 하는 구속력을 갖지 않았으나, 2년만인 2015년 6월 26일 미국 연방대법원은 "동성결혼은 헌법이 정하는 기본권이자 사회 질서로서 존중되어야 하고, 개별 주 차원에서 동성결혼을 금지할 권한이 없다"고 판결하여 미국 전역에서 동성결혼이 합법화되었다. 이로써 동성애에 대한 모든 논의는 찬성으로 기울어질 수밖에 없었고 도덕률의 보루라는 고학력, 중산층, 크리스천 사회에서도 동성애를 적극적으로 옹호하는 현상들이 나타나기 시작했다.

우리나라의 경우도 남녀 대학생을 대상으로 동성애에 관한 반응을 조사한 바 있다(http://queer.hey.to/). 결과적으로 보면 남학생 중 긍정적인 학생은 11.4%, 여학생의 경우 25%로 여학생의 동성애 긍정 성향이 높게 나타났다. 부정적인 성향은 남학생의 경우 71.4%이고, 여학생 중 부정적인 성향은 39.7%였다. 남학생 중 기타라고 응답한 비율은 17.2%였는데, 그 의견으로는 '그런 사람도 있겠거니', '나와는 무관', '자신의 성향에 맡기는 것이', '인정해줘야 할 개념', '남이 하는 것은 괜찮다' 등의 무관심 또는 호의적인 성향이 많이 포함되어 있었으며, 부정적인 성향도 있어 "여자들끼리는 자연스럽게 보이는데 남자들끼리는 소름끼친다", "선천적인 성호르몬의 불균형이 아니라면 금지되어야 한다", "육체적인 표현은 음양의 조화에 어긋난다"(리대룡, 김종환, 1999, pp. 34-35) 등이 포함되어 있었다. 전체적인 조사결과를 놓고 보면, 동성애는 젊은이들의 사고에 더 이상 금기시할 대상이 아님을 알 수 있다. 이는 동성애에 대한 사회의 인식이 전과는 다르게 진보하고 있다는 것을 의미하는 것이며, 동성애가 사회의 다수를 차지하고 있지는 않지만 제3의 성이자 일반과 어우러져 있는 또 다른 문화로 인식하고 있다는 방증이다.

미국의 동성애자들에게는 익숙한 킨제이(A. Kinsey) 보고서가 제시하고 있는 통계에 따르면, 인구에 10% 정도가 자신들이 동성애자임을 드러내고 있다고 한다. 또한 얀켈로비치(D. Yankelovich)[6] 모니터[7]에서 동성애자들의 가치와 태도에 대해 추적조사를 실시한 자료에 따르면, 인구의 5.7%는 자신을 동성애자라고 드러내고 있다. 이에 비해 우리나라의 경우 국내 에이즈 관련 전문기관이 세계보건기구(WTO)의 지원을 받아 1996년에 실시하여 최근 발표한 "한국 동성애자에 대한 사회학적 연구조사" 결과에 따르면, 동성애자는 11만 명 정도로 추산되고 있다고 한다(한국 에이즈연맹, 1998). 이는 동성애 커뮤니티가

---

6   D. Yankelovich, 미국의 사회학자, 언론분석가.
7   Yankelovich가 1971년부터 시작한 16세 이상 성인을 대상으로 한 시장조사.

실제로 차지하고 있는 인구비율을 무시할 수 없다는 것을 의미하며, 이때 만일 그들만이 가지고 있는 독특한 문화나 구매패턴이 있을 경우 새로운 시장의 창조를 위해 혈안이 되어있는 시장창안자들에게는 훌륭한 시장이 될 것으로 생각되어졌다.

일반적으로 동성애자들은 학력수준이나 경제력, 그리고 소비수준에 있어서 높은 비율을 차지하고 있다. 얀켈로비치 모니터의 연구결과에 따르면, 동성애자들이 전국 평균 인구보다 훨씬 더 부유하다는 이전의 조사와는 다르게 가구 수입에 있어서 거의 차이를 보이지 않고 있었다. 반면에 추가적인 발견을 통해 마케터들에게 이 세분시장은 잠재적으로 바람직한 가능성이 있다는 것을 강조해 주었다. 즉, 동성애자들은 이성애자들보다 두 배나 더 많이 대학원에 다니고 있었고, 몸의 컨디션이나 자신을 향상시키는 일에 더욱 관심을 가지고 있었으며, 일상에서 더욱 많은 스트레스를 경험하고 있었다고 한다. 그리고 자영업을 하고 있을 가능성이 훨씬 크다고 한다(Elliott, 1994). 이에 따라 이러한 잠재력을 인지하고 있는 몇몇 기업들, 즉 AT&T, Anheuser-Busch, Apple Computer, Benetton, Philip Morris, Seagram, 그리고 Sony와 같은 기업들은 이 시장에 진출하기 위해 끊임없는 관심을 기울이고 있다(Solomon, 1999).

2.4. 동성애와 시장의 부상

전 세계적으로 동성애자 관련 산업이 해마다 급부상하고 있다. 그동안 터부시되고 비주류로 여겨졌던 동성애자 관련 산업이 막대한 부가가치를 창출할 것이라는 기대감을 가지고 점점 확대되고 성장하고 있는 것이다.

이미 수적으로도 동성애자 인구가 전 세계적으로 4억 명을 넘어섰다고 한다. 따라서 시장창안자들에게는 이들이 매력적인 시장일 수밖에 없다. 동성애자 전문 자산운용사인 LGBT캐피탈에 따르면 이들의 구매력은 연 3조 달러(약 3,400조원)에 달한다고 조사되어졌다.[8] 지역별로 살펴보면, 미국의 동성애자들의 구매력은 7,500억 달러에 이르며 유럽도 8,700억 달러에 달한다. 아시아 역시 동성애자들의 영향력이 급속히 확대하고 있다. 중국의 동성연애자는 전체 인구의 3%인 약 3,000만 명에 이르며 구매력만 3,000억 달러에 달하는 것으로 추산된다. 중국을 제외한 아시아 지역의 동성애자 인구는 2억 명 가량이고 8,000억 달러의 구매력을 자랑한다고 LGBT캐피털은 말한다. 크레디트스위스(CS)는 지난 2009년부터 미국에서 동성애자 관련 전문상품을 취급하기 시작했으며 이를 아시아와 남미로 확대하는 방안을 모색하고 있다.

미국의 경우, 2012년 6월 블룸버그(M. R. Bloomberg) 뉴욕시장은 "뉴욕시가 2011년 6월 동성결혼을 합법화한 이후 1년 동안 얻은 경제적 이득이 2억 5,900만 달러에 이른다"고 밝혔다. 뉴욕시가 당시 1년간 발행한 결혼증서 가운데 10% 이상인 8,200장이 동성결혼이었다. 동성결혼식에 참석하고자 20만 명 이상의 하객들이 다른 도시에서 뉴욕으로 들어왔다. 미국 캘리포니아대학교 로스앤젤레스캠퍼스(UCLA) 산하 양성평등법 전문 연구기관인 윌리엄 인스티튜트는 호주가 동성결혼을 허용할 경우 약 3만 3,000명의 동성 커플 중 절반가량이 결혼한다고 치면 앞으로 3년간 결혼식 비용만 1억 6,100만 달러에 이르며, 신혼여행이나 하객들의 여행비용까지 감안하면 7억 4,200만

---

[8] 한국경제신문, "세계 동성애 인구 4억 명, 3조 달러 '핑크 머니'를 잡아라", 2013.5.31.

달러의 수요가 창출될 것이라고 분석했다.

　영국은 2005년 12월, 영국의 동성애자 인구를 약 360만 명으로 공식 발표했다. 영국의 인구가 약 6,000만 명이므로 동성애자의 비율은 대략 6%에 이른다. 이는 영국 국적을 가진 유색인종의 수와 맞먹는 숫자이다. 연구 자료에 의하면 게이는 레즈비언과 달리 자식에 대한 욕구보다는 소비지향적인 삶을 살고 있다.

　영국인의 평균 수입은 2만 5,000파운드에 미치지 않는다. 그러나 이에 비해 게이의 수입은 3만 4,000파운드 이상이다. 연간 9,000파운드, 원화로 환산하면 2500만원 가까이 차이가 난다. 이 격차에 대해서는 유력지인 '가디언'(The Guardian)의 경제란(2006년 1월 23일자)에서도 크게 다뤄진 바 있다. 그들은 그 수입을 저축이나 재테크에 활용하지 않고 오로지 소비하는 데 전념하는 특징이 있다.

　180조원에 이르는 동성애자들의 구매력의 내역을 들여다보면 역시 가장 눈에 띄는 것은 옷과 장신구에 소비되는 돈이다. 이러한 것에 19억 파운드(4조원)가 넘는 돈이 쓰인다. 4조원이라면 '루이뷔통'(Louis Vuitton)과 '샤넬'(Chanel), '에르메스'(Hermes)를 포함한 일본의 가방 시장 규모와 거의 같은 액수이다. 게이의 미래는 적어도 경제적으로는 이성애자보다도 훨씬 명료하며 확실해지고 있다고 생각해도 무방할 것이다. 고학력이 반드시 그 사람의 두뇌 수준을 증명해 주는 것은 아니다. 그러나 고학력자가 취직에 유리한 것은 영국도 마찬가지이다. 영국인의 학위 취득률은 의외로 낮은 17%이다. 이에 비해 동성애자의 학위 취득률은 42%에 이른다. 이것은 상당히 놀라운 수치이다. 그리고 실제로 취업률도 국가 평균인 74.5%를 약 10%나 웃돌고 있다.

2.5. 동성애와 문화

우리나라에서도 크게 히트한 미국 드라마 '섹스 앤 더 시티'에서 캐리의 든든한 지원자 스텐포드와 영화 '내 남자 친구의 결혼식'에서 줄리아 로버츠 곁에 항상 든든히 지켜주는 조지처럼 이성 게이의 호감을 사는 것은 오늘날 서구의 젊은 여성들의 꿈이 되었다. 게이 친구는 최고의 액세서리로 치부된다. 게이의 마음에 들었다는 것은 지적이고 개성적이며 센스가 좋다는 뜻으로 받아들인다는 것이다.

'왕의 남자', '브로크백 마운틴', '쌍화점'과 같은 영화들에 숨겨진 코드가 바로 동성애라는 것은 이미 알려졌으며, 동성애를 보다 강하게 부각시켜 여성들과 게이를 자극하여 흥행에 큰 성공을 거두었다. 각 배우들에 대한 노이즈 마케팅으로 '게이설'을 퍼트리는 것 또한 잊지 않는다. 문화계에는 의외로 게이코드가 많이 등장한다. 이유는 그들이 소비지향적인 것과 문화적인 접근이 용이하다는 것에 기인한다.

세계적인 베스트셀러 '해리 포터' 시리즈의 저자인 롤링(J. K. Rowling)은 2007년 10월 19일, 카네기홀에서 개최된 강연회에서 조금 충격적인 발언을 했다. 해리가 다니는 마법학교의 교장인 덤블도어(A. Dumbledore)가 과거에 동성의 마법사를 사랑했다는 영화 밖 사생활을 밝힌 것이다. 게다가 자신이 예전에 레즈비언이었다는 사실까지 고백해 버렸다. 회장은 찬물을 끼얹은 듯이 조용해졌고, 이어서 박수갈채가 쏟아졌다고 한다.

연극 '백조의 호수'(Swan Lake)는 본(M. Bourne)이 안무를 맡아 남성 무용수만의 발레로 새롭게 해석한 작품이다. 1995년에 초연되자마자 이 작품은 '사회 현상'이 되었다. 이듬해에는 연극 예술상의 최고봉인 로렌스 올리비에상을 수상했으며, 성공적인 세계 순회공연을 통해 수석 무용수인 쿠퍼(A. Cooper)는 국제적인 스타로 떠올랐다. 1999년에는 미국 토니상(Tony Awards)도 수상했고, 이후에도 이 연극은 배우들을 교체하며 매년 상연되고 있다.

뮤지컬이 게이들에게 인기가 있는 이유는 에로티시즘 때문이라기보다는 '캠프'(camp, 동성애적인)적인 감각이 그들의 감성을 끌어당기기 때문일 것이다. 뮤지컬 작곡가 웨버(A. L Webber)의 판박이들이 양산되던 1980년대를 거쳐 현재 매진 사례를 기록하는 뮤지컬들은 '맘마미아!'(Mamma Mia!)와 '시카고'(Chicago), '매리 포핀스'(Mary Poppins) 등 대부분 캠프적인 코드가 담겨 있다. 어떻게나 노골적인지 얼굴이 붉어질 정도라 한다. 그러나 같은 뮤지컬을 보면서도 사실 동성애자들이나 뺨을 붉히지, 그것을 보는 다수의 관객들은 뺨이 왜 붉어지는지 이해하지 못한다.

팝가수 마돈나(Madonna)의 기본은 '시카고'의 등장인물들과 같은 '강한 여성'이지만, 그만큼 수많은 게이 아이콘의 조건을 만족시키는 가수도 보기 드물다. 드라마틱한 가사 세계, 딱딱하면서 인공적인 미모와 스타일, 남성들을 압도하는 도도하면서 과도한 섹시함, 너무나도 화려한 무대 매너, 호모에로틱한 남성 댄서들, 레즈비언을 연상시키는 퍼포먼스, 무엇보다도 남성을 보는 시선이 완전히 게이의 그것과 똑같다.

'돈벌이가 된다'는 것이 알려진 뒤로는 아티스트의 게이 아이콘화가 상당히 경쟁적으로 연출되고 있다. 아길레나(C. Aguilera)나 스피어스(B. Spears)도 성공하게 된 계기는 게이 아이콘을 연상시키는 노래와 프로모션 비디오였다. 비욘세(Beyonc Knowles)와 핑크(Pink), 퍼타도(N. Furtado), 와인하우스(A. Winehouse)도 노선은 다르지만 모두 동성애자 시장을 노리고 있다.

패션에 있어서 뛰어난 감각을 가진 게이의 패션 코드는 국내에서

'빅뱅', '동방신기', '샤이니'와 같은 아이돌 그룹이 선도하고 있다는 뉴스가 나올 정도이다. 단순 카피켓(Copycat, 모방꾼, 흉내쟁이)일지는 모르지만 게이코드는 패션의 최신 트랜드를 유지하기 위해 사용되는 전략의 하나가 되고 있다.

2.6. 동성애와 IT

2008년 10월 미국의 애플사와 구글은 동성결혼을 금지하는 주민발의안을 반대하는 견해를 밝히고 반대운동에 각 10만 달러, 14만 달러를 기부하였다. 애플은 이날 성명에서 "애플은 직원들의 동성 파트너에게도 같은 권리와 혜택을 제공하는 캘리포니아 기업들 중 하나"라면서 "결혼권을 포함한 인간의 기본적인 권리는 각자의 성적 지향에 의해 영향을 받아서는 안 된다"고 밝혔다. 왜 그들이 '친(親)게이' 자세를 표방하는 것일까? 이유는 향후 200조원의 가치가 있는 소비 파워 집단인 그들에 잘 보이고 싶기 때문이며, 조직 내에도 게이는 이미 무시못할 위치를 차지하고 있기 때문이다.

부사장이 스스로 게이임을 공표한 '인텔'(Intel)과 세계 최대의 IT기업인 '마이크로소프트'(Microsoft)를 비롯해 '델'(DELL)과 '휴렛 팩커드'(Hewlett-Packard)도 마찬가지이다. IT신제품에서 최근 많이 눈에 띄는 색은 핑크이다. 그러므로 '남자라면 핑크'라는 유행어는 그냥 나온 것이 아니다.

3. 나가는 말

동성애는 경제 불평등을 연구하는 사회과학자들에게도 중요한 이슈이다. 지금은 퀴어 문화축제에 총천연색의 각종 의상이 등장하지만, 초기에는 동성애자들이 양복을 차려입고 자신들이 정상적인 노동자임을 강조했다. 폭행과 린치 같은 물리적 위협 다음으로 동성애자를 괴롭힌 게 고용차별이었기 때문이다. 1953년 아이젠하워(D. D. Eisenhower) 미국 대통령은 아무런 잘못이 없어도 동성애자인 것이 밝혀지면 연방정부 공무원을 해고해도 좋다는 행정명령을 내리기도 했다.

그럼 현재는 이들의 경제적 지위가 어떻게 달라졌을까? 언뜻 차별받고 억압받아 궁핍하게 살 것 같지만, 사회학계와 경제학계 연구에 따르면 동성애자가 이성애자보다 교육을 더 많이 받았고, 평균 가구소득이 더 높으며, 심지어 아이큐(IQ)도 더 높다. 미국 지역사회 조사(American Community Survey)를 이용한 캘리포니아대학교 로스앤젤레스캠퍼스(UCLA) 윌리엄스 연구소의 분석에 따르면, 미국에서 이성애자 부부는 1년 평균 가구소득이 1억 원인 데 비해 동성애자 커플은 이보다 10% 정도 많은 1억 1,000만 원을 번다. 이들의 교육수준이 더 높고 그에 따라 더 좋은 직업을 가졌기 때문이다. 미국 성인의 32%가 대학교육을 받은 데 비해 동성애자 중에서는 46%가 대학교육을 받았다. 동성애자의 학력수준이 이성애자보다 높다는 건 다른 연구에서도 일관되게 확인할 수 있는 현상이다.

미국 내 100개 대학 학생들의 학업 성과를 조사한 한 연구에 따르면, 동성애 남성이 이성애 남성보다 학점이 더 높고, 공부하는 시간이 더 길며, 학업을 더 중시하고, 학업 외 봉사활동이나 예술과 관련한 과

외활동, 정치 및 사회활동에도 더욱 열심히 참석한다. 요컨대, 이 연구에 따르면 동성애 남성이 이성애 남성보다 일반적으로 우리 사회가 길러내고자 하는 시민상(像)에 더 가깝다는 것이다.

동성애자의 높은 소득은 그들 자신에게 한정되지 않는다. 미국 연방정부 노동통계국 자료를 이용한 월간 '애틀랜틱' 분석에 따르면, 지역별 동성애자 비율과 시간당 평균임금은 양(+)의 상관관계를 보인다. 동성애자가 더 밀집해 있는 주의 평균임금이 밀집도가 낮은 주보다 높은 것이다. 그러나 이러한 상관관계가 나타나는 이유를 동성애자의 직접적인 기여 때문이라고 해석하기에는 아직 이르다. 오히려 다양성을 중시하고 서로를 인정하는 문화가 창조적인 활동과 친화성을 보장하며, 그러한 창조적 활동이 경제에 도움이 되기 때문일 것이다.

왜 동성애자의 학력과 소득이 더 높을까? 사토시(K. Satoshi) 영국 런던정경대학교 교수는 그들의 인지능력이 이성애자보다 높기 때문이라고 주장한다. 그의 연구에 따르면, 아이큐가 높을수록 동성애자가 될 확률이 높다. 일상적이지 않은 새로운 것을 받아들이고 생각하는 능력은 높은 지적 능력을 요구하는 만큼 지적 능력이 높을수록 동성애자가 되는 경향이 크다는 게 그의 주장이다.

하지만 모두가 이에 동의하는 건 아니다. 많은 학자는 사회적으로 성공한 동성애자만 당당하게 커밍아웃하고, 그렇지 않은 동성애자는 커밍아웃을 꺼리기 때문일 개연성이 있다고 생각한다. 통계학에서 이른바 선택편향이라 부르는 오류이다. 쿡(T. D. Cook) 애플 사장이 동성애자로 당당히 커밍아웃한 것이 대표적인 경우이다. 우리나라에서 최초로 동성애자로 커밍아웃해 한때 방송가에서 퇴출됐던 홍석천은 지금 서울 이태원에 레스토랑 여러 개를 소유한 자산가이다.

평균적으로 동성애자의 학력과 소득이 이성애자보다 높지만, 미국에서도 동성애자에 대한 차별은 존재한다. 학력수준과 직장 경력이 같을 경우 동성애 남성의 소득은 이성애 남성보다 15% 정도 적다. 다만 여성의 경우는 이야기가 다르다. 동성애 여성이 이성애 여성보다 노동시장에서 직업을 갖고 일하는 비율이 높은 데다 더 많은 시간 동안 일하기 때문에, 학력이 같은 경우에도 동성애자의 소득이 더 높은 것으로 나타났다.

한국도 가까운 미래에 동성결혼이 법적으로 인정받는 가족의 한 형태로 자리 잡을지, 아니면 변화에 더 많은 시간이 걸릴지 지금으로선 알기 어렵다. 동성결혼에 대한 미국 연방대법원 판결이 있던 날 오바마(B. H. Obama) 대통령은 '미국의 승리'라고 평가하며 백악관을 동성애의 상징인 무지갯빛으로 물들였다. 그러나 7년 전인 2008년 당시 대통령 선거 후보로 나섰던 오바마는 "결혼은 한 남자와 한 여자의 결합이다. 나는 동성결혼을 지지하지 않는다"고 분명히 밝혔었다. 이랬던 그가 완전히 다른 입장을 취하고 있는 것이다. 유럽에 비해 사회적으로 보수적인 미국에서 동성애에 우호적인 여론이 이렇듯 빨리 형성되리라고는 아무도 기대하지 않았다.

우리나라는 놀라운 경제성장을 이루어내기 시작했던 1960년대 이후 한국교회도 양적으로 급성장했다. 1960년과 비교해 보면 1970년에는 교인 수가 무려 400% 이상 증가했고, 1980년에도 10년 전에 비해 100% 이상 증가하는 기적을 보였었다. 이러한 성장의 요인으로는 첫째, 1960년대 이후 한국교회의 뜨겁고 열성적인 부흥운동, 성령운동, 전도운동, 신앙운동 때문이며, 둘째, 한국인의 사회·문화적 특성으로 열성적 감성주의, 현세적 공리주의, 무교적 기복주의와 번영신학과 같은 문화 정서가 종교 신앙의 확산에 도움을 주었다. 셋째, 구 대한제국으로부터 근대에 이르기까지의 정치적인 불안과 공포, 경제적인 빈곤과 박탈감, 사회적인 소외와 억압을 야기한 한국의 역사와 사회 상황이 사람들로 하여금 교회를 찾게 했다.

그런데 2000년대 들어와서는 교인 수가 감소하기 시작하는데, 통계청 조사에 따르면, 1995년에는 876만 명이었던 개신교인 수가 2013년에 이르러서는 562만 명으로 감소했다. 그 동안 우리나라 전체 인구는 증가했지만, 교인 수는 오히려 20년간 210만 명가량이 줄어 전체 인구 대비 비율도 19.7%에서 11%를 겨우 상회할 뿐으로 무려 8%포인트나 감소했다.

이러한 현상의 사회적 요인으로는 우리나라 사람들의 경제수준, 교육수준, 복지수준이 크게 향상되었기도 하지만, 경제학적으로 1인당 국민소득이 5,000 달러를 넘게 되면 종교적 관심이 약해지기 시작한다. 즉, 풍부한 생활과 갈피를 잡지 못한 기독교적 세계관들이 세상과 충돌하면서 절제되지 않는 도덕성들이 하나님 앞에서 경건으로 정제되지 못하고 맘모니즘의 강력한 영향력이 삶의 전부를 지배하기 시작하였기 때문이다. 우리나라의 1인당 국민소득이 5,000 달러를 넘은 1989년 국가와 나라는 장밋빛 환상 가운데 고도의 경제성장으로 빚어놓은 금단의 무한 소비경제를 깨물어 버리고 말았다. 교회는 대형화되었고, 더 많은 축복과 더 많은 물질과 명예와 권력을 추구하는 인간의 욕망을 이용하고 부추기는 맘몬이 교회를 차지하고 목회자들로부터 성도에 이르기까지 무차별적인 기복주의에 빠뜨린 결과 교회는 가중한 제사를 벌이는 신학도 말씀도 행함은 꿈도 꿀 수 없는 굿당이 되어버렸다.

경제적인 부(富)함은 사회적·심리적인 여유를 만들어 내면서 종교 이외의 것, 특히 '인생을 즐기는 것'에 대한 관심을 높여주어, 주일을 경건히 여겨 예배당으로 나아와 하나님께 순종하는 삶을 살기는커녕,

여가산업과 오락산업을 발전시켜 오늘날 여가산업은 하나의 대체종교(alternative religion)로서 신도 확보 및 유지에 있어 기성종교에 대한 강력한 경쟁자가 되고 말았다.

성경적인 관점을 가지고 본다면 동성애는 한마디로 부정적일 수밖에 없다. 성경에서 우리는 동성애에 대한 분석적 언급은 거의 찾아 볼 수 없을 뿐 아니라, 예수님의 가르침 속에는 동성애에 대한 언급이 전혀 없기 때문이다. 그럼에도 불구하고 모세의 율법이나 바울의 글 속에서는 동성애에 대하여 강한 정죄의 입장이 들어있다. 구약성경에서는 창세기 19장에서 소돔과 고모라에 대하여 역시 부정적으로 언급하고 있다. 이밖에 구약성경에는 특히 레위기 18장, 그리고 20장 두 곳에 동성애를 명백히 금하는 언급이 있는데, 여기에서는 동성애 한 가지만을 비난하고 금한 것이 아니라, 여러 종류의 성적 불륜을 금하는 항목 중의 하나로 들어가 있다. 여기서는 특히 남성 동성애주의자의 경우를 예를 들면서 가증한 일, 죽임을 받아야 할 이들로 규정하고 있다.

신약성경에서, 특히 바울의 글들 속에서 우리는 동성애에 대한 비난을 읽을 수 있다. 로마서 1:26-27에 동성애는 우상적인 것으로 규정하였고, 고린도전서 6장, 그리고 디모데전서 1:10에서 바울은 동성 간의 성관계를 행하는 자들은 하나님 나라의 유업을 이어받지 못할 것임을 밝히고 있다.

오늘날 어떤 동성애자들은 성경이 동성애를 죄라고 하는 이유는 노동력 결핍을 조장하기 때문이라고 하는데, 그것은 아니다. 특히 푸코 같은 사람은 기독교와 자본주의가 정치·경제적인 목적으로 애를 낳지 않으면 노동력이 모자라기 때문에, 동성애를 정당화하지 않았다고 주장한다. 그러나 이것은 어불성설(語不成說)이다. 비록 자본주

경제체제가 발전하면서 자본가들이 노동력을 착취할 목적으로 권력의 메커니즘에 의해 조직적으로 노동자들의 쾌락을 억압한 적이 있다는 것은 역사적으로 어느 정도 사실이기는 하다. 또 그의 말대로 20세기 서양 역사를 주물렀던 파시즘, 신보수주의, 민족주의 등이 기독교의 침묵 아래 각종 성적 장치들을 동원하여 권력의 정당성을 확보하고 정치·경제적 목적으로 동성애를 탄압했다는 것을 일부 시인한다고 하더라도, 성경은 노동력 재생산을 목적으로 일부일처 가족 제도와 부부 간의 이성애적 섹스, 국가적인 인구 정책 등을 통하여 교묘하게 동성애를 탄압한 것은 결코 아닌 것이다. 성경이 동성애를 죄라고 하는 것은 정치·경제적 이유, 특히 노동력의 결핍 때문만은 아니다. 동성애를 죄라고 하는 이유를 푸코는 우리 시대의 성윤리가 규정화되고 엄격하게 된 근본 원인을 기독교적인 세뇌와 각인에 의한 것처럼 호도하고 있을 뿐만 아니라, 그로 인해 기독교 전 시대라 하는 고대 사회의 성윤리보다 더 억압적이며 개방적이지 못하다고 호도하고 있다.

우리는 성경을 통해서 인간에게 주신 하나님의 최고의 선물 중의 하나가 남녀가 사랑으로 다음 세대를 이어가는 행위(섹스)라고 믿으며, 그것은 사랑의 가장 아름다운 표현인 동시에 섬김과 교제의 극치라고 믿고 있다(창 2:18-25; 고전 7:1-7; 딤후 3:1-5). 그러므로 성경이 동성애를 죄라고 하는 이유는 영성과 섹스가 대립되거나 기독교가 금욕주의적이기 때문이 아니다. 그것은 동성애는 남자와 여자라는 하나님의 형상을 가진 인간성과 성적 정체성을 파괴하기 때문이다. 그러기에 남녀의 이성애적 사랑은 이러한 하나님의 창조질서의 고차원적인 아름다움을 표현하는 인간의 존재론적인 자기 과시인 것이다.

그러나 '제3의 성'이니 운운하는 동성애는 바로 그와 같은 창조질서의 남녀의 성적 차이와 매력, 그리고 그 고상하고 거룩한 기준을 의

도적으로 파괴하는 것이다. 바울 사도는 그것을 일컬어 '역리'(逆理), 즉 남녀의 성을 순리적이지 않고 비정상적으로 사용하는 것으로 규정했다(롬 1:26-27).

맘모니즘(mammonism, 물질만능주의)과 동성애는 같은 뿌리를 가지고 있다. 고대 근동의 우상제의에서 기복(祈福)과 동성애, 그리고 혼음(混淫)이 함께 행해졌기 때문이다. 그러므로 동성애의 확산은 교회의 책임도 있는 것이다. 이제부터라도 교회는 물질가치, 금전가치보다 영적 가치, 정신적 가치, 도덕적 가치가 더 값지고 귀하다는 것을 분명히 깨닫고, 이를 실천하며 이것을 사회에 전달하고 그 분위기를 확산시켜 가야 한다. 이를 위해서 한국교회가 해야 할 일은 회개요 반성이다. 지난 시간 교회가 사회에서 소금과 빛의 역할을 충실히 하지 못했음을 회개하는 교회가 교회됨을 위한 출발이라고 할 수 있다.

제 10 장

동성애에 대한 교회와 목회자의 책임과 사명

배정도 목사(창성교회 담임목사)

I. 들어가며

어린 시절을 회상해 보면 동네 남자 친구 중에 유난히 여성의 흉내를 내는 것을 좋아하는 친구가 있었다. 여성 옷을 입고 패션쇼 하는 것을 좋아하고, 여성처럼 손을 가리고 웃었고, 목소리도 여성처럼 내면서 그러한 목소리로 동네 노래자랑이 열리면 항상 일등을 했던 친구였다. 그리고 그러한 성향을 나타내는 동네 형도 있었다. 그때는 그저 재미있고 독특한 친구 또는 동네 형 정도로만 가볍게 치부하고 말았는데, 이제와 생각해 보니 그들은 동성애적 성향을 가진 자들이었던 것이다. 목회를 하면서도 성도 가운데 동성애적 성향을 가진 사람들을 한 두 사람 만나기 시작하면서 동성애가 이제는 우리의 삶에, 목회 현장에 밀접하게 연관되어 있음을 피부로 느낀다.

조금 더 확대해서 오늘날의 지구촌의 현상을 보면, 미국을 비롯한 유럽 선진국의 대부분의 나라들이 오랫동안 이 문제로 몸살을 앓아오다, 이제는 이들 나라들이 동성애를 합법화하고 있음을 우리는 목도하고 있는 세상을 살아가고 있다. 미국은 2015년 연방대법원에서 동성애를 합법화하는 판결을 내림으로써, 이제는 미국 전 지역에서 동성결혼이 가능해졌다. 연방대법원의 이러한 결정에 대하여 미국 대통령은 '평등을 향한 진전과 미국의 승리'라며 한껏 치하했다.

동방예의지국인 한국에서는 그동안 성문화를 언제나 은밀하게 숨겨왔고, 동성애에 대해서는 일부 소수의 용기 있는 자들에 한해 커밍아웃이 이루어졌고, 합법화의 목소리가 있어왔다. 그러나 이번 미합중국 연방대법원의 합법화 선언으로 이제 대한민국에서도 작년 6월에 서울시청 광장에서 당당하게 동성애자들의 축제인 '퀴어 축제'가 열릴 정도가 되었다. 동성애자들이 이전의 자신의 정체를 숨기고 드러내지 않던 것에서 이제는 자신들의 권리를 주장하며 성정체성을 당당하게 드러내고 있다는 사회적인 방증이다. 즉, 전에는 개인적이고 산발적이었던 일들이 이제는 단체화하여 사회와 국가에 압력을 행사할 수 있는 단계로까지 발전하게 된 것이다.

언제나 그렇듯 사회에서 일어나는 유행이나 사상들은 시간이 지남에 따라 교회도 일정 부분 영향을 받을 수밖에 없다. 왜냐하면 교회라는 곳이 태생 자체가 세상과 동떨어진 곳이 아닌 죄악 된 세상의 한 가운데에 위치하고 있기 때문이다. 교회의 이러한 세속화는 동성애에 있어서도 예외가 아니다. 이미 서구에서는 동성애자의 목사 안수 등이 가능하고, 목사에게 동성애자들의 결혼 주례를 부탁하고 목사가 이를 거부할 시에는 법적 제재가 가능하기에 이르렀다. 이러한 일들이 세계 곳곳에서 일어나고 있기에 대한민국의 교회도 이러한 흐름에 무관할 수 없는 형편이 되었다.

　동성애의 이러한 세계화의 추세에 대하여 경각심과 두려움을 가질 수밖에 없는 것은 불과 몇 십 년 전만 하더라도 교회는 지금은 흔한 일이 되어버린 이혼이나 기타 범죄에 대해서도 엄격하게 처리해 이혼을 했거나 전과가 있는 성도의 경우에는 교회 내에서 성가대나 교사 등의 봉사를 하는 것조차 제한했었다. 더 나아가 철저한 교회는 치리까지도 하였다. 그러나 이제는 이러한 경우를 거의 찾아보기가 힘들다. 교회 성장과 대형화에 대한 목마름으로 성도가 교회에 왔을 때에 과거를 묻지 않는 것이 요즘 교회의 상황이다. 이러한 교회의 모습을 볼 때 얼마 있지 아니하면 동성애 문제도 여느 다른 문제와 다름없이 교회에서 버젓이 자리를 잡을 가능성이 있다. 이미 지난번 서울시청 광장에서 열린 퀴어 축제 때 동성애자들을 옹호하는 교회들이 생겨났고 함께 퍼레이드를 하기까지 했다.

　병도 초기에 발견하고 치료하면 병을 잡을 수 있다. 그러나 초기가 넘어가고 말기에 다다르면 그때는 손을 쓸 수 없을 정도로 치명적인 병으로 깊어지고 마는 것이다. 다행히 우리나라는 동성애 문제에 있어 서구처럼 심각하지는 않기에 지금이라도 적절히 대처하고 준비한다면 치료가 가능하리라 여겨진다.

　따라서 이 글은 동성애에 대하여 성경의 견해와 입장이 무엇이며, 이에 따른 교회와 목회자의 책임과 사명이 무엇인가를 논하고자 한다.

Ⅱ. 동성애에 대한 성경의 견해와 입장

1. 구약에 나타난 동성애

성경에는 동성애에 관한 사건과 구절들이 몇몇 곳에서 언급되고 있다. 구약에서는 남자들 간의 성폭행(창 19:5; 삿 19:22)과, 남자들 간의 성관계(레 18:21-22; 20:13)가 나온다. 신약에서는 여자들 간의 성관계(롬 1:26)와 남자들 간의 성관계(롬1:27; 고전 6:9-10; 딤전 1:8-10)가 언급되어 있다.

레위기 18:22은 다음과 같이 말하고 있다. "너는 여자와 동침함 같이 남자와 동침하지 말라 이는 가증한 일이니라" 여기서 동성애 행위에 대하여 '가증'이라는 단어를 쓰고 있다. 이 단어는 히브리어 원어 토에바(תועבה)로서 의미는 도덕적으로 '구역질나는 것'으로 해석할 수 있고, 명사로 쓰일 때는 '우상 숭배'라는 단어로 쓰인다.[1] 성경에서 동성애에 관하여 가장 먼저 나오는 사건이 소돔 성 이야기인데, 이 일에 대하여 에스겔은 동일하게 '가증'(토에바, תועבה)이라는 단어를 사용하고 있다. "네 아우 소돔의 죄악은 이러하니… 가증한 일을 내 앞에서 행하였음이라 그러므로 내가 보고 곧 그들을 없이 하였느니라"(겔 16:49-50).

레위기 20:13에서는 이러한 우상 숭배적인 행위에 대하여 엄격한 심판을 경고하고 있다. "누구든지 여인과 동침하듯 남자와 동침하면 둘 다 가증한 일을 행함인즉 반드시 죽일지니 자기의 피가 자기에게

---

[1] Strong Cord 번호, 8441 תועבה(토에바). 이는 필자의 컴퓨터 프로그램의 스트롱 성구사전에서 발췌한 것이다.

로 돌아가리라." 즉, 공동체에서 동성애자를 죽임으로써 죄를 도말함과 동시에 공동체가 이 죄로부터 분리될 것을 말하고 있다. 그리고 이들을 죽이는 자는 이 죽음에 대한 책임이 없다. 전적으로 동성애를 행하는 사람 자신이 피에 대하여 책임을 져야 한다.[2]

이러한 논증의 방식은 바울의 논증과도 같다. 바울은 로마서 1장에서 동성애를 언급하면서 이것이 우상 숭배와 연결됨을 말하고 있다.[3] 바울은 로마서 1:22-26에서 타락한 인간의 본성에 대해 언급하면서, 하나님께 지으심을 받은 인간은 마땅히 하나님을 경배하고 찬양해야 함에도 불구하고 그들의 마음이 우준하게 되어 피조물을 조물주보다 더 경배하게 되었음을 밝히고 있다. 이러한 우상 숭배로 말미암아 생겨난 여러 가지 죄악들이 있는데, 동성애도 그중에 하나이다. 그런데 바울은 이러한 여러 죄악 중에서도 동성애에 대하여 좀 더 구체적으로 말하고 있다. "이 때문에 하나님께서 그들을 부끄러운 욕심에 내버려 두셨으니 곧 그들의 여자들도 순리대로 쓸 것을 바꾸어 역리로 쓰며 그와 같이 남자들도 순리대로 여자 쓰기를 버리고 서로 향하여 음욕이 불 일듯 하매 남자가 남자와 더불어 부끄러운 일을 행하여 그들의 그릇됨에 상당한 보응을 그들 자신이 받았느니라"(롬 1:26-27). 그리고 이러한 동성애에 따른 결과로 그들이 받을 심판에 대해 레위기에서 말한 것과 같은 동일한 경고를 하고 있다. 첫째는 "그들의 그릇됨에 상당한 보응을 그들 자신이 받았다는 것"이고, 그 다음은 28절에서 "또한 그들이 마음에 하나님 두기를 싫어하매 하나님께서 그들

---

2 기윤실 부설 기독교윤리연구소편, 『동성애 대한 기독교적 답변』 배정훈, "동성애 조장에서 바라본 동성애", 81.

3 R. A. J. Gagnon, The Bible and Homosexual Practice (Nashville: Abingdon Press, 2001), 254-262.

을 그 상실한 마음대로 내버려 두사 합당하지 못한 일을 하게 하셨으니"라고 한 것처럼, 그 상실한 마음대로 내버려 둠을 당했다는 것이다. 즉, 하나님께서는 하나님 두기를 싫어하는 그들이 마음대로 살도록 유기했다는 것이다. 자기 소견대로 이끌리어 죄악 가운데 마음대로 사는 것, 이것 자체가 하나님의 심판인 것이다. 하나님은 우리가 하나님을 억지로 섬기도록 강제하시는 분이 아니시다. 따라서 바울은 동성애를 행하는 것 자체가 하나님의 심판임을 우리에게 일깨워 주고 있다.

영어에서 동성연애를 뜻하는 영어단어 'sodomy'(소도미)라는 단어에서도 하나님의 심판을 담고 있는 것을 보게 된다. 이 단어는 성경 창세기 19장에 등장하는 성적 음란죄로 하나님의 심판을 받게 된 두 도시 '소돔'과 '고모라'의 이름에서 유래한 것이다. 이 단어는 인간과 동물 사이에서 행하여지는 수간(獸姦, bestiality)과 남자들끼리 이루어지는 행위인 남색(男色)을 일컫는 말임을 사전들이 정의하고 있다. 신약의 유다서에서도 이를 뒷받침해 준다. "소돔과 고모라와 그 이웃 도시들도 저희와 같은 모양으로 간음을 행하며 다른 색을 따라 가다가 영원한 불의 형벌을 받음으로 거울이 되었느니라"(유 1:7). 여기에서 간음과 다른 '다른 색'이라는 표현에 주목해야 한다. 다른 색은 '이상한 육욕'(strange flesh)으로 RSV 성경에서는 '자연스럽지 않은 성욕(unnatural lust)'으로 번역하였다.[4] 소돔과 고모라 성에서의 인간의 타락의 깊이는 지도상에 두 도시를 완전히 지워버리는 합법적인 하나님의 결정을 가져왔다. 소돔의 죄는 단지 손님에 대한 약탈이나 불친절이 아니라, 남성 손님의 의사와 상관없이 일방적인 성폭력을 시도한

---

[4] 여기에 관하여 J. Rogers는 로마서 1장과 관련하여 'natural'을 'conventional'로 'unnatural'을 'unconventional'로 해석했다. 다음을 참고하라. J. Rogers, Jesus, The Bible, and Homosexuality (Louisville: Westminster Knox Press, 2009). 74.

것에 있었다.[5] 동성애가 얼마나 악한 죄인가를 알 수 있는 것은 창세기 19장 사건에서 소돔 사람들이 롯에게 낯선 남자들(천사)을 요구하였을 때 롯은 극구 만류하며 시집가지 아니한 자기 딸들을 대신 내어 주려하는 데서도 알 수 있다. 그러면 딸들을 범하는 것은 악이 아닌가? 분명 그것도 악이지만 남자들을 범하는 것보다는 덜하다는 것이다.

이러한 사실은 사사기에서도 그대로 나타나는 것을 보게 된다. 한 레위 사람이 행음한 아내를 데려오기 위해 길을 나섰다가 기브아의 한 노인의 집에 유숙하게 된다. 유숙할 때 그 지역의 불량배들이 찾아와 "네 집에 들어온 사람을 끌어내라 우리가 그와 관계하리라"(삿 19:22)고 대놓고 동성행위를 하겠다는 의지를 표출한다. 여기서도 창세기 19장 소돔 사건에서 사용된 단어인 '야다'(ידע) 동사가 사용되었다. NIV 성경은 이 부분을 "we can have sex with him"이라고 표현하고 하고 있다. 이것은 상대방의 의사를 묻지 않고 일방적인 성폭행을 하겠다는 것이다.

노인은 이러한 행위를 하려는 불량배들에게 말하기를 "집 주인 그 사람이 그들에게로 나와서 이르되 아니라 내 형제들아 청하노니 이같은 악행을 저지르지 말라 이 사람이 내 집에 들어왔으니 이런 망령된 일을 행하지 말라"(삿 19:23)며 그들이 하고자 하는 행위를 못하도록 만류하는 모습을 볼 수 있다. 그들이 행하고자 하는 일은 '악행'이고 '망령'된 일이기 때문이다. 그러므로 이어서 곧 시집가지 아니한 처녀 딸과 사위의 첩을 대신 내어주게 된다. 이 역시 이성을 성폭행하는 것보다 더 악한 것이 동성과 관계를 맺는 일임을 우리에게 보여주는

---

5 R. A. J. Gagnon, The Bible and Homosexual Practice (Nashville: Abingdon Press, 2001), 75.

대목이다. 이러한 사실로 미루어 볼 때, 소돔과 기브아 주민들의 죄는 원래 동성애가 아니라 불친절, 강간미수, 천사들과 동거하려는 욕망이었다고 하는 동성애 옹호론자들의 주장은 설득력을 잃는다.

결과적으로 소돔의 백성들과 기브아 주민들은 정상적인 이성애로는 만족하지 않는 극단화된 타락의 상황에서 동성애를 행하고, 동시에 왜곡된 성의 형태로서의 동성애와 상대의 의사를 묻지 않는 집단적인 성폭행의 혼합된 죄악상을 보여주고 있음을 알 수 있다. 이 일로 인하여 소돔과 고모라 성은 불이 비처럼 쏟아지는 하나님의 심판으로 말미암아 사라져 버렸으며, 기브아에 거하던 베냐민 지파는 엄청난 학살을 당하게 됨으로써 지파가 존폐 위기에 처하는 상황까지 이르게 되었다.

2. 신약에 나타난 동성애

신약에서도 보다 분명하고 적극적으로 동성애 죄악에 대해서 언급하고 있다. "불의한 자가 하나님의 나라를 유업으로 받지 못할 줄을 알지 못하느냐 미혹을 받지 말라 음행하는 자나 우상 숭배하는 자나 간음하는 자나 탐색하는 자나 남색하는 자나 도적이나 탐욕을 부리는 자나 술 취하는 자나 모욕하는 자나 속여 빼앗는 자들은 하나님의 나라를 유업으로 받지 못하리라"(고전 6:9,19). 여기서 '남색'이라는 말은 동성애, 즉 남성끼리의 성관계를 이르는 것이다. 이러한 행위를 '불의한'(unrighteous) 것이라고 밝히고 있고, 이러한 불의한 행위를 한 결과는 하나님의 나라를 유업으로 받지 못하는 데에 이른다고 분명히 못 박고 있다. 이것은 동성애에만 특별히 국한된 것이 아니라, 여기에 언급된 다른 여러 죄악들도 마찬가지이다.

그런데 우리가 기억해야 할 것은 고린도 교회 공동체에 이러한 동성애를 행하는 자가 있었지만, 예수 그리스도의 이름과 성령의 능력으로 새롭게 되었다는 사실이다. "너희 중에 이와 같은 자들이 있더니 주 예수 그리스도의 이름과 우리 하나님의 성령 안에서 씻음과 거룩함과 의롭다 하심을 받았느니라"(고전 6:11). 이 말씀은 과거 이방인이었을 때 이러한 죄에 빠졌을 때와 현재 일부가 이러한 죄에 빠져 있다는 것을 상정해볼 수 있다. 그러나 여기서 눈여겨 볼 대목은 이러한 불의에 빠져 있던 자들이 이전의 불의한 행위로부터 벗어나 예수 그리스도의 이름과 성경 안에서 새사람이 되었다는 사실이다. 이것은 동성애자도 얼마든지 믿음 안에서 치유와 회복이 가능함을 우리에게 보여주는 희망과 증거가 된다.

바울이 디모데에게 보내는 서신에서도 동성애에 대한 언급이 나온다. 바울은 율법의 기능에 대하여 설명하면서, 즉 죄를 깨닫게 하고(고발의 기능), 죄로부터 벗어나게 해주는(억제하는 기능) 율법의 기능에 대해 설명하면서 그에 해당하는 여러 죄악들을 제시하는 가운데 동성애를 언급하고 있다. "알 것은 이것이니 율법은 옳은 사람을 위하여 세운 것이 아니요 오직 불법한 자와 복종하지 아니하는 자와 경건하지 아니한 자와 죄인과 거룩하지 아니한 자와 망령된 자와 아버지를 죽이는 자와 어머니를 죽이는 자와 살인하는 자며 음행하는 자와 남색하는 자와 인신매매를 하는 자와 거짓말하는 자와 거짓 맹세하는 자와 기타 바른 교훈을 거스르는 자를 위함이니"(딤전 1:9-10).

바울이 에베소 교회에 보내는 편지에서도 동성애에 대한 언급은 빠지지 않는다. "음행과 온갖 더러운 것과 탐욕은 너희 중에서 그 이름조차도 부르지 말라 이는 성도에게 마땅한 바니라"(엡 5:3)며 음행은 행위뿐만 아니라 아예 그 이름조차도 부르지 말 것을 강하게 경고하고 있다. 여기서의 음행은 '포르노스'(πορνος)로, 이 단어는 '남창'을 의미한다.6 즉, 남성 간에 행하는 동성애로 보고 있는 것이다. 그리고 이러한 음행의 죄는 우상 숭배와 동일한 범주에 들어가는 죄로 규정하고 7 이 죄의 결과는 하늘나라의 기업을 얻지 못하는 것으로서 엄히 경고하고 있다. "너희도 정녕 이것을 알거니와 음행하는 자나 더러운 자나 탐하는 자 곧 우상 숭배자는 다 그리스도와 하나님 나라에서 기업을 얻지 못하리니"(엡 5:5). 따라서 바울은 그들의 행위를 본받거나 동조하는 자가 되지 말 것을 권하고 있다. "그러므로 그들과 함께 하는 자가 되지 말라"(엡 5:7).

지금까지 동성애를 언급한 신·구약성경을 살펴보았다. 그 결과, 성경은 동성애가 죄라고 분명히 밝히고 있음을 확인할 수 있었다. 동성애를 옹호하는 자들은 성경에 동성애를 금하는 명백한 계시를 찾을 수 없다고 주장하나, 이는 설득력이 없다. 그 어떤 다른 해석의 방법을 사용한다 할지라도 그들이 주장하는 바의 타당성을 찾을 수가 없다. 동성애는 인간이 범하는 여러 죄악 중에 하나이다. 하나님을 떠난 인간이 자신을 주인으로 삼고 육신의 본능대로 살 때에는 동성애뿐만 아니라 근친상간도 하고, 심지어 짐승과도 교합하는 본질상의 죄인이다.

우리는 성경에 있는 사실을 사실 그대로 받아들여야 한다. 성경은

---

6 Strong Cord 번호, 4205, πορνος(포르노스).
7 이러한 견해는 킷텔 신학사전에서도 동일하게 강조하고 있다. 즉, 음행은 우상 숭배와 관련이 있고 이러한 동성애 행위 자체가 심판의 일부임을 강조하면서, 로마서 1장과 관련을 짓는다. 게르하르트 킷텔·게르하르트 프리드리히 편저『신학성서 신학사전』제프리 W. 브라밀리 편역, (서울: 요단출판사, 1986), 1026.

죄로 얼룩진 인간의 민낯을 그대로 드러낸다. 우리는 말씀을 통하여 동성애에 관한 내용들을 살펴볼 때, 한결같이 죄가 발생된 자리에 하나님의 심판이 뒤따른다는 것을 발견하게 된다. 다른 해석의 여지가 없다. 동성애에 대한 하나님의 말씀을 우리는 더 이상 왜곡하거나 합리화시켜서는 안 된다. 이와 같이 동성애에 대한 하나님의 판결이 피할 수 없이 명백하다면, 이제 우리가 어떻게 해야 할 것인가에 초점을 맞추어야 할 것이다.

Ⅲ. 동성애에 대한 교회와 목회자의 책무와 사명

1. 동성애에 대한 교회의 책무와 사명

1) 성경의 절대적 진리의 기준 제시와 고수(adherence)

동성애가 죄인가 아닌가 하는 문제는 전적으로 성경관의 문제이다. 성경을 절대적인 진리로 받아들이는 사람은 성경이 말하는 바대로 동성애는 죄이다. 그러나 반대로 성경을 절대적인 진리로 받아들이지 않고 상대적인 진리나 가변적인 진리로 받아들이는 사람에게는 동성애를 보는 관점이 이와 전혀 다른 해석의 국면으로 옮겨질 것이다.

세계 교회사에 부흥의 유례를 찾아 볼 수 없을 만큼 성장한 한국교회가 한때 위기를 맞이한 적이 있다. 미국에서 일어난 자유주의 신학의 영향을 받아 한국교회에서도 성경의 영감에 대한 논쟁이 일었었다. 이때 우리는 밀려들어오는 거센 자유주의 신학의 도전에 잘 대응함으로써 한국교회는 성경의 영감과 무오에 대한 진리를 지켜낼 수 있었고, 이것은 오늘날과 같은 교회 성장을 이루는 데에 발판이 되었으며,

이러한 개혁신학의 기초 아래 신앙이 견고해지게 되었다. 만약 이때 한국교회가 성경의 절대적인 권위를 붙잡지 않았다면 서구에서 일어난 자유주의 사상의 영향으로 우리 교회는 서구 유럽 교회에서 보듯, 방향성을 잃어버리고 쇠락의 길을 걸었을 것이다. 오늘날 한국교회는 포스트모더니즘의 사상과 종교다원주의에 기인한 동성애 문제로 인해 다시 한 번 성경관이 시험대에 오르게 되었다. 이러한 위기 때 다시 한 번 성경의 절대적 권위를 붙들고 지켜내는 정신이 필요하다.

동성애가 죄라는 것에 대한 기준과 근거는 무엇인가? 앞서 살펴본 바대로 성경이 명백히 그렇게 말하고 있다는 것에서 그 증거를 삼는다. 성경이 그렇게 말하고 있다는 것은 하나님의 뜻이 그러하다는 것이다. 인간을 지으시고 만물을 통치 섭리 보존하시는 하나님께서 동성애는 창조의 질서에 위배되는 행위라고 말씀하셨기 때문이다. 물론 동성애에 대하여 다른 기준을 댄다고 한다면 문제는 달라진다. 즉, 세계적인 추세를 따르거나 인권주의를 내세운다면 동성애가 합법이 될 수도 있다. 때로는 정신과적인 감정에서 타당성을 인정받는다면 역시 이 문제는 다른 문제가 된다.

그러므로 교회 내에서조차 동성애에 대하여 이런 저런 다른 견해가 나오는 것은 성경이 정확 무오한 하나님의 말씀이라는 절대적 권위를 인정하지 않는 데서 기인한다. 성경의 절대적 권위를 인정하지 않는 종교다원주의를 주창하는 자유주의 사상에 기초한다든지, 혹은 철학과 과학에 기초한 인본주의 사상은 성경이 말하는 관점과는 전혀 다른 관점으로 동성애 문제를 바라보기 때문에 동성애 문제에 대한 해법도 다를 수밖에 없다.

성경은 라틴어로 '정경'(canon)이라 불린다. 그 뜻은 '기준', '잣대', 혹은 '척도'라는 의미를 가진다. 대요리문답은 이를 잘 규정해주고 있다. "신·구약성경은 하나님의 말씀으로 신앙과 행위에 대한 유일한 법칙이다."[8] 성경의 권위는 하나님 자신이 저자이시기에 성경 자체가 하나님의 말씀임을 증거 한다. 동시에 성경의 진리는 하나님에 의해 계시된 진리이기에 시대나 상황에 의해 변하지 않는다. 즉, 성경의 권위는 인간의 자율적인 연구로 결코 감소되어질 수 없다. 성경의 권위가 불안정한 인간의 지혜로 대치될 때, 즉 인간의 행동이 하나님의 말씀에 의한 처방대신 사회과학의 설명에 의해 규정되어질 때, 우리는 사사기 시대에 만연했던 상황으로 되돌아갈 것이다.[9] 즉, 누구나 자기 소견에 옳은 대로 행함으로써 도덕·윤리적인 극한 혼란 상황을 맞이하게 될 것이다.

성도와 교회가 성경의 기반 위에 서지 않는다면 성도라 할 수 없고 교회라 할 수 없다. 세상에서 동성애 행위를 어떻게 판단하고 어떻게 규정하든 간에, 성경은 동성애 행위를 분명히 죄라고 규정하고 있음을 우리는 간과해서는 안 된다. 즉, 우상 숭배와 여러 다른 죄와 마찬가지로 다루고 있다는 점이다. 성경은 동성애뿐만 아니라, 혼인 관계 외에 행해지는 모든 성적인 관계를 금하고 있다. 그러나 오늘날 시대는 간음조차 합법으로 간주하고 있는 시대가 되어버렸다. 이러한 시대에 과연 우리는 무엇을 따라야 하는가? 분명한 기준에 대한 확신이 없으면 교회는 온전히 설 수 없다. 세상적인 기준이나 인간중심의 사랑과 자유를 기준으로 삼는다면 성경의 경계선은 무너지게 될 것이다. 세상에서는 '서로 사랑한다면'이라는 가치가 절대적인 기준이 되어 죄악의

---

8   G. I. 윌리암슨, 최덕성 역 『소요리문답 강해(대요리문답)』 (서울: 개혁주의신행협회, 1978), 336.

9   Greg L. Bahnson, 최희영 역 『성경이 가르치는 동성애』 (서울: 베다니, 2000), 20.

경계가 불분명해졌다. 자신의 감정과 느낌을 기준으로 삼는 포스트모더니즘 시대의 전형적인 특징을 여실히 보여주고 있는 것이다.

그렇다면 동성애를 일으키는 원인은 과연 무엇일까? 이에 대해서는 여러 가지 학설이 제기되고 있지만, 대략 크게는 두 범주로 볼 수 있다. 호르몬 차원의 유전적 요인과 가족 구성원이나 다른 환경적인 것에 의한 환경적 요인을 들 수 있다. 이에 따라 동성애가 선천적으로 타고난 것인가, 아니면 환경적인 요인으로 인해 후천적으로 형성된 것인가를 놓고 열띤 논쟁이 벌어지고 있다. 동성애 옹호론자들은 동성애가 유전적으로 타고난 것이라는 학설을 바탕으로 동성애자는 자신의 의지와는 무관하게 타고난 것이기에, 하나님이 애초에 그러한 동성애자로 만드셨으므로 하나님께 그 책임을 전가하며 자신들의 정당성을 강조한다. 그러나 인간은 본질상 진노의 자녀이다. 첫 사람 아담이 타락함으로 인해 인간의 본성이 타락했고, 그의 본성은 공중의 권세 잡은 자가 지배하게 되었다(엡 2장). 그러므로 인간은 동성애뿐만 아니라 알코올 중독, 마약 중독, 성중독 등 온갖 다양한 죄를 범한다. 즉, 인간은 동성애자나 이성애자나 죄를 지을 수밖에 없는 원죄를 가지고 있는 연약한 존재인 것이다. 이러한 본질에서 짓는 죄가 동성애이고 이러한 동성애에 대하여 성경은 명백히 죄라고 규정하고 있다. 아울러 성경은 인간이 이러한 죄에서 벗어날 길이 있다는 것도 우리에게 제시해 주고 있다. 그러므로 이 시점에서 동성애가 선천적이냐, 후천적이냐를 따지는 것은 아무런 의미가 없다. 같은 맥락에서 동성애자들이 동성애 행위를 하면 건강에 해를 주는가, 아니면 그렇지 않은가, 또는 동성애가 에이즈에 감염 원인인가, 아니면 그렇지 않은가 하는 논쟁에 대해 통계수치를 들이대며 정당성을 옹호하는 것 역시 아무런 의미가 없다.

문제는 내가 크리스천으로서 예수를 주로 삼고 거룩하게 된 백성으로서 하나님의 말씀인 성경에 대하여 당신은 어떠한 태도를 취하느냐 하는 것이다. 성도는 성경의 말씀이 그러하다면 우리의 감정이나 의지와 관계없이 성경의 말씀에 근거해서 선택하고 판단해야 한다. 죄로 말미암아 타락한 인간의 감정과 의지는 판단의 기준이나 근거가 될 수 없음은 자명한 일이다. 즉, 성경 말씀이 인간의 행동양식의 근거와 기준이 되어야 하는 것이다. 말씀의 기준으로 비추어 삶을 돌아볼 때, 그릇되고 옳지 못한 것이 있다면 이는 단호히 버려야 할 것이며, 가던 길에서 돌이켜야 할 것이다. 그리스도인의 판단 기준은 바로 성경이기 때문이다.

이제는 이쯤에서 나는 동성애자들에게 한 가지 의문이 드는 것이 있다. 그리스도인으로서 자신이 동성애자인 것과 동성애 행위를 하게 된 것에 대하여 하나님께 진정으로 감사할 수 있느냐 하는 것이다. 마찬가지로 그리스도인으로서 술을 마시는 것이 죄인가, 아닌가 하는 논쟁이 있을 때 이렇게 질문할 수 있다. 당신은 술을 마실 때 하나님께 감사할 수 있는가? 혹은 술을 앞에 놓고 감사기도를 하고 마시는가? 하고 말이다. 왜 이런 질문을 하는가? 성경은 "믿음을 따라 하지 아니하는 것은 다 죄"(롬 14:23)라고 명백히 규정하고 있기 때문이다.

다시 첫 번째 질문으로 돌아가 보자. 동성애자들은 진정으로 자신이 게이로, 혹은 레즈비언으로 살아가는 것에 대해 예수님께 영광을 돌리며 만족한 삶을 영위해 가고 있는가? 실제로 동성애자였다가 이성애자로 돌아온 사람의 체험을 들어보면 수많은 그리스도인 동성애자를 교회에서 만났지만 자신이 동성애자인 것을 하나님께 진정으로 찬양하는 사람은 만나보지 못했다는 것이다.[10] 즉, 이러한 순례자들에게는 성령의 기름 부으심이 임하지 않았다는 것이다. 이런 의미에서 진정한 동성애 크리스천은 존재하지 않는 것이다.[11] 그리스도인은 단순히 구원받은 것을 감사하는 것에 머물러 있지 않고, 내가 구원받는 것에 대하여 다른 사람에게 전해야 할 책무가 있다. "너희 마음에 그리스도를 주로 삼아 거룩하게 하고 너희 속에 있는 소망에 관한 이유를 묻는 자에게는 대답할 것을 항상 준비하되 온유와 두려움으로 하고"(벧전 3:15). 과연 성경에 반하는 동성연애자로서 위의 말씀에서 요구하고 있는 삶이 가능한지를 묻고 싶다.

역사적으로 기독교회는 언제나 안팎으로 공격을 받아왔고, 교회는 이에 대하여 예수 그리스도의 이름으로 방어하고 때로는 악한 영과의 전투를 해왔다. 현 상황도 지금까지 교회가 그래왔던 것처럼 영적인 전투를 요하는 상황, 즉 타락하고 세속에 물은 세상과의 전쟁을 해야 하는 상황이고, 그 중심과 시작에 동성애가 있다. 영적 전쟁에 있어 가장 중요하고도 확실한 무기는 성령의 검, 즉 하나님의 말씀이다. 마귀는 교묘하게 에덴 동산에서부터 인간에게 시험을 했고 말씀을 확고하게 붙잡지 못한 인간은 시험에 넘어졌다. 그러나 예수님은 마귀에게 시험을 받을 때에 성령의 검인 하나님의 말씀으로 마귀를 물리치고 승리를 얻으셨다. 교회는 예수님의 승리의 방정식을 적용해야 한다. 교회는 성경의 기준을 받아들여야 한다. 그것이 곧 믿음이다.

---

10 엔드류 코미스키, 민지현 역 『동성애, 온전한 변화를 위한 시작』 (서울: 웰스프링, 2007), 29.

11 J. Rogers, Jesus, The Bible, and Homosexuality (Louisville: Westminster Knox Press, 2009). 76.

2) 하나님의 은총의 강조: 공동체를 통한 치유와 회복의 확신

하나님은 인간 실존의 모든 차원을 용서하시고, 구원하시고, 변화시킨다. 하나님의 이러한 은혜로운 활동은 우리 존재의 성적 측면도 포괄한다. 하나님의 백성으로서의 교회는 심판과 저주의 공동체가 아니라, 용서와 희망의 공동체가 되어야 한다. 죄는 진지하게 다루어야 하지만, 죄를 다룰 때의 최종 목표는 항상 구원과 화해이어야 하며, 배척이나 추방이 되어선 안 된다.[12]

죄와 죄인은 구분되어야 한다. 죄와 죄인을 구분하는 것에 대하여 비판하는 글을 보았다.[13] 그것은 성경을 깊이 있게 보지 않고 말씀을 잘 이해하지 못한 상태에서 말씀의 자의적 해석에서 나온 주장일 뿐이다. 동성애뿐만 아니라, 인간은 세상을 살아가는 동안 여러 형태의 많은 죄를 범한 채 교회에 온다. 그럼에도 불구하고 교회는 죄지은 자들을 정죄하거나 배척하지 않고 사랑으로 받아들이고 용납한다. 그리고 그가 지은 죄에 대하여 회개하고 죄에서 떠나 하나님의 거룩한 백성으로 살아갈 수 있도록 돕는다. 예수님 역시 현장에서 간음 중에 잡힌 여자를 만났을 때 죄와 죄인을 구분했다. 이 여인에게 죄가 없는가? 이 여인이 옳은 행위를 한 것인가? 그렇지 않다. 예수님은 여인에게는 긍휼을 베푸셨지만, 이 여인이 행한 죄에 대하여는 미워하셨다. "예수께서 이르시되 나도 너를 정죄하지 아니하노니 가서 다시는 죄를 범하지 말라 하시니라"(요 8:11). 동일하게 예수님은 많은 세리와 창기들과도 어울리시고 식사도 하셨다. 예수님의 이러한 행동은 그들이 지은

---

12 S. J. Grenz, 남정우 역 『성윤리학』 (서울: 살림, 2003). 442.
13 뉴스엔조이, "동성애는 미워하고 동성애자는 사랑한다고요?", 전세훈, vision7025@naver.com |입력: 2015.7.7 17:28:46

죄를 용납하심이 아니다. 이것은 죄와 죄인을 구분하시는 예수님의 공의와 사랑인 것이다. 교회는 죄인들이 오는 곳이다. 동성애뿐만 아니라 다른 어떠한 죄를 지은 자라도 교회에 올 수 있고 와야 한다. 교회는 예수님이 그러셨던 것처럼 이들을 긍휼의 마음으로 받아들이고 말씀에 견고히 서기까지 돌보아야 한다. "예수께서 들으시고 그들에게 이르시되 건강한 자에게는 의사가 쓸 데 없고 병든 자에게라야 쓸 데 있느니라 나는 의인을 부르러 온 것이 아니요 죄인을 부르러 왔노라 하시니라"(막 2:17).

누가 누구를 정죄하고 혐오할 자격이 있는가? 교회 안에 있는 자나 교회 밖에 있는 자나, 이성애자나 동성애자 모두가 죄인이다. 죄의 형태만 다를 뿐 모두가 죄인임은 다르지 않다. 그러하기에 죄를 사해주시는 예수 그리스도의 은혜는 특정한 어떤 사람에게만 국한되는 것이 아니라, 죄인인 우리 모두에게도 유효하게 필요하다. 우리의 모든 삶의 정황을 경험하신 예수 그리스도의 위로는 연약하여 넘어지기 쉬운 우리 모두에게 필요한 것이다. 그리고 우리의 모든 죄의 짐을 대신 지시고 십자가 위에서 우리의 죄를 씻어주시는 보혈의 은혜가 필요한 것이다. 교회공동체는 결코 동성애자를 터부시하거나 죄악시해서는 안 된다. 즉, 나는 너와 다르다는 고자세나 고상한척 하는 태도를 보여선 안 된다. 이는 온전치 못한 미성숙한 크리스천의 모습이다. 하나님 앞에서는 누구나 양태만 다를 뿐 갖가지 죄를 범하고 사는 죄인일 뿐임을 상기해야 한다. 그들도 나와 같은 연약한 존재임을 인식하고 위로와 격려와 더불어 주님 앞으로 함께 나아가야 하는 한 지체라는 의식이 필요하다. 누가복음 18장에서 보듯이, 바리새인이 세리를 비난하듯 우리가 동성애자들을 정죄하고 비난한다면, 바리새인이 예수님에게서 정죄를 받은 것처럼 우리도 그와 같은 정죄를 받게 될 것이다.

하나님 앞에 다 같은 죄인 된 겸허한 마음으로 함께 통회하며, 함께 긍휼을 구하는 태도가 하나님이 기뻐하시는 우리의 마음의 자세이다.

결론적으로 말해, 교회공동체는 예수님이 그러하였듯, 죄인은 용납하고 긍휼의 마음으로 품되, 죄에 대해서는 단호하게 지적하고 성령의 검인 말씀으로 변화 받아 하나님 앞에 온전한 모습으로 설 수 있도록 도움의 손길을 베풀어야 할 것이다.

많은 경우, 문제 해결에 있어서 혼자서 해결하는 것과 다른 사람의 도움을 받아 해결하는 것은 질적으로 차이가 있다. 혼자서 문제를 해결하려 할 경우는 절망적인 상황에 부딪혔을 때 쉽게 좌절하고 무너진다. 그리고 여러 가지 오판을 낳기 쉽다. 그러나 여럿이 함께 나누고, 공감하고, 도움을 주고받을 때 짐은 한결 가벼워지고 해결이 용이해진다. 그러므로 무엇보다 교회공동체는 이러한 점에 유의해 함께 연합해서 이들을 그리스도의 사랑으로 맞아들이고 이들의 고민과 문제를 함께 해결해 나갈 수 있는 동성애 치유 공동체를 형성해 나가는 것이 중요하다.『동성애, 온전한 변화를 위한 시작』[14]이라는 책은 동성애자인 저자가 예수를 믿고 이성애자로 변화하게 된 과정을 쓴 책이다. 그는 이 책에서 만약 혼자였다면 변화하기가 힘들었을 것이라고 말하며 교회와 동료 성도들의 도움이 저자가 탈동성애를 하는 데 결정적이었음을 밝히고 있다. 교회는 동성애자의 변화를 도와야 하고 이들이 다시 유혹에 빠지지 않도록 지속적인 성장을 위한 도움의 손길을 펼쳐야 한다. 한 에이즈 환자는 다음과 같이 말했다. "나를 판단하지 말라, 나는 나 자신의 심판 아래 살고 있다. 나에게 필요한 것은 당신이 나와

---

14 엔드류 코미스키, 민지현 역『동성애, 온전한 변화를 위한 시작』(서울: 웰스프링, 2007).

함께 하는 것이다."15

아울러 교회도 오늘날 타락의 세태의 정점에 있는 동성애 문제에 있어서만큼은 교단과 교파를 초월한 대연합전선을 구축해 이 땅에서 동성애의 죄악이 사라질 수 있도록 함께 힘을 보태야 한다. 정책적 판단을 하고 집행을 하는 관련 정부 관계자들은 동성애에 대한 성경적 가치관은 뒤로 한 채 인권적인 차원과 세계적인 추세와 흐름 속에서 이 문제에 대한 안일한 대처 방식으로, 하나님의 무서운 심판이 자라나는 세대와 가정에 임하는 것을 도외시하고 있다. 이러한 상황에서 교회는 차별금지법이 국회를 통과하지 못하도록 힘을 모아 정부에 대한 청원 운동을 전개해야 하며, 아울러 죄는 미워하되 죄인인 동성애자들에게는 차별 없이 그들에게도 교회의 문을 활짝 열고 그들에게도 구원을 주시는 주님의 복음을 선포해야 한다.

3) 교회의 거룩성 수호: 성경이 교회에 요구하는 수준은 높다.

이 자리에서 동성애가 죄인가, 아닌가 하는 동성애의 적법 여부를 논하는 것은 아주 소극적인 자세이고, 수세적인 자세이다. 하나님은 우리를 부르신 후 우리가 적극적인 삶의 자세로 세상을 향하여 나아갈 것을 요구한다. 우리는 하나님의 자녀로서 거듭난 자들이고, 따라서 우리는 하나님을 닮은 자로 재창조가 이루어졌으며, 성품에 있어서도 신의 성품에 참여한 자가 되었다. 그러므로 비록 우리가 타락한 세속의 세상에 있음에도, 우리는 마땅히 빛과 소금이라고 불릴 수 있는 것이다. 하나님은 자신의 구속 사역을 이루시되 혼자 하시지 않고, 교회를 통해서 이루어 가신다. 그러기에 주님의 몸 된 교회는 세상의 빛

---

15 J. Stott, Same-Sex Partnerships? (Grand Rapids MI: F.H. Revell, 1998). 67.

이고 세상의 유일한 희망이다. 교회가 빛을 잃고 소금이 맛을 잃으면 쓸모없는 존재가 되고 마는 것이다. 이처럼 하나님께서는 꺼져가는 세상 가운데서 우리에게 기대하시는 바가 있다. 이러한 점에서 마땅히 하나님의 기대에 부응하고 응답해야 할 사명이 우리에게 주어져 있는 것이다.

예수님은 "나는 너희에게 이르노니 음욕을 품고 여자를 보는 자마다 마음에 이미 간음하였느니라"(마 5:28)고 말씀하셨다. 이제 이 구절은 "여자가 여자를 보고, 남자가 남자를 보고"로도 읽어야 할 것 같다. 즉, 이 구절은 이성애자든 동성애자든 간에, 비록 직접적인 성적 접촉이 없을지라도, 음욕을 품는 것 그 자체만으로 죄가 됨을 명시적으로 밝히고 있는 것이다. 예수님이 이러한 말씀을 하신 것은 우리를 죄의 사슬로 옭아매려는 의도가 아니라, 우리에게 요구하는 수준이 그 정도로 높다는 것을 말하고 있는 것이다.

바울은 말하기를 "오직 너희의 심령이 새롭게 되어 하나님을 따라 의와 진리의 거룩함으로 지으심을 받은 새 사람을 입으라"(엡 4:23-24)고 하였다. 그리스도인은 심령, 즉 마음의 영을 가리키는데 전에는 우리의 마음의 영이 공중의 권세 잡은 자의 영의 지배를 받았지만, 이제는 성령의 지배를 받는 새롭게 된 존재임을 말하고 있다. 따라서 이러한 존재가 된 우리에게 하나님은 "그러므로 하늘에 계신 너희 아버지의 온전하심과 같이 너희도 온전하라"(마 5:48)고 요구하신다. 하나님이 교회에 요구하는 수준은 매우 높다. 이러한 하나님의 요구 앞에서 우리 자신의 정체성(identity)을 생각해 보면 동성애는 설 자리가 없어진다.

2. 동성애에 대한 목회자의 책무와 사명

1) 진리의 파수꾼의 사명: 동성애에 대하여 진리를 말할 수 있어야 한다.

오늘날은 목회자가 동성애에 대하여 비도덕적 행위요 죄라고 성경적인 관점에서 지적을 하면, 사랑이 없는 목회자로 비난받거나 무지한 목회자로 취급받는 시대가 되어가고 있다. 그러나 아무리 사람들이 비난을 한다 할지라도 목회자는 죄를 죄라고 말할 수 있어야 한다. 왜냐하면 목회자는 진리의 파수꾼이기 때문이다.

선지자는 하나님의 택함을 입어 보내심을 받은 자로서 하나님의 말씀을 가감하지 않고 있는 그대로를 전하는 자이다. 그러면서 동시에 하나님의 말씀을 그대로 믿고 행하는 자이다. 이러한 선지자들 중에 대표적인 사람이 예레미야이다. 예레미야는 멸망 직전의 풍전등화와 같은 위기에 처한 유다 왕국에게 하나님이 전하라고 하신 말씀을 그대로 전했다. 그로 인해 예레미야는 많은 고통을 당하고 눈물을 흘려야 했다. 왜냐하면 이스라엘이 듣기에 싫어할 만한 유다 왕국에 임할 하나님의 철저한 심판과 이로 인한 유다 왕국의 멸망을 전했기 때문이다. 즉, 유다 왕국은 돌이킬 수 없는 죄악으로 말미암아 하나님의 심판을 받아 임박한 멸망을 앞에 두고 있다는 하나님의 말씀을 예레미야는 지체 없이 있는 그대로 전했던 것이다. 이에 반해, 거짓 선지자들과 제사장들은 "평안하다. 평안하다"를 연신 외치며 하나님의 말씀을 왜곡하여 전함으로써 사람들로부터 눈과 귀를 멀게 하는 행위를 일삼았다. 그러므로 하나님의 진리의 말씀만을 전했던 예레미야는 거짓 선지자들과 유다 백성들에겐 눈엣가시와 같은 존재였다. 이윽고 이들은 예레미야를 감옥에 가두고 죽이려 하였다. 그러나 하나님은 옥에 갇힌 예레미야에게 오히려 하나님 자신이 누구이신가를 밝히시면서 좌절하지 말고 기도할 것을 명하시며 그를 위로하셨다(렘 33:1-3).

목회자는 하나님의 말씀을 전하고 지키라고 이 땅에 보내심을 받은 자이다. 그러므로 목회자에게는 하나님으로부터 부여받은 선지자적 사명이 주어진 것이다. 이에 목회자는 하나님이 요구하는 시대적 사명에 부합하는 선지자적 사명을 감당해야 한다. 하나님의 말씀을 자신의 유불리에 따라서 더하거나 빼지 말고 있는 그대로의 살아계신 하나님의 말씀으로 선포해야 한다. 목회자는 이 시대의 진리의 그루터기가 되어야 하기 때문이다. 따라서 마지막 양심의 역할을 감당하여야 한다.

목회자가 바로 서지 못하면 그 나라와 사회는 소망이 없다. 목회자가 맡은 바 선지자적 사명을 온전히 감당할 때, 타락한 세속의 풍조와 탐욕으로 부패한 한 나라와 사회가 하나님 안에서 다시금 새로워지고 소생하는 역사가 일어날 수 있다. 목회자는 이 시대의 마지막 보루이다. 사사시대의 특징은 다음과 같이 대표된다. "그 때에는 이스라엘에 왕이 없었으므로 사람마다 자기 소견에 옳은 대로 행하였더라"(삿 17:6). 작금의 이 시대가 바로 그 옛날 사사시대의 타락상으로 인한 극심한 혼란 상황은 아니던가? 하나님은 부패한 이스라엘을 구원하기기 위하여 판관(사사, judge)을 보낸다. 이 판관이 하나님 편에 서서 일을 할 때, 이스라엘은 비로소 대적으로부터 구원을 받고 평온을 누리게 된다. 목회자는 혼탁하고 타락한 시대를 하나님 편에서 올바르게 인도해야 할 판관의 사명이 있음을 기억해야 할 것이다.

2) 세속 문화에 대한 순교적 영성의 요청: 문화 변혁의 책무

과거에 한국교회는 믿음 자체, 즉 신앙을 지키기 위하여 목숨을 담보해야 하는 때가 있었다. 일제가 총칼로 위협하는 신사참배인 우상 숭배의 강요 앞에서 신앙과 진리를 수호하기 위하여 수많은 사람들이 옥고를 치르며 순교를 하였다. 그러나 우리의 현재 상황은 이러한 신앙의 고수를 훼방하는 직접적인 총칼의 위협은 사라졌지만, 오히려 그러한 위협보다 더 교묘하게 세속적이고 타락한 사탄적인 문화로부터 중대한 신앙의 위협과 도전을 받고 있다. 이러한 세속적이고 타락적인 문화가 이미 교회 내에 만연되어 있음을 부인할 수 없다. 언제나 그렇듯 위기는 외부로부터의 공격보다는 내부로부터의 분열과 타락이 더 무서운 법이다. 그것은 역사가 잘 증명해 주는 바이다. 이스라엘의 바벨론 포로가 그러했고, 로마의 멸망 역시 마찬가지였다. 현재 한국교회는 이러한 위기 앞에 노출되어 있으며, 선택의 기로에 서 있다. 동성애 역시 이러한 맥락에서 교회의 결단을 요구받고 있다.

문화를 통한 사탄의 공격은 성경을 통해서도 보아온 것이다. 노아 시대를 거쳐 소돔과 고모라 시대 때부터 지금에 이르기까지 문화적인 풍조의 타락을 통해서 인간을 파멸에 이르게 하고 있다. 그러므로 예수님도 이 시대를 가리켜 '악하고 음란한 세대'라고 지칭하고 있지 않은가? 현대 사회는 이러한 현상이 더욱 가속화되어 세상을 뒤덮고 있는 대중문화를 통한 사탄의 공격 앞에 사람들은 속수무책으로 당하고 있다. 이러한 상황에서 교회마저 바로 서지 못한다면 이 세상에 소망이란 없는 것이다. 교회는 세상의 유일한 희망이다. 하나님은 자기 피로 값 주고 교회를 세우시고, 이 교회를 통하여 세상을 변혁시키기를 원하신다. 더 구체적으로는 문화를 변혁시켜야 하는 것이다. 이 책무가 교회에 있다.

문화신학의 중요성에 대하여 일찍이 강조한 기독교 학술원 원장인 김영한은 교회의 문화 변혁적인 태도에 대하여 다음과 같이 말하고 있다. "이 태도는 교회가 문화에 대하여 복음의 정신을 가지고 대결하고 변화시키려는 태도이다. 문화에 대하여 그 존재 가치를 인정하고, 동시에 문화가 지니는 부패성을 인정하면서 문화를 변혁시키려는 태도이다."[16] 성경은 우리에게 이러한 문화 변혁의 태도를 가지고 나아갈 것을 말하고 있다. "너희는 이 세대를 본받지 말고 오직 마음을 새롭게 함으로 변화를 받아 하나님의 선하시고 기뻐하시고 온전하신 뜻이 무엇인지 분별하도록 하라"(롬 12:2). 이 시대를 맹목적으로 쫓아갈 것이 아니라, 우리 자신을 변화시켜 하나님의 뜻을 쫓아 따라갈 것을 말하고 있는 것이다. 그리스도인은 세상에 속해 있지만, 세상의 세속적인 악한 풍조를 무비판적으로 따라서는 안 되는 하나님 앞에 구별된 거룩한 백성임을 잊지 말아야 할 것이다.

한국교회가 우려하는 것은 동성애법(차별금지법)이 국회에서 통과되면 교회 강단에서 '동성애는 죄'라고 설교를 할 경우, 법에 제재를 받게 되어 형을 살거나 벌금이 부과될 수 있다는 점이다. 즉, 법적으로 목회자는 동성애는 죄라고 설교하지 못하게 된다. 성경이 명백히 지적하고 있는 죄를 죄라고 밝히지 못하는 심각한 상황에 직면하게 되는 것이다. 그러므로 먼저 차별금지법이 국회를 통과하지 못하도록 해야 하는 것이 급선무이지만, 혹 이 법이 통과되었을 시 교회와 목회자는 어떻게 할 것인가에 대한 논의가 필요하다고 본다.

더 큰 문제는 세상의 세속화의 물결이 어느새 교회 안으로 들어와 자리를 차지하고 있다는 사실이다. 세상의 가치관과 삶이 교회에 그대로 들어와 얼마 전에는 생각조차 할 수 없었던 일들이 이제는 교회 내에서 보편화되어 가는 것을 보게 된다. 이러한 상황들을 고려해 볼 때 언젠가는 교회 내에서도 동성애에 관한 차별금지법이 국회에서 통과

16　김영한, 21c 사이버, 『생명문화와 개혁신앙』 (서울: 예영 커뮤니케이션, 2007), 355.

됨으로 인해 큰 고통 속에 있을 가능성이 있다. 이때 아마도 가장 큰 어려움을 당할 당사자는 목회자이다.

얼마 전에는 미국에서 가장 큰 대형교회를 담임하는 한 목회자가 동성애에 대한 자신의 입장을 요구받았을 때, "사회·정치적인 이슈에 대하여 관여하는 것은 목회자의 사명이 아니며, 이러한 문제를 목회자나 교회가 기준을 제시하는 것이 아니라, 성도 개개인에게 맡기는 것이 최선"이라고 논평하며, 사회적으로 논란이 되는 문제에 대해 목회자로서 성경적인 관점에서 단호한 입장을 보이지 못하고 선을 긋는 실망스런 모습도 목도했다.[17] 이러한 태도는 분명 타락한 세상을 회복시키고 변화시켜야 할 책무를 지닌 사명자로서 목회자가 취할 바른 태도는 아닐 것이다.

한국교회는 신앙의 좋은 경험의 전통을 가지고 있다. 예를 들어, 일제 강점기 때에는 일본이 한국교회를 말살하기 위하여 신사참배를 강요할 때 일제의 회유와 압력 가운데서도, 물론 그 중에는 일제의 총칼 앞에 굴복해 변절자들이 생겨나기도 했지만은, 견고한 신앙의 뿌리 안에서 교회의 신앙을 지키고 기준을 잡아준 수많은 순교자들이 있었다. 그 대표적인 분이 주기철 목사이다. 신사참배는 우상 숭배라는 것을 순교를 각오하고 그는 외쳤다. 한국교회가 그러한 순교자들의 희생에 힘입어 끝까지 신앙을 지켰기에, 오늘날 한국교회가 이처럼 뜨겁고 강한 영성을 소유함으로써 선교 대국이라는 위업을 쌓을 수 있게 되었다.

앞서 동성애는 우상 숭배와 관련이 있음을 말하였다. 순교의 피로 한국교회를 지킨 앞선 선배들의 신앙을 본받아 우리 역시 순교의 신

---

17 크리스천투데이. "조엘 오스틴 '내가 동성애에 침묵하는 이유는…'" 국제부 기자 la@christianitydaily.com 입력 : 2015.7.3. 11:43.

앙을 가지고 진리를 지켜야 할 것이다. 동성애에 관한 터가 무너지면 죄는 걷잡을 수 없이 관영하게 될 것이다. 성경이 가증한 일로 더불어 말하는 수간, 근친 등의 죄가 같은 방법으로 합법화를 요구할 것이다.

성경은 우리 주님으로부터 시작하여 하나님의 뜻과 진리를 수호하다 죽임을 당한 사람들의 기록이라 할 수 있다. 그리스도는 우리들이 본받아야 할 순교의 원형이라 할 수 있다. 그러기에 예수님의 열두 제자 대부분이 순교를 했고, 이 땅에 세워진 교회는 순교자의 피 위에 세워졌다. 특별히 한국교회는 순교자의 고귀한 희생 아래 세워졌다. 불의와 배교의 위협 속에서도 불굴의 신앙을 보여주신 주기철 목사님을 비롯한 순교자들의 신앙 유산을 기억하며 우리 목회자들이 계승해야 할 것이다.

사도행전 1:8의 '증인'은 '순교자'(martyr)의 의미를 지니고 있다. 순교자의 삶의 결국이 어떠함을 요한계시록은 우리에게 보여준다. "다섯째 인을 떼실 때에 내가 보니 하나님의 말씀과 그들이 가진 증거로 말미암아 죽임을 당한 영혼들이 제단 아래에 있어"(계 6:9). 변하는 시대사조에 변하지 않는 복음을 들고 새로운 순교자적 신앙으로 무장해 타락의 정점으로 점점 꺼져가는 세상을 하나님의 빛으로 인도하기 위해 우리가 어떻게 하나님 앞에 담대히 서야할지를 고민해 보아야 할 시점인 것 같다.

3) 말씀과 성령을 통한 갱신의 확신: 말씀이 일하는 것을 믿어야 한다.

목회자는 말씀과 성령을 통하여 사람이 변화됨을 믿어야 한다. 동성애뿐만 아니라 더한 죄도 변화될 수 있음을 믿어야 한다. 목회자는 이에 대한 분명한 확신과 지속성과 인내가 요구된다. 복음의 능력을 능가하는 것은 없다. 복음의 능력이 미치지 못할 것도 없다. 복음과 정면으로 만나서 절망할 사람은 아무도 없다. 따라서 복음이 감당치 못할 죄는 없다. 분명 고린도 교회나, 에베소 교회 교인 가운데서도 한때는 동성애의 죄에 빠져 있었으나, 말씀을 통해 새롭게 변화된 사람이 있는 것을 우리는 발견할 수 있다. 복음은 어떠한 죄 가운데서도 구원할 능력이 있다.

목회자는 말씀이 일하는 것을 믿어야 한다. 동성애자들의 근본적인 원인은 삶의 공허함과 외로움과 허전함이다. 이것은 말씀의 기갈이다. 이것은 모든 인생들이 겪는 문제이다. 다만 그 대상이 다를 뿐이다. 이 자리는 말씀의 자리, 하나님의 자리인 것이다.

동성애자는 자기 자신과 대면하는 것을 두려워하지 말아야 한다. 동성애자를 비롯한 우리 모두는 말씀 앞으로 나와 자기 자신의 모습을 보며 찔림을 받는 것을 두려워하지 말아야 한다. 하나님 앞에 섰을 때 적나라하게 드러나는 자신의 부끄러운 모습을 대면하는 데에 두려워하지 말아야 한다. 성령을 통한 말씀의 선포 앞에 초대교회 성도들은 찔림을 받았다. "그들이 선포되어진 하나님의 말씀을 듣고 마음에 찔려 베드로와 다른 사도들에게 물어 이르되 형제들아 우리가 어찌 할꼬 하거늘"(행 2:37). 바로 여기에서 생명의 역사가 시작되고, 변화의 역사가 일어나게 되며, 하나님의 사랑과 은혜의 물줄기가 임하게 된다. 목회자는 말씀이 일한다는 사실을 믿고 담대하게 선포해야 할 것이다.

Ⅳ. 글을 맺으며

지금까지 우리는 동성애에 대한 성경의 견해와 입장이 무엇인가를 살펴보고, 이에 따른 교회와 목회자의 책임과 사명이 무엇인가를 살펴보았다. 성경은 동성애가 죄임을 명백히 밝히고 있고, 그 죄에 따른 심판이 있음을 분명히 하고 있다.

오늘날의 시대는 포스트모더니즘의 시대이다. 이 시대에 두드러지는 특징은 자기 자신을 중요시하고, 모든 판단에 있어 자기 자신의 느낌(feel)을 중요시한다. 자신의 느낌에 좋으면 진리이고, 자신의 느낌에 좋지 않으면 진리가 아니다. 절대 진리를 거부하고 교과서적인 텍스트(Text)를 거부한다. 인간 자신이 하나님이 되는 것이다. 그러기에 터(토대)가 무너지고 경계를 넘나든다. 불과 얼마 전까지만 해도 한국 교회에서 동성애는 생각조차 할 수 없는, 그 이름조차도 부를 수 없는 부끄러운 일로 여겼다. 그러나 이제는 합법화를 염려해야 하는 두려운 상황을 맞이하게 되었다. 이 시대가 진정 어디로 갈 것인가? 이 폭주하는 기관차(타락한 이 세대의 문화와 가치관들)를 누가 막을 것인가? "터가 무너지면 의인이 무엇을 하랴"(시 11:3)와 같은 탄식의 기도가 절로 나오는 현실이다.

그러나 교회는 성경의 진리를 붙잡아야 한다. 성경은 변하는 시대에 변하지 않는 절대 진리이다. 성경은 모든 인간 삶의 기준이고 척도이다. 성경은 하나님의 감동으로 된 것으로 바르게 함과 의로 교육하기에 유익한 것이다. 그러므로 우리는 성경이 말씀하는 바대로 가야 한다. 그리고 성경이 말씀하는 바를 신봉(信奉)해야 한다. 교회는 성경 말씀의 바탕 위에 서 있어야 하고 성경의 진리를 고수해야 한다. 이 길만이 이 시대를 바른 길로 견인할 수 있는 유일한 대안이 되기 때문이다.

교회는 사랑의 공동체이다. 포스트모더니즘의 시대는 해체주의의 시대요, 가정과 삶이 파편화되는 시대요, 자기 자신을 가장 중요시 여기는 극도의 이기주의 시대이다. 그러기에 점점 인간은 사랑에 대한 결핍 현상을 가진다. 대부분의 많은 동성애자들은 사랑에 대한 결핍과 그리움으로 가득 차 있다. 교회는 이들의 결핍을 채워주는 일에 앞장서야 한다. 즉, 이들에게 사랑을 공급하고 베풀어 주는 일에 사명을 가지고 임해야 한다. 십자가의 사랑이 변화시키지 못할 사람은 없다.

목회자는 진리의 파수꾼이다. 목회자는 이 시대의 판관(judge, 사사)이다. 목회자는 이 시대의 양심이 되어야 한다. 목회자는 죄를 죄라고 말할 수 있어야 한다. 그러기에 목회자에게 필요한 것은 순교자적 영성이 필요하다. 타락한 문화에 대하여, 성경의 기준을 무너뜨리는 세상의 가치관에 대하여 신앙의 선배들이 걸어갔던 십자가의 길을 담대히 걸어가야 할 것이다.

끝으로, 일찍이 스토트(J. Stott)가 지적한 동성애 문제에 관해서 교회가 취해야 할 올바른 태도에 대해 우리는 다시 한 번 깊이 되새겨 볼 필요가 있다. 그는 판넨베르크(W. Phannenberg)의 글을 통해 동성애 행위의 성경적 명백함은 그것들을 거절함에서 명백해진다고 주장하면서 동성 간의 결합을 이성 간의 결혼과 동등한 것으로 인정하는 교회는 단일성, 거룩성, 보편성, 사도성을 가진 교회가 아니라고[18] 단호하게 말하고 있다.

---

18 J. Stott, *Same-Sex Partnerships?* (Grand Rapids MI: F.H. Revell, 1998). 48.